本書為2017年阜陽市人文社會科學研究專項專案重大專案
《明清六種〈潁州志〉校箋》（FYSK2017ZDA04）之成果

潁州志校箋系列叢書之五

順治潁州志校箋

〔清〕王天民 編纂
張明華 鄭斌 校箋

中國社會科學出版社

圖書在版編目（CIP）數據

順治潁州志校箋／（清）王天民編纂；張明華，鄭斌校箋．—北京：中國社會科學出版社，2019.12

ISBN 978－7－5203－4283－4

Ⅰ．①順…　Ⅱ．①王…　②張…　③鄭…　Ⅲ．①阜陽—地方志—研究—清代　Ⅳ．①K295.43

中國版本圖書館 CIP 數據核字（2019）第 068451 號

出 版 人　趙劍英
責任編輯　郭曉鴻
特約編輯　王順蘭
責任校對　韓海超
責任印製　戴　寬

出　　版　中国社会科学出版社
社　　址　北京鼓樓西大街甲 158 號
郵　　編　100720
網　　址　http://www.csspw.cn
發 行 部　010－84083685
門 市 部　010－84029450
經　　銷　新華書店及其他書店
印刷裝訂　北京君升印刷有限公司
版　　次　2019 年 12 月第 1 版
印　　次　2019 年 12 月第 1 次印刷
開　　本　710×1000　1/16
印　　張　67.75
字　　數　715 千字
定　　價　298.00 元

前　言

《順治潁州志》（以下簡稱《順治志》）是清代第一部專門記載潁州（今安徽阜陽）歷史的志書，是研究阜陽乃至淮河流域歷史文化的重要文獻。然而，該書至今尚未受到應有的關注，除安徽大學趙超磊的碩士學位論文《阜陽舊志研究》一文對其體例、内容稍有介紹外，尚無其他學者進行專門研究。

一　《順治志》的編纂人員及纂修過程和材料來源

《順治志》是在兩任知州主持下，凝聚二十餘人心力而完成的一部志書。編者廣泛參考了各類典籍著述，前後歷時約四年，於順治十一年（1654）編纂完成，並刊刻印行。

（一）編纂人員及纂修過程。在各類相關目録中，《順治志》均題王天民纂。其實，此志的編纂工作最初是由孫可成主持的。王天民在《順治志序》中云：「《潁志》之成也，非予功也，予終之云爾。何終乎爾？有先予而纂者，前牧守星臺孫公。」「星臺孫公」即孫可成。《康熙潁州志·職官·知州》載：「孫可成，遼陽（今屬遼寧）人。貢士，順治七年（1650）任。」

順治七年（1650），孫可成知潁州。修志工作當始於崇禎八年（1635）潁州被李自成農民軍殘破後。王天民《序》云：「其間奇節幽光、耆賢碩宦，以及山川形勝、澮甽祠梁，興舉革除，湮没未詳，殘亂失次。一旦天子廣國史之傳，倣宋太平興國命博雅之臣蒐輯方志，將列郡各有新書，而汝陰獨缺，是司牧羞而潁賢者之責也。」正是出於這樣的目的和擔心，孫可成纔召集人員編纂此一志。

順治九年（1652），孫可成離潁，王天民繼任。《康熙潁州志·職官·知州》載：「王天民，字率真，寧遠（今屬湖南）人。貢士，順治九年（1652）任。」到任後，王天民繼續主持編纂此志。王天民《序》云：「及予鄙陋不文，受星臺已成之書，莫能復贊一詞。」可見孫可成離任之時，此志之編纂可能已基本完成。

孫、王二人組織了一個多達二十二人的編纂隊伍，其中主要人員還有朱應升、郇獻謨、傅良知、張文峙和劉體仁等五人。

朱應升，字允升，江寧（今屬江蘇）人，舉人。《康熙寶慶府志·名宦傳·推官》載：

朱應升，字允升，江寧（今屬江蘇）人。舉人，順治十年（1653）任。操嚴一介，折獄不厭再三，得情乃已。道府篆缺檄署數月，惟上下文移，鍰無一金。民有利害，聞之無不力爲上請，得俞乃喜。日與士講論，首篤行，次文學，人皆廉隅矜飭。去之官，至質袍带以行，人士爲屍祝於學宫。

順治六年（1649），朱應升任潁州學正，在《順治志》編纂過程中擔任監修。負責具體編纂工作的是郇獻謨、傅良知與張文峙三人。《康熙潁州志·職官·同知》載：「郇獻謨，字奉目，徽州（今安徽黄山）人。順治九年（1652）任。」同書「吏目」條載：「傅良知，南昌（今屬江西）人，順治六年（1649）任。」張文峙（1591—1654），名可仕，字文峙，以字行，後改字紫淀。祖籍孝感（今屬湖北），後家於金陵江浦（今屬江蘇）。萬曆四十四年（1616）貢生，崇禎三年（1630）知清遠縣（今屬廣東）。張文峙少有才學，能詩文，著有《問天集》《擊盤集》等。錢謙益《明士張君文峙墓志銘》述其事較詳。《康熙上元縣志·人物傳·文學》載：

張文峙，字紫淀，莊節公弟。七歲喜讀《楚辭》，弱冠貫穿徑［經］史，詩賦古文，泉流飈發，辨覈掌故，務爲根底有用之學。流寇震驚鳳、泗，范大司馬景文參贊留務，詢防江戰守之策。文峙臚陳古今，畫地聚米，撰《南樞志》一百七十卷，圖扼塞，核兵餉，稽營陣布置，南北數千里列如指掌。莊節殉難，徒步逆其喪。中年坎坷貧甚，倍篤友誼。錢太史謙益爲之傳。

張文峙未曾履職潁州，能參與編纂此志，可能是因爲其曾編有《南樞志》百七十卷，掌握了相關材料，具有纂修志書的經驗。

在《順治志》編纂過程中，劉體仁也曾參與其事。劉體仁（1624—1684），字公勇，號蒲菴，潁州人。順治十二年（1655）進士，仕至吏部郎中。《清史稿·文苑一》有傳。劉體仁是明末清初著名的文學家，著有《七頌堂集》等。在《順治志》編纂過程中，劉體仁負責校訂。

在兩任知州主持之下，此志於順治十一年（1654）付梓刊刻。由於文獻缺乏，其刊行的具體情況已很難確考了。

（二）材料來源。《順治志》是以呂景蒙《潁州志》（以下簡稱《呂志》）爲藍本修成的，其《凡例》中云：「《潁志》皆遵呂侍御之舊，削其援引古典而不切於潁者，增入近代之事。取之呂本者十之四，質以諸家典籍、名人著述者十之六。」據此可知，《順治志》材料主要有以下兩個來源：

其一是《呂志》。《順治志》中來自《呂志》的内容約占全書十分之四，在《郡縣表》《疆域表》和《封爵表》中表現得尤爲明顯。《凡例》云：「表有《郡縣》《疆域》《封爵》者，存呂侍御之所訂也。」其實，《順治志》不僅表中内容因襲《呂志》，卷前小序也僅有極小改動。如《郡縣表》前之序，《呂志》云：

遷、固諸表豈徒作哉？蓋爲並時異世而作也。夫時並則年歷差殊，世異則難於明辨。故其表也，多以世爲主。或主於地，或主於時，或國經而年緯，或年經而國緯，然後因而譜列之。良有深意！潁之郡縣有〔表〕，予得二書焉。乃以世爲主，而百世之因革昭於指掌，是亦不徒作也矣。故首表郡縣。

《順治志》的《郡縣表》小序，幾乎照錄上文，僅刪去其中「故首表郡縣」一句。由於編纂人員在抄録《吕志》時校訂不精，連其中的錯誤也一併抄下。如《順治志·宦業傳》載：「柳寶積，永徽中潁州刺史。修椒陂塘，引潤水，溉田三（「三」字，《吕志》作「二」）百頃，爲民永利。出唐《地理志》。」這段文字與《吕志》記載幾乎完全相同，其中「理」字原誤作「里」，《吕志》已有此誤。諸如此類因襲而成的錯誤在書中還有不少。

其二是「諸家典籍」與「名人著述」。除繼承《吕志》外，《順治志》中約有十分之六的內容來自其他典籍著述。《凡例》所謂「諸家典籍」與「名人著述」包羅甚廣。僅以人物傳記爲例，《吕志》所無的傳記除參考正史外，至少還參考了《酉陽雜俎》《唐詩紀事》《唐才子傳》《純正蒙求》《大明一統志》《中都志》《正德潁州志》《萬姓統譜》《禮部志稿》《蘆花湄集》《西園聞見録》等十餘部典籍。如果算上其他門類，這個數目無疑會更多。

面對諸多典籍，編纂人員採取了不同的取捨原則：於《吕志》而言，主要刪去其中「援引古典而不切於潁者」以及「人屬潁而文與事不屬潁者」；於諸家典籍與名人著述而言，則是「隻字弗遺，微長必收」。（王天民《序》。）

二　《順治志》的保存情況

《順治志》僅有一種版本，且存世極少。《中國地方志聯合目錄》載：「［順治］《穎州志》二十卷，（清）王天民纂修。清順治十一年（1654）刻本：北京（存卷11—20），上海（存卷1—10），復旦。」現對三處所藏分别介紹如左：

復旦大學藏本（以下簡稱「復旦本」）是目前所知相對完整的本子。此本一函六册，版框高19cm，寬14cm；正文半頁十行，行二十字；小字雙行，行二十字；四周雙欄，白口，單黑魚尾；版心上書「穎州志」，中書「卷之某」，下書頁碼。正文之中欄格分明，字體端正，惜年代較遠，部分字蹟已漫漶不清了。此本曾爲吴興劉氏嘉業堂所藏，部分卷首「劉承幹字貞一號翰怡」、「吴興劉氏嘉業堂藏書印」等鈐印仍清晰可辨。2010年，《復旦大學圖書館藏稀見方志叢刊》出版，第24册即是此志。復旦所藏雖有二十卷之多，但也並非完帙，尚缺以下部分：卷二《輿地志（下卷）》，卷三《建置志》尾一頁，卷七《軍衛志》後十一頁，卷十《職官表·明穎州職官歷年表》，卷十三《名賢傳》後三十六頁，卷十四《武畧外傳》等七頁，卷十五《隱逸傳》《僑寓傳》《方技傳》《僊釋傳》，卷十九《藝文下（詩部）》。

上海圖書館所藏（以下簡稱「上圖本」）爲卷一至卷十，與復旦所藏同出一版，《上海圖書館地方志目錄》曾著錄。此本原分三册，重新裝訂後合爲一册，其中正文前「凡例十四則」「纂修姓氏」「潁州志目錄」的順序被誤調成「潁州志目錄」「凡例十四則」「纂修姓氏」，卷五《典禮志》最後一頁亦被誤裝至該卷之首。與復旦本前十卷相比，上圖所藏不但字蹟更爲清晰，内容也更爲完整，僅缺《序》前三頁和卷二《輿地志（上卷）》中的境圖與城圖各一幅。復旦本所缺的卷二《輿地志（下卷）》、卷三《建置志》尾一頁、卷七《軍衛志》後十一頁和卷十《職官表·明潁州職官歷年表》等，均可以之爲補充。

國家圖書館所藏（以下簡稱「國圖本」）爲卷十至卷二十，共三册，已製成縮微膠卷。其似與復旦本同爲一書，被分爲二處。與復旦所藏後十卷相比，國圖本内容更爲完整，可補復旦本所缺的卷十三《名賢傳》後三十六頁，卷十四《武畧外傳》等七頁，卷十五《隱逸傳》《僑寓傳》《方技傳》《僊釋傳》，卷十九《藝文下（詩部）》。

以上是三家圖書館所藏《順治志》刻本的基本情況。現將原書目錄與三處所藏刻本的存佚情況列表對比如下：

《順治志》目錄	**復旦本**	**上圖本**	**國圖本**
卷首：序、凡例十四則、纂修姓氏、潁州志目錄	全	《序》缺前三頁	無
卷一：郡紀	全	全	無

续表

《順治志》目錄		復旦本	上圖本	國圖本
卷二：	輿地志上（境圖、城圖、分野、沿革、形勝、界至、風俗）	全	缺《境圖》《城圖》	無
	輿地志下（山川之屬、城址、舊郡縣、營寨、書院堂亭等、陵墓）	缺	全	無
卷三：建置志（城池、公署、里巷、村鎮、牌坊、鋪舍、橋梁、樓閣、生祠、濠閘）		缺《濠閘》	全	無
卷四：食貨志（戶口、田賦、徭役、馬政、物産）		全	全	無
卷五：典禮志		全	全	無
卷六：學校志		全	全	無
卷七：軍衛志		缺後十一頁	全	無

续表

《順治志》目錄	復旦本	上圖本	國圖本
卷八：郡縣表	全	全	無
卷九：封爵表	全	全	無
卷十：職官表	缺《明潁州職官歷年表》	全	無
卷十一：選舉表	全	無	全
卷十二：宦業傳	缺二頁	無	全
卷十三：名賢傳	缺後三十六頁	無	全
卷十四：武畧内傳、武畧外傳	缺後十頁	無	全
卷十五：孝義傳、隱逸傳、僑寓傳、方技傳、僊釋傳	缺《隱逸傳》《僑寓傳》《方技傳》《僊釋傳》	無	全
卷十六：貞烈傳	全	無	全

续　表

《順治志》目錄	復旦本	上圖本	國圖本
卷十七：藝文上（宸翰部）	全	無	全
卷十八：藝文中（文部）	缺二十五頁	無	全
卷十九：藝文下（文部、詩部）	缺《詩部》	無	全
卷二十：叢譚	缺一頁	無	全

表中内容有一點需要説明：趙超磊《阜陽舊志研究》（安徽大學2012年碩士學位論文）第二章第二節《阜陽舊志的體例結構》中所列表格顯示《順治志》「凡例不詳」「無圖」。其實，此志《序》後即有凡例十四則，卷二《輿地志（上）》中有《境圖》《城圖》各一幅。趙文所述並不準確，這應該是由於僅見到上圖藏本所致。

除上述三處所藏刻本外，此志還有一個傳抄本，亦藏於上海圖書館。《上海圖書館地方志目錄》載：「《潁州志》二十卷，（清）王天民修……一九五九年傳抄本，六册。」據筆者目驗，此本係從復旦本抄出，殘缺部分亦完全相同。

本次校箋，即以《復旦大學圖書舘藏稀見方志叢刊》影印本爲底本，所缺部分則以國圖本和上圖本補足，其中文字漫漶不清處亦以國圖本和上圖本加以校正。

三 《順治志》的特色與價值

由於《順治志》的傳本稀見難得，學者罕睹其面，其特色與價值一直未被充分認識。其實，《順治志》對明代潁州舊志雖有因襲，卻不乏自身獨特之處，具有重要的歷史和文獻價值。

（一）《順治志》的特色。《順治志》的編纂固然會受到明代舊志之影響，但這並不意味著此志是對明代舊志的亦步亦趨。相反，《順治志》具有自己鮮明的特色。

第一，專記潁州歷史，對潁上、太和歷史較少涉及。明初，潁州隸屬鳳陽府，轄潁上、太和、亳三縣。弘治六年（1493），亳縣升爲亳州，不再屬潁。因此，《吕志》中對潁上、太和二縣的賦役、學校、職官、選舉、人物等都有詳細記載。清初，潁州疆域仍明朝舊制，而《順治志》記事卻未如《順治志凡例》所説的那樣「遵吕侍御之舊」。王天民既未給潁上、太和二縣的人物立傳，更無二縣人口、土地、賦税、職官等方面的任何記載，僅《郡縣表》中稍有提及。對於如此安排的原因，《凡例》中解釋得較爲明確：「潁上、太和二縣各有專志，兼有《中都志》備列其詳。茲止撮疆域界潁者，所以見附庸之義。其一切制度纖悉，原自有縣乘可考。」

第二，改進《吕志》的分目方式與編排順序。明代潁州志凡四修，唯《吕志》内容、體例較爲完善，是編纂《順治志》的重要參考。《順治志》在踵武《吕志》之餘亦多有變動，主要表現在分目方式與編排順序方面：其一，整合《吕志》原有類目，更换名稱：將傳記中《過賓》《名將》《死事》分入《宦業傳》《名賢傳》及《武畧傳》；將《溝洫》并入《輿地志》；將《禮樂》《兵衛》更名爲《典禮志》和《軍衛志》。其二，增加新門類：將《吕志》中隨類附見的詩文抽出，同時補充大量明朝制文，合成《藝文志》；將一些無法分入其他門類的内容合并成《叢譚》。其三，調换原有的編排順序：《吕志》按照紀、表、志、傳的順序編排，《順治志》則「以紀提一郡之大綱，以志見歷朝之條目，而表則遡其制度併系人官，傳則列其英賢，兼考事蹟」（《凡例》），將表置於志之前。

專記潁州歷史使得《順治志》記事更爲詳細，對舊志體例進行重新整合則使其類目更加簡明合理，免去了頭緒紛繁之弊。這是《順治志》區别於其他潁州舊志的重要特色。

（二）《順治志》的歷史價值。《順治志》重點記述了《吕志》後百二十年的潁州歷史，保存了一些難得的經濟、政治資料，具有重要的歷史價值。

第一，保存了明末清初潁州地區詳細的經濟資料。《順治志》詳細記述了《吕志》後至清初的百二十年歷史，其中人口、土地等方面的記載頗具史料價值。就人口而言，天啟二年（1622），人口數達六萬四百二十，爲歷史最高峯；崇禎八年（1635），經戰争殺戮，十四年（1641）復值凶疫，死者過半；及至順治五年（1648），僅剩二萬五千五百五十九人。就土地而言，萬曆九年（1581）時官民田地共一萬八千七百九十三頃四十五畝五分；崇禎十五年（1642）時，止存熟地七千八百六十六頃八十六畝五分。這些資料既反映了明末潁州的經濟狀況，也反映了戰亂中潁州人民罹難之深重。除人口、土地方面的資料外，書中還有對賦税以及各職能部門經費的詳細記載，同樣具有重要價值。

第二，記述了明末潁州地區經歷戰火的過程。《郡紀》載：「（崇禎）八年（1635）正月，流賊李自成破潁。通判趙士寬、知州尹夢鼇死之。」其後小字記載更爲詳細：「陝西流賊李自成，號闖王，正月初十日突至圍城……十二日午，賊穴城入……盤踞三晝夜去。」其後又云：

> 九月，流賊復侵潁，兵備道謝肇玄命貢士李栩擊走之……冬十月，流賊薄城……十年，潁營都司李栩擊流賊左衿王等，獲大勝……十一年春，十營賊侵掠方家集。秋八月，老徊徊賊侵掠驛口橋集。十二年春，十營賊、老徊徊賊擄掠中村崗等集。秋複至……十五年夏四月，南五營賊偷城……五月，南五營賊革裏眼、左衿王等賊偷城。

除對潁州戰亂的過程有詳細記述外，是志還記述了戰亂中的遇難人員，僅《貞烈傳》中所記遇難婦女就有一百一十七名之多。這些記載對於明末農民起義研究具有一定作用。

在《吕志》後、《順治志》之前雖有李宜春和林學閔所修兩部《潁州志》，但二者均只兩卷，記事稍嫌簡畧。且《李志》「對這十一年（即《吕志》後）的資料，並無增益」（《中国地方志總目提要·［嘉靖二十六年］潁州志》），《林志》則「字多差訛」（《中国地方志總目提要·［萬曆］潁州志》），因而《順治志》的歷史價值就更顯突出了。

（三）《順治志》的文獻價值。《順治志》不僅記載了潁州經濟、政治等方面的史料，而且還收錄了不少文學作品，在文獻輯佚和校勘方面亦具有獨特價值。

第一，保存了不少明代制文和明人別集漏收之文，輯佚價值明顯。卷十七《藝文（上）（宸翰部）》收錄了自洪武二年（1369）迄崇禎十三年（1640）間與潁州相關的制文43篇。除《四輔官安然》一文可知爲明太祖御制外，其他42篇制文的作者已難確考，且難見其他傳本，因而彌足珍貴。而《文部》和《詩部》則收有一些潁州名人詩文，其中不乏傳世別集漏收之作。如張鶴鳴雖有《蘆花湄集》傳世，仍可從《順治志》中輯出《簽易序》《平越府知府徐公墓表》兩文和《予請告歸田奉温旨有「卿飄然引去」之語感而賦此》一詩。

第二，可以作爲校勘其他版本《潁州志》和明代文集的參考。如前所述，《順治志》對《吕志》繼承頗多，而

《吕志》卻僅有一個刻本藏於天一閣，因而《順治志》對於《吕志》的校勘價值就不言而喻了。且作爲清代第一部《潁州志》，《順治志》爲後世志書提供了借鑒，因此，也可作爲校勘後世志書的參考。至於《順治志》對其他明代文集的校勘價值，仍可以《蘆花湄集》爲例加以説明。此志《藝文中》（文部）收有張鶴鳴《盧中菴先生傳》《雙烈傳》《謝公德政碑》等八篇文章，均可作爲校勘《蘆花湄集》的參考。

總之，《順治志》着重記載了《吕志》後百二十年的潁州歷史，「在是時間段内的賦役、學校、職官、選舉、人物等大政要務一般皆網羅豐富，記述詳實，保留了極爲難得的歷史文獻資料」（《中国地方志總目提要·［順治］潁州志》），具有重要價值。

在衆多潁州舊志中，《順治志》獨具特色。該書雖然專記潁州歷史，對所轄各縣較少涉及，但保存了大量寶貴的政治、經濟和文學資料，是研究潁州乃至淮河流域歷史文化的重要文獻。

序

《潁志》之成也，非予功也，予終之云爾。何終乎爾？有先予而纂者，前牧守星臺孫公。公克始事乎潁，名家李儲閶、劉幼功諸孝廉及二三文學之士，能讀八索九丘，博典記而習舊聞，念潁邁氛夥數，其間奇節幽光、耆賢碩宦，以及山川形勝、澮畞祠梁，興舉革除，湮没未詳，殘亂失次，一旦天子廣國史之傳，倣宋太平興國命博雅之臣蒐輯方志，將列郡各有新書，而汝陰獨缺，是司牧羞而潁賢者之責也。爲慫恿公，徵名儒張紫淀協修之。諸君首事之功茂哉！

及予鄙陋不文，受星臺已成之書，莫能復贊一詞。然竊覽其考訂詳確，補編華瞻①，雖物土、職業、煙火、廬宇，較昔盛衰有間焉。而觀乎人傑蔚起，青雲飈馳，若張氏之風徽卓絶，勿容複頌；至華望如李，既聯標乎鳳

①「瞻」字，《道光阜陽縣志·卷首》誤作「贍」。

池；碩宿如滑，且蜚聲於驄馬；多才如劉，信羔雁之盈庭；宏抱如郝，羨①珪璋之特達。暨夫韓武王梁，譽髦踵接。由後視前，川嶽之秀，鍾鬱之奇，皇哉彌烈矣。

抑按：潁地漢隸郡，隋屬州，前代又以潁衛附豫而州列南省，則潁固吳楚奧②區，尤江洛之表也。幅員若此，賢豪若彼，洵泱泱大風也哉。況際潁鐸允升朱君，江左偉賢也，品潔文峭，仿佛歐陽，於修志，寔左右之。昔歐公曾家於潁，朱君鐸潁亦最久，其翼成《潁志》，可不謂繼歐公之史筆者哉？宜諸賢詮述之美，燁然聳觀焉。予縱莫能復贊一詞，敢不襄厥事而終之剞劂？爰以役竣，併紀其實而弁之。

時③順治甲午（1654）蒲月之吉，知潁州東海王天民率真手題。

①「羨」字，《道光阜陽縣志·卷首》作「美」。
②「奧」字，《道光阜陽縣志·卷首》誤作「粵」。
③「時」字，《道光阜陽縣志·卷首》無。

纂修姓氏

江南鳳陽府潁州知州東海王天民主修。

前知潁州事東海孫可成肇修。

學正江寧朱應昇監修。

同知河池郇獻謨、吏目南昌傅良知、江寧張文峙編纂。

潁川劉體謙、王眷汝、宣文華、徐揆方分較。

滑文蔚、張大章、李文煌、張大賡、李文煇、郝巽、周建鼎、劉佐臨、劉壯國、劉體仁、劉濟寬、劉搢同訂。

凡例十四則

《潁志》皆遵吕侍御之舊，削其援引古典而不切於潁者，增入近代之事。取之吕本者十之四，質以諸家典籍、名人著述者十之六。隻字弗遺，微長必收。

《舊志》《紀》列於首而《表》從之，今則以《紀》提一郡之大綱，以《志》見歷朝之條目，而《表》則遡其制度，併系人官；《傳》則列其英賢，兼考事蹟。其間增損次第，詳爲論定，或因或否，惟其當也。

《輿地》《建置》，包括庶事，各從其類，間有缺畧，則《職官》《刑法》《水利》《溝洫》，尚當講求以補其全。

《食貨》惟賦役經費，至於今日，徒存舊額。或增或減，殊無的據。害已去籍，司帑者概多蒙蔽。若時詘舉嬴①，力求節省，斟酌於額之中、額之外者，因民之疾苦而緩急之，尚有待於仁人君子。此《志》所載，舉其常而已。

①「時詘舉嬴」，疑當作「時絀舉嬴」。《史記·韓世家》：「屈宜臼曰：『昭侯不出此門……往年秦拔宜陽，今年旱，昭侯不以此時卹民之急，而顧益奢，此謂時絀舉嬴。』」裴駰《集解》：「徐廣曰：『時衰耗而作奢侈。』」

《舊志》有《風俗》一款，《古蹟》一款，今删入《輿地志》。又有《禮樂》、有《典祀》二款，今歸併爲《典禮志》。又有《災祥》《事記》二款，今總列入《郡紀》。新舊相參，增減隨宜，皆諸君子所酌也。

《表》有《郡縣》《疆域》《封爵》者，存吕侍御之所訂也，而《職官》《人物》，因代增入，大書特書，人存政舉，實惟社稷之衛。

《傳》以紀賢人之行事。有《宦業》，勸官守也；有《名賢》，興豪傑也；有《武畧》，備戰守也；而《孝義》《貞烈》實關風化，以及《隱逸》《僑寓》，皆昉〔仿〕正史而存其體。

《舊志》在人物傳中有《過賓》《名將》《死事》三款，今俱删訂，分入《宦業》《名賢》及《武畧傳》中，庶免頭緒雜出，以便論世。

《方伎》《僊釋》，《舊志》屬《叢談〔譚〕》，然天下通志，皆各自立傳，仍宜分體，以存史氏之條目。

節婦、烈女，殉者備書；臨難甘死不辱者書；無子，茹蘗以白髮終者書；有子，能養舅姑與艱關能卒志者間書。

《吕志》不載藝文，凡文皆隨類附見。張大司馬既輯藝文，不載王言，皆有可商。今增入《宸翰》弁其首，而文與詩仍舊。但有人屬潁而文與事不屬潁者，可删也；有名賢、貞烈已載特傳，而又另存其志銘、表傳，似爲重複，可删也。後之君子當詳之。《藝文》，自宋至明雜録之。舊載伍員、陳蕃諸篇，覺其遼遠，故不録。雖上代之典籍缺畧，不妨廣錄。若泛而不切，删削惟嚴可也。

《叢談［譚］》似屬巵泛，然事實可傳，忍遺之乎？志無專屬，皆紀於此。而中有經濟名言殊可遵行，先輩風流有足勸諷者，不妨志之。至於關一郡之興除，如復西湖一説，及形家圖議，皆備其目待講求，非贅也。

潁上、太和二縣各有專志，兼有《中都志》備列其詳。兹止撮疆域界潁者，所以见附庸之義。其一切制度纖悉，原自有縣乘可考。

潁州志目録

潁州志卷之三……一三二

潁州志卷之四……**一六五**

潁州志卷之五……一九二

潁州志卷之六……二一七

潁州志卷之七……二三三

潁州志卷之一

郡紀

潁自上古迄於今日，代遠事湮，史缺有間。昔人就疆域、沿革及戰守、祥異事關一郡大體者，節錄爲《紀》，首列於篇。覽者謂其提綱挈領，觸類包舉。凡牧茲土者，原始察終，因時經畫，咸得夫調劑補救之方。此彷遷、固遺意，以昭永鑒，以弘王化，無異裁也。故因厥編年之體，循其始事，續以近代，擇善而從。餘所損益，可例推焉。

帝嚳受之顓頊，創制九州，統理萬國。河南曰豫州，東南爲潁。《通志》。①

唐堯之興，因顓帝所建爲九州。河南爲豫，東南爲潁。②

虞舜肇十有二州，潁隸豫如唐。③

夏禹復九州。④

商湯「奄有九有」，制如夏。⑤

周初，分天下爲九畿。至成王時，亦曰九州。潁皆隸豫。⑥

---

①《通志·地理畧·歷代封畛》：「臣謹按：杜佑之《序》曰：『昔黄帝方制天下，立爲萬國。《易》稱『首出庶物，萬國咸寧』。及少皞氏之衰，其後制度無聞矣。若顓帝之所建，帝嚳受之，創制九州，統領萬國。』」吕景蒙《嘉靖潁州志·郡紀》：「帝嚳受之顓頊，創制九州，統理萬國，河南曰豫州，東南爲潁。（《通志》。）」李宜春《嘉靖潁州志·州考》：「黄帝氏畫野分州，河之南爲豫，豫東北則潁地焉。」

②《通典·序目上》：「堯遭洪水而天下分絶，使禹平水土，還爲九州，如舊制也。」吕景蒙《嘉靖潁州志·郡紀》：「唐堯之興，因顓帝所建爲九州，其河之南爲豫州，豫之東南爲潁。」

③《尚書·虞書》：「肇十有二州。」孔安國傳：「禹治水之後，舜分冀州爲幽州、并州，分青州爲營州，始置十二州。」吕景蒙《嘉靖潁州志·郡紀》：「虞舜肇十有二州，潁隸豫如唐。（《書》。）」

④《通典·序目上》：「夏氏革命，又爲九州。」吕景蒙《嘉靖潁州志·郡紀》：「夏禹復九州。」

⑤《詩經·商頌·玄鳥》：「方命厥后，奄有九有。」毛亨傳：「九有，九州也。」鄭玄箋：「天帝命有威武之德者成湯，使之長有邦域，爲政於天下……湯有是德，故覆有九州，爲之王也。」《通典·序目上》：「塗山之會，亦云萬國。四百年間，遞相兼并。殷湯受命，其能存者三千餘國，亦爲九州，分統天下。」吕景蒙《嘉靖潁州志·郡紀》：「商湯『奄有九有』，制如夏。」

⑥《通典·序目上》：「載祀六百，及乎周初，尚有千八百國，而分天下爲九畿……至成王時亦曰九州。」吕景蒙《嘉靖潁州志·郡紀》：「周初，分天下爲九畿。至成王時，亦曰九州。潁皆隸豫。」

春秋時，潁爲胡子國。西一百二十里爲沈子國，東二百里爲州來。《左傳》①

周襄王十八年（前634）春，魯叔孫得臣會晉人、宋人、陳人、衛人、鄭人伐沈。沈潰。《春秋》②

定王八年（前599），魯宣公十年（前599）也，楚子伐鄭。晉士會救鄭，逐楚師於潁北。③

簡王二年（前584），吳入州來。④

靈王九年（前563），諸侯戍鄭虎牢。楚公子貞帥師救鄭，鄭夾潁而軍。⑤

---

①《春秋·昭公四年（前538）》：「夏，楚子、蔡侯、陳侯、鄭伯、許男、徐子、滕子、頓子、胡子、沈子、小邾子、宋世子佐、淮夷會於申。」杜預注：「胡國，汝陰縣西北有胡城。」《南畿志·鳳陽府屬沿革·潁州》：「潁州，春秋爲胡子國。」《正德潁州志·建置沿革》：「春秋時爲胡子國。」吕景蒙《嘉靖潁州志·郡紀》：「春秋時，潁爲胡子國。西一百二十里爲沈子國，東二百里爲州來。」李宜春《嘉靖潁州志·州考》：「春秋則以潁爲胡子國。」

②「周襄王十八年」，疑當作「周襄王八年（前624）」。《春秋·文公三年（前624）》：「三年春，王正月，叔孫得臣會晉人、宋人、陳人、衛人、鄭人伐沈。沈潰。」吕景蒙《嘉靖潁州志·郡紀》：「周襄王十八年春，魯叔孫得臣會晉人、宋人、陳人、衛人、鄭人伐沈。沈潰。（《春秋》。）」

③《左傳·宣公十年（前599）》：「楚子伐鄭，晉士會救鄭，逐楚師於潁北。」吕景蒙《嘉靖潁州志·郡紀》：「定王八年，魯宣公十年也，楚子伐鄭。晉士會救鄭，逐楚師於潁北。」

④《春秋·成公七年（前584）》：「吳入州來。」杜預注：「州來，楚邑，淮南下蔡縣是也。」吕景蒙《嘉靖潁州志·郡紀》：「簡王二年，吳入州來。」

⑤《春秋·襄公十年（前563）》：「公會晉侯、宋公、衛侯、曹伯、莒子、邾子、齊世子光、滕子、薛伯、杞伯、小邾子伐鄭……戍鄭虎牢。楚公子貞帥師救鄭。」《左傳·襄公十年》：「楚子囊救鄭。十一月，諸侯之師還鄭而南，至於陽陵。楚師不退。知武子欲退，曰：『今我逃楚，楚必驕，驕則可與戰矣。』樂黶曰：『逃楚，晉之恥也。合諸侯以益恥，不如死！我將獨進。』師遂進。己亥，與楚師夾潁而軍。」吕景蒙《嘉靖潁州志·郡紀》：「靈王九年，諸侯戍鄭虎牢。楚公子貞帥師救鄭，夾潁而軍。鄭子僑曰：『諸侯既有成行，必不戰矣。從之將退，不從亦退，楚必圍我，猶將退也。不如從楚，亦以退之。』宵涉潁，與楚人盟。」

景王十六年（前529），吳滅州來。①

敬王元年（前519）秋七月戊辰，吳敗頓、胡、沈、蔡、陳、許之師於鷄父。胡子髡、沈子逞滅，獲陳夏齧。②

十四年（前506）夏四月庚辰，蔡公孫姓帥師滅沈，以沈子嘉歸，殺之。③

二十五年（前495）二月辛丑，楚子滅胡，以胡子豹歸。④

二十七年（前493）十有一月，蔡遷於州來。後楚滅蔡，州來屬楚。《春秋》。⑤

①《春秋・昭公十三年（前529）》：「吳滅州來。」《左傳・昭公十三年》：「吳滅州來。令尹子期請伐吳，王弗許，曰：『吾未撫民人，未事鬼神，未修守備，未定國家，而用民力，敗不可悔。州來在吳，猶在楚也，子姑待之。』」呂景蒙《嘉靖潁州志・郡紀》：「景王十六年，吳滅州來。」

②《春秋・昭公二十三年（前519）》：「（七月）戊辰，吳敗頓、胡、沈、蔡、陳、許之師於鷄父。胡子髡、沈子逞滅，獲陳夏齧。」《左傳・昭公二十三年》：「吳人伐州來，楚薳越帥師及諸侯之師奔命救州來……戊辰晦，戰於鷄父。吳子以罪人三千先犯胡、沈與陳，三國爭之。吳爲三軍以繫於後，中軍從王，光帥右，掩餘帥左。吳之罪人或奔或止，三國亂，吳師擊之，三國敗，獲胡、沈之君及陳大夫。舍胡、沈之囚，使奔許與蔡、頓，曰：『吾君死矣。』師譟而從之，三國奔，楚師大奔。」呂景蒙《嘉靖潁州志・郡紀》：「敬王元年秋七月，戊辰，吳敗頓，胡、沈、蔡、陳、許之師於鷄父。」

③《春秋・定公四年（前506）》：「夏四月庚辰，蔡公孫姓帥師滅沈，以沈子嘉歸，殺之。」呂景蒙《嘉靖潁州志・郡紀》：「十四年夏四月庚辰，蔡公孫姓帥師滅沈，以沈子嘉歸，殺之。」

④《春秋・定公十五年（495）》：「二月辛丑，楚子滅胡，以胡子豹歸。」《左傳・定公十五年》：「吳之入楚也，胡子盡俘楚邑之近胡者。楚既定，胡子豹又不事楚，曰：『存亡有命，事楚何爲？多取費焉。』二月，楚滅胡。」

⑤《春秋・哀公二年（前493）》：「十有一月，蔡遷於州來。蔡殺其大夫公子駟。」同書《昭公十一年（前484）》：「冬十有一月丁酉，楚師滅蔡，執蔡世子有以歸，用之。」《左傳・哀公二年》：「吳洩庸如蔡納聘，而稍納師。師畢入，衆知之。蔡侯告大夫，殺公子駟以說。哭而遷墓。冬，蔡遷於州來。」同書《昭公十一年》：「冬十一月，楚子滅蔡，用隱大子於岡山。」《正德潁州志・建置沿革》：「戰國屬楚。」呂景蒙《嘉靖潁州志・郡紀》：「二十七年十有一月，蔡遷於州來。後楚滅蔡，州來屬楚。（《春秋》。）」李宜春《嘉靖潁州志・州考》：「戰國屬楚。」

秦制天下郡四十，潁爲潁川郡地。①

兩漢爲汝陰縣，屬汝南郡。②

元帝初元五年（前44）夏及秋，霪雨連旬，壞卸民舍，及水流殺人。③

和帝永元十二年（100）六月，大水傷稼。④

---

①《史記·韓世家》：「（韓王安）九年（前230），秦虜王安，盡入其地，爲潁川郡。韓遂亡。」張守節《正義》：「亡在秦始皇帝十七年（前230）。」《史記·秦本紀》：「秦王政立二十六年（前221），初并天下爲三十六郡。」《晉書·地理志》：「始皇初并天下，懲忞戰國，削罷列侯，分天下爲三十六郡。於是興師逾江，平取百越，又置閩中、南海、桂林、象郡，凡四十郡。」《正德潁州志·建置沿革》：「秦爲潁川郡地。」呂景蒙《嘉靖潁州志·郡紀》：「秦制天下郡四十，潁爲潁川郡地。」李宜春《嘉靖潁州志·州考》：「秦始分天下爲三十六郡，以潁爲潁川郡。」

②《後漢書·章帝紀》：「章和元年（87）九月壬子……己未，幸汝陰。」注云：「汝陰：縣名，屬汝南郡，今潁川縣。」《成化中都志·建置沿革·潁州》：「兩漢爲汝南郡之汝陰縣。莽曰汝墳。」《正德潁州志·建置沿革》：「漢爲汝陰縣，屬汝南郡。」呂景蒙《嘉靖潁州志·郡紀》：「兩漢爲汝陰縣，屬汝南郡。」李宜春《嘉靖潁州志·州考》：「兩漢析爲汝陰縣，隸汝南郡。」

③「初元五年」，當作「永光五年（前39）」。「卸」字，疑當作「却」。《漢書·元帝紀》：「（永光五年）秋，潁川水出，流殺人民。」又同書《五行志》：「元帝永光五年夏及秋，大水。潁川、汝南、淮陽、廬江雨，壞鄉聚民舍，及水流殺人。」呂景蒙《嘉靖潁州志·郡紀》：「元帝初元五年夏及秋，霪雨連旬，壞卸［却］民舍，及水流殺人。」李宜春《嘉靖潁州志·物異》：「漢初元五年夏及秋，霪雨連旬，壞卸［却］民舍，及水流殺人。」

④《後漢書·五行志》：「（永元）十二年六月，潁川大水，傷稼。」呂景蒙《嘉靖潁州志·郡紀》：「和帝永元十二年（100）六月，大水傷稼。」李宜春《嘉靖潁州志·物異》：「永元十二年（100）六月，大水傷稼。」

安帝元初二年（115），潁水化爲血。按，京房占曰：「水化爲血，兵且起。」①

元光二年（前133）三月丙申，大風拔木。②

三國，魏置汝陰，後廢。③

晉泰和二年，復置汝陰郡。④

---

①《後漢書·五行志》：「（永初）六年（112），河東池水變色，皆赤如血。是時鄧太后猶專政。」劉昭引《古今注》云：「元初二年（115），潁川襄城臨流水化爲血，不流。」又引京房《占》曰：「流水化爲血，兵且起。」呂景蒙《嘉靖潁州志·郡紀》：「安帝元初二年，潁州水化爲血。按，京房《占》曰：『水化爲血，兵且起。』」李宜春《嘉靖潁州志·物異》：「元初二年，水化爲血。」

②「元光二年」，疑當作「延光二年（123）」。「元光」爲汉武帝年號。《後漢書·五行志》：「延光二年三月丙申，河東、潁川大風拔樹。」此誤已見於呂景蒙《嘉靖潁州志·郡紀》：「元光二年三月丙申，大風拔木。是年，潁上木連理者數株。」李宜春《嘉靖潁州志·物異》：「元光二年三月丙申，大風拔木。潁上木連理者數株。」

③《三國志·魏書·明帝》：「（景初二年即238年二月）壬寅，分沛國蕭、相、竹邑、符離、蘄、銍、龍亢、山桑、洨、虹十縣爲汝陰郡。」《成化中都志·建置沿革·潁州》：「魏置汝陰郡，後廢。」《南畿志·鳳陽府屬沿革·潁州》：「三國，魏置汝陰郡，後廢。」《正德潁州志·建置沿革》：「魏置汝陰郡。」呂景蒙《嘉靖潁州志·郡紀》：「三國，魏置汝陰，後廢。」李宜春《嘉靖潁州志·州考》：「魏改汝陰郡，領汝陰、宋、許昌三縣。」

④「泰和」二字，疑當作「泰始」，晉無「泰和」年號。《晉書·地理志上》：「汝陰郡。魏置郡，後廢，泰始二年（266）復置。統縣八，戶八千五百。汝陰（故胡子國）、慎（故楚邑）、原鹿、固始、鮦陽、新蔡、宋（侯相）、褒信。」《成化中都志·建置沿革·潁州》：「晉武帝泰始三［二］年復置郡。」《南畿志·鳳陽府屬沿革·潁州》：「晉復置。」呂景蒙《嘉靖潁州志·郡紀》：「晉泰和［始］二年，復置汝陰郡。」李宜春《嘉靖潁州志·州考》：「晉復爲汝陰郡，領汝陰、慎、原鹿、固始、鮦陽、新蔡、宋、褒信八縣。」

元康四年（294）十一月，汝陰地震。①

東晉，汝陰制如魏。②

元帝後，北境漸蹙，地陷於劉曜、石勒。③

宋置西汝陰郡。④

世祖大明二年（458）三月壬子，西汝陰樓煩平地出醴泉，豫州刺史宗慤以聞。⑤

---

①《晉書·五行志下》：「惠帝元康元年（291）十二月辛酉，京都地震……四年（294）二月，上谷、上庸、遼東地震……十一月，滎陽、襄城、汝陰、梁國、南陽地皆震。」呂景蒙《嘉靖潁州志·郡紀》：「惠帝元康四年十一月，汝陰地震。」李宜春《嘉靖潁州志·物異》：「晉元康四年十一月，汝陰地震。木連理二。」

②呂景蒙《嘉靖潁州志·郡紀》：「東晉，汝陰制如魏。」

③《通典·州郡·序目上》：「初，元帝命祖逖鎮雍邱。逖死，北境漸蹙。於是荆、豫（自淮北，今汝南、汝陰、南陽等郡以北）、青、兖四州及徐州之半，陷劉曜、石勒。」李宜春《嘉靖潁州志·物異》：「東晉元帝，北境漸蹙，潁陷於劉曜、石勒。」

④《宋書·州郡志·南豫州》：「西汝陰太守，永初郡國、何、徐並無此郡。汝陰令。（別見。）安城令。（別見。）樓煩令。（別見。）宋令。（別見。）」《資治通鑑·宋孝武帝紀》：「（大明八年）宋之境內，凡有州二十二，郡二百七十四，縣千二百九十九，戶九十四萬有奇。」胡三省注云：「南豫州，領歷陽……西汝陰……邊城左郡、光城左郡十九郡。」

⑤「西汝陰」，疑當作「北汝陰」。《宋書·符瑞志下》：「孝武帝大明二年三月壬子，北汝陰樓煩平地出醴泉，豫州刺史宗慤以聞。」此誤已見於呂景蒙《嘉靖潁州志·郡紀》：「世祖大明二年三月壬子，西汝陰樓煩平地出醴泉，豫州刺史宗慤以聞。」李宜春《嘉靖潁州志·物異》：「宋大明二年三月壬子，西［北］汝陰郡樓煩平地出醴泉。」

明帝泰始三年（467），魏鄭義、元石攻汝陰，汝陰太守張超城守，石等率精鋭攻之，不克。①

南齊，仍置西汝陰郡。②

梁武帝大通二年（528），陳慶之破魏潁州刺史婁起。③

魏孝明帝孝昌三年（527），置潁州，武泰元年陷。④

西魏遣大將王思政入據潁州。東魏高岳堰洧水灌城，圍之，潁陷。⑤

---

①《宋書·明帝紀》：「（泰始三年二月）索虜寇汝陰，太守張景遠擊破之。」《魏書·鄭義傳》：「明年春，又引軍東討汝陰。劉彧汝陰太守張超城守不下，（元）石率精鋭攻之，不克，遂退至陳項，議欲還軍長社，待秋擊之。」吕景蒙《嘉靖潁州志·郡紀》：「明帝泰始三年，魏鄭義、元石攻汝陰，汝陰太守張超城守，石等率精鋭攻之，不克。」李宜春《嘉靖潁州志·物異》：「泰始三年，魏鄭義、元石攻汝陰，太守張超城守，攻之不克。」

②《南齊書·州郡志·豫州》：「西汝陰郡：樓煩，汝陰，宋，陳（《永元志》無），平豫（《永元志》無），固始（《永元志》無），新蔡（《永元志》無），汝南（《永元志》無），安城。」吕景蒙《嘉靖潁州志·郡紀》：「南齊，仍置西汝陰郡。」

③「大通二年」，當作「中大通二年（530）」。《梁書·陳慶之傳》：「中大通二年，除都督南北司西豫豫四州諸軍事、南北司二州刺史，餘並如故。慶之至鎮，遂圍懸瓠。破魏潁州刺史婁起、揚州刺史是云寶於溱水，又破行臺孫騰、大都督侯進、豫州刺史堯雄、梁州刺史司馬恭於楚城。」

④「孝昌三年」，當作「孝昌四年（528）」。《魏書·地形志·潁州》：「潁州：領郡二十，縣四十。」注云：「潁州：孝昌四年置，武泰元年（528）陷，武定七年（549）復。」《成化中都志·建置沿革·潁州》：「後魏置潁川郡。」吕景蒙《嘉靖潁州志·郡紀》：「魏孝明帝孝昌三[四]年置潁州。武泰元年陷。」李宜春《嘉靖潁州志·州考》：「北魏孝昌三[四]年，置潁州，取潁水爲名，州於是乎開矣。」

⑤《北史·周太祖本紀》：「（大統）十三年（547）正月，東魏河南大行臺侯景舉河南六州來附，被圍於潁川。六月，帝遣開府李弼援之，東魏將韓軌等遁去。景遂徙鎮豫州。於是遣開府王思政據潁川，弼引軍還……十五年（549）春，帝遣大將軍趙貴帥師援王思政。高岳堰洧水以灌城，潁川以北皆爲陂澤，救兵不得至。六月，潁川陷。」吕景蒙《嘉靖潁州志·郡紀》：「西魏遣大將王思政入據潁州。東魏高岳堰洧水灌城，圍之，潁陷。（《北史·周本紀》。）」李宜春《嘉靖潁州志·物異》：「西魏遣大將王思政入據潁，高岳堰洧水灌城，圍之，潁陷。」

東魏靜帝元象元年（538），大行臺侯景率豫州刺史堯雄等相會，俱討潁州。梁回等棄城遁，潁州平。①

武定五年（547）正月，司徒侯景反。潁州刺史司馬世雲以城應之，景入據潁。②

七年（549）五［六］月，魏克潁州。初，沙門志公於大會中作詩曰：「兀尾狗子始著狂，欲死不死齧人傷，須臾之間自滅亡。患在汝陰死三湘，橫尸一旦無人藏。」景小字狗子。後景敗於三湘，果驗。③

---

①此條有誤。梁回爲西魏潁州刺史，故東魏孝靜帝命侯景等人討之。《魏書·孝静紀》：「元象元年春正月……行臺任祥率豫州刺史堯雄等與大行臺侯景、司徒高敖曹、大都督万俟受洛干等於北豫相會，俱討潁州。梁回等棄城遁走，潁州平。」呂景蒙《嘉靖潁州志·郡紀》：「東魏靜帝元象元年，大行臺侯景率豫州刺史堯雄等相會，俱討潁州。梁回等棄城遁，潁州平。」

②《魏書·孝静紀》：「（武定）五年春正月……辛亥，司徒侯景反，潁州刺史司馬世雲以城應之。景入據潁城，誘執豫州刺史高元成、襄州刺史李密、廣州刺史暴顯等。」呂景蒙《嘉靖潁州志·郡紀》：「武定五年正月，司徒侯景反。潁州刺史司馬世雲以城應之，景入據潁。」

③《魏書·孝静紀》：「（武定七年）五月，齊文襄王帥衆自鄴赴潁川。六月丙申，克潁州，擒寶炬大將軍、尚書左僕射、東道大行臺、太原郡開國公王思政，潁州刺史皇甫僧顯等，及戰士一萬餘人，男女數萬口。」《梁書·侯景傳》：「天監中，有釋寶志曰：『掘尾狗子自發狂，當死未死嚙人傷，須臾之間自滅亡，起自汝陰死三湘。』」《隋書·五行志》：「（天監）十年（515）四月八日，志公於大會中又作詩曰：『兀尾狗子始著狂，欲死不死齧人傷，須臾之間自滅亡，起自汝陰死三湘。』侯景小字狗子。初自懸瓠來降，懸瓠則古之汝南也。巴陵南有地名三湘，即景奔敗之所。」《南史·侯景傳》：「天監中，沙門釋寶志曰：『掘尾狗子自發狂，當死未死嚙人傷，須臾之間自滅亡，起自汝陰死三湘。』」呂景蒙《嘉靖潁州志·郡紀》：「七年五［六］月，魏克潁州。初，沙門志公於大會中作詩曰：『兀尾狗子始著狂，欲死不死齧人傷，須臾之間自滅亡。患在汝陰死三湘，橫尸一旦無人藏。』景小字狗子。後景敗於三湘，果驗。」

潁州長史賀若統執刺史田迅，據州降後周。①

隋置汝陰郡，領縣五：汝陰，潁陽，清丘，潁上，下蔡。②

煬帝大業三年（607）夏四月，賊帥房憲陷汝陰郡。③

①《周書·賀若敦傳》：「賀若敦，代人也。父統，爲東魏潁州長史。大統三年（537），執刺史田迅以州降。」呂景蒙《嘉靖潁州志·郡紀》：「潁州長史賀若統執刺史田迅，據州降後周。」李宜春《嘉靖潁州志·物異》：「東魏武定五年（547）正月，司徒侯景反，潁州刺史司馬世雲以城應之，景入據潁。七年（549）春正月，齊文襄王帥衆赴潁州，擒刺史皇甫僧顯。五月，魏克潁州。初，沙門志公於大會中作詩曰：『兀尾狗子始著狂，欲死不死嚙人傷，須臾之間自滅亡。患在汝陰死三湘，横屍一旦無人藏。』侯景小字狗子，後景敗於三湘，果驗。潁州長史賀若統執刺史田迅，據州降後周。」

②《隋書·地理志》：「汝陰郡。（舊置潁州。）統縣五，戶六萬五千九百二十六。汝陰，（舊置汝陰郡，開皇初郡廢。大業初復置。）潁陽，（梁曰陳留，并置陳留郡及陳州。東魏廢州。開皇初廢郡，十八年縣改名焉。有鄭縣，後齊廢。）清丘，（梁曰許昌，及置潁川郡。開皇初廢郡，十八年縣改名焉。）潁上，（梁置下蔡郡，後齊廢郡。大業初縣改名焉。）下蔡。（梁置汴郡，後齊郡廢。大業初縣改名焉。又梁置淮陽郡，後齊改曰潁川郡。開皇初郡廢。）」《成化中都志·建置沿革·潁州》：「隋爲汝陰郡，開皇初廢郡，置潁州。大業初復爲郡。」《正德潁州志·建置沿革》：「隋初廢。大業初，復爲潁州。」《南畿志·鳳陽府屬沿革·潁州》：「隋仍爲汝陰郡，開皇初廢郡，置潁州。大業初復郡。」呂景蒙《嘉靖潁州志·郡紀》：「隋置汝陰郡，領縣五：汝陰、潁陽、清丘、潁上、下蔡。」李宜春《嘉靖潁州志·州考》：「隋復爲汝陰郡，領汝陰、潁陽、清丘、潁上、下蔡五縣。」

③「憲」字後，疑脱「伯」字。《隋書·煬帝紀》：「煬帝大業三年夏四月丁酉，賊帥房憲伯陷汝陰郡。」呂景蒙《嘉靖潁州志·郡紀》：「煬帝大業三年夏四月，賊率房憲陷汝陰郡。」李宜春《嘉靖潁州志·物異》：「隨［隋］大業三年夏四月，賊率房憲伯陷汝陰郡。」

唐初置信州。武德四年（621）置潁州，領縣四：汝陰，潁上，下蔡，沈丘。①

高宗永徽四年（653）夏、秋，旱，光、婺、滁、潁等州尤甚。②

肅宗乾元元年（758），隸淮南西道。二年（759），廢淮南西道，置陳鄭節度使，以潁、亳、陳、鄭隸。上元二年（761），廢陳鄭節度，以陳、鄭、潁、亳隸淮西。③

寶應元年（762），隸河南節度。④

---

①《舊唐書·地理志·潁州中》：「漢汝南郡。隋爲汝陰郡。武德四年，平王世充於汝陰縣西北十里置信州，領汝陰、清丘、永安、高唐、永樂等六縣，六年（623）改爲潁州。」《正德潁州志·建置沿革》：「唐初又置信州，尋改潁州。」吕景蒙《嘉靖潁州志·郡紀》：「唐初置信州。武德四年置潁州，領縣四：汝陰，潁上，下蔡，沈丘。（《唐·地理志》。）」李宜春《嘉靖潁州志·州考》：「唐初爲信州，武德四年復置潁州，領汝陰、潁上、下蔡、沈丘四縣。」

②《新唐書·五行志》：「（永徽）四年夏、秋，旱，光、婺、滁、潁等州尤甚。」吕景蒙《嘉靖潁州志·郡紀》：「高宗永徽四年夏、秋，旱，光、婺、滁、潁等州尤甚。」李宜春《嘉靖潁州志·物異》：「唐永徽四年夏秋旱，潁等州尤甚。」

③《新唐書·方鎮表二》：「（至德元年，756）置淮南西道節度使，領義陽、弋陽、潁川、滎陽、汝南五郡，治潁川郡。」「（乾元元年）淮南西道節度徙治鄭州，增領陳、潁、亳三州，别置豫汝許節度使，治豫州。」「（乾元二年）廢淮南西道節度使，以陳、潁、亳隸陳鄭。置鄭陳節度使，領鄭、陳、亳、潁四州，治鄭州。」「（上元二年）廢鄭陳節度，以鄭、陳、亳、潁四州隸淮西。」《南畿志·鳳陽府屬沿革·潁州》：「乾元初復爲潁州，隸河南道。」吕景蒙《嘉靖潁州志·郡紀》：「肅宗乾元元年，隸淮南西道。二年，廢淮南西道，置陳鄭節度使，以潁、亳、陳、鄭隸。上元二年，廢陳鄭節度，以陳、鄭、潁、亳隸淮西。」李宜春《嘉靖潁州志·州考》：「乾元元年設各道節度使，以潁隸淮南西道。二年廢淮南西道，隸陳鄭；后廢陳鄭，仍隸淮西。」

④《新唐書·方鎮表二》：「（寶應元年）復置河南節度使，治汴州，領州八：汴、宋、曹、徐、潁、兖、鄆、濮。」吕景蒙《嘉靖潁州志·郡紀》：「寶應元年，隸河南節度。」李宜春《嘉靖潁州志·州考》：「寶應元年，隸河南。」

大曆四年（769），殺潁州刺史李岵。時令狐彰爲滑亳節度使，性猜阻忮忍，忤者者死①。潁州刺史李岵，遣姚奭代之，戒曰：「不時②，殺之。」岵知其謀，因殺奭死惡［者］百餘人，奔汴州，上書自言，彰亦劾之。河南尹張延賞畏彰，留岵使不遣，故彰書告聞，斥岵夷州，殺之。出《彰傳》。③

是年，以潁州隸澤潞節度。十四年（779），以潁州隸永平節度。《方鎮表》。④

---

①後一「者」字，疑當作「輒」。「死」字後，疑脱「怒」字。見下文所引《新唐書・令狐彰傳》。

②「時」字後，疑脱「代」字。見下文所引《新唐書・令狐彰傳》。

③《新唐書・肅宗本紀》：「（大曆）四年正月甲戌，殺潁州刺史李岵。」《新唐書・令狐彰傳》：「然（令狐彰）猜阻忮忍，忤者輒死。怒潁州刺史李岵，遣姚奭代之，戒曰：『不時代，殺之。』岵知其謀，因殺奭，死者百餘人，奔汴州，上書自言，彰亦劾之。河南尹張延賞畏彰，留岵使，故彰書先聞，斥岵夷州，殺之。」呂景蒙《嘉靖潁州志・郡紀》：「大曆四年，殺潁州刺史李岵。（出《本紀》。）時令狐彰爲滑亳魏節度使，性猜阻忮忍，忤者輒死。潁州刺史李岵，遣姚奭代之，戒曰：『不時，殺之。』岵知其謀，因殺奭，死者百餘人，奔汴州，上書自言，彰亦劾之。河南尹張延賞畏彰，留岵使不遣，故彰書先聞，斥岵夷州，殺之。（出《彰傳》。）」李宜春《嘉靖潁州志・物異》：「大曆四年，殺潁州刺史李岵。時令狐彰爲滑、魏節度使，性猜阻忮忍，忤者輒死。潁州刺史李岵，遣姚奭代之，戒曰：『不時，殺之。』岵知其謀，因殺奭，死者百餘人。奔汴州，上書自言。彰亦劾之。河南尹張延賞畏彰，留岵使不遣，故彰書先聞。斥岵夷州，殺之。」

④《新唐書・方鎮表二》：「（大曆四年，769）河南節度增領泗州，以潁州隸澤潞節度。」「（大曆十四年）永平節度增領汴、潁二州，徙治汴州。」呂景蒙《嘉靖潁州志・郡紀》：「是年（大曆四年），以潁州隸澤潞節度。十四年，以潁州隸水平節度。（《方鎮表》。）」李宜春《嘉靖潁州志・州考》：「大曆四年，隸澤潞。十四年入永平軍。」

德宗建中元年（780），置宋亳潁節度，號宣武軍，自是地專於宣武。《方鎮表》。①

真元四年（788），淮南及河南地生毛。②

憲宗元和十四年（819）七月戊寅，韓弘以汴、宋、亳、潁歸於有司。③

懿宗咸通元年（860），潁州大水。④

二年（861）秋，淮南、河南不雨，至於明年六月。⑤

三年（862）夏，淮南、河南饑。⑥

---

①「建中元年」，疑當作「建中二年（781）」。《新唐書·方鎮表二》：「（建中二年）永平節度增領鄭州，析宋、亳、潁別置節度使，以泗州隸淮南。是年以鄭州隸河陽三城節度，既而復舊。置宋亳潁節度使，治宋州，尋號宣武軍節度使。」呂景蒙《嘉靖潁州志·郡紀》：「德宗建中元［二］年，置宋亳潁節度，號宣武軍，自是地專於宣武。（《方鎮表》。）」李宜春《嘉靖潁州志·州考》：「建中元［二］年，特設宋亳潁節度，號宣武军，自是地專於宣武。」

②「真元」，疑當作「貞元」，德宗朝無「真元」年號。《新唐書·五行志》：「貞元四年四月，淮南及河南地生毛。」呂景蒙《嘉靖潁州志·郡紀》：「真［貞］元四年，淮南及河南地生毛。」

③《新唐書·憲宗本紀》：「（元和十四年）七月戊寅，韓弘以汴、宋、亳、潁四州歸於有司，弘朝於京師。」呂景蒙《嘉靖潁州志·郡紀》：「憲宗元和十四年七月戊寅，韓弘以汴、宋、潁、亳歸於有司。」

④《新唐書·五行志》：「咸通元年，潁州大水。」呂景蒙《嘉靖潁州志·郡紀》：「懿宗咸通元年，潁州大水。」李宜春《嘉靖潁州志·物異》：「咸通元年，潁州大水。」

⑤《新唐書·五行志》：「咸通二年秋，淮南、河南不雨，至於明年六月。」呂景蒙《嘉靖潁州志·郡紀》：「二年秋，淮南、河南不雨，至於明年六月。」

⑥《新唐書·五行志》：「咸通三年夏，淮南、河南饑。」呂景蒙《嘉靖潁州志·郡紀》：「三年夏，淮南、河南饑。」

九年（868）十二月，龐勛破下蔡。①

僖宗廣明元年（880），黃巢圍潁州，刺史欲以城降。時段秀實孫珂居潁，募少年拒戰，眾裹糧請從，賊潰，拜州司馬。②

中和三年（883），以朱全忠爲宣武節度使，復專潁。③

哀宗天祐二年（905）五月，潁州汝陰民彭文妻一産三男。④

五代相襲，皆爲潁州。⑤

---

①《新唐書·懿宗本紀》：「（咸通九年）十二月，龐［龎］勛陷和、滁二州，滁州刺史高錫望死之。」又《新唐書·康日知傳》所附《康承訓傳》：「（龐）勛好鬼道……賊别取和州，破沐陽、下蔡、烏江、巢諸縣。」《資治通鑑·唐懿宗紀》：「（咸通九年）龐勛以爲官軍不足畏，乃分遣其將丁從實等各將數千人南寇舒、廬，北侵沂、海，破沐陽、下蔡、烏江、巢縣。」呂景蒙《嘉靖潁州志·郡紀》：「九年十二月，龐勛破下蔡。（見《康承訓傳》。時勛取和州，破术［沭］陽、下蔡諸縣。）」李宜春《嘉靖潁州志·物異》：「九年十二月，龐勛破下蔡。」

②《新唐書·段秀實傳》：「（秀實孫）珂，僖宗時居潁州，黃巢圍潁，刺史欲以城降，珂募少年拒戰，衆裹糧請從，賊遂潰，拜州司馬。」呂景蒙《嘉靖潁州志·郡紀》：「僖宗廣明元年，黃巢圍潁州，刺史欲以城降。時段秀實孫珂居潁，募少年拒戰，眾裹糧請從，賊潰，拜州司馬。」李宜春《嘉靖潁州志·物異》：「廣明元年，黃巢圍潁州，刺史欲以城降。時段秀實孫珂居潁，募少年拒戰。衆裹糧請從，賊潰，拜州司馬。」

③《資治通鑑·唐僖宗紀》：「（中和三年三月）己丑，以河中行營招討副使朱全忠爲宣武節度使。」呂景蒙《嘉靖潁州志·郡紀》：「中和三年，以朱全忠爲宣武節度使，復專潁。」

④《新唐書·五行志》：「天祐二年五月，潁州汝陰民彭文妻一産三男。」呂景蒙《嘉靖潁州志·郡紀》：「哀宗天祐二年五月，潁州汝陰民彭文妻一産三男。」李宜春《嘉靖潁州志·物異》：「天祐二年五月，潁州汝陰民彭文妻一產三男。」

⑤《正德潁州志·建置沿革》：「五代相襲。」呂景蒙《嘉靖潁州志·郡紀》：「五代相襲，皆爲潁州。」李宜春《嘉靖潁州志·州考》：「五代俱爲潁州。」

後唐長興三年（932）七月，諸州大水，宋、亳、潁尤甚。①

後漢乾祐二年（949），潁州進白鹿。②

周顯德三年（956），潁州進白兔，又進白烏。③

宋初置汝陰郡，舊防禦使，後爲團練。開寶六年（973）復爲防禦。元豐二年（1079）以順昌軍爲潁州節度，屬京西北路。政和六年（1116）改順昌府。④

---

①《舊五代史·五行志》：「（長興）三年七月，諸州大水，宋、亳、潁尤甚。」《五代會要·水溢》：「長興三年七月，諸州大水，宋、亳、潁尤甚。」呂景蒙《嘉靖潁州志·郡紀》：「後唐長興三年七月，諸州大水，宋、亳、潁尤甚。」李宜春《嘉靖潁州志·物異》：「後唐長興三年七月，諸州大水，宋、潁、亳尤甚。」

②《五代會要·祥瑞》：「漢乾祐二年六月，潁州進白鹿。」《文獻通考·物異考·毛蟲之異》：「後漢隱帝乾祐二年五月，潁州進白兔。」呂景蒙《嘉靖潁州志·郡紀》：「後漢乾祐二年，潁州進白鹿。」李宜春《嘉靖潁州志·物異》：「後漢乾祐二年，潁州進白鹿。」

③《五代會要·祥瑞》：「至（顯德）三年，潁州進白兔。」《文獻通考·物異考·毛蟲之異》：「後周世宗顯德三年，潁州進白兔。」呂景蒙《嘉靖潁州志·郡紀》：「周顯德三年，潁州進白兔。是年又進白烏。」李宜春《嘉靖潁州志·物異》：「周顯德三年，潁州進白兔，又進白烏。」

④《宋史·地理志》：「順昌府，上，汝陰郡，舊防禦，後爲團練。開寶六年，復爲防禦。元豐二年，升順昌軍節度。舊潁州，政和六年，改爲府。崇寧戶七萬八千一百七十四，口一十六萬六百二十八。貢紬、絁、綿。縣四：汝陰，（望。開寶六年，移治於州城東南十里。）泰和，（望。）潁上，（緊。）沈丘。（緊。）」《成化中都志·建置沿革·潁州》：「宋初爲潁州，屬京西路。熙寧五年（1072），分屬京西北路。陞汝陰縣百尺鎮爲萬壽縣。元豐二年，陞順昌軍節度。（政和）六年，改爲順昌府，領汝陰、萬壽、潁上、沈丘四縣。宣和中改萬壽曰泰和。」《南畿志·鳳陽府屬沿革·潁州》：「宋初爲州屬西路，元豐間陞順昌軍，政和初改順昌府，治汝陰縣。」《正德潁州志·建置沿革》：「宋置順昌軍，政和中改潁〔順〕昌府，治汝陰縣。」呂景蒙《嘉靖潁州志·郡紀》：「宋初置汝陰郡，舊防禦使，後爲團練。開寶六年復爲防禦。元豐二年，以順昌軍爲潁州節度，屬京西北路。政和六年改順昌府。」李宜春《嘉靖潁州志·州考》：「宋初復爲汝陰郡。元豐二年設順昌軍節度，隸京西北路。政和六年改爲順昌府，領汝陰、萬壽、（宣和中改萬壽曰泰和。）潁上、沈丘四縣。紹興後爲金所據，復爲潁州。」

太祖建隆二年（961），詔發陳、許丁夫數萬，浚蔡水入潁。①

六年，潁州水溢，渰民舍、田疇甚眾。②

開寶元年（968）秋七月丙申，北漢潁州砦主胡遇等來降。③

二年（969），潁、蔡、陳、宋、亳、宿、許州水，害秋苗。④

四年（971），白露、舒、汝、廬、潁五水並漲，壞廬舍、民田。⑤

六年（973）六月，潁淮、渒水溢，渰民舍、田疇甚眾。⑥

---

①《宋史·太祖本紀》：「（建隆）二年春正月……丁巳，導蔡水入潁。」呂景蒙《嘉靖潁州志·郡紀》：「太祖建隆二年，詔發陳、許丁夫數萬，浚蔡水入潁。」李宜春《嘉靖潁州志·物異》：「宋建隆二年，詔發陳、許丁夫數萬，浚蔡水入潁。」

②此處誤。宋太祖「建隆」年號僅使用四年。此誤已見於呂景蒙《嘉靖潁州志·郡紀》：「建隆六年，潁州水溢，渰民舍、田疇甚眾。」李宜春《嘉靖潁州志·物異》：「六年，潁州水溢，渰民舍、田疇甚衆。」

③《宋史·太祖本紀》：「（開寶元年）秋七月丙申，幸鐵騎營，賜軍錢羊酒有差。北漢潁州砦主胡遇等來降。」呂景蒙《嘉靖潁州志·郡紀》：「開寶元年秋七月丙申，北漢潁州砦主胡遇等來降。」

④《宋史·五行志》：「（開寶）二年七月，下邑縣河決。是歲，青、蔡、宿、淄、宋諸州水，真定、澶、滑、博、洺、齊、潁、蔡、陳、亳、宿、許州水，害秋苗。」呂景蒙《嘉靖潁州志·郡紀》：「二年，潁、蔡、陳、宋、亳、宿、許州水，害秋苗。」李宜春《嘉靖潁州志·物異》：「開寶二年，潁、蔡、陳、宋、亳水害秋苗。」

⑤《宋史·五行志》：「（開寶四年六月）蔡州淮及白露、舒、汝、廬、潁五水並漲，壞廬舍、民田。」呂景蒙《嘉靖潁州志·郡紀》：「四年，白露、舒、汝、廬、潁五水並漲，壞廬舍、民田。」李宜春《嘉靖潁州志·物異》：「四年，白露、舒、汝、廬、潁五水并漲，壞廬舍、民田。」

⑥《宋史·五行志》：「（開寶六年）潁州淮、渒水溢，渰民舍、田疇甚衆。」呂景蒙《嘉靖潁州志·郡紀》：「六年六月，潁淮、渒水溢，渰民舍、田疇甚眾。」李宜春《嘉靖潁州志·物異》：「六年六月，潁州淮、淠水溢，渰民舍、田疇甚衆。」

太宗太平興國二年（977）六月，潁水漲，壞城門、軍營、民舍。①

五年（980）五月，潁水溢，壞堤及民舍。②

是年，潁州獻白雉。③

宋雍熙間，强胡屢爲邊害。天子念守兵歲廣，乃遣議臣東出宿亳，至壽春，西出許潁，轉陳蔡之間，至襄鄧，得田可治者二萬二千頃，欲修耕屯之業。而任事者破壞其計，故功不立。④

---

①《宋史·五行志》：「（太平興國二年）潁州潁水漲，壞城門、軍營、民舍。」吕景蒙《嘉靖潁州志·郡紀》：「太宗太平興國二年六月，潁水漲，壞城門、軍營、民舍。」李宜春《嘉靖潁州志·物異》：「太平興國二年六月，潁水漲，壞城門、軍營、民舍。」

②《宋史·五行志》：「五年五月，潁州潁水溢，壞堤及民舍。」吕景蒙《嘉靖潁州志·郡紀》：「五年五月，潁州潁水溢，壞堤及民舍。」李宜春《嘉靖潁州志·物異》：「五年五月，潁水溢，壞堤及民舍。」

③此處誤。潁州獻白雉在太平興國九年（984）。《文獻通考·物異考·羽蟲之異》：「太宗太平興國五年（980）七月，秘書丞郭延釗獻紫鵲。九年，江陵獻緑鵲，易州獻紅山鵲，潁州獻白雉，西京獻白鳩。」此誤已見於吕景蒙《嘉靖潁州志·郡紀》：「五年五月，潁州潁水溢，壞堤及民舍。是年，潁州獻白雉。」李宜春《嘉靖潁州志·物異》：「獻白雉。」

④《曾鞏集·本朝政要策·屯田》：「宋興，當雍熙之間，强胡屢爲邊害。天子念守兵歲廣，而趙魏失寧，廢耕桑之務，於是方田之法自此始。是後開易水，疏鷄距，修鮑河之利，邊屯以次立矣。然中國一統，内輯百萬之師，議者以爲豈晏然不知兵農兼務哉？天子乃遣議臣東出宿亳，至壽春，西出許潁，轉陳蔡之間，至襄鄧，得田可治者二十二萬頃，欲修耕屯之業，度其功用矣。天子尤意嚮之，而任事者破壞其計，故功不立。」吕景蒙《嘉靖潁州志·郡紀》：「宋雍熙間，强胡屢爲邊害。天子念守兵歲廣，乃遣議臣東出宿亳，至壽春，西出許潁，轉陳蔡之間，至襄鄧，得田可治者二萬二千頃，欲修耕屯之業。而任事者破壞其計，故功不立。」

淳化四年（993）秋，陳、潁、泗、壽州雨水害稼。①

真宗咸平六年（1003），潁州獻白麑。②

天僖二年（1018）二月甲申，潁州石隕出泉，飲之愈疾。③

三年（1019）正月晦，潁州沈丘縣民駱新田間震雷，頃之，隕石三，入地七尺許。④

英宗治平元年（1064），陳、潁、唐、泗、濠、楚、廬、壽俱有水災。⑤

---

①「淳化四年」，疑當作「淳化五年（994）」。《宋史·五行志》：「（淳化）五年秋，開封府宋、亳、陳、潁、泗、壽、鄧、蔡、潤諸州雨水害稼。」呂景蒙《嘉靖潁州志·郡紀》：「淳化四年秋，陳、潁、亳、宋州霖雨，秋稼多敗。五年秋，宋、亳、陳、潁、泗、壽州雨水害稼。」李宜春《嘉靖潁州志·物異》：「淳化四年秋，潁、宋、亳霖雨，秋稼多敗。五年秋，潁、宋、亳雨水害稼。」

②《文獻通考·物異考·毛蟲之異》：「（咸平）六年十月乙丑（《宋史·五行志》誤作『乙酉』），有狐出皇城東北角樓，歷軍器庫至夾道，獲之。潭州獻白鹿，潁州獻白麑，單州獻白麞，開封府大唐縣獻黑兔，沂州獻紫兔。」呂景蒙《嘉靖潁州志·郡紀》：「真宗咸平六年，潁州獻白麑。」李宜春《嘉靖潁州志·物異》：「咸平六年，潁州獻白麑。」

③「天僖二年二月」，疑當作「天禧三年（1019）三月」。《宋史·真宗本紀》：「（天禧三年）三月戊午朔，日有食之……甲申，潁州石隕出泉，飲之愈疾。」呂景蒙《嘉靖潁州志·郡紀》：「天僖二［禧三］年三月甲申，潁州石隕出泉，飲之愈疾。」李宜春《嘉靖潁州志·物異》：「天僖二［禧三］年三月甲申，潁州石隕出泉，飲之愈疾。」

④《宋史·五行志》：「天禧三年正月晦，沈丘縣民駱新田聞震，頃之，隕石入地七尺許。」《文獻通考·物異考·玉石之異》：「天禧三年正月晦，潁州沈邱縣民駱新田間震雷，頃之，隕石三，入地七尺許。」呂景蒙《嘉靖潁州志·郡紀》：「三年正月晦，潁州沈丘縣民駱新田間震雷，頃之，隕石三，入地七尺許。」李宜春《嘉靖潁州志·物異》：「三年正月晦，沈丘縣民駱新田間震雷，頃之，隕石三，入地七尺許。」

⑤《宋史·五行志》：「治平元年，慶許蔡潁唐泗濠楚廬壽杭宣鄂洪施渝州、光化軍水。」《文獻通考·物異考·水災》：「英宗治平元年，京師、許蔡陳潁唐泗濠楚廬壽杭宣鄂洪施渝州、光化軍俱有水災。」呂景蒙《嘉靖潁州志·郡紀》：「英宗治平元年，陳、潁、唐、泗、濠、楚、廬、壽俱有水灾。」李宜春《嘉靖潁州志·物異》：「治平元年，潁水災。」

是年，潁、亳州旱。①

神宗元豐二年（1079）九月癸未，降順昌軍囚罪一等，徒以下釋之。②

高宗紹興七年（1137），宗弼爲右監軍，復取河南，戰於潁州，漢軍少却。③

是年，岳飛、劉安世襲取潁郡，皆響應。④

十年（1140）五月壬寅，金人圍順昌府。東京副留守劉錡引兵力戰，敗之。乙巳，劉錡遣將閆充敗金人於李

---

①《宋史·五行志》：「治平元年（1064）春，京師逾時不雨。鄭滑蔡汝潁曹濮洺磁晉耀登等州、河中府、慶成軍旱。」《文獻通考·物異考·恒暘》：「治平元年春，京師逾時不雨，鄭滑蔡汝潁亳曹濮洺磁晉耀登等州、河中府、慶成軍旱。」吕景蒙《嘉靖潁州志·郡紀》：「是年，潁、亳州旱。」李宜春《嘉靖潁州志·物異》：「治平元年，潁水災。又以是年旱。」

②《宋史·神宗本紀》：「（元豐二年）九月癸未，降順昌軍囚罪一等，徒以下釋之。」吕景蒙《嘉靖潁州志·郡紀》：「神宗元豐二年九月癸未，降順昌軍囚罪一等，待［徒］以下釋之。」

③「紹興七年」，疑當作「紹興八年（1138）」，即天眷元年（1138）。見下文所引《金史·阿魯補傳》。又《金史·石抹卞傳》：「天會末，宗弼爲右監軍，召卞隸帳下。丁父憂，是時宗盤爲太師，撻懶爲左副元帥，人爭附之，使人召卞，卞不往。宗磐、撻懶皆以罪誅，人多其有識。宗弼復取河南，與宋人戰於潁州，漢軍少却。」吕景蒙《嘉靖潁州志·郡紀》：「高宗紹興七年，宗弼爲右監軍，復取河南，戰於潁州，漢軍少却。（出《金史》。）」李宜春《嘉靖潁州志·物異》：「紹興七年，宗弼爲右監軍，復取河南，戰於潁州，漢軍少却。」

④此處疑誤。《金史·阿魯補傳》云：「天會十五年（1137），詔廢齊國，已執劉麟，阿魯補先入汴京備變。明年（1138），除歸德尹。割河南地與宋，入爲燕京內省使。宗弼復河南，阿魯補先濟河，撫定諸郡，再爲歸德尹、河南路都統。宋兵來取河南地，宗弼召阿魯補，與許州韓常、潁州大臭、陳州赤盞暉，皆會於汴，阿魯補以敵在近，獨不赴。而宋將岳飛、劉光世等，果乘間襲取許、潁、陳三州，旁郡皆響應。」此事發生於天眷元年（1138），即紹興八年（1138）。吕景蒙《嘉靖潁州志·郡紀》：「高宗紹興七年（1137），宗弼爲右監軍，復取河南，戰於潁州，漢軍少却。（出《金史》。）是年，岳飛、劉安世襲取潁郡，皆響應。」

村。乙卯，順昌圍解。①

三十一年（1161）五月乙卯，知順昌年孟昭率部曲來歸。②

金人嘉定十年（1217），宋人攻潁州，焚掠而去。③

十四年（1221），宋人掠沈丘，殺縣令。是年，宋人焚潁州，執防禦判官。④

---

①「閆充」，疑當作「閻充」。「敗金人於李村」及「順昌圍解」事發生於紹興十年六月，非五月。《宋史·高宗本紀》：「（紹興十年五月）壬寅，金人圍順昌府，三路都統葛王褎以大軍繼至，劉錡力戰，敗之。六月……乙巳，劉錡遣將閻充戰敗金人於順昌之李村……乙卯，順昌圍解，兀朮還。」李宜春《嘉靖潁州志·物異》：「十年五月壬寅，金人圍順昌府，東京副留守劉錡引兵力戰，敗之。乙巳，劉錡遣將閻充敗金人於李村。乙卯，順昌圍解。」

②「三十一年」，疑當作「三十二年（1162）」。《宋史·高宗本紀》：「（紹興三十二年五月）乙卯，知順昌軍孟昭率部曲來歸。」呂景蒙《嘉靖潁州志·郡紀》：「三十一［二］年五月乙卯，知順昌軍孟昭率部曲來歸。」李宜春《嘉靖潁州志·物異》：「三十一［二］年五月乙卯，知順昌軍孟昭率部曲來歸。」

③「金人」，呂景蒙《嘉靖潁州志·郡紀》作「寧宗」，當是。「嘉定」爲宋寧宗年號。《金史·宣宗本紀》：「［興定元年（1217）五月］癸巳，宋人攻潁州，焚掠而去。」「興定元年」即寧宗嘉定十年（1217）。呂景蒙《嘉靖潁州志·郡紀》：「寧宗嘉定十年，宋人攻潁州，焚掠而去。」李宜春《嘉靖潁州志·物異》：「嘉定十年，宋人攻潁州，焚掠而去。」

④《金史·宣宗本紀》：「［興定五年（1221）八月］乙丑，宋人掠沈丘，殺縣令……（十一月）壬寅，宋人焚潁州，執防禦判官而去。」「興定五年」即寧宗嘉定十四年（1221）。呂景蒙《嘉靖潁州志·郡紀》：「十四年，宋人掠沈丘，殺縣令。是年，宋人焚潁州，執防禦判官。」李宜春《嘉靖潁州志·物異》：「十四年，宋人掠沈丘，殺縣令，焚潁州，執防禦判官。」

金完顔襄率甲士二千人渡潁水，攻拔潁州。①

元，潁州屬汝寧府。至元二年（1265），省四縣及録事司入州。後復領三縣：沈丘、潁上、太和。②

太宗四年（1232）春，攻金，下潁州。③

世祖中統四年（1263），以禮部尚書馬月合乃兼領潁州光化互市。④

是年，以別的因爲壽潁二州屯田府達魯花赤。州地多荒蕪，有虎食民妻，其夫來告，別的因默然良久，曰：「此易治

---

①《金史·完顔襄傳》：「宋人犯南鄙，襄爲潁、壽都統，率甲士二千人渡潁水，敗敵兵五千，復潁州，生擒宋帥楊思。」吕景蒙《嘉靖潁州志·郡紀》：「金完顔襄率甲士二千人渡潁水，攻拔潁州。（以上俱《金史》。）」李宜春《嘉靖潁州志·物異》：「金完顔襄率甲士二千人渡潁水，拔潁州。」

②《元史·地理志·河南府路（汝寧府）》：「潁州，（下。）唐初爲信州，後改汝陰郡，又改潁州。宋升順昌府。金復爲潁州。舊領汝陰、泰和、沈丘、潁上四縣。元至元二年，省四縣及録事司入州。後復領三縣：太和，（下。）沈丘，（下。）潁上。（下。）」《成化中都志·建置沿革·潁州》：「元至元二年，省四縣入州，後復領泰和、潁上、沈丘三縣，隸河南汝寧府。」《南畿志·鳳陽府屬沿革·潁州》：「元因屬汝寧府。」《正德潁州志·建置沿革》：「金復爲潁州。元仍其舊。」吕景蒙《嘉靖潁州志·郡紀》：「元潁州屬汝寧府，至元二年，省四縣及録事司入州。後復領三縣：沈丘、潁上、太和。」李宜春《嘉靖潁州志·州考》：「元爲潁州，隸汝寧府，省四縣入焉。後領沈丘、潁上、泰和三縣。」

③《元史·太宗本紀》：「四年壬辰春正月……壬寅，攻鈞州，克之，獲金將合達。遂下商、虢、嵩、汝、陝、洛、許、鄭、陳、亳、潁、壽、睢、永等州。」吕景蒙《嘉靖潁州志·郡紀》：「太宗四年春，攻金，下潁州。」李宜春《嘉靖潁州志·物異》：「元太宗四年春，攻金，下潁州。」

④《元史·世祖本紀》：「（中統四年五月）戊戌，以禮部尚書馬月合兼領潁州光化互市，及領已括戶三千，興煽鐵冶，歲輸鐵一百三萬七千斤，就鑄農器二十萬事，易粟四萬石輸官。」吕景蒙《嘉靖潁州志·郡紀》：「世祖中統四年，以禮部尚書馬月合乃兼領潁州光化互市。」

耳。」乃立檻設機，縳羔羊檻中以誘虎。夜半，虎果至，機發，虎墮檻中，因取射之，虎遂死。自是虎害頓息。①

至元二十五年（1288），河決，潁被患。②

二十七年（1290），河復決，潁大被患。③

仁宗延祐元年（1314）冬十月，陞潁州萬戶府爲中萬戶府。④

泰定帝致和元年（1328）五月，蝗。⑤

---

①《元史·抄思傳》：「子別的因……明年，庚申，世祖即位，委任尤專。癸亥正月，召赴行在所。冬十一月，謁見世祖於行在所，世祖賜以金符，命別的因爲壽潁二州屯田府達魯花赤。時二州地多荒蕪，有虎食民妻，其夫來告，別的因默然良久，曰：『此易治耳。』迺立檻設機，縳羔羊檻中以誘虎。夜半，虎果至，機發，虎墮檻中，因取射之，虎遂死。自是虎害頓息。」呂景蒙《嘉靖潁州志·郡紀》：「是年，以別的因爲壽潁二州屯田府達魯花赤。時二州地多荒蕪，有虎食民妻，其夫來告，別的因默然良久，曰：『此易治耳。』迺立檻設機，縳羔羊檻中以誘虎。夜半，虎果至，機發，虎墮檻中，因取射之，虎遂死。自是虎害頓息。」李宜春《嘉靖潁州志·物異》：「中統四年（1263），時壽、潁二州地多荒蕪，有虎食民妻，其夫來告，別的因默然良久，曰：『此易治耳。』乃立檻設機，縳羔羊檻中以誘虎。夜半，虎果至，機發，虎墮檻中，因取弓射之，虎遂死。自是虎害遂息。」

②《元史·世祖本紀》：「（至元二十五年四月）河決汴梁，太康、通許、杞三縣，陳、潁二州皆被害。」呂景蒙《嘉靖潁州志·郡紀》：「至元二十五年，河決，潁被患。」李宜春《嘉靖潁州志·物異》：「至元二十五年，河決，潁被患。」

③《元史·世祖本紀》：「（至元二十七年十一月）癸亥，河決祥符義唐灣，太康、通許，陳、潁二州大被其患。」呂景蒙《嘉靖潁州志·郡紀》：「二十七年復決，潁大被患。」李宜春《嘉靖潁州志·物異》：「二十七年，復決，潁大被患。」

④《元史·仁宗本紀》：「（延祐元年）冬十月癸巳，陞潁州萬戶府爲中萬戶府。」呂景蒙《嘉靖潁州志·郡紀》：「仁宗延祐元年冬十月，陞潁州萬戶府爲中萬戶府。」李宜春《嘉靖潁州志·州考》：「延祐元年，改爲萬戶府。」

⑤《元史·泰定帝紀》：「（致和元年五月）汝寧府潁州、衛輝路汲縣蝗。」呂景蒙《嘉靖潁州志·郡紀》：「泰定帝致和元年五月，潁州蝗。」李宜春《嘉靖潁州志·物異》：「致和元年五月，潁州蝗。」

順帝至正十一年（1351）五月辛亥，潁州妖人劉福通爲亂，以紅巾爲號，陷潁州。據朱皋，攻羅山等縣。陷汝寧、光、息等府州，衆至十萬。①

明太祖洪武十六年（1383）攻下潁州，改隸鳳陽府，領潁上、太和、亳三縣。至弘治六年（1493）革亳，止領二縣。②

永樂八年（1410）六月乙巳，皇太子免潁州并太和被水災田賦。③

①《元史·順帝紀》：「（至正十一年）五月己酉朔，日有食之。辛亥，潁州妖人劉福通爲亂，以紅巾爲號，陷潁州……六月，發軍一千，從直沽至通州，疏濬河道。是月，劉福通據朱皋，攻破羅山、真陽、確山，遂犯舞陽、葉縣等處……（九月）劉福通陷汝寧府及息州、光州，衆至十萬。」吕景蒙《嘉靖潁州志·郡紀》：「順帝至正十一年五月辛亥，潁州妖人劉福通爲亂，以紅巾爲號，陷潁州。據朱皋，攻羅山等縣。陷汝寧、光、息等府州，衆至十萬。」李宜春《嘉靖潁州志·物異》：「至正十一年五月辛亥，潁州妖人劉福通爲亂，以紅巾爲號，陷潁州，據朱皋，攻羅山等縣，陷汝寧、光息等府州，衆至十萬。」

②「洪武十六年」疑誤。《元史·順帝紀》：「（至正二十六年）夏四月……是月，大明兵取淮安路、徐州、宿州、濠州、泗州、潁州、安豐路。」又《明史·地理志·鳳陽府（潁州）》：「潁州，洪武四年（1371）二月來屬，東距府四百四十里，領縣二：潁上、太和。亳州，洪武初以州治譙縣省入，尋降爲縣，屬歸德州。六年（1373）屬潁州。弘治九年（1496）十月復升爲州。東南距府四百五十里。」《成化中都志·建置沿革·潁州》：「洪武初，改隸本府，革汝陰、沈丘二縣，領潁上、太和、亳三縣。」《南畿志·鳳陽府屬沿革·潁州》：「皇明屬鳳陽府，領縣二。」《正德潁州志·建置沿革》：「國朝因之。」吕景蒙《嘉靖潁州志·郡紀》：「（至正）十六年（1356）四月，大明兵取潁州路。高皇帝洪武初，改隸鳳陽府，省汝陰、沈丘二縣，入焉，領潁上、太和、亳三縣，編戶三十二里，今增至八十里。潁上縣編戶一十三里，今增至一十九里。太和縣編戶二十一里，今增至三十五里。亳縣編戶二十里。」李宜春《嘉靖潁州志·州考》：「明興，復置潁州，隸鳳陽府，領潁上、泰和、亳三縣。」

③《明實錄·太宗實錄》：「（永樂八年六月）乙巳……是日，皇太子免直隸鳳陽府潁州并太和縣水被災田賦。」《康熙潁州志·災祥·蠲賑》：「（永樂）八年庚寅六月乙巳，皇太子免潁州及太和縣被水災田賦。」

成化二年（1466），大水漫城尺許。歲大饑，民死者半。①

六年（1470）九月二十五日，大雪，至次年二月終乃霽。道路不通，村落不辨，河水堅結，禽鳥絶飛。②

七年（1471）四月初三日夜，北風大作，雨雹傷稼。③

十六年（1480）春，地震。

秋，淋雨，穀粟無成，豆多腐爛。

---

①《明史·五行志·年饑》：「（成化）二年，南畿饑。」吕景蒙《嘉靖潁州志·郡紀》：「純皇帝成化二年大水，漫城尺許。是歲大饑，民死者半，斗米百錢。」李宜春《嘉靖潁州志·物異》：「成化二年大水，漫城尺許。是歲大饑，民死者半，斗米百錢。」《萬曆太和縣志·祥異》：「明成化二年大水，歲乃大饑，民死者半。」《順治潁上縣志·災祥·明》：「成化丙戌（二年），大水浸城者數板。是年大饑，民死者半，斗米值白銀乙錢。」《順治太和縣志·輿勝志·祥異》：「明成化二年水，大饑，民死者半。」

②此條誤。據吕景蒙《嘉靖潁州志》及李宜春《嘉靖潁州志》，此爲弘治六年（1493）事。吕景蒙《嘉靖潁州志·郡紀》：「（弘治）六年九月二十五日，大雪，道路不通，村落不辨，河水堅結，禽鳥絶飛。次年二月終始霽，歲則大熟。」李宜春《嘉靖潁州志·物異》：「弘治六年九月二十五日，大雪，道路不通，村落不辨，河水堅結，禽鳥絶飛。至次年二月終始霽，歲則大熟。」又《萬曆太和縣志·祥異》：「弘治六年九月二十六日，大雪。（道路不通，村落莫辨，飛鳥多凍餓以死，至次年二月始霽。）」《順治潁上縣志·災祥·明》：「弘治癸丑（六年）九月廿五，大雪，道路不通，村落不辨，河水堅結，禽鳥不飛。次年二月中始霽，歲則大熟。」《順治太和縣志·輿勝志·祥異》：「弘治六年九月既望，大雪，至明年二月始霽，村落莫辨。」

③此條誤。據吕景蒙《嘉靖潁州志》及李宜春《嘉靖潁州志》，此爲弘治七年（1494）事。吕景蒙《嘉靖潁州志·郡紀》：「（弘治）七年四月初三日夜，北風大作，雨雹傷稼。」李宜春《嘉靖潁州志·物異》：「（弘治）七年四月初三日夜，北風大作，雨雹傷稼。」《順治潁上縣志·災祥·明》：「（弘治）甲寅（七年）四月初三日夜一更時，北風大作，雨雹。」

十七年（1481），大饑疫。①

五月十二日午，風自西作，晝晦，船多沉溺，夜分乃止。②

弘治四年（1491），知州劉讓以潁爲南北要衝，州衛犬牙相制，奏請兵備道鎮潁。初命河南按察司僉事提督廬鳳淮揚四府、安慶二十八衛所屯田兼理刑駐劄壽州，繼自兵備閻公璽，移駐潁州。後嘉靖六年（1527），裂淮、揚二府，隸徐州兵備道，本道或副使或參政間一任之，復駐壽州。至崇禎八年（1635），因寇陷潁，奉旨永鎮潁州。③

---

①吕景蒙《嘉靖潁州志·郡紀》：「（成化）十六年（1480）春，地震。秋，淋雨，穀粟無成，豆多腐爛。次年，大饑疫。」李宜春《嘉靖潁州志·物異》：「（成化）十六年春，地震。秋，淋雨，穀粟無成，豆多腐爛。十七年，大饑疫。」《順治潁上縣志·災祥·明》：「（成化）庚子（十六年）春，地震。秋，淋雨。穀粟無成，豆多腐壞。次年，大饑大疫。」

②此處疑誤。據吕景蒙《嘉靖潁州志》及李宜春《嘉靖潁州志》，此爲弘治十七年（1504）事。吕景蒙《嘉靖潁州志·郡紀》：「（弘治）十七年五月十二日午後，風自西作，晝晦，船隻多沈溺，至夜分風乃止。」李宜春《嘉靖潁州志·物異》：「（弘治）十七年五月十二日午後，風自西作，晝晦冥，船隻多沉溺，至夜分風乃止。」《順治潁上縣志·災祥·明》：「（弘治）甲子（十七年）五月十二日午，颶大作，自西而來，其猛烈可畏，晝亦爲之晦。正陽河下，船多爲之漂流沉溺。」

③《明實錄·孝宗實錄》：「（弘治六年二月六日）命河南按察司僉事史俊兼整飭鳳陽兵備。初，潁州知州劉讓奏本州地廣民豪、盜賊竊伏，乞增設兵備官或問刑官一員。兵部覆奏不必增設，宜勑俊兼理之，故有是命。」吕景蒙《嘉靖潁州志·郡紀》「敬皇帝弘治四年，置兵備道於壽。十年（1497），移治於潁。」李宜春《嘉靖潁州志·州考》：「弘治四年設兵備道，以河南按察司僉事鎮於壽州，十年乃移潁州。」又同書《秩官》：「李宜春曰：前代建官定制，咸載之史。余惟：有其人，載焉；備官，贅爾。明弘治四年，知州劉讓以潁、壽爲南北要衝，州衛犬牙相制，乃奏請移兵備道鎮焉。欽命河南按察司僉事提督廬鳳淮揚四府、安慶二十八衛所屯田兼理刑就壽州住劄，時則有史公俊、申公磐。十年移本州，則自閻公。後嘉靖六年，裂淮、揚二府，隸徐州兵備。」

正德三年（1508），潁州進白兔。①

四年（1509）春，大饑，人相食。②

七年（1512），流賊劉三大掠潁界。攻破太和縣，圍潁上縣，幾破。兵備李天衢督衆固守七日，賊退。③

嘉靖元年（1522）七月二十四日，大風拔木摧禾。冬煖如春，諸果木皆華，間有實。④

①吕景蒙《嘉靖潁州志·郡紀》：「毅皇帝正德三年，潁州進白兔。」李宜春《嘉靖潁州志·物異》：「正德三年，潁州進白兔。」

②吕景蒙《嘉靖潁州志·郡紀》：「（正德）四年春，大饑，人相食。」李宜春《嘉靖潁州志·物異》同。

③吕景蒙《嘉靖潁州志·郡紀》：「（正德七年）三月，流賊劉三陷太和，賈敏兒等圍潁上，兵備李天衢督衆固守，七日而賊退。」李宜春《嘉靖潁州志·物異》：「（正德）七年春，潁上有鳥飛鳴城郭，其聲甚哀。三月，流賊劉三陷太和，賈敏兒等圍潁上。兵備李天衢督衆圍守，七日而賊退。」又《萬曆太和縣志·祥異》：「正德六年（1511），流賊劉六陷城。（時賊勢甚熾，所至屠城破邑，幾度潰散，殺戮燔燒，奸淫慘毒，僵屍蔽野，千里蕭然。至竊名號，執王臣，截漕門，攻宗籍，中原震動。分二十八營應二十八宿，置金旗二，大書其上云：『虎賁三千，直指幽燕之北；龍飛九五，重開混沌之天。』共推劉三爲主。至太和，官民潰散，被害特甚。副總兵白玉兵至，劉三率五千餘人與戰，殺官軍一千五百人，住太和七日，古今一大變也。）」《順治潁上縣志·災祥·明》：「（正德七年）三月初，劇賊圍城，十日不克，大肆剽掠，屠戮生靈，焚毁房屋。兵殘之後，至今民尚未蘇。」《順治太和縣志·輿勝志·祥異》：「正德六年，流賊劉六陷城。（時賊勢甚熾，所過殘滅，中原震動。逼和，官民潰，副總白玉與戰不利，賊遂劄和七日。）」

④《明實錄·世宗實錄》：「（嘉靖元年七月己巳）南京暴风雨……直隸、鳳陽、揚州、廬州、淮安等府同日大風雨雹，河水泛漲，懷[壞]官民廬舍树株，溺死人畜無算。」吕景蒙《嘉靖潁州志·郡紀》：「今上嘉靖元年七月二十四日，大風拔木摧禾，冬暖如春，諸果木皆華，間有實。」李宜春《嘉靖潁州志·物異》：「嘉靖元年七月二十四日，大風拔木摧禾，冬暖如春，諸果木皆華，間有實。」《萬曆太和縣志·祥異》：「嘉靖元年七月二十四日，大風拔木，禾盡偃。冬燠如春。」《順治潁上縣志·災祥·明》：「嘉靖壬午（元年）七月廿四，風自西北，自暮達旦，拔伐樹木，摧折禾稼，已實者摇落一空，方秀者偃伏遍野，人盡失望。是冬，和氣如春，桃李諸果木皆華，間或有實者。歲薦饑。」《順治太和縣志·輿勝志·祥異》：「嘉靖元年秋七月，大風拔木偃禾。」

三年（1524）正月元日夜，地震。春大饑，人相食。①

四年（1525）八月二十二日，地震。十二月二十二日，復震。②

十三年（1534）、十四年（1535），俱蝗，田無遺穗。③

二十五年（1546）四月二十日，大雨雹，深五寸，麥禾盡損。④

---

①《明史·五行志·地震》：「（嘉靖）三年正月丙寅朔，兩畿、河南、山東、陝西同時地震。」又《明史·五行志·年饑》「（嘉靖）三年，湖廣、河南、大名、臨清饑。南畿諸郡大饑，父子相食，道殣相望，臭彌千里。」呂景蒙《嘉靖潁州志·郡紀》：「（嘉靖）三年正月元日夜，地震。春大饑，人相食。」李宜春《嘉靖潁州志·物異》：「（嘉靖）三年正月元日夜地震。春大饑，人相食。」《萬曆太和縣志·祥異》：「（嘉靖）三年元旦，地大震。春大饑，復大疫。（席侍郎書命官吏設帳煮粥濟之，食多者旋死。）」《順治潁上縣志·災祥·明》：「（嘉靖）甲申（三年）正月初一日，夜一更時，地震。春大饑，米乙石值白銀乙兩六錢，各色雜糧價騰高。」《順治太和縣志·輿勝志·祥異》：「（嘉靖）三年元旦，地震。春大饑疫。（席侍郎書命官吏設粥以濟，食多者死。）」

②《明實錄·世宗實錄》：「（嘉靖四年八月癸卯）直隸徐州、歸德衛、懷遠縣、鳳陽府壽州、潁州、河南開封府、懷慶府俱地震，有聲如雷。」《明史·五行志·地震》：「（嘉靖）四年八月癸卯，徐州，鳳陽一衛三州縣及懷慶、開封二府俱地震，聲如雷。九月壬申，鳳陽、徐州及開封二縣復震。」呂景蒙《嘉靖潁州志·郡紀》：「（嘉靖）四年八月二十二日，地震。十二月二十二日，復震。」李宜春《嘉靖潁州志·物異》：「（嘉靖）四年八月二十二日地震。十二月二十二日復震。」

③呂景蒙《嘉靖潁州志·郡紀》：「（嘉靖）十三、十四年，俱蝗。」李宜春《嘉靖潁州志·物異》：「（嘉靖）十三年、十四年，俱蝗。」《萬曆太和縣志·祥異》：「（嘉靖）十三年，大蝗。（跳蝻塞路，人不得行，食至草木殆盡。令人捕之，愈盛。知縣胡與之感咏有詩，云：『幸昔飛蝗去，□今蝻子生。及時勤捕□，遺種克縱橫。水旱連年患，蛮夷到處兵。永夜不成寐，起視泰階平。』）」《順治太和縣志·輿勝志·祥異》：「（嘉靖）十三年，大蝗。（跳蝻塞路，人不得行，食草木殆盡。）」

④李宜春《嘉靖潁州志·物異》：「（嘉靖）二十五年四月二十日未時，大雨雹，深有五寸。」

二十八年（1549）秋，有黑眚入人家，遠近騷動。①

三十二年（1553），巨寇施尚詔叛，襲歸德，陳、潁震動。時潁人姚良客商丘，值難，伏鷄籠中，恍惚見籠上三神寸許，緋衣。賊提劍三匝，若無所見。因逸出，竟免。②

三十七（1558）年正月，艾亭妖人高普僊夫婦主白莲教，男女叢跽拜。挾箕凌獅子塔端，自號皇帝，后其妻。州捕獄死。③

四十三年（1564），彗星見。④

四十四年（1565），太白經天。⑤

隆慶二年（1568），洪水泛汜，兩河交流，漂屍蟻岸，民舍傾圮。冬，大雪深丈許，鳥獸絶蹟。⑥

---

①《康熙潁州志·災祥》：「（嘉靖）二十八年秋，有黑眚入人家，遠近騷動。」

②「施」字，當作「師」。《明史·世宗本紀》：「（嘉靖三十二年七月）庚午，河南賊師尚詔陷歸德及柘城、鹿邑。」《康熙潁州志·災祥·事變》：「世宗嘉靖三十二年癸丑八月，河南盜師尚詔擁眾破歸德府，圍太康等縣，潁地震動。（時潁人姚良客商丘，值難，伏鷄籠中，恍忽見籠上緋衣三神，皆寸許。賊提劍入，竟無所見。因逸出，獲免。）」

③《康熙潁州志·災祥·事變》：「（嘉靖）三十七年，收艾亭妖人高普僊下獄。（時普僊夫婦主白蓮教，煽誘愚民，男女叢集跽拜。普僊挾箕凌獅子塔端，自號皇帝，后呼其妻。州捕得之，乃死於獄。）」

④《康熙潁州志·災祥》：「（嘉靖）四十三年，彗星見。」

⑤《康熙潁州志·災祥》：「（嘉靖）四十四年，太白經天。」

⑥《康熙潁州志·災祥》：「穆宗隆慶二年，洪水泛濫，兩河交流，民舍傾圮。冬，大雪深丈許，鳥獸絶蹟。」

六年（1572），大水，太白經天。

五月日食，天地晦冥。①

是年，撫按以地方多盜，白晝殺人，奏請添設捕盜通判廳於方家集，以鳳陽府通判移鎮。後駐城内，改仰高亭爲署。崇禎十六年（1643）裁革。②

萬曆八年（1580）元旦朔，日有食之。③

九年（1581）六月，雨雹，如鷄卵。④

十年（1582），地震。⑤

十二年（1584）六月，大風拔木。⑥

十三年（1585）四月，地震。

①《順治潁上縣志·災祥》：「（隆慶）六年八月，大水。」《康熙潁州志·災祥》：「（隆慶）六年，大水，太白經天。五月，日食，天地晦冥。」

②《康熙潁州志·職官·明》：「捕盜通判。隆慶六年（1572），撫按、兩臺以潁西多盜，奏請添設捕盜專官，乃以本府通判移駐方家集。自陳公永直始。」又同書《災祥·事變》云：「穆宗隆慶六年壬申（1572），地方多盜，增設捕盜通判一員於方家集。（後移城内，詳見《建置》《職官》。）」

③《順治潁上縣志·災祥》：「（萬曆）八年元旦朔，日有食之。」《康熙潁州志·災祥》：「神宗萬曆八年元旦，日食。」

④《順治潁上縣志·災祥》：「（萬曆）九年六月，雨雹如鷄卵。」《康熙潁州志·災祥》：「（萬曆）九年六月，雨雹，如鷄卵。」

⑤《順治潁上縣志·災祥》：「（萬曆）十年，地震。」《康熙潁州志·災祥》：「（萬曆）十年，地震。」

⑥《順治潁上縣志·災祥》：「（萬曆）十二年六月初八，大風拔木。」《康熙潁州志·災祥》：「（萬曆）十二年六月，大風拔木。」

是年，有白烏。①

十四年（1586）二月十三日，有星大如柿，自西南，落東北。是夜，本州兵刑工房災。②

十五年（1587）元旦，雷震，大雨如注。是年大旱。③

十八年（1590）三月初三日，大風折樹，屋瓦飄飛，城郭震動。是日清明，拜墓者披靡隨風去，有墜井塹者，入夜方定。④

二十年（1592）八月十一日夜，有星大如桃，自東穿月過。

秋，蟋蟀食禾殆盡。⑤

二十一年（1593）夏，淫雨漂麥，水漲至城，至秋乃平。時有人言：「八月初八日大水。」至日晴爽，俄驚水自西北來，遠望如海嶠沙山，漫衍洴湃，傾刻百餘里，陸地丈許，舟在樹末。擣城，圮者半，城脚日夜澌澌入，人情倉皇無措。至十三

①《順治潁上縣志·災祥》：「（萬曆）十三年，地震，棟宇有聲。」《康熙潁州志·災祥》：「（萬曆）十三年四月，地震。是年，有白烏。」

②《康熙潁州志·災祥》：「（萬曆）十四年二月十三日，有星大如柿，自西南，落東北。是夜，州署旁舍災。」

③《順治潁上縣志·災祥》：「（萬曆）十五年元旦，雷震，大雨如注。是年大旱。」《康熙潁州志·災祥》：「（萬曆）十五年元旦，雷震，大雨如注。是年大旱。」

④《順治潁上縣志·災祥》：「（萬曆）十八年三月初三日，大風折樹，瓦屋吹飛，城廓震動。」《康熙潁州志·災祥》：「（萬曆）十八年三月初三日，大風折樹，屋瓦飄飛，城郭震動。（是日爲清明節，州人墓祭，有隨風墜井塹者，入夜方定。）」

⑤《康熙潁州志·災祥》：「（萬曆）二十年八月十一日夜，有星從東穿月過。蟋蟀食禾殆盡。」

日漸退。廬舍、禾稼一空。男婦、嬰兒、牛畜、雉兔掛樹間，纍纍相望，樹杪頓生根。

冬，大饑。①

二十二年（1594）春，人相食，餓殍枕藉。城市警盜，晡即戒嚴。時有瓦店民王自檢，綽號趙子，聚衆爲亂，擁輿張高蓋稱王。饑民響應，四出焚劫。潁人日望兵憲李驥千兵東來，不肯至。兵已布宜秋門外赴勦，知州李元齡又以乏餉，惧生事端，徘徊止。有旨命兩省會勦，河南信陽道兵憲劉公卿駐新蔡，調兵擒捕，賊各星散。自檢勢窘，潁民于蛟誘使奔潁，匿西湖之陽。蛟密報巡捕指揮王孟時，就擒之。又西門外住人史瘸子，名志，誘王保十歲兒，殺而烹之。急覓，已將食矣。兒頭埋積薪中，又倏然數顆，不知誰氏頭。夫婦號泣，扛釜告州守李元齡，乃不肯據實上聞，反誣保子戲瘸子女被殺，坐保罪。瘸子止掩死獄中。保日夜籲天，哀號而死。

①《順治潁上縣志·災祥》：「（萬曆）二十一年，入夏，久雨淹麥，水漲至東門内儒學前，陸地丈許，舟在樹末。城圮者半，廬舍禾稼一空，男女、嬰兒、牛畜、豕彘挂樹間者，纍纍相望。樹杪頓生根。冬大饑。是年，田糧俱免。」《康熙潁州志·災祥》：「（萬曆）二十一年夏，淫雨漂麥，水漲及城，至秋始平。（時有人言：『八月初八日大水。』至日頗晴，謂言者妄。俄驚水自西北來，奔騰砰湃，傾刻百餘里，陸地丈許，舟行樹杪。城圮者半，迨十三日始漸退去。廬舍、田禾漂没罄盡。男婦、嬰兒、牛畜、雉兔，纍纍掛樹間，樹末皆至生根。）冬，大饑。」

冬，大荒。艾亭賊李大榮樹幟稱王。撫院李三才設法擒獲，伏誅。餘黨悉平。①

二十三年（1595）八月十二日夜，洄窩溜河水里許忽漲起，高二丈餘，水波如萬月明，船竪玻璃中，檣皆倒横。②

二十八年（1600）三月，民戴選家猪産白象。

是年，獲白鼠、白狼、白鳩。冬，北甕城災。③

二十九年（1601）元旦，黑霧，黄風。大隅頭居民房併坊牌災。

四月，三里灣設纜，有税官。

①《順治潁上縣志·災祥》：「（萬曆）二十二年春，大饑，米貴，斗百五十文，人相食，餓殍枕藉。城市驚盜，晝常戒嚴。夏秋大熟。本年撫按奏災，发帑藏銀，并臨清倉熟米，煮粥行賑。」《康熙潁州志·災祥》：「（萬曆）二十二年春，人相食，餓殍枕藉。冬大荒。」又同卷《事變》載：「神宗萬曆二十二年甲午，春饑，城市多盜，晡即戒嚴。（時有瓦店民王自檢，綽號趨子，聚眾爲亂，饑民響應，四出焚劫。兵備副使李公驥千赴勦，兵至宜秋門外，知州李元齡以乏餉懼生事端。方徘徊間，會有旨命兩省合勦。河南信陽道兵備僉事劉公卿亦調兵來會。自檢勢窘，潁民于蛟誘使奔匿西湖，密報指揮王孟時，就而擒之。又西門外有史瘸子，名志，誘居民王保十歲兒，殺而烹之，埋其頭積薪中。保至搜得，更見儵然數顆，不知谁氏子也。保夫婦號泣，訴州守李元齡。李不肯據實上聞，乃誣保子戲瘸子女被殺，反坐保罪。瘸子止禁死獄中。保日夜籲天，哀號而死。嗚呼，是尚有天日耶？）是年冬，艾亭賊李大榮樹幟稱王。撫軍李三才設法擒獲，伏誅。餘黨悉平。」又同卷《蠲賑》載：「神宗萬曆二十二年甲午春，大饑，發帑銀七百兩、臨清倉熟米三千五百石，煮粥行賑。」

②《康熙潁州志·災祥》：「（萬曆）二十三年八月十二日夜，洄窩溜河水里許漲起二丈餘，船檣皆倒。」

③《康熙潁州志·災祥》：「（萬曆）二十八年三月，民戴選家猪産白象。是年，獲白鼠、白狼、白鳩。冬，北甕城災。」

五月，淋雨，麥腐黴。秋，大水，豆角内生蟲。①

三十年（1602）正月，雪深五尺許。

二月二十四日，雨水黑。

五月初四日，雨雹。沈丘鎮瓦店如鵝卵，樹、物、人、牛傷。雨後風熱如火。

秋，大水傷禾。

九月二十四日夜，流星如盤，曲如鼇，向西南落，小星萬餘隨之。是夜，黃龍見。

十月十二日，龍見。

是年，派挑河夫。有猪生二頭、四耳、八蹄、二尾。②

三十一年（1603）春，大凶荒。瘟疫盛行，人死十之六。毒瘡殺人，攻之速害。病人多近鬼神言，俗媮心狡，疫殤用

---

①《順治潁上縣志·災祥》：「（萬曆）二十九年除夕，黑霧黃風，白晝若晦，火變異常，合邑驚惶，罔知所措。西關延燒，數百家四散。罹火變者不可勝紀。」《康熙潁州志·災祥》：「（萬曆）二十九年元旦，黑霧黃風。大隅頭民舍、牌坊並災。五月，霖雨，麥腐黴。秋，大水，豆角内生蟲。」又同卷《事變》載：「（萬曆）二十九年辛丑四月，三里灣設纜收税。」

②《順治潁上縣志·災祥》：「（萬曆）三十年五月初四日，雨雹，大如卵。秋，大水傷禾，漲至東門内，斗米二百文。是年，派挑河夫，民困極矣。」《康熙潁州志·災祥》：「（萬曆）三十年正月，雪深五尺許。二月二十四日，雨黑水。五月初四日，雨雹。沈丘鎮瓦店大如鵝卵，人、牛、樹、物俱傷。雨後風熱如火。秋，大水傷禾。九月二十四日夜，流星屈曲如龍，向西南落，小星萬餘隨之。是夜，黃龍見。十月十二日，龍見。是年，有猪生二頭、四耳、八蹄、二尾。」又同卷《事變》載：「（萬曆）三十年壬寅，派挑河夫。」

刑矣。

秋七月，雨雹。八月，大水。時陸地丈餘，人情洶洶。有戎有兵，魍魎畫行，若死若生，無復潁望者。西府判郭蒙吉撫緝有方，盜賊寧靖，一方賴之。是年，巡撫李三才遂移兵鎮，潁判郭蒙吉請去三里灣稅纜。①

三十二年（1604）春，巡撫李三才奏發臨清倉米三千七百五十石賑潁。

秋，按院高攀枝奏留漕米六萬石，給江北牛種。潁得三千五百石。②

七月，雨雹。九月，桃、杏華。迎祥觀側居民喬松妻馮氏一產三子。捫腹尚蠕蠕動，母子俱死。

是年，頻見白兔。③

三十三年（1605），中村崗民家産一牛兩頭。又民家驢生卵，殼如石，剖視，中如鋸木末。三塔集李攀蟾家産

---

①《順治潁上縣志·災祥》：「（萬曆）三十一年春，大凶荒，瘟疫盛行，殆無虛室，死者十之六七。八月，大水，陸地丈餘，禾稼廬舍一空。復〔後〕巡撫李公奏臨清發倉米賑邑。」《康熙潁州志·災祥》：「（萬曆）三十一年春，大荒。復大疫，毒瘡殺人，人死十之六。秋七月，雨雹。八月，大水，陸地丈許。」又同卷《事變》載：「（萬曆）三十一年癸卯，荒疫之後，寇盜乘機劫奪，人情洶洶。駐潁郡判郭蒙吉撫輯有方，盜賊寧靖，一方賴之。是年，巡撫李三才遂移兵鎮潁，郭郡判蒙吉請去三里灣稅纜。」

②李三才發倉賑災事，《順治潁上縣志》所記在萬曆三十一年（1603），已見上條注釋所引。然《康熙潁州志》所記則在萬曆三十二年。《康熙潁州志·災祥·蠲賑》：「（萬曆）三十二年甲辰春，潁州饑，巡撫李三才奏發臨清倉米三千七百五十石賑之。是年秋，巡按御史高攀枝奏留漕米六萬石，給江北牛種，潁州乃得三千五百石。」

③《康熙潁州志·災祥》：「（萬曆）三十二年（1604）七月，雨雹。九月，桃、杏華。迎祥觀側居民喬松妻馮氏一產三子，捫腹尚蠕蠕動，母子俱死。是年，屢見白兔。」

牛二頭。①

三十七年（1609），蝗。②

四十六年（1618）、四十七年（1619），俱蝗。③

四十八年（1620），彗星見。④

天啟元年（1621）春，大雪深丈許。⑤

七年（1627）春，恒雨。⑥

崇禎二年（1629），奉旨汰本州州判一員、儒學訓導一員。

五年（1632）春，大水。⑦

---

①《康熙潁州志·災祥》：「（萬曆）三十三年，中村岡民家産一牛兩頭。三塔集李攀蟾家産一牛二頭。又民家驢生卵，殼如石，剖視，中如鋸木末。」

②《康熙潁州志·災祥》：「（萬曆）三十七年，蝗。」

③《康熙潁州志·災祥》：「（萬曆）四十六年、四十七年，俱蝗。」

④《康熙潁州志·災祥》：「（萬曆）四十八年，彗星見。」

⑤《康熙潁州志·災祥》：「熹宗天啟元年春，大雪深丈許。」

⑥《康熙潁州志·災祥》：「（天啟）七年春，恒雨。」

⑦《康熙潁州志·災祥》：「（崇禎）五年春，大水。」

六年（1633），鵐鳥至。繼至者三年。①

七年（1634）冬十月，北方虹見。

十二月十八日夜，南門鎖自響。②

八年（1635）正月，流賊李自成破潁。通判趙士寬、知州尹夢鰲死之。陝西流賊李自成，號闖王，正月初十日突至圍城。時承平久，無備，且北城外無隍，有高樓與城近，賊得據之，飛磚瓦擊城頭士民。通判趙士寬、知州尹夢鰲、鄉官張鶴鳴初率衆守之，及衆傷不能支，十二日午，賊穴城入，編③焚房舍，縛執人索金。或類官刑拷之，或加異刑苦之，或剖孕婦而視其胎，或開人腹爲槽，納糧於中以飼馬，慘極百狀，盤踞三晝夜去。通判趙士寬、知州尹夢鰲俱赴水死，鄉官尚書張鶴鳴、副使張鶴騰俱以不屈死。其餘以孝義、貞烈死者，另傳。

---

①《明史·五行志·羽蟲之異》：「崇禎六年，汝寧有鳥，鳩身猴足。鳳陽惡鳥數萬，兔頭、鷄身、鼠足，供饌甚肥，犯其骨立死。」《康熙潁州志·災祥》：「（崇禎）六年，鵐鳥至。（邵嗣雍云：『鳥似鶉，兔足鼠爪，千萬爲群，疾飛若雷，上蔽天日，栖平陂埜草間，夜照以火，有獲之者，俗呼反鷄。六年秋、冬間至，明年四月忽不見。』）」

②《康熙潁州志·災祥》：「（崇禎）七年冬十月，北方虹見。十二月十八日夜，南門鎖自響。（邵嗣雍云：『甲戌季冬，初聞寇信，南門鎖忽自驚開墮地。及城陷，逃出南門者皆得脱。』）」

③「編」字，《康熙潁州志·災祥·事變》作「遍」。見下條注釋。

九月，流賊復侵潁，兵備道謝肇玄命貢士李栩擊走之。①

九年（1636）四月雨，至八月止。大水，淮河繫舟樹杪。

冬十月，流賊薄城。留陵口民家槍頭夜自生火。②

十年（1637），潁營都司李栩擊流賊左衿王③等，獲大勝。貢士李栩，因八年破城，寇焚父柩，破家募兵，請纓勦賊，屢有功。兵備道謝肇玄請命，撫院朱大典委授以潁營都司銜。時流賊左衿王等蜂擁闖厢，詡④謀禦之，城門不閉，賊不敢入。及夜，令兵啣枚塗面，偷營劫殺之。賊眾大亂，次日走。栩乘賊過三里灣河，伏兵大創，生擒頭目跳澗虎、油葫蘆、草上飛、皇天

①《明史·李自成傳》：「（崇禎）八年正月大會於滎陽……先是，南京兵部尚書呂維祺懼賊南犯，請加防鳳陽陵寢，不報。及迎祥、獻忠東下，江北兵單，固始、霍丘俱失守。賊燔壽州，陷潁州，知州尹夢鼇、州判趙士寬戰死，殺故尚書張鶴鳴。」《康熙潁州志·災祥·事變》：「懷宗崇禎八年乙亥正月，流賊李自成破潁。郡判趙士寬、州牧尹夢鼇死之。（陝西流賊李自成，號闖王，於正月初十日突至圍城。時承平久，無備，且北城外無隍，有高樓與城近，賊得據之，飛矢石擊城頭士民。通判趙士寬、知州尹夢鼇初率眾守之，及眾傷不能支，十二日午，賊穴城入，遍焚房舍，執人索金。加異刑苦之，至剖孕婦視胎，開人腹爲槽，納糧於中以飼馬，慘極百狀，盤踞三晝夜去。通判趙士寬、知州尹夢鼇俱赴水死。其餘鄉官、士民、婦女以忠孝、貞烈死者，詳《人物》《列女》。）是年九月，流賊復來侵潁，兵備參政謝肇玄命貢士李栩擊賊，賊眾退走。」

②《康熙潁州志·災祥》：「（崇禎）九年四月雨，至八月止。淮河繫舟樹杪。冬十月，留陵口民家槍頭夜自生火。」又同卷《事變》載：「（崇禎）九年丙子十月，流賊薄城。」

③「左衿王」，當即「左金王」。《明史·李自成傳》：「先是，有馬守應稱老回回、賀一龍稱革裏眼、賀錦稱左金王、劉希堯稱争世王、藺養成稱亂世王者，皆附自成，時號『革左五營』。」

④「詡」字，當作「栩」，指李栩。《康熙潁州志·災祥·事變》亦作「栩」。見下條注釋。

受等，溺死二千餘賊，獲驢、牛千餘隻，救難民七百餘人。賊自是膽落，呼爲「李闖子兵」。①

十一年（1638）春，十營賊侵掠方家集。

秋八月，老徊徊賊侵掠驛口橋集。②

十二年（1639）春，十營賊、老徊徊賊擄掠中村崗等集。秋復至。③

十三年（1640），大旱蝗。

秋七月，大風拔樹。④

十四年（1641）春，大饑，人相食。夏，瘟疫，至秋末方止。

---

①《康熙潁州志·災祥·事變》：「（崇禎）十年丁丑，潁營都司李栩擊流賊左衿王等，敗之，斬獲甚衆。（貢士李栩，因八年城陷，寇焚其父柩，破家募兵，請纓勦賊。兵備參政謝肇玄請於撫軍朱公大典，授潁營都閫。時流賊左衿王等蜂擁關廂，栩大開城門，賊不敢入。及夜，令兵啣枚劫營。賊衆大亂，次日皆走。栩乘賊過三里灣河，預設伏，敗之，生擒頭目跳澗虎、油葫蘆、草上飛、皇天受等，溺死二千餘賊，獲驢、牛千餘，救歸難民七百餘人。賊自是膽落，呼爲『李闖子兵』。）」

②「老徊徊」，當即「老回回」。見前引《明史·李自成傳》。又《明史·孫應元傳》載：「崇禎九年（1636）秋，從張鳳翼軍畿輔……明年，河南賊熾……明年正月，大破之舞陽、光山、固始。四日三捷，斬首二千九百有奇。賊乃謀犯江北，元斌九德南趨潁州，獲鳳陵，密遣應元、得功督騎兵扼賊前。自南而北，破之方家集。」《康熙潁州志·災祥·事變》：「（崇禎）十一年戊寅春，十營賊侵掠方家集。秋八月，老徊徊賊侵掠驛口橋集。」

③《康熙潁州志·災祥·事變》：「（崇禎）十二年己卯春，十營賊、老徊徊賊擄掠中村岡等集。秋復至。」

④《康熙潁州志·災祥》：「（崇禎）十三年，大旱蝗。秋七月，大風拔樹。」又同卷《事變》云：「（崇禎）十三年庚辰，盜起如麻。」

淝河水溢，壞民廬舍。

礦賊袁老山焚燬庄舍、農器，四鄉殆盡。

王氏集塔崩。內現石匣，貯銀棺金瓶等物，督師馬公士英取去。①

十五年（1642）夏四月，南五營賊偷城，郭鐵匠以義死。鐵匠郭住東門外。四月十七日夜，忽被賊執，紿曰：「同吾偷城，遇詰者，汝權詞應。功成將富汝。」郭佯許之。及至城頭，郭大呼曰：「賊至矣！」被賊斫墜，槊爲泥。守城者驚起，竟退賊。

五月，南五營賊革裏眼、左衿王等賊偷城。初八日，天大風雨。流賊乘黑夜偷爬城，通判任即有鑑衣履泥濕，督士民守，賊竟無隙入。

流賊袁時中劫掠王老人集，參將李栩死之。通判任有鑑請兵會勦。②

十六年（1643）春二月二十日，大風霾，天地晝晦。三月，復風霾。

---

①《康熙潁州志·災祥》：「（崇禎）十四年春，大饑，人相食。夏，大疫，至秋末方止。淝河水溢，壞民廬舍。王氏集塔崩。（內現石匣，貯銀棺金瓶等物，督師馬士英取去。）」又同卷《事變》云：「（崇禎）十四年辛巳，礦賊袁老山盤踞四鄉，掘墳墓、焚房屋，人皆露宿，鷄犬不聞。」

②《康熙潁州志·災祥·事變》：「（崇禎）十五年壬午夏四月，南五營賊謀潛奪城，義民郭尚智死之。（詳見《人物》。）五月，南五營賊革裏眼、左衿王等復謀入城，不果。（初八日，天大風雨。流賊乘夜昏黑竊爬上城，意欲啟門爲內應。通判任公有鑑衣履泥濕，躬督士民嚴守，賊竟無隙可乘。）秋九月，流賊袁時中劫掠王老人集，參將李栩死之。（詳見《人物》。）郡判任有鑑請兵會勦。（詳見《名官［宦］》。）」

秋七月，雨雹，大如卵。

八月，霪雨七晝夜。

冬十二月初三日丑時，地震。①

十七年（1644）三月。流賊李自成陷京師。四月，福藩監國南京，既而即位，詔以明年爲弘光元年。②

皇清順治二年（1645）乙酉五月，大兵下江南。夏，大水。③

三年（1646）丙戌夏、秋，俱大水。④

四年（1647）丁亥秋，大水。⑤

五年（1648）戊子夏四月至六月，不雨。秋，大水損禾。⑥

---

①《康熙潁州志·災祥》：「（崇禎）十六年春二月二十日，大風霾，天地晝晦。三月，復風霾。秋七月，雨雹，大如卵。八月，霪雨。冬十二月初三日丑時，地震。」

②《明史·福王常洵傳》：「（崇禎）十六年（1643）秋七月，（朱）由崧襲封，帝親擇宮中寶玉帶賜之。明年三月，京師失守，由崧與潞王常淓俱避賊至淮安。四月，鳳陽總督馬士英等迎由崧入南京。五月庚寅，稱監國。以兵部尚書史可法、戶部尚書高弘圖及士英俱爲大學士，士英仍督鳳陽軍務。壬寅，自立於南京，僞號弘光。」

③《康熙潁州志·災祥》：「世祖章皇帝順治二年乙酉夏，大水。」又同卷《事變》云：「世祖章皇帝順治二年乙酉五月，大兵下江南。」

④《康熙潁州志·災祥》：「（順治）三年丙戌夏、秋，俱大水。」

⑤《康熙潁州志·災祥》：「（順治）四年丁亥秋，大水。」

⑥《康熙潁州志·災祥》：「（順治）五年戊子夏四月至六月，不雨。秋，大水損禾。」

六年（1649）己丑夏五月十八日，淮河水陡從西來，平地數丈，壞民廬舍、牛畜數千家。蒙旨蠲免租税。①

七年（1650）庚寅春二月二十日，民許小兒妻産子，駢首一身，首紅白異色，白者口有齒。

二十七日，大風拔屋。

夏五月，大雨雹，傷麥。②

八年（1651）。

---

①《康熙潁州志·災祥》：「（順治）六年己丑夏五月十八日，淮河水漲，平地數丈，壞民廬舍、牛畜數千家。」同卷《蠲賑》載：「世祖章皇帝順治六年己丑夏五月，淮水漲，壞民廬，蠲免租税。」

②《康熙潁州志·災祥》：「（順治）七年庚寅春二月二十日，民許小兒妻産子，駢首，紅白異色，白者口有齒。二十七日，大風拔屋。夏五月，大雨雹，傷麥。」

潁州志卷之二

輿地志上

冠以《境圖》，定方隅也；次以《州圖》，重邦國也。仰觀玄象，有分野以察氛祲；歷覽載籍，有沿革以稽損益。乃諸侯之寶三，實首土地①，則形勝係焉。無事轉移治化，有事綢繆牖戶。幅員千餘里，未易撫循也。至於道里之遠近，速於置郵而傳命②，惟兹疆里，故書界至。若夫風俗者，則政教所致也。太史采風，爰參今古，維兹潁水，寧惟神皋禹蹟哉！

①《孟子·盡心章句下》：「孟子曰：『諸侯之寶三：土地，人民，政事。寶珠玉者，殃必及身。』」

②《孟子·公孫丑章句上》：「（孟子）曰：『文王何可當也……孔子曰：『德之流行，速於置郵而傳命。』當今之時，萬乘之國行仁政，民之悦之，猶解倒懸也。故事半古之人，功必倍之，惟此時爲然。』」

圖説①

潁郡四履，非圖之所能盡也。東襟濠、滁，南接荆、汝，西連襄、鄧，北通汴、徐，平原旁達，畧無險阻。環潁皆水也，考其結聚，自陝、洛縈回，淮、泗繞带，渦、淝滌蕩，淮、黄夾從，惟地力敦厚，故水土流演。是以風氣澄凝，人才秀潔，須於是徵。語曰：「世治潁清，世亂潁濁。」②其係南北中原，真樞轄也！至於今日，爲庭戸，爲藩籬，爲咽喉，爲腹心，各視其勢，保障江淮，控制八面。按職方氏之所繪，君子以經綸③，無自墮其防。維哉美哉！河山之固在德，而即在險者乎？④若城郭、州治皆其大者，概見於圖。

①原書前目錄中無此條目，已據補。

②《明一統志·中都·山川》：「潁水，舊自河南項城縣界流入太和、潁上等縣，經陳州西華境。宋劉敞詩有『世亂潁水濁，世治潁水清』之句。」然劉敞《公是集》中未見類似句。明曹學佺《大明一統名勝志·鳳陽府志勝·潁州》：「潁水，舊自黄河項城縣界流入州屬潁上、太和等縣，古語有『世亂潁水濁，世治潁水清』之句。」

③《周易·屯卦》：「《象》曰：『雲雷屯，君子以經綸。』」王弼注：「君子經綸之時。」孔潁達疏：「『經』謂經緯，『綸』謂繩綸，言君子法此屯象有爲之時，以經綸天下，約束於物，故云『君子以經綸也』。」

④《史記·吴起列傳》：「魏文侯既卒，起事其子武侯。武侯浮西河而下，中流，顧而謂吴起曰：『美哉乎山河之固，此魏國之寶也！』起對曰：『在德不在險。昔三苗氏左洞庭，右彭蠡，德義不修，禹滅之。夏桀之居，左河濟，右泰華，伊闕在其南，羊腸在其北，修政不仁，湯放之。殷紂之國，左孟門，右太行，常山在其北，大河經其南，修政不德，武王殺之。由此觀之，在德不在險。若君不修德，舟中之人盡爲敵國也。』侯曰：『善。』」

城圖①

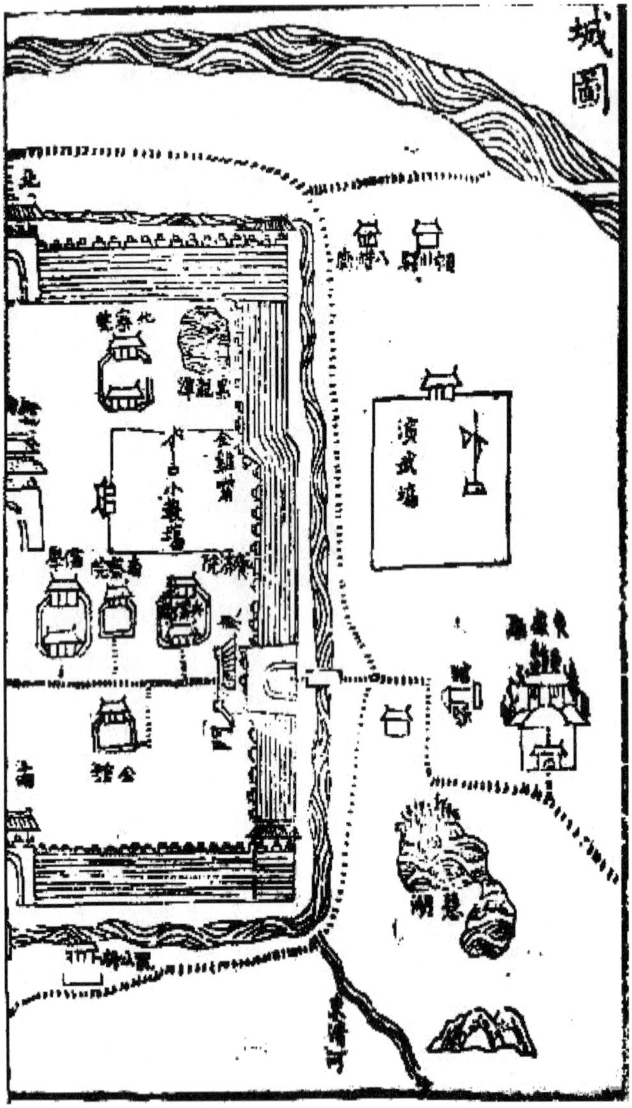

①原書前目錄中「城圖」在「境圖」之後，已據改。

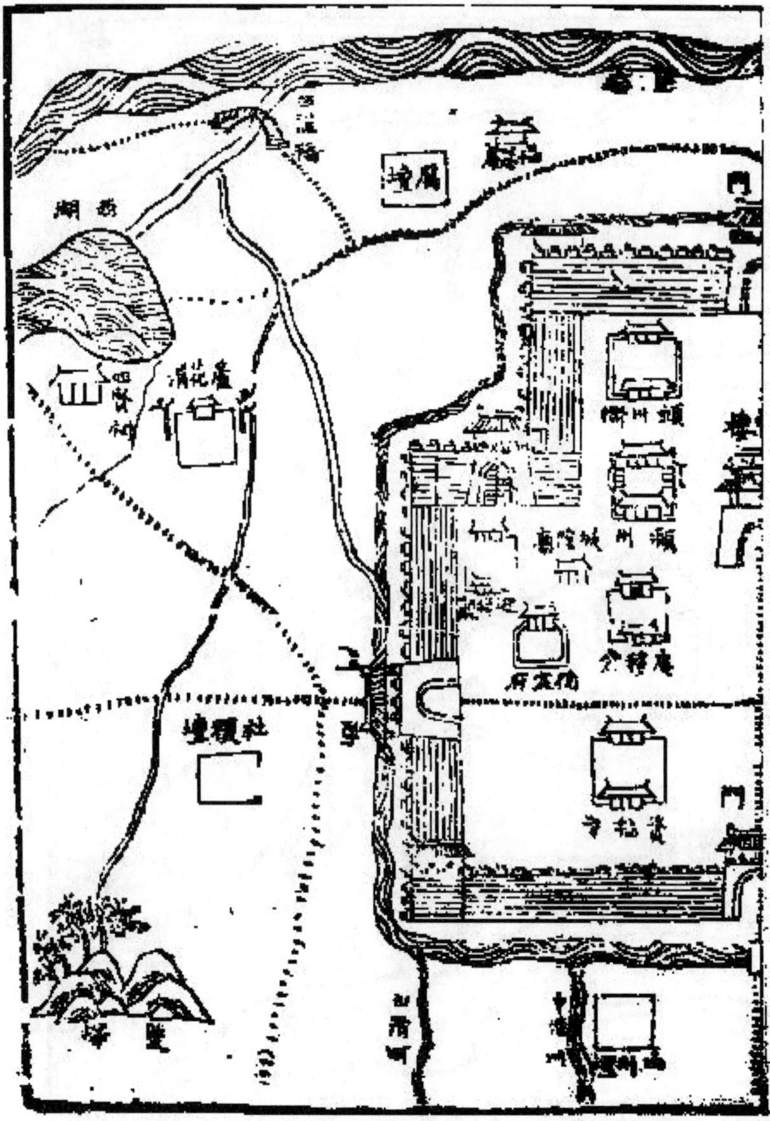
厲壇
潁州衛
潁州城隍廟
社稷壇
門

境圖

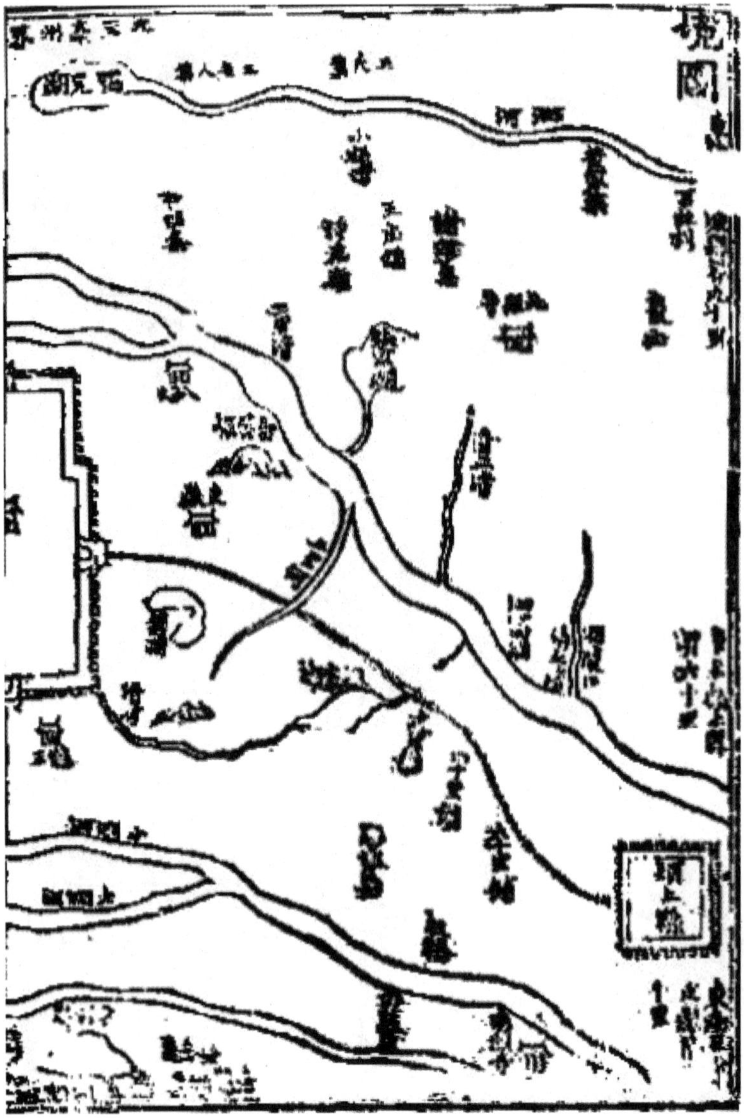

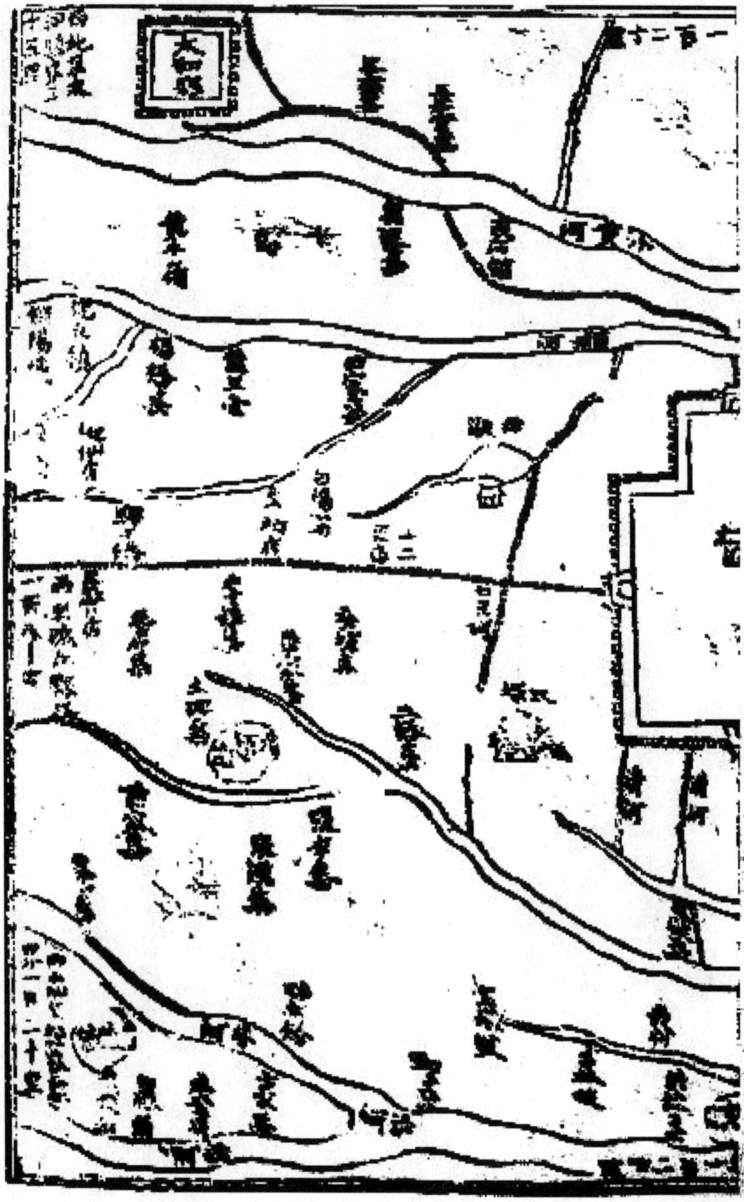

分野

按，《星土》：天有十二次，日月之所纏；地有十二辰，王侯之所國。①《周官·保章氏》：「以星土辯九州之封域，皆有分星，以觀妖祥。」② 九州十二域，或繫之五星，或繫之二十八宿，或繫之北斗。③ 今考傳記所載，係潁州者著於篇云。④

---

①「纏」字，疑當作「躔」。《周禮·大司徒》：「以土宜之法辨十有二土之名物，以相民宅而知其利害，以阜人民，以蕃鳥獸，以毓草木，以任土事。」鄭玄注：「十二土分野十二邦，上繫十二次，各有所宜也。」賈公彥疏：「如是，天有十二次，日月之所躔，地有十二辰，王侯之所國。」

②「辯」字，疑當作「辨」。《周禮·保章氏》：「保章氏掌天星，以志星辰日月之變動，以觀天下之遷，辨其吉凶。以星土辨九州之地，所封封域，皆有分星，以觀妖祥。」此誤已見於《成化中都志》，見下文所引。

③宋陳祥道《禮書·十二分》：「天有十二次，日月之所躔，地有十二辰，王侯之所國。《周官》大司徒辨十有二土、十有二壤；保章氏以星土辨九州所封封域，皆有分星，以觀妖祥。蓋九州十二域，或繫之北斗，或繫之二十八宿，或繫之五星。」

④《成化中都志·星土》：「天有十二次，日月之所纏；地有十二辰，王侯之所國。保章氏以星土辯九州之封域，皆有分星，以觀妖祥。九州十二域，或繫之五星，或繫之二十八宿，或繫之北斗。今考傳記所載，著於篇云。」

〔漢分野〕角、亢、氐則韓之分野，兼得秦楚之交。①

〔東漢〕《天文志》曰：「玉衡者，斗九星也。第七星主豫。」②

〔晉分野〕汝南，入房二度。③

〔隋分野〕豫州，在天官自氐五度至尾九度，爲大火，於辰在卯。汝陰屬豫州。④

---

①《漢書·地理志》：「韓地，角、亢、氐之分野也。韓分晉得南陽郡及潁川之父城、定陵、襄城、潁陽、潁陰、長社、陽翟、郟，東接汝南，西接弘農得新安、宜陽，皆韓分也……楚地，翼、軫之分野。今之南郡、江夏、零陵、桂陽、武陵、長沙及漢中、汝南郡，盡楚分野。」又《通典·州郡·古荆河州》：「荆河州在九州之中……角、亢、氐則韓之分野。（漢之南陽及潁川之父城、定陵、襄城、潁陽、潁陰、長社、陽翟、郟，東接汝南，西接弘農，兼得新安、宜陽，皆其分也。今陝郡之河南地，河南府之西境、南境、東境，滎陽、臨汝、潁川之西境，漢東、淮安、南陽、武當等郡也。）兼得秦楚之交。（漢之弘農故關以西，今弘農郡之南境，宜屬秦。漢之汝南，今汝陰、汝南之南境，淮陽之南境，漢之南郡北境，今襄陽郡地，並宜屬楚也。）」呂景蒙《嘉靖潁州志·輿地上》：「（漢）分野：角、亢、氐則韓之分野，兼得秦楚之交。汝南之汝陰宜屬楚分。」

②《後漢書·天文志》：「三階九列，二十七大夫，八十一元士，斗、衡、太微攝提之屬百二十官，二十八宿各布列，下應十二子。天地設位，星辰之象備矣。」劉昭注引《星經》云：「玉衡者，謂斗九星也……第七星爲豫州，常以五午日候之，甲午爲潁川，壬午爲梁國，丙午爲汝南，戊午爲沛國，庚午爲魯國，凡五郡。」

③《晉書·天文志》：「房、心，宋，豫州：潁川入房一度，汝南入房二度，沛郡入房四度，梁國入房五度，淮陽入心一度，魯國入心三度，楚國入房四度。」呂景蒙《嘉靖潁州志·輿地上》：「（晉）分野：汝南入房二度。」

④《隋書·地理志》：「豫州於《禹貢》爲荆州之地。其在天官，自氐五度至尾九度，爲大火，於辰在卯，宋之分野，屬豫州。」呂景蒙《嘉靖潁州志·輿地上》：「（隋）分野：豫州，在天官自氐五度至尾九度，爲大火，於辰在卯。汝陰屬豫州。」

〔唐分野〕古胡之國。氐涉壽星，當洛邑衆山之東，與亳相接，次南直潁水之間，曰太昊之墟，爲亢分。①

〔宋分野〕京兆西北路，荆、豫之域，而豫州之壤爲多，當角、亢、氐之分。② 宋《天文志》曰：「太微垣中魁第六爲開陽，主豫。」③

〔元分野〕氐二度七十七分七十七秒外入宋分大火之次，辰在卯。④

---

①《新唐書・天文志》：「角、亢，壽星也……中國地絡在南北之間，首自西傾，極於陪尾，故隨、申、光皆豫州之分，宜屬鶉火，古陳、蔡、許、息、江、黄、道、栢、沈、賴、蓼、須頓、胡、防、弦、萬之國。氐涉壽星，當洛邑衆山之東，與亳土相接，次南直潁水之間，曰太昊之墟，爲亢分。」吕景蒙《嘉靖潁州志・輿地上》：「（唐）分野：古胡之國。氐涉壽星，當洛邑衆山之東，與亳古〔土〕相接，次南直潁水之間，曰太昊之墟，爲亢分。」

②《宋史・地理志》：「京西南、北路，本京西路，蓋《禹貢》冀、豫、荆、兖、梁五州之域，而豫州之壤爲多，當井、柳、星、張、角、亢、氐之分。東暨汝、潁，西被陝服，南略鄢、郢，北抵河津。」吕景蒙《嘉靖潁州志・輿地上》：「（宋）分野：京西北路，荆、豫之域，而豫州之壤爲多，當角、亢、氐分。」

③「開陽」，疑當作「闓陽」。此處所引疑誤。《宋史・天文志》：「北斗七星在太微北，杓攜龍角，衡殷南斗，魁枕參首，是爲帝車，運於中央，臨制四海，以建四時，均五行，移節度，定諸紀，乃七政之樞機，陰陽之元本也。魁第一星曰天樞……六曰闓陽，爲律，主木，爲危星，主天倉、五穀。其分爲趙，《漢志》：『主揚州。』若不勸農桑，峻刑法，退賢能，則不明，變色。七曰摇光，爲星，主金，爲部星，爲應星，主兵。其分爲齊，《漢志》：『主豫州。』」

④「氐二度」，疑當作「氐一度」。《元史・曆志》：「氐一度七十七分七十七秒外入宋分大火之次，辰在卯。」吕景蒙《嘉靖潁州志・輿地上》：「（元）分野：氐二〔一〕度七十七分七十七秒外入宋分大火之次，辰在卯。」

〔明分野〕潁州在《禹貢》豫州之域①，《天文》心、房分野②。又云：「起氐十一度。」又云：「起亢八度。」③又云：「起氐二度。」④又云：「鈎鈐星别爲豫州。」⑤又云：「玉衡第七星主豫。」⑥

又考，豫州之域爲宋地，房、心之分。⑦陳卓云：「自氐五度至尾九度爲大火之次，於辰在卯，宋分野。」⑧費

---

①《尚書·禹貢》：「荆、河惟豫州。」《行水金鑒》引宋熊禾《書説》：「豫州居天下之中，四方道理適均。湯之亳，今河南偃師。成王之洛邑，今河南洛陽縣。其地北距河，南抵荆山，東抵徐，西抵雍、梁。今爲河南府虢、陝、鄭、汝、陳、蔡、唐、鄧、汴、宋等州之地。」潁即汝州之屬地。

②《史記·天官書》：「房、心，豫州。」《漢書·天文志》：「房、心，豫州。」

③《晉書·天文志》：「自氐五度至尾九度爲大火，於辰在卯，宋之分野，屬豫州。（費直：『起氐十一度。』蔡邕：『起亢八度。』）」

④《舊唐書·天文志》：「貞觀中，李淳風撰《法象志》，始以唐之州縣配焉。至開元初，沙門一行又增損其書，更爲詳密。既事包今古，與舊有異同，頗裨後學，故録其文著於篇……氐、房、心，大火之次也。卯初起氐二度，（一千四百一十九分，秒五太。）中房二度，（二千八百五分，秒一半。）終尾六度。」

⑤《晉書·地理志》：「豫州。案《禹貢》爲荆河之地。《周禮》：『河南曰豫州。』豫者舒也，言稟中和之氣，性理安舒也。《春秋元命包》云：『鈎鈐星别爲豫州。』」

⑥《後漢書·天文志》：「《易》曰：『天垂象，聖人則之。庖犧氏之王天下，仰則觀象於天，俯則觀法於地。』觀象於天，謂日月星辰。觀法於地，謂水土州分……天地設位，星辰之象備矣。」李賢注引《星經》曰：「玉衡第一星主徐州……第七星爲豫州，常以五午日候之，甲午爲潁川，壬午爲梁國，丙午爲汝南，戊午爲沛國，庚午爲魯國，凡五郡。」

⑦《漢書·地理志》：「宋地，房、心之分壄也。今之沛、梁、楚、山陽、濟陰、東平及東郡之須昌、壽張，皆宋分也。」《晉書·天文志》：「自氐五度至尾九度爲大火，於辰在卯，宋之分野，屬豫州。」

⑧《資治通鑑·魏紀》：「（青龍三年冬十月）甲申，有星孛於大辰，又孛於東方。」胡三省注云：「《公羊傳》曰：『大辰者何？大火也。』何休注曰：『大火與伐，天之所以示民時早晚，天下之所以取正，故謂之大辰。』蔡邕曰：『自亢八度至尾四度，謂之大火。』陳卓曰：『自氐五度至尾九度曰大火之次，於辰在卯。』」

直云：「起氐十一度。」蔡邕云：「起亢八度。」一行云：「起氐二度。」劉向云：「宋地，房、心之分野。」①《爾雅》云：「大火謂之大辰。」② 李巡云：「大火，蒼龍心宿，以候四時。」③ 郭璞云：「大火，心也，在中最明，故時候主焉。」④《春秋元命包》云：「鈎鈐星別爲豫州。」⑤ 五星主鎮星。《星經》：「五星之分野，鎮星主嵩高，豫。」⑥《唐志》：「嵩丘，鎮星位焉。」⑦《春秋緯·文耀鈎》云：「外方、熊耳以至泗州、陪尾，豫州，屬揺

---

①漢劉向《新序·雜事》：「宋景公時，熒惑在心，懼，召子韋而問曰：『熒惑在心，何也？』子韋曰：『熒惑，天罰也；心，宋分野也；禍當君身。雖然，可移於宰相。』」然則此事實出自《呂氏春秋·季夏紀·制樂》：「宋景公之時，熒惑在心，公懼，召子韋而問焉，曰：『熒惑在心，何也？』」子韋曰：『熒惑者，天罰也；心者，宋之分野也；禍當於君。雖然，可移於宰相。』」

②《爾雅·釋天》：「大辰，房、心、尾也，大火謂之大辰。」

③「心宿」，疑當作「宿心」。《春秋·昭公十七年》：「冬，有星孛於大辰。」孔穎達《正義》引李巡語曰：「大辰，蒼龍宿之體，最爲明，故曰房心尾也。大火，蒼龍宿心，以候四時，故曰辰。」

④《爾雅·釋天》：「大辰，房、心、尾也，大火謂之大辰。」郭璞注云：「大火，心也，在中最明，故時候主焉。」

⑤「包」字，一作「苞」。《晉書·地理志·豫州》：「按《禹貢》爲荆河之地。《周禮》：『河南曰豫州。』豫者，舒也。言禀中和之氣，性理安舒也。《春秋元命包》云：『鈎鈐星別爲豫州。』」《藝文類聚·州部·豫州》：「《春秋元命苞》曰：『鈎鈐星別爲豫州。』豫之爲言，序也。言陰陽分布，各得處也。」

⑥《後漢書·天文志》：「《易》曰：『天垂象，聖人則之。庖犧氏之王天下，仰則觀象於天，俯則觀法於地。』觀象於天，謂日月星辰。觀法於地，謂水土州分……天地設位，星辰之象備矣。」李賢注：「《星經》曰：『歲星主泰山，徐州、青州、兖州。熒惑主霍山，楊州、荆州、交州。鎮星主嵩高山、豫州……』」

⑦《新唐書·天文志》：「鶉火、大火、壽星、豕韋爲中州，其神主於嵩丘，鎮星位焉。」

星。」①今考潁，正當房二度。②

皇清順治三年（1646）所頒《時憲曆》，各省序次，依北極高度定緯所列。江南，立春後日出卯三刻十分，日入酉初初刻五分；河南，立春後日出卯正三刻十分，日入酉初初刻五分。今潁州在江南、河南之間，若依地之經度所列，以今辛卯歲爲例，每分至啟閉，俱依省城所定，考每歲曆，即得真正時刻，因知經諱③縱横之所在。④

---

①《周禮·保章氏》：「以星土辨九州之地，所封封域，皆有星分，以觀妖祥。」賈公彦疏云：「《春秋緯·文耀鈎》云：『布度定記，分州繫象……外方、熊耳以東至泗水、陪尾，豫州，屬摇星……』」

②吕景蒙《嘉靖潁州志·輿地上·分野》：「潁州在《禹貢》豫州之域，《天文》心、房分野。（《故志》。）又云：『起氐十一度。』（費氏。）又云：『起亢八度。』（蔡氏。）又云：『起氐二度。』（一行。）又云：『鈎鈐星别爲豫州。』（包氏。）又云：『鎮星主嵩高山，豫州。』（《唐志》。）又云：『宋、鄭之疆，候歲星，占心、房。北斗之分屬摇光。』（《天官書》。）又云：『外方、熊耳以里［至］泗水、陪尾，豫州，屬摇星。』（《春秋緯·文耀鈎》。）又云：『玉衡第七星主豫。』（《星經》。）」

③「諱」字，當作「緯」。

④《康熙潁州志·輿地·分野》：「皇清頒行《時憲曆》，各省序次，悉依北極高度定緯所列。其分至啟閉，俱從省城所定。江南，立春後日出卯正二刻十一分，日入酉初一刻四分；河南，立春後日出卯正二刻十三分，日入酉初一刻三分。潁居江南、河南之間，若依地之經度所列，考每歲曆，即得真正時刻，因知經緯縱横之所在。」

沿革

唐、虞，爲豫州。潁其屬地。①

夏、商，荆、河惟豫州。② 蔡氏曰：「豫州之域，西南至南條荆山，北距大河。」③ 熊氏曰：「今爲河南府，虢、郟、鄭、汝等州之地。」④ 潁即汝州之屬地也。⑤

周，爲豫州。其地皆爲列國，潁在其中。汝墳。朱子云：「汝水經潁州。」⑥ 胡子國。《春秋》：哀十四年（前481），楚

---

①《尚書・禹貢》：「荆河惟豫州。伊、洛、瀍、澗既入於河，滎波既豬，導菏澤，被孟豬。」《正德潁州志・建置沿革》：「潁州本《禹貢》豫州之域。」呂景蒙《嘉靖潁州志・輿地上》：「唐、虞。（《書》。）豫州。（潁其屬地。）」李宜春《嘉靖潁州志・州考》：「潁州，古豫州域。」

②《尚書・禹貢》：「荆、河惟豫州。」

③《尚書・禹貢》：「荆、河惟豫州。」宋蔡沈《書經集傳》云：「豫州之域，西南至南條荆山，北距大河。」

④清傅澤洪《行水金鑒》引宋熊禾《書説》云：「豫州居天下之中，四方道理適均。湯之亳，今河南偃師。成王之洛邑，今河南洛陽縣。其地北距河，南抵荆山，東抵徐，西抵雍、梁。今爲河南府虢、陝、鄭、汝、陳、蔡、唐、鄧、汴、宋等州之地。」

⑤呂景蒙《嘉靖潁州志・輿地上》：「夏、商。（《書》。）荆、河惟豫州。（蔡氏曰：『豫州之城，西南至南條荆山，北距大河。』熊氏曰：『今爲河南府虢、郟、鄭、汝等州之地。』潁即汝州之屬地也。）」

⑥《詩經・汝墳》：「遵彼汝墳，伐其條枚。」宋朱熹《詩集傳》云：「汝水出汝州天息山，徑蔡、潁州入淮。」

子滅胡。① 沈子國。定四年（前506），蔡滅沈。② 州來。昭十三年（前529），吴滅州來。③ 俱係潁地。④

秦，爲潁川郡地。⑤ 置守、尉、監。⑥

漢，爲汝南郡地。⑦ 汝陰。故胡國，汝陰治。莽曰汝墳。⑧

東漢，爲汝南郡地。⑨ 汝陰本胡國。杜預曰：「漢西北有胡城。」《地道記》有陶丘鄉。所謂汝墳也。⑩

---

①此處誤。楚子滅胡在魯定公十五年（前495）。注見《郡紀》。此誤已見於吕景蒙《嘉靖潁州志・輿地上》：「哀十四年，楚子滅胡。」

②注見《郡紀》。

③注見《郡紀》。

④吕景蒙《嘉靖潁州志・輿地上》：「周。（《書》《詩》《春秋》《左傳》。）豫州。（州存其地，皆爲列國。）汝墳。（《詩》云：『遵彼汝墳。』朱子云：『汝水經潁州。』）胡。（《春秋》昭公二十三年，見於《經》。哀十四年，楚子滅胡。）沈。（文公三年，見於《經》。定四年，蔡滅沈。）州來。（成公七年，見於《經》。昭十三年，吴滅州來。）」

⑤注見《郡紀》。

⑥《史記・秦始皇本紀》：「分天下以爲三十六郡，郡置守、尉、監。」裴駰《集解》：「《漢書・百官表》曰：『秦郡守掌治其郡；有丞、尉，掌佐守典武職甲卒；監御史掌監郡。』」吕景蒙《嘉靖潁州志・輿地上》：「秦。（司馬遷《史記》。）潁川郡地。置守、尉、監。」

⑦注見《郡紀》。

⑧《漢書・地理志》：「女陰，故胡國。都尉治。莽曰汝墳。」吕景蒙《嘉靖潁州志・輿地上》：「漢。（班固《漢書》。）汝南郡地。汝陰。（故胡國，都尉治。莽曰汝墳。）」

⑨注見《郡紀》。

⑩「漢」字，疑當作「縣」。《後漢書・郡國志》：「汝陰本胡國。」劉昭補注：「杜預曰：『縣西北有胡城。』《地道記》有陶丘鄉。《詩》所謂汝墳。」吕景蒙《嘉靖潁州志・輿地上》：「東漢。（范曄《漢書》。）汝南郡地。汝陰本胡國。（杜預曰：『縣西北有胡城。』《地道記》有陶丘鄉。《詩》所謂汝墳。）」

後漢，爲汝陰郡。屬魏。①

晉，爲汝陰郡。魏，郡廢，晉泰始二年（266）復置。統縣八：汝陰，慎縣，原鹿，固始，鮦陽，新蔡，宋，裒相。②

南宋，爲西汝陰郡。置太守。領縣四：汝陰，安城，樓煩，宋。③

南齊，爲西汝陰郡。置太守。領縣九：汝陰，樓煩，宋，陳，平豫，固始，新蔡，汝南，安城。④

梁，爲潁州。領郡二十，汝陰、弋陽、潁川等郡皆屬之。⑤

---

①注見《郡紀》。

②「裒相」，當作「褒信」。注見《郡紀》。吕景蒙《嘉靖潁州志·輿地上》：「晉。（唐太宗《晉書》。）汝陰郡。（魏置郡，後廢，泰始二年復置。）統縣八：汝陰，（故胡子國。）慎，（故楚邑。）原鹿，固始，鮦陽，新蔡，宋，（侯相。）褒信。」

③注見《郡紀》。吕景蒙《嘉靖潁州志·輿地上》：「南宋。（沈約《宋書》。）西汝陰郡。太守。領縣四：汝陰，安城，樓煩，宋。」

④注見《郡紀》。吕景蒙《嘉靖潁州志·輿地上》：「南齊。（蕭子顯《齊書》。）西汝陰郡。太守。領縣九：汝陰，樓煩，宋，陳（《永元志》無），平豫（《永元志》無），固始（《永元志》無），新蔡（《永元志》無），汝南（《永元志》無），安城。」

⑤《魏書·地形志》：「潁州，（孝昌四年置，武泰元年陷，武定七年復。）領郡二十，縣四十……汝陰、弋陽二郡（蕭衍置雙頭郡縣，魏因之）……北陳留、潁川二郡（蕭衍爲陳州，武定七年改置）……」吕景蒙《嘉靖潁州志·輿地上》：「梁。（姚思廉《梁書》。）潁州。（屬魏。）領郡二十，汝陰、弋陽、潁川等郡皆屬之。」

北齊，爲潁州。①

陳，爲潁州。②

隋，爲汝陰郡。統縣五：汝陰，潁陽，梁曰陳留，又有鄭縣。清丘，治及許昌。潁上，即下蔡郡，梁置。下蔡。梁置，屬汴郡，大業初改縣。又梁置淮陽郡，後齊改置潁川郡，隋廢之。③

唐，爲潁州汝陰郡。武德四年（621）初，置信州，後六年（623）更名潁州。領縣四：汝陰，貞觀元年（627）併永安、高唐、永樂、清丘、潁陽等縣入汝陰。其南三十五里有椒陂塘，引水溉田三④百頃，永徽中刺史柳寶積修。潁上，下蔡，武德四年置渦州，八年（625）廢。其西北⑤二十里有大崇陂，八十里有鷄陂，六十里有黄陂，東北八十里有湄陂。唐復之，

---

①《北齊書·文襄帝紀》：「（武定五年正月）辛亥，司徒侯景據河南反，潁州刺史司馬世雲以城應之。景誘執豫州刺史高元成、襄州刺史李密、廣州刺史暴顯等。遣司空韓軌率衆討之。夏四月壬申，文襄朝於鄴。六月己巳，韓軌等自潁州班師。」吕景蒙《嘉靖潁州志·輿地上》：「北齊。（李百藥《北齊書》。）潁州。（屬魏。）」

②《陳書·宣帝紀》：「（太建十年）十一月辛丑，以鎮西將軍孫瑒爲潁州刺史。」吕景蒙《嘉靖潁州志·輿地上》：「陳。（姚思廉《陳書》。）潁州。（屬周。）」

③注見《郡紀》。吕景蒙《嘉靖潁州志·輿地上》：「隋。（長孫無忌《隋書》。）汝陰郡。（舊置潁州。）統縣五：汝陰，（舊置汝陰郡。開皇初郡廢。太［大］業初復置。）潁陽，（梁曰陳留，并置陳留郡及陳州。東魏，廢州。開皇初，廢郡。十八年縣改名焉。有鄭縣，後齊廢。）清丘，（梁曰許昌，及置潁川郡。開皇初廢郡。十八年縣改名焉。）潁上，（梁置下蔡郡，後齊廢郡。太［大］業初縣改名焉。）下蔡。（梁置汴郡，後齊郡廢。太［大］業初縣改名焉。又梁置淮陽郡，後齊改曰潁川郡。開皇初郡廢。）」

④「三」字，《新唐書·地理志》作「二」。見下文所引。

⑤「北」字後，《新唐書·地理志》有「百」字。此誤已見於吕景蒙《嘉靖潁州志·輿地上》。俱見下條注釋所引。

溉田數百頃。沈丘。本宛丘，與沈丘皆省入汝陰郡，神龍二年（706）置。①

南唐，爲潁州。領縣四。②

宋，爲順昌府。初名汝陰郡，置防禦使，後改爲團練使。開寶六年（973）復爲防禦使。元豐二年（1079）陞順昌軍節度。舊隸州。政和六年（1116），神宗皇帝自潁王升儲，至是，陞爲順昌府。領縣四：汝陰，開寶六年，移治於州城東南十里。太和③，潁上，沈丘。④

①《新唐書·地理志》：「潁州汝陰郡，上。本信州，武德四年置，六年更名。土貢：絁、綿、糟白魚。戶三萬七百七，口二十萬二千八百九十。縣四：汝陰，（緊。武德初有永安、高唐、永樂、清丘、潁陽等縣，六年省永安、高唐、永樂，貞觀元年省清丘、潁陽，皆入汝陰。南三十五里有椒陂塘，引潤水溉田二百頃，永徽中刺史柳實積修。）潁上，（上。）下蔡，（上。武德四年置渦州，八年州廢。西北百二十里有大崇陂，八十里有鷄陂，六十里有黄陂，東北八十里有湄陂，皆隋末廢，唐復之，溉田數百頃。）沈丘。（中。本郟州，領沈丘、宛丘。唐初州廢，以宛丘隸陳州，沈丘來屬。後省沈丘入汝陰，神龍二年復置。）」吕景蒙《嘉靖潁州志·輿地上》：「唐，（歐陽修《唐書》。）潁州汝陰郡，（上。）本信州，武德四年置，六年更名。領縣四：汝陰，（緊。武德初有永安、高唐、永樂、清丘、潁陽等縣。六年省永安、高唐、永樂，貞觀元年省清丘、潁陽，皆入汝陰。南三十五里有椒陂塘，引潤水溉田二百頃，永徽中刺史柳實積修。）潁上，（上。）下蔡，（上。武德四年置渦州，八年州廢。西北二十里有大崇陂，八十里有鷄陂，六十里有黄陂，東北八十里有湄陂。皆隋末廢，唐復之，溉田數百頃。）沈丘。（中。本郟州，領沈丘、宛丘。唐初州廢，以宛丘、沈丘來屬。後省沈丘入汝陰，神龍二年復置。）」

②吕景蒙《嘉靖潁州志·輿地上》：「南唐。（歐陽修《五代史》。）潁州。縣。（闕。）」然歐陽修《新五代史》相關記載與南唐無涉。《新五代史·漢本紀》：「（乾祐三年）二月甲戌，旌表潁州汝陰民麴温門閭。」

③「太和」，《宋史》及吕景蒙《嘉靖潁州志》俱作「泰和」。注見《郡紀》。

④注見《郡紀》。吕景蒙《嘉靖潁州志·輿地上》：「宋。（脱脱《宋史》。）順昌府，（上。）汝陰郡，舊防禦，後爲團練。開寶六年，復爲防禦。元豐二年，陞順昌軍節度，舊隸州。政和六年，改爲府。縣四：汝陰，（望。開寶六年，移治於州城東南十里。）泰和，（望。）潁上，（緊。）沈丘。（緊。）」

元，爲河南江北行省，屬汴梁路，隸汝寧府。領縣四：汝陰，泰和，沈丘，潁上。至元二年（1265），省四縣及錄事司入州。後復領三縣：泰和，沈丘，潁上。① 仁宗元祐元年（1086）十月，陞潁州萬户府爲中萬户府。②

明，爲直隸鳳陽府潁州。元順帝十六年（1348），明兵取潁州路，因舊爲州。③ 州原額編户三十二里，後增至八十里。崇禎八年（1635）賊破城後，田多荒，人民亡。十五年（1642），奉撫按議，減爲四十里，以便徵科。領縣三：潁上，元省縣入州，隸河南汝寧府。明以縣直隸於鳳陽府，屬潁州，編户一十三里。太和，元省入州，隸河南汝寧府。明洪武元年（1368），命知縣高進招撫遺民六百户，分爲六鄉，開設縣治，改「泰」爲「太」，仍隸汝寧府。洪武三年（1670），改隸鳳陽府，屬潁州，編户二十一里。亳縣。古焦國。漢譙縣。後漢爲沛國。後周置亳州，唐因之。宋爲集慶軍。元爲亳州，屬歸德府。明洪

①注見《郡紀》。吕景蒙《嘉靖潁州志·輿地上》：「元。河南江北行省。汴梁路地。潁州，（下。）唐初爲信州，後改汝陰郡，又改潁州。宋陞順昌府。金復爲潁州，舊領汝陰、泰和、沈丘、潁上四縣。元至元二年省四縣及錄事司入州。後復領三縣：泰和，（下。）沈丘，（下。）潁上。（下。）」
②「元祐元年」，當作「延祐元年（1314）」。「元祐」爲宋哲宗年號。注見《郡紀》。
③「元順帝十六年」疑誤。《元史·順帝紀》：「（至正二十六年）夏四月……大明兵取淮安路、徐州、宿州、濠州、泗州、潁州、安豐路。」

武初年，改亳縣。六年（1673），屬潁州。弘治六年（1493），復升爲州，隸鳳陽府。不屬潁。①

皇清順治二年（1645），仍明之舊，爲潁州，隸鳳陽府。編户照明季，額四十里。領縣二：潁上，太和。②

形勝

《風土記》：「襟帶長淮，控扼陳蔡。」③ 晉《王淮論》：「東連三吳，南引荊汝。」④ 陶洪景《信州記》：「梁

---

①《明一統志·鳳陽府·建置沿革》：「潁州：在府西四百四十里……編户八十里。領縣三：潁上縣，（在州城東一百二十里……元省入州，後復置。本朝因之，編户一十三里。）太和縣，（在州城西北八十里……元省入州，後復置。本朝因之。編户二十一里。）亳州。（在州城北二百八十里。本春秋譙邑。秦屬碭郡。漢置譙縣，屬沛國。魏爲譙國，後魏置南兗州。後周改亳州。唐初爲譙州，尋改亳州。天寶初，改亳郡，乾元初，復亳州。宋置集慶軍。金仍爲亳州。元屬歸德府。本朝降爲縣，改今屬。編户二十三里。）」呂景蒙《嘉靖潁州志·輿地上》：「皇明。（《一統志》。）直隸鳳陽府潁州。初，元順帝十六年，我太祖高皇帝兵取潁州路，因舊名州。領縣三：潁上，（漢汝陰郡地。晉屬汝陰郡。梁置下蔡郡，後齊廢。隋初置潁上縣，仍屬汝陰郡。唐屬潁州，隸河南道。宋政和六年，以州爲順昌府，仍屬焉。元仍潁州，省縣入州，隸河南汝寧府，後復置，以縣直隸於府。本朝仍屬潁州。户一十三里。）太和，（本古胡國地。漢爲汝陰縣地。蓋本百尺鎮也，宋升爲萬壽縣。宣和中，改泰和縣，屬潁州。元省入州，後復置，隸河南汝寧府。本朝洪武元年，除知縣高進招撫遺民六百户，分爲六鄉，開設縣治，改『泰』爲『太』，仍隸汝寧府。洪武三年，改隸本府，仍屬於潁州，編户二十一里。）亳縣。（古焦國。西漢爲譙縣，後漢屬沛國。魏置譙國。後周置亳州。唐因之。宋升爲集慶軍節度。元復爲亳州，屬歸德府。本朝洪武初改州爲亳縣，六年改隸本府，屬於潁州。弘治間復升爲州，隸本府。）」

②《康熙潁州志·輿地·沿革》：「皇清爲潁州，（隸江南省鳳陽府，仍前額編户四十里。）領縣二：潁上，太和。」

③此處所云《風土記》，即晉周處所作《風土記》。此書雖已佚，然《大清一統志·潁州府·形勢》《江南通志·疆域》引此二句時，均云出自周處《風土記》，當可信。且呂景蒙《嘉靖潁州志·輿地上·疆域》載：「《風土記》：『襟帶長淮，控扼陳蔡。』」

④「《王淮論》」，當作「《正淮論》」。《晉書·伏滔傳》：「伏滔字玄度，平昌安丘人也……從（桓）温伐袁真，至壽陽，以淮南屢叛，著論二篇，名曰《正淮》。其上篇曰：『淮南者，三代揚州之分也……彼壽陽者，南引荊汝之利，東連三吳之富；北接梁宋，平塗不過七日；西援陳許，水陸不出千里；外有江湖之阻，内保淮肥之固。』」此誤已見於呂景蒙《嘉靖潁州志·輿地上·疆域》：「晉《王淮論》：『東連三吳，南引荊汝。』」

宋吴楚之衡［衝］，齊魯汴洛之道。」① 唐李岵《德政碑》：「淮海内屏，東南樞轄。」②潁州。《地理志》云：「川原平曠，土壤饒沃。爲舟車四達之區，無罔壟盤結之勢。」③

按，《中都志》云：「潁、壽，戰國爲吴楚交會，六朝爲南北要衝。地扼上流，水陸輻輳，古今舟車接迹之地也。」④ 晉周馥《書》曰：「淮揚之地，北阻塗山，南抗靈嶽，名山四帶，有重險之固。是以自南稱曰『壽潁』，自北稱曰『潁壽』。漕運四通，無患空乏。」⑤ 伏滔《正淮論》曰：「南引荆汝之利，東連三吴之富；北接梁宋，平途不過七百；西援陳許，水陸不出千里；外有江湖之阻，内有淮淝之固。」《南齊志》言：「淮南一都之會，

---

①「陶洪景」，當作「陶弘景」。南朝梁陶弘景曾作《信州記》，其書雖已佚，然《大清一統志·陳州志》《江南通志·疆域》引此二句時，均云出自陶弘景《信州記》，當可信。此誤已見於吕景蒙《嘉靖潁州志·輿地上·疆域》：「陶洪景《信州記》：『梁宋吴楚之衝，齊魯汴洛之道。』」

②此處誤。唐楊憑《唐廬州刺史本州團練使羅珦德政碑》：「天子以壽春右郡，淮海内屏，地雄人富，東南樞轄，有介馬數百，徒兵萬人，詔公爲壽州刺史、本州團練使。」且《明一統志·鳳陽府·形勝》《大清一統志·鳳陽府·形勢》《江南通志·輿地志·形勢》諸書引此二句時，均云出自「唐《羅珦德政碑》」。此誤已見於吕景蒙《嘉靖潁州志·輿地上·疆域》：「唐李岵《德政碑》：『淮海内屏，東南樞轄。』」

③《成化中都志·形勝·潁州》：「《地理志》云：『川原平曠，土壤饒沃。爲舟車四達之區，無罔壟盤結之勢。』」《大清一統志·潁州府·形勢》引此二句時，注云出自《舊志》。

④《成化中都志·形勝·壽州》：「《舊志》云：『戰國爲吴楚交會，六朝爲南北要衝。扼淮上流，水陸輻輳，古今舟車接迹之地也。』」

⑤《晉書·周浚傳》所附《周馥傳》載：「（周）馥覩群賊孔熾，洛陽孤危，乃建策迎天子遷都壽春。永嘉四年（310），與長史吴思、司馬殷識上書曰：『……淮揚之地，北阻塗山，南抗靈嶽，名川四帶，有重險之固。是以楚人東遷，遂宅壽春，徐、邳、東海，亦足戍禦。且運漕四通，無患空乏……』」

地方千里，有陂澤之饒。」①《隋書》：「潁、壽形勝，實建業之肩髀。」②昔人所言，壽既如此，吾於潁川亦云。

桂文襄萼謂：「金陵在江北，有徐、潁二州，地跨中原，瓜連數省，兼稱雄鎮，爲藩籬，有控扼之勢。」③又言：「潁去歸德甚近，與商丘、亳邑、汝寧、新蔡、光、固密邇。其形勝，襟帶長、淮，控潁、蔡；其俗，剽輕寡積，重義尚質。」④

《圖書編》言：「淮安、鳳陽以北，地高，宜穀粟。而少塘堰，一遇亢旱，坐觀枯槁。淮、陽以東，地下，宜秈稻。而少堤圩，一遇水澇，則任其流没。故江北地利不盡，乞勑徐、潁兵備，督率所屬，躬親相度，隨其高下，開濬修築，播種如江南，則無曠土惰民，而食可足。」⑤

---

①《南齊書·州郡志》：「壽春，淮南一都之會，地方千餘里，有陂田之饒，漢、魏以来揚州刺史所治，北距淮水，《禹貢》云『淮海惟揚州』也。」

②此處誤。《隋書》未見類似記載，實出自《魏書》卷七十一傳論：「史臣曰：壽春形勝，南鄭要險，乃建鄴之肩髀，成都之喉嗌。」此誤已見於《成化中都志·形勝·壽州》：「《隋書》：『壽春形勝，建鄴之肩髀。』」

③桂萼《進〈輿地圖〉疏》所附《南直隸圖叙》云：「南直隸，古揚州地，南京即六朝舊都也。我祖宗創業，實基於此。然江限南北，古今恃爲天險。江北則徐、潁二州（鳳陽府屬也），地跨中原，瓜連數省，並稱雄鎮。」

④此處疑誤。桂萼《桂文襄奏議》未見此句，實出自《圖書編·河南圖叙·汝寧府》：「其形勝，襟帶長、淮，控扼潁、蔡；其俗剽輕寡積，重義尚質。」

⑤《圖書編·淮揚利病》：「一言淮安、鳳陽以北，地高，宜穀粟。而少塘堰，一遇亢旱，則坐觀枯槁。淮、陽以東，地下，宜秈稻。而少堰圩，一遇水澇，則任其湮没。故江北地利不盡，乞勑徐、潁兵備官督率所屬，躬親相度，隨其高下，開濬修築，教民播種，一如江南，則無曠土，無惰民，而民食可足。」

潁州，在鳳陽府治西，《禹貢》豫州之域，南至南條荆山，北距大河，皆其地也。《文獻通考》云：「豫在九州之中，常安逸也。又云：豫者，舒也。言禀中和之氣，性理安舒，故曰豫。」①又「序也，言陰陽分布，各得其序也。」②但秦、漢以后，南北交争，民無定屬。其安危治亂，與時升降云。

汝陰，漢汝陰縣。③魏置郡。④山南曰陽，水南曰陰。今潁州實在汝水之北，當時名郡者，不知考耳。⑤

界至

州地東西三百里，南北二百里，延袤千里。東爲潁上、壽州，東南爲霍丘，南爲汝寧之固始，移西爲息縣，西南爲汝寧之新蔡，西爲河南省之汝寧，西北爲開封之沈丘、項城、陳州，北爲亳州，東北爲蒙城。⑥距鳳陽府四百二十里；應天府七百五十里；順天府由汴二千二百里，由徐二千里，由歸德一千八百里。

---

①《文獻通考·輿地考·古豫州》：「豫州在九州之中，言常安逸也。又云：逸者，舒也。言禀中和之氣，性理安舒也。」

②《爾雅·釋地》：「河南曰豫州。」陸德明《音義》引《春秋元命包》云：「豫之言序也，言陽氣分布，各得其處，故其氣平。」

③注見《郡紀》。

④注見《郡紀》。

⑤《成化中都志·郡名》：「汝陰，漢汝陰縣。魏置郡。山南曰陽，水南曰陰。今潁州實在汝水之北，當時名郡者，不學故耳。」

⑥吕景蒙《嘉靖潁州志·輿地上》：「州在京師之南，南京之北，汴之東南，淮之西。其東爲壽州，其東南爲霍丘，其南爲汝寧之固始，其西南爲汝寧之上蔡，其西爲河南省之汝寧，其西北爲開封之陳州，其北爲亳州，其東北爲蒙城。」

州東至潁上縣界夷陵溝，六十里；西至汝寧界鮦陽城鋪，二百一十里；南至固始縣界朱皋鎮，九十里；北至亳縣界白魚港鋪，一百里。東到潁上縣一百二十里①，西到汝寧府三百里，南到固始縣二百里，北到亳縣二百一十八里，東北到蒙城縣一百九十里，西北到太和縣八十里。②

風俗

漢風俗：汝南之別，皆急疾有氣勢。③

①「一百二十里」，《成化中都志》作「一百一十里」。見下條注釋所引。

②《成化中都志·疆域道里附·潁州》：「州東至潁上縣界夷陵溝，六十里；西至汝寧界鮦陽城鋪，二百一十里；南至固始縣界朱皋鎮，九十里；北至亳縣界白魚港鋪，一百里。東到潁上縣一百一十里，西到汝寧府三百里，南到固始縣二百里，北到亳縣二百一十八里，東南到霍丘縣二百里，西南到新蔡縣一百六十里，東北到蒙城縣一百九十里，西北到太和縣八十里。」呂景蒙《嘉靖潁州志·輿地上》：「東至壽州一百里，以正陽、淮河爲界；西至汝寧府二百一十里，以鮦陽城爲界；南至固始縣一百二十里，以朱皋鎮、淮河爲界；北至亳州一百八十里，以西淝河爲界；東南至霍丘一百四十五里，以淮河爲界；西南至汝寧之上蔡三百里，以州之艾亭集爲界；東北至蒙城縣一百九十五里，以州之小橋溝爲界；西北至開封府之陳州三百里，以州之界首爲界。」

③《漢書·地理志》：「漢中淫失枝柱，與巴蜀同俗。汝南之別，皆急疾有氣勢。」漢應劭《風俗通義·過譽》：「汝南，楚之界也，其俗急疾有氣決。」呂景蒙《嘉靖潁州志·輿地上》：「（漢）風俗：汝南之別，皆急疾有氣勢。」

隋風俗：邪僻傲蕩，舊傳其俗。今則好尚稼穡，重於禮文，其風皆變於古。①

宋風俗：民性安舒，多衣冠舊族。土地褊薄，迫於營養，洛俗然也。汝陰在二京之交，頗同於洛邑。②

明風俗：《寰宇記》：「汝潁人率性真直，賤商務農。」③《風土記》云：「尚氣安愚。」④ 賁嵩云：「汝潁固多奇士。」⑤《宋地志》云：「山川流峙，風俗清麗，人備文武。」又云：「汝陰之俗，不事末作。男勤耕桑，女勤

---

①《隋書·地理志》：「滎陽古之鄭地，梁郡梁孝故都，邪僻傲蕩，舊傳其俗。今則好尚稼穡，重於禮文，其風皆變於古。譙郡、濟陰、襄城、潁川、汝南、淮陽、汝陰，其風頗同。」呂景蒙《嘉靖潁州志·輿地上》：「（隋）風俗：邪僻傲蕩，舊傳其俗。今則好尚稼穡，重於禮文，其風皆變於古。」

②《宋史·地理志》：「而洛邑爲天下之中，民性安舒，而多衣冠舊族。然土地褊薄，迫於營養。盟津、滎陽、滑台、宛丘、汝陰、潁川、臨汝在二京之交，其俗頗同。」呂景蒙《嘉靖潁州志·輿地上》：「（宋）風俗：民性安舒，多衣冠舊族，土地褊薄，迫於營養，洛俗然也。汝陰在二京之交，俗頗同於洛邑。」李宜春《嘉靖潁州志·風俗》：「鄭、汝之地，墾田頗廣，民多致富，亦由儉嗇而然乎！（《宋史》。）」

③宋樂史《太平寰宇記·河南道·亳州》：「風俗：《漢書》云：『猶有先王遺風，重厚多君子，好稼穡，惡衣食，以致畜藏。』《太康地記》云：『豫州之分，其人得中和之氣，性安舒。其俗阜，其人和，今俗多寬慢。』」同書《河南道·潁州》云：「風俗：與亳州同。」「率性真直，賤商務農」二句，實出自《太平寰宇記·淮南道·舒州》：「風俗：揚州之域，婚嫁喪祀，與諸夏同，率性真直，賤商務農。」《正德潁州志·風俗》：「性率真直，賤商務農。（《寰宇記》。）」呂景蒙《嘉靖潁州志·輿地上·風俗》：「《寰宇記》：『汝潁人率性真直，賤商務農。』」李宜春《嘉靖潁州志·風俗》：「汝潁人率性真直，賤商務農。（《寰宇記》。）」

④即晉周處所作《風土記》。原書已佚。《正德潁州志·風俗》：「尚氣安愚。（《風土記》。）」呂景蒙《嘉靖潁州志·輿地上·風俗》：「《風土記》云：『尚氣安愚。』」李宜春《嘉靖潁州志·風俗》：「尚氣安愚。（《風土記》。）」

⑤《晉書·周顗傳》：「司徒掾同郡賁嵩有清操，見顗，歎曰：『汝潁固多奇士！自頃雅道陵遲，今復見周伯仁，將振起舊風，清我邦族矣。』」呂景蒙《嘉靖潁州志·輿地上·風俗》：「賁嵩云：『汝潁固多奇士。』」李宜春《嘉靖潁州志·風俗》：「汝潁固多奇士。（賁嵩云。）」

織紝。」①《元志》云：「里巷敦扶持之義，男女别飲食之筵。」②歐陽修《思潁詩序》云：「民淳訟簡而物産美，土厚水甘而風氣和。」③《愛木堂記》云：「質而不華，直而不絞。」④

《舊志》云：「士殊質實，農多惰偷，工拙商稀，田疇聽歲。剛於侮文而柔於奉法，怯於公舉而勇於私鬭。女子雅慕節烈，殉夫者時見一二，可謂風化之最淳美者也。里閈乏産業少年，朝不充行，夕無舂米。愚民男女結社，哄齋誦偈，曉夜唱呼，醵錢群聚。潁俗大較若此。」⑤

---

①此處誤。《宋史・地理志》未見類似記載，《明一統志》《成化中都志》皆云出自潁州《舊志》。《明一統志・鳳陽府・風俗》：「風俗清麗，（潁州《舊志》：『山川流峙，風俗清麗，人才皆間氣所鍾。』）人備文武全才，（同上。）不事末作。（同上。汝陰之俗，不事末作。男勤耕桑，女勤織紝。）」《成化中都志・風俗》：「《舊志》云：『山川流峙，風俗清麗。』又云：『汝陰之俗，不事末作。男勤耕桑，女勤織紝。』」此誤已見於《正德潁州志・風俗》：「不事末作。男勤耕桑，女勤織紝。人備文武全才。風俗清麗。（俱宋《地理志》。）」吕景蒙《嘉靖潁州志・輿地上・風俗》：「《宋地志》云：『風俗清麗。人備文武全才。不事末作。男勤耕桑，女勤織紝。』」李宜春《嘉靖潁州志・風俗》：「風俗清麗。人備文武全才。不事末作。男勤耕桑，女勤織紝。（宋《地理志》。）」

②《元史・地理志》未見類似記載。此處所謂《元志》當指元人所纂《潁州志》，已佚。《正德潁州志・風俗》：「里巷敦扶持之義，男女别飲食之筵。（《元志》。）」吕景蒙《嘉靖潁州志・輿地上・風俗》：「《元志》云：『里巷敦扶持之義，男女别飲食之筵。』」李宜春《嘉靖潁州志・風俗》：「里巷敦扶持之義，男女别飲食之筵。（《元志》。）」

③宋歐陽修《思潁詩後序》：「愛其民淳訟簡而物産美，土厚水甘而風氣和，於時慨然已有終焉之意也。」《正德潁州志・風俗》：「『民淳訟簡而物産美，土厚水甘而風氣和。』（歐公《思潁詩後序》。）」吕景蒙《嘉靖潁州志・輿地上・風俗》：「歐公《思潁詩序》云：『民淳訟簡而物産美，土厚水甘而風氣和。』」

④明劉節《愛木堂記》：「視潁之民，質而不華，直而不絞。」《正德潁州志・風俗》：「質而不華，直而不絞。（《愛木堂記》。）」

⑤此云出自「《舊志》」，疑指宋人所纂《潁州志》，已佚。今存《正德潁州志》、吕景蒙《嘉靖潁州志》及李宜春《嘉靖潁州志》中俱未見類似記載。

歲序①

元旦。賀節。②

元霄。張燈。③

清明。祭墓。④

---

①原書前目錄中無此條目，已據補。

②李宜春《嘉靖潁州志·風俗·節序》：「元旦。鷄將鳴，主人起肅衣冠，率子弟焚香拜天。次設供祀竈，謂之接竈。次拜神堂，次拜祖先，點燭燒香，焚楮幣畢，男女拜於中堂，尊卑有序。後族親、鄉友、鄰里交相往拜，至親果酒往拜其家，謂之賀節。後備春酒，彼此宴會，至三月乃止。」《康熙潁州志·風俗》：「元旦。先拜天地，次祀竈，次拜祖先，然後男女拜家長於中堂，尊卑共飲椒栢酒，食餛飩，詰朝親友，交拜賀節，三日止。」

③「霄」字，當作「宵」。李宜春《嘉靖潁州志·風俗·節序》：「上元。人家各張花燈於庭，食米粉丸子，又蒸麵食類繭，俗謂之宜蠶。門窗、戶壁、碓磨、井竈、槽櫪、欄柵、窗圈各設燈，謂之秏燈。街衢坊巷各設架掛燈，謂之過街燈。兒童輩亦各挑燈相聚，喧嘩遊賞，鼓樂通宵。」《康熙潁州志·風俗》：「上元。張燈於庭，食米粉丸子，蒸麵米如繭，謂之宜蠶。門、戶、碓、井等處各設燈，謂之照秏。豐年街市皆掛燈，兒童持燈聚樂，簫鼓通宵。」

④李宜春《嘉靖潁州志·風俗·節序》：「清明。插柳於簷及門戶上。人各簪一枝，具牲醴、時饈，祭掃墳墓，封土數簣，謂之添土。又以柳枝掛白紙錢於塚上。」《康熙潁州志·風俗》：「清明。插柳於門戶，具牲醴，拜祭先塋，掃松添土。」

端午。蒲節。①

中元。祭墓。②

中秋。賞月。③

重陽。登高。④

十月朔。祭墓。⑤

冬至。賀節。⑥

臘月。二十四日夜半，設錫祭司命。⑦

---

①李宜春《嘉靖潁州志·風俗·節序》：「端午。人家包角粽相饋送，懸艾於門戶、牀帳處，焚蒼术於庭，置雄黃、菖蒲於酒飲之。仍以雄黃塗於小兒耳鼻中，繫五彩絲於項，並手臂足腕，謂之百索。男女皆佩符簪艾，俗謂之辟邪招福。」《康熙潁州志·風俗》：「端午。包粽相遺，懸艾於門戶、牀帳，焚蒼术於庭，飲雄黃、菖蒲酒，以綵絲繫小兒項及手足間，男女皆佩符簪艾，採百草合藥。」

②李宜春《嘉靖潁州志·風俗·節序》：「中元。十五日以時食牲醴，祭先如清明儀。」《康熙潁州志·風俗》：「中元。祭掃如清明。」

③李宜春《嘉靖潁州志·風俗·節序》：「中秋。夜焚香月下，雜陳瓜果，中薦以團圓大餅，老幼團拜，謂之翫月。取一家團圓之象，及夜深乃罷。」《康熙潁州志·風俗》：「中秋。夕焚香，陳果餅，老幼拜月，謂之團圓夜。」

④李宜春《嘉靖潁州志·風俗·節序》：「重陽。人家蒸棗糕，飲菊酒，亦相饋送。」《康熙潁州志·風俗》：「重陽，蒸棗糕饋送，飲菊酒，登高。」

⑤李宜春《嘉靖潁州志·風俗·節序》：「下元。十月初一日祀先，儀與前祭同。」《康熙潁州志·風俗》：「十月朔日。祭掃，焚寒衣。」

⑥《康熙潁州志·風俗》：「長至。祀祖先。」

⑦李宜春《嘉靖潁州志·風俗·節序》：「祭竈。以十二月二十四日夜静時，洒掃潔净，屏婦女，用白糖三盤，時果三品，茶三盞，酒三尊，芻一束，豆一盂，水一碗，祀畢焚楮，謂之送竈。」《康熙潁州志·風俗》：「臘月。二十三日夜半時，設錫果茶酒祀竈。」

除夕。更桃符，作春帖，男女胥餞歲。①

按，《風俗》以歲序考民間之好尚，《新志》所載，纖悉畢列。大抵四方所同，故節其大畧備考。然而潁俗之要，無關於是也。

附

論曰：潁土曠民稀，習尚古樸。自隆、萬以来，風氣日靡，危冠綦履，袙衣单縠，男女競餙，積領五六。居則檭角粉藻，食則譢會苾芬，黇響逐波，江河愈下。比及兵荒、賦役叢蠹，十室九空，趋爲簡陋，勢使然也。然猶命氣爲高，薄視雅恂，侮文犯法，窟穴城社，篾視上下，至爲無等。更可患者，告訐成風，投匭肆毒，憑籍厮役，魚肉村曈，臣請豪右，假肆虎噬，良善歛手，城市皆空。瘠田輒托有力爲之鬻，欠賦動捧富戶代之輸。甚者無賴少年，死黨交私。窩訪則江淮虗左，處處通家；署賣則水陸聞名，人人辟易。僭稱百姓頭，號爲小好漢。此奚啻莨莠敗苗！誠芟其渠魁，散其黨與，若火消霰，何難焉？

①李宜春《嘉靖潁州志·風俗·節序》：「除夜。人家備牲醴，詣墳所祭告。然後換門神，易桃符，焚五色紙錢於門，焚倉朮壁廡，具放炮爆竹，爇火於庭前，謂之生盆，取光明旺象之意。大張鼓樂，設宴，飲屠蘇酒，長幼歡慶。先拜尊長，餘者以序而拜，謂之分歲。終夜不寢，謂之守歲。」《康熙潁州志·風俗》：「除夜。易桃符，放爆竹，爇火於庭。先拜祖先，次尊長，餘以序拜，夜分不寐，謂之守歲。」

輿地志下

潁，澤國也。三川灌潁，當黄淮之衝；巨野無山，徒有崗嶺之名耳。水利所關，溝洫急焉，故志河而詳其源委及細流曲折，《水經注》之意也。及城址、廢縣者，陵谷變遷，水所吞齧也。及營寨者，思武備也。及書院、亭臺者，思文治也。而陵墓附焉，皆古蹟也。雜而不厭，因其舊册爾。

崗嶺①

山之屬，爲崗嶺者十

中村崗。在南鄉七十里。南臨谷河，環崗村落，故名。②

---

①此類標題非原書所無，乃編輯老師從下面標題中提取而成。下同。自「崗嶺」至「陂」，原文目録合爲「山川之屬」，已據改。

②《成化中都志·山川·潁州》：「中村岡［崗］。在南鄉，去城七十里，臨谷河。」《正德潁州志·山川》：「中村崗，在南鄉七十里。南臨谷河，環崗村落，故名。」吕景蒙《嘉靖潁州志·輿地下·崗（州）》：「曰中村崗。在南鄉七十里，南臨谷河，環崗村落，故名。」李宜春《嘉靖潁州志·輿勝》：「中村岡［崗］。在州南七十里，南臨谷河，環崗村落，故名。」

安舟崗。在南鄉九十里，淮水北岸。上傳禹治水安舟處，故名。①

楓北崗。在南鄉九十里，近地里城。②

釤崗。在南鄉一百里③，蒙河之北。④

仁勝崗。在南鄉一百四十里，近艾亭。⑤

熬鼎崗。在州西南一百四十五里，汝水北。⑥

---

①《成化中都志·山川·潁州》：「安舟岡［崗］。在南鄉，去城九十里，淮水北岸。」《正德潁州志·山川》：「安舟崗。在南鄉，去城九十里，淮水北岸。淮泛無涯，往來舟楫，依崗湾泊，故名。」呂景蒙《嘉靖潁州志·輿地下·崗（州）》：「曰安舟崗。在南鄉，去城九十里，淮水北岸。淮泛無涯，往來舟楫，依崗灣泊，故名。」李宜春《嘉靖潁州志·輿勝》：「安舟岡［崗］。在州南九十里，淮水泛溢，舟楫多依崗灣泊，故名。」

②「地里城」，一作「地理城」。《成化中都志·山川·潁州》：「楓北崗。在南鄉，去城九十里，近地理城。」《正德潁州志·山川》：「楓北崗。在南鄉九十里，近地理城。」呂景蒙《嘉靖潁州志·輿地下·崗（州）》：「曰楓北崗。在南鄉九十里，近地里城。」李宜春《嘉靖潁州志·輿勝》：「楓北岡［崗］。在州南九十里，近地里城。」

③「一百里」，《成化中都志》《正德潁州志》、呂景蒙《嘉靖潁州志》、李宜春《嘉靖潁州志》均作「一百一十里」。俱見下條注釋所引。

④《成化中都志·山川·潁州》：「釤岡［崗］。在南鄉，去城一百一十里，蒙河北。」《正德潁州志·山川》：「釤崗。在南鄉一百一十里，蒙河北。」呂景蒙《嘉靖潁州志·輿地下·崗（州）》：「曰釤崗。在南鄉一百一十里，蒙河之北。」李宜春《嘉靖潁州志·輿勝》：「釤岡［崗］。在州南一百一十里，蒙河之北。」

⑤《成化中都志·山川·潁州》：「仁勝岡［崗］。在南鄉，去城一百四十里，近艾亭。」《正德潁州志·山川》：「仁勝崗。在南鄉一百四十里，近艾亭。」呂景蒙《嘉靖潁州志·輿地下·崗（州）》：「曰仁勝崗。在南鄉一百四十里，近艾亭。」李宜春《嘉靖潁州志·輿勝》：「仁勝岡［崗］。在州南一百四十里，近艾亭。」

⑥《成化中都志·山川·潁州》：「熬鼎岡［崗］。在州西南一百四十五里，汝水北。」《正德潁州志》同。呂景蒙《嘉靖潁州志·輿地下·崗（州）》：「曰熬鼎崗。在州西南一百四十五里，汝水北。」李宜春《嘉靖潁州志·輿勝》：「熬鼎岡［崗］。在州西南一百四十五里，汝水之北。」

七旗嶺。在南鄉七十（五）里，北臨谷河。王保保屯兵於此，樹七旗，故名。①

金黄嶺。在南鄉百二十里，淮北岸，近朱皋鎮。②

黄牛嶺。在西一百六十里，流鞍河北。③

卧牛嶺。在南門外三里。④

①《成化中都志・山川・潁州》：「七旗嶺。在南鄉，去城七十（五）里，北臨谷河。」《正德潁州志・山川》：「七旗嶺。在南鄉七十五里，北臨谷河。俗傳王保保嘗屯兵於此，樹七旗，故名。嶺頭有倉。」呂景蒙《嘉靖潁州志・輿地下・嶺（州）》：「曰七旗嶺。在南鄉七十五里，北臨谷河。俗傳王保保嘗屯兵於此，樹七旗，故名。嶺頭有倉。」李宜春《嘉靖潁州志・輿勝》：「七旗嶺。在州南七十五里，北臨谷河。俗傳王保保嘗屯兵，樹七旗於此，故名。嶺頭有倉。」

②《成化中都志・山川・潁州》：「金黄嶺。在南鄉，去城一百二十里，淮水北岸，近朱皋鎮。」《正德潁州志》同。呂景蒙《嘉靖潁州志・輿地下・嶺（州）》：「曰金黄嶺。在南鄉一百二十里，淮水北岸，近朱皋鎮。」李宜春《嘉靖潁州志・輿勝》：「金黄嶺。在州南一百二十里，淮水北岸，近朱皋鎮。」

③「在」字後，疑脱「州」字。《成化中都志・山川・潁州》：「黄牛嶺。在州西一百六十里，流鞍河北。」《正德潁州志》同。呂景蒙《嘉靖潁州志・輿地下・嶺（州）》：「曰黄牛嶺。在州西一百六十里，流鞍河北。」李宜春《嘉靖潁州志・輿勝》：「黄牛嶺。在州西一百六十里，瓦店子北。」

④《康熙潁州志・輿地・山川》：「卧牛嶺。在南門外三里。」

河

水之屬，爲河者二十有二

潁河。在州北，發源自乾陽山①，至小窑、西華縣東滙澤南頓。洪武初，黄河自通許之西支，分陳州商水，入南頓混潁，東流項城趙家渡潁州境，澎湃乳香臺，東過沈丘楊橋，遶西古城，折而東北爲長灣，又折而南爲私擺渡，經王莊鋪，遶北城門外，依黄霸堆而東，合舊黄河，過留陵，出港口，經甘城，至正陽入淮河。宣德五年（1430），西北淤塞，俗呼爲小河。上達古汴，下通淮泗，霜後甘洌，可烹茗釀酒。②

---

①「乾陽山」，疑當作「陽乾山」。《左傳·宣公十年（前608）》：「楚子伐鄭。晉士會救鄭，逐楚師於潁北。」孔潁達正義：「《釋例》曰：『潁水出河南陽城縣陽乾山，東南經潁川汝陰，至淮南下蔡縣入淮也。』」

②《明一統志·中都·山川》：「潁水。舊自河南項城縣界流入太和、潁上等縣，經陳州西華境。宋劉敞詩有『世亂潁水濁，世治潁水清』之句。本朝洪武八年（1375），黄河分決合流，經潁州北門外。宣德五年，西北淤塞，俗稱小河，上通古汴，下達淮泗。」吕景蒙《嘉靖潁州志》同。《成化中都志·山川·潁州》：「潁河。在州西鄉。自南頓東來，至趙家渡入州境，至乳香臺東過沈丘，繞州北門外，過留陵，出江口驛，經甘城驛，至正陽門入淮。」《正德潁州志·山川》：「潁河。在州西鄉入境。源自汝州山中，發至小窑、西華始大，匯澤南頓。洪武初，黄河自通許之西支，分陳州商水，入南頓混潁。東流項城趙家渡，入潁州境，澎湃乳香臺。東過沈邱楊橋，遶西古城，折而東北爲長湾，又折而南爲私擺渡，經王莊鋪，遶北城門外，依黄霸堆而東入舊黄河，遥遥東下，過留陵，出江口，經甘城驛，至正陽入淮河。今土俗猶呼爲小河云。」李宜春《嘉靖潁州志·輿勝》：「潁河。在州北。發源自汝州山中，至小窑、西華始大，滙澤南頓。洪武初，黄河自通許之西支，分陳州商水，入南頓混潁，東流項城趙家渡，入潁州境，澎湃乳香臺。東過沈丘楊橋，遶西古城，折而東北爲長灣，又折而南爲私擺渡，經王莊鋪，遶北城門外，依黄霸堆而東入舊黄河，過留陵，出江口，經甘城，至正陽入淮河。宣德五年，西北淤塞。呼爲小河，上達古汴，下通淮泗。」

汝河。在潁州南一百二十里①，源發汝州天息山②，經新蔡、朱皋，東流入淮。又有小汝水，在沈丘廢縣北。③

黃河。自周家口分界，經潁州三里灣，東流至壽州正陽鎮注淮。正統十二年（1447），上流淤塞，惟西華境一支入潁合流，下達於淮泗。④

---

①「潁州南一百二十里」，《成化中都志》作「城南一百里」，《正德潁州志》作「州西南一百四十里」，李宜春《嘉靖潁州志》作「州百四十里」。俱見下文所引。

②《水經注·汝水》：「汝水出河南梁縣勉鄉西天息山。」

③《明一統志·中都·山川》：「汝水。在潁州南一百二十里。源發汝州天息山，經新蔡、朱皋，東流入淮。又有小汝水，在沈丘廢縣北。」《成化中都志·山川·潁州》：「汝河。在城南一百里，自汝寧東北，流至桃花店入州界，又東過永安廢縣，環地理城，至宋［朱］皋鎮入淮……」《正德潁州志·山川》：「汝河。在州西南一百四十里。源自汝州天息山，經臨潁、新蔡，過汝寧城東，入州界之桃花店，東南爲龍項灣，又東爲永安廢縣，環地理城，出鉖崗從淮。」呂景蒙《嘉靖潁州志·輿地下·川（州）》：「曰汝河。在潁州南一百二十里。源發汝州天息山，經新蔡、朱皋，東流入淮。又有小汝水，在沈丘廢縣北。」李宜春《嘉靖潁州志·輿勝》：「汝河。在州百四十里。發源自汝州天息山，經臨潁、新蔡，過汝寧城東，入州界之桃花店。東南爲龍項灣，又東爲永安廢縣，環地里城，出鉖崗從淮。」

④《正德潁州志·山川》：「黃河。在州西。初自西北入境，東南流。按《禹貢》，故道自建紹後決，益淮、泗，猶僅半派。隋大業中，引而入汴，從渦合淮。自此汴梁以南，獨受河患。金之亡，河徙自太康，決霤入陳、潁。故地本下，而水道小，受河之衝，騰蹙渺茫，州境之淪河者十四五。又百餘年，却自通許，又分派回入渦河，然大勢自若。其始入境，決界溝成湖，出而匯白陽湖，過太和舊縣，支分爲西茨河、柳河，屈折百里。間復合於回窩，至黃霸堆，下合潁河。」呂景蒙《嘉靖潁州志·輿地·川（州）》：「黃河。舊自太和縣界流入，經潁州北門城下，東流至壽州正陽鎮注淮。正統十二年，上流淤塞，惟西華境一支入潁，合流下達於淮泗。」李宜春《嘉靖潁州志·輿勝》：「黃河。在州西。舊自太和縣界流入境，東南至正陽鎮注淮。正統十二年，上流淤塞，惟西華境一支入潁，合流下達於淮泗。」

淮河。出唐州桐栢縣大復山①，東過信陽，又東過潁州之褒信，汝水自西北來入焉。又東過下蔡，潁水從西北來入焉。又東過壽春，有淝水從東南來入焉。去州一百二十里。②

小汝河。在州西一百三十里添子塚南，積乾柳樹集南溝洫之水成河，過雙溝。水四達處有古塚，相傳上古小國王陵。正統中水涸，盜發塚，取有金玉，今形蹟存。水自北而南，至沈丘北，入潁河。③

流鞍河。在州西沈丘鄉，無源。自三障坡積水，過水丘成河，混流不竭。東過黃牛嶺，又東過青楊館，折而直北，至沈丘

---

①《尚書·禹貢》：「導淮自桐栢，東會於泗、沂，東入於海。」孔安國《傳》：「桐栢山，在南陽之東。」孔穎達《正義》：「《地理志》云：『桐栢山在南陽平氏縣東南，淮水所出。』」桐栢山即大復山。《史記·夏本紀》：「熊耳、外方、桐栢至於負尾。」司馬貞《索隱》：「桐栢山，一名大復山，在南陽平氏縣東南。」

②「淝水」，一作「肥水」。《通志·地理畧·四瀆》：「淮水出唐州桐栢縣大復山，東過義陽，今信陽也。又東過褒信，汝水自西北來入焉。又東過安豐，决水自南來入焉。又東北有窮水從北來入焉。又東過下蔡，潁水從西北來入焉。又東過壽春，有肥水從東南來入焉……」《成化中都志·山川·潁州》：「淮河。在城南一百二十里與汝水合，至正陽下流與潁水合。」《正德潁州志·山川》：「淮河。在州南一百二十里。源自南陽胎簪，發至桐栢，東南流汝寧。又東過潁州南鄉，與汝水合，盡州南境，馳入正陽，下流與潁河合。」吕景蒙《嘉靖潁州志·輿地下·川（州）》：「曰淮河。出東州桐栢縣大復山，東過信陽，又東過潁州之褒信，汝水自西北來入焉。又東過下蔡，潁水從西北來入焉。又東過壽春，有淝水從東南來入焉。去州一百二十里。」李宜春《嘉靖潁州志·輿勝》：「淮河。在州南一百二十里。發源自南陽胎簪，至桐栢東過汝寧。又東過潁州之褒信，汝水自西北來入焉。又東過下蔡，潁水從西北來入焉。又東過壽春，肥水從東南來入焉。」

③《成化中都志·山川·潁州》：「小汝河。在城西一百三十里，至沈丘北入潁河。」《正德潁州志·山川》：「小汝河。在州西一百三十里添子塚南，積乾柳樹集南溝洫之水成河，過雙溝。水四達處有古塚，相傳上古小國主陵。正統中水涸，盜發塚，取有金玉，今形蹟存河水中。水自北而南，至沈丘北，入潁河。」吕景蒙《嘉靖潁州志·輿地下·川（州）》、李宜春《嘉靖潁州志·輿勝》同。

鎮入潁河。相傳光武征王尋，戰失利，渡河，没馬漂鞍，至青楊舘收散兵追尋，因名。①

舒陽河。在州西鄉。源自項城乾柳樹集，北入境，經鄭家湖，東過觀音寺，又東折而南，逡巡陶中湖，相馳入柳河。②

柳河。在州西鄉。源自白楊湖，黄河支流會税絲以南諸水，積流許家窩成大河。東流十餘里，且折而南，道魚營，西出夬臺，卽南爲廢柳河驛，下流石羊舖河。③

西茨河。在州西鄉，無源。舊因黄河橫流，衡④決成河。今太和縣新集以南五道溝諸水，經長營、五輛車營前後坡積水，從

---

①「三障坡」，《成化中都志》作「三丈坡」。《成化中都志·山川·潁州》：「流鞍河。在城西二十里。源出自項城縣三丈陂，經沈丘入潁河。」《正德潁州志·山川》：「流鞍河。在州西沈丘鄉，無源。自三障坡積水，過水丘成河，混流不竭。東過黄牛嶺，又東過青楊舘，折而直北，至沈丘鎮入潁河。相傳光武征王尋，坡戰失利，渡河，没馬漂鞍，至青楊舘收散兵追尋，因名。」吕景蒙《嘉靖潁州志·輿地下·川（州）》、李宜春《嘉靖潁州志·輿勝》同。

②「舒陽河」，《成化中都志》作「輸楊河」。《成化中都志·山川·潁州》：「輸楊河。在州西鄉。源自項城縣乾柳樹，經州境入柳河。」《正德潁州志·山川》：「舒陽河。在州西鄉。源自項城乾柳樹集，北入境，經鄭家湖下，東過觀音寺，又東折而南，逡巡陶中湖，相馳入柳河。」吕景蒙《嘉靖潁州志·輿地下·川（州）》、李宜春《嘉靖潁州志·輿勝》同。

③《成化中都志·山川·潁州》：「柳河。在州西鄉。源自白楊湖，黄河支流會諸水積流，經廢柳河驛，至石羊舖入舊黄河。」《正德潁州志·山川》：「柳河。在州西鄉。源自白楊湖，黄河支流會税絲以南諸水，積流許家窩成大河，東流十餘里，且折而南，過魚營，西出夬臺，即南爲廢柳河驛所，下流石羊舖，右入舊黄河。」吕景蒙《嘉靖潁州志·輿地下·川（州）》、李宜春《嘉靖潁州志·輿勝》同。

④「衡」字，當作「衝」。詳見下注。

流至廢柳河驛東，入柳河。①

西三十里河。在城西，無源。自蠶方以北，畎澮之水積成寬河，至蔡村南入潁河。②

七里河。張大同題曰直溪。自十五里廟之東，畎澮之水會積成河，久雨則汪洋奔湍，折北達於潁河。③

延河。在州西沈丘鄉，上源莫詳。自新蔡東流入境，至龍口，屈折姜塞④之南，又東過瓦店，又東背長官店，又東北過楊橋，入潁河。⑤

---

①《成化中都志·山川·潁州》：「西茨河。在州西鄉。舊因黄河衝决成河，合太和新集以南五道溝諸水，流至廢柳河驛東，入柳河。」《正德潁州志·山川》：「西茨河。在州西鄉，無源。舊因黄河横流，衝决成河。今太和縣新集以南五道溝諸水，經長營、五輛車營前後坡積水，從流至廢柳河驛東，入柳河。」吕景蒙《嘉靖潁州志·輿地下·川（州）》、李宜春《嘉靖潁州志·輿勝》同。

②《成化中都志·山川·潁州》：「西三十里河。在城西。自蠶方以北，畎澮諸水積成河，至蔡村南入潁河。」《正德潁州志·山川》：「西三十里河。在城西，無源。自蠶方以北，畎澮之水積成寬河，至蔡村南入潁可［河］。」吕景蒙《嘉靖潁州志·輿地下·川（州）》：「曰西三十里河。在城西，無源。自蠶方以北，畎澮之水積成寬河，至蔡村南入潁河。」李宜春《嘉靖潁州志·輿勝》：「西三十里河。在州城西。自蠶方以北，畎澮之水積成寬河，至蔡村南入潁河。」

③《正德潁州志·山川》：「七里河。在城西，無源。水自南十五里廟之東西，畎澮之水會積成河，久雨則汪洋奔湍，已而盈科不進趨，折北達於潁河。」吕景蒙《嘉靖潁州志·輿地下·川（州）》：「曰七里河。在城西，無源。水自南十五里廟之東，畎澮之水會積成河，久雨則汪洋奔湍，折北達於潁河。」李宜春《嘉靖潁州志·輿勝》：「七里河。在州城西。水自南十五里廟之東，積畎澮水成河，久雨則汪洋奔湍，折而北，達於潁河。」

④「塞」字，當作「寨」。詳見下注。

⑤《成化中都志·山川·潁州》：「延河。在州西沈丘鄉。自新蔡東流入州境，東北過楊橋，入潁河。」《正德潁州志·山川》：「延河。在州西沈丘鄉，上源莫詳。自新蔡東流入境，至龍口，屈折姜寨之南，又東過瓦店，又東背長官店，又東北過楊橋，入潁河。」吕景蒙《嘉靖潁州志·輿地下·川（州）》、李宜春《嘉靖潁州志·輿勝》同。

大潤河。在州南五十里。水由土陂以出地泉，又棠林①南諸坡積流成河，過黃花坡［陂］下，東流愈大。東過磚橋，受小潤河之水，出椒陂，縈迴過板橋，東南入淮。②

小潤河。在州南四十里③。水自蠶方以東溝澗積水成河，過黃丘，下七星橋，東流至磚橋，東入大潤河。④

谷河。在州南七十里⑤，上源莫詳。由新蔡而東入境，經黑塔坡，下油店橋東，南過老軍屯，又東過楊宅橋介陳村，遶七星

---

①「棠林」，當作「栗林」。詳見下注。

②《成化中都志·山川·潁州》：「大潤河。在城南五十里。源出土陂以上地泉，又歷泉南諸陂，積流成河。東過磚橋，受小潤河，出椒陂，過板橋，東南入淮。」《正德潁州志·山川》：「大潤河。在州南五十里。水由土陂以上地泉，又栗林南諸坡積流成河，過黃花陂下，東流愈大。東過磚橋，受小潤河之水，出椒陂，縈迴過板橋，東南入淮。」呂景蒙《嘉靖潁州志·輿地下·川（州）》同。李宜春《嘉靖潁州志·輿勝》：「大潤河。在州南五十里。水由土陂以出地泉，又栗林南諸坡積河成河，過黃花陂下，東流愈大。東過磚橋，受小潤河之水，出焦陂，過板橋，東南入淮。」《南畿志·鳳陽府·區域·潁州》：「大潤河。在州南五十里。源出土陂以上池泉，又歷泉南諸陂，東過磚橋，受小潤河，出椒陂，過板橋，東南入淮。」

③「四十里」，一作「三十里」。見下注。

④《成化中都志·山川·潁州》：「小潤河。在城南三十里。水源自西鄉三十里河，流入桃花店，接大潤河入淮。」《正德潁州志·山川》：「小潤河。在州南四十里。水自蠶方以東，溝澗積水成河。過黃丘，下七星橋，東流至磚橋，東入大潤河。」呂景蒙《嘉靖潁州志·輿地下·川（州）》、李宜春《嘉靖潁州志·輿勝》同。

⑤「七十里」，《成化中都志》及《南畿志》作「九十里」。俱見下文所引。

崗①，北爲崇灣，滙於中村崗，南至水臺，西入淮。②

清河。在州南城之南。相傳楚靈王自水臺西開通商渠，自淮而北，轉而西，又折而北，分二派，直抵胡子城。歷世變遷，陵谷易位。五代時，王祚爲潁州刺史，疏導古通商渠，更名曰清河。舟楫復通，南境無水患。今雖稍湮塞，尚分二派，抵城南堤，由隍入潁河，俗名三川灌潁。③

蒙河。在州南一百里，無源。自紅林東坡積水成河，南背金黄嶺，西流會汝河，至鈐崗南會淮。④

桃子河。在州南六十里。水自海家溝東注秋家莊，又經分水廟流而爲河，東馳不十里，折北而過大屯，環井村，包回龍，

---

①「七星崗」，《正德潁州志》、吕景蒙《嘉靖潁州志》及李宜春《嘉靖潁州志》均作「七旗崗」。俱見下文所引。

②《南畿志·鳳陽府·區域（潁州）》：「谷河。在州南九十里。源自潤河，經西鄉一虎橋，至水臺，西入淮。」《成化中都志·山川·潁州》：「谷河。在城南九十里。水源自潤河，經西鄉一虎橋，至水臺，西入淮。」《正德潁州志·山川》：「谷河。在州南七十里，上源莫詳。由新蔡而東入境，經黑塔坡，下油店橋，東南過老軍屯，又東過楊宅橋介陳村，遶七旗崗，北爲崇湾，匯於中村崗，南至水臺，西入淮。」吕景蒙《嘉靖潁州志·輿地下·川（州）》同。李宜春《嘉靖潁州志·輿勝》：「谷河。在州南七十里。自新蔡而東入境，經黑塔坡，下油店橋，東南過老軍屯，又東過楊宅橋介陳村，遶七旗岡［崗］，北爲崇灣，通於中村岡［崗］，南至水臺，西入淮。」

③《成化中都志·山川·潁州》：「清河。在城南。相傳靈王自水臺西開通商渠，自淮抵胡城。五代時，王祚爲潁州刺史，疏導古通商渠，更名曰清河。」《正德潁州志·山川》：「清河。在州南城之南。相傳楚靈王自水臺西開通商渠，自淮而北，轉而西，又折而北，直抵胡子城。歷世變遷，陵谷易位。五代時，王祚爲潁州刺史，疏導古通商渠，更名曰清河。舟楫復通，南境無水患。後不詳何時，復多湮塞。」吕景蒙《嘉靖潁州志·輿地下·川（州）》、李宜春《嘉靖潁州志·輿勝》同。

④《成化中都志·山川·潁州》：「蒙河。在州南一百里。自紅林東坡積水成河，過金黄嶺，西流會汝河，至鈐岡［崗］南入淮。」《正德潁州志·山川》：「蒙河。在州南一百里，無源。自紅林東坡積水成河，南背金黄嶺，西流會汝河，至鈐崗南會淮。」吕景蒙《嘉靖潁州志·輿地下·川（州）》、李宜春《嘉靖潁州志·輿勝》同。

注大河。①

十八里河。在州東鄉，無源。水由撫軍廟南諸坡溝澮所集，浸淫下②流。相傳土人鑿渠以洩黃潦，南北延袤五十里，下流入張家湖。③

東三十里河。在東鄉，無源。水由梁莊坡南流下成河，過倒塔坡，不能自達於潁，曲折西南，注於張家湖。④

淝河。在州北一百一十里，上源莫詳。自太和北源，東經宋塘河，過板橋，背金溝，東南抱岳廂⑤，環張村舖，又東經靳家渡，折而南，縈迴董家集，又南馬家淺，入壽州境，至硤石山入淮。按《一統志》：淝水，一出宿州，至淮⑥遠入淮。又有東淝

①《成化中都志·山川·潁州》：「桃子河。在城南六十里。水源自海家溝，流至水臺入淮。」《正德潁州志·山川》：「桃子河。在州南六十里。水自海家溝迤邐東注秋家莊，又東遶分水廟，被漫溝洫，集而爲河。東馳不十里，折北而過大屯，環井村，包回龍，注大河。」呂景蒙《嘉靖潁州志·輿地下·川（州）》同。李宜春《嘉靖潁州志·輿勝》：「桃子河。在州南六十里。自海家溝東注秋家莊，又東遶分水廟，流而爲河。東馳不十里，折北而過大屯，環井村，包回龍，注於大河。」

②「下」字，《正德潁州志》、呂景蒙《嘉靖潁州志》及李宜春《嘉靖潁州志》均作「不」。詳見下注。

③《正德潁州志·山川》：「十八里河。在州東鄉，無源。水由撫軍廟以南諸坡溝澮所集，浸淫不流。相傳土人鑿渠以洩黃潦，南北延袤五十里，下流入張家湖，注潁。」呂景蒙《嘉靖潁州志·輿地下·川（州）》同。李宜春《嘉靖潁州志·輿勝》：「十八里河。在州東鄉。集撫軍廟南諸溝澮，浸淫不流。相傳土人鑿渠以洩黃潦，南北延袤五十里，下流入張家湖，注於潁。」

④《成化中都志·山川·潁州》：「東三十里河。在州東鄉。水從梁莊坡南流成河，西南注張家湖。」《正德潁州志·山川》：「東三十里河。在東鄉，無源。水由梁莊坡南流下成河，過倒塔坡，不能自達於潁，曲折西南，注於張家湖。」呂景蒙《嘉靖潁州志·輿地下·川（州）》同。李宜春《嘉靖潁州志·輿勝》：「東三十里河。在州東。由梁莊坡南流下成河，過倒塔坡，不達於潁，折西南注於張家湖。」

⑤「岳廂」字，原文誤作「兵廟」，據《正德潁州志》、呂景蒙《嘉靖潁州志》及李宜春《嘉靖潁州志》改。俱見下文所引。

⑥「淮」字，當作「懷」。詳見下注。

河，在壽州東北，西流入淮。西淝河在下蔡廢城，東流入淮。①此則西淝河也。②

北茨河。在州北鄉，無源。自金溝水南流漸大，依三塔，西過蔗店，出黑風溝口，趨龍窩寺傍下流，西南至石羊鋪，北入舊黃河。③

五門河。兵憲唐公鍊與州守謝公詔、楊公際會僉議，由茨河東挑直，通良莊湖五十里，東南通留陵口四十餘里，西通茨河。水漲可行舟楫，兩岸悉爲膏壤，民甚利賴之。今半湮廢，但稍疏濬，東北大利也。④

---

①《明一統志·中都·山川》：「淝水。源出宿州龍山湖，東流至懷遠縣入淮。又有東淝河，在壽州城東北，西流十里入淮。西淝河在下蔡廢城西南境，東流十里入淮。」

②《正德潁州志·山川》：「淝河。在州北一百一十里，上源莫詳。自太和北源，東經宋塘河，過板橋，背金溝，東南抱岳廟，環張村鋪，又東經靳家渡，迂折而南，縈迴董家集，又南而馬家淺，入壽州境，至硤石山入淮。」呂景蒙《嘉靖潁州志·輿地下·川（州）》：「曰淝河。在州北一百一十里，上源莫詳。自太和北源，東經宋塘河，過板橋，背金溝，東南抱岳廟，環張村鋪，又東經靳家渡，于［迂］折而南，縈迴董家集，又南而馬家淺，入壽州境，至硤石山入淮。按《一統志》：淝水，一出宿州，至懷遠入淮。又有東淝河，在壽州東北，西流入淮。西淝河在下蔡廢城，東流入淮。此則西淝河也。」李宜春《嘉靖潁州志·輿勝》：「淝河。在州北一百一十里。自太和北源，東經宋塘河，過板橋，背金溝東南，抱岳廟，環張村鋪，又東經靳家渡，迂折而南，縈迴董家集，又南而馬家淺，入壽州境，至硤石山入淮。」

③《成化中都志·山川·潁州》：「茨河。在州北鄉。自金溝水南流漸大，趨龍窩寺傍，西南至石羊鋪，北入舊黃河。」《正德潁州志·山川》：「北茨河。在州北鄉，無源。自金溝水南流漸大，依三塔，西過蔗店，出黑風溝口，趨龍窩寺傍下流，西南至石羊鋪，北入舊黃河。」呂景蒙《嘉靖潁州志·輿地下·川（州）》同。李宜春《嘉靖潁州志·輿勝》：「北茨河。在州北。自金溝水南流漸大，依三塔，西過蔗店，出黑風溝口，趨龍窩寺傍下流，西南至石羊鋪，北入舊黃河。」

④《康熙潁州志·輿地·山川》：「五門河。兵備使者唐公鍊與州守謝公詔、楊公際會僉議，由茨河東濬通良莊湖五十里，東南通留陵口四十餘里，西通茨河。水漲可行舟楫，兩岸悉爲膏壤，民甚利賴之。今漸無廢，但稍疏濬，東北大利也。」

溜

水之爲溜者五

洄①窩溜。在州東三十五里。②

坎王溜。在州西北十五里。③

黄崗溜。在州西三十里。④

白廟溜。在州北十五里。⑤

黄河新溜。在州西北六十里外。⑥黄河舊有溜，不知起自何年何地，水中突起土嶼，下成不測之淵，洊湃怒號，聲如雷霆。

---

①「洄」字，吕景蒙《嘉靖潁州志》、李宜春《嘉靖潁州志》均作「回」。詳見下注。

②吕景蒙《嘉靖潁州志·輿地下·溜（州）》：「曰回窩。在州東三十五里。」李宜春《嘉靖潁州志·輿勝》：「回窩溜。在州東三十五里。」

③吕景蒙《嘉靖潁州志·輿地下·溜（州）》：「曰坎王。在州西北十五里。」李宜春《嘉靖潁州志·輿勝》：「坎王溜。在州西北十五里。」

④吕景蒙《嘉靖潁州志·輿地下·溜（州）》：「曰黄崗。在州西三十里。」李宜春《嘉靖潁州志·輿勝》：「黄岡溜。在州西三十里。」

⑤「十五里」，吕景蒙《嘉靖潁州志》、李宜春《嘉靖潁州志》均作「十里」。吕景蒙《嘉靖潁州志·輿地下·溜（州）》：「曰白廟。在州北十里。」李宜春《嘉靖潁州志·輿勝》：「白廟溜。在州北十里。」

⑥「在州西北六十里外」，吕景蒙《嘉靖潁州志》、李宜春《嘉靖潁州志》均作「在州北二十五里」。吕景蒙《嘉靖潁州志·輿地下·溜（州）》：「曰黄河新。在州北二十五里。」李宜春《嘉靖潁州志·輿勝》：「黄河新溜。在州北二十五里。」

估舟至卸載，善没者駕空舟建瓴而下，數年忽易其處。太和南瀕河有小祠，俗呼截溜廟，今溜至此果平，叵測何異也。①

港

水之爲港者三

母猪港。在州北八十里，淝河之南。自西而東，幾四十里。首三塔，尾小橋溝，港南北大坡畎澮之水悉集。東連淝河，泛則通舟。②

白魚港。在州北九十里，母猪（港）北。溝洫之水積流爲大渠，通淝河。故白魚自海濱沿淮入淝，至此溝而止，色白味甘，人常得之，用意取則不得。③

---

①《康熙潁州志·輿地·山川》：「黄河新溜。在州西北六十里外。黄河舊有溜，不知何年，水中突起洲嶼，下成不測之淵，砰湃怒號，聲如雷霆。估舟至皆卸空，若建瓴而下，數年忽易其處。太和南瀕河有小祠，俗呼截溜廟，今溜至此果平，亦一異也。」

②《正德潁州志·山川》：「母猪港。在州北八十里，淝河之南。自西而東，幾四十里。首三塔，尾小橋溝，港南北大坡畎澮之水悉集。東連淝河，泛則通舟。」吕景蒙《嘉靖潁州志·輿地下·港（州）》同。李宜春《嘉靖潁州志·輿勝》：「母猪港。在州北八十里，淝河南。闊幾四十，自三塔，距小橋溝，南北俱大坡，畎澮之水集焉。東連淝河，泛則可舟。」

③《成化中都志·山川·潁州》：「白魚港。在州北九十里，母猪港北。溝洫之水積流爲大渠，通淝河。」《正德潁州志·山川》：「白魚港。在州北九十里，母猪港北。溝洫之水積流爲大渠，通淝河。故白魚自海濱沿淮入肥，至此溝而止，色白味甘，人常得之，用意取則不得。」吕景蒙《嘉靖潁州志·輿地下·港（州）》同。李宜春《嘉靖潁州志·輿勝》：「白魚港。在州北九十里，母猪港北。溝洫之水積成大渠，通淝河。故白魚自海濱沿淮入淝，至此港而止，其色白味甘。」

黄丘港。在州西南五十里，積後坡之水，南達潤河。①

井

水之爲井者五

甜水井。在南城中道觀前，今湮廢無考。②

龍王廟井。在張龍公廟前，水甘冽。③

龍王廟東井。甘冽，爲那④第一泉云。⑤

①《成化中都志·山川·潁州》：「黄丘港。在城西南五十里。源自三丈坡流出，經大潤河口入淮。」《正德潁州志·山川》：「黄丘港。在州西南五十里，積後坡之水，南達潤河。」吕景蒙《嘉靖潁州志·輿地下·港（州）》、李宜春《嘉靖潁州志·輿勝》同。

②《正德潁州志·山川》：「甜水井。在南城中道觀前。城内外井泉多鹹苦，獨此水清甜，故名。」吕景蒙《嘉靖潁州志·輿地下·井（州）》、李宜春《嘉靖潁州志·輿勝》同。

③《康熙潁州志·輿地·山川》：「龍王廟井。在張龍公廟前，水最甘冽。」

④「那」字，《康熙潁州志》作「郡」，當是。詳見下注。

⑤《康熙潁州志·輿地·山川》：「龍王廟東井。甘冽，爲郡第一泉云。」

琉璃井。在州東。中有青石八片，瑩潤照人，故名。①

十里井。在州城河北，騸馬廠之東。井水清甜，十里外有取汲者，故名。②

渡

渡十有六

東關口。潁川驛之後。③

三里灣。東二④里，潁河與黄河會處。⑤

---

①《南畿志·鳳陽府·區域（潁州）》：「琉璃井。在州治東南。井底有青石八片，光瑩，故名。」《正德潁州志·山川》：「琉璃井。在北城中，州治東南。其水清冽，井底有青石八片，瑩潤照人，故名。」

②《正德潁州志·山川》：「十里井。在州城河北，騸馬廠之東。井水清甜，十里外有取汲者，故名。且古所甃，大而且深，大旱不竭。」吕景蒙《嘉靖潁州志·輿地下·井（州）》：「曰十里。在州城河北，騸馬廠之東。井水清甜，十里外有取汲者，故名。且古所□□。」李宜春《嘉靖潁州志·輿勝》：「十里井。在州城河北，騸馬廠之東。井水清甜，十里外有取汲者，大旱不竭，故名。」

③《正德潁州志·關梁》：「東關口渡。在北城東北隅，潁川驛後，渡通蒙城、亳縣。」吕景蒙《嘉靖潁州志·輿地下·渡（州）》：「東關口。潁川驛之後。」李宜春《嘉靖潁州志·建置》：「東關口渡。在州潁川驛後。」

④「二」字，《正德潁州志》作「三」。詳見下注。

⑤《正德潁州志·關梁》：「三里灣渡。在州東三里，潁水舊與黄河會處，渡通東北鄉蒙、亳二縣。」吕景蒙《嘉靖潁州志·輿地下·渡（州）》：「三里灣。東二里，潁河與黄河會處。」李宜春《嘉靖潁州志·建置》：「三里灣渡。在州東二里，潁河與黄河會處。」

毛家窩。州北。①

官擺渡。西十五里，潁河。②

私擺渡。西六十里③，潁河。④

茨河渡。西二十五里，潁河。⑤

谷河口。州東。⑥

---

①《正德潁州志・關梁》：「毛家窩渡。在州北舊黄河上，渡通蒙、亳。」吕景蒙《嘉靖潁州志・輿地下・渡（州）》：「毛家窩。州北。」李宜春《嘉靖潁州志・建置》：「毛家窩渡。在州北。」

②《正德潁州志・關梁》：「官擺渡。在州西十五里王莊鋪前潁河，渡通太和。」吕景蒙《嘉靖潁州志・輿地下・渡（州）》：「官擺。西十五里，潁河。」李宜春《嘉靖潁州志・建置》：「官擺渡。在州西十五里，潁河。」

③「六十里」，《正德潁州志》作「十六里」。疑所指非同一處。詳見下注。

④《正德潁州志・關梁》：「私擺渡。古名老婆灣，在州西十六里，過潁河，南北要津。宋紹興十年（1140），金龍虎大王等敗，退軍至此留營，爲副留守劉錡所敗。」吕景蒙《嘉靖潁州志・輿地下・渡（州）》：「私擺。西六十里，潁河。」李宜春《嘉靖潁州志・建置》：「私擺渡。在州西六十里，潁河。」

⑤《正德潁州志・關梁》：「茨河渡。在州西二十五里石羊鋪前，渡通太和縣。」吕景蒙《嘉靖潁州志・輿地下・渡（州）》：「茨河。西二十五里。」李宜春《嘉靖潁州志・建置》：「茨河渡。在州西北二十五里。」

⑥《正德潁州志・關梁》：「谷河口渡。在州東南谷河入淮處，渡通宣灣。」吕景蒙《嘉靖潁州志・輿地下・渡（州）》：「谷河口。州東。」李宜春《嘉靖潁州志・建置》：「谷河口渡。在州東南。」

劉家渡。東南一百一十里，淮河。①

中村崗渡。南七十里，谷河。②

朱皋渡。南一百二十里，汝河。③

留陵渡。州東，潁河。④

蘄家渡。北一百二十里⑤，淝河。⑥

---

①《正德潁州志・關梁》：「劉家渡。在州東南一百一十里水臺東淮水，渡通霍丘。」吕景蒙《嘉靖潁州志・輿地下・渡（州）》：「劉家。東南一百一十里，淮河。」李宜春《嘉靖潁州志・建置》：「劉家渡。在州東南一百一十里，淮河。」

②《正德潁州志・關梁》：「中村崗渡。在州南七十里谷河，渡通安舟崗，逾淮河。」吕景蒙《嘉靖潁州志・輿地下・渡（州）》：「中村崗。南七十里，谷河。」李宜春《嘉靖潁州志・建置》：「中村岡〔崗〕渡。在州南七十里，谷河。」

③《正德潁州志・關梁》：「朱皋渡。在州南一百二十里，蒙、汝入淮處，渡通固始。」吕景蒙《嘉靖潁州志・輿地下・渡（州）》：「朱皋。南一百二十里，汝河。」李宜春《嘉靖潁州志・建置》：「朱皋渡。在州南一百二十里，汝河。」

④《正德潁州志・關梁》：「留陵渡。在州東留陵驛後潁河，渡通東鄉。」吕景蒙《嘉靖潁州志・輿地下・渡（州）》：「留陵。州東，潁河。」李宜春《嘉靖潁州志・建置》：「留陵渡。在州東，潁河。」

⑤「北一百二十里」，李宜春《嘉靖潁州志》作「東北九十里」。詳見下注。

⑥《正德潁州志・關梁》：「蘄家渡。在州北一百二十里淝河，渡通蒙、亳。」吕景蒙《嘉靖潁州志・輿地下・渡（州）》：「蘄家。北一百二十里，淝河。」李宜春《嘉靖潁州志・建置》：「蘄家渡。在州東北九十里，淝河。」

岳湘①渡。北一百二十里，淝河。②

裴家渡。西九十里，潁河。③

張老人渡。西六十五里，潁河。④

黄連渡。西九十里，潁河。宋劉錡募敢死士毒上流，以困兀朮在此。⑤

①「湘」字，《正德潁州志》、吕景蒙《嘉靖潁州志》及李宜春《嘉靖潁州志》俱作「廂」。詳見下注。

②《正德潁州志·關梁》：「岳廂渡。在州北一百二十里淝河，渡通張村鋪并亳縣。」吕景蒙《嘉靖潁州志·輿地下·渡（州）》：「岳廂。北一百二十里，淝河。」李宜春《嘉靖潁州志·建置》：「岳廂渡。在州北一百二十里，淝河。」

③《正德潁州志·關梁》：「裴家渡。在州西九十里潁河，渡通南北行旅。」吕景蒙《嘉靖潁州志·輿地下·渡（州）》：「裴家。西九十里，潁河。」李宜春《嘉靖潁州志·建置》：「裴家渡。在州西九十里，潁河。」

④《正德潁州志·關梁》：「張老人渡。在州西六十五里，渡通南北通衢。太和粮税從此上船。」吕景蒙《嘉靖潁州志·輿地下·渡（州）》：「張老人。西六十五里，潁河。」李宜春《嘉靖潁州志·建置》：「張老人渡。在州西六十五里，潁河。」

⑤《正德潁州志·關梁》：「黄連渡。在州西九十里，潁河。宋劉錡募敢死士毒上流，以困兀朮在此。」吕景蒙《嘉靖潁州志·輿地下·渡（州）》：「黄連。西九十里，潁河。宋劉錡募敢死士毒上流，以困兀朮於此。」李宜春《嘉靖潁州志·建置》：「黄連渡。在州西九十里，潁河。」

臺

臺八

相讓臺。在州東二里。《舊志》以爲楚莊王所築，今爲東嶽行祠。①

主人臺。在州東二里，嶽廟前。元季時，每旦有彩雲騰於上。及大明兵起，明太祖高皇帝在布衣，集豪傑其上。天下大定，彩雲散空，故居人呼其臺云。②

---

①《成化中都志·宫室堂亭樓閣臺榭·潁州》：「相讓臺。在城東二里。《楚史拾遺》：『莊王欲立層臺於寢丘，大臣諫而死者七十二人。最後寢人諸御諫，而王納其言，解層臺，罷民役，名其臺曰相讓。』今東嶽廟基是也。」《正德潁州志·臺舘》：「相讓臺。在州城東二里。按《楚史拾遺》：『莊王欲築層臺於寢丘，延石千里，延壤百里。大臣諫而死者七十二人，寢人諸御已諫，而動王之心，又不色加王。已而逃去，王追而納其言。解層臺，罷民役，因名臺曰相讓。』即今東嶽行祠基。」吕景蒙《嘉靖潁州志·輿地下·故蹟》：「相讓臺。在州東二里。《舊志》以爲楚莊王所築，今爲東嶽行祠。」李宜春《嘉靖潁州志·古蹟》：「相讓臺。在州東二里。《楚史拾遺》載：『莊王欲築層臺於寢丘，延石千里，延壤百里，大臣諫而死者七十二人。寢人諸御已諫而動王之心，又不色加王，已而逃去。王追而納其言，解層臺，罷民役，因名臺曰相讓。』今爲東嶽行祠。」

②《成化中都志·宫室堂亭樓閣臺榭·潁州》：「主人臺。在州東三里。世傳有王者嘗坐於此臺，故名。」《正德潁州志·臺舘》：「主人臺。在州東三里灣，黄霸孤堆洲頭。元季時，每旦有彩雲騰遶。及大明兵興，我太祖高皇帝在布衣，集豪傑其上。天下大定，彩雲散空，故居民呼其臺云。」吕景蒙《嘉靖潁州志·輿地下·古蹟》：「主人臺。在州東三里夾洲堆。元季時，每旦有彩雲騰於上。及大明兵起，我太祖高皇帝在布衣，集豪傑其上。天下大定，彩雲散空，故居民呼其臺云。」李宜春《嘉靖潁州志·古蹟》：「主人臺。在州東三里夾洲堆。元季，每旦彩雲騰於上。我大［太］祖起兵，集豪傑於此。天下大定，彩雲遂空，故民呼其臺云。」

乳香臺。在州西一百八十里。舊産乳香，因此名臺。①

水臺。在州南一百里。相傳楚平王所築，以觀淮水，爲競渡之戲。②

夬臺。在州西四十五里，莫詳所築。《舊志》載宋岳雲駐兵於此，援順昌。③

展家臺。在州南七十里。元至正中，南山賊流劫鄉村。有展氏聚義民保鄉井，築臺誓衆，因以名焉。④

---

①《成化中都志·宫室堂亭樓閣臺榭·潁州》：「乳香臺。在州西鄉二圖，去城一百八十里，有遺址存。」《正德潁州志·臺舘》：「乳香臺。在州西一百八十里。舊産乳香，故名。遶臺皆潁水，沿流上至趙家埠，則項城界。成化中，同知劉節言於巡撫，將分置一縣於臺水之陽，以拯邊疆之民被漁獵於鄰封者。遣官相地，卜治所於谷家莊，未就，而巡撫物故，劉亦去，事遂閣。後之仁人，憫遠民之塗炭，其究心焉。」吕景蒙《嘉靖潁州志·輿地下·古蹟》：「乳香臺。在州西一百八十里。舊産乳香，故云。」

②《南畿志·鳳陽府·古蹟（潁州）》：「水臺。在州南一百里水臺灣，淮河至此漸濶。相傳楚莊「平」王築臺於此。」《成化中都志·宫室堂亭樓閣臺榭·潁州》：「水臺。在州南一百里。地名水臺灣，淮河至此漸闊。相傳楚平王築臺於此，觀競渡之勝。」《正德潁州志·臺舘》：「水臺。在州南一百里，瀕淮。相傳楚平王荒遊，築臺以爲遊觀之計。」吕景蒙《嘉靖潁州志·輿地下·古蹟》：「水臺。在州南一百里。相傳楚平王所築，以觀淮水，爲競渡之戲。」李宜春《嘉靖潁州志·古蹟》同。

③《正德潁州志·臺舘》：「夬臺。在州西四十五里，柳河上。宋裨將岳雲援順昌，追奔兀朮，兵至此臺駐師。」吕景蒙《嘉靖潁州志·輿地下·古蹟》：「夬臺。在州西四十五里，莫詳所築。《舊志》以爲宋岳雲駐兵於此，援順昌。今考爲潁昌，非是。」李宜春《嘉靖潁州志·古蹟》同。

④《正德潁州志·臺舘》：「展家臺。在州南七十里，中村崗之東。元至正甲午（1353），南山長槍賊流劫鄉村。展氏聚義民保鄉井，築臺誓衆，因以名。」吕景蒙《嘉靖潁州志·輿地下·古蹟》：「展家臺。在州南七十里。元至正中，南山賊流劫鄉村。有展氏聚義民保鄉井，築臺誓衆，因以名焉。」李宜春《嘉靖潁州志·古蹟》：「展家臺。在州南七十里。元至正中，南山賊流劫鄉村。有展氏聚義民保鄉井，築臺誓衆，故名。」

釣魚臺。在州南①七十里，潁水北岸。漢末，袁宏［閎］避亂汝陰，游釣河濱，後人名其處。②

賀勝臺。在州西北十里，潁水南。宋東京副留守劉錡敗兀朮於順昌，追奔出境。知府陳規迎勞犒軍此臺，故名。③

---

①「南」字，《南畿志》《成化中都志》《正德潁州志》均作「東」，當是。此誤已見於呂景蒙《嘉靖潁州志》、李宜春《嘉靖潁州志》。詳見下注。

②《南畿志·鳳陽府·古蹟（潁州）》：「釣魚臺。在州東七十里，潁水北岸。漢末，袁閎避地汝陰，講學之暇，游釣河濱。後人賢之，因名其處。」《成化中都志·宮室堂亭樓閣臺榭·潁州》：「釣魚臺。在州東七十里，潁水北岸。《潁州志》云：『漢末，袁閎避地汝陰，講學之暇，游釣河濱。後人賢之，因名其處。』按東漢《列傳》，延熹末黨事將作，閎散髮絶世，居土室十八年，自牖納飲食，妻子莫得見，卒於土室。何暇遊樂？又云：『父安，仕至司徒。』《翰墨全書》亦云：『閎，安之子。』皆誤也。閎乃安五世孫。」《正德潁州志·臺館》：「釣魚臺。在州東七十里，潁水北岸。漢末，袁宏［閎］以家世名宦，崇守節義，見紹、述諸袁跋扈，乃避地汝陰，講學之暇，游釣河濱。後人賢之，因名其處。」呂景蒙《嘉靖潁州志·輿地下·古蹟》：「釣魚臺。在州南［東］七十里，潁水北岸。漢末，袁宏［閎］避亂汝陰，游釣河濱。後人名其處。」李宜春《嘉靖潁州志·古蹟》：「釣魚臺。在州南［東］七十里，潁水北岸。漢末，袁宏［閎］避亂汝陰，游釣河濱，故名。」

③《南畿志·鳳陽府·古蹟（潁州）》：「賀勝臺。在州北十里，潁水南岸。宋劉錡敗兀朮於順昌，守臣陳規犒軍於此，因名。」《成化中都志·宮室堂亭樓閣臺榭·潁州》：「賀勝臺。在州北十里，潁水南岸。宋東京副留守劉錡敗兀朮於順昌，守臣陳規犒軍於此，故名。」《正德潁州志·臺館》：「賀勝臺。在州西北十里，潁水南岸。宋東京副留守劉錡敗兀朮順昌城北，追奔出境。師還，守臣陳規犒軍此臺，故名。」呂景蒙《嘉靖潁州志·輿地下·故蹟》：「賀勝臺。在州西北十里，潁水南。宋東京副留守劉錡敗兀朮於順昌，追奔出境。知府陳規迎勞犒軍此臺，故名。」李宜春《嘉靖潁州志·古蹟》：「賀勝臺。在州西北十里，潁水南。宋東京副留守劉錡敗兀朮於順昌，追奔出境。知府陳規犒軍此臺，故名。」

丘

丘五

黄丘。南四十里。①

金丘。南八十里。《舊志》謂楚王埋金於此，以鎮水災。未詳。②

青丘。東五十里③。古有青丘縣，今尚名青丘村。④

①《成化中都志·山川·潁州》：「黄丘。在城南四十里。」《正德潁州志·陵墓》：「黄丘。在州南四十里，屹然土中，無所傳考。」吕景蒙《嘉靖潁州志·輿地下·陵墓》：「黄丘。南四十里，屹然土中。」李宜春《嘉靖潁州志·古蹟》：「黄丘。在州南四十里，屹然土中。」

②《成化中都志·山川·潁州》：「金丘。在城南八十里，淮河邊。相傳淮水衝決，楚王埋金以鎮之。」《正德潁州志·陵墓》：「金丘。在州南八十里，淮河灣上。相傳淮水衝決堤岸，楚王埋金以鎮之，故名。」吕景蒙《嘉靖潁州志·輿地下·陵墓》：「金丘。南八十里。《舊志》謂楚王埋金於此，以鎮水災。未詳。」李宜春《嘉靖潁州志·古蹟》：「金丘。在州南八十里。《舊志》謂楚王埋金於此，以鎮水災。未詳。」

③「五十里」，《成化中都志》《正德潁州志》作「五十五里」。詳見下注。

④「青丘」，《成化中都志》作「清丘」。《成化中都志·山川·潁州》：「清丘。在城東五十五里，瀕潁。古清丘縣，今名清丘村。」《正德潁州志·陵墓》：「青丘。在州東五十五里，瀕潁。古有青丘縣，今尚名青丘村。丘存，無所傳考。」吕景蒙《嘉靖潁州志·輿地下·陵墓》：「青丘。東五十里。古有青丘縣，今尚名青丘村。」李宜春《嘉靖潁州志·古蹟》：「青丘。在州東五十里。古有青丘縣，今尚名青丘村。」

澮丘。東①八十里。②

鄭丘。東五里，俗呼爲婆婆塚。嘉靖中，御史張光祖欲建遊亭其上，夢神冕冠繡服，懇乞不已。張不聽，竟夷其頂，樹之側栢，仍夢神怒曰：「吾語若，吾已愬上帝矣。」是年，張没。③

溝

溝十六

白龍溝。在城外西北隅。水自西湖東南流，遶故學宫之北，東帶郡厲壇，出飛虹橋，即白龍橋。又從七里河，經蘆花湄，

---

①「東」字後，《成化中都志》《正德潁州志》有「南」字。詳見下注。

②《成化中都志·山川·潁州》：「澮丘。在城東南八十里，通商渠北岸。」《正德潁州志·陵墓》：「澮丘。在州東南八十里，通商渠東岸。丘無傳考。」呂景蒙《嘉靖潁州志·輿地下·陵墓》：「澮丘。東八十里。」李宜春《嘉靖潁州志·古蹟》：「澮丘。在州東八十里。」

③《成化中都志·山川·潁州》：「鄭丘。在城東五里。」《正德潁州志·陵墓》：「鄭丘。在州東五里，巍然高大。俗呼婆婆塚，故老又傳爲廉頗塚。頗，戰國趙將。又壽州八公山亦有廉頗塚。」呂景蒙《嘉靖潁州志·輿地下·陵墓》：「鄭丘。東五里。俗呼爲婆娑［婆］塚。」李宜春《嘉靖潁州志·古蹟》：「鄭丘。在州東五里，俗呼爲婆婆塚。」又《康熙潁州志·輿地·山川》：「鄭丘。在州東五里。嘉靖中，御史張光祖欲建亭其上，夢神冕而繡服，懇乞不已。張弗聽，復夢神曰：『吾已愬上帝矣。』是年，張果卒。」

亦出飛虹橋，俱入潁河。①

清溝。在州南鄉百里外。溝爲清陂塘設，塘西一溝，上通汝河。前代置閘汝濱，水涸，則啟閘取水，足則閉之。塘東二溝，並馳而東六十里，至紅林。南面一溝，爲民田水利，北面爲軍屯水利。今制皆廢。②

金溝。在北鄉岳廂西，距州一百二十里。積畎澮之水通入茨河。③

①《成化中都志·山川·潁州》：「白龍溝。在城外西北隅。水自西湖東南流，遶故學宫之北，東帯郡厲壇，出龍溝橋，入潁河。相傳嘗有白龍現於此，故名。」《正德潁州志·山川》：「白龍溝。在城外西北隅。水自西湖東南流，遶故學宫之北，東帯郡厲壇，出龍溝橋，入潁河。相傳隋開皇間，郡人有張龍公者，嘗與龍鬪於西湖，出入此溝，故名。」吕景蒙《嘉靖潁州志·溝洫·溝（州）》：「白龍溝。在城外西北隅。水自西湖東南流，遶故學宫之北，東帯郡厲壇，出龍溝橋，入潁河。」李宜春《嘉靖潁州志·溝洫》：「白龍溝。在州城外西北隅。水自西湖東南流，遶故學宫之北，出龍溝橋，入潁河。」

②《成化中都志·山川·潁州》：「清溝。在州南鄉百里外，引清陂水溉田之溝也。」《正德潁州志·山川》：「清溝。在州南鄉百里外。溝爲清陂塘設，塘西一溝，上通汝河。前代置閘汝濱，塘水涸，則啟閘取汝水以自益，足則閉之。塘東二溝，並馳而東六十里，至紅林。南面一溝，民家水利；北面一溝，軍屯水利。蓋自洪武以來，自相分受。宋時蘇東坡守潁，亦嘗濬溝。詳見《塘》下。」吕景蒙《嘉靖潁州志·溝洫·溝（州）》：「清溝。在州南鄉百里外。溝爲清陂塘設，塘西一溝，上通汝河。前代置閘汝濱，水涸，則啟閘取水，足則閉之。塘東二溝，并馳而東六十里，至紅林。南面一溝，爲民田水利；北面一溝，爲軍屯水利。今制皆廢。」李宜春《嘉靖潁州志·溝洫》：「清溝。在州南鄉百里。溝爲清陂塘設。塘西一溝，上通汝河。前代置閘汝濱，水涸，則啟閘取水，足則閉之。塘東二溝，并馳而東六十里，至紅林。南面一溝，爲民田水利。北面一溝，爲軍屯水利。」

③《成化中都志·山川·潁州》：「金溝。在北鄉岳廂西，去城一百二十里。集畎澮之水入茨河。此非太和之斤溝也。」《正德潁州志·山川》：「金溝。在北鄉岳廂西，距州一百二十餘里。積畎澮之水通入茨河。舊傳溝産金，訪知壤土之地，非沙非石，金無由生。疑晉時隗炤所居，相近也。」吕景蒙《嘉靖潁州志·溝洫·溝（州）》：「金溝。在北鄉岳廂西，距州一百二十里。積畎澮之水通入茨河。」李宜春《嘉靖潁州志·溝洫》：「金溝。在州北鄉岳廂西，距州一百二十里。積畎澮之水，通入茨河。」

紫壩溝。在北鄉龍德寺坡南，引坡水灌母猪港。其西又與皂溝通，水入淝河。①

小橋溝。在州北九十里，淝河迤西。坡水積澮，泛溢如河。北引（車）轍溝之水，並入淝河。溝西南即三叉溝，亦通於淝河。②

五「伍」名溝。在州北三十里。溝以伍子胥宅近，故得名。相傳伍奢爲太子建相日，開此溝以洩淹水，至今西北猶賴此溝得免水患。自母猪港南直流七十里，無少曲折。至入舊黃河處，地勢益低，自上注下幾數仞，聲如擂鼓，又名響鼓溝云。③

---

①《正德潁州志・山川》：「柴［紫］垻溝。在北鄉龍德寺坡南，引坡水灌母猪港。其西又與皂溝通，水入淝河。」吕景蒙《嘉靖潁州志・溝洫・溝（州）》：「紫壩溝。在北鄉龍德寺坡南，引坡水灌母猪港。其西又與皂溝通，水入淝河。」李宜春《嘉靖潁州志・溝洫》：「紫壩溝。在州北鄉龍德寺南，引坡水灌母猪港。其西又與皂溝通，入淝河。」

②《正德潁州志・山川》：「小橋溝。在州北九十里，淝河以西。坡水積會，泛濫如河。北引車轍溝之水，並入淝河。溝之西南又有三汊溝，亦通淝河。」吕景蒙《嘉靖潁州志・溝洫・溝（州）》：「小橋溝。在州北九十里，淝河迤西。坡水積會，泛溢如河。北引車轍溝之水，並入淝河。溝西南即三汊溝，亦通於淝河。」李宜春《嘉靖潁州志・溝洫》同。

③《正德潁州志・山川》：「伍名溝。在州北三十里。溝以伍子胥宅近，故得名。相傳伍奢爲楚相日，開此溝以洩潦水，以利其家。至今北鄉西半猶賴此溝得減水患。自母猪港南，直流七十里，無少曲折。至入舊黃河處，地勢益低，自上注下幾數仞，聲如擂鼓，故又名響鼓溝云。」吕景蒙《嘉靖潁州志・溝洫・溝（州）》：「伍名溝。在州北三十里。溝以伍子胥宅近，故得名。相傳伍奢爲楚相日，開此溝以洩潦水，以利其家。至今北鄉西半猶賴此溝得免水患。自母猪港南，直流七十里，無少曲折。至入舊黃河處，地勢益低，自上注下幾數仞，聲如擂鼓，故又名響鼓溝云。」李宜春《嘉靖潁州志・溝洫》：「伍名溝。在州北三十里。溝近伍子胥宅。相傳伍奢爲楚相日，開此溝以洩潦水。至今北鄉西半猶賴此溝得免水患。自母猪港南，直流七十里，至入舊黃河處，地勢益低，自上注下幾數仞，聲如擂鼓，故又名響鼓溝。」

蔡村溝。在州西三十里。引柳河以南坡水，通入潁河。隔河有（劉）寅溝，引義塘東南之水，亦通潁河。①

雙溝。在州西鄉，小汝河北。首自沈丘河八里灣而東，雙溝並馳一百餘里，尾達柳河，中間過小汝河、黄溝、基［其］字溝。溝南有黄溝、陳家溝、狼溝、大虫溝、皂溝，水俱入潁河。②

汴家溝。在沈丘，小汝河南。積流至樂莊坡，水北流，破丘之水入潁河。③

九里溝。在沈丘之東。自范家湖出，過定鄉，經董家莊，遶徐家莊［塚］，入潁河。④

---

①《正德潁州志・山川》：「蔡村溝。在州西三十里。引柳河以南坡水，通入潁河。隔河有劉寅溝，引義塘東南之水，亦通潁河。」吕景蒙《嘉靖潁州志・溝洫・溝（州）》同。李宜春《嘉靖潁州志・溝洫》：「蔡村溝。在州西三十里，引柳河水，通入潁河。隔河有劉寅溝，引義塘東南之水，亦通潁河。」

②《正德潁州志・山川》：「雙溝。在州西鄉，小汝河北。首自沈丘河北八里灣而東，雙溝並馳一百餘里，尾達柳河。中間過小汝河、黄溝、其字溝，凡十餘道，交錯經緯，而東流自若，意者地道自然之勢。溝南有黄溝、陳家溝、狼溝、大虫溝、皂溝、其字溝，水俱入潁河。」吕景蒙《嘉靖潁州志・溝洫・溝（州）》：「雙溝。在州西鄉，小汝河北。首自沈丘河八里灣而東，雙溝并馳一百餘里，尾達柳河，中間過小汝河、黄溝、其字溝。溝南有黄溝、陳家溝、狼溝、大虫溝、皂溝，水俱入潁河。」李宜春《嘉靖潁州志・溝洫》：「雙溝。在州西鄉，小汝河北。首自沈丘河八里灣而東，雙溝并馳百餘里，達柳河，中過小汝河、黄溝、其字溝。溝南有黄溝、陳家溝、狼溝、大虫溝、皂溝，俱入潁河。」

③《正德潁州志・山川》：「汴家溝。在沈丘，小汝河南。積流至樂莊坡，水北流，破丘之水入潁河。」吕景蒙《嘉靖潁州志・溝洫・溝（州）》同。李宜春《嘉靖潁州志・溝洫》：「汴家溝。在州沈丘，小汝河南。積流至樂莊坡，北流破丘，入潁河。」

④《正德潁州志・山川》：「九里溝。在沈丘之東。水自范家湖出，過定香［鄉］，經董家莊，遶徐家塚，入潁。」吕景蒙《嘉靖潁州志・溝洫・溝（州）》：「九里溝。在沈丘之東。水自范家湖出，過定鄉，經董家莊，遶徐家塚，入潁河。」李宜春《嘉靖潁州志・溝洫》：「九里溝。在州沈丘東，自范家湖出，過定鄉，經董家莊，遶徐家塚，入潁河。」

版腸溝。在州西南一百四十里。積清陂塘北之水，通之谷河。近東十里外又有葦溝，（積）土陂以西水，亦通谷河。①

五汊溝。在州西南一百六十里，艾亭北。有泉流入老堰灣，會汝河，兩岸溉田二十餘頃。②

海家溝。在州南七十里。東流爲桃子河，又東與採芹溝合，過分水廟，南流入谷河，北流入大潤河。③

龍封溝。在州東三十五里。引張家湖水，南入潁河。④

站溝。在州東五十五里楊灣村，水入潁河。⑤

---

①《正德潁州志·山川》：「版腸溝。在州西南百四十里。積清陂塘北之水，通之谷河。近東十里外又有葦溝，積土陂以西水，亦通谷河。」呂景蒙《嘉靖潁州志·溝洫·溝（州）》：「版腸溝。在州西南一百四十里。積清陂塘北之水，通之谷河。近東十里外又有葦溝，積土陂以西水，亦通谷河。」李宜春《嘉靖潁州志·溝洫》同。

②《正德潁州志·山川》：「五汊溝。在州西南一百六十里，艾亭小寺西。寺北有泉混混，四時不竭，東南流入老堰灣，會汝河，兩岸溉田二十餘頃云。」呂景蒙《嘉靖潁州志·溝洫·溝（州）》：「五汊溝。在州西南一百六十里，艾亭北。有泉流入老堰灣，會汝河，兩岸溉田二十餘頃云。」李宜春《嘉靖潁州志·溝洫》：「五汊溝。在州西南一百六十里，艾亭北。有泉流入老堰灣，會汝河，溉田二十餘頃。」

③《正德潁州志·山川》：「海家溝。在州南七十里。東流爲桃子河，又東與採芹溝合，過分水廟，南流入谷河，北流入大潤河。」呂景蒙《嘉靖潁州志·溝洫·溝（州）》、李宜春《嘉靖潁州志·溝洫》同。

④《成化中都志·山川·潁州》：「龍封溝。在城東三十五里。源自張家湖，經善現寺前板橋，入潁。今湮塞。」《正德潁州志·山川》：「龍封溝。在州東三十五里。引張家湖水，南入潁。土人傳云：張龍公與龍鬬於是，張公語其妻曰：『吾龍也，繫鬣以絳綃。』故東向又有紅絲澗，亦張家湖水出。」呂景蒙《嘉靖潁州志·溝洫·溝（州）》：「龍封溝。在州東三十五里。引張家湖水，南入潁河。」李宜春《嘉靖潁州志·溝洫》同。

⑤《正德潁州志·山川》：「站溝。在州東五十里楊灣村。水自陳村湖東流十餘里，古馬站之東。大橋跨溝，水流橋外。北折不三里，入潁河。」呂景蒙《嘉靖潁州志·溝洫·溝（州）》：「站溝。在州東五十里楊灣村。水入潁河。」李宜春《嘉靖潁州志·溝洫》同。

乾溝。在州西北四十五里。舊傳楚平王狩於州來，次於潁尾，次於乾溪，卽其地，俗呼乾溝。①

灣

灣九

八里灣。在州西一百七十里，潁河北岸。今皆樹藝。②

龍項灣。在州西南一百七十里，汝水之旁。③

牛角灣。在州西南一百五十里。汝水東南流，對灣曲折如牛角云。④

①《正德潁州志·山川》：「乾溝。在州西北四十五里。按《左傳》，魯昭公十二年（前530）楚平王狩於州來，次於潁尾，次於乾溪，駐於城父南地。今考地理，張村鋪北，古城父地也。乾溪在張村南七十里，俗呼乾溝。」呂景蒙《嘉靖潁州志·溝洫·溝（州）》：「乾溝。在州西北四十五里。舊傳楚平王狩於州來，次於潁尾，次於乾溪，卽其地，俗呼乾溝。」李宜春《嘉靖潁州志·溝洫》：「乾溝。在州西北四十五里。舊傳楚平王狩於州來，次於乾溪，俗呼乾溝。」

②《正德潁州志·山川》：「八里灣。在州西一百七十里，潁河北岸。黄河決齧，北入二三里。今亦樹藝，水多則滂也。」呂景蒙《嘉靖潁州志·溝洫·灣（州）》：「八里灣。在州西一百七十里，潁河北岸。今皆樹藝。」李宜春《嘉靖潁州志·溝洫》：「八里灣。在州西一百七十里，潁河北岸。」

③《正德潁州志·山川》：「龍項灣。在州西南一百七十里。汝水漲，灣之曲折處俱墊溺矣。」呂景蒙《嘉靖潁州志·溝洫·灣（州）》：「龍項灣。在州西南一百七十里，汝水之旁。」李宜春《嘉靖潁州志·溝洫》同。

④《正德潁州志·山川》：「牛角灣。在州西南一百五十里。汝水出永安故縣，東折而南，流十餘里，又東不能二三里，又北折至對灣前後，乃復東下。汝水泛，則通灣浸淫矣。」呂景蒙《嘉靖潁州志·溝洫·灣（州）》：「牛角灣。在州西南一百五十里。汝水東南流，對灣曲折如牛角云。」李宜春《嘉靖潁州志·溝洫》同。

老堰灣。在州南一百六十里，龍項灣東。汝水落，則灣中皆膏腴。土民築堰，壅五汊溝泉水以溉灣田。①

鯉魚灣。在州南一百四十里，汝水旁。一小洲如魚，故名。②

崇灣。在州南七十里，谷河、淮河之内。③

宣灣。在州南一百里，淮河、谷河之旁。④

水臺灣。在州南一百里。淮水至此倍寬，故平王築臺於此。⑤

①《正德潁州志·山川》：「老堰灣。在州南一百六十里，龍項灣東。汝水落，則灣中皆膏腴。土民築堰，壅五汊溝泉水以溉灣田，爲利甚博。汝漲，則渰浸無遺。」呂景蒙《嘉靖潁州志·溝洫·灣（州）》：「老堰灣。在州南一百六十里，龍項灣東。汝水落，則灣中皆膏腴。土民築堰，壅五汊溝泉水以溉灣田。」李宜春《嘉靖潁州志·溝洫》：「老堰灣。在州南一百六十里，龍項灣東。土民築堰，壅五汊溝泉水以溉灣田。」

②《正德潁州志·山川》：「鯉魚灣。在州南一百四十里。汝泛岸，低處一小洲水中如魚，故名。」呂景蒙《嘉靖潁州志·溝洫·灣（州）》：「鯉魚灣。在州南一百四十里，汝水旁。一小洲如魚，故名。」李宜春《嘉靖潁州志·溝洫》同。

③《正德潁州志·山川》：「崇灣。在州南七十里。谷河環其北，淮水橫其南，決齧渺茫。秋夏水多，民無望矣。」呂景蒙《嘉靖潁州志·溝洫·灣（州）》：「崇灣。在州南七十里，谷河、淮河之内。」李宜春《嘉靖潁州志·溝洫》同。

④《正德潁州志·山川》：「宣灣。在州南一百里。淮水衝匯過逼，谷河之水不能舒流，泓停低壤。淮泛則逆流於灣，民患亦甚。」呂景蒙《嘉靖潁州志·溝洫·灣（州）》：「宣灣。在州南一百里，淮河、谷河之旁。」李宜春《嘉靖潁州志·溝洫》同。

⑤《正德潁州志·山川》：「水臺灣。在州南一百里。淮至此河，寬倍上流，故平王築臺於此，以觀競渡之戲。」呂景蒙《嘉靖潁州志·溝洫·灣（州）》：「水臺灣。在州南一百里。淮水至此倍寬，故平王築臺於此。」李宜春《嘉靖潁州志·溝洫》：「水臺灣。在州南一百里。故楚平王築臺處，爲淮水所注。」

鸞流灣。在州北一百七十里，潁河之北岸。①

湖

湖十五②

西湖。在州西北三里③外。袤十餘里，廣二里，不知創自何代。唐许渾從事潁，已有「西湖清宴」之句。④宋宴［晏］殊、歐陽修、蘇軾相繼爲守，皆嘗宴賞於此。歐公告老於潁，數年竟卒於湖上。湖中渚有宴［晏］呂歐蘇祠，湖南有西湖書院遺址，半爲鄰湖者侵。嘉靖乙未（1535），兵備李公宗樞申准撫按，委判官呂公景蒙查復湖地十頃有餘，周圍計一十有六里。而書院祠宇復舊，後稍圮頹。州守謝公詔力清湖址，塗飾一新，迨今三十餘年，書院已湮廢，獨四公祠肖象如生。有大門，有六一堂，東西翼以廂房六，祠前東西廂房六，後有臺巍然。上亭，周圍有垣，西府郭公蒙吉建松喬祠，祀鄉賢漢太傅陳公蕃、光祿勳郭公憲、光祿主事范公滂、宋焦公千之、明盧公翰，士民服其義舉云。湖故無租，利湖田者赴告學臺，歲增租銀十六兩，湖自此贅矣。又

---

①《正德潁州志·山川》：「鸞流灣。在州北一百一［七］十里。淝河水泛，則低岸悉潦成湖。故雨水稍多，灣偏受患。」呂景蒙《嘉靖潁州志·溝洫·灣（州）》：「鸞流灣。在州北一百七十里，潁河之北岸。」李宜春《嘉靖潁州志·溝洫》同。

②「五」字原作「四」，據下文統計，實爲十五故改。

③「三里」，《明一統志》《南畿志》《成化中都志》《正德潁州志》均作「二里」，俱見下文所引。

④唐許渾《潁州從事西湖亭宴餞》：「西湖清宴不知回，一曲離歌酒一杯。城帶夕陽聞鼓角，寺臨秋水見樓臺。蘭堂客散蟬猶噪，桂檝人稀鳥自來。獨想征車過鞏洛，此中霜菊繞潭開。」

居民利水涸侵占，慣盜決堤防，常爲沮洳煙蕪之塲。今須寬其堤面，置廬專守者數家，湖邊隨人佃種蓮茨。湖饒魚鱉，本州嚴規密理，一歲之入，供租有餘。周湖又可引爲水田，計利亦當百倍。前賢之餘韻流澤，蓋深跂望於後哲云。①

良莊湖。城東北三十五里，插花集之東。北亘三十里，横十里。隆慶六年（1572）八月，湖中有白物，高四尺，圍約二尺許，蠕動俯盼悉如人，晶瑩似明鏡。居民競逐之，奔馬不及，射之劃然有聲，矢逸，經月餘没。②

東張家湖。在州東三十里，潁水北岸。方廣六七里，魚、鼈、鳧、鴨、蓮、茨之利甚多。今半湮。舊傳張龍公與鄭祥遠戰，

---

①《明一統志·中都·潁州（山川）》：「西湖。在潁州西北二里。長十里，廣二里，景象甚佳。宋晏殊、歐陽修、蘇軾相繼爲守，皆嘗宴賞於此，題詠甚富。」《南畿志·鳳陽府·區域（潁州）》：「西湖。在城西二里。歐陽永叔嘗築室湖上。」《成化中都志·山川·潁州》：「西湖。在城西二里。袤十里，廣二里餘。清風徐來，碧波浩蕩。蓮芰蘋蓼，魚躍禽鳴，美景不一。歐陽文忠公樂潁州風土，嘗築室湖上。」《正德潁州志·山川》：「西湖。在州西北二里外。湖長十里，廣三里。相傳古時水深莫測，廣袤相齊。胡金之後，黃河衝蕩，湮湖之半，然而四時佳景尚在。前代名賢達士，往往泛舟遊玩於是。湖南有歐陽文忠公書院基。」呂景蒙《嘉靖潁州志·溝洫·湖（州）》：「西湖。在州西北三里外。袤十餘里，廣二里，景象甚佳。宋晏殊、歐陽修、蘇軾相繼爲守，皆嘗宴賞於此，題詠甚富。湖南有西湖書院，其址并湖爲軍民田所侵多矣。嘉靖乙未，兵備宗樞呈請撫按衙門案行，判官景蒙查復湖地十頃有餘，周圍計一十有六里，而書院、祠宇爲之一新云。」李宜春《嘉靖潁州志·溝洫》：「西湖。在州西北三里。宋知潁州歐陽修因田禾亢旱，以百萬餘人築塞白龍溝，注水西湖，灌溉腴田；又建書院，作六一堂，移而家焉。至蘇軾與趙德麟因而開治。後湖爲軍民多侵塞爲田，水亦易涸。嘉靖乙未，兵備李公宗樞委判官呂景蒙查復湖地十有餘頃，周圍計一十六里。丁未（1547），兵備許公天倫委知州李宜春查復硬界一十一畝。」

②《康熙潁州志·輿地·山川》：「良莊湖。在城東北三十五里，插花集之東。北亘三十里，横十里。隆慶六年八月，湖中有物，色白，晶瑩可鑑，高四尺，圍約二尺許，蠕動俯盼，悉如人形。居民競逐之，奔馬不及，射之砉然有聲，矢隨墮落，月餘始没。」

勝，化龍而去，其宅遂陷爲湖，故西有龍封溝。①

南張家湖。在州西南一百七十里龍項灣。周不滿四里，民多利之。②

界溝湖。在州西一百四十里。本黄河水道，淤隔成湖，長三十餘里。湖之南三里又一小湖，亦長二三里。成化中，同知劉節嘗督民開兩渠洩水灌田。③

---

①《成化中都志·山川·潁州》：「東張家湖。在州東三十里，潁水北岸。方六七里。相傳湖乃古寢丘城。隋初，郡人張路斯家於此，後化龍，城陷爲湖，故土人呼張家湖。」《正德潁州志·山川》：「東張家湖。在州東三十里，潁水北岸。方廣六七里。水族、禽、鳥、蓮、芡之利，居民有之。相傳湖乃古寢丘城。至隋初，郡人張路斯家於是，以明經登第。景隆中爲宣城令，罷官歸，每夕出。後語其妻曰：『吾龍也，蓼人鄭祥遠亦龍。吾與戰。』明日，其子助而勝。後與九子皆化龍，而城遂陷爲湖，故西有龍封溝、紅絲澗云。詳見歐公《跋〈集古錄〉》云。」呂景蒙《嘉靖潁州志·溝洫·湖（州）》：「東張家湖。在州東三十里，潁水北岸。方廣六七里，魚、鱉、凫、鴨、蓮、芡之利甚多。舊傳張龍公與鄭祥遠戰，勝，化龍而去，其宅遂陷爲湖，故西有龍封溝。」李宜春《嘉靖潁州志·溝洫》：「東張家湖。在州東三十里，潁水北岸。方廣六七里，魚、鼈、凫、鴨、蓮、芡之利甚多。舊傳張龍公化龍而去，其宅遂陷爲湖，故西有龍封溝。」

②《成化中都志·山川·潁州》：「南張家湖。在州西南一百七十里龍項灣。」《正德潁州志·山川》：「南張家湖。在州西南一百七十里龍項灣。周不能五里，物産與東張家湖等，居民利之。」呂景蒙《嘉靖潁州志·溝洫·湖（州）》：「南張家湖。在州西南一百七十里龍項灣。周不滿四里，民多利之。」李宜春《嘉靖潁州志·溝洫》同。

③《成化中都志·山川·潁州》：「界溝湖。在州西一百四十里。本黄河水道，淤隔成湖，長三十餘里。」《正德潁州志·山川》：「界溝湖。在州西一百四十里。本黄河水道，淤隔成湖，長三十餘里。湖之南三里又一小湖，亦長二三里。成化中，同知劉節嘗督民開兩渠洩水，各夷高湮下，多成腴田。」呂景蒙《嘉靖潁州志·溝洫·湖（州）》：「界溝湖。在州西一百四十里。本黄河水道，淤隔成湖，長三十餘里。湖之南三里又一小湖，亦長二三里。成化中，同知劉節嘗督民開兩渠洩水，成腴田。」李宜春《嘉靖潁州志·溝洫》同。

鄭家湖。在州西一百五十里，舒陽河南。方廣僅五里。相傳鄭祥遠據此湖，故名。①

白楊湖。在州西一百二十里，亦黄河水道，淤隔成湖。潦水至，則界溝湖之水會於此。②

陶中湖。在州西一百一十五里，柳河西。周廣十里，潤溉土田，居民利之。③

鴨兒湖。在州北三十里，茨河東。今地平水少，民皆樹藝。④

范家湖。在州西一百二十里。今爲沃壤，民皆樹藝。⑤

---

①《成化中都志·山川·潁州》：「鄭家湖。在州西一百五十里，輸楊［舒陽］河南。廣四五里，四時不竭。相傳蓼人鄭祥遠嘗據此池，後化龍，故名。」《正德潁州志·山川》：「鄭家湖。在州西一百五十里，舒陽河南。方廣僅五里，四時不竭。相傳隋時蓼人鄭祥遠乃龍也，嘗據此池，後人呼爲鄭家湖云。」吕景蒙《嘉靖潁州志·溝洫·湖（州）》：「鄭家湖。在州西一百五十里，舒陽河南。方廣僅五里。相傳鄭祥遠據此湖，故名。」李宜春《嘉靖潁州志·溝洫》同。

②《成化中都志·山川·潁州》：「白楊湖。在州西一百二十里，黄河水道，淤隔成湖。水潦與界溝湖通。」《正德潁州志·山川》：「白楊湖。在州西一百二十里，亦黄河水道，淤隔成湖。潦水泛，則界溝湖之水自溝引而東，入白楊湖，今湮其半。土見處皆可耕稼，下者水族繁盛。」吕景蒙《嘉靖潁州志·溝洫·湖（州）》：「白楊湖。在州西一百二十里，亦黄河水道，淤隔成湖。潦水至，則界溝湖之水會於此。」李宜春《嘉靖潁州志·溝洫》：「白楊湖。在州西一百二十里，亦黄河水道，淤隔成湖。潦則會界溝湖之水。」

③《正德潁州志·山川》：「陶中湖。在州西一百一十五里，柳河西。周不十里，潤溉土田，居民利之。」吕景蒙《嘉靖潁州志·溝洫·湖（州）》：「陶中湖。在州西一百一十五里，柳河西。周廣十里，潤溉土田，居民利之。」李宜春《嘉靖潁州志·溝洫》同。

④《正德潁州志·山川》：「鴨兒湖。在北鄉，茨河東，去城三十里。先時黄河横流，地之下皆湖。此中南北二十里，鷗、鴈、鳧、鴨，聚育如雲。河徙水退，今皆樹藝矣。」吕景蒙《嘉靖潁州志·溝洫·湖（州）》：「鴨兒湖。在州北三十里，茨河東。今地平水少，民皆樹藝。」李宜春《嘉靖潁州志·溝洫》同。

⑤《正德潁州志·山川》：「范家湖。在州西一百二十里。前時河水所被，今爲沃壤。雨二日，則復成湖，涸可立待。」吕景蒙《嘉靖潁州志·溝洫·湖（州）》：「范家湖。在州西一百二十里。今爲沃壤，民皆樹藝。」李宜春《嘉靖潁州志·溝洫》同。

六百丈湖。在州南一百里，淮河北。民資水灌田。①

鏡兒湖。在州南九十里，谷河之南。其形如鏡。②

雙塚湖。在州西南一百里。③

姑嫂湖。在州南八十里，崇灣中。④

慧湖。城東里許。郡人王胤濬築，後爲豪家有。婿劉永萃惜風雅莫繼，用價購得之，種荷修竹，兄弟輩偕名流觴詠，遂成勝地。⑤

---

①《正德潁州志·山川》：「六百丈湖。在州南一百里，淮河北。四面腴田，居民資湖，種樹、粳稻。」吕景蒙《嘉靖潁州志·溝洫·湖（州）》：「六百丈湖。在州南一百里，淮河北。民資水灌田。」李宜春《嘉靖潁州志·溝洫》同。

②《成化中都志·山川·潁州》：「鏡兒湖。在州南九十里，谷河之南。圓如鏡，天宇澄澈，湖光可鑑。」《正德潁州志·山川》：「鏡兒湖。在州南九十里，谷河之南。圓如一鏡，天宇澄澈，湖光逼人。」吕景蒙《嘉靖潁州志·溝洫·湖（州）》：「鏡兒湖。在州南九十里，谷河之南。其形如鏡。」李宜春《嘉靖潁州志·溝洫》同。

③《正德潁州志·山川》：「雙塚湖。在州西南五里。」二書所載相去較遠，所指當非一處。吕景蒙《嘉靖潁州志·溝洫·湖（州）》：「雙塚湖。在州西南一百里。」李宜春《嘉靖潁州志·溝洫》同。

④《正德潁州志·山川》：「姑嫂湖。在州南鄉八十里，崇灣中。畜［蓄］水以溉灣田，至張家灣瀰漫。」吕景蒙《嘉靖潁州志·溝洫·湖（州）》：「姑嫂湖。在州南八十里，崇灣中。」李宜春《嘉靖潁州志·溝洫》同。

⑤《康熙潁州志·輿地·山川》：「慧湖。城東里許。州人王胤開濬，後爲豪家所有。其婿劉永萃贖得之，植竹種荷，兄弟輩偕名流觴詠於此，遂成勝地。」

塘

塘三

椒①陂塘。在州南六十里，廣十餘頃。唐刺史柳實積教民置陂潤河，引水入塘，溉田萬頃。②

清陂塘。在州西南一百六十里。③

安舟塘。在州南一百里，環崗七里。成化中壞，同知劉節修復。④

---

①「椒」字，一作「焦」。《成化中都志・山川・潁州》：「《潁州志》『焦』『椒』互用。」

②《正德潁州志・山川》：「椒陂塘。在州南六十里。廣十餘頃，溉田萬畝。唐刺史柳實積教民置陂潤河，引水入塘，灌溉倍之。」呂景蒙《嘉靖潁州志・溝洫・塘（州）》：「椒陂塘。在州南六十里，廣十餘頃。唐刺史柳實積教民置陂潤河，引水入塘，溉田萬頃。歐陽修《憶焦陂歌》：『焦陂荷花照水光，未到十里聞花香。焦陂八月新酒熟，秋水魚肥鱠如玉。清河兩岸柳鳴蟬，直到焦陂不下船。笑向漁翁酒家保，金龜可解不須錢。明日君恩許歸去，白頭酣詠太平年。』」李宜春《嘉靖潁州志・・溝洫》同。

③《正德潁州志・山川》：「清陂塘。在州西南一百六十里。塘自西至東二十里，南北可七八里。往時民樂其利。宋蘇東坡守潁，亦嘗修之，變故廢弛。洪武中，重修塞責。其後分下流之水，軍民矛盾，而塘日湮爲田，上源毀失汝濱之閘，下流争决走水之溝。於今六十餘年，無事於公家，其利專於一二豪强矣。塘不詳築自何代，今無力以成民功，可愧也。」呂景蒙《嘉靖潁州志・溝洫・塘（州）》：「清陂塘。在州西南一百六十里。」李宜春《嘉靖潁州志・溝洫》同。

④《成化中都志・山川・潁州》：「安舟塘。在州南一百里。延袤六七里，環繞安舟岡［崗］東北。」《正德潁州志・山川》：「安舟塘。在州南一百里。延袤幾六七里，環繞安舟崗。東北轉挽，以溉土田，民利甚博。成化丁酉（1477），塘少懷［壞］，同知劉節給餉督民築之。」呂景蒙《嘉靖潁州志・溝洫・塘（州）》：「安舟塘。在州南一百里。延袤六七里，環遶安舟崗，民便於溉田。成化中塘壞，同知劉節修復。」李宜春《嘉靖潁州志・溝洫》：「安舟塘。在州南一百里。延袤六七里，遶安舟岡［崗］，便於溉田。成化中，同知劉節修復。」

堰

堰一

温家堰。在州南七十里。土人築堰以蓄土陂下流之水，溉黄丘店田。①

陂

陂三

盆陂。在州南鄉，楊宅橋西。前人置陂障谷河，溉河北田。水滿，陂如盆，故名。②

雙陂。在州南八十里。相傳前人自谷河障水，溉黄丘村南之田。今引水溝道尚在，而陂廢。③

---

①《正德潁州志·山川》：「温家堰。在州南七十里。土民築堰以畜［蓄］土陂下流之水，溉黄丘店西之田。」吕景蒙《嘉靖潁州志·溝洫·堰（州）》：「温家堰。在州南七十里。土人築堰以蓄土陂下流之水，溉黄丘店田。」李宜春《嘉靖潁州志·溝洫》同。

②《成化中都志·山川·潁州》：「盆陂。在南鄉，楊宅橋西。置陂障谷水溉田，水滿，陂望之如盆。」《正德潁州志·山川》：「盆陂。在州南鄉，楊宅橋西。前人置陂障谷水，溉河北田。水滿，陂如盆，故名。」吕景蒙《嘉靖潁州志·溝洫·陂（州）》、李宜春《嘉靖潁州志·溝洫》同。

③《成化中都志·山川·潁州》：「雙陂。在南鄉四圖，去城七十里，蓄水溉黄丘村南之田。」《正德潁州志·山川》：「雙陂。在州南八十里。相傳前人自谷河障水，以溉黄丘村南之田。今引水溝道尚在，失陂所在。」吕景蒙《嘉靖潁州志·溝洫·陂（州）》：「雙陂。在州南八十里。相傳前人自谷河障水，以溉黄丘村南之田。今引水溝道尚在，而陂失去所矣。」李宜春《嘉靖潁州志·溝洫》：「雙陂。在州南八十里。相傳自谷河障水，以溉黄丘村南之田。今引水溝道尚在，而陂失去矣。」

土陂。在州南九十里。土民築陂，障老軍屯、栗林諸水，以灌黃花陂西之田。①

城址

城址十有三

胡子國城。今城址是。②

---

①《成化中都志·山川·潁州》：「土陂。在南鄉五圖，去城八十里，蓄水以灌黃花坡西之田。」《正德潁州志·山川》：「土陂。在州南九十里。土民築陂，障老軍屯、栗林坡諸水，以溉黃花坡西之田。」呂景蒙《嘉靖潁州志·溝洫·陂（州）》：「土陂。在州南九十里。土民築陂，障老軍屯、栗林諸水，以灌黃花坡西之田。」李宜春《嘉靖潁州志·溝洫》同。

②《南畿志·鳳陽府·古蹟（潁州）》：「胡城。在城西二里，即春秋胡子國。」《成化中都志·國都·潁州》：「胡國。潁州，古胡國。周康王封陳滿之裔國於胡，嬀姓，伯爵。《春秋》：定公十五年（前495），楚子滅胡，以胡子豹歸。《左傳》云：吳之入楚，胡子盡俘楚邑之近胡者。既定，又不事楚，曰：『存亡有命，事楚何爲？多取費焉。』爲是，楚滅之。《文獻通考》云：胡，姬姓子爵。誤也。」《正德潁州志·古蹟》：「胡子國城。即今南城。按《春秋》，本陳地。周康王封陳滿之裔國於胡，爵爲子。其後入《春秋》，見於經、傳一百二十四國，胡與焉。然蕞爾境土，介於華夷，不得與中土諸侯盟會。至魯昭公四年（前538）夏，楚子主盟，諸侯會申，始一見焉。秋，從諸侯伐吳鍾離。至昭公二十三年（前519），吳人伐州來。胡子髡不能以理守小國，役屬於楚，自將從六國奔命救州來。吳人曰：『胡、沈之君幼而狂，諸侯同役而不同心。』分師先犯，戰於鷄父，胡君死焉。其後，國雖楚與，而侵以弱。昭公三十年（前512），又爲楚所割乾溪之田以益徐之來奔公子章羽。定公四年（前506），吳人入楚，敗之。胡子豹忿楚，盡俘楚邑近胡之民以自多。楚既定，豹又不受命，乃曰：『存亡有命，事楚何爲？徒多取費。』定公十五年二月，楚遂滅胡，執胡子豹歸，城遂爲楚。秦滅楚，漢滅秦，遂置縣焉。」李宜春《嘉靖潁州志·輿勝·古蹟》同。呂景蒙《嘉靖潁州志·輿地下·故蹟》：「胡子國城。即州之南城。本姬姓，莫詳封世。昭公二十三年，吳人伐州來。胡子髡不能以理守小國，役屬於楚，自將從六國奔命救州來。吳人曰：『胡、沈之君幼而狂，諸侯同役而不同心。』分師先犯，戰於鷄父，胡君死焉。後定公十五年二月，楚遂滅胡，執胡子豹歸，城遂爲楚。秦滅楚，漢滅秦，遂置汝陰縣焉。」

沈子國城。在州西一百二十里，沈丘集西。①

州來城。在州東二百里。②

---

①《成化中都志·國都·潁州》：「沈國。在州西一百二十里，廢沈丘縣。古沈子國，姬姓。《史記·世家》：周文王第十一子聃季食邑於沈。《春秋》：定公四年（前506），蔡公孫姓帥師滅沈，以沈子嘉歸，殺之。《左傳》云：沈人不會於召陵，晉人使蔡伐而滅之也。《文獻通考》云：姒姓。誤。」《正德潁州志·古蹟》：「沈子國城。在州西一百二十里。按《史記·世家》，周文王第十一子聃季食邑於沈。傳至春秋，見於經、傳一百二十四國，沈與焉。魯文公三年（前624）春，諸侯以沈未嘗與中國會盟，而南服於楚，率師伐之，入境而民潰。魯昭公四年（前538）夏，始從諸侯會申。秋七月，從諸侯伐吳鍾離。昭公五年（前537），從陳、蔡八國伐吳。昭公二十三年（前519）秋七月戊辰，吳伐州來，沈子逞自將從楚救州來。吳人分師，戰於鷄父。沈子敗，死焉。其後中國無伯，遂臣服於楚。至葉公沈諸梁爲楚葉尹，國遂以滅。秦滅楚，漢滅秦，置縣治於沈國城。歷代廢置、沿革莫詳。宋、元尚爲沈丘縣，有城隍廟碑，在故城中。元將王保保鎮陳、潁，開府沈城，掘城東、南、西三面爲湖，以拒外兵。至正末，揭城中軍民北遁，城空，遂廢。今遺址具［俱］存。」李宜春《嘉靖潁州志·輿勝·古蹟》同。呂景蒙《嘉靖潁州志·輿地下·古蹟》：「沈子國城。在州西一百二十里。文公三年春，諸侯以沈未嘗與中國會盟，而南服於楚，率師伐之，入境而民潰，自此見於《春秋》。其後爲蔡所滅，今存遺址。」

②《正德潁州志·古蹟》：「州來城。在州東二百里。本春秋陳附庸國，其後爲楚與國。魯成公八年（前583），吳入州來，楚救之。昭公十二年（前530），楚子狩於州來，師次潁尾。至十二年，楚城州來。定公三年（前507），吳滅州來，據之。哀公三年（前492），蔡背楚歸吳，遷於州來，改名下蔡。後卒爲楚滅，城復爲楚。秦滅楚，漢滅秦，置縣，屬沛郡。隋改屬汝陰，唐因之。五季之末，周世宗修復故城，屯守以逼南唐。宋建隆中，始移壽陽，軍於下蔡。開寶七年（974），置壽春府於壽山之陽，下蔡地遂入壽春。」李宜春《嘉靖潁州志·輿勝·古蹟》同。呂景蒙《嘉靖潁州志·輿地下·故蹟》：「州來城。在州東二百里。春秋陳附庸國。自成公八年，吳入州來，見於經，後爲楚所滅。漢初置縣，屬沛郡。隋改屬汝陰。宋開寶中併爲壽春之地。」

任城。在州北，潁水之陽三里。陳將任蠻奴於水邊築城，今爲河水蕩夷。土俗呼蠻樓寨，址存。①

地里城。在州南一百一十里，汝水北。元至順壬辰②，同知歸暘請添置縣。今寺基，故城隍廟也。至正辛卯（1351），劉福通作亂，流劫鄉材［村］，破燒縣治，遂廢。③

才城。在州南一百一十里。東西相去二三里，有小土城二，土人呼爲東才城、西才城。④

---

①《南畿志·鳳陽府·古蹟（潁州）》：「任城。在州北。陳將任蠻奴於潁水北三里築此城，以圍汝陰。」《成化中都志·成郭·潁州》：「任城。在州城北。陳將任蠻奴於潁水北岸三里築此城，以圍汝陰。今爲河水蕩夷，俗猶呼蠻奴寨。按《南史》，任忠字奉誠，小子［名］蠻奴，汝陰人。仕陳，累官員外散騎常侍，封安復縣侯，都督壽陽、新蔡、霍州緣淮諸軍，霍州刺史。後主嗣位，入爲領軍將軍，加侍中，改封梁信郡公，爲吳興內史。」《正德潁州志·古蹟》：「任城。在城北，潁水之陽三里。南朝陳將任蠻奴於水濱築城，以圍汝陰。今城爲河水蕩夷，土俗尤［猶］呼蠻樓寨。」呂景蒙《嘉靖潁州志·輿地下·故蹟》：「任城。在州北，潁水之陽三里。南朝陳將任蠻奴於水邊築城，以圍汝陰。今俗呼蠻樓寨，址存。」李宜春《嘉靖潁州志·輿勝·古蹟》同。

②「壬辰」，當作「壬申」。「至順」年號僅用四年，無「壬辰」年。詳見下注。

③「地里城」，一作「地理城」。《成化中都志·城郭·潁州》：「地理城。在州南一百一十里，汝水之陽。相傳元至順壬申（1332），同知歸暘請添置縣，名潁水。今寺基，故城隍廟也。至正辛卯，劉福通作亂，兵廢。按，劉應李《翰墨全書》作於大德間，已載潁水縣，疑非始於至順也。」《正德潁州志·古蹟》：「地理城。在州南一百一十里，汝水陽。相傳元至順壬申，同知歸暘請添置縣，名潁水。今寺基，故城隍廟也。至正辛卯，劉福通作亂，流劫鄉村，破燒縣治，遂廢。」呂景蒙《嘉靖潁州志·輿地下·故蹟》：「地理城。在州南一百一十里。元至順置縣，後因劉福通作亂，遂廢。」李宜春《嘉靖潁州志·輿勝·古蹟》：「地里城。在州南一百一十里。元至順置縣，後因劉福通作亂，遂廢。」

④《成化中都志·城郭·潁州》：「才城。在州南一百一十里。有二土城，東西相去二三里，土人呼東才城、西才城。按《隋志》：『東魏置財州。後齊廢，以置包信縣。開皇初，縣廢。』」《正德潁州志·古蹟》：「才城。在州南一百一十里。東西相去二三里，有小土城二，莫考所築。土人呼東才城、西才城。」呂景蒙《嘉靖潁州志·輿地下·故蹟》：「才城。在州南一百一十里，東西有二城。」李宜春《嘉靖潁州志·輿勝·古蹟》同。

黃城。在州西一百三①十五里，舒陽河南。相傳前代屯兵，土人見黃旗現，故呼爲黃城也。②

唐屯城。在州西南一百七十里，龍項灣東。相傳唐仁瞻築。③

東城、西城。俱在州北七十里五樟林。兩城相去三十里。舊傳唐置府兵，築城屯兵。④

省城。在州西一百八十里。⑤

①「三」字，《正德潁州志》、吕景蒙《嘉靖潁州志》、李宜春《嘉靖潁州志》均作「二」。詳見下注。

②《成化中都志·城郭·潁州》：「黃城。在州西一百三十五里，舒陽河之南。」《正德潁州志·古蹟》：「黃城。在州西一百二十五里，舒陽河之南。相傳前代屯兵，土人見黃旗，故呼黃城。」吕景蒙《嘉靖潁州志·輿地下·故蹟》：「黃城。在州西一百二十五里。」李宜春《嘉靖潁州志·輿勝·古蹟》同。

③「瞻」字，當作「贍」，指南唐劉仁贍。《南畿志·鳳陽府·古蹟（潁州）》：「唐屯城。在州西南一百七十里。相傳南唐劉仁贍築此以禦周師。」《成化中都志·城郭·潁州》：「唐屯城。在州西南一百七十里，龍項灣東。相傳南唐劉仁贍於此築城屯兵，以禦周師。」《正德潁州志·古蹟》：「唐屯城。在州西南一百七十里，龍項湾東。相傳南唐時劉仁贍築城屯軍，以拒劉知遠。」吕景蒙《嘉靖潁州志·輿地下·故蹟》：「唐屯城。在州南一百七十里。唐劉仁瞻〔贍〕築。」李宜春《嘉靖潁州志·輿勝·古蹟》同。

④《南畿志·鳳陽府·潁州（古蹟）》：「東城、西城。俱在州北七十里，兩城相去三十里。相傳府兵分戍於此，築城屯營。」《成化中都志·城郭·潁州》：「東城、西城。俱在州北七十里。」《正德潁州志·古蹟》：「東城、西城。俱在州北七十里，五樟林近。兩城相去三十里。相傳唐置府兵，分戍於此，築城屯營，遂名。」吕景蒙《嘉靖潁州志·輿地下·故蹟》：「東城、西城。俱在州北七十里。舊傳唐置府兵，築城屯營。」李宜春《嘉靖潁州志·輿勝·古蹟》同。

⑤《成化中都志·城郭·潁州》：「省城。在州西一百八十里。」《正德潁州志·古蹟》：「省城。在州西一百八十里。俗傳荒唐，不載。」吕景蒙《嘉靖潁州志·輿地下·故蹟》：「省城。在州西一百八十里。」李宜春《嘉靖潁州志·輿勝·古蹟》同。

阜陽城。在州西一百五十里，廢沈丘縣南。今置郵舍其中，莫詳所築。①

潁尾。在下蔡西，去州東二百里。《左傳》：「楚子狩於州來，次於潁尾。」② 按，州來、潁尾，宋以後改屬壽春。潁尾亦非城名。

關王城。在潁上界。③

---

①《成化中都志·城郭·潁州》：「阜陽城。在州西一百五十里，廢沈丘縣南。今置郵舍在其中。」《正德潁州志·古蹟》：「阜陽城。在州西一百五十里，沈丘廢縣南。今置郵舍其中，城不詳所築。」呂景蒙《嘉靖潁州志·輿地下·故蹟》：「阜陽城。在州西一百五十里。莫詳所築。」李宜春《嘉靖潁州志·輿勝·古蹟》同。

②《左傳·昭公十二年（前530）》：「楚子狩於州來，次於潁尾。」呂景蒙《嘉靖潁州志·輿地下·故蹟》：「潁尾。《左傳》：『楚子狩於州來，次於潁尾。』在下蔡西。」李宜春《嘉靖潁州志·輿勝·古蹟》：「潁尾。在下蔡西。《左傳》：『楚子狩於州來，次於潁尾。』」

③《成化中都志·城郭·潁州》：「關王城。在州東二百里，淮水西正陽。漢末，先主依袁氏於壽春，先主城淮東，關羽城淮西，以屯兵。其城蕩折於淮，所存惟半耳。」《正德潁州志·古蹟》：「關王城。在州東二百里，淮水西正陽。漢末，先主結關羽、張飛討亂。初依孫氏於壽春，備城淮東，關城淮西。後鼎分入蜀，而故城不毀。世變運移，千五百年，河淮衝蕩，城之不淪没陵夷者，惟東向一帶耳。成化初，山陰僧正喜遊方至是，結菴祀武安王於故城基上。今土俗呼關王寺云。」呂景蒙《嘉靖潁州志·輿地下·故蹟》：「關王城。在州東二百里，淮水西正陽。舊傳三國先主結關羽、張飛討亂，備城淮東，關城淮西。」李宜春《嘉靖潁州志·輿勝·古蹟》：「關王城。在州東二百里，淮水西正陽。舊傳三國先主結關羽、張飛討亂，備城淮東，關城淮西。河流衝蕩，唯東向一帶尚存。今祀羽於故城基。」

廢①郡縣

廢郡縣八

鮦陽廢郡。在州西二百一十里。按《輿地志》，沈子國西有古鮦陽郡，漢光武封戚里陰慶爲鮦陽侯。② 故郵亭，慶府第也。百餘年前，猶有剥落字石一拳，今無。③

廢陳留郡。在州東南二百里。梁置郡及縣。隋廢郡改縣，曰潁陽。④ 唐隸入汝陰。⑤ 今其地改屬壽州。⑥

---

①「廢」字，原書前目録作「舊」，已據改。

②《輿地志》原書已佚，無從核对。《後漢書・陰識傳》所附《陰興傳》：「永平元年（58）詔曰：『故侍中衛尉關内侯興，典領禁兵，從平天下，當以軍功顯受封爵……賢者子孫，宜加優異。其以汝南之鮦陽封興子慶，爲鮦陽侯。』」注云：「鮦陽故城在今豫州新蔡縣北，在鮦水之陽也。」

③《成化中都志・城郭・潁州》：「廢鮦陽縣。在州西二百一十里。《西漢志》：鮦陽屬汝南郡。應劭曰：『在鮦水之陽。』東漢爲侯國。晉爲縣，屬汝陰郡。後齊廢。開皇十一年（591）復置，屬汝南郡。唐初廢。今地屬潁州。」《正德潁州志・古蹟》：「鮦陽廢郡。在州西二百一十里。按《輿地志》，沈子國西有古鮦陽郡，漢光武封戚里陰慶爲鮦陽侯。故郵亭，慶府第也。百餘年前，猶有剥落字石一拳，今無之。」吕景蒙《嘉靖潁州志・輿地下・故蹟》：「鮦陽廢郡。在州西二百一十里。有故郵亭遺址。」李宜春《嘉靖潁州志・輿勝・古蹟》同。

④《隋書・地理志》：「潁陽。梁曰陳留，并置陳留郡及陳州。東魏廢州。開皇初廢郡，十八年（598）縣改名焉。有鄭縣，後齊廢。」

⑤《新唐書・地理志》：「汝陰，緊。武德初有永安、高唐、永樂、清丘、潁陽等縣，六年（623）省永安、高唐、永樂，貞觀元年（627）省清丘、潁陽，皆入汝陰。」

⑥《正德潁州志・古蹟》：「廢陳留郡。在州東南二百里。梁置郡及縣。隋廢郡改縣，曰潁陽。唐省入汝陰。今其地改屬壽州。」吕景蒙《嘉靖潁州志・輿地下・故蹟》：「廢陳留郡。在州東南二百里。唐屬汝陰。今改屬壽州。」

細陽廢縣。在州西二十里。漢置縣，屬汝南郡。① 五季廢。今古城尚在茨河鋪西三里，城甚狹小，疑當時縣治子城也。②

青③丘廢縣。在州東五十六里④，潁河北岸。隋大業間置縣，屬汝陰郡。⑤ 唐武德中廢。⑥ 縣治即今北照寺基，俗呼青丘村。⑦

---

①《漢書・地理志》：「汝南郡。縣三十七……細陽……」

②《南畿志・鳳陽府・古蹟（潁州）》：「細陽城。在州西北四十里。漢置縣。」《成化中都志・城郭・潁州》：「細陽城。在州西北四十里。漢縣屬汝南郡，莽曰樂慶。光武封岑彭子遵爲細陽侯。故城在茨河鋪西三里。」《正德潁州志・古蹟》：「細陽廢縣。在州西二十里。漢置縣，屬汝南郡。五季廢。今古城尚在茨河鋪西三里，城甚狹小，疑當時縣治子城也。」呂景蒙《嘉靖潁州志・輿地下・故蹟》：「細陽廢縣，在州西二十里。漢置，五季廢。」

③「青」字，《南畿志》《成化中都志》作「清」。詳見下文所引。

④「五十六里」，呂景蒙《嘉靖潁州志・輿地下・故蹟》及李宜春《嘉靖潁州志・輿勝・古蹟》作「六十五里」。詳見下文所引。

⑤《隋書・地理志》：「汝陰郡，舊置潁州。統縣五……清丘。梁曰許昌，及置潁川郡。開皇初廢郡，十八年（598）縣改名焉。」

⑥《舊唐書・地理志》：「潁州中，漢汝南郡。隋爲汝陰郡。武德四年（621），平王世充，於汝陰縣西北十里置信州，領汝陰、清丘、永安、高唐、永樂等六縣。六年（623），改爲潁州。移於今治，省高唐、永樂、永安三縣。貞觀元年（627），省清丘縣。」

⑦《南畿志・鳳陽府・古蹟（潁州）》：「清丘城。在州東五十六里，潁河北岸。隋置縣，唐廢。」《成化中都志・城郭・潁州》：「清丘城。在州東五十六里，潁河北岸。梁曰許昌，及置潁川郡。隋開皇初郡廢，十八年（598）改縣名，屬汝陰郡。唐貞觀元年（627）省入汝陰。即今北趙[照]寺基，地名清丘村。」《正德潁州志・古蹟》：「青丘廢縣。在州東五十六里，潁河北岸。隋大業間置縣，屬汝陰郡。唐武德中廢，縣治即今北照寺基，俗呼青丘村。」呂景蒙《嘉靖潁州志・輿地下・故蹟》：「青丘廢縣。在州東六十五里。隋大業置，唐武德中廢。即今北照寺基。」李宜春《嘉靖潁州志・輿勝・古蹟》同。

郪丘廢縣。在州東。《元志》云：「去城八里，郪丘傍。」① 魏安釐時，秦拔郪丘。② 漢置新郪縣，屬汝南郡。即章帝時，徙宋公於此。③ 今呼爲潁陽城。④

平輿廢縣。在州南一百里。漢置縣，屬汝南郡。⑤ 至五季末，兵亂殘廢。今土城尚完。周圍五六里，四門。土人居宅不改。

---

①《元史·地理志》未見類似記載，當指元代所修《潁州志》。

②《史記·魏世家》：「安釐王十一年（前266），秦拔我郪丘。」

③《漢書·地理志》：「汝南郡……縣三十七：平輿……新郪……」《後漢書·郡國志》：「汝南郡，三十七城……宋公國，周名郪丘，漢改爲新郪，章帝建初四年（79）徙宋公於此。」

④《南畿志·鳳陽府·古蹟（潁州）》：「郪丘城。在州東五里。」《成化中都志·城郭·潁州》：「郪丘城。《潁州志》云：『州東五里有土阜，屹然高大，疑古郪丘也。』《新志》云：『去州治八里。』《漢志》：『新郪縣屬汝南郡。』應劭曰：『秦伐魏，取郪丘。』即此。莽曰新延。光武封殷後於宋。章帝建初四年（79），徙宋公於此，俗呼潁陽城。今按，郪丘去汝陰五里，置縣不應如此之近，亦非魏地也。《通鑑綱目》：『秦拔魏邢丘。』《括地志》云：『在懷州武陟東南。』」《正德潁州志·古蹟》：「郪丘廢縣。在州東。《元志》云：『去城八里。』魏安釐王時，秦拔郪丘。漢置新郪縣，屬汝南郡。章帝時，徙宋公於此，今呼爲潁陽城。按，今州城近郭八里無古城基，惟東五里有土阜，屹然高大，土人呼爲婆婆塚，疑古郪丘也，而地則在潁水之南。水北曰陽，潁陽全無可考。況今婆婆塚四面夷曠，其爲新郪廢縣無疑也。」呂景蒙《嘉靖潁州志·輿地下·故蹟》：「郪丘廢縣。《舊志》以州東五里婆婆塚爲郪丘址。」李宜春《嘉靖潁州志·輿勝·古蹟》同。按，胡天生《郪丘、新郪考辨》一文認為「郪丘在今太和縣倪邱鎮」。（《阜陽考古錄》，中華書局2011年版。）

⑤《漢書·地理志》：「汝南郡……縣三十七：平輿。（應劭曰：『故沈子國，今沈亭是也。』）」《後漢書·郡國志》：「汝南郡……三十七城……平輿，有沈亭，故國姫姓。」

北枕谷河，城東北①隅舊有斷碑，剥落莫辯［辨］，俗呼爲遠城云。②

永安廢縣。在州南一百四十里，汝水北岸。唐會昌中置縣，屬信州。③五季廢。今市井具存。北行三里有縣治子城。④

①「東北」，《成化中都志》及《正德潁州志》作「東南」。詳見下注。

②《南畿志・鳳陽府・古蹟（潁州）》：「廢平輿縣。在州南一百里。界於新蔡。」《成化中都志・城郭・潁州》：「廢平輿縣。在州南一百里。隋大業初改新蔡置。王世充置輿州。唐武德七年（624）州廢，貞觀元年（627）省平輿入新蔡，天授二年（691）復置，屬蔡州。宋因之。元末兵廢。今土城尚存四門，人居不改。北枕谷河，城東南隅有斷碑，剥落莫辨，俗呼遠城。今地屬潁州，界於新蔡。」《正德潁州志・古蹟》：「平輿廢縣。在州南一百里。漢置縣，屬汝南郡。至五季末，兵亂殘廢。今土城尚完。周圍五六里，四門。土人居宅不改。北枕谷河，城東南隅舊有斷碑，剥落莫辨，俗呼爲遠城云。」呂景蒙《嘉靖潁州志・輿地下・故蹟》：「平輿廢縣。在州南一百里。漢置縣，五季兵亂殘廢。」李宜春《嘉靖潁州志・輿勝・古蹟》：「平輿廢縣。在州南一百里。漢置縣，五季毁於兵。」

③此處誤。永安縣非「唐會昌中」置，高祖武德年間已有之。《舊唐書・地理志》：「潁州中。漢汝南郡，隋爲汝陰郡。武德四年（621），平王世充，於汝陰縣西北十里置信州，領汝陰、清丘、永安、高唐、永樂等六縣。」

④《南畿志・鳳陽府・古蹟（潁州）》：「廢永安縣。在州南一百四里，汝水岸北。唐會昌中置縣。今市井尚存。」《成化中都志・城郭・潁州》：「廢永安縣。在州南一百四十里，汝水北岸。《唐志》武德初有永安縣，六年（623）省。今市井具存，北三里有縣治子城。」《正德潁州志・古蹟》：「永安廢縣。在州南一百四十里，汝水北岸。唐會昌中置縣，屬信州。五季廢。今市井具存。北行三里有縣治子城。」呂景蒙《嘉靖潁州志・輿地下・故蹟》：「永安廢縣。在州南一百四十里。唐會昌中置縣，五季殘廢。」李宜春《嘉靖潁州志・輿勝・古蹟》：「永安廢縣。在州南一百四十里。唐會昌中置縣，五季廢。」

慎縣廢城。在州東南七十里。漢初置縣，屬汝南郡。① 晉屬汝陰郡。② 後不詳何代廢。今潤河板橋東南岸，土城基址尚存。③

寨

寨二

姜寨。在州西一百八十里。④ 舊傳光武討賊不克，後人呼爲强寨，今訛云姜。⑤

---

①《漢書·地理志》：「汝南郡……縣三十七：平輿……慎。（莽曰慎治。）」

②《晉書·地理志》：「及武帝受命，分汝南立汝陰郡，合陳郡於梁國。州統郡國十……汝陰郡：汝陰、慎、原鹿、固始、鮦陽、新蔡、宋、褒信。」

③《南畿志·鳳陽府·古蹟（潁上）》：「慎縣城。在縣西北，本漢縣。」《成化中都志·城郭·潁上》：「慎縣城。在縣西北。漢，縣屬汝南郡。莽曰慎治。東漢何進封慎侯，即此。晉屬汝陰郡。《志》云：『故黎邑也。』隋唐並屬廬江郡。」《正德潁州志·古蹟》：「慎縣廢城。在州東南七十里。漢初置縣，屬汝南郡。晉屬汝陰郡。後不詳何代廢。今潤河板橋東南岸，土城基址尚在。」吕景蒙《嘉靖潁州志·輿地下·故蹟》：「廢慎縣。在州東南七十里。漢初置縣，不詳何代廢。」李宜春《嘉靖潁州志·輿勝·古蹟》：「廢慎縣。在州東南七十里。漢初置縣。」

④「在州西一百八十里」，《正德潁州志》作「去城一百里」，吕景蒙《嘉靖潁州志》作「（州）西二百里」，李宜春《嘉靖潁州志》作「在州西二百里」。詳見下注。

⑤《正德潁州志·關梁》：「姜寨。在州西沈丘鄉，去城一百里。漢光武帝討巨寇王尋，自蔡州追奔至是，賊屯於寨。及戰於坡，漢兵不支，尋亦北走。後人因呼强寨，今訛爲姜寨云。」吕景蒙《嘉靖潁州志·輿地下·寨（州）》：「姜寨。西二百里。舊傳光武討賊不克，後人呼爲强寨。今訛云姜。」李宜春《嘉靖潁州志·輿勝·古蹟》：「姜寨。在州西二百里。光武屯處。」

包家寨。在州西六十五里。宋劉錡破兀朮，鄉民聚此以應。①

書院

書院一②

西湖書院。宋皇祐元年（1049），歐陽修知潁，愛其風土，樂西湖勝地，廼建書院於湖南。③

---

①《正德潁州志・關梁》：「包家寨。在州西六十五里，小河北岸。孤崗坦夷。相傳宋將劉錡募敢死士，負藥毒潁上流，以困金虜兀朮。民結義聚於寨，以俟策應。後人因呼爲寨云。」吕景蒙《嘉靖潁州志・輿地下・寨（州）》：「包家寨。西六十五里。宋劉錡破兀朮，民聚此以應錡。」李宜春《嘉靖潁州志・輿勝・古蹟》：「包家寨。在州西六十五里。民聚應劉錡。」

②自「書院」至「池」，原文目録合爲「書院堂亭等」，已據改。

③《南畿志・鳳陽府・學校（潁州）》：「西湖書院。在西湖之南。宋歐陽修守潁時，樂其風土。及致仕，復築室於此。後圮於河。」《成化中都志・學校書院・潁州》：「西湖書院。在西湖之南。宋歐陽修守潁，樂其風土，有終焉之志，致仕後築室於此。後淪於河。」《正德潁州志・宫室》：「西湖書院。宋皇祐元年，歐陽公以上騎都尉、開國伯、知制誥自揚州移知潁州，二月丙子至郡。愛其風土，有西湖之勝，將卜居焉。廼建書院於湖南，化訓州人。熙寧辛亥（1071），致政歸潁，作六一堂於書院之旁。明年壬子（1072），趙康靖自南京单騎訪公潁陰。時吕正獻守郡，於書院旁又建會老堂。距今四百餘年，其野田荒草，人人知爲歐公遺蹟也。」《明一統志・中都・書院》：「西湖書院。在潁州西湖之濱。宋歐陽修守潁，樂其風土，晚年終老於此，遂築書院。本朝洪武間淪於河。」吕景蒙《嘉靖潁州志・學校・社學（州）》：「西湖書院。在州西湖南，中爲四賢堂（中設晏元獻公、歐陽文忠公、蘇文忠公、吕正獻公木主），爲露臺，露臺之東爲碑亭，前爲門，又前爲西湖書院。坊後爲梧月柳風堂，東西直爲厢，最後面湖爲勝絶亭，爲垣牆四周。」李宜春《嘉靖潁州志・學校》：「西湖書院。宋知潁州歐陽文忠公建。嘉靖乙未（1535），兵憲李公宗樞即舊址重建。陳公洙、孔公天胤及茅同知宰、吕判官景蒙成之，兵憲顧公翀、許公天倫又相繼修葺。中四賢堂，祀文忠并晏元獻、吕正獻、蘇文忠，夾以東西厢。堂後面湖爲絶勝亭，前爲仰高堂，又前爲西湖書院坊。兵憲林公雲同易扁爲西湖祠云。」

堂

堂五

去思堂。宋晏殊以使相出知潁州，作屋北渚之北，臨西溪，以爲出祖所。初名清漣閣，既代，民不能忘，更曰去思堂。①

①《南畿志·鳳陽府·古蹟（潁州）》：「去思堂。宋晏元獻公守潁日作室，臨清溪，爲出祖之所，名清漣閣。公既去，民不能忘，更名去思。公嘗手植雙柳於閣前，至歐陽公爲守，雙柳成陰，遂重建亭，復更名雙柳。」《成化中都志·宫室堂亭樓閣臺榭·潁州》：「去思堂。宋晏元獻公守潁日，作室北渚之北，臨西溪，以爲出祖之所。初名清漣閣，既代，民不能忘，更名去思。公嘗手植雙柳於閣前，至歐陽修爲守，雙柳成陰，遂重建亭，更名雙柳。作詩有『樹猶如此我何堪』之句。」《正德潁州志·宫室》：「去思堂。宋晏元獻公殊以使相出知潁州日，作屋北渚之北，臨西溪，以爲出祖所。初名清漣閣，嘗手植雙柳閣前。既代名，民不能忘，更題曰去思。後又更曰雙柳亭。按《歐公文集》，有北渚、西溪，今皆不詳其地。四百餘年，世移地改如此夫！」吕景蒙《嘉靖潁州志·輿地下·故蹟》：「去思堂。宋晏殊以使相出知潁州日，作屋北渚之北，臨西溪，以爲出祖所。初名清漣閣，既代，民不能忘，更題曰去思堂。前有雙柳亭遺址，莫詳所在。」李宜春《嘉靖潁州志·輿勝·古蹟》：「去思堂。宋晏殊以使相出知潁州，作屋北渚之北，臨西溪，名清漣閣。既代去，民更爲去思堂，以思殊也。殊手植雙柳於堂之前。至歐陽修爲守，雙柳成陰，建亭於其上，曰雙柳亭。」

聚星堂。宋歐陽修守潁，以倅吕公著、前守晏殊、蔡齊、曾肇皆名公，故建堂治内，曰聚星。①

會老堂。宋《蔡寬夫詩話》：「歐陽修與趙概同在政府，相得歡甚。後熙寧中，相繼謝事歸。概單騎過修於汝陰，時年幾八

①《南畿志・鳳陽府・古蹟（潁州）》：「聚星堂。在舊州治内。歐陽公守潁，吕正獻公爲倅。二公相與講學，一時從遊者如劉攽、王回輩皆名流，故歐公以聚星名堂。」《成化中都志・宫室堂亭樓閣臺榭・潁州》：「聚星堂。在舊州治内。歐陽公守潁時，吕正獻公爲倅，歐公與爲講學之友，而一時遊從者如劉攽、王回輩皆名流，故歐公以聚星名堂。《潁州志》云：『其先政如晏殊、蔡齊、曾肇、韓琦皆名公，故歐公以聚星名堂。』按，曾肇元祐四年（1089）知潁州，距歐公之没已十八年。韓公平生未嘗仕潁，謂之先政誤也。考之《程氏遺書》，與程子泛舟潁昌西湖者韓維也，《性理大全》誤以爲琦，故修《志》者傳訛耳。」《正德潁州志・宫室》：「聚星堂。宋歐陽文忠公守潁，倅佐吕正獻。而其先政如晏殊、蔡齊、曾肇、韓琦皆名公，故歐公建堂治内，題曰聚星。有《聚星堂詩集》。」《明一統志・中都・宫室》：「聚星堂。在潁州治。宋歐陽修守郡日建，有《聚星堂集》。」吕景蒙《嘉靖潁州志・輿地下・故蹟》：「聚星堂。宋歐陽修守潁，倅佐吕公著，而其先政如晏殊、蔡齊、曾肇皆名公。故修建堂治内，題曰聚星。有《聚星堂詩集》。」李宜春《嘉靖潁州志・輿勝・古蹟》：「聚星堂。宋歐陽修守潁，以倅吕公著、前守晏殊、蔡齊、曾肇皆名公，故建堂治内，曰聚星。」

十。留逾月，日遨遊西湖上。吕公著守郡，因名其堂。」①

六一堂。宋熙寧中，歐陽修致政歸潁，作六一堂於西湖書院旁，卜居焉，卒老於潁。②

愛木堂。明成化中，劉節同知州事，作堂州治東偏。以堂前故御史臺古栢數株可愛，因以名堂。有記。③

---

①《南畿志·鳳陽府·古蹟（潁州）》：「會老堂。宋歐陽公與趙康靖公同在政府，相得歡甚。及相繼謝事，趙單騎訪歐公汝陰，時年幾八十。吕申公守郡，爲作會老堂於西湖書院之傍。趙優游堂中，月餘而别。明年，文忠欲往睢陽報之，未果行而薨。」《成化中都志·宫室堂亭樓閣臺榭·潁州》：「會老堂。在西湖書院之傍。《蔡寛夫詩話》云：『歐陽文忠公與趙康靖公概同在政府，相得歡甚。康靖先告老歸睢陽，文忠相繼謝事歸汝陰。康靖一日單車特往過之，時年幾八十矣。留劇飲逾月，日於汝陰縱遊而後返。前輩掛冠後，能從容自適，未有若此者。文忠因賦詩，榜其遊從之地爲會老堂。明年，文忠欲往睢陽報之，未果行而薨。兩公名節固師表天下，而風流襟義又如此，誠可以激薄俗也。歐公并蘇東坡俱有詩。』」《正德潁州志·宫室》：「會老堂。宋歐陽公以熙寧四年辛亥（1071）致政歸潁。初，公在兩制及樞院、政府，前後與趙康靖同官，還拜不殊，故相得歡甚。及相繼謝事，趙单騎訪公汝陰，時年幾八十。吕申公守郡，爲作會老堂於西湖書院之傍。趙優游堂中，月餘而别。再逾時，歐公薨。」《明一統志·中都·宫室》：「會老堂。在潁州。宋《蔡寛夫詩話》：『歐陽修與趙概同在政府，相得歡甚。後相繼謝事歸。概單騎過修於汝陰，時年幾八十。留逾月，日遊汝水之陰，因名其堂。』修詩：『公能不遠來千里，我病猶能醻一鍾。』」吕景蒙《嘉靖潁州志·輿地下·故蹟》：「會老堂。宋《蔡寛夫詩話》：『歐陽修與趙概同在政府，相得歡甚。後於熙寧中，相繼謝事歸。概單騎過修於汝陰，時年幾八十。留逾月，日遊汝水之陰。吕公著時守郡，因名其堂。』」李宜春《嘉靖潁州志·輿勝·古蹟》：「會老堂。歐陽修與趙概同在政府，相得甚歡。後熙寧中，相繼謝事。概單騎訪修汝陰，時年幾八十。郡守吕公著因作堂於西湖書院之傍，留逾月而去。」按，會老堂非爲趙概來訪而新建，本是歐陽修六一堂之西堂，改稱會老堂。見肖漢澤《會老堂是六一堂西堂》一文。（肖漢澤《潁湄漫錄》，中國文聯出版社，2009年版。）

②李宜春《嘉靖潁州志·輿勝·古蹟》：「六一堂。宋歐陽修守潁，愛西湖之勝，建書院於湖之南。及致政，家潁，乃建堂於書院之傍。」

③《正德潁州志·宫室》：「愛木堂。大明成化中，劉節同知州事，作堂州治東偏。以堂前故御史臺古栢數株，大耐可愛，因以名堂。有記。」按，該書卷五錄有劉節《愛木堂記》一篇。

亭

亭八

沈亭。在州西一百二十里，廢沈子國城東五里。秦時高士沈郢建，爲遊釣之所。①

艾亭。在城南一百七十里，近汝河。②

清潁亭。在州西湖上，宋晏殊建。③

雙柳亭。宋晏殊守潁，嘗手植雙柳於去思堂前。至歐陽修爲守，則雙柳成陰，遂建此亭。後廢，遺址莫詳。明天啟初，鳳

---

①《後漢書·郡國志·汝南郡》：「平輿有沈亭，故國，姬姓。」《成化中都志·宮室堂亭樓閣臺榭·潁州》：「沈亭。在廢沈丘縣東五里。《東漢志》：『平輿有沈亭，秦高士沈郢建，爲遊息之所。』今爲預備倉基。」《正德潁州志·宮室》：「沈亭。在州西一百二十里，廢沈子國城東五里。秦時高士沈郢建，爲遊釣之所。今爲預備倉基。」呂景蒙《嘉靖潁州志·輿地下·故蹟》、李宜春《嘉靖潁州志·輿勝·古蹟》同。

②《成化中都志·宮室堂亭樓閣臺榭·潁州》：「艾亭。在南鄉，去州一百七十里，近汝河。」《正德潁州志·宮室》、呂景蒙《嘉靖潁州志·輿地下·故蹟》同。

③《南畿志·鳳陽府·古蹟（潁州）》：「清潁亭。晏公守潁，作亭城陰，俯瞰潁水，故名。」《成化中都志·宮室堂亭樓閣臺榭·潁州》：「清潁亭。晏公守潁，作亭城陰，俯瞯潁水，故名。劉敞云：『世亂潁水濁，世治潁水清。』」《正德潁州志·宮室》：「清潁亭。宋晏元獻罷相，出守潁郡。嘗優遊西湖之上，舒徐潁水之濱，作亭城陰，以自頤息，俯瞰潁水，故名曰清潁亭。劉敞詩云：『世亂潁水濁，世治潁水清。』蘇東坡與弟轍別於此，亦有詩云：『別淚滴清潁。』」《明一統志·中都·宮室》：「清潁亭。在潁州西湖上，宋晏殊建。蘇軾嘗與弟轍別於此，有『別淚滴清潁』之句。」呂景蒙《嘉靖潁州志·輿地下·故蹟》同。李宜春《嘉靖潁州志·輿勝·古蹟》：「清潁亭。宋晏殊守潁，作亭於城陰，俯瞰潁水，故名清潁。劉敞詩：『世亂潁水濁，世治潁水清。』蘇軾《別弟轍詩》：『別淚滴清潁。』」

陽知府晏日啟重建於西湖南。①

葵亭。宋呂公著倅潁日，作亭後圃。有《葵亭集》。②

擇勝亭。蘇軾守潁，以帷幔蔽後園地上，題曰擇勝。公暇布席觴，吟咏移日。③

時雨亭。在南察院堂後。明正德七年（1512），都御史彭澤逐流寇至潁，駐兵避暑，兵憲孫磐爲建此亭。有邵寶記。④

西湖亭。在西湖四賢祠後。崇臺敞廡，四望闊如。明萬曆間，州守黃大賁建。⑤

---

①呂景蒙《嘉靖潁州志·輿地下·故蹟》：「雙柳亭。在州。宋晏殊守郡日，嘗手植雙柳。至歐陽修爲守，則雙柳成陰，遂建此亭。修詩：『曲欄高柳佛層簷，却憶初栽映碧潭。人昔共遊今孰在，樹猶如此我何堪。壯心無復身從老，世事都銷酒半酣。後日更來知有幾，攀條莫惜駐征驂。』修爲殊門生，故有『何堪』之句。」

②《南畿志·鳳陽府·古蹟（潁州）》：「葵亭。呂正獻公倅潁日，作亭後圃，題曰葵亭。及爲守時，休於倅圃。有《葵亭集》。」《成化中都志·宮室堂亭樓閣臺榭·潁州》同。《正德潁州志·宮室》：「葵亭。宋呂正獻倅潁日，作亭後圃，題曰葵亭。及爲太守時，休倅圃亭。有《葵亭集》。」呂景蒙《嘉靖潁州志·輿地下·故蹟》：「葵亭。宋呂公著倅潁日，作亭後圃，題曰葵亭。有《葵亭集》。」李宜春《嘉靖潁州志·輿勝·古蹟》同。

③蘇轍《潁州擇勝亭詩序》：「子瞻爲汝陰守，以幄爲亭，欲往即設，不常其處，名之曰擇勝。」蘇軾有《擇勝亭銘》。《成化中都志·宮室堂亭樓閣臺榭·潁州》：「擇勝亭。東坡守潁日，以幃幙蔽後園地上，暇日出遊，挈以自隨，會意處輒張亭布席，觴咏終日。」《正德潁州志·宮室》：「擇勝亭。宋蘇東坡守汝陰日，以幃幙蔽後園地上，題曰擇勝。公暇出遊，揭以自隨，意會處輒施亭布席，觴咏終日。」呂景蒙《嘉靖潁州志·輿地下·故蹟》：「擇勝亭。蘇軾守潁，以帷幙蔽後園地上，題曰擇勝。公暇布席觴，吟咏移日。」

④邵寶該文見於呂景蒙《嘉靖潁州志·建置》，無題，李宜春《嘉靖潁州志·建置》題作《時雨亭銘并序》。《康熙潁州志·古蹟·堂亭》：「時雨亭。在舊御史行臺內。邵寶有銘，詳見《建置》。」

⑤《康熙潁州志·古蹟·堂亭》：「西湖亭。在四賢祠後，崇臺敞廡，可以望遠。明萬曆間，州守黃公大賁建。」

舘二

青楊舘。在州西一百四十里①。相傳光武討王尋，駐兵於此。②

焦舘。在州南城。吕希純守潁日建，宿焦千之，故名。③

①「一百四十里」，《南畿志》《成化中都志》《正德潁州志》均作「一百四十五里」。詳見下注。

②《南畿志·鳳陽府·古蹟（潁州）》：「青楊舘。在州西一百四十五里。漢光武討王尋，嘗駐兵於此。」《成化中都志·宫室堂亭樓閣臺榭·潁州》：「青楊舘。在州西一百四十五里，沈丘之南。相傳漢光武討王尋，嘗駐兵於此。」《正德潁州志·臺舘》：「青楊舘。在州西一百四十五里，沈丘之南。相傳光武討王尋，駐兵於此。後追至灘水，破之。」吕景蒙《嘉靖潁州志·輿地下·故蹟》：「青楊舘。在州西一百四十里。相傳光武討王尋，駐兵於此。」李宜春《嘉靖潁州志·輿勝·古蹟》同。

③《南畿志·鳳陽府·古蹟（潁州）》：「焦舘。在州治西南隅。宋吕希純守郡日，建此以舘焦千之，故名。」《成化中都志·宫室堂亭樓閣臺榭·潁州》：「焦舘。在州治西南隅水池上。宋吕希純守郡日，建此以舘焦千之，故名。」《正德潁州志·臺舘》：「焦舘。在南城。按古《志》，州治西南城隅水池上有焦舘，宋吕希純守郡日建，以宿焦千之，故名。」吕景蒙《嘉靖潁州志·輿地下·故蹟》：「焦舘。在州南城。吕希純守潁日建，宿焦千之，故名。」李宜春《嘉靖潁州志·輿勝·古蹟》同。

池

池一

畢卓池。在州西鮦陽城内，池廣十里。①

陵墓

陵墓三十有五②

夷陵。在州東六十里。《春秋·宣公十一年（前598）》：「楚子、陳伯、鄭侯盟於辰陵。」③《穀梁傳》注：「辰陵，夷陵

---

①《正德潁州志·古蹟》：「畢卓池。在州西鮦陽城内。池舊廣十畝，今半湮。」吕景蒙《嘉靖潁州志·輿地下·故蹟》同。李宜春《嘉靖潁州志·輿勝》：「畢卓池。在州西鮦陽城内，廣十里。今已半湮。」

②「五」字原作「三」，據下文統計實爲三十五，故改。

③「陳伯」「鄭侯」，當作「陳侯」「鄭伯」。《春秋·宣公十一年》：「夏，楚子、陳侯、鄭伯盟於辰陵。」杜預注云：「辰陵，《穀梁》作『夷陵』」。

也。」① 今地丘垤連亘。《舊志》以爲古列國之君丘壟，土傳古夷陵縣，皆未詳。掘地得磚，作硯堅潤，呼爲夷陵硯。②

留陵。在州東六十里，俗名留陵口。北四里許有釣魚臺，莫考。③

艮陵。莫詳所在。④

沈丘。在州西一百二十里。⑤ 疑即沈子之丘。⑥

---

①《穀梁傳·宣公十一年》：「夏，楚子、陳侯、鄭伯盟於夷陵。」楊士勛注云：「夷陵，《左氏》作『辰陵』。」

②《成化中都志·山川·潁州》：「夷陵。在州東六十里。按《春秋·宣公十一年》：『楚子、陳侯、鄭伯盟於陵。』《穀梁傳》作『夷陵』。杜氏曰：『辰陵，陳地，潁川長平縣東南。』」《正德潁州志·陵墓》：「夷陵。在州東六十里。按《春秋·宣公十一年》：『夏，楚子、陳侯、鄭伯盟於辰陵。』《穀梁傳》注：『辰陵，夷陵也。』其地，今西南丘垤連亘，如崗如阜，疑皆古者列國之君丘壟也。」吕景蒙《嘉靖潁州志·輿地下·陵墓（州）》：「夷陵。東六十里。《春秋·宣公十一年》：『楚子、陳侯、鄭伯盟於辰陵。』《穀梁傳》注：『辰陵，夷陵也。』今地丘垤連亘。《舊志》以爲列國之君丘壟，皆未詳。」李宜春《嘉靖潁州志·輿勝·墳墓》同。

③《成化中都志·山川·潁州》：「留陵。在州東六十里。又東三里曰下留陵。俱潁水之南。」《正德潁州志·陵墓》：「留陵。在州東六十里。又東二里曰下留陵。俱潁水之南。兩地之間，塚阜纍纍。疑皆古列國之君陵墓也。」吕景蒙《嘉靖潁州志·輿地下·陵墓（州）》：「留陵。東六十里。」李宜春《嘉靖潁州志·輿勝·墳墓》：「留陵。在州東六十里。」

④《成化中都志·山川·潁州》：「艮陵。未詳所在。」《正德潁州志·陵墓》同。吕景蒙《嘉靖潁州志·輿地下·陵墓（州）》：「艮陵。莫詳所在。」李宜春《嘉靖潁州志·輿勝·墳墓》同。

⑤「一百二十里」，李宜春《嘉靖潁州志》作「一百二十五里」。詳見下注。

⑥《成化中都志·山川·潁州》：「沈丘。在城西一百二十里，沈丘縣城西南。」《正德潁州志·陵墓》：「沈丘。在州西一百二十里，廢沈丘縣城外。西南土阜，截然高大，周迴幾一里。城，故沈子國；丘，則沈子丘墓也。」吕景蒙《嘉靖潁州志·輿地下·陵墓（州）》：「沈丘。西一百二十里，疑即沈子之丘。」李宜春《嘉靖潁州志·輿勝·墳墓》：「沈丘。在州西一百二十五里，疑即沈子之丘。」

水丘。在州西一百八十里。《舊志》：光武與王尋戰於此，及即位，詔令瘞戰士骨於此。①

伍奢塚。在州東二里，東嶽後。相傳塚中有埋劍，有伐磚石者輒災，仍置故處乃已。傍有水池，間出一怪魚，觸之殺人。一在北鄉母猪港，去五門二十餘里，土人呼爲子胥墓。按《左傳》，楚平王使太子建守城父，伍奢傅之。後奢被讒殺，併其子尚亦誅。疑即尚塚，或其先壟。土人誤傳爲子胥墓也。②

雙塚。在州西三里。古名鸞翔鄉。東西並峙，望之鬱然，不知其詳。③

---

①《成化中都志·山川·潁州》：「水丘。在城西一百八十里三障坡。相傳光武帝與王尋戰，敗於此坡。及即位，詔揜遺骼成丘。」《正德潁州志·陵墓》：「水丘。在州西一百八十里三障坡東。相傳光武與王尋戰，敗於坡。及即位，詔令瘞死士骨於此，故名。今丘亦甚高大。」呂景蒙《嘉靖潁州志·輿地下·陵墓（州）》：「水丘。西一百八十里。《舊志》：光武與王尋戰於此，及即位，詔令瘞戰死士骨於此。」李宜春《嘉靖潁州志·輿勝·墳墓》同。

②《正德潁州志·陵墓》：「伍奢塚。一在州城東嶽廟後。嘗有伐而竊磚石者，輒災，遂復送寘故處。相傳埋劍塚中。傍有水池，間年出一怪魚，冒而觸之，則殺人。以是，塚雖陷露，無敢犯者。一在北鄉母猪港南，去古城六十里。土人惟呼爲子胥墓。蓋子胥以父命奔吳，後相吳，入楚而鞭平王之屍。故其名顯而遠傳。按西晉《地理志》載，楚平王處太子建於城父，伍奢傅之。其後奢被讒，平王殺之，并其子尚亦誅。二塚皆奢及祖墳云。」呂景蒙《嘉靖潁州志·輿地下·陵墓（州）》：「伍奢塚。東二里，東嶽廟後。一在北鄉母猪港。」李宜春《嘉靖潁州志·輿勝·墳墓》同。

③《康熙潁州志·古蹟·陵墓》：「雙塚。在州西三里，古名鸞翔鄉。二塚東西並峙，望之鬱然，其詳莫考。」按，雙塚即西漢汝陰侯夏侯竈及其妻之墓，民間俗稱雙穀堆，1977年已發掘，不但出土了衆多文物，還出土了許多竹簡，涉及《倉頡篇》《詩經》等十餘種書。這些簡牘深受當代學人重視，稱爲阜陽漢簡。

宣家塚。在州南九十里。①

添子塚。在州西一百五十里，沈丘河北，小汝河交流雙溝水中。正統中，有盜掘塚，得玉環珮、金珠、器玩，合室病死。土人相警以神，無後故伐者。②

畢卓墓。在州西二百一十里。③

呂將軍墓。在州南一百里。明洪武初，從征有功，戰歿，諭葬。④

---

①《正德潁州志·陵墓》：「宣家塚。在州南九十里，平輿廢縣東。凡三四塚相連，如山如阜。故老傳宣氏前代頗盛，今子孫雖微弱，猶居塚南。」呂景蒙《嘉靖潁州志·輿地下·陵墓（州）》：「宣家塚。南九十里。」李宜春《嘉靖潁州志·輿勝·墳墓》同。

②《正德潁州志·陵墓》：「添子塚。在州西一百五十里，沈丘河北。塚在小汝河交流雙溝水中。雨多水泛，常没頂。水落，出其半。正統中，有盜掘塚，得玉環、玉簪、金銀、器玩。取之，合室病死。所遺一二人，復以所掘一二納塚中，封之如故，遂亡去。今塚破碎水中，然無復敢掘伐者。雖磚石散露，亦自常存。疑古列國之君陵墓，土俗浪呼，今更爲添子云。」呂景蒙《嘉靖潁州志·輿地下·陵墓（州）》：「添子塚。西一百五十里。」李宜春《嘉靖潁州志·輿勝·墳墓》同。

③《明一統志·河南布政司·開封府上（陵墓）》：「畢卓墓。在府城内。宋劉敞《壽寧觀殘雪》詩：『蓬蒿道旁塚，云是晉時賢。名聲與陵谷，共盡亦千年。』」《正德潁州志·陵墓》：「畢卓墓。在州西二百一十里鮦陽城。」呂景蒙《嘉靖潁州志·輿地下·陵墓（州）》：「畢卓墓。西二百一十里。」李宜春《嘉靖潁州志·輿勝·墳墓》同。按，《晉書·畢卓傳》：「畢卓，字茂世，新蔡鮦陽人也。」畢卓既爲鮦陽人，則其葬於鮦陽較爲可信。

④《南畿志·鳳陽府·祠墓（潁州）》：「呂將軍墓。在州南，安舟岡［崗］西。國初賜葬。」《成化中都志·塚墓·潁州》：「呂將軍墓。在州南一百里，安舟岡［崗］西。國初從征，戰没，賜葬。」《正德潁州志·陵墓》：「呂將軍墓。在州南一百里，安舟崗西。洪武初，從征有功，戰殁，賜葬。」呂景蒙《嘉靖潁州志·輿地下·陵墓（州）》：「呂將軍墓。南一百里。洪武初，從征有功，戰殁，諭葬。」李宜春《嘉靖潁州志·輿勝·墳墓》同。

安四輔然墓。在西關外。明洪武中諭葬。①

李尚書敏墓。在州西一百四十里瓦店。明洪武中諭葬。②

張光祿泌墓。在州西九十里，楊橋集南。明永樂中諭葬。③

韓參政璽墓。在東門外，郝家窪大教場前。④

郭參議昇墓。在州東七里鋪右。⑤

①《南畿志·鳳陽府·祠墓（潁州）》：「御史大夫安然墓。在城西關外。洪武中賜葬。」《成化中都志·塚墓·潁州》：「安然墓。在城西關外。然官至御史大夫，洪武中賜葬。」《正德潁州志·陵墓》：「安然墓。在南城西關外。洪武中賜葬。」呂景蒙《嘉靖潁州志·輿地下·陵墓》：「安御史大夫然墓。西關外。洪武中諭葬。」李宜春《嘉靖潁州志·輿勝·墳墓》同。

②《南畿志·鳳陽府·祠墓（潁州）》：「尚書李敏墓。在州西瓦店。洪武中賜葬。」《成化中都志·塚墓·潁州》：「李敏墓。在州西一百四十里瓦店。敏工部尚書，洪武中賜葬。」《正德潁州志·陵墓》：「李敏墓。在州西一百四十里瓦店。洪武中賜葬。」呂景蒙《嘉靖潁州志·輿地下·陵墓》：「李尚書敏墓。西一百四十里瓦店。洪武中諭葬。」李宜春《嘉靖潁州志·輿勝·墳墓》同。

③《南畿志·鳳陽府·祠墓（潁州）》：「光祿卿張泌墓。在州西百里。永樂中賜葬。」《成化中都志·塚墓·潁州》：「張泌墓。在州西一百里楊橋。泌，光祿卿。永樂中賜葬。」《正德潁州志·陵墓》：「張泌墓。在州西一百里楊橋。永樂中賜葬。」呂景蒙《嘉靖潁州志·輿地下·陵墓》：「張光祿泌墓。西一百里楊橋。永樂初賜葬。」李宜春《嘉靖潁州志·輿勝·墳墓》：「張光祿泌墓。在州西一百里楊橋。永樂中諭葬。」

④呂景蒙《嘉靖潁州志·輿地下·陵墓（州）》：「韓參政璽墓。城東棗園。」李宜春《嘉靖潁州志·輿勝·墳墓》：「韓參政璽墓。在州城東棗園。」

⑤呂景蒙《嘉靖潁州志·輿地下·陵墓（州）》：「郭參議昇墓。東七里鋪右。」李宜春《嘉靖潁州志·輿勝·墳墓》：「郭參政［議］昇墓。在州東七里鋪右。」

李僉事葵墓。在州東七里崗。①

儲僉事珊墓。在州西湖東南。嘉靖間，判官呂景蒙表其墓曰：「嗚呼！有明安樂先生儲公之墓。」②

張知縣守亨墓。在州西七里河東岸。③

盧推官翰墓。在州河北岸。④

張御史光祖墓。同守亨。⑤

尚通判爵墓。在州西里許。⑥

張知縣慊墓。在州西七里橋西北岸。⑦

---

①呂景蒙《嘉靖潁州志・輿地下・陵墓（州）》：「李僉事葵墓。東七里崗。」李宜春《嘉靖潁州志・輿勝・墳墓》：「李僉事葵墓。在州東七里崗。」

②呂景蒙《嘉靖潁州志・輿地下・陵墓（州）》：「儲僉事珊墓。西湖境東南。珊爲人温厚有德。判官呂景蒙聞而敬慕之，爲大書，碑刻表其墓曰：『嗚呼！有明安樂先生儲公之墓。』」李宜春《嘉靖潁州志・輿勝・墳墓》：「儲僉事珊墓。在州西湖東南。嘉靖中，判官呂景蒙表其墓曰：『嗚呼！有明安樂先生儲公之墓。』」

③李宜春《嘉靖潁州志・輿勝・墳墓》：「張知縣守亨墓。在州西七里河東岸。」

④《康熙潁州志・古蹟・陵墓》：「盧司李翰墓。在州河北岸。」

⑤《康熙潁州志・古蹟・陵墓》：「張御史光祖墓。同守亨。」

⑥《康熙潁州志・古蹟・陵墓》：「尚別駕爵墓。在州西里許。」

⑦《康熙潁州志・古蹟・陵墓》：「張大令慊墓。在七里橋西北岸。」

王給事謨墓。在留陵河東南五里許。①

王布政之屏墓。在東嶽廟東，檀家湖東北，距城□里。②

王布政道增墓。在東嶽廟東南二百步外。③

白府同知夏墓。在州東留陵口東白家屯。④

田主事勸墓。在南門外東南一里許。⑤

甯寶丞中立墓。在城南三里。⑥

徐知府治民墓。在城東三里灣。⑦

劉布政九光墓。在城東七里鋪。⑧

①《康熙潁州志·古蹟·陵墓》：「王給事謨墓。在留陵河東南五里許。」

②「□」處，原文漫漶不清。《康熙潁州志·古蹟·陵墓》：「王方伯之屏墓。在檀家湖東北。」

③《康熙潁州志·古蹟·陵墓》：「王方伯道增墓。在東嶽廟東南二百步外。」

④《康熙潁州志·古蹟·陵墓》：「白郡丞夏墓。在留陵口東白家屯。」

⑤《康熙潁州志·古蹟·陵墓》：「田主政勸墓。在南門外東南一里許。」

⑥《康熙潁州志·古蹟·陵墓》：「甯寶丞中立墓。在城南三里。」

⑦《康熙潁州志·古蹟·陵墓》：「徐太守治民墓。在城東三里灣。」

⑧《康熙潁州志·古蹟·陵墓》：「劉方伯九光墓。在城東七里鋪。」

張尚書鶴鳴墓。在西湖南半里許。明崇禎間諭葬。①

張副使鶴騰墓。在城西七里河東岸。②

湯佩韋先生有光墓。在東嶽廟南。③

西湖女郎墓。兵備朱公東光愛女没，葬西湖六一堂前西南二百步，置有守塚田。④

①《張氏族譜·世系表》：「（張鶴鳴）生於嘉靖辛亥三十年（1551）九月二十六日子時，卒於崇禎八年乙亥（1635）正月十三日巳時。延至丁丑年（1637）四月二十一日奉旨諭祭，造墳安葬於城西蘆花湄之新塋，葬期本年十二月十八日辰時。」《康熙潁州志·古蹟·陵墓》：「張尚書鶴鳴墓。在西湖南半里許。崇禎間諭葬。」

②《康熙潁州志·古蹟·陵墓》：「張副使鶴騰墓。在城西七里河東岸。」

③《康熙潁州志·古蹟·陵墓》：「湯佩韋先生有光墓。在東嶽廟南。」

④《康熙潁州志·古蹟·陵墓》：「西湖女郎墓。《舊志》云：兵備使者朱公東光愛女歿，葬西湖六一堂前西南二百步，置有守塚田。」

潁州志卷之三

建置志

建官置吏，國憲攸關。守宰所職，經理城郭、宫室，以奠麗山河。讀《公劉》之詩，與《七月》之風，纖悉俱載。君子學古入官，所以屏翰王室、容民畜眾，率是道也。先民有作，亘古因之。晝于茅，宵索綯，乘屋播穀，民事豈可緩哉？①衣袽之戒，以備不虞。②當知高城深池，折衝俎樽之間。倉廪實，道路修，田野闢，橋梁設，百

①《詩經·七月》：「我稼既同，上入執宫功。晝爾于茅，宵爾索綯，亟其乘屋，其始播百穀。」

②《周易·既濟》：「六四：繻有衣袽，終日戒。」王弼注：「繻，宜曰濡。衣袽，所以塞舟漏也。履得其正，而近不與三五相得。夫有隙之棄舟，而得濟者，有衣袽也。鄰於不親，而得全者，終日戒也。」

廢俱舉，是在司牧矣！

城池

城池。舊城爲北城，高一丈八尺，環四里，磚甃。北門臨潁河，樓額曰承恩。月城東門曰達淮，西門曰通汴。鍾鼓樓爲舊南門。小西門舊在西畔水門上隘。萬曆二年（1574），知州趙公世相稍移西，鑿城設門，建樓於上，額月城門曰望湖，以近西湖名。門外空無居民，嘗閉。金鷄嘴爲舊東門。新城爲南城，土築雉堞，磚高一丈八尺，環五里四十四步，與舊連爲一城。北門仍舊，東、西、南三門俱在新城，南曰迎薰，東曰宜陽，西曰宜秋。門俱有樓，有月城。敵樓四，東南曰望霍，西南曰克敵，西北曰凱歌，東北曰向蒙。向蒙樓下水一泓，渟瀦叵測，俗呼黑龍潭。望湖門東南有滙水，多生荻蘆。城下有門，城中水半出此。又水門二，一在凱歌樓南，一在宜秋門南。正德甲戌（1514），因流賊亂，兵備僉事孫公磐始甃磚。嘉靖二十年（1541），兵備僉事蘇公志皐大濬隍。隍堤遍植柳，鬱然合抱，後多竊伐，廢。萬曆三年（1575），州守謝公詔復遍植柳，大數圍。萬曆十九年（1591），州薪礬之。四門傍各有衛廳，爲直門官軍棲址。垣城外有馬路，闊可三丈，北面，西達汴街，東通淮街。人家皆依城爲垣。東門外以南，居民建屋納租；西門外多客塲塚；克敵樓外隍以半淤，有因而種植者。城自北門起，轉而東，又轉而南，至宜秋門南水門，屬州；自水門起，至西門，又轉而小西門，至北門，屬衛。圮壞，分修之。城東南外隍堤東清河一道，水注隍中，重合南清河，北入潁河。①

城北隍。城北，舊倚潁水爲隍。明崇禎八年（1635）寇破城，自北關入。兵備道謝公肇玄創濬。②

閘。清河自州南來，由郭家口入桑園溝，經白龍溝達潁水。明萬曆五年（1577），知州謝詔時因隍水多涸，於隍西北頭建石閘一道畜「蓄」水。後孫崇先至，折廢。迨任民育至，復置，閘非故地，水畜「蓄」洩猶未善也。形家皆謂謝公舊址宜復。且毀閘時忽見一碑，記云：「此閘若廢，其如城守何？」後竟驗於乙亥（1635）之變，乃謝公之預識也！然則，公真神明矣！③

---

①《正德潁州志·城池》：「南土城一座，高一丈五尺。上有磚甃雉堞，周圍五里四十四步。古有四門，今北向連亘磚城，惟東、西、南三面有門。外亦有月城環護，南從左東右西，左各置偏門，以達正門。城外隍池，深與廣侔。有橋跨隍，以濟往來，惟東差小耳。」呂景蒙《嘉靖潁州志·建置》：「潁州城南城，即古胡子國舊址。漢唐而下，修葺恢拓之功，舊史未載，故不可得而考矣。今城北阻河，其東西南方，勢皆平曠，無有大山巨川。國朝洪武初，州連二城，南城上垣，北城磚垣。九年（1376），指揮李勝尋北城故址修葺，高一丈八尺，周圍四里二步。正德甲戌，兵備孫磐復葺之。南城計爲磚垣，其所燒采磚石既具，工作方興，磐因被論去官。丙子（1516），兵備曾大顯繼修其事，城高一丈八尺，周循舊址。自此，南北城相連，爲磚垣云。設門五，東曰宜陽；西曰宜秋，曰小西門（今塞）；南曰迎薰，咸有月城一門，北曰承恩。其月城則二門焉，東曰達淮，西曰通汴，咸有樓。」李宜春《嘉靖潁州志·州考》：「城周九里四十步，高一丈八尺。南即胡子國舊址，北阻河。洪武初，州連二城，南土垣，北磚垣。九年，指揮李勝遵北城修葺。正德甲戌，兵備孫公磐復葺之，又計南城爲磚垣，因被事去。至丙子，曾公大顯成之。門四，各置樓於上。東，宜陽；西，宜秋（小西門，塞）；南，迎薰；北，承恩；咸有月城。其北又分達淮、通汴爲二門。嘉靖壬寅（1542），蘇公志皋復開塹河，引潁水爲城之護。丙午（1546）、丁未（1547）歲，許公天倫築頹振壞，樓垣險固，表表然雄據一方矣。」

②《康熙潁州志·建置》：「城北隍。城北，舊倚潁水爲隍。明崇禎八年寇破城，自北門入。兵備使者謝公肇玄創濬。」

③《康熙潁州志·建置》：「清河自州南來，由郭家口入桑園溝，經白龍溝達潁水。明萬曆五年，州守謝公詔因隍水多涸，於隍西北頭建石閘一道蓄水，後爲孫公崇先折廢。迨任公民育至，復於他處置閘，非故地。水之蓄洩，未善也。形家皆謂謝公舊址宜復。且毀閘時見一碑，記云：『此閘若廢，其如城守何？』後果有乙亥之變。然則，謝公真神明矣！」

公署

州治。北城大街正南迤西。堂名牧愛，知州祝題彥①額近民堂。堂後退廳樓三楹，東、西廂房六，後樓三楹。明崇禎八年（1635）寇焚毁。堂東同知宅，西判官宅。明崇禎二年（1629）奉旨裁汰判官，其宅廢。堂東南吏目宅，堂西爲庫，又西爲儀仗庫。堂下東、西爲六房，爲架閣庫、承發司、馬科。六房後爲吏廨，甬道，中爲戒石亭，爲儀門，門右爲獄。儀門外東爲土地祠，祠南爲寅賓館。前爲大門，門東旌善亭，西申明亭。門前照墻，後爲屬官廳，東承流坊，西宣化坊。②

①「祝題彥」三字，當作「祝彥題」。《康熙潁州志·建置》：「大堂曰牧愛，州守祝公彥題曰近民堂。」

②吕景蒙《嘉靖潁州志·建置》：「州治。設於北城之西，洪武元年（1368），同知李天祐即元舊基建。中爲牧愛堂，堂之東爲吏目廳，西爲庫，（貯貢税、糧課、罰贖諸金幣。）爲儀仗庫。牧愛之後爲洞達軒，軒後爲燕思堂，堂後爲知州宅。牧愛之東迤南爲同知宅，庫西爲判官宅，吏目之宅進其廳，廳之南、西面爲吏戶禮房、承發司。庫之南、東面爲兵刑工房、馬政科、馬厩，其南爲獄。牧愛之前、中爲戒石銘亭，又前爲儀門，儀門之東爲土神祠，祠南爲吏廨。儀門又前爲門，門外有坊二，東曰承流，西曰宣化。」李宜春《嘉靖潁州志·建置》：「州治。在北城西，洪武元年，同知李天祐即元舊址建焉。知州劉琳、黄嘉愛、黄九霄、范金相繼修葺。嘉靖丙午（1546），知州李宜春漸次改建，規制畧備。中近民堂，東吏目廳，西爲庫，爲儀仗庫。堂後爲景行堂，景行之後，知州宅在焉。近民之前爲露臺，覆以船亭，左右翼以六曹、架閣庫、承發司、馬科，以次而附。當馳道中有戒石銘亭，亭東爲同知宅，（同知李偉、吴人忠修建。）進爲吏廨西間焉。判官宅在庫之西，吏目宅又在廳之東。前爲儀門，兩旁爲角門，角左右爲長廊，左爲神祠，右爲獄，退爲女獄。又前爲大門，東西列旌善、申明二亭，通衢則列以承流、宣化二坊，各置門以防護云。」

舊察院。在儒學東。大門、儀門、大堂三楹。堂下東、西皂隸房，後堂東、西書吏房。今廢，改爲民房。①

新察院。北城大街迤東巷内，原王指揮没官宅。明隆慶甲午，知州王之士剏建。②乙亥（1575），謝詔成之。大門，儀門，大堂，東、西皂隸房，東、西廂房，後堂，後小閣。院西建臬憲行臺，東理刑廳。③

舊有察院，在州學東。正德中都御史彭澤提兵勦寇，駐此，遂用方畧盡殲之海上。其時剏亭，名曰時雨，以其兵如時雨云。侍郎邵寶銘之，附記於此。④

兵備道。東門裏。大門，儀門，大堂五楹，東、西皂隸房，傍堂東、西書吏房，堂後堂三間，東、西有書房二、寢房三間，

---

①《正德潁州志·城池》：「察院。（舊在州治東偏，狹小不稱。成化十一年，知州張夢輔改建南城大東門内街北，儒學之左。）正堂。（左右俱有夾室。）後堂。（在正堂後，左右卧房。）東西吏房。（在正堂左右廊。）庫房。（在後堂東廊。）厨房。（在後堂西廊。）浴堂、浄室。（在後堂左右墻下。）儀門。（在正堂南。）大門。（在儀門南。）左右角門。（在儀門左右。）」吕景蒙《嘉靖潁州志·建置》：「巡按察院行臺。在州學之東，分司之西。有門，有儀門，有堂（題曰澄清），有後堂，有亭（題曰時雨。正德壬申夏，都御史蘭州彭澤提兵搗流寇，駐潁，兵備孫磐爲作亭避暑。時方旱，亭成，即雨，因名焉……），有内外東西廂，其外街之東爲激楊坊。」李宜春《嘉靖潁州志·建置》：「察院行臺。在州學之東，兵備道之西。中澄清堂，左右翼以輿隸房。堂後爲退廳，廳後有亭，曰時雨。堂前爲儀門，爲大門。嘉靖丙午（1546），知州李宜春重修。」《康熙潁州志·建置》：「巡按御史舊行臺。在儒學東。大門、儀門、大堂三楹。堂下東、西皂隸房，後堂東、西書吏房。今廢爲民居。」

②「隆慶甲午」有误。隆慶間無甲午年，僅有庚午（1570）。《康熙潁州志·職官·明（知州）》：「王之士，鄒平人。進士，隆慶三年（1569）任。趙世相，臨城人。貢士，隆慶五年（1671）年任。」準此，王之士建新察院當在隆慶四年。

③《康熙潁州志·建置》：「巡按御史新行臺。在北城大街迤東巷内，原王指揮没入官宅。明隆慶甲［庚］午，州守王公之士剏建。乙亥，州守謝公詔成之。大門，儀門，大堂，東、西皂隸房，穿堂，東、西廂房，後堂，後小閣，院西爲建臬憲行臺，東爲司理廳。」

④時雨亭及邵寶之銘，見本書《輿地志下》「時雨亭」條所注。

東、西廂房，東、西各有書房、後房三間。①

鳳陽西府。順治元年（1643），裁汰其官，今府基改書院。原在南城大街西巷内，舊爲仰高祠，後改小察院。明隆慶辛未年（1571），改爲捕盜廳。浦守朝柱穿井，郭守蒙吉於大門西建寅賓館，東北建樓一座。今廢而不治。②

公舘。舊察院前巷。③

醫學。北城時雍街西，今廢。④

陰陽學。城隍廟東小巷，今廢。⑤

①李宜春《嘉靖潁州志·建置》：「兵備道。在東門内。中爲堂，堂後爲穿堂，聯以退事廳，夾兩廂爲書吏房。廳東偏有圃有池，兵憲顧公翀作亭池上，書室又在廳西，廳之後正衙在焉。堂之前爲露臺，覆以船亭翼；左右爲卷房，爲輿隸房。前爲儀門，兩旁爲角門，角左右爲抄案所、供狀所。又前爲大門，兵憲許公天倫闢門外八字墻爲州衛。聽事廳各三楹，左右列焉，樹以木欄，環至屏墻。又分東西爲二欄門，規制雅飭，氣象森嚴，稱兵備道矣。」《康熙潁州志·建置》：「兵備道署。在東門裏。大門，儀門，大堂五楹，東、西皂隸房，傍堂東、西書吏房，後堂三間，東、西有書房二間、寢室三間，東、西廂房，又東、西各有書房、後房三間。」

②《康熙潁州志·建置》：「鳳陽西府。在南城大街西巷内，舊爲仰高祠，後改小察院。明隆慶辛未年，改爲捕盜廳。浦公朝柱穿井，郭公蒙吉於大門西建寅賓館，東北建樓一座。本朝順治元年，裁其官，府基今改書院。」

③《正德潁州志·公署》：「公舘。州舊無公舘，以公務至者，惟於潁川驛駐節，而過使無寓。成化十五年（1479），劉節建潁川驛東。」李宜春《嘉靖潁州志·建置》：「公舘。在察院前，知州李宜春修。」

④《正德潁州志·學校》：「醫學。在北城小南門内，時雍街西。地東西六丈五尺，南北四丈五尺。」呂景蒙《嘉靖潁州志·建置》：「醫學。闕。設官：典科一人。」李宜春《嘉靖潁州志·建置》：「醫學。《舊志》載：在北城小南門内，時雍街西地。東西六丈五尺，南北四丈五尺。」

⑤《正德潁州志·學校》：「陰陽學。在北城城隍廟東小巷北。」呂景蒙《嘉靖潁州志·建置》：「陰陽學。在驛之西北門之左。有門，有亭。設官：典術一人。」李宜春《嘉靖潁州志·建置》：「陰陽學。在州前。」

廣積倉。鐘鼓樓前大街迤西巷内，附貯潁川衛屯糧。①

養濟院。兵備道後。②

潁川水驛。在北關迤東，今廢。③

巡檢司。在州西一百二十里，沈丘鄉。④

漏澤園。在東關，今湮没。東、西城外，多有人家捐地義葬，不載。⑤

①《正德潁州志·貢賦》：「廣積倉。按《元志》，糧儲倉在水次，即今北城内西北隅。宣德中，以地狹，徙建南城故汝陰縣治，即今所也。正廳，在倉基中。後廳，在正廳後。大門，在正廳前。『秋收冬藏』四字厫，在正廳東北。成化十三年（1477），同知劉節修。『來暑』二字厫，在正廳東。成化十三年，同知劉節鼎新創建。『往』字厫。在暑字厫北。成化十一年（1475），知州張夢輔創建。『日月』二字厫，在正廳西南，收貯備荒雜粮。廳西北厫二連，原額『潁川衛修』。」吕景蒙《嘉靖潁州志·建置》：「廣積倉，在鍾［鐘］鼓樓之南。凡爲厫者四十楹，有門，有廳，有倉官宅。設官：大使一人，副使一人。吏：攢典一人。」李宜春《嘉靖潁州志·建置》：「廣積倉。在鼓樓之南，凡爲厫四十楹。嘉靖丙午（1546），知州李宜春修。」

②《正德潁州志·廓附》：「養濟院。在東城東南隅。」吕景蒙《嘉靖潁州志·建置》：「養濟院。在分司之後。周爲室，中爲亭，外爲門。」李宜春《嘉靖潁州志·建置》：「養濟院。在兵備道後。嘉靖丁未（二十六年，1547），知州李宜春修。」

③《正德潁州志·郵驛》：「潁川驛。舊驛在三里灣，洪武中河水淪决，徙今所。因循弊陋，且面北，過使厭寓。成化己亥（1479），同知劉節悉撤而新之，面南，在公舘右。」吕景蒙《嘉靖潁州志·建置》：「潁川水驛。在北城外之東，潁河之南。有門，有亭，有驛丞宅。設官：驛丞一人，吏典一人。傍爲舘，有門，有儀門，有堂，有後堂，有東西序以待使客。」李宜春《嘉靖潁州志·建置》：「潁川驛。在北城外之東。成化己亥，同知劉節建。」

④吕景蒙《嘉靖潁州志·建置》：「沈丘鎮巡檢司。在州西一百二十里。有衙門，設官：巡檢一人，司吏一人。」李宜春《嘉靖潁州志·建置》：「沈丘鎮巡檢司。在州西一百二十里。」

⑤李宜春《嘉靖潁州志·建置》：「漏澤園。在東關東。嘉靖壬寅（1542），兵憲蘇公志臯置。」

里巷

大隅頭街。在州南城，通四街。①

小隅頭街。在州南城偏西，北通迎祥觀，南抵觀音堂，東、西通城門。②

儒學街、時雍街。在州治東，通南、北大街。③

承流街。在州治東。④

宣化街。在州治西。⑤

驛前街。在州北門迤東，同知劉節用磚甃。⑥

①《康熙潁州志·建置·里巷》：「大隅頭街。在州南城，通四門。」

②《正德潁州志·廓附》：「小隅頭街。在南城偏西，北通迎祥觀，前入北城小西門。」李宜春《嘉靖潁州志·州考》：「小隅頭街。在州南城偏西，北通迎祥觀。」

③《正德潁州志·廓附》：「大時雍街。在州治東，通南、北二城。」李宜春《嘉靖潁州志·州考》：「儒學街。在州南城，通東。時雍街。在州治東，通南、北二城。」

④《正德潁州志·廓附》：「承流街。在北城，州治大門前。」李宜春《嘉靖潁州志·州考》：「承流街。在州治大門前。」

⑤《康熙潁州志·建置·里巷》：「宣化街。在州治西。」

⑥李宜春《嘉靖潁州志·州考》：「驛前街。在州東關。同知劉節措磚甃。」

前武備街。在州東關逓運所前，所今革。①

白龍橋街。在州北關白龍溝北。②

世科街。在北關，磚甃。③

金鷄嘴街。在東關。④

大察院巷。在州治東北。⑤

小察院巷。在南城大街迤西。⑥

倉巷。在南鼓樓樓前大街迤西。⑦

①《康熙潁州志·建置·里巷》：「前武備街。在州東關逓運所前，所今已革。」

②《正德潁州志·廓附》：「白龍橋街。在北關白龍溝北，舊沿溝岸，崎嶇難行，僧濟拳募緣買地，闢街以便往來。」李宜春《嘉靖潁州志·州考》：「白龍橋街。在州北關白龍溝北。」

③《正德潁州志·廓附》：「世科街。在北關，磚甃，往來通衢。」李宜春《嘉靖潁州志·州考》：「世科街。在州北關，磚甃。」

④李宜春《嘉靖潁州志·州考》：「金鷄嘴街。在州東關。」

⑤《康熙潁州志·建置·里巷》：「大察院巷。在州治東北。」

⑥李宜春《嘉靖潁州志·州考》：「小察院街衚。在州南城西。」《康熙潁州志·建置·里巷》：「小察院巷。在南城大街迤西。」

⑦《正德潁州志·廓附》：「大倉街衚。在南城十字街西，入廣積倉。小倉街衚。在南城十字街東，入預備倉。」李宜春《嘉靖潁州志·州考》同。《康熙潁州志·建置·里巷》：「倉巷。在南城譙樓前大街迤西。」

小火巷。在廣積倉東西兩邊，兵憲蘇公志皋修。①

小教場巷。在鼓樓前迤東。②

寺巷。在州南城大十字街迤西，入資福寺。③

公舘巷。在舊察院前。④

韃子營。在西門。⑤

關王廟街。在潁川衛正東。⑥

大教場街。在東關往北。⑦

①李宜春《嘉靖潁州志·州考》：「小火衕。在州廣積倉東西兩邊，兵憲蘇公志皋復。」《康熙潁州志·建置·里巷》：「小火巷。在廣積倉東西兩邊，兵憲蘇公志皋開設。」

②李宜春《嘉靖潁州志·州考》：「小教場衕。在州南城東。」《康熙潁州志·建置·里巷》：「小教場巷。在譙樓前迤東。」

③《正德潁州志·廓附》：「寺衕衕。在南城大南門内十字街西，入資福寺，習儀。」李宜春《嘉靖潁州志·州考》：「寺衕衕。在州南城十字街西，入資福寺。」《康熙潁州志·建置·里巷》：「寺巷。在州南城大十字街迤西，入資福寺。」

④《正德潁州志·廓附》：「公舘街。在東關公舘前。成化十五年（1479），同知劉節措磚甃街，以便使傳。」李宜春《嘉靖潁州志·州考》：「公舘衕。在州南城東南。」《康熙潁州志·建置·里巷》：「公舘巷。在舊察院前。」

⑤李宜春《嘉靖潁州志·州考》：「達字［韃子］營衕衕。在州南城西。」《康熙潁州志·建置·里巷》：「韃子營。在西門。」

⑥李宜春《嘉靖潁州志·州考》：「關王廟衕衕。在州北城潁川衛東。」《康熙潁州志·建置·里巷》：「關王廟街。在潁川衛正東。」

⑦李宜春《嘉靖潁州志·州考》：「大教場衕衕。在州東關。」《康熙潁州志·建置·里巷》：「大教場街。在東關往北。」

馬神廟街。在西關。①

村鎮

百社村。東鄉三十里，潁水之北，張家湖東。前代有張龍公廟。②

東陳村。東鄉四十里，舊有預備倉。宋嘉定十五年（1222），霍丘人王鑑大敗金虜於此。③

羊灣村。東鄉三十里，其村尾有盧家溝。④

東、西侯村。東鄉六十里，對留陵爲西侯村，近棗莊爲東侯村。⑤

青丘村。東鄉五十里，村首有朱家溝。⑥

---

①李宜春《嘉靖潁州志·州考》：「馬神廟街衙。在州西關。」《康熙潁州志·建置·里巷》：「馬神廟街。在西關。」

②呂景蒙《嘉靖潁州志·輿地下·村（州）》：「百社。東三十里。」李宜春《嘉靖潁州志·州考》：「百社村。在州東三十里。」

③呂景蒙《嘉靖潁州志·輿地下·村（州）》：「東陳。東四十里，舊有倉。宋嘉定中，霍丘人王鑑敗金虜於此。」李宜春《嘉靖潁州志·州考》：「東陳村。在州東四十里，舊有倉。宋嘉定中，霍丘王鑑敗金虜於此。」

④呂景蒙《嘉靖潁州志·輿地下·村（州）》：「羊灣。東三十里。」李宜春《嘉靖潁州志·州考》：「羊灣村。在州東三十里。」

⑤呂景蒙《嘉靖潁州志·輿地下·村（州）》：「東、西侯。東六十里，二村。」李宜春《嘉靖潁州志·州考》：「東、西侯村。在州東六十里，二村。」

⑥呂景蒙《嘉靖潁州志·輿地下·村（州）》：「青丘。東五十里。」李宜春《嘉靖潁州志·州考》：「青丘村。在州東五十里。」

爐敖村。東鄉九十里，南界潁上縣地，東界壽州地。①

夷陵店。東鄉六十里鋪。②

留陵店。東鄉六十里。③

棗莊店。東鄉六十里。④

沈丘鄉。城西，自項城趙家渡而東，夾潁小店。

中村集。南鄉八十里，前臨谷河。⑤

紅林集。南鄉一百一十里，通蒙河，入淮。⑥

①吕景蒙《嘉靖潁州志·輿地下·村（州）》：「爐敖。東九十里。」李宜春《嘉靖潁州志·州考》：「爐敖村。在州東九十里。」

②《正德潁州志·鄉井》：「夷陵店。在東鄉六十里鋪。過客逆旅，土主、客戶雜處。」吕景蒙《嘉靖潁州志·輿地下·店（州）》：「夷陵。東六十里。」李宜春《嘉靖潁州志·州考》：「夷陵店。在州東六十里。」

③《正德潁州志·鄉井》：「留陵店。在東鄉六十里水站。土主、客戶雜處。」吕景蒙《嘉靖潁州志·輿地下·店（州）》：「留陵。東六十里。」李宜春《嘉靖潁州志·州考》：「留陵店。在州東六十里。」

④《正德潁州志·鄉井》：「棗莊店。在東鄉六十里。田家交易，主戶多。」吕景蒙《嘉靖潁州志·輿地下·店（州）》：「棗莊。東六十里。」李宜春《嘉靖潁州志·州考》：「棗莊店。在州東六十里。」

⑤《正德潁州志·鄉井》：「中村集。在南鄉八十里，前臨谷河。商賈輻輳，市日無虚，主、客戶雜處。」吕景蒙《嘉靖潁州志·輿地下·集》：「中村。南七十里。」李宜春《嘉靖潁州志·州考》：「中村集。在州南七十里。」

⑥《正德潁州志·鄉井》：「紅林集。在南鄉一百一十里，通蒙河，入淮。市集亦小，客戶多。」吕景蒙《嘉靖潁州志·輿地下·集》：「紅林。南一百一十里。」李宜春《嘉靖潁州志·州考》：「紅村［林］集。在州南八十里。」

功立橋集。南鄉九十里。①

艾亭集。南鄉一百七十里，近汝河。②

五樟林。北鄉八十里。③

王市坡。北鄉九十里，近母猪港。有古店，有塔。④

雙塔坡。北鄉八十里。⑤

梁店坡。北鄉六十里。⑥

---

①《正德潁州志・鄉井》：「功立橋集。在南鄉九十里。工商雜集，貨亦適中。」吕景蒙《嘉靖潁州志・輿地下・集》：「功立橋。南九十里。」李宜春《嘉靖潁州志・州考》：「功立橋集。在州南九十里。」

②《正德潁州志・鄉井》：「艾亭集。在南鄉一百七十里，近汝河。商賈盛集，主、客戶並。」吕景蒙《嘉靖潁州志・輿地下・集》：「艾亭。南一百七十里。」李宜春《嘉靖潁州志・州考》：「艾亭集。在州南一百七十里。」

③吕景蒙《嘉靖潁州志・輿地下・村（州）》：「五樟。北八十里。」《康熙潁州志・建置・村鎮》：「五樟林。在北鄉八十里。」

④吕景蒙《嘉靖潁州志・輿地下・坡（州）》：「王市。北九十里。」李宜春《嘉靖潁州志・州考》：「王市坡。在州北九十里。」

⑤《正德潁州志・鄉井》有缺頁，所存「□□坡。在北鄉八十里，西北向。地多下」一條，即指此坡。吕景蒙《嘉靖潁州志・輿地下・坡（州）》：「雙塔。北八十里。」

⑥「梁店坡」，一作「梁莊坡」。《正德潁州志・鄉井》：「梁莊坡。在北鄉六十里，地平曠。民戶，東北二鄉並。」吕景蒙《嘉靖潁州志・輿地下・坡（州）》：「梁莊。北六十里。」李宜春《嘉靖潁州志・州考》：「梁莊坡。在州北六十里。」《康熙潁州志・建置・村鎮》：「梁店坡。在北鄉六十里。」

郭城坡。北鄉四十五里。①

岳廂店。北鄉一百二十里。②

三塔店。北鄉一百二十里。③

車家店。北鄉四十里。④

伍名店。北鄉四十里。⑤

①《正德潁州志·鄉井》：「郭城坡。在北鄉四十五里，地平。民戶，西北二鄉間。」吕景蒙《嘉靖潁州志·輿地下·坡（州）》：「郭城。北四十五里。」李宜春《嘉靖潁州志·州考》：「郭城坡。在州北四十五里。」

②《正德潁州志·鄉井》：「岳廂店。在北鄉一百二十里。田家交易，主戶多。」吕景蒙《嘉靖潁州志·輿地下·店（州）》：「岳廂。北一百二十里。」李宜春《嘉靖潁州志·州考》：「岳廂店。在州北一百二十里。」

③「一百二十里」，《正德潁州志》、吕景蒙《嘉靖潁州志》及李宜春《嘉靖潁州志》均作「一百一十里」。《正德潁州志·鄉井》：「三塔店。在北鄉一百一十里，雜太和戶住，小市集耳。」吕景蒙《嘉靖潁州志·輿地下·店（州）》：「三塔。北一百一十里。」李宜春《嘉靖潁州志·州考》：「三塔店。在州北一百一十里。」

④《正德潁州志·鄉井》：「車家店。在北鄉四十里。集而未成客戶。」吕景蒙《嘉靖潁州志·輿地下·店（州）》：「車家。北四十里。」李宜春《嘉靖潁州志·州考》：「車家店。在州北四十里。」

⑤「四十里」，《正德潁州志》、吕景蒙《嘉靖潁州志》及李宜春《嘉靖潁州志》均作「三十里」。《正德潁州志·鄉井》：「伍名店。在北鄉三十里。客戶數家。」吕景蒙《嘉靖潁州志·輿地下·店（州）》：「伍名。北三十里。」李宜春《嘉靖潁州志·州考》：「伍名店。在州北三十里。」

桃園店。北鄉九十里，近淝河。①

黄橋集。北鄉六十里。②

董家集。北鄉一百里，蒙城縣界。③

坊④

坊四十有三，今存四

承流。在州東。⑤

---

①「桃園」，《正德潁州志》、吕景蒙《嘉靖潁州志》及李宜春《嘉靖潁州志》均作「桃團」。《正德潁州志・鄉井》：「桃團店。在北鄉九十里，近淝河。水泛通舟，主、客戶雜處。」吕景蒙《嘉靖潁州志・輿地下・店（州）》：「桃團。北九十里。」李宜春《嘉靖潁州志・州考》：「桃團店。在州北九十里。」《康熙潁州志・建置・村鎮》：「桃園店。在北鄉九十里，近淝河。」

②「黄橋集」，《正德潁州志》、吕景蒙《嘉靖潁州志》及李宜春《嘉靖潁州志》均作「横橋」。《正德潁州志・鄉井》：「横橋集。在北鄉六十里，預備倉傍。舊在倉南五里西城，因窪移隣倉。」吕景蒙《嘉靖潁州志・輿地下・集（州）》：「横橋。北六十里。」李宜春《嘉靖潁州志・州考》：「横橋集。在州北六十里。」《康熙潁州志・建置・村鎮》：「黄橋集。在北鄉六十里。」

③《正德潁州志・鄉井》：「董家集。在北鄉一百里，蒙城縣界。客戶、田家市易。」吕景蒙《嘉靖潁州志・輿地下・集（州）》：「董家。北一百里。」李宜春《嘉靖潁州志・州考》：「董家集。在州北一百里。」

④「坊」，原書前目錄作「牌坊」，已據改。

⑤《正德潁州志・坊郭》：「承流坊。在北城承流街西。」吕景蒙《嘉靖潁州志・建置・坊（州）》：「承流。在州東。」

宣化。在州西。①

紀綱重地。新察院西巷口。②

保釐四郡。兵備道門西。③

振肅百寮。在兵備道門東。④

保障。在西府東巷口。⑤

輯寧。在西府西巷口。⑥

城隍廟。在廟巷口。⑦

廣積倉。在倉巷口。今廢。⑧

①《正德潁州志·坊郭》：「宣化坊。在北城承流街東。」吕景蒙《嘉靖潁州志·建置·坊（州）》：「宣化。在州西。」

②《康熙潁州志·建置·牌坊》：「紀綱重地。在新察院西巷口。」

③《康熙潁州志·建置·牌坊》：「保釐四郡。在兵備道門西。」

④《康熙潁州志·建置·牌坊》：「振肅百寮。在兵備道門東。」

⑤《康熙潁州志·建置·牌坊》：「保障。在西府東巷口。」

⑥《康熙潁州志·建置·牌坊》：「輯寧。在西府西巷口。」

⑦《康熙潁州志·建置·牌坊》：「城隍廟。在廟巷口，舊爲起敬坊。」

⑧《康熙潁州志·建置·牌坊》：「廣積倉。在倉巷口。今廢。」

進士三。一爲郭昇立，在衛東大街；一爲李葵立，在小十字街南；一爲儲珊立，在大隅頭南。①

文英。北城，爲舉人葉春立。今廢。②

攀鱗。北城，爲舉人張嵩立。今廢。③

登雲。南城，爲舉人吕慶立。今廢。④

世科。北城，爲舉人韓祥立。今廢。⑤

---

①《正德潁州志·坊郭》：「進士坊。在北城時雍街，爲進士郭昇立……進士坊。在南城小十字街，爲進士李葵立……進士坊。在南城大街。弘治壬戌年（1502），都指揮王爵、鞏开麟爲進士儲（珊立）。」吕景蒙《嘉靖潁州志·建置·坊（州）》：「進士三。俱在南北中衢。一爲郭昇，一爲李葵，一爲儲珊立。」李宜春《嘉靖潁州志·建置》：「進士坊。在州南城小十字街，爲李葵立。」《康熙潁州志·建置·牌坊》：「進士三。一爲郭昇立，在衛東大街；一爲李葵立，在小十字街南；一爲儲珊立，在大隅頭南。」

②《正德潁州志·坊郭》：「文英坊。在北城，爲舉人葉春立。今廢。」吕景蒙《嘉靖潁州志·建置·坊（州）》：「文英。在北城，爲葉春。」李宜春《嘉靖潁州志·建置》：「文英坊。在州北城，爲舉人葉春立。今廢。」

③《正德潁州志·坊郭》：「攀鱗坊。在北城土主巷，爲舉人張嵩立。今廢。」吕景蒙《嘉靖潁州志·建置·坊（州）》：「攀鱗。在北城，爲張嵩。」李宜春《嘉靖潁州志·建置》：「攀鱗坊。在州北城土主巷，爲舉人張嵩立。今廢。」

④《正德潁州志·坊郭》：「登雲坊。在南城，爲舉人吕慶立。今廢。」吕景蒙《嘉靖潁州志·建置·坊（州）》：「登雲。在南城，爲吕慶。以上至文英，今俱廢。」李宜春《嘉靖潁州志·建置》：「登雲坊。在州南城，爲舉人吕慶立。今廢。」

⑤《正德潁州志·坊郭》：「世科坊。在北關，爲舉人韓祥立。」吕景蒙《嘉靖潁州志·建置·坊（州）》：「世科。在北城，爲韓祥。」李宜春《嘉靖潁州志·建置》：「世科坊。在州北關，爲舉人韓璽、孫韓祥立。」

奎光。南城。今廢。①

繡衣。南城，俱爲李葵立。②

沖霄。爲舉人張沖立。今廢。③

雄飛。爲舉人張守亨立。今廢。④

登龍。爲舉人盧翰、盧晉、張治、張葵、張壎、尚爵、李際觀、李貞、張培、白夏立。⑤

恩榮。南城。⑥

奪錦。爲舉人儲珊立。⑦

①《正德潁州志·坊郭》：「奎光坊。在南城，爲舉人李葵立。」吕景蒙《嘉靖潁州志·建置·坊（州）》：「奎光。在南城。」李宜春《嘉靖潁州志·建置》：「奎光坊。在州南城。」《康熙潁州志·建置·牌坊》：「奎光。在南城。今廢。」

②《正德潁州志·坊郭》：「繡衣坊。在南城大街，爲御史李葵立。」吕景蒙《嘉靖潁州志·建置·坊（州）》：「繡衣。在南城。（與奎光坊）俱爲李葵。」李宜春《嘉靖潁州志·建置》：「繡衣坊。在州南城。（與奎光坊）俱爲李葵立。」

③《正德潁州志·坊郭》：「沖霄坊。在南城大街，爲經元張沖立。」吕景蒙《嘉靖潁州志·建置·坊（州）》：「沖霄。在南城，爲張沖。」李宜春《嘉靖潁州志·建置》：「沖霄坊，在州南城大街，爲經魁張沖立。」

④《正德潁州志·坊郭》：「雄飛坊。在南城大街，爲舉人張守亨立。」吕景蒙《嘉靖潁州志·建置·坊（州）》：「雄飛。在南城，爲張守亨。」李宜春《嘉靖潁州志·建置》：「雄飛坊。在州南城大街，爲舉人張守亨立。」

⑤《康熙潁州志·建置·牌坊》：「登龍。爲舉人盧翰、盧晉、張治、張葵、張壎、尚爵、李際觀、李貞、張培、白夏立。」

⑥《康熙潁州志·建置·牌坊》：「恩榮。南城。」

⑦《康熙潁州志·建置·牌坊》：「奪錦。爲孝廉儲珊立。」

豸繡。南城，俱爲儲珊立。明萬曆三十年（1602），爲居民遺火災。①

御史。西府東大街，爲封御史張治立。同前災。②

鳳鳴。南城，爲舉人胡洲立。今廢。③

飛黃。北城，爲舉人張葵立。今廢。④

聯璧。在兄弟進士坊南，爲舉人李錦、王謨、張子奇、儲仁、王體乾、李學禮立。⑤

勅封。南城大街，爲封工科右給事中王邦益立。同前災。⑥

聚奎。南城大街，爲舉人李錦、郝經、劉任、儲佶、田勸立。同前災。⑦

---

①《正德潁州志・坊郭》：「豸繡坊。在南城大街。正德辛未年（1511），御史趙時中爲御史儲珊立。」吕景蒙《嘉靖潁州志・建置・坊（州）》：「豸繡坊。在南城，俱爲儲珊。」李宜春《嘉靖潁州志・建置》：「登科坊、進士坊、豸繡坊。俱在州南城大街，爲儲珊立。」《康熙潁州志・建置・牌坊》「豸繡。在南城，亦爲儲珊立。明萬曆三十年，居民遺火焚燬。」

②《康熙潁州志・建置・牌坊》：「御史。在西府東大街，爲封御史張治立。同前災。」

③《正德潁州志・坊郭》：「鳳鳴坊。在南城大十字街。弘治庚戌年（1490），知州劉讓爲舉人儲珊立。」可能並非同一坊。吕景蒙《嘉靖潁州志・建置・坊（州）》：「鳳鳴。在南城，爲胡洲。」李宜春《嘉靖潁州志・建置》：「鳳鳴坊。在州南城大十字街，爲舉人胡洲立。」

④吕景蒙《嘉靖潁州志・建置・坊（州）》：「飛黃。在北城，爲張葵。」李宜春《嘉靖潁州志・建置》：「飛黃。在北城，爲舉人張葵立。」

⑤《康熙潁州志・建置・牌坊》：「聯璧。在兄弟進士坊南，爲孝廉李錦、王謨、張子奇、儲仁、王體乾、李學禮立。」

⑥《康熙潁州志・建置・牌坊》：「勅封。在南城大街，爲封工科右給事中王邦益立。同前災。」

⑦《康熙潁州志・建置・牌坊》：「聚奎。在南城大街，爲孝廉李錦、郝經、劉任、儲佶、田勸立。同前災。」

進士。儒學西，爲歷科進士立。同前災。①

大諫垣。大隅頭西口，爲給事中韓璽、張泌、王謨立。同前災。②

勅贈。大隅頭西，爲贈南京户部郎中李良臣立。③

恩榮。大隅頭西，爲南京户部郎中李學禮立。④

兄弟進士。鐘鼓樓南十字街口，爲南京吏部郎中張鶴鳴、刑部主事張鶴騰立。⑤

登瀛。儒學西，爲舉人王作楫、張養性、李經禮、楊南、丁允中、王文煒、胡應聘、王養廉、李粹白、劉孟雷、盧敏、李精白、湯有光、田之龍（立）。⑥

恩綸。儒學東，（爲）王邦益、李際美、王環、王崇儒、甯希武、田種、王澍、儲九齡、張世良、徐思問、劉一介（立）。⑦

①《康熙潁州志·建置·牌坊》：「進士。在儒學西，爲歷科進士立。同前災。」
②《康熙潁州志·建置·牌坊》：「大諫垣。在大隅頭西口，爲給事中韓璽、張泌、王謨立。同前災。」
③《康熙潁州志·建置·牌坊》：「勅贈。在大隅頭西，爲贈南京戶部郎中李良臣立。」
④《康熙潁州志·建置·牌坊》：「恩榮。在大隅頭西，爲南京戶部郎中李學禮立。」
⑤《康熙潁州志·建置·牌坊》：「兄弟進士。在譙樓南十字街口，爲南京吏部郎中張鶴鳴、刑部主事張鶴騰立。」
⑥《康熙潁州志·建置·牌坊》：「登瀛。在儒學西，爲孝廉王作楫、張養性、李經禮、楊南、丁允中、王文煒、胡應聘、王養廉、李粹白、劉孟雷、盧敏、李精白、湯有光、田之龍立。」
⑦《康熙潁州志·建置·牌坊》：「恩綸。在儒學東，爲王邦益、李際美、王環、王崇儒、甯希武、田種、王澍、儲九齡、張世良、徐思問、劉一介立。」

四世一品。楊家隅頭，爲太子太傅張鶴鳴立。①

濟美。大隅頭南，爲舉人李經禮、李粹白，進士李精白、李虚白立。②

都諫承恩。大隅頭南，爲兵科都給事中李精白立。③

烈女劉氏坊。養濟院西。④

范氏坊。養濟院西。⑤

烈女王永繼妻時氏。在承流坊東。⑥

貞節袁氏坊。東關，爲舉人白精衷母立。⑦

龍虎世極。在大隅頭南，爲贈尚書李芥、李隆禮立。⑧

---

①《康熙潁州志·建置·牌坊》：「四世一品。在楊家隅頭，爲太子太傅張鶴鳴立。」

②《康熙潁州志·建置·牌坊》：「濟美。在大隅頭南，爲孝廉李經禮、李粹白，進士李精白、李虚白立。」

③《康熙潁州志·建置·牌坊》：「都諫承恩。在大隅頭南，爲兵科都給事中李精白立。」

④《康熙潁州志·建置·牌坊》：「烈女劉氏坊。在養濟院西。」

⑤《康熙潁州志·建置·牌坊》：「范氏坊。在養濟院西。」

⑥《康熙潁州志·建置·牌坊》：「烈婦時氏坊。在承流坊東，爲王永繼妻立。」

⑦《康熙潁州志·建置·牌坊》：「貞節袁氏坊。在東關，爲孝廉白精衷母立。」

⑧《康熙潁州志·建置·牌坊》：「龍虎世極。在大隅頭南，爲贈尚書李芥、李隆禮立。」

舖舍

計城裏、關外二十三舖，四鄉十五舖，今俱廢。

北城一舖。在州後衛門東，屬衛。①

二舖。在州東角門南，屬衛。②

三舖。在州西角門北。③

南城一舖。鐘鼓樓南，楊家隅頭。④

二舖。養濟院西，告歸一舖。⑤

三舖。道前，屬衛。⑥

---

①《康熙潁州志·建置·舖舍》：「北城一舖。在州後衛門東，屬衛。」
②《康熙潁州志·建置·舖舍》：「二舖。在州東角門南，屬衛。」
③《康熙潁州志·建置·舖舍》：「三舖。在州西角門北。」
④《康熙潁州志·建置·舖舍》：「南城一舖。在譙樓南，楊家隅頭。」
⑤《康熙潁州志·建置·舖舍》：「二舖。在養濟院西。舊二舖，後併其一。」
⑥《康熙潁州志·建置·舖舍》：「三舖。在道署前，屬衛。」

四舖。資福寺西，屬衛。①

五舖。西門裏，屬衛。②

六舖。西府前。③

七舖。迎祥觀東五門南，屬衛。④

東門一舖。總舖對門。⑤

二舖。大教場西北巷口。⑥

東關一舖。大江埥迤西。⑦

二舖。在金鷄嘴迤北。⑧

---

①《康熙潁州志・建置・舖舍》：「四舖。在資福寺西，屬衛。」

②《康熙潁州志・建置・舖舍》：「五舖。在西門裏，屬衛。」

③《康熙潁州志・建置・舖舍》：「六舖。在西府前。」

④《康熙潁州志・建置・舖舍》：「七舖。在迎祥觀東，屬衛。」

⑤《康熙潁州志・建置・舖舍》：「東門一舖。在總舖對門。」

⑥《康熙潁州志・建置・舖舍》：「二舖。在大教場西北巷口。」

⑦《康熙潁州志・建置・舖舍》：「東關一舖。在大江埥迤西。」

⑧《康熙潁州志・建置・舖舍》：「二舖。在金鷄嘴迤北。」

三舖。館驛迤西。①

四舖。館驛門迤東。②

五舖。新街口北。③

六舖。大教場後迤西。④

西關一舖。原有二舖，告歸一舖，西門外。⑤

北關一舖。北門，通汴門外。⑥

二舖。閘北。⑦

三舖。白龍橋北。⑧

①《康熙潁州志·建置·舖舍》：「三舖。在館驛迤西。」

②《康熙潁州志·建置·舖舍》：「四舖。在館驛門迤東。」

③《康熙潁州志·建置·舖舍》：「五舖。在新街口北。」

④《康熙潁州志·建置·舖舍》：「六舖。在大教場後迤西。」

⑤《康熙潁州志·建置·舖舍》：「西關一舖。在西門外。舊二舖，後併其一。」

⑥《康熙潁州志·建置·舖舍》：「北關一舖。在北城，通汴門外。」

⑦《康熙潁州志·建置·舖舍》：「二舖。在閘北。」

⑧《康熙潁州志·建置·舖舍》：「三舖。在白龍橋北。」

河北一鋪。大江壋。①

總鋪。東門外，街南。②

七里鋪。城東南七里。③

十八里鋪。城東十八里。④

兔兒岡鋪。城東三十里。⑤

穆家莊鋪。城東四十里。⑥

雙塔鋪。城東五十里。⑦

---

①《康熙潁州志·建置·鋪舍》：「河北一鋪。在大江壋。」

②《正德潁州志·鋪舍》：「總鋪。在南城東門外，射圃亭北，七里至東路孟莊鋪。」呂景蒙《嘉靖潁州志·建置·鋪（州）》：「總。東門外。」李宜春《嘉靖潁州志·建置·鋪》：「總鋪。在州東關。」

③呂景蒙《嘉靖潁州志·建置·鋪（州）》：「七里。七里。」李宜春《嘉靖潁州志·建置·鋪》：「七里鋪。在州東七里。」

④《正德潁州志·鋪舍》：「十八里鋪。十里至東兔兒崗鋪。」呂景蒙《嘉靖潁州志·建置·鋪（州）》：「十八里。十八里。」李宜春《嘉靖潁州志·建置·鋪》：「十八里鋪。在州東十八里。」

⑤《正德潁州志·鋪舍》：「兔兒崗鋪。十里至東雙塔鋪。」呂景蒙《嘉靖潁州志·建置·鋪（州）》：「兔兒崗。三十里。」李宜春《嘉靖潁州志·建置·鋪》：「兔兒岡鋪。在州東三十里。」

⑥呂景蒙《嘉靖潁州志·建置·鋪（州）》：「穆家莊。四十里。」李宜春《嘉靖潁州志·建置·鋪》：「穆家莊鋪。在州東四十里。」

⑦《正德潁州志·鋪舍》：「雙塔鋪。十里至東夷陵鋪。」呂景蒙《嘉靖潁州志·建置·鋪（州）》：「雙塔。五十里。」李宜春《嘉靖潁州志·建置·鋪》：「雙塔鋪。在州東五十里。」

夷陵鋪。城東六十里。①

插花鋪。城東北三十五里。②

王莊鋪。城北十里。③

茨河鋪。城西北二十里。④

石羊鋪。城西北三十里。⑤

乾溝鋪。城西北四十里。俱適太和縣路。⑥

---

①《正德潁州志·鋪舍》：「夷陵鋪。西路十五里至王莊鋪。」吕景蒙《嘉靖潁州志·建置·鋪（州）》：「夷陵。六十里。俱東往潁上路。」李宜春《嘉靖潁州志·建置·鋪》：「夷陵鋪。在州東六十里。接潁上縣丘陵鋪。」

②《康熙潁州志·建置·鋪舍》：「插花鋪。在城東北三十五里。」

③《正德潁州志·鋪舍》：「王莊鋪。八里至西茨河鋪。」吕景蒙《嘉靖潁州志·建置·鋪（州）》：「王庄。十里。」李宜春《嘉靖潁州志·建置·鋪》：「王莊鋪。在州西十里。」

④《正德潁州志·鋪舍》：「茨河鋪。七里至西石羊鋪。」吕景蒙《嘉靖潁州志·建置·鋪（州）》：「茨河。二十里。」李宜春《嘉靖潁州志·建置·鋪》：「茨河鋪。在州西二十里。」

⑤《正德潁州志·鋪舍》：「石羊鋪。十二里至乾溝鋪。」吕景蒙《嘉靖潁州志·建置·鋪（州）》：「石羊。三十里。」李宜春《嘉靖潁州志·建置·鋪》：「石羊鋪。在州西二十里。」

⑥《正德潁州志·鋪舍》：「乾溝鋪。北五里，太和地。」吕景蒙《嘉靖潁州志·建置·鋪（州）》：「乾溝。四十五里。俱西往太和路。」李宜春《嘉靖潁州志·建置·鋪》：「乾溝鋪。在州西四十五里。上接太和縣雙廟鋪。」

仵明鋪。城東北三十里。①

橫橋鋪。城北四十里。②

白魚港鋪。城東北五十里。俱蒙城路。③

橋梁

南門橋。跨隍。④

東門橋。跨隍。⑤

西門橋。跨隍。今俱改爲木橋。⑥

---

①「仵明」，《正德潁州志》作「伍名」。《正德潁州志·鋪舍》：「伍名鋪。在州北三十里溝西，有贍鋪地十畝。」呂景蒙《嘉靖潁州志·建置·鋪（州）》：「仵明。三十里。」李宜春《嘉靖潁州志·建置·鋪》：「仵明鋪。在州東北三十里。」

②《正德潁州志·鋪舍》：「橫橋鋪。在州北六十里，溝東。今置預備倉。」可能位置發生了變化。呂景蒙《嘉靖潁州志·建置·鋪（州）》：「橫橋。四十里。」李宜春《嘉靖潁州志·建置·鋪》：「橫橋鋪。在州東北四十里。」

③《正德潁州志·鋪舍》：「白魚港鋪。在州北九十里，母猪港之北，今基存。宣德中遷，失故地。」呂景蒙《嘉靖潁州志·建置·鋪（州）》：「白漁［魚］港。五十里。俱東北往蒙城路。」李宜春《嘉靖潁州志·建置·鋪》：「白漁港鋪。在州東北五十里，往蒙城路。」

④《康熙潁州志·建置·津梁》：「南門橋。跨隍。」

⑤《康熙潁州志·建置·津梁》：「東門橋。跨隍。」

⑥《康熙潁州志·建置·津梁》：「西門橋。跨隍。今俱改爲木橋。」

北門橋。跨新濬隍。①

白龍橋。去門一里許。水自西湖東、桑園、蘆花湄三派合入潁，湃易圮，州守謝公詔修。未期年，衝齧崩。明萬曆十二年（1584），州守周公日甲重修。旋取豫山石公，築址於淵，規以巨石，翼以石欄。迤今民便之。②

通濟橋。在北關盡處，去城二里。③

七里河橋。在州西七里。④

九里溝橋。木爲之，在州東九里。⑤

懷歐橋。石爲之，在西湖東一里。

新溝橋。在州東二十五里。⑥

四十里鋪橋。在鋪北二里。⑦

---

①《康熙潁州志·建置·津梁》：「北門橋。跨新開隍。」

②《康熙潁州志·建置·津梁》：「白龍橋。又名飛虹，去城北一里許。水自西湖東、桑園、蘆花湄三派合流入潁，衝激易圮，州守謝公詔修。未逾年而衝塌，州守周公日甲重修。」

③《康熙潁州志·建置·津梁》：「通濟橋。在北關外，去城二里。」

④《康熙潁州志·建置·津梁》：「七里河橋。在州西七里。」

⑤《康熙潁州志·建置·津梁》：「九里溝橋。在州東九里，木爲之。」

⑥《康熙潁州志·建置·津梁》：「新溝橋。在州東二十五里。」

⑦《康熙潁州志·建置·津梁》：「四十里鋪橋。在鋪北二里。」

夷陵橋。在州東六十里舖。①

站溝橋。在州東五十里。②

洄龍橋。在洄窩溜集，去城四十里。民馬坤修。③

板橋。在州東南七十里。④

磚橋。在州南四十里。⑤

七星橋。在州南五十里。水中生石子如北斗狀，得名。⑥

①《正德潁州志·關梁》：「夷陵橋。在州東六十二里，板橋東。坡水下流大澗，路通官道。」吕景蒙《嘉靖潁州志·建置·橋（州）》：「夷陵。東六十二里。」李宜春《嘉靖潁州志·建置》：「夷陵橋。在州東六十二里。」

②《正德潁州志·關梁》：「站溝橋。在州東六十里，跨陳村下流。土人架梁，以便行旅。通舊馬驛官道。」吕景蒙《嘉靖潁州志·建置·橋（州）》：「站溝。東六十里。」李宜春《嘉靖潁州志·建置》：「站溝橋。在州東六十里。」

③《康熙潁州志·建置·津梁》：「洄龍橋。在洄窩溜集，去城四十里。民馬坤修。」

④《正德潁州志·關梁》：「板橋。在州東南七十里，跨潤河。土人架木梁，便南北行旅。」吕景蒙《嘉靖潁州志·建置·橋（州）》：「板。東南七十里。」李宜春《嘉靖潁州志·建置》：「板橋。在州東南七十里。」

⑤《康熙潁州志·建置·津梁》：「磚橋。在州南四十里。」

⑥《正德潁州志·關梁》：「七星橋。在州南五十里，跨潤河。水中生石七拳，如北斗，土人架梁石上。通衢。」吕景蒙《嘉靖潁州志·建置·橋（州）》：「七星。南五十里。」李宜春《嘉靖潁州志·建置》：「七星橋。在州南五十里。水中生七石如北斗，土人架梁於上。」

七旗橋。在州南七十里。①

功立橋。在州南一百里。②

通惠橋。在州西一百里。③

栗頭店橋。在州西六十里店西頭。

楊宅橋。在州西南一百一十里。④

油店橋。在州西南一百四十里。⑤

楊橋。在州西九十里。⑥

---

①《正德潁州志·關梁》：「七旗橋。在州南七旗崗北，跨谷河。土人建，以通官倉。」吕景蒙《嘉靖潁州志·建置·橋（州）》：「七旗。南七十五里。」李宜春《嘉靖潁州志·建置》：「七旗橋。在州南七十五里。」

②《正德潁州志·關梁》：「功立橋。在州南一百里，跨谷河。土人建，以便商旅。橋南有集。」吕景蒙《嘉靖潁州志·建置·橋（州）》：「功立。南一百里。」李宜春《嘉靖潁州志·建置》：「功立橋。在州南一百里。」

③吕景蒙《嘉靖潁州志·建置·橋（州）》：「通惠。西南一百里。」李宜春《嘉靖潁州志·建置》：「通惠橋。在州西南一百里。」

④《正德潁州志·關梁》：「楊宅橋。在州西南一百一十里，跨谷河。前代建，有碑石，剥落。」吕景蒙《嘉靖潁州志·建置·橋（州）》：「楊宅。西南一百一十里。」李宜春《嘉靖潁州志·建置》：「楊宅橋。在州西南一百一十里。」

⑤《正德潁州志·關梁》：「油店橋。在州西南一百四十里，跨谷河。唐劉大師經過，改名迎僊橋。」吕景蒙《嘉靖潁州志·建置·橋（州）》：「油店。西南一百四十里。」李宜春《嘉靖潁州志·建置》：「油店橋。在州西南一百四十里。」

⑥《正德潁州志·關梁》：「楊橋。在州西九十里，跨延河口，路通沈丘之官道。」吕景蒙《嘉靖潁州志·建置·橋（州）》：「楊。西九十里。」李宜春《嘉靖潁州志·建置》：「楊橋。在州西九十里。」

驛口橋。在州西一百里。①

永濟橋。在州西一百里。②

青龍橋。在鬻鼓溝上。耆民徐思賢捐資修，鮑貴督工。③

通堤橋。在州城東南隅堤，知州孫公崇先建。④

祈嗣橋。在三里灣東北三里許，承差王烱建。⑤

樓⑥

奎樓。儒學門左。明天啟四年（1624），州守王公政修。⑦

①《正德潁州志·關梁》：「驛口橋。在州西一百里，古馬驛前，通汝寧官道。又云建橋時一虎守料，故又名一虎橋。」吕景蒙《嘉靖潁州志·建置·橋（州）》：「驛口。西一百里。」李宜春《嘉靖潁州志·建置》：「驛口橋。在州西一百里。」

②吕景蒙《嘉靖潁州志·建置·橋（州）》：「永濟。西四十五里，黎瑀等建。」李宜春《嘉靖潁州志·建置》：「永濟橋。在州西十五里。」按，所指似非一橋。《康熙潁州志·建置·津梁》：「永濟橋。在州西一百里。」

③《康熙潁州志·建置·津梁》：「青龍橋。在鬻鼓溝上，耆民徐思賢捐資修。」

④《康熙潁州志·建置·津梁》：「通堤橋。在州城東南隅堤，乃州守孫公崇先建。」

⑤《康熙潁州志·建置·津梁》：「祈嗣橋。在三里灣東北三里許，州民王烱建。」

⑥此條，原書前目錄與「閣」合爲一條，已據改。

⑦《康熙潁州志·古蹟·堂亭》：「奎星樓。在東南隅城上，即望霍樓。」

閣

文昌閣。在東城。明萬曆四十四年（1616），郡士紳協修。崇禎八年（1635），寇焚燬。今擬重修，以費煩，未舉。①

鐘鼓樓。原係城南門，拓城以後，遂以此樓一城之鎮，主祀武安王，題其額曰鎮潁樓，又曰潁川重鎮，歲久傾圮不治。順治三年（1646），同知張可賡一力修整，併東北四城門樓陸續葺築，以俟綢繆者。②

祠碑③

謝公生祠。在飛虹橋東頭，百姓爲州守謝公詔修。④

楊公去思碑。百姓爲兵憲楊公芳建，在東門甃城内。⑤

---

①《康熙潁州志·建置·舘閣》：「文昌閣。在東城上。明萬曆間，紳士公建。崇禎八年遭寇焚燬，今重修。」

②《康熙潁州志·建置·公署》：「譙樓。在州城中衢。原係舊南門，拓城以後，遂以此樓一城之鎮，上祀關壯繆侯，額曰鎮潁樓，又曰潁川重鎮，歲久傾圮。順治三年，同知張公可賡獨任重修時，併治東北四城門樓，頗增壯麗。」

③「祠碑」，原書前目錄作「生祠」，已據改。

④《康熙潁州志·建置·祠廟》：「謝公祠。在飛虹橋東，爲州守謝公詔建。」

⑤《康熙潁州志·古蹟·碑表》：「兵憲楊公去思碑。李學禮記。」

去思亭碑。百姓爲州守謝公詔、楊公際會建，在東門外橋西頭。①

懷歐橋碑。在西湖東。②

孫公生祠。在兵道左，明萬曆四十年（1612）建。公諱崇先。③

壕閘

城外壕。按，城東北隅地形高竣，難以城守。進士李文煌、舉人李文煇首倡濬築，從西北隅至迤東，一帶長河環繞，所費不貲，兼省公家之費。綢繆桑土，永遠賴之。

城外閘。自謝公詔所建閘毀後，併其遺址不復可考。順治八年（1648），州舉人劉壯國等訪善堪輿者相勢濬築，節宣水脉，彷彿謝公之舊。後人加意培築，以期永固。

①《康熙潁州志·古蹟·碑表》：「州守楊公去思碑。劉任代記。」

②《康熙潁州志·古蹟·碑表》：「懷歐橋碑。黄大賁記。」

③《康熙潁州志·古蹟·碑表》：「孫公生祠碑。朱之蕃記。」

潁州志卷之四

食貨志

「理民之道，地著爲本。」「食足貨通，然後國實民富，而教化成。」① 潁舊稱磽瘠，百畝之收，不過數石，歲孰〔熟〕且美，僅可家衍人給；倘水旱不時，則輕去其鄉，若鳥獸散矣。况兵歉相乘，所在鞠爲墟莽，乃復竭澤而漁，即疾苦何由蘇息乎？今景祚誕膺，取民以萬曆初年田賦爲則。顧天下有治人，無治法。斵雕爲朴，務在成就全安。惟司牧者比隆埒迹焉。

①《漢書·食貨志》：「食足貨通，然後國實民富，而教化成……理民之道，地著爲本。」顔師古注：「地著，謂安土也。」

人丁①

洪武十四年（1381），編定潁川廂鄉一十四里，戶一千七百。②

永樂元年（1403），戶一千五百五十。③

宣德七年（1432），戶一千六百八十。④

天順六年（1462），戶四千六百三十八。⑤

---

①「人丁」，原書前目錄作「戶口」，已據改。

②《正德潁州志·版圖》：「洪武十四年辛酉，人戶一千七百戶，分置十四里。」呂景蒙《嘉靖潁州志·食貨·明》：「高皇帝朝辛酉，州：戶一千七百，口闕，田地闕。」李宜春《嘉靖潁州志·賦産·編戶》：「嘉靖二十一年（1542），戶九千七百五十二……視洪武辛酉，戶增八千五十二。」

③《正德潁州志·版圖》：「永樂元年癸未，人戶一千五百五十戶。」呂景蒙《嘉靖潁州志·食貨·明》：「文皇帝朝癸未（1403），州：戶一千五百五十，口闕，田地闕。」李宜春《嘉靖潁州志·賦産·編戶》：「嘉靖二十一年（1542），戶九千七百五十二……視永樂癸未，戶增八千二百有二。」

④《正德潁州志·版圖》：「宣德七年壬子，人戶一千六百八十戶。」呂景蒙《嘉靖潁州志·食貨·明》：「章皇帝朝壬子，州：戶一千六百八十，口闕，田地闕。」李宜春《嘉靖潁州志·賦産·編戶》：「嘉靖二十一年（1542），戶九千七百五十二……視宣德壬子，戶增八千七十二。」

⑤《正德潁州志·版圖》：「天順六年壬午，人戶四千六百三十八戶。土居主戶二千四百七十八戶，流移客戶二千一百六十戶。」呂景蒙《嘉靖潁州志·食貨·明》：「睿皇帝朝天順壬午，州：戶四千六百三十八，口闕，田地闕。」李宜春《嘉靖潁州志·賦産·編戶》：「嘉靖二十一年（1542），戶九千七百五十二……視天順壬午，戶增五千一百一十四。」

成化八年（1472），戶六千一百八十二。①

正德七年（1512），戶八千九百。②

嘉靖元年（1522），戶九千七百五十二，口一十一萬三千七百一十六。③

隆慶六年（1572），人丁四萬六千七十三丁，徭銀七千五百二兩七錢。④

萬曆三十六年（1608），增至八十里。⑤

天啟二年（1622），人丁六萬四百二十丁。⑥

崇禎八年（1635），經流賊殺擄，十四年（1641）復值凶疫，死者過半，逋賦山積。知州任民育併八十里爲四

---

①《正德潁州志·版圖》：「成化八年壬辰，人戶六千一百八十二戶。土居主戶二千五百三十二戶，流移客戶三千六百五十戶。」呂景蒙《嘉靖潁州志·食貨·明》：「純皇帝朝壬辰，州：戶六千一百八十二，口闕，田地闕。」李宜春《嘉靖潁州志·賦產·編戶》：「嘉靖二十一年（1542），戶九千七百五十二……視成化壬辰，戶增三千五百七十。」

②呂景蒙《嘉靖潁州志·食貨·明》：「毅皇帝朝壬申（1512），州：戶八千九百，口六萬六千一百七十九，地二千八百五十三頃九十五畝。」李宜春《嘉靖潁州志·賦產·編戶》：「嘉靖二十一年（1542），戶九千七百五十二，口一十三萬八千二百五十五……視正德壬申，戶增八百五十二，口增七萬二千七十一。」

③呂景蒙《嘉靖潁州志·食貨·明》：「今上皇帝朝壬午（1522），州：戶九千七百五十二，口一十一萬三千七百一十六，地如前。」《康熙潁州志·食貨·戶口》：「嘉靖元年，戶九千七百五十二，口一十一萬三千七百一十六。」

④《康熙潁州志·食貨·戶口》：「隆慶六年，人丁四萬六千七十三。」

⑤《康熙潁州志·食貨·戶口》：「萬曆三十六年，編戶增至八十里。」

⑥《康熙潁州志·食貨·戶口》：「天啟二年，人丁六萬四百二十。」

十里。①

順治五年（1648），人丁二萬五千五百五十九丁，徭銀四千四百八十五兩。②

順治十一年（1654），清審人丁上、中、下三則，共二萬五千二百三十三丁，徭銀四千九百五十兩九錢，帶徵缺額銀二千九百九兩三錢。每銀一錢，加派五分八厘七毫六絲三忽五纖三沙三塵。

地畆③

元至正間，四方盜起，而潁地糜沸爲甚。明興，天下初定，招撫開墾。至嘉靖二十一年（1542），官民田地共二千七百一十一頃。④ 萬曆九年（1581），共一萬八千七百九十三頃四十五畆五分。崇禎十五年（1642），署州事通判任有鑑因丁絶地荒申請題奏，報過荒地一萬九百二十六頃五十九畆，止存孰［熟］地七千八百六十六頃八十六

---

①《康熙潁州志·食貨·戶口》：「崇禎八年，經流寇殺掠，十四年復值饑疫，死亡過半，逋賦山積。州守任公民育裁併爲四十里。」

②《康熙潁州志·食貨·戶口》：「本朝順治五年，人丁二萬五千九百九十五丁。額銀五千二十七兩一錢。原額人丁五萬八千二百五十二丁，該銀七千九百三十六兩四錢。審除故絶逃亡三萬二千二百五十七丁，共缺額銀二千九百九兩三錢，於田地内均攤帶徵。」

③「地畆」，原書前目錄作「田賦」，已據改。

④李宜春《嘉靖潁州志·賦產·田賦》：「潁州官民田地二千七百四頃八十八畆七分六釐一毫。嘉靖元年（1522），開墾地六頃六十二畆五分。二十一年，實在二千七百一十一頃五十一畆二分六釐一毫。」

畝五分。①

順治二年（1645），仍照孰［熟］地七千八百六十六頃八十六畝五分起科。②

順治四年（1647），部堂、厫踏勘潁州田地。州同張可賡聽信糧書楊偉一等冒分有主荒地八千五百一十三頃九十六畝五厘，無主荒地二千三百三頃八十四畝八分八厘，荒孰［熟］失真。每歲賠納荒糧一千七百餘石，增添顔料、牛角、濠馬等銀萬有餘兩。

順治八年（1651）八月初七日，州民張允中等奏，爲潁地災荒異常、賦役苦累不均等事。奉聖旨，戶部確查具奏。是年，署潁州道僉事趙公熿逐畝丈勘，分別有主荒地八百九十七頃八畝八分三毫，無主荒地一萬二十九頃五十畝一分九厘七毫，開造清册，轉報三院。

順治十年（1653）四月十四日，戶部題：「爲剔弊甦民、設法懇荒等事，鳳陽府屬荒田先於順治四年（1647）間部臣厫勘，報有主、無主，已經臣部議覆。至九年（1652）六月内，總督題報册，開有主、無主荒地，多寡懸殊，臣部復請勅下督按，再行確查去後。今據江寧巡按會同總督具題：内開四年踏勘荒田，如一戶之中尚存一二

①《康熙潁州志·食貨·田賦》：「明嘉靖間，官民田地止二千七百一十一頃。後漸次開墾，至萬曆間，有地一萬八千七百九十三頃四十五畝五分。崇禎間因經寇亂，丁絶地荒，報除荒田一萬九百二十六頃五十九畝，止存熟地七千八百六十六頃八十六畝五分。」

②《康熙潁州志·食貨·田賦》：「本朝順治二年，仍照熟地七千八百六十六頃八十六畝五分起科。」

人，即將一戶荒地俱報有主，遂使一人包賠闔戶，一戶包賠闔甲。連年水旱頻仍，民愈逃而地愈荒，議照孰〔熟〕地起科，豁其包賠。依督臣原題，責成有司及時開墾，前來爲照。包賠荒糧，民力難支，逃亡日多，自然孰〔熟〕亦變荒。既經督按兩次確勘，似無冒報情弊，其實荒額稅，應請准與豁除等。」因奉聖旨依議行。

是年，蒙漕撫部院沈憲牌，準戶部咨，開除潁州無主荒地一萬二十九頃五十畝一分九厘七毫興屯免徵外，實在田地八千七百六十三頃九十五畝三分三毫，每畝徵夏秋稅糧、地畝等銀一分七厘四毫一絲五微四纖五沙六塵三渺九漠，共實徵折色銀一萬五千二百五十八兩五錢二分四毫三絲一忽。①

糧則②

夏稅。原額本色麥四千一百一十七石六斗八升五合九勺，折色麥一千二百九十六石五斗三合五勺。

秋糧。原額本色漕米三千六百八十五石二斗八升，折色米六百九十七石五斗六升。

順治十年（1653），開除無主荒地興屯免徵外，實在田地八千七百六十三頃九十五畝三分三毫，每畝徵本色漕米二合四勺八抄三撮七圭六粟三粒六顆三黍，共實徵本色漕米二千一百七十六石七斗五升八合七勺七抄九撮一圭。

①《康熙潁州志·食貨·田賦》：「順治十年（1653），勘實熟地八千七百六十三頃九十五畝三分三毫。」

②「糧則」，原書前目錄作「徭役」，已據改。

優免①

明朝《會典》開載，自一品以逮雜職、舉監、生員、吏承，各免丁糧有差。②

順治□年，戶部酌定優免則例，以革冒濫之弊，一切糧石、人丁悉照今典優免。③

①原書前目錄無此條，已據補。

②按，《明會典》載有諸多優免事例，然未見明確規定。《續文獻通考·職役考》載：「（嘉靖）二十四年（1545）議定優免則例。京官：一品免糧三十石、人丁三十丁；二品免糧二十四石、人丁二十四丁；三品免糧二十石、人丁二十丁；四品免糧十六石、人丁十六丁；五品免糧十四石、人丁十四丁；六品免糧十二石、人丁十二丁；七品免糧十石、人丁十丁；八品免糧八石、人丁八丁；九品免糧六石、人丁六丁。內官、內使亦如之，外官各減一半。教官、監生、舉人、生員，各免糧二石、人丁二丁。雜職、省祭官、承差、知印、吏典，各免糧一石、人丁一丁。以禮致仕者，免十分之七。閑住者免一半。其犯贜革職者，不在優免之例。如戶內丁糧不及數者，止免實在之數。丁多糧少，不許以丁准糧；丁少糧多，不許以糧准丁。俱以本官自己丁糧照數優免。但有分門各戶、疏遠房族，不得一概混免。」

③「□」處，原文空缺。《清實錄·世祖實錄》：「（順治二年閏六月癸巳）保定巡撫郝晉疏請定優免畫一之規。得旨，戶、禮二部酌定品官及舉貢生員、雜職吏典應免丁糧。其廢官黜弁、粟監貲郎，俱與民間一例當差。有冒濫優免者，該撫按劾治。」又「（順治五年三月）壬戌，定優免則例。在京官員：一品免糧三十石、人三十丁；二品糧二十四石、人二十四丁；三品糧二十石、人二十丁；四品糧十六石、人十六丁；五品糧十四石、人十四丁；六品糧十二石、人十二丁；七品糧十石、人十丁；八品糧八石、人八丁；九品糧六石、人六丁。在外官員，各減一半。教官、舉貢、監生、生員，各免糧二石、人二丁。雜職、省祭、承差、知印、吏典，各免糧一石、人一丁。以禮致仕者，免十分之七。閑住免一半。犯贜革職者，不在優免例。如戶內丁糧不及數者，止免實在之數。丁多糧少者，不許以丁准糧；丁少糧多者，不許以糧准丁。俱以本官自己丁糧照數優免。其分門各戶、疏遠宗族，不得一概溷免。」

各項差糧出數①

戶部

光禄寺麥，折銀二百五十兩。

派剩馬房倉麥，折銀四十兩四錢六分三厘五毫。

農桑絲，折絹銀四十二兩七錢一厘五毫三絲一忽二微五纖。

京庫馬草，折銀一百九十三兩二錢八分九厘二毫五絲。

富戶，銀二兩。

甲丁二庫

靛花青、明礬、黄牛皮，共折銀一十一兩五分六毫［毫］一絲五忽。

京庫顔料，折銀二百四十五兩七錢三分二厘九毫三絲二忽五微三纖。

九厘地畝銀三千三百九十九兩八錢二分一厘一毫。

①原書前目錄無此條，已據補。

鹽鈔銀二百四兩五錢一分一厘六毫七絲三忽五微。

兵部

備用折色馬價銀四千五百六十兩。

草料銀七百五十九兩。

工部

都水司料價銀一千八百兩。

胖襖銀四十兩五錢。

軍器，新增、舊額共銀二千三百四十兩。

牛角，折銀二百兩。

水脚銀，共一百四十五兩九錢二分三厘二毫七絲四忽五微九纖八沙一塵。

随糧輕齎及蘆蓆銀，共二百五十二兩三分四毫八絲。

改解南省兵餉

江南定塲馬草，折銀六十五兩一錢一厘九毫二忽七微九纖五沙。

太僕寺牛犢醫獸銀一十九兩七錢，皂隷工食銀八兩。

陵工銀一百六十四兩。

倉院快手工食銀三兩九分五厘一毫七絲。

驛傳

池河驛站銀三千五百五十三兩四錢。

濠梁驛損皂、水舘船料共站銀七百二十二兩二錢。

大店驛舘夫銀一百二十兩。

睢陽驛站銀三百四十八兩。

夾溝驛站銀二百二十二兩四錢四分七厘。

紅心驛站銀六百四十九兩一錢。

王莊驛站銀三百七十八兩四錢四分八厘。

開流二驛站銀三百一十兩五錢六厘。

軍餉

夏税軍餉銀一百一十一兩八錢二分。

秋糧軍餉銀二百八十二兩三錢。

賦役軍餉銀九十兩。
新增募兵軍餉銀一千五百兩。
續添軍餉銀六百七十兩。
操改撫餉銀一百六十兩。
民壯軍餉銀二千四百四十八兩。
操江舊額軍餉銀一百六十兩。
椿草、堤夫，共銀一千四百六十七兩二錢。

鳳陽戶部

皂隸工食銀四十三兩二錢。
傘、扇夫工食銀二十一兩六錢。
燈夫工食銀七兩二錢。

潁州道

俸薪，共銀一百三十四兩四分四厘。
門子工食銀二十八兩八錢。

舖兵工食銀一十四兩四錢。
皂隸工食銀八十六兩四錢。
轎、傘、扇夫工食銀五十兩四錢。
聽事吏工食銀一十四兩四錢。

本府知府

書辦工食銀四十八兩。
皂隸工食銀一十八兩。
轎、傘、扇夫工食銀二十四兩。
斗級二名，工食銀一十二兩。

本府同知

薪銀四十八兩。
書辦工食銀一十二兩。
皂隸工食銀一十二兩。

本府通判

書辦工食銀六兩。

步快手工食銀三十兩。

燈夫工食銀一十二兩。

轎夫工食銀二十四兩。

本府推官

修宅家伙銀一十兩。

桌圍、傘、扇銀一十兩。

書辦工食銀二十四兩。

本府經歷

薪銀二十四兩。

書辦工食銀六兩。

皂隸工食銀六兩。

本府儒學

俸銀一十九兩五錢二分。

齋夫工食銀七十二兩。

本州知州

俸薪銀八十五兩六錢八分四厘。

心紅紙張銀三十兩。

迎送上司旗幟銀一十兩。

書辦工食銀七十二兩。

門子工食銀一十二兩。

皂隸工食銀九十六兩。

馬快手工食銀四十八兩。

民壯工食銀三百兩。

燈夫工食銀二十四兩。

看監禁卒工食銀四十八兩。

修理監倉銀二十兩。
轎、傘、扇夫工食銀四十二兩。
庫書、倉書工食銀各六兩。
庫子、斗級工食銀各二十四兩。

州同

俸薪銀七十七兩八分四厘。
書辦、門子工食銀各六兩。
皂隸工食銀三十六兩。
籠馬、傘夫工銀一十二兩。

吏目

俸薪銀三十一兩五錢二分。
書辦、門子工食銀各六兩。
皂隸工食銀二十四兩。
馬夫工食銀六兩。

本州儒學

俸薪銀六十三兩四分。

齋夫工食銀七十二兩。

膳夫工食銀四十兩。

書辦工食銀六兩。

門子工食銀三十兩。

喂馬草料銀二十四兩。

沈丘鎮巡檢

俸薪銀三十一兩五錢。

書辦工食銀六兩。

皂隸工食銀一十二兩。

本府

進表撰寫什物銀二十七兩四錢八分二厘。

朝覲盤纏銀一十二兩三錢三分三厘三毫。

歲貢盤纏銀一十二兩五錢。
季考生員花紅銀八兩。
買辦曆日銀五兩。
公費銀六十九兩。

本州

進表撰寫什物銀二十兩。
朝覲盤纏銀三十三兩六錢六分六厘七毫。
歲貢盤纏銀四十三兩三錢三分四厘。
季考生員紙張銀一十二兩。
歲考生員花紅銀二十五兩。
生員科舉盤纏銀三十八兩五錢。
舉人會試盤纏銀六十兩。
鄉飲二次，共銀二十兩。
祭祀丁壇銀六十六兩。

春宴、春花、門神、桃符，共一十兩。
買辦曆日銀五兩。
支應下程銀一百二十五兩。
公費銀六十兩。
備用、備補，共銀一百兩。
武塲带徵銀二兩一錢。
歲考搭棚銀五兩。
走遞馬騾草料、工食銀一千八百四十八兩六錢。
走遞損夫銀一百五十兩。
走遞轎夫、皂隸銀三百七十兩。
刑具、卷箱、白牌等銀一十二兩五錢。
看守察院老人工食银三兩六錢。
廩膳生員麥折銀一百八十兩。
廩膳生員米折銀一百八十兩。

廩膳生員膳夫工食銀一百二十兩。
鳳陽縣儒學膳夫工食銀二十兩。
起運存留戶口銀二百九十一兩。
孤貧花布銀一十九兩。
孤貧月糧銀五十六兩。
各舖司兵工食二百八十兩八錢。
巡司弓兵工食銀六十兩。
文廟香燭銀二兩一錢六分。
裁剩銀解部充餉，共六千一百三十二兩三錢三分七厘六毫五絲五忽六微六纖二沙一塵二渺，本色麥石在內。
以上各項，依照新頒《全書》①，共銀四萬五百八十兩六錢三分五毫九絲五忽三微三纖五沙二塵二渺。自順治十一年（1654）起，除荒徵熟，一應錢糧，俱照漕撫、部院田單。丁、地二項，共銀二萬三千一百一十八兩七錢二分四毫二絲一忽，扣數支解。

①「《全書》」，當指記載各地賦稅數額、稅則之《賦役全書》。

鹽課①

歲額食鹽九千五百二十三引。

牧馬草塲②

地二十八頃四十畆三分。

物産附③

穀類

秔稻、糯稻、出城南遠鄉，如遇淮水泛溢，并遠鄉亦缺。大麥、小麥、穀、黍、秫、黄豆、黑豆、菉豆、江豆、豌

①原書前目録無此條，已據補。

②「牧馬草塲」，原書前目録作「馬政」，已據改。

③「附」字，原書前目録無，已據補。

豆、小豆、芝麻、蕎麥。①

菜類

白菜、芥菜、灰菜、菠菜、芹菜、蘿蔔、葫蘿蔔、蔓菁、芫荽、葱、蒜、韭、白莧、紅莧、薺、萵苣、茄子、瓠子、葫蘆、蒲笋、同［苘］蒿、刀豆、倒勾臺。

①《正德潁州志·土産·五穀部》：「鮮稻、黑稻、烏芒、獐牙鮮、西天旱、山黄稻、火旱稻、紅芒稻、望水白、挨天黄、虎皮糯、飛上倉、紅皮糯、鯽魚糯、龍骨早、青芒稻、七叶稻、大麥、小麥、火麥、蕎麥、春麥、黑黍、黄黍、大黄黍、龍瓜穀、寒穀、青穀、糙穀、薥秫、狼尾秫、珍珠秫、黑殼秫、鳩眼秫、金苗秫、大小黄豆、滿場白、茶褐豆、菉豆、大小黑豆、黎小豆、紅小豆、白小豆、紅江豆、白江豆、六月豆、大豌豆、小豌豆、蚕豆、羊眼豆、花豆、鴨彈青小豆、刀豆、土豆。」吕景蒙《嘉靖潁州志·食貨·五穀》：「粳稻有秈，有黑，有烏芒，有西天旱，有山黄，有火旱，有紅芒，有望水白，有挨天黄，有青芒，有龍骨早，有七十日，有飛上倉。糯稻有虎皮，有馬鬃，有紅皮，有鯽魚。麥多大，多小，多火，多蕎，有春。黍多黄，多大黄，有黑。粟有龍爪，有寒，有紅，有兔蹄，有青，有糙。秫多米，多狼尾，多珍珠，多黑燋殼，多紅燋殼，多鳩眼，有金苗。豆多大小黄，多菉，多滿場白，多大小黑，多青，有滚龍珠，有茶褐，有黎小，有紅小，有白小，有紅江，有白江，有六月，有大豌，有小豌，有白豌，有蚕，有羊眼，有刀，有土。」李宜春《嘉靖潁州志·賦産·五穀》：「秈稻、黑稻、烏芒稻、西天旱稻、山黄稻、火旱稻、紅芒稻、望水白稻、挨天黄稻、青芒稻、龍骨早稻、七十日稻、飛上倉稻、虎皮稻、馬鬃稻、紅皮稻、鯽魚稻、大麥、小麥、火麥、蕎麥、春麥、黄黍、大黄黍、黑黍、龍爪粟、寒粟、紅粟、兔蹄粟、青粟、糙粟、米秫、狼尾秫、珍珠秫、黑燋殼秫、紅燋殼秫、鳩眼秫、金苗秫、大小黄豆、菉豆、滿場白豆、大小黑豆、青豆、滚龍珠豆、茶褐豆、黎小豆、紅小豆、白小豆、紅江豆、白江豆、六月豆、大豌豆、小豌豆、蚕豆、白豌豆、羊眼豆、刀豆、土豆。」

瓜類

西瓜、甜瓜、冬瓜、王瓜、絲瓜、南瓜、苦瓜。①

果類

桃、櫻、核桃、杏子、梅子、李子、銀杏、石榴、棗子、軟棗、柿子、梅子②、栗子、蒲[葡]萄、蘋婆、沙

①《正德潁州志》、吕景蒙《嘉靖潁州志》及李宜春《嘉靖潁州志》中均將「瓜部」並入「菜部」。《正德潁州志・土産・菜部》：「大小葱、蒜、韭、白菜、蘿蔔、赤根菜、青菜、芹菜、灰菜、生菜、芥菜、薺菜、馬齒莧、蔓菁菜、白莧、紅莧、苦苿菜、蓬蒿、鷄頭菜、茄子、芫荽、冬瓜、菜瓜、苦瓜、西瓜、薖蘧菜、均薘、胡蘿蔔、王瓜、甜瓜、葫蘆、瓠子、絲瓜、芋蕖、蒲筍、茭白、藕絲。」吕景蒙《嘉靖潁州志・食貨・物産》：「菜：多葱，多蒜，多韭，多白，多芥，多薺，多生，多灰，多馬齒莧，多菠，多芫荽，多萵苣，多茄，多白蘿蔔，多水蘿蔔，多胡蘿蔔，多冬瓜，多菜瓜，多苦瓜，多西瓜，多王瓜，多絲瓜，多葫蘆，多瓠子，有赤根，有芹，有蔓菁，有白莧，有紅莧，有鷄頭，有苦蕒，有白花，有茼蒿，有甜，有莙薘，有蒲筍，有茭白，有藕。」李宜春《嘉靖潁州志・賦産・菜類》：「葱、蒜、韭菜、白菜、芥菜、薺菜、生菜、灰菜、馬齒莧菜、菠菜、芫荽菜、萵苣、茄、白蘿蔔、水蘿蔔、胡蘿蔔、冬瓜、菜瓜、苦瓜、西瓜、王瓜、絲瓜、葫蘆、瓠子、赤根菜、芹菜、蔓菁菜、白莧菜、紅莧菜、鷄頭菜、苦蕒菜、白花菜、茼蒿菜、甜菜、莙薘菜、蒲筍、茭白、藕。」

②「梅子」，與上文重出。

果、梨椹子、梧桐子、芋頭、土豆、芡、菱角、蓮子。①

木

松、栢、槐、柳、桑、柘、□②、椿、楮、白楊、青楊、桐、楸、棠、苦楝、冬青、橡、紫荆、皂角。③

貨類

絲、木綿［棉］、紅花、藍靛。④

①《正德潁州志·土産·果部》：「桃（夏、秋、冬有熟，惟秋熟者佳）、櫻桃（味酸）、核桃（仁瘦）、栗子（少實而小）、柿子（数種，大者八兩）、銀杏（少實）、石榴（子小，微酸）、杏子（小而微酸）、李（数種，紫色者）、李梅（實少）、沙果（小而味淡）、梨子（剥接者味佳，無揸）、棗（核大肉薄）、軟棗（顆小）、葡萄、木瓜（太硬）、頼葡萄（臭）、桑葚子、梧桐（少結）、花紅（顆小味淡）、蓮子、菱角（小而刺）、藕（有揸）、茨菰（小而味澁）、芡、無花果。」吕景蒙《嘉靖潁州志·食貨·物産》：「果：多桃（夏、秋、冬熟，惟秋熟者佳），多柿子，多杏，多李，多棗，有櫻桃，有核桃，有栗子，有銀杏，有石榴，有李梅，有沙果，有櫇櫴，有軟棗，有梨，有葡萄，有花紅，有蓮子，有菱角，有芡，有無花果。」李宜春《嘉靖潁州志·賦産·果類》：「桃、柿、杏、李、棗、櫻桃、核桃、栗、銀杏、石榴、李梅、沙果、櫇櫴、梨、軟棗、葡萄、花紅、芡、蓮子、菱角、無花果。」

②原文此字漫漶不清。

③《正德潁州志·土産·木部》：「栢、槐、榆、松、桑、柳、柘、楮、椿、桐、櫟、棣、楸、青楊、白楊、紫荆、水荆、苦楝、冬青、皂角樹、棠梨。」吕景蒙《嘉靖潁州志·食貨·物産》：「木：多栢，多槐，多榆，多桑，多柳，多楮，多椿，多白楊，多水荆，有棠棣，有松，有柘，有桐，有櫟，有楸，有青楊，有紫荆，有苦楝，有冬青。」李宜春《嘉靖潁州志·賦産·木類》：「柘、槐、榆、桑、柳、楮、椿、白楊、水荆、棠棣、松、栢、桐、櫟、楸、青楊、紫荆、苦楝、冬青。」

④《康熙潁州志·食貨·貨類》：「絲、木棉、紅花、藍靛。」

竹類

青竹、紫竹、斑竹。①

花類

紫薇、玉蘭、桂、牡丹、木槿、綉毬、山茶花、梔子、薔薇、白碧桃、紅碧桃、木香、丁香、瑞香、白梅、紅梅、臘梅、海棠、芙蓉、芍藥、荼蘼、葵、石竹、山丹、捲丹、金盞、玉簪、鷄冠、龍鬚、夜落金、萱草、鳳僊花、火蝴蝶、蓮、菊。②

---

①《正德潁州志·土産·竹部》：「筀竹、紫竹、斑竹、水竹、苦竹、小竹。」吕景蒙《嘉靖潁州志·食貨·物産》：「竹：有筀，有紫，有斑，有水，有苦，有小。」李宜春《嘉靖潁州志·賦産·竹類》：「筀竹、紫竹、斑竹、水竹、苦竹、小竹。」

②《正德潁州志·土産·花部》：「牡丹、薔薇、芍藥、鷄冠、石竹花、鳳僊、木槿、芙蕖、月桂、山丹、紅花、甘菊、萱花、龍鬚、千葉桃、刺蘼、紅綿花（間産）、青綿花（間産）、千葉榴、川草花、山茶花、百種菊、四種葵。」吕景蒙《嘉靖潁州志·食貨·物産》：「花：多鳳僊（數種），多地棠（二種），多木槿，多罌粟，多玉簪，多紅花，多菊（有數種），多六月菊，多剪春羅，多夜落錦，多金盞，多萱草，多刺蘼，多珍珠，多蜀葵，多葵（數種），多馬蘭，有牡丹，有薔薇，有芍藥，有鷄冠，有石竹（數種），有芙蓉，有月季，有山丹，有捲丹，有龍鬚，有紫羅，有千葉榴，有千葉桃。」李宜春《嘉靖潁州志·賦産·花類》：「鳳僊花、地棠、木槿花、菊、罌粟花、玉簪花、紅花、六月菊、剪春羅、夜落錦、金盞花、萱草、海棠、鷄冠花、刺蘼花、紫薇花、珍珠、蜀葵花、葵花、馬蘭花、牡丹花、薔薇花、芍藥、石竹花、芙蓉花、桂花、山丹花、捲丹花、龍鬚花、紫羅花、千葉榴花、千葉桃花。」

藥類

何首烏、天南星、稀簽草、白扁豆、荆芥、紫蘇、地黄、桃仁、杏仁、苦參、年夏、車前草、牡丹皮、芍藥、天門冬、麥門冬、枸杞子、山藥、蒼耳草、木瓜、香附、紫花地丁、罌粟殼、薄荷、益母草、地榆、郁李、黑牽牛、馬鞭草、桑白皮、枳殼、枳實、酸棗仁。①

羽類

鵝、鴨、鷄、鴈、鳩、鵪鶉、鴿、野鴨、黄鸝、鶴、天鵝、錦鷄、鷗、鷺、鵰、鸛、灰鶯、燕、鴉、鵲、黄

①《正德潁州志·土産·藥部》：「何首烏、櫻粟殼、生地黄、荆芥、苦參、紫蘇、破故芷、地骨皮、天南星、大黄、半夏、薄荷、覆盆子、馬鞭草、香附子、川芎、芍藥、蒔蘿、白扁豆、黑扁豆、桑白皮、芫花、郁李、茴香、黑牽牛、枸杞子、蒼耳草、杏仁、木瓜、地榆、化骨草、透骨草、枳實、枳殼、茱萸、土椒、車前草、桃仁、秫梗、麥門冬。」吕景蒙《嘉靖潁州志·食貨·物産》：「藥：多何首烏，多生地黄，多紫蘇，多薄荷，多馬鞭草，多香附子，多蒔蘿，多黑牽牛，多枸杞子，多茴香，多杏仁，多透骨草，多枳殼，多茱萸，多車前草，多桃仁；有櫻粟殼，有荆芥，有苦參，有破故紙，有地骨皮，有天南星，有大黄，有半夏，有覆盆子，有芍藥，有白扁豆，有桑白皮，有郁李，有黑扁豆，有蒼耳草，有木瓜，有地榆，有化骨草，有枳實，有土椒，有麥門冬，有楮實，有菖蒲，有瓜蔞，有槐子，有芫花，有艾，有蟬脱，有栢子仁，有地丁，有茅香，有桔梗，有草烏。」李宜春《嘉靖潁州志·賦産·藥類》：「何首烏、生地黄、紫蘇、薄荷、馬鞭草、香附子、蒔蘿、黑牽牛、枸杞子、茴香、杏仁、透骨草、枳殼、茱萸、車前子、桃仁、櫻粟殼、荆芥、苦參、破故紙、地骨皮、天南星、大黄、半夏、覆盆子、芍藥、白扁豆、桑白皮、郁李、黑扁豆、蒼耳草、木瓜、地榆、化骨草、枳實、土椒、麥門冬、楮實、菖蒲、瓜蔞、槐子、芫花、艾、蟬脱、栢子仁、地丁、茅香、桔梗、草烏。」

雀、虎皮鵲、箸顶紅、靠山紅、魚鷹、鴛鴦、翡翠、啄木、告田、百勞、膓嘴、鵜、鶺領。①

毛類

馬、牛、水牛、騾、驢、羊、狼、麞、貉、貛、豕、狐、兔、犬、鼠、田鼠、猬。②

鱗類

鯉、魴、鰱、鯽、黄鮬、白魚、祭刀、鯖、馬郎、鰻、鱔、鰍。③

①《正德潁州志·土産·羽部》：「天鵝、鴈、鴿、鵪鶉、水鷄、水鴨、鷗、鶴、鸛、鴇、雕、鷺、鴟梟、青鵏、鵝、鴨、鷄、雀、鵚鶖、鸕鷀、倉〔蒼〕鷹、鷂、鶻、鷂、魚鷹、浮鵝、鴸鵜、鳩、烏、鴉、鶺鴒、鵜（俗呼爲水拖車）、鴛鴦、江四兩、鶯、紫燕、江燕、鵲、銅嘴、斲木、布谷、鵓鴿、白鵲、錦鷄、雉鷄、紅鶴、翡翠、告田。」吕景蒙《嘉靖潁州志·食貨·物産》：「羽：多鴿，多鵪鶉，多雀，多鳩，多鴉，多告田，多紫燕，有天鵝，有鴈，有水鷄，有水鴨，有鷗，有鶴，有鸛，有鴇，有鷺，有鴟梟，有青鵏，有鵚鶖，有鸕鷀，有蒼鷹，有鷂，有鶻，有鷂，有魚鷹，有浮鵝，有鴸鵜，有鶺鴒，有鵜（俗呼爲水拖車），有鴛鴦，有江四兩，有鶯，有江燕，有鵲，有銅嘴，有斲木，有鵓鴿，有錦鷄。」李宜春《嘉靖潁州志·賦産·羽類》：「鴿、鵪鶉、雀、鳩、鴉、告田、紫燕、鴈、天鵝、水鷄、水鴨、鷗、鶴、鸛、鴇、鷺、鴟梟、青鵏、鵚鶖、鸕鷀、蒼鷹、鷂、鶻、鷂、魚鷹、浮鵝、鴸鵜、鶺鴒、鵜、鴛鴦、江四兩、鶯、江燕、鵲、銅嘴鳥、斲木鳥、鵓鴿、錦鷄。」

②《正德潁州志·土産·毛部》：「鹿、獐、狼、虎、貛、貉、貍、狐、兔、馬、騾、驢、獺、山羊、綿羊、刺猬、水牛、黄牛。」吕景蒙《嘉靖潁州志·食貨·物産》：「毛：多兔，有狸，有狐，有獺，有刺猬。」李宜春《嘉靖潁州志·賦産·毛類》：「兔、狸、狐、獺、刺猬。」

③《正德潁州志·土産·鱗部》：「黄鮬、黄、魴、鱘、鱖、鯇、青鯉、金鯉、黑鯉、鰱、鱅、鯖、白魚（小而味美）、妖魚、祭刀、鯽、鮎、鰍、馬郎、河豚、比目、鱔、鰻、鱨。」吕景蒙《嘉靖潁州志·食貨·物産》：「鱗：多鯉，多鰱，多鯖，多鯽，多馬郎，有黄鮬，有鯿，有魴，有鱖，有鯇，有鱅，有白，有妖，有祭刀，有鮎，有鰍，有鱔，有鰻，有鱓，有鱘，有鱠，有鱧。」李宜春《嘉靖潁州志·賦産·鱗類》：「鯉魚、鰱魚、鯖魚、鯽魚、馬郎魚、黄鮬魚、鯿魚、魴魚、鱖魚、鯇魚、鱅魚、白魚、妖魚、祭刀魚、鮎魚、鰍魚、鱔魚、鰻魚、鱓魚、鱘魚、鱠魚、鱧魚。」

甲類

龜、鱉、蟹、黿、蛤蚌、螺。①

蟲類

蛙、蟬、蛺蝶、蜻蜓、蠶、蜂、蝗、水蛇、桑根蛇、蜥蜴、蝎、蜈蚣、蚰蜒、促織、蟋蟀、蜉蝣、蝦蟆、蜣螂、螟蛉、天水牛、守宫。②

①《正德潁州志·土産·甲部》：「龜、白眼龜（有毒，食之殺人）、鱉、蟹、蛤蚌（大者七八寸徑，舊傳産珍珠）、蝸牛、黿、螺、鰕。」吕景蒙《嘉靖潁州志·食貨·物産》：「介：多龜，多黿，多蚌，有白眼龜，有鼈，有蟹，有蝸牛，有螺，有鰕。」李宜春《嘉靖潁州志·賦産·介類》：「龜、黿、蚌、白眼龜、蝸牛、鼈、蟹、螺、鰕。」

②《正德潁州志·土産·虫部》：「蠶、蜜蜂、黄蜂、烏蜂、螟蛉、蝦蟆、蚰蜒、促織、蟋蟀、蝶、蟬、蛙、蜉蝣、蜈蚣（長七八寸，能殺人）、螳螂、蛸蛸、蛜蝛、刀郎、蝎、蝎虎。害苗稼蟊賊之類猶多，不足記。」吕景蒙《嘉靖潁州志·食貨·物産》：「蟲：多蜜蜂，多黄蜂，多蜘蛛，多蝦蟇，多促織，多蚯蚓，多蜻蜓，多蜈蚣，多蝎，多蠶，有烏蜂，有螟蛉，有蚰蜒，有蟋蟀，有蝶，有蟬，有蛇，有蜉蝣，有螳螂，有蛸蜎，有蛜蝛，有刀螂，有蝎虎，有蠟虫。」李宜春《嘉靖潁州志·賦産·蟲類》：「蜜蜂、黄蜂、蜘蛛、蝦蟇、促織、蚯蚓、蜻蜓、蜈蚣、蝎、蠶、烏蜂、螟蛉、蚰蜒、蟋蟀、蝶、蟬、蛇、蜉蝣、螳螂、蛸蜎、蛜蝛、刀螂、蝎虎、蠟虫。」

潁州志卷之五

典禮志

禮者，治之本也，非天子不議禮①。懸之象魏，頒行郡國，有五禮焉。儀文度數，載在方册，一毫逾越，風化因之。道揆法守，惟禮爲大，於是政教成焉。謳歌絃誦則爲樂，禮樂以節民之性情。有司奉行德意，謹守憲章，以和陰陽。《記》曰：「明則有禮樂，幽則有鬼神。」② 君子爲國以禮，而樂寓焉。故載其成典，凡秩祀、鄉飲、射之屬，以及《會典》所載，官民之制，遵家禮者，皆其目也。

①《禮記·中庸》：「子曰：『愚而好自用，賤而好自專，生乎今之世，反古之道，如此者，烖及其身者也。非天子不議禮，不制度，不考文……』」

②《禮記·樂記》：「明則有禮樂，幽則有鬼神。」

遵皇清朝頒行典禮，凡朝賀、萬壽聖節、皇太子千秋節、冬至、正旦節，朝廷遣使開讀。詔勅新官上任、立春鞭春、日食、月食，俱知州帥僚屬行禮如制。

考訂前代禮制及本朝現行諸典①

漢。高帝令天下立靈星祠，祠后稷。而謂之靈星者，以后稷又配食星也。②

東漢。郡縣置社稷，令、長長③侍祠，牲用羊豕。④郡邑常以乙未日祀先農於乙地，以丙戌日祀風伯於戌地，以己丑日祀雨師於丑地，牲用羊豕。⑤立春之先一日⑥，郡縣長率官屬、農民、父老、子弟，建青幡幘，迎春於東郭外。具芒神、土牛，其衣、笠、麻綍及牛之頭、腹，青黄諸色，視歲建干支所屬塗餙之。令一童子衣青衣，先在

---

①原書前目錄無此條，已據補。

②《史記·封禪書》：「其後二歲，或曰周興而邑邰，立后稷之祠，至今血食天下。於是高祖制詔御史：『其令郡國縣立靈星祠，常以歲時祠以牛。』」《漢書·郊祀志》同。《後漢書·祭祀志下》：「漢興八年（前199），有言周興而邑立后稷之祀，於是高帝令天下立靈星祠。言祠后稷而謂之靈星者，以后稷又配食星也。」呂景蒙《嘉靖潁州志·禮樂》：「西漢。高帝令天下立靈星祠，祠后稷。而謂之靈星者，以后稷又配食星也。」

③後一「長」字，疑爲衍字。《後漢書·祭祀下》、呂景蒙《嘉靖潁州志·禮樂》均無。詳見下文所引。

④《後漢書·祭祀志下》：「郡縣置社稷，太守、令、長侍祠，牲用羊豕。」

⑤《後漢書·祭祀志下》：「縣邑常以乙未日祠先農於乙地，以丙戌日祠風伯於戌地，以己丑日祠雨師於丑地，用羊豕。」

⑥此句，《後漢書·祭祀志下》及呂景蒙《嘉靖潁州志·禮樂》均作「立春之日」。詳見下文所引。

東郭外野中。迎春至者，自野中出，迎者拜之而還。至次日立春，則擊土牛而分於農，弗祭。餘三時不迎。① 明帝永平二年（59），郡縣行鄉飲禮於學校。②

隋。州縣學則春秋仲釋奠，每年於學一行鄉飲酒禮。③

唐。五禮，一曰吉禮，小祀：州縣之社稷、釋奠。④ 貞觀四年（630），詔州縣皆作孔子廟。十一年（637），詔孔子爲宣父。州縣之釋奠，亦以博士祭，牲用少牢，而無樂。⑤（開元）二十八年（740），詔春秋二仲，州、縣

---

①《後漢書·祭祀志下》：「立春之日，皆青幡幘，迎春於東郭外。令一童男冒青巾，衣青衣，先在東郭外野中。迎春至者，自野中出，則迎者拜之而還，弗祭。三時不迎。」

②《後漢書·禮儀志上》：「明帝永平二年三月，上始帥群臣躬養三老、五更於辟雍。行大射之禮，郡、縣、道行鄉飲酒於學校。於是七郊禮樂三雍之義備矣。」吕景蒙《嘉靖潁州志·禮樂》：「東漢。郡縣置社稷，令、長侍祠，牲用羊豕。郡邑常以乙未日祀先農於乙地，以丙戌日祀風伯於戌地，以己丑日祀雨師於丑地，牲用羊豕。立春之日，皆青幡幘，迎春於東郭外。令一童男帽青巾，衣青衣，先在東郭外野中。迎春至者，自野中出，則迎者拜之而還，弗祭。三時不迎。明帝永平二年，郡縣行鄉飲禮於學校。」

③《隋書·禮儀志四》：「隋制，國子寺，每歲以四仲月上丁，釋奠於先聖先師。年別一行鄉飲酒禮。州郡學則以春秋仲月釋奠。州郡縣亦每年於學一行鄉飲酒禮。學生皆乙日試書，丙日給假焉。」吕景蒙《嘉靖潁州志·禮樂》：「隋。州縣學則春秋仲月釋奠，每年於學一行鄉飲酒禮。」

④《新唐書·禮樂志一》：「五禮。一曰吉禮，大祀：天、地、宗廟、五帝及追尊之帝、后。中祀：社稷、日、月、星、辰、岳、鎮、海、瀆、帝社、先蠶、七祀、文宣、武成王及古帝王、贈太子。小祀：司中、司命、司人、司祿、風伯、雨師、靈星、山林、川澤、司寒、馬祖、先牧、馬社、馬步，州縣之社稷、釋奠。」

⑤《新唐書·禮樂志五》：「（貞觀）四年，詔州縣學皆作孔子廟。十一年，詔尊孔子爲宣父，作廟於兗州，給戶二十以奉之……州縣之釋奠，亦以博士祭。」

之祭以上丁。① 籩豆皆八、簋二、簠二、俎三。② 鄉飲酒禮以刺史爲主人，先召鄉致仕有德者謀之，賢者爲賓，其次爲介，又其次爲眾賓。③ 其儀詳本《志》。季冬之月，正齒位則以縣令爲主人，鄉之老人年六十以上有德望一人爲賓，次一人爲介，又其次爲三賓，又其次爲眾賓。④ 其儀亦詳本《志》。⑤

宋。真宗大中祥符中，詔太常禮院定州縣釋奠器數：先聖、先師每坐酒尊一、籩豆八、簋二、簠二、俎三、罍一、洗一、篚一，尊皆加勺、冪，各置於坫［坫］。巾共二、燭二、爵共四，坫［坫］。有從祀之處，各籩二、豆二、簋一、簠一、俎一、爵一。⑥ 州縣以春秋二仲上丁釋奠。社稷，春秋二祭，州刺史初獻，上佐亞獻，博士終

---

①《新唐書·禮樂志五》：「（開元）二十八年，詔春秋二仲上丁，以三公攝事，若會大祀，則用中丁，州、縣之祭，上丁。」

②《新唐書·禮樂志二》：「州縣祭社、稷、先聖，釋奠於先師，籩豆皆八、簋二、簠二、俎三。」

③《新唐書·禮樂志九》：「州貢明經、秀才、進士身孝悌旌表門閭者，行鄉飲酒之禮，皆刺史爲主人。先召鄉致仕有德者謀之，賢者爲賓，其次爲介，又其次爲衆賓，與之行禮，而賓舉之。」

④《新唐書·禮樂志九》：「季冬之月正齒位，則縣令爲主人，鄉之老人年六十以上有德望者一人爲賓，次一人爲介，又其次爲三賓，又其次爲衆賓。」

⑤吕景蒙《嘉靖潁州志·禮樂》：「唐。五禮，一曰吉禮。小祀：州縣之社稷、釋奠。貞觀四年，詔州、縣皆作孔子廟。十一年，詔孔子爲宣父。州縣之釋奠，亦以博士祭，牲用少牢，而無樂。（開元）二十八年，詔春秋二仲，州、縣之祭以上丁。籩豆皆八、簋二、簠二、俎三。鄉飲酒禮以刺史爲主人，先召鄉致仕有德者謀之，賢者爲賓，其次爲介，又其次爲眾賓。其儀詳本《志》。季冬之月，正齒位則以縣令爲主人，鄉之老人年六十以上有德望一人爲賓，次一人爲介，又其次爲三賓，又其次爲眾賓。其儀亦詳本《志》。」

⑥《宋史·禮志八》：「（大中祥符）二年（1009）五月乙卯，詔追封十哲爲公，七十二弟子爲侯，先儒爲伯或贈官……詔太常禮院定州縣釋奠器數：先聖、先師每坐酒尊二、籩豆八、簋二、簠二、俎三、罍一、洗一、篚一，尊皆加勺、冪，各置於坫，巾共二，燭二，爵共四，坫。有從祀之處，諸坐各籩二、豆二、簋一、簠一、俎一、燭一、爵一。」

獻，牲用少牢。禮行三獻，致齋三日。其禮器數：正配坐、尊各二，籩、豆各八，簠、簋各二，俎三。從祀籩、豆各二，簠、簋、俎各一。州縣社主製用石，形如鐘，長二尺五寸，方一尺，剡其上，培其半。①祭用常服。紹興元年（1131），以春秋二仲及臘前祭。②

明及本朝。文廟，在學前。中爲大成殿，兩翼爲東西廡，前爲露臺，爲戟門。門之前爲泮池，爲橋。又其前爲櫺星門。嘉靖辛卯（1531），更殿曰先師廟，門曰廟門，迺易封號，撤像，而題以木主。按禮制，以春秋二仲月上丁日釋奠。③

---

①《宋史·禮志五》：「社稷。自京師至州縣，皆有其祀。歲以春秋二仲月及臘日祭太社、太稷。州縣則春秋二祭，刺史、縣令初獻，上佐、縣丞亞獻，州博士、縣簿尉終獻。如有故，以次官攝，若長吏職官或少，即許通攝，或別差官代之。牲用少牢，禮行三獻，致齋三日。其禮器數：正配坐尊各二，籩、豆各八，簠、簋各二，俎三。從祀籩、豆各二，簠、簋、俎各一。太社壇廣五丈，高五尺，五色土爲之。稷壇在西，如其制。社以石爲主，形如鐘，長五尺，方二尺，剡其上，培其半。」

②《宋史·禮志五》：「紹興元年，以春秋二仲及臘前祭太社、太稷於天慶觀，又望祭於臨安天寧觀。」呂景蒙《嘉靖潁州志·禮樂》：「宋。真宗大中祥符中，詔太常禮院定州縣釋奠器數：先聖、先師每坐酒尊一、籩豆八、簋二、簠二、俎三、罍一、洗一、篚一，尊皆加勺、冪，各置於玷［坫］，巾共二，燭二，爵共四，玷［坫］。有從祀之處，各籩二、豆二、簋一、簠一、俎一、爵一。州縣以春秋二仲上丁釋奠。社稷，春秋二祭，刺史初獻，上佐亞獻，博士終獻。牲用少牢，禮行三獻，致齋三日。其禮器數：正配坐尊各二、籩豆各八、簠簋各二、俎三。從祀籩、豆各二，簠、簋、俎各一。州縣社主用石，形如鐘，長二尺五寸，方一尺，剡其上，培其半。祭用常服。紹興元年，以春秋二仲及臘前祭。」

③呂景蒙《嘉靖潁州志·禮樂》：「皇明。文廟。在學前。中爲大成殿，兩翼爲東西廡（同知紹重修），前爲露臺，爲戟門。門之前爲泮池，爲橋。又其前爲櫺星門（知州同綦重修）。嘉靖辛卯，更殿曰先師廟，門曰廟門，迺易封號，撤像，而題以木主，制也。神庫（在東廡北），神厨、宰牲所（俱在泮池西）……洪武禮制，以春秋二仲月上丁日釋奠。」李宜春《嘉靖潁州志·學校》：「先師廟。嘉靖辛卯，奉詔去封號，撤聖像，而易以牌位，題曰至聖先師孔子。其配哲兩廡，俱以先賢先儒。春秋以仲丁日致祭。」

啟聖公祠，廟東。嘉靖辛卯（1531）奉制建，祀叔梁紇，題稱啟聖公孔氏神位。以顏無繇、曾點、孔鯉、孟孫氏配，俱稱先賢某氏。以程珦、朱松、蔡元定從祀，俱稱先儒。禮部條格以春秋二仲月上丁日學官致祭，禮行先廟一奠。①

社稷壇，在州西郭。禮制，以春秋二仲月上戊日致祭。②

風雲雷雨山川壇，在州南郭。禮制，以春秋二仲月上己日致祭。二壇之在郡邑，俱中有壇。其門，其庫，其厨，其齋所，俱頹毀，惟存垣樹而已。有司以事神爲重，恐不應如此之褻也。③

城隍廟，在州北城西南隅。有堂，有退室，有東西廊房，有重門，大街之口有起敬坊。月朔望，州縣官繼文廟

---

①吕景蒙《嘉靖潁州志・禮樂》：「啟聖公祠。在廟東。嘉靖辛卯奉制建，祀叔梁紇，題稱啟聖公孔氏神位。以顏無繇、曾點、孔鯉、孟孫氏配，俱稱先賢某氏。以程珦、朱松、蔡元定從祀，俱稱先儒……禮部條格以春秋二仲月上丁日學官致祭，禮行先廟一奠，制也。」李宜春《嘉靖潁州志・學校》：「啟聖祠。嘉靖辛卯，同知張縉奉詔建，祀叔梁紇，題曰啟聖公孔氏。以顏無繇、曾點、孔鯉、孟孫氏配，題先賢某氏。以程珦、朱松、蔡元定從祀，題先儒某氏。春秋丁日先祭。」

②《正德潁州志・祠廟》：「社稷壇。在南城西門關外一里。洪武初建，正壇面北。」吕景蒙《嘉靖潁州志・禮樂》：「社稷壇。在州西郭…… 禮制以春秋二仲月上戊日致祭。」李宜春《嘉靖潁州志・祀典》：「社稷壇。在南城西門關外一里。祀五土五穀之神，以春秋二仲上戊日祭。」

③《正德潁州志・祠廟》：「山川壇。在南城南門外二里。洪武初建，正壇面南。」吕景蒙《嘉靖潁州志・禮樂》：「風雲雷雨山川壇。在州南郭……禮制，以春秋二仲月上己日致祭。二壇之在郡邑，俱中有壇。其門，其庫，其厨，其齋所，俱頹毀，惟存垣樹而已。有司以事神爲重，恐不應如此之褻也。」李宜春《嘉靖潁州志・祀典》：「風雲雷雨山川壇。在南城南門外二里。祀風雲雷雨、境内山川、潁州城隍。春秋二仲上己日祭。二壇之在郡邑，俱中有壇。」

行香，各往參焉。①

郡厲壇，在州郭西北隅。禮制，歲以清明日、七月望、十月朔請城隍之神出主其祭，榜無祀鬼神而分祭之。②

名宦祠，在文廟戟門之東。今據《傳》考定，合祀漢宋登，唐柳實積，五代王祚，宋柳植、晏殊、邵亢、王代恕、蔡齊、歐陽修、呂公著、張洞、蘇頌、蘇軾、曾肇、燕肅、豐稷、陳規、汪若海，明聶廷璧、謝肇玄、張愛、郭蒙吉、張賢、劉珮。郡邑於春秋丁日行釋奠禮後致祭。③

鄉賢祠，在文廟之西。今據《傳》考定，合祀漢何比干、郭憲、陳蕃、范滂，宋張綸、王臻、焦千之、王回，

---

①《正德潁州志·祠廟》：「城隍廟。在北城内西南隅。洪武初建，面南。按，《舊志》云：『廟在南城，封靈佑侯，有誥命。』」呂景蒙《嘉靖潁州志·禮樂》：「城隍廟，在州北城西南隅。有堂，有退室，有東西廊房，有重門，大街之口有起敬坊……月朔望，州縣官繼文廟行香，各往參焉。」李宜春《嘉靖潁州志·祀典》：「城隍廟。在州北城西南隅。有堂，有退室，有東西廊房，有重門，大街之口有起敬坊。」

②《正德潁州志·祠廟》：「郡厲壇。在北城外西北隅，白龍溝北。正統中，知州孫景明改移此，面南。」呂景蒙《嘉靖潁州志·禮樂》：「郡厲壇，在州郭西北隅……禮制，歲以清明日、七月望、十月朔請城隍之神出主其祭，榜無祀鬼神而分祭之。」李宜春《嘉靖潁州志·祀典》：「郡厲壇。在北城西北隅，白龍溝北。正統中，知州孫景明置。歲以清明日、七月望、十月朔祀無祀鬼神，請城隍神以主其祭。」

③呂景蒙《嘉靖潁州志·禮樂》：「名宦祠。在文廟戟門之東。今據《傳》考定，合祀漢宋登，唐柳實積，五代王祚，宋柳植、晏殊、邵亢、王代恕、蔡齊、歐陽修、呂公著、張洞、蘇頌、蘇軾、曾肇、燕肅、豐稷、陳規、汪若海，皇明張賢、劉珮、張愛……郡邑於春秋丁日行釋奠後致祭。」李宜春《嘉靖潁州志·學校》：「名宦祠。祀漢汝陰令宋登；唐刺史柳實積；五代刺史王祚；宋知潁州柳植、晏殊、蔡齊、歐陽修、呂公著、蘇頌、蘇軾、曾肇、燕肅、豐稷，團練推官邵亢，司法參軍王代恕，推官張洞，知順昌府陳元規，通判汪若海；明知州張賢、張愛，學正劉珮。」

元李黼、張紹祖，明安然、張泌、郭昇、盧翰、張守亨、尚爵、王謨。郡邑於春秋丁日繼名宦祀致祭。①

歐陽文忠公祠，在南城西。中爲堂，東爲書屋，西爲前後宅二重，宅後爲厨。祠前爲廳，廳前爲東西耳房，又前爲門。祀宋知州歐陽修、蘇軾、吕公著，今三賢俱奉祀於名宦祠。又並晏元獻公殊，設木主於西湖書院祠内合祀之。其於從祀廟庭之外又有此典，則以西湖故也。然禮煩則亂，此堂之祭，屬其王（主）祠者，不當在本州歲時之定額。

宋忠臣劉琦［錡］，配以陳規、汪若海，祠曰報功，堂曰全勝。其副將軍趙樽、許清、曹成、閻充、耿訓、韓宣附享。②

三忠祠，在東關衝直街，面西。州判吕景蒙會同知州，改廢祠爲之。中爲正氣堂，前爲仰高亭，左右爲序。又

①吕景蒙《嘉靖潁州志·禮樂》：「鄉賢祠。在文廟之西。今據《傳》考定，合祀漢何比干、郭憲、陳蕃、范滂，宋張綸、王臻、焦千之、王回，元李黼、張紹祖，皇明安然、張泌……郡邑於春秋丁日繼名宦祠致祭。」李宜春《嘉靖潁州志·學校》：「鄉賢祠。祀漢決曹掾何比干、光祿勳郭憲、太尉陳蕃、光祿勳主事范滂，宋制置副史張綸、御史丞王臻、知州焦千之、知縣王回，元總管李黼、教授張紹組，明御史大夫安然、光祿卿張泌、參議郭昇、知縣張守亨。二祠丁畢致祭。俱嘉靖甲午（十三年，1534）知州朱同蓁建。」

②《正德潁州志·祠廟》：「歐陽祠。在南城學宮之西。按《元志》，祠在西湖書院東，變故以來，湮没無稽。正統中提學御史彭勖建於今所，歲久又圮。成化九年（1473），同知劉節買地學東，建祠落成，因移徙察院，祠適丁後堂基。遂仍遷建故址，雖静幽可佳，第狹隘不可以充拓也。」吕景蒙《嘉靖潁州志·禮樂》：「歐陽文忠公祠。在南城西。中爲堂，東爲書屋，西爲前後宅二重，宅後爲厨（後重并厨爲判官景蒙添，注寓此添造者），祠前爲廳（即府行署），廳前爲東西耳房，又前爲門。祀宋知州事歐陽修、蘇軾、吕公著，今三賢俱奉祀於名宦祠。又並晏元獻公，設木主於西湖書院祠内，且歐公近復從祀廟庭。禮煩則亂，此堂當改祀宋忠臣劉錡，配以陳規、汪若海……其祠改曰報功，其堂扁曰全勝。」

前爲門，門之兩翼有房，外爲三忠坊。祀元忠臣李黼、兄冕，配從子秉昭。①

六貞祠，在東關衝直街，面東。吕景蒙會同知州，改玄壇祠爲之。中爲貞烈堂，爲左右厢。前爲門，門外爲六貞坊。坊前有井，題曰清洌。祠内祀漢烈婦范滂母，明節婦李氏、陳海妻。劉氏、李深妻。韓氏、周雨妻。李氏，時銓妻。烈婦張氏。魏隆妻。②

按，劉太尉初［祠］及三忠、六貞，皆以丁、戊之次日致祭。其祭物、祭品之豐與潔在有司，而禮儀則放諸家之祭禮。③

①吕景蒙《嘉靖潁州志・禮樂》：「三忠祠。在東關衝直街，面西。景蒙會同知州九霄，因女神淫祠改爲之。中爲正氣堂，前爲仰高亭，左右爲序。又前爲門，門之兩翼有房，外爲三忠坊。祀元忠臣李黼、兄冕，配從子秉昭。」李宜春《嘉靖潁州志・祀典》：「三忠祠。在東關衝直街中。祀元總管李黼及兄冕，配以從子秉昭，判官吕景蒙立。」

②「六貞祠」，李宜春《嘉靖潁州志・祀典》作「貞烈祠」。吕景蒙《嘉靖潁州志・禮樂》：「六貞祠。在東關衝直街，面東。景蒙會同知州九霄，因玄壇淫祠改爲之。中爲貞烈堂，爲左右厢。前爲門，門外爲六貞坊。祀漢烈婦范滂母，皇明節婦李氏（陳海妻），劉氏（李深妻），韓氏（周雨妻），李氏（時銓妻），烈婦張氏（魏隆妻）……坊前有井，蒙題曰清洌。」李宜春《嘉靖潁州志・祀典》：「貞烈祠。在東關衝直街中。祀范滂母、王嘉會妻楊氏、王伯萬二婦俱楊氏、周雨妻韓氏、時銓妻李氏、魏隆妻張氏。」

③吕景蒙《嘉靖潁州志・禮樂》：「劉大尉并三忠、六貞。繼丁、戊致祭。其祭物、祭品之豐與潔在有司，而禮儀則放諸家禮之祭禮。（大約每祠羊一，豕一，果十，疏十，酒如其神之數。）」《康熙潁州志・典禮・秩祀》：「劉太尉祠。祀劉公錡，配以陳規、汪若海，其副將軍趙樽、許清、曹成、閻充、耿訓、韓宣附享。三忠祠，詳見《建置》。六貞祠，詳見《建置》。此上三祠，皆繼丁、戊致祭，每祠羊一，豕一，果十，疏十，酒如其神之數。」

旗纛廟，在衛後。咸有堂，有東西序，有門。歲以霜降日衛所官致祭。①

马神祠，在州郭西南。有堂，有東西序，有門。俱以春秋上庚日致祭。②

鄉飲酒禮，州以孟春望日、孟冬朔日行。其度數、禮文，詳見《會典》。③

鄉射禮，按《吕志》：射器惟瑟，係舊物。其楅一，鹿巾一，豐一，鼓二，銅鐘一，石磬一，琴一，笙三，和一，布侯一，乏一，旌一，弓十，決十，遂十，矢六十四，扑四，籌八十，篚一，觶一，罇一，酒壼［壺］一，勺一，罍一，洗盆一，斯禁一，各全架。嘉靖丙申（1536），判官吕景蒙置。今皆散遺，無一存者。④

①《正德潁州志·祠廟》：「旗纛廟。在北城時雍街東。潁川衛所祀。」吕景蒙《嘉靖潁州志·禮樂》：「旗纛廟。在衛後……咸有堂，有東西序，有門。歲以霜降日衛所官致祭。」李宜春《嘉靖潁州志·兵衛》：「潁川衛。在州治後……又後爲旗纛廟，霜降致祭。」

②《正德潁州志·祠廟》：「馬神廟。在南關西南五里馬廠内。孳牧奉祀。」吕景蒙《嘉靖潁州志·禮樂》：「馬神祠，在州郭西南……咸有堂，有東西序，有門。俱以春秋上庚日致祭。」李宜春《嘉靖潁州志·祀典》：「馬神祠，在州廓西南。春秋上庚日祭。」

③《明會典·禮部·鄉飲酒禮》：「（洪武）十六年（1383），頒行《鄉飲酒禮圖式》，各處府、州、縣每歲正月十五日、十月初一日於儒學行鄉飲酒禮。酒殽於官錢約量支辦，務要豐儉得宜。除僎賓外，衆賓序齒列坐，其僚屬則序爵……」吕景蒙《嘉靖潁州志·禮樂》：「鄉飲酒禮。州縣俱以孟春望日、孟冬朔日行。其度數、禮文，詳見《會典》。」

④吕景蒙《嘉靖潁州志·禮樂》：「鄉射禮。（射器惟瑟，係舊物。其楅一，鹿巾一，豐一，鼓二，銅鐘一，石磬一，琴一，笙三，和一，布侯一，乏一，旌一，弓十，決十，遂十，矢六十四，扑四，籌八十，篚一，觶一，罇一，酒壺一，勺一，水罍一，洗盆一，斯禁一。侯架、鼓架、鐘架、磬架、琴桌、瑟架、篚罍架。其罇、觶、勺、酒壺、水盆俱鍮。嘉靖丙申，判官景蒙置。）」

本州春秋舉行秩祀諸廟祝文①

至聖先師孔子祝文。曰：惟師德配天地，道冠古今。删述六經，垂憲萬世。今兹仲春秋，謹以牲帛醴齊，粢盛庶品，式陳明薦。以復聖顏子、宗聖曾子、述聖子思子、亞聖孟子配。尚饗！②

啟聖公孔氏祝文。曰：惟公誕生至聖，爲萬代王者之師。今兹仲春，謹以牲帛醴齊，粢盛庶品，式陳明薦。以先賢顏氏、曾氏、孔氏、孟氏，先儒周氏、朱氏、程氏、蔡氏配。尚饗！③

漢汝陰令宋公登，唐潁州刺史柳公賓積，五代潁州刺史王公祚，宋給事中、知潁州事柳公植，宋工部尚書、知

---

①原書前目錄無此條，已據補。

②《明會典·禮部·祭先師孔子》：「祝文：維洪武某年，歲次某甲子月日，皇帝遣具官某致祭於大成至聖文宣王。惟王德配天地，道冠古今。删述六經，垂憲萬世。謹以牲帛醴齊，粢盛庶品，祇奉舊章，式陳明薦。以兖國復聖公、郕國宗聖公、沂國述聖公、鄒國亞聖公配。尚饗！」《禮部志稿·先師孔子》同。《泮宫禮樂疏·祀典名義疏》：「維某年，岁次某甲子，某月朔某日某甲子某衙門某官某等，敢昭告於至聖先師孔子。惟師德配天地，道冠古今。删述六經，垂憲萬世。兹惟仲春秋，謹以牲帛醴齊，粢盛庶品，式陳明薦。以復聖顏子、宗聖曾子、述聖子思子、亞聖孟子配。尚饗！」

③《泮宫禮樂疏·啟聖祠祀儀疏》：「祝文：維某年，歲次某甲子，某月朔某日某甲子某衙門某官某等，致祭於啟聖公孔氏之神曰：惟公誕生至聖，爲萬世王者師，功德顯著。兹因仲春秋，特用祭告。以先賢顏氏、先賢曾氏、先賢孔氏、先賢孟孫氏配。尚饗！」《禮部志稿·啟聖祠祭儀》：「祝文：維某年某月某日，皇帝謹遣具官某，致祭於啟聖公孔氏曰：惟公誕生至聖，爲萬世王者之師，功德顯著。兹因仲春秋，特用遣祭。以先賢顏氏、曾氏、孔氏、孟孫氏配。尚饗！」

潁州事晏公殊，宋潁州團練推官邵公亢，宋潁州司法參軍王公代恕，宋吏部侍郎、知潁州蔡公齊，宋學士、知潁州歐陽公修，宋學士、知州吕公公著，宋知潁州、推官張公洞，宋知潁州蘇公頌，宋學士、知潁州蘇公軾，宋知潁州、待制曾公肇，宋知潁州燕公肅，宋順昌府學士豊公稷，宋知順昌府陳公規，宋順昌府判汪公若海，明潁州兵備道僉事聶公廷璧，明潁州道兵備副使謝公肇玄，明知潁州張公愛，明鳳陽府通判、駐劄潁州郭公蒙吉，明儒學學正張公賢，明儒學學正劉公珮祝文。曰：於維諸公，宦遊於斯。風流後世，澤被當時。昭德舉祠，百代宗主。俾我後人，有所興起。今兹仲春秋，肅陳牲醴，念此舊遊，乘風至止。尚饗！

漢廷尉何公比干，漢光禄勳郭公憲，漢太傅陳公蕃，漢光禄勳范公滂，宋江淮發運使張公綸，宋淮南轉運副使王公臻，宋無錫知州焦公千之，宋節度推官、知南頓縣事王公回，元禮部侍郎兼都總管李公黼，元河南路府儒學教授張公紹祖，明御史大夫安公然，明光禄寺卿張公泌，明陝西布政司參議郭公昇，明兖州府推官盧公翰，明陝西華亭縣知縣張公守享［亨］，明永平府通判尚公爵，明浙江僉事王公謨祝文。曰：於維諸公，斯地之英。文章政事，卓有令名。昭德舉祠，從祀學宫。歷年雖遠，曷盡餘風？今兹仲春秋，時祭之供，精英昭灼，鑒此豆登。尚饗！

文昌司命祝文。曰：維神司天武庫，焕世文明。五星聚而瑞氣昌，列宿分而治象著。神居泮水之側，光開潁郡之祥。今兹仲春秋，聿修禋祀，仰祈昭格，俯鑒居歆。尚饗！

潁州社稷之神祝文。曰：品物資生，烝民乃粒。養育之功，司土是賴。維兹仲春秋，禮宜告祀。謹以牲帛醴齊，粢盛庶品，式陳明薦。尚饗！①

風雲雷雨之神、本州之内出川之神、本州城隍之神祝文。曰：維神妙用玄機，生育萬物。奠我民居，足我民食。某等欽承上命，忝職兹土。今當仲春秋，謹具牲醴，用申常祭。尚饗！②

漢壽亭侯、前將軍關公祝文。曰：維神耿亮正直，忠憤激烈，慷慨磊落。勇冠萬夫，義高千古。形亡神在，歷代揚靈。至於天朝，尤爲顯灼。賢豪哲人，匹夫匹婦，罔不仰神之靈。大江以南，長淮以北，徐泗汝潁之間，乃神經歷故地，英靈尤顯著焉。職忝牧是郡，欽神英爽。肅肅穆穆，德音孔昭。敬率僚佐，奉牲陳詞。用申昭報，神其鑒之。尚饗！

馬明王祝文。曰：國有馬政，惟神是司。坤象河精，功資蕃息。慕古時之八駿，祈今日之九良。祀既永修，神其常祐。尚饗！

勅封昭靈侯張龍公祝文。曰：於維明神，孔武且仁。有求即應，有旱即霖。茂我百穀，粒我烝民。今兹仲春

①《明會典·禮部·社稷》：「祝文：維洪武年歲次某月朔日，某官某等敢昭告於某社之神、某稷之神曰：品物資生，烝民乃粒。養育之功，司土是賴。維兹仲春秋，禮宜告祀。謹以牲帛醴齊，粢盛庶品，式陳明薦。尚饗！」

②《明會典·禮部·風雲雷雨山川城隍之神》：「祝文：維洪武年月日，某官某等敢昭告於風雲雷雨之神、某府州縣境内山川之神、某府州縣城隍之神曰：惟神妙用神機，生育萬物。奠我民居，足我民食。某等欽承上命，（『職守方面』，布政司用。『忝職兹土』，府州縣用。）今當仲春秋，謹具牲醴庶品，用仲常祭。尚饗！」

秋，特舉明禋。神有顯道，桴鼓鑒臨。尚饗！

宋知潁州尚書晏公、學士呂公、學士歐陽公、學士蘇公祝文。曰：於維四公，有宋人豪。文章政事，萬世爲昭。潁固舊遊之地，且瞻山斗之標。今兹仲春秋，恭薦牲醪。英靈不昧，鑒格九霄。尚饗！

元總管李公黼、冕、秉昭祝文。曰：維公正直之操，剛方之氣，或以捍患，著德鄉邦；或以衛國，致身王事，忠義萃於一門，聲名流於百世。今兹仲春秋，特申常祭。精英不泯，御風臨莅。尚饗！

六貞祠諸烈女祝文。曰：維靈坤貞成性，巽順持身。母儀無虧，婦道克敦。教子則青史流芳，相夫則栢舟誓心。今兹仲春秋，時祭是陳。仰觀正氣，恍惚見聞。尚饗！

宋東京副留守劉公祝文。曰：維公有功於宋朝，不止順昌之捷。潁惠徼於假道，頓叨再造之功。百世生靈，惟公生息。百世人心，誰不欽崇？特祠報祀，妥侑無窮。今兹仲春秋，時祭是供。神威如在，肹蠁會逢。恭陳俎豆，肹蠁秉風。以副將軍趙公樽、許公清、曹公成、閻公充，召募義勇耿公訓、韓公宣配。尚饗！

潁州兵備馬公豸祝文。曰：於維我公，冀北儒宗。分符兹土，盜止刑平。江淮保障，帝里長城。今兹仲春秋，薄祭是陳。報功報德，秉風鑒臨。尚饗！

潁州土地之神祝文。曰：維神奠安州治，祐護官民。今兹仲春秋，特申祭告。神有顯道，昭格鑒臨。尚饗！

官紳士民應行典禮本朝據前《會典》①

冠禮。按《明會典》，冠禮儀節與《家禮》畧同。卜吉、告廟、請賓，具三加冠服，謁祖廟，拜父母、伯叔、尊長，冠而字之，備成人之禮。②

①原書前目錄無此條，已據補。

②《明會典·冠禮·士庶冠禮》：「洪武三年（1370），定凡男子年十五至二十皆可冠。將冠，筮日、筮賓於祠堂，戒賓，俱同品官儀。是日夙興，張帷爲房於聽事之東，賓、主、執事者皆盛服。設盥於阼階下東南，陳服於房中西牖下，東向北上。席二在南，酒壺在服北次。盞注。幞頭、帽巾各盛以盤，蒙以巾帕，執事者三人捧之，立於堂下西階之西，南向東上。主人立於阼階下，子弟親戚立於盥東，儐者立於門外以俟賓。將冠者雙紒袍，勒帛素履待於房中。賓至，主人出迎，揖而入。坐定，將冠者出於房，執事者請行事。賓之贊者取櫛總篦幧頭，置於席南端。賓揖將冠者，將冠者即席，西向坐。賓之贊者爲櫛，合紒施總，加幧頭。賓主皆降，主人立於阼階下。賓盥訖，主人揖讓，升自西階，皆復位。執事者以巾進，賓降西階一等受之，詣冠者席前，東向云云，跪爲著巾。興，復位。冠者興，賓揖。冠者適房，易服深衣、大帯，出房，即冠席。賓盥訖，降二等受帽。進祝，贊者徹巾，賓跪冠。興，復位。冠者興，賓揖。冠者入房，易服旋服、襴衫、腰帯，出房，即冠席。賓盥訖，降三等受幞頭，進祝。三祝皆同品官詞。贊者徹帽，加幞頭，復位。冠者興，賓揖。冠者適房，易公服，出房。執事者徹冠席，入帷中，更設醴席於西階，南向。贊者酌醴出房，立於冠者之南。賓揖冠者，即醴席，西向立。賓受醴，詣席前北面祝，同品官詞。冠者於席西拜受，賓答拜。執事者薦饌，冠者即席坐，飲食訖，再拜。賓答拜。冠者離席，立於西階之東，南向。賓字，同品官詞。冠者拜，賓答拜。冠者拜父母，父母爲之起。拜諸父之尊者，遂出見鄉先生及父之執友，先生執友皆答拜。訖。賓退，主人請禮賓，辭。固請，許諾乃入。設酒饌，延賓及儐贊者。賓退，主人酬賓贊，侑以幣，乃拜謝。禮畢，主人以冠者見祠堂，告曰：『某之子某冠畢，敢見。』冠者北面，焚香再拜出。」《康熙潁州志·典禮》：「《明會典》冠禮儀節與《家禮》畧同。卜吉、告廟、請賓，具三加冠服，謁祖廟，拜父母、伯叔、尊長，冠而字之，備成人之禮。」

婚禮。按《會典》，洪武元年（1368），民間嫁娶依《家禮》行。① 凡品官嫁娶，先遣媒氏通書，次遣使及媒氏行六禮。届期，婿至婦家親迎。詰朝，率婦謁祖廟，見舅姑，行盥饋禮。舅姑饗婦如家人儀。② 嘉靖八年（1529），令士民婚禮問名、納吉、請期、納采、納幣、親迎等禮，俱依典制。其品官、士民用金珠、尺幣、棗栗、牲醴，俱有品式，增減視其力。③

喪禮。按《會典》，初終、小殮、大殮、成服、葬虞、卒哭，品官制有差。庶人殺，大畧與《家禮》同。墻翣。公侯六，三品以上四，五品以上二。冥器。公侯九十事，一、二品八十，三、四品七十，五品五十，六、七品三十，八、九品二十。引、披、鐸。公侯四引、六披、左右各八鐸，一、二品二引、四披、左右各六鐸，三、四品二引、二披、左右各二鐸。羽旛竿。長九尺。五品以上，一人執之引柩。六品以下不用。功布。長三尺。方相。四品以上四目，七品以上兩目，八品以下不用。柳車。上用竹格，以綵結之，旁施帷幔，四角垂流蘇。志石。蓋書某官之墓，底書姓氏、三代、鄉里、生年月日及子孫、卒葬月日。婦人則隨夫及子孫封贈。祭物。四品以上，羊、豕。九品以上，豕。庶人無墻翣、引、披、鐸、羽旛、方相，餘儀同

①《明史·禮志·庶人昏禮》：「《禮》云：『婚禮下達。』則六禮之行，無貴賤一也。朱子《家禮》無問名、納吉，止納采、納幣、請期。洪武元年定制用之；下令禁指腹、割衫襟爲親者。」

②《明會典·婚禮·品官納婦》：「凡品官婚娶，或爲子聘婦，先遣媒氏通書，次遣使及媒氏行六禮。婦至婿家，主人饗宴送者。明日，謁見祖禰。訖，次見舅姑，行盥饋之禮。舅姑饗婦如家人之儀。」

③《康熙潁州志·典禮》：「明洪武元年，詔民間嫁娶依《家禮》行。凡品官嫁娶，先遣媒氏通書，次遣媒氏及使行六禮。届期，婿至婦家親迎。詰朝，率婦謁祖廟，見舅姑，行盥饋禮。舅姑饗婦如家人儀。嘉靖八年，令品官、士民婚禮俱依典制，其用金珠、尺幣、棗栗、牲醴，俱有品式。」

品官。嘉靖十八年（1539），題准士庶葬禮各稱家之有無爲厚薄，時忌致祭亦隨所有，以伸追慕。不以富侈，不以貧廢。巨家大族，能遵禮以爲細民倡者，有司量加勸勵。①

祭禮。按《會典》，凡四時祭祖廟，擇仲月三旬，或丁或亥，卜吉而行。若歲時及忌日、俗節薦享，則不卜前期。主祭者率衆丈夫齋於外，主婦率衆婦齋於内，沐浴，更衣，不行吊葬之事。届期謁神，三獻，讀祝，焚帛，受

①《明會典·禮部·喪葬》：「洪武五年（1372），定官民喪儀。品官棺用油杉，朱漆；槨用土杉。墻翣：公侯六，三品以上四，五品以上二。冥器：公侯九十事，一品、二品八十事，三品、四品七十事，五品五十事，六品、七品三十事，八品、九品二十事。引、披、鐸：公侯四引、六披、左右各八鐸，一品、二品二引、四披、左右各六鐸，三品、四品二引、二披、左右各二鐸。羽旛竿：長九尺，五品以上一人執之，以引柩；六品以下不用。功布，品官用之，長三尺。方相：四品以上四目，七品以上兩目，八品以下不用。柳車，上用竹格，以綵結之，旁施帷幔，四角垂蘇。志石二片，品官皆用之。其一爲蓋，書某官之墓；其一爲底，書姓名、鄉里、三代、生年月日及子孫、卒葬月日。婦人則隨夫及子孫封贈。二石相向，用鐵束，埋墓中。祭物，四品以上用羊豕，九品以上用豕。庶人，棺所用堅木，油杉爲上，柏次之，土杉、松木又次之。用黑漆、金漆，不得用朱紅。冥器一事。功布，以白布三尺引柩。柳車以衾覆棺。志石二片，如品官之儀。塋地周圍十八步，每面四步半。祭物用豕。力不及者，隨家有無。」《康熙潁州志·典禮》：「《明會典》初終、小殮、大殮、成服、葬虞、卒哭、祔廟，品官制有差。庶人殺，大畧與《家禮》同。墻翣（公侯六，三品以上四，五品以上二）。冥器（公侯九十事，一、二品八十，三、四品七十，五品五十，六、七品三十，八、九品二十）。引、披、鐸（公侯四引、六披、左右各八鐸；一、二品二引、四披、左右各六鐸；三、四品二引、二披、左右各二鐸）。羽旛竿（長九尺。五品以上一人執之，引柩，六品以下不用）。功布（長三尺）。方相（四品以上四目，七品以上兩目，八品以下不用）。柳车（上用竹格，以綵結之，旁施帷幔，四角垂流蘇）。志石（蓋書某官之墓，底書姓氏、三代、鄉里、生年月日及子孫、卒葬月日。婦人則隨夫及子孫封贈）。祭物（四品以上，羊、豕；九品以上豕）。庶人無墻翣、引、披、鐸、羽旛、方相，餘儀同品官。嘉靖十八年，題准士庶葬禮各稱家之有無爲厚薄，時忌致祭亦隨所有，以伸追慕。不以富侈，不以貧廢。巨家大族能遵禮以爲細民倡者，有司量加勸勵。」

胙，徹饌，俱如制。①

冠服。按《會典》，洪武五年（1372）定，凡命婦自一品九等至七品三等，紅羅繡雉，皆以遞減如制。②令庶民男女衣服並不得僭用金繡、錦綺、紵絲、綾羅，止用紬絹、素紗；首飾、釧鐲不許用金玉、珠翠，止用銀。③

順治四年（1647），詔禁官士、軍民不得僭用玄黄、龍貂等服。

比間按《會典》，凡鄉黨序齒，士農工商人等平居相見及歲時宴會揖拜之禮，幼者先施。坐立之列，長者居上。④

---

①《明會典·禮部·品官家廟》：「至若庶人得奉其祖父母、父母之祀，已有著令。而其時享於寢之禮，大畧同於品官焉。」其後《品官享家廟儀》載有「時日」「齋戒」「陳設」「省饌」「行事」「參神」「降神」「進饌」「酌獻」「侑食」「闔門」「啟門」「受胙」「辭神」「納主」「徹」「餕」等諸般儀節。《康熙潁州志·典禮·喪祭》：「《明會典》，凡四時祭祖廟，擇仲月三旬，或丁或亥，卜吉而行。若歲時及忌日、俗節薦享，則不卜前期。主祭者率眾丈夫齋於外，主婦率眾婦齋於內，沐浴，更衣，不行吊葬之事。屆期謁神，三獻，讀祝，焚帛，受胙，徹饌，皆如制。」

②《明會典·禮部·冠服》：「洪武五年定，命婦圓衫之制。以紅羅爲之，繡重雉爲等。第一品九等，二品八等，三品七等，四品六等，五品五等，六品四等，七品三等，其餘不用繡雉。」

③《明會典·禮部·士庶巾服》：「洪武三年（1370）令，庶民男女衣服並不得僭用金繡、錦綺、紵絲、綾羅，許用紬絹、素紗。其首飾釧鐲，並不許用金玉、珠翠，止用銀。靴不得裁製花樣、金銀粧飾。」《康熙潁州志·典禮·冠服》：「明洪武五年（1372）定，凡命婦自一品九等至七品三等，紅羅繡雉，皆以遞減如制。令庶民男女衣服並不得僭用金繡、錦綺、紵絲、綾羅，止用紬絹、素紗；首飾、環釧不許用金玉、珠翠，止用銀。」

④《明會典·禮部·庶人常見禮儀》：「洪武五年（1372）令，凡鄉黨叙齒，民間士農工商人等平居相見及歲時宴會揖拜之禮，幼者先施。坐次之列，長者居上。」

凡内外官致仕居鄉，惟宗族序尊卑，如家人禮。外祖、妻家序如宗族。若筵晏［宴］，則設別席，不許坐於無官者之下。如與同致仕官會，則序爵；爵同，序齒。①

按，以上秩祀、鄉飲、射之禮及《明會典》之禮，皆先王之制也，有司之所奉行也。爰詳載之，嚴而不瀆，節而不數，經而不徇乎俗，與民宜之而不悖於制，豈曰郡縣故事而已哉？

本州雜祀諸典（凡廟祠及釋道寺觀、菴院，開附於後②）

城隍廟。鐘鼓樓迆北西巷。有坊，大門向東。洪武二年（1369）頒有誥敕。初草創，覃懷趙鋭有《記》③，自後續有修葺。至萬曆辛卯（1591），大爲增修。殿五楹，翼以捲棚。寢殿五楹，左楹碧霞元君祠，右楹廣生祠。殿前兩廊各五楹，東西鐘鼓樓各一楹，重門三楹。重門左土地祠一楹，右齋宫三楹。萬曆三十二年（1604），西府郭公蒙吉捐銀，買寢殿後民間地一段，價十九

①《明會典·禮部·庶人常見禮儀》：「（洪武）十二年（1379）令，内外官致仕居鄉，惟於宗族序尊卑，如家人禮。於其外祖及妻家亦序尊卑。若筵宴，則設別席，不許坐於無官者之下。如與同致仕官會，則序爵；爵同，序齒。」《康熙潁州志·典禮·宴會》：「《明會典》，洪武五年（1372）令，凡鄉黨序齒，士農工商人歲時宴會揖拜之禮，幼者先施。坐立之列，長者居上。十二年令，凡内外官致仕居鄉，惟宗族序尊卑，如家人禮。外祖、妻家序如宗族。若筵宴，則設別席，不許坐於無官者之下。如與同致仕官會，則序爵；爵同，序齒。」

②原書前目録無此條，已據補。

③《正德潁州志·文章》録有此文，題作《重修城隍廟記》。李宜春《嘉靖潁州志·祀典》亦收録，稱「覃懷趙鋭《記》」。

兩，直二①丈，横□②丈。院宇既拓，神棲用妥。本年，鄉官張鶴鳴、張鶴騰買大門北民間房地一段，價二十九兩，爲元君行宫三楹，移寢殿東楹元君、移寢殿西楹移③廣生諸神祠祀之。蓋城隍專祀，舊制雜近瀆也。寢殿東楹改爲神厨，貯釜、鬲、水甕，俱厨器。其西楹改爲神庫，貯盆盂、匜盤、盞碟之具。寢殿天井甚隘，俟再更置之。兩廊山墻射正殿東西楹，俟異日更東西拓之。儀門壁添畫善惡古蹟，以垂鑒戒。副使張鶴騰爲之記。④

張龍公祠。神像，南門外土人掘地得之。詳在唐布衣趙耕《記》、宋歐陽修《祈雨文》、蘇軾《謝雨文》並《詩》及《傳》。春秋上巳日祭。⑤

---

①「二」字，《康熙潁州志》作「三」。詳見下文所引。

②「□」處，原文空缺，《康熙潁州志》作「六」。詳見下文所引。

③「移」字，疑爲衍文。詳見下注。

④《正德潁州志·祠廟》：「城隍廟。在北城内西南隅，洪武初建，面南。按，《舊志》云：『廟在南城，封靈佑侯，有誥命。』」吕景蒙《嘉靖潁州志·禮樂》：「城隍廟。在州北城西南隅。有堂，有退室，有東西廊房，有重門，大街之口有起敬坊。」李宜春《嘉靖潁州志·祀典》：「城隍廟。在州北城西南隅。有堂，有退室，有東西廊房，有重門，大街之口有起敬坊。覃懷趙鋭《記》……」《康熙潁州志·建置·祠廟》：「城隍廟。在北城西南隅，大街之口有起敬坊。明洪武二年頒有誥勅。廟初建時，覃懷趙鋭作《記》。至萬曆辛卯，大加增修。正殿五楹，翼以捲棚。寢殿五楹，左供碧霞元君，右爲廣生祠。殿前兩廊各五楹，東西鐘鼓樓各一，重門三楹。重門左有土地祠，右齋宫三楹。迨三十二年，西府郭公蒙吉捐資，於寢殿後置得民間地，直三丈，横六丈。院宇既拓，神棲乃妥。州人張鶴鳴、鶴騰復購大門北民間房地，蓋殿三楹，移寢殿東西元君、廣生諸神祀之。而寢殿東楹改爲神厨，貯釜、鬲、水甕等器。西楹改爲神庫，貯盆盂、匜盤之屬。蓋自是清静而尊嚴矣。張鶴騰有《記》。」

⑤吕景蒙《嘉靖潁州志·輿地下·祠（州）》：「張龍公。在迎薰門外。」李宜春《嘉靖潁州志·祀典》：「張龍公祠。在迎薰門外。唐布衣趙耕《記》……宋歐陽修《祈雨文》……蘇軾《謝雨文》……又《詩》……」《康熙潁州志·建置·祠廟》：「張龍公祠。在南門外。神像係土人掘地得之。詳《藝文》。」

東嶽行宮。州東一里①，相讓臺上。舊有殿，有廊，有門。萬曆二十年（1592），鄉官王道增捐資廣募，創建重門。廳五楹，前建小樓，翼以二祠爲垣，匝垣植松栢。爲前門三楹。《舊志》：歐陽公修有《祭文》。兵後頽毀。順治八年（1651），郡人田之逢捐資重修，焕然一新，有碑記之。②

關王廟。在鼓樓。嘉靖癸丑（1553），兵道朱舜民以北城隅舊廟神像移置其上。朔望，有司晉謁。一在東門甕城，一在東關。③

雙廟。在北門外，白龍溝北。④

迎祥觀。在北城西北隅，有道紀司印。有正殿、重門，俱圮壞。明初，僊人張三丰修煉於此，遺混元僊衣，或曰即張古山。

①「一里」，《正德潁州志》、吕景蒙《嘉靖潁州志》、李宜春《嘉靖潁州志》及《康熙潁州志》均作「二里」，當是。詳見下注。

②《正德潁州志·祠廟》：「東嶽行祠。在南城東門外二里。祠基故楚莊王所築，世傳相讓臺是也。」吕景蒙《嘉靖潁州志·輿地下·祠（州）》：「東嶽。在（州）東二里，相讓臺上。」李宜春《嘉靖潁州志·祀典》：「東嶽行祠。在州東二里，相讓臺上。宋歐陽修《祭文》……」《康熙潁州志·古蹟·寺觀》：「東嶽行宮。在州東二里，相讓臺故基。歐陽公修有祭文。明萬曆二十年，州人王道增捐募廣大之。四周築垣，繞垣雜植松栢。大門三楹，進爲重門，前建小樓，翼以二祠。正殿五楹，迴廊環列左右，兵後頽毀。順治八年，田之逢重修，焕然復新，有碑記。」

③吕景蒙《嘉靖潁州志·輿地下·廟（州）》：「關王。一在衛東，一在東關門口。」李宜春《嘉靖潁州志·祀典》：「關王廟。在東關門口。」《康熙潁州志·建置·祠廟》：「關壯侯廟。舊在北城隅。明嘉靖間，兵備使者朱公舜民夢神助敗賊，因迎塑像，供譙樓。有司朔望焚謁。又一在西湖南岸，萬曆中，同知蔡公敬中建。廟後有亭，曰環碧。有軒，題曰潁水瀟湘，取歐陽公『潁水似瀟湘』語也。廟東築亭，曰峙玉，旁蒔花竹繞之。一在東門甕城，一在東關外。」

④吕景蒙《嘉靖潁州志·輿地下·廟（州）》：「雙廟。在北關，白龍菴之左。」李宜春《嘉靖潁州志·祀典》同。《康熙潁州志·古蹟·寺觀》：「雙廟。在北門外，白龍溝北。」

萬曆三十一年（1603），府判郭蒙吉創建張真人祠於殿東。郡副使張鶴騰記。①

資佛寺。在南門裏，有僧正司印。有正殿、後殿，内貯藏經。有祖師殿、伽藍殿、鐘鼓樓、天王殿、山門。②

善現寺。在州東五十五里，今名北照寺。父老傳明太祖曾駐蹕於此，奉勅建。今正殿災。③

馬公祠。在東門甕城，關王廟左。祀本道兵備馬公，諱豸，春秋上巳日祭。今廢。④

魁星祠。在南城望鶴樓。有廬三間，翼以垣，坐壕外巽水，面儒學正殿。三十六年（1608），知州孫崇先始建橋。⑤⑥

---

①《明一統志・中都・寺觀》：「迎祥觀。在潁州治南。元泰定間建，本朝洪武間重建。」《正德潁州志・寺觀》：「迎祥觀。在南城西北隅，道正司在焉。」吕景蒙《嘉靖潁州志・輿地下・觀（州）》：「迎祥。在南城西北隅。」李宜春《嘉靖潁州志・傳疑》同。《康熙潁州志・古蹟・寺觀》：「迎祥觀。在北城西北隅，有道紀司印。舊時正殿、重門俱圮。明初，僊人張三丰修煉於此，遺有混元衣，至今猶存。萬曆三十一年，郡倅郭公蒙吉建張真人祠於殿東，州人張鶴騰記。」

②《明一統志・中都・寺觀》：「資福寺。在潁州土城西南。宋建，本朝洪武中重修。」《正德潁州志・寺觀》：「資福寺。在南城南門内大街西衕内，僧正司在焉。每歲萬壽節、履端、長至，俱於寺習儀。」吕景蒙《嘉靖潁州志・輿地下・寺（州）》：「資福。在南城。」李宜春《嘉靖潁州志・祀典》同。《康熙潁州志・古蹟・寺觀》：「資佛寺。在南門裏，有僧正司印。前爲山門，爲天王殿。左右爲鐘鼓樓、伽藍殿、祖師殿。中爲正殿，爲後殿，内貯藏經。」

③《正德潁州志・寺觀》：「善現。在州東五十五里，舊名北照寺。太祖高皇帝起兵駐蹕於此。洪武二十五年（1392）建寺，三十五年（1402）被亂兵焚毁。永樂初重修，更題宿緣寺。」吕景蒙《嘉靖潁州志・輿地下・寺（州）》：「善現。在東五十五里。舊名北照，太祖高皇帝起兵駐驛於此。洪武二十五年建。」李宜春《嘉靖潁州志・傳疑》：「善現寺。在州東五十五里。舊名北照，我太祖起兵駐驛於此。」《康熙潁州志・古蹟・寺觀》：「善現寺。在州東五十五里，今名北照寺。父老傳明太祖曾駐蹕於此，奉勅建之。今正殿燬。」

④《康熙潁州志・建置・祠廟》：「馬公祠。在東門甕城，關壯繆廟左。祀兵備使者馬公豸，今廢。」

⑤「魁星祠」，未見他書記載。《康熙潁州志・古蹟・樓臺》所載似與此相關「奎星樓」

⑥《康熙潁州志・古蹟・樓臺》：「奎星樓。在東南隅城上，即望霍樓。」

文昌祠。在北城，大察院右。①

三官廟。在河北岸。一在東關。②

華嚴寺。在東三里灣，黃霸洲上。③

真武祠。七里河右。一在私擺渡北。④

玉皇樓。祀迎勳［薰］樓。⑤

伍子胥廟。北鄉五門，蓋子胥故里也。⑥

謝公祠。詳《建置》。⑦

大士閣。祀宜秋樓。⑧

①《康熙潁州志·古蹟·寺觀》：「文昌祠。在北城，大察院右。」

②《康熙潁州志·古蹟·寺觀》：「三官廟。在東關。一在河北岸。」

③《康熙潁州志·古蹟·寺觀》：「華嚴寺。在州東三里灣，黃霸洲上。」

④《康熙潁州志·古蹟·寺觀》：「真武祠。七里河右。一在私擺渡北。」

⑤《康熙潁州志·古蹟·樓臺》：「玉皇樓。在南城上，即迎薰樓。」

⑥《康熙潁州志·建置·祠廟》：「伍大夫廟。北鄉伍名店，蓋子胥故里也。」

⑦《康熙潁州志·建置·祠廟》：「謝公祠。在飛虹橋東，爲州守謝公詔建。」

⑧《康熙潁州志·古蹟·堂亭》：「大士樓。在西城上，即宜秋樓。」

白衣大士閣。祀克敵樓。①

火星廟。祀小西門樓。一在東關。②

觀音堂。在東關。③

彌陀菴。大教塲後。萬曆四十三年（1615）建，住僧如乾。④

千佛菴。在東（關）。萬曆三十三年（1605）建，住僧嚴止。⑤

地藏菴。在東關。⑥

迎水菴。在北關。⑦

萬緣菴。在北關。⑧

①《康熙潁州志·古蹟·堂亭》：「白衣大士樓。在西南隅城上，即克敵樓。」

②《康熙潁州志·古蹟·寺觀》：「火星廟。在東關。一在西關。」

③《康熙潁州志·古蹟·寺觀》：「觀音堂。在東關。一在南關。」

④《康熙潁州志·古蹟·寺觀》：「彌陀菴。在大教塲後，萬曆四十三年建。」

⑤《康熙潁州志·古蹟·寺觀》：「千佛菴。在東關，萬曆三十三年建。住僧嚴止。」

⑥《康熙潁州志·古蹟·寺觀》：「地藏菴。在東關。」

⑦《康熙潁州志·古蹟·寺觀》：「迎水菴。在北關。」

⑧《康熙潁州志·古蹟·寺觀》：「萬緣菴。在北關。」

福慧菴。在北關。居人胡永祥建，住僧行序。①

歸一菴。在北關，住僧性本。②

海會菴。在河北，住僧晉從。③

梓潼廟。在東察院右。④

小地藏菴、天僊廟。在小教場。⑤

觀音堂。在南關，新建。⑥

祖師廟、火星廟。俱在西關。⑦

按，城隍廟及旗纛、馬神等，有司所專祀也，特爲重典。其餘道釋祠廟、寺觀，或係特建，或係古蹟，或係私刱，州或與祭，或不與祭，臨時斟定。然皆民間祈禳水旱、禱求祈報之所，雖有不合祀典者，附載於後，敢以其瀆而瑣也，弛厥敬乎？

①《康熙潁州志·古蹟·寺觀》：「福慧菴。在北關，州民胡永祥建。」

②《康熙潁州志·古蹟·寺觀》：「歸一菴。在北關。」

③《康熙潁州志·古蹟·寺觀》：「海會菴。在河北。」

④《康熙潁州志·古蹟·寺觀》：「梓潼神廟。在東察院右。」

⑤《康熙潁州志·古蹟·寺觀》：「小地藏菴、天僊廟。在小教場。」

⑥見上文「觀音堂」之注。

⑦見上文「火星廟」之注。

潁州志卷之六

學校志

潁自上世，絃誦之聲，激於絲竹；賢達之標，比於圭璧。名公鉅卿，經緯皇猷；英才碩士，發舒天藻。家《詩》《書》而戶絃誦，彬彬齊魯者，其本在庠序。以故人文之盛，風化之美，遵彼汝墳，節義大著，皆教之所致也。「古之人無斁，譽髦斯士。」① 今之秉於羽、習俎豆者，思爲天下豪傑，從宮墻步趨始哉。

①《詩經·大雅·思齊》：「古之人无斁，譽髦斯士。」

州學①

按，宋景祐間，詔非藩鎮不得立學。② 時蔡齊以戶部侍郎出知潁州，奏潁雖非藩鎮，而故名郡，宜設立。從之。③ 肇基西湖上，歷三百四十年。洪武丙辰（1376），大水圮廢，乃移南城東門通衢。提學廬陵彭公、知州事王希初修，富陽孫景名［明］成之。成化己丑（1469），中丞滕公昭、陳公爕屬知州李溥重修。嘉、隆及今，蒞潁者相繼修葺，不至湮墜。淳安商文毅公輅《記》，見《藝文》中。④ 沿至順治七年（1650），知州事孫公可成、學正

---

①原書前目錄無此條，已據補。

②《宋史·職官志·教授》：「景祐四年（1037），詔藩鎮始立學，他州勿聽。」

③《續資治通鑑長編》卷一百二十一：「（寶元元年即1038年二月）己酉，許潁州立學。潁非藩鎮也，於近詔不當立學。知州蔡齊有請，特從之。」《九朝編年備要》卷十：「（景祐四年，1037）冬十二月……詔非藩鎮勿立學。既而知潁州蔡齊乞立學，特詔從之。」

④《正德潁州志·古蹟》：「廢儒學址。在州城外西北隅。基肇自宋，景祐四年丁丑（1037），州守蔡齊請建學潁郡，特詔從之。當其時，潁陰風淳俗美，故西湖遊賞之勝聞天下。建學近西湖，豈所以紓學者之懷抱，而興其鳶飛魚躍之心？不然何近舍胡城，而遠置於外郭哉？計宋景祐丁丑至洪武丙辰，實三百四十年，而後遷今纔一百一十年，而故址荒蕪，淪落兼並，可勝歎哉！」同書《學校》：「按《宋志》，仁宗景祐四年丁丑，詔非藩鎮不立學。時蔡齋自樞副出知潁州，奏乞立學，從之。肇基西湖境上，歷三百四十年，爲洪武丙辰，始爲河水衝浸，爰徙南城東門內街之北云。」呂景蒙《嘉靖潁州志·學校》：「州學。按，宋仁宗景祐四年丁丑，詔非藩鎮不得立學。時蔡齊以樞副出知潁州，奏潁雖非藩鎮，而故名郡，宜立學。從之。肇基西湖境上，歷三百四十年。洪武丙辰，淪於河，徙南城內通衢北，草創未備。提學廬陵彭公、屬知州事王希初修建。未幾王去，而富陽孫景名［明］繼之，功始告成。（建安蘇鎰《記》。）成化己丑，中丞滕公昭、御史陳公爕屬知州李溥重建。（淳安商輅《記》。）」李宜春《嘉靖潁州志·學校》：「州學。自宋蔡齊以戶部侍郎出知潁州，奏請立學，就西湖境上營建。洪武丙辰，陷於河，迺就南城內通衢北草創。提學廬陵彭公勗屬知州王希初修建。無何王去，代以富陽孫景名［明］，功始告成。成化己丑，巡撫滕公昭、代巡陳公爕又屬知州李溥重建。」

朱君應昇捐俸鳩工，修輯缺毀，起建廊廡，添設祭器，有文記之。①

先師殿五楹。嘉靖中，奉詔去封號，埋像，易以神座，覆以木龕，左右四配及左右十哲列焉。②

東西廡。正殿左右各十楹。順治八年（1651），學正朱應昇修。戟門三楹。泮池跨以石梁、石檻，翼櫺星門，三楹。

啟聖公祠。在廟東，嘉靖辛卯（1531）奉制建，祀叔梁紇，題稱啟聖公孔氏神位。以顏無繇、曾點、孔鯉、孟孫氏配，俱稱先賢某氏。以程珦、朱松、蔡元定從祀，俱稱先儒。③

禮部條格以春秋二仲月上丁日學官致祭，禮行先廟一奠，制也。祭器：籩四十四，連蓋豆四十四，連蓋簠八，連蓋簋八，連蓋登五，連蓋鉶十二，連蓋酒罇一，大香爐一，俱銅。嘉靖壬辰（1532），同知縮置。先師廟香爐、正案一，四配、十哲各二；東、西廡二；啟聖祠五；名宦、鄉賢祠二，籩、豆各二十，連蓋，俱銅。嘉靖丙申

①本書卷十九《藝文下》載有朱應昇《重修潁學疏》。《康熙潁州志・學校》：「本朝順治庚寅（1650）孫公可成、學正朱君應昇捐俸鳩工，補葺廢缺，建廊廡，增祭器，有文記之。」
②見本書卷五《典禮志》「文廟」之注。
③見本書卷五《典禮志》「啟聖公祠」之注。

（1536），判官景蒙置。①

敬一亭。在啟聖祠後，內樹碑。②

名宦祠。在文廟戟門之東。今據《傳》考定，合祀漢、唐、五代、宋、元、明名宦共二十四人。詳《典禮志》。③

鄉賢祠。在廟之西。今據《傳》考定，合祀漢、宋、元、明鄉賢共十七人。詳《典禮志》。④

神庫。在東廡北。⑤

神厨。在東廡北，今廢。基存。⑥

---

①呂景蒙《嘉靖潁州志・禮樂》：「禮部條格以春秋二仲月上丁日學官致祭禮，行先廟一奠，制也。祭器：籩四十四，連蓋；豆四十四，連蓋；簠八，連蓋；簋八，連蓋；登五，連蓋；鉶十二，連蓋；酒罇一，大香爐一，俱銅。嘉靖壬辰，同知縮置。先師廟香爐、正案一，四配十哲各二；東西廡、啟聖祠五；名宦、鄉賢祠二，籩、豆各二十，連蓋，俱銅。嘉靖丙申，判官蒙置。」

②呂景蒙《嘉靖潁州志・學校》：「敬一亭。在尊經閣後，內樹御製《敬一碑》，東西分樹御注《五箴碑》，俱同知縮奉詔建。」李宜春《嘉靖潁州志・學校》：「敬一亭。中樹御製《敬一箴》，御注《視》《聽》《言》《動》《心》五箴。壬辰（1532），同知張縮建。丁未（1547），知州李宜春修。」《康熙潁州志・學校》：「敬一亭。在啟聖祠後，內樹古碑。」

③見本書卷五《典禮志》「名宦祠」之注。

④見本書卷五《典禮志》「鄉賢祠」之注。

⑤《康熙潁州志・學校》：「神庫。在東廡北。」

⑥《正德潁州志・學校》：「神厨。在戟門外右，知州劉質建。」《康熙潁州志・學校》：「神厨。在東廡北。今廢，基存。」

宰牲所。在泮水西。舊爲射圃，今廢。①

明倫堂。堂左爲進學齋，爲成德齋，右爲育材齋，爲會饌所，堂北爲尊經閣。②

尊經閣。明倫堂後，閣下爲齋宿所。正德壬申（1512），兵備孫磐建。李天衢重修。知州李宜春重修。③萬曆丁酉（1597），師生並闔郡鄉紳士，各捐資崇新之，翼以兩廂。知州黃大賁主之，舍餘田勃董其役。④

學正宅。閣左。有廳，有堂，有廂。⑤

---

①《康熙潁州志·學校》：「宰牲所。在泮水西。舊爲射圃，今廢。」

②《正德潁州志·學校》：「明倫堂（在正殿後）。成德齋（在堂東廊東北）。進學齋（在堂西廊西北）。育才齋（在成德齋南）。會饌堂（在進學齋南）。儀門（在正堂前）。尊經堂（在正堂後，藏官書所）。」吕景蒙《嘉靖潁州志·學校》：「學署。在南城東門内。前爲門，中爲儀門廟，北爲明倫堂。堂左爲進學齋，爲成德齋，右爲育材齋，爲會饌所。堂北爲尊經閣。正德壬申（1512），兵備磐建。嘉靖乙未（1535），兵備宗樞重飾。」李宜春《嘉靖潁州志·學校》：「州學……中爲明倫堂，左爲進學齋、成德齋，右爲育才齋、會饌所，會饌而南爲訓導宅。堂之北爲尊經閣，閣後爲敬一亭……」

③《正德潁州志·學校》：「尊經堂。在正堂（明倫堂）後，藏官書所。」吕景蒙《嘉靖潁州志·學校》：「（明倫）堂北爲尊經閣。正德壬申，兵備磐建。嘉靖乙未（1535），兵備宗樞重飾。」李宜春《嘉靖潁州志·學校》：「尊經閣。正德壬申，兵備孫公磐建。嘉靖乙未，李公宗樞修。丁未（1547），知州李宜春重修。」

④《康熙潁州志·學校》：「尊經閣。明倫堂後，閣下爲齋宿所。明正德壬申，兵備使者孫公磐建。李公天衢及州守李公宜春重修。萬曆丁酉，司鐸暨闔州紳士共捐資新之，復翼以兩廂。州守黄公大賁主其事，舍餘田勃董役。」

⑤《正德潁州志·學校》：「學正宅。在明倫堂右。」吕景蒙《嘉靖潁州志·學校》：「學正宅一，在（尊經）閣右。」李宜春《嘉靖潁州志·學校》：「（尊經）堂之北爲尊經閣，閣後爲敬一亭，閣左爲規、矩、準、繩四號，房右爲學正宅。」《康熙潁州志·學校》：「學正宅。在尊經閣左。有廳，有堂，有廂。」

訓導宅。一在堂東，有廳，有堂。一在進學齋南，有廳，有堂，有廂。一在啟聖祠後，廢。① 至（萬曆）三十六年（1608），知州孫崇先修置。②

號房。在左。爲規、矩、準、繩四聯，每聯九間。今廢。③

官制。設學正一人，訓導三人，司吏一人，生員廩膳三十人，增廣三十人。附學不限其數。新裁訓導二人。④

尊經閣内書籍⑤

《孝順事實》。三本。

---

①《正德潁州志·學校》：「訓導宅。一所在學倉後，二所在謁廟門東。」呂景蒙《嘉靖潁州志·學校》：「訓導宅三，一在會饌所南，一在儀門東，一在啟聖祠北。」李宜春《嘉靖潁州志·學校》：「路左爲啟聖祠，祠北爲訓導宅，其一又在儀門之東。」

②《康熙潁州志·學校》：「訓導宅。一在堂東，一在進學齋南，一在啟聖祠後。俱有廳，有堂，有廂。州守孫公崇先重修。」

③《正德潁州志·學校》：「號房三連，共三十三間。舊號因循破落，又横直不倫。成化十七年辛丑（1481），同知劉節建新號。每齋一連，中空一室，爲師儒篤教之所。」呂景蒙《嘉靖潁州志·學校》：「號房，爲規、矩、準、繩四聯，每聯九間，在閣左。俱頹圮無存。其規、矩號二聯，判官景蒙重建。」李宜春《嘉靖潁州志·學校》：「（尊經）閣左爲規、矩、準、繩四號。」《康熙潁州志·學校》：「號房。在尊經閣左。爲規、矩、準、繩四聯，每聯九間。今廢。」

④呂景蒙《嘉靖潁州志·學校》：「設師生學正一人，訓導三人，司吏一人，生員廩膳三十人，增廣三十人，附學不限，惟其人，今八十有四人。」《康熙潁州志·學校》：「官制。舊設學正一人，訓導三人。今裁訓導二人，司吏一人，生員廩膳三十人，增廣三十人。附學不限數。」

⑤原書前目錄無此條，已據補。

《爲善陰騭》。四本。
《五倫書》。六十本。
《易經大全》。十二本。
《書經大全》。十本。
《書經集注》。八本。
《詩經集注》。四本。
《春秋集注》。十八本。
《詩經》《春秋》白文。各一本。
《禮記大全》。十八本。
《詩經大全》。八本。
《四書大全》。二十本。
《大學衍義》。二十本。
《資治通鑑》。三十本。
《綱目》。八十八本。

《史記》。三十本。
《三國志》。二十本。
《文獻通考》。八十本。
《晉書》。四十本。
《魏書》。四十本。
《五代史》。十本。
《周書》。十六本。
《北齊書》。十本。
《南齊書》。十四本。
《陳書》。八本。
《隋書》。二十四本。
《唐書》。六十本。
《梁書》。十二本。
《南史》。二十本。

《北史》。三十本。

《宋史》。一百二十本。

《宋書》。又四十本。

《元史》。四十本。

《遼書》①。十六本。

《文苑英華》。一百本，分爲十套。

《殿閣詞林記》。十二本。

《正蒙疏義》。四本。

《張太保奏議》。四本。

《四書》。五本，學正朱應昇置。

①「《遼書》」，疑當作「《遼史》」。吕景蒙《嘉靖潁州志·學校》、李宜春《嘉靖潁州志·學校》及《康熙潁州志·學校》均作「《遼史》」。詳見下文所引。

《學庸詮注》。二①本，學正朱應昇纂刻訓士。②

①「二」字，《康熙潁州志·學校》作「三」。詳見下注。

②吕景蒙《嘉靖潁州志·學校》：「（尊經）閣貯御製書《孝順事實》一卷、《爲善陰隲》一卷、《五倫書》六十二卷。經：《易經大全》十二本、《書經大全》十本、《詩經大全》《春秋大全》十八本、《禮記大全》十八本、《四書大全》二十本。史：《史記》三十本、《前漢書》三十二本、《後漢書》二十八本、《三國志》二十本、《晉書》四十本、《宋書》四十本、《元魏書》四十本、《南齊書》十四本、《北齊書》十本、《梁書》十二本、《後周書》十二本、《陳書》八本、《隋書》二十四本、《南書［史］》二十本、《北史》三十本、《唐書》六十本、《五代史》十本、《宋史》一百二十本、《遼史》十六本、《金史》三十四本、《元史》五十本。子、集俱缺。」李宜春《嘉靖潁州志·學校》：「（尊經閣）中貯御製《孝順事實》《爲善陰隲》《五倫書》各一部，《四書》《易》《書》《春秋》《禮記》《大全》各一部，今多缺壞。李宜春新置《四書》《五經大全》各一部，巡倉御史李公俣置《史記》《前漢書》《後漢書》《三國志》《晉書》《宋書》《元魏書》《南齊書》《北齊書》《梁書》《後周書》《陳書》《隋書》《南書［史］》《北史》《唐書》《五代史》《宋史》《遼史》《金史》《元史》各一部，共六百五十本。提學御史馮公天馭置《文獻通考》一部，判官吕景蒙置《五禮古圖》板，並三木匱。」《康熙潁州志·學校》：「（尊經）閣内藏書……舊貯：《孝順事實》（三本）、《爲善陰隲》（四本）、《五倫書》（六十本）、《易經大全》（十二本）、《書經大全》（十本）、《書經集注》（八本）、《詩經大全》（八本）、《詩經集注》（四本）、《詩經》白文（一本）、《春秋集注》（十八本）、《春秋》白文（一本）、《禮記大全》（十八本）、《四書大全》（二十本）、《大學衍義》（二十本）、《史記》（三十本）、《三國志》（二十本）、《晉書》（四十本）、《宋書》（四十本）、《魏書》（四十本）、《南齊書》（十四本）、《北齊書》（十本）、《梁書》（十二本）、《周書》（十六本）、《陳書》（八本）、《隋書》（二十四本）、《南史》（二十本）、《北史》（三十本）、《唐書》（六十本）、《五代史》（十本）、《宋史》（一百二十本）、《遼史》（十六本）、《元史》（四十本）、《資治通鑑》（三十本）、《綱目》（八十八本）、《文獻通考》（八十本）、《文苑英華》（一百本）、《殿閣詞林記》（十二本）、《正蒙疏義》（四本）、《張公奏議》（四本）、《四書》（五本，學正朱應昇置）、《學庸詮注》（三本，學正朱應昇纂刻）。」

尊經閣内貯器①

銅爵。一百二十三個。崇禎年寇毁缺壞者計三十六個，待補。

銅籩豆。一百四十七個，毁少者計十六個。

銅簠。八個。六個有蓋，二個止蓋。

銅簋。七個，止六個。

銅登。五個，原少一個。

銅鉶。十二個，内原壞一個。

銅酒尊。一個。

小銅香爐。十二個，内二個折足。

錫大燭臺。二對。

錫小燭臺。十對。

①原書前目錄無此條，已據補。

錫酒尊。一。以上錫器被寇毀。

鐵香爐。二個。

帛匣。十二個，學正朱應昇順治七年（1650）新置。

錫爵。四十一個，學正朱應昇置。①

學田學租

萬曆二年（1574），潁道朱僉事東光發下案驗，撫按等衙門及前道蘇志臯問明，犯人王嘉愛還官地二段，共二頃六十畝，永爲學田。一段在七里河西岸，東至河，西至路，南至張鄉宦蘆花湄，北至儲登、鹿家墳。一段在西湖南岸，東至鄉宦，西至王安，南至張鄉宦，北至杜家莊。萬曆二十八年（1600），署潁州事、通判徐鄰遵潁道準給城壕周匝，

①李宜春《嘉靖潁州志·學校》：「尊經閣……又置射器、楅鹿，中豐銅鐘、石磬、琴和布侯，乏［及］旌、篚、觶、尊、酒壺、勺、水罍、洗盆、斯禁各一，鼓二，笙三，扑四，弓、決遂各十，矢六十四，籌八十，其尊、觶、勺、壺、水盆俱錫并諸架，俱藏於閣。」《康熙潁州志·學校》：「（尊經）閣内貯器……今存：銅爵（一百二十三，崇禎間遭寇毀壞者三十六）、銅籩豆（一百四十七，毀少者十六）、銅簠（八。内二少蓋，六少底）、銅簋（七，止存六）、銅登（五，原缺一）、銅鉶（十二，内原壞一）、銅酒尊（一）、小銅香爐（十三個，内二折足）、錫大燭臺（二對，毀損）、錫小燭臺（十對，毀損）、錫酒尊（一，毀損）、鐵香爐（二）、帛匣（十二。順治七年，學正朱應昇新置）、錫爵（四十一，學正朱應昇新置）。」

招人領佃，歲納魚、葦並各色子粒銀十兩①。又，本壕内周國臣另認租銀四錢五分。以上二項，見今佃納。

萬曆三十二年（1604）正月，潁州知州祝彦帖送陸續官買並入官地，共六頃八十三畝，永爲學田，每年該納地租銀共十七兩一錢二分一釐。佃戶苗順領地一頃四十畝，歲納課銀三兩九錢二分八釐。李希盛領地一頃五十二畝，歲納課銀七錢八分。饒武領地五十六畝，歲納課銀一兩三錢二分②三釐。蔣思孝領地十五畝，歲納課銀一兩三錢二分。康咏堯領地一頃，歲納課銀四兩二錢二分。李加愛領地一頃，歲納課銀二兩五錢三分③。胡東曉領地一頃二十畝，歲納租銀三兩零三分。本年三月内，又帖送本州官基五處，永爲學租，每年該納租銀共六兩。周濟、周臻領西門甕城，歲納租銀一兩。武尚義領南門甕城，歲納租銀二兩。張好倫、陳舉領東門南官溝，歲納租銀一兩。韓朋領六十里舖地基，歲納租銀五錢。李朋領白龍溝橋，歲納租銀一兩五錢。以上二項，本州禮房徵完發學。

萬曆三十六年（1608）正月，本州鄉宦尚書張公鶴鳴原賣與張傳地六段，共二頃五十三畝，東至王擢用，西至谷河，南至荐用，北至張臻。本宦贖回呈州，輸爲學田，詳允。召史必忠、張好仁佃種，每年納租銀一兩二錢六分五釐。

①「十兩」，《康熙潁州志·學校》作「一十二兩」。詳見下文所引。
②「二分」，《康熙潁州志·學校》作「一分」。詳見下文所引。
③「三分」，《康熙潁州志·學校》作「二分」。詳見下注。

以上皆年久湮滅，不可考已。①

《舊志》開載學田②

提學御史楊益、兵備蘇志皋等官陸續批準學租。嘉靖辛丑（1541），署州事教授谷宇齡申允安臣買宋友地一頃，係賀鑾、秦伯萬、張廷玉領佃，歲納租一十五石。壬寅（1542），知州劉養仕申允賀仲泰③買張洪地六十一畝，

①《康熙潁州志·學校》：「《張志》開載學田：萬曆二年，潁道朱公東光發下案驗，撫按等衙門及前道蘇公志皋問明，犯人王嘉愛還官地二段，共二頃六十畝。一段在七里河西岸，東至河，西至路，南至蘆花湄，北至儲登及鹿家墳。一段在西湖南岸，東至張鄉宦地，西至王安地，南至張鄉宦地，北至杜家莊。萬曆二十八年，署州事、通判徐公鄰遵潁道準給城壕周匝官地，招人領佃，歲納魚、葦並各色子粒銀一十二兩。又，本壕內周國臣另認租銀四錢五分。已上二項，見今佃納。萬曆三十二年正月，州守祝彥帖送陸續官買並入官地，共六頃八十三畝，歲納租銀共一十七兩一錢二分一釐。佃戶苗順領地一頃四十畝，歲納課銀三兩九錢二分八釐。李希盛領地一頃五十二畝，歲納課銀七錢八分。饒武領地五十六畝，歲納課銀一兩三錢一分三釐。蔣思孝領地十五畝，歲納課銀一兩三錢二分。康咏堯領地一頃，歲納課銀四兩二錢二分。李加愛領地一頃，歲納課銀二兩五錢二分。胡東曉領地一頃二十畝，歲納租銀三兩零三分。本年又帖送本州官基五處，納租銀共六兩。周濟、周臻領西門甕城，歲納租銀一兩。武尚義領南門甕城地，歲納租銀二兩。張好倫、陳舉領東門南官溝地，歲納租銀一兩。韓朋領六十里舖地，歲納租銀五錢。李朋領白龍溝橋地，歲納租銀一兩五錢。以上二項，本州禮房徵完發學。萬曆三十六年，鄉宦張公鶴鳴以地二頃五十三畝輸學，東至王擢用地，西至谷河，南至王荐用地，北至張臻地。本州詳允，召史必忠、張好仁佃種，每年納租銀一兩二錢六分五釐。崇禎間，寇破城，張公殉難，諭葬於此。公季子官生張大賡以別地四十畝易之，其地東至王應美地，西至劉紹召地，南至蘆花湄界並張爾孚地，北至劉提學地。送學批準，佃戶舒展領種，歲納租銀四錢。」

②原書前目錄無此條，已據補。

③「賀仲泰」，李宜春《嘉靖潁州志·學校》作「賀仲太」。詳見下文所引。

係何仲文領佃，歲納租十六石；于昂杫受于臣地一頃，係于紀領佃，歲納租二十五石；李文經原買馬文舉①地一頃零五畝，係李鰲領佃，歲納租二十五石。丁未（1647），知州李宜春申允李錦、李鋭杫受魏升買免地五十畝，坐落驛虎橋。以上皆年久侵没，不可考，宜查復之。②

社學③

《舊志》：「在城一，廢。」④知州孫崇先於東六十里舖建一社學，鄉民饒崇恩施地。萬曆三十九年（1611）

①「馬文舉」，李宜春《嘉靖潁州志·學校》作「馬仲舉」。詳見下文所引。

②李宜春《嘉靖潁州志·學校》：「學田。提學御史楊公益、兵憲蘇公志臯批允入學，收租備濟貧生。時嘉靖辛丑，署州印教授谷宇齡申允安臣買宋友地一頃，係賀鑾、秦伯萬、張廷玉佃，租一十五石。壬寅，知州劉養仕申允賀仲太買張洪地六十一畝，係何仲文佃，租十六石。又于昂杫受于臣地一頃，係于紀佃，租二十五石。又癸卯（1543），李文經原買馬仲舉地一頃零五畝，係李敖（鰲）佃，租二十五石。丁未，知州李宜春申允李錦、鋭杫受魏昪（升）買免地五十畝，坐驛虎橋落。」《康熙潁州志·學校》：「《舊志》開載學田：提學御史楊公益、兵備蘇公志臯陸續批準學租。内一項係嘉靖辛丑署州事教授谷宇齡申允安臣買宋友地一頃，乃賀鑾、秦伯萬、張廷玉領佃，歲納租一十五石。一項係壬寅州守劉公養仕申允賀仲泰買張洪地六十一畝，乃何仲文領佃，歲納租一十六石。一項係于昂杫受于臣地一頃，乃于紀領佃，歲納租二十五石。一項係李文經原買馬文舉地一頃零五畝，乃李鰲領佃，歲納租二十五石。一項係丁未州守李公宜春申允李錦、李鋭杫受魏升買免地五十畝，坐落驛虎橋。以上皆年久侵没，不可考，宜查復之。」

③原書前目録無此條，已據補。

④吕景蒙《嘉靖潁州志·學校》：「社學。州五。在城一，在鄉四。」李宜春《嘉靖潁州志·學校》：「社學。州：在城一，已廢。丁未（1547），知州李宜春改衛東關王廟爲之。在鄉三。」

春，孫崇先捐俸，於文廟大門外西空地建社學一所。門一間，庭三間，廈東、西各二間。①

鄉序②

在州譙樓東。中爲觀德廳，爲後廳，爲左右掖廂。廳前爲露臺，中爲射圃坊。又前爲門，扁曰鄉序。鄉序爲兵備李石壘［疊］先生創。先爲小教場，後欲改爲書院，未果。嘉靖丙申（1536），督學聞人北江先生巡歷鳳陽，詢及州之射圃，以原在總鋪後狹隘，因就此改爲鄉序，而以射圃附焉。③

---

①《康熙潁州志・學校》：「社學。一在城者，久廢。一在東六十里舖，鄉民饒崇恩施地，州守孫公崇先建。一在文廟大門外西首前，門一間，廳三間，廊東、西各二間，萬曆三十九年亦孫公崇先捐俸建。」

②原書前目錄無此條，已據補。

③呂景蒙《嘉靖潁州志・學校》：「鄉序，在州譙樓東。中爲觀德廳，爲後廳，爲左右腋［掖］廂。廳前爲露臺，中爲射圃坊，又前爲門，扁曰鄉序。鄉序爲兵備李召［石］疊先生創，先爲小教場，後欲改爲書院，未果。嘉靖丙申，督學聞人北江先生巡歷鳳陽，詢及州之射圃，以原在總舖後狹隘，因就此改爲鄉序，而以射圃附焉。」李宜春《嘉靖潁州志・學校》：「鄉序，在州譙樓東。嘉靖乙未（1535），兵憲李公宗樞創。先爲小教場，後欲改爲書院。至丙申，督學襄人公銓立爲鄉序，而射圃附焉。中觀德廳，腋［掖］以左右兩廂。後爲堂，前爲露臺，中爲射圃坊。又前爲門，扁曰鄉序。（按，同知劉節《志》載：『射圃在南城大東門外關口，南北一百五十步，東西二十五步。』）」

潁州志卷之七

軍衛志

潁地據西湖、鄢丘之勝，襟带長淮，與陳、汝諸郡邑錯形如繡，在往代則中土支郡也。明興，鳳陽爲湯沐，以潁州拓其隩區。又因干戈日尋，實用武之地，設潁州衛，建威銷萌。雖隸河南都指揮使司，凡士子進取、軍人差役，其南北不相爲謀。然同處一城，多歷年所，而安危互爲倚伏，即何得不罔羅放失也？爰搜載記，質覩聞，删繁取要，作《軍衛志》。

衛官①

明朝設潁川衛，隸河南都指揮使司。②領經歷司一；鎮撫司一；千戶所五，曰左、右、中、前、後；百戶所五十。置指揮使等官，無定員，奉例五年一次撫控［按］會同三司考選軍政，不拘品級，選任賢能。統衛事曰軍政掌印；屯田曰軍政僉書；巡捕、軍器、城操領班諸雜務曰見任管事；鎮撫掌刑獄；經歷典出納文移，知事佐之；正、副千戶選一人掌印，次爲僉書。百戶不能皆賢，數印或一人兼掌。所鎮撫無獄事管軍，百戶缺則代之。③

①原書前目錄無此條，已據補。

②《明一統志·中都·公署》：「潁川衛。在潁州城西北隅。洪武元年（1368）建。」《明史·兵志·衛所》：「河南都司。舊有洛陽中護衛，後併汝州衛……潁川衛……」

③《正德潁州志·建置》：「潁川衛。在北城西北。洪武九年（1376），指揮僉事李勝開設。前控武備街，後抵潁州舊廣積倉基。」呂景蒙《嘉靖潁州志·兵衛》：「皇明。洪武初置潁川衛，屬河南都司，隸中軍都督府，附北城西州之後。領經歷司一；鎮撫司一；千戶所五，曰左、曰右、曰中、曰前、曰後；百戶所五十。置官無定員，今存者，指揮使五人，同知五人，僉事十有二人，經歷一人，知事一人，千戶正八人、副二十有三人，鎮撫衛三人、所二人（餘三人缺），百戶四十有五人，試百戶七人，吏令史二人，典五人，鎮撫司一人，千戶所各司一人，百戶所軍吏五十人，總旗一百人，小旗五百人，軍原額五千人。（見在旗軍一千九十五人，事故一千九百一十二人。）」《康熙潁州志·軍衛·衛官》：「明初設潁川衛，隸河南都指揮使司。領經歷司一；鎮撫司一；千戶所五，曰左、右、中、前、後；百戶所五十。置指揮使等官，無定員，奉例五年一次。撫按會同三司考選軍政，不拘品級，選任賢能。統衛事曰軍政掌印；屯田曰軍政僉書；巡捕、軍器、城操領班諸雜務曰見任管事；鎮撫掌刑獄；經歷典出納文移，知事佐之；正、副千戶選一人掌印，次爲僉書。百戶不能皆賢，或一人兼掌數印。所鎮撫無獄事管軍，百戶缺則代之。」

指揮使

張永。徐州人。信。政。勝。陞本省都司。泰。傑。尚文。九鳴。陞浙江都司。聯璧。①

王威。合肥人。鎮。加都司。爵。加都司。臣。陞本省都司。嘉愛。②

王欽。薊州人。國印。用臣。維新。③

---

①吕景蒙《嘉靖潁州志·兵衛·指揮使》：「張永。直隸徐州（今屬江蘇）人，洪熙元年（1425）任。信，宣德十年（1435）任。政，正統十年（1445）任。勝，成化九年（1473）任，以軍功陞都指揮僉事。泰，正德十二年（1517）任。傑，嘉靖十二年（1533）任。」李宜春《嘉靖潁州志·兵防·指揮使》：「張傑。直隸徐州人。初，張永以靖難功調潁川，世襲指揮使。子信替，無嗣，以侄永襲。傳勝，以功陞河南都指揮僉事，尋以罪免。泰替原職。傑，泰孫也，嘉靖十二年因父亡承襲，見管城操。」《康熙潁州志·軍衛·指揮使》：「張永（徐州人）。信。政。勝（陞本省都司）。泰。傑。尚文。九鳴（陞浙江都司）。聯璧。」

②吕景蒙《嘉靖潁州志·兵衛·指揮使》：「王威。直隸合肥（今屬安徽）人，宣德六年（1431）任。鎮，成化二年（1466）任，二十一年（1485）納粟，陞都指揮僉事。爵，弘治八年（1495）任，正德三年（1508）納粟，陞都指揮僉事。臣，正德十四年（1519）任，嘉靖元年（1522）推舉大同備禦，以都指揮體統行事，八年（1529）恩授都指揮僉事。嘉愛，嘉靖十六年（1537）任。」李宜春《嘉靖潁州志·兵防·指揮使》：「王嘉愛。直隸廬州人。初，王威宣德六年以都指揮諒子授潁川，世襲指揮使。鎮襲，以納粟進都指揮僉事。爵襲，又納粟如之。臣替職，推舉陞河南都指揮僉事。嘉愛以嘉靖十六年替原職，今以罪免。」《康熙潁州志·軍衛·指揮使》：「王威（合肥人）。鎮（加都司）。爵（加都司）。臣（陞本省都司）。嘉愛。」

③吕景蒙《嘉靖潁州志·兵衛·指揮使》：「王欽。直隸遵化（今屬河北）人，嘉靖八年（1529）任。」李宜春《嘉靖潁州志·兵防·指揮使》：「王欽。薊州遵化人。以祖功襲授羽林前衛帯俸指揮使。嘉靖七年（1528），欽潁川世襲，實授指揮使。」《康熙潁州志·軍衛·指揮使》：「王思得（順天遵化人）。昇。忠。能。勉。盛。海。欽。龍。國印。用臣。維新。」

指揮同知

蔣瓊。鳳陽人。①

陳貴。江夏人。廣。彪。湧［勇］。□②。厚。執中。養民。善。③

高仕斌。太湖人。永。輔。鸞。④

甯端。順天通州人。琇。鉞。瑩。楚。希武。中和。孝。宣宸。⑤

①《康熙潁州志・軍衛・同知》：「蔣瓊（鳳陽人）。」

②「□」處，原文空缺，疑所脱爲「勳」字。詳見下注。

③呂景蒙《嘉靖潁州志・兵衛・同知》：「陳貴。湖廣江夏（今屬湖北）人。宣德七年（1432）任。廣，正統六年（1441）任。彪，成化六年（1470）任。勇，弘治五年（1492）任。勳，正德七年（1512）任。」李宜春《嘉靖潁州志・兵防・同知》：「陳厚。湖廣江夏人。初，陳貴宣德六年（1431）累功授潁川世襲指揮同知。廣、彪、勳相繼應襲。勛以老疾，厚嘉靖十年（1531）替職，見佐貳管局兼巡捕。」《康熙潁州志・軍衛・同知》：「陳受（湖廣江夏人）。貴。廣。彪。勇。勳。厚。執中。養民。善。」

④呂景蒙《嘉靖潁州志・兵衛・同知》：「高仕斌。直隸太湖（今屬安徽）人，宣德七年（1432）任。永，正統三年（1438）任。輔，成化三年（1467）任。鸞，弘治十三年（1500）任。」《康熙潁州志・軍衛・同知》：「高仕斌（太湖人）。永。輔。鸞。」

⑤呂景蒙《嘉靖潁州志・兵衛・同知》：「甯端。直隸通州人，宣德十年（1435）任。鉞，成化十年（1474）任。瑩，弘治十七年（1504）任。楚，嘉靖四年（1525）任。希武，嘉靖十二年（1533）任。」李宜春《嘉靖潁州志・兵防・同知》：「甯希武。直隸通州人。初，甯端承襲，有功，宣德十年調潁川，世襲指揮同知。委替之。鉞替，以納粟進河南都指揮僉事。瑩襲原職。楚替，卒。希武嘉靖十二年承襲。」《康熙潁州志・軍衛・同知》：「甯端（北直通州人）。琇。鉞。瑩。楚。希武（晉定遠將軍）。中和。孝。宣宸。」

李端。莒州人。銘。淳。加都司。鶴。柱。紹先。世芳。從師。雲龍。①

梁文。興州人。安國。楝。大任。陞神機營佐擊。將。繼勳。②

指揮僉事

李讓。定遠人。俊。錦。鎮。琇③。瓚。瀛。龍。應科。尚年。④

毛和。⑤

---

①吕景蒙《嘉靖潁州志·兵衛·同知》：「李端。山東莒州（今莒縣）人，正統二年（1437）任。銘，景泰元年（1450）任。淳，成化十八年（1482）任，二十一年（1485）納粟都指揮僉事。鶴，正德十五年（1520）任。」李宜春《嘉靖潁州志·兵防·同知》：「李柱。山東莒州人。初，李端以河南都指揮瑾子，宣德十年（1435）襲授潁川指揮同知。戰鷄兒嶺，陣亡。銘襲，傳淳，以納粟進河南都指揮僉事。後領勅宣府春班備禦，殺達賊有功，欽賜表裏。傳鶴，無嗣。柱以端曾孫，嘉靖二十一年（1542）承襲，見掌印屯局。」《康熙潁州志·軍衛·同知》：「李賽兒（山東莒州人）。瑾。端。銘。淳（加都司）。鶴。柱。紹先。世芳。從師。雲龍。」

②吕景蒙《嘉靖潁州志·兵衛·指揮使》：「梁文。直隸興州人。弘治十四年（1501）任指揮同知，死於陣。安國，正德七年（1512）以父功授指揮使。楝，嘉靖五年（1526）任。」李宜春《嘉靖潁州志·兵防·指揮使》：「梁楝。順天府興州人。初，祖梁文以蔭襲宣武衛指揮同知。弘治十四年，因與王府結親，改調潁川，正德壬申（七年）授潁上，陣亡，贈指揮使。子安國襲指揮使。楝嘉靖五年仍世襲，卒。子大任。」《康熙潁州志·軍衛·同知》：「梁成（北直興州）人。興。信。文（陣亡）。安國（陞都司）。楝。大任（陞神機營遊擊）。將。繼勳。」

③「琇」字，吕景蒙《嘉靖潁州志》作「秀」。詳見下注。

④吕景蒙《嘉靖潁州志·兵衛·僉事》：「李讓。直隸定遠（今屬安徽）人，洪武三十五年（1402）任。蠻俊，永樂八年（1410）任。錦，宣德二年（1427）任。鎮，正統十四年（1449）任。秀，天順二年（1458）任。瓚，弘治八年（1495）任。龍，正德五年（1510）任。」《康熙潁州志·軍衛·僉事》：「李華（定遠人）。讓。蠻俊。錦。鎮。琇。瓚。瀛。龍。應科。尚年。」

⑤《康熙潁州志·軍衛·僉事》：「毛和。」

鞏信。嶧縣人。英。方。固。加都司。臣。陞本省都司軍政掌印。世。陞本省都司。夢圭。國寧。皇圖。①

亓忠。陽信人。昇。恭。麟。鯨。洲。渭。②

段成。宿州人③。能。祥。綉。榮。④

---

①吕景蒙《嘉靖潁州志・兵衛・指揮使》：「鞏信。山東嶧縣人。永樂十四年（1416）任指揮僉事。瑛，宣德六年（1431）任。芳，正統十四年（1449）任，天順二年（1458）以軍功陞指揮使。固，成化九年（1473）任，二十一年（1485）納粟（陞）都指揮僉事。臣，弘治七年（1494）推舉汝寧守備。正德十二年（1517），兵部推陞河南都司軍政掌印。世，嘉靖二年（1523）任。」李宜春《嘉靖潁州志・兵防・指揮使》：「鞏世。兗州府嶧縣人。初，鞏信永樂十八年（1420）以功調潁川世襲指揮僉事。傳瑛。再傳方，天順二年以功陞世襲指揮使。固替，以納粟進都指揮僉事。臣襲，又納粟如之，後以殺潁上寇功，銓注河南都司掌印，世襲原職，嘉靖二十年（1541）陞貳簽書，尋陞都指揮僉事，未任，卒。子夢圭。」《康熙潁州志・軍衛・僉事》：「鞏八（山東嶧縣人）。信。英。芳。固（加都司）。臣（陞本省都司軍政掌印）。世（陞本省都司）。夢圭。國寧。皇圖。」

②吕景蒙《嘉靖潁州志・兵衛・僉事》：「亓恩。山東陽信人，洪熙元年（1425）任。曰任，宣德六年（1431）任。恭，天順三年（1459）任。麟，弘治六年（1493）任。鯨。正德十二年（1517）任。」李宜春《嘉靖潁州志・兵防・同知》：「亓洲。山東陽信人。初，亓恩洪熙元年以鎮南衛指揮僉事有功，調潁川。昇替職，陣亡。恭始授世襲，麟替，以納粟進河南都指揮僉事。鯨襲，卒。子洲嘉靖二十年（1541）襲，卒，無嗣。弟渭。」《康熙潁州志・軍衛・僉事》：「亓忠（山東陽信人）。曰任。恭。麟。鯨。洲。渭。」

③「宿州人」，吕景蒙《嘉靖潁州志》及李宜春《嘉靖潁州志》均作「直隸祁縣（今河北安國）人」。

④吕景蒙《嘉靖潁州志・兵衛・僉事》：「段成。直隸祁縣人，洪熙元年（1425）任。能，正統二年（1437）任。祥，天順三年（1459）任。綉，弘治八年（1495）任。榮，嘉靖七年（1528）任。」李宜春《嘉靖潁州志・兵防・中所正千戶》：「段傑。直隸祁縣人。初，段成累以功授龍虎衛指揮僉事，洪熙元年調潁川。傳能，陣亡。傳祥。傳綉。傳榮，爲妝過屯帳，問擬爲民。傑，嘉靖十六年（1537）承襲，照例革降正千戶，見管印。」《康熙潁州志・軍衛・僉事》：「段温（宿州人）。成。能。祥。綉。漢。榮（此後降正千戶）。」

檀成。滦州人。原。錦。濟。臣。輅。養正。茂芳①。國柱。②

邢進。興州人。端。珊。鑾③。蘭。正道。仁。本。④

白中［仲］禮。獻縣人。信。剛。雄。玉。鑾。⑤

---

①「芳」字，《康熙潁州志》作「枝」。詳見下注。

②呂景蒙《嘉靖潁州志·兵衛·同知》：「檀成。直隸欒亭（今屬河北）人，洪熙元年（1425）任指揮僉事。原，宣德五年（1430）任。錦，正統八年（1443）任，成化六年（1470）以軍功陞指揮同知。濟，弘治元年（1488）任。臣，正德十四年（1519）任。」李宜春《嘉靖潁州志·兵防·同知》：「檀輅。滦州欒亭人。初，檀成洪武元年（1368）累功調潁川指揮僉事，傳原。再傳錦，以功陞世襲指揮同知。濟與臣相繼而代。輅嘉靖二十二年（1543）又代，見佐貳管屯。」《康熙潁州志·軍衛·僉事》：「檀成（北直欒亭人）。原。錦。濟。臣。輅。養正。茂枝。國柱。」

③「鑾」字，呂景蒙《嘉靖潁州志》作「鸞」。詳見下注。

④呂景蒙《嘉靖潁州志·兵衛·僉事》：「邢進。山後興州（今山西興縣）人，永樂二十三年（1425）任。端，宣德六年（1431）任。山［珊］，天順七年（1463）任。鸞，成化二十年（1484）任。蘭，嘉靖四年（1525）任。」李宜春《嘉靖潁州志·兵防·僉事》：「邢蘭。山後興州人。初，邢進以功授揚州衛指揮僉事，洪熙元年（1425）調潁川，世襲。傳端。傳珊。傳鑾。傳蘭，嘉靖三年（1524）卒。子。」《康熙潁州志·軍衛·僉事》：「邢士斌（北直興州人）。得。進。端。珊。鑾。蘭。正道。仁。本。」

⑤「鑾」字，呂景蒙《嘉靖潁州志》及《康熙潁州志》作「鸞」。呂景蒙《嘉靖潁州志·兵衛·僉事》：「白仲禮。直隸獻縣（今屬河北）人，洪熙元年（1425）任。信，宣德二年（1427）任。剛，正統八年（1443）任。雄，成化元年（1465）任。玉，弘治九年（1496）任。鸞，正德七年（1512）任。」李宜春《嘉靖潁州志·兵防·僉事》：「白鑾。河間獻縣人。初，白士能以戰功累陞沂州衛指揮僉事，洪熙元年調潁川。傳信。傳剛。傳雄。傳玉。正德八年（1513），鑾承襲。」《康熙潁州志·軍衛·僉事》：「白仲禮（北直獻縣人）。信。剛。雄。玉。鸞。」

朱安。范縣人。勳。鼎。玉。繼宗。魁。正名。①

武閉。交趾峡山人。英。義。清。鎮。功。韜。世爵。纘緒。烈。宗尹。歷陞馬水口参將。②

葛真。曹縣人。鎮。臣。③

吳善。④

桑廣。⑤

①吕景蒙《嘉靖潁州志・兵衛・僉事》：「朱安。山東范縣（今屬河南）人，宣德七年（1432）任。勳，天順七年（1463）任。鼎，成化十二年（1476）任。玉，成化二十年（1484）任。繼宗，正德十六年（1521）任。魁，優給。」李宜春《嘉靖潁州志・兵防・僉事》：「朱魁。東昌范縣人。初，朱安以蔭襲杭州右衛指揮僉事，宣德六年（1431）調潁川，世襲。傳勳。傳鼎。傳玉。傳繼宗。傳魁，嘉靖十五年（1536）承襲，見管領北京春班操備。」《康熙潁州志・軍衛・僉事》：「朱成（山東范縣人）。謙。禮。安。勳。鼎。玉。繼宗。魁。正名。」

②吕景蒙《嘉靖潁州志・兵衛・僉事》：「武閉。交趾峡山（今屬越南）人，宣德三年（1428）任。英，正統三年（1438）任。義，正統六年（1441）任。清，天順七年（1463）任。鎮，弘治十八年（1505）任。功，正德五年（1510）任。韜，嘉靖七年（1528）任。世爵，嘉靖十五年（1536）任。」李宜春《嘉靖潁州志・兵防・僉事》：「武世爵。交阯峡山人。初，武閉永樂時率衆降，宣德七年（1432）除潁川世襲指揮僉事。傳英。傳義。傳清。傳鎮。傳功。傳韜。傳世爵，嘉靖十年（1531）承襲。」《康熙潁州志・軍衛・僉事》：「武汴（交趾峡山人）。閉。英。義。清。鎮。功。韜。世爵。纘緒。烈（陞把總）。宗尹（歷陞馬水口参將）。」

③吕景蒙《嘉靖潁州志・兵衛・僉事》：「葛忠。山東曹縣人，洪熙元年（1425）任千戶。真，正統元年（1436）任，以軍功陞指揮僉事。鎮，成化十一年（1475）任。臣，正德七年（1512）任。」李宜春《嘉靖潁州志・兵防・僉事》：「葛臣。山東曹縣人。初，葛興洪熙元年以功由府軍後衛調潁川前所副千戶。傳信。傳真，景泰間以殺達賊功陞僉事。傳振［鎮］。傳臣，正德七年承襲。」《康熙潁州志・軍衛・僉事》：「葛忠（山東曹縣人）。真。鎮。臣。」

④《康熙潁州志・軍衛・僉事》：「吳善。」

⑤《康熙潁州志・軍衛・僉事》：「桑廣。」

王政。大寧人。泰。節。天①祥。孟時。必擢。②

王輔。懷寧人。雄。錦。承恩。承業。承富。岱。道成。璽。廷俊。③

田雲。清苑人。寬。朝佐。耕。陞福建都司軍政掌印。④

楊安。江西泰和人。鳳。彪。⑤

---

①「天」字，《康熙潁州志》作「錫」。詳見下注。

②《康熙潁州志·軍衛·僉事》：「王英（大寧人）。忠。政。泰。武。節。錫祥。瀚。榮。孟時。必擢。」

③吕景蒙《嘉靖潁州志·兵衛·僉事》：「王輔。直隸懷寧（今屬安徽）人，天順元年（1457）任。雄，成化十九年（1483）任。錦，正德七年（1512）任。承恩，嘉靖四年（1525）任。」李宜春《嘉靖潁州志·兵防·僉事》：「王承恩。安慶［南直隸］懷寧人。初，王輔以祖功襲羽林衛指揮僉事，天順六年（1462）調潁川。傳雄。傳錦。傳承恩，嘉靖四年（1525）承襲。」《康熙潁州志·軍衛·僉事》：「王婆兒（懷寧人）。保兒。清。輔。雄。錦。綉。承業。承恩。承富。岱。道成。璽。廷俊。」

④吕景蒙《嘉靖潁州志·兵衛·僉事》：「田成。直隸清苑（今屬河北）人，宣德六年（1431）任左所千戶。雲，正統六年（1441）任，天順元年（1457）以年任陞署指揮同知。寬，成化二十年（1484）任。朝佐，正德元年（1506）任。耕，嘉靖十年（1531）任。」李宜春《嘉靖潁州志·兵防·僉事》：「田耕。直隸青［清］苑人。初，田雲蔭授潁川副千戶，以功陞世襲指揮僉事。寬襲，遇詔陞同知。朝佐替之，仍署同知。耕，嘉靖十年替，授僉事，守備儀真等處兼備倭，以都指揮行事，尋以賢能，保薦陞任福建都指揮僉事。」《康熙潁州志·軍衛·僉事》：「田九兒（北直清苑人）。成。雲。宏。寬。朝佐。朝輔。耕（陞福建都司軍政掌印，戶絶，此後次房降襲百戶）。」

⑤吕景蒙《嘉靖潁州志·兵衛·僉事》：「楊簡。江西泰和人，洪武三十五年（1402）任百戶。寧，正統元年（1436）任。安，正統四年（1439）任，天順元年（1457）以軍功陞指揮僉事。鳳，成化十五年（1479）任。彪，弘治十一年（1498）任。」李宜春《嘉靖潁州志·兵防·僉事》：「楊彪。江西太［泰］和人。初，楊簡以蔭授潁川左衛百戶。傳寧。再傳安，以殺達賊功，累陞世襲指揮僉事。傳鳳。傳彪，正德九年（1514）卒，無嗣。弟鎮。」《康熙潁州志·軍衛·僉事》：「楊安（江西泰和人）。鳳。彪。」

蘇昇。威縣人。萬民。繩武。陞九永守備。①

鎮撫

鹿通。秋［林］縣人。讓。壽。寧。鈺。自齡。韜。②

劉英。永城人。瑜。翰③。加指揮僉事。臣。一徵。九世。廷範。④

---

①呂景蒙《嘉靖潁州志・兵衛・僉事》：「蘇昇，直隸威縣（今屬河北）人，嘉靖八年（1529）任。」李宜春《嘉靖潁州志・兵防・僉事》：「蘇昇，直隸威縣人。昇襲祖職，授西安左衛指揮僉事，嘉靖七年（1528）調潁川衛。」《康熙潁州志・軍衛・僉事》：「蘇帖木（北直威縣人）。勝。旺。寬。海。弘。寧。昇。萬民。繩武（陞九永守備）。」

②呂景蒙《嘉靖潁州志・兵衛・衛鎮撫》：「鹿通。河南林縣（今林州）人，洪熙元年（1425）任。讓，宣德六年（1431）任。壽，天順六年（1462）任。寧，成化十年（1474）任。鈺，弘治十六年（1503）任。自齡，優給。」李宜春《嘉靖潁州志・兵防・衛鎮撫》：「鹿鈺。河南林縣人。初，鹿通洪熙元年以功由大河副千戶調潁川署印鎮撫副千戶。傳讓。傳壽。傳寧。傳鈺，弘治十六年承襲。子自齡。」《康熙潁州志・軍衛・鎮撫》：「鹿得山（河南林縣人）。通。讓。壽。寧。宏。鈺。自齡。養氣。韜（優給）。」

③「翰」字，呂景蒙《嘉靖潁州志》作「漢」，《康熙潁州志》作「瀚」。詳見下注。

④呂景蒙《嘉靖潁州志・兵衛・衛鎮撫》：「劉英。河南永城人，宣德八年（1433）任。瑜，天順二年（1458）任。漢，成化四年（1468）任，二十一年（1485）納粟指揮僉事。臣，弘治十五年（1502）任。一徵，嘉靖十一年（1532）任。」李宜春《嘉靖潁州志・兵防・衛鎮撫》：「劉一徵。河南永城人。初，劉英宣德八年以蔭授河南衛後所副千戶，改選潁川世襲鎮撫。傳瑜。傳翰，以納粟進指揮僉事。臣襲原職。傳一徵，嘉靖十一年（1532）承襲。」《康熙潁州志・軍衛・鎮撫》：「劉奉先（河南永城人）。剛。英。瑜。瀚（加僉事）。臣。一徵。九世。廷範。」

朱英。壽州人。昱。鐸。清。江。國相。光燿。①

正千戶

謝弘。巢縣人。祥。瑁。錦。恩。昇。②

王順。偃師人。福。海。昇。璽。潁。詔。繼簪。尚學。③

---

①吕景蒙《嘉靖潁州志·兵衛·衛鎮撫》：「朱英。直隸壽州（今安徽淮南）人。正統二年（1437）任。昱，正統七年（1442）任。鐸，成化二十年（1484）任。清，正德九年（1514）任。江，嘉靖十五年（1536）任。」李宜春《嘉靖潁州志·兵防·衛鎮撫》：「朱江。直隸壽州人。初，朱英以蔭授莊浪衛鎮撫，正統元年（1436）調潁川。傳昱。傳鐸，以納粟進指揮僉事。清襲原職。傳江，嘉靖十五年（1536）襲，見掌印理刑。」《康熙潁州志·軍衛·鎮撫》：「朱真（壽州人）。亮。英。昱。旺。鐸。清。江。國相。光燿。」

②吕景蒙《嘉靖潁州志·兵衛·千戶正》：「謝弘。直隸巢縣（今屬安徽）人，洪武二十六年（1393）任。祥，洪武三十三年（1400）任。茂，正統元年（1436）任。錦，成化七年（1471）任。恩，弘治十六年（1503）任。」李宜春《嘉靖潁州志·兵防·（左所）正千戶》：「謝恩。直隸巢縣人。初，謝弘洪武二十六年以蔭除潁川左所正千戶。傳祥。傳茂［瑁］。傳錦。傳恩，弘治十六年替職。」《康熙潁州志·軍衛·正千戶》：「謝弘（巢縣人）。祥。瑁。錦。恩。昇。」

③吕景蒙《嘉靖潁州志·兵衛·千戶正》：「王順。河南偃師人，洪武二十六年（1393）任百戶，陞正千戶。福，永樂七年（1409）任。海，宣德元年（1426）任。昇，正統五年（1440）任。璽，景泰五年（1454）任。潁，成化十六年（1480）任。詔，正德六年（1511）任。」李宜春《嘉靖潁州志·兵防·（右所）正千戶》：「王詔。河南偃師人。初，王順洪武間以功累陞潁川正千戶。傳福。傳海。傳昇。傳璽。傳潁。傳詔，正德六年承襲，見掌印。」《康熙潁州志·軍衛·正千戶》：「王順（偃師人）。福。海。昇。璽。潁。詔。繼簪。尚學。」

張山。遷安人。春。斌。文。加指揮僉事。璽。希岳。起鳳。心學。①
王茂［政］。壽州人。懷［淮］。璽。鎮。臣。世德。柱國。②
徐安。堂邑人。斌。政。弼。③
朱賓。宛平人。廣。通。輔。臣。④

---

①吕景蒙《嘉靖潁州志・兵衛・千戶正》：「張福成。直隸遷安（今屬河北）人，洪熙元年（1425）任。春，正統元年（1436）任。斌，天順元年（1457）任。文，成化八年（1472）任，二十一年（1485）納粟指揮僉事。秀，弘治十六年（1503）任。璽，嘉靖九年（1530）任。」《康熙潁州志・軍衛・正千戶》：「張福成（北直遷安人）。汝卿。山。春。斌。文（加僉事）。秀。璽。希岳。起鳳。心學。」

②「柱國」二字，《康熙潁州志》作「國柱」。吕景蒙《嘉靖潁州志・兵衛・千戶正》：「王政。直隸蒙城（今屬安徽）人，洪熙元年（1425）任。淮，宣德六年（1431）任。璽，景泰三年（1452）任。鎮，成化二十年（1484）任。臣，正德十三年（1518）任。」《康熙潁州志・軍衛・正千戶》：「王政（壽州人）。淮。璽。鎮。臣。世德。國柱。」

③吕景蒙《嘉靖潁州志・兵衛・千戶正》：「徐安。山東堂邑人，宣德七年（1432）任。斌，天順元年（1457）任。政，成化十八年（1482）任。弼，正德八年（1513）任。」李宜春《嘉靖潁州志・兵防・（左所）正千戶》：「徐弼。山東堂邑人。初，徐安宣德六年（1431）以蔭襲朔州前所正千戶，調潁川。傳斌。傳政。傳弼，正德七年（1512）替職。」《康熙潁州志・軍衛・正千戶》：「徐安（堂邑人）。斌。政。弼。」

④吕景蒙《嘉靖潁州志・兵衛・千戶正》：「朱賓。直隸宛平（今屬北京）人，宣德七年（1432）任。廣，正統元年（1436）任。通，天順五年（1461）任。輔，弘治十六年（1503）任。臣，正德十年（1515）任。」李宜春《嘉靖潁州志・兵防・（右所）正千戶》：「朱臣。直隸宛平人。初，朱賓襲羽林前衛中所副千戶，宣德六年（1431）調潁川。傳廣，以殺達賊功陞正千戶。傳通。傳輔。傳臣，卒。」《康熙潁州志・軍衛・正千戶》：「朱賓（宛平人）。廣。通。輔。臣。」

顧真。山陽人。堅。德。加指揮僉事。惟忠。①

丘瓛。鹽城人。鐸。②

段傑。本衛指揮僉事降襲。英。敬裕。③

副千戶

丁勝。桃源人。瑄。麟。諒。洪。幹。鵬。威。世爵。始然。助國。應泰。④

---

①吕景蒙《嘉靖潁州志·兵衛·千戶正》：「顧真。直隸山陽（今江蘇淮安）人，宣德八年（1433）任。堅，正統十年（1445）任。德，成化十年（1474）任，二十一年（1485）納粟，指揮僉事。惟忠，弘治十六年（1503）任。」李宜春《嘉靖潁州志·兵防·（後所）正千戶》：「顧惟忠。直隸山陽人。初，顧真襲金吾右衛，永樂九年（1411）調潁川。傳堅。傳德，以納粟進指揮僉事。傳惟忠，仍襲原職，罪免而卒。子學詩，庠生。孫新。」《康熙潁州志·軍衛·正千戶》：「顧真（山陽人）。堅。德（加僉事）。惟忠。」

②吕景蒙《嘉靖潁州志·兵衛·千戶正》：「丘瓛。直隸鹽城（今江蘇鹽城）人，成化八年（1472）任。鐸，弘治七年（1494）任。」李宜春《嘉靖潁州志·兵防·（左所）正千戶》：「丘鐸。直隸鹽城人。初，丘瓛成化八年以蔭襲寧夏前所正千戶，調潁川。傳鐸，弘治七年替職。」《康熙潁州志·軍衛·正千戶》：「丘瓛（鹽城人）。鐸。」

③「英」字，《康熙潁州志》作「煐」。李宜春《嘉靖潁州志·兵防·（中所）正千戶》：「段傑。直隸祁縣（今河北安國）人。初，段成累以功授龍虎衛指揮僉事，洪熙元年（1425）調潁川。傳能，陣亡。傳祥。傳綉。傳榮，爲妝過屯帳，問擬爲民。傑，嘉靖十六年（1537）承襲，照例革降正千戶，見管印。」《康熙潁州志·軍衛·正千戶》：「段傑（本衛僉事降襲）。煐。敬裕。」

④吕景蒙《嘉靖潁州志·兵衛·（千戶）副》：「丁勝。直隸桃源（今江蘇泗陽）人，洪武二十八年（1395）任。瑄，永樂元年（1403）任。麟，永樂十七年（1419）任。亮［諒］，宣德元年（1426）任。洪，景泰三年（1452）任。幹，天順七年（1463）任。鵬，弘治十七年（1504）任。威，嘉靖十年（1531）任。」李宜春《嘉靖潁州志·兵防·（右所）副千戶》：「丁威。直隸桃源（今江蘇泗陽）人。初，丁勝洪武二十八年累功陞潁川副千戶。傳瑄。傳麟，陣亡。傳諒。傳洪。傳幹。傳鵬。傳威，嘉靖十年承襲。」《康熙潁州志·軍衛·副千戶》：「丁勝（桃源人）。瑄。麟。諒。洪。幹。鵬。威。世爵。始然。助國。應泰。」

經諒。合肥人。吳。綸。濟。邦。①

王海。光山人。錦。榮。②

張安。仁和人。貴。興。威。鵬。昺。③

高貴。興化人。敬。昇。④

---

①吕景蒙《嘉靖潁州志·兵衛·（千戶）副》：「經諒。直隸合肥（今屬安徽）人，洪武三十五年（1402）任。吳，正統四年（1439）任。綸，天順二年（1458）任。濟，成化十四年（1478）任。邦，正德五年（1510）任。」李宜春《嘉靖潁州志·兵防·（左所）副千戶》：「經邦。直隸合肥人。初，經諒洪武三十五年以蔭除潁川左所副千戶。傳吳，陣亡。傳綸。傳昇。傳濟。傳邦，正德五年承襲，卒。」《康熙潁州志·軍衛·副千戶》：「經諒（合肥人）。吳。綸。濟。邦。」

②吕景蒙《嘉靖潁州志·兵衛·（千戶）副》：「王政。河南光山人，洪武二十一年（1388）任百戶。美，洪武二十五年（1392）任。海，永樂元年（1403）任，以軍功陞副千戶。錦。榮，嘉靖八年（1529）任。」李宜春《嘉靖潁州志·兵防·（中所）副千戶》：「王榮。河南光山人。初，王政洪武二十年（1387）以功調潁川百戶。傳英。傳海。傳錦，景泰二年（1451）以功陞副千戶。傳清。傳榮，嘉靖八年承襲。」《康熙潁州志·軍衛·副千戶》：「王政（河南光山人）。美。海。錦。榮。」

③吕景蒙《嘉靖潁州志·兵衛·（千戶）副》：「張安。浙江仁和人，永樂十二年（1414）任。貴，宣德四年（1429）任。興，宣德七年（1432）任。威，正統十一年（1446）任。鵬，成化十年（1474）任。昺，正德六年（1511）任。」李宜春《嘉靖潁州志·兵防·（中所）副千戶》：「張昺。浙江杭州人。初，張安襲虎賁左衛副千戶，永樂十二年調潁川。傳興。傳威。傳鵬。傳昺，正德五年（1510）承襲。」《康熙潁州志·軍衛·副千戶》：「張安（仁和人）。貴。興。威。鵬。昺。」

④吕景蒙《嘉靖潁州志·兵衛·（千戶）副》：「高貴。直隸興化（今屬江蘇）人，洪熙元年（1425）任。敬，天順六年（1462）任。昇，成化二年（1466）任。」李宜春《嘉靖潁州志·兵防·（左所）副千戶》：「高昇。直隸興化人。初，高貴洪熙元年以功調潁川左所副千戶。傳敬。傳昇，卒。孫□□。」《康熙潁州志·軍衛·副千戶》：「高貴（興化人）。敬。昇。」

劉希文。固安人。麒。智。林。昇。輗。孜。英。國忠。①

王舜［順］。滁州人。瑄。禎。夔［葵］。道。加言②。九思。見賓。③

鄒忠。盱眙人。珉。虎。英。奎。思儒。④

---

①呂景蒙《嘉靖潁州志·兵衛·（千戶）副》：「劉希文。直隸固安（今屬河北）人，洪熙元年（1425）任。麒，宣德二年（1427）任。智，宣德九年（1434）任。林，正統五年（1440）任。昇，景泰三年（1452）任。輗，成化二十□任。孜，嘉靖六年（1527）任。」李宜春《嘉靖潁州志·兵防·（後所）副千戶》：「劉孜。直隸固安人。初，劉希文以功授涼州衛，洪熙元年調潁川。傳麒。傳智。傳林。傳昇。傳輗。傳孜，嘉靖六年替職。」《康熙潁州志·軍衛·副千戶》：「劉敬甫（直隸固安人）。希文。麒。智。林。昇。輗。孜。英。國忠。」

②「加言」，李宜春《嘉靖潁州志》作「嘉言」。詳見下注。

③呂景蒙《嘉靖潁州志·兵衛·（千戶）副》：「正［王］順［順］。直隸滁州（今屬安徽）人，洪武三十五年（1402）任。瑄，正統四年（1439）任。禎，成化四年（1468）任。葵，弘治三年（1490）任。道，弘治十八年（1505）任。」李宜春《嘉靖潁州志·兵防·（右所）副千戶》：「王道。直隸滁州人。初，王順［順］洪武三十五年以功年深調潁川副千戶。傳瑄，授百戶，以殺達賊功陞世襲副千戶。傳禎。傳葵。傳道，卒。子嘉言。」《康熙潁州志·軍衛·副千戶》：「王仲得（滁州人）。保。舜。瑄。禎。夔［葵］。道。加敬。加言。九思。見賓。」

④「思儒」，李宜春《嘉靖潁州志》作「思憲」。呂景蒙《嘉靖潁州志·兵衛·（千戶）副》：「鄒忠。直隸盱眙（今屬江蘇）人，宣德元年（1426）任。珉，正統十二年（1447）任。虎，成化六年（1470）任。英，正德六年（1511）任。奎，嘉靖七年（1528）任。」李宜春《嘉靖潁州志·兵防·（中所）副千戶》：「鄒奎。直隸盱眙人。初，鄒忠襲壯浪衛副千戶，正統元年（1436）調潁川。傳珉。傳虎。傳英。傳奎，卒。子思憲。」《康熙潁州志·軍衛·副千戶》：「鄒忠（盱眙人）。珉。虎。英。奎。思儒。」

楊聚。大興人。山。寬。斌。潮。威。進忠。鎮國。①

霸居政。樂寧［亭］人。昇。璁。寬。忠。盛。②

錢真。清河人。銘。江。湧。③

王敬。汲縣人。凱。欽。綬。功。尚賢。道隆。④

---

①呂景蒙《嘉靖潁州志・兵衛・（千戶）副》：「楊聚。直隸大興（今屬北京）人，宣德二年（1427）任。山，宣德七年（1432）任。寬，景泰四年（1453）任。斌，成化十二年（1476）任。潮，正德十四年（1519）任。」李宜春《嘉靖潁州志・兵防・（前所）副千戶》：「楊潮。直隸大興人。初，楊聚襲鎮江衛，宣德二年調潁川。傳寬。傳斌。傳潮，正德十三年（1518）替職。」《康熙潁州志・軍衛・副千戶》：「楊聚（北直大興人）。山。寬。斌。潮。威。進忠。鎮國。」

②呂景蒙《嘉靖潁州志・兵衛・（千戶）副》：「霸居政。直隸樂亭（今屬河北）人，宣德二年（1427）任。昇，宣德七年（1432）任。璁，正統八年（1443）任。寬，正統十年（1445）優給。忠，天順二年（1458）任。廣，成化三年（1467）任。盛，弘治五年（1492）任。」李宜春《嘉靖潁州志・兵防・（後所）副千戶》：「霸威。直隸樂亭人。初，霸居政以功授宣武衛副千戶，宣德二年調潁川後所。傳昇。傳聰［璁］。傳忠。傳廣。傳盛，卒。子贏。」《康熙潁州志・軍衛・副千戶》：「霸居政（直隸樂亭人）。昇。璁。寬。忠。廣。盛。」

③呂景蒙《嘉靖潁州志・兵衛・（千戶）副》：「錢真。直隸清河（今屬河北）人，宣德七年（1432）任。銘，正統十三年（1448）任。江，成化十八年（1482）任。湧，嘉靖九年（1530）任。」李宜春《嘉靖潁州志・兵防・（中所）副千戶》：「錢勇［湧］。直隸清河人。初，錢真宣德六年（1431）以功調潁川副千戶。傳名［銘］。傳江。傳勇［湧］，正德十六年（1521）替職。」《康熙潁州志・軍衛・副千戶》：「錢真（北直清河人）。銘。江。湧。」

④呂景蒙《嘉靖潁州志・兵衛・（千戶）副》：「王敬。河南汲縣人，宣德九年（1434）任。凱，景泰二年（1451）任。欽，成化十五年（1479）任。綬，正德七年（1512）任。」李宜春《嘉靖潁州志・兵防・（後所）副千戶》：「王功。河南汲縣人。初，王敬襲天成衛，宣德九年調潁川。傳凱。傳欽。傳綬。傳功，嘉靖二十四年（1545）承襲，見管前所佐貳事。」《康熙潁州志・軍衛・副千戶》：「王能（河南汲縣人）。敬。凱。欽。綬。功。尚賢。道隆。」

孫義。滕縣人。茂。鉞。棠。①

張禮。膠州人。能。幹。宸。承恩。圖麟。②

錢榮。本所鎮撫陞授。昇。山。裕國。③

朱榮。本所百户陞授。顯。端。福。朝。英。承印。④

---

①吕景蒙《嘉靖潁州志・兵衛・（千戶）副》：「孫義。山東滕縣人，正統四年（1439）任。茂，景泰七年（1456）任。鉞，弘治二年（1489）任。棠，正德十五年（1520）任。」李宜春《嘉靖潁州志・兵防・（後所）副千戶》：「孫棠。山東滕縣人。初，孫義以祖茂功調潁川後所。傳鉞。傳棠，卒，無嗣。弟杲。」《康熙潁州志・軍衛・副千戶》：「孫成（山東滕縣人）。敬。賢。義。茂。鉞。棠。（此後降試百戶。）」

②吕景蒙《嘉靖潁州志・兵衛・（千戶）副》：「張禮。山東膠州人，正統五年（1440）任。能，天順三年（1459）任。幹，弘治十四年（1501）任。宸，正德十二年（1517）任。承恩，優給。」李宜春《嘉靖潁州志・兵防・（左所）副千戶》：「張宸。山東膠州人。初，張禮襲甘州前衛後所副千戶，正統四年（1439）爲邊務調潁川左所□□。傳幹。傳宸，正德十一年（1516）替職，卒。子承恩。」《康熙潁州志・軍衛・副千戶》：「張成（山東膠州人）。禮。旺。能。幹。振［宸］。承恩。圖麟。」

③吕景蒙《嘉靖潁州志・兵衛・（千戶）副》：「錢貴。直隸定遠（今屬安徽）人，洪武二十二年（1389）任所鎮撫。勝，洪武三十一年（1398）任。英，正統四年（1439）任。榮，正統十一年（1446）任，以軍年任副千戶。昇，成化十三年（1477）任。山，正德十五年（1520）任。定，優給。」李宜春《嘉靖潁州志・兵防・（後所）副千戶》：「錢山。直隸定遠（今屬安徽）人。初，錢貴洪武二十二年以功除潁川後所鎮撫。傳勝。傳英。傳榮，以殺賊功，陞副千戶。傳昇。傳山，卒。子定。」《康熙潁州志・軍衛・副千戶》：「錢榮（本所鎮撫陞授）。昇。寬。山。定。裕國。」

④吕景蒙《嘉靖潁州志・兵衛・（千戶）副》：「朱才。直隸崑山（今屬江蘇）人，洪武三十五年（1402）任。榮，宣德四年（1429）任百戶，以軍功陞副千戶。顯，成化元年（1465）任。端，成化十四年（1478）任。福，弘治二年（1489）任。朝，嘉靖十一年（1532）任。」李宜春《嘉靖潁州志・兵防・（後所）副千戶》：「朱朝。直隸崑山（今屬江蘇）人。初，朱才襲羽林左衛百戶，洪武三十五年調潁川，陣亡。傳榮，以殺賊功，陞副千戶。傳顯。傳端，陣亡。傳福。傳朝，嘉靖九年（1530）承襲。」《康熙潁州志・軍衛・副千戶》：「朱榮（本所百戶陞授）。貴。顯。端。福。朝。英。承印。」

郭安。章丘人。斌。興。鑑。奉。昇。應元。①

舒泰。桃源人。祥。②

劉雄。大興人。勳。③

王浩。夏邑人。④

①呂景蒙《嘉靖潁州志·兵衛·（千户）副》：「郭安。山東章丘人，洪熙元年（1425）任。斌，宣德三年（1428）任。興，景泰二年（1451）任。鎮，成化七年（1471）任。鳳，正德十五年（1520）任。」李宜春《嘉靖潁州志·兵防·（前所）副千户》：「郭鳳。山東章丘人。初，郭安以功授安吉衛，洪熙元年調潁川。傳斌。傳興。傳鎮。傳鳳，正德十五年承襲。」《康熙潁州志·軍衛·副千户》：「郭十弘（山東章丘人）。安。斌。興。鎖。鑑。奉。昇。應元。」

②呂景蒙《嘉靖潁州志·兵衛·（千户）副》：「舒泰。直隸桃源（今江蘇泗陽）人，成化十五年（1479）任。祥。」李宜春《嘉靖潁州志·兵防·（中所）副千户》：「舒祥。直隸桃源人。初，舒泰襲義勇後衛副千户，成化十五年調潁川。傳祥，弘治十六年（1503）承襲。」《康熙潁州志·軍衛·副千户》：「舒泰（桃源人）。祥。」

③呂景蒙《嘉靖潁州志·兵衛·（千户）副》：「劉雄。直隸大興（今屬北京）人，成化十五年（1479）任。勳，弘治十八年（1505）任。」李宜春《嘉靖潁州志·兵防·（前所）副千户》：「劉勳。直隸大興人。初，劉雄□龍驤衛，成化十五年調潁川。傳勳，弘治十八年替職。」《康熙潁州志·軍衛·副千户》：「劉雄（北直大興人）。勳。」

④呂景蒙《嘉靖潁州志·兵衛·（千户）副》：「王浩。河南夏邑人，正德元年（1506）任。」《康熙潁州志·軍衛·副千户》：「王浩（河南夏邑人）。」

署副千戶

劉成。兗州府人。玘。龍［隆］。昇。繼祖。卓立。①

張琰。延津人。遜。京［經］。勇。勳。秉乾。爾才。②

所鎮撫

錢貴。定遠人。勝。通。英。③

---

①吕景蒙《嘉靖潁州志・兵衛・（千戶）副》：「劉成。山東郯縣人，正統十四年（1449）任。玘，成化八年（1472）任。隆，成化二十三年（1487）任。」李宜春《嘉靖潁州志・兵防・（前所副）千戶》：「劉昇。山東郯縣人。初，劉成正統十四年以殺賊功，累陞潁川署副千戶。景泰二年（1451）以功實授百戶，仍署副千戶。天順元年（1457）詔與實授。傳玘。傳隆，以罪謫戍。子昇，嘉靖十八年（1539）承襲。」《康熙潁州志・軍衛・署副千戶》：「劉成（山東郯城人）。玘。龍［隆］。昇。晃。繼祖。卓立。」

②吕景蒙《嘉靖潁州志・兵衛・（千戶）副》：「張琰。河南延津人，景泰元年（1450）任。遜，成化元年（1465）任。經，成化二十三年（1487）任。勇，正德十二年（1517）任。勳，嘉靖十五年（1536）任。」李宜春《嘉靖潁州志・兵防・（後所）副千戶》：「張勳。河南延津人。初，張琰景泰間以功歷陞潁川實授百戶，署副千戶，天順元年（1457）以守門功陞實授。傳遜。傳經。傳勇。傳勳，嘉靖十五年承襲。」《康熙潁州志・軍衛・署副千戶》：「張海（河南延津人）。善。鏞。琰。遜。經。勇。勳。秉乾。爾才。」

③吕景蒙《嘉靖潁州志・兵衛・（千戶）副》：「錢貴。直隸定遠（今屬安徽）人，洪武二十二年（1389）任所鎮撫。勝，洪武三十一年（1398）任。英，正統四年（1439）任。榮，正統十一年（1446）任，以軍年任副千戶。昇，成化十三年（1477）任。山，正德十五年（1520）任。定，優給。」李宜春《嘉靖潁州志・兵防・（後所）副千戶》：「錢山。直隸定遠（今屬安徽）人。初，錢貴洪武二十二年以功除潁川後所鎮撫。傳勝。傳英。傳榮，以殺賊功，陞副千戶。傳昇。傳山，卒。子定。」《康熙潁州志・軍衛・所鎮撫》：「錢賓（定遠人）。貴。勝。通。英。（此後陞副千戶。）」

張幹。澧州人。禮。雄。瑾。璽。節。朋。可愛。尚印。①

檀勝。樂寧［亭］人。顯。雄。②

百戶

雲興。合肥人。震。萱。昇。□③。彪。濟。④

---

①吕景蒙《嘉靖潁州志·兵衛·所鎮撫》：「張幹。湖廣澧州（今湖南澧縣）人。洪武二十八年（1395）任。禮，永樂元年（1403）任。雄，宣德六年（1431）任。瑾，正統十二年（1447）任。璽，弘治八年（1495）任。節，正德十四年（1519）任。朋，嘉靖八年（1529）任。」李宜春《嘉靖潁州志·兵防·所鎮撫》：「張朋。湖廣澧州人。初，張幹洪武二十八年襲除潁川左所鎮撫。傳禮。傳雄。傳瑾。傳璽。傳節。傳朋，嘉靖九年（1530）承襲。」《康熙潁州志·軍衛·所鎮撫》：「張中（湖廣澧州人）。旺。幹。禮。雄。瑾。斌［璽］。節。朋。可愛。尚印。」

②吕景蒙《嘉靖潁州志·兵衛·所鎮撫》：「檀勝。直隸樂亭（今屬河北）人，景泰元年（1450）任。顯，景泰三年（1452）任。雄，成化二十三年（1487）任。」李宜春《嘉靖潁州志·兵防·所鎮撫》：「檀雄。直隸樂亭人。初，檀勝景泰元年以殺達賊功授潁川右所鎮撫。傳昱。傳雄，卒。子葵。」《康熙潁州志·軍衛·所鎮撫》：「檀勝（北直樂亭人）。顯。雄。」

③原文此處空一格，疑所缺爲「崇」字。詳見下注。

④吕景蒙《嘉靖潁州志·兵衛·百戶》：「雲興。直隸合肥（今屬安徽）人，洪武十六年（1383）任。震，洪武三十年（1397）任。萱，洪武三十五年（1402）任。昇，永樂二十二年（1424）任。崇，景泰七年（1456）任。彪，成化二十二年（1486）任。」李宜春《嘉靖潁州志·兵防·（前所）百戶》：「雲彪。直隸合肥人。初，雲興襲杭州衛，洪武二十年（1387）調潁川。傳震。傳萱。傳昇。傳崇。傳彪，卒。子濟。」《康熙潁州志·軍衛·百戶》：「雲興（合肥人）。震。萱。昇。崇。彪。濟。」

丘遜。揚州府人。振。璽。岳。章。相。恭①。祖堯。世勳。②

蘇貴。通州人。讓。清。③

王資。臨淮人。璉。隆。④

①「恭」字，呂景蒙《嘉靖潁州志》及《康熙潁州志》作「功」。詳見下注。

②呂景蒙《嘉靖潁州志·兵衛·百戶》：「丘遜。直隸揚州（今屬江蘇）人，洪武二十年（1387）任。振，永樂十四年（1416）任。璽，景泰元年（1450）任。岳，成化十四年（1478）任。章，成化二十三年（1487）任。相，弘治十四年（1501）任。功，嘉靖三年（1524）任。」李宜春《嘉靖潁州志·兵防·（前所）百戶》：「丘恭。直隸江都（今屬江蘇）人。初，丘遜洪武二十年以父發功除潁川，陣亡。傳振。傳璽。傳岳。傳章，以罪革職。傳相，襲原職。傳恭，嘉靖二年（1523）承襲。」《康熙潁州志·軍衛·百戶》：「丘遜（揚州人）。振。璽。岳。章。相。功。祖堯。世勳。」

③呂景蒙《嘉靖潁州志·兵衛·百戶》：「蘇貴。直隸通州（今屬北京）人，洪武二十三年（1390）任。讓，永樂十二年（1414）任。清，成化二年（1466）任。」李宜春《嘉靖潁州志·兵防·（左所）百戶》：「蘇清。直隸通州人。初，蘇貴洪武二十三年以蔭除潁川衛左所百戶。傳讓，陣亡。傳清，正德二年（1507）告老。子卒。孫臣。」《康熙潁州志·軍衛·百戶》：「蘇貴（通州人）。讓。清。」

④呂景蒙《嘉靖潁州志·兵衛·百戶》：「王資。直隸臨淮（今屬安徽鳳陽）人，洪武二十三年（1390）任。璉，宣德六年（1431）任。隆，成化十七年（1481）任。」李宜春《嘉靖潁州志·兵防·（左所）百戶》：「王隆。直隸臨淮人。初，王資洪武三十年（1397）授潁川百戶。傳璉，天順三年（1459）始授世襲。傳隆，卒。子又卒。孫檠。」《康熙潁州志·軍衛·百戶》：「王資（臨淮人）。璉。隆。」

朱興輔①。桐城人。亮。福。源。珍。永。紀。恩。衮。名揚。廷詔。②

張成。安陸人。能。智。壽。順。瑁［茂］。奉。輔。畧。習武。胤緒。③

孫珏。上蔡人。恭。斌。永。縉。隆。鯨。棟。煒。陞。④

---

①「朱興輔」，吕景蒙《嘉靖潁州志》、李宜春《嘉靖潁州志》均作「朱興」。

②吕景蒙《嘉靖潁州志・兵衛・百戶》：「朱興。直隸桐城（今屬安徽）人，洪武二十四年（1391）任。亮，洪武三十年（1397）任。福，永樂四年（1406）任。源，宣德十年（1435）任。珍，景泰六年（1455）任。永，成化十年（1474）任。紀，正德九年（1514）任。恩，嘉靖八年（1529）任。」李宜春《嘉靖潁州志・兵防・（左所）百戶》：「朱恩。直隸桐城（今屬安徽）人。初，朱興洪武二十六年（1393）累以功調潁川百戶。傳亮，爲事被刑。傳福。傳源，陣亡。傳珍。傳永。傳紀。傳恩，嘉靖八年（1529）替職。」《康熙潁州志・軍衛・百戶》：「朱興輔（桐城人）。亮。福。源。珍。永。紀。恩。衮。名揚。廷詔。」

③吕景蒙《嘉靖潁州志・兵衛・百戶》：「張成。湖廣安六（今湖北安陸）人，洪武二十五年（1392）任。能，洪武二十九年（1396）任。智，洪武三十四年（1401）任。壽，永樂十三年（1415）任。順，正統十一年（1446）任。茂，天順二年（1458）任。奉，成化二年（1466）任。輔，正德五年（1510）任。」李宜春《嘉靖潁州志・兵防・（後所）百戶》：「張輔。湖廣安六（今湖北安陸）人。初，張成洪武二十五年以總旗年深除潁川百戶。傳能。傳智。傳壽。傳順。傳茂。傳奉。傳輔，正德五年（1510）承襲。」《康熙潁州志・軍衛・百戶》：「張文清（湖廣安陸人）。成。能。智。壽。順。茂。奉。輔。畧。習武。胤緒。」

④吕景蒙《嘉靖潁州志・兵衛・百戶》：「孫珏。河南上蔡人，洪武二十五年（1392）任。恭，洪武三十五年（1402）任。斌，正統八年（1443）任。縉，成化二十三年（1487）任。隆，嘉靖六年（1527）任。鯨，嘉靖八年（1529）任。」李宜春《嘉靖潁州志・兵防・（左所）百戶》：「孫鯨。河南上蔡人。初，孫珏洪武二十五年以總旗年深除授潁川世襲百戶。傳恭。傳斌。傳縉。傳隆。傳鯨，嘉靖八年承襲。」《康熙潁州志・軍衛・百戶》：「孫旺（河南上蔡人）。珏。恭。斌。永。縉。隆。鯨。棟。煒。陞。」

葉福。如皋人。茂。清。文。太。端。①

張伯川。潁上人。斌。得。雄。鎮。浩。漢。允。②

羅名［鳴］。邳州人。雲。山。亨。錦。洪。昇。勳。照。三奇。元慶。③

---

①呂景蒙《嘉靖潁州志·兵衛·百戶》：「葉福。直隸如皋（今屬江蘇）人，洪武二十六年（1393）任。茂，洪武三十二年（1399）任。清，永樂十九年（1421）任。文，景泰元年（1450）任。太，弘治十六年（1503）任。端，正德十三年（1518）任。」李宜春《嘉靖潁州志·兵防·（中所）百戶》：「葉端。直隸如皋人。初，葉福以功授羽林衛，洪武二十五年（1392）調潁川。傳茂。傳清。傳文。傳泰［太］。傳端，正德十三年（1518）承襲。」《康熙潁州志·軍衛·百戶》：「葉福（如皋人）。茂。清。文。太。端。」

②呂景蒙《嘉靖潁州志·兵衛·百戶》：「張伯川。直隸潁上（今屬安徽）人，洪武二十六年（1393）任。斌，洪武三十年（1397）任。得，洪武三十年任。雄，永樂七年（1409）任。鎮，景泰三年（1452）任。浩，成化十五年（1479）任。漢，弘治十三年（1500）任。」李宜春《嘉靖潁州志·兵防·（前所）百戶》：「張漢。直隸潁上人。初，張伯川以功授羽林衛，洪武二十六年調潁川。傳斌。傳得。傳雄。傳振［鎮］。傳浩。傳漢，卒。子臣。」《康熙潁州志·軍衛·百戶》：「張伯川（潁上人）。斌。得。雄。鎮。浩。漢。允。」

③呂景蒙《嘉靖潁州志·兵衛·百戶》：「羅鳴。直隸邳州（今屬江蘇）人，洪武二十六年（1393）任。雲，洪武三十一年（1398）任。山，永樂四年（1406）任。亨，正統十三年（1448）任。錦，景泰三年（1452）任。洪，成化四年（1468）任。昇，弘治十三年（1500）任。勳，嘉靖十一年（1532）任。」李宜春《嘉靖潁州志·兵防·（中所）百戶》：「羅勳。直隸邳州（今屬江蘇）人。初，羅鳴以功授羽林衛，洪武二十四年（1391）調潁川。傳雲。傳山。傳亨。傳錦。傳洪，成化十七年（1481）以殺賊功陞副千戶。傳昇，仍襲千戶。傳勳，遇例實授百戶，卒。弟照。」《康熙潁州志·軍衛·百戶》：「羅鳴（邳州人）。雲。山。亨。錦。洪。昇。勳。三奇。元慶。」

張榮。夏邑人。文。麟。鳳。崑。繼武。恩。尚卿。國威。景宸。①

劉全。太原人。廣。海。林。鎮。江。繼宗。②

王敬。祥符人。用。榮。濟。希。鯨。尚德。日雍。③

劉慶。武崗［岡］人。濬。琥。寧。書。承祖。生琮。④

---

①呂景蒙《嘉靖潁州志・兵衛・百戶》：「張榮。河南夏邑人，洪武二十六年（1393）任。文，洪武三十三年（1400）任。麟，宣德六年（1431）任。鳳，景泰三年（1452）任。崑，弘治元年（1488）任。繼武，正德十年（1515）任。」李宜春《嘉靖潁州志・兵防・（後所）百戶》：「張繼武。河南夏邑人。初，張榮洪武二十六年以功授潁川百戶。傳文。傳賢。傳鳳。傳崑。傳繼武，正德十年替職。」《康熙潁州志・軍衛・百戶》：「張榮（夏邑人）。文。麟。鳳。崑。繼武。恩。尚卿。國威。景宸。」

②呂景蒙《嘉靖潁州志・兵衛・百戶》：「劉廣。山西盂縣人，洪武三十二年（1399）任。海，景泰元年（1450）任。林，成化五年（1469）任。鎮，成化二十七年（1491）任。江，正德十六年（1521）任。」《康熙潁州志・軍衛・百戶》：「劉全（山西盂縣人）。廣。海。林。鎮。江。繼宗。」

③呂景蒙《嘉靖潁州志・兵衛・百戶》：「王敬。河南祥符人，洪武二十六年（1393）任。用，永樂九年（1411）任。榮，宣德四年（1429）任。濟，景泰三年（1452）任。希，正德元年（1506）任。」李宜春《嘉靖潁州志・兵防・（後所）百戶》：「王鯨。河南祥符人。初，王敬洪武二十五年（1392）以功歷陞潁川後所百戶。傳用，陣亡。傳榮。傳濟。傳希。傳鯨，嘉靖二十年（1541）承襲。」《康熙潁州志・軍衛・百戶》：「王敬（河南祥符人）。用。榮。濟。希。鯨。尚德。日雍。」

④呂景蒙《嘉靖潁州志・兵衛・百戶》：「劉慶。湖廣武崗［岡］（今屬湖南）人，洪武二十八年（1395）任。濬，宣德六年（1431）任。琥，成化六年（1470）任。寧，正德九年（1514）任。」李宜春《嘉靖潁州志・兵防・（左所）百戶》：「劉寧。湖廣武岡人。初，劉慶洪武二十七年（1394）以祖功除潁川百戶。傳濤［濬］。傳琥。傳寧，正德九年承襲。」《康熙潁州志・軍衛・百戶》：「劉昊（湖廣武岡人）。才。慶。濬。琥。寧。書。承祖。生琮。」

苗望。山陽人。成。勝。威。①
卞通。懷遠人。達［逵］。昇。洪。臣。爵。化。世威。②
劉成。合肥人。全。榮。漢。一夔。元功。濬哲。③
泰［秦］善。西安縣人。信。琮。瑁。武。价④。秉忠。衍祚。歷陞廣東遊擊。⑤

---

①呂景蒙《嘉靖潁州志·兵衛·百戶》：「苗望。直隸山陽（今江蘇淮安）人，洪武二十九年（1396）任。成，洪武三十四年（1401）任。勝，宣德三年（1428）任。威，正統元年（1436）任。」李宜春《嘉靖潁州志·兵防·（前所）百戶》：「苗威。直隸山陽人。初，苗旺［望］以功授金吾衛，洪武二十九年調潁川。傳成。傳勝。傳廣。傳威，以罪免。孫洪。」《康熙潁州志·軍衛·百戶》：「苗望（山陽人）。成。勝。威。」

②呂景蒙《嘉靖潁州志·兵衛·百戶》：「卞通。直隸懷遠（今屬安徽）人，洪武二十九年（1396）任。逵，宣德五年（1430）任。昇，天順四年（1460）任。洪，成化五年（1469）任。臣，正德八年（1513）任。」李宜春《嘉靖潁州志·兵防·（右所）百戶》：「卞臣。直隸懷遠人。初，卞通洪武十九年（1386）襲平海衛後所百戶，奉令旨除潁川右所世襲百戶。傳逵。傳昇。傳洪。傳臣，卒。子壽。」《康熙潁州志·軍衛·百戶》：「卞玉（懷遠人）。旻。興。通。達［逵］。昇。洪。臣。爵。化。世威。」

③呂景蒙《嘉靖潁州志·兵衛·百戶》：「劉成。直隸合肥（今屬安徽）人，洪武二十九年（1396）任。全，景泰元年（1450）任。榮，成化五年（1469）任。漢，成化十八年（1482）任。一夔，優給。」李宜春《嘉靖潁州志·兵防·（中所）百戶》：「劉一夔。直隸合肥人。初，劉成襲五開衛，洪武二十九年調潁川，陣亡。傳泉［全］。傳榮。傳漢。傳一夔，嘉靖二十年（1541）承襲。」《康熙潁州志·軍衛·百戶》：「劉允（合肥人）。斌。清。成。全。榮。漢。一夔。元功。濬哲。」

④「价」字，李宜春《嘉靖潁州志》作「炌」。詳見下注。

⑤呂景蒙《嘉靖潁州志·兵衛·百戶》：「秦祿。浙江西安（今衢州）人，洪武二十五年（1392）任。善，正統八年（1443）任。琮，景泰六年（1455）任。茂［瑁］，天順二年（1458）任。武，弘治四年（1491）任。」李宜春《嘉靖潁州志·兵防·（前所）百戶》：「秦炌。浙江西安人。初，秦善襲西安護衛，洪武三十一年（1398）調潁川。傳信。傳琮。傳瑁。傳炌，嘉靖十八年（1539）承襲。」《康熙潁州志·軍衛·百戶》：「秦祿（浙江西安人）。貴。善。信。琮。瑁。勝。武。价。秉忠。衍祚（歷陞廣東遊擊）。」

陶英。壽州人。旺。勳。繼。恩。裕後。碧臣。①

韓進。定遠人。輔。綱。鏜。應龍。②

宋榮。巢縣人。良。鎮。奎[葵]。③

田友才。沂州人。英。盛。玉。爵。鯨。得民。④

①吕景蒙《嘉靖潁州志・兵衛・（千戶）副》：「陶英。直隸壽州（今安徽淮南）人，洪武二十五年（1392）任百戶。旺，景泰三年（1452）任。勳，成化五年（1469）任，以軍功陞副千戶。繼，正德五年（1510）任。」李宜春《嘉靖潁州志・兵防・（前所）百戶》：「陶恩。直隸壽州人。初，陶英襲泗州衛，洪武三十五年（1402）調潁川百戶。傳旺。傳勳，以殺賊功，陞副千戶。傳繼，仍襲。傳恩，嘉靖十九年（1540）承襲，例革，實授百戶。」《康熙潁州志・軍衛・百戶》：「陶得（壽州人）。永。英。旺。勳。繼。恩。裕後。碧臣。」

②「鏜」字，吕景蒙《嘉靖潁州志》作「鏞」，李宜春《嘉靖潁州志》作「堂」。吕景蒙《嘉靖潁州志・兵衛・百戶》：「韓進。直隸定遠（今屬安徽）人，洪武三十四年（1401）任。輔，宣德八年（1433）任。綱，成化十六年（1480）任。鏞，正德二年（1507）任。」李宜春《嘉靖潁州志・兵防・（中所）百戶》：「韓堂。直隸定遠人。初，韓進襲武平衛百戶，永樂十三年（1415）調潁川。傳輔。傳綱。傳堂，卒。子應龍。」《康熙潁州志・軍衛・百戶》：「韓進（定遠人）。輔。綱。鏜。應龍。」

③吕景蒙《嘉靖潁州志・兵衛・百戶》：「宋榮。直隸巢縣人，洪武三十五年（1402）任。良，正統四年（1439）任。鎮，成化二十年（1484）任。葵，嘉靖元年（1522）任。」李宜春《嘉靖潁州志・兵防・（左所）百戶》：「宋葵。直隸巢縣人。初，宋榮洪武三十年（1397）以蔭調潁川百戶。傳良。傳儉。傳葵，嘉靖六年（1527）承襲。」《康熙潁州志・軍衛・百戶》：「宋榮（巢縣人）。良。鎮。奎[葵]。」

④吕景蒙《嘉靖潁州志・兵衛・百戶》：「田友才。河南沂州人，洪武三十五年（1402）任。英，宣德六年（1431）任。盛，景泰元年（1450）任。玉，成化二十三年（1487）任。爵，嘉靖七年（1528）任。」李宜春《嘉靖潁州志・兵防・（中所）百戶》：「田爵。河南沂州人。初，田友才洪武三十五年除潁川。傳英。傳盛。傳玉。傳爵，卒。子鯨。」《康熙潁州志・軍衛・百戶》：「田文智（山東沂州人）。友才。英。盛。玉。爵。鯨。鯤。得民。」

張善。歙縣人。敏。澤。表。①

戚成。宿州人。熊。融。鏜。臣。②

劉和。舒城人。惠。憲。瓛。鎮。儒。③

朱才。崑山人。④

---

①呂景蒙《嘉靖潁州志・兵衛・百戶》：「張善。直隸歙縣（今屬安徽）人，永樂元年（1403）任。敏，宣德九年（1434）任。澤，景泰元年（1450）任。表。」李宜春《嘉靖潁州志・兵防・（右所）百戶》：「張表。直隸歙縣人。初，張善襲廬州衛中所百戶，永樂元年調潁川右所。傳敏。傳澤。傳表，卒。弟朝。」《康熙潁州志・軍衛・百戶》：「張善（歙縣人）。敏。澤。表。」

②呂景蒙《嘉靖潁州志・兵衛・百戶》：「戚成。直隸宿州（今屬安徽）人，永樂元年（1403）任。熊，宣德六年（1431）任。融，成化五年（1469）任。鏜，正德七年（1512）任。」李宜春《嘉靖潁州志・兵防・（右所）百戶》：「戚堂［鏜］。直隸宿州人。初，戚成襲金吾前衛中所百戶，永樂元年調潁川左所。傳雄［熊］，改右所。傳顒［融］。傳堂［鏜］，卒。子臣。」《康熙潁州志・軍衛・百戶》：「戚成（宿州人）。熊。融。鏜。臣。」

③呂景蒙《嘉靖潁州志・兵衛・百戶》：「劉和。直隸舒城（今屬安徽）人，永樂元年（1403）任。惠，永樂二十年（1422）任。憲，正統十一年（1446）任。瓛，成化元年（1465）任。鎮，弘治三年（1490）任。儒，嘉靖四年（1525）任。」李宜春《嘉靖潁州志・兵防・（後所）百戶》：「劉儒。直隸舒城人。劉和洪武二十五年（1392）蔭襲除潁川後所百戶。傳惠。傳顯［憲］。傳瓛。傳鎮。傳儒，卒。子乾。」《康熙潁州志・軍衛・百戶》：「劉和（舒城人）。惠。憲。瓛。鎮。儒。」

④呂景蒙《嘉靖潁州志・兵衛・（千戶）副》：「朱才。直隸崑山（今屬江蘇）人，洪武三十五年（1402）任。榮，宣德四年（1429）任百戶，以軍功陞副千戶。顯，成化元年（1465）任。端，成化十四年（1478）任。福，弘治二年（1489）任。朝，嘉靖十一年（1532）任。」李宜春《嘉靖潁州志・兵防・（後所）副千戶》：「朱朝。直隸崑山人。初，朱才襲羽林左衛百戶，洪武三十五年調潁川，陣亡。傳榮，以殺賊功，陞副千戶。傳顯。傳端，陣亡。傳福。傳朝，嘉靖九年（1530）承襲。」《康熙潁州志・軍衛・百戶》：「朱二（崑山人）。貞。才（此後陞副千戶）。」

胡勝。鄞縣人。雋。珊。綱。堂。仲。天祥。全忠。①

王端。西縣［安］人。琮。昇。越［鉞］。洲。尚仁。安國。②

張亨。堂邑人。泰。瑄。翀。禎。禮。尚忠。士賢。③

崔深。樂寧［亭］人。榮。顯。浩。④

①「綱」字，呂景蒙《嘉靖潁州志》作「剛」。「仲」字，《康熙潁州志》作「重」。呂景蒙《嘉靖潁州志·兵衛·百戶》：「胡勝。浙江鄞縣（今杭州）人，永樂五年（1407）任。雋，景泰四年（1453）任。珊，成化元年（1465）任。剛，弘治二年（1489）任。堂，正德十五年（1520）任。」李宜春《嘉靖潁州志·兵防·（右所）百戶》：「胡堂。浙江鄞縣人。初，胡勝襲遼東後衛後所百戶，永樂五年調潁川。傳雋。傳珊。傳綱。傳堂，正德十五年替職。」《康熙潁州志·軍衛·百戶》：「胡禮（浙江鄞縣人）。海。勝。雋。珊。綱。堂。重。天祥。全忠。」

②呂景蒙《嘉靖潁州志·兵衛·百戶》：「王端。浙江西安（今衢州）人，永樂元年（1403）任。璞，正統七年（1442）任。昇，成化五年（1469）任。鉞，正德三年（1508）任。洲，嘉靖十一年（1532）任。」李宜春《嘉靖潁州志·兵防·（中所）百戶》：「王洲。浙江西安人。初，王端襲信陽衛百戶，永樂元年調潁川，後因事謫戍。傳瑾，襲原職。傳昇。傳鉞。傳洲，嘉靖十一年承襲。」《康熙潁州志·軍衛·百戶》：「王端（浙江西安人）。琮。昇。越［鉞］。洲。尚仁。安國。」

③呂景蒙《嘉靖潁州志·兵衛·百戶》：「張亨。山東堂邑人，永樂十一年（1413）任。泰，景泰二年（1451）任。瑄，成化十三年（1477）任。翀，弘治十八年（1505）任。禎，正德七年（1512）任。禮，嘉靖八年（1529）任。」李宜春《嘉靖潁州志·兵防·（後所）百戶》：「張禮。山東堂邑人。初，張亨永樂十一年以父蔭除潁川百戶。傳泰。傳瑄。傳翀。傳禎。傳禮，嘉靖八年承襲。」《康熙潁州志·軍衛·百戶》：「張亨（山東棠［堂］邑人）。泰。瑄。翀。禎。禮。尚忠。士賢。」

④呂景蒙《嘉靖潁州志·兵衛·百戶》：「崔深。直隸樂亭（今屬河北）人，宣德六年（1431）任。榮，正統九年（1444）任。顯，天順二年（1458）任。浩，天順八年（1464）任。」李宜春《嘉靖潁州志·兵防·（右所）百戶》：「崔灝［浩］。直隸樂亭人。初，崔深以功授宣武衛中所百戶，宣德六年調潁川。傳榮。傳顯。傳灝［浩］，卒。侄進。」《康熙潁州志·軍衛·百戶》：「崔深（北直樂亭人）。榮。顯。浩。」

曹毅。泗州人。敏。威。鵬。恩。倫。世顯。①

江清。光化人。諒。通。岳。潮。鎮。柱。桂。檀。②

阮强。交趾太平人。恪。貴。綱。熠。尚節。③

汪霖。黔縣［陽］人。海。洪。④

---

①吕景蒙《嘉靖潁州志・兵衛・百戶》：「曹興。直隸泗州（今江蘇泗縣一帶）人，永樂五年（1407）任。敏，景泰七年（1456）任。威，天順七年（1463）任。鵬，弘治八年（1495）任。恩，嘉靖五年（1526）任。」李宜春《嘉靖潁州志・兵防・（右所）百戶》：「曹恩。直隸泗州人。初，曹敖［毅］襲金吾後衛百戶，永樂五年調潁川前所，宣德六年（1431）改右所，尋調延安衛前所。傳敏，天順元年（1457）赦回。傳威。傳鵬。傳恩，嘉靖五年承襲。」《康熙潁州志・軍衛・百戶》：「曹源（泗州人）。興。毅。敏。威。鵬。恩。倫。世顯。」

②吕景蒙《嘉靖潁州志・兵衛・百戶》：「江清。湖廣光化（今湖北老河口）人，宣德七年（1432）任。諒，宣德八年（1433）任。通，景泰元年（1450）任。岳，成化十一年（1475）任。潮，弘治九年（1496）任。鎮，嘉靖六年（1527）任。」李宜春《嘉靖潁州志・兵防・（前所）百戶》：「江鎮。湖廣光化人。初，江清以功授兆州衛，宣德七年調潁川，陣亡。傳諒。傳通。傳岳。傳潮。傳鎮，嘉靖六年替職。」《康熙潁州志・軍衛・百戶》：「江清（湖廣光化人）。諒。通。岳。潮。鎮。柱。桂。檀。」

③吕景蒙《嘉靖潁州志・兵衛・百戶》：「阮强。交趾太平（今屬越南）人，宣德七年（1432）任。恪，正統六年（1441）任。貴，成化十五年（1479）任。綱，弘治十五年（1502）任。熠，嘉靖八年（1529）任。」李宜春《嘉靖潁州志・兵防・（中所）百戶》：「阮熠。交阯太平人。初，阮强率衆歸附，宣德七年調潁川。傳恪。傳貴。傳綱。傳熠，嘉靖八年承襲，見管印。」《康熙潁州志・軍衛・百戶》：「阮强（交趾太平人）。恪。貴。綱。熠。尚節。」

④吕景蒙《嘉靖潁州志・兵衛・百戶》：「汪霖。湖廣黔陽（今湖南洪江）人，正統元年（1436）任。海，成化六年（1470）任。洪，正德元年（1506）任。」李宜春《嘉靖潁州志・兵防・（後所）百戶》：「汪洪。湖廣黔陽人。初，汪霖襲莊浪左所百戶，正統元年調潁川後所。傳海。傳洪。子卒。孫洋。」《康熙潁州志・軍衛・百戶》：「汪霖（湖廣黔陽人）。海。洪。」

劉聚。豐縣人。深。鑑。璽。廷臣。爵。①
劉廣。山後人。釗。浩［溏］。應詔。治民。②
魏忠。合肥人。湧。欽。臣。國。尚志。③
嚴敬。儀真人④。銘。洪。相。尚和。師啟。⑤

---

①吕景蒙《嘉靖潁州志·兵衛·百戶》：「劉聚。直隸豐縣（今屬江蘇）人，正統四年（1439）任。深，正統十五年（1450）任。鑑，成化二十一年（1485）任。璽，正德十五年（1520）任。廷臣，嘉靖四年（1525）任。」李宜春《嘉靖潁州志·兵防·（後所）百戶》：「劉廷臣。直隸豐縣人。初，劉聚以功陞甘肅前衛百戶，正統四年調潁川後所。傳深。傳鑑。傳璽。傳廷臣，卒。子爵。」《康熙潁州志·軍衛·百戶》：「劉聚（豐縣人）。深。鑑。璽。廷臣。爵。」

②吕景蒙《嘉靖潁州志·兵衛·百戶》：「劉廣。山後遼陽（今屬遼寧）人，正統四年（1439）任。釗，天順元年（1457）任。溏，正德十六年（1521）任。」李宜春《嘉靖潁州志·兵防·（前所）百戶》：「劉溏。山後遼陽人。初，劉廣襲潞州衛，正統四年調潁川。傳釗。傳溏，正德十六年替職。」《康熙潁州志·軍衛·百戶》：「劉二（山後遼陽人）。聚。廣。釗。浩［溏］。林。應詔。治民。」

③吕景蒙《嘉靖潁州志·兵衛·百戶》：「魏忠。直隸合肥（今屬安徽）人，正統四年（1439）任。湧，天順四年（1460）任。欽，弘治六年（1493）任。臣，正德十五年（1520）任。國，嘉靖十一年（1532）任。」李宜春《嘉靖潁州志·兵防·（左所）百戶》：「魏國。直隸合肥人。初，魏忠襲甘州前衛後所百戶，正統四年調潁川左所。傳湧。傳欽。傳臣。傳國，嘉靖十年（1531）承襲。」《康熙潁州志·軍衛·百戶》：「魏忠（合肥人）。湧。欽。臣。國。尚志。」

④「儀真人」，吕景蒙《嘉靖潁州志》作「太［泰］興人」，李宜春《嘉靖潁州志》作「泰興人」。詳見下注。

⑤吕景蒙《嘉靖潁州志·兵衛·百戶》：「嚴敬。直隸太［泰］興（今屬江蘇）人，正統四年（1439）任。銘，正統十三年（1448）任。洪，成化七年（1471）任。相，正德五年（1510）任。」李宜春《嘉靖潁州志·兵防·（後所）百戶》：「嚴敬。直隸泰興人。初，嚴敬襲密雲衛百（戶），正統四年調潁川。傳銘。傳洪。傳相，卒。子爵。」《康熙潁州志·軍衛·百戶》：「嚴再六（儀真人）。成。敬。銘。洪。相。爵。尚和。師啟。」

方瑛。盧［廬］州人。鎮。雄。學。泰。守教。克猷。①

史恕。潞城人。庠。翰。畧。臣。宗孔。②

孫瓛。儀真人。勳。功。爵。銓。揚武。尚武。③

吴瑄。玉山人。楝。佳印。④

田功。本衛指揮僉事降襲。之振。⑤

---

①吕景蒙《嘉靖潁州志・兵衛・百戶》：「方瑛。直隸合肥（今屬安徽）人，天順元年（1457）任。鎮，成化元年（1465）任。雄，弘治十五年（1502）任。學，正德十三年（1518）任。」李宜春《嘉靖潁州志・兵防・（右所）百戶》：「方學。直隸合肥人。初，方瑛襲威遠衛前所百戶，天順元年調潁川。傳鎮。傳雄。傳學，正德十三年承襲，見管印。」《康熙潁州志・軍衛・百戶》：「方友亮（合肥人）。成。圓。英［瑛］。鎮。雄。學。泰。守教。克猷。」

②吕景蒙《嘉靖潁州志・兵衛・百戶》：「史恕。山西潞城人，天順五年（1461）任。庠，成化八年（1472）任。翰，弘治七年（1494）任。」李宜春《嘉靖潁州志・兵防・（左所）百戶》：「史幹［翰］。山西潞城人。初，史恕景泰二年（1451）以功陞潁川百戶。傳庠。傳幹［翰］，弘治七年替職。」《康熙潁州志・軍衛・百戶》：「史小二（山西潞城人）。榮。忠。恕。庠。翰。畧。臣。宗孔。」

③吕景蒙《嘉靖潁州志・兵衛・百戶》：「孫瓛。直隸儀真（今江蘇儀徵）人，成化三年（1467）任。勳，正德元年（1506）任。功，正德六年（1511）任。爵，嘉靖十四年（1535）任。」李宜春《嘉靖潁州志・兵防・（前所）百戶》：「孫爵。直隸儀真人。初，孫瓛襲信陽衛，成化三年調潁川。傳勳。傳功。傳爵，嘉靖十三年（1534）承襲。」《康熙潁州志・軍衛・百戶》：「孫德（儀真人）。忠。福。普。瓛。勳。功。爵。銓。揚武。尚武。」

④吕景蒙《嘉靖潁州志・兵衛・百戶》：「吴瑄。江西玉山人，嘉靖八年（1529）任。」李宜春《嘉靖潁州志・兵防・（右所）百戶》：「吴宜［瑄］。江西玉山人。初襲彭城衛右所百戶，嘉靖七年（1528）奉詔除潁川右所，八年任。」《康熙潁州志・軍衛・百戶》：「吴福（江西玉山人）。真。通。雄。廣。錦。瑄。楝。佳印。」

⑤《康熙潁州志・軍衛・百戶》：「田功（本衛僉事降襲）。之振（優給）。」

試百戶

唐滿。虹縣人。勝。信。鈺。麟。佐。誥。宗舜。治國。①

陸俊。鳳陽人。洪。綬。璽。②

孫果［杲］。本衛副千戶降襲。子紹。顯忠。③

---

①呂景蒙《嘉靖潁州志·兵衛·百戶》：「唐滿。直隸虹縣人，洪武二十五年（1392）任。勝，永樂元年（1403）任。信，永樂六年（1408）任。鈺，正統六年（1441）任。麟，天順七年（1463）任。佐，正德十六年（1521）任。」李宜春《嘉靖潁州志·兵防·（左所）百戶》：「唐佐。直隸虹縣人。初，唐滿洪武二十五年以總旗年深除授潁川世襲百戶。傳信。傳鈺，陣亡。傳麟。傳佐，正德十五年（1520）承襲，見掌印。」《康熙潁州志·軍衛·試百戶》：「唐宗彬（虹縣人）。滿。勝。信。鈺。麟。臣。佐。誥。宗舜。治國。」

②呂景蒙《嘉靖潁州志·兵衛·試百戶》：「陸俊。直隸鳳陽（今屬安徽）人，洪武三十五年（1402）任。洪，天順四年（1460）任。綬，弘治十八年（1505）任。璽，正德十四年（1519）任。」李宜春《嘉靖潁州志·兵防·（前所）試百戶》：「陸璽。直隸鳳陽人。初，陸俊洪武三十五年以總旗年深除潁川前所實授百戶。傳洪，例革，权充總旗，以殺賊功陞試百戶，遇例實授。傳綬。傳璽，正德十四年承襲。」《康熙潁州志·軍衛·試百戶》：「陸俊（鳳陽人）。洪。綬。璽。」

③呂景蒙《嘉靖潁州志·兵衛·試百戶》：「孫義。山東滕縣人，正統四年（1439）任。茂，景泰七年（1456）任。鉞，弘治二年（1489）任。棠，正德十五年（1520）任。」李宜春《嘉靖潁州志·兵防·（後所）副千戶》：「孫棠。山東滕縣人。初，孫義以祖茂功調潁川後所。傳鉞。傳棠，卒，無嗣。弟杲。」《康熙潁州志·軍衛·試百戶》：「孫杲（本衛副千戶降襲）。子紹。顯忠。」

耿阿魯土乂兒。捕魚兒海子①人。貴。鑑。鸞。文。濠。懋忠。希恭。②

張禮。濟源人。鎮。瑁。登。③

胡（伯）川。洛陽人。瑛。清。政。④

---

①「子」字後，呂景蒙《嘉靖潁州志》、李宜春《嘉靖潁州志》有「達」字。詳見下注。

②呂景蒙《嘉靖潁州志・兵衛・試百戶》：「耿阿魯土乂兒。卜［捕］魚兒海子達（今內蒙新巴爾虎石旗）人，宣德七年（1432）任。貴，正統二年（1437）任。鑑，弘治七年（1494）任。鸞，弘治十八年（1505）任。文，正德十四年（1519）任。」李宜春《嘉靖潁州志・兵防・（後所）試百戶》：「耿文。卜［捕］魚兒海子達人。初，阿魯土乂兒洪武間歸附，宣德七年以招諭功，陞潁川試百戶。傳貴，補後所，遇詔實授。傳鑑。傳鑾［鸞］。傳文，正德十四年承襲。」《康熙潁州志・軍衛・試百戶》：「耿阿魯土乂兒（捕魚兒海子人）。貴。鑑。鸞。文。濠。懋忠。希恭。」

③「瑁」字，呂景蒙《嘉靖潁州志》及《康熙潁州志》作「茂」。呂景蒙《嘉靖潁州志・兵衛・百戶》：「張禮。河南濟源人，正統元年（1436）任。鎮，景泰二年（1451）任。茂，成化十七年（1481）任。」李宜春《嘉靖潁州志・兵防・（右所）百戶》：「張瑁。河南濟源人。初，張禮襲寬河衛中所帯俸百戶，正統元年調潁川前所。傳鎮，景泰年間改右所。傳璽。傳瑁，卒。子湧。」《康熙潁州志・軍衛・試百戶》：「張禮（河南濟源人）。鎮。茂。登。」

④呂景蒙《嘉靖潁州志・兵衛・試百戶》：「胡伯川。河南洛陽人，正統二年（1437）任。瑛，正統十三年（1448）任。清，天順四年（1460）任。政，嘉靖六年（1527）任。」李宜春《嘉靖潁州志・兵防・（左所）試百戶》：「胡政。河南洛陽人。初，胡原蔭襲甘州左衛左所試百戶，正統二年因疾改調潁川。傳瑛。傳清，天順間遇詔，實授百戶。傳政，嘉靖七年（1528）承襲。子朝。」《康熙潁州志・軍衛・試百戶》：「胡伯川（河南洛陽人）。瑛。清。政。」

吳瑛。恩縣人。政。魁。國印。見伯。①

吳寬。封丘人。真［貞］。通。臣。櫝。道行。②

馮亮。昌平人。斌。英。③

范俊。延津人。雄。鈺。世臣。希文。希武。④

---

①呂景蒙《嘉靖潁州志・兵衛・試百戶》：「吳瑛。山東恩縣（今平原縣一帶）人，景泰元年（1450）任。政，成化十六年（1480）任。魁，正德十三年（1518）任。」李宜春《嘉靖潁州志・兵防・（中所）試百戶》：「吳魁。山東恩縣人。初，吳瑛景泰元年以殺賊功授潁川試百戶，尋殺賊，陞實授，後不爲例。傳政。傳魁，正德十三年承襲。」《康熙潁州志・軍衛・試百戶》：「吳榮（山東恩縣人）。二。三。英［瑛］。政。魁。廷忠。國印。見伯。」

②「道行」，《康熙潁州志》作「行道」。呂景蒙《嘉靖潁州志・兵衛・試百戶》：「吳寬。河南封丘人，景泰元年（1450）任。貞，成化三年（1467）任。通，正德三年（1508）任。臣，嘉靖八年（1529）任。」李宜春《嘉靖潁州志・兵防・（後所）百戶》：「吳臣。河南封丘人。初，吳寬景泰元年（1450）以功陞潁川後所百戶。傳貞。傳通。傳臣，嘉靖七年（1528）承襲。」《康熙潁州志・軍衛・試百戶》：「吳成（封丘人）。順。寬。貞。通。臣。櫝。行道。」

③呂景蒙《嘉靖潁州志・兵衛・試百戶》：「馮亮。直隸昌平（今屬北京）人，景泰三年（1452）任。斌，成化八年（1472）任。英，正德八年（1513）任。」李宜春《嘉靖潁州志・兵防・（中所）試百戶》：「馮英。直隸昌平人。初，馮亮景泰三年以功授潁川試百戶，尋陞實授，後不爲例。傳斌。傳英，正德八年承襲。」《康熙潁州志・軍衛・試百戶》：「馮亮（昌平人）。斌。英。」

④呂景蒙《嘉靖潁州志・兵衛・試百戶》：「范俊。河南延津人，成化元年（1465）任。雄，成化十六年（1480）任。鈺，嘉靖二年（1523）任。」李宜春《嘉靖潁州志・兵防・（右所）試百戶》：「范鈺。河南延津人。初，范俊天順間告補本所。傳雄。傳鈺，卒。子世臣。」《康熙潁州志・軍衛・試百戶》：「范珪（河南延津人）。大。温。俊。雄。鈺。世臣。希文。希武。」

朱洪。①

王名。②

邵灝。③

今制：置守備掌衛事，左、右千總及百總各一，仍（設）經歷司典出納文移。④

守備

楊藩。⑤

楊擁。⑥

①李宜春《嘉靖潁州志·兵衛·（前所）百戶》：「朱洪。直隸江陰（今屬江蘇）人。初，朱和以總旗年深授百戶，洪武二十年（1387）調潁川前所副千戶。傳旺，襲百戶。傳誥。傳洪，卒。」《康熙潁州志·軍衛·試百戶》：「朱洪。」

②《康熙潁州志·軍衛·試百戶》：「王名。」

③《康熙潁州志·軍衛·試百戶》：「邵灝。」

④《康熙潁州志·軍衛》：「國初，置守備掌衛事，左、右千總及百總各一員，仍設經歷司典出納文移。至順治十五年（1658）併衛後裁汰。」

⑤《康熙潁州志·軍衛·守備》：「楊藩。」

⑥《康熙潁州志·軍衛·守備》：「楊擁。」

左千總

韓傳鉢。①

右千總

秦鳳毛。②

百總

缺。③

經歷

王繼學。④

倪起蕙。⑤

①《康熙潁州志·軍衛·左千總》：「韓傳鉢。」
②《康熙潁州志·軍衛·右千總》：「秦鳳毛。」
③《康熙潁州志·軍衛·百總》：「缺。」
④《康熙潁州志·軍衛·經歷》：「王繼學。」
⑤《康熙潁州志·軍衛·經歷》：「倪起蕙。」

衛治①

衛與州同城，署在州署之後街。門三間；儀門三間；東、西角門各一間。正堂三間；東爲經歷司廳，西爲鎮撫司廳，各二②間；退廳三間。堂之兩旁爲吏廨；中門外兩旁爲五所廳。③

旗纛廟。三間。在衛堂西北隅。④

軍器庫。在衛堂兩頭，内貯大將軍五座、二將軍十座，俱銅鑄。⑤

軍需局。在衛署西南北街，東向。有庭［廳］暨打造所，每歲額造軍器四十副。⑥

---

①原書前目録無此條，已據補。

②「二」字，《康熙潁州志》作「三」。詳見下注。

③《康熙潁州志·軍衛·衛治》：「衛與州同城，署在州署之後。大門三間；儀門三門［間］；東、西角門各一間。正堂三間；東爲經歷司廳，西爲鎮撫司廳，各三間；退廳三間。堂之兩旁爲吏廨；中門外兩旁爲五所廳。」

④《康熙潁州志·軍衛·衛治》：「旗纛廟。三間。在堂西北隅。」

⑤李宜春《嘉靖潁州志·兵防》：「軍器庫。大將軍銅銃二箇，二將軍銅銃三箇，碗口銅銃四十四箇，俱係原降。」《康熙潁州志·軍衛·衛治》：「軍器庫。在堂兩頭，内貯大將軍砲位五座，二將軍砲位十座，俱銅鑄。」

⑥吕景蒙《嘉靖潁州志·兵衛》：「軍器局。在衛治西。工七十四人，五年考選軍政指揮一人掌之。每歲所造軍器四十副。」李宜春《嘉靖潁州志·兵防》：「軍器局。在衛治西。工七十四人，每歲造盔八十頂，甲八十副，腰刀八十把，斬馬刀二十把，弓八十張，絃一百六十條，箭二千四百枝，撒袋八十副，長牌四十面。」《康熙潁州志·軍衛·衛治》：「軍需局。在治西，東向。内有廳暨打造所，每歲額造軍器四十副。」

衛禁。在局南。①

演武場。在東門外迤北二里，幅幀可十頃。週以墻垣，爲前門，爲將臺，爲廳三楹，爲月臺，爲退廳。每歲管操官以清明後開操，五月初止；霜降日開操，十月終止。②

小教場。在鼓樓東。有庭三間，東向。③

軍伍④

旗軍。原額五千六百名。

京，秋班軍三百九十二名。

薊鎮，春班軍四百六十七名。

大同，春班軍四百四十五名。

①《康熙潁州志·軍衛·衛治》：「衛禁。在局南。」

②吕景蒙《嘉靖潁州志·兵衛》：「演武場。衛一，在東廓。」李宜春《嘉靖潁州志·兵防》：「演武場。在東廓。」《康熙潁州志·軍衛·衛治》：「演武場。在東門外迤北二里，幅幀約十頃。週以墻垣，爲前門，爲將臺，爲廳三楹，爲月臺，爲退廳。每歲管操官以清明後開操，五月初止；霜降日開操，十月終止。」

③《康熙潁州志·軍衛·衛治》：「小教場。在譙樓東。有庭三間，東向。」

④原書前目錄無此條，已據補。

大同，秋班軍三百三十一名。

四班原額共三千七名，見《呂志》。① 萬曆初年已稱消乏，僅有此數。②

城操。丁二千一百十八名，馬操四十名，步標四百名。③

潁道軍牢。吹鼓手一百名，應捕四十名，牢頭六名，門軍六十名，局匠六十一名。替補鳳陽等衛運軍二百五十名，廠軍四名。又，替補揚州衛京操號新軍二百名。④

天啟六年（1626）十月，衛軍以代隔省運糧年久，致四班旗軍逃亡大半，乃具本以額外攀差貽累已極赴奏。奉旨：「據奏，潁川衛軍丁既有京、邊兩操差役，如何又代南直運糧？着戶、兵二部行彼處撫按，會同總漕撫按官，議妥具奏。」次年九月，河南撫院郭公增光會同總漕及各院具題：「奉旨。這潁川衛代南直運糧，既經議妥，着遵

---

①呂景蒙《嘉靖潁州志·兵衛》：「軍原額五千人，見在旗軍一千九十五人，事故一千九百一十二人。」

②《康熙潁州志·軍衛·衛軍》：「旗軍。原額五千六百名。戍京衛春班軍三百三十名，秋班軍五百八十八名，所通二百名。戍大同衛春班軍一千四十名，秋班軍一千四十六名，所通四百名。四班原額共三千六百七名，見《呂志》。日侵月削，至萬曆初，僅存京秋班軍三百九十二名，薊鎮春班軍四百六十七名，大同春班軍四百四十五名、秋班軍三百三十一名。」

③李宜春《嘉靖潁州志·兵防》：「城操。軍舍餘丁七百名。」《康熙潁州志·軍衛·衛軍》：「城操。餘丁原額二千一百一十名（嘉靖間止存一千三百八十八名），所餘丁七百名，馬操四十名，步操四百名。」

④《康熙潁州志·軍衛·衛軍》：「潁道軍牢。吹手共一百名，應捕四十名，牢頭六名，門軍六十名，局匠六十一名（原設七十名，見《呂志》，後裁減）。替補鳳陽中等衛運軍二百五十名，廠軍四名。替補揚州衛京操新軍二百名。」

祖制，即與豁除，以蘇軍困。其原運輝縣米石，撒派山東遮洋衛所兑運。餘依議。該部速與覆行。」十月，户部加議具覆，即移咨總漕撒派带運，從此疲困得甦矣。①

今制，旗軍概免京、邊番戍。順治四年（1647）編審本衛見存屯丁，三等七則，共六百四十丁。

順治十年（1653）十月，奉文撥本衛屯丁六十三名，同宣武等衛所治河。②

軍屯③

屯地。原額四千四百八十分，每分該夏糧小麥五石，秋糧粟米一石，共夏糧二萬二千四百石，秋糧四千四百八

---

①《康熙穎州志·軍衛·衛軍》：「明舊制，南直衛所有運軍、京軍，無邊軍；河南衛所有京軍、邊軍，無運軍。穎川衛屬河南都司，例應京、邊兩操差役。成化二十一年（1485），鳳陽等衛以穎川衛同處南直，獨免運糧，因假托消乏，妄牽暫代彼軍二百五十名，候彼蘇息退復。此運軍之始也。徐、泗二衛亦效尤，申稱穎川衛運軍數少，乞比照南直衛所。總漕高議，將揚州衛京軍代徐、泗二衛應運，以穎川衛餘丁三百名替補揚州衛京操。此新軍之始也。嘉靖五年（1526），指揮鞏世、武功軍人曹良等雖經陳奏，而命下會勘動逾歲時，且遷徙不常，率皆沉擱。二十七年（1548），直指王公言有《復原額以均勞逸》之疏，止將新軍減除一百名，餘二百名，並運軍如故。四十五年（1566），本衛官軍備將前情申奏，直指孫公丕揚勘明本衛代補隔省各衛運操委屬偏累。奈各衛任意延捱，迨孫公任滿，仍將勘合繳訖。萬曆三十五年（1607），軍人李崇本復奏，奉旨該部知道而已。至天啟六年（1626），軍人張邦紳以歷來成案屢奉明旨除豁運軍赴奏，於是着户、兵二部行撫按，會同總漕議奏。次年，河南撫軍郭公增光會同各院具題奉旨，即准豁除。其原運輝縣米石，撒派鳳陽及山東遮洋衛所兑運，從此疲困得甦。（此條出劉體謙《衛志》。）」

②《康熙穎州志·軍衛·衛軍》：「今制，旗軍概免京、邊番戍。順治四年（1647）編審本衛見存屯丁共六百四十丁。十年（1653）十月，撥屯丁六十三名，同宣武等衛所屯丁治河。至十五年（1658）奉裁衛所，而軍户丁徭歸併入州矣。」

③原書前目錄無此條，已據補。

十石。每軍墾田百畝，歲納糧六石，是爲一分。糧一分定例六石，田一分則不必皆百畝。蓋由開墾之初，有力者或開三五百畝，或開十①餘畝。以百畝爲屯田，餘者皆爲屯軍餘地，不過納糧一分而已。至無力者開僅百畝，或三五十畝，例應納糧一分，甚至轉相典賣，久失坐落，遂有包納逃糧之額。萬曆九年（1581），奉例清丈，不論屯餘，共地小畝二萬六千八百八十頃，每頃額徵一石。萬曆十四年（1586）奉文，銀麥兼徵，該本色糧一萬三千四百四十石，管屯官徵運廣積倉口，聽本衛官軍俸②月糧支用。該折色糧一萬三千四百四十石，每石折銀三錢五分，共折銀四千七百零四兩。外随糧带徵公費銀六百兩，亦聽官軍俸鈔及起解班價、軍器料價等項支用。③

指揮使。每員月支本色糧七石，折色銀八錢。

指揮同知。每員月支本色糧五石二斗，折色銀五錢九分四厘二毫五絲。

---

①「十」字，《康熙潁州志》作「千」，當是。詳見下文所引。

②「俸」字後，《康熙潁州志》有「米」字。詳見下注。

③《康熙潁州志·軍衛·衛地》：「屯地原額四千四百八十分，每分夏稅小麥五石，秋糧粟米一石，共夏麥二萬二千四百石，秋粟四千四百八十石。每軍墾田百畝，歲納糧共六石，是爲一分。然糧一分定例六石，田一分不必皆百畝。蓋開墾之初，有力者或開三五百畝，或開千餘畝。以百畝爲屯田，餘者皆爲屯軍餘地，不過納糧六石而已。至無力者開僅百畝，或三五十畝，例應納糧六石，遂至轉相典賣，因有包納逃糧之累。萬曆九年，奉例清丈，不論屯餘，共地小畝二萬六千八百八十頃，每頃徵糧一石。十四年奉文，銀麥兼徵，該本色糧一萬三千四百四十石，管屯官徵運廣積倉口，聽本衛官軍俸米月糧支用。該折色糧一萬三千四百四十石，每石折銀三錢五分，共折銀四千七百零四兩。外随糧带徵公費銀六百兩，亦聽官軍俸鈔及起解班價、軍器料價等項支用。」

指揮僉事。每員月支本色糧四石八斗，折色銀五錢四分八厘五毫。

署指揮僉事。每員月支本色糧三石二斗，折色銀三錢六分五厘二毫。

衛鎮撫。每員月支本色糧二石八斗，折色銀三錢二分。

正千戶。與署指揮僉事同。

副千戶。與衛鎮撫同。

署副千戶。每員月支本色糧二石，折色銀二錢二分八厘四毫。

所鎮撫。每員月支本色糧一石六斗，折色銀一錢八分三厘八毫三絲。

百戶。與署副千戶同。

試百戶。每員月支本色糧一石，折色銀一錢一分四厘二（毫）。

經歷。歲支（本）色銀十七兩三錢一分四厘。

京秋班軍。每名支本色糧四個月，每月八斗，解京；折色銀八個月，每軍一兩九錢二分。

薊鎮春班軍。每名支本色糧四個月零二十四日，每月八斗，解邊；折色銀七個月零六日，每軍一兩七錢二分八厘。

大同春、秋兩班軍。每名支本色糧六個月，每月八斗，總解；折色班價一千六百五十四兩八錢。

宗錄銀。八十兩。
馬操、步標。每名歲支本色糧二石二斗。
潁道軍牢吹鼓手。每名月支本色糧五斗。
應捕。每名月支本色糧二斗。
牢頭、門軍、局匠。每名月支本色糧四斗。
京秋班領班都司車輛心紅銀。三十三兩一錢七厘。
京秋班解銀都司盤纏銀。一十五兩。
京秋班領班官盤纏銀。六十兩。
京秋班解銀官盤纏銀。一十二兩。
薊鎮春班領班都司廪給銀。二十八兩八錢六分三厘。
薊鎮春班解銀都司盤纏銀。一十五兩。
薊鎮春班領班官盤纏銀。六十兩。
薊鎮春班解銀官盤纏銀。一十二兩。
大同兩班解銀都司盤纏銀。三十五兩。

大同兩班領班官盤纏銀。二十八兩。
本衛公堂紙劄銀。一十八兩。
經歷司修理銀。七兩。
鎮撫司五所紙劄銀。三兩。
備造年終文册銀。一十五兩。
按院閲操花紅銀。一十二兩。
撫院標遊府軍伴銀。一十八兩。
潁道門役工食銀。七兩二錢。
都司修理家伙並書辦夫、馬皂役等項。共銀九十五兩四錢一分七厘。
燒造銀。一百三十四兩九錢。
軍器料價銀。六十八兩五錢四分七厘四毫七絲五忽。
軍器脚價銀。八十兩。
新增軍器料價銀。七十二兩二錢九分三毫二絲。
加鋼銀。二十四兩。

軍三加鋼銀。四十八兩八錢三厘一毫。

表箋。

霜降際［祭］祀。

修城。

舉生科會盤費。

歲歲貢旗匾。

新進生員花紅。

今制，屯地比照民地起科。順治七年（1650），除荒地小畝一萬三千二百二十二頃三畝五分，節次開懇［墾］；見在熟地小畝一萬三千六百五十三頃九十六畝五分，坐落州縣地方。查民地，有以二三小畝爲册地一畝者，有以七八小畝爲册地一畝者。衛地酌中，以九百六十步爲册地一畝，共折行糧大地三千四百一十三頃四十九畝一分二厘三毫。每一大畝例派銀二分四厘五毫三絲三微八纖八沙，共該徵銀八千三百七十三兩四錢二分六厘四毫七絲七忽七微一纖五塵。①

①《康熙潁州志·軍衛》：「今制，屯地比照民地起科。順治七年，除荒地小畝一萬三千二百二十二頃三畝五分，節次開墾。見在熟地小畝一萬三千六百五十三頃九十六畝五分，共折行糧大畝屯地三千四百一十二頃九十畝八分二厘五毫。歸併後詳見《食貨》。」

丁銀，共該徵四十九兩二錢六分。

起運户部款項①

屯糧。

班價。

宗禄。

共除荒實徵銀五千一百二十九兩三錢五分四厘九毫七絲六忽六微二纖五塵。

起運工部款項②

燒造。

軍器料價。

軍器脚價。

①原書前目錄無此條，已據補。

②原書前目錄無此條，已據補。

新增軍器料價。

加鋼。

軍三加鋼。

共除荒實徵銀二百一十九兩八錢八分四厘四毫八絲。

新添牛角五十副，折銀二百兩。

盔七十頂，折銀二百四十五兩。

甲七十副，折銀五百二十五兩。

腰刀五十口，折銀一百兩。

箭二千八十八枝，折銀二百八兩八錢。

撒袋五十副，折銀一百兩。

弓絃一百條，折銀十兩。

舖墊銀，五十六兩。

共銀一千四百四十四兩八錢。

本衛存留支解款項①

都司蔬菜、燭灰［炭］銀。三十六（兩）。
都司傘、扇夫工食銀。二十四兩。
屯操都司蔬菜、燭灰［炭］銀。三十兩。
屯操都司薪銀。四兩六錢四分四厘八毫。
共銀九十四兩六錢四分四厘八毫。

表箋銀。七十七兩四錢四分五厘。
霜降祭祀銀。五兩。
修城銀。二十兩。
舉生科會盤費銀。二百兩。

①原書前目錄無此條，已據補。

歲貢旗匾銀。一十二兩。

新進生員花紅銀。八兩四錢。

走遞夫工食銀。二十五兩。

把守城門門軍工食銀。九十六（兩）。

共銀四百四十二兩八錢四分五厘。

欽定武臣經費錄①

守備

俸銀。二十七兩三錢九分四厘。

薪銀。七十二兩。

蔬菜、燭炭銀。八兩。

案衣家伙銀。八兩。

①原書前目錄無此條，已據補。

心紅紙張銀。八兩。

書辦三名，工食銀二十一兩六錢。

門子二名，快手二名，牢役六名，傘夫二名，馬夫一名，每名工食銀六兩。

共銀二百二十二兩七錢九分四厘。

千總左、右同。

俸銀。十八兩七錢六厘。

薪銀。四十八兩。

書辦一名，工食銀七兩二錢。

門子一名，牢役四名，傘、馬夫二名，每名工食銀六兩。

共銀一百一十五兩九錢六厘。

百總

廩給銀。三十六兩。

書辦一名，工食銀七兩二錢。

牢役二名，馬夫一名，每名工食銀六兩。

共銀六十一兩二錢。

經歷

俸銀。二十五兩八錢九分六厘。
薪銀。三十六兩。
書辦一名，工食銀七兩二錢。
門子一名，皂隸四名，馬夫一名，每名工食銀六兩。
共銀一百五兩九分六厘。

衛學

俸銀。一十九兩五錢二分。
薪銀。一十二兩。
齋夫三名，工食銀三十六兩。
膳夫二名，工食銀四十兩。
書辦一名，工食銀七兩二錢。
門子三名，每名工食銀六兩。

喂馬草料銀。一十二兩。

共銀一百四十四兩七錢二分。

潁州志卷之八

郡縣表

遷、固諸《表》，豈徒作哉？蓋爲並時異世而作也。夫時並則年歷差殊，世異則難於明辨。故其《表》也，多以世爲主。或主於地，或主於時，或國經而年緯，或年經而國緯，然後因而譜列之。良有深意！潁之《郡縣有［表］》，予得二書焉。乃以世爲主，而百世之因革昭於指掌，是亦不徒作也矣。①

①吕景蒙《嘉靖潁州志·郡縣表》：「遷、固諸《表》，豈徒作哉？蓋爲並時異世而作也。夫時並則年歷差殊，世異則難於明辨。故其《表》也，多以世爲主。或主於地，或主於時，或國經而年緯，或年經而國緯，然後因而譜列之。良有深意！潁之《郡縣表》，予得二書焉。乃以世爲主，而百世之因革昭於指掌，是亦不徒作也矣。故首表郡縣。」

	唐	虞	夏	商	周④
州	豫州域。①				
潁上	豫州域。②				
太和	豫州域。③				
亳縣。					

①見本書《輿地志一・沿革》「唐、虞爲豫州」句之注。

②《成化中都志・建置沿革・潁上縣》：「在州治東一百二十里。《禹貢》豫州之域。」

③《成化中都志・建置沿革・太和縣》：「在州治西北八十里。《禹貢》豫州之域。」

④吕景蒙《嘉靖潁州志・郡縣表》「虞」「夏」「商」「周」四行前三列均有「同」字。

续表

	春秋		戰國	秦⑥
州	胡子國。①	沈子國。②	楚地。③	潁川郡地。⑦
潁上			楚地。④	
太和			楚地。⑤	
亳縣				

①見本書《輿地志一·沿革》「胡子國」條之注。
②見本書《輿地志一·沿革》「沈子國」條之注。
③見本書《郡紀》「蔡遷於州來」句之注。
④《成化中都志·建置沿革·潁上縣》：「周末，屬楚。」
⑤《成化中都志·建置沿革·太和縣》：「春秋，胡國地，後屬楚。」
⑥吕景蒙《嘉靖潁州志·郡縣表》「秦」行「潁上」「太和」二列均有「同」字。
⑦見本書《郡紀》「潁爲潁川郡地」句之注。

续表

	州	潁上	太和	亳縣
漢	汝陰縣。隸汝南郡。①	慎縣。新鄭縣。②	細陽縣。③	
東漢④				
三國魏	汝陰郡。⑤			

①見本書《郡紀》「兩漢爲汝陰縣」句之注。

②《後漢書·安城孝侯賜傳》：「建武二年（26）封爲慎侯。」李賢注云：「慎縣，屬汝南郡。故城在今潁州潁上縣西北。」《元和郡縣志·河南道·潁州》：「潁上縣（中。西、北至州一百一十七里），本漢慎縣地，屬汝南郡。」《太平寰宇記·河南道·潁州》：「潁上縣，東南一百七十里。舊十一鄉，今三鄉。本漢慎縣地，屬汝南郡。」《成化中都志·建置沿革·潁上縣》：「漢，汝陰縣地，屬汝南郡。」《南畿志·鳳陽府屬沿革·潁上》：「本慎縣地。」《順治潁上縣志·輿圖·疆域（沿革附）》：「西漢爲慎縣，又曰新鄭。莽曰慎治，又汝陰地，隸汝南郡。」

③《成化中都志·建置沿革·太和縣》：「漢，爲汝南郡汝陰縣地。」《南畿志·鳳陽府屬沿革·太和縣》：「本細陽縣地。」

④吕景蒙《嘉靖潁州志·郡縣表》「東漢」行前三列均有「同」字。

⑤見本書《郡紀》「魏置汝陰」句之注。

续表

	州	潁上	太和	亳縣
晉①		慎縣。屬汝南郡。②		
東晉③				
劉宋	西汝陰郡。④			
南齊⑤				

①吕景蒙《嘉靖潁州志・郡縣表》「晉」行「州」列有「同」字。
②「汝南郡」，當作「汝陰郡」。見本書卷一《郡紀》「晉泰和［始］二年（266），復置汝陰郡」句之注。此誤已見於吕景蒙《嘉靖潁州志・郡縣表》。《輿地廣記・京西北路》：「潁上縣，本楚慎縣……晉屬汝陰郡。」《成化中都志・建置沿革・潁上縣》：「晉，屬汝陰郡。」《順治潁上縣志・輿圖・疆域（沿革附）》：「西晉屬汝陰郡，隸豫州道。」
③吕景蒙《嘉靖潁州志・郡縣表》「東晉」行「州」列有「同」字。
④見本書《郡紀》「宋置西汝陰郡」句之注。
⑤吕景蒙《嘉靖潁州志・郡縣表》「南齊」行「州」列有「同」字。

续表

	州	潁上	太和	亳縣
梁		下蔡郡。①		
魏	潁州。②			
隋	汝陰郡。③	潁上。④		

①《隋書・地理志》：「汝陰郡（舊置潁州）。統縣五……潁上（梁置下蔡郡，後齊廢郡。大業初縣改名焉）……」《輿地廣記・京西北路》：「潁上縣，本楚慎縣……梁置下蔡郡，北齊郡廢。」《成化中都志・建置沿革・潁上縣》：「梁，置下蔡郡，後齊廢。」《順治潁上縣志・輿圖・疆域（沿革附）》同。

②見本書《郡紀》「魏孝明帝孝昌三年（527）置潁州」句之注。

③見本書《郡紀》「隋置汝陰郡」句之注。

④《隋書・地理志》：「汝陰郡（舊置潁州）。統縣五……潁上（梁置下蔡郡，後齊廢郡。大業初縣改名焉）……」《元和郡縣志・河南道・潁州》：「潁上縣（中。西北至州一百一十七里），本漢慎縣地，屬汝南郡，自漢訖宋不改。隋大業二年（606）置潁上縣，屬潁州。三年（607），以潁州爲汝陰郡，縣仍屬焉。」《輿地廣記・京西北路》：「潁上縣，本楚慎縣……隋大業初，置潁上縣於故鄭城，屬汝陰郡。」《成化中都志・建置沿革・潁上縣》：「隋初置潁上縣，仍屬汝陰郡。」《南畿志・鳳陽府屬沿革・潁上》：「隋始置縣（改下蔡爲潁上縣，屬汝陰郡）。」《順治潁上縣志・輿圖・疆域（沿革附）》：「隋文帝開皇三年（583）改置潁上縣，仍屬汝陰郡。」

续表

	州	潁上	太和	亳縣
唐	信州。初置。 潁州。武德四年（621）置。①	潁上。②		
五代梁	潁州。五代相襲，俱爲潁州。③	潁上。④		

①見本書《郡紀》「唐初置信州」句之注。

②《輿地廣記·京西北路》：「潁上縣，本楚慎縣……唐武德四年移於今治，屬潁州。」《成化中都志·建置沿革·潁上縣》：「唐屬潁州，隸河南道。」《南畿志·鳳陽府屬沿革·潁上》：「唐（因之，屬潁州）。」呂景蒙《嘉靖潁州志·郡紀》：「唐初置信州。武德四年置潁州，領縣四：汝陰，潁上，下蔡，沈丘（《唐·地理志》）。」李宜春《嘉靖潁州志·州考》：「唐初爲信州，武德四年復置潁州，領汝陰、潁上、下蔡、沈丘四縣。」《順治潁上縣志·輿圖·疆域（沿革附）》：「唐武德三年（620），屬潁州，隸河南道。」

③見本書《郡紀》「五代相襲，皆爲潁州」句之注。

④《順治潁上縣志·輿圖·疆域（沿革附）》：「五代因之。」

续表

	宋	金
州	潁州。初置。 順昌軍。元豐二年（1079），以潁州爲順昌軍節度。 順昌府。政和六年（1116）改。 汝陰縣。附治。①	潁州。④
潁上	潁上。②	潁上。⑤
太和	萬壽。③	
亳縣		

①見本書《郡紀》「宋初置汝陰郡」句之注。

②《成化中都志・建置沿革・潁上縣》：「宋政和六年，以州爲順昌府，縣仍屬焉。」《順治潁上縣志・輿圖・疆域（沿革附）》同。《南畿志・鳳陽府屬沿革・潁上》：「宋（屬順昌府，後没於金）。」

③《元豐九域志・北路》：「上，潁州……縣四。開寶六年（973）以汝陰縣百尺鎮置萬壽縣……望，萬壽。州西北五十七里。三鄉。斤溝、界溝、稅子步三鎮。有潁水。」《成化中都志・建置沿革・太和縣》：「本百尺鎮也。宋陞爲萬壽縣。宣和中改泰和縣。」《南畿志・鳳陽府屬沿革・太和》：「本細陽縣地。宋始置縣。宣和中，改萬壽縣爲太和，屬潁州。」

④《金史・地理志・南京路》：「潁州，下，防禦。宋順昌府汝陰郡。」

⑤《金史・地理志・南京路》：「潁上，元光二年（1223）十一月改隸壽州。有潁水、淮水。」

续表

	州	潁上	太和	亳縣
元	潁州。屬汝寧府。中萬戸府。延祐[祐]元年(1314)，陞潁州萬户府爲中萬户府。①	潁上。②	太和。③	

①見本書《郡紀》「仁宗延祐元年冬十月」句之注。
②《成化中都志·建置沿革·潁上縣》：「元仍潁州。省縣入州，隸河南汝寧府。後復置，以縣直隸於府。」《南畿志·鳳陽府屬沿革·潁上》：「元（初省入潁州，後復置）。」《順治潁上縣志·輿圖·疆域（沿革附）》：「元至元[正]十三年（1353），仍潁州，省縣入焉。二十八年（1368），隸河南汝臨[寧]府。後復置縣，直隸於府。」
③《成化中都志·建置沿革·太和縣》：「元省入州，後復置，隸河南汝寧府。」《南畿志·鳳陽府屬沿革·太和》：「元（省入潁州，後復置）。」

续表

	明
州	潁州。屬鳳陽府。①
潁上	潁上。②
太和	太和。③
亳縣	亳。革。春秋，譙邑。秦，屬碭郡。④漢，置譙縣，屬沛。⑤魏，爲譙國。⑥後魏，置南兖州。⑦後周，改亳州。⑧唐初，爲譙州，尋改亳州。天寶初，改亳郡。乾元初，復亳州。⑨宋，置集慶軍。⑩金，仍爲亳州。⑪元，屬歸德府。⑫明朝，降爲縣，屬潁州。弘治後自爲州，不屬潁。⑬

①見本書《郡紀》「明太祖洪武十六年（1383）攻下潁州」句之注。

②《成化中都志·建置沿革·潁上縣》：「國朝仍屬潁州。」《南畿志·鳳陽府屬沿革·潁上》：「皇明（因之，屬潁州）。」《順治潁上縣志·輿圖·疆域（沿革附）》：「明仍屬潁州，隸直隸鳳陽府。」

③《成化中都志·建置沿革·太和縣》：「國朝洪武元年（1368），除知縣高進招撫遺民六百戶，分爲六鄉，開設縣治，改『泰』爲『太』，仍隸汝寧府。洪武三年（1370），改隸本府，仍屬於潁州。」《南畿志·鳳陽府屬沿革·太和》：「皇明（因之，屬潁州）。」

④《元和郡縣志·河南道·亳州》：「《禹貢》豫州之域，至周不改。春秋時爲陳國之焦邑，六國時屬楚，在秦爲碭郡地。」

⑤《漢書·地理志》：「沛郡，（故秦泗水郡，高帝更名。莽曰吾符。屬豫州。）戶四十萬九千七十九，口二百三萬四百八十。縣三十七……譙。（莽曰延成亭。）」

⑥《元和郡縣志·河南道·亳州》：「初，後漢熹平五年（176），黃龍見譙，太史令單颺以爲其國當有王者興，不及五十年，亦當復見。後如其言，

魏文帝即位。黄初元年（220），以先人舊郡，又立爲譙國，與長安、許昌、鄴、洛陽號爲『五都』。」
⑦《魏書·地形志》：「濟陰郡，領縣四……南兖州，正光中置，治譙城。」
⑧《元和郡縣志·河南道·亳州》：「後魏復置南兖州，周武帝改爲亳州。」
⑨《舊唐書·地理志》：「亳州，望，隋譙郡。武德四年（621），平王世充，改爲亳州，領譙、城父、谷陽、鹿邑、酇五縣。五年（622），置總管府，管譙、亳、宋、北荆、潁、沈六州。十一年（627），改爲都督府。貞觀元年（627），罷都督府，亳州不改。十七年（643），廢譙州，以臨涣、永城、山桑三縣來屬。天寶元年（742），改爲譙郡。乾元元年（758），復爲亳州也。」
⑩《宋史·地理志》：「亳州，望，譙郡，本防禦。大中祥符七年（1014），建爲集慶軍節度。」
⑪《金史·地理志》：「亳州，上，防禦使。宋譙郡集慶軍，隸揚州。貞祐三年（1215）升爲節鎮，軍名集慶。」
⑫《元史·地理志》：「歸德府，唐宋州，又爲睢陽郡……縣四……亳州（下），唐初爲亳州，後改譙郡，又仍爲亳州。宋升集慶軍。金復爲亳州。金亡，宋復之。」
⑬《明史·地理志·鳳陽府》：「亳州（元屬歸德府），洪武初，以州治譙縣省入，尋降爲縣，屬歸德州。六年（1373）屬潁州。弘治九年（1496）十月復升爲州。」

續　表

	州	潁上	太和	亳縣
皇清	潁州。①		太和。②	

①見本書《輿地志一·沿革》「皇清順治二年（1645）」句之注。
②《大清一統志·潁州府·建置沿革》：「明初改屬鳳陽府，領潁上、太和二縣。」

疆域表①

昔成周之制，分土惟三。② 潁於千八百國内，爲子國者二焉。齒列當時，知名後世，其地亦云重矣。自秦罷侯置守，分而爲郡，嗣是若郡縣之或陞或降，地之或盈或縮，豈今之不古若哉？勢使然也。古之疆域，掌於封人。今而守乎斯土，界限不明，則政教何由而施？百姓何由而被其澤？故於疆域也，兼列古今，備參考焉。③

---

①原書前目錄無此條，已據補。

②《尚書·周書》：「列爵惟五，分土惟三。」孔安國傳：「列地封國，公侯方百里，伯七十里，子、男五十里，爲三品。」

③吕景蒙《嘉靖潁州志·疆域表》：「昔成周之制，分土惟三。潁於千八百國内，爲子國者二焉。齒列當時，知名後世，其地亦云重矣。自秦罷侯置守，分而爲郡，嗣是若郡縣之或陞或降，地之或盈或縮，豈今之不古若哉？勢使然也。古之疆域，掌於封人。今而守乎斯土，界限不明，則政教何由而施？百姓何由而被其澤？故於疆域也，不得不表。」

州	東	南	西	北
周	楚。國，今壽州。①	蓼。國，今固始。②	項。國，今項城。③	陳。國，周封舜後，今陳州。④
秦	九江。郡，壽春邑置，今壽州。⑤	南。郡，今湖廣黃岡。⑥	南陽。郡，今裕州舞陽。⑦	碭。郡，今歸德。⑧

①《史記·楚世家》：「（考烈王）十六年（前247），秦莊襄王卒，秦王趙政立。二十二年（前241），與諸侯共伐秦，不利而去。楚東徙都壽春。《正義》：壽春，命曰郢。」張守節《正義》：「壽春在壽州，壽春縣是也。」

②《元和郡縣志·河南道·光州》：「固始縣（上。西南至州一百五十五里），本漢封蓼侯之地。春秋，蓼國。楚并之。今縣城是也。」

③《輿地廣記·京西北路》：「上項城縣，本項國，戰國屬楚。」

④《史記·周本紀》：「武王追思先聖王，乃褒封神農之後於焦，黃帝之後於祝，帝堯之後於薊，帝舜之後於陳，大禹之後於杞。」

⑤《史記·項羽本紀》：「大司馬周殷叛楚，以舒屠六，舉九江兵，隨劉賈、彭越皆會垓下，詣項王。」張守節《正義》：「九江郡壽州也。楚考烈王二十二年（前241），自陳徙壽春，號云郢。至王負芻爲秦將王翦、蒙武所滅，於此置九江郡。」

⑥《太平寰宇記·淮南道·黄州》：「黄州，齊安郡，今理黄岡縣……秦并天下置郡，此即南郡之地也。」

⑦《史記·秦本紀》：「（昭襄王）三十五年（前270），佐韓、魏、楚伐燕。初置南陽郡。」《明史·地理志》：「裕州。洪武初，以州治方城縣省入……領縣二：舞陽……」

⑧《通志·地理畧》：「秦氏分制，罷侯置守，列爲四十，其境可知……碭郡，豫州之域。今睢陽、譙郡、濟陰及兖州之域，東平郡地是也。」《明一統志·歸德府》：「建置沿革：《禹貢》豫州之域……秦爲碭郡，漢改爲梁國。」

续表

州	東	南	西	北
漢	淮南。國，武帝時復爲九江郡，今壽州。①	寢。縣，屬汝南郡，今固始。②	項。縣，屬河［汝］南郡。今項城。③	淮陽。國。今陳州。④
東漢⑤	揚州刺史治所，今壽州。⑥	固始。縣。⑦	項。⑧	

①《漢書·地理志》：「九江郡。秦置，高帝四年（前203）更名爲淮南國，武帝元狩元年（前122）復故。莽曰延平。屬揚州。」

②《漢書·地理志》：「淮陽國……縣九……固始。」《後漢書·郡國志》：「汝南郡，高帝置。雒陽東南六百五十里……固始，侯國。故寢也，光武中興更名。有寢丘。」

③《漢書·地理志》：「汝南郡，高帝置……縣三十七……項，故國。」《後漢書·郡國志》：「汝南郡，高帝置。雒陽東南六百五十里。三十七城……項。」劉昭補注：「故國。《左傳》僖十七年（前643）魯所滅。《地道記》曰：『有公路城，袁術所築。』」

④《漢書·地理志》：「淮陽國。高帝十一年（前196）置。莽曰新平。屬兖州。」《元和郡縣志·河南道·陳州》：「《禹貢》豫州之域……漢高帝分潁川，置淮陽國。後漢章帝改爲陳國。」

⑤「東漢」行「北」列，吕景蒙《嘉靖潁州志·疆域表》有「同」字。

⑥《後漢書·郡國志》：「九江郡……壽春。」顔師古注：「《漢官》云刺史治，去雒陽千三百里，與志不同。」《元和郡縣志·江南道·潤州》：「揚州故理，在（上元）縣東百步。後漢末又理壽春。」《輿地廣記·淮南西路》：「緊。壽春縣……漢高帝封子長爲淮南王。長子安謀反，誅，地入，又爲九江郡。東漢因之，爲揚州刺史治。」

⑦《太平寰宇記·淮南道·光州》：「固始縣……本漢寢縣。楚相孫叔敖子所封之邑在淮北，故此邑迄今有叔敖祠，甚靈。《續漢書·志》改爲固始。」

⑧「項」字，吕景蒙《嘉靖潁州志·疆域表》作「同」。

续表

州	東	南	西	北
三國魏①	壽春。縣，今壽州。②		項。③	蒙。縣，今蒙城，屬壽州。④
晉	淮南。郡，東晉改壽陽郡，今壽州。⑤	固始。屬汝陰郡。⑥	項。屬陳國，復屬梁國。⑦	豫。州，今陳州。⑧

①「三國魏」行「南」列，呂景蒙《嘉靖潁州志·疆域表》有「同」字。

②《太平寰宇記·淮南道·壽州》：「壽州，壽春郡。舊理壽春縣，今理下蔡縣……漢魏以後，爲揚州刺史理所。」

③「項」字，呂景蒙《嘉靖潁州志·疆域表》作「同」。

④《元和郡縣志·河南道·亳州》：「蒙城縣……本漢山桑縣，屬沛郡。後漢改屬汝南郡。魏屬譙郡。後魏孝文帝於此置渦州，理山桑城。」《明史·地理志》：「壽州……領縣二：霍邱……蒙城。」

⑤《明一統志·鳳陽府》：「壽州……晉置淮南郡。東晉改壽陽郡。」

⑥「固始」二字，呂景蒙《嘉靖潁州志·疆域表》作「同」。《晉書·地理志》：「汝陰郡。魏置郡，後廢。泰始二年（266）復置。統縣八……汝陰（故胡子國）、慎（故楚邑）、原鹿、固始、鮦陽、新蔡、宋（侯相）、褒信。」

⑦「項」字，呂景蒙《嘉靖潁州志·疆域表》作「同」。《晉書·地理志》：「梁國。漢置，統縣十二……項……」《元和郡縣志·河南道·陳州》：「項城縣（上。西北至州一百里）……晉屬陳國。」

⑧《明一統志·開封府》：「陳州……晉於此置豫州。」

续表

州	東	南	西	北
南宋	睢陽。縣，屬南梁太守，今壽州。①	固始。屬新蔡郡。②	項。③	蒙。縣。④
南齊	東陽。縣，屬臨淮郡，今廢，地屬壽州。⑤	固始。屬北新蔡郡。⑥	項。⑦	北蒙。縣，屬北梁郡，今蒙城。⑧

①《宋書・州郡志》：「南梁太守……今領縣九……睢陽令，漢舊名。孝武大明六年（462），改名壽春，八年（前464）復舊。」
②「固始」二字，吕景蒙《嘉靖潁州志・疆域表》作「同」。《宋書・州郡志》：「新蔡太守……領縣四……固始令，故名寢丘之地也。漢光武更名。晉成帝咸康二年（336），併新蔡，後又立。」
③「項」字，吕景蒙《嘉靖潁州志・疆域表》作「同」。
④《宋書・州郡志》：「譙郡太守……今領縣六……蒙令，漢舊縣，屬沛。」
⑤《南齊書・州郡志》：「臨淮郡（自此以下，郡無實土）：海西，射陽，淩，淮陰，東陽，淮浦（建武二年省）。」
⑥「固始」二字，吕景蒙《嘉靖潁州志・疆域表》作「同」。《南齊書・州郡志》：「北新蔡郡。鮦陽，新蔡，固始，苞信。」
⑦「項」字，吕景蒙《嘉靖潁州志・疆域表》作「同」。
⑧《南齊書・州郡志》：「北梁郡，《永元元年（499）地志》無。北蒙，北陳。」

续表

州	東	南	西	北
隋	壽。州，後改淮南郡。①	固始。屬弋陽郡。②	項城。縣，屬陳州。③	宛丘。縣，後改爲淮陽郡，今陳州。④
唐	天寶初，改壽春郡。⑤	固始。屬光州。⑥	蔡。州，今汝寧府。⑦	陳。州。

①《隋書·地理志》：「淮南郡……統縣四……壽春。（舊有淮南、梁郡、北譙、汝陰等郡，開皇初並廢，並廢蒙縣入焉。大業初置南郡。有八公山、門溪。）」

②「固始」二字，吕景蒙《嘉靖潁州志·疆域表》作「同」。《隋書·地理志》：「弋陽郡，（梁置光州。）統縣六……固始。（梁曰蓼縣。後齊改名焉，置北建州，尋廢州，置新蔡郡。後周改置澮州。開皇初州郡並廢入，又改縣爲固始。有安陽山。）」

③《隋書·地理志》：「淮陽郡，（開皇十六年置陳州。）統縣十……項城。（東魏置揚州及丹陽郡、秣陵縣，梁改曰殷州，東魏又改曰北揚州，後齊改曰信州，後周改曰陳州。開皇初改秣陵爲項縣。十六年分置沈州，大業初州廢。又有項城郡，開皇初分立陳郡，三年並廢。）」《明史·地理志》：「陳州，領縣四……項城……」

④《隋書·地理志》：「淮陽郡，（開皇十六年置陳州。）統縣十……宛丘。（後魏曰項，置陳郡。開皇初縣改名宛丘，尋廢郡，後析置臨蔡縣。大業初置淮陽郡，并臨蔡縣入焉。又後魏置南陽郡，東魏廢。）」《明史·地理志》：「陳州。洪武初，以州治宛邱縣省入。」

⑤「天」字前，吕景蒙《嘉靖潁州志·疆域表》有「同」字。《舊唐書·地理志》：「壽州……天寶元年（742）改爲壽春郡。」《新唐書·地理志》：「壽州壽春郡，中都督府。本淮南郡，天寶元年更名。」

⑥「固始」二字，吕景蒙《嘉靖潁州志·疆域表》作「同」。《舊唐書·地理志》：「光州緊中，隋弋陽郡。武德三年（620），改爲光州……光州領光山、樂安、固始三縣。」《新唐書·地理志》：「光州弋陽郡，上……縣五……固始。（上。）」

⑦《舊唐書·地理志》：「蔡州上，隋汝南郡……寶應元年（762），改爲蔡州。」《新唐書·地理志》：「蔡州汝南郡，緊。本豫州，寶應元年更名。」《明一統志·汝寧府》：「《禹貢》豫州之域……唐初置豫州，天寶初改汝南郡，乾元初復爲豫州，寶應初仍改蔡州。」

续表

州	東	南	西	北
宋	壽春。府，後改安豐軍，今壽州。①	固始。以殷城縣省入。②	蔡。屬淮寧府，今陳州。③	淮寧。府，今陳州。④

①《宋史·地理志》：「壽春府，壽春郡，緊，忠正軍節度。本壽州。開寶中，廢霍山、盛唐二縣。政和六年（1116），升爲府。八年（1118），以府之六安縣爲六安軍。紹興十二年（1142），升安豐爲軍，以六安、霍邱、壽春三縣來隸。三十二年（1162），升壽春爲府，以安豐軍隸焉。」

②「固始」二字，吕景蒙《嘉靖潁州志·疆域表》作「同」。《太平寰宇記·淮南道·光州》：「光州……元領縣五。今四：定城，光山，僊君，固始。一縣廢：殷城。（併入固始。）……固始縣，東北一百一十五里。舊十二鄉，今六鄉。本漢寑縣……皇朝併殷城縣入。」

③「蔡」字，吕景蒙《嘉靖潁州志·疆域表》作「同」。《宋史·地理志》：「淮寧府，輔，淮陽郡，鎮安軍節度。本陳州。政和二年（1112），改輔爲上。宣和元年（1119），升爲府……縣五：宛丘，（緊。）項城，（上。）商水，（中。）西華，（中。）南頓。（中。熙寧六年，省爲鎮，入商水、項城二縣。元祐元年復。）」《明史·地理志》：「陳州。洪武初，以州治宛邱縣省入……領縣四：商水……華……項城……沈邱……」《明一統志·開封府》：「陳州……宋宣和初陞淮寧府。」

④見上條注釋。

续表

州	東	南	西	北
元①	安豐。路，今改州，屬鳳陽府。②		商水。縣，項城省入，後復置。③	歸德。府，今歸德州。④
明⑤	壽。州。		項城。縣。	亳。州。
	東北	東南	西南	西北
	宿。州。	霍丘。縣。	上蔡。縣。	陳。州。

①「元」行「南」列，吕景蒙《嘉靖潁州志·疆域表》有「同」字。

②《元史·地理志》：「安豐路，（下。）唐初爲壽州，後改壽春郡。宋爲壽春府，又以安豐縣爲安豐軍，繼遷安豐軍於壽春府。元至元十四年（1277），改安豐路總管府。十五年（1355），定爲散府，領壽春、安豐、霍丘三縣。二十八年（1368），復升爲路。」《明一統志·鳳陽府》：「領州五、縣十三……壽州。（在府西一百八十里……元置安豐路，本朝改爲壽州。）」

③《元史·地理志》：「陳州……舊領宛丘、南頓、項城、商水、西華、清水六縣。至元二年（1265），南頓、項城、清水皆廢，後復置南頓、項城。領五縣：宛丘，西華，商水，（至元二年，省南頓、項城入焉，後復置。）南頓，項城。」

④《清一統志·歸德府》：「建置沿革：《禹貢》豫州之域……金天會八年（1130），改曰歸德府，并置武信軍，屬南京路。元仍曰歸德府，置東京行省，尋罷，屬河南行省。明洪武初，降爲歸德州。」

⑤「明」行「南」列，吕景蒙《嘉靖潁州志·疆域表》有「同」字。

续表

州	皇清	
東	東	東北
南	南	東南
西	西	西南
北	北同。	西北同。

潁州志卷之九

封爵表

成周之制，列爵惟五。①漢封諸侯，食采其地。厥制未改，名實相符。惟潁，在豫州之野，爲胡爲沈，相望於春秋之世。自漢以後，王公爵邑遂多遥授，其稱號沿革，多淪落無傳。固知新舊之間，有不得執其升降者矣。夫带礪之典，與道汙隆。今《表》之所書，雖無褒貶於其間，然歲月昭於上，姓名著於下，而當時之詳畧可考也。至於

①《尚書·周書》：「列爵惟五，分土惟三。」孔安國傳：「即所識政事而法之。爵五等，公侯伯子男。」

國史所掌，各有譜牒，雖無關焉，係潁則書。①

	王	公	侯	伯	子	男
周					胡。姬姓。沈。姬姓。	
漢			汝陰侯夏侯嬰。開國功臣。初定元勳十八人位次，嬰第八，受封於此。②			

①呂景蒙《嘉靖潁州志·封爵表》：「成周之制，列爵惟五。潁善地也，故同姓並得子爵，爲胡爲沈。自漢以後，王公諸侯固多遥授，然亦振古雄誇矣。而况有宋之神宗，亦嘗列封於此乎？地因人盛，雖謂之首善可也。觀其即位之明年，降順昌軍囚罪一等，徒以下釋之，蓋其特恩與。夫郡之大勢有如此，則凡古之封爵於潁也，安得不爲之表？」

②夏侯嬰（？—前172），沛（今江蘇沛縣）人。漢開國元勳。隨劉邦起義，立下戰功，封汝陰侯。《史記》本傳：「汝陰侯夏侯嬰，沛人也……漢王賜嬰爵列侯……更食汝陰。」《正德潁州志·名宦》：「夏侯嬰。開國功臣。初定元勳十八人位次，夏侯嬰第八，封汝陰侯。」呂景蒙《嘉靖潁州志·封爵表》：「汝陰侯夏侯嬰。開國功臣。初定元勳十八人位次，嬰第八，受封於此。」李宜春《嘉靖潁州志·秩官》：「夏侯嬰。漢高祖初定元勳十八人位次，嬰第八，封汝陰侯。」

续表

	東漢
王	
公	
侯	新鄭侯郭竟。以騎都尉從光武征伐有功，封此。① 慎侯劉賜。建武二年（26）封。② 細陽侯劉信。蔭。③ 細陽侯岑遵。蔭。④ 細陽侯岑祀［杞］。蔭。⑤ 葛陵侯姚［銚］丹。蔭。⑥ 鮦陽侯陰慶。蔭。⑦
伯	
子	
男	

①郭竟，真定槀（今河北藁城）人。郭太后堂兄。東漢初爲騎都尉，從征有功，封新鄭侯。後仕至東海相。《後漢書·郭皇后紀》：「后從兄竟，以騎都尉從征伐有功，封爲新鄭侯，官至東海相。」呂景蒙《嘉靖潁州志·封爵表》：「新鄭侯郭竟。以驃騎都尉從征伐有功，受封。」李宜春《嘉靖潁州志·秩官》：「郭竟。東漢時，以驃騎都尉從征有功，封新鄭侯。」

②劉賜（？—52），字子琴，南陽蔡陽（今湖北棗陽）人。更始元年（23）二月，爲光祿勳，封廣漢侯，尋改丞相。次年（24）二月，封宛王。後降於劉秀。建武二年，封慎侯。十三年（37），改安成侯。《後漢書》本傳：「安城孝侯賜字子琴，光武族兄也……聞光武即位，乃西之武關，迎更始妻子將詣洛陽。帝嘉賜忠，建武二年，封爲慎侯。」呂景蒙《嘉靖潁州志・封爵表》：「慎侯劉賜。建武二年受封。」李宜春《嘉靖潁州志・秩官》：「劉賜。建武二年封慎侯。」

③劉信，南陽蔡陽（今湖北棗陽）人。劉賜之侄。《後漢書・安城孝侯賜傳》：「初，信爲更始討平汝南，因封爲汝陰王。信遂將兵平定江南，據豫章。光武即位，桂陽太守張隆擊破之，信乃詣洛陽降，以爲汝陰侯。永平十三年（70），亦坐楚事國除。」呂景蒙《嘉靖潁州志・封爵表》：「汝陰侯劉信。賜之侄也。始爲更始討平汝南，故受封。」李宜春《嘉靖潁州志・秩官》：「劉信，賜之侄也。始爲更始討平安南，封汝陰侯。」

④岑遵，南陽棘陽（今河南新野）人。岑彭之子。嗣父爵爲舞陰侯，後徙封爲細陽侯。永平中，任屯騎校尉。《後漢書・岑彭傳》：「子遵嗣，徙封細陽侯……遵永平中爲屯騎校尉。」呂景蒙《嘉靖潁州志・封爵表》：「細陽侯岑遵。彭之子也，以蔭受封。」李宜春《嘉靖潁州志・秩官》：「岑遵。彭之子也，以蔭封細陽侯。」

⑤岑杞，南陽棘陽（今河南新野）人。岑遵之孫。襲父爵爲細陽侯，官至光祿勳。《後漢書・岑彭傳》：「遵卒，子伉嗣。伉卒，子杞嗣，元初三年（109），坐事失國。建光元年（121），安帝復封杞細陽侯，順帝時爲光祿勳。」呂景蒙《嘉靖潁州志・封爵表》：「細陽侯岑祀［杞］。遵之孫也，以祖蔭受封。」李宜春《嘉靖潁州志・秩官》：「岑祀［杞］。遵之孫也，以蔭封細陽侯。」

⑥銚丹，潁川郟（今屬河南）人。銚期之子。嗣父爵爲安成侯，後徙封爲葛陵侯。《後漢書・銚期傳》：「（建武）十年（34）卒，帝親臨襚斂，贈以衛尉、安成侯印綬，謚曰忠侯。子丹嗣。復封丹弟統爲建平侯。後徙封丹葛陵侯。」呂景蒙《嘉靖潁州志・封爵表》：「葛陵侯姚［銚］丹。期之子也，以父蔭受封。」李宜春《嘉靖潁州志・秩官》：「姚［銚］丹。期之子也，以蔭封葛陵侯。」

⑦陰慶，南陽新野（今屬河南）人。陰興之子。以蔭封鮦陽侯。《後漢書・陰識傳》：「永平元年（58）詔曰：『故侍中衛尉關内侯興，典領禁兵，從平天下，當以軍功顯受封爵，又諸舅比例，應蒙恩澤，興皆固讓，安乎里巷。輔導朕躬，有周昌之直，在家仁孝，有曾、閔之行，不幸早卒，朕甚傷之。賢者子孫，宜加優異。其以汝南之鮦陽封興子慶爲鮦陽侯，慶弟博爲灑强侯。』博弟員、丹並爲郎，慶推田宅財物悉與員、丹。帝以慶義讓，擢爲黄門侍郎。」呂景蒙《嘉靖潁州志・封爵表》：「鮦陽侯陰慶。興之子也。以父蔭受封。」李宜春《嘉靖潁州志・秩官》：「陰慶。興之子也。以蔭封鮦陽侯。」

续表

	王	公	侯	伯	子	男
晋	汝陰王劉胤。彭城人，建元元年（343）受封。①					
宋	汝陰王渾。文帝第十子，元嘉十二年（435）受封。② 汝陰王休仁。文帝幼子，元嘉二十九年（452）受封。③					

①劉胤，彭城（今江蘇徐州）人。《南齊書·高帝本紀》：「（建元元年）十月丙子，立彭城劉胤爲汝陰王，奉宋帝後。」呂景蒙《嘉靖潁州志·封爵表》：「汝陰王劉胤。彭城人。建元元年受封。」李宜春《嘉靖潁州志·秩官》：「劉胤。彭城人。建元元年封汝陰王。」

②此處誤。劉渾受封汝陰王在元嘉二十四年（447），非十二年。劉渾（439—455），字休深。宋文帝第十子。初封汝陰王，後改武昌王。孝建元年（454）爲雍州刺史。《南史》本傳：「武昌王渾字休深，文帝第十子也。元嘉二十四年，年九歲，封汝陰王。後徙武昌……孝建元年爲雍州刺史。」此誤已見於呂景蒙《嘉靖潁州志·封爵表》：「汝陰王渾。文帝第十子，元嘉十二年受封。」李宜春《嘉靖潁州志·秩官》：「劉渾。文帝第十子。元嘉十二年封汝陰王。」

③此處誤。劉休仁所封爲建安王，非汝陰王。劉休仁（443—471），宋文帝第十二子。元嘉二十九年（452），受封爲建安王。《南史》本傳：「建安王休仁，文帝第十二子也。元嘉二十九年，年十歲，立爲建安王。前廢帝景和元年（465），累遷護軍將軍。」此誤已見於呂景蒙《嘉靖潁州志·封爵表》：「汝陰王休仁。文帝幼子，元嘉二十九年受封。」李宜春《嘉靖潁州志·秩官》：「劉休仁。文帝幼子，元嘉二十九年封汝陰王。」

续表

	王	公	侯	伯	子	男
梁	汝陰王劉叡。前壽昌令，太平元年（556）受封。①					
魏	汝陰王景和。天賜孫，太和二十年（496）復封。②	汝陰公長孫道生。③	汝陰侯孔昭。以宓皇后親受封。④			

①劉叡，字元秀。江夏文獻王劉義恭子。封太子舍人，爲人所害。《宋書·劉義恭傳》：「義恭長子朗字元明……朗弟叡字元秀，太子舍人。爲元凶所害。追贈侍中，謚宣世子。大明二年（458），追封安隆王。」《梁書·敬帝紀》：「（太平元年十二月）甲午，以前壽昌令劉叡爲汝陰王。」吕景蒙《嘉靖潁州志·封爵表》：「汝陰王劉叡。前壽昌令。太平元年受封。」李宜春《嘉靖潁州志·秩官》：「劉叡。前壽昌令。太平元年封汝陰王。」

②景和，前汝陰王天賜孫，復封汝陰王。《魏書·高祖紀》：「（太和二十年）十有一月乙酉，復封前汝陰王天賜孫景和爲汝陰王。」《北史·魏本紀》同。吕景蒙《嘉靖潁州志·封爵表》：「汝陰王景和。天賜孫，太和二十年復封。」李宜春《嘉靖潁州志·秩官》：「景和。天賜孫，太和二（十）年復封汝陰王。」

③長孫道生（370—451），代郡（今山西代縣）人。長孫嵩之侄。世祖即位，進爵汝陰公。仕至司空、侍中，封上黨王。《魏書》本傳：「長孫道生，嵩從子也……世祖即位，進爵汝陰公。」吕景蒙《嘉靖潁州志·封爵表》：「汝陰公長孫道生。」李宜春《嘉靖潁州志·秩官》：「長孫道生。封汝陰公。」

④孔昭，魏郡鄴人（今河北臨漳）。孔伯恭父。以宓皇后親，封汝陰侯。《魏書·孔伯恭傳》：「孔伯恭，魏郡鄴人也。父昭，始光初以宓皇后親，賜爵汝陰侯，加安東將軍，徙爵魏縣侯，遷安南將軍。」吕景蒙《嘉靖潁州志·封爵表》：「汝陰侯孔昭。以宓皇后親受封。」李宜春《嘉靖潁州志·秩官》：「孔昭。以宓皇后親封汝陰侯。」

续表

	唐
王	潁王璬［璥］。明皇子也。① 潁王禔。昭宗子，天佑［祐］二年（905）封。②
公	
侯	
伯	
子	
男	

①李璥（718—783），玄宗第十三子。初名澐。開元十三年（725）封潁王。《舊唐書·潁王璬傳》：「潁王璬，玄宗第十三子也。讀書有文詞。初名澐。開元十三年，封潁王。十五年（727），遥領安東都護、平盧軍節度大使。二十三年（735），加開府儀同三司，改名璬。」吕景蒙《嘉靖潁州志·封爵表》：「潁王璬［璥］。明皇子也。」李宜春《嘉靖潁州志·秩官》：「李璬［璥］。明皇子，封潁王。」

②李禔，昭宗第十六子。《新唐書·十一宗諸子》：「昭宗十七子……潁王禔，天祐二年始王，與蔡王祐同封。」吕景蒙《嘉靖潁州志·封爵表》：「潁王禔。昭宗子，天祐二年（905）封。」李宜春《嘉靖潁州志·秩官》：「李禔。昭宗子，天祐二年封潁王。」

续表

	王	公	侯	伯	子	男
宋	潁王頊。英宗長子，治平元年（1064）封，後爲皇子，即位是爲神宗。①	潁國公龐籍。以太子太保致仕，封潁國公。②	汝陰侯宗育。楚王元佐後，終右屯衛將軍，封此。③			

①趙頊（1048—1085），即宋神宗。英宗長子。治平元年，進封潁王。《宋史·英宗本紀》：「（治平元年）六月己亥，以淮陽郡王頊爲潁王。」《宋史·神宗本紀》：「神宗紹天法古運德建功英文烈武欽仁聖孝皇帝，諱頊，英宗長子……治平元年六月，進封潁王。」吕景蒙《嘉靖潁州志·封爵表》：「潁王頊。英宗長子，治平元年封，後爲皇子，即位是爲神宗。」李宜春《嘉靖潁州志·秩官》：「趙頊。英宗長子，治平元年封潁王，後即位，是爲神宗。」

②龐籍（988—1063），字醇之，單州武成［城］（今屬山東）人。大中祥符八年（1015），後仕至樞密使、以太子太保致仕，封潁國公。《宋史·龐籍傳》：「龐籍字醇之，單州武成［城］（今屬山東）人……遷尚書左丞，不拜。徙定州，召還京師，上章告老，尋以太子太保致仕，封潁國公。」吕景蒙《嘉靖潁州志·封爵表》：「潁國公龐籍。以太子太保致仕，封潁國公。」

③趙宗育，漢恭憲王趙元佐孫，密國公趙允言子。《宋史·漢王元佐》：「宗育，終右屯衛將軍，贈潁州防禦使、汝陰侯。」吕景蒙《嘉靖潁州志·封爵表》：「汝陰侯宗育。楚王元佐後，終右屯衛將軍，封此。」李宜春《嘉靖潁州志·秩官》：「趙宗育。楚王元佐後。以右屯衛將軍封汝陰侯。」

续表

	元
王	潁川王察罕帖木兒。至正間封，事見《名將傳》。①
公	
侯	
伯	
子	
男	

①察罕帖木兒（？—1362），字廷瑞，沈丘（今安徽臨泉縣一帶）人。鎮壓紅巾軍有功，封汝寧府達魯花赤。至正二十二年（1362），爲降將田豐、王士誠所殺，追封潁川王。《元史》本傳：「及葬，賜賻有加，改贈宣忠興運弘仁效節功臣，追封潁川王，改謚忠襄，食邑沈丘縣，所在立祠，歲時致祭。」本書無《名將傳》，此條殆襲自呂景蒙《嘉靖潁州志·封爵表》：「潁川王察罕帖木兒。至正間封。事見《名將傳》。」

续表

	王	公	侯	伯	子	男
明	潁川王打空［子墟］。周簡王第九子。① 汝陰王□□。周簡王第十二子。②	潁國公傳［傅］友德。洪武十四［七］年（1384），以平雲南功進封。③ 潁國公楊洪。景泰二年（1451）贈。④	潁川侯。即傳［傅］友德先封，以伐蜀功。⑤	順昌伯王佐。洪武三十五年（1401）九月甲申，以請［靖］難功封。⑥		

①朱子墟，周靖王朱有爝（謚號簡王）第九子。天順元年（1457），封潁川王。文中「打空」二字，疑爲提示性詞語誤入。《明實錄·英宗睿皇帝實錄》：「（天順元年九月）丙子……封周靖王（即朱子垕，朱有爝長子）第二弟通許王……第九弟子墟爲潁川王。」

②「□□」處，原文被塗黑，當爲「子埯」。朱子埯，周靖王朱有爝（謚號簡王）第十二子，天順元年（1457），封汝陰王。《明實錄·英宗睿皇帝實錄》：「（天順元年九月）丙子……封周靖王（即朱子垕，朱有爝長子）第二弟通許王……第十二弟子埯爲汝陰王。」

③傅友德（？—1394），碭山（今屬安徽）人。明朝開國將領。元末，從劉福通起義，後率部降明，戰功卓著。洪武三年（1370），封潁川侯。十七年，封潁國公。二十七年（1394），賜死。《明史·傅友德傳》：「洪武三年從大將軍擣定西……是冬，論功授開國輔運推誠宣力武臣、榮祿大夫、柱國、同知大都督府事，封潁川侯，食祿千五百石，予世券……十七年論功進封潁國公，食祿三千石，予世券。」

④楊洪（1381—1451），字宗道，六合（今江苏南京）人。明中期將領。佩鎮朔大將軍印，鎮守宣府。景泰二年卒，贈潁國公。好文學，《明經世文編》存其奏疏。《明史·楊洪傳》：「（景泰二年）八月，以疾召還京，逾月卒。贈潁國公，謚武襄。」

⑤見上文所注。

⑥王佐（？—1405），洪武三十五年以靖難功封順昌伯，奉命鎮守雲南。永樂三年（1405），因罪下獄，死於獄中。《明實錄·太宗文皇帝實錄》：「（洪武三十五年九月四日）陞賞奉天靖難諸將……以曹國公李景隆、尚書茹瑺、都督同知王佐、都督僉事陳瑄有默相事機之功，加封景隆爲奉天輔運推誠宣力武臣、特進光祿大夫、左柱國、太子太師……佐爲奉天翊運宣力武臣、特進榮祿大夫、柱國、中軍都督府都督同知、順昌伯，食祿一千石，子孫世襲指揮使，賞銀三百兩、綵幣二十表裹、鈔二千五百貫。」

潁州志卷之十

職官表

凡官潁必表年者，以著代也。無考則闕，以傳信也。史有名而無年，則闕年而表名也。賢、不肖必書，惟其官不惟其人也。官之因革，視時之制，循名而責實也。若監司重任，則爲兵防設也。下及乘田委吏，職守備焉。若曰勸監，如是足矣。①

①吕景蒙《嘉靖潁州志·職官表》：「《職官表》，表職官也。凡官潁，必表年以著代也。《舊志》闕而今詳，史有考也。無考則闕，傳信也。史有名而無年，則闕年而表名，承疑也。賢、不肖必書，惟其官不惟其人也。意若曰苟可以爲勸監，表如是可矣。」

漢	令	主簿	小史
	虞延。建武時，爲細陽令。見《宦業》。 宋登。汝陰令。見《宦業》。 徐弘。汝陰令。見《宦業》。 劉伯麟。慎縣令。見《宦業》。 張熹。平輿令。見《宦業》。	（侯）崇。失姓，平輿主簿。見《宦業傳·張熹》。①	張化。平輿小史。見《宦業傳·張熹》。
魏	太守	長	
	陳琮。下邳人，汝陰太守，有名於時。②	鄭渾。下蔡長。見《宦業》。	

①《水經注·汝水》：「（平輿）城南里餘有神廟，世謂之張明府祠，水旱之不節則禱之。廟前有圭碑，文字紊碎，不可復尋，碑側有小石函。按《桂陽先賢畫讚》：『臨武張熹，字季智，爲平輿令。時天大旱，熹躬禱雩，未獲嘉應，乃積薪自焚，主簿侯崇、小吏張化從熹焚焉。火既燎，天靈感應，即澍雨。』此熹自焚處也。」

②見本書《宦業傳·補》。

续表

晉	
太守	嵇紹。汝陰太守。詳《本傳》。① 顏默。琅琊莘人，咸康間汝陰太守。② 鄧殷。襄陵人，汝陰太守。③

①見本書《宦業傳·補》。

②顏默，瑯琊莘（今山東費縣）人。顏含父。咸康間爲汝陰太守。《晉書·顏含傳》：「顏含字弘都，瑯邪莘人也。祖欽，給事中。父默，汝陰太守。」吕景蒙《嘉靖潁州志·職官表·（成帝咸康）守》：「顏默。瑯邪莘人。出厥子《含傳》。」李宜春《嘉靖潁州志·秩官·晉（守）》：「顏默。瑯琊莘人，咸康間爲汝陰太守。出《晉書》子含傳。」

③見本書《宦業傳·補》。

续表

	宋
太守	向靖。山陽人，義熙間爲汝陰太守。① 王玄謨。太原人，元嘉中汝陰太守。② 龐道隆。泰始間爲汝陰太守。③ 張景遠。泰始間汝陰太守。詳《總［郡］紀》。 楊文長。泰始間爲汝陰太守。④
令	李熙國。元嘉初爲銅［鮦］陽令。 王歆之上言：「李熙國任事有方，人思其政，應加褒賞，以勸於後。」⑤

①向靖（363—421），字奉仁，小字彌，河内山陽（今河南焦作一帶）人。累官太子左衛率，加散騎常侍。《宋書·向靖傳》：「向靖字奉仁，小字彌，河内山陽人也……（義熙）八年（412），轉游擊將軍，尋都馬頭淮西諸郡軍事、龍驤將軍、鎮蠻護軍、安豐汝陰二郡太守、梁國内史，戍壽陽。」吕景蒙《嘉靖潁州志·職官表·（安帝義熙）守》：「向靖。山陽人。詳本傳。」李宜春《嘉靖潁州志·秩官·宋（守）》：「向靖。山陽人，義熙間爲汝陰太守。見本傳。」

②見本書《宦業傳·補》。

③龐道隆，泰始間爲汝陰太守。《宋書·殷琰傳》：「太宗泰始元年（465），以休祐爲荆州，欲以吏部郎張岱爲豫州刺史。會晉安王子勛反，即以琰督豫司二州南豫州之梁郡諸軍事、建武將軍、豫州刺史，以西汝陰太守龐道隆爲琰長史，殿中將軍劉順爲司馬。」吕景蒙《嘉靖潁州志·職官表·（明帝泰始）太守》：「龐道隆。出《宋書·傳》。」李宜春《嘉靖潁州志·秩官·宋（守）》：「龐道隆。泰始間爲汝陰太守。」

④楊文長，一作楊文萇，汝陰太守。《宋書·劉勔傳》：「泰始三年（467）……至是引虜西河公、長社公攻圍輔國將軍、汝陰太守張景遠，景遠與軍主楊文萇拒擊，大破之……以文萇代爲汝陰太守。」《北史·鄭羲傳》：「明年，又引軍東討汝陰。宋汝陰太守張超城守不下……歷年，超死，楊文長代戍，食盡城潰，乃克之，竟如羲策。」吕景蒙《嘉靖潁州志·職官表·（南宋）太守》：「楊文長。出《鄭羲傳》。」李宜春《嘉靖潁州志·秩官·宋（守）》同。

⑤見本書《宦業傳·補》。

续表

齊	太守		
	崔文仲。永明間爲汝陰太守。①		
梁	太守		
	裴之高。壽陽人。詳本傳。② 李元護。襄平人。詳本傳。③		

①見本書《宦業傳・補》。

②見本書《宦業傳・補》。

③李元護，遼東襄平（今辽宁辽阳）人。初仕蕭道成，歷官馬頭太守、後軍將軍、龍驤將軍。後爲裴叔業司馬，帯汝陰太守。《魏書・李元護傳》：「李元護，遼東襄平人……仕蕭道成，歷官馬頭太守、後軍將軍、龍驤將軍……後爲裴叔業司馬，帯汝陰太守。」《北史・李元護傳》：「李元護，遼東襄平人，晉司徒胤之八世孫也……仕齊，位馬頭太守，雖以將用自達，然亦頗覽文史，習於簡牘。後爲裴叔業司馬，帯汝陰太守。」呂景蒙《嘉靖潁州志・職官表・（梁）太守》：「李元護。襄平人。詳本傳。」李宜春《嘉靖潁州志・秩官・梁（守）》：「李元護。襄平人。」

续表

魏	
刺史	秦白。洛川人，太和間刺史。① 劉謨［模］。信都人，太和間刺史。見《流［僑］寓》。 楊儉。華陰人，建明間刺史。政尚寬惠，從破齊神武於少苑。②
太守	刁融。饒安人，元和間爲汝陰太守。③ 傳［傅］永。清河人，景明間以揚武將軍帯汝陰太守。高祖曰：「上馬擊賊，下馬草露布，惟傳［傅］修期耳。」④ 裴［柳］玄瑜。聞喜［南解］人，景明間以鎮南大將軍帯汝陰太守。⑤

①秦白，洛川（今屬陝西）人。太和中潁州刺史。《周書·秦族傳》：「秦族，上郡洛川人也。祖白，父雚，竝有至性，聞於閭里。魏太和中，板白潁州刺史。」《北史·秦族傳》同。吕景蒙《嘉靖潁州志·職官表·（北魏）刺史》：「秦白。洛川人。出《秦族傳》。」李宜春《嘉靖潁州

志・秩官》：「秦白。洛川人。出《秦族傳》。」

②楊儉，華陰（今屬陝西）人。建明間爲潁州刺史。《魏書・楊播傳》：「楊播，字延慶，自云恒農華陰人也……播族弟鈞……長子暄，卒於尚書郎。暄弟穆，華州别駕。穆弟儉，寧遠將軍、頓丘太守……後以本將軍潁州刺史，尋加散騎常侍、平南將軍，州罷不行。」吕景蒙《嘉靖潁州志・職官表・（東海王建明）刺史》：「楊儉。華陰人，寧遠將軍、潁州刺史。詳本傳。」李宜春《嘉靖潁州志・秩官・北魏（守）》：「楊儉。淮［華］陰人，建明間以寧遠將軍潁州刺史。」

③刁融，字奉業，饒安（今屬河北）人。刁雍子。元和間爲汝陰太守。《魏書・刁雍傳》：「刁雍，字淑和，渤海饒安人也……雍長子纂，字奉宗，中書侍郎。早卒。纂弟遵，字奉國。襲爵。遵弟紹，字奉世。武騎侍郎、汝陰王天賜涼州征西府司馬。紹弟獻，字奉章。秘書郎。獻弟融，字奉業。汝陰太守。」吕景蒙《嘉靖潁州志・職官表・（孝文帝太和）守》：「刁融。饒安人。出《魏書・傳》。」李宜春《嘉靖潁州志・秩官・北魏（守）》：「刁融。字奉業，饒安人。元和間爲汝陰太守。」

④傅永（434—516），字修期，清河（今屬河北）人。《魏書・傅永傳》：「傅永，字修期，清河人也……時裴叔業率王茂先、李定等来侵楚王戍。永適還州，肅復令大討之……兩月之中，遂獻再捷，高祖嘉之，遣謁者就豫州策拜永安遠將軍、鎮南府長史、汝南太守、貝丘縣開國男，食邑二百戶。高祖每歎曰：『上馬能擊賊，下馬作露布，唯傅修期耳。』裴叔業又圍渦陽，時高祖在豫州，遣永爲統軍……不經旬日，詔曰：『修期在後少有擒殺，可揚武將軍、汝陰鎮將，带汝陰太守。』」吕景蒙《嘉靖潁州志・職官表・（宣武帝景明）守》：「傅永。清河人，以揚武將軍带汝陰太守。詳本傳。」李宜春《嘉靖潁州志・秩官・北魏（守）》：「傅永。清河人，景明間以揚武將軍带汝陰太守。」

⑤柳玄瑜（459—513），河東南解（今山西永濟）人。柳玄達弟。《魏書・裴叔業傳》：「時河東南解人柳玄達，頗涉經史……玄達弟玄瑜，景明初，除正員郎，轉鎮南大將軍開府從事中郎，带汝陰太守。延昌二年（513）卒，年五十五。」吕景蒙《嘉靖潁州志・職官表・（北魏）守》：「裴［柳］玄瑜。聞喜［南解］人，鎮南大將軍開府從事中郎，带汝陰太守。」李宜春《嘉靖潁州志・秩官・北魏（守）》：「裴［柳］玄瑜。聞喜［南解］人，景明間以鎮南大將軍開府從事中郎，带汝陰太守。」

续　表

西魏	刺史	婁起。詳《總［郡］紀》。①
	太守	趙剛。洛陽人，大通間爲太守。曾破侯景，見重於魏文。② 王神念。太原祁人，大通間爲太守，據郡歸梁。少好儒術，猶精内典，善騎射。③

①婁起，字號、籍貫不詳。曾任潁州刺史。本書《郡紀》「梁武帝（中）大通二年（530）」條與婁起有關。《梁書·陳慶之傳》：「中大通二年（530），除都督南北司西豫豫四州諸軍事、南北司二州刺史，餘並如故。慶之至鎮，遂圍懸瓠。破魏潁州刺史婁起、揚州刺史是云寳於溱水，又破行臺孫騰、大都督侯進、豫州刺史堯雄、梁州刺史司馬恭於楚城。」吕景蒙《嘉靖潁州志·職官表·（西魏）刺史》行：「婁起。出《梁書·傳》。」李宜春《嘉靖潁州志·秩官·西魏（刺史）》：「婁起。《梁書》載：『（中）大通二年，陳慶之破魏潁州刺史婁起。』」

②趙剛，字僧慶，洛陽（今屬河南）人。起家奉朝請，累遷鎮東將軍、銀青光祿大夫。《周書·趙剛傳》：「趙剛字僧慶，河南洛陽人也……初，賀拔勝、獨孤信以孝武西遷之後，並流寓江左……御史中尉董紹進策，請圖梁漢。以紹爲行臺、梁州刺史，率士馬向漢中。剛以爲不可，而朝議已決，遂出軍。紹竟無功而還，免爲庶人。除剛潁川郡守，加通直散騎常侍、衛大將軍……東魏行臺吉寧率衆三萬攻陷郡城，剛突出，還保潁川，重行郡事。復爲侯景所破，乃率餘衆赴洛陽……明年，洛陽不守。剛遠隔敵中，連戰破東魏廣州刺史李仲偘。時侯景別帥陸太、潁川郡守高沖等衆八千人，寇襄城等五郡。剛簡步騎五百，大破沖等。開府李延孫爲長史楊伯簡所害，剛擊斬之。又攻拔廣州，進軍陽翟。侯景自鄴入魯陽，與剛接戰。旬有三日，旋軍宜陽。時河南城邑，一彼一此。剛復出軍伊、洛，侯景亦度河築城。剛前後下景三郡，獲郡守一人，別破其行臺梅遷，斬首千餘級。」吕景蒙《嘉靖潁州志·職官表·（文帝大統）守》：「趙剛。洛陽人，詳本傳。」李宜春《嘉靖潁州志·秩官·西魏（守）》：「趙剛。洛陽人。」

③王神念（451—525），太原祁（今屬山西）人。仕至潁川太守，封南城縣侯。《梁書·王神念傳》：「王神念，太原祁人也。少好儒術，尤明内典。仕魏，起家州主簿，稍遷潁川太守，遂據郡歸款。魏軍至，與家屬渡江，封南城縣侯，邑五百戶。」吕景蒙《嘉靖潁州志·職官表·（西魏）守》：「王神念。太原祁人，出《梁書·傳》。」李宜春《嘉靖潁州志·秩官·西魏（守）》：「王神念。太原祁人。」

续表

東魏	行臺左丞		
	刺史	長史	
	杜弼。曲陽人。西魏遣王思政據潁，东魏以弼行潁州，攝行臺。① 陸子彰。代人。天平中拜衛將軍、潁州刺史，有時譽。② 司馬世雲。刺史。詳《總［郡］紀》。③ 皇甫僧顯。刺史。詳《總［郡］紀》。④ 賀若統。刺［長］史。詳《總［郡］紀》。⑤	韋元叡。杜陵人，爲潁長史。⑥ 田迅。潁州長［刺］史。見《總［郡］紀》。⑦	
北齊	刺史	令	
	楊寶安。大［太］建中信州刺史。⑧	樊子蓋。庐江人，慎縣令。⑨	

①見本書《宦業傳・補》。
②見本書《宦業傳・補》。
③司馬世雲，河内温（今河南温縣）人。《北齊書・司馬子如傳》：「子如兄纂，先卒，子如貴，贈岳州刺史。纂長子世雲，輕險無行，累遷衛將

軍、潁州刺史。」《北史·司馬子如傳》附傳：「子如兄纂。纂長子世雲，輕險無行。累遷潁州刺史，肆行姦穢，將見推，懼，遂從侯景。文襄猶以子如恩舊，免其諸弟死罪，徙北邊。世雲以侯景敗於渦陽，復有異志，爲景所殺。」《成化中都志·酷吏》：「司馬世雲。河内温人。輕險無行。仕魏，累遷潁州刺史，肆行奸穢，將見推，遂從侯景。及景敗於渦陽，世雲復有異志，爲景所殺。」吕景蒙《嘉靖潁州志·職官表·（武定）刺史》：「司馬世雲。以城應侯景。」李宜春《嘉靖潁州志·秩官·東魏（刺史）》：「司馬世雲。武定五年（547），侯景反，潁州刺史司馬世雲以城應之，景入據潁。」本書《郡紀》「武定五年正月」條與之相關。

④皇甫僧顯，字號、籍貫俱不詳。曾任潁州刺史。《魏書·孝静紀》：「（武定七年）五月，齊文襄王帥衆自鄴赴潁川。六月丙申，克潁州，擒寶炬大將軍、尚書左僕射、東道大行臺、太原郡開國公王思政，潁州刺史皇甫僧顯等，及戰士一萬餘人，男女數萬口。」李宜春《嘉靖潁州志·秩官·東魏》：「皇甫僧顯。七年春，齊文襄王率衆攻潁，擒潁州刺史皇甫僧顯。」本書《郡紀》「魏克潁州」條雖與之相關，但未見其名。

⑤賀若統，代（今山西代縣）人。賀若敦之父。曾任潁州長史。《周書·賀若敦傳》：「賀若敦，代人也。父統，爲東魏潁州長史。大統三年（537），執刺史田迅以州降。至長安，魏文帝謂統曰：『卿自潁川從我，何日能忘。』即拜右衛將軍、散騎常侍、兖州刺史，賜爵當亭縣公。尋除北雍州刺史。卒，贈侍中、燕朔恒三州刺史、司空公，謚曰哀。」吕景蒙《嘉靖潁州志·職官表·（東魏）長史》：「賀若統。後叛，事見《郡紀》。」本書《郡紀》：「潁州長史賀若統執刺史田迅，據州降後周。」

⑥韋元叡，京兆杜陵（今陝西西安）人。《魏書·韋閬傳》：「韋閬，字友觀，京兆杜陵人……閬從叔道福……子欣宗，以歸國勳，别賜爵杜縣侯……子元叡，武定中，潁州驃騎府長史。」吕景蒙《嘉靖潁州志·職官表·（東魏）長史》：「韋元叡。杜陵人。出《魏書》。」李宜春《嘉靖潁州志·秩官·東魏（長史）》同。

⑦田迅，字號、籍貫俱不詳。曾任潁州刺史。見上文所引《周書·賀若敦傳》。又吕景蒙《嘉靖潁州志·職官表·（東魏）刺史》：「田迅。出《後周書·傳》。」李宜春《嘉靖潁州志·秩官·東魏（長史）》：「田迅。潁州長史賀若統執刺史田迅，據州降後周。」

⑧楊寶安，字號、籍貫俱不詳。《陳書·宣帝紀》：「（太建十一年十二月）癸酉，遣平北將軍沈恪、電威將軍裴子烈鎮南徐州，開遠將軍徐道奴鎮栅口，前信州刺史楊寶安鎮白下。」《正德潁州志·名宦·齊》：「楊寶安。信州刺史。宣帝大［太］建十一年，後周梁士彦等寇淮南北。寶安力不支，移鎮白下。於是信、譙等九郡之民，並自拔還江南。至是，江北之地盡没於周。」

⑨樊子蓋（545—616），字華宗，廬江（今屬安徽）人。北齊時，官至員外散騎常侍。北周時，任郢州刺史。入隋，历任枞陽太守、嵩州刺史等職。《隋書·樊子蓋傳》：「樊子蓋字華宗，廬江人也。祖道則，梁越州刺史。父儒，侯景之亂奔於齊，官至仁州刺史。子蓋解褐武興王行參軍，出爲慎縣令。」《成化中都志·名宦·潁上縣（北朝）》：「樊子蓋字華宗，廬江人。仕北齊，爲慎縣令。入隋，累封濟公。卒，贈開府儀同三司，謚景。」李宜春《嘉靖潁州志·秩官·北齊（令）》：「樊子蓋。字宗華［華宗］，廬江人，爲慎縣令。」

续表

唐	
刺史	李顯達。武德初爲信州刺史。《魏書》載：「達，陽翟人，性至孝。」① 陸子才。吳人。爲信州刺史，有幹畧。② 柳寶積。永徽中爲潁州刺史。見《宦業》。 王勗。尚高宗蕭妃女，爲武氏所殺。③ 論惟貞。吐蕃人，開元中任。④ 李岵。詳《總[郡]紀》。⑤ 王敬蕘。見《宦業》。 鄭誠。居官有聲。⑥ 李廓。乾寧中任。見《宦業》。
司馬	段珂。汧陽人，廣明中拜司馬。見《僑寓》。⑦
參軍	鄭令譚。司功參軍。⑧ 李文則。司馬[倉]參軍。⑨

①此處誤甚。李顯達爲隋時潁州刺史，非唐時。《新唐書·宰相世系表》：「（趙郡李氏）顯達，隋潁州刺史。」且所引《魏書》諸内容出自《魏書·李顯達傳》，其人爲後魏時潁川孝子，非隋潁州刺史。吕景蒙《嘉靖潁州志·職官表·（高祖武德）刺史》：「李顯達。出唐《宰相表》。」

李宜春《嘉靖潁州志・秩官・唐（刺史）》：「李顯達。武德初爲信州刺史。」

②見本書《宦業傳・補》。

③王勗，天授中爲刺史。《新唐書・高安公主傳》：「高安公主，義陽母弟也。始封宣城。下嫁潁州刺史王勗。天授中，勗爲武后所誅。」呂景蒙《嘉靖潁州志・職官表・（中宗）刺史》：「王勗。天授中任。見殺於則天。出《公主傳》。」李宜春《嘉靖潁州志・秩官・唐（刺史）》同。

④論惟貞，名瑀，字惟貞，吐蕃（今西藏）人，以字行。開元中任潁州刺史。《新唐書・論弓仁傳》：「論弓仁，本吐蕃族也……孫惟貞。惟貞名瑀，以字行……史思明攻李光弼於河陽，周摯以兵二十萬陣城下，惟貞請鋭卒數千，鑿數門出，自旦及午，苦戰破之。光弼表爲開府儀同三司。光弼討史朝義，以惟貞守徐州。賊將謝欽讓據陳，乃假惟貞潁州刺史，斬賊將，降者萬人。」呂景蒙《嘉靖潁州志・職官表・（玄宗開元）刺史》：「論惟貞。吐蕃人。」李宜春《嘉靖潁州志・秩官・唐（刺史）》：「論惟貞。吐蕃人，開元中任。」

⑤李岵（？—769），字號、籍貫俱不詳。曾任潁州刺史。事見本書《郡紀》「大曆四年」條之注。又《成化中都志・名宦・潁州》：「李岵。潁州刺史。在部興利除害，得百姓歡心。」《南畿志・鳳陽府・宦蹟》《正德潁州志・名宦・唐》同。呂景蒙《嘉靖潁州志・職官表・（代宗大曆）刺史》：「李岵。詳見《郡紀》。」李宜春《嘉靖潁州志・秩官・唐（刺史）》：「李岵。大曆中，在州興利除害，得百姓心。時令狐彰爲滑、亳、魏節度使，性猜阻忌忍，忤者輒死。（怒）潁州刺史李岵，遣姚奭代之，戒曰：『不時殺之。』岵知其謀，因殺奭，死者百餘人。奔汴州，上書自言。彰亦劾之。河南尹張延賞畏彰，留岵使不遣，故彰書先聞，斥岵夷州，殺之。」

⑥見本書《宦業傳・補》。

⑦見本書《宦業傳・補》。

⑧鄭令謹，字號、籍貫俱不詳。呂景蒙《嘉靖潁州志・職官表・（唐）司馬》：「鄭令謹。司功參軍。」李宜春《嘉靖潁州志・秩官・唐（參軍）》：「鄭令謹。司功參軍。」

⑨李文則，字號、籍貫俱不詳。呂景蒙《嘉靖潁州志・職官表・（唐）司馬》：「李文則。司倉參軍。史俱失其年。」李宜春《嘉靖潁州志・秩官・唐（參軍）》：「李文則。司倉參軍。」

五代梁	
刺史	王重師。許州長社人，開平中任。① 李彦威。壽州人，開平中任。出《梁書》本傳。 朱温所使殺昭宗者，萬代罪人也。②

①王重師，長社（今河南長葛）人。曾任潁州刺史，後仕至佑國軍節度使。《舊五代史·王重師傳》：「王重師，潁州長社人也……太祖伐上蔡，重師力戰有功。及討兗、鄆，擢爲指揮使，奏授檢校右僕射。重師枕戈擐甲，五六年於齊、魯間，凡經百餘戰，由是威震敵人。尋授檢校司空，爲潁州刺史。」《新五代史·王重師傳》：「王重師。許州長社人也。爲人沉嘿多智，善劍槊。秦宗權陷許州，重師脱身歸梁，從太祖平蔡，攻兗、鄆，爲拔山都指揮使。重師苦戰齊、魯間，威震鄰敵。遷潁州刺史。」吕景蒙《嘉靖潁州志·職官表·（五代梁）刺史》：「王重師。許州長社人。出《梁書》本傳。」李宜春《嘉靖潁州志·秩官·五代梁（刺史）》：「王重師。長社人。出本傳。」

②李彦威，又名朱友恭，壽州（今安徽壽縣）人。《舊唐書·昭宗本紀》：「（天祐元年八月）壬寅夜，朱全忠令左龍武統軍朱友恭、右龍武統軍氏叔琮、樞密使蔣玄暉弒昭宗於椒殿。」《新唐書·朱友恭傳》：「友恭者，本李彦威也。壽州人，客汴州。殖財任俠，全忠愛而子畜之，領長劍都，積功，表爲檢校尚書左僕射。乾寧中，授汝州刺史，檢校司空。楊行密侵鄂州，友恭將兵萬餘援杜洪，至江州，還攻黄州，入之，獲行密將，俘斬萬計。又襲安州，殺守將。遷潁州刺史、感化軍節度留後。帝東遷，爲左龍武統軍，貶崖州司户參軍。」吕景蒙《嘉靖潁州志·職官表·（五代梁）刺史》：「李彦威。壽州人。出《梁書》本傳。」李宜春《嘉靖潁州志·秩官·五代梁（刺史）》：「李彦威。壽州人。出本傳。」

续表

唐	
團練使	萇宗［從］簡。陳州人。①
	李承約。薊州人。②
	高行周。嬀州人。③

①萇從簡，陳州（今河南淮陽）人。封開國公，授左金吾衛上將軍。《舊五代史·萇從簡傳》：「萇從簡，陳州人……清泰二年（935），授潁州團練使。」《新五代史·萇從簡傳》：「萇從簡，陳州人……廢帝舉兵於鳳翔，從簡與諸鎮兵圍之。已而兵潰，從簡東走被執。廢帝責其不降，從簡曰：『事主不敢二心。』廢帝釋之，拜潁州團練使。」吕景蒙《嘉靖潁州志·職官表·（明宗天成）團練使》：「萇從簡。陳州人。詳本傳。」李宜春《嘉靖潁州志·秩官·後唐（團練使）》：「萇從簡。陳州人。出本傳。」

②李承約，字德儉，薊州（今天津薊縣）人。仕至左驍衛上將軍，封開國公，卒贈太子太師。《舊五代史·李承約傳》：「李承約，字德儉，薊州人也……莊宗即位，授檢校司空、慈州刺史，爲治平直，移授潁州團練使。」《新五代史·李承約傳》：「李承約字德儉，薊門人也……從破夾寨，戰臨清，以功累遷洺汾二州刺史、潁州團練使。」吕景蒙《嘉靖潁州志·職官表·（長興）團練使》：「李承約。薊州人。詳本傳。」李宜春《嘉靖潁州志·秩官·後唐（團練使）》：「李承約。薊州人。出本傳。」

③高行周（885—952），字尚質，嬀州（今河北涿鹿）人。五代名將高思繼之子。仕至端州刺史，封齊王。卒贈尚書令，追封秦王。《舊五代史·高行周傳》：「高行周，字尚質，幽州人也。生於嬀州懷戎軍之鵰窠里……莊宗平河南，累加檢校太保，領端州刺史。同光末，出守絳州。明宗即位，特深委遇。天成中，從王晏球圍定州。敗王都，擒禿餒，皆有功。賊平，遷潁州團練使。」《新五代史·高行周傳》：「高行周字尚質，嬀州人也……明宗時，從平朱守殷，克王都，遷潁州團練使、振武軍節度使。」吕景蒙《嘉靖潁州志·職官表·（後唐）團練使》：「高行周。嬀州人。詳本傳。」李宜春《嘉靖潁州志·秩官·後唐（團練使）》：「高行周。嬀州人。出本傳。」

续 表

晉	防禦使、團練使		
	何福進。潁州防禦使。詳本傳。① 馮玉。定州人，潁州團練使。②		
周	都指揮使		
	司超。顯德中任。見《官業》。		

①何福進（889—954），字善長，太原（今屬山西）人。後周將領，曾任潁州團練使，後仕至忠武軍節度使。《舊五代史·何福進傳》：「何福進，字善長，太原人……開運中，由潁州團練使入拜左驍衛大將軍。」

②馮玉，字璟臣，定州（今屬河北）人。曾任潁州團練使，後仕至樞密使等。《舊五代史·馮玉傳》：「馮玉。少帝嗣位，納馮后於中宮，后即玉之妹也。玉既聯戚里，恩寵彌厚，俄自知制誥、中書舍人出爲潁州團練使，遷端明殿學士、戶部侍郎，尋加右僕射，軍國大政，一以委之。」《新五代史·馮玉傳》：「馮玉字璟臣，定州人也……晉出帝納玉姊爲后，玉以后戚知制誥，拜中書舍人。玉不知書，而與殷鵬同爲舍人，制誥常遣鵬代作。頃之，玉出爲潁州團練使，拜端明殿學士、戶部侍郎，遷樞密使、中書侍郎、同中書門下平章事。」呂景蒙《嘉靖潁州志·職官表·（後晉）團練使》：「馮玉。定州人。詳本傳。」李宜春《嘉靖潁州志·秩官·后晉（團練使）》：「馮玉。定州人。出本傳。」

续　表

宋	防禦使	通判	參軍	教授	尉	掾
	團練使	長史	推官	知縣		
	知州					
開寶	潘美。大名人，團練使。①	曹翰。大名人，以節度使判潁州。②				

①此處誤。潘美所任爲泰州、朗州團練使，非潁州也。潘美（921—987），字仲詢，大名（今屬河北）人。《宋史·潘美傳》：「潘美字仲詢，大名人……李重進叛，太祖親征，命石守信爲招討使，美爲行營都監以副之。揚州平，留爲巡檢，以任鎮撫，以功授秦州團練使……開寶三年（970），征嶺南，以美爲行營諸軍都部署、朗州團練使。」此誤已見於吕景蒙《嘉靖潁州志·職官表·（太祖開寶）團練使》：「潘美。大名人，團練使。詳本傳。」李宜春《嘉靖潁州志·傳疑》：「潘美。《近志》載美爲潁州團練使。按《宋史》本傳：『爲泰州團練使。』」

②曹翰（924—992），大名（今屬河北）人。宋初名將，曾任潁州通判。《宋史·曹翰傳》：「曹翰，大名人……（開寶二年）金陵平，江州軍校胡德、牙將宋德明據城拒命。翰率兵攻之，凡五月而陷……錄功遷桂州觀察使、判潁州……（太平興國）五年（980），從幸大名，拜威塞軍節度，仍判潁州，復命爲幽州行營都部署。」《正德潁州志·名宦·宋》：「曹翰。通判潁州。政令大行，教化浹洽，時人稱其能名。」吕景蒙《嘉靖潁州志·職官表·（太祖開寶）通判》：「曹翰。大名人。詳本傳。」李宜春《嘉靖潁州志·秩官·宋（通判）》：「曹翰。大名人。開寶二年，錄功遷桂州觀察使、判潁州。興國五年，從幸大名，拜威武（『武』字當爲衍字）塞軍節度使，仍判潁州。」

续 表

太平興國		鄭文寶。字仲賢，通判潁州。①				
端拱	孔守正。浚義［儀］人，爲潁州防禦使。② 張茂植［直］。兖州瑕丘人，知潁州。③	魏廷試［式］。大名宗城人，通判。④				

①鄭文寶（953—1013），字仲賢，汀州寧化（今屬福建）人。太平興國八年（983）進士，曾任潁州通判，後仕至兵部員外郎。《宋史·鄭文寶傳》：「鄭文寶字仲賢，右千牛衛大將軍彦華之子……太平興國八年，登進士第，除修武主簿。遷大理評事、知梓州錄事參軍事。州将表薦，轉光祿寺丞。留一歲，代歸。獻所著文，召試翰林，改著作佐郎，通判潁州。」吕景蒙《嘉靖潁州志·職官表·（太宗太平興國）通判》：「鄭文寶。詳《宋史·列傳》。」李宜春《嘉靖潁州志·秩官·宋（通判）》：「鄭文寶。字仲賢。太平興國中，獻所著文，召試翰林，改著作佐郎，通判潁州。丁外艱。」

②孔守正，浚儀（今河南開封）人。柴榮征淮南，孔守正爲東班承旨。入宋，累遷日騎東西班指揮使。《宋史·孔守正傳》：「孔守正，開封浚儀人……端拱初，遷龍衛都指揮使，領長州團練使，出鎮真定。是年秋，出爲潁州防禦使。」吕景蒙《嘉靖潁州志·職官表·（端拱）防禦使》：「孔守正。浚儀人。防禦使。詳本傳。」李宜春《嘉靖潁州志·秩官·宋（防禦使）》：「孔守正。浚儀人。端拱初爲防禦使，太宗以其練習戎務，特置龍衛、神衛四厢都指揮使以授之，改領振州防禦使。」

③張茂直（927—1001），字林宗，兖州瑕丘（今山東滋陽）人。開寶二年（969）進士，後仕至秘書少監。《宋史·張茂直傳》：「張茂直字林宗，兖州瑕丘人……茂直淳至寡言，晚年多疾，才思梗澀不稱職。改秘書少監，出知潁州。咸平四年（1001），卒，年七十五。」吕景蒙《嘉靖潁州志·職官表·（宋）知州》：「張茂直。兖州瑕丘人，知潁州。詳本傳。」李宜春《嘉靖潁州志·秩官·宋（知州）》：「張茂直。瑕丘人，端拱年任。」

④魏廷式（951—999），字君憲，大名宗城（今河北臨西）人。太平興國五年（980）進士，曾任潁州通判、利州知州、益州路轉運使等職。《宋史·魏廷式傳》：「魏廷式字君憲，大名宗城人……太平興國五年中第，釋褐朗州法曹掾。轉運使李惟清以其吏材奏，知桃源縣，遷將作監丞。端拱初，改著作佐郎、通判潁州。」吕景蒙《嘉靖潁州志·職官表·（宋）通判》：「魏廷式。大名宗城人，通判。詳本傳。」李宜春《嘉靖潁州志·秩官·宋（通判）》：「魏廷式。大名宗城人，端拱年任。」

续表

淳化	畢士安。以右諫議大夫知潁州。①	陳漸。閬中人，長史。②				
咸平	周起。淄州鄒平人，知潁州。③		穆修。參軍。見《宦業》。			
景德	慕容德豐。太原人，爲團練使。④		吕夷簡。⑤			

①見本書《宦業傳·補》。
②陳漸，字鴻漸，閬中（今屬四川）人。陳堯佐從子。淳化中進士，曾任潁州長史、鳳州團練推官、耀州節度推官等職。《宋史·陳堯佐傳》附傳：「從子漸字鴻漸……舉賢良方正科，不中，復調隴西防禦推官，坐法免歸，不復有仕進意，蜀中學者多從之遊。堯咨不學，漸心薄之。堯咨後貴顯，與漸益不同，因言漸罪戾之人，聚徒太盛，不宜久留遠方。即召漸至京師，授潁州長史。」吕景蒙《嘉靖潁州志·職官表·（淳化）長史》：「陳漸。閬中人，長史。詳本傳。」李宜春《嘉靖潁州志·秩官·宋（長史）》：「陳漸。閬中人，淳化間任。」
③見本書《宦業傳·補》。
④慕容德豐（948—1002），字日新，太原（今屬山西）人。河南郡王慕容延釗次子。咸平四年（1001）任潁州團練使。《宋史·慕容延釗傳》附傳：「德豐字日新，幼聰悟，延釗愛之……（咸平）三年（1000），改滄州。德豐輕財好施，厚享將士。在西邊時，母留京師，妻孥寓長安，貧甚，真宗憫之，特詔給團練使奉。逾年，進潁州團練使，知貝、瀛二州。五年（1002），卒，年五十五。」吕景蒙《嘉靖潁州志·職官表·（景德）團練使》：「慕容德豐。太原人，團練使。詳本傳。」李宜春《嘉靖潁州志·秩官·宋（團練使）》：「慕容德豐。太原人，景德中爲團練使。詳本傳。」
⑤見本書《宦業傳·補》。

续表

大中祥符	馬知節。幽州薊人，樞密副使出爲防禦使。① 杜彥鈞。定州安喜人，防禦使。②				
天禧	張師德。開封襄人，刑部尚書知潁。③				

①馬知節（955—1019），字子元，幽州薊（今天津薊州）人。馬全義之子。大中祥符七年（1014），爲潁州防禦使。《宋史·馬全義傳》附傳：「馬知節字子元，幼孤。太宗時，以蔭補供奉官，賜今名……大中祥符七年，出爲潁州防禦使、知潞州。」《成化中都志·名宦·潁州（宋）》：「馬知節字子元，幽州人，徙祥符。七歲，太祖召見禁中，補西頭供奉官，而賜以名。年十八，監彭州兵馬，以嚴飭見憚如老將。真宗朝，除潁州防禦使，累官宣徽南院使、知樞密院事、檢校太尉。卒贈侍中，謚正惠。其在朝廷蹇蹇無所憚，嘗言『天下雖安，不可忘戰去兵』，帝以其言爲是。有《集》二十卷，王荆公爲撰《神道碑》。」呂景蒙《嘉靖潁州志·職官表·（大中祥符）防禦使》：「馬知節。幽州薊人，樞密副使出爲防禦使。詳本傳。」李宜春《嘉靖潁州志·秩官·宋（防禦使）》：「馬知節。字子元，薊人。大中祥符七年，爲樞密副使。時王欽若爲樞密使，知節薄其爲人，遇事敢言，未嘗少屈，出爲潁州防禦使。」

②杜彥鈞，定州安喜（今河北定州）人。杜審琦弟杜審進之子。《續資治通鑑長編·真宗·景德元年（1004）》卷五十七：「（九月）丙子，以天雄軍都部署周瑩爲駕前東面貝冀路都部署，潁州防禦使杜彥鈞副之。」《宋史·杜審琦傳》：「彥鈞由戚里進，保位而已。會有言政事不舉者，徙西京水南北都巡檢使。大中祥符五年（1012），復知莫州。馬知節爲潁州防禦使，彥鈞换秦州。」呂景蒙《嘉靖潁州志·職官表·（宋）防禦使》：「杜彥鈞。定州安喜人，防禦使。」李宜春《嘉靖潁州志·秩官·宋（防禦使）》：「杜彥鈞。安喜人。」

③張師德，字尚賢，開封襄邑（今河南睢縣）人。張去華子。大中祥符四年（1011）進士第一，後仕至吏部郎中。《宋史·張去華傳》附傳：「師德，字尚賢。去華十子，最器師德……天禧初，安撫淮南，苦風眩，改判司農寺。擢右正言、知制誥，判尚書刑部。頃之，出知潁州，遷刑部員外郎、判大理寺，爲羣牧使、景靈宮判官，再遷吏部郎中。」呂景蒙《嘉靖潁州志·職官表·（天僖［禧］）知州》：「張師德。開封襄人，天僖年以刑部尚書出知潁州。詳本傳。」李宜春《嘉靖潁州志·秩官·宋（知州）》：「張師德。開封襄人，刑部尚書出知潁州。」

续 表

乾興	柳植。以給事中移知潁。見《宦業》。					
天聖	李士衡。蔡［秦］州成紀人，知潁州。① 劉筠。禮部侍郎、樞密副［直］學士知潁。見《宦業》。					
明道	宴［晏］殊。見《宦業》。		邵亢。團練推官。見《宦業》。			
景祐	楊察。見《宦業》。 程琳。見《宦業》。 夏竦。德安人。罷禮部尚書，知潁州。② 蔡齊。見《宦業》。		王代恕。團練［司法］參軍。見《宦業》。			

①李士衡，字天均，成紀（今甘肅秦安）人。進士，後仕至尚書左丞。《宋史·李仕衡傳》：「李仕衡字天均，秦州成紀人……仁宗即位，拜尚書左丞，以足疾，改同州觀察使，知陳州。州大水，築大隄以障水患。徙潁州，復知陳州。」吕景蒙《嘉靖潁州志·職官表·（仁宗天聖）知州》：「李士衡。蔡［秦］州成紀人，知潁州。詳本傳。」李宜春《嘉靖潁州志·秩官·宋（知州）》：「李士衡。成紀人，天聖中任。」

②見本書《宦業傳·補》。

续表

皇祐
歐陽修。見《宦業》。 范仲淹。邠州人，户部侍郎。會病甚，請潁州，未至而卒。① 李垂。見《宦業》。
呂公著。見《宦業》。通判。 勾諶。通判。②
張洞。見《宦業》。推官。
謝絳。陳郡人，知汝陰縣。③

①范仲淹（989—1052），字希文，吴縣（今江蘇蘇州）人。大中祥符八年（1015）進士，仕至樞密副使、參知政事。主持「慶曆新政」，提出名黜陟、抑僥倖、精貢舉等十事。皇祐四年（1052）知潁州，未至而卒。著有《范文正公集》。《宋史·范仲淹傳》：「范仲淹字希文，唐宰相履冰之後。其先，邠州人也，後徙家江南，遂爲蘇州吴縣人……以疾請鄧州，進給事中。徙荆南，鄧人遮使者請留，仲淹亦願留鄧，許之。尋徙杭州，再遷户部侍郎，徙青州。會病甚，請潁州，未至而卒，年六十四。」

②勾諶，字號、籍貫皆不詳。皇祐間任潁州通判。梅堯臣有《送勾諶太丞通判潁州》，韓維有《送勾諶太丞通判潁州》，沈遘有《送勾諶通判潁川》，皆可爲證。李宜春《嘉靖潁州志·秩官·宋（通判）》：「勾諶。乙［以］太丞通判潁州。梅聖俞贈詩：『潁川倒灣流，欄船曲轉鈎。吏迎如太守，民望亞諸侯。芳圃深通野，寒湖半抱州。前賢多舊蹟，佳詠聽君留。』」

③謝絳（994—1039），字希深，富陽（今屬浙江）人。大中祥符八年（1015）進士，曾任汝陰知縣、太常寺奉禮郎、兵部員外郎等職。《宋史·謝絳傳》：「謝絳字希深，其先陽夏人。祖懿文，爲杭州鹽官縣令，葬富陽，遂爲富陽人……絳以父任試秘書省校書郎，舉進士中甲科，授太常寺奉禮郎、知汝陰縣。」《南畿志·鳳陽府·宦蹟（宋）》：「謝絳。知汝陰縣。喜談時事，嘗論四民失業，累數千言。」呂景蒙《嘉靖潁州志·職官表·（宋）知縣》：「謝絳。陳郡人，知汝陰縣。出《歐文集》。」李宜春《嘉靖潁州志·秩官·宋（知縣）》：「謝絳。陳郡人，皇祐間任汝陰縣。」

续表

至和	蘇頌。見《宦業》。	趙志［至］忠。同知［通判］。出《蘇頌傳》。①
寶元	陸經。以學士知潁州。見《歐詩集》。②	楊褒。③

①趙至忠，字號、籍貫不詳。至和間任潁州通判。《宋史·蘇頌傳》：「富弼嘗稱頌爲古君子，及與韓琦爲相，同表其廉退，以知潁州。通判趙至忠本邊徼降者，所至與守競，頌待之以禮，具盡誠意。至忠感泣曰：『身雖夷人，然見義則服，平生誠服者，唯公與韓魏公耳。』」吕景蒙《嘉靖潁州志·職官表·（至和）通判》：「趙至忠。出《蘇頌傳》。」李宜春《嘉靖潁州志·秩官·宋（通判）》：「趙至忠。至和中任。」

②陸經，字子履，越州（今浙江紹興）人。仕至集賢殿修撰。歐陽修有《聞潁州通判國博與知郡學士唱和頗多因以奉寄知郡陸經通判楊褒（治平二年）》詩。吕景蒙《嘉靖潁州志·職官表·（寶元）知州》：「陸經。出《歐詩集》。」李宜春《嘉靖潁州志·秩官·宋（知州）》：「陸經。寶元中以學士知潁州。歐陽修《奉寄與通判楊褒詩》：『一自蘇梅閉九泉，始聞東潁播新篇。金尊留客史［使］君醉，玉麈高談别乘賢。十里秋風紅菡萏，一溪春水碧漪漣。政成事簡何爲樂，終日吟哦襍管絃。』」

③楊褒，字之美，華陽（今四川雙流）人。曾任潁州通判。歐陽修有《聞潁州通判國博與知郡學士唱和頗多因以奉寄知郡陸經通判楊褒》詩。蘇軾有《次韻楊褒早春》詩，施顧注云：「楊褒，字之美。嘉祐末，爲國子監直講。治平間，出通判潁州。劉貢父同在學舍，多與倡酬，載貢父集。好收法書，蔡君謨多從借搨。歐陽文忠公見其女奴彈琵琶，有詩呈梅聖俞云：『楊君好雅心不俗，太學官卑飯脱粟。嬌兒兩幅青布裙，三脚木牀坐調曲。奇書古畫不論價，盛以錦囊裝玉軸。』亦可見其人也。」吕景蒙《嘉靖潁州志·職官表·（寶元）通判》：「楊褒。出《歐詩集》。」李宜春《嘉靖潁州志·秩官·宋（通判）》：「楊褒。寶元中任。」

续表

康定	蘇軾。見《宦業》。			陳師道。教授。見《宦業》。	李直方。汝陰尉。見蘇軾《宦業》中。①	

①李直方，字號、籍貫不詳。進士。蘇軾知潁時，李直方爲汝陰尉。《宋史·蘇軾傳》：「郡有宿賊尹遇等，數劫殺人，又殺捕盜吏兵。朝廷以名捕不獲，被殺家復懼其害，匿不敢言。軾召汝陰尉李直方曰：『君能擒此，當力言於朝，乞行優賞；不獲，亦以不職奏免君矣。』直方有母且老，與母訣而後行。乃緝知盜所，分捕其黨與，手戟刺遇，獲之。」《成化中都志·名宦·潁州（宋）》：「李直方。以進士及第，授汝陰縣尉。潁有劇賊尹遇等，爲一方患。蘇文忠公守潁，命直方擒之。直方多設方畧，悉獲其黨與。公奏移，合轉官以賞之，不報。」《南畿志·鳳陽府·宦蹟（宋）》：「李直方。汝陰縣尉。潁有劇賊尹遇，爲一方患。蘇文忠公守潁，命直方擒之。直方多設方畧，悉獲其黨。」《正德潁州志·名宦·宋》：「李直方。汝陰尉。除鋤奸暴，吏民畏服。以捕盜有功，潁州太守蘇軾奏乞賞之，不報。會郊恩，軾當轉官，即奏移以賞之。」呂景蒙《嘉靖潁州志·職官表·（康定）尉》：「李直方。汝陰尉。有捕盜功，太守蘇軾奏賞之，不報。會郊恩，軾當轉官，即奏移以賞之。詳《軾傳》。」李宜春《嘉靖潁州志·秩官·宋（尉）》：「李直方。康定中任汝陰尉，有捕盜功。見《蘇軾傳》。」

续表

慶曆	薛向。河中萬全人，知州。① 曾肇。見《宦業》。	王定國。②	江楫。團練推官。見《宦業》。③		

①薛向（1016—1081），字師正，河中萬泉（今山西萬榮）人。以蔭補官，仕至工部侍郎。《宋史·薛向傳》：「薛向字師正……會詔民畜馬，向既奉命，旋知民不便，議欲改爲。於是舒亶論向反復無大臣體，斥知潁州，又改隨州，卒，年六十六。」吕景蒙《嘉靖潁州志·職官表·（慶曆）知州》：「薛向。河中萬泉人。詳本傳。」李宜春《嘉靖潁州志·秩官·宋（知州）》：「薛向。萬泉人，慶曆中任。」

②王定國，即王鞏，字定國，大名莘（今山東莘縣）人。王旦孫，王素子。慶曆間任潁州通判。《東都事畧·王旦傳》附傳：「（素）諸子中鞏知名。鞏字定國，從蘇軾問學，能爲文章，爲秘書省正字。嘗坐軾累，貶賓州。元祐中用軾薦，除太常博士，其後坐元祐黨貶官云。」蘇軾有《次韻王定國得潁倅二首》。李宜春《嘉靖潁州志·秩官·宋（通判）》：「王定國。蘇軾《贈倅潁詩》：『僊風入骨已凌雲，秋水爲文不受塵。一噫固應號地籟，餘波猶足掛天紳。買牛但自捐三尺，射鼠何勞挽六鈞。莫向百花潭上去，醉翁不見與誰春。』」

③江楫，字號、籍貫皆不詳。慶曆初，任潁州團練推官，後遷大理寺丞。本書《宦業傳》實未見其人。歐陽修有《潁州推官江楫可大理寺丞制》文。《成化中都志·名宦·潁州（宋）》：「江楫。慶曆初潁州團練推官，有稱於時。遷大理寺丞。」吕景蒙《嘉靖潁州志·職官表·（慶曆）推官》：「江楫。團練推官。傳見《名宦》。」同書《名宦·宋》：「江楫。慶曆初潁州團練推官，有稱於時。遷大理寺丞。」李宜春《嘉靖潁州志·秩官·宋（推官）》：「江楫。慶曆初爲團練推官，有稱於時。」

嘉祐	章衡。蒲［浦］城人，知州。① 徐宗況。知州。② 趙宗道。知州。見《宦業》。	朱彦博。萍鄉人，通判。③	邵雍。范陽人，避河南，葬親伊水上，遂爲河南人。舉逸士，補潁州團練推官，固辭。④	常秩。潁州人，教授。⑤		范祖述。《宦業》。⑥

①章衡（1025—1099），字子平，浦城（今屬福建）人。嘉祐二年（1057）進士第一，後仕至寶文閣待制。《宋史·章衡傳》：「章衡字子平，浦城人……三司使忌其能，出知汝州、潁州。」吕景蒙《嘉靖潁州志·職官表·（嘉祐）知州》：「章衡。蒲［浦］城人。詳《宋史》。」李宜春《嘉靖潁州志·秩官·（宋）知州》：「章衡。蒲［浦］城人。嘉祐中任。」

②徐宗況，字號、籍貫皆不詳。嘉祐二年（1057）知潁州。歐陽修《賜知潁州徐宗況進奉賀兖國公主出降銀絹馬等敕書》一文即作於嘉祐二年。《成化中都志·名宦·潁州（宋）》：「徐宗況。嘉祐二年知潁州。」吕景蒙《嘉靖潁州志·職官表·（嘉祐）知州》：「徐宗況。出《中都志》。」李宜春《嘉靖潁州志·秩官·（宋）知州》：「徐宗況。嘉祐二年任。」

③朱彦博，字元施，萍鄉（今屬江西）人。嘉祐八年（1063）進士，曾任潁州通判。《大明一統志·袁州·人物》：「朱彦博。萍鄉人。嘉祐間進士，通判順［潁］州，上神宗書，極言當時利害。歷知虔、虢、解三州，所至有聲。嚴而不苛，明而不察，官吏畏之如神。」《正德袁州府志·科第·宋進士》：「朱彦博。嘉祐八年許將榜。萍鄉人，見《人物》。」其書《人物·宋》所載朱彦博傳記與《大明一統志》同。吕景蒙《嘉靖潁州志·職官表·（嘉祐）通判》：「朱彦博。萍鄉人。八年，登許將榜進士。任通判。」李宜春《嘉靖潁州志·秩官·（宋）通判》：「朱彦博。萍鄉人。嘉祐八年，登許將榜進士。任通判。」

④邵雍（1011—1077），字堯夫，河南（今河南洛陽）人。理學家、詩人，著有《伊川擊壤集》等。《宋史·邵雍傳》：「邵雍字堯夫。其先范陽人，父古徙衡漳，又徙共城。雍年三十，遊河南，葬其親伊水上，遂爲河南人……嘉祐詔求遺逸，留守王拱辰以雍應詔，授將作監主簿，復舉逸士，補潁州團練推官，皆固辭乃受命，竟稱疾不之官。熙寧十年（1077），卒，年六十七，贈秘書省著作郎。元祐中賜謚康節。」吕景蒙《嘉靖潁州志·職官表·（嘉祐）推官》：「邵雍。其先范陽人，雍遊河南，葬其親伊水上，遂爲河南人。舉逸士，補潁州團練推官，固辭不拜。」

⑤見本書《名賢傳》。

⑥范祖述，成都華陽（今四川雙流）人。范鎮從孫，以父蔭知鞏縣。本書《宦業》未見其人。《宋史·范鎮傳》所附《范百禄傳》：「百禄字子功，鎮兄鍇之子也……子祖述，監潁州酒税，攝獄掾，閲具獄，活兩死囚，州人以爲神。」吕景蒙《嘉靖潁州志·職官表·（英宗治平）掾》：「范祖述。傳見《名宦》。」同書《名宦·宋》：「范祖述。百禄子也。監潁州酒税，攝獄掾，閲獄，活兩死囚，人以爲神。」李宜春《嘉靖潁州志·秩官·（宋）掾》：「范祖述。百禄子。治平中任。監潁州酒税，攝獄掾，閲獄，活兩死囚。人以爲神。」

续　表

治平	王旭。見《宦業》。					
熙寧	吕公著。見《宦業》。					
元豐	燕肅。見《宦業》。①					

①燕肅（961—1040），字穆之，青州益都（今屬山東）人。咸平三年（1000）進士，後仕至龍圖閣直學士。《宋史·燕肅傳》：「燕肅字穆之，青州益都人……進龍圖閣直學士、知潁州，徙鄧州。」《大明一統志·中都·名宦》：「燕肅。知潁州。精於刻漏，時刻不差。有善政。臨去，吏民莫不攀戀。」《成化中都志·名宦·潁州（宋）》：「燕肅。青州人。舉進士。累官龍圖閣直學士，嘗知潁州，有善政。知審刑院，冤獄盡釋。性巧，嘗造指南、記里鼓二車及欹器蓮花刻漏，人服其精。」《南畿志·鳳陽府·宦蹟》：「燕肅。知潁州。精於刻漏，時刻不差，尤有善政。」《正德潁州志·名宦·宋》：「燕肅。知潁州。精於刻漏，時刻不差，尤有善政。臨去，吏民莫不攀戀。」吕景蒙《嘉靖潁州志·職官表·（元豐）知州》：「燕肅。傳見《名宦》。」同書《名宦·宋》：「燕肅。青州人。舉進士。累官龍圖閣直學士，嘗知潁州，有善政。知審刑院，冤獄盡釋。」李宜春《嘉靖潁州志·秩官·（宋）知州》：「燕肅。元豐中任。見《宦業》。」同書《宦業·宋》：「燕肅。字穆之，益都人。舉進士。累官龍圖閣直學士，知潁州，有善政。知審刑院，冤獄盡釋。性巧，嘗造指南、記里鼓二車及欹器蓮花刻漏，人服其精。」

元祐	竇貞固。同州人，以刑部尚書出爲潁州團練使。① 趙令時［時］。燕王德昭之後，簽書潁州。② 豐稷。見《宦業》。 李評。知州。③ 陸佃。見《宦業》。 陳師錫。知州。④					

①此處誤。竇貞固由五代入宋，卒於太祖開寶二年（969），去「元祐」遠甚。竇貞固（892—969），字體仁，同州白水（今屬陝西）人。同光中舉進士。後晉開運三年（946）之前曾任潁州團練推官。《舊五代史·晉書·少帝紀》：「（開運三年九月）丙午，以太子少保楊凝式爲太子少傅，以刑部尚書王延爲太子少保，前潁州團練使竇貞固爲刑部尚書。」《宋史·竇貞固傳》：「竇貞固字體仁，同州白水人……少帝即位，拜工部尚書。遷禮部尚書……改刑部尚書，出爲潁州團練使……開寶二年病困，自爲墓志，卒，年七十八。」此誤已見於呂景蒙《嘉靖潁州志·職官表·（哲宗元祐）團練使》：「竇貞固。同州白水人，以刑部尚書出爲潁州團練使。詳本傳。」李宜春《嘉靖潁州志·秩官·（宋）團練使》：「竇貞固。同州白水人，元祐中以刑部尚書出爲潁州團練使。詳本傳。」

②趙令時（1061—1134），初字景貺，蘇軾改其字爲「德麟」，自號聊復翁。元祐六年（1091）簽書潁州。《宋史·燕王德昭傳》附傳：「令時字德麟，燕懿王玄孫也……元祐六年，簽書潁州公事。」呂景蒙《嘉靖潁州志·職官表·（哲宗元祐）知州》：「趙令時［時］。燕王德昭之後，簽書潁州公事。出《宋史》。」李宜春《嘉靖潁州志·秩官·（宋）知州》：「趙令時［時］。燕王德昭之後，元祐中簽書潁州公事。」

③李評，字持正，潞州上黨（今山西長治）人。李端愿子，李遵勗孫。以榮州刺史知潁州。《宋史·李遵勖傳》附傳：「評字持正……以榮州刺史出知潁州。」呂景蒙《嘉靖潁州志·職官表·（哲宗元祐）知州》：「李評。以榮州刺史知潁州，詳本傳。」李宜春《嘉靖潁州志·秩官·（宋）知州》：「李評。元祐中以榮州刺史知潁州。」

④見本書《宦業傳·補》。

续表

建中靖國
林攄。福州人，以翰林院學士出知潁。① 錢象先。吳人，由許州别駕知潁。② 呂希純。《宦業》。 呂希績。《宦業》。

①林攄，字彦振，福州長樂（今屬福建）人。初以父蔭入仕，崇寧五年（1106）獲賜進士出身，後仕至翰林學士。《宋史·林攄傳》：「林攄字彦振，福州人……初，朝廷數取西夏地，夏求援於遼，遼爲請命。攄報聘，京密使激怒之以啟釁。入境，盛氣以待迓者，小不如儀，輒辨詰。及見遼主，始跪授書，即抗言數夏人之罪，謂北朝不能加責而反爲之請。禮出不意，遼之君臣不知所答。及辭，遼使攄附奏，求還進築夏人城柵。攄答語復不巽，遼人大怒，空客館水漿，絶煙火，至舍外積潦亦汙以矢溲，使饑渴無所得。如是三日，乃遣還，凡饗餼、祖犒皆廢。歸復命，議者以爲怒隣生事，猶除禮部尚書。既而遼人以失禮言，出知潁州。」呂景蒙《嘉靖潁州志·職官表·（徽宗建中靖國）知州》：「林攄。福州人，以翰林學士出知潁州。詳本傳。」李宜春《嘉靖潁州志·秩官·（宋）知州》：「林攄。福州人。建中靖國中，以翰林學士出知。」

②見本書《宦業傳·補》。

续表

崇寧	鄭居中。開封人。① 王襄。南陽人，以兵部尚書出知潁。②
政和	彭訴〔訢〕。盧陵人，知順昌府。有惠政，民思之。③

①鄭居中（1059—1123），字達夫，開封（今屬河南）人。進士，大觀元年（1107）同知樞密院事。《宋史·鄭居中傳》：「鄭居中字達夫，開封人。登進士第。崇寧中，爲都官禮部員外郎、起居舍人，至中書舍人、直學士院。初，居中自言爲貴妃從兄弟，妃從藩邸進，家世微，亦倚居中爲重，由是連進擢。會妃父紳客祝安中者，上書涉謗訕，言者并及居中，罷知和州，徙潁州。」吕景蒙《嘉靖潁州志·職官表·（崇寧）知州》：「鄭居中。開封人，知潁州。詳本傳。」李宜春《嘉靖潁州志·秩官·（宋）知州》：「鄭居中。開封人，熙寧中任。」

②王襄，初名寧，鄧州南陽（今屬河南）人。第進士，累官禮部尚書。《宋史·王襄傳》：「王襄初名寧，鄧州南陽人，擢進士第。崇寧二年（1103），以軍器監主簿言事稱旨，擢庫部員外郎，改光祿少卿，出察訪陝西。還，爲顯謨閣待制、權知開封府。府事浩穰，訟者株蔓千餘人，縲繫滿獄。襄晝夜决遣，四旬俱盡；又閱月，獄再空。遷龍圖閣直學士、吏部侍郎，出知杭州，未至，改海州；又改應天府，徙鄆州。召爲禮部尚書，移兵部，出知潁州，改永興軍。」吕景蒙《嘉靖潁州志·職官表·（崇寧）知州》：「王襄。南陽人，以兵部尚書出知潁州。詳本傳。」李宜春《嘉靖潁州志·秩官·（宋）知州》：「王襄。南陽人，崇寧中以兵部尚書出知。」

③見本書《宦業傳·補》。

续表

紹興	陳規。見《宦業》。盛陶。鄭州人，以龍圖閣學士知順昌府。詳本傳。①	汪若海。通判。見《宦業》。張叔夜。②				
元	達魯花赤兼管奥魯勸農事。					
	知州	同知	判官	吏目	學正	訓導
中統	別的因。達魯花赤。③王公孺。奉議大夫知潁州。有文學，撰《比干廟碑銘》。④	劉淵。東平齊河人。攻崖山有功，累官潁州副萬户。出《中都志》。⑤				

①見本書《宦業傳·補》。

②見本書《宦業傳·補》。

③別的因，抄思子。襲父職爲副千戶，曾任壽、潁二州屯田府達魯花赤、昭勇大將軍、台州路達魯花赤等職。《元史·抄思傳》：「（抄思）子別的因……（中統四年，1263）冬十一月，謁見世祖於行在所，世祖賜以金符，命別的因爲壽潁二州屯田府達魯花赤。」吕景蒙《嘉靖潁州志·職官表·（世祖中統）達魯花赤》：「別的因。四年，任達魯花赤。」李宜春《嘉靖潁州志·秩官·元（達魯花赤）》：「別的因。中統四年任。」

④見本書《宦業傳·補》。

⑤見本書《宦業傳·補》。

续表

至大
朱蔚。① 瞻思丁。② 李謙。③ 許好義。④
蘇伯顏。 蘇敦武。⑤
王從善。⑥

①吕景蒙《嘉靖潁州志·職官表·（武宗至大）達魯花赤》存其名。李宜春《嘉靖潁州志·秩官·（元）達魯花赤》同。《康熙潁州志·职官·元（知州）》：「朱蔚。武宗至大中任。」

②吕景蒙《嘉靖潁州志·職官表·（武宗至大）達魯花赤》存其名。李宜春《嘉靖潁州志·秩官·（元）達魯花赤》同。《康熙潁州志·職官·元（知州）》：「瞻思丁。至大中任。」

③吕景蒙《嘉靖潁州志·職官表·（武宗至大）達魯花赤》存其名。李宜春《嘉靖潁州志·秩官·（元）達魯花赤》同。《康熙潁州志·職官·元（知州）》：「李謙。至大中任。」

④吕景蒙《嘉靖潁州志·職官表·（武宗至大）達魯花赤》存其名。李宜春《嘉靖潁州志·秩官·（元）達魯花赤》同。《康熙潁州志·職官·元（知州）》：「許好義。至大中任。」

⑤吕景蒙《嘉靖潁州志·職官表·（武宗至大）判官》存其名。李宜春《嘉靖潁州志·秩官·（元）判官》：「蘇伯顏、蘇敦武。俱至大中任。」《康熙潁州志·職官·元（判官）》：「蘇伯顏。武宗至大中任。蘇敦武。至大中任。」

⑥吕景蒙《嘉靖潁州志·職官表·（武宗至大）吏目》存其名。李宜春《嘉靖潁州志·秩官·（元）吏目》：「王從善。至大中任。」《康熙潁州志·職官·元（吏目）》：「王從善。武宗至大中任。」

续表

泰定	喻大丁。武畧將軍，兼本州諸軍奥魯勸農事。①尋敬。奉議大夫，兼管本州諸軍奥魯勸農事。②赤馬失里。承務郎，兼管本州諸軍奥魯勸農事。③	帖里。④	翟珣。⑤	王振。⑥	孫儀。李汝楫。見州《明離宮記》。⑦	吳從政。武德。⑧

①呂景蒙《嘉靖潁州志・職官表・（泰定帝泰定）達魯花赤》：「喻大丁。武畧將軍，兼本州諸軍奥魯勸農事。」李宜春《嘉靖潁州志・秩官・（元）達魯花赤》：「喻大丁。泰定中爲武畧將軍，兼本州諸軍奥魯勸農事。」《康熙潁州志・職官・元（達魯花赤）》：「喻大丁。泰定帝泰定中，以武畧將軍兼本州諸軍奥魯勸農事。」

②呂景蒙《嘉靖潁州志・職官表・（泰定帝泰定）達魯花赤》：「尋敬。奉議大夫，兼管本州諸軍奥魯勸農事。」李宜春《嘉靖潁州志・秩官・（元）達魯花赤》：「尋敬。泰定中爲奉議大夫，兼管本州諸軍奥魯勸農事。」《康熙潁州志・職官・元（達魯花赤）》：「尋敬。泰定中，以奉議大夫兼管本州諸軍奥魯勸農事。」

③赤馬失里，一作「亦馬矢里」。呂景蒙《嘉靖潁州志・職官表・（泰定帝泰定）達魯花赤》：「亦馬矢里。承務郎，兼管本州諸軍奥魯勸農事。」李宜春《嘉靖潁州志・秩官・（元）達魯花赤》：「亦馬矢里。泰定中爲承務郎，兼管本州諸軍奥魯勸農事。」《康熙潁州志・職官・元（達魯花赤）》：「赤馬失里。泰定中，以承務郎兼管本州諸軍奥魯勸農事。」

④呂景蒙《嘉靖潁州志・職官表・（泰定帝泰定）同知》存其名。李宜春《嘉靖潁州志・秩官・（元）同知》：「帖里。泰定中任。」《康熙潁州志・職官・元（同知）》：「帖里。泰定帝泰定中任。」

⑤呂景蒙《嘉靖潁州志・職官表・（泰定帝泰定）判官》存其名。李宜春《嘉靖潁州志・秩官・（元）判官》：「翟珣。泰定中任。」《康熙潁州志・職官・元（判官）》：「翟珣。泰定帝泰定中任。」

⑥呂景蒙《嘉靖潁州志・職官表・（泰定帝泰定）吏目》存其名。李宜春《嘉靖潁州志・秩官・（元）吏目》：「王振。泰定中任。」《康熙潁州志・職官・元（吏目）》：「王振。泰定帝泰定中任。」

⑦呂景蒙《嘉靖潁州志·職官表·（泰定帝泰定）學正》：「孫儀。李汝楫。泰定十官，俱見本州《明離宮記》。」李宜春《嘉靖潁州志·秩官·元（學正）》：「孫儀。李汝楫。俱泰定中。」《康熙潁州志·職官·元（學正）》：「孫儀。泰定帝泰定中任。李汝楫。泰定中任。」

⑧呂景蒙《嘉靖潁州志·職官表·（泰定帝泰定）訓導》：「吳從政。武德。」李宜春《嘉靖潁州志·秩官·（元）訓導》：「吳從政。武德。俱泰定中。」《康熙潁州志·職官·元（訓導）》：「吳從政。泰定帝泰定中任。武德。泰定中任。泰定諸官，俱見本州《明離宮記》。」

续表

至順		歸暘。見《官業》。				
至正	張克讓。①	張鵬。②	孫明善。劉信。③	孟彧。解峻德。④	洪天麟。⑤	

①呂景蒙《嘉靖潁州志·職官表·（順帝至正）達魯花赤》存其名。李宜春《嘉靖潁州志·秩官·元（達魯花赤）》：「張克讓。至正中任。」《康熙潁州志·職官·元（知州）》：「張克讓。順帝至正間任。」

②張鵬，字號、籍貫俱不詳。呂景蒙《嘉靖潁州志·職官表·（順帝至正）同知》存其名。李宜春《嘉靖潁州志·秩官·元（同知）》：「張鵬。至正中任。」《康熙潁州志·職官·元（同知）》：「張鵬。順帝至正中任。」

③呂景蒙《嘉靖潁州志·職官表·（順帝至正）判官》：「孫明善。劉信。」李宜春《嘉靖潁州志·秩官·元（判官）》：「孫明善。劉信。俱至正中。」《康熙潁州志·職官·元（判官）》：「孫明善。順帝至正中任。劉信。至正中任。」

④呂景蒙《嘉靖潁州志·職官表·（順帝至正）吏目》存其名。李宜春《嘉靖潁州志·秩官·元（吏目）》：「孟彧。解峻德。俱至正中。」《康熙潁州志·職官·元（吏目）》：「孟彧。順帝至正中任。解峻德。至正中任。」

⑤呂景蒙《嘉靖潁州志·職官表·（順帝至正）學正》存其名。李宜春《嘉靖潁州志·秩官·元（學正）》：「洪天麟。至正中任。」《康熙潁州志·職官·元（學正）》：「洪天麟。順帝至正中任。」

续表

明	兵備道	捕盜通判
	河南按察分司。弘治四年（1491），潁知州劉讓以潁、壽南北之衝，州衛犬牙相制，奏請添設兵備。初，史公俊、申公盤駐劄壽州。十年（1497），移鎮本州，自閻公始。①	隆慶六年（1572），撫按以潁西多盜，奏請添設捕盜通判於方家集，以鳳陽府通判移鎮。初設衙門，自陳公永直始。②
弘治	閻璽。山西壽陽人。由進士，十年（1497）以按察司僉事鎮潁，凡十有二年。③	
正德	王純。浙江慈谿進士。三年（1508）以副使任。④	

①見本書《郡紀》「奏請兵備道鎮潁」條之注。

②見本書《郡紀》「奏請添設捕盜通判廳於方家集」條之注。

③見本書《宦業傳・補》。

④吕景蒙《嘉靖潁州志・命使》：「王純。浙江慈谿人。進士。任副使，正德三年至。未久，奉例裁革取回。」李宜春《嘉靖潁州志・秩官・兵備》：「王純。浙江慈谿人。弘治癸丑（1493）進士。正德三年以副使任。尋奉例革兵備道，回河南省。」《康熙潁州志・職官・明（兵備道）》：「王純。慈谿人。進士，武宗正德三年以副使任。」《雍正慈谿縣志・人物・名臣（明）》：「王純。字希文。弘治六年進士。授大理評事，歷寺正，陞江西僉事。時逆瑾憾純無所結納，罰米幾千石，間關稱貸於邊。陞大理寺少卿，山東歸善王犯法，奉詔往鞫。同事者欲張大其事，純執不可，惟坐首惡數人，稱上意，擢巡撫。宣府密邇京師，視諸鎮最爲要衝，至則請壯赤城之兵，增龍門之戍。上皆嘉納之。在邊多斬獲功，嘗一賜寶香，再賜豸服，三賜麒麟服，實異數也。挺拔勁直，出於天畀，後卒於家。訃聞，上悼惜之，特遣官諭祭。」

续表

正德	席書。四川遂寧人。由進士，六年（1511）以僉事。未任，丁内艱。後官至禮部尚書。① 李天衢。山西東平人。由進士，六年（1511）以僉事任。見《宦業》。 孫磐。遼東儀州人。七年（1512）任。見《宦業》。 曾大顯。湖廣麻城人。由進士，九年（1514）以僉事任。② 李鉞。山西高平人。由貢士，十三年（1518）以僉事任。③ 郭震。山西蒲州人。十五年（1520）以僉事任。④

①見本書《宦業傳·補》。

②見本書《宦業傳·補》。

③吕景蒙《嘉靖潁州志·命使》：「李鉞。山西高平人。貢士。任僉事，正德十三年至。歷三年，力請得允，進階副使致仕。」李宜春《嘉靖潁州志·秩官·兵備》：「李鉞。山西高平人。貢士。正德十三年以僉事任。歷三年，力請致仕，進陞按察司副使。」《康熙潁州志·職官·明（兵備道）》：「李鉞。高平人。進〔貢〕士。正德十三年以僉事任。」按，此處言李鉞爲山西高平人，然查順治、乾隆及同治年間所修多種《高平縣志》，均未見其人。疑李鉞當爲山西太平人。《道光太平縣志·人物志·名哲（明）》載：「李鉞。字廷威，南賈莊人。由舉人任蓬萊縣知縣，查出登州衛侵占民田萬餘畝，糧乃得完。密緝一術僧解省，黨人數千立散，民便之，陞登州府通判、兖州府同知。平曹州寇趙賓，擒之。又督修黄河，從禦流賊有功，擢刑部員外郎，轉河南兵備僉事，駐節壽州，革奸平獄，權豪縮息。民爲之謡曰：『潁水魚蝦盡被兩繒挾去，荆山餓殍只因一李甦回。』時潁州知府及兵備皆曾姓也。以忤劉瑾黨，引疾歸，進階四品。祀鄉賢。」

④見本書《宦業傳·補》。

续 表

嘉靖	袁經。河間青縣人。由進士，二年（1523）以僉事任。① 伍希周。江西安福人。由進士，三年（1524）以僉事任。② 周允中。山東金鄉縣人。由貢士，四年（1535）以僉事任。③ 史道。直隸涿州人，俊子。由進士，五年（1536）以僉事任。有德政，民爲立去思碑。④ 張絅。字美中，江西吉水人。由進士，七年（1528）以僉事任。⑤	

①吕景蒙《嘉靖潁州志·命使》：「袁經。山東清［青］縣（今屬河北）人。進士。任僉事，嘉靖二年至。尋致仕。」李宜春《嘉靖潁州志·秩官·兵備》：「袁經。河間青縣人。弘治乙丑（1505）進士。嘉靖二年任僉事，尋致仕。」《康熙潁州志·職官·明（兵備道）》：「袁經。清［青］縣人。進士。世宗嘉靖二年以僉事任。」《康熙青縣志·選舉·明（進士）》：「袁經。登弘治乙丑科，歷官河南按察司僉事。」

②見本書《宦業傳·補》。

③吕景蒙《嘉靖潁州志·命使》：「周允中。字宗堯，山東金鄉人。貢士。任僉事，嘉靖四年至。會以丁憂去。」李宜春《嘉靖潁州志·秩官·兵備》：「周允中。字宗堯，山東金鄉人。貢士。嘉靖四年以僉事任，尋以憂去。」《康熙潁州志·職官·明（兵備道）》：「周允中。山東金鄉人。貢士。嘉靖四年以僉事任。」《同治金鄉縣志·選舉·明（舉人）》：「（正德丁卯）周允中。陝西參議。」

④見本書《宦業傳·補》。

⑤吕景蒙《嘉靖潁州志·命使》：「張絅。字美中，江西吉水人。進士，任僉事，嘉靖七年至。陞參議。」李宜春《嘉靖潁州志·秩官·兵備》：「張絅。字美中，江西吉水人。嘉靖癸未（1523）進士。七年任僉事，陞參議。」《康熙潁州志·職官·明（兵備道）》：「張絅。字美中，吉水人。進士。嘉靖七年以僉事任。」《乾隆吉水縣志·宦業·明》：「張絅［絅］。字美中，田心人。嘉靖進士。備兵潁州、襄陽，興屯田，殲巨寇，兩地皆立遺愛碑，擢都御史。巡撫河南，按紅蓮妖獄，釋其脅從，裁冗費，甦民困，視爰書每至夜分。嘗曰：『生靈繫吾一念，敢自佚乎？』尋卒。墓在廬陵坊廊鄉。」

续表

嘉靖
李宗樞。陝西富平人。十一年（1532）以僉事任。見《宦業》。
陳洙。字道源，浙江上虞人。由進士，十五（年）（1536）以僉事任。①
孔天胤。山西汾陽人。十五年（1536）以僉事任。見《宦業》。
林雲同。福建蒲［莆］田人。十七年（1538）以僉事任。見《宦業》。
蘇志皋。順天固安人。十九年（1540）以僉事任。見《宦業》。
顧翀。浙江慈谿人。二十二年（1543）以僉事任。見《宦業》。
許天倫。字汝明，山西代州（人）。由進士，二十四年（1545）以僉事任。②
程時思。字以學，江西浮梁人。由進士，念［廿］八（1549）年以僉事任。③

①呂景蒙《嘉靖潁州志·命使》：「陳洙。字道源，浙江上虞人。進士。任僉事，嘉靖十五年春至。夏五月，以丁外艱去。」李宜春《嘉靖潁州志·秩官·兵備》：「陳洙。字道源，浙江上虞人。嘉靖己丑（1529）進士。十五年春，任僉事。夏五月，丁外艱去。」《康熙潁州志·職官·明（兵備道）》：「陳洙。字道源，上虞人。進士。嘉靖十五年以僉事任。」《康熙上虞縣志·人物志·鄉賢》：「陳洙。字道源。嘉靖己丑進士。初選即授南臺御史，由臺中出爲江西按察司僉事，赫著風譽。旋歷藩臬，遂拜開府，巡撫應天、江西等處。未幾，晉陟南京兵部右侍郎。蓋一歲而三遷，可謂宦達矣！適倭寇薄留都，遣將禦，弗克，科道交章論大司馬張時徹，波及洙，與張皆罷。是時，洙尚未任，罷非其罪也。洙内精密而外寬和，居鄉雍雍有禮，憙接賢士大夫。至其篤與昆弟，視猶子如子，逮其支庶，亦必卵翼而周護之。親親之恩，有足多焉。」

②李宜春《嘉靖潁州志·秩官·兵備》：「許天倫。字汝明，山西代州人。嘉靖乙未（1535）進士。二十四年由兵科給事中任僉事。」《康熙潁州志·職官·明（兵備道）》：「許天倫。字汝明，代州（今山西代縣）人。進士。嘉靖二十四年以僉事任。」《光緒代州志·選舉表·嘉靖》：「許天倫。十四年乙未科。歷任參政。」

③《康熙潁州志·職官·明（兵備道）》：「程時思。字以學，浮梁（今屬江西）人，進士。嘉靖二十八年以僉事任。」《雍正江西通志·選舉·明》：「嘉靖十七年戊戌（1538）茅瓚榜……程時思。浮梁人。廣西、貴州參議。」

续　表

嘉靖	朱舜民。字虞甫，山東齊東人。進士，三十二年（1553）以僉事任。① 許嶽。字子峻，浙江錢塘人。由進士，三十五年（1556）以僉事任。② 徐惟賢。字師聖，浙江上虞人。由進士，三十六年（1557）以僉事任。③ 黄元恭。浙江鄞縣人。由進士，三十七年（1558）以僉事任。④	

①《康熙潁州志·職官·明（兵備道）》：「朱舜民。字虞甫，齊東（今山東博平）人。進士。嘉靖三十二年以僉事任。」《康熙新修齊東縣志·選舉表·明》：「朱舜民。字虞甫。登辛丑（1541）沈坤榜進士，任直隸吳江知縣。歷任刑部郎、應天兵備副使、江西按察使，祀鄉賢。有傳。」按，該書《人物志》未見朱舜民傳記。

②《康熙潁州志·職官·明（兵備道）》：「許嶽。字子峻，錢塘（今浙江杭州）人。進士。嘉靖三十五年以僉事任。」《萬曆錢塘縣志·紀士·進士》：「（嘉靖）二十九年庚戌（1150）科唐汝楫榜（二人）：許嶽，廣東副使，備兵潁上。時倭犯維揚，赴援，全活千萬人。以忤權相謫，歷丞，守數郡，皆有德政。家居，讀書課子，不做越分事……」《康熙錢塘縣志·名臣·明》：「許嶽。字子峻。登嘉靖庚戌科進士第。釋褐工部主事，歷郎中，出理九江，蘆政一清。擢河南按察司僉事，備兵潁上……轉荆州，調德安同知，補廣西柳州……移梧州，陞廣東按察司副使……嶽既歸，築室西泠之側，日嘯咏其中。大吏造請至門，不見亦不報。卒年七十有一。所著有《朱陸同源》《道德解》《蒙莊巵言》若干卷。」

③徐惟賢，一作「徐維賢」。《康熙潁州志·職官·明（兵備道）》：「徐惟賢。字師聖，上虞（今屬浙江）人。進士。三十六年以僉事任。」《康熙上虞縣志·選舉·進士》：「嘉靖二十三年（1544）秦鳴雷榜……徐維賢，參政，有傳。」然該書《人物志》缺毁嚴重，未見其傳。《光緒上虞縣志·人物》：「徐惟賢。字師聖。少授［受］《易》於族祖子俊（張瀚撰《墓志銘》），嘉靖甲辰登進士。任工部主事，監沽頭閘，設義倉，建鄉學，皆有司所不及者（《萬曆志》）。時妖寇紅羅亂，將及沽。惟賢募義兵備之，寇聞遁去（趙錦撰《傳》）。轉刑部員外郎，遷四川按察司僉事。丁憂，服闋，補河南，鎮潁上。值倭夷劫掠，移駐盱眙，裁防禦事宜甚備，擢湖廣參議……」

④《康熙潁州志·職官·明（兵備道）》：「黄元恭。鄞縣（今浙江寧波）人。進士。嘉靖三十七年以僉事任。」《乾隆鄞縣志·人物·明》：「黄元恭。字資禮，宗明從子。父宗欽，嘗爲合肥丞，出人冤獄。人以金謝，不受，其人即以所却金造舟濟人，以表其德。元恭登嘉靖二十六年（1547）進士，授工部營繕司主事……嚴嵩方擅命，元恭疏其罪，乞早竄僇，以謝天下。疏已入銀臺矣，尚書文明愛其才，密從司理取其疏毁之。然嵩已微聞，遂謫漳州，稍遷南兵部郎，出爲河南兵備，復以忤撫軍李遂罷歸。」

续表

嘉靖	胡湧。江西星子縣人。由進士，三十七年（1558）以僉事任。① 王學謨。字子錫［揚］，陝西朝邑縣人。由進士，四十一年（1562）以僉事任。見《宦業》。 張佳胤。字肖甫，四川銅梁人。由進士，四十三年（1564）以僉事任。② 段錦。字美中，山東恩縣人。由進士，四十四年（1565）以僉事任。③	

①《康熙潁州志·職官·明（兵備道）》：「胡湧。星子（今江西廬山）人。進士。嘉靖三十七年以僉事任。」《雍正江西通志·選舉·明》：「嘉靖三十二年癸丑（1553）陳謹榜……胡湧。星子人。」

②見本書《宦業傳·補》。

③《康熙潁州志·職官·明（兵備道）》：「段錦。字美中，恩縣（今山東平原縣一帶）人。進士。嘉靖四十四年以僉事任。」《雍正畿輔通志·名宦·大名府》：「段錦。恩縣人。進士。嘉靖間，以監察御史謫大名令。丰采凝重，政敦大體。議小灘商税以濟支費，民賴以蘇。凡經過使客，聞其名，俱迂途去，不敢入擾。」《宣統恩縣志·選舉·進士》：「嘉靖二十六年丁未（1547）科：段錦。任山西壺關縣知縣，選陝西道御史，謫深州判官，陞大名知縣、保定府同知，復除蘇州府，陞河南僉事，至陝西布政司參議。丰采凝重，正氣逼人。在大名，政敦大體，吏事明作。勸學興禮，盜賊遠遁。有傳，見《宦業》。」按，該書《人物志·宦業》所列段錦傳記與前引《雍正畿輔通志》同。

续表

隆慶	劉得寬。字幼平，山西安邑人。由進士，元年（1567）以僉事任。① 馬豸。字伯直，山西大同人。由貢士，四年（1570）以僉事任。見《宦業》。 隨府。字子修，山東魯［魚］台人。由進士，五年（1571）以僉事任。② 陳治典。字維甫，山東東平州人。由貢士，六年（1572）以僉事任。③	

①《康熙潁州志·職官·明（兵備道）》：「劉得寬。字幼平，安邑（今山西運城）人。進士。穆宗隆慶元年以僉事任。」《乾隆解州安邑縣志·選舉·進士（明）》：「嘉靖三十二年癸丑（1553）科陳瑾榜：劉得寬。河南僉事。詳《人物》。」同書《人物·明》：「劉得寬。運庠生，進士。官至河南僉事。磊落豪爽，誓不苟取。詳《運志》。」《乾隆解州安邑縣運城志·人物·明》：「劉得寬。性豪爽。嘉靖癸丑進士。歷官河南道。初筮仕時，焚香告天，誓不苟取。宦成而歸，囊無餘資。」《乾隆重修伊陽縣志·職官·明》：「劉得寬。安邑人，中鄉榜。嘉靖三十七年（1558）任伊陽縣令，催科有方。將歷年派徵應完銀米若干曉示通衢，里民共悉，各上憲並加嘉奖。邑人輯其考語及告示勒諸石，且爲之立祠。」

②《萬曆兗州府志·人物部·科甲表·（魚臺）進士》：「（嘉靖四十四年）隨府。」《康熙潁州志·職官·明（兵備道）》：「隨府。字子修，魚台人。進士。隆慶五年以僉事任。」《光緒魚臺縣志·明選舉表·進士》：「隨府。嘉靖乙丑（1565）。官山西副使。附傳。」然該書《人物志》未見其傳。

③《康熙潁州志·職官·明（兵備道）》：「陳治典。字維甫，山東東平州（今東平縣）人。由貢士，六年以僉事任。」《光緒贛榆縣志·官師下·官師傳》：「陳治典。山東東平州人。由舉人，知贛榆縣。招撫流移，省刑簡訟，禁胥役之擾。祀名宦。」

续表

萬曆	
聶廷璧。字祇雍。見《宦業》。 朱東光。字元曦，江西臨川人。由進士，四年（1576）以參議任。① 唐鍊。武陵人。由進士，八年（1580）以副使任。②	陳永直。山西蒲州人。由舉人。見《宦業》。 賈良。北直武强人。③

①《康熙潁州志・職官・明（兵備道）》：「朱東光。字元曦，臨川（今屬江西）人。進士。萬曆四年以參議任。」《康熙平陽縣志・治行志・循吏》：「朱東光。臨川人，進士。隆慶三年（1569）知縣。廉而有能，下車三月，百廢具舉。尤留心於學宫本源重地，詳《學校志》。城北自北泮抵章畧舖、城南自江口抵金鄉，沿河一带，道路歳久圮壞，悉捐俸修築，行道便焉。」《康熙江西通志・人物・撫州府（明）》：「朱東光。臨川。隆慶戊辰（1568）進士。初授平陽知縣，有土豪殺人匿屍，數十年不能斷，東光甫下車，即廉得真屍於郊外，民以爲神。擢戸科給事中、廣東參政。致仕歸，修宗譜，建祠宇，置義田，有范文正遺風。」

②《康熙潁州志・職官・明（兵備道）》：「唐鍊。武陵（今湖南常德）人。進士。萬曆八年以副使任。」《乾隆寶坻縣志・人物・名宦》：「唐鍊。字溪南，常德人。進士。於嘉靖中知縣事，殫心利弊，夙夜匪懈。自莊公襗建設城池以來，奄忽百年矣。至是，鍊乃倡衆修濬，增城二尺許，池浚丈有二，廣倍之。建敵樓，易水關以鐵，時人有『保障千年功不泯，父歌莊叟母歌唐』之頌。繼復大新學宫，設義學於四鄉。更力陳百姓疾苦，省里甲，裁驛役。百年積困，爲之一蘇，民甚德之。」《嘉慶常德府志・列傳・明》：「唐鍊。字純之，武陵人。嘉靖壬戌（1562）進士。知寶坻縣，有守城功，擢工部主事，加員外郎，出董吕梁洪。鍊相水勢，豫築鯉魚山缺口，衝激勢漸衰，約減捍防帑金萬餘。以才改御史，出按廣右，建潯江書院，有平土寇功。按應天，彈劾不避權貴。陞副使，備兵潁州。潁地接三省，爲巨盗藪澤。乃縣［懸］賞格開自首之條。時請死者四人，因追其罪，敢充健步，盗起随緝而獲，潁賴以安。調補徐州道兵備副使。以憂歸，不復出，詩酒自樂，清約如寒士。（《舊志》。）」《同治武陵縣志・人物志・仕蹟》同。

③「賈良」，一作「賈亘」。《康熙潁州志・職官・明（捕盗通判）》：「賈良。武强（今屬河北）人。歳貢。」《光緒武强縣志・選舉志・仕籍》：「賈亘。歳貢。陞鳳陽通判。祀鄉賢。」

续表

萬曆	潘頤龍。錢塘人。由進士，十年（1582）以副使任。① 賈如式。武强人。由進士，十年（1582）以副使任。②
	李光前。開州人。由舉人。③

①《康熙潁州志·職官·明（兵備道）》：「潘頤龍。錢塘（今浙江杭州）人。進士。萬曆十年（1582）以副使任。居官嚴明有矩度。」《萬曆錢塘縣志·紀士·進士》：「（嘉靖）四十四年乙丑（1565）科范應期榜（四人）：潘頤龍。河南副使。少有大志，平生不以私干人，人亦不敢干以私。三典名郡，多所興除，一介不苟取。祀鄉賢。」

②《康熙潁州志·職官·明（兵備道）》：「賈如式。武强（今屬河北）人。進士。萬曆十年以副使任。」《道光武强縣新志·選舉志·進士》：「賈如式。隆慶辛未（1571）科。有傳，載《藝文》。」該書《藝文志》所載張星法《賈太僕傳》：「賈太僕名如式，字孝徵，號肖泉。父亘，鳳陽別駕，贈奉政大夫。別駕嘗夢金牛入其室，生公。公天性聰敏，美丰姿。方髫齡，矢口動驚其長老。別駕生子四，最鍾愛公，教公學備嚴。公俱俊逸才，每跌宕自喜，不沾沾爲章句儒，寓目輒有神悟。由是淹貫群書，成一家言。隆慶己巳（1569）膺恩選，明年登賢書，再明年成進士。筮仕長安令，事皆迎刃而解，時頌神明。報最，擢山西道御史。公生平寬和樂易，不立崖岸。及秉憲西臺，則風骨嚴嚴，人不敢干以私。奉命巡九門，巡京通倉，巡山西、江西，所至弊絶風清，豪猾斂蹟。嘗却江西客艘規例四十萬緡，不一染指，且永行革除，勒諸石。又主江西試，所拔皆知名士，稱得人。神宗嘉悦，御書『清慎勤』扁寵賚之。顧恩眷方深，而忌者起。先是，別駕爲武功令，時里書劉某犯科當笞，哀求，終不曲貸。里書忿甚，泣謂其二子曰：『若輩不能讀書賢達以雪此耻，不得爲人子矣。』至是劉氏子果登第，居要職，頗銜公。又適會江陵恬權，凡異己者多排斥，以收威望。公雅不附之，□是以潁州憲副調外用。迨江陵勢平，遷苑馬卿。顧向所謂劉氏則猶在也，公迺引退歸田，縱情詩酒，不復作榮禄想。未幾，朝議大公才徵，起授太僕少卿。公力辭不獲，迺就職，既而歎曰：『人生貴履坦爾，何戀戀一官，時御風浪之舟哉？』竟謝疾歸。歸來囊無長物，蕭然自得。遇里中婚喪孤寡，則殫力佽助之。喜與士大夫遊，下而樵夫豎子，亦每與握手共談笑。或争索公贈句，公援筆揮灑，動成新詞，戛然可聽，迄今鄉井間尚有能歌誦者。卒，年五十七。厥後子孫蕃衍，科第不絶，爲邑望族云。論曰：太史公曰：『怨毒之於人，甚矣哉。』方劉氏啣公時，公引避以歸。劉氏又選所謂《金牌傳奇》扮演江陵，誣公爲江陵倖人。時觀者寃之，獨公囅然喜曰：『於我固無損，而劉氏忿洩矣。』嗟乎，報人而至蠛人之名節，豈不已甚？公則甘之如飴，其斯謂善爲退守者歟？」

③《康熙潁州志·職官·明（捕盜通判）》：「李光前。開州（今河南濮陽）人。舉人。萬曆五年（1577）任。」《萬曆揚州府志·國朝秩官紀·同知》：「李光前。直隸開州人。舉人。萬曆八年（1580）任。」《光緒開州志·選舉志·舉人》「嘉靖戊午（1558）：李光前。揚州府同知。」

续表

萬曆	
李弘道。襄陵人。由進士，十四年（1586）以僉事任。① 楊芳。見《宦業》。 王之猷。新城人。進士。十七年（1589）以副使任。未幾，移駐壽州。②	浦朝柱。山東蓬萊人。官生。③ 李。④ 張天寵。深州人。⑤

①《康熙潁州志·職官·明（兵備道）》：「李弘道。襄陵（今山西襄汾）人。進士。萬曆十四年以僉事任，至二十年（1591）重補。」《雍正山西通志·人物·平陽府》：「李弘道。襄陵人。萬曆丁丑（1577）進士。授南陽知縣，補羅山，民祠祀之。擢兵科給事中，直言忤時，出爲潁州僉事。時年尚壯，掛冠六載。起關西巡道，復推陞關南參議，乞休歸，後陝西御史林時疏薦賚白金二十兩優異之。起潁州兵備，因治水與總河見左，改關南道。歷九月，復告歸。所著有《遵道議》《衞道議》《易補傳》《春秋傳》《周禮解》等書。」

②《康熙潁州志·職官·明（兵備道）》：「王之猷。新城（今山東桓臺）人。進士。萬曆十七年以副使任。未幾，移駐壽州。」《康熙新城縣志·人物志·宦績》：「王之猷。字爾嘉，號栢峯。重光第七子。生偉姿儀，神情開美。父太僕公器重之，從官貴陽。太僕公以平蠻督木卒於王事，奉太淑人扶喪歸，折節爲學。隆慶庚午（1570）舉於鄉，丁丑（1577）舉進士……天子念鳳陽湯沐邑，江淮咽喉重地，值大祲，民群起嘯聚爲盜，擢之猷观察副使，備兵潁壽。議賑、議施粥、議平糶皆有法，民相戒不爲盜……」

③《康熙潁州志·職官·明（捕盜通判）》：「浦朝柱。蓬萊（今屬山東）人。官生。萬曆八年（1580）任。」《萬曆六安州志·職官表·（明）同知》：「浦朝柱。登州人，由恩生。」《乾隆重修泗州志·名宦·明》：「浦朝柱。由本州通判知州事。政尚嚴明，軍民憚服。歲旱，穀價騰湧。公出俸金五百兩，委富民遠販米麥，照本糶與貧民，民甚便之。又爲粥，活人無數。申詳總河，請開河門限淤沙，士民感泣。」《道光重修蓬萊縣志·選舉·文宦》：「浦朝柱。之珠子。字少谷，庠生，以祖宏廕監生。授戶部照磨，陞應天通判，改六安州同知，陞鳳陽通判，泗州、徽州同知。」

④此人失名，疑即「李太和」。《康熙潁州志·職官·明（捕盜通判）》：「李太和。江安（今屬四川）人。恩貢。萬曆七年（1579）任。」

⑤《康熙潁州志·職官·明（捕盜通判）》：「張天寵。深州（今屬河北）人。例貢。」

续表

萬曆	李驥千。招遠縣人。進士。二十二年（1594）任副使。① 詹在泮。常山縣人。進士。二十三年（1595）任副使。② 楊繼光［先］。定興縣人。進士。二十七年（1599）任副使。③ 李維楨。字本寧，京山縣人。進士。二十九年（1601）任參政。④
	張九功。深州人。⑤

①《康熙潁州志·職官·明（兵備道）》：「李驥千。招遠（今屬山東）人。進士。萬曆二十二年以副使任。」《順治招遠縣志·科貢·（明）進士》：「李冀［驥］千。（隆慶）丁卯（1567）舉人，（萬曆）丁丑（1577）進士。授大同推官，陞南戶部郎中，歷鳳陽知府、潁州備兵使。」同書《人物·明》：「李驥千。字伯顧，別號友龍……出守鳳陽。鳳陽時肥蟥爲災，公始至，即禱雨，雨應，復力請蠲田租數十萬，民乃甦，迄今俎豆之。擢潁州備兵使。值大盜嘯聚，公曰：『此潢池弄兵耳，勝之不武。我當樽俎弭之。』居無何，竟縛致其渠率，餘悉解散……」

②《康熙潁州志·職官·明（兵備道）》：「詹在泮。常山（今屬浙江）人。進士。萬曆二十二［三］年任副使。」《康熙衢州府志·宦蹟》：「詹在泮字獻功，號定齋。少嗜學，萬曆癸未（1583）進士。授工部營繕司主事，勑修行宫，以廉幹稱。丁外艱，起復。壬辰（1592），分較禮闈。陞山西布政司參政，分衛軍爲五班。霍、絳二州有大姓横恣，府縣莫能擒制，思虞治之，後不爲惡。仕至山東按察使。（《縣志》）」《雍正常山縣志·人物志·賢哲》：「詹在泮。字獻功，號定齋。少嗜學，萬曆癸未進士。授工部營繕司主事，勑修行宫，以廉幹稱。丁外艱，起復。壬辰，分較禮闈，所取皆知名士。陞郎中，提督兩河河道，以漕運功陞俸一級。轉河南副使，備兵潁川，擒巨盜。主江北鄉試，陞蘇松巡道，改汝南。條上練兵十議，遷江西左參政。陞廣東按察使致仕，歸。已祀鄉賢。」

③《康熙潁州志·職官·明（兵備道）》：「楊繼先。定興縣人。進士。萬曆二十七年以副使任。」《光緒定興縣志·選舉·進士》：「萬曆十四年丙戌（1586）：楊繼先。仕至陝西神木道副使。」

④見本書《宦業傳·補》。

⑤《康熙潁州志·職官·明（捕盜通判）》：「張九功。深州（今屬河北）人。例貢。」

萬曆	劉如寵。蘄州人。進士。三十年（1602）任副使。① 歐陽東鳳。字千仞，潛江縣人。進士。三十二年（1604）任副使。② 臧爾勸。諸城人。進士。三十四年（1606）任參政，陞浙江按察使。③	趙宗禹。高陵舉人。④

①《康熙潁州志·職官·明（兵備道）》：「劉如寵。蘄州（今湖北黄岡）人。進士。萬曆三十年以副使任。」《光緒蘄州志·選舉表·進士》：「萬曆八年庚辰（1580）科張懋修榜：劉如寵。按察司副使。」

②《明史》卷二百三十一有傳，然未言其在潁事。《康熙潁州志·職官·明（兵備道）》：「歐陽東鳳。字千仞，潛江（今屬湖北）人。進士。萬曆三十二年以副使任。」《康熙常州府志·名宦·明》：「歐陽東鳳。字千忍［仞］，晉江（今屬福建）人。萬曆乙［己］丑（1589）進士。清勁拔俗，翛然埃溘之外。下車即闢龍城書院，以祀郡之先賢。建傳是堂於前，經正堂於左，集群賢以明道。」《東林列傳》卷二十一：「歐陽東鳳，字千仞。湖廣潛江人。萬曆己丑進士。官戶部，出爲常州太守。政績懋著，爲有明三百年來循良第一……擢潁上備兵，勤勞稱職。數載，致政歸，朝命再辟，堅卧不起……」《光緒潛江縣志·人物志·明》：「歐陽東鳳。字千仞，號宜諸。十四而孤。母許卧病彌年，晨夕侍湯藥，有唾血，跪前食之，籲天而泣，祈以身代。居母喪，服未闋，三日不與縣試，後卒以補童子遺，郡伯、學使俱拔第一。即以是年萬曆乙酉（1585）舉孝廉，己丑成進士……備兵穎［潁］上，勤簡練，禁包折，清遞驛，墨吏望風解綬。幡戟所至，風霜蕭然。」

③《康熙潁州志·職官·明（兵備道）》：「臧爾勸。字石間，諸城（今屬山東）人。進士。萬曆三十四年以參政任。」《康熙山東通志·選舉·明（進士）》：「（萬曆）壬辰（1592）科……臧爾勸。諸城人。仕至侍郎。」《乾隆諸城縣志·列傳·明》：「爾勸字仲升，萬曆二十年進士。授戶部山西司主事，陞兵部車駕、禮部主客主事，署儀制員外郎中，擢陝西潼關兵備副使，改提學副使。時年甫二十餘，持重不輕假，所取士多登顯秩，秦人稱『水鏡』。轉右參政，歷河南潁州兵備右參政，浙江、湖廣按察使，遷河南右布政使，進廣東左布政使。清操甚著，嘗書『此鄉多寶玉，慎勿厭清貧』爲座右銘。特簡右副都御史，巡撫寧夏。時哱拜擾西邊，警急時聞。爾勸激勵將士，鼓以忠義，設伏賀蘭山陽，示弱引之深入，礮聲一振，伏弩雲集，哱氏敗遁，斬首數百級。捷聞，璽書褒嘉，召拜兵部侍郎。無何，以尚書推命未下，忽告病歸。日照焦竑稱其急流勇退，且自喜知人，爾勸會試出竑門也。家居三年，年六十四，卒。贈兵部尚書，祭葬如制。無子，以弟爾令子允德嗣。」

④《康熙潁州志·職官·明（捕盜通判）》：「趙宗禹。高陵（今陝西西安市高陵區）人。舉人。」《雍正陝西通志·選舉·舉人》：「萬曆十六年戊子（1588）科……趙宗禹（高陵人）。」《光緒高陵縣志·科貢閑傳·舉人》：「（萬曆）戊子科二人……趙宗玉，《通志》作『趙宗禹』。」

续表

萬曆	朱錦。字文弢，餘姚縣人。進士。三十五年（1607）任副使。①
	徐麟。浙江上虞舉人。②
	郭蒙吉。河南新鄉人。③

①《康熙潁州志・職官・明（兵備道）》：「朱錦。字文弢，餘姚縣（今屬浙江）人。進士。萬曆三十五年以副使任。」《光緒餘姚縣志・列傳・明》：「朱錦。字文弢，號怒銘……錦登萬曆二十年（1592）進士。知金溪，執法不阿，創八限法，公私便之。治盜有神署，能陰得其主名，嘗親入賊穴，縛渠魁金瓜精等十八人，境内夜不閉戶。遷車駕司主事，陞員外郎。抗疏停花木綱，歲省金錢二十餘萬。陞禮部精膳司主事，擢知揚州府。維揚天下衝，貴遊如織。故事饒餽皆鹺商代辦，得太守尺刺以爲榮，錦悉罷之。儀徵少年張虎浪以僞號相署，令某倉皇上變，當道議用勦。錦挺身潛往，盡收之。秩满，遷河南按察司副使，備兵潁上，多所建明。會御史某疏齕首垣，語侵錦，遽拂衣歸。著有《字學集要》《今古紆籌》《君臣當機錄》《四六類函》《千歲考》。」

②《康熙潁州志・職官・明（捕盜通判）》：「徐麟。上虞（今屬浙江紹興）人。舉人。」《康熙上虞縣志・選舉・鄉舉》：「徐鄰。同知。」當即其人。《光緒上虞縣志・人物・明》：「徐鄰。字德徵，登萬曆壬午（1582）鄉薦。徐氏《詩》《書》《易》《禮》代多聞人，獨無業《麟經》者。族父學詩（舊作『伯祖』，誤）擇宗人之俊者授之，每撫鄰頂曰：『成吾志者，爾也。』至是，果以《麟經》舉。謁選，得徐州。適歲饑，發倉煮糜，所全活十餘萬人。稅璫陳增作威福，鄰抗不爲禮，悉裁供役，且惕以禍福，璫氣奪走。遷鳳陽通判，盜相戒出境。直指賢之，陞保寧府同知。致仕歸，卒年八十三。」

③《康熙潁州志・職官・明（捕盜通判）》：「郭蒙吉。新鄉（今屬河南）人。歲貢。」《乾隆新鄉縣志・人物傳・明》：「郭蒙吉。字子正。敦孝弟，工詩書，非義不言動。由歲貢，授臨清州同知。明決廉正，遇事迎刃立解。戢盜發覆，鋤奸息暴，人畏之若神。前吏有例金千兩，悉行裁革。時稅監馬堂、陳增恣虐一方，無敢攖其鋒。一私販者，求稅監以私囑蒙吉，蒙吉曰：『稅監職課有司，執法何干耶？』有米販暴死，齒碎，棄屍河干，逮死者數十人。蒙吉視伊弟猙獰而所衣可異，詰之，曰：『此兄衫也。』衫新澣，映日有血痕，佯謂曰：『汝約醉汝兄而繫殺之，猶呼，碎其齒，汝爲負出，汝復何辭？』立斃杖下，人歎爲神明。（見《王會新編》。）攝武城范縣，人以善政紀石焉。陞鳳陽府通判，一如其治臨清，聲望益著。臺司有大疑獄，必咨決焉。署府篆，正己率屬，公庭肅然。積羡金數百，悉置學田。嘗語人曰：『不貪財、不愛官、不惜命，但知上有天、中有法、下有民耳。』士民爲之謠曰：『郭公臨潁，士貴民安。祈天永年，百祿是全。郭公臨潁，民安士貴。祈天永歲，百祿不匱。』其得人心如此。秩满，勅命爲承德郎，臨清、鳳陽並祀名宦。尋擢蘇州府同知，進階奉政大夫，飄然歸里。竭力養母，卹族撫孤，葬師贖女，諸義舉不可勝書。嘗自署座右云：『無一事不可對人言，庶其然矣；無一念不可告天知，吾尚勉之。』著有詩文若干卷，人傳誦焉。祀鄉賢。」

萬曆		
	董元學。字欽軒，浥［歷］城人。進士。三十五年（1607）任副使。① 梁有年。字惺田，順德人。進士。三十九年（1611）任參政。② 趙彦。字明宇，膚施人。進士。四十年（1612）任參政。③	霍錢。山西馬邑人。④ 周官。⑤ 詹茂舉。⑥ 劉明才。⑦

①《康熙潁州志·職官·明（兵備道）》：「董元學。字欽軒，浥［歷］城（今屬山東）人。進士。萬曆三十五年以副使任。」《康熙山東通志·選舉·明（進士）》：「萬曆庚辰（1580）科：董元學。歷城人，仕至布政。」《乾隆歷城縣志·選舉表·明（進士）》：「萬曆八年庚辰：董元學。策孫。殿試三甲第二十七名，仕至陝西布政使。見《列傳·附録》。」然該書《列傳》未見其傳。《道光濟南府志·人物·明（歷城）》：「董元學。歷城人，萬曆庚辰進士。陝西布政。爲人醇謹，寡交遊，亦篤行君子也。」

②《康熙潁州志·職官·明（兵備道）》：「梁有年。字惺田，順德（今屬廣東）人。進士。萬曆三十九年以參政任。」《康熙順德縣志·選舉·明（進士）》：「萬曆乙未（1595）：梁有年。歷官庶吉士、刑科給事中、浙江右布政使。」同書《人物傳·德業》：「梁有年。字書之，古朗人。生而聰敏强記，十四補弟子員，甲午選貢（1594）。北監肄業，中式順天鄉試，聯捷進士……庚戌（1610）夏，河南按察使，備兵潁川。八月，補湖廣按察使。明年，遷浙江右布政。丁外艱，歸，三載而卒。」

③《明史》卷二百五十七有傳，然未言其在潁事。《康熙潁州志·職官·明（兵備道）》：「趙彦。字明宇，膚施（今陝西延安）人。進士。萬曆四十年以參政任。」《嘉慶延安府志·名人·膚施縣》：「趙彦。仕之孫，萬曆癸未（1583）進士。歷官都御史，巡撫山東。平妖賊徐宏儒有功，進兵部尚書，加太子太保。崇正［禎］間歲荒，輸粟賑貧，活人甚衆。彦爲人沉敏有智畧，臨大事屹然如山。所著有《籌邊畧》，今燬。」

④《康熙潁州志·職官·明（捕盗通判）》：「霍錢。馬邑（今山西朔州）人。選貢。萬曆三十三年（1554）任。」《民國馬邑縣志·人物志·明》：「霍錢。南峯公次子，以副榜拔貢。除鳳陽別駕，遷知涇州。尋擢臨洮郡丞，於公署屏上題云『開簾歸乳燕，穴牖放癡蟲。爲鼠留餘米，因蛾不點燈』之句，所至以潔己奉公稱。年甫五十，值逆璫扇禍，中原騷動，遂掛冠歸。急流勇退，人景林下高風焉。」

⑤《康熙潁州志·職官·明（捕盗通判）》僅存其名。

⑥《康熙潁州志·職官·明（捕盗通判）》僅存其名。

⑦《康熙潁州志·職官·明（捕盗通判）》僅存其名。

续表

萬曆	陸夢祖。字瑞庭，浙江人。進士。四十二年（1614）任參政。① 賈之鳳。字鳴還［袁］，陽城人。進士。四十四年（1616）任參政。② 饒景暐。字業明，進賢人。進士。四十七年（1619）任參政。③
	林朝錦。漳浦官生。④ 姚若時。鞏縣人。舉人。⑤ 徐嘉綬。福建將樂人。貢（生）。⑥

①《康熙潁州志·職官·明（兵備道）》：「陸夢祖。字瑞庭，浙江人。進士。萬曆四十二年以參政任。」《康熙會稽縣志·人物志·列傳後》：「陸夢祖。號瑞庭，萬曆戊戌（1598）進士。初令崇宜，調繁丹徒，有惠政。時有楊少宰養病金山，候起居者冠蓋塡江上。丹徒與金山咫尺，夢祖若弗聞。及少宰入都，昌言曰：『狂瀾砥柱，其唯陸某乎？激礪廉耻，非斯人其誰與？』歸，薦拜御史，出按八閩。特疏劾中貴高保罪惡，置之法。雖調護者甚力，勿聽也。歷官南京兆。時魏璫怙權驕横，毅然曰：『吾寧能結好閹竪苟貪富貴乎？』遂解組歸。享年九十卒。」

②《康熙潁州志·職官·明（兵備道）》：「賈之鳳。字鳴遠，陽城（今屬山西）人。進士。萬曆四十四年以參政任。」《雍正山西通志·孝義·澤州府》：「賈之鳳。字儀虞，陽城進士。初任正定推官。父令定陶，寢疾。之鳳棄官，晝夜馳七百里，相見永訣。歷官酒泉按察使。弟之龍，亦有孝友聲。」《乾隆陽城縣志·選舉·（明）進士》：「萬曆戊戌（1598）：賈之鳳。陝西按察使。見《人物》。」同書《人物·明》：「賈之鳳。字儀虞，登進士。初仕真定府推官，持法明允，多所平反。父寢疾，棄官，晝夜馳七百里歸，相見永訣，人以爲孝感。遷工部主事，歷禮部郎中。提調庚戌會場，病掌故缺畧，著《膳司志要》。擢潁川副使，鉏姦飭法，修芍陂，賑饑民，所全活以數萬計，淮以北尸而祝焉。舉卓異第一，參政天津。再舉卓異，監薊水密軍，尋陞酒泉按察使。卒於官，西人至今思之。」

③《康熙潁州志·職官·明（兵備道）》：「饒景暐。字業明，進賢（今屬江西）人。進士。萬曆四十七年以參政任。」《康熙江西通志·選舉·（明）進士》：「萬曆乙未（1595）科朱之蕃榜……饒景暐。進賢人。官太僕寺卿。」

④《康熙潁州志·職官·明（捕盜通判）》：「林朝錦。漳浦（今屬福建）人。官生。」《康熙漳浦縣志·選舉志·任子》：「林朝錦。通政使梓孫。以祖蔭授鳳陽府同知。」

⑤《康熙潁州志·職官·明（捕盜通判）》：「姚若時。鞏縣（今屬河南）人。舉人。」《民國鞏縣志·選舉·舉人》：「姚若時。字揆夫，魯莊人。萬曆癸卯（1603）科。任鳳陽府通判。有傳。」同書《人物志·明》：「若時字揆夫，號海虛，居魯莊。明季舉人。任鳳陽通判，分鎮潁州。嘗除鄰盜浪陶子，民賴以寧。丁艱，歸。」

⑥《康熙潁州志·職官·明（捕盜通判）》：「徐嘉綬。將樂（今屬福建）人。選貢。」《乾隆將樂縣志·選舉志·恩拔副貢》：「徐嘉綬。副榜。鳳陽府通判。」

萬曆	魏士前。字華山，景陵人。進士。天啟七［元］年（1621）任僉事。① 吕封齊。字海嶽，鉅野人。進士。四年（1624）任副使。② 焦源溥。字涵一，三原人。進士。六年（1626）任副使。③	張文俊。北直景州人。選貢。④ 趙士寬。山東掖縣人。官生。見《宦業》。

①《康熙潁州志·職官·明（兵備道）》：「魏士前。字華山，景陵（今湖北天門）人。進士。熹宗天啟元年以僉事任。」《康熙安陸府志·宦業·景陵縣》：「魏士前。字瞻之，萬曆庚戌（1610）進士。授蕪湖令，調吳江，遷南戶部主事，備兵潁州。會龍華變起，不數月勘定之。及奸璫開屯江淮、汝陰，所在騷動，公調劑有法，全活數萬人，以忤璫免歸。懷宗初，補冀寧道，平渠賊神一魁等。轉川北道，劾蜀藩御門僭制事，再遷榆林道，尋疏乞休。戊子（1648）卒，年六十五。」《乾隆天門縣志·宦蹟列傳》：「魏士前。字瞻之。由進士，授蕪湖令。調吳江，剔奸除弊，輕徭省刑。遷南祠祭主事，陞潁州兵備。會龍華變起，不數月勘定之。奸璫開屯江淮、汝陰，所在騷動。士前調停豁釋，全活數萬人。晉參議，轉浙江糧儲道，忤璫免歸。崇正［禎］初，補冀寧道。改鎮潞州，平渠賊神一魁等。轉川北道，劾蜀藩御門僭制，再遷榆林道，回籍終養。癸未（1643），起東昌道推屯撫，未任，以艱歸。國朝兩徵，乞骸骨家居。劉恩才等倡亂湖泊，請於制軍，移師殲之，里黨得安。家食自甘，卒年五十五。」

②《康熙潁州志·職官·明（兵備道）》：「吕封齊。字海嶽，鉅野（今屬山東）人。進士。天啟四年以副使任。」《萬曆鉅野縣志·選舉志·皇明進士》：「吕封齊。字孟賚，號海嶽，萬曆甲辰（1604）科。」同書《人物志·國朝》：「吕封齊。字孟賚，楊守勤榜進士。性至孝，篤友誼，不侵然諾。爲古文詞有聲，好《左氏傳》，詩必沈宋、開元，大曆而下不論也。比仕，益自發抒，諸體俱備。接郡邑大吏，語不及私。有所利病，奮髯正色，不信其説不止。詞瓌節瑋，元之後一人而已。以故士論歸之，稱海嶽先生。見任鳳陽府知府。子成勒、成勝，以詩文世其家。」

③《明史·焦源溥傳》：「焦源溥，字涵一，三原（今屬陝西）人。萬曆四十一年（1613）進士。歷知沙河、濬二縣，考最，召爲御史……天啟二年（1622）憂歸。服闋還朝，出按真定諸府，例轉鳳陽兵備副使。時崔文昇出鎮兩淮，欲甘心源溥，遂移疾歸。」《康熙潁州志·職官·明（兵備道）》：「焦源溥。字涵一，三原人。進士。天啟六年以副使任。」

④《康熙潁州志·職官·明（捕盜通判）》：「張文俊。景州（今河北景縣）人。選貢。」《民國景縣志·科名表·明經》：「張文俊。鳳陽府通判。」

续表

萬曆	劉應召。字鳳啣，昌平州人。進士。七年（1627）任副使。① 胡沾恩。字企陽，永年縣人。進士。崇禎元年（1628）任僉事，陞大同巡撫。② 吕道昌。字旭如，江陵縣人。進士。三年（1630）任副使，陞右布政。③ 申爲憲。字于蕃，永年縣人。進士。六年（1633）任參議。④	黃文琦。四川潼川人。貢生。⑤ 李夢麟。⑥ 楊春培。四川華陽人。貢（生）。⑦

①《康熙潁州志·職官·明（兵備道）》：「劉應召。字鳳啣，昌平（今屬北京）人。進士。天啟七年以副使任。」《雍正畿輔通志·選舉·進士》：「萬曆甲辰（1604）科楊守勤榜……劉應召。昌平人，副使。」

②《康熙潁州志·職官·明（兵備道）》：「胡沾恩。字企陽，永年（今屬河北邯鄲）人。進士。懷宗崇禎元年以僉事任。」《雍正畿輔通志·選舉·進士》：「萬曆癸丑（1613）科周延儒榜……胡沾恩。永年人，巡撫。」《光緒永年縣志·人物傳·名臣》：「胡沾恩。字淦［企］陽，萬曆四十一年進士。任河内知縣，調祥符。才情敏練，剖決如流。歷陞兵部郎中，出爲潁州兵備道，破張山賊。以邊才轉寧武參議，晉僉都御史，巡撫大同，屢立戰功。後以屬堡失守，坐遣戍。」

③《康熙潁州志·職官·明（兵備道）》：「吕道昌。字旭如，江陵（今屬湖北）人。進士。崇禎三年以副使任。」

④《康熙潁州志·職官·明（兵備道）》：「申爲憲。字于蕃，永年人。進士。崇禎六年以參議任。」《雍正畿輔通志·選舉·進士》：「天啟壬戌（1622）科文震孟榜……申爲憲。永年人，副使。」《光緒永年縣志·人物傳·名臣》：「申爲憲。天啟二年進士。官中書舍人，擢兵科給事中，出爲潁州道副使，又爲山東副使。崇禎十五年（1642）死，被贈卹。」

⑤《康熙潁州志·職官·明（捕盜通判）》：「黃文琦。潼川（今四川三臺）人。貢士。」

⑥《康熙潁州志·職官·明（捕盜通判）》僅存其名。

⑦《康熙潁州志·職官·明（捕盜通判）》：「楊春培。華陽（今四川雙流）人。貢士。」

萬曆	謝肇玄。字石崍，湘潭人。進士。八年（1635）任參政。民立碑頌之。① 袁楷。字茂林，鳳翔縣人。進士。十年（1637）任參政。② 李一鰲。字虹西，南鄭縣人。進士。十二年（1639）任左布政。③ 張如蕙。字十洲，信陽州人。進士。十五年（1642）任僉事，陞京卿。潁、壽有碑。④	任有鑑。山東平原人。保舉。⑤ 鄧。 馬思文。⑥ 任有鑑。山東平原人，保舉。見《宦業》。

①見本書《宦業傳・補》。

②《康熙潁州志・職官・明（兵備道）》：「袁楷。字茂林，鳳翔（今屬陝西）人。進士。崇禎十年以參政任。」《雍正陝西通志・選舉・進士》：「天啓五年乙丑（1625）余煌榜……袁楷。鳳翔人，河南參政。」《乾隆鳳翔府志・人物・宦蹟》：「袁楷。鳳翔人。應泰殉難遼城，楷時年十八，痛父冤，徒跣走京師，上遺疏求白，因得賜祭葬蔭謚。天啓乙丑第進士。初任南京禮部主事，陞員外，轉開封知府。廉毅有大畧，郡號繁劇，案若沉積，楷一時並听，剖决無枉，人稱爲照天燭。後累陞四川川東道，未赴，歸。國朝陝西總督孟喬芳屢欲疏薦，以疾辭。」《乾隆鳳翔縣志・人物・宦績》同。

③《康熙潁州志・職官・明（兵備道）》：「李一鰲。字虹西，南鄭（今屬陝西）人。進士。崇禎十二年以左布政任。」《雍正陝西通志・選舉・進士》：「萬曆三十八年庚戌（1610）韓敬榜……李一鰲。南鄭人，河東道。」《乾隆南鄭縣志・人物・孝義》：「李一鰲。《府志》：初喪母，有孝名。萬曆庚戌進士，爲大名令。事父篤孝，父歿，扶柩歸，每過關津，號泣曰：『兒在，父勿憂也。』至家，日夜慟哭。將葬，自舁靈輀。歷官布政使，設親位，日上食，居家亦然。至老孺慕不衰。」

④《康熙潁州志・職官・明（兵備道）》：「張如蕙。字十洲，信陽（今屬河南）人。進士。崇禎十五年以僉事任。潁、壽皆立碑。」《雍正河南通志・選舉・進士》：「（崇禎）甲戌（1634）科劉理順榜……張如蕙。信陽人，僉事。」《乾隆信陽州志・人物・政事》：「張如蕙。字又樹，號十洲。以進士授戶部主事，榷河西務，有清介聲。咨改兵部武選司郎中，掌選事。時吏多牟賄舞文，單寒壅遏。如蕙一依資俸先後，吏不得上下其手。陞江南壽、潁道，寇氛充斥，督兵擒勦，屢著奇績，晉秩太僕寺卿。及掛冠歸，以詩酒自娛，從不問戶外事，鄉里賢之。年六十四卒。」

⑤見本書《宦業傳・補》。

⑥《康熙潁州志・職官・明（捕盜通判）》：「鄧。馬思文。以上皆懷宗崇禎間任。」

明潁州職官歷年表①

	知州	同知	判官	吏目	學正	訓導
洪武	王敬。見《宦業》。 方玉。見《宦業》。 杜暹。見《僑寓》。	李天［添］祐。見《宦業》。	游兆。見《宦業》。			
永樂	吳圭。江西清江人。②		李韶。路［潞］州人。進士。③			

①原書前目録無此條，已據補。

②吕景蒙《嘉靖潁州志・職官表・（明）知州》：「吳圭。江西清江（今江西樟樹）人。貢士。（永樂）三年（1405）任。」李宜春《嘉靖潁州志・秩官・知州》：「吳圭。江西靖［清］江人。貢士。永樂三年任。」《康熙潁州志・職官・明（知州）》：「吳圭。清江人。貢士。成祖永樂三年任。」按，乾隆、同治兩朝所修《清江縣志》均未見其人，疑爲新喻人。《嘉靖臨江府志・選舉・新喻》：「（洪武）十七年（1384）……吳珪。知州。」《康熙江西通志・選舉・（明）舉人》：「（洪武）甲子科……吳圭。新喻人。」

③吕景蒙《嘉靖潁州志・職官表・（明）判官》：「李韶。山西潞州（今山西長治）人。」李宜春《嘉靖潁州志・秩官・判官》：「李韶。山西潞州人。進士。永樂中任，有治事才。」《康熙潁州志・職官・明（判官）》：「李韶。潞州人。進士。成祖永樂間任。」

续表

	知州	同知	判官	吏目	學正	訓導
洪熙			潘守禮。扶溝（人）。①			
宣德			楊暹。②			

①呂景蒙《嘉靖潁州志・職官表・（明）判官》：「潘守禮。河南扶溝人。兵部主事調潁。」李宜春《嘉靖潁州志・秩官・判官》：「潘守禮。河南扶溝人。洪熙間以兵部主事調。」《康熙潁州志・職官・明（判官）》：「潘守禮。扶溝人。仁宗洪熙間任。」

②呂景蒙《嘉靖潁州志・職官表・（明）判官》僅存其名。李宜春《嘉靖潁州志・秩官・判官》：「楊暹。宣德間任。」《康熙潁州志・職官・明（判官）》：「楊暹。宣宗宣德間任。」

续表

	知州	同知	判官	吏目	學正	訓導
正統	王希初。① 孫景名［明］。見《宦業》。 高明。閩人。② 宋徽。③ 張克讓。④	黃亨。江西豐城（人）。⑤	邵建初。⑥ 董梁。保定人。⑦ 黃永忠。巴陵（人）。⑧	劉忠。光州人。⑨ 賈贊。⑩	雷塏。建安人。⑪ 李悅。永嘉人。見《宦業》。	陳俊。杞縣人。⑫ 陳鋐。徐閩［聞］人。⑬ 危安。武平人。⑭

①吕景蒙《嘉靖潁州志·職官表·（明）知州》：「王希初。（正統）元年（1436）任。」李宜春《嘉靖潁州志·秩官·知州》：「王希初。正統元年任。」《康熙潁州志·職官·明（知州）》：「王希初。英宗正統元年任。」《雍正湖廣通志·選舉志·明貢生（洪武）》：「王希初。知州。以上荆門人。」

②吕景蒙《嘉靖潁州志·職官表·（明）知州》：「高明。閩人。」李宜春《嘉靖潁州志·秩官·知州》：「高明。閩人。正統間任。」《康熙潁州志·職官·明（知州）》：「高明。閩縣（今福建閩侯）人。正統五年（1440）任。」

③吕景蒙《嘉靖潁州志·職官表·（明）知州》：「宋徽。（正統）十三年（1448）任。」李宜春《嘉靖潁州志·秩官·知州》：「宋徽。正統十三年任。」《康熙潁州志·職官·明（知州）》同。

④吕景蒙《嘉靖潁州志·職官表·（明）知州》存其名。李宜春《嘉靖潁州志·秩官·知州》：「張克讓。由貢士，正統間任。」《康熙潁州志·職官·明（知州）》：「張克讓。貢士。正統間任。」

⑤《正德潁州志·名宦·本朝》：「黄亨。江西豐城人。由舉人，正統中司知潁州。守官有聲。」吕景蒙《嘉靖潁州志·職官表·（明）同知》：「黄亨。江西豐城人。（正統）五年（1440）任。」李宜春《嘉靖潁州志·秩官·同知》：「黄亨。江西豐城人。貢士。正統中任。守官有聲。」《康熙潁州志·職官·明（同知）》：「黄亨。豐城人。英宗正統五年任。」《道光豐城縣志·科目·（明）文科》：「宣德七年壬子（1432）鄉試……黄亨。槎熫人。潁州同知。」

⑥吕景蒙《嘉靖潁州志·職官表·（明）判官》、李宜春《嘉靖潁州志·秩官·判官》僅存其名。《康熙潁州志·職官·明（判官）》：「邵建初。英宗正統初任。」《嘉靖建寧府志·選舉下·歲貢》：「政和縣儒學……邵建初。州判官。」《乾隆福建通志·明貢生·政和縣學》：「邵建初。州判……俱宣德年間貢。」

⑦吕景蒙《嘉靖潁州志·職官表·（明）判官》：「董梁。保定（今屬河北）人。（正統）四年（1439）任。」李宜春《嘉靖潁州志·秩官·判官》：「董梁。保定人。正統四年任。」《康熙潁州志·職官·明（判官）》同。《弘治保定郡志·國朝科第·束鹿縣（歲貢）》：「董梁。州判。」《康熙束鹿縣志·選舉·貢生》：「（宣德）董梁。知州，判官。」

⑧吕景蒙《嘉靖潁州志·職官表·（明）判官》：「黄永忠。湖廣巴陵（今湖南岳陽）人。（正統）五年（1440）任。」李宜春《嘉靖潁州志·秩官·判官》：「黄永忠。湖廣巴陵人。正統五年任。」《康熙潁州志·職官·明（判官）》：「黄永忠。巴陵人。正統五年任。」

⑨吕景蒙《嘉靖潁州志·職官表·（明）吏目》：「劉忠。河南光州（今河南光山）人。（正統）四年（1439）任。」李宜春《嘉靖潁州志·秩官·吏目》：「劉忠。河南光州人。正統四年任。」《康熙潁州志·職官·明（吏目）》：「劉忠。光州人。英宗正統四年任。」《順治光州志·選舉考·貢士》：「劉忠。潁州吏目。」

⑩吕景蒙《嘉靖潁州志·職官表·（明）吏目》：「賈贊。（正統）十二年（1447）任。」李宜春《嘉靖潁州志·秩官·吏目》：「賈贊。（正統）十一［二］年任。」《康熙潁州志·職官·明（吏目）》：「賈贊。正統十二年任。」

⑪吕景蒙《嘉靖潁州志·職官表·（明）學正》：「雷塏。福建建安（今建甌）人。」李宜春《嘉靖潁州志·秩官·學正》：「雷塏。福建建安人。正統中任。」《康熙潁州志·職官·明（學正）》：「雷塏。建安人。英宗正統間任。」《嘉靖建寧府志·選舉·鄉舉》：「永樂十八年（1420）庚子科……雷塏。《易》。潁川學正。俱建安人。」

⑫呂景蒙《嘉靖穎州志・職官表・（明）學正》：「雷塏。福建建安（今建甌）人。」李宜春《嘉靖穎州志・秩官・學正》：「雷塏。福建建安人。正統中任。」《康熙穎州志・職官・明（學正）》：「雷塏。建安人。英宗正統間任。」《嘉靖建寧府志・選舉・鄉舉》：「永樂十八年（1420）庚子科……雷塏。《易》。潁川［州］學正。俱建安人。」

⑬呂景蒙《嘉靖穎州志・職官表・（明）訓導》：「（正統）陳鉉。廣東徐聞人。」李宜春《嘉靖穎州志・秩官・訓導》同。《康熙穎州志・職官・明（訓導）》：「陳鉉。徐聞人。」《宣統徐聞縣志・選舉志・登仕（明）》：「陳鉉。山西道御史。」同卷《歲貢（明）》所記同。

⑭呂景蒙《嘉靖穎州志・職官表・（明）訓導》：「危安。福建武平人。」李宜春《嘉靖穎州志・秩官・訓導》：「危安。福建武平人。俱正統間任。」《康熙穎州志・職官・明（訓導）》：「危安。武平人。三人俱英宗正統間任。」《弘治八閩通志・選舉・歲貢（汀州府）》：「危安。訓導。」《康熙福建通志・選舉・明貢生》：「武平縣……危安。梁山訓導。」

续表

	知州	同知	判官	吏目	學正	訓導
景泰						蕭進。莒州人。①

①呂景蒙《嘉靖穎州志・職官表・（明）訓導》：「（景泰）蕭進。山東莒州（今莒縣）人。」李宜春《嘉靖穎州志・秩官・訓導》：「蕭進。山東莒州人。景泰間任。」《康熙穎州志・職官・明（訓導）》：「蕭進。莒州人。景泰間任。」

续表

	知州	同知	判官	吏目	學正	訓導
成化	孫景名［明］。① 李溥。直隸長垣人。由進士。修城隍廟，有碑。② 劉質。③ 張夢輔。④	馮奎。⑤ 劉節。見《宦業》。 龔覬。⑥	黃立。⑦ 吳玹。⑧ 李憲。汾州人。⑨ 馬利。臨清人。⑩ 王全。陽曲人。⑪ 廖暉。 曹宗讓。⑫ 錢繡。⑬	劉璡。 董德。 馮文。⑭	張賢。臨海人。見《宦業》。⑮ 孫晟。山東人。⑯ 劉珮。見《宦業》。 應廣平。⑰ 曾大賢。麻城（人）。⑱ 林初。寧德人。⑲	王頤。 張滿。 鮑寵。⑳ 張義。㉑ 常經。㉒

①此處與前文重出。孫景明知潁州時間爲正統六年（1441）。

②吕景蒙《嘉靖潁州志·職官表·（明）知州》：「李溥。直隸長垣（今屬河北）人。（成化）五年（1469）任。」李宜春《嘉靖潁州志·秩官·知州》：「李溥。直隸長垣人。由景泰甲戌（1454）進士，成化五年任。」《康熙潁州志·職官·明（知州）》：「李溥。長垣人。進士。成化五年任。修城隍廟，有碑。」《嘉靖長垣縣志·選舉·進士》：「李溥。字大濟。景泰甲戌科，任潁州知州。」

③吕景蒙《嘉靖潁州志·職官表·（明）知州》存其名。李宜春《嘉靖潁州志·秩官·知州》：「劉質……俱成化中任。」《康熙潁州志·職官·明（知州）》：「劉質。成化間任。」

④吕景蒙《嘉靖潁州志·職官表·（明）知州》存其名。李宜春《嘉靖潁州志·秩官·知州》：「張夢輔。俱成化中任。」《康熙潁州志·職官·明（知州）》：「劉質。成化間任。張夢輔。成化間任。」《明一統志·彰德府·名宦》：「張夢輔。由貢士。初除直隸碭山知縣，秩滿陞知潁州，以憂去。成化十五年（1479）復除知磁州。隨任輒有治績，所在民咸懷之。（《省志》。）」《南畿志·徐州府·宦蹟》：「張夢輔。陝西澄城人。任碭山知縣，爲政剛果。邑鄰□屯多盜，夢輔法禁嚴明，盜爲止息。陞知潁州。」崇禎《碭山縣志·宦蹟》：「張夢輔。政尚廉明，膽畧□□，理□剔蠹，恩威並用。遷潁州知州。」

⑤吕景蒙《嘉靖潁州志·職官表·（明）同知》存其名。李宜春《嘉靖潁州志·秩官·同知》：「馮奎。成化中任。」《康熙潁州志·職官·明（同知）》：「馮奎。憲宗成化初任。」

⑥吕景蒙《嘉靖潁州志·職官表·（明）同知》存其名。李宜春《嘉靖潁州志·秩官·同知》：「龔覬。成化中任。」《康熙潁州志·職官·明（同知）》：「龔覬。成化間任。」

⑦吕景蒙《嘉靖潁州志·職官表·（明）判官》：「（黄立。成化）四年（1468）任。」李宜春《嘉靖潁州志·秩官·判官》：「黄立。成化四年任。」《康熙潁州志·職官·明（判官）》：「黄立。憲宗成化四年任。」

⑧吕景蒙《嘉靖潁州志·職官表·（明）判官》：「吴玹。（成化）五年（1469）任。」李宜春《嘉靖潁州志·秩官·判官》：「吴玹。成化五年任。」《康熙潁州志·職官·明（判官）》同。

⑨吕景蒙《嘉靖潁州志·職官表·（明）判官》：「李憲。山西汾州（今汾陽）人。」李宜春《嘉靖潁州志·秩官·判官》同。《康熙潁州志·職官·明（判官）》：「李憲。汾州人。」

⑩吕景蒙《嘉靖潁州志·職官表·（明）判官》：「馬利。臨清（今屬山東）人。」李宜春《嘉靖潁州志·秩官·判官》《康熙潁州志·職官·明（判官）》同。《民國臨清縣志·選舉·明例貢表》：「（天順）馬利。州同知。」

⑪吕景蒙《嘉靖潁州志·職官表·（明）判官》：「王全。山西陽曲人。」李宜春《嘉靖潁州志·秩官·判官》同。《康熙潁州志·職官·明（判官）》：「王全。陽曲人。」

⑫吕景蒙《嘉靖潁州志·職官表·（明）判官》：「廖暉。曹宗讓。」李宜春《嘉靖潁州志·秩官·判官》：「廖暉。曹宗讓。俱成化間任。」《康熙潁州志·職官·明（判官）》：「廖暉。曹宗讓。」

⑬吕景蒙《嘉靖潁州志·職官表·（明）判官》：「錢繡。浙江人。」李宜春《嘉靖潁州志·秩官·判官》《康熙潁州志·職官·明（判官）》同。

⑭吕景蒙《嘉靖潁州志·職官表·（明）吏目》：「劉璡。董德。馮文。」李宜春《嘉靖潁州志·秩官·吏目》：「劉璡。董德。藍。（逸其名。）馮文。俱成化間任。」《康熙潁州志·職官·明（吏目）》：「劉璡。董德。馮文。三人俱憲宗成化間任。」

⑮本書《名宦傳》未見其人。《正德潁州志·名宦·明》：「張賢。浙江人。由舉人，任學正。教士多成，文風大振。」吕景蒙《嘉靖潁州志·職官表·（明）學正》：「張賢，傳見《名宦》。」然該書相關部分已缺失。李宜春《嘉靖潁州志·秩官·學正》：「張賢。浙江臨海人。見《宦業》。」同書《名宦·明宦業》：「張賢。浙江臨海人。成化四年（1468）任學正。嚴立課程，勤於講訓，士多所成就。」《康熙潁州志·名宦·明》：「張賢。臨海人。成化四年任學正。嚴課程，勤講訓，諸生多所造就，文風爲之益振焉。」《康熙臨海縣志·選舉志·舉人（明）》：「成化四年戊子科……張賢。字時用。任潁州學正，轉國子學錄。」

⑯吕景蒙《嘉靖潁州志·職官表·（明）學正》：「孫晟。山東人。」李宜春《嘉靖潁州志·秩官·學正》《康熙潁州志·職官·明（學正）》同。

⑰吕景蒙《嘉靖潁州志·職官表·（明）學正》、李宜春《嘉靖潁州志·秩官·學正》《康熙潁州志·職官·明（學正）》僅存其名。

⑱吕景蒙《嘉靖潁州志·職官表·（明）學正》：「曾大賢。麻城（今屬湖北）人。」李宜春《嘉靖潁州志·秩官·學正》：「曾大賢。麻城人。俱成化間任。」《康熙潁州志·職官·明（學正）》：「曾大賢。麻城人。五人俱憲宗成化間任。」《民國麻城縣志前編·選舉·（明）舉人》：「成化十年甲午（1474）……曾大賢。學正。」

⑲吕景蒙《嘉靖潁州志·職官表·（明）學正》：「林初。福建寧德人。（弘治）十三年（1500）任。」李宜春《嘉靖潁州志·秩官·學正》：「林初。福建寧德人。弘治十三年任。」《康熙潁州志·職官·明（學正）》：「林初。寧德人。孝宗弘治十三年任。」《雍正福建通志·選舉·（明）舉人》：「成化十六年庚子（1480）……寧德縣林初。潁州學正。」《乾隆寧德縣志·選舉·舉人》：「林初。成化十六年庚子科。字惟赴，七都人。官邳州學正，改潁州，典順□文衡。」

⑳吕景蒙《嘉靖潁州志·職官表·（明）訓導》：「王頤。張滿。鮑寵。」李宜春《嘉靖潁州志·秩官·訓導》：「王頤。張滿。鮑寵。俱成化間任。」《康熙潁州志·職官·明（訓導）》：「王頤。張滿。鮑寵。三人俱憲宗成化間任。」

㉑吕景蒙《嘉靖潁州志·職官表·（明）訓導》：「張義。（成化）二十二年（1486）任。」李宜春《嘉靖潁州志·秩官·訓導》：「張義。（成化）二十二年任。」《康熙潁州志·職官·明（訓導）》：「張義。成化十年（1474）任。」

㉒吕景蒙《嘉靖潁州志·職官表·（明）訓導》存其名。李宜春《嘉靖潁州志·秩官·訓導》：「常經。成化末任。」《康熙潁州志·職官·明（訓導）》：「常經。成化間任。」

續表

	弘治
知州	劉讓。見《宦業》。 劉林。廣東人。① 丁瑄。岢嵐人。② 翁文魁。蘭谿進士。③ 張愛。見《宦業》。 陸瓛［琛］。烏程人。④ 崔璽。⑤
同知	吳鸞。⑥ 葉清。蒲［蕭］山縣人。進士。⑦ 蒙永思。⑧ 劉泰。湖廣人。⑨ 徐復禮。⑩
判官	馬景。 雷頤。⑪
吏目	貊廷用。 辜俊。⑫
學正	王渙。臨海人。⑬
訓導	袁紀。⑭ 陳秉。樂清縣人。⑮ 潘進［縉］。武昌人。⑯ 雷時。鄱陽人。⑰ 李仕進。寧縣（人）。⑱

①呂景蒙《嘉靖潁州志·職官表·（明）知州》：「劉林。廣東人。」李宜春《嘉靖潁州志·秩官·知州》同。《康熙潁州志·職官·明（知州）》：「劉林。廣東人。弘治間任。」

②吕景蒙《嘉靖潁州志·職官表·（明）知州》：「丁瑄。山西峕嵐人。」李宜春《嘉靖潁州志·秩官·知州》：「丁瑄。山西竒〔峕〕嵐人。俱弘治間任。」《康熙潁州志·職官·明（知州）》：「丁瑄。峕嵐人。弘治間任。」《雍正陝西通志·名宦·令長（明）》：「丁瑄。山西峕嵐人。舉人。弘治間知寶鷄，鞫訊如神，獄無繫囚。公署圮壞，無不營建。後擢知潁州。（《馬志》。）」《乾隆寶鷄縣志·官師·知縣（明）》：「丁瑄。山西峕嵐州舉人。弘治四年（1491）任。鞫訊如神，營建公署。後陞知潁州。」

③「魁」字，一作「奎」。吕景蒙《嘉靖潁州志·職官表·（明）知州》：「翁文奎。浙江蘭谿人。進士。」李宜春《嘉靖潁州志·秩官·知州》：「翁文魁。浙江蘭谿人。由弘治庚戌（1490）進士任。」《康熙潁州志·職官·明（知州）》：「翁文奎。蘭谿人。進士。弘治間任。」《萬曆蘭谿縣志·人物類·進士》：「弘治庚戌錢福榜……翁文魁。字希曾。浮梁知縣，歷潁、鄭二州知州，陞南京刑部員外郎。」

④吕景蒙《嘉靖潁州志·職官表·（明）知州》：「陸。失其名。浙江人。」李宜春《嘉靖潁州志·秩官·知州》：「陸琛。浙江烏程（今湖州）人。弘治間自滁州調任。」《康熙潁州志·職官·明（知州）》：「陸琛。烏程人。弘治間任。」崇禎《烏程縣志·科第·明朝》：「成化庚子（1480）……陸琛。字懷獻。任江西僉事。」

⑤吕景蒙《嘉靖潁州志·職官表·（明）知州》存其名。李宜春《嘉靖潁州志·秩官·知州》：「崔璽。弘治間任。」《康熙潁州志·職官·明（知州）》同。

⑥吕景蒙《嘉靖潁州志·職官表·（明）同知》存其名。李宜春《嘉靖潁州志·秩官·同知》：「吳鸞。弘治初任。」《康熙潁州志·職官·明（同知）》：「吳鸞。孝宗弘治初任。」

⑦吕景蒙《嘉靖潁州志·職官表·（明）同知》：「清。進士。由寺丞左遷。」李宜春《嘉靖潁州志·秩官·同知》：「葉清。浙江蕭山人。成化丁未（1487）進士。弘治間，由寺丞左遷。」《康熙潁州志·職官·明（同知）》：「葉清。蕭山人。進士。」《嘉靖蕭山縣志·選舉志·國朝（進士）》：「成化二十三年丁未費宏榜……葉清。太僕寺丞，左遷潁州同知、通州知州。」

⑧吕景蒙《嘉靖潁州志·職官表·（明）同知》、李宜春《嘉靖潁州志·秩官·同知》《康熙潁州志·職官·明（同知）》俱僅存其名。

⑨吕景蒙《嘉靖潁州志·職官表·（明）同知》：「劉泰。湖廣人。貢士。」李宜春《嘉靖潁州志·秩官·同知》《康熙潁州志·職官·明（同知）》同。

⑩吕景蒙《嘉靖潁州志·職官表·（明）同知》存其名。李宜春《嘉靖潁州志·秩官·同知》：「徐復禮。俱弘治間任。」《康熙潁州志·職官·明（同知）》：「徐復禮。四人俱弘治間任。」《康熙福建通志·選舉·明貢生》：「沙縣學……徐復禮。潁州同知。」

⑪吕景蒙《嘉靖潁州志·職官表·（明）判官》：「馬景。雷頤。廣東人。」李宜春《嘉靖潁州志·秩官·判官》同。《康熙潁州志·職官·明（判官）》：「馬景。雷頤。廣東人。二人俱孝宗弘治間任。」

⑫呂景蒙《嘉靖潁州志・職官表・（明）吏目》僅存二人之名。李宜春《嘉靖潁州志・秩官・吏目》：「貊廷用。辜俊。俱弘治間任。」《康熙潁州志・職官・明（吏目）》：「貊廷用。辜俊。二人俱孝宗弘治間任。」《萬姓統譜・入聲・貊》：「貊廷用。岢嵐人。弘治中任穎［潁］州判官。」

⑬呂景蒙《嘉靖潁州志・職官表・（明）學正》：「王渙。浙江臨海人。（弘治）十七年（1504）任。有學行，一時人才，多所成就。遷池州教授。」李宜春《嘉靖潁州志・秩官・學正》同。《康熙潁州志・職官・明（學正）》：「王渙。臨海人。弘治十七年任。有學行，一時人才，多所成就。」《康熙臨海縣志・選舉志・舉人》：「弘治十七年甲子（1504）科……王渙。字元文。任池州教授。」

⑭呂景蒙《嘉靖潁州志・職官表・（明）訓導》：「袁紀。（弘治）十年（1497）任。」李宜春《嘉靖潁州志・秩官・訓導》：「袁紀。弘治十年任。」《康熙潁州志・職官・明（訓導）》：「袁紀。孝宗弘治十年任。」

⑮呂景蒙《嘉靖潁州志・職官表・（明）訓導》：「陳秉。浙江樂清人。（弘治）十一年（1498）任。」李宜春《嘉靖潁州志・秩官・訓導》同。《康熙潁州志・職官・明（訓導）》：「陳秉。樂清人。弘治十一年任。」《光緒樂清縣志・選舉・（明）貢生》：「（宏［弘］治年）陳秉。訓導。」

⑯呂景蒙《嘉靖潁州志・職官表・（明）訓導》：「潘縉。武昌（今湖北武漢）人。（弘治）十三年（1500）任。」李宜春《嘉靖潁州志・秩官・訓導》同。《康熙潁州志・職官・明（訓導）》：「潘進［縉］。武昌人。」

⑰呂景蒙《嘉靖潁州志・職官表・（明）訓導》：「雷時。江西鄱陽人。（弘治）十五年（1502）任。」李宜春《嘉靖潁州志・秩官・訓導》同。《康熙潁州志・職官・明（訓導）》：「雷時。鄱陽人。弘治十五年任。」《正德饒州府志・科貢・貢士》：「雷時。字時濟，四十九。都人。官潁州訓導。」

⑱呂景蒙《嘉靖潁州志・職官表・（明）訓導》：「（弘治）李仕進。寧縣（今屬甘肅）人。」李宜春《嘉靖潁州志・秩官・訓導》：「李仕進。寧縣人。弘治末任。」《康熙潁州志・職官・明（訓導）》：「李仕進。寧縣人。弘治間任。」

续表

	正德
知州	黄加[嘉]愛。餘姚進士。① 曾翀。祁陽人。② 張鎰。平谷人。③ 劉鳳鳴。襄垣人。④
同知	左崇。江西人。⑤ 趙鼎。山西人。⑥ 宋相。潞州人。⑦ 潘仁。九江人。⑧
判官	官文輝。浙江(人)。⑨ 朱傑。北直隸人。⑩ 周文冕。(高)唐縣(人)。⑪ 王尚忠。河南(人)。⑫ 陳瑾。宣武[武宣]人。⑬
吏目	劉濟。 李矩。⑭
學正	何南。⑮ 劉琮。蒼梧舉人。⑯ 黄椿。羅源人。⑰
訓導	羅襄。江西人。⑱ 劉賓。輝縣人。⑲ 廖冕。四川人。⑳ 胡哲。浙江人。㉑ 孫表。涿州人。㉒ 鬱驤。山東人。㉓ 張思明。新太[泰](人)。㉔ 毛袒。陽武人。㉕ 何琰。淳安人。㉖

①吕景蒙《嘉靖潁州志·職官表·(明)知州》:「黄嘉愛。浙江餘姚人。進士。(正德)三年(1508)任。調欽州,卒於官。」李宜春《嘉靖潁州志·秩官·知州》:「黄嘉愛。浙江餘姚人。正德戊辰進士。是年任。」《康熙潁州志·職官·明(知州)》:「黄嘉愛。餘姚人。進士。武宗

正德三年任。」《光緒餘姚縣志・列傳・明》：「黄嘉愛。字懋仁。正德三年進士。官至欽州守。從王守仁講學，嘗有詩云：『文章自荷逢明主，道學還期覺後人。』其自負如此。」

②吕景蒙《嘉靖潁州志・職官表・（明）知州》：「曾鼐。湖廣祁陽（今屬湖南）人。貢士。遷長史。」李宜春《嘉靖潁州志・秩官・知州》同。《康熙潁州志・職官・明（知州）》：「曾鼐。祁陽人。貢士。正德間任。」《乾隆祁阳縣志・選舉・明舉人》：「成化十六年庚子（1480）科：曾鼐。字叔和，係曾珙之子。以儒士中式。任青神知縣，陞瀘州知州，調潁州，轉涇府長史，晉階朝列大夫。」

③吕景蒙《嘉靖潁州志・職官表・（明）知州》：「張鎰。平谷（今屬北京）人。有才幹，每爲當道褒獎，遷南昌府同知。」李宜春《嘉靖潁州志・秩官・知州》：「張鎰。平谷人。有才幹，每爲當道褒獎。遷同知。」《康熙潁州志・職官・明（知州）》：「張鎰。平谷人。正德間任。有才幹，每爲當道褒獎。」《乾隆畿輔通志・舉人・明》：「宏［弘］治戊午（1498）……張鎰。平谷人。」《民國平谷縣志・选举・（明）举人》：「（弘治）戊午科一人：張鎰。同知鑄之弟。」

④吕景蒙《嘉靖潁州志・職官表・（明）知州》：「（劉鳳鳴。山西襄垣人。」李宜春《嘉靖潁州志・秩官・知州》：「劉鳳鳴。山西襄垣人。俱正德間任。」《康熙潁州志・職官・明（知州）》：「劉鳳鳴。襄垣人。正德間任。」《雍正山西通志・科目・明》：「正德二年丁卯（1507）科鄉試……劉鳳鳴。襄垣人。潔次子。穎［潁］州知州。」《乾隆重修襄垣縣志・選舉・（明）舉人》：「劉鳳鳴。潔次子。正德丁卯。任潁州知州。」

⑤吕景蒙《嘉靖潁州志・職官表・（明）同知》：「左崇。貢士。江西人。」李宜春《嘉靖潁州志・秩官・同知》：「左崇。江西人。貢士。」《康熙潁州志・職官・明（同知）》同。《康熙江西通志・選舉・舉人（明）》：「（弘治）乙卯（1495）科……左崇。安福人。官同知。」

⑥吕景蒙《嘉靖潁州志・職官表・（明）同知》：「趙鼎。山西人。」李宜春《嘉靖潁州志・秩官・同知》《康熙潁州志・職官・明（同知）》同。

⑦吕景蒙《嘉靖潁州志・職官表・（明）同知》：「宋相。山西潞州（今長治）人。」李宜春《嘉靖潁州志・秩官・同知》同。《康熙潁州志・職官・明（同知）》：「宋相。潞州人。」

⑧吕景蒙《嘉靖潁州志・職官表・（明）同知》：「潘仁。江西九江人。」李宜春《嘉靖潁州志・秩官・同知》：「潘仁。江西九江人。俱正德間任。」《康熙潁州志・職官・明（同知）》：「潘仁。九江人。四人俱武宗正德間任。」《嘉靖九江府志・選舉・（明）賓貢》：「潘仁。州同知。」

⑨吕景蒙《嘉靖潁州志・職官表・（明）判官》：「官文輝。浙江人。」李宜春《嘉靖潁州志・秩官・判官》《康熙潁州志・職官・明（判官）》同。

⑩吕景蒙《嘉靖潁州志・職官表・（明）判官》：「朱傑。北直隸（今河北）人。」李宜春《嘉靖潁州志・秩官・判官》同。《康熙潁州志・職官・明（判官）》：「朱傑。北直人。」

⑪吕景蒙《嘉靖潁州志・職官表・（明）判官》：「周文冕。山東高唐人。」李宜春《嘉靖潁州志・秩官・判官》同。《康熙潁州志・職官・明（判官）》：「周文冕。高唐人。」《康熙高唐州志・選舉・薦辟》：「成化……周文冕。潁州判官。」

⑫吕景蒙《嘉靖潁州志・職官表・（明）判官》：「王尚忠。河南（今河南洛陽）人。」李宜春《嘉靖潁州志・秩官・判官》：「王尚忠。河南人。俱正德間任。」《康熙潁州志・職官・明（判官）》：「王尚忠。河南人。四人俱武宗正德間任。」

⑬吕景蒙《嘉靖潁州志・職官表・（明）判官》：「陳瑾。廣西武宣人。（正德）十三年（1518）任。」李宜春《嘉靖潁州志・秩官・判官》同。《康熙潁州志・職官・明（判官）》：「陳瑾。武宣人。正德十三年任。」嘉庆《武宣縣志・選舉・明歲貢》：「陳瑾。任直隸亳州同知。」

⑭吕景蒙《嘉靖潁州志・職官表・（明）吏目》：「劉濟。李矩。山西人。」李宜春《嘉靖潁州志・秩官・吏目》：「劉濟。李矩。山西人。俱正德間任。」《康熙潁州志・職官・明（吏目）》：「劉濟。李矩。山西人。二人俱武宗正德間任。」

⑮吕景蒙《嘉靖潁州志・職官表・（明）學正》：「何南。（正德）八年（1513）任。」李宜春《嘉靖潁州志・秩官・學正》：「何南。正德八年任。」《康熙潁州志・職官・明（學正）》：「何南。武宗正德八年任。」

⑯吕景蒙《嘉靖潁州志・職官表・（明）學正》：「劉琮。廣西蒼梧人。貢士。（正德）九年（1514）任。遷河南府學教授。」李宜春《嘉靖潁州志・秩官・學正》同。《康熙潁州志・職官・明（學正）》：「劉琮。蒼梧（今屬廣西）人。正德九年任。」《乾隆梧州府志・選舉・鄉舉》：「弘治二年己酉（1489）……劉宗。蒼梧人。教諭。」

⑰吕景蒙《嘉靖潁州志・職官表・（明）學正》：「黄椿。羅源（今屬福建）人。（正德）十五年（1520）任。」李宜春《嘉靖潁州志・秩官・學正》：「黄椿。福建羅源人。十五年任。」《康熙潁州志・職官・明（學正）》：「黄椿。羅源人。正德十五年任。」《康熙福建通志・選舉・明貢生》：「羅源縣學……黄椿。潁川［州］學正。」

⑱吕景蒙《嘉靖潁州志・職官表・（明）訓導》：「羅襄。江西人。（正德）六年（1511）任。」李宜春《嘉靖潁州志・秩官・訓導》：「羅襄。江西人。正德六年任。」《康熙潁州志・職官・明（訓導）》：「羅襄。江西人。武宗正德六年任。」

⑲吕景蒙《嘉靖潁州志・職官表・（明）訓導》：「劉賓。河南輝縣人。（正德）七年（1512）任。」李宜春《嘉靖潁州志・秩官・訓導》同。《康熙潁州志・職官・明（訓導）》：「劉賓。輝縣人。正德七年任。」

⑳吕景蒙《嘉靖潁州志・職官表・（明）訓導》：「廖冕。四川人。（正德）七年（1512）任。」李宜春《嘉靖潁州志・秩官・訓導》同。《康熙潁州志・職官・明（訓導）》：「廖冕。四川人。正德七年任。」

㉑吕景蒙《嘉靖潁州志・職官表・（明）訓導》：「（正德）胡哲。浙江人。」李宜春《嘉靖潁州志・秩官・訓導》同。《康熙潁州志・職官・明（訓導）》：「胡哲。浙江人。正德間任。」

㉒吕景蒙《嘉靖潁州志・職官表・（明）訓導》：「孫表。涿州（今屬河北）人。（正德）八年（1513）任。」李宜春《嘉靖潁州志・秩官・訓導》同。《康熙潁州志・職官・明（訓導）》：「孫表。涿州人。正德八年任。」《民國涿縣志・選舉・貢士（明）》：「孫表。官訓導。」此處云「嘉靖間」雖誤，但與《潁州志》所載無疑爲同一人。

㉓吕景蒙《嘉靖潁州志・職官表・（明）訓導》：「鬱驤。山東人。（正德）八年（1513）任。」李宜春《嘉靖潁州志・秩官・訓導》同。《康熙潁州志・職官・明（訓導）》：「鬱驤。山東人。正德八年任。」

㉔吕景蒙《嘉靖潁州志・職官表・（明）訓導》：「（正德）張思明。新泰（今屬山東）人。」李宜春《嘉靖潁州志・秩官・訓導》同。《康熙潁州志・職官・明（訓導）》：「張思明。新泰人。正德間任。」《乾隆新泰縣志・選舉・貢生》：「張思明。官沙河教諭。」

㉕吕景蒙《嘉靖潁州志・職官表・（明）訓導》：「毛袒。陽武（今河南原陽）人。（正德）十六年（1521）任。」李宜春《嘉靖潁州志・秩官・訓導》同。《康熙潁州志・職官・明（訓導）》：「毛袒。陽武人。正德十六年任。」《嘉靖陽武縣志・選舉・貢》：「正德時九人……毛袒。十二年（1517）貢。直隸潁川［州］訓導。」

㉖吕景蒙《嘉靖潁州志・職官表・（明）訓導》：「何琰。浙江淳安人。（正德）十六年（1521）任。」李宜春《嘉靖潁州志・秩官・訓導》同。《康熙潁州志・職官・明（訓導）》：「何琰。淳安人。正德十六年任。」《嘉靖淳安縣志・選舉・歲貢》：「何琰。正德十五年（1520）。仕潁州學訓導。」

续表

	知州	同知	判官	吏目	學正	訓導
嘉靖	周祖堯。見《宦業》。 胡偉。京山進士。①	傳［傅］楫。 應山人。②	鄭俊［駿］。諸 暨人。③	徐富。湖州人。④	廖雲從。見 《宦業》。	熊謙。石首人。⑤

①吕景蒙《嘉靖潁州志・職官表・（明）知州》：「胡偉。湖廣京山（今屬湖北）人。進士。（嘉靖）七年（1528）任。以被論去。」李宜春《嘉靖潁州志・秩官・知州》：「胡偉。湖廣京山人。嘉靖［正德］辛巳（1521）進士。七年任。」《康熙潁州志・職官・明（知州）》：「胡偉。京山人。進士。嘉靖七年任。」《萬曆吉安府志・賢侯傳・永新縣》：「胡偉。字邦奇，京山人。嘉靖元年（1522）知永新縣事。才力强敏，任政堅持靡惑，興學勸農，儲粟賑饑，百廢咸舉。邑歲賦苦虛賠，民以藉輸多流亡。偉疏奏量田更籍，均其賦役。命下，豪右咸稱不便，上官多沮其議，偉力争之，遂定計。分都制籍，因賦著役，不浹歲告成，轉徙者復業。民至今頌思，有肖其像私祀之家者。」《康熙京山縣志・人物志・宦蹟》：「胡偉。字邦奇。正德辛巳進士。授永新縣令。時有例科田，諸郡邑具文書而已。偉獨奉行惟謹，因地定税，因税定徭。於是賦役平均，流亡復業，百姓稱便。在縣六年，遷知潁州。其治頗倣永新，潁人亦愛之。然賦性純恪，不肯媚趨以邀譽。當事者雖知其賢，不甚推引。居二年，謝歸。」

②吕景蒙《嘉靖潁州志・職官表・（明）同知》：「傅楫。湖廣應山（今屬湖北）人。（嘉靖）元年（1522）任。」李宜春《嘉靖潁州志・秩官・同知》：「傅楫。湖廣應山人。嘉靖元年任。」《康熙潁州志・職官・明（同知）》：「傅楫。應山人。世宗嘉靖元年任。」《嘉靖應山縣志・歲貢》：「傅楫。公濟。任陝西行都司斷事，陞潁州同知。」

③其名各家記載不同。吕景蒙《嘉靖潁州志・職官表・（明）判官》：「鄭駿。浙江諸暨人。（嘉靖）元年（1522）任。」李宜春《嘉靖潁州志・秩官・判官》：「鄭俊［駿］。浙江諸暨人。嘉靖元年任。」《康熙潁州志・職官・明（判官）》：「鄭駿。諸暨人。世宗嘉靖元年任。」《乾隆諸暨縣志・選舉・（明）例貢》：「鄭天駿。潁州判官。」

④吕景蒙《嘉靖潁州志・職官表・（明）吏目》：「徐富。浙江湖州人。」李宜春《嘉靖潁州志・秩官・吏目》同。《康熙潁州志・職官・明（吏目）》：「徐富。湖州人。世宗嘉靖初任。」

⑤吕景蒙《嘉靖潁州志・職官表・（明）訓導》：「熊謙。湖廣石首（今屬湖南）人。（嘉靖）元年（1522）任。」李宜春《嘉靖潁州志・秩官・訓導》：「熊謙。湖廣石首人。嘉靖元年任。」《康熙潁州志・職官・明（訓導）》：「熊謙。石首人。世宗嘉靖元年任。」

续 表

	知州	同知	判官	吏目	學正	訓導
嘉靖		黄國光。臨清進士。①	任賢。温縣人。②	張邦俊。蠡縣（人）。③	胡志儒。蒙化舉人。④	馬文玘。三原（人）。⑤ 秦邦彦。三原（人）。⑥

①呂景蒙《嘉靖潁州志·職官表·（明）同知》：「黄國光。山東臨清人。進士。（嘉靖）七年（1528）主事左遷，尋轉河南僉事。卒。」李宜春《嘉靖潁州志·秩官·同知》：「黄國光。山東臨清人。正德辛巳（1521）進士。嘉靖七年，由主事左遷，尋轉河南僉事。」《康熙潁州志·職官·明（同知）》：「黄國光。臨清人。進士。嘉靖七年任。」《康熙山東通志·選舉·明（進士）》：「（正德）辛巳科……黄國光。臨清州人。仕至僉事。」《民國臨清縣志·選舉·（明）進士》：「黄國光。（正德）辛巳科。任河南僉事。」

②呂景蒙《嘉靖潁州志·職官表·（明）判官》：「任賢。河南温縣人。（嘉靖）二年（1523）任。」李宜春《嘉靖潁州志·秩官·判官》同。《康熙潁州志·職官·明（判官）》：「任賢。温縣人。嘉靖二年任。」

③呂景蒙《嘉靖潁州志·職官表·（明）吏目》：「張邦俊。直隸蠡縣（今屬河北）人。官生。（嘉靖）十一年（1532）任。」李宜春《嘉靖潁州志·秩官·吏目》：「张邦俊。直隸蠡縣人。官生。嘉靖十一年任。」《康熙潁州志·職官·明（吏目）》：「張邦俊。蠡縣人。官生。嘉靖十一年任。」

④呂景蒙《嘉靖潁州志·職官表·（明）學正》：「胡志儒。雲南蒙化（今巍山）人。貢士。（嘉靖）十一年（1532）任，卒於官。」李宜春《嘉靖潁州志·秩官·學正》同。《康熙潁州志·職官·明（學正）》：「胡志儒。蒙化人。舉人。嘉靖十一年任。」《康熙蒙化府志·人物志·（明）舉人》：「嘉靖戊子（1528）科：胡志儒。任南直穎［潁］州學正。」

⑤呂景蒙《嘉靖潁州志·職官表·（明）訓導》：「馬文玘。陝西三原人。（嘉靖）三年（1524）任。」李宜春《嘉靖潁州志·秩官·訓導》同。《康熙潁州志·職官·明（訓導）》：「馬文玘。三原人。嘉靖三年任。」《光緒三原縣志·人物·（明）賢能》：「馬文玘。《谿田通志》：字玉之。文雅莊謹。任潁州訓導，每黎明坐齋中課諸生業，日入而退，寒暑弗輟。潁士興起，多成名。歐陽永叔裔之在潁，聞其貧，訪而周之。遷寧晉教諭。寧有二生久病，或謂宜申御史黜名。文玘弗聽，惟調護之，後瘳，咸通籍。故其卒於官也，弟子悉哀奠悲思焉。」

⑥呂景蒙《嘉靖潁州志·職官表·（明）訓導》：「秦邦彦。陝西三原人。（嘉靖）二年（1523）任。」李宜春《嘉靖潁州志·秩官·訓導》同。《康熙潁州志·職官·明（訓導）》：「秦邦彦。三原人。嘉靖二年任。」《光緒三原縣志·人物·（明）賢能》：「秦邦彦。《谿田通志》：字國美。由貢生，訓導潁州，教諭原武。嘗迎父柩於淮上，遇盜，捐金與之，護柩痛哭。感動，舍之而去。侄恒少孤，鞠而誨之，學弗成，爲治生産焉。所在以經授徒，門人成名者衆。」

续表

	知州	同知	判官	吏目	學正	訓導
嘉靖	宋璡。永平［年］進士。①	張綰。永嘉人。②	張振。陝西人。③	楊沔。沂［忻］州人。④	胡衮。見《官業》。	常浮［韋孚］。長興人。⑤ 鄭堂。江乘［嵊］人。⑥

①吕景蒙《嘉靖潁州志・職官表・（明）知州》：「宋璡。直隸永平［年］（今屬河北邯鄲）人。進士。（嘉靖）十年（1531）任，以被論去。」李宜春《嘉靖潁州志・秩官・知州》：「宋璡。直隸永平［年］人。嘉靖丙戌（1526）進士。十年任。俱以被論去。」《康熙潁州志・職官・明（知州）》：「宋璡。永平［年］人。進士。嘉靖十年任。」《崇禎永年縣志・選舉・歷代進士表》：「嘉靖丙戌：宋璡。東平知州。」《光緒東平州志・職官表・明（知州）》：「宋連［璡］。永平［年］人。進士。（嘉靖）八年（1529）任。」

②吕景蒙《嘉靖潁州志・職官表・（明）同知》：「張綰。浙江永嘉人。（嘉靖）九年（1530）任，遷都事去。」李宜春《嘉靖潁州志・秩官・同知》：「張綰。浙江永嘉人。嘉靖九年任，遷都事。」《康熙潁州志・職官・明（同知）》：「張綰。永嘉人。嘉靖九年任。」

③吕景蒙《嘉靖潁州志・職官表・（明）判官》：「張振。陝西人。」李宜春《嘉靖潁州志・秩官・判官》同。《康熙潁州志・職官・明（判官）》：「張振。陝西人。嘉靖間任。」

④李宜春《嘉靖潁州志・秩官・吏目》：「楊沔。字天絜。山西忻州人。（嘉靖）二十四年（1545）任。」《康熙潁州志・職官・（明）吏目》：「楊沔。沂［忻］州人。」

⑤吕景蒙《嘉靖潁州志・職官表・（明）訓導》：「韋孚。浙江長興人。（嘉靖）八年（1529）任。」李宜春《嘉靖潁州志・秩官・訓導》同。《康熙潁州志・職官・明（訓導）》：「韋孚。長興人。嘉靖八年任。」《嘉慶長興縣志・選舉・（明）貢生》：「韋孚。鳳京潁州訓導。」

⑥吕景蒙《嘉靖潁州志・職官表・（明）訓導》：「鄭堂。浙江嵊縣（今嵊州）人。（嘉靖）八年（1529）任。」李宜春《嘉靖潁州志・秩官・訓導》同。《康熙潁州志・職官・明（訓導）》：「鄭堂。嵊縣人。嘉靖八年任。」《同治嵊縣志・選舉・（明）歲貢》：「鄭堂。（嘉靖）五年（1526）貢。字汝升。居德政鄉。金谿教諭。」

续 表

	知州	同知	判官	吏目	學正	訓導
嘉靖	朱同蓁。餘姚人。①	李拱。玉山縣人。②	陳鳳儀。襄陽（人）。③	鄭惟寧。東平（人）。④	郭世相。閿縣［閿鄉］（人）。⑤	姚理。鄞縣人。⑥

①吕景蒙《嘉靖潁州志·職官表·（明）知州》：「朱同蓁。浙江餘姚人。貢士。（嘉靖）十一年（1532）任。遷廉州府同知去。」李宜春《嘉靖潁州志·秩官·知州》：「朱同蓁。浙江餘姚人。貢士。嘉靖十一年任。陞同知。」《康熙潁州志·職官·明（知州）》：「朱同蓁。餘姚人。貢士。嘉靖十一年任。博學，精通五經。」《光緒餘姚縣志·選舉表·（明）鄉貢》：「正德十一年丙子（1516）：朱同蓁。同芳弟。《乾隆通志》作餘杭人。任潁州知州。」

②吕景蒙《嘉靖潁州志·職官表·（明）同知》：「李珙。江西玉山人。吏員。（嘉靖）十一年（1532）任，卒於官。」李宜春《嘉靖潁州志·秩官·同知》同。《康熙潁州志·職官·明（同知）》：「李珙。玉山人。嘉靖十一年任。」《康熙玉山縣志·選舉·（明）才胥》：「李珙。市人。任潁州同知。」

③吕景蒙《嘉靖潁州志·職官表·（明）判官》：「陳鳳儀。湖廣襄陽（今屬湖北）人。」李宜春《嘉靖潁州志·秩官·判官》同。《康熙潁州志·職官·明（判官）》：「陳鳳儀。襄陽人。嘉靖間任。」

④李宜春《嘉靖潁州志·秩官·吏目》：「鄭惟寧。山東東平州人。監生。（嘉靖）二十一年（1542）任。」《康熙潁州志·職官·明（吏目）》：「鄭惟寧。東平人。」

⑤李宜春《嘉靖潁州志·秩官·學正》：「郭世相。字君佐。河南閿鄉（今靈寶）人。歲貢。（嘉靖）二十年（1541）任。」《順治閿鄉縣志·選舉·（明）貢士》：「郭世相。任潁州學正。」

⑥吕景蒙《嘉靖潁州志·職官表·（明）訓導》：「姚理。浙江鄞縣（今寧波）人。（嘉靖）十年（1531）任。」李宜春《嘉靖潁州志·秩官·訓導》同。《康熙潁州志·職官·明（訓導）》：「姚理。鄞縣人。嘉靖十年任。」《嘉靖寧波府志·選舉·歲貢》：「嘉靖九年庚寅（1520）……姚理。」

续表

	知州	同知	判官	吏目	學正	訓導
嘉靖	黃九霄。蒲［莆］田人。①	賀朝聘。蒲州（人）。②	何坤。見《宦業》。 呂景蒙。舉人。見《宦業》。	張修齡。③	李鸞［鑾］。善化人。④	史璋。麗水人。⑤ 孫仁佐［俊］。新河（人）。⑥

①呂景蒙《嘉靖潁州志·職官表·（明）知州》：「黃九霄。福建莆田人。貢士。（嘉靖）十四年（1535）任。」李宜春《嘉靖潁州志·秩官·知州》：「黃九霄。字騰昂。福建莆田人。貢士。嘉靖十四年任。」《康熙潁州志·職官·明（知州）》：「黃九霄。莆田人。貢士。嘉靖十四年任。」《乾隆福建通志·選舉·明舉人》：「嘉靖元年壬午（1522）丘愈榜……莆田縣……黃九霄。華子。順天中式。潁州知州。」《光緒莆田縣志·選舉·（明）鄉舉》：「（嘉靖元年壬午）黃九霄。字騰昂。華子。順天中式。潁州知州。」

②呂景蒙《嘉靖潁州志·職官表·（明）同知》：「賀朝聘。山西蒲縣人。監生。（嘉靖）十四年（1535）任。」李宜春《嘉靖潁州志·秩官·同知》同。《康熙潁州志·職官·明（同知）》：「賀朝聘。蒲州人。嘉靖十四年任。」《乾隆蒲縣志·選舉·（明）例貢》：「賀朝聘。潁州同知。」

③李宜春《嘉靖潁州志·秩官·吏目》：「張修齡。山東東阿人。歲貢。（嘉靖）二十二年（1543）任，卒於官。」《康熙潁州志·職官·明（吏目）》：「張修齡。東阿人。」《道光東阿縣志·選舉·（明）貢生》：「張修齡。由例貢任直隸潁州吏目。」

④李宜春《嘉靖潁州志·秩官·學正》：「李鑾。字朝用。湖廣善化（今湖南長沙）人。選貢。（嘉靖）二十六年（1547）任。」《康熙潁州志·職官·（明）學正》：「李鸞［鑾］。善化人。」《乾隆長沙府志·選舉·（明）貢生》：「（善化縣）李鑾。」

⑤呂景蒙《嘉靖潁州志·職官表·（明）訓導》：「史璋。浙江處州衛（今麗水）人。監生。（嘉靖）十六年（1537）任。」李宜春《嘉靖潁州志·秩官·訓導》同。《康熙潁州志·職官·明（訓導）》：「史璋。麗水人。嘉靖十六年任。」《雍正處州府志·選舉·（明）明經》：「（嘉靖）史璋。南安教諭。」

⑥呂景蒙《嘉靖潁州志·職官表·（明）訓導》：「孫仁俊。直隸新河（今屬河北）人。監生。（嘉靖）十六年（1537）任。」李宜春《嘉靖潁州志·秩官·訓導》：「孫仁俊。直隸新河人。（嘉靖）十六年任。」《康熙潁州志·職官·明（訓導）》：「孫仁俊。新河人。嘉靖十六年任。」

续表

	知州	同知	判官	吏目	學正	訓導
嘉靖	范金。武陟人。①	茅宰。見《宦業》。黄維［惟］賓。南城（人）。②	劉芳。畧陽人。③	劉體仁。魏縣（人）。④	曾洋。太和人。⑤	徐進。汝陽人。⑥ 金鰲。瑞安人。⑦

①吕景蒙《嘉靖潁州志·職官表·（明）知州》：「范金。河南武陟人。貢士。（嘉靖）十七年（1538）任。」李宜春《嘉靖潁州志·秩官·知州》：「范金。河南武涉［陟］人。貢士。嘉靖十七年任。」《康熙潁州志·職官·明（知州）》同。《嘉慶葭州志·官師志·明（知州）》：「范金。武陟縣人。」《道光武陟縣志·選舉表·（明）舉人》：「宏［弘］治乙卯（1495）……范金。葭州知州。」

②吕景蒙《嘉靖潁州志·職官表·（明）同知》：「黄惟賓。江西南城人。監生。（嘉靖）十七年（1538）任。」李宜春《嘉靖潁州志·秩官·同知》：「黄惟賓。江西南城人。監生。嘉靖十七年任。」《康熙潁州志·職官·明（同知）》：「黄維［惟］賓。南城人。嘉靖十七年任。」《康熙南城縣志·選舉·（明）應例太學生》：「（天順六年四十五歲例）黄惟賓。清第二子。潁州同知。」此處所載時間雖有誤，但無疑即是其人。

③吕景蒙《嘉靖潁州志·職官表·（明）判官》：「劉芳。陝西畧陽人。監生。（嘉靖）十四年（1535）任。」李宜春《嘉靖潁州志·秩官·判官》同。《康熙潁州志·職官·明（判官）》：「劉芳。畧陽人，嘉靖十四年任。」《光緒畧陽縣志·人才·（明）貢生》：「劉芳。州知。」

④《康熙潁州志·職官·明（吏目）》：「劉體仁。魏縣人。」

⑤《康熙潁州志·職官·明（學正）》：「曾洋。太和人。」

⑥李宜春《嘉靖潁州志·秩官·訓導》：「徐進。字南甫。河南汝陽人。歲貢。（嘉靖）二十一年（1542）任。」《康熙潁州志·職官·明（訓導）》：「徐進。汝陽人。」《康熙汝陽縣志·選舉·（明）貢生》：「徐進。直隸潁州訓導。」

⑦李宜春《嘉靖潁州志·秩官·訓導》：「金鰲。字鎮卿。浙安［江］瑞安（今屬浙江）人。歲貢。（嘉靖）二十一年（1542）任。」《康熙潁州志·職官·明（訓導）》：「金鰲。瑞安人。」《乾隆温州府志·選舉·貢士》：「（明）瑞安縣學……金鰲。來安教諭。」

续表

	知州	同知	判官	吏目	學正	訓導
嘉靖	劉養仕。見《官業》。 李宜春。蒲［莆］田進士。①	伍［任］崙。慈谿人。② 李偉。端［瑞］安人。③	羅文質。桂陽（人）。④	陸濂。鄞縣人。⑤	石化玉。江西（人）。⑥	方涵。巴陵人。⑦ 張崇簡。陝州（人）。⑧

①李宜春《嘉靖潁州志・秩官・知州》：「李宜春。字應元。福建莆田人。嘉靖甲辰（1544）進士。二十四年（1545）任。」《康熙潁州志・職官・明（知州）》：「李宜春。莆田人。進士。嘉靖二十四年任。」《乾隆興化府莆田縣志・選舉・進士》：「嘉靖二十三年甲辰秦鳴雷榜……李宜春。潁川同知。」按，此處當作「潁州知州」。

②呂景蒙《嘉靖潁州志・職官表・（明）同知》：「任崙。浙江慈谿人。吏員。（嘉靖）二十年（1541）任。」李宜春《嘉靖潁州志・秩官・同知》同。《康熙潁州志・職官・明（同知）》：「任崙。慈谿人。嘉靖二十年任。」

③李宜春《嘉靖潁州志・秩官・同知》：「李偉。字良器。江西瑞［州］（今高安）人。選貢。嘉靖二十三年（1544）任。遇事明練，獄無滯冤。其都粮監稅，節縮冗費，商民多稱便云。遷趙府審理。」《康熙潁州志・職官・明（同知）》：「李偉。瑞安［州］人。」崇禎《瑞州府志・選舉・歲貢》：「李偉。制科選貢。」

④呂景蒙《嘉靖潁州志・職官表・（明）判官》：「羅文質。湖廣桂陽（今屬湖南）人。監生。（嘉靖）十六年（1537）任。」李宜春《嘉靖潁州志・秩官・判官》同。《康熙潁州志・職官・明（判官）》：「羅文質。桂陽人。嘉靖十六年任。」

⑤《康熙潁州志・職官・明（吏目）》：「陸濂。鄞縣（今浙江寧波）人。」

⑥《康熙潁州志・職官・明（學正）》：「石化玉。江西人。」

⑦李宜春《嘉靖潁州志・秩官・訓導》：「方涵。字德容。湖廣巴陵（今湖南岳陽）人。歲貢。（嘉靖）二十二年（1543）任。」《康熙潁州志・職官・明（訓導）》：「方涵。巴陵人。」

⑧李宜春《嘉靖潁州志・秩官・訓導》：「張崇簡。字君賢。河南陝州（今三門峽市陝州區）人。歲貢。（嘉靖）二十三年（1544）任。」《康熙潁州志・職官・明（訓導）》：「張崇簡。陝州人。」《民國陝縣志・選舉・（明）貢生》：「張崇簡。天津教諭。」

续表

	嘉靖
知州	靳學曾。彭山縣[濟寧]人。① 劉衍祚。見《宦業》。 周祐。彭山人。② 劉如訥。華容(人)。③ 周昆。仁和人。④ 黃世顯。蕭山(人)。⑤ 陳誥。蒲[莆]田人。見宦業。
同知	吳人忠。餘姚(人)。⑥ 查秉銓。海寧(人)。⑦ 劉世偉。信陽[陽信](人)。⑧ 鄭鎔。蒲[莆]田人。⑨ 秦孝。項城人。⑩ 鄭謙。劍州人。⑪ 張學古。南宫進士。⑫ 崔相。見《宦業》。
判官	梁金。永淳人。⑬ 申純。陽穀人。⑭ 張謙。樂平人。⑮ 閻如松。烏程(人)。⑯ 楊絢。池州人。⑰ 孫政。洛陽人。⑱
吏目	劉廷諫。宛平(人)。⑲
學正	應價。西安人。⑳ 韓萬鐘。蕲州人。端介，精天文，通古文辭。㉑
訓導	方進。武義人。㉒ 馬元鳳。奉化(人)。㉓ 趙倫。河南人。㉔ 張世臻。曲阜(人)。 林文豪。蒲[莆]田人。㉕ 劉聘用。衡州(人)。㉖ 張應聘。浮山(人)。㉗ 任宗舜。潼川(人)。㉘ 任倫。大名人。㉙

①《康熙潁州志·職官·明(知州)》：「靳學曾。字子魯，濟寧州（今山東濟寧）人。進士。嘉靖二十七年（1548）任。」《道光濟寧直隸州志·列傳·明》：「靳學曾。字子魯，學顏弟。嘉靖丁酉（1537）舉人，甲辰（1544）進士。授穎［潁］州知州，遷山西平陽府同知，擢知鳳陽，以禦倭功擢山西按察司副使。歷岢嵐兵備道，以寬簡從事，曰：『民樂吾寬，吾樂吾簡，足矣。』歲凶，塞卒煮榆皮、柳葉，啖白土，終無敢譁。

後忤當事，歸里，以娛親爲樂，築閑閑堂終焉。有詩文若干卷行世。」

②《康熙潁州志·職官·明（知州）》：「周祐。彭山（今屬四川）人。貢士。嘉靖三十五年（1556）任。《舊志》稱其片言折獄。」《乾隆彭山縣志·選舉·（明）鄉舉》：「周祐……以上皆景泰癸酉（1453）中。」此處所記時間雖誤，但無疑即是其人。

③《康熙潁州志·職官·明（知州）》：「劉如訥。華容（今屬湖南）人。貢士。嘉靖三十八年（1559）任。《舊志》称其清介。」《雍正湖廣通志·選舉志·（明）舉人》：「嘉靖十三年甲午（1534）鄉試榜……劉如訥。華容人。」《光緒華容縣志·選舉志·（明）舉人》：「劉如訥。學容大夏孫。穎川［潁州］知州。」

④《康熙潁州志·職官·明（知州）》：「周昆。仁和（今屬浙江杭州）人。貢士。嘉靖四十二年（1563）任。」《嘉靖仁和縣志·科貢·舉人》：「嘉靖十六年丁酉（1537）科……周昆。」

⑤《康熙潁州志·職官·明（知州）》：「黄世顯。蕭山人。貢士。嘉靖四十三年（1564）任。」《康熙蕭山縣志·選舉·明舉人》：「（嘉靖）十六年（1537）……黄世顯。潁州知州。」

⑥李宜春《嘉靖潁州志·秩官·同知》：「吳人忠。字刻誠。浙江餘姚人。吏員。（嘉靖）二十六年（1547）任。」《康熙潁州志·職官·明（同知）》：「吳人忠。餘姚人。」

⑦《康熙潁州志·職官·明（同知）》：「査秉銓。海寧（今屬浙江）人。」《乾隆海寧縣志·選舉下·仕進》：「査秉銓。約子。字公甫。潁州同知。」

⑧《康熙潁州志·職官·明（同知）》：「劉世偉。信陽［陽信］（今屬河南）人。」《民國陽信縣志·人物志·（明）文學》：「劉世偉。字宗周，《宦蹟志》貢之子也。生而穎敏，多識博聞，以廩例貢入國學。初授直隸穎［潁］州同知，補陝西寧州，陞浙江寧國府別駕。謝病歸，優遊林下數十年，與董僉憲邦政、吕僉憲廕陶情詩酒，爲竹溪逸友。重修邑乘，所著有《後溪詩稿［槁］》《雜錄瑣談》《樂府》數十卷行世。妻毛氏，名鍾秀，大中丞思義仲女也。才思穎雋，嫻於禮法，温厚和平，莊嚴不佻。所著《離思小詠》三十二首，有《卷耳》《草蟲》之風，乃世偉從征丹山時而憶遠作也，今傳於世。」

⑨《康熙潁州志·職官·明（同知）》：「鄭鎔。莆田（今屬福建）人。」

⑩《康熙潁州志·職官·明（同知）》：「秦孝。項城（今屬河南）人。」

⑪《康熙潁州志·職官·明（同知）》：「鄭謙。劍州（今四川劍閣）人。」《乾隆巴縣志·選舉·（明）舉人》：「鄭謙。（嘉靖）壬子（1552）。」疑即其人。

⑫《康熙潁州志·職官·明（同知）》：「張學古。南宮（今屬河北）人。進士。」《民國南宮縣志·人物篇·名績列傳》：「張學古。字道夫。五歲能屬文，受《胡氏春秋》於劉南叔，中嘉靖三十五（1556）進士。授秀水知縣，邑衝煩難治，復被倭蹂躪，益凋敝，學古盡心撫字，民困漸甦。

擢南京戶部主事，晉員外郎。掌龍江等衛十倉，釐奸剔弊，忤上官，調潁州同知。量移平陽通判，時地方荒歉，公私告匱，學古經營勞瘁，民賴以安。遷彰德同知，居三月，卒於官。」

⑬吕景蒙《嘉靖潁州志・職官表・（明）判官》：「梁金。廣西永淳（橫縣一帶）人。監生。（嘉靖）十九年（1540）任。」李宜春《嘉靖潁州志・秩官・判官》同。《康熙潁州志・職官・明（判官）》：「梁金。永淳人。嘉靖十九年任。」

⑭吕景蒙《嘉靖潁州志・職官表・（明）判官》：「申純。山東陽穀人。吏員。（嘉靖）二十年（1541）任。」李宜春《嘉靖潁州志・秩官・判官》同。《康熙潁州志・職官・明（判官）》：「申純。陽穀人。嘉靖二十年任。」

⑮李宜春《嘉靖潁州志・秩官・判官》：「張謙。字德光。江西樂平人。監生。（嘉靖）二十四年（1545）任。」《康熙潁州志・職官・明（判官）》：「張謙。樂平人。」《同治樂平縣志・選舉・應例》：「張謙。潁州州判。」

⑯《康熙潁州志・職官・明（判官）》：「閻如松。烏程（今浙江湖州）人。」

⑰《康熙潁州志・職官・明（判官）》：「楊絢。池州（今屬安徽）人。」

⑱《康熙潁州志・職官・明（判官）》：「孫政。洛陽（今屬河南）人。」

⑲《康熙潁州志・職官・明（吏目）》：「劉廷諫。宛平（今屬北京）人。」

⑳《康熙潁州志・職官・明（學正）》：「應價。西安（今浙江衢州）人。」

㉑《康熙潁州志・名宦・明》：「韓萬鍾。蘄州（今湖北黄岡）人。嘉靖間官學正。持身端介，通天文，工古文辭。」

㉒《康熙潁州志・職官・明（訓導）》：「方進。武義（今屬浙江）人。」《萬曆金華府志・歲貢・武義縣學》：「嘉靖、隆慶年分……方進。潁州訓導。」

㉓《康熙潁州志・職官・明（訓導）》：「馬元鳳。奉化（今屬浙江）人。」《光緒奉化縣志・選舉表・（明）貢生》：「嘉靖三十二年癸丑（1553）：馬元鳳。潁州訓導。」

㉔《康熙潁州志・職官・明（訓導）》：「趙倫。河南（今河南洛陽）人。」

㉕見本書《宦業傳》。

㉖《康熙潁州志・職官・明（訓導）》：「劉聘用。衡州（今湖南衡陽）人。」《乾隆衡州府志・選舉・（明）貢生》：「劉聘用。教授。」

㉗《康熙潁州志・職官・明（訓導）》：「張應聘。浮山（今屬山西）人。」《民國浮山縣志・選舉・（明）歲貢》：「張應聘。（嘉靖）三十七年（1558）貢。南直隸潁州訓導，轉武安邑教諭，轉內邱王教授。」

㉘《康熙潁州志・職官・明（訓導）》：「任宗舜。潼川（今四川三臺）人。」

㉙《康熙潁州志・職官・明（訓導）》：「任倫。大名（今屬河北）人。」《民國大名縣志・選舉・（明）貢生》：「嘉靖……任倫。陝西清澗縣知縣。」

续表

	知州	同知	判官	吏目	學正	訓導
隆慶	王之士。鄒平進士。① 趙世相。臨城（人）。②	賈可顔。山東（人）。 鄒元明。宜黃（人）。③ 廖雲鵬。舉人。見《宦業》。 吴大倫。武涉［陟］（人）。④	陳址。見《宦業》。	魯成之。建德（人）。⑤		王迹。開州人。⑥ 郭朝用。汲縣（人）。⑦ 徐麟趾。南陽（人）。⑧ 王轂。海豐人。⑨ 顧弘法。僊居（人）。⑩

①《康熙潁州志·職官·明（知州）》：「王之士。鄒平（今屬山東）人。進士。穆宗隆慶三年（1569）任。」于慎行《明故中順大夫直隸河間府知府少菴王公暨佩恭人韓氏合葬墓志銘》：「……公諱之士，字吉甫，自號少菴。其先琅琊裔也，世居青城鎮。六世祖賁徙家鄒平，官大同府同知。高祖琭，隱德弗耀。曾祖晟，爲博士諸生。大父黄山公誥，以明經爲鄢陵教諭。父復菴公陽爲諸生，後以公貴，贈中順大夫、廬州府知府。母孫，封太恭人。舉公一子，兒時老成敏慧。大父奇之，携至鄢陵，延名師授經，文業日進。趙公孔昭爲鄢陵令，大見器許。歸補諸生，爲學使吴公維嶽所知。選肄湖南書院，益有名諸公所矣。隆慶丁卯（1567）舉山東省試，戊辰（1568）登進士高第。選潁州知州，撫綏振飭，威惠流聞，

治行爲江北第一。滿考，擢南京戶部員外郎。奏績，謁告視亲，出補故官。遷寧國知府，以外艱歸。服闕，補廬州，聲施益振……公生嘉靖十五年（1536）正月十二日，卒萬曆二十年（1592）十一月十四日，得年五十有七……」《順治鄒平縣志・科目・進士》：「隆慶二年戊辰（1168）……王之士。官至河間府知府。」

②《康熙潁州志・職官・明（知州）》：「趙世相。臨城（今屬河北）人。貢士［舉人］。隆慶五年（1571）任。」《萬曆臨城縣志・人物志・鄉賢傳》：「趙世相。錫之子。嘉靖己酉（1549）舉人。授山東濮州知州，按奸宄，修廢墜，首以作興人材爲己任。編州徭，以公□補，又移編三縣徭，聲稱益著。陞山西平陽同知。比行，適沛縣建滿家橋閘，督河尚書廉知其才，特疏保留。公設法調度，五月告竣，邦人豎碑頌之。及抵平陽，會有邊警，公簡勁兵屯諸要害，居民得全。署府篆，聚土補南城，築東關堡，連亘九里，以備不虞。劇寇李九經等侵掠龍門、積石等處，公親冒矢石，斬首八百餘級。直指使疏薦加俸，欽賞金幣，擢山西按察司僉事，兵備寧武。後坐誣，遂左遷潁州知州，復有政蹟。蠲浮稅，置學田，禁埠頭私索，民至今稱之。陞大同府知府，每歲互市，卒賴調停，路盜不增，得馬以萬計。乞骸骨歸，歸之日，足不涉公府，惟以敦族裕後爲事。有兄年八十餘，公年亦逾七十，猶親調其寒温，候其起卧，人稱友愛。萬曆改元，以恩例進階四品。卒，入祀鄉賢。」

③《康熙潁州志・職官・明（同知）》：「賈可顏。山東人。歲貢。鄒元明。宜黃人。二人俱穆宗隆慶間任。」《道光宜黃縣志・選舉・明貢士》：「鄒元明。字世白，號虚室，潭坊人。杞之子。嘉靖癸亥（1563）貢。任潁州同知，署潁上、淮安鹽政兩篆。清理軍事，委勘河道，皆公所議畫。元孫兆軻，順治庚子（1660）舉於鄉。」

④《康熙潁州志・職官・明（學正）》：「吳大倫。武陟人。二人俱穆宗隆慶間任。」《道光武陟縣志・選舉表・（明）歲拔貢生》：「吳大倫。深州學正。」

⑤《康熙潁州志・職官・明（吏目）》：「魯成之。建德（今屬浙江）人。穆宗隆慶間任。」《乾隆建德縣志・選舉志・明例監》僅存其名。

⑥《康熙潁州志・職官・明（訓導）》：「王迹。開州（今河南濮陽）人。」《道光開州志・選舉志・（明）貢生》：「隆慶丁卯（1567）：王迹。」

⑦《康熙潁州志・職官・明（訓導）》：「郭朝用。汲縣（今屬河南）人。」

⑧《康熙潁州志・職官・明（訓導）》：「徐麟趾。南陽（今屬河南）人。」

⑨「轂」字，疑當作「穀」。見本書《宦業傳》。

⑩《康熙潁州志・職官・明（訓導）》：「顧弘法。僊居（今屬浙江）人。五人俱穆宗隆慶間任。」《萬曆僊居縣志・選舉・（明）歲貢》：「嘉靖……顧宏法。訓導。」

续表

	知州	同知	判官	吏目	學正	訓導
萬曆	謝詔。見《宦業》。楊際會。見《宦業》。周日甲。晉江人。修白龍橋，因掛物議，士民冤之。①	曾佐。見《宦業》。	李復。龍溪人。②	楊克敬。永豐（人）。③	何源。臨安人。④	戴佐。上元人。⑤汪一深。桐城（人）。⑥劉賢。黄崗［岡］人。⑦沈森。舉人。⑧

①《康熙潁州志·職官·明（知州）》：「周日甲。晉江（今屬福建）人。舉人。萬曆十年（1582）任。因修白龍橋被論去，士民冤之。」《萬曆重修泉州府志·人物志·（明）鄉舉》：「隆慶元年（1567）……周日甲。府學，官知縣。」《道光晉江縣志·人物志·（明）宦蹟》：「周日甲。隆慶丁卯舉人。授玉山令。明敏練達，奸盜屏息。築萬柳洲，改南城門，修武（安）塔，建儒學坊、石龍橋，惠愛及民。奉文丈田，其功尤大。政蹟載《廣信府志》。陞潁州牧。」《同治玉山縣志·名宦·明》：「周日甲。晉江人。由舉人任。玉明敏練達，興廢舉墜，奸頑懾服，盜賊屏息。築萬柳洲，改南城門，修武安塔，建儒學坊、石龍橋，政多惠愛。陞潁州知州，士民立碑思之。奉例丈田，其功尤大。（《唐志》。）」

②《康熙潁州志·職官·明（判官）》：「李復。龍溪（今福建龍海）人。」

③《康熙潁州志·職官·明（吏目）》：「楊克敬。永豐（今屬江西）人。」

④《康熙潁州志·職官·明（學正）》：「何源。臨安（今浙江杭州）人。」

⑤《康熙潁州志·職官·明（訓導）》：「戴佐。上元（今江蘇南京）人。」

⑥《康熙潁州志·職官·明（訓導）》：「汪一深。桐城（今屬安徽）人。」《道光桐城續修縣志·選舉表·（明）恩貢》：「隆慶戊辰（1568）：汪一深。」

⑦《康熙潁州志·職官·明（訓導）》：「劉賢。黄岡（今屬湖北）人。」

⑧《康熙潁州志·職官·明（訓導）》：「沈森。高縣（今屬四川）人。舉人。」

续表

	知州	同知	判官	吏目	學正	訓導
萬曆	嚴而泰。見《宦業》。 王追伊。黄崗［岡］舉人。①	張可坤。南召（人）。②	李濂［熑］。平湖人。③	陸宰。上虞人。④ 李見可。玉山（人）。⑤ 張浙。德州人。⑥	周芭。劍州人。⑦	蔣價。武進人。⑧ 郭志儒。邳州（人）。⑨ 王田。揚州人。⑩

①《康熙潁州志·職官·明（知州）》：「王追伊。黄岡（今屬湖北）人。舉人。萬曆十六年（1588）任。」《乾隆黄岡縣志·科貢·明舉人》：「隆慶元年（1567）：王追伊。亞魁。廷陳孫。潁州知州。」

②《康熙潁州志·職官·明（同知）》：「張可坤。南召（今屬河南）人。恩貢。」《乾隆南召縣志·選舉·（明）貢生》：「張可坤。任潁州同知。」

③《康熙潁州志·職官·明（判官）》：「李濂［熑］。平湖（今屬浙江）人。」天啟《平湖縣志·人物志·尚義》：「李熑。生海濱。尚氣俠，少遊黌序，有聲，然不屑姝瑗、行墨、跼蹐三途，唯意在賑貧卹困，排難解紛。所至輒殖，千金随手散去，殖亦不終落。亡何，小試刃餘，俯就潁州倅。以廉能調繁滁州，河工告績，浩然言歸。會劉令公丈田之役不無偏聽，往往側目。熑侃然持正抗對，逢怒解袍。賓館一時咸爲憤發，熑力止之。然令公自是霽威寬法，嘉惠良多，至如捐産助學宫，貸糧資茕負，德施至今誦焉。」

④《康熙潁州志·職官·明（吏目）》：「陸宰。上虞（今屬浙江）人。」

⑤《康熙潁州志·職官·明（吏目）》：「李見可。玉山（今屬江西）人。」

⑥《康熙潁州志·職官·明（吏目）》：「張浙。德州（今屬山東）人。」

⑦《康熙潁州志·職官·明（學正）》：「周芭。劍州（今四川劍閣）人。」

⑧見本書《宦業傳》。

⑨《康熙潁州志·職官·明（訓導）》：「郭志儒。邳州（今屬江蘇）人。」《康熙福建通志·職官·建寧府》：「政和縣……郭志儒。邳州人……以上教諭。」咸豐《邳州志·貢舉》：「（萬曆）歲貢……郭志儒。」

⑩《康熙潁州志·職官·明（訓導）》：「王田。揚州（今屬江蘇）人。」

续表

	知州	同知	判官	吏目	學正	訓導
萬曆	韓希仁。涇陽舉人。①	王汝弼。福山（人）。②	張梓。永縣人。③ 李茂春。壽昌（人）。④	張黯。任丘人。⑤ 劉世賢。輝縣（人）。⑥	張瑚。沙縣人。⑦	朱顔正。光山（人）。⑧ 郭軒。宿遷人。⑨

①《康熙穎州志·職官·明（知州）》：「韓希仁。涇陽（今屬陝西）人。舉人。萬曆十九年（1591）任。」《宣統涇陽縣志·選舉表·明舉人》：「萬曆癸酉（1573）：韓希仁。湖廣襄陽府同知。入鄉賢。」同書《列傳·仕宦》：「韓希仁。字孟元，號心堂。萬曆癸酉舉人，授高密縣知縣。密地薄不稼穡，希仁給牛種，勸懇三年，積倉穀三萬餘石。荒歲，民賴以生，陞穎州知州。平康中有陰殺其遊閑子弟者，具首子弟殺娼自刎，希仁廉得之，曰：『即首殺者殺之也。』爲搜獲二血衣，竟抵死，穎民咸服其神。丁艱，補濱州。濱之巨盜匿爲院司兵快，或首之，希仁佯叱曰：『安有公役而爲盜者乎？』故毁其狀，密報院司，請付法，無有逸者，賊黨遂絶。陞襄陽府同知，清軍伍，稽尺籍，覈虚糧，積弊一清。而獨修老龍堤以捍水患，尤毅然爲江漢保障焉。以疾卒於官，祀鄉賢。曾孫望，順治壬辰（1652）進士。」

②《康熙穎州志·職官·明（同知）》：「王汝弼。福山（今屬山東）人。」《萬曆六安州志·官師表·（明）州知》：「王汝弼。福山人。由選貢。」《乾隆福山縣志·選舉·（明）歲貢》：「王汝弼。孫夼社人。嘉靖四十三年（1564）貢。任六安州、穎州州同。」

③《康熙穎州志·職官·明（判官）》：「張梓。永縣人。」

④《康熙穎州志·職官·明（判官）》：「李茂春。壽昌（今浙江建德）人。」《萬曆壽昌縣志·貢舉·明》：「萬曆五年（1577）恩貢：李茂春。穎州判官，陞福建都司經歷。」

⑤《康熙穎州志·職官·明（吏目）》：「張黯。任丘（今屬河北）人。」

⑥《康熙穎州志·職官·明（吏目）》：「劉世賢。輝縣（今屬河南）人。」

⑦《康熙穎州志·職官·明（學正）》：「張瑚。沙縣（今屬福建）人。」《康熙福建通志·選舉·明貢生》：「沙縣學……張瑚。穎川［州］學正。」

⑧《康熙穎州志·職官·明（訓導）》：「朱顔正。光山（今屬河南）人。」《民國光山縣志約稿·出身表·明諸貢》：「（萬曆）己卯（1580）：朱顔正。訓導。」

⑨《康熙穎州志·職官·明（訓導）》：「郭軒。宿遷（今屬江蘇）人。」

续 表

	萬曆
知州	李元齡。華陽進士。①
同知	張邦教。涇陽（人）。②
判官	黎褒。樂平人。③ 陳子成。縉雲（人）。④
吏目	項應雲。黃巖（人）。⑤ 張煌。深州人。⑥
學正	俞之屏。西平（人）。⑦
訓導	蔣學禮。長洲（人）。⑧ 孟輅。武城［成武］人。⑨

①《康熙潁州志·職官·明（知州）》：「李元齡。華陽（今四川雙流）人。進士。萬曆二十一年（1593）任。」天啟《成都府志·人物列傳·國朝》：「李元齡。字仁卿，華陽人。幼聰敏，以奇童稱。弱冠登鄉薦，（萬曆）丁丑（1577）成進士。守臨清，召入，爲都水郎。治淮河，工最，加四品服俸，旋以養母請告。起平陽太守，晉山西憲副，乞休。生平工詞翰，喜高曠而嗜義如渴。業師張桂東翁嫗無子，奉之終身，没而創祠祀之，尤近時師弟所絶無者。有《翼經隨筆》及詩文若干卷，藏於家。」

②《康熙潁州志·職官·明（同知）》：「張邦教。涇陽（今屬陝西）人。歲貢。」

③《康熙潁州志·職官·明（判官）》：「黎褒。樂平（今屬江西）人。」

④《康熙潁州志·職官·明（判官）》：「陳子成。縉雲（今屬浙江）人。」

⑤《康熙潁州志·職官·明（吏目）》：「項應雲。黃巖（今屬浙江）人。」

⑥《康熙潁州志·職官·明（吏目）》：「張煌。深州（今屬河北）人。」

⑦《康熙潁州志·職官·明（學正）》：「俞之屏。西平（今屬河南）人。」

⑧「禮」字，一作「孔」。《康熙潁州志·職官·明（訓導）》：「蔣學孔。長洲（今屬蘇州）人。」《乾隆長洲縣志·科目·明（貢生）》：「蔣學孔。（萬曆）十一年（1583）貢。」

⑨《康熙潁州志·職官·明（訓導）》：「孟輅。城［成］武（今屬山東）人。」《道光成武縣志·人物志·文苑》：「孟輅。字樸齋。以貢生授南直隸潁州訓導，陞浙江嘉興府教授。著有《見聞紀訓》行世。」

	知州	同知	判官	吏目	學正	訓導
萬曆	黃大賁。興國舉人。①	王夢麟。閔［閩］縣（人）。②	羅維新。安鄉（人）。③	劉璉。曹州人。④ 王化中。隴西（人）。⑤	梅廷宰。永嘉（人）。⑥ 黃極。山東人。⑦	張邦。仁和人。⑧ 王津。和州人。⑨ 姚讓。高郵人。⑩

①《康熙穎州志·職官·明（知州）》：「黃大賁。興國（今屬江西）人。舉人。萬曆二十三年（1595）任。」《光緒興國州志·選舉·舉人》：「萬曆七年己卯（1579）鄉試：黃大賁。字思素。河南穎州知州。」

②《康熙穎州志·職官·明（同知）》：「王夢麟。閩縣（今福建閩侯）人。舉人。」《萬曆福州府志·人文志·孝友》：「王夢麟。字維振，閩縣人。父景寧令子聰，廉吏也。遺四弟，貧且稚，夢麟舌耕哺之。讓宅諸弟，躬僦敝祠以居。脯脡所入，未嘗至私室。以貢舉隆慶庚午順天鄉試，官至桂林通判。歷俸所入，悉散之弟。嘗爲父營葬，形家謂妨冢子。夢麟曰：『猶子非子乎？父兆未卜，遑卹我後。』聞者稱爲善言。麟狷介，居官負强直聲。初判吉安，郡多崇膴，執法不阿。調嶺右，積羨餘鹽課六萬緡，請蠲民間糧十萬餘石。再判穎［潁］州，管敬仲墓蕪没千餘年，麟築而修之，爲戒樵牧，穎［潁］人頌麟不容口。尋以病自免歸，篋中僅圖書數卷。」

③《康熙穎州志·職官·明（判官）》：「羅維新。安鄉（今屬湖南）人。」《康熙安鄉縣志·選舉·歲貢》：「隆慶中……羅維新。號穆菴。穎州判。雅志清操，治穎有聲。年方壯，懌肰致仕。朱比鄧文卿，有『林下山人』之贈。歸家，吟咏自適，鄉邦重之。次子調陽，中（萬曆）癸卯（1603）經魁。」

④《康熙穎州志·職官·明（吏目）》：「劉璉。曹州（今山東菏澤）人。」

⑤《康熙穎州志·職官·明（吏目）》：「王化中。隴西（今屬甘肅）人。」《康熙鞏昌府志·選舉·隴西縣》：「貢生……王化中。」

⑥《康熙穎州志·職官·明（學正）》：「梅廷宰。永嘉（今屬浙江）人。舉人。」《乾隆温州府志·選舉·舉人》：「隆慶庚午（1570）……梅廷宰。永嘉人。石埭令。」《乾隆池州府志·縣秩官年表·石埭縣知縣》：「（萬曆）十二年（1584）：梅廷宰。永嘉縣人。舉人。」

⑦《康熙穎州志·職官·明（學正）》：「黃極。山東人。」

⑧見本書《宦業傳》。

⑨《康熙穎州志·職官·明（訓導）》：「王津。和州（今安徽和縣）人。」

⑩《康熙穎州志·職官·明（訓導）》：「姚讓。高郵（今屬江蘇）人。」

续表

	知州	同知	判官	吏目	學正	訓導
萬曆	祝彥。山陰舉人。①	楊巖。海豐人。② 賈舜（田）。見《宦業》。	章渠。鄞縣人。③ 任欽。會嵇［稽］人。④	趙祖益。高平（人）。⑤ 卜壽祺。秀水（人）。⑥	華盛時。江陰（人）。⑦	姚炯。應天人。⑧ 李紹唐。鄧州（人）。⑨ 閻功懋。長垣（人）。⑩ 陳翰卿。封丘（人）。⑪

①《康熙潁州志·職官·明（知州）》：「祝彥。山陰（今浙江紹興）人。舉人。萬曆二十九年（1601）任。」《嘉慶山陰縣志·鄉賢二》：「祝彥。字元美。萬曆癸酉（1573）領鄉薦。知江西德安縣，多惠政，嘗捐建儒學三署。有《催徵便民錄》。擢知潁州知州，以親年俱九十一，乞養歸。」

②《康熙潁州志·職官·明（同知）》：「楊巖。海豐（今屬廣東）人。」

③《康熙潁州志·職官·明（判官）》：「章渠。鄞縣（今浙江寧波）人。」

④《康熙潁州志·職官·明（判官）》：「任欽。會嵇［稽］（今浙江紹興）人。」

⑤《康熙潁州志·職官·明（吏目）》：「趙祖益。高平（今屬山西）人。」《乾隆高平縣志·選舉·（明）例貢》：「趙祖益。潁州吏目，歷袁州府照磨。」

⑥《康熙潁州志·職官·明（吏目）》：「卜壽祺。秀水（今浙江嘉興）人。十二人俱神宗萬曆間任。」

⑦《康熙潁州志·職官·明（學正）》：「華盛時。江陰（今屬江蘇）人。七人俱神宗萬曆間任。」

⑧《康熙潁州志·職官·明（訓導）》：「姚炯。應天（今江蘇南京）人。賦性恬淡，一載即告歸。」

⑨《康熙潁州志·職官·明（訓導）》：「李紹唐。鄧州（今屬河南）人。」

⑩《康熙潁州志·職官·明（訓導）》：「閻功懋。長垣（今屬河南）人。」《康熙長垣縣志·人物·歲貢》：「閻功懋。府學，（萬曆）二十七年（1599）。官授潁州訓導。」

⑪《康熙潁州志·職官·明（訓導）》：「陳翰卿。封丘（今屬河南）人。」

续表

	知州	同知	判官	吏目	學正	訓導
萬曆	林學閔。晉江舉人。①	杜和春。隴西（人）。②	盧傑。欒平人。③	謝尚樸。④	劉佳。山陰舉人。⑤	孔紹。恩縣人。⑥ 劉文元。滁州（人）。⑦ 王象震。新城（人）。⑧

①《康熙潁州志·職官·明（知州）》：「林學閔。晉江（今屬福建）人。舉人。萬曆三十二年（1604）任。」《康熙福建通志·選舉志·（明）舉人》：「萬曆十九年辛卯（1591）黄志清榜……泉州府學……林學閔。學曾弟。官知州。」

②《康熙潁州志·職官·明（同知）》：「杜和春。隴西（今屬甘肅）人。進士。」《康熙鞏昌府志·選舉·進士》：「府學……杜和春。萬曆丁丑（1577），仕至刑部主事。」《乾隆甘肅通志·人物·鞏昌府》：「杜和春。字還樸，隴西人。萬曆五年進士。性樸直。知魯山、淶水、欒亭三縣，所至有聲。擢刑部主事，以孤梗失權貴意，謫山西藩幕。轉衛輝同知，宗室有辱縣令者，和春緝而置之法。再爲刑部主事，多所平反，持議獨立，不合諸僚意，即致仕歸，閉門謝客。與京兆馮從吾相友善，柬牘往來，質疑辨義。所著有《中庸秘旨》。」

③《康熙潁州志·職官·明（判官）》：「盧傑。欒平（今屬江西）人。」

④《康熙潁州志·職官·明（吏目）》：「謝尚樸。烏程（今浙江湖州）人。萬曆三十三年（1605）任。」

⑤《康熙潁州志·職官·明（學正）》：「劉佳。山陰（今浙江紹興）人。舉人。萬曆二十七年（1599）任。」《嘉慶山陰縣志·選舉·明舉人》：「劉佳。烶之子……以上（萬曆）十年壬午（1582）科。」

⑥《康熙潁州志·職官·明（訓導）》：「孔紹。恩縣（今山東平原）人。」《宣統恩縣志·選舉志·貢生》：「孔紹。（萬曆）二十年（1592）補貢。山西清源縣教諭。」

⑦《康熙潁州志·職官·明（訓導）》：「劉文元。滁州（今屬安徽）人。」《光緒滁州志·選舉志·（明）歲貢》：「（萬曆）辛丑（1601）：劉文元。官潁州訓（導）。」

⑧《康熙潁州志·職官·明（訓導）》：「王象震。新城（今山東桓臺）人。」《康熙新城縣志·選舉志·恩選》：「王象震。之輔子。選貢。潁州訓導。」

续表

	知州	同知	判官	吏目	學正	訓導
萬曆	孫崇先。扶風舉人。① 靳一派。②	鍾曰孟。南昌（人）。③ 蔡敬中。光山（人）。④	林治世。羅源（人）。⑤	陳釗。順天人。⑥ 李教先。鄞縣（人）。⑦	王會圖。吴縣舉人。⑧	王一清。⑨ 高大紀。⑩ 柳如松。⑪

①見本書《宦業傳·補》。

②《康熙潁州志·職官·明（知州）》僅存其名。《康熙福建通志·選舉·（明）舉人》：「萬曆十六年戊子（1588）潘洙榜……海澄縣：靳一派。潁州知州。」

③《康熙潁州志·職官·明（同知）》：「鍾曰孟。南昌（今屬江西）人。」《民國南昌縣志·仕籍志·明》：「鍾曰孟。潁州州同。」

④《康熙潁州志·職官·明（同知）》：「蔡敬中。光山（今屬河南）人。此十八人俱神宗萬曆間任。」

⑤「治世」，一作「世治」。《康熙潁州志·職官·明（判官）》：「林治世。羅源人。」《康熙羅源縣志·選舉·（明）歲貢》：「林世治。字以道，招賢人。潁州通判。」

⑥《康熙潁州志·職官·明（吏目）》：「陳釗。順天（今北京）人。」

⑦《康熙潁州志·職官·明（判官）》：「李教先。鄞縣（今浙江寧波）人。」

⑧《康熙潁州志·職官·明（學正）》：「王會圖。吴縣（今江蘇蘇州）人。舉人。」崇禎《吴縣志·選舉·本朝鄉舉》：「萬曆十六年戊子（1588）科……王會圖。字無文。治《易》。官星子縣知縣。」

⑨本書《藝文下·明文》所載《重修潁州文廟儒學碑記》云：「訓導……王一清，四川灌縣（今都江堰）人，共襄其事。」《康熙潁州志·職官·明（訓導）》僅存其名。《民國灌縣志》未見其人。

⑩《康熙潁州志·職官·明（訓導）》僅存其名。

⑪《康熙潁州志·職官·明（訓導）》僅存其名。

续表

	知州	同知	判官	吏目	學正	訓導
萬曆	林杞。福建人。①	孫應鳳。臨安（人）。② 梁懋孔。高安（人）。③	陳正心。定興（人）。④	王嘉績。⑤	彭倫。清江人。⑥	葉之經。⑦ 朱繼統。⑧ 雷士哲。⑨

①《康熙潁州志・職官・明（知州）》：「林杞。福建人。」

②《康熙潁州志・職官・明（同知）》：「孫應鳳。臨安（今屬杭州）人。萬曆三十三年（1605）任。」《宣統臨安縣志・選舉志・（明）監選》：「孫應鳳。潁川［州］同知。」

③《康熙潁州志・職官・明（同知）》：「梁懋孔。高安（今屬江西）人。選貢。萬曆三十五年（1607）任。」

④《康熙潁州志・職官・明（判官）》：「陳正心。定興（今屬河北）人。」《光緒定興縣志・人物志・列傳》：「陳正心。天資穎異。年十二，童子試輒冠其旅。萬曆己卯（1579）舉於鄉。筮仕臨邑，作意興學，識翰林學士張光裕於諸生。守正不阿，爲上所忌，謫倅膠州。以外艱歸，復補潁州，有惠政。擢判淮安，職司鹽捕，摘奸剔猾，驚若神明。衍《弟子職》十四章，啟迪後學。進表入京，會河决王家口，逼近祖陵，即相勢別開河以殺其勢。以交薦授本府管河同知，政績甚著。以内艱歸。」

⑤《康熙潁州志・職官・明（吏目）》：「陳釗。順天（今北京）人。王嘉績。二人俱萬曆間任。」

⑥《康熙潁州志・職官・明（學正）》：「彭倫。清江（今江西樟樹）人。歲貢。萬曆三十六年（1608）年任。」《同治清江縣志・選舉・（明）貢生》：「彭倫。萬曆二十三年（1595）貢。瑞州府訓導，寧鄉教諭，潁州學正。」

⑦本書《藝文下・明文》所載《重修潁州文廟儒學碑記》云：「訓導……葉之經，直隸華亭（今屬河北）人。」《康熙潁州志・職官・明（訓導）》僅存其名。

⑧《康熙潁州志・職官・明（訓導）》僅存其名。

⑨《康熙潁州志・職官・明（訓導）》僅存其名。

续表

	知州	同知	判官	吏目	學正	訓導
萬曆	江毓粹。①	何守成。②	蔡萬程。蕭山（人）。③ 萬言。南昌人。④	薛來朝。（鉅）野縣（人）。⑤	王允升。⑥	方國賢。⑦ 謝君榮。⑧ 田實好。⑨
泰昌	王政。四川舉人。⑩				朱葵。舉人。⑪	蘇天爵。⑫

①《康熙潁州志·職官·明（知州）》：「江毓粹。三人俱萬曆間任。」《乾隆隆昌縣志·選舉·（明）舉人》：「江毓粹。」疑即其人。

②《康熙潁州志·職官·明（同知）》：「何守成。萬曆間任。」《光緒分水縣志·選舉·（明）舉人》：「隆慶元年（1567）：何守成。順天榜中式，永定知縣。」疑即其人。

③《康熙潁州志·職官·明（判官）》：「蔡萬程。蕭山（今屬浙江）人。」《康熙蕭山縣志·選舉·（明）例貢》存其名。

④《康熙潁州志·職官·明（判官）》：「萬言。南昌（今屬江西）人。」

⑤《康熙潁州志·職官·明（判官）》：「薛來朝。鉅野（今屬山東）人。貢士。萬曆三十四年（1606）任。」《萬曆鉅野縣志·選舉志·明歲貢》：「薛來朝。少承家學，有俊聲。守一，其祖也。」

⑥《康熙潁州志·職官·明（學正）》：「王允升。萬曆間任。」

⑦《康熙潁州志·職官·明（訓導）》僅存其名。

⑧《康熙潁州志·職官·明（訓導）》僅存其名。

⑨《康熙潁州志·職官·明（訓導）》：「田實好。三十人俱神宗萬曆間任。」

⑩見本書《宦業傳·補》。

⑪《康熙潁州志·職官·明（學正）》：「朱葵。舉人。光宗泰昌中任。」

⑫《康熙潁州志·職官·明（訓導）》：「蘇天爵。光宗泰昌間任。」

续表

	知州	同知	判官	吏目	學正	訓導
天啟	胡天賜。定州舉人。① 李雲。（彝）陵州舉人。② 汪心淵。見《宦業》。	王愛槐。北直人。 黃中。江西人。③	高亮采。山東（人）。 戴應詔。浙江（人）。 陳經綸。江西（人）。④			茹秉中。 陳禹謨。 李中和。 郭佳。 袁大畜。 王道行。遼陽人。歷任亳州、□真，有宦業，遂家於潁，爲僑寓。⑤

①《康熙潁州志·職官·明（知州）》：「胡天賜。定州（今屬河北）人。舉人。熹宗天啟初任。」

②《康熙潁州志·職官·明（知州）》：「李雲。天啟間任，詳見《名宦》。」同書《名宦·明》：「李雲。湖廣人。天啟五年（1625），由舉人知潁州。故州衛同城，衛苦代運，而積蠹滋漫，民力不堪。適衛丁張邦紳叩闕籲陳，雲亦請於當局，乃同豫省會疏除其弊，軍民便焉。」《康熙荆州府志·人物·（明）彝陵州》：「李雲。字衡嶽，彝陵（今湖北宜昌）人。登萬曆壬子（1612）鄉書。由武功令陞潁州刺史，關潁至今祀之。居恒言笑不苟。晚知明祚將亡，大書『名義至重，鬼神難期』八字於牖上，日夕著述其中。崇禎癸未（1643），賊執之，不屈，逼之荆州石套子，不食旬旦，瞑目端坐而逝。」

③《康熙潁州志·職官·明（同知）》：「章繼榮。江西人。王愛槐。北直（今北京）人。黃中。江西人。三人俱熹宗天啟間任。」

④《康熙潁州志·職官·明（同知）》：「高亮采。山東人。戴應詔。浙江人。陳經綸。江西人。潘張。見《宦業》。四人俱熹宗天啟間任。」

⑤「□」處，原文漫漶不清。《康熙潁州志·職官·明（訓導）》：「茹秉中。陳禹謨。李中和。郭佳。袁大畜。王道行。遼陽人。有宦業，後家於潁。六人俱熹宗天啟間任。」

续表

	崇禎
知州	沈延祉。鄞縣舉人。① 尹夢鰲。見《宦業》。 蔣嘉禎。舉人。② 蕭嗣立。舉人。③ 任民育。濟寧舉人。④
同知	周維新。陝西（人）。 王三策。山東（人）。 李桂枝。階州（人）。 葉夢芃。廣東（人）。 宋錫堯。順天（人）。 胡是虞。四川（人）。 魯論。新城人。⑤ 孫翼聖。廣昌（人）。⑥
判官	
吏目	趙良彬。浙江（人）。 謝夢熊。浙江（人）。 胡啟明。浙江（人）。 董學禮。仁和（人）。 陳會泰。順天（人）。 胡利鎰。山陰（人）。 李萼春。廣平（人）。 吳翔龍。江西（人）。⑦
學正	程之敦。黄崗［岡］舉人。⑧ 周逢泰。湖廣舉人。⑨ 宋應兆。揚州貢士。⑩ 陸之鉞［越］。錢塘舉人。⑪
訓導	屈允直。北直（人）。⑫ 戎干城。大名（人）。⑬ 張允紹。太康（人）。⑭ 沈延慶。遼東（人）。⑮ 張垍。⑯ 卞時强。揚州（人）。⑰ 張斐。河南人。⑱

①《康熙潁州志·職官·明（知州）》：「沈延祉。鄞縣（今浙江寧波）人。舉人。懷宗崇禎初任。」《乾隆鄞縣志·選舉表·（明）舉人》：「（萬曆）四十三年乙卯（1615）：沈延祉。知州。」

②《康熙潁州志・職官・明（知州）》：「蔣嘉禎。舉人。崇禎間任。」《乾隆廣西通志・選舉・（明）舉人》：「天啟七年丁卯（1627）科……蔣嘉正［禎］。全州（今屬廣西）人。潁州知州。」

③《康熙潁州志・職官・明（知州）》：「蕭嗣立。舉人。崇禎間任。」《雍正廣東通志・人物志・明》：「蕭嗣立。字而權，番禺人。舉萬曆戊午（1618）鄉薦。事繼母以孝聞。初爲潁上宰，發奸摘伏如神。崇禎朝，江北蝗蟲爲災，惟潁上蝗不入境，時人比之魯中牟。流氛日熾，嗣立脱室人簪珥以犒士，捐俸錢製火器，爲守城具，賊憚之，相戒勿犯。潁人著《守城紀實》以志之。會潁州失守，總漕朱大典以重地需人，特表嗣立爲潁州牧。乃招集流亡，修復城池，整學宫廨宇，使民開荒耕植，煦嫗創《痍民歌》頌焉。（崇禎）十二年（1639），兼攝壽州。張獻忠率衆來犯，嗣立與鄉紳方震孺厲兵募死士，夜斫賊營，斬其梟帥，賊遂退。十四年（1641），豫賊數十萬交馳潁道，合圍攻潁，賊覘視，望見有天神執刀現城上，驚遁去，追斬賊首數千。嗣立露宿城上兩月有十餘日，以病卒。屬纊之日，猶呼『追賊』者三。貧不能歸喪，士民助之，崇祀鄉賢。」

④見本書《宦業傳・補》。

⑤《康熙潁州志・職官・明（同知）》：「周維新。陝西人。王三策。山東人。李桂枝。階州（今甘肅武都）人。葉夢芃。廣東人。宋錫堯。順天（今北京）人。胡是虞。四川人。魯論。新城人。七人俱懷宗崇禎間任。」

⑥《康熙潁州志・職官・明（知州）》：「孫翼聖。山西人。歲貢。崇禎十七年（1644）以本州同知任。」

⑦《康熙潁州志・職官・明（吏目）》：「趙良彬。浙江人。謝夢熊。浙江人。胡啟明。浙江人。董學禮。仁和（今杭州）人。陳會泰。順天（今北京）人。胡利鎰。山陰（今浙江紹興）人。李萼春。廣平（今屬河北）人。吳翔龍。江西人。八人俱懷宗崇禎間任。」

⑧《康熙潁州志・職官・明（學正）》：「程之敦。黄岡（今屬湖北）人。舉人。」《乾隆黄岡縣志・選舉・（明）舉人》：「天啟四年甲子（1624）……程之敦。萍鄉知縣。有傳。」然該書《人物志》未見其傳。《同治萍鄉縣志・人物志・名宦》：「程之敦。湖廣黄岡舉人。崇禎間知萍鄉，精明渾厚，撫字之餘，催科不擾。丁丑（1637），流寇潰城。請兵救全，袁郡人皆感頌。」

⑨《康熙潁州志・職官・明（學正）》：「周逢泰。湖廣人。舉人。」《乾隆湘潭縣志・選舉・（明）舉人》：「（萬曆）乙卯（1615）科：周逢泰。順天中式。」疑即其人。

⑩《康熙潁州志・職官・明（學正）》：「宋應兆。揚州（今屬江蘇）人。貢士。」《雍正揚州府志・選舉・（明）貢士》：「宋應兆。江都（今屬江蘇）。」《乾隆江都縣志・選舉・（明）貢士》：「崇禎……宋應兆。以上三年（1630）。」

⑪見本書《宦業傳》。

⑫《康熙潁州志・職官・明（訓導）》：「屈允直。北直（今河北）人。」

⑬《康熙潁州志・職官・明（訓導）》：「戎干城。大名（今屬河北）人。」

⑭《康熙潁州志・職官・明（訓導）》：「張允紹。太康（今屬江蘇）人。」《乾隆太康縣志・選舉・（明）貢生》：「張允紹。潁州訓導。」

⑮《康熙潁州志・職官・明（訓導）》：「沈延慶。遼東人。」

⑯《康熙潁州志・職官・明（訓導）》僅存其名。

⑰《康熙潁州志・職官・明（訓導）》：「卞時强。揚州（今屬江蘇）人。」《雍正揚州府志・選舉・（明）貢士》：「卞時强。儀徵（今屬江蘇）人。」《道光重修儀徵縣志・選舉・（明）貢舉》：「崇禎十三年庚辰（1640）：卞時强。」

⑱《康熙潁州志・職官・明（訓導）》：「張斐。河南（今河南雒陽）人。七人俱懷宗崇禎間任。」

潁州志卷之十一

選舉表

凡史傳必表人物，而兹所列者，选舉也。公卿起於蔀屋，賢才躋自庠序。孝弟力田，弓旌待聘。自漢而後，無資月旦矣。故歷序古今，首重科制。若夫英賢傑出、竪三不朽之業者，多出於是。至於恭默尸居，潛修立德，蟬蜕萬乘，獨聞至道，有所謂不貂冕而榮、不圭爵而富者，亦存乎其人也。維潁多才，與時上下，就兹師濟，標映人倫，概足備國史之選，豈不盛歟？

	進士
唐	王建。大曆十年（775）登第。①

①見本書《名賢傳》。

续表

	進士
晉	李穀。御史中丞。詳《人物》。①
宋	舒明［昭］遠。太常博士。②
	王臻。右諫議大夫、御史中丞。詳《人物》。③
	王回。任衛真簿。詳《人物》。④
元	李黼。泰初［定］四年（1327）廷試第一，授翰林修撰。歷官監察御史、禮部侍郎，贈資德大夫、淮南江北等處行中書省左丞相、護國［軍］，追封隴西郡公，謚文忠［忠文］。詳《人物》。⑤

①見本書《名賢傳》。

②《宋史·舒元傳》：「舒元，潁州沈丘（今安徽臨泉縣一帶）人……子知白、知雄、知崇……知白子昭遠，大中祥符五年（1012），任大理評事，因對自陳，改大理寺丞，賜進士第，至太常博士。」吕景蒙《嘉靖潁州志·人物表·（宋）仕》：「大中祥符：舒明［昭］遠。知白子。任大理丞，以明經賜進士第，改太常博士。」李宜春《嘉靖潁州志·選舉·宋》：「舒明［昭］遠。潁州沈丘人。任大理寺丞，賜進士第。官至太常博士。」

③見本書《名賢傳》。

④見本書《名賢傳》。

⑤見本書《名賢傳》。

续表

	進士
明	徵辟
	安然。御史。官至四輔。詳《人物》。①
	李敏。工部尚書。詳《人物》。②
	竇松。監察御史。詳《人物》。③
	欒世英。四川布政使。詳《人物》。④
	李翰。福建布政司参政。⑤

①見本書《名賢傳》。
②見本書《名賢傳》。
③見本書《名賢傳》。
④見本書《名賢傳》。
⑤見本書《名賢傳》。

续表

	進士	舉人	歲貢	應例①	雜科年次無考	武科
洪武甲子（1384）		方亨。考功郎中。② 韓進。監察御史。③ 焦敏。金華知府。④	刑守仁。知府。⑤ 張泌。詳《人物》。⑥ 周鎬。布政參議。⑦	趙紀。⑧ 周璇。縣丞。⑨ 杜貫。主簿。⑩	朱之［文］浩。通判。⑪ 姜韜。鹽引所大使。⑫	劉密。嘉靖庚戌（1550）科武進士。⑬ 楊潔。嘉靖丙辰（1556）科武進士。⑭

①表中「應例」「雜科」「武科」年次與第一列所標時間無關。
②見本書《名賢傳》。
③見本書《名賢傳》。
④《成化中都志·科貢·鄉舉》：「癸酉科洪武二十六年（1393）……焦敏。潁州人。」同書《人才·潁州》：「焦敏。由舉人，任西安府知府。」《南畿志·鳳陽府·鄉舉科》：「（洪武）癸酉：焦敏。潁州人。知府。」《正德潁州志·科貢·（本朝）科》：按，雖然此處記載無誤，但由於呂景蒙《嘉靖潁州志》關於明代選舉的時間記載大都排列錯誤，故本書在注釋時僅引出其原文，不復一一辨析。特此說明》「焦敏。洪武二十六年癸酉中應天府鄉試。仕至金華知府。」呂景蒙《嘉靖潁州志·人物表·鄉貢》：「（洪武）癸酉：焦敏。金華知府。」李宜春《嘉靖潁州志·選舉·明（舉人）》：「焦敏。潁州人。洪武癸酉中式。終金華知府。」《萬曆金華府志·官師·國朝知府》：「焦敏。潁州人。洪武二十五年（1392），由舉人授任。」《乾隆西安府志·職官志·明》：「西安府知府……焦敏。南直潁州人。」
⑤見本書《名賢傳》。
⑥見本書《名賢傳》。
⑦見本書《名賢傳》。
⑧《正德潁州志·科貢·（本朝）制貢》僅存其姓。呂景蒙《嘉靖潁州志·人物表·（明）應例》：「趙紀。饒州吏目。」李宜春《嘉靖潁州志·（明）應例·州》：「趙紀。承天府靖州吏目。」

⑨《正德潁州志·科貢·（本朝）制貢》：「周璇。任縣丞。」呂景蒙《嘉靖潁州志·人物表·（明）應例》：「周璇。縣丞。」李宜春《嘉靖潁州志·（明）應例·州》同。

⑩《正德潁州志·科貢·（本朝）制貢》：「杜貫。任主簿。」呂景蒙《嘉靖潁州志·人物表·（明）應例》：「杜貫。主簿。」李宜春《嘉靖潁州志·（明）應例·州》同。

⑪呂景蒙《嘉靖潁州志·附人物表·（州）雜科》：「朱文浩。長沙府通判。」李宜春《嘉靖潁州志·雜科·州》：「朱文浩。通判。」

⑫呂景蒙《嘉靖潁州志·附人物表·（州）雜科》：「姜韜。鹽引所大使。」李宜春《嘉靖潁州志·雜科·州》：「姜韜。所大使。」

⑬《康熙潁州志·選舉·（明）武進士》：「劉密。河南武舉，嘉靖庚戌。」

⑭《康熙潁州志·選舉·（明）武進士》：「楊潔。河南武舉，嘉靖丙辰。」

续表

	進士	舉人	歲貢	應例	雜科年次無考	武科
永樂乙酉（1405）		李泰。固始訓導。① 吳翔。府教授。② 董敏。筠連訓導。③	李顒。知縣。④	董旺。主簿。⑤ 常清。主簿。⑥ 王釗。州判。⑦	董良。⑧ 梁孟謙。⑨ 李宗華。⑩	方獻可。萬曆間武進士。⑪

①《成化中都志·科貢·鄉舉》：「乙酉科永樂三年……李泰。潁州人。」《南畿志·鳳陽府·鄉舉科》：「永樂癸未（1403）……李泰。潁州人。訓導。」《正德潁州志·科貢·（本朝）科》：「李泰。永樂元年癸未補科，中應天府鄉試。任固始縣訓導。」呂景蒙《嘉靖潁州志·人物表·鄉

貢》：「永樂乙酉：李泰。固始訓導。」李宜春《嘉靖潁州志・選舉・明（舉人）》：「李泰。潁州人。永樂乙酉中式。固始縣學訓導。」《嘉靖固始縣志・官師・（大明）訓導》：「李泰。潁州舉人。」

②《成化中都志・科貢・鄉舉》：「乙酉科永樂三年……吳翔。潁州人。」《南畿志・鳳陽府・鄉舉科》：「永樂乙酉……吳翔。潁州人。教諭。」《正德潁州志・科貢・（本朝）科》：「吳翔。永樂三年乙酉中應天府鄉試。任府教授。」呂景蒙《嘉靖潁州志・人物表・鄉貢》：「永樂乙酉：吳翔。府學教授。」李宜春《嘉靖潁州志・選舉・明（舉人）》：「吳翔。潁州人。永樂乙酉中式。府學教授。」

③《成化中都志・科貢・鄉舉》：「乙酉科永樂三年……董敏。潁州人。」《南畿志・鳳陽府・鄉舉科》：「永樂乙酉……董敏。潁州人。教諭。」《正德潁州志・科貢・（本朝）科》：「董敏。永樂三年乙酉中應天府鄉試。任筠連縣訓導。」呂景蒙《嘉靖潁州志・人物表・鄉貢》：「永樂乙酉：董敏。筠連訓導。」李宜春《嘉靖潁州志・選舉・明（舉人）》：「董敏。潁州人。永樂乙酉中式。筠連縣學訓導。」

④《正德潁州志・科貢・（本朝）貢》：「李顒。永樂應貢。仕至知縣。」呂景蒙《嘉靖潁州志・人物表・歲薦》：「永樂乙酉：李顒。知縣。」李宜春《嘉靖潁州志・歲貢・州》：「李顒。仕至知縣。」

⑤《正德潁州志・科貢・制貢》：「董旺。應成化二十一年（1485）制貢。任石城縣主簿。」呂景蒙《嘉靖潁州志・人物表・（明）應例》：「董旺。石城主簿。」李宜春《嘉靖潁州志・（明）應例・州》：「董旺。贛州府石城縣主簿。」《順治石城縣志・職官・明朝主簿》：「董旺。南直隸潁州人。弘治年任。」

⑥《正德潁州志・科貢・制貢》：「常清。應成化二十一年（1485）制貢。任高安縣主簿。」呂景蒙《嘉靖潁州志・人物表・（明）應例》：「常清。高安主簿。」李宜春《嘉靖潁州志・（明）應例・州》同。《同治高安縣志・秩官・（明）主簿》：「常清。潁州人。宏［弘］治十四年（1501）任。」

⑦《正德潁州志・科貢・制貢》：「王釗。應成化二十一年（1485）制貢。任德州判官。」呂景蒙《嘉靖潁州志・人物表・（明）應例》：「王釗。德州判官。」李宜春《嘉靖潁州志・（明）應例・州》同。

⑧呂景蒙《嘉靖潁州志・附人物表・（州）雜科》：「董良。南京甲字庫大使。」李宜春《嘉靖潁州志・雜科・州》：「董良。庫大使。」

⑨呂景蒙《嘉靖潁州志・附人物表・（州）雜科》及李宜春《嘉靖潁州志・雜科・州》俱僅存其名。

⑩呂景蒙《嘉靖潁州志・附人物表・（州）雜科》及李宜春《嘉靖潁州志・雜科・州》俱僅存其名。

⑪《康熙潁州志・選舉・（明）武進士》：「方獻可。萬曆間進士科。」

续表

	進士	舉人	歲貢	應例	雜科年次無考	武科
辛卯（1411）		韓璽。左參政。① 閔名。夏邑教諭。② 仵恭。嘉興通判。③	孫榮。户部主事。④	陳鐸。王府教授。⑤ 史鏡。州同。⑥ 聶珊。知縣。⑦	張鵬舉。⑧ 王和。典史。⑨ 聞淩。永嘉税課局大使。⑩	下俱武舉，年次無考。 王來聘。⑪

①見本書《名賢傳》。

②《成化中都志·科貢·鄉舉》：「辛卯科永樂九年（1411）……閔銘。潁州人。」《南畿志·鳳陽府·鄉舉科》：「（永樂）辛卯……閔銘。潁州人。教諭。」《正德潁州志·科貢·（本朝）科》：「閔銘。（永樂）辛卯中應天府鄉試。任夏邑縣學諭。」呂景蒙《嘉靖潁州志·人物表·（明）鄉貢》：「（永樂）辛卯……閔名。夏邑教諭。」李宜春《嘉靖潁州志·選舉·明（舉人）》：「閔名。潁州人。終夏邑教諭。」《嘉靖夏邑縣志·官師·（明）訓導》：「（永樂）二十一年癸卯（1423）：閔賢。直隸潁州舉人。」疑即其人。

③《成化中都志·科貢·鄉舉》：「辛卯科永樂九年（1411）……仵恭。潁州人。」《南畿志·鳳陽府·鄉舉科》：「（永樂）辛卯……許［仵］恭。潁州人。斷事。」《正德潁州志·科貢·（本朝）科》：「仵恭。（永樂）辛卯中應天府鄉試。任斷事司斷事。」吕景蒙《嘉靖潁州志·人物表·（明）鄉貢》：「（永樂）辛卯……仵恭。（字）克敬。任陝西行都司斷事。遷嘉興通判。」李宜春《嘉靖潁州志·選舉·明（舉人）》：「仵恭。潁州人。字克敬。陝西行都司斷事。終嘉興通判。」

④《成化中都志·人才·潁州》：「孫榮。由監生，任行部戶曹主事。」李宜春《嘉靖潁州志·歲貢·州》：「孫榮。戶部交阯司主事。俱永樂間貢。」

⑤《正德潁州志·科貢·制貢》：「陳鐸。應成化二十一年（1485）制貢。任樂陵王府教授。」吕景蒙《嘉靖潁州志·人物表·（明）應例》：「陳鐸。王府教授。」李宜春《嘉靖潁州志·（明）應例·州》同。

⑥《正德潁州志·科貢·制貢》：「史鏡。應成化二十一年（1485）制貢。任德州衛經歷，任山西澤州同知。」吕景蒙《嘉靖潁州志·人物表·（明）應例》：「史鏡。澤州同知。」李宜春《嘉靖潁州志·（明）應例·州》同。

⑦《正德潁州志·科貢·（本朝）制貢》：「聶珊。應成化二十一年（1485）制貢。任清源縣縣丞，陞富平縣知縣。」吕景蒙《嘉靖潁州志·人物表·（明）應例》：「聶珊。富平知縣。」李宜春《嘉靖潁州志·（明）應例·州》同。《光緒富平縣志稿·職官表·（明）知縣》：「聶珊。汝陰（人）。」

⑧吕景蒙《嘉靖潁州志·附人物表·（州）雜科》及李宜春《嘉靖潁州志·雜科·州》俱僅存其名。

⑨吕景蒙《嘉靖潁州志·附人物表·（州）雜科》：「王和。長壽典史。」李宜春《嘉靖潁州志·雜科·州》：「王和。典史。」

⑩吕景蒙《嘉靖潁州志·附人物表·（州）雜科》：「聞凌。永嘉税課局大使。」李宜春《嘉靖潁州志·雜科·州》：「聞凌。局大使。」

⑪《康熙潁州志·選舉·（明）武舉人》存其名。

续表

	進士	舉人	歲貢	應例	雜科年次無考	武科
癸卯（1423）		周彬。魯府教授。① 秦昕。監察御史。②		徐欽。知事。③ 周鐸。④	高聰。典史。⑤	李鰲。⑥ 柳玉。⑦

①《成化中都志・科貢・鄉舉》：「癸卯科永樂二十一年……周彬。潁州人。」《南畿志・鳳陽府・鄉舉科》：「（永樂）癸卯……周彬。潁州人。教授。」《正德潁州志・科貢・（本朝）科》：「周彬。永樂二十一年癸卯中應天府鄉試。任府教授。」呂景蒙《嘉靖潁州志・人物表・鄉貢》：「永樂癸卯：周彬。魯府教授。」李宜春《嘉靖潁州志・選舉・（明）舉人》：「周彬。潁州人。永樂癸卯中式。終魯府教授。」

②「昕」字，《正德潁州志》作「忻」。《正德潁州志・科貢・（本朝）科》：「秦忻。任監察御史。」呂景蒙《嘉靖潁州志・人物表・鄉貢》：「永樂癸卯：秦昕。監察御史。」李宜春《嘉靖潁州志・選舉・（明）舉人》：「秦昕。潁州人。同癸卯中式。終監察御史。」

③《正德潁州志・科貢・（本朝）制貢》：「徐欽。應成化二十一年（1485）制貢。任饒州府知事。」呂景蒙《嘉靖潁州志・人物表・（明）應例》：「徐欽。饒州知事。終不就。」李宜春《嘉靖潁州志・（明）應例・州》：「徐欽。饒州府知事。」

④《正德潁州志・科貢・（本朝）制貢》：「周鐸。應成化二十一年（1485）制貢。」李宜春《嘉靖潁州志・（明）應例・州》僅存其名。

⑤呂景蒙《嘉靖潁州志・附人物表・（州）雜科》：「高聰。麻城典史。」李宜春《嘉靖潁州志・雜科・州》：「高聰。典史。」

⑥《康熙潁州志・選舉・（明）武舉人》僅存其名。

⑦《康熙潁州志・選舉・（明）武舉人》僅存其名。

续表

	進士	舉人	歲貢	應例	雜科年次無考	武科
洪熙			王憲。知縣。①	趙鐸。主簿。②	吳忠。巡檢。③	楚文。④
宣德			張果［杲］。國子學正。⑤	鍾玉。知縣。⑥	徐全。巡檢。⑦	齊世平。三科。⑧

①《正德潁州志·科貢·（本朝）貢》：「王憲。宣德應貢。仕終知縣。」吕景蒙《嘉靖潁州志·人物表·歲薦》：「洪熙乙巳（1425）：王憲。知縣。」李宜春《嘉靖潁州志·歲貢·州》：「王憲。知縣。洪熙間貢。」

②《正德潁州志·科貢·（本朝）制貢》：「趙鐸。應成化二十一年（1485）制貢。任湖廣武昌府照磨，陞衢州府西安縣主簿。」李宜春《嘉靖潁州志·（明）應例·州》：「趙鐸。西安主簿。」

③吕景蒙《嘉靖潁州志·附人物表·（州）雜科》：「吳忠。上虞巡檢。」李宜春《嘉靖潁州志·雜科·州》：「吳忠。巡檢。」

④《康熙潁州志·選舉·（明）武舉人》僅存其名。

⑤《正德潁州志·科貢·（本朝）貢》：「張杲。宣德應貢。仕終國子學正。」吕景蒙《嘉靖潁州志·人物表·歲薦》：「宣德丙午（1426）：張杲。國子學正。」李宜春《嘉靖潁州志·歲貢·州》：「張杲。仕終國子學正。」

⑥《正德潁州志·科貢·（本朝）制貢》：「鍾玉。應成化二十一年（1485）制貢。任廣平府肥鄉縣縣丞。丁内艱，改淮安府安東縣縣丞，陞揚州府儀真縣知縣。」李宜春《嘉靖潁州志·（明）應例·州》：「鍾玉。字君廷。儀真知縣。」《嘉慶揚州府志·秩官·（明）儀真縣知縣》：「鍾玉。潁州人。舉人。」

⑦吕景蒙《嘉靖潁州志·附人物表·（州）雜科》：「徐全。巡檢。」李宜春《嘉靖潁州志·雜科·州》同。

⑧「世平」二字，《康熙潁州志》作「平世」。《康熙潁州志·選舉·（明）武舉人》：「齊平世。三科。」

续表

	進士	舉人	歲貢	應例	雜科年次無考	武科
宣德			儲暘。① 韓俊。知縣。②	董鎮。主簿。③ 常瀛。主簿。④	李慶。巡檢。⑤ 劉仲禮。巡檢。⑥	王言。⑦ 時有效。⑧

①《正德潁州志·科貢·（本朝）貢》：「儲暘。宣德應貢。」呂景蒙《嘉靖潁州志·人物表·歲薦》：「（宣德）戊申（1428）：儲暘。」李宜春《嘉靖潁州志·歲貢·州》僅存其名。

②《正德潁州志·科貢·（本朝）貢》：「韓俊。宣德應貢。任知縣。」呂景蒙《嘉靖潁州志·人物表·歲薦》：「（宣德）甲寅（1434）：韓俊。知縣。」李宜春《嘉靖潁州志·歲貢·州》：「韓俊。仕至知縣。俱宣德間貢。」

③《正德潁州志·科貢·（本朝）制貢》：「董鎮。應成化二十一年（1485）制貢。任新淦縣主簿。」李宜春《嘉靖潁州志·（明）應例·州》：「董鎮。主簿。」

④《正德潁州志·科貢·（本朝）制貢》：「常瀛。應成化二十一年（1485）制貢。」李宜春《嘉靖潁州志·（明）應例·州》：「常瀛。主簿。」

⑤呂景蒙《嘉靖潁州志·附人物表·（州）雜科》：「李慶。巡檢。」李宜春《嘉靖潁州志·雜科·州》同。

⑥呂景蒙《嘉靖潁州志·附人物表·（州）雜科》：「劉仲禮。朱皋巡檢。」李宜春《嘉靖潁州志·雜科·州》：「劉仲禮。巡檢。」

⑦《康熙潁州志·選舉·（明）武舉人》僅存其名。

⑧《康熙潁州志·選舉·（明）武舉人》僅存其名。

续表

	進士	舉人	歲貢	應例	雜科年次無考	武科
正統丁卯（1447）		葉春。河南中式。京衛武學教授。①	陶鎔。教諭。② 丁正。訓導。③ 張方。府同知。④ 丁寧。長史。⑤ 畢昇。⑥ 韓虎［琥］。⑦ 劉政。⑧ 方泰。德府典寶。⑨ 李昂［勗］。府經歷。⑩ 李琦。府經歷。⑪ 孫禧。推官。⑫	張昇。府檢校。⑬ 閻莊。⑭ 平政。⑮ 張澤。知縣。⑯ 王景聰。主簿。⑰ 李恕。縣丞。⑱ 劉朝。知縣。詳《人物》。⑲ 張鏞。主簿。⑳ 李嫺。衛經歷。㉑ 李爟。㉒	張益。倉大使。㉓ 王聰。倉大使。㉔ 楊福。㉕ 冷琥。巡檢。㉖ 田慶。廣東遞運所大使。㉗ 李廣。倉大使。㉘ 楊洪。巡檢。㉙ 陶鎮。巡檢。㉚ 張鑑。倉大使。㉛ 劉鳳。所大使。㉜	李浩。㉝ 解元。㉞ 王文燁。㉟ 李之言。㊱ 劉胤志。㊲ 郭應翔。㊳ 亓蛟。㊴ 鞏晓。㊵ 陳其謨。㊶ 王科。㊷ 陳三樂。㊸

①《成化中都志・科貢・鄉舉》：「丁卯科正統十二年……葉春。潁州人。」《正德潁州志・科貢・（本朝）科》：「葉春。正統十二年丁卯中河南布政司鄉試。任五河縣教諭。」吕景蒙《嘉靖潁州志・人物表・鄉貢》：「正統丁卯：葉春。（字）景和。河南鄉試。京衛武學教授。以上軍民

弟子員俱赴應天鄉試，時以學正李悦奏准，軍生始赴河南鄉試，而中式則自春始。」李宜春《嘉靖潁州志・選舉・（明）舉人》：「葉春。潁州人，字景和。正統丁卯河南中式。終京衛武學教授。先是，軍民生儒俱應天鄉試，時學正李悦奏准［准］軍生試河南，而中式則自春始。」《光緒五河縣志・官師・教諭》：「（天順）葉春。河南潁州衛舉人。」

②《正德潁州志・科貢・（本朝）貢》：「陶鎔。正統應貢。任教諭。」吕景蒙《嘉靖潁州志・人物表・歲薦》：「正統丙辰（1436）：陶鎔。教諭。」李宜春《嘉靖潁州志・歲貢・州》：「陶鎔。任教諭。」

③《正德潁州志・科貢・（本朝）貢》：「丁正。正統應貢。任訓導。」吕景蒙《嘉靖潁州志・人物表・歲薦》：「（正統）丁巳（1437）：丁正。訓導。」李宜春《嘉靖潁州志・歲貢・州》：「丁正。任訓導。」

④《正德潁州志・科貢・（本朝）貢》：「張方。正統應貢。任府同知。」吕景蒙《嘉靖潁州志・人物表・歲薦》：「（正統）戊午（1438）：張方。府同知。」李宜春《嘉靖潁州志・歲貢・州》：「張方。仕至府同知。」

⑤《正德潁州志・科貢・（本朝）貢》：「丁寧。正統應貢。仕至長史。」吕景蒙《嘉靖潁州志・人物表・歲薦》：「（正統）庚申（1440）：丁寧。長史。」李宜春《嘉靖潁州志・歲貢・州》：「丁寧。仕至長史。俱正統貢。」

⑥《正德潁州志・科貢・（本朝）貢》：「畢昇。正統十年乙丑（1445）貢。」吕景蒙《嘉靖潁州志・人物表・歲薦》：「（正統）辛酉（1441）：畢昇。」李宜春《嘉靖潁州志・歲貢・州》：「畢昇。（正統）十年貢。」

⑦《正德潁州志・科貢・（本朝）貢》：「韓琥。正統應貢。」吕景蒙《嘉靖潁州志・人物表・歲薦》：「（正統）壬戌（1442）：韓琥。」李宜春《嘉靖潁州志・歲貢・州》僅存其名。

⑧《正德潁州志・科貢・（本朝）貢》：「劉政。正統應貢。願受冠帶終身。」吕景蒙《嘉靖潁州志・人物表・歲薦》：「（正統）甲子（1444）：劉政。冠帶終身。」李宜春《嘉靖潁州志・歲貢・州》：「劉政。冠帶終身。」

⑨《正德潁州志・科貢・（本朝）貢》：「方泰。正統應貢。仕至德府典寶。」吕景蒙《嘉靖潁州志・人物表・歲薦》：「（正統）乙丑（1445）：方泰。德府典寶。」李宜春《嘉靖潁州志・歲貢・州》：「方泰。仕至德府典寶。」

⑩《正德潁州志・科貢・（本朝）貢》：「李勗。正統應貢。任府經歷。」吕景蒙《嘉靖潁州志・人物表・歲薦》：「（正統）丙寅（1446）：李勗。府經歷。」李宜春《嘉靖潁州志・歲貢・州》：「李勗。任府經歷。」

⑪《正德潁州志・科貢・（本朝）貢》：「李琦。正統應貢。授府經歷。」吕景蒙《嘉靖潁州志・人物表・歲薦》：「（正統）戊辰（1448）：李琦。府經歷。」李宜春《嘉靖潁州志・歲貢・州》：「李琦。任府經歷。」

⑫《正德潁州志・科貢・（本朝）貢》：「孫禧。正統應貢。仕至推官。」吕景蒙《嘉靖潁州志・人物表・歲薦》：「（正統）己巳（1449）：孫禧。

推官。」李宜春《嘉靖潁州志·歲貢·州》：「孫禧。仕至推官。俱正統間貢。」

⑬《正德潁州志·科貢·（本朝）制貢》：「張昇。應成化二十一年（1485）制貢。任長沙府檢校。」李宜春《嘉靖潁州志·（明）應例·州》：「張昇。府檢校。」

⑭《正德潁州志·科貢·（本朝）制貢》：「閻莊。應成化二十一年（1485）制貢。」李宜春《嘉靖潁州志·（明）應例·州》僅存其名。

⑮《正德潁州志·科貢·（本朝）制貢》：「平政。應成化二十一年（1485）制貢。」李宜春《嘉靖潁州志·（明）應例·州》僅存其名。

⑯《正德潁州志·科貢·（本朝）制貢》：「張澤。應成化二十一年（1485）制貢。任嵊縣主簿，陞長興縣縣丞。」李宜春《嘉靖潁州志·（明）應例·州》：「張澤。知縣。」《同治長興縣志·職官表·（明）縣丞》：「張澤。南直潁州人。監生。正德八年（1513）任。陞商河縣知縣。」

⑰《正德潁州志·科貢·（本朝）制貢》：「王景聰。應成化二十一年（1485）制貢。任贛榆縣主簿。」李宜春《嘉靖潁州志·（明）應例·州》：「王景聰。主簿。」

⑱《正德潁州志·科貢·（本朝）制貢》：「李恕。應成化二十一年（1485）制貢。任宜興縣縣丞。」李宜春《嘉靖潁州志·（明）應例·州》：「李恕。縣丞。俱成化間例。」《嘉慶宜興縣志·職官志·明宜興縣丞》：「李恕。潁州衛人。監生。（弘治）十二年（1499）任。」

⑲見本書《名賢傳》。

⑳《正德潁州志·科貢·（本朝）制貢》：「張鑛。應正德三年（1508）制貢。」呂景蒙《嘉靖潁州志·人物表·應例》：「正德丙寅（1506）：張鑛。（字）國珍。主簿。」李宜春《嘉靖潁州志·（明）應例·州》：「張鑛。字國珍。主簿。」

㉑《正德潁州志·科貢·（本朝）制貢》：「李爓。應正德三年（1508）制貢。」呂景蒙《嘉靖潁州志·人物表·應例》：「正德戊辰（1508）：李爓。（字）委之。鳳陽右衛經歷。」李宜春《嘉靖潁州志·（明）應例·州》：「李爓。字委之。衛經歷。」

㉒《正德潁州志·科貢·（本朝）制貢》：「李瓘［爟］。應正德三年（1508）制貢。」呂景蒙《嘉靖潁州志·人物表·應例》：「李爟。（字）輝之。」李宜春《嘉靖潁州志·（明）應例·州》：「李爟。字輝之。」

㉓呂景蒙《嘉靖潁州志·附人物表·（州）雜科》：「張益。辰州府倉大使。」李宜春《嘉靖潁州志·雜科·州》：「張益。倉大使。」

㉔呂景蒙《嘉靖潁州志·附人物表·（州）雜科》：「王聰。濟南府倉大使。」李宜春《嘉靖潁州志·雜科·州》：「王聰。倉大使。」

㉕吕景蒙《嘉靖潁州志·附人物表·（州）雜科》：「楊福。南京織染局大使。」李宜春《嘉靖潁州志·雜科·州》：「楊福。局大使。」

㉖吕景蒙《嘉靖潁州志·附人物表·（州）雜科》：「冷琥。南豐巡檢。」李宜春《嘉靖潁州志·雜科·州》：「冷琥。巡檢。」

㉗吕景蒙《嘉靖潁州志·附人物表·（州）雜科》：「田慶。廣東遞運所大使。」李宜春《嘉靖潁州志·雜科·州》：「田慶。所大使。」

㉘吕景蒙《嘉靖潁州志·附人物表·（州）雜科》：「李廣。新會倉副使。」李宜春《嘉靖潁州志·雜科·州》：「李廣。倉副使。」

㉙吕景蒙《嘉靖潁州志·附人物表·（州）雜科》：「楊洪。巡檢。」李宜春《嘉靖潁州志·雜科·州》同。

㉚吕景蒙《嘉靖潁州志·附人物表·（州）雜科》：「陶鎮。巡檢。」李宜春《嘉靖潁州志·雜科·州》同。

㉛吕景蒙《嘉靖潁州志·附人物表·（州）雜科》：「張鑑。福建倉大使。」李宜春《嘉靖潁州志·雜科·州》：「張鑑。倉大使。」

㉜吕景蒙《嘉靖潁州志·附人物表·（州）雜科》：「劉鳳。趙州遞運所大使。」李宜春《嘉靖潁州志·雜科·州》：「劉鳳。所大使。」

㉝《康熙潁州志·選舉·（明）武舉人》僅存其名。

㉞《康熙潁州志·選舉·（明）武舉人》僅存其名。

㉟「燁」字，《康熙潁州志》作「煒」。《康熙潁州志·選舉·（明）武舉人》：「王文煒。」

㊱《康熙潁州志·選舉·（明）武舉人》僅存其名。

㊲《康熙潁州志·選舉·（明）武舉人》：「劉胤志。已［以］上民籍。」

㊳《康熙潁州志·選舉·（明）武舉人》僅存其名。

㊴《康熙潁州志·選舉·（明）武舉人》僅存其名。

㊵《康熙潁州志·選舉·（明）武舉人》僅存其名。

㊶《康熙潁州志·選舉·（明）武舉人》僅存其名。

㊷《康熙潁州志·選舉·（明）武舉人》僅存其名。

㊸《康熙潁州志·選舉·（明）武舉人》僅存其名。

续表

	進士	舉人	歲貢	應例	雜科年次無考	武科
景泰癸酉（1453）		呂慶。應天中式。府教授。①	王綸。主簿。② 方昌。縣丞。③	李烶。④ 周鉞。經歷。⑤	李玘。巡檢。⑥ 郭清。主簿。⑦	劉養性。 張坦。⑧

①《成化中都志・科貢・鄉舉》：「癸酉科景泰四年……呂慶。潁州人。」《南畿志・鳳陽府・鄉舉科》：「（景泰）癸酉……呂慶。潁州人。教授。」《正德潁州志・科貢・（本朝）科》：「呂慶。景泰四年癸酉中應天府鄉試。任府教授。」呂景蒙《嘉靖潁州志・人物表・鄉貢》：「景泰癸酉：呂慶。應天鄉試。府學教授。」李宜春《嘉靖潁州志・選舉・明（舉人）》：「呂慶。潁州人。景泰癸酉中式。終府學教授。」

②《正德潁州志・科貢・（本朝）貢》：「王綸。景泰中貢。仕終主簿。」呂景蒙《嘉靖潁州志・人物表・歲薦》：「景泰庚午（1450）：王綸。主簿。」李宜春《嘉靖潁州志・歲貢・州》：「王綸。仕至主簿。」

③《正德潁州志・科貢・（本朝）貢》：「方昌。景泰應貢。仕終縣丞。」呂景蒙《嘉靖潁州志・人物表・歲薦》：「（景泰）辛未（1451）：方昌。縣丞。」李宜春《嘉靖潁州志・歲貢・州》：「方昌。仕至縣丞。」

④《正德潁州志・科貢・（本朝）制貢》：「李烶。應正德三年（1508）制貢。」呂景蒙《嘉靖潁州志・人物表・（明）應例》：「李烶。（字）楹之。」李宜春《嘉靖潁州志・（明）應例・州》：「李烶。字楹之。」

⑤《正德潁州志・科貢・（本朝）制貢》：「周鉞。應正德三年（1508）制貢。」呂景蒙《嘉靖潁州志・人物表・（明）應例》：「周鉞。（字）秉之。長沙經歷。」李宜春《嘉靖潁州志・（明）應例・州》：「周鉞。字秉之。府經歷。」

⑥呂景蒙《嘉靖潁州志・附人物表・（州）雜科》：「李玘。巡檢。」李宜春《嘉靖潁州志・雜科・州》同。

⑦呂景蒙《嘉靖潁州志・附人物表・（州）雜科》：「郭清。靈石主簿。」李宜春《嘉靖潁州志・雜科・州》：「郭清。主簿。」

⑧《康熙潁州志・選舉・（明）武舉人》僅存二人之名。

续表

	進士	舉人	歲貢	應例	雜科年次無考	武科
丙子（1556）		郭昇。河南中式。①	麗以淳。縣丞。② 劉昶。縣丞。③	李琦。縣丞。④ 鍾士元。檢校。⑤	李福成。巡檢。⑥	張好賢。 田葵。

①見本表《進士》。

②《正德潁州志·科貢·（本朝）貢》：「麗以淳。景泰應貢。仕至縣丞。」吕景蒙《嘉靖潁州志·人物表·歲薦》：「（景泰）壬申（1452）：麗以淳。縣丞。」李宜春《嘉靖潁州志·歲貢·州》：「麗以淳。仕至縣丞。」

③《正德潁州志·科貢·（本朝）貢》：「劉昶。景泰應貢。仕終縣丞。」吕景蒙《嘉靖潁州志·人物表·歲薦》：「（景泰）甲戌（1454）：劉昶。縣丞。」李宜春《嘉靖潁州志·歲貢·州》：「劉昶。仕至縣丞。」

④《正德潁州志·科貢·（本朝）制貢》：「李琦。應正德三年（1508）制貢。」吕景蒙《嘉靖潁州志·人物表·（明）應例》：「李琦。（字）體質。縣丞。」李宜春《嘉靖潁州志·（明）應例·州》：「李琦。字體質。縣丞。」

⑤《正德潁州志·科貢·（本朝）制貢》：「鍾士元。應正德三年（1508）制貢。」吕景蒙《嘉靖潁州志·人物表·（明）應例》：「鍾士元。（字）舜卿。池州檢校。」李宜春《嘉靖潁州志·（明）應例·州》：「鍾士元。字舜卿。池州檢校。」《嘉靖池州府志·官秩篇·宦籍》：「本朝檢校……鍾士元。嘉靖五年（1526）任。」當即其人。

⑥吕景蒙《嘉靖潁州志·附人物表·（州）雜科》：「李福成。巡檢。」李宜春《嘉靖潁州志·雜科·州》同。

续　表

	進士	舉人	歲貢	應例	雜科年次無考	武科
丙子（1556）		張嵩。河南中式。仕至通判。①	任聰。縣丞。②	王鑛。③	王泰。倉大使。④解真［貞］。典史。⑤	王珩。⑥

①《成化中都志·科貢·鄉舉》：「丙子科景泰七年……張嵩。潁州人。」《正德潁州志·科貢·（本朝）科》：「張嵩。景泰七年丙子中河南布政司鄉試。仕至通判。」吕景蒙《嘉靖潁州志·人物表·鄉貢》：「景泰丙子：張嵩。（字）維嶽。通判。俱河南鄉試。」李宜春《嘉靖潁州志·選舉·明（舉人）》：「張嵩。潁州人。字惟嶽。景泰丙子河南中式。終通判。」

②《正德潁州志·科貢·（本朝）貢》：「任聰。景泰應貢。仕終縣丞。」吕景蒙《嘉靖潁州志·人物表·歲薦》：「（景泰）乙亥（1455）：任聰。縣丞。」李宜春《嘉靖潁州志·歲貢·州》：「任聰。仕至縣丞。俱景泰間任。」

③《正德潁州志·科貢·（本朝）制貢》：「王鑛。應正德三年（1508）制貢。」吕景蒙《嘉靖潁州志·人物表·（明）應例》：「王鑛。（字）國重。」李宜春《嘉靖潁州志·（明）應例·州》：「王鑛。字國重。」

④吕景蒙《嘉靖潁州志·附人物表·（州）雜科》：「王泰。武崗倉大使。」李宜春《嘉靖潁州志·雜科·州》：「王泰。倉大使。」

⑤吕景蒙《嘉靖潁州志·附人物表·（州）雜科》：「解貞。利津典史。」李宜春《嘉靖潁州志·雜科·州》：「解貞。典史。」

⑥《康熙潁州志·選舉·（明）武舉人》僅存三人之名。

续表

	進士	舉人	歲貢	應例	雜科年次無考	武科
天順庚辰（1560）	郭昇。陝西参議。詳《人物》。①		陶瑀。縣丞。② 張和。蜀府典儀。③ 李華。④ 李順［春］。訓導。⑤ 豪英。知縣。⑥ 張從。副指揮。⑦ 閔賢。府教授。⑧ 陳澤。縣丞。⑨ 高洪。縣丞。⑩ 丁盛。教諭。⑪ 韓綸。⑫	儲恩。見《人物》。⑬ 王春［椿］。主簿。⑭ 金黃。知縣。⑮ 甘美。檢校。⑯ 金紫。通判。⑰ 胡霽。⑱ 楊實。⑲ 周節。⑳ 鍾士賢。檢校。㉑ 閻中倫。縣丞。㉒	劉鑑。典史。㉓ 韓秀。州同。㉔ 于文正。巡檢。㉕ 李浩。巡檢。㉖ 侯文通。工副。㉗ 張廣。庫大使。㉘ 郭騰。衛經歷。㉙ 陶德［得］。所大使。㉚ 任山。判官。㉛ 閻舉。巡檢。㉜ 田雄。巡檢。㉝	張好古。 朱究。 劉九世。 尚相。 齊聞韶。 田九世。 李隆禮。 于一躍。 亓渙。 黎洛圖。 邢仁。㉞

①見本書《名賢傳》。

②《正德潁州志·科貢·（本朝）貢》：「陶瑀。天順應貢。仕至縣丞。」呂景蒙《嘉靖潁州志·人物表·歲薦》：「天順丁丑（1547）：陶瑀。縣丞。」李宜春《嘉靖潁州志·歲貢·州》：「陶瑀。仕至縣丞。」

③《正德潁州志·科貢·（本朝）貢》：「張和。天順應貢。任蜀府典儀。」呂景蒙《嘉靖潁州志·人物表·歲薦》：「（天順）戊寅（1458）：張和。蜀府典儀。」李宜春《嘉靖潁州志·歲貢·州》：「張和。仕至蜀府典儀。」

④《正德潁州志・科貢・（本朝）貢》：「李華。天順應貢。」吕景蒙《嘉靖潁州志・人物表・歲薦》：「（天順）己卯（1459）：李華。」李宜春《嘉靖潁州志・歲貢・州》僅存其名。

⑤《正德潁州志・科貢・（本朝）貢》：「李春。天順應貢。任江西星子縣儒學訓導。」吕景蒙《嘉靖潁州志・人物表・歲薦》：「（天順）庚辰：李春。訓導。」李宜春《嘉靖潁州志・歲貢・州》：「李春。任訓導。」

⑥《正德潁州志・科貢・（本朝）貢》：「豪英。天順應貢。仕終知縣。」吕景蒙《嘉靖潁州志・人物表・歲薦》：「（天順）辛巳（1461）：豪英。知縣。」李宜春《嘉靖潁州志・歲貢・州》：「豪英。仕至知縣。」

⑦《正德潁州志・科貢・（本朝）貢》：「張從。天順應貢。任副兵馬。」吕景蒙《嘉靖潁州志・人物表・歲薦》：「（天順）壬午（1462）：張從。兵馬副指揮。」李宜春《嘉靖潁州志・歲貢・州》：「張從。仕至兵馬副指揮。俱天順初貢。」

⑧《正德潁州志・科貢・（本朝）貢》：「閔賢。天順七年（1463）選貢。任府教授。」吕景蒙《嘉靖潁州志・人物表・歲薦》：「（天順）壬午（1462）：閔賢。府學教授。」李宜春《嘉靖潁州志・歲貢・州》：「閔賢。仕至府學教授。」

⑨《正德潁州志・科貢・（本朝）貢》：「陳澤。天順七年（1463）選貢。任縣丞。」吕景蒙《嘉靖潁州志・人物表・歲薦》：「（天順）壬午（1462）：陳澤，縣丞。」李宜春《嘉靖潁州志・歲貢・州》：「陳澤。仕至縣丞。」

⑩《正德潁州志・科貢・（本朝）貢》：「高洪。天順七年（1463）選貢。任縣丞。」吕景蒙《嘉靖潁州志・人物表・歲薦》：「（天順）壬午（1462）：高洪。縣丞。」李宜春《嘉靖潁州志・歲貢・州》：「高洪。仕至縣丞。」

⑪《正德潁州志・科貢・（本朝）貢》：「丁盛。天順七年（1462）選貢。仕終教諭。」吕景蒙《嘉靖潁州志・人物表・歲薦》：「（天順）癸未：丁盛。教諭。」李宜春《嘉靖潁州志・歲貢・州》：「丁盛。任教諭。俱（天順）七年選貢。」

⑫《正德潁州志・科貢・（本朝）貢》：「韓綸。天順八年甲申（1464）貢。」吕景蒙《嘉靖潁州志・人物表・歲薦》：「（天順）甲申：韓綸。」李宜春《嘉靖潁州志・歲貢・州》：「韓綸。（天順）八年貢。」

⑬見本書《孝義傳》。

⑭《正德潁州志・科貢・（本朝）制貢》：「王椿。應正德三年（1508）制貢。」吕景蒙《嘉靖潁州志・人物表・（明）應例》：「王椿。（字）壽卿。豐縣主簿。」李宜春《嘉靖潁州志・（明）應例・州》：「王椿。字壽卿。主簿。」

⑮《正德潁州志・科貢・（本朝）制貢》：「金黄。應正德三年（1508）制貢。」吕景蒙《嘉靖潁州志・人物表・（明）應例》：「金黄。（字）一中。知縣。」李宜春《嘉靖潁州志・（明）應例・州》：「金黄。字一中。知縣。」

⑯《正德潁州志・科貢・（本朝）制貢》：「甘美。應正德三年（1508）制貢。」吕景蒙《嘉靖潁州志・人物表・（明）應例》：「甘美。（字）以德。府檢校。」李宜春《嘉靖潁州志・（明）應例・州》：「甘美。字以德。府檢校。」

⑰《正德潁州志・科貢・（本朝）制貢》：「金紫。應正德九年（1514）制貢。」呂景蒙《嘉靖潁州志・人物表・（明）應例》：「金紫。（字）道夫。上林典署。」李宜春《嘉靖潁州志・（明）應例・州》：「金紫。字道夫。上林典署。歷陞河間府通判。」

⑱《正德潁州志・科貢・（本朝）制貢》：「胡濟。應正德九年（1514）制貢。」呂景蒙《嘉靖潁州志・人物表・（明）應例》：「胡霽。（字）景明。」李宜春《嘉靖潁州志・（明）應例・州》：「胡霽。字景明。」

⑲《正德潁州志・科貢・（本朝）制貢》：「楊實。應正德九年（1514）制貢。」呂景蒙《嘉靖潁州志・人物表・（明）應例》：「楊實。（字）誠之。」李宜春《嘉靖潁州志・（明）應例・州》：「楊實。字誠之。」

⑳《正德潁州志・科貢・（本朝）制貢》：「周節。應正德十二年（1517）制貢。」呂景蒙《嘉靖潁州志・人物表・（明）應例》：「周節。（字）景新。」李宜春《嘉靖潁州志・（明）應例・州》：「周節。字景新。」

㉑《正德潁州志・科貢・（本朝）制貢》：「鍾士賢。應正德十二年（1517）制貢。」呂景蒙《嘉靖潁州志・人物表・（明）應例》：「鍾士賢。（字）舜舉。」李宜春《嘉靖潁州志・（明）應例・州》：「鍾士賢。字舜舉。杭州府檢校。」

㉒呂景蒙《嘉靖潁州志・人物表・（明）應例》：「閻中倫。（字）文叙。」李宜春《嘉靖潁州志・（明）應例・州》：「閻仲［中］倫。字文叙。蕭山縣丞，爲親老致仕。」《康熙蕭山縣志・職官志・（明）縣丞》：「閻中倫。潁州人。（嘉靖）二十年（1541）任，由監生。」

㉓呂景蒙《嘉靖潁州志・附人物表・（州）雜科》：「劉鑑。新城典史。」李宜春《嘉靖潁州志・雜科・州》：「劉鑑。典史。」

㉔呂景蒙《嘉靖潁州志・附人物表・（州）雜科》：「韓秀。泰州同知。」李宜春《嘉靖潁州志・雜科・州》：「韓秀。州同知。」

㉕呂景蒙《嘉靖潁州志・附人物表・（州）雜科》：「于文正。巡檢。」李宜春《嘉靖潁州志・雜科・州》同。

㉖呂景蒙《嘉靖潁州志・附人物表・（州）雜科》：「李浩。柳州巡檢。」李宜春《嘉靖潁州志・雜科・州》：「李浩。巡檢。」

㉗呂景蒙《嘉靖潁州志・附人物表・（州）雜科》：「侯文通。工正所工副。」李宜春《嘉靖潁州志・雜科・州》：「侯文通。工副。」

㉘呂景蒙《嘉靖潁州志・附人物表・（州）雜科》：「張廣。山東廣靈庫大使。」李宜春《嘉靖潁州志・雜科・州》：「張廣。庫大使。」

㉙呂景蒙《嘉靖潁州志・附人物表・（州）雜科》：「郭騰。成山衛經歷。」李宜春《嘉靖潁州志・雜科・州》：「郭騰。衛經歷。」

㉚呂景蒙《嘉靖潁州志・附人物表・（州）雜科》：「陶得。廣東遞運所大使。」李宜春《嘉靖潁州志・雜科・州》：「陶得。所大使。」

㉛呂景蒙《嘉靖潁州志・附人物表・（州）雜科》：「任山。潼川州判。」李宜春《嘉靖潁州志・雜科・州》：「任山。潼川判官。」

㉜呂景蒙《嘉靖潁州志・附人物表・（州）雜科》：「閻舉。安吉州巡檢。」李宜春《嘉靖潁州志・雜科・州》：「閻舉。巡檢。」

㉝呂景蒙《嘉靖潁州志・附人物表・（州）雜科》：「田雄。茶陵州巡檢。」李宜春《嘉靖潁州志・雜科・州》：「田雄。巡檢。」

㉞《康熙潁州志・選舉・（明）武舉人》僅存十一人之名。

续表

	進士	舉人	歲貢	應例	雜科年次無考	武科
成化丁酉（1477）		韓祥。應天中式。會稽知縣。①	李本。兵馬指揮。② 丁安。照磨。③	李炳。④ 李際東。斷事。⑤	王鳳。典史。⑥ 張孟晊。典史。⑦	張九鳴。郭復域。

①《成化中都志·科貢·鄉舉》：「丁酉科成化十三年……韓祥。潁州人。」《南畿志·鳳陽府·鄉舉科》：「（成化）丁酉：韓祥。潁州人。知縣。」《正德潁州志·科貢·（本朝）科》：「韓祥。璽孫。天順中應貢，補太學。成化十三年丁酉中順天府鄉試。任會稽縣知縣。」呂景蒙《嘉靖潁州志·人物表·鄉貢》：「（成化）丁酉：韓祥。璽孫。應天鄉試。會稽知縣。」李宜春《嘉靖潁州志·選舉·明（舉人）》：「韓祥。潁州人。璽孫。成化丁酉中式。終會稽知縣。」《萬曆會稽縣志·官師表·知縣》：「成化二十二年（1486）：韓祥。潁州人。有傳。」同書《宦蹟傳·明》：「韓祥。字景瑞。潁川［州］人。成化中知縣事，明賞罰，均傜賦，邑人懷之。」

②《正德潁州志·科貢·（本朝）貢》：「李本。成化三年丁亥（1467）貢。任兵馬。」呂景蒙《嘉靖潁州志·人物表·歲薦》：「李本。兵馬指揮。」李宜春《嘉靖潁州志·歲貢·州》：「李本。成化三年貢。仕至兵馬指揮。」

③《正德潁州志·科貢·（本朝）貢》：「丁安。成化四年戊子（1468）貢。任按察司照磨。」呂景蒙《嘉靖潁州志·人物表·歲薦》：「丁安。按察司照磨。」李宜春《嘉靖潁州志·歲貢·州》：「丁安。（成化）四年貢。仕至按察司照磨。」

④呂景蒙《嘉靖潁州志·人物表·（明）應例》：「李炳。（字）蔚之。」李宜春《嘉靖潁州志·（明）應例·州》：「李炳。字蔚之。」

⑤呂景蒙《嘉靖潁州志·人物表·（明）應例》：「李際東。（字）震卿。」李宜春《嘉靖潁州志·（明）應例·州》：「李際東。字震卿。」

⑥呂景蒙《嘉靖潁州志·附人物表·（州）雜科》：「王鳳。濟陽典史。」李宜春《嘉靖潁州志·雜科·州》：「王鳳。典史。」

⑦呂景蒙《嘉靖潁州志·附人物表·（州）雜科》：「張孟晊。桃源典史。」李宜春《嘉靖潁州志·雜科·州》：「張孟晊。典史。」

续表

	進士	舉人	歲貢	應例	雜科年次無考	武科
成化丁酉（1477）		楊復初。河南中式。仕長史。①	董宣。知事。② 張表。③	王冕。④ 劉嘉相。經歷。⑤	李晟。典史。⑥ 蔣昂。典史。⑦	張星燦。 孫宗孔。⑧

①《成化中都志·科貢·鄉舉》：「丁酉科成化十三年……楊復初。潁州人。」《南畿志·鳳陽府·鄉舉科》：「（成化）丁酉……楊復初。潁州人。翰林待詔。」《正德潁州志·科貢·（本朝）科》：「楊復初。成化十三年丁酉中河南布政司鄉試。明年乙榜。授訓導。仕至翰林待詔。」吕景蒙《嘉靖潁州志·人物表·鄉貢》：「（成化）丁酉：楊復初。河南鄉試。由訓導遷翰林待詔。官至長史。」李宜春《嘉靖潁州志·選舉·明（舉人）》：「楊復初。潁州人。同丁酉科河南中式。終長史。」

②「宣」字，一作「瑄」。《正德潁州志·科貢·（本朝）貢》：「董瑄。成化五年己丑（1469）貢。任府知事。」吕景蒙《嘉靖潁州志·人物表·歲薦》：「董宣。府知事。」李宜春《嘉靖潁州志·歲貢·州》：「董瑄。（成化）五年貢。仕至府知事。」

③《正德潁州志·科貢·（本朝）貢》：「張表。成化七年辛卯（1471）貢。」吕景蒙《嘉靖潁州志·人物表·歲薦》：「張表。」李宜春《嘉靖潁州志·歲貢·州》：「張表。（成化）七年貢。」

④吕景蒙《嘉靖潁州志·人物表·（明）應例》：「王冕。（字）宗周。」李宜春《嘉靖潁州志·（明）應例·州》：「王冕。字宗周。俱正德間例。」

⑤吕景蒙《嘉靖潁州志·人物表·（明）應例》：「劉嘉相。（字）夢説。」李宜春《嘉靖潁州志·（明）應例·州》：「劉嘉相。字夢説。」

⑥吕景蒙《嘉靖潁州志·附人物表·（州）雜科》：「李晟。太平典史。」李宜春《嘉靖潁州志·雜科·州》：「李晟。典史。」

⑦吕景蒙《嘉靖潁州志·附人物表·（州）雜科》：「蔣昂。清縣典史。」李宜春《嘉靖潁州志·雜科·州》：「蔣昂。典史。」

⑧《康熙潁州志·選舉·（明）武舉人》僅存四人之名。

续表

	進士	舉人	歲貢	應例	雜科年次無考	武科
癸卯（1483）		張沖。河南中式。詳《人物》。① 李葵。河南（中式）。見《進士》。	曹澤。縣丞。② 張騰。③	儲忠。主簿。④ 周淳。縣丞。⑤ 周芳。⑥	劉彪。巡檢。⑦ 姚銓。典史。⑧ 鄒安。巡檢。⑨	陳所養。 尚日濟。

①見本書《名賢傳》。

②《正德潁州志·科貢·（本朝）貢》：「曹澤。成化九年癸巳（1473）貢。任縣丞。」吕景蒙《嘉靖潁州志·人物表·歲薦》：「曹澤。縣丞。」李宜春《嘉靖潁州志·歲貢·州》：「曹澤。（成化）九年貢。任縣丞。」

③《正德潁州志·科貢·（本朝）貢》：「張騰。成化十二年（1476）貢。」吕景蒙《嘉靖潁州志·人物表·歲薦》：「張騰。」李宜春《嘉靖潁州志·歲貢·州》：「張騰。（成化）十二年貢。」

④吕景蒙《嘉靖潁州志·人物表·（明）應例》：「儲忠。（字）宗一。」李宜春《嘉靖潁州志·（明）應例·州》：「儲忠。字宗一。珊之子。」

⑤吕景蒙《嘉靖潁州志·人物表·（明）應例》：「周淳。（字）伯程。」李宜春《嘉靖潁州志·（明）應例·州》：「周淳。字伯程。」

⑥吕景蒙《嘉靖潁州志·人物表·（明）應例》：「周芳。（字）維茂。」李宜春《嘉靖潁州志·（明）應例·州》：「周芳。字維茂。」

⑦吕景蒙《嘉靖潁州志·附人物表·（州）雜科》：「劉彪。巡檢。」李宜春《嘉靖潁州志·雜科·州》同。

⑧吕景蒙《嘉靖潁州志·附人物表·（州）雜科》：「姚銓。萊陽典史。」李宜春《嘉靖潁州志·雜科·州》：「姚銓。典史。」

⑨吕景蒙《嘉靖潁州志·附人物表·（州）雜科》：「鄒安。荆州巡檢。」李宜春《嘉靖潁州志·雜科·州》：「鄒安。巡檢。」

续表

	進士	舉人	歲貢	應例	雜科年次無考	武科
癸卯（1483）		張守亨。河南中式。詳《人物》。①	李通。通判。② 盧欽。知縣。③ 顧寧。④	張光國。⑤ 李濟美。⑥	顧旺。局副。⑦ 陳興。倉大使。⑧	劉一龍。⑨

①見本書《名賢傳》。

②《正德潁州志·科貢·（本朝）貢》：「李通。成化十三［二］年丙申（1476）貢。任南陽縣令九載，陞衛輝府判。所在政聲大著，得百姓歡心。」吕景蒙《嘉靖潁州志·人物表·歲薦》：「李通。南陽知縣，遷衛輝通判。」李宜春《嘉靖潁州志·歲貢·州》：「李通。（成化）十二年（1476）貢。任南陽知縣九載，陞衛輝府通判。所在政聲大著。」

③《正德潁州志·科貢·（本朝）貢》：「盧欽。成化十三年丁酉（1477）貢。任知縣。」吕景蒙《嘉靖潁州志·人物表·歲薦》：「盧欽。知縣。」李宜春《嘉靖潁州志·歲貢·州》：「盧欽。（成化）十三年貢。任知縣。」

④《正德潁州志·科貢·（本朝）貢》：「顧寧。成化十五年（1479）貢。」吕景蒙《嘉靖潁州志·人物表·歲薦》：「顧寧。」李宜春《嘉靖潁州志·歲貢·州》：「顧寧。（成化）十五年貢。」

⑤吕景蒙《嘉靖潁州志·人物表·（明）應例》：「張光國。（字）文徵。」李宜春《嘉靖潁州志·（明）應例·州》：「張光國。字文徵。治之子。」

⑥吕景蒙《嘉靖潁州志·人物表·（明）應例》：「李濟美。（字）子材。」李宜春《嘉靖潁州志·（明）應例·州》：「李濟美。字子材。」

⑦吕景蒙《嘉靖潁州志·附人物表·（州）雜科》：「顧旺。江西織染局副。」李宜春《嘉靖潁州志·雜科·州》：「顧旺。局副使。」

⑧吕景蒙《嘉靖潁州志·附人物表·（州）雜科》：「陳興。餘姚倉大使。」李宜春《嘉靖潁州志·雜科·州》：「陳興。倉大使。」

⑨《康熙潁州志·選舉·（明）武舉人》：「陳所養。尚日濟。劉一龍。以上衛籍。」

续表

	進士	舉人	歲貢	應例	雜科年次無考	武科
丁未（1487）	李葵。監察御史，按察司僉事。於書一覽無餘，居官有氣節。今其詳不可考。①		崔隆。照磨。② 孫祥。縣丞。③ 沈澄。④ 劉清。主簿。⑤ 張淮。縣丞。⑥ 李進。知縣。⑦ 張輔。縣丞。⑧	李企。主簿。⑨ 李璋。⑩ 李芥。主簿。⑪ 盧臣。⑫ 劉梓。南京中城兵馬指揮。誠篤慎審（密），居官能制强横，金陵至今有聲。⑬	韋雲。倉大使。⑭ 蘇璋。馹丞。⑮ 楊輔。典史。⑯ 董淮。典史。⑰ 姚學。河泊。⑱ 陳晉［縉］。倉大使。⑲	
弘治己酉（1489）		儲珊。應天中式。見《進士》。	丁佐。詳《人物》。⑳		袁瓚。馹丞。㉑	

①《成化中都志·科貢·鄉舉》：「癸卯科成化十九年（1483）……李葵。潁州人。」同書《科貢·進士》：「丁未科成化二十三年……李葵。潁州人。」《南畿志·鳳陽府·進士科》：「（成化）丁未……李葵。潁州人。僉事。」《正德潁州志·科貢·（本朝）科》：「李葵。成化癸卯中河南鄉試，登丁未進士。任監察御史，仕至僉事。」李宜春《嘉靖潁州志·選舉·明（進士）》：「李葵。潁州人，字朝陽。成化癸卯河南中式，丁未登費宏榜。授監察御史，終按察司僉事。」

②《正德潁州志·科貢·（本朝）貢》：「崔隆。成化十六年庚子（1480）貢。任按察司照磨。」吕景蒙《嘉靖潁州志·人物表·歲薦》：「崔隆。按察司照磨。」李宜春《嘉靖潁州志·歲貢·州》：「崔隆。（成化）十六年貢。按察司照磨。」

③《正德潁州志·科貢·（本朝）貢》：「孫祥。成化十七年辛丑（1481）貢。任縣丞。」吕景蒙《嘉靖潁州志·人物表·歲薦》：「孫祥。縣丞。」

李宜春《嘉靖潁州志·歲貢·州》：「孫祥。（成化）十七年貢。慈谿縣丞。」

④《正德潁州志·科貢·（本朝）貢》：「沈澄。成化十九年癸卯（1483）貢。」吕景蒙《嘉靖潁州志·人物表·歲薦》：「沈澄。」李宜春《嘉靖潁州志·歲貢·州》：「沈澄。（成化）十九年貢。」

⑤《正德潁州志·科貢·（本朝）貢》：「劉清。成化二十年甲辰（1484）貢。任主簿。」李宜春《嘉靖潁州志·歲貢·州》：「劉清。（成化）二十年貢。主簿。」

⑥《正德潁州志·科貢·（本朝）貢》：「張淮。成化二十一年乙巳（1485）貢。任縣丞。」李宜春《嘉靖潁州志·歲貢·州》：「張淮。（成化）二十一年（貢）。縣丞。」

⑦《正德潁州志·科貢·（本朝）貢》：「李進。成化二十二年（1486）貢。任興國知縣。」李宜春《嘉靖潁州志·歲貢·州》：「李進。（成化）二十三年（1487）貢。知縣。」《道光興國縣志·秩官·明知縣》：「李進。潁州人。監生。宏［弘］治中任。」

⑧《正德潁州志·科貢·（本朝）貢》：「張輔。弘治元年（1488）貢。任諸暨縣丞。」李宜春《嘉靖潁州志·歲貢·州》：「張輔。弘治元年貢。諸暨縣丞。」《乾隆諸暨縣志·職官·（明）簿》：「張輔。潁川［州］人。」

⑨吕景蒙《嘉靖潁州志·人物表·（明）應例》：「李企。（字）進夫。」李宜春《嘉靖潁州志·（明）應例·州》：「李企。字進夫。」

⑩吕景蒙《嘉靖潁州志·人物表·（明）應例》：「李璋。（字）體粹。」李宜春《嘉靖潁州志·（明）應例·州》：「李璋。字體粹。」

⑪吕景蒙《嘉靖潁州志·人物表·（明）應例》：「李芥。（字）維重。」李宜春《嘉靖潁州志·（明）應例·州》：「李芥。字維重。」

⑫吕景蒙《嘉靖潁州志·人物表·（明）應例》：「盧臣。（字）尚卿。」李宜春《嘉靖潁州志·（明）應例·州》：「盧臣。字尚卿。」

⑬吕景蒙《嘉靖潁州志·人物表·（明）應例》：「劉梓。（字）伯孝。」李宜春《嘉靖潁州志·（明）應例·州》：「劉梓。字伯孝。」

⑭吕景蒙《嘉靖潁州志·附人物表·（州）雜科》：「韋雲。鄧州倉大使。」李宜春《嘉靖潁州志·雜科·州》：「韋雲。倉大使。」

⑮吕景蒙《嘉靖潁州志·附人物表·（州）雜科》：「蘇璋。石首驛丞。」李宜春《嘉靖潁州志·雜科·州》：「蘇璋。驛丞。」

⑯吕景蒙《嘉靖潁州志·附人物表·（州）雜科》：「楊輔。鉅野典史。」李宜春《嘉靖潁州志·雜科·州》：「楊輔。典史。」

⑰吕景蒙《嘉靖潁州志·附人物表·（州）雜科》：「董淮。江山典史。」李宜春《嘉靖潁州志·雜科·州》：「董淮。典史。」

⑱吕景蒙《嘉靖潁州志·附人物表·（州）雜科》：「姚學。漢陽河泊。」李宜春《嘉靖潁州志·雜科·州》：「姚學。河泊。」

⑲吕景蒙《嘉靖潁州志·附人物表·（州）雜科》：「陳縉。大同倉大使。」李宜春《嘉靖潁州志·雜科·州》：「陳縉。倉大使。」

⑳見本書《名賢傳》。

㉑吕景蒙《嘉靖潁州志·附人物表·（州）雜科》：「袁瓚。首陽驛丞。」李宜春《嘉靖潁州志·雜科·州》：「袁瓚。驛丞。」

续表

	己未（1499）
進士	儲珊。河南道監察御史，浙江僉事。詳《人物》。①
舉人	
歲貢	李淮。兵馬指揮。② 陳宣。③ 仵輔。④ 花錦。知縣。⑤ 韓唐。知縣。⑥ 李循。清豐知縣。⑦ 時英。主簿。⑧ 丁冠。鷄澤知縣。⑨ 郭昌。隴西知縣。⑩ 郭應霖。⑪ 徐錦。⑫ 吴寬。縣丞。⑬ 龐虎。縣丞。⑭ 温漢。見《人物》。⑮ 李勉。⑯
應例	劉相。縣丞。⑰ 楊於庭。同知。⑱ 韓祿。尚禮。王希賢。金鑛。朱相。主簿。張五倫。主簿。胡汝愚。王都。⑲ 周易。⑳ 袁麟。袁麒。㉑
雜科年次無考	張鼐。張虎山。盧志凌。張寶。李文舉。㉒ 張澤。所大使。㉓ 肩固。典史。㉔ 崔璣。許鎮。齊堂。楊葵。邢表。黎鳳。霍勢。張溥。㉕
武科	

①見本書《名賢傳》。

②《正德潁州志·科貢·（本朝）貢》：「李淮。弘治四年（1491）貢。任南城正兵馬。」吕景蒙《嘉靖潁州志·人物表·歲薦》：「李淮。（字）維揚。南城兵馬司指揮。」李宜春《嘉靖潁州志·歲貢·州》：「李淮。字維揚。（弘治）四年貢。南城兵馬指揮。」

③《正德潁州志·科貢·（本朝）貢》：「陳宣。弘治五年（1492）貢。」吕景蒙《嘉靖潁州志·人物表·歲薦》：「陳宣。（字）敷政。」李宜春《嘉靖潁州志·歲貢·州》：「陳宣。字敷政。（弘治）五年貢。」

④《正德潁州志·科貢·（本朝）貢》：「仵輔。弘治六年（1493）貢。」吕景蒙《嘉靖潁州志·人物表·歲薦》：「仵輔。（字）良佐。」李宜春《嘉靖潁州志·歲貢·州》：「仵輔。字良佐。（弘治）六年貢。」

⑤《正德潁州志·科貢·（本朝）貢》：「花錦。弘治八年（1495）貢。任知縣。」吕景蒙《嘉靖潁州志·人物表·歲薦》：「花錦。（字）文著。知縣。」李宜春《嘉靖潁州志·歲貢·州》：「花錦。字文著。（弘治）八年貢。知縣。」

⑥《正德潁州志·科貢·（本朝）貢》：「韓唐。弘治九年（1496）貢。任蒲圻縣知縣。」吕景蒙《嘉靖潁州志·人物表·歲薦》：「韓唐。（字）文勝。蒲圻知縣。」李宜春《嘉靖潁州志·歲貢·州》：「韓唐。字文勝。（弘治）九年貢。蒲圻知縣。」《乾隆重修蒲圻縣志·秩官志·（明）知縣》：「正德……韓唐。名列《舊志》。潁州人。」

⑦《正德潁州志·科貢·（本朝）貢》：「李循。弘治九年（1496）貢。任清豐訓導。」吕景蒙《嘉靖潁州志·人物表·歲薦》：「李循。清豐訓導。」李宜春《嘉靖潁州志·歲貢·州》：「李循。（弘治）九年貢。清豐知縣。」

⑧《正德潁州志·科貢·（本朝）貢》：「時英。弘治十年（1497）貢。任濰縣主簿。」吕景蒙《嘉靖潁州志·人物表·歲薦》：「時英。（字）文綉。濰縣主簿。」李宜春《嘉靖潁州志·歲貢·州》：「時英。字文綉。（弘治）十年貢。濰縣主簿。」《乾隆濰縣志·秩官表·（明）主簿》存其名。

⑨見本書《孝義傳》。

⑩《正德潁州志·科貢·（本朝）貢》：「郭昌。弘治十一年（1498）貢。」吕景蒙《嘉靖潁州志·人物表·歲薦》：「（弘治）戊午：郭昌。（字）騰秀。戶部照磨，遷隴西知縣。」李宜春《嘉靖潁州志·歲貢·州》：「郭昌。字騰秀。（弘治）十一年貢。戶部照磨，遷隴西知縣。」本書《藝文志·宸翰部》載有《戶部照磨所照磨郭昌（正德九年三月）》制文。

⑪《正德潁州志・科貢・（本朝）貢》：「郭應霖。弘治十三年（1500）貢。」呂景蒙《嘉靖潁州志・人物表・歲薦》：「郭應霖。（字）商臣。」李宜春《嘉靖潁州志・歲貢・州》：「郭應霖。字商臣。（弘治）十三年貢。」

⑫《正德潁州志・科貢・（本朝）貢》：「徐錦。弘治十三年（1500）貢。」呂景蒙《嘉靖潁州志・人物表・歲薦》：「徐錦。（字）尚絅。主簿。」李宜春《嘉靖潁州志・歲貢・州》：「徐錦。字尚絅。（弘治）十二年（1499）貢。主簿。」

⑬《正德潁州志・科貢・（本朝）貢》：「吳寬。弘治十四年（1501）貢。」呂景蒙《嘉靖潁州志・人物表・歲薦》：「吳寬。（字）大量。縣丞。」李宜春《嘉靖潁州志・歲貢・州》：「吳寬。字大量。（弘治）十四年貢。縣丞。」

⑭《正德潁州志・科貢・（本朝）貢》：「麗虎。弘治十六年（1503）貢。」呂景蒙《嘉靖潁州志・人物表・歲薦》：「麗虎。（字）世威。縣丞。」李宜春《嘉靖潁州志・歲貢・州》：「麗虎。字世威。（弘治）十六年貢。縣丞。」

⑮見本書《名賢傳》。

⑯《正德潁州志・科貢・（本朝）貢》：「李勉。弘治十七年（1504）貢。」呂景蒙《嘉靖潁州志・人物表・歲薦》：「李勉。（字）維善。」李宜春《嘉靖潁州志・歲貢・州》：「李勉。字維善。（弘治）十七年貢。」

⑰呂景蒙《嘉靖潁州志・人物表・（明）應例》：「劉相。（字）懋德。」李宜春《嘉靖潁州志・（明）應例・州》：「劉相。字懋德。」

⑱呂景蒙《嘉靖潁州志・人物表・（明）應例》：「楊於廷。（字）汝鄰。」李宜春《嘉靖潁州志・（明）應例・州》：「楊於廷。字汝鄰。」

⑲李宜春《嘉靖潁州志・（明）應例・州》：「韓祿。字汝學。尚禮。字□□。王希賢。字□□。金鑛。字從野。朱相。字子忠。張五倫。字惟叙。胡汝愚。字敏學。王都。字□□。」

⑳《康熙潁州志・選舉・（明）應例》存其名。

㉑李宜春《嘉靖潁州志・（明）應例・州》：「袁麟。字□□。袁麒。字□□。」

㉒呂景蒙《嘉靖潁州志・附人物表・（州）雜科》、李宜春《嘉靖潁州志・雜科・州》俱僅存五人之名。

㉓呂景蒙《嘉靖潁州志・附人物表・（州）雜科》僅存其名。李宜春《嘉靖潁州志・雜科・州》：「張澤。所大使。」

㉔呂景蒙《嘉靖潁州志・附人物表・（州）雜科》僅存其名。李宜春《嘉靖潁州志・雜科・州》：「肩固。典史。」

㉕呂景蒙《嘉靖潁州志・附人物表・（州）雜科》、李宜春《嘉靖潁州志・雜科・州》俱僅存八人之名。

续表

	進士	舉人	歲貢	應例	雜科年次無考	武科
正德庚午（1510）		胡洲。河南中式。南京户部主事。①	張桓。主簿。② 雲青。教諭。③	黎希顔。 黎希孟。④	孫朝。⑤ 李奎。⑥	

①《成化中都志·科貢·鄉舉》：「庚午科正德五年……胡洲。潁州人。」《南畿志·鳳陽府·鄉舉科》：「（正德）庚午……胡洲。潁州人。推官。」《正德潁州志·科貢·（本朝）科》：「胡洲。中正德五年庚午科河南鄉試。」吕景蒙《嘉靖潁州志·人物表·鄉貢》：「胡洲。（字）登之。河南鄉試。順天推官。」李宜春《嘉靖潁州志·選舉·明（舉人）》：「胡洲。潁州人。字登之。正德庚午河南中式。終順天府推官。」

②《正德潁州志·科貢·（本朝）貢》：「張桓。正德二年（1507）貢。」吕景蒙《嘉靖潁州志·人物表·歲薦》：「正德丙寅（1506）張桓。（字）繩武。主簿。」李宜春《嘉靖潁州志·歲貢·州》：「張桓。字繩武。正德二年貢。主簿。」

③《正德潁州志·科貢·（本朝）貢》：「雲青。正德三年己巳［戊辰］（1508）貢。任定州訓導。」吕景蒙《嘉靖潁州志·人物表·歲薦》：「雲青。（字）天章。定州訓導，遷陵縣教諭。」李宜春《嘉靖潁州志·歲貢·州》：「雲青。字天章。（正德）三年貢。定州訓導，遷陵縣教諭。」《道光定州志·職官·（明）訓導》：「雲青。潁州人。」

④李宜春《嘉靖潁州志·（明）應例·州》：「黎希顔。字□□。黎希孟。字□□。」

⑤「朝」字，一作「潮」。李宜春《嘉靖潁州志·雜科·州》：「孫潮。」

⑥李宜春《嘉靖潁州志·雜科·州》存其名。

续表

	進士	舉人	歲貢	應例	雜科年次無考	武科
丙子（1516）		郭應元。河南中式。①	邢銘。② 經秀。知事。③	王守謙。郇夏。④	時穩。孫輔。⑤	

①《成化中都志・科貢・鄉舉》：「丙子科正德十一年……郭應元。潁州人。」《南畿志・鳳陽府・鄉舉科》：「（正德）丙子……郭應元。潁州人。」呂景蒙《嘉靖潁州志・人物表・鄉貢》：「郭應元。（字）虞臣。昇子。有乃父風。未仕，卒。」李宜春《嘉靖潁州志・選舉・明（舉人）》：「郭應元。潁州人。字虞臣。昇子。正德丙子中式。有乃父風，稟命弗融。惜哉！」

②《正德潁州志・科貢・（本朝）貢》：「邢銘。正德四年（1509）貢。」呂景蒙《嘉靖潁州志・人物表・歲薦》：「邢銘。（字）克新。」李宜春《嘉靖潁州志・歲貢・州》：「邢銘。字克新。（正德）四年貢。」

③《正德潁州志・科貢・（本朝）貢》：「經秀。正德六年（1511）貢。」呂景蒙《嘉靖潁州志・人物表・歲薦》：「經秀。（字）世英。寧夏衛知事。」李宜春《嘉靖潁州志・歲貢・州》：「經秀。字世英。（正德）五年貢。寧夏衛知事。」

④李宜春《嘉靖潁州志・（明）應例・州》：「郇夏。字□□。王守謙。字體光。」

⑤李宜春《嘉靖潁州志・雜科・州》僅存二人之名。

续 表

	進士	舉人	歲貢	應例	雜科年次無考	武科
己卯（1519）		張治。河南中式。三原知縣。① 張葵。河南中式。②	史銓。經歷。③ 郭應宗。縣丞。④ 張潮。⑤ 高譽。縣丞。⑥ 豪綉。⑦ 張昂。⑧ 李熠。⑨ 盧佐。知縣。⑩ 徐潤。東海主簿。見《藝文》。⑪ 崔淵。⑫ 邢嵩。詳《人物》。⑬	王守元。⑭ 楊於言。⑮ 張好善。主簿。⑯ 馮清。東明縣丞。⑰ 劉一正。主簿。⑱ 吳士榮。⑲ 夏以寅。⑳ 趙棟。㉑ 李邦俊。㉒ 喻義。㉓	曹實。 王豐。 吕珍。 時週。 高葵。 何英。 吳真。 劉相。 馬世希。 郭鵬。 閻鋭。㉔	

①《成化中都志·科貢·鄉舉》：「己卯科正德十四年……張治。潁州人。」《南畿志·鳳陽府·鄉舉科》：「（正德）己卯……張治。潁州人。」吕景蒙《嘉靖潁州志·人物表·鄉貢》：「張治。（字）宗舜。守亨子。三原知縣。」李宜春《嘉靖潁州志·選舉·明（舉人）》：「張治。潁州人。字宗舜。守亨子。正德己卯河南中式。授三原知縣。」《光緒三原縣志·官師·（明）知縣》：「張治。潁川衛舉人。嘉靖十四年（1535）任，數月即解任去，君子稱其恬退。祀名宦。」

②《成化中都志・科貢・鄉舉》：「己卯科正德十四年……張葵。潁州人。」《南畿志・鳳陽府・鄉舉科》：「（正德）己卯……張葵。潁州人。」呂景蒙《嘉靖潁州志・人物表・鄉貢》：「張葵。（字）司忠。俱河南鄉試。」李宜春《嘉靖潁州志・選舉・明（舉人）》：「張葵。潁州人。字司忠。同（正德）己卯河南中式。」

③呂景蒙《嘉靖潁州志・人物表・歲薦》：「史銓。（字）大衡。南京金吾衛經歷。」李宜春《嘉靖潁州志・歲貢・州》：「史銓。字大衡。（正德）七年貢。南京金吾衛經歷。」

④呂景蒙《嘉靖潁州志・人物表・歲薦》：「郭應宗。（字）維臣。縣丞。」李宜春《嘉靖潁州志・歲貢・州》：「郭應宗。字維臣。（正德）八年貢。縣丞。」

⑤呂景蒙《嘉靖潁州志・人物表・歲薦》：「漲潮。（字）大宗。」李宜春《嘉靖潁州志・歲貢・州》：「張潮。字大宗。（正德）九年貢。」

⑥呂景蒙《嘉靖潁州志・人物表・歲薦》：「高譽。（字）德彰。縣丞。」李宜春《嘉靖潁州志・歲貢・州》：「高譽。字德彰。（正德）十一年貢。縣丞。」

⑦呂景蒙《嘉靖潁州志・人物表・歲薦》：「豪綉。（字）彥章。」李宜春《嘉靖潁州志・歲貢・州》：「豪綉。字彥章。（正德）十二年貢。」

⑧呂景蒙《嘉靖潁州志・人物表・歲薦》：「張昂。（字）志大。」李宜春《嘉靖潁州志・歲貢・州》：「張昂。字志大。（正德）十三年貢。」

⑨呂景蒙《嘉靖潁州志・人物表・歲薦》：「李熠。（字）明道。」李宜春《嘉靖潁州志・歲貢・州》：「李熠。字明道。（正德）十四年貢。」

⑩呂景蒙《嘉靖潁州志・人物表・歲薦》：「盧佐。（字）明相。知縣。」李宜春《嘉靖潁州志・歲貢・州》：「盧佐。字明相。（正德）十五年貢。知縣。」

⑪本書《藝文・詩部》載其《矮屋題》一首。呂景蒙《嘉靖潁州志・人物表・歲薦》：「徐潤。（字）天齋。主簿。」李宜春《嘉靖潁州志・歲貢・州》：「徐潤。字天齋。（正德）十五年貢。主簿。」

⑫呂景蒙《嘉靖潁州志・人物表・歲薦》：「崔淵。（字）本深。」李宜春《嘉靖潁州志・歲貢・州》：「崔淵。字本深。（正德）十六年貢。」

⑬見本書《名賢傳》。

⑭李宜春《嘉靖潁州志・（明）應例・州》：「王守元。字□□。」

⑮李宜春《嘉靖潁州志・（明）應例・州》：「楊於言。字汝弼。」

⑯《康熙潁州志・選舉・（明）應例》：「張好善。犍爲主簿。」《乾隆犍爲縣志・秩官志・明主簿》存其名。

⑰李宜春《嘉靖潁州志・（明）應例・州》：「馮清。字□□。」

⑱《康熙潁州志・選舉・（明）應例》：「劉一正。朝孫。主簿。」

⑲《康熙潁州志・選舉・（明）應例》存其名。

⑳《康熙潁州志・選舉・（明）應例》存其名。

㉑《康熙潁州志・選舉・（明）應例》存其名。

㉒李宜春《嘉靖潁州志・（明）應例・州》：「李邦俊。字□□。」

㉓《康熙潁州志·選舉·（明）應例》存其名。
㉔李宜春《嘉靖潁州志·雜科·州》僅存上述諸人之名。

续表

	進士	舉人	歲貢	應例	雜科年次無考	武科
嘉靖乙酉（1525）		楊世相。河南中式。見《進士》。劉渭。河南中式。詳《人物》。①	程鳳。② 田富。主簿。深沉有德，士多仰慕。③	龔道克。④ 李學易。⑤ 朱文祥。⑥	周祿。⑦ 張祿。⑧ 楊宗。⑨	

①見本書《孝義傳》。
②吕景蒙《嘉靖潁州志·人物表·歲薦》：「程鳳。（字）來儀。」李宜春《嘉靖潁州志·歲貢·州》：「程鳳。字來儀。嘉靖元年貢。華縣主簿。」
③吕景蒙《嘉靖潁州志·人物表·歲薦》：「田富。（字）大有。深沈有德。」李宜春《嘉靖潁州志·歲貢·州》：「田富。字大有。（嘉靖）三年貢。沂水主簿。深沉有德，學士多仰慕焉。」
④《康熙潁州志·選舉·（明）應例》僅存其名。
⑤《康熙潁州志·選舉·（明）應例》僅存其名。
⑥《康熙潁州志·選舉·（明）應例》僅存其名。
⑦李宜春《嘉靖潁州志·雜科·州》僅存其名。
⑧李宜春《嘉靖潁州志·雜科·州》僅存其名。
⑨「宗」字，一作「綜」。李宜春《嘉靖潁州志·雜科·州》：「楊綜。」

续　表

	進士	舉人	歲貢	應例	雜科年次無考	武科
嘉靖乙酉（1525）		田貴。河南中式。①	韓思瑁。訓導。宦歸，夫婦策蹇裁［載］子女。古樸不茍，類如此。②	儲恕。③ 張好詩。④	李栢。⑤ 詹福慶。⑥	

①《成化中都志·科貢·鄉舉》：「乙酉科嘉靖四年……田貴。潁州人。」《南畿志·鳳陽府·鄉舉科》：「（嘉靖）乙酉……田貴。潁州人。」呂景蒙《嘉靖潁州志·人物表·鄉貢》：「田貴。（字）子良。俱河南鄉試。」李宜春《嘉靖潁州志·選舉·明（舉人）》：「田貴。潁州人。字子良。同己卯［乙酉］河南中式，卒。」

②呂景蒙《嘉靖潁州志·人物表·歲薦》：「韓思瑁。（字）君執。棲霞訓導。」李宜春《嘉靖潁州志·歲貢·州》：「韓思瑁。字君執。（嘉靖）四年貢。棲霞訓導。」《康熙棲霞縣志·官師志·訓導》：「韓思瑁。潁州人。（嘉靖）十六年（1537）任。」

③《康熙潁州志·選舉·（明）應例》僅存其名。

④《康熙潁州志·選舉·（明）應例》僅存其名。

⑤李宜春《嘉靖潁州志·雜科·州》存其名。

⑥李宜春《嘉靖潁州志·雜科·州》存其名。

续表

	進士	舉人	歲貢	應例	雜科年次無考	武科
丙戌（1526）	楊世相。蘄水縣知縣。①		張鸞。訓導。②	王國治。③ 張邦兆。主簿。④	李秀。⑤ 田恩。⑥	

①《成化中都志·科貢·鄉舉》：「乙酉科嘉靖四年（1525）……楊世相。潁州人。」同書《科貢·進士》：「丙戌科嘉靖五年：楊世相。潁州人。」《南畿志·鳳陽府·進士科》：「（嘉靖）丙戌……楊世相。潁州人。知縣。」吕景蒙《嘉靖潁州志·人物表·鄉貢》：「楊世相。（字）維薰。」同書《人物表·甲科》：「（嘉靖）丙戌：楊世相。蘄水知縣，卒於官。」李宜春《嘉靖潁州志·選舉·明（進士）》：「楊世相。潁州人。字維薰。嘉靖乙酉舉人。丙戌，登龔用卿榜。授蘄水知縣，卒。」《乾隆蘄水縣志·秩官表·明秩官》：「（嘉靖）知縣……楊世相。太和進士。」疑即其人。

②吕景蒙《嘉靖潁州志·人物表·歲薦》：「張鸞。（字）騰霄。兖州訓導。」李宜春《嘉靖潁州志·歲貢·州》：「張鸞。字騰霄。（嘉靖）五年貢。兖州訓導。」

③《康熙潁州志·選舉·（明）應例》僅存其名。

④《康熙潁州志·選舉·（明）應例》：「張邦兆。鎮安主簿。」

⑤「秀」字，一作「季」。李宜春《嘉靖潁州志·雜科·州》：「李季。」

⑥李宜春《嘉靖潁州志·雜科·州》存其名。

续　表

	進士	舉人	歲貢	應例	雜科年次無考	武科
戊子（1528）		張燫。河南中式。太湖知縣。詳《藝文》。① 張光祖。河南中式。詳《人物》。②	劉琮。③ 雲瑞。④ 顧恩。⑤ 李應東。⑥	郭都。⑦ 王珍。⑧ 周讓。⑨ 羅鑛。⑩	劉志。京倉大使。⑪ 史鏡。經歷。⑫ 史銓。⑬ 時鰲。巡檢。⑭	

①見本書《名賢傳》。
②見本書《名賢傳》。
③呂景蒙《嘉靖潁州志·人物表·歲薦》：「劉琮。（字）良貴。」李宜春《嘉靖潁州志·歲貢·州》：「劉琮。字良貴。（嘉靖）七年貢。」
④呂景蒙《嘉靖潁州志·人物表·歲薦》：「雲瑞。（字）一麟。」李宜春《嘉靖潁州志·歲貢·州》：「雲瑞。字一麟。（嘉靖）七年貢。」
⑤呂景蒙《嘉靖潁州志·人物表·歲薦》：「顧恩。（字）天錫。」李宜春《嘉靖潁州志·歲貢·州》：「劉［顧］恩。字天錫。（嘉靖）八年貢。」
⑥呂景蒙《嘉靖潁州志·人物表·歲薦》：「李應東。（字）一元。」李宜春《嘉靖潁州志·歲貢·州》：「李應東。字一元。（嘉靖）九年貢。」
⑦《康熙潁州志·選舉·（明）應例》：「郭都。昇孫。」
⑧《康熙潁州志·選舉·（明）應例》僅存其名。
⑨《康熙潁州志·選舉·（明）應例》僅存其名。
⑩《康熙潁州志·選舉·（明）應例》僅存其名。
⑪《康熙潁州志·選舉·（明）雜職》：「劉志。京倉大使。」
⑫《康熙潁州志·選舉·（明）雜職》：「史鏡。德州衛經歷。」
⑬《康熙潁州志·選舉·（明）雜職》：「史銓。金吾左衛經歷。」
⑭《康熙潁州志·選舉·（明）雜職》：「時鰲。巡檢。」

续　表

	進士	舉人	歲貢	應例	雜科年次無考	武科
辛卯（1531）		尚爵。河南中式。詳《人物》。① 李增。河南中式。見《進士》。	盧翰。② 李寬。能詩賦。③ 張實。詳《人物》。④ 陳舜卿。⑤	王嘉徵。主簿。⑥ 閻志。縣丞。⑦ 張問達。⑧ 仲倫。⑨	時鯤。大使。⑩ 余鳳。典史。⑪ 余欽。巡檢。⑫ 韓栗。⑬	

①見本書《名賢傳》。
②見本表《舉人》。
③吕景蒙《嘉靖潁州志·人物表·歲薦》：「李寬。（字）民望。」李宜春《嘉靖潁州志·歲貢·州》：「李寬。字民望。（嘉靖）十一年貢。」
④見本書《名賢傳》。
⑤吕景蒙《嘉靖潁州志·人物表·歲薦》：「陳舜卿。（字）汝弼。」李宜春《嘉靖潁州志·歲貢·州》：「陳舜卿。字汝弼。（嘉靖）十五年貢。」
⑥《康熙潁州志·選舉·（明）應例》：「王嘉徵。主簿。」
⑦《康熙潁州志·選舉·（明）應例》：「閻志。清豐縣丞。」
⑧《康熙潁州志·選舉·（明）應例》：「張問達。培子。」
⑨《康熙潁州志·選舉·（明）應例》僅存其名。
⑩《康熙潁州志·選舉·（明）雜職》：「時鯤。大使。」
⑪《康熙潁州志·選舉·（明）雜職》：「余鳳。慶元典史。」
⑫《康熙潁州志·選舉·（明）雜職》：「余欽。巡檢。」
⑬《康熙潁州志·選舉·（明）雜職》僅存其名。

续表

	進士	舉人	歲貢	應例	雜科年次無考	武科
壬辰（1532）	張光祖。巡按陝西，監察御史。詳《人物》。①		王佐。知縣。② 李啟春。③ 蔣濟。④	王嘉兆。⑤ 吳儒。⑥ 李瀛。⑦	汪會宗。經歷。⑧ 孫正。⑨ 李居仁。⑩	

①見本書《名賢傳》。
②李宜春《嘉靖潁州志·歲貢·州》：「王佐。字司治。（嘉靖）十六年（1537）貢。」
③李宜春《嘉靖潁州志·歲貢·州》：「李啟春。字明時。（嘉靖）十七年（1538）貢。」
④李宜春《嘉靖潁州志·歲貢·州》：「蔣濟。字君錫。（嘉靖）十八年（1539）貢。」
⑤《康熙潁州志·選舉·（明）應例》僅存其名。
⑥《康熙潁州志·選舉·（明）應例》僅存其名。
⑦《康熙潁州志·選舉·（明）應例》僅存其名。
⑧《康熙潁州志·選舉·（明）雜職》：「汪會宗。經歷。」
⑨《康熙潁州志·選舉·（明）雜職》僅存其名。
⑩《康熙潁州志·選舉·（明）雜職》僅存其名。

续表

	進士	舉人	歲貢	應例	雜科年次無考	武科
甲午（1534）		盧翰。應天中式。兗州府推官。詳《人物》。①	楚臣。通判。② 邢奇。教諭。③ 史綸。④	王立。⑤ 吳佐。⑥ 黎希曾。⑦	王鑛。⑧ 李寵。⑨ 張湘。⑩	

①見本書《名賢傳》。
②李宜春《嘉靖潁州志・歲貢・州》：「楚臣。字嘉相。（嘉靖）十□年貢。」
③李宜春《嘉靖潁州志・歲貢・州》：「邢奇。字一之。（嘉靖）十□年貢。」
④見本表《舉人》。
⑤《康熙潁州志・選舉・（明）應例》：「王立。之屏子。」
⑥《康熙潁州志・選舉・（明）應例》僅存其名。
⑦《康熙潁州志・選舉・（明）應例》僅存其名。
⑧《康熙潁州志・選舉・（明）雜職》僅存其名。
⑨《康熙潁州志・選舉・（明）雜職》僅存其名。
⑩《康熙潁州志・選舉・（明）雜職》僅存其名。

续表

	進士	舉人	歲貢	應例	雜科年次無考	武科
乙未（1535）	李增。山東濟寧知府。①		陳淵。縣丞。② 顧學詩。訓導。③	李清。④ 王守正。⑤	鄭登仕。⑥ 王惠民。⑦	

①《成化中都志·科貢·鄉舉》：「甲午科嘉靖十三年（1534）……李增。潁州人。」同書《科貢·進士》：「乙未科嘉靖十四年……李增。潁州人。」呂景蒙《嘉靖潁州志·人物表·鄉貢》：「李增。（字）孟川。炳子。俱河南鄉試。」同書《人物表·甲科》：「（嘉靖）乙未：李增。戶部主事。」李宜春《嘉靖潁州志·選舉·明（進士）》：「李增。潁州人，字孟川。炳之子。嘉靖辛卯河南中式，乙未登韓應龍榜，授戶部主事。任山東濟寧知府。」

②李宜春《嘉靖潁州志·歲貢·州》：「陳淵。字師顔。（嘉靖）□□年貢。」

③李宜春《嘉靖潁州志·歲貢·州》：「顧學詩。字言之。（嘉靖）二十一年（1542）貢。任淄陽訓導。」

④《康熙潁州志·選舉·（明）應例》：「李清。錦子。」

⑤《康熙潁州志·選舉·（明）應例》僅存其名。

⑥《康熙潁州志·選舉·（明）雜職》僅存其名。

⑦《康熙潁州志·選舉·（明）雜職》僅存其名。

续 表

	進士	舉人	歲貢	應例	雜科年次無考	武科
庚子（1540）		盧晉。翰子。應天中式。重慶府通判。① 胡淳。河南中式。②	高嶽。③ 趙富。訓導。④ 王經。訓導。⑤	王時用。⑥ 張順孫。⑦	張詔。巡檢。⑧ 汪蘭。⑨ 牛壽。⑩	

①《成化中都志·科貢·鄉舉》：「庚子科嘉靖十九年……盧晉。潁州人。」李宜春《嘉靖潁州志·選舉·明（舉人）》：「盧晉。翰之子。字伯進。嘉靖庚子中式。」《康熙潁州志·人物·（明）儒林》：「盧晉。字伯進，别號東（左田右柔）。兖州司李［理］翰子。領嘉靖庚子舉人，横經教授，干謁不通。後任贛之興國令。有嫠婦訟虎食其兒，晉檄於神。翌日，虎死於麓，邑自是無虎患。遷判蜀之重慶，告歸。所著有《養恬錄》《幼學惕言》《禮記捷意》《讀易隙見八法》《針逸醫編》《五經考異》，所纂有《孔子全語》《名物備覽》等書。年八十二卒。」《道光興國縣志·職官·明知縣》：「盧晉。鳳陽潁州人。舉人。隆慶二年（1568）任。整肅明□，作興學校。按，《贛郡謝志·秩官表》載晉興學制□，陞重慶府判。」

②《成化中都志·科貢·鄉舉》：「庚子科嘉靖十九年……胡淳。潁州人。」李宜春《嘉靖潁州志·選舉·明（舉人）》：「胡淳。潁州人。字性之。洲之弟。嘉靖庚子河南中式。」

③李宜春《嘉靖潁州志·歲貢·州》：「高嶽。字惟嵩。（嘉靖）二十二年（1543）貢。」

④李宜春《嘉靖潁州志·歲貢·州》：「趙富。字善徵。（嘉靖）二十三年（1544）貢。」

⑤李宜春《嘉靖潁州志·歲貢·州》：「王經。字守之。（嘉靖）二十五年（1546）貢。」

⑥《康熙潁州志·選舉·（明）應例》僅存其名。

⑦《康熙潁州志·選舉·（明）應例》：「張順孫。光祖孫。」

⑧《康熙潁州志·選舉·（明）雜職》僅存其名。

⑨《康熙潁州志·選舉·（明）雜職》僅存其名。

⑩《康熙潁州志·選舉·（明）雜職》僅存其名。

续　表

	進士	舉人	歲貢	應例	雜科年次無考	武科
丙午（1546）		史綸。應天中式。①	崔昆。博学。②	時有爲。③	于宗教。④	
己酉（1549）		劉東立。河南中式。⑤	郭應鶚。經歷。⑥ 郭綸。均州學正。⑦	李豸。⑧ 李得春。⑨	田種禾。⑩ 李應登。⑪	

①《成化中都志·科貢·鄉舉》：「丙午科嘉靖二十五年……史綸。潁州人。」李宜春《嘉靖潁州志·選舉·明（舉人）》：「史綸。潁州人。字廷言。鏡之子。嘉靖丙午應天中式。」

②李宜春《嘉靖潁州志·歲貢·州》：「崔昆。字山甫。（嘉靖）二十七年（1548）貢。」

③《康熙潁州志·選舉·（明）應例》僅存其名。

④《康熙潁州志·選舉·（明）雜職》僅存其名。

⑤《康熙潁州志·選舉·（明）孝廉》：「劉東立。（嘉靖）己酉河南中式。」

⑥《康熙潁州志·選舉·（明）貢士》：「郭應鶚。真定衛經歷。」

⑦《康熙潁州志·選舉·（明）貢士》：「郭綸。均州學正。」

⑧「李豸」，《康熙潁州志·選舉·（明）應例》作「李應豸」。

⑨《康熙潁州志·選舉·（明）應例》僅存其名。

⑩《康熙潁州志·選舉·（明）雜職》僅存其名。

⑪《康熙潁州志·選舉·（明）雜職》僅存其名。

续表

	進士	舉人	歲貢	應例	雜科年次無考	武科
己酉（1549）		李際觀。河南中式。寧國府同知。①	李應科。② 劉爵。訓導。③ 張繡。訓導。④	王尚循。⑤ 李三捷。⑥ 王尚耕。⑦	史承祖。⑧ 劉都。⑨ 劉遵教。⑩	

①《康熙潁州志·選舉·（明）孝廉》：「李際觀。（嘉靖）己酉河南中式。官寧國郡丞。」
②《康熙潁州志·選舉·（明）貢士》僅存其名。
③《康熙潁州志·選舉·（明）貢士》：「劉爵。兗州訓導。」
④《康熙潁州志·選舉·（明）貢士》：「張繡。衛輝訓導。」
⑤《康熙潁州志·選舉·（明）應例》：「王尚循。謨子。」
⑥《康熙潁州志·選舉·（明）應例》僅存其名。
⑦《康熙潁州志·選舉·（明）應例》僅存其名。
⑧《康熙潁州志·選舉·（明）雜職》僅存其名。
⑨《康熙潁州志·選舉·（明）雜職》僅存其名。
⑩《康熙潁州志·選舉·（明）雜職》僅存其名。

续表

	進士	舉人	歲貢	應例	雜科年次無考	武科
壬子（1552）		李貞。河南中式。見《進士》。 張培。河南中式。寧州知州。①	趙淇。教授。時中父。平生清謹，守身如處女，人罕識其面。② 王渭。訓導。③	王化民。④ 吳化。⑤ 方克剛。⑥	劉加棟。⑦ 王加瑞。⑧	

①《康熙潁州志·選舉·（明）孝廉》：「張培。（嘉靖）壬子河南中式。官寧州牧。」《康熙寧州志·職員·明（知州）》：「張培。潁川衛舉人。隆慶五年（1571）任。心實仁厚，政尚寬和。朝覲，自陳致仕，州人至今想慕。」

②《康熙潁州志·選舉·（明）貢士》：「趙淇。時中父。天津衛學教授。平生清謹，守身如處女，人罕識其面。」

③《康熙潁州志·選舉·（明）貢士》：「王渭。訓導。」

④《康熙潁州志·選舉·（明）應例》僅存其名。

⑤《康熙潁州志·選舉·（明）應例》僅存其名。

⑥《康熙潁州志·選舉·（明）應例》僅存其名。

⑦《康熙潁州志·選舉·（明）雜職》僅存其名。

⑧《康熙潁州志·選舉·（明）雜職》僅存其名。

续表

	進士	舉人	歲貢	應例	雜科年次無考	武科
壬子（1552）		白夏。河南中式。承天府同知。詳《人物》。①	田種。縣丞。孝友篤行，人稱其誼。②	王尚修。③ 田之潁。大理寺副。④ 郭大觀。⑤	王仕偉。⑥ 于恕。⑦ 李從今。⑧ 王烱。⑨	

①見本書《名賢傳》。

②本書《藝文·宸翰部》收《贈真定府元氏縣知縣田種（萬曆十八年七月）》制文。《康熙潁州志·選舉·（明）貢士》：「田種。勸父。衡府紀善。孝友獨［篤］行，人稱其誼。」同書《人物·孝友》：「田種。字子義，號春野。孝友根於天性，遠近多稱美之。以明經授浙江德清縣丞，遷衡府紀善。享年七十有三卒。后以子勸登萬曆癸未（1583）進士，授北直元氏縣令，遇覃恩，贈種文林郎，如子官。」

③《康熙潁州志·選舉·（明）應例》僅存其名。

④《康熙潁州志·選舉·（明）應例》：「田之潁。大理寺副。」

⑤《康熙潁州志·選舉·（明）應例》：「郭大觀。禮部儒士。」

⑥《康熙潁州志·選舉·（明）雜職》僅存其名。

⑦《康熙潁州志·選舉·（明）雜職》：「于恕。衛經歷。」

⑧《康熙潁州志·選舉·（明）雜職》僅存其名。

⑨《康熙潁州志·選舉·（明）雜職》：「王烱。主簿。」

续表

	進士	舉人	歲貢	應例	雜科年次無考	武科
乙卯（1555）		王體乾。應天中式。① 儲仁。應天中式。② 李學禮。應天中式。見《進士》。	黎凰。③ 唐寵。學正。④ 李約中。縣丞。⑤	李建中。⑥ 劉廷臚。⑦ 田之尹。⑧ 張士元。⑨	周尚文。⑩ 馬進朝。⑪	

①《康熙潁州志·選舉·（明）孝廉》：「王體乾。（嘉靖）乙卯。」
②《康熙潁州志·選舉·（明）孝廉》：「儲仁。（嘉靖）乙卯。」
③「凰」字，一作「鳳」。《康熙潁州志·選舉·（明）貢士》：「黎鳳。洛書父。」
④《康熙潁州志·選舉·（明）貢士》：「唐寵。學正。」
⑤《康熙潁州志·選舉·（明）貢士》：「李約中。縣丞。」
⑥《康熙潁州志·選舉·（明）應例》僅存其名。
⑦見本書《孝義傳》。
⑧《康熙潁州志·選舉·（明）應例》僅存其名。
⑨《康熙潁州志·選舉·（明）應例》僅存其名。
⑩《康熙潁州志·選舉·（明）雜職》僅存其名。
⑪《康熙潁州志·選舉·（明）雜職》僅存其名。

续表

	進士	舉人	歲貢	應例	雜科年次無考	武科
乙卯（1555）		張子奇。河南中式。① 王謨。河南中式。見《進士》。李錦。河南中式。見《進士》。	盧登。縣丞。② 郭應輅。學正。③	田之逢。④ 張大同。鶴鳴子。改官生。⑤ 劉廷傳。⑥	於學書。主簿。⑦ 胡永祥。定海縣丞。有惠政，陞經歷。⑧	

①《康熙潁州志·選舉·（明）孝廉》：「張子奇。（嘉靖）乙卯河南中式。」
②《康熙潁州志·選舉·（明）貢士》：「盧登。縣丞。」
③《康熙潁州志·選舉·（明）貢士》：「郭應輅。學正。已上嘉靖朝。」
④《康熙潁州志·選舉·（明）應例》僅存其名。
⑤見本書《名賢傳》。
⑥見本書《名賢傳》。
⑦《康熙潁州志·選舉·（清）雜職》：「於學書。魯山縣丞，署本縣事。倡捐賑饑，斷結年久冤獄。士民感戴。」
⑧《康熙潁州志·選舉·（明）雜職》：「胡永祥。定海縣丞。有惠政，陞經歷。」

續　表

	進士	舉人	歲貢	應例	雜科年次無考	武科
戊午（1558）		王之屏。應天中式。見《進士》。 黎鶴。河南中式。樂陵知縣。① 李薦佳。河南中式。見《進士》。		張大中。② 甯佺。③ 李元白。監事。④ 田育。中書舍人。⑤ 李獻琇。⑥		
己未（1559）	李學禮。四川按察司。詳《人物》。⑦					

①《康熙潁州志·選舉·（明）孝廉》：「黎鶴。（嘉靖）戊午河南中式。官樂陵縣令。」《乾隆樂陵縣志·秩官·明（知縣）》：「黎鶴。南直潁州人。舉人。以上二人俱隆慶間任。」
②《康熙潁州志·選舉·（明）應例》僅存其名。
③《康熙潁州志·選舉·（明）應例》僅存其名。
④《康熙潁州志·選舉·（明）應例》僅存其名。
⑤《康熙潁州志·選舉·（明）應例：「田育。中書舍人。」
⑥《康熙潁州志·選舉·（明）應例》僅存其名。
⑦見本書《名賢傳》。

续表

	進士	舉人	歲貢	應例	雜科年次無考	武科
壬戌（1562）	王謨。浙江按察司僉事。詳《人物》。①					
甲子（1564）		王家麟。應天中式。汜水知縣。②				
乙丑（1565）	王之屏。雲南布政。詳《人物》。③ 李薦佳。四川副使。④					

①見本書《名賢傳》。

②《康熙潁州志·選舉·（明）孝廉》：「王家麟。（嘉靖）甲子。官汜水知縣。」《民國汜水縣志·職官·明職官表》：「王家麟。南直隸潁州舉人。知縣。隆慶五年（1571）。偉度清操，虛心實政，優禮學愛［校］，校［愛］惜編民，惟不善事上官。不二年，遂解組去。有《自述二十韻》以見志。邑人至今念之。」

③見本書《名賢傳》。

④《康熙潁州志·選舉·（明）進士》：「李薦佳。嘉靖戊午（1558）河南舉人，乙丑進士。官四川副使。」

续表

	進士	舉人	歲貢	應例	雜科年次無考	武科
隆慶丁卯（1567）		郝經。應天中式。堂邑知縣。① 劉任。河南中式。能詩。見《藝文》。②	顧正。③ 楊東。縣丞。博洽。④ 崔爵。縣丞。狷介有古人風。⑤			

①《康熙潁州志·選舉·（明）孝廉》：「郝經。隆慶丁卯。官棠［堂］邑令。」《康熙堂邑縣志·職官·明縣尹》：「郝經。南直隸潁上縣人。舉人。萬曆十三年（1585）任。强力耆事，歲歉，嚴手力遮邏，而不逞者脅息，民賴以安。」

②見本書《僊釋傳》。又本書《藝文·詩部》收其詩三首。

③《康熙潁州志·選舉·（明）貢士》僅存其名。

④《康熙潁州志·選舉·（明）貢士》：「楊東。商丘縣丞。博洽。」

⑤《康熙潁州志·選舉·（明）貢士》：「崔爵。鄒縣縣丞。狷介有守。」

续表

	進士	舉人	歲貢	應例	雜科年次無考	武科
庚午（1570）		儲佶。應天中式。夔州府同知。①	段汝進。檢校。② 鍾洪。③			
辛未（1571）	李貞。襄陽府同知。④		羅鏞。⑤			

①《康熙潁州志・選舉・（明）孝廉》：「儲佶。（隆慶）庚午。官夔州郡丞。」《乾隆夔州府志・秩官・（明）同知》：「隆慶……儲信［佶］。直隸潁州舉人。」

②《康熙潁州志・選舉・（明）貢士》：「段汝進。府檢校。」

③《康熙潁州志・選舉・（明）貢士》僅存其名。

④《康熙潁州志・選舉・（明）進士》：「李貞。嘉靖壬子（1552）河南舉人，隆慶辛未張元忭榜進士。官襄陽郡丞。」《萬曆襄陽府志・秩官・明（同知）》：「李貞。潁川衛籍，滑縣人。進士。萬曆己卯（1579）任。」

⑤《康熙潁州志・選舉・（明）貢士》：「羅鏞。已上隆慶朝。」

續表

	進士	舉人	歲貢	應例	雜科年次無考	武科
萬曆癸酉（1573）		田勸。河南中式。①	張光世。縣丞。②			
丙子（1576）		張鶴鳴。河南中式。俱見《進士》。甯中立。河南中式。見《進士》。王誥。河南中式。漢中府通判。③	王維垣。詳《人物》。④趙時中。教授。淇子。清謹不愧其父，從不受生徒贄儀。歸，家徒四壁立，泊如也。⑤			

①見本表《進士》。
②《康熙潁州志·選舉·（明）貢士》：「張光世。永嘉縣丞。」《康熙永嘉縣志·秩官·（明）主簿》存其名。
③《康熙潁州志·選舉·（明）孝廉》：「王誥。萬曆丙子河南中式。官漢中府別駕。」
④見本書《名賢傳》。
⑤《康熙潁州志·選舉·（明）貢士》：「趙時中。淇子。彰德府學教授。清謹如其父，謝絶生徒贄儀。歸，家惟四壁立，恬如也。」

续表

	進士	舉人	歲貢	應例	雜科年次無考	武科
己卯（1579）		張養性。應天中式。大足知縣。① 王道增。河南中式。見《進士》。	楊益鑛。訓導。② 王珠。訓導。③ 王光考。④ 徐治民。新河選貢。仕至平越知府。見《人物》。⑤			
庚辰（1580）	王道增。四川右布政。詳《人物》。⑥					

①《康熙潁州志·選舉·（明）孝廉》：「張養性。（萬曆）己卯。官大足縣令。」《乾隆大足縣志·秩官志·（明）職官》：「（明縣令）張養性。萬曆年間任。詳《名宦》。」同書《秩官志·（明）名宦》：「張養性。字體敬，萬曆間任。以廉吏從蓬萊移繁昌州，不以一錢傷民。一日，蓮生並蒂，因改海棠香國爲瑞蓮堂。曾捐奉修文廟，置學田以養寒士。郵亭舖在縣之南鄙，當錦江、渝州上下之衝，昔有公署，無旅舘，體敬建設之，以處承舍諸丞。政聲歷著，士民愛戴。」

②《康熙潁州志·選舉·（明）貢士》：「楊益鑛。訓導。」

③《康熙潁州志·選舉·（明）貢士》：「王珠。淮安訓導。」

④《康熙潁州志·選舉·（明）貢士》僅存其名。

⑤見本書《名賢傳》。

⑥見本書《名賢傳》。

续表

	進士	舉人	歲貢	應例	雜科年次無考	武科
壬午（1582）		丁允中。河南中式。安塞知縣。① 劉九光。河南中式。見《進士》。王作楫。河南中式。②	周紹堯。縣丞。③ 黎洛書。教諭。④ 王體元。訓導。⑤ 丁潭。教諭。《人物》。⑥ 劉國儒。教諭。⑦ 李先立。⑧			

①《康熙潁州志·選舉·（明）孝廉》：「丁允中。（萬曆）壬午河南中式。官安塞縣令。」《順治安塞縣志·職官志·（明）邑令》：「丁允中。河南隸［潁］川衛舉人。字企。萬曆年任。善屬文。重修文廟，創甃泮池，加意斯文，講論課士，至今嘖嘖稱之。」
②《康熙潁州志·選舉·（明）孝廉》：「王作楫。河南中式。」
③《康熙潁州志·選舉·（明）貢士》：「周紹堯。遂安縣丞。」
④《康熙潁州志·選舉·（明）貢士》：「黎洛書。鳳子。孟縣教諭。」
⑤《康熙潁州志·選舉·（明）貢士》：「王體元。訓導。」
⑥見本書《孝義傳》。
⑦《康熙潁州志·選舉·（明）貢士》：「劉國儒。浮梁教諭。」
⑧《康熙潁州志·選舉·（明）貢士》僅存其名。

续表

	進士	舉人	歲貢	應例	雜科年次無考	武科
癸未（1583）	田勸。授密雲知縣。丁憂，補元氏知縣，陞户部主事。密雲苦養馬，勸減其半。潁川、睢陽、淮陽三衛戍密工苦，勸爲更番遞役，三衛甦。陞户部，以病歸。値荒，捐穀千石，賑活甚衆。①		楊南。見《鄉試》。 楊大倫。縣丞。② 柳宿。汝寧通判。③			

①本書《藝文・宸翰部》載有《真定府元氏縣知縣田勸（萬曆十八年七月）》制文。《康熙潁州志・選舉・（明）進士》：「田勸。萬曆癸酉（1573）河南舉人，癸未朱國祥榜進士。初官密雲令，民苦養馬，勸減其半。潁川、睢陽、淮陽三衛軍戍密勞苦，勸爲更番遞役，三衛得甦。陞户部主政，病歸。値歲荒，捐穀千石賑之，所活甚衆。」《崇禎元氏縣志・官師・縣令》：「田勸。直隸潁州人。進士。萬曆十八年（1590）任，陞戶部主事。」

②《康熙潁州志・選舉・（明）貢士》：「楊大倫。安邑縣丞。」《乾隆解州安邑縣志・職官・縣丞》：「楊大倫。潁州選貢。萬曆間任。」

③《康熙潁州志・選舉・（明）貢士》：「柳宿。汝寧別駕。」

续表

	進士	舉人	歲貢	應例	雜科年次無考	武科
癸未（1583）	甯中立。選翰林庶吉士，改禮部精膳司主事，歷陞尚寶司。①		阮堯圭。訓導。② 王國禎。知縣。③ 柳震。④ 田養仕。⑤			
戊子（1588）		王文煒。應天中式。⑥ 鄧希禹。河南中式。⑦	白琚。⑧ 王中行。訓導。⑨			

①見本書《名賢傳》。
②《康熙潁州志・選舉・（明）貢士》：「阮堯圭。宿松訓導。」
③《康熙潁州志・選舉・（明）貢士》：「王國禎。縣令。」
④《康熙潁州志・選舉・（明）貢士》僅存其名。
⑤《康熙潁州志・選舉・（明）貢士》僅存其名。
⑥《康熙潁州志・選舉・（明）孝廉》：「王文煒。（萬曆）戊子。」
⑦《康熙潁州志・選舉・（明）孝廉》：「鄧希禹。（萬曆）戊子河南中式。」
⑧《康熙潁州志・選舉・（明）貢士》僅存其名。
⑨《康熙潁州志・選舉・（明）貢士》：「王中行。訓導。」

续表

	進士	舉人	歲貢	應例	雜科年次無考	武科
辛卯（1591）		劉澤九。河南中式。① 張鶴騰。河南中式。見《進士》。 楊南。順天中式。會寧知縣。②	李蒞。③ 盧嵺。④ 曾安民。訓導。⑤ 張可度。學正。⑥ 王文炳。知縣。⑦			

①《康熙潁州志·選舉·（明）孝廉》：「劉澤九。（萬曆）辛卯河南中式。」

②《康熙潁州志·選舉·（明）孝廉》：「楊南。（萬曆）辛卯順天中式。官會寧縣令。」

③《康熙潁州志·選舉·（明）貢士》僅存其名。

④《康熙潁州志·選舉·（明）貢士》僅存其名。

⑤《康熙潁州志·選舉·（明）貢士》：「曾安民。訓導。」

⑥《康熙潁州志·選舉·（明）貢士》：「張可度。學正。」

⑦《康熙潁州志·選舉·（明）貢士》：「王文炳。縣令。」同書《文苑·明》：「王文炳。字汝燮。詩筆濃鬱，有聲於時。王憲副之猷延教其子象春，學益醇茂。有《緑玉軒集畧》六卷，集外有《宫詞》《遊僊詞》各百首，蓋自傷不遇，借宫掖、神僊以寄懷也。後由明經爲揚州教授，遷縣令。季子埏字廣生，風流蘊藉，善行楷書。（節録劉考功《詩序》。）」劉考功《詩序》，指劉體仁《汝潁集詩敘》之《王學博詩敘》。

续表

	進士	舉人	歲貢	應例	雜科年次無考	武科
壬辰（1592）	張鶴鳴。中丙戌（1586）會試，壬辰殿試。歷官太子太師，兵部尚書。詳《人物》。①		馬際可。訓導。② 楊思從。③			
乙未（1595）	劉九光。雲南布政使。詳《人物》。④ 張鶴騰。雲南副使。詳《人物》。⑤		劉光楚。⑥			

①見本書《名賢傳》。
②《康熙潁州志·選舉·（明）貢士》：「馬際可。訓導。」
③《康熙潁州志·選舉·（明）貢士》僅存其名。
④見本書《名賢傳》。
⑤見本書《名賢傳》。
⑥《康熙潁州志·選舉·（明）貢士》僅存其名。

续 表

	進士	舉人	歲貢	應例	雜科年次無考	武科
丁酉（1597）		李經禮。河南中式。見《人物》。① 王養廉。河南中式。② 胡應聘。河南中式。③	張士奇。④			
庚子（1600）		劉孟雷。河南中式。⑤ 李粹白。河南中式。⑥	李陞陳。經歷。⑦ 王道立。⑧			

①本書傳記部分未見其人。《康熙潁州志·選舉·（明）孝廉》："李經禮。（萬曆）丁酉河南中式。詳《人物》。"然該書相關部分亦未見其人。《乾隆臨潼縣志·職官·（明）令》："李經禮。潁［潁］川舉人。"

②見本書《名賢傳》。

③見本書《名賢傳》。

④《康熙潁州志·選舉·（明）貢士》僅存其名。

⑤《康熙潁州志·選舉·（明）孝廉》："劉孟雷。（萬曆）河南中式。"

⑥本書《藝文·宸翰部》載有《直隸河間府獻縣知縣李粹白（崇禎九年三月）》制文。《康熙潁州志·選舉·（明）孝廉》："李粹白。經禮子。（萬曆）庚子河南中式。"《康熙獻縣志·秩官志·官籍》："明（知縣）……李粹白。潁州舉人。"

⑦"陞"字，一作"陛"。《康熙潁州志·選舉·（明）貢士》："李陞陳。經歷。"

⑧《康熙潁州志·選舉·（明）貢士》僅存其名。

续　表

	進士	舉人	歲貢	應例	雜科年次無考	武科
癸卯（1603）		盧敏。應天中式。① 湯有光。應天中式。高安知縣。② 李精白。河南中式。見《進士》。	謝邦彥。訓導。③ 秦嘉言。④ 谷時秀。知縣。⑤ 周有光。⑥ 阮士龍。訓導。⑦			
丙午（1606）		田之龍。河南中式。⑧				

①《康熙潁州志·選舉·（明）孝廉》：「盧敏。（萬曆）癸卯。」
②見本書《隱逸傳》。
③《康熙潁州志·選舉·（明）貢士》：「謝邦彥。訓導。」
④《康熙潁州志·選舉·（明）貢士》僅存其名。
⑤《康熙潁州志·選舉·（明）貢士》：「谷時秀。縣令。」
⑥《康熙潁州志·選舉·（明）貢士》僅存其名。
⑦《康熙潁州志·選舉·（明）貢士》：「阮士龍。訓導。已上萬曆朝。」
⑧《康熙潁州志·選舉·（明）孝廉》：「田之龍。（萬曆）丙午河南中式。」

续表

	進士	舉人	歲貢	應例	雜科年次無考	武科
壬子（1612）		申大志。應天中式。滎（榮）澤知縣。① 劉士珩。應天中式。② 鍾嶽秀。河南中式。清澗知縣。③ 李虛白。河南中式。見《進士》。				
癸丑（1613）	李精白。戶部尚書，管右侍郎事。詳《人物》。					

①見本書《名賢傳》。
②《康熙潁州志·選舉·（明）孝廉》：「劉士珩。（萬曆）壬子。」
③《康熙潁州志·選舉·（明）孝廉》：「鍾嶽秀。（萬曆）壬子河南中式。官清澗知縣。」

续表

	進士	舉人	歲貢	應例	雜科年次無考	武科
乙卯（1615）		韓獻策。應天中式。見《進士》。田用坤。河南中式。見《進士》。				
戊午（1618）		滑文蔚。河南中式。見《進士》。亓中雅。河南中式。①				

①《康熙潁州志・選舉・（明）孝廉》：「亓中雅。（萬曆）戊午河南中式。」

续表

	進士	舉人	歲貢	應例	雜科年次無考	武科
天啟辛酉（1621）		劉士琉。應天中式。① 李文煌。河南中式。見《進士》。 鹿獻陽。河南中式。見《進士》。	賀佳兆。② 曾乾齡。③ 劉謨。宜興訓導。④ 吳自勵。⑤ 丁嘉遇。夔州府教諭。⑥			

①《康熙潁州志·選舉·（明）孝廉》：「劉士琉。天啟辛酉。」

②《康熙潁州志·選舉·（明）貢士》僅存其名。

③《康熙潁州志·選舉·（明）貢士》僅存其名。

④《康熙潁州志·選舉·（明）貢士》：「劉謨。宜興訓導。」《嘉慶宜興縣志·職官志·學秩》：「（天啟）訓導……劉謨。□縣人。貢生。七年（1627）任。按，徐喈鳳、陳玉璂《志》皆謂謨『頻縣人』，《明史·地理志》無頻縣名，不知是何縣之誤。」當即其人。徐、陳《志》中「頻」字，當爲「潁」字誤。

⑤《康熙潁州志·選舉·（明）貢士》僅存其名。

⑥《康熙潁州志·選舉·（明）貢士》：「丁嘉遇。夔州府教諭。」

续表

	進士	舉人	歲貢	應例	雜科年次無考	武科
壬戌（1622）	王養廉。詳《人物》。①					
甲子（1624）		張大昶。河南中式。②	王致用。知縣。③			
乙丑（1625）	鹿獻陽。大同府推官。④ 李虛白。戶部主事。見《人物》。⑤		王陞。池州教授。⑥ 王純心。⑦ 劉廷榜。惠州府通判。⑧			

①見本書《名賢傳》。
②《康熙潁州志·選舉·（明）孝廉》：「張大昶。（天啟）甲子河南中式。」
③《康熙潁州志·選舉·（明）貢士》：「王致用。縣令。」
④見本書《名賢傳》。
⑤見本書《名賢傳》。
⑥《康熙潁州志·選舉·（明）貢士》：「王陞。池州府學教授。」《乾隆池州府志·府屬教職年表·教授》：「王陞［陞］。潁州人。」
⑦《康熙潁州志·選舉·（明）貢士》僅存其名。
⑧見本書《名賢傳》。

续 表

	進士	舉人	歲貢	應例	雜科年次無考	武科
丁卯（1627）		劉士名。應天中式。見《進士》。 白精衷。河南中式。① 李文煇。河南中式。② 郝巽。河南中式。③	鄧芝選。④ 張大典。⑤ 張維黄。⑥			

①見本書《孝義傳》。
②《康熙潁州志·選舉·（明）孝廉》：「李文煇。（天啟）丁卯河南中式。」
③《康熙潁州志·選舉·（明）孝廉》：「郝巽。（天啟）丁卯河南中式。官漢陽司李。詳《人物》。」該書相關部分未見其人。
④《康熙潁州志·選舉·（明）貢士》僅存其名。
⑤《康熙潁州志·選舉·（明）貢士》僅存其名。
⑥見本書《孝義傳》。

续表

	進士	舉人	歲貢	應例	雜科年次無考	武科
崇禎戊辰（1628）	田用坤。江西布政司右參議。① 劉士名。山西布政司右參議。②		李麟孫。改名「栩」。③ 甯儉。詳《人物》。④			
庚午（1630）		張鳳彩。應天中式。⑤ 甯予慶。河南中式。見《進士》。	喻一原。⑥ 李茂叢。⑦ 馬安國。⑧ 楊得坤。⑨			

①見本書《名賢傳》。
②見本書《名賢傳》。
③見本書《武畧内傳》。
④見本書《名賢傳》。
⑤《康熙潁州志·選舉·（明）孝廉》：「張鳳彩。崇禎庚午。」
⑥《康熙潁州志·選舉·（明）貢士》僅存其名。
⑦《康熙潁州志·選舉·（明）貢士》僅存其名。
⑧《康熙潁州志·選舉·（明）貢士》僅存其名。
⑨《康熙潁州志·選舉·（明）貢士》僅存其名。

续 表

	進士	舉人	歲貢	應例	雜科年次無考	武科
庚午（1630）		郭之傑。河南中式。①	劉大潤。潛山訓導。②			
癸酉（1633）		鹿瑞徵。河南中式。③ 王期遠。河南中式。見《進士》。	王坱。④ 王獻明。⑤ 甯偉。⑥			

①見本書《孝義傳》。

②《康熙潁州志·選舉·（明）貢士》：「劉大潤。潛山訓導。詳《人物》。」同書《儒林·明》：「劉大潤。字霖汝，號迴狂。天資開朗，爲文藻思綺合，學使饒公位拔置第一，而屢困棘闈，乃益鍵戶讀書，經史百家，靡不貫通融洽。監司趙公彦、郡守王公政重其學行，延爲子師，大有啟發。尋舉明經，仕潛山司訓。抵任，謁開府，黄公配玄甚加優禮，誠以耳其名久也。無何，引疾歸。會邦大夫正憲老席，乃强易冠服，一行禮。更請，不復往矣。年八十七，卒於家。」

③《康熙潁州志·選舉·（明）孝廉》：「鹿瑞徵。獻陽子。（崇禎）癸酉河南中式。詳《人物》。」同書《儒林·明》：「鹿瑞徵。字五輝，號瞻王。大同節推獻陽長子。自幼天性孝友，力學精勤，作文日數十篇，不假思索，當時咸以大器目之。崇禎癸酉，領河南鄉薦。見世方多事，淡於進取，力求古人爲己之學，於濂洛關閩微言奥義剖晰靡遺。父獻陽，故廉吏。又經乙亥（1635）城陷後，舊業益荒，惟以隱居教授爲務，四方之士多從之遊。沐其教者，無問材之大小，皆得所成就焉。順治二年（1645）八月卒，年四十有五。生平著述甚富，惜燬於兵燹，今不復存。」

④《康熙潁州志·選舉·（明）貢士》僅存其名。

⑤《康熙潁州志·選舉·（清）貢士》：「王獻明。遂昌縣令。」《光緒遂昌縣志·職官·國朝（知縣）》：「康熙……王獻明。潁［潁］川歲貢。四年（1665）任。」

⑥《康熙潁州志·選舉·（明）貢士》僅存其名。

续表

	進士	舉人	歲貢	應例	雜科年次無考	武科
甲戌（1634）	韓獻策。行人司行人。① 甯予慶。户部員外郎。②		丁嘉際。③ 郭立。清［青］浦訓導。④ 徐繕之。蘇州府訓導。見《孝友》。⑤			

①見本書《名賢傳》。
②見本書《名賢傳》。
③《康熙潁州志·選舉·（明）貢士》僅存其名。
④《康熙潁州志·選舉·（明）貢士》：「郭立。青浦訓導。」
⑤本書無「《孝友》」，《孝義傳》亦未見其人。《康熙潁州志·選舉·（明）貢士》：「徐繕之。蘇州府訓導。詳《人物》。」同書《文苑·明》：「徐繕之。字半持，平越郡守治民少子。生有逸才，嗜學自喜，布袍草履，談言玄勝，座中未嘗有俗客。嘗與甯文學野飲，遇鹿車過，即浩歌共載，旁若無人。晚年由明經爲蘇州学官，自述云：『有如獨往山中客，恰似無靈廟里僧。』其偃蹇風流，亦可想見矣。所作《水佩園詩》，冷然多象外味。卒於順治乙酉（1645）歲。未卒前二日，折簡索劉孝廉體仁携名酒對飲，視聽不亂，猶多雅辭。（節錄劉考功《詩序》。）」「劉考功《詩序》」，指劉體仁《汝潁集詩敘》之《徐學博詩序》。

续表

	進士	舉人	歲貢	應例	雜科年次無考	武科
丙子（1636）		亓豫。河南中式。嚴州府推官。①	盧元素。② 劉士琮。③			
己卯（1639）		劉體仁。河南中式。④ 丁光先。河南中式。⑤	劉彬。⑥ 郭如盤。⑦ 時允宜。⑧ 唐汝藩。⑨			

①見本書《名賢傳》。
②《康熙潁州志·選舉·（清）貢士》：「盧元素。訓導。」
③《康熙潁州志·選舉·（明）貢士》僅存其名。
④《康熙潁州志·選舉·（清）進士》：「劉體仁。前崇禎己卯河南舉人，順治乙未（1655）史大成榜進士。官吏部考功司郎中。詳《人物》。」然該書相關部分未見其人。《清史稿·文苑一》：「劉體仁，字公勇，潁州人。順治中進士。有家難，棄官從孫奇逢講學。後官考功……」
⑤《康熙潁州志·選舉·（明）孝廉》：「丁光先。（崇禎）己卯河南中式。」
⑥《康熙潁州志·選舉·（明）貢士》僅存其名。
⑦《康熙潁州志·選舉·（明）貢士》僅存其名。
⑧《康熙潁州志·選舉·（明）貢士》僅存其名。
⑨《康熙潁州志·選舉·（明）貢士》：「唐汝藩。已上崇禎朝。」

续表

	明
貤封	郭斌。以子昇贈工部郎中。① 李敬。以子通贈知縣。② 史雄。以子鏡贈經歷。③ 郭正。以子昌贈戶部照磨。④ 胡璉。以子洲贈順天府推官。⑤ 金堂。以子紫贈上林苑典署。⑥ 金満。以子黄封獲鹿縣知縣。⑦ 張治。以子光祖封監察御史。⑧

①本書《藝文·宸翰部》載有《贈工部都水司郎中郭斌（成化十二年十二月）》制文。《康熙潁州志·選舉·（明）貤封》：「郭斌。以子昇贈奉政大夫、工部郎中。」

②《康熙潁州志·選舉·（明）貤封》：「李敬。以子通贈文林郎、南陽縣令。」

③《康熙潁州志·選舉·（明）貤封》：「史雄。以子鏡贈修職郎、衛經歷。」

④《康熙潁州志·選舉·（明）貤封》：「郭正。以子昌贈修職郎、戶部照磨。」

⑤《康熙潁州志·選舉·（明）貤封》：「胡璉。以子洲贈承德郎、順天府推官。」

⑥《康熙潁州志·選舉·（明）貤封》：「金堂。以子紫贈修職郎、上林苑典署。」

⑦《康熙潁州志·選舉·（明）貤封》：「金滿。以子黄封文林郎、獲鹿縣令。」

⑧《康熙潁州志·選舉·（明）貤封》：「張治。以子光祖封文林郎、監察御史。」

	貤封	
明	李炳。以子增贈户部主事。①	李臣。以子學禮封户部主事。②
	王邦益。以子謨封工科右給事中。③	李濟美。以子薦佳封浙江海鹽縣知縣。④
	王環。以子［孫］之屏贈浙江左参政。⑤	王崇儒。以子之屏贈浙江左参政。⑥
	王澍。以子道增贈陝西按察司副使。⑦	甯希武。以子中立贈定遠將軍、輕車都尉。⑧

①《康熙潁州志·選舉·（明）貤封》：「李炳。以子增贈承德郎、戶部主事。」
②《康熙潁州志·選舉·（明）貤封》：「李臣。以子學禮封承德郎、戶部主事。」
③《康熙潁州志·選舉·（明）貤封》：「王邦益。以子謨封徵仕郎、工科右給事中。」
④《康熙潁州志·選舉·（明）貤封》：「李濟美。以子薦佳封文林郎、海鹽縣令。」
⑤本書《藝文·宸翰部》載有《贈浙江布政（使）司左參政王環（萬曆十九年）》制文。《康熙潁州志·選舉·（明）貤封》：「王環。以孫之屏贈中大夫、浙江布政司左參政。」
⑥本書《藝文·宸翰部》載有《贈浙江布政使司左參政王崇儒（萬曆十九年）》制文。《康熙潁州志·選舉·（明）貤封》：「王崇儒。以子之屏贈中大夫、浙江布政司左參政。」
⑦《康熙潁州志·選舉·（明）貤封》：「王澍。以子道增贈中憲大夫、陝西按察司副使。」
⑧《康熙潁州志·選舉·（明）貤封》：「甯希武。以子中立贈定遠將軍、輕車都尉。」

续　表

	明	
貤封	田種。以子勸贈元氏縣知縣。①	白月。以子夏封汾州知州。②
	儲九齡。以子佶贈四川夔州府推官。③	徐思問。以子治民封刑部山西司主事。④
	張聚。以曾孫鶴鳴贈太子太傅、兵部尚書。⑤	張春。以孫鶴鳴贈太子太傅、兵部尚書。⑥
	張世良。以子鶴鳴贈太子太傅、兵部尚書。⑦	劉棣。以孫九光贈廣西右布政。⑧

①已見本卷《（明）歲貢》之注。又《康熙潁州志·選舉·（明）貤封》：「田種。原任衡府紀善，以子勸贈文林郎、元氏縣令。」

②《康熙潁州志·選舉·（明）貤封》：「白月。以子夏封奉直大夫、汾州知州。」

③《康熙潁州志·選舉·（明）貤封》：「儲九齡。以子佶贈奉政大夫、夔州郡丞。」

④《康熙潁州志·選舉·（明）貤封》：「徐思問。以子治民封承德郎、刑部主事。」

⑤本書《藝文·宸翰部》載有《贈太子太傅兵部尚書兼右都御史張聚（崇禎元年）》制文。《康熙潁州志·選舉·（明）貤封》：「張聚。以曾孫鶴鳴贈光祿大夫、太子太傅、兵部尚書。」

⑥本書《藝文·宸翰部》載有《贈資德大夫兵部尚書張春（天啟元年九月）》《贈太子太傅兵部尚書兼右都御史張春（崇禎元年）》制文。《康熙潁州志·選舉·（明）貤封》：「張春。以孫鶴鳴贈光祿大夫、太子太傅、兵部尚書。」

⑦本書《藝文·宸翰部》載有《贈資德大夫兵部尚書張世良（天啟元年九月）》制文。《康熙潁州志·選舉·（明）貤封》：「張世良。以子鶴鳴贈光祿大夫、太子太傅、兵部尚書。」

⑧本書《藝文·宸翰部》載有《贈通奉大夫廣西布政司右布政劉棣（萬曆四十八年）》制文。《康熙潁州志·選舉·（明）貤封》：「劉棣。以孫九光贈通奉大夫、廣西右布政。」

续表

	貤封
明	劉一介。以子九光贈廣西右布政。① 李芥。以孫精白贈兵部尚書簽［兼］右副都御史。② 李隆禮。以子精白贈兵部尚書兼右副都御史。③ 劉九光。原任雲南右布政，以子廷榜晉正奉大夫、正治卿。④ 李經禮。原任臨潼知縣，以子粹白、虚白階（陞）文林郎。⑤ 田助。以子之潁封中書舍人。⑥

①本書《藝文·宸翰部》載有《贈通奉大夫廣西布政司右布政劉一介（萬曆四十八年）》制文。《康熙潁州志·選舉·（明）貤封》：「劉一介。以子九光贈通奉大夫、廣西右布政。」

②本書《藝文·宸翰部》載有《贈資政大夫兵部尚書兼右副都御史李芥（崇禎元年三月）》制文。《康熙潁州志·選舉·（明）貤封》：「李芥。以孫精白贈資政大夫、兵部尚書兼右副都御史。」

③本書《藝文·宸翰部》載有《贈資政大夫兵部尚書兼右副都御史李隆禮（崇禎元年三月）》制文。《康熙潁州志·選舉·（明）貤封》：「李隆禮。以子精白贈資政大夫、兵部尚書兼右副都御史。」

④已見本卷《（明）進士》之注。又本書《藝文·宸翰部》載有《進階正奉大夫正治卿左布政使劉九光（崇禎元年三月）》制文。《康熙潁州志·選舉·（明）貤封》：「劉九光。原任雲南右布政，以子廷榜晉正奉大夫、正治卿。」

⑤見本卷《（明）舉人》之注。又本書《藝文·宸翰部》載有《贈文林郎陝西臨潼縣知縣李經禮（天啟七年九月）》制文。《康熙潁州志·選舉·（明）貤封》：「李經禮。原任臨潼縣令，以子粹白、虚白贈文林郎。」

⑥本書《藝文·宸翰部》載有《贈文林郎大理寺右寺副田助（天啟二年三月）》制文。《康熙潁州志·選舉·（明）貤封》：「田助。以子之潁封徵事郎辦事、中書舍人。」

续表

	貤封	
明	胡大順。以子應聘封海豐知縣。①	鹿鳴秋。以子獻陽贈大同府推官。②
	田九世。以子用坤贈江西右参議。③	劉道遠。以子士名封户［兵］部主事。④
	甯信。以嗣子予慶贈掖縣知縣。⑤	甯儼。以子予慶移贈掖縣知縣。⑥
	韓光祖。以子獻策贈行人。⑦	

①本書《藝文·宸翰部》載有《封文林郎海豐縣知縣胡大順（萬曆四十五年九月）》制文。《康熙潁州志·選舉·（明）貤封》：「胡大順。以子應聘封文林郎、海豐縣令。」

②本書《藝文·宸翰部》載有《贈山西大同府推官鹿鳴秋（崇禎元年十月）》制文。《康熙潁州志·選舉·（明）貤封》：「鹿鳴秋。以子獻陽贈文林郎、大同府節推。」

③《康熙潁州志·選舉·（明）貤封》：「田九世。以子用坤贈中大夫、江西右参議。」

④本書《藝文·宸翰部》載有《贈兵部職方司主事劉道遠（崇禎十年三月）》制文。《康熙潁州志·選舉·（明）貤封》：「劉道遠。以子士名贈承德郎、兵部主事。」

⑤本書《藝文·宸翰部》載有《贈文林郎山東萊州府掖縣知縣甯信（崇禎十一年三月）》制文。《康熙潁州志·選舉·（明）貤封》：「甯信。以嗣子予慶贈文林郎、掖縣令。」

⑥本書《藝文·宸翰部》載有《贈文林郎山東萊州府掖縣知縣甯儼（崇禎十一年三月）》制文。《康熙潁州志·選舉·（明）貤封》：「甯儼。以子予慶移贈文林郎、掖縣令。」

⑦本書《藝文·宸翰部》載有《贈徵仕郎行人司行人韓光祖（崇禎十三年）》制文。《康熙潁州志·選舉·（明）貤封》：「韓光祖。以子獻策贈徵仕郎、行人。」

续表

門廕
張大同。以父鶴鳴廕官生。①
張大壯。以父鶴鳴廕錦衣衛指揮僉事，世襲。②
張大章。以伯鶴鳴廕，授户部主事。③
張大賡。以父鶴鳴廕官生。④

①見本卷《（明）廕例》之注。

②《康熙潁州志·選舉·（明）恩廕》：「張大壯。以父鶴鳴廕錦衣衛指揮僉事，世襲。」

③《康熙潁州志·選舉·（明）恩廕》：「張大章。以伯鶴鳴廕，任南京户部員外郎，督榷蕪湖。詳《人物》。」然該書相关部分未見其人。

④《康熙潁州志·選舉·（明）恩廕》：「張大賡。以父鶴鳴廕官生。詳《人物》。」同書《孝友·明》：「張大賡。字颺甫，別號賓水。大司馬鶴鳴季子也。天性純孝，事親極色養。自少爲任子，不以豪華自矜。喜讀書，工詩，兼長繪事。在都門，面承董文敏指授，故所作一樹一石皆秀潤有天趣，而神妙直逼古人。及侍大司馬宦遊，登泰山，歷秦隴，浮湘漢，抵滇黔，山川奇險之形，煙雲變幻之態，一一融會胸中，是以詩畫益臻蒼健。無何，寇破潁城，父、叔、伯兄同日殉難，細口死者共三十餘人。大賡奔救罵賊，頸受刃傷，昏仆。賊去，復甦哀痛。殯殮畢，即裹創走京師，與仲兄錦衣僉事大壯哭請於朝。大司馬得賜祭葬，而慈母王、叔鶴騰、兄大同咸蒙旌表。崇禎壬午（1642），於例應授官，乃見國步艱難，且念父兄一門慘禍，堅不就職。至本朝下詔訪求遺逸，當事者欲列薦牘，作書力却之。優游里門，日以咏歌翰墨自適。甲寅（1674）春，端坐無疾而終，年七十五。所著有《拔玉軒詩》《睡心集》《詩林笑旨》《續同書》《妬史》《觴政》《畫畧》《牌譜》《松寮雜記》等書。」

续 表

	張思濬。以祖鶴鳴廕錦衣衛千戶。①
	張思源。以祖廕官生。②
	張思淑。以祖廕官生。③
	薦舉
	甯胤昌。崇禎十三年（1640）廷臣保舉，授商城知縣。④

①《康熙潁州志·選舉·（明）恩廕》：「張思濬。以祖鶴鳴廕錦衣衛正千戶。詳《人物》。」同書《文苑·明》：「張思濬。字孟深。以祖大司馬鶴鳴平安奢功廕授錦衣衛正千戶，移署南都本衛鎮撫事。順治乙酉（1645），王師下江南。有許將軍定國者，初大司馬拔自列校，自是爲前鋒，欲薦思濬以報舊德，乃堅辭還里，鍵戶讀先世藏書。書法既精妙，間繪竹石，亦瀟灑有吳興風致。尤喜作詩，凡遇憤樂之境，皆借篇章寫之。後輩多以詩文相質，一長片善，必稱道不置。年六十，鬢髮黝然，及值父喪，匝月盡白。年七十二，作《易簀詩》而終。著有《冷善閣詩》《焚餘稿》《淨業集》《金綱經解》各若干卷，藏於家。」

②《康熙潁州志·選舉·（明）恩廕》：「張思源。以祖鶴鳴廕官生。」

③《康熙潁州志·選舉·（明）恩廕》：「張思淑。以祖鶴鳴廕官生。」

④《康熙潁州志·選舉·（明）徵辟》：「甯胤昌。崇禎十五年（1642）廷臣薦舉，官商城縣令。」

续　表

皇清順治朝						
	進士	舉人	恩拔歲貢	應例	雜科	武科
丙戌（1646）	王期遠。肇昌府推官。① 滑文蔚。蔚州知州。②	周建鼎。江南中式。嘉定教諭。③	程玄楷。④ 張劍鍔。⑤ 王之錡。休寧訓導。⑥			

①《康熙潁州志·選舉·（清）進士》：「王期遠。前崇禎癸酉（1633）河南舉人，順治丙戌傅以漸榜進士。官肇昌府司李。」

②《康熙潁州志·選舉·（清）進士》：「滑文蔚。前萬曆戊午（1618）河南舉人，順治丙戌進士。官臨洮府司李。」《順治蔚州志·秩官志·（清）知州》：「滑文蔚。河南潁州衛人。進士。順治三年（1646）任。」

③《康熙潁州志·選舉·（清）進士》：「周建鼎。順治丙戌舉人，乙未（1655）進士。官中城兵馬司指揮。」《康熙嘉定縣志·職官·（清）教諭》：「周建鼎。潁州人。（順治）丙戌舉人，六年（1649）任，中乙未進士。」

④《康熙潁州志·選舉·（清）貢士》僅存其名。

⑤《康熙潁州志·選舉·（清）貢士》僅存其名。

⑥《康熙潁州志·選舉·（清）貢士》：「王之琦［錡］。教諭。」《康熙休寧縣志·官師表·（清）訓導》：「（順治）六年（1649）：王之錡。穎［潁］州歲貢。」

续　表

皇清順治朝						
	進士	舉人	恩拔歲貢	應例	雜科	武科
丁亥（1647）	李文煌。壬辰（1652）殿試。庶吉士。①		藍文龍。② 盧元靖。武進訓導。③			
戊子（1648）		劉壯國。河南中式。④	韓揆策。恩貢。⑤			

①《康熙潁州志·選舉·（清）進士》：「李文煌。前天啟辛酉（1621）河南亞魁，順治壬辰鄒忠倚榜進士。選庶常，改吏科給事中。外轉，官至冀寧大參。詳《人物》。」然該書相關部分未見其人。

②《康熙潁州志·選舉·（清）貢士》僅存其名。

③《康熙潁州志·選舉·（清）貢士》：「盧元靖。睢寧教諭。博學能文，善談名理。」《乾隆武進縣志·學職·（清）縣學訓導》：「盧元靖。潁州人。歲貢。（順治）七年（1650）任。遷睢寧教諭。」

④《康熙潁州志·選舉·（清）進士》：「劉壯國。順治戊子河南舉人，己亥（1659）進士。官夏縣令。詳《人物》。」然該書相關部分未見其人。

⑤《康熙潁州志·選舉·（清）孝廉》：「韓揆策。（順治）戊子拔貢，丁酉（1657）中式。詳《人物》。」同書《儒林·清》：「韓揆策。字季端，號吾廣。前行人獻策之弟。年十七，補諸生。會流寇陷潁，失怙恃，每展卷，輒泣數行。下篝燈誦讀，夜分不休。順治初，受知於魏學使，遂獲選拔。既廷試，歸就本省鄉舉，於是從遊日眾，潁之英俊多出其門。丁酉，登江南賢書。值風波作，兩經御試，皆入彀。生平持己正，接人温，課子弟則甚嚴。年五十，卒。其子姓繼起，能世其家。季孫開衡，中康熙辛卯（1711）武科舉人。」

续表

皇清順治朝	進士	舉人	恩拔歲貢	應例	雜科	武科
辛卯（1651）		劉佐臨。河南中式。① 劉播。河南中式。②	武威遠。戊子（1648）副榜拔貢。③ 王光鼎。④			

①《康熙潁州志·選舉·（清）進士》：「劉佐臨。歲貢。順治辛卯河南經魁，己亥（1659）進士。官汾州郡丞。詳《人物》。」然該書相關部分未見其人。

②《康熙潁州志·選舉·（清）進士》：「劉播。順治辛卯河南舉人，己亥（1659）進士。官洪洞縣令。詳《人物》。」然該書相關部分未見其人。《民國洪洞縣志·職官表·（清）知縣》：「劉播。江南潁州進士，（康熙）六年（1667）任。」

③見下一科《舉人》之注。

④《康熙潁州志·選舉·（清）貢士》僅存其名。

续表

皇清順治朝	進士	舉人	恩拔歲貢	應例	雜科	武科
甲午（1654）		劉濟寬。河南中式。① 蘇銘。河南中式。② 武威遠。河南中式。③ 劉廷桂。河南中式。④ 郝毓㕘。河南中式。⑤ 劉抃。北京中式。⑥	蘇銘。⑦ 劉廷桂。恩貢。⑧ 李玉藻。⑨ 劉體謙。⑩ 王公楷。拔監。⑪ 劉抃。拔監。⑫ 梁士偉。⑬ 梁天培。⑭			

①《康熙潁州志・選舉・（清）孝廉》：「劉濟寬。順治甲申河南經魁。官宣平縣令。詳《人物》。」然該書相關部分未見其人。《乾隆宣平縣志・職官志・（清）知縣》：「劉濟寬。河南人。舉人。見傳。」同書《治行志・（清）循吏》：「劉濟寬。潁州人，舉人。康熙間知縣，當閩逆蹂

躪之後，於瓦礫場中招集流亡，漸次安堵。揭貲千餘金，給買牛種，民藉以耕。待士有禮，摘奸多智，有古良吏風。甫半載，以疾歸，民咸思之。」

②《康熙潁州志·選舉·（清）孝廉》：「蘇銘。歲貢。（順治）甲午河南亞魁。官涇縣教諭。詳《人物》。」同書《儒林·清》：「蘇銘。字懋斿，九永守戎繩武子也。生六歲而孤，育於庶母朱氏。稍長，聰明絶人。年十八，補開封博士弟子，日肆力稽古，張林宗、侯朝宗諸名宿皆與訂交。既而從曹真陵學鼓琴，能盡其妙。避寇荆山，於卞和洞讀書，倦輒撫絃自適。至本朝順治初，領歲薦。時需材甚急，廷試後即可就職。辭歸，教讀潁上。歲甲午，登河南賢書。嘗出遊，歷齊魯梁晉，凡遇山川名勝、忠孝節烈之遺蹤，莫不流連憑吊而後去。年六十，閉戶家居，琴書以外，環堵蕭然，處之絶無慍色。日與同里劉考功詩歌相贈答，評選《莊》《騷》《史記》《古詩》《韓昌黎集》，精當無倫。後學請業，開導不倦，且時以古人行誼相示焉。故門下多成名士，登甲乙榜者未易更僕數。初揀選縣令，已屆满，銓期，又以年老辭。乃就學博，秉鐸於宛陵之涇邑。未二載，卒於官，壽七十有五。」《嘉慶涇縣志·職官表·清（教諭）》：「（康熙）二十二年（1683）：蘇銘。潁州人。」

③《康熙潁州志·選舉·（清）孝廉》：「武威遠。歲貢。（順治）甲午河南中式。官海州學正。」《嘉慶海州直隷州志·良吏傳·（清）學官》：「武威遠。字寧伯，潁州人。由舉人署海州學正。教士淳切，蠲奉倡修學宮。著有詩文集行世。」

④《康熙潁州志·選舉·（清）進士》：「劉廷桂。順治甲午河南舉人，乙未（1655）進士。官丹陽縣令。」《光緒丹陽縣志·職官表·清（知縣）》：「順治……劉廷桂。穎［潁］州人。進士。」

⑤《康熙潁州志·選舉·（清）孝廉》：「郝毓参。（順治）甲午河南中式。官汾西縣令。詳《人物》。」同書《儒林·清》：「郝毓参。字元公，號元肇。通州司馬謙第六子。生而穎異，甫七齡，祖慎修教以詩古文辭，一再過即成誦，慎修心異之。會避亂淮泗，眾孫中獨携毓参往。年弱冠，舉茂才。二十五，領順治甲午鄉薦。因親老需禄養，就廣文職。初任鎮平，其邑士習委靡，科目斷三百年矣。毓参毅然振興，二年，蘇子操遂魁中土。及改梁谿，迎關中李二曲講學東林書院，刊有《錫山要語》。尋遷宛陵，勤督率，躬課藝。辰、未兩榜，孫卓、茆薦馨俱登一甲。後秉鐸皖郡，修文廟，復樂器，建貞烈祠，撫軍楊公題『名教偉儒』額贈焉。以卓異擢山右汾西縣令。縣有王氏婦者，陳其子不孝狀。毓参懲以法，勸以理，感泣叩謝而去。未一載，以病請歸。居鄉慷慨好議，遇公事輒身任不辭。教子孫讀書，寬嚴互用。卒，年六十有二。子之瑄，登康熙丁巳（1677）賢書。」

⑥《康熙潁州志·選舉·（清）孝廉》：「劉抃。拔貢。（順治）甲午順天中式。官饒平縣令。」《康熙饒平縣志·職官·（清）知縣》：「劉抃。潁川人。舉人。康熙二十二年（1683）現任。」

⑦見本年《舉人》之注。

⑧見本年《舉人》之注。

⑨《康熙潁州志・選舉・（清）孝廉》：「李玉藻。教諭。」

⑩《康熙潁州志・選舉・（清）孝廉》：「劉體謙。廷榜子，搢父。詳《人物》。」同書《文苑・清》：「劉體謙。字君益，號吉人。前雲南左布政使九光家孫，廣東惠州別駕廷榜長子。成童如庠序，弱冠食廩餼。當父宦粵東，祖方伯已解組，晨昏左右，竭力承歡。迨父歸田，親喪、寇難相繼而至，鬱鬱卧病，積七年，捐舘，其間飲食起居，皆躬親扶侍，雖寒暑罔間。自歷滄桑，世味益淡，爲文以古雅爲宗。與時日卒鑿枘，然未嘗介意也。後子振、揎舉茂才，搢登順治己亥（1659）進士。時年甫五旬，領歲薦已七載矣。例應就職，以兩太安人在堂，曰：『吾母春秋高，得依子舍，奉菽水，人生至願，何仕爲？』遂不就。及搢宰洪邑，受榮封，迎養未數月，因念母，即命駕歸。至太安人先後辭世，以白頭孝子率子姓數十人哭泣導轝，觀者稱歎。生平嚴於取與，家承祖父清白，析産不及中人，既經荒亂，生計頗乏。然有大姓遺米數十鍾，僅取斗餘，示弗忤，餘盡却焉。於經史百家、稗乘雜記，皆博覽。而龍門史、少陵詩，尤所篤嗜，每手自繕寫。極精楷，至耄耋不衰。嘗憫潁遭兵燹，載籍散失，乃搜羅纂輯，著成《衛乘》一書。暇則布衣徒步，與二三素交相過從，棋局酒杯，笑傲終日。其於古今成敗，莫不洞燭，邦大夫恒倚之咨利病。里中人士有以疑叩者，輒與辨晰之。年八十一，舉鄉飲大賓，視履不殊少壯。子孫五世環侍一堂，所訓皆孝友遺則，旁及藝文。享壽九十有四，終。（此條係録鹿中丞祐《文鈔》。）」

⑪《康熙潁州志・選舉・（清）進士》：「王公楷。拔貢，順治丁酉（1657）舉人，辛丑（1661）馬世俊榜進士。官成安縣令。詳《人物》。」然該書相關部分未見其人。

⑫見本年《舉人》之注。

⑬《康熙潁州志・選舉・（清）貢士》：「梁士偉。訓導。」

⑭《康熙潁州志・選舉・（清）貢士》：「梁天培。選拔。」

潁州志卷之十二

宦業傳

秦爲郡縣，漢重守令，東西二京，潁謐如也。迄三國、五代，南北交争，武功競焉。隋唐之治，屢見循良。宋爲畿輔，名公鉅卿於焉優遊，宰相起家州郡，何盛也！明興，亦惟薄書期會，刑名錢穀，是亦爲政矣。賢者舉事，繩墨之外節制千里，始見搏［搏］挠。當兹盤錯，上下兼舉，其職足以頡頏前賢矣。皆據史傳而著於篇。

漢三人。三國二人。唐二人。五代二人。宋二十五人。

漢

虞延。字子大，陳留人。建武初，仕執金吾府，除細陽令。每歲伏臘，輒遣徒繫，各使歸家，並感其恩，應期而還。有囚於家被病，自載詣獄，既至而死，延率吏掾史，殯於門外，百姓感悅之。①

劉伯麟。慎縣令。少罹艱苦，身服田畝。舉孝廉，除郎中，辟從事、司徒掾，遷慎縣令，卒於官。有惠於民。其《墓銘》有曰：「忠孝正直，高明柔克。」又曰：「志激後昆。人皆有云［亡］，貴終譽兮，垂名著兮。」②

①虞延，字子大，陳留東昏（今河南蘭考）人。東漢永平年間，歷任南陽太守、太尉、司徒。事見《後漢書》本傳。《成化中都志·名宦·潁州（漢）》：「虞延。建武初，爲細陽令。每至歲時伏臘，輒休遣囚徒，各使歸家，並感其恩，如期而還。拜公車令，遷司徒。細陽，漢縣，在州西四十里。」《正德潁州志·名宦·漢》：「虞延。建武初，爲細陽令。每歲時伏臘，輒休遣徒繫，各使歸家。莫不感其恩德，應期而還。」吕景蒙《嘉靖潁州志·名宦·東漢》：「虞延。字子大，陳留人。建武初，仕執金吾府，除細陽令。每歲時伏臘，輒遣徒繫，各使歸家，並感其恩，應期而還。有囚於家被病，自載詣獄，既至而死者，延率吏掾史，殯於門外，百姓感悦之。」李宜春《嘉靖潁州志·宦業·漢》：「細陽令虞延。字子大，陳留人。建武初，仕執金吾府，除細陽令。每歲時伏臘，輒遣徒繫，各使歸家，並感其恩，應期而還。有囚於家被病，自載詣獄，既至而死，延率吏掾史，殯於門外，百姓感悦。」

②劉修（？—171），字伯麟，東漢人。慎縣（今安徽潁上）令。宋歐陽修《集古錄跋尾》卷三《後漢慎令劉君墓碑（建寧四年171）》：「右漢《慎令劉君墓碑》，在今南京下邑。其名已摩滅，其字伯麟。少罹艱苦，身服田畝。舉孝廉，除郎中，辟從事、司徒掾，遷慎令。卒年六十有二。其銘曰：『於惟君德，忠孝正直。至行通洞，高明柔克。鬼神福謙，受兹介福。知命不延，引輿旋歸。忽然輕舉，志激拔葵。人皆有亡，貴終譽兮。殁而不朽，垂名著兮。』余家漢碑，常患其銘多缺滅，而斯銘偶完，故錄之。」又宋洪適《隸釋》卷八《慎令劉修碑》：「君諱修，字伯麟……少罹艱苦，身服田畝……年六十七，建寧四年（171）五月甲戌卒……其辭曰：『於惟君德，忠孝正直。至行通洞，高明柔克……忽然輕舉，志激拔葵。人皆有亡，貴終譽兮。殁而不朽，垂名著兮。』」《成化中都志·名宦·潁州（漢）》：「劉伯麟。漢人。舉孝廉，除郎中，辟司徒掾，遷慎縣令，卒官，有惠於民。其《墓銘》曰：『忠孝正直，高明柔克。』慎故城在潁上西北。」《正德潁州志·名宦·漢》：「劉伯麟。慎縣令。少罹艱苦，身服田畝。舉孝廉，除郎中，辟從事、司徒掾。遷慎縣令，卒於官。有惠於民。其《墓銘》有曰：『忠孝正直，高明柔克。』又曰：『志激後昆，人皆有云［亡］。貴終譽兮，垂名著兮。』」吕景蒙《嘉靖潁州志·名宦·潁上（漢）》：「劉伯麟。漢人。舉孝廉，除郎中，辟司徒掾，遷慎縣令，卒於官。有惠於民。其《墓銘》畧曰：『忠孝正直，高明柔克。』可以見其爲人矣。」李宜春《嘉靖潁州志·宦業·漢》：「漢慎縣令劉伯麟。舉孝廉，除郎中，辟司徒掾，遷慎縣令，卒於官。有惠於民。按，慎縣晉時始隸汝陰，而伯麟則漢令也。細陽又非屬邑，今故地在西北四十里。難以概列，故別而存之焉尔。」

張熹。字季智，臨武人。爲平輿令。時大旱，熹禱雩未獲應，乃積柴自焚。主簿崇、小史張化從熹焚焉。侯火既燎，天靈感應，即澍雨。①

三國

鄭渾。字次②公。魏初爲下蔡長，教民耕桑。及通判汝陰，重去子之令，民男女以鄭爲字。後遷爲沛郡太守。③

盧敏［毓］。魏黄門侍郎，左遷汝陰典農校尉。躬爲民擇安居美田，百姓賴之。及遷譙郡太守，上表徙民入汝

①事見《水經注·汝水》：「（平輿）城南里餘有神廟，世謂之張明府祠。水旱之不節，則禱之。廟前有圭碑，文字紊碎，不可復尋。碑側有小石函。按《桂陽先賢畫讚》：『臨武張熹，字季智，爲平輿令。時天大旱，熹躬禱雩，未獲嘉應。乃積薪自焚，主簿侯崇、小吏張化從熹焚焉。火既燎，天靈感應，即澍雨。』此熹自焚處也。」

②「次」字，《三國志·魏書·鄭渾傳》作「文」。

③此處疑誤。漢無「通判」之職，且《三國志·魏書·鄭渾傳》亦未載其「通判汝陰」事。《南畿志·鳳陽府·宦蹟》：「鄭渾。開封人。下蔡長。時天下未定，民不念生殖。産子無以自活，皆不舉。渾課使耕桑，兼開稻田，重去子之法。民稍豐給，所育男女，多以鄭爲字。」《正德潁州志·名宦·三國》：「鄭渾。字次公。魏初爲下蔡長，教民耕桑。及通判汝陰，重去子之令，民男女以鄭爲字。後遷沛郡太守。」吕景蒙《嘉靖潁州志·凡例·正誤》：「鄭渾。按《三國志》並無通判汝陰，《舊志》所載皆下蔡長時事。」李宜春《嘉靖潁州志·傳疑》：「鄭渾。《舊志》載：『魏初爲下蔡長，教民耕桑。及通判汝陰，重去子之令，民男女以鄭爲姓。』按《三國志》：『乃遷下蔡、邵陵令事。』其通判汝潁，本傳不載。」

陰就沃衍。後封容城侯。①

唐

柳寶積。永徽中潁州刺史，修椒陂塘，引潤水溉田三［二］百頃，爲民永利。出唐《地里［理］志》。②

李廓。潁州刺史。督獲光火賊七人，自言前人［後］殺人，必食其肉。獄具，廓問食人故。其首言：「某等受教於巨盜，食人肉者，夜入人家，必使之昏沉，或有魘不寤者，故不得不食。」兩京逆旅中，多進［畫］鸜鵒及

①此處疑誤。《三國志・魏書・盧毓傳》未言其在汝陰事。《南畿志・鳳陽府・宦蹟》：「盧毓。涿人。植之子。魏譙郡太守。文帝以譙舊鄉，大徙民充之，以爲屯田。而譙土地墝瘠，百姓窮困。毓上表徙民於梁國就沃衍。」《成化中都志・名宦・亳州（三國）》：「盧毓。字子家。魏譙郡太守。文帝以譙舊鄉，大徙民充之，以爲屯田。而譙土地墝瘠，百姓窮困。毓上表徙民於梁國就沃衍。後遷安平、廣平太守，所在有惠化。進位僕射，封容城侯。卒，謚成。」《正德潁州志・名宦・三國》：「盧毓。魏文初以黄門侍郎左遷汝陰典農校尉。躬爲民擇安居美田，百姓賴之。及遷譙郡太守，上表徙民入汝陰，就沃衍。後封容城侯。」呂景蒙《嘉靖潁州志・凡例・正誤》：「盧毓。按《魏書》：『文帝踐阼，徙黄門侍郎，出爲濟陰相。』非汝陰也。」李宜春《嘉靖潁州志・傳疑》：「盧毓。《舊志》：『魏初以黄門侍郎左遷汝陰典農校尉，躬爲民擇居美田，百姓賴之。』按《魏書》：『文帝踐阼，徙黄門侍郎，出爲濟陰相，梁、譙一［二］郡太守。因議徙民，失帝意，左遷爲睢陽典農校尉。』乃載是事。」

②事見《新唐書・地理志・河南道》：「汝陰……南三十五里有椒陂塘，引潤水溉田二百頃，永徽中，刺史柳寶積修。」《成化中都志・名宦・潁州（唐）》：「柳寶積。永徽中潁州刺史。修椒陂塘，引潤水溉田二百頃，民利之。」《正德潁州志・名宦・唐》：「柳寶積。永徽中刺史潁州，威惠並行，下民畏愛。修椒陂塘，引潤河水溉田二百頃，民甚利之。」呂景蒙《嘉靖潁州志・名宦・唐》：「柳寶積。永徽中潁州刺史。修椒陂塘，引潤水溉田二百頃，爲民永利。出唐《地里［理］志》。」李宜春《嘉靖潁州志・宦業・唐》：「柳寶積。永徽中爲潁州刺史。修椒陂塘，引潤水溉田二百頃，爲民永利。」

茶碗。賊謂之鸜鵒辣者，記其嘴所向；碗子辣者，亦示其緩急也。廓乃榜於通衢以破計。①

王敬蕘。汝陰人。唐末，王僊芝等攻劫汝、潁，州刺史不能拒，敬蕘遂代之，即拜刺史。沉勇有力，善用鐵槍，重三十斤。潁州與淮西爲鄰境，數爲秦宗權所攻，力戰拒之。潁旁諸州民，皆依敬蕘避賊。梁朱温攻淮南，道過潁州，敬蕘供饋梁兵甚厚。温大喜，表爲沿淮指揮使。梁兵攻吳，敗歸過潁，大雪，士卒凍餒。敬蕘沿淮積薪作粥哺之，多賴全活。温表敬蕘武寧軍節度使。②

---

①《舊唐書·李程傳》：「（李程）子廓。廓進士登第，以詩名聞於時。大中末，累官至潁州刺史，再爲觀察使。」《唐才子傳》有傳。事見《酉陽雜俎·盜俠》：「李廓在潁州，獲光火賊七人，前後殺人，必食其肉。獄具，廓問食人之故，其首言：『某受教於巨盗，食人肉者夜入，人家必昏沉，或有魘不悟［寤］者，故不得不食。』兩京逆旅中，多畫鸜鵒及茶碗。賊謂之鸜鵒辣者，記嘴所向；碗子辣者，亦示其緩急也。」《正德潁州志·名宦·唐》：「李廓。潁州刺史。督獲光火賊七人，自言前後殺人，必食其肉。獄具，廓問食人之故。其首言：『某等受教於巨盗。食人肉者，夜入人家，必使之昏沉。或有魘不晤［寤］者，故不得不食。』兩京逆旅中，多進鸜鵒及茶碗。賊謂之鸜鵒辣者，記其嘴所向；碗子辣者，亦示其緩急也。廓乃榜於通衢，以破其計。」吕景蒙《嘉靖潁州志·職官表·（唐）刺史》：「昭宗乾寧……李廓。出《舊志》。有捕盗功。」李宜春《嘉靖潁州志·秩官·唐刺史》：「李廓。乾寧中任。有捕盗功。」

②王敬蕘（？—907），潁州（今安徽阜陽）人。仕至武寧軍節度使、右龍武統軍。事見《舊五代史》《新五代史》本傳。《成化中都志·人才·（唐）潁州》：「王敬蕘。汝陰人。唐末，王僊芝等攻劫汝、潁間，刺史不能拒，敬蕘遂代之，即拜刺史。沉勇有力，善用鐵槍，重二［三］十斤。潁、亳諸州民，皆依敬蕘避賊。梁太祖表爲沿淮指揮使。梁兵攻吳，敗歸過潁，大雪，士卒飢凍。敬蕘沿淮積薪作粥餔之，多賴全活。太祖表敬蕘武寧軍節度使。天祐三年（906），爲左衛上將軍。梁初致仕，卒於家。」吕景蒙《嘉靖潁州志·職官表·刺史（唐）》：「昭宗乾寧：王敬蕘。本州人。時朱全忠專潁，敬蕘屬役。出《楊行密傳》及《五代》本傳。」李宜春《嘉靖潁州志·人物·（唐）將畧》：「王敬蕘。汝陰人。唐末，王僊芝等攻劫汝、潁間，刺史不能拒，敬蕘代之，拜刺史。沉勇有力，善用鐵槍，重二［三］十斤。潁旁諸州民，皆依敬蕘避賊。梁太祖表爲沿淮指揮使。梁兵攻吳，敗歸過潁，大雪，士卒飢凍，敬蕘沿淮積薪作粥哺之，多賴全活，太祖表敬蕘武寧軍節度使。天祐三年，爲左衛上將軍。梁初致仕，卒於家。」

五代

王祚。并州祁人。漢華州刺史，改鎮潁州。均部内税租，補實流徙，以出舊籍。州境有通商渠，距淮三百里，歲久湮塞。祚疏導，遂通。①

司超。大明［名］元城人。漢祖在大［太］原，超往依之，爲守禦都指揮使。移屯潁州下蔡鎮，屢與淮人戰，有功。②

---

①事見《宋史·王溥傳》附傳。《資治通鑑·後周紀·顯德四年（957）》：「（六月）丁丑，以前華州刺史王祚爲潁州團練使。祚，溥之父也。」《成化中都志·名宦·潁州（五代）》：「王祚。漢潁州刺史。均部内租税，補實流徙。疏導湮塞，以通舟楫，郡無水患。仕周，爲潁州團練使。子溥，爲宋宰相。祚有賓客，薄［溥］常朝服侍立，客坐不安席。祚曰：『豚犬不足爲起。』」《南畿志·鳳陽府·宦蹟》：「王祚。漢潁州刺史。均部内租税，補實流徙。疏導通商渠，以利舟楫，郡無水患。」《正德潁州志·名宦·五代》：「王祚。漢潁州刺史。均部内租税，補實流徙。及疏導通商渠之湮塞，以通舟楫，郡無水患。」吕景蒙《嘉靖潁州志·名宦·五代》：「王祚。并州祁人。漢華州刺史，改鎮潁州。均部内税租，補實流徙，以出舊籍。州境有通商渠，距淮三百里，歲久湮塞。祚疏導，遂通舟楫，郡無水患。子溥相宋。（出《宋史·溥傳》。）」李宜春《嘉靖潁州志·宦業·五代》：「王祚。并州祁人。漢華州刺史，改鎮潁州。均部内税租，補實流徙，以出舊籍。州境舊有通商渠，距淮三百里，歲久湮塞。祚疏導之，遂通舟楫，郡無水患。」

②司超（904—974），大名元城（今屬河北）人。後漢時，爲宋、宿、亳三州遊奕巡檢使。後周時，爲步軍先鋒副都指揮使，又爲廬、壽、光、黄等州巡檢使。入宋，歷任舒、郑、蕲三州防禦使等職。事見《宋史》本傳。《南畿志·鳳陽府·宦蹟》：「司超。大名元城人。仕周，爲宿州鎮守都指揮使，移屯潁州下蔡鎮。屢與南唐戰，有功。」《正德潁州志·名宦·五代》：「司超。周初爲守禦都指揮使，屯下蔡。劉仁贍守壽州，防備益嚴。超移屯潁州，屢與淮人戰，有功。」吕景蒙《嘉靖潁州志·名宦·五代》：「司超。大名元城人。漢祖在太原，超往依之，爲宋、宿、亳三州遊奕指揮使，改宿州西固鎮守禦都指揮使，移屯潁州下蔡鎮。屢與淮人戰，有功。（出《宋史》本傳。）」李宜春《嘉靖潁州志·宦業·五代》：「司超。大名元城人。漢祖在太原，超往依之。爲宋、宿、亳三州遊奕巡檢使，改宿州西固安守禦都指揮使，移屯潁州下蔡鎮。屢與淮人戰，有功。」

宋

穆修。字伯長，鄆州人。嗜學，不事章句。真宗朝，補潁州文學參軍。性剛介，好論時詆勢，於人寡交。張知白守亳，召爲亳豪士作《佛廟記》，記成，不書士名。士以白金五百遺修爲壽，求載名於記，修設［投］金庭下，趣裝去郡，士謝之，絶不受，且曰：「吾寧糊口爲旅人，決不以匪人汙吾文也！」宰相欲識修，且將用爲學官，修不往見。母死，自負襯［櫬］以葬。自五代文敝，楊億、劉筠尚聲偶之辭，天下學者靡然從之；修於是時獨以古文稱，蘇舜欽兄弟多從之遊。修雖窮死，然一時士大夫稱能文者必曰穆參軍。①

柳植。字子春，真州人。少負［貧］，自奮爲學。舉進士甲科，累官侍讀學士、知鄧州。遷給事中，移潁州。

---

①穆修（979—1032），字伯長，鄆州汶陽（今山東汶上）人。大中祥符進士。初爲泰州司理參軍，以負才寡合忤通判，貶池州，後爲潁州文学參軍，徙蔡州。事見《宋史》本傳。《成化中都志·名宦·潁州（宋）》：「穆修。字伯長，鄆州汶陽人。真宗東封，賜進士。累官潁州文學參軍。」《南畿志·鳳陽府·宦蹟》：「穆修。鄆州人。潁州文學參軍。」吕景蒙《嘉靖潁州志·名宦·宋》：「穆修。字伯長，鄆州人。嗜學，不事章句。真宗朝，補潁州文學參軍。修性剛介，好論時詆勢，於人寡交。張知白守亳，召爲亳豪士作《佛廟記》，記成，不書士名。士以白金五百遺修爲壽，且求載名於記，修設［投］金庭下，趣裝去郡。士謝之，絶不受，且曰：『吾寧糊口爲旅人，決不以匪人汙吾文也。』宰相欲識修，且將用爲學官，修不往見。母死，自負櫬以葬，日誦《孝經》《喪記》，不飯浮屠爲佛事。自五代文敝，國初柳開始爲古文，其後楊億、劉筠尚聲偶之辭，天下學者靡然從之。修於是時獨以古文稱，蘇舜欽兄弟多從之游。修雖窮死，然一時士大夫稱能文者必曰穆參軍。」李宜春《嘉靖潁州志·宦業·宋》：「穆修。字伯長，鄆州人。幼嗜學，不事章句。真宗朝，補潁州文學參軍。修性剛介，好論斥時病，詆誚權貴，於人寡交。張知白守亳，召爲亳豪士作《佛廟記》，記成，不書士名。士以金五百遺修爲壽，且求載名於記，修投金庭下，俶裝去郡，士謝之，絶不受，且曰：『吾寧糊口爲旅人，決不以匪人汙吾文也。』宰相欲識修，且將欲爲學官，修不往見。母死，自負櫬以葬，日誦《孝經》《喪記》。自五代文敝，國初柳開始爲古文，其後楊億、劉筠尚聲偶之辭，天下學者靡然從之。修於是時獨以古文稱。」

公明愛民，客寓瀟然，雖蔬菜亦不妄採，家無長物，時稱其廉。①

宴［晏］殊。字同叔，撫州臨川（今屬江西）人。相仁宗，罷爲工部尚書，知潁，以政事聞於一時。自少篤學，公餘手不釋卷。植雙柳潁西湖中央，後人思之不置，爲建雙柳亭。贈司徒［空］，謚元獻。②

劉筠。大名人。天聖中，以禮部侍郎、樞密制［直］學士知潁州。李迪、丁謂同罷，已而謂獨留，別草制，筠不奉詔，晏殊草之，出院門遇殊，殊側面而過。工詩文，與楊億齊名，時號「楊劉」。三入禁林，三典貢舉，以

①柳植，字子春，真州（今江蘇儀徵）人。柳開從孫。舉進士，仕至翰林學士、吏部侍郎。事見《宋史》本傳。《成化中都志·名宦·潁州（宋）》：「柳植。知潁州，又歷知壽、亳州。所至官舍，蔬果亦不妄採，家無長物，時稱其廉。」《正德潁州志·名宦·宋》：「柳植。知潁州。公明愛民，客寓淡然。雖蔬果亦不妄採，家無長物，時稱其廉。」呂景蒙《嘉靖潁州志·名宦·宋》：「柳植。字子春，真州人。少貧，自奮爲學，從祖開頗器之。舉進士甲科，累官諫議大夫、御史中丞。以疾辭，改侍讀學士、知鄧州。遷給事中，移潁中。（出本傳。）公明愛民，客寓瀟然。雖蔬菜亦不妄採，家無長物，時稱其廉。（《舊志》。）」李宜春《嘉靖潁州志·宦業·宋》：「柳植。字子春，真州人。舉進士甲科，累官諫議大夫、御史中丞。以疾辭，改侍讀學士、知鄧州。遷給事中，移潁中。公明惠愛，客寓瀟然。雖蔬菜亦不妄採，家無長物，時稱其廉。」

②晏殊（991—1055），字同叔，撫州臨川（今屬江西）人。十四歲以神童入試，賜同進士出身，仕至右諫議大夫、集賢殿學士、同平章事。事見《宋史》本傳。《成化中都志·名宦·潁州（宋）》：「晏殊。字同叔，撫州臨川人。相仁宗，罷爲工部尚書，知潁州，以政事聞於一時。自少篤學，公餘手不釋卷。時邵亢爲推官，公誘之以事。徙知河南府，兼西京留守。卒贈司空兼侍中，謚元獻。」《南畿志·鳳陽府·宦蹟》：「晏殊。臨川人。罷相，知潁州。以政事聞於一時，公餘手不釋卷。」《正德潁州志·名宦·宋》：「晏殊。罷使相，知潁州。以政事聞於一時，公餘手不釋卷。時邵亢爲推官，殊誘之以事。」呂景蒙《嘉靖潁州志·名宦·宋》：「晏殊。字同叔，撫州臨川人。相仁宗，罷爲工部尚書，知潁州，以政事聞於一時。自少篤學，公餘手不釋卷。時邵亢爲推官，公誘以事。徙知河南府，兼西京留守。卒贈司徒［空］兼侍中，謚元獻。」

策論升降天下士，自筠始。著《册府應言》《汝陰》《玉堂》等七集。①

邵亢。字興宗，丹陽人。幼聰發過人，方十歲，日誦書五千言。賦詩豪縱，見者皆驚偉之。范仲淹舉亢茂才異等，除建康軍節度推官。元昊反，獻《兵説》十篇。召試秘閣，授潁州團練推官。事至立決，人憚而服。時晏元獻爲守，一以事委之。税舊輸陳、蔡，轉運使又欲覆折緡錢，且多取之。亢言：「民之移輸，勞費已甚。方仍歲水旱，又從而加取，無乃不可乎？」遂止。贈吏部尚書，謚安簡。②

①劉筠（971—1031），字子儀，大名（今屬河北）人。咸平元年（998）進士。仕至禮部侍郎。事見《宋史》本傳。《成化中都志·名宦·潁州（宋）》：「劉筠。字子儀，大名人。咸平元年進士，爲翰林學士。嘗草丁謂、李迪罷相制，繼而又命草制留謂，筠不從，遂出知廬州。再召爲學士，月餘，以疾出知潁州。復召入翰林，加丞［承］旨，進龍圖閣直學士，再知廣州。爲人不苟合，學問閎博，文章以理爲宗，詞尚緻密，尤工篇詠，能摸揣情狀，音調凄麗。自景德以來，文章與楊億齊名，號『楊劉』，天下宗之。」《南畿志·鳳陽府·宦蹟》：「劉筠。以樞密直學士知潁州，治尚最簡。」吕景蒙《嘉靖潁州志·職官表·（宋）知州》：「仁宗天聖……劉筠。大名人。禮部侍郎樞密制學士知潁州。詳本傳。」李宜春《嘉靖潁州志·職官·宋（知州）》：「劉筠。大名人。天聖中以樞密學士知潁州。」

②邵亢（1011—1071），字興宗，丹陽（今屬江蘇）人。官至樞密直學士、開封知府。事見《宋史》本傳。《成化中都志·名宦·潁州（宋）》：「邵亢。字興宗，潤州丹陽人。爲潁州團練推官。有才畧，事至立決，人憚服之。神宗朝，遷龍圖閣直學士，累官樞密副使。卒謚安簡。」《南畿志·鳳陽府·宦蹟》：「邵亢。丹陽人。爲潁州團練推官。轉運使欲加取民税，亢言不可，遂止。」吕景蒙《嘉靖潁州志·名宦·宋》：「邵亢。字興宗，丹陽人。幼聰發過人，方十歲，日誦書五千言。賦詩豪縱，鄉先生見者皆驚偉之。再試開封，當第一，以賦失韻弗取。范仲淹舉亢茂才異等，除建康軍節度推官。或言亢對策字少，不應式，宰相張士遜與之姻家，故得預選，遂報罷。而士遜子實娶他邵，士遜既不能直，亢亦不自言。元昊反，獻《兵説》十篇。召試秘閣，授潁州團練推官。時晏元獻爲守，一以事諉之。民税舊輸陳、蔡，轉運使又欲覆折緡錢，且多取之。亢言：『民之移輸，勞費已甚。方仍歲水旱，又從而加取，無乃不可乎？』遂止。累官樞密副使，引疾，知越州，歷鄭、鄆、亳三州。卒贈吏部尚書，謚安簡。（本傳。）事至立決，人憚而服。（《舊志》。）」李宜春《嘉靖潁州志·宦業·宋》：「邵亢。字興宗，丹陽人。范仲淹舉亢茂才異等，除建康節度推官。元昊反，獻《兵説》十篇。召試秘閣，授潁州團練推官。時晏殊爲守，一以事委之。民税舊輸陳、蔡，轉運使又欲覆折緡錢，且多取之。亢言：『民之移輸，勞費已甚。方仍歲水旱，又從而加取，無乃不可乎？』遂止。事至立決，人憚而服。累官樞密副使，卒贈吏部尚書，謚安簡。」

楊察。字隱甫，廬州合肥人。景祐元年（1034）舉進士。以（秘）書省著作郎直集賢院，出知潁、壽二州。遇事明決，人不敢以非理干。①

程琳。景祐中，以吏部侍郎參知政事，剛直無所回，群小中以事，貶光祿卿，知潁州。累官中書門下平章事、廣平郡公，謚文簡。②

王代恕。開封咸平人，爲潁州司法參軍。州民樂［藥］氏爲盜，會赦，出入閭里，操弓矢爲害。有朱氏，募客二人謀殺之，法當死。公曰：「爲法意耶？」乃狀列之，朱氏得減死。公有八子，皆歷顯宦，第七

---

①楊察（1011—1056），字隱甫，合肥（今屬安徽）人。仁宗景祐元年（1034）進士。曾任翰林學士、權知開封府、三司使等職。謚宣懿。事見《宋史》本傳。《成化中都志·名宦·潁州（宋）》：「楊察。康定中知潁州。遇事明決，人不敢以非禮干。」《南畿志·鳳陽府·宦蹟》：「楊察。景祐中通判宿州，後歷知潁、壽二州。遇事明決，勤於吏職，人不敢以非禮干。」吕景蒙《嘉靖潁州志·名宦·宋》：「楊察。字隱甫，其先晉人，再遷廬州合肥。景祐元年，舉進士甲科，除將作監丞、通判宿州。遷秘書省著作郎、直集賢院，出知潁、壽二州。（本傳。）遇事明決，人不敢以非理干。（《舊志》《中都志》。）」李宜春《嘉靖潁州志·宦業·宋》：「楊察。字隱甫，合肥人。景祐元年，舉進士甲科，除將作監丞、通判宿州。遷秘書省著作郎、直集賢院，出知潁、壽二州。遇事明決，勤於吏職。」

②程琳（985—1054），字天球，博野縣（今屬河北）人。舉服勤辭學科。仕至同中書門下平章事。卒贈中書令兼尚書令、定國公，謚文簡。事見《宋史》本傳。《成化中都志·名宦·潁州（宋）》：「程琳。景祐中，以吏部侍郎參知政事，剛直無所回避。小人僥倖多不得志，中以事，貶光祿卿，知潁州。累官鎮安軍節度使、檢校太師、同中書門下平章事、廣平郡公。卒贈中書令兼尚書令、定國公，謚文簡。」吕景蒙《嘉靖潁州志·名宦·宋》：「程琳。景祐中，以吏部侍郎參知政事，剛直無所回避。小人僥倖中以事，貶光祿卿，知潁州。累官鎮安軍節度使、檢校太師、同中書門下平章事、廣平郡公。卒贈中書令兼尚書令、定國公，謚文簡。」李宜春《嘉靖潁州志·職官·宋（知州）》：「程琳。景祐中任。博野縣人。」

子振①爲御史中丞。②

蔡齊。字子思。其先洛陽人，徙蔡［萊］州。舉進士第一，以吏部侍郎知潁州事，請建立學宮，政以惠誠③，

①「振」字，疑當作「拱辰」。王拱辰（1012—1085），字君貺，原名「拱壽」，王代恕第七子。《宋史》有傳。王珪《華陽集》卷三十三有《翰林學士承旨王拱辰父代恕可贈刑部侍郎制》。《成化中都志》、吕景蒙《嘉靖潁州志》亦作「拱辰」，詳見下文所引。

②王代恕，開封咸平（今河南通許）人。歷任萊陽主簿、吳江縣令、句容縣令等職。事見歐陽修《居士集》卷二十八《江寧府句容縣令贈尚書兵部員外郎王公代恕墓志銘》。《成化中都志·名宦·潁州（宋）》：「王代恕。開封咸平人，爲潁州司法參軍。州民藥氏爲盜，會赦，出入閭里，操弓矢爲民害。有朱氏者，募客二人謀殺之，法當死。公曰：『爲法所以輔善而禁惡也，今殺良民爲惡盜報仇，豈法意耶？』乃狀列之，朱氏得減死。公有子八人，皆歷顯宦。第七子拱辰，右諫議大夫、御史中丞。累贈公尚書兵部員外郎。」《南畿志·鳳陽府·宦蹟）》：「王代恕。開封人。爲潁州司法參軍。州民藥氏爲盜，會赦，出入閭里，操弓矢，爲民害。有朱氏者，募客二人謀殺之，法當死。代恕曰：『法所以輔善禁惡也，今殺良民爲惡盜報仇，豈法意邪？』乃狀列之，朱氏得減死。」吕景蒙《嘉靖潁州志·名宦·宋》：「王代恕。開封咸平人，爲潁州司法參軍。州民樂［藥］氏爲盜，會赦，出入閭里，操弓矢爲害。有朱氏募客二人謀殺之，法當死。公曰：『爲法所以輔善而禁惡，今殺良民爲惡盜報仇，豈法意邪？』乃狀列之，朱氏得減死。公有八子，皆歷顯宦。第七子拱辰，右諫議大夫、御史中丞。累贈公兵部尚書員外郎。」李宜春《嘉靖潁州志·宦業·宋》：「王代恕。開封咸平人，爲潁州司法參軍。民樂［藥］氏爲盜，會赦，出入閭里，操弓矢爲害。有朱氏募客二人謀殺之，法當死。公曰：『爲法所以輔善而禁惡，今殺良民爲惡盜報仇，豈法意邪？』乃狀列之，朱氏得減死。」

③「誠」字，吕景蒙《嘉靖潁州志》、李宜春《嘉靖潁州志》俱作「成」。詳見下文所引。

卒於官。故吏朱寀至潁，吏民見寀，泣指公所嘗更歷地［施爲］曰：「此蔡使君之蹟也。」贈兵部尚書，謚文忠。①

歐陽修。字永叔，廬陵人。皇祐元年（1049）知潁州。嘗因災傷，奏免黄河夫萬餘人。築塞白龍溝，注水西湖，灌溉腴田，爲民利。仍建書院教民子弟，由是潁人咸知向學。累遷參知政事、上柱國、樂安郡開國公。熙寧元年（1068），轉兵部尚書，知青州，充京東東路安撫使。是歲，築第於潁。四年（1071），以觀文殿學士、太子少

①蔡齊（988—1039），字子思，萊州膠水（今山東平度）人。大中祥符八年（1015）進士第一，官至參知政事。事見《宋史》本傳及歐陽修《居士集》卷三十八《尚書戶部侍郎贈兵部尚書蔡公行狀》。《成化中都志·名宦·潁州（宋）》：「蔡齊。字子思，其先洛陽人，徙萊［萊］州。舉進士第一。真宗覽其文，曰：『宰相器也。』累官給事中，參知政事。罷爲吏部侍郎，知潁州，卒於官。故吏朱寀至潁，吏民見寀，泣指公所嘗更歷施爲曰：『此蔡使君之蹟也。』其仁恩如此。贈兵部尚書，謚文忠。」《南畿志·鳳陽府·宦蹟》：「蔡齊。萊州人。罷參政，知潁，卒於官。故吏朱寀會喪，潁人見之，泣指齊所嘗更歷施爲曰：『此蔡使君之蹟也。』」《正德潁州志·名宦·宋》：「蔡齊。知潁州。明恕直易。仁宗景祐四年丁丑（1037）正月，詔下：凡非藩鎮不得立學。時齊以潁在畿內，爲大郡，乞立學。從之。他所建置，爲民猶多。及卒於官，故吏朱寀至潁，吏民見寀，泣指其所嘗更歷施爲曰：『此蔡使君之蹟也。』其仁恩感人如此。」吕景蒙《嘉靖潁州志·名宦·宋》：「蔡齊。字子思，其先洛陽人，徙蔡州。舉進士第一。以吏部侍郎知潁州事，請立學校，政以惠成，後卒於官。故吏朱寀至潁，吏民見寀，泣指公所嘗更歷施爲曰：『此蔡使君之蹟也。』其感民有如此者。贈兵部尚書，謚文忠。」李宜春《嘉靖潁州志·宦業·宋》：「蔡齊。字子思，其先洛陽人，徙蔡［萊］州。舉進士第一。儀狀俊偉，舉止端重。真宗見之，顧寇準曰：『得人矣。』後以戶部侍郎出知潁州，請立學校，政以惠成，卒於官。潁人見其故吏朱寀會喪，猶號泣思之，指公所嘗更歷施爲曰：『此蔡使君蹟也。』其仁恩如此。贈兵部尚書，謚文忠。」

師致仕，歸卒於潁，謚文忠。①

①歐陽修（1007—1072），字永叔，號醉翁、六一居士，吉州永豐（今屬江西）人。官至翰林學士、樞密副使、參知政事。北宋政治家、文學家。《宋史》有傳。《成化中都志·人才傳·潁州（宋）》：「歐陽修。字永叔，吉州永豐人。皇祐五［元］年（1049）知潁州，樂西湖之勝，將卜居焉。熙寧元年，築第於潁。致仕後居潁，號六一居士，終於潁濱。有文集傳於世。蘇軾序公集曰：『歐陽子論大道似韓愈，論事似陸贄，記事似司馬遷，詩賦似李白。此非予言，天下之言也。』詳見《名宦》類。子棐，字叔弼，能以文章世其家，修卒始仕，入元祐黨籍，罷居潁。」同書《名宦·潁州（宋）》：「歐陽修。皇祐元年知潁州。嘗因災傷，奏免黃河夫萬餘人。修陂水，通西湖，民德其利。嘉祐五年（1060），拜樞密副使，累遷推忠協謀同德佐理功臣，特進行尚書左丞、參知政事、上柱國、樂安郡開國公。治平四年（1067）罷，以觀文殿學士、刑部尚書知亳州，改賜推誠、保德崇仁翊戴功臣。熙寧元年，轉兵部尚書，知青州，充京東東路安撫使。是歲，築第於潁。三年（1070），改知蔡州。四年，以觀文殿學士、太子少師致仕。歸，卒於潁。謚文忠。元豐三年（1080），贈太尉。八年（1085），贈太師，追封康國公。紹聖三年（1096），追封兗國公。崇寧三年（1104），追封秦國公。政和三年（1113），追封楚國公。」《南畿志·鳳陽府·流寓》：「歐陽修。本廬陵（今屬江西）人，知潁州。嘗因災傷奏免黃河夫萬餘人，修陂水以通西湖，民甚利之。樂其風土，慨然有終老之意。致仕，遂家焉。」《正德潁州志·名宦·宋》：「歐陽修。知潁州。公恕坦易，明不至察，寬不至縱。因災傷，奏免黃河夫萬餘人。築陂堰以通西湖，引湖水以灌溉民田。建書院以教民之子弟，由是潁人始大興於學。」同書《流寓·宋》：「歐陽修。廬陵人。宋仁宗朝出守潁州。愛其風土淳厚，因卜家焉。治潁甫再越寒暑，移留守南京。又明年皇祐壬辰（1052）三月戊子，丁母憂，歸潁守喪。五年癸巳（1053），護母喪歸，葬吉水之瀧岡。是冬復至潁。蓋公生於綿，長於隨，雖世家於吉，而未嘗一日居之。及登仕版，以官爲家，而公故居吉水瀧岡又僻在深山瘴癘中，故凡墳墓，托之宗族。暨主守之人以其居址爲西陽宮，召道士住持，置祠堂其中，歲時道士奉祠。今爲四百年，公之子孫流落不可知。族屬之在吉者尚繁，而瀧岡之派亦未有聞；西陽宮尚在，而道士之奉祠猶自若也。潁州國初猶有歐陽氏，土人傳爲公後人螟子，以武功授百戶，今調陝西西安衛云。」呂景蒙《嘉靖潁州志·名宦·宋》：「歐陽修。字永叔，廬陵人。皇祐元年知潁州。嘗因災傷，奏免黃河夫萬餘人。築塞白龍溝，注水西湖，灌溉腴田，以爲民利。仍建書院，教民子弟，由是潁人咸知向學。嘉祐五年，拜樞密副使，累遷推忠協謀同德佐理功臣，特進行尚書左丞、參知政事、上柱國、樂安郡開國公。治平四年罷，以觀文殿學士、刑部尚書知亳州，改賜推誠保德崇仁翊戴功臣。熙寧元年，轉兵部尚書，知青州，充京東東路安撫使。是歲，築第於潁。三年，改知蔡州。四年，以觀文殿學士、太子少師致仕。歸，卒於潁。謚文忠。元豐三年，贈太尉。八年，贈太師，追封康國公。紹聖三年，追封兗國公。崇寧三年，追封秦國公。政和二［三］年，追封楚國公。」李宜春《嘉靖潁州志·宦業·宋》：「歐陽修。字永叔，廬陵人。皇祐元年，以龍圖閣直學士知制誥徙知潁州。嘗因災傷，奏免黃河夫萬餘人。築塞白龍溝，注水西湖，灌溉腴田，以爲民利。仍建書院，教民子弟，由是潁人咸知向學。因愛其風土淳厚，將卜家焉。嘉祐五年拜樞密副使，治平四年罷，以觀文殿學士、刑部尚書，知亳州。熙寧元年轉兵部尚書，知青州，充京東東路安撫使。是歲，築第於潁。三年，改知蔡州。四年，以觀文殿學士、太子少師致仕。歸，卒於潁。謚文忠。累封楚國公。其詳載在《宋史》。」

趙道宗［宗道］。字子淵。嘉祐四年（1059），京西大饑，轉運使請擇列郡守以濟災饉，宗道被選知潁州。於救荒之術，素已經慮，賑給存勞，無所不至，寇盜屏息，流庸以復。①

吕公著。字晦叔，文靖公子。中進士第。神宗朝拜御史中丞，論事與王安石不合，以翰林侍讀學士知潁州。後相哲宗，拜司空、同平章事。卒贈太師，封申國公，謚正獻。先嘗通判潁州，郡守歐陽修與爲講學之友。修使契丹，主問中國學行士首，以著對。王安石嘗曰：「疵吝每不自勝，一詣長者即廢所爲，使人意消者，於晦叔見

---

①趙宗道（999—1071），字子淵，開封封丘（今屬河南）人。舉進士不第。以父蔭補將作監主簿，後仕至祠部郎中。韓琦《安阳集》卷四十九《故尚書祠部郎中集賢校理致仕趙君墓志銘》：「熙寧四年夏六月，趙君子淵自管勾西京留司御史臺引年得謝，退處於修善坊之私第。未幾，病且逾月，度必不起，遽取筆自書，命其子咸以志文屬余。七月二十九日果卒……子淵諱宗道，開封封丘人……嘉祐四年，京西大饑，轉運使請擇列郡守以濟災饉，子淵被選知潁州。子淵於救荒之術，素已經慮，賑給存勞，無所不至，寇盜屏息，流庸以復……子淵年七十三……」《康熙潁州志·名宦·宋》：「趙宗道。字子淵。嘉祐四年，京西大饑，轉運使請擇才郡守以濟災黎，宗道被選知潁州。賑給存勞，無所不至，寇盜屏息，流亡以復。」

之。」司馬光曰：「每聞晦叔講，便覺己語爲煩。」其爲名流所重如此。①

張洞。字仲通，祥符人。仁宗時舉進士，再調潁州推官。民有劉甲者，强弟柳使鞭其婦，既而投杖，夫婦相持而泣。甲怒，逼柳使再鞭之，婦以無罪死。吏當夫極法，知州歐陽修欲從之。洞曰：「律以教令者爲首。夫從，非其意，不當死。」衆不聽，洞即稱疾不出，不得已讞於朝，果如洞言，修甚重之。洞平居與晏殊賦詩飲酒，傾倒②。

---

①吕公著（1018—1089），字晦叔，壽州（今安徽壽縣）人。慶曆二年（1042）進士，仕至尚書右僕射兼中書侍郎。事見《宋史》本傳。《成化中都志·名宦·潁州（宋）》：「吕公著。字晦叔。文靖公子。中進士第。神宗朝拜御史中丞，論事與王安石不協。帝語執政：『吕公著嘗言韓琦將興晉陽之甲，以除君側之惡。』安石因傳致其罪。以翰林侍讀學士知潁州，後相哲宗，拜司空同平章軍國事。卒贈太師，封申國公，謚正獻。公先嘗通判潁州，郡守歐陽修與爲講學之友。後知州，人愛戴之。『興晉陽之甲』乃孫覺之言，帝誤以爲公著也。」《南畿志·鳳陽府·人物》：「吕公著。夷簡子。自少講學，以治心養性爲才。舉進士。累官御史中丞，坐争新法，及沮吕惠卿，貶知潁州。哲宗即位，陳十事，拜尚書左丞門下侍郎，遷右僕射兼中書侍郎。與司馬光同心輔政，進司空同平章軍國事。卒贈申國公，謚正獻。」《正德潁州志·名宦·宋》：「吕公著。通判潁州。郡守歐陽修與爲講學之友。後知是州，民愛戴之。皇祐中拜相。」吕景蒙《嘉靖潁州志·名宦·宋》：「吕公著。字晦叔，文靖公子。中進士第。神宗朝拜御史中丞，論事與王安石不合，以翰林侍讀學士知潁州。後相哲宗，拜司空同平章事。卒贈太師，封申國公，謚正獻。先嘗通判潁州，郡守歐陽修與爲講學之友。人愛戴之。」李宜春《嘉靖潁州志·宦業·宋》：「吕公著。字晦叔，文靖公子。中進士第。神宗朝拜御史中丞，論事與王安石不合，誣以惡語，以翰林侍讀學士知潁州。先嘗通判潁州，郡守歐陽修與爲講學之友。及知是州，人愛戴之。」

②此處，《宋史·張洞傳》有「無不至」三字。

當事有官責，持議甚堅，殊爲阻止。①

陳師道。字履常，彭城人。少好學，年十六以文謁曾鞏，一見奇之。元祐初，蘇軾薦其文行，起爲徐州教授，改教授潁州。時蘇軾知潁，待之絶厚，意欲參諸門弟子列，師道賦詩云：「嚮來一辦［瓣］香，敬爲曾南豐。」②

李垂。字舜工，聊城人。咸平中登進士第，遷舘閣校理。上《導河形勝書》三卷，欲復九河故道，時論重之。皇祐中丁謂執政，垂未嘗往謁。或問其故，曰：「謂爲宰相，不以公道副天下望，而恃權怙勢，觀其所爲，必遊朱

①張洞（1019—1067），字仲通，祥符（今屬河南）人。以布衣上禦邊之策，擢試將作監主簿。尋舉進士，知棣州。英宗時，爲江西轉運使。事見《宋史》本傳及晁補之《張洞傳》。吕景蒙《嘉靖潁州志·名宦·宋》：「張洞。字仲通，開封祥符人。仁宗時舉進士，再調潁州推官。民有劉甲者，强弟柳使鞭其婦，既而投杖，夫婦相持而泣。甲怒，逼柳使再鞭之，婦以無罪死。吏當夫極法，知州歐陽修欲從之。洞曰：『律以教令者爲首，夫爲從，且非其意，不當死。』衆不聽，洞即稱疾不出，不得已讞於朝，果如洞言，修甚重之。」李宜春《嘉靖潁州志·宦業·宋》：「張洞。字仲通，開封祥符人。仁宗時舉進士，再調潁州推官。民有劉甲者，强弟柳使鞭其婦，既而投杖，夫婦相持泣。甲怒，逼柳使再鞭之，婦以無罪死。吏當夫極法，知州歐陽修欲從之。洞曰：『律以令者爲首，夫爲從，且非其意，不當死。』衆不聽，洞既［即］稱疾不出，不得已讞於朝，果如洞言，修甚重之。」

②陳師道（1053—1102），字履常，號後山居士，彭城（今江蘇徐州）人。仕至秘書省正字。事見《宋史》本傳。《南畿志·鳳陽府·宦蹟》：「陳師道。彭城人。潁州教授。」李宜春《嘉靖潁州志·宦業·宋》：「陳師道。字履常，彭城人。少而好學，年十六，以文謁曾鞏，一見奇之。元祐初，蘇軾薦其文行，起爲徐州教授，又改教授潁州。時蘇軾知潁事，待之絶席，欲參諸門弟子間，而師道賦詩『嚮來一辦［瓣］香，敬爲曾南豐』之語，其自守如此。」

崖，吾不欲在其黨中。」謂聞而惡之。貶知亳州，遷潁、晉、絳三州。①

蘇頌。字子容，潤州丹陽人。第進士，知江寧，定民戶籍，民不敢隱。剗剔夙蠹，簡而易行，諸令視以爲法。及調南京，留守歐陽修委以政，曰：「子容處事精審，一經閱覽，則修不復省矣。」時杜衍老居睢陽，見頌深器之，曰：「如君，真所謂不可得而親踈者。」遂自小官以至侍從、宰相，所以設施出處，悉以語頌，曰：「以子相知，且知子異日必爲此官，老夫非以自矜也。」富弼嘗稱頌爲古君子，及與韓琦爲相，同表其廉退，以知潁州。同知②趙至忠本邊徼降者，所至與守競，頌待之以禮，且盡誠意。至忠感泣曰：「身雖夷人，然見義則服，平生誠服者，惟公與韓魏公耳。」仁宗崩，見［建］山陵，有司以不時難得之物厲諸郡，頌曰：「遺詔務從儉約，豈有土不

---

①李垂（965—1033），字舜工，聊城（今屬山東）人。咸平中登進士第。仕至著作郎、館閣校理。事見《宋史》本傳。吕景蒙《嘉靖潁州志·名宦·宋》：「李垂。字舜工，聊城人。咸平中登進士第。自湖州錄事參軍，召爲崇文校勘，累遷著作郎、館閣校理，累修起居注。丁謂執政，垂未嘗往謁。或問其故，垂曰：『謂爲宰相，不以公道副天下望，而恃權怙勢，觀其所爲，必遊朱崖，吾不欲在其黨中。』謂聞而惡之，貶知亳州，遷潁、晉、絳三州。明道中還朝，不附執政，出知均州，卒。」李宜春《嘉靖潁州志·職官·宋（知州）》：「李垂。字舜工。聊城人。咸平中登進士第。遷館閣校理。上《導河形勝書》三卷，欲復九河故道，時論重之。皇祐中爲丁謂所惡，罷知亳州，遷潁、晉、絳三州。」

②「同知」二字，《宋史·蘇頌傳》、鄒浩《故觀文殿大學士蘇公行狀》等俱作「通判」。

産而可强賦乎？」量其有無，事亦隨集。以太子少師致仕，巋然不爲群邪所汙。頌邃於律曆，前代未有也。①

蘇軾。字子瞻，眉州人。元祐六年（1091），以龍圖閣學士出知潁州。是冬久雪，潁饑。公奏發義廩積穀數千石，並賣作院炭數萬秤、酒務柴數十萬秤以濟饑寒。先是，開封諸縣多水患，吏不究本末，決其陂澤，注之惠民河，河不能勝，致陳亦多水。又將鑿鄧艾溝與潁河並，且鑿黄堆欲注之於淮。軾始至潁，遣吏以水平準之，淮之漲水高於新溝幾一丈，若鑿黄堆，淮水顧流潁地爲患。軾言於朝，從之。郡有宿賊尹遇等，爲一方患。公召汝陰尉李直方曰：「君

---

①蘇頌（1020—1101），字子容，本爲泉州南安（今屬福建）人，葬父紳於潤州丹陽（今屬江蘇），因徙居之。登慶曆二年（1042）進士第，後仕至刑部尚書、吏部尚書，哲宗時拜相。事見《宋史》本傳。《成化中都志·名宦·潁州（宋）》：「蘇頌。字子容，泉州人，徙潤州。中進士第，爲集賢校理。不干榮利，力求外以便親養，遂除知潁州。宰相富弼遺書曰：『若吾子出處，可謂真古君子矣。』通判趙至忠本邊徼降者，所至與守競，頌待之以禮，且盡誠意。至忠感泣曰：『身雖夷人，然見義則服，平生誠服者，惟公與韓魏公耳。』後又歷知亳、濠二州。歷事四朝，後相哲宗。紹聖中致仕，獨巋然不爲群邪所汙。」《正德潁州志·名宦·宋》：「蘇頌。知潁州。时通判趙至忠本邊檄降者，所至與守競，頌待之以禮，具盡誠意。至忠感泣曰：『身雖夷人，然見義則服，平生誠服者，惟公與韓魏公耳。』潁自五季後，版籍、賦輿、法制失實，頌每因治訟，旁問里鄰丁産多寡，悉得其詳。一日，召鄉老更定戶籍，民有自占不實者，頌曰：『汝家尚有某丁某産，何不自言？』相顧而驚，無敢隱者。一郡以爲神明。」吕景蒙《嘉靖潁州志·名宦·宋》：「蘇頌。字子容，泉州南安人。父紳，葬潤州丹陽，因徙居之。第進士，歷宿州觀察推官，知江寧縣，調南京留守推官，召館閣校勘，同知太常禮院，遷集賢校理，編定書籍。其知江寧也，定民戶籍，民不敢隱，剗剔夙蠹，簡而易行，諸令視以爲法。及調南京，留守歐陽修委以政曰：『子容處事精審，一經閱覽，則修不復省矣。』時杜衍老居睢陽，見頌，深器之，曰：『如君，真所謂不可得而親踈者。』遂自小官以至爲侍從、宰相所以設施出處，悉以語頌，曰：『以子相知，且知子異日必爲此官，老夫非以自矜也。』富弼嘗稱頌爲古君子，及與韓琦爲相，同表其廉退，以知潁州。同知趙至忠本邊徼降者，所至與守競，頌待之以禮，且盡誠意。至忠感泣曰：『身雖夷人，然見義則服，平生誠服者，惟公與韓魏公耳。』仁宗崩，建山陵，有司以不時難得之物厲諸郡。頌曰：『遺詔務從儉約，豈有土不産而可强賦乎？』量其有無，事亦隨集。英宗即位，召提點開封府界諸縣鎮公事，屢遷屢出。紹聖四年（1097），拜太子少師。致仕，巋然不爲群邪所汙，世稱其明哲保身云。」李宜春《嘉靖潁州志·宦業·宋》：「蘇頌。泉州南安人，徙居丹陽。第進士，歷宿州觀察推官。富弼嘗稱頌爲古君子，及與韓琦爲相，同表其廉退，以知潁州。通判趙至忠本邊徼降者，所至與守競，頌待之以禮，且盡誠意。至忠感激曰：『身雖夷人，然見義則服，平生誠服者，惟公與韓魏公耳。』仁宗崩，建山陵，有司以不時難得之物屬諸郡，頌曰：『遺詔務從儉約，豈有土不産而可强賦乎？』量其有無，事亦隨集。」

能擒此，當力言於朝，乞行優賞；不獲，且罪。」直方有母且老，與母訣而後行。緝知盜所，分捕其黨與，手戟刺而獲之。公奏移合賞，官不報。又請以己之年勞，當改朝散，爲直方賞，不從。七年（1092），改知揚州，累官兵部尚書、端明侍讀學士、知定州。謫嶺南，建中靖國元年（1037）召還，復朝奉郎。卒，累贈（太師），謚文忠。①

---

①蘇軾（1037—1101），字子瞻，號東坡居士，眉州眉山（今屬四川）人。嘉祐二年（1057）進士，仕至禮部尚書。事見《宋史》本傳。《成化中都志·名宦·潁州（宋）》：「蘇軾。字子瞻，眉州人。元祐六年，以龍圖閣學士知潁州。其冬久雪，人饑，先生奏發義廩積穀數千石，並賣作院炭數萬秤、酒務柴數十萬秤，以濟飢寒。又奏乞罷黄河夫萬人，開本州溝瀆，從之。七年，改知揚州，累官兵部尚書、端明殿侍讀學士、知定州。謫嶺南，建中靖國元年召還，復朝奉郎。卒，累贈太師，謚文忠。」《南畿志·鳳陽府·宦蹟》：「蘇軾。眉州人。以龍圖學士出知潁州。先是治水吏不究本末，將鑿鄧艾溝與潁河並，且鑿黄堆欲注之於淮。軾至，遣吏以水平準之，淮之漲水高於新溝幾一丈，若鑿黄堆，淮水顧流潁地爲患。言於朝，從之。郡有宿賊尹遇等，捕不獲。軾召汝陰尉李直方，慰遣緝捕，獲遇及其黨。」《正德潁州志·名宦·宋》：「蘇軾。知潁州。豪爽不羈，凡可以利民者，推誠爲之。修清波塘，開清溝，以引汝水，溉民田六十餘里。遊賞賦詠甚多。」吕景蒙《嘉靖潁州志·名宦·宋》：「蘇軾。字子瞻，眉州人。元祐六年，以龍圖閣學士出知潁州。是冬久雪，潁饑，公奏發義廩積穀數千石，並賣作院炭數萬秤、酒務柴數十萬秤，以濟饑寒。先是，開封諸縣多水患，吏不究本末，決其陂澤，注之惠民河，河不能勝，致陳亦多水。又將鑿鄧艾溝與潁河並，且鑿黄堆欲注之於淮。軾始至潁，遣吏以水平準之，淮之漲水高於新溝幾一丈，若鑿黄堆，淮水顧流潁地爲患。軾言於朝，從之。郡有宿賊尹遇等爲一方患，公召汝陰尉李直方曰：『君能擒此，當力言於朝，乞行優賞；不獲，且罪。』直方有母且老，與母訣而後行。緝知盜所，分捕其黨與，手戟刺遇，獲之。公奏移合賞，官不報。又請以已之年勞，當改朝散，爲直方賞，不從。其後吏部爲軾當還，以符會其考，又不報。七年，改知揚州，累官兵部尚書、端明殿侍讀學士、知定州。謫嶺南，建中靖國元年召還，復朝奉郎。卒，累贈太師，謚文忠。（出本傳。）」李宜春《嘉靖潁州志·宦業·宋》：「蘇軾。字子瞻，眉州人。元祐六年，以龍圖閣學士出知潁州。是冬久雪，潁饑，公奏發義廩積穀數千石，並賣作院炭數萬秤、酒務柴數十萬秤，以濟饑寒。先是，開封諸縣多水患，吏不究本末，決其陂澤，注之惠民河，河不能勝，致陳亦多水。又將鑿鄧艾溝與潁河並，且鑿黄堆欲注之於淮。軾始至潁，遣吏以水平準之，淮之漲水高於新溝幾一丈，若鑿黄堆，淮水顧流潁地爲患。軾言於朝，從之。郡有宿賊尹遇等，數劫殺人，又殺捕盜吏。公召汝陰尉李直方曰：『君能擒此，當力言於朝，乞行優賞；不獲，亦以不職奏免君矣。』直方有母且老，與母訣而後行。迺緝知盜所，分捕其黨與，手戟刺遇，獲之。公奏移合賞，不報。又請以已之年勞，當改朝散階，爲直方賞，不從。其後吏部爲軾當還，以符會其考，軾謂已許直方，又不報。累官兵部尚書、端明（殿）侍讀學士。卒謚文忠。」

曾肇。字子開，南豐人。元祐四年（1089），由給事中左遷寶文閣待制，知潁州。浚清河，興學勸農，時稱良守。楊龜山曰：「曾子開不以顏色假借人，慎重得大臣體，庶幾前輩風流，惟此一人耳。」①

王旭。字仲名［明］，大名莘人。父祐，見本傳。旭嚴於治内，恕以接物，尤篤友義。以蔭補大祝，由判國子監出知潁州，荒政修舉。②

---

①曾肇（1047—1107），字子開，號曲阜先生，南豐（今屬江西）人。治平四年（1067）進士，仕至中書舍人、翰林學士。事見《宋史·曾鞏傳》附傳及楊時《曾文昭公行述》。《成化中都志·名宦·潁州（宋）》：「曾肇。字子開，南豐人。元祐四年，由給事中左遷寶文閣待制，知潁州。浚清河，興學勸農，時稱良守。更十一州，所至有聲。入爲中書舍人，遷翰林學士。卒謚文昭。《新志》云『仁宗朝知潁』，誤也。龜山楊時曰：『曾子開不以顏色假借人，慎重得大臣體，於今可以庶幾，前輩風流惟此一人耳。』」《南畿志·鳳陽府·宦蹟》：「曾肇。南豐人。以寶文閣待制知潁州。浚清河，興學勸農。時稱良守。」《正德潁州志·名宦·宋》：「曾肇。知潁州。興學勸農，時稱良守。」吕景蒙《嘉靖潁州志·名宦·宋》：「曾肇。字子開，南豐人。元祐四年，由給事中左遷寶文閣待制，知潁州。浚清河，興學勸農，時稱良守。更十一州，所至有聲。入爲中書舍人，遷翰林學士。卒謚文昭。龜山楊先生曰：『曾子開不以顏色假借人，慎重得大臣體，於今可以庶幾，前輩風流惟此一人耳。』」李宜春《嘉靖潁州志·宦業·宋》：「曾肇。字子開，南豐人。元祐四年，由給事中左遷寶文閣待制，知潁州。浚清河，興學勸農，時稱良守。更十一州，所至有聲。入爲中書舍人，遷翰林學士。卒謚文忠［昭］。」

②王旭，字仲明，莘縣（今屬山東）人。以蔭補太祝，後仕至兵部郎中。事見《宋史·王祐傳》附傳。《成化中都志·名宦·潁州（宋）》：「王旭。王旦弟。累遷殿中丞，知潁州。卓有政績，以兵部郎中知應天府。」《正德潁州志·名宦·宋》：「王旭。使相王旦弟。知潁州，卓有政績。」吕景蒙《嘉靖潁州志·名宦·宋》：「王旭。字仲名，大名莘人。父祐，見本傳。旭嚴於治内，恕以接物，尤篤友義。以蔭補大祝。嘗知緱氏，改雍丘，遷殿中丞。由判國子監出知潁州，荒政修舉。」李宜春《嘉靖潁州志·宦業·宋》：「王旭。字仲名［明］，大名莘人。以父蔭補太祝，遷殿中丞。由判國子監出知潁州，荒政修舉。其敭歷中外，卓有政績。」

陸佃。字農師，越州山陰人。哲宗初，以龍圖閣待制知潁州。佃以歐陽修守潁（有）遺愛，爲建祠祀之。①

豐稷。字相之，明州鄞人。登第。哲宗時以集賢學士知潁州。京城失守②，二帝北行，稷袖書抗粘罕，請存趙氏。縋而出，謁康王於濟州，謂神器久虛，異姓僭竊，宜亟即位，以圖中興。一日三被顧問，補修職郎，充帳前差使。高宗即位，改承奉郎，更歷中外，所至有聲。③

吕希純。字子進，公著第三子。嘗知潁，推廣父政，教化大行。後至宰輔，父子、兄弟俱以賢用，世濟（其）

---

①陸佃（1042—1102），字農師，號陶山，越州山陰（今浙江紹興）人。熙寧三年（1070）進士，仕至尚書左丞。卒贈太師，追封楚國公。事見《宋史》本傳。吕景蒙《嘉靖潁州志·名宦·宋》：「陸佃。字農師，越州山陰人。哲宗初，以龍圖閣待制知潁州。佃以歐陽修守潁有遺愛，爲建祠宇。後執政，每欲參用元祐人才，尤惡奔競。卒年六十一，追復資政殿學士。」李宜春《嘉靖潁州志·職官·宋（知州）》：「陸佃。字農師。山陰人。哲宗初，以龍圖閣待制知潁州。佃以歐陽修守潁有遺愛，爲建祠宇。後執政，每欲參用元祐人才，尤惡奔競。」

②此處誤。自「京城失守」以下諸事，見於《宋史·汪若海傳》，當爲汪若海事。

③豐稷（1033—1107），字相之，明州鄞縣（今浙江寧波）人。嘉祐四年（1059）進士，仕至禮部尚書。事見《宋史》本傳。《成化中都志·名宦·潁州（宋）》：「豐稷。舉進士。爲蒙城縣，擢監察御史裹行。哲宗朝以集賢院學士知潁州，徽宗時遷御史中丞，徙工部尚書兼侍讀，權禮部尚書，以元祐黨累貶遠州。《言行錄》云：『後提舉明道宫，卒謚清敏。』《寧波志》云：『提舉亳州太清宫。稷以聖賢之學，直諒之節，進與時忤，卒老謫所，悲夫！』」《南畿志·鳳陽府·宦蹟》：「豐稷。鄞人。爲蒙城簿，每事據正，以誠意贊其官長，未嘗立異。後又知潁州。」吕景蒙《嘉靖潁州志·名宦·宋》：「豐稷。字相之，明州鄞人。登第。哲宗時以集賢學士知潁州，徽宗時遷御史中丞，徙工部尚書兼侍讀，權禮部尚書，以元祐黨貶知遠州。卒謚清敏。《宋史》論曰：『稷劾蔡京，論司馬光、吕公著當配享廟庭，蓋亦名侍從也。』」李宜春《嘉靖潁州志·宦業·宋》：「豐稷。字相之，明州鄞人。哲宗時以集賢學士知潁州，後以元祐黨貶知遠州。卒謚清敏。《宋史》論：『稷劾蔡京，論司馬光、吕公著當配享廟庭，蓋亦名侍從也。』」

美。然皆陷於崇寧黨禍，何君子之不幸歟！①

吕希績。公著次子，字紀常，有堅操。由少府少監權遣潁州，誥詞曰：「今之郡守，乃唐刺史，郎官出入之資也。爾以選擇入省，故出得善州。夫愷悌之政，非文深吏所能成也。惟爾懋哉，務稱吾意。」②

汪若海。字東叟，歙人。未弱冠，入太學。靖康元年（1126），金人侵擾，朝廷下詔求知兵者，若海應詔，未三刻而文成，擢高第。紹興九年（1139），遷承議郎、通判順昌府。金人奄至，太尉劉錡甫至，衆不滿三萬，議遣人丐援於朝，無敢往者。若海毅然請行，具述錡明方畧，善用兵，以偏師濟之，必有成功，朝廷從之，金兵果敗

---

①吕希純，字子進，吕公著三子。第進士，仕至中書舍人、同修國史。事見《宋史·吕公著傳》附傳。《成化中都志·名宦·潁州（宋）》：「吕希純。字子進，公著第三子。嘗知潁州，推廣父政，教化大行。」《正德潁州志·名宦·宋》：「吕希純。公著子。知潁州，推廣父政，教化大行。」吕景蒙《嘉靖潁州志·名宦·宋》：「吕希純。字子進。公著第三子。嘗知潁州，推廣父政，教化大行。其後位至宰輔，而父子、兄弟俱以賢用，故君子稱爲世濟其美云。」李宜春《嘉靖潁州志·宦業·宋》：「吕希純。字子進，公著第三子。嘗知潁州，推廣父政，教化大行。其後位至宰輔，而父子、兄弟俱以賢用，故君子稱世濟其美。然皆陷於崇寧黨禍，何君子之不幸歟！」

②吕希績（1042—1099），字紀常，吕公著次子。元豐七年（1084）進士，仕至秘書少監。王震《朝奉大夫少府少監吕希績可權發遣潁州誥》：「今之郡守，乃唐刺史，郎官出入之資也。爾以選擇入省，故出得善州。夫愷悌之政，非文深吏所能成也，唯爾懋哉，務稱吾意。」《成化中都志·名宦·潁州（宋）》：「吕希績。字紀常，公著次子。有堅操，由少府少監權發遣潁州。誥詞曰：『今之郡守，及［乃］唐刺史，郎官出入之資也。爾以選擇入省，故出得善州。夫愷悌之政，非文深吏所能成也，惟爾懋哉，務稱吾意。』遷淮南運副。」吕景蒙《嘉靖潁州志·名宦·宋》：「吕希績。字紀嘗，公著次子。有堅操，由少府少監權發遣潁州。」李宜春《嘉靖潁州志·職官·宋（知州）》：「吕希績。公著次子。字紀常。有堅操，由少府少監權遣潁州。誥詞曰：『今之郡守，乃唐刺史，郎官出入之資也。爾以選擇入省，故出得善州。夫愷悌之政，非文深吏所能成也，惟爾懋哉，務稱吾意。』」

去。遷道州。陛辭，上曰：「久不見卿，卿安在？」若海豁達高亮，深沉有度，耻爲世俗章句學，爲文操筆立就，蹈厲風發。高宗嘗以片紙書若海名諭張浚曰：「似此人才，卿宜收拾。」會浚去國，不果召。①

陳規。安丘人。中明法科。紹興十年（1140），知順昌府。會劉錡領兵赴東京留守過郡，規出迎，傳金人已入

①汪若海（1101—1161），字東叟，歙縣（今屬安徽）人。累官直秘閣。事見《宋史》本傳。《成化中都志·名宦·潁州（宋）》：「汪若海。紹興中通判順昌府。金人犯順昌，劉錡衆不滿二萬，遣人求援於朝，無敢往者。若海毅然請行。朝廷以錡爲樞密副督承旨、沿淮制置使，使禦虜。金兵敗去，仍命若海通判順昌。」《南畿志·鳳陽府·宦蹟》：「汪若海。歙人。紹興中通判順昌，有金人奄至，太尉劉錡衆不滿二萬，遣人丐援於朝，無敢往者。若海毅然請行，具述錡明方畧，善用兵，以偏師濟之，必有成功，朝廷從之，金兵果敗去。」《正德潁州志·名宦·宋》：「汪若海。紹興中通判順昌府。金人奄至，劉錡兵不滿一萬，遣人丐援於朝，無敢往。若海毅然請行，朝廷從之。援未至，金已敗去。三君皆可謂見危受命者。」呂景蒙《嘉靖潁州志·名宦·宋》：「汪若海，字東叟，歙人。未弱冠，遊京師，入太學。靖康元年，金人侵擾，朝廷下詔求知兵者，若海應詔，未三刻而文成，擢高第。時已割河北地，其年冬再犯京師。若海言河北國家重地，當用河北以攬天下之權，不可怯懦以自守，閉關養敵，坐受其敝。屬康王起兵相州，乃上書樞密曹輔，請立王爲大元帥，擁撫河北，以掎金人之後，則京城之圍自解。輔大喜，即以其書進欽宗，用爲參謀，遣如康王所。宰相何㮚執異議，以道梗爲辭，不果遣。京城失守，及二帝北行，袖書抗粘罕，請存趙氏，縋而出，謁康王於濟州，謂神器久虛，異姓僭竊，宜蚤即位，以圖中興。一日三被顧問，補修職郎，充帳前差使。高宗既即位，推恩改承奉郎。自是更歷中外，所至有聲。紹興九年，遷承議郎、通判順昌府。金人奄至，太尉劉錡甫至，衆不滿三萬，議遣人丐援於朝，無敢往者。若海毅然請行，具述錡明方畧，善用兵，以偏師濟之，必有成功，朝廷從之，金兵果敗去。辟淮北宣撫司，主管機宜文字，以勞兩轉至朝散郎、通判洪州。未上，丁内艱。判信州，秩滿，遷知道州。陛辭得對，上曰：『久不見卿，卿嚮安在？』授直秘閣、知江州，丁父憂。時方經畧中原，朝廷議起若海，而若海死矣。若海豁達高亮，深沉有度，耻爲世俗章句學，爲文操紙筆立就，蹈厲風發。高宗嘗以片紙書若海名諭張浚曰：『似此人材，卿宜收拾。』會浚去國，不果召。」李宜春《嘉靖潁州志·宦業·宋》：「汪若海。字東叟，歙人。未弱冠，入太學。靖康元年，金人侵擾，朝廷下詔求知兵者，若海應詔，未三刻而文成，擢高第。紹興九年，遷承議郎、通判順昌府。金人奄至，太尉劉錡甫至，衆不滿三萬，議遣人丐援於朝，無敢往者。若海毅然請行，具述錡明方畧，善用兵，以偏師濟之，必有成功，朝廷從之，金兵果敗去。若海豁達高亮，深沉有度，耻爲世俗章句學，爲文操紙筆立就，蹈厲風發。高宗嘗以片紙書若海名諭張浚曰：『似此人才，卿宜收拾。』會浚去國，不果召。」

京城，規語錡城中有粟萬斛，勉同爲死守。相與登城區畫，分命諸將守四門，明斥堠［候］，募土人鄉導間諜。布設粗畢，金遊騎已薄城矣。規躬環［擐］甲胄，與錡巡城督戰，用神機弓射之，稍引退，復以步兵邀擊，溺於河者甚衆。規曰：「敵志屢挫，挫必思出奇困我，不若潛兵斫營，使彼晝夜不得休，可養吾鋭也。」錡然之。金人告急於兀朮。規大饗將士，酒半問曰：「兀朮擁精兵且至，策將安出？」諸將或謂今已累捷，宜乘勢全師歸。規曰：「朝廷養兵十五年，正欲爲緩急用，况屢挫其鋒，軍聲稍振。規已分一死，進亦死，退亦死，不如進爲忠也！」錡叱諸將曰：「府公文人猶誓死守，况汝曹耶！」兀朮至，親循城，下令晨飯府庭，且折箭爲誓，并兵十餘萬攻城。規與錡行城，勉激諸將，流矢及衣無懼色，軍殊死鬭。時方劇暑，規謂錡毋多出軍，第更隊易器，以逸制勞。每清晨輒堅壁不出，伺金兵暴烈日中，至未申氣力疲，則城中兵争奮，斬獲無算，兀木［朮］宵遁。錡奏功，詔褒諭之，遷樞密直學士。規至順昌，即廣糴粟麥。會計議司移粟赴河上，規請以金帛代輸，至是得其用，成錡功者，以規足食故也。①

①陳規（1072—1141），字元則，密州安丘（今屬山東）人。中明法科，仕至樞密直學士。事見《宋史》本傳。《成化中都志·名宦·潁州（宋）》：「陳規。安丘人。中明法科。爲人端毅寡言，以忠義自許。紹興十年，知順昌府，得報虜錡［騎］入東京，規以報示新除東京副留守劉錡，錡曰：『吾軍遠來，力不可支，事急矣。城中有糧，則能與君共守。』規曰：『有米數萬斛。』錡曰：『可矣。』規亦力留錡共守，遂斂兵入城，爲捍禦計，人心稍安。虜退，改知廬州。」《正德潁州志·名宦·宋》：「陳規。順昌太守。紹興中，諜報金虜陷東京。適東京副留守劉錡至，規留之，各以忠義致勉。錡雖兵少，慷慨自任，規轉給餉饋，卒敗兀朮，城以無虞。」吕景蒙《嘉靖潁州志·名宦·宋》：「陳規。安丘人。中明法科。紹興十年，知順昌府，葺城壁，招流亡，立保伍。會劉錡領兵赴東京留守過郡境，規出迎，坐未定，傳金人已入京城，即告錡城中有

粟數萬斛，勉同爲死守計。相與登城區畫，分命諸將守四門，且明斥候，募土人鄉導間諜。布設粗畢，金遊騎已薄城矣。既至，金龍虎大王者提重兵踵至，規躬環［擐］甲胄，與錡巡城督戰，用神臂弓射之，稍引退，復以步兵邀擊，溺於河者甚衆。規曰：『敵志屢挫，必思出奇困我，不若潛兵斫營，使彼晝夜不得休，可養吾鋭也。』錡然之，果劫中其砦，殲其兵甚衆。金人告急於兀朮。規大饗將士，酒半問曰：『兀朮擁精兵且至，策將安出？』諸將或謂今已累捷，宜乘勢全師而歸。規曰：『朝廷養兵十五年，正欲爲緩急用，況屢挫其鋒，軍聲稍振。規已分一死，進亦死，退亦死，不如進爲忠也。』錡叱諸將曰：『府公文人猶誓死守，況汝曹邪！兼金營近三十里，兀朮來援，我軍一動，金人追及，老幼先亂，必至狼狽，不獨廢前功，致兩淮侵擾，江、浙震驚。平生報君，反成誤國，不如背城一戰，死中求生可也。』已而兀朮至，親循城，責諸酋用兵之失，衆跪曰：『南兵非昔比。』兀朮下令晨飯府庭，且折箭爲誓，并兵十餘萬攻城，自將鐵浮屠軍三千遊擊。規與錡行城，勉激諸將，流矢及衣無懼色，軍殊死鬬。時方劇暑，規謂錡毋多出軍，第更隊易器，以逸制勞，蔑不勝矣。每清晨輒堅壁不出，伺金兵暴烈日中，至未申，氣力疲，則城中兵爭奮，斬獲無算，兀朮宵遁。錡奏功，詔褒諭之，遷樞密直學士。規至順昌，即廣糴粟麥會［實］倉廩。會計議司移粟赴河上，規請以金帛代輸，至是得其用，成錡功者，以規足食故也。」李宜春《嘉靖潁州志·宦業·宋》：「陳規。字元則，安丘人。中明法科。紹興十年，改知順昌府，葺城壁，招流亡，立保伍。會劉錡領兵赴東京留守過郡境，規出迎，坐未定，傳金人已入京城，即告錡城中有粟數萬斛，勉同爲死守計。相與登城區畫，分命諸將守四門，且明斥候，募土人鄉導間諜。布設粗畢，金遊騎已薄城矣。既至，金龍虎大王提重兵踵至，規躬擐甲胄，與錡巡城督戰，用神臂弓射之，稍引退，復以步兵邀擊，溺於河者甚衆。規曰：『敵志屢挫，必思出奇困我，不若潛兵斫營，使彼晝夜不得休，可養吾鋭也。』錡然之，果劫中其砦，殲其兵甚衆。金人告急於兀朮。規大享將士，酒半問曰：『兀朮擁精兵且至，策將安出？』諸將或謂今已累捷，宜乘勢全師而歸。規曰：『朝廷養兵十五年，正欲爲緩急之用，況屢挫其鋒，軍聲稍振。規已分一死，進亦死，退亦死，不如進爲忠也。』錡叱諸將曰：『府公文人，猶誓死守，況汝曹耶！兼金營近三十里，兀朮來援，我軍一動，金人追及，老幼先亂，必至狼狽，不獨廢前功，致兩淮侵擾，江、浙震驚。平生報君，反成誤國，不如背城一戰，死中求生可也。』已而兀朮至，親循城，責諸酋用兵之失，衆跪曰：『南兵非昔比。』兀朮下令晨飯府庭，且折箭爲誓，并兵十餘萬攻城，自將鐵浮屠軍三千遊擊。規與錡行城，勉激諸將，流矢及衣無懼色，軍殊死鬬。時方劇暑，規謂錡毋多出軍，第更隊易器，以逸制勞，蔑不勝矣。每清晨輒堅壁不出，伺金兵暴烈日中，至未申，氣力疲，則城中兵爭奮，斬獲無算，兀朮宵遁。錡奏功，詔褒諭之，遷樞密直學士。規至順昌，即廣糴粟麥會［實］倉廩。會計議司移粟赴河上，規請以金帛代輸，至是得其用，成錡功者，以規足食故也。」

補①據正史及《中都志》《大明一統志》增録於後

漢四人。晉二人。南宋三人。齊一人。梁一人。北魏三人。唐四人。五代漢一人。宋十六人。

漢

何敞。字文高，扶風平陵人。永元間爲汝南太守，修理鮦陽舊渠，百姓賴其利。②

宋登。字叔陽，京兆長安人。汝陰令，爲政明能，號曰神父。嘗入爲尚書僕射，順帝以登明識禮樂，使持節，臨太學，奏定典律。轉拜侍中，數上封事，抑退權臣。由是，出爲潁川太守。市無貳價，道不拾遺。及卒，汝陰人

---

①原書前目録無此條，已據補。

②何敞（？—105），字文高，扶風平陵（今陝西興平）人。何比干六世孫。以高第拜侍御史，後仕至五官中郎將。《後漢書·何敞傳》：「何敞字文高，扶風平陵人也……遷汝南太守……又修理鮦陽舊渠，百姓賴其利，墾田增三萬餘頃。吏人共刻石，頌敞功德。」《明一統志·汝寧府·名宦（漢）》：「何敞。和帝時汝南太守，以寬和爲政，顯孝悌有義行者。及斷冤獄，郡中無怨聲，百姓化其恩禮。又修理鮦陽舊渠，百姓賴其利。吏民共刻石頌德。」

配社祀之。①

徐弘。漢汝陰令，爲政嚴明。郡多大姓兼並，弘誅鋤姦傑［桀］，豪右斂手。②

陳琮。下邳淮浦人，太尉陳球次子。爲汝陰太守，有名於時。③

①宋登，字叔陽，京兆長安（今陝西西安）人。太尉宋由之子。曾任尚書僕射，後轉拜侍中。事見《後漢書》本傳。《明一統志・中都・名宦》：「宋登。汝陰令。爲政明能，號稱神父。後卒於家，汝陰人配社祠之。」《成化中都志・名宦・潁州（漢）》：「宋登。字叔陽，京兆長安人。汝陰令，爲政明能，號曰神父。嘗入爲尚書僕射，順帝以登明識禮樂，使持節，臨太學，奏定典律。轉拜侍中，數上封事，抑退權臣。由是，出爲潁川太守。市無貳價，道不拾遺。及卒，汝陰人配社祀之。」《正德潁州志・名宦・漢》：「宋登。汝陰縣令，爲政明能，號稱神父。後卒於家，汝陰人配社祠之。」呂景蒙《嘉靖潁州志・名宦・東漢》：「宋登。字叔陽，京兆長安人。爲汝陰令，爲政明能，號稱神父。後卒於家，汝陰人配社祀之。」李宜春《嘉靖潁州志・宦業・東漢》：「宋登。字叔陽，京兆長安人。爲汝陰令，爲政能明，號稱神父。遷趙相。及卒，汝陰人配社祀之。」

②徐弘，字聖通，曾任汝陰令。《漢書》《後漢書》均未見其傳。《藝文類聚・人部・謳謠》引《會稽典錄》云：「徐弘字聖通，爲汝陰令，誅鋤姦桀，道不拾遺。民歌之曰：『徐聖通，爲汝陰。平刑罰，姦宄空。』」《成化中都志・名宦・潁州（漢）》：「徐弘，漢汝陰令。弘爲政嚴明。縣多大姓兼并，弘誅鋤奸桀，豪右斂手。」《南畿志・鳳陽府・宦蹟（漢）》同。《正德潁州志・名宦・漢》：「徐弘。汝陰令。弘爲政嚴明。縣多大姓兼并，弘誅鋤奸桀，豪强斂手。」呂景蒙《嘉靖潁州志・職官表・令（東漢）》：「（順帝）永和……徐弘。出《中都志》。」李宜春《嘉靖潁州志・宦業・東漢》：「徐弘，汝陰令，爲政嚴明。縣多大姓兼并，弘誅鋤奸桀，豪右斂手。」

③陳琮，字公琰，下邳淮浦（今江蘇漣水）人。《後漢書・陳球傳》：「（球）子瑀，吴郡太守。瑀弟琮，汝陰太守。」《成化中都志・名宦・潁州（漢）》：「陳琮。下邳淮浦人。太尉陳球次子，爲汝陰太守。有名於時。」《南畿志・鳳陽府・宦蹟》：「陳琮。下邳淮浦人。爲汝陰守，有名於時。」呂景蒙《嘉靖潁州志・職官表・（魏）守》：「陳琮。下邳人。出《陳球傳》。漢末置郡，當是任魏。」李宜春《嘉靖潁州志・職官・魏（守）》：「陳琮。下邳淮浦人，太尉球次子。爲汝陰太守，有名於時。」

晉

鄧殷。平陽襄陵人，攸之祖也。亮直强正。鍾會伐蜀，召爲主簿。後授皇太子《詩》，爲淮［汝］南太守。王隱《晉書》云：「殷爲淮南太守，夢行水邊，見一女子，虎自後斷其盤囊。占者以爲：水邊女是汝字；斷盤囊者，是新虎頭代舊虎頭也，不作汝南，嘗［當］作汝陰。果遷汝陰太守，後爲中庶子。」①

①鄧殷，平陽襄陵（今山西襄汾）人。鄧攸之祖。初任黽池令，後仕至太子中庶子。《晉書·鄧攸傳》：「鄧攸字伯道，平陽襄陵人也。祖殷，亮直强正。鍾會伐蜀，奇其才，自黽池令召爲主簿。賈充伐吳，請殷爲長史。後授皇太子《詩》，爲汝南太守。夢行水邊，見一女子，猛獸自後斷其盤囊。占者以爲水邊有女，汝字也；斷盤囊者，新獸頭代故獸頭也，不作汝陰，當汝南也。果遷汝陰太守。後爲中庶子。」《成化中都志·名宦·潁州（晉）》：「鄧殷。平陽襄陵人，攸之祖也。亮直强正。鍾會伐蜀，召爲主簿。後授皇太子《詩》，爲汝南太守。王隱《晉書》云：『殷爲汝南太守，夢行水邊，見一女，虎自後斷其盤囊。占者以爲水邊女，是汝字；斷盤囊者，是新虎頭代舊虎頭也，不作汝南，嘗［當］作汝陰。果遷汝陰太守。後爲中庶子。』」呂景蒙《嘉靖潁州志·職官表·（東晉）守》：「鄧殷。汝陰太守。先是夢行水邊，見一女子，猛獸從其後。占曰：『水邊女，汝字；或當迁汝陰太守。果然。』」李宜春《嘉靖潁州志·職官·晉（守）》：「鄧殷。襄陵人。《晉書》云：『殷爲淮南太守，夢行水邊，見一女，虎自後斷其盤囊。占者以爲：水邊女是汝字；斷盤囊者，是新虎頭代舊虎頭也，不作汝南，當作汝陰。果遷汝陰守。』」

嵇紹。字延祖。晉武帝詔徵爲秘書丞，累遷汝陰太守，拜徐州刺史，後爲侍中。①

南宋

張超。爲汝陰太守。明帝泰始三年（467），魏鄭義［羲］、元石攻汝陰，超城守，石等率精鋭攻之，不克。②

王玄謨。字彦德，太原祁人。劉宋元嘉中補鎮中軍參軍，領汝陰太守。每陳北代之規，帝曰：「聞玄謨言，使

①嵇紹（253—304），字延祖，譙國銍（今安徽淮北）人。嵇康之子。初仕晉武帝，爲秘書丞。趙王倫反，拜爲侍中。事見《晉書》本傳。《成化中都志·名宦·潁州（晉）》：「嵇紹。字延祖。晉武帝詔徵爲秘書丞，累遷汝陰太守，拜徐州刺史，後爲侍中。詳見《人才》類。」同書《人才·（晉）宿州》：「嵇紹。字延祖。康子。事母孝，晉武帝詔徵爲秘書丞。始入洛，或謂王戎曰：『昨於稠人中始見嵇紹，昂昂然如野鶴之在鷄群。』戎曰：『君復未見其父耳。』惠帝朝爲侍中。河間、城［成］都二王舉兵，帝北征，王師敗績於蕩陰，侍衛皆潰。兵交御前，惟紹以身捍衛，遂被害，血濺御衣。事定，左右欲浣衣，帝曰：『此嵇侍中血，勿去。』元帝贈太尉，謚忠穆。愚謂紹殺身成仁之際無慚索靖，委質爲臣之始有愧王裒。」吕景蒙《嘉靖潁州志·職官表·（晉）守》：「（武帝咸寧）嵇紹。詳本傳。」李宜春《嘉靖潁州志·職官·晉（守）》：「嵇紹。字延祖。武帝詔徵爲秘書丞，累遷汝陰太守。」

②張超，字景遠。初爲國輔將軍、汝陰太守，破虜有功，卒後追贈冠軍將軍、豫州刺史，追封含淮縣男，食邑三百戶。《魏書·鄭羲傳》：「（鄭羲）引軍東討汝陰，劉彧汝陰太守張超城守不下，石率精鋭攻之，不克……」吕景蒙《嘉靖潁州志·名宦·南宋》：「張超。爲汝陰太守。明帝泰始三年，魏鄭羲、元石攻汝陰，超城守，石等率精鋭攻之，不克。」李宜春《嘉靖潁州志·宦業·南宋》：「張超。爲汝陰太守。泰始三年，魏鄭羲、元石攻汝陰，超城守，石等率精鋭攻之，不克。」

人有封狼居須［胥］意。」累官寧朔將軍、南豫州刺史，加都督。卒謚壯［莊］。①

李熙國。宋銅陽令。元嘉初，文帝遣大使巡行四方，兼散騎常侍王歆之等上言：銅陽令李熙國，在事有方，人思其政，應加褒賚，以勸於後。銅陽，晉縣，在州西。②

齊

崔文仲。清河東武城人。南齊徐州刺史，封建陽縣子。累遷黄門侍郎，領越騎校尉。徙封随縣，爲汝陰太守。

---

①王玄謨（388—468），字彦德，太原祁縣（今山西祁縣）人。仕至車騎將軍、南豫州刺史，封曲江縣侯。事見《宋書》本傳。《成化中都志・名宦・潁州（南朝）》：「王玄謨。字彦德，太原祁人。劉宋元嘉中補鎮軍中兵參軍，領汝陰太守。每陳北伐之規，帝曰：『聞玄謨言，使人有封狼居須［胥］意。』累官寧朔將軍、南豫州刺史，加都督。卒謚莊。」《南畿志・鳳陽府・宦蹟》：「王玄謨。太原祁人。宋元嘉中領汝陰太守。每陳征伐之規，帝曰：『聞玄謨言，使人有封狼居胥意。』」吕景蒙《嘉靖潁州志・職官表・（南宋）太守》：「文帝元嘉：王玄謨。太原祁人。詳本傳。」事見《宋書》本傳。李宜春《嘉靖潁州志・職官・宋（守）》：「王玄謨。字彦德。太原祁人。元嘉中，補鎮軍中兵參軍，領汝陰太守。每陳北伐規，帝曰：『聞玄謨言，使人有封狼居胥意。』」

②《宋書・江秉之傳》：「元嘉初，太祖遣大使巡行四方，兼散騎常侍孔默之、王歆之等上言：『……前銅陽令李熙國，在事有方，民思其政……應加褒賚，以勸於後。』」《成化中都志・名宦・潁州（南朝）》：「李熙國。宋銅陽令。元嘉初，文帝遣大使巡行四方，兼散騎常侍王歆之等上言：銅陽令李熙國，在事有方，民思其政，應加褒賚，以勸於後。銅陽，晉縣。在州西鄉。」吕景蒙《嘉靖潁州志・職官表・（南宋）令》：「文帝元嘉：李熙國。銅陽令。出《中都志》。」李宜春《嘉靖潁州志・職官・南宋》：「李熙國。元嘉初爲銅陽令。王歆之上言：李熙國任事有方，人思其政，應加褒賚，以勸於後。」

卒官，謚襄子。①

梁

裴之高。字如山，壽陽人。邃兄中散大夫髦之子也。隨邃，所在立功，甚爲邃所器重，戎事咸委焉。除梁郡太守，封都城縣男。魏汝陰來附於梁，勑之高接應，仍除潁州刺史。侯景之亂，之高爲西豫州刺史，率眾入援。元帝承制，除特進金紫光祿大夫。卒謚恭。②

---

①《南齊書·崔祖思傳》附傳：「祖思宗人文仲，初辟州從事……永明元年（483），爲太子左率，累至征虜將軍、冠軍司馬、汝陰太守。」《成化中都志·名宦·潁州（南朝）》：「崔文仲。清河東武城（今屬山東）人。南齊徐州刺史，封建陽縣子，累遷黄門侍郎，領越騎校尉。徙封隨縣，爲汝陰太守。卒官，謚襄子。」吕景蒙《嘉靖潁州志·職官表·（南齊）太守》：「（武帝永明）崔文仲。武城人。詳《祖思傳》。」李宜春《嘉靖潁州志·職官·南齊（守）》：「崔文仲。武城人。永明間爲太守。附祖思傳。」

②《梁書·裴邃傳》附傳：「之高字如山，邃兄中散大夫髦之子也……常隨叔父邃征討，所在立功，甚爲邃所器重，戎政咸以委焉……仍除平北豫章長史、梁郡太守……時魏汝陰來附，勑之高應接，仍除假節、飈勇將軍、潁州刺史……侯景亂，之高率衆入援。」《成化中都志·名宦·潁州（南朝）》：「裴之高。字如山，壽陽（今安徽壽縣）人。邃兄中散大夫髦之子也。隨邃，所在立功，甚爲邃所器重，戎政咸委焉。除梁郡太守，封都城縣男。魏汝陰來附於梁，勑之高接應，仍除潁州刺史。侯景之亂，之高爲西豫州刺史，率衆入援。元帝承制，除特進金紫光祿大夫。卒謚恭。」吕景蒙《嘉靖潁州志·職官表·（梁）太守》：「（武帝普通）裴之高。山陽（今江蘇淮安）人。詳本傳。」李宜春《嘉靖潁州志·職官·梁（守）》：「裴之高。字如山。壽陽人，邃兄（之子）。隨邃，所在立功，甚爲器重，戎事咸委焉。除梁郡太守，魏汝陰來附於梁，勑之高接應，仍除潁州刺史。侯景之亂，之高爲西豫州刺史，率衆入援。」

北魏

尉慶賓。善騎射，有將畧。魏孝明時遷太中大夫、肆州刺史，後爲光禄大夫、（都）督，鎮汝陰。卒贈司空。①

陸子彰。字明遠，代人。魏東平王侯玄孫。天平中，拜衛將軍、潁州刺史，後歷行滄、瀛、青、冀州事，甚有時譽，拜中書監。卒，贈開府儀同三司，謚文宣。②

杜弼。字輔玄，中山曲陽人。祖彥衡，淮南太守。弼仕東魏，累遷廷尉卿，賜爵定陽縣男。西魏遣王思政據潁州，

①尉慶賓（？—529），北魏代（今屬山西）人。尉古真弟尉諾曾孫。釋褐員外散騎侍郎，後仕至光禄大夫、都督。《魏書・尉古真傳》附傳：「諾長子眷……（眷）子多侯……多侯弟子慶賓，善騎射，有將畧。高祖時，釋褐員外散騎侍郎，稍遷左將軍、太中大夫……尋除後將軍、肆州刺史……尋起爲平東將軍、光禄大夫、都督，鎮汝陰。還朝，永安二年（529）卒。贈車騎將軍、雍州刺史，又追加侍中、司空公。」《成化中都志・名宦・潁州（北朝）》：「尉慶賓。善騎射，有將畧。魏孝明時遷太中大夫、肆州刺史，後爲光禄大夫、（都）督，鎮汝陰。卒贈司空。」

②陸子彰（497—550），字明遠，代（今山西代縣）人。襲爵東郡公，除散騎侍郎，官至中書監。《魏書・陸俟傳》附傳：「子彰，字明遠，本名士沈……天平中，拜衛將軍、潁州刺史。」《成化中都志・名宦・潁州（北朝）》：「陸子彰。字明遠，代人。魏東平王侯玄孫。正光中襲爵東郡公，遷給事黃門侍郎。天平中，拜衛將軍、潁州刺史，後歷行滄、瀛、青、冀州事，甚有時譽，拜中書監。卒贈開府儀同三司，謚文宣。」呂景蒙《嘉靖潁州志・職官表・（東魏）刺史》：「（静帝天平）陸子彰。代人。拜衛將軍、潁州刺史。出祖俟傳。」李宜春《嘉靖潁州志・職官・東魏（刺史）》：「陸子彰。字明遠。代人。天平中，拜衛將軍、潁州刺史，後遷齊、徐、瀛、青、冀州刺史，有聲譽。」

東魏以弼行潁州，攝行臺左丞。齊文宣時，進爵爲侯。遷衛尉卿，歷行鄭、海二州事。所在清静廉潔，吏人懷之。①

唐

陸子才。吳人。信州刺史，有幹畧。②

段珂。汧陽人，秀實孫。僖宗時居潁州。黄巢圍潁，刺史欲以城降。珂募少年拒戰，衆裹糧請從，賊遂潰，即

---

①杜弼（490—559），字輔玄，中山曲陽（今屬河北）人。以軍功起家，歷任中軍將軍、長史、中書令、驃騎將軍、膠州刺史、定州縣侯等職。事見《北齊書》本傳。《成化中都志·名宦·（北朝）潁州》：「杜弼。字輔玄，中山曲陽人。祖彦衡，淮南太守。弼仕東魏，累遷廷尉卿，賜爵定陽縣男。西魏遣王思政據潁州，東魏以弼行潁州，攝行臺左丞。齊文宣時進爵爲侯，遷衛尉卿，歷行鄭、海二州事，除膠州刺史。所在清静廉潔，吏人懷之。」呂景蒙《嘉靖潁州志·職官表·（東魏）刺史》：「（静帝武定）杜弼。曲陽人。行潁州，攝行臺左丞。出《中都志》。」李宜春《嘉靖潁州志·職官·東魏（左丞）》：「杜弼。字輔玄。曲陽人。西魏遣王思政據潁州東迎，以弼行潁州，攝行臺左丞。」

②此處誤。陸子才爲陳信州刺史，非唐刺史。《陳書·陸子隆》：「子隆弟子才，亦有幹畧……除中衛始興王諮議參軍，遷飆猛將軍、信州刺史。」《南史·陸子隆傳》：「子隆弟子才，亦有幹畧。從子隆征討有功，除始平太守，封始康縣子。卒於信州刺史。」《成化中都志·名宦·潁州（唐）》：「陸子才。吳（今江蘇蘇州）人。信州刺史。有幹畧。」呂景蒙《嘉靖潁州志·職官表·（唐）刺史》：「（高祖武德）陸子才。吳人。有幹畧。出《中都志》。」李宜春《嘉靖潁州志·職官·唐（刺史）》：「陸子才。吳人。爲信州刺史，有幹畧。」

拜州司馬。①

鄭諴。潁州刺史，甚有名。②

李岵。潁州刺史。在部興利除害，得百姓歡心。③

①《新唐書・段秀實傳》：「（秀實）孫嶷、文、楚、珂知名……珂，僖宗時居潁州。黃巢圍潁，刺史欲以城降。珂募少年拒戰，衆裹糧請從，賊遂潰，拜州司馬。」《成化中都志・名宦・潁州（唐）》：「段珂。汧陽（今陝西千陽）人。秀實孫。僖宗時居潁州，黃巢圍潁，刺史欲以城降。珂募少年拒戰，衆裹糧請從，賊遂潰。拜州司馬。」《南畿志・鳳陽府・宦蹟》：「段珂。汧陽人。秀實孫也。寓居潁州。黃巢圍潁，刺史欲以城降。珂募少年拒戰，衆裹糧請從，賊遂潰。拜州司馬。」吕景蒙《嘉靖潁州志・僑寓・唐》：「段珂。汧陽人。秀實孫。僖宗時居潁州，黃巢圍潁，刺史欲以城降。珂募少年拒戰，衆裹糧請從，賊遂潰。拜州司馬。」李宜春《嘉靖潁州志・人物・忠義（唐）》：「段珂。汧陽人，秀實孫。僖宗時居潁州，黃巢圍潁，刺史欲以城降。珂募少年拒戰，衆裹糧請從，賊遂潰。拜州司馬。」

②《成化中都志・名宦・潁州（唐）》：「鄭諴。潁州刺史，甚有名。」《正德潁州志・名宦・唐》：「鄭諴［誠］。潁州刺史，甚有時名。」吕景蒙《嘉靖潁州志・職官表・（唐）刺史》：「（昭宗乾寧）鄭諴。見《中都志》。」李宜春《嘉靖潁州志・職官・唐（刺史）》：「鄭諴。乾寧中任。」

③《新唐書・肅宗本紀》：「（大曆）四年（769）正月甲戌，殺潁州刺史李岵。」同書《令狐彰傳》：「（令狐彰）怒潁州刺史李岵，遣姚奭代之，戒曰：『不時代，殺之。』岵知其謀，因殺奭，死者百餘人，奔汴州，上書自言，彰亦劾之。河南尹張延賞畏彰，留岵使，故彰書先聞，斥岵夷州，殺之。」《明一統志・中都・名宦》：「李岵，潁州刺史。在郡興利除害，得民歡心。」《成化中都志・名宦・潁州（唐）》：「李岵。潁州刺史。在部興利除害，得百姓歡心。」《南畿志・鳳陽府・宦蹟》：「李岵。潁州刺史。在郡興利除害，得百姓歡心。」《正德潁州志・名宦・唐》：「李岵。潁州刺史。在郡興利除害，得百姓歡心。」吕景蒙《嘉靖潁州志・職官表・（唐）刺史》：「（代宗大曆）李岵。詳見《郡紀》。」李宜春《嘉靖潁州志・職官・唐（刺史）》：「李岵。大曆中，在州興利除害，得百姓心。時令狐彰爲滑、亳、魏節度使，性猜阻忌忍，忤者惶死。（怒）潁州刺史李岵，遣姚奭代之，戒曰：『不時殺之。』岵知其謀，因殺奭，死者百餘人。奔汴州，上書自言。彰亦劾之。河南尹張延賞畏彰，留岵使不遣，故彰書先聞，斥岵夷州，殺之。」

漢

郭瓊。盧（龍）人。潁州團練使。初，平盧節度使劉銖貪虐，漢主欲徵之，恐其拒命，遣瓊將兵屯青州。銖置酒召瓊，伏兵幕下，欲害之。瓊知其謀，悉屏左右，從容如會，了無懼色，銖不敢發。瓊因諭以禍福，銖感服，詔至即行，故有是命。宋初，以右領（軍）衛上將軍致仕。瓊尊禮儒士，孜孜樂善，武臣之賢者也。①

宋

畢士安。知潁州。有惠政，以嚴正見稱。②

---

①郭瓊（893—964），平州盧龍（今屬河北）人。少以勇力聞。初爲後漢都指揮使，入宋以右領軍衛上將軍致仕。事見《宋史》本傳。《成化中都志·名宦·潁州（五代）》：「郭瓊。盧龍人。漢潁州團練使。初，平盧節度使劉銖貪虐，漢王欲徵之，恐其拒命，遣瓊將兵屯青州。銖置酒召瓊，伏兵幕下，欲害之。瓊知其謀，悉屏左右，從容如會，了無懼色，銖不敢發。瓊因諭以禍福，銖感服，詔至即行，故有是命。宋初，以右領（軍）衛上將軍致仕。瓊尊禮儒士，孜孜樂善，武臣之賢者也。」呂景蒙《嘉靖潁州志·職官表·（後漢）團練使》：「郭瓊。盧龍人。詳《綱目》及本傳。」李宜春《嘉靖潁州志·職官·後漢（團練使）》：「郭瓊。盧龍人。初，平盧節度使劉銖貪虐，使主欲征之，恐其拒命，遣瓊將兵屯青州。銖置酒召瓊，伏兵幕下，欲害之。瓊知其謀，悉屏左右，從容如會，了無懼色，銖不敢發。瓊因諭以禍福，銖感服，詔至即行，故有是命。宋初，以右領（軍）衛上將軍致仕。瓊尊禮儒士，孜孜樂善，武臣之賢者也。」

②畢士安（938—1005），字仁叟（一字舜舉），代州雲中（今山西大同）人。乾德四年（966）進士。景德初，進吏部侍郎，參知政事，拜平章事。事見《宋史》本傳。《明一統志·中都·名宦》：「畢士安。知潁州。有治政，以嚴正見稱。」《成化中都志·名宦·潁州（宋）》：「畢士安。字仁叟，代州人。知潁州，以嚴正見稱。後相真宗，雖貴，奉養無異平素。不殖産爲子孫計，天下稱其清。卒謚文簡。」《正德潁州志·名宦·宋》：「畢士安。知潁州。有治政，以嚴正見稱。」呂景蒙《嘉靖潁州志·職官表·知州（宋）》：「（太宗淳化）畢士安。傳見《名宦》。」同書《名宦·宋》：「畢士安。知潁。有治政，以嚴正見稱。（《舊志》。）」李宜春《嘉靖潁州志·宦業·宋》：「畢士安。字仁叟，代州雲中人。淳化三年（992），以右諫議大夫知潁州，有治政。所至以嚴明稱。」

呂夷簡。字坦夫。呂文穆公致政居洛，真宗祀汾陰，過洛，幸其宅，問曰：「卿諸子孰可用？」對曰：「臣諸子皆豚犬，不足用。有侄夷簡，任潁州推官，宰相才也。」帝記其語，遂至大用。①

夏竦。字子喬，江州德安人。天聖七年（1029），參知政事。明道二年（1033），罷爲禮部尚書，知襄州，尋改知潁州。以不苟爲政，革去前弊，人甚德之。又知亳州，立保伍［伍］法，有政聲，賊盜不發，田里晏然。累

---

①呂夷簡（979—1044），字坦夫，壽州（今安徽鳳臺）人。咸平三年（1000）進士。仁宗即位，進右諫議大夫，以給事中參知政事。天聖六年（1028），拜同中書門下平章事、集賢殿大學士。《宋史·呂蒙正傳》：「大中祥符而後，上朝永熙陵，封泰山，祠后土，過洛，兩幸其第，錫賚有加。上謂蒙正曰：『卿諸子孰可用？』對曰：『諸子皆不足用，有侄夷簡，任潁州推官，宰相才也。』夷簡由是見知於上。」《成化中都志·名宦·潁州（宋）》：「呂夷簡。字坦夫。呂文穆公致政居洛，真宗祀汾陰，過洛，幸其宅，問曰：『卿諸子孰可用？』公對曰：『臣諸子皆豚犬，不足用。有侄夷簡，任潁州推官，宰相才也。』帝記其語，遂至大用。」呂景蒙《嘉靖潁州志·名宦·宋》：「呂夷簡。字坦夫。先世萊州人，徙壽州。呂文穆公致政居洛，真宗祀汾陰，過洛，幸其第，問曰：『卿諸子孰可用？』公對曰：『臣諸子皆不足用，有侄夷簡，任潁州推官，宰相才也。』夷簡由是見知，遂至大用。」李宜春《嘉靖潁州志·傳疑》：「呂夷簡。《近志》：潁州推官。呂文穆公致政居洛，真宗祀汾陰，過洛，幸其第，問曰：『卿諸子孰可用？』公對曰：『臣諸子皆不足用，有侄夷簡，任潁州推官，宰相才也。』夷簡由是見知。具見《呂蒙正傳》。按《宋史》本傳：『以進士及第，補绛州推官。』《舊志》亦不載。」

官樞密使、同平章事，封鄭國公。慶曆八年（1048），罷爲武寧節度使兼侍中。卒，贈太師、中書令，謚文莊。①

周起。淄州鄒平人。登進士甲科，除匠［將］作監丞。以樞密直學士知開封府。聽斷明審，無留事。累官禮部侍郎、樞密副使。丁謂用事，以起爲寇菜［萊］公黨，逐之，以戶部侍郎知青州。仁宗朝還爲禮部侍郎，留守南京。將復用，以病知潁州，徙汝州。卒，贈禮部尚書，謚安惠。王荆公撰《神道碑》，以爲工書，善爲文，有集二十卷。②

馬知節。字子元，幽州人，徙祥符。七歲，太祖召見禁中，補供奉官而賜以名。年十八，監彭州兵馬，以嚴飭

---

①夏竦（985—1051），字子喬，江州德安（今屬江西）人。以父蔭为潤州丹陽縣主簿，後舉賢良方正。天聖七年，參知政事。慶曆三年（1043），拜樞密使，爲臺諫所攻。七年（1047），復爲樞密使，旋遭論罷。後拜同中書門下平章事。事見《宋史》本傳。《成化中都志·名宦·潁州（宋）》：「夏竦。字子喬，江州德安人。天聖七年，參知政事。明道二年，罷爲禮部尚書，知襄州，尋改知潁州。以不苛爲政，革去前弊，人甚德之。又知亳州，立保五法，有政聲，賊盗不發，田里晏然。累官樞密使、同平章事，封鄭國公。慶曆八年，罷爲武寧節度使兼侍中。卒贈太師、中書令，謚文莊。」《南畿志·鳳陽府·宦蹟》：「夏竦。德安人。知潁州，以不苛爲政，革去前弊。又知亳州，立保伍法，盗賊不作，田里晏然。」吕景蒙《嘉靖潁州志·職官表·（宋）知州》：「（仁宗景祐）夏竦。德安人。罷禮部尚書知潁州。詳本傳。」李宜春《嘉靖潁州志·職官·宋（知州）》：「夏竦。德安人。景祐中罷禮部尚書知潁州，以不苛爲政，革去前弊，人甚德之。」

②周起，字萬卿，淄州鄒平人。咸平二年（999）進士。初任將作監丞，後爲禮部侍郎，拜樞密副使。事見《宋史》本傳。《成化中都志·名宦·潁州（宋）》：「周起。淄州鄒平人。登進士甲科，除匠［將］作監丞。以樞密直學士知開封府。聽斷明審，無留事。累官禮部侍郎、樞密副使。丁謂用事，以公爲冠萊公黨，逐之，以戶部侍郎知青州。仁宗朝還爲禮部侍郎，留守南京，將復用，以病知潁州，徙汝州。卒贈禮部尚書，謚安惠。王荆公撰《神道碑》。公工書，善爲文，有集二十卷。」吕景蒙《嘉靖潁州志·職官表·（宋）知州》：「（真宗咸平）周起。淄州鄒平人。知潁州。詳本傳。」李宜春《嘉靖潁州志·職官·宋（知州）》：「周起。淄州鄒平人。咸平年爲禮部侍郎，以疾請知潁州。詳本傳。」

見憚如老將。真宗朝，除潁州防禦使，累官宣徽南院使、知樞密院事、檢校太尉。卒，贈侍中，謚正惠。其在朝廷，蹇蹇無所憚。嘗言：「天下雖安，不可忘戰。」帝以其言爲是。有集二十卷。王荆公爲撰《神道碑》。①

李端愿。至和中知潁州，遷鎮東軍節度觀察使。②

陳師錫。建陽人。熙寧中遊太學，有聲，擢進士第。徽宗朝拜殿中侍御史，疏陳時務，出知潁州，又知廬、滑

---

①馬知節（955—1019），字子元，馬全義之子。《宋史·馬全義傳》附傳：「知節字子元，幼孤。太宗時，以蔭補供奉官，賜今名……大中祥符七年，出爲潁州防禦使、知潞州。」宋太宗時，以蔭補爲供奉官，賜名知節。官至彰德軍留後，知貝州兼部署。卒贈侍中，謚號正惠。《成化中都志·名宦·潁州（宋）》：「馬知節。字子元，幽州（今河北北部）人，徙祥符。七歲，太祖召見禁中，補西頭供奉官，而賜以名，年十八監彭州兵馬，以嚴飭見憚如老將。真宗朝除潁州防禦使，累官宣徽南院使，知樞密院事，檢校太尉。卒贈侍中，謚正惠。其在朝廷蹇蹇無所憚，嘗言『天下雖安，不可忘戰去兵。』帝以其言爲是。有《集》二十卷，王荊公爲撰《神道碑》。」吕景蒙《嘉靖潁州志·職官表·（宋）防禦使》：「（真宗大中祥符）馬知節。幽州薊人。樞密副使，出爲防禦使。詳本傳。」李宜春嘉靖《潁州志·秩官·宋（防禦使）》：「馬知節。字子元。薊（今屬天津）人。大中祥符七年（1014）爲樞密副使，時王欽若爲樞密使，知節薄其爲人，遇事敢言，未嘗少屈，出爲潁州防禦使。」

②此條誤。李端愿（？—1091），字公謹，潞州上党（今山西長治）人。李遵勗之子。七歲授如京副使，四遷爲恩州團練副使，後仕至太子太保。《宋史·李遵勗傳》附傳：「端愿字公謹……累進邢州觀察使鎮東軍留後知襄、郢二州……評字持正……以榮州刺史出知潁州……」《成化中都志·名宦·潁州（宋）》：「李端愿。至和中知潁州，遷鎮東軍節度觀察使。」吕景蒙《嘉靖潁州志·凡例·正誤》：「李端愿。按《本傳》，知襄、郢二州，非潁州也。《中都志》曰：『至和中知潁州，遷鎮東軍節度觀察使，蓋因其子評曾知潁州而誤也。』」李宜春《嘉靖潁州志·傳疑》：「李端愿。《舊志》載：『至和中知潁州。』按《宋史》本傳：『知襄、郢二州。其子評知潁州。』」

二州。嘗與陳瓘同論蔡京、蔡卞，時號「二陳」。①

趙令時。字德麟，燕王德昭之後。元祐中，簽書潁州，與子瞻共事。按德麟《侯鯖錄》云：「元祐七年（1092）正月，子瞻在汝陰。堂前梅花大開，月色鮮霽，王夫人曰：『春月（色）勝如秋月色，秋月令人慘悽，春月令人和悅，宜召趙德麟來飲此花下。』子瞻大喜曰：『吾不知子能詩耶，此真詩家語耳。』遂召二歐共飲。子瞻用是語作《減字本［木］蘭花》，有『不似秋光，止與離人照斷腸』之句。」在潁與德麟同治西湖，已而改知揚州。湖成，德麟寄以詩，子瞻次韻叙湖事，又賑雪中之民以穀與柴，皆以德麟議。德麟有文名，政績散見《長公外祀》及《年譜》中。②

李直方。以進士及第授汝陰縣尉。潁有劇賊尹遇等，爲一方患。蘇文忠公守潁，命直方擒之。直方多設方畧，

---

①陳師錫（1057—1125），字伯修，時稱閑樂先生，建州建陽（今屬福建）人。熙寧九年（1076）進士。曾任秘書省校書郎、殿中侍御史、潁州知州等職。卒贈直龍圖閣。《宋史》本傳：「陳師錫字伯修，建州建陽人……於是出知潁、廬、滑三州。」《成化中都志·名宦·潁州（宋）》：「陳師錫。建陽人。熙寧中遊太學有聲，擢進士第。徽宗朝拜殿中侍御史，疏陳時務，出知潁州，又知廬、滑二州。」吕景蒙《嘉靖潁州志·職官表·（宋）知州》：「（哲宗紹聖）陳師錫。建陽人。知潁州。詳本傳。」李宜春《嘉靖潁州志·秩官·宋（知州）》：「陳師錫。建陽人。徽宗朝拜殿中侍御史，疏陳時務，出知潁州，又知廬、滑二州。嘗與陳瓘同論蔡京、蔡卞，時號二陳。」

②趙令時（1061—1134），字德麟，自號聊復翁。曾任右朝請大夫、榮州防禦使、寧遠軍承宣使等職。卒贈開府儀同三司。《宋史·燕王德昭傳》附傳：「令時字德麟，燕懿王玄孫也……元祐六年（1091），簽書潁州公事。」吕景蒙《嘉靖潁州志·職官表·（宋）知州》：「（哲宗元祐）趙令時［時］。燕王德昭之後，簽書潁州公事。出《宋史》。」李宜春《嘉靖潁州志·秩官·宋（知州）》：「趙令時［時］。燕王德昭之後。元祐中簽書潁州公事。」

悉獲其黨與。公奏移合轉官以賞之，不報。①

江楫。慶曆初潁州團練推官，其措置規模，有稱於時。遷大理寺丞。②

范祖述。百祿子也。監潁州酒稅，攝獄掾。閲獄，活兩死囚，人以爲神。③

燕肅。字穆之，青州益都人，徙家曹州。舉進士，寇準薦爲秘書丞。遷侍御史，出知越州，直昭文館。建言京師大辟須三覆奏，天下疑獄可矜者皆上請。其語具《刑法志》，於是疑獄多得貸，議自肅始。累遷諫議大夫、知潁州，進龍圖閣學士、知潁州。肅精樂律，詔與宋祈考定，聲皆協。又詔與章得象、馮元審刻漏。喜爲詩，多至數千

---

①《宋史·蘇軾傳》：「軾召汝陰尉李直方曰：『君能擒此，當力言於朝，乞行優賞；不獲，亦以不職奏免君矣。』直方有母且老，與母訣而後行。乃緝知盜所，分捕其黨與，手戟刺遇，獲之。」《成化中都志·名宦·潁州（宋）》：「李直方。以進士及第，授汝陰縣尉。潁有劇賊尹遇等爲一方患，蘇文忠公守潁，命直方擒之。直方多設方畧，悉獲其黨與。公移奏，合轉官以賞之，不報。」《南畿志·鳳陽府·宦蹟》：「李直方。汝陰縣尉。潁有劇賊尹遇爲一方患，蘇文忠公守潁，命直方擒之。直方多設方畧，悉獲其黨。」吕景蒙《嘉靖潁州志·職官表·（宋）尉》：「（仁宗康定）李直方。汝陰尉。有捕盜功，太守蘇軾奏賞之，不報。會郊恩，軾當轉官，即奏移以賞之。詳《軾傳》。」李宜春《嘉靖潁州志·秩官·宋（尉）》：「李直方。康定中任汝陰尉，有捕盜功。見《蘇軾傳》。」

②歐陽修有《潁州推官江楫可大理寺丞制》一文。《成化中都志·名宦·潁州（宋）》：「江楫。慶曆初潁州團練推官。有稱於時，遷大理寺丞。」吕景蒙《嘉靖潁州志·職官表·（宋）推官》：「（仁宗慶曆）江楫。團練推官。傳見《名宦》。」同書《名宦·宋》：「江楫。慶曆初潁州團練推官。有稱於時，遷大理寺丞。」李宜春《嘉靖潁州志·秩官·宋（推官）》：「江楫。慶曆初爲團練推官。有稱於時。」

③《宋史·范鎮傳》附傳：「子祖述，監潁州酒稅，攝獄掾，閲具獄，活兩死囚，州人以爲神。」吕景蒙《嘉靖潁州志·職官表·（宋）掾》：「（英宗治平）范祖述。傳見《名宦》。」同書《名宦·宋》：「范祖述。百祿子也。監潁州酒稅，攝獄掾，閲獄，活兩死囚，人以爲神。」李宜春《嘉靖潁州志·秩官·宋（掾）》：「范祖述。百祿子。治平中任。監潁州酒稅，攝獄掾，閲獄，活兩死囚。人以爲神。」

篇。性精巧能畫，入妙品。嘗造指南、記里鼓二車及欹器蓮花漏以獻。肅所至皆刻石以記其法，州郡用之以候昏曉，世推其精密。又在明州，著《海潮論》行於世。①

彭訢。字樂道，盧陵人。政和中知順昌府，有惠政，民思之。②

盛陶。鄭州人。第進士，爲監察御史。累官權禮部侍郎，以龍圖閣學士知順昌府。嘗劾李復圭輕敵敗國，程昉

---

①燕肅（961—1040），字穆之，青州益都（今山東青州）人。真宗大中祥符年間進士，官至龍圖閣直學士。《宋史·燕肅傳》：「燕肅，字穆之，青州益都人。舉進士，補鳳翔府觀察推官……遷侍御史，徙廣南東路……進龍圖閣直學士、知潁州，徙鄧州……性精巧，能畫，入妙品，圖山水罨布濃淡，意象微遠，尤善爲古木折竹。嘗造指南、記里鼓二車及欹器以獻，又上《蓮花漏法》……」《明一統志·中都·名宦》：「燕肅。知潁州。精於刻漏，時刻不差。有善政。臨去，吏民莫不攀戀。」《成化中都志·名宦·潁州（宋）》：「燕肅。青州人。舉進士。累官龍圖閣直學士，嘗知潁州，有善政。知審刑院，冤獄盡釋。性巧，嘗造指南、記里鼓二車及欹器，蓮花刻漏，人服其精。」《南畿志·鳳陽府·宦蹟》：「燕肅。知潁州。精於刻漏，時刻不差，尤有善政。」《正德潁州志·名宦·宋》：「燕肅。知潁州。精於刻漏，時刻不差，尤有善政。臨去，吏民莫不攀戀。」吕景蒙《嘉靖潁州志·職官表·知州（宋）》：「（神宗元豐）燕肅。傳見《名宦》。」同書《名宦·宋》：「燕肅。青州人。舉進士。累官龍圖閣直學士，嘗知潁州，有善政。知審刑院，冤獄盡釋。」李宜春《嘉靖潁州志·宦業·宋》：「燕肅。字穆之，益都人。舉進士。累官龍圖閣直學士，知潁州，有善政。知審刑院，冤獄盡釋。性巧，嘗造指南、記里鼓二車及欹器、蓮花刻漏，人服其精。」

②《成化中都志·名宦·潁州（宋）》：「彭訴［訢］。字樂道，盧陵（今屬江西）人。政和中知順昌府。有惠政，民思之。」《南畿志·鳳陽府·潁州（宦蹟）》：「彭訢。盧陵人。政和中知順昌府。有惠政，民思之。」《正德潁州志·名宦·宋》：「彭訢。字樂道，盧陵人，宋政和中任順昌知府。有惠政，民懷去思。」吕景蒙《嘉靖潁州志·職官表·（宋）知府》：「（徽宗政和）彭訴［訢］。盧陵人。出《中都志》。」李宜春《嘉靖潁州志·職官·宋（知府）》：「彭訴［訢］。字樂道。盧陵人。政和中知順昌府。有惠政，民思之。」

開河無功。二人實王安石所主，陶不少屈，史稱其大節可取。①

張叔夜。字稽［嵇］仲，鄧國公耆孫。其先開封人，徙永豐。嘗倅潁州，後拜簽書樞密院事。從徽、欽北狩，惟時飲湯，不食粟。至白溝，御者曰：「過界可［河］矣。」乃瞿［矍］然起，仰天大呼，遂不語。明日，卒。訃聞，高宗贈觀文殿大學士、醴泉觀使，謚忠文。②

---

①盛陶（1033—1099），字仲叔，新鄭（今屬河南）人。舉進士。仕至權禮部侍郎、中書舍人。事見《宋史》本傳。《成化中都志·名宦·潁州（宋）》：「盛陶。鄭州人。第進士，爲監察御史，累官權禮部侍郎，以龍圖閣學士知順昌府。嘗劾李復圭輕敵敗國，程昉開河無功。二人實王安石所主，陶不少屈，史稱其大節可取。」呂景蒙《嘉靖潁州志·職官表·（宋）知府》：「（高宗紹興）盛陶。鄭州人。以龍圖閣學士出知順昌府。詳本傳。」李宜春《嘉靖潁州志·職官·宋（知府）》：「盛陶。鄭州人。紹興中以龍圖閣學士知順昌府。嘗劾李復圭輕敵敗國，程昉開河無功。二人實王安石所主，陶不少屈，史稱其大節可取。」

②張叔夜（1065—1127），字嵇仲，永豐（今江西廣豐）人。以蔭爲蘭州錄事參軍。大觀四年（1110）賜進士出身，後仕至龍圖閣直學士、簽書樞密院事。事見《宋史》本傳。《成化中都志·名宦·潁州（宋）》：「張叔夜。字嵇仲。鄧國公耆孫。其先開封人，徙永豐。嘗倅潁州，後拜簽書樞密院事。從徽、欽北狩，惟時飲湯，不食粟。至白溝，御者曰：『過界河矣。』乃矍然起，仰天大呼，遂不語。明日，卒。訃聞，高宗贈觀文殿大學士、醴泉觀使。謚忠文。」呂景蒙《嘉靖潁州志·名宦·宋》：「張叔夜。字嵇仲。登［鄧］國公耆孫。其先開封人，徙永豐。嘗倅潁州，拜簽書樞密院事。從二帝北狩，時惟飲湯，不食粟。至白溝，御者曰：『過界河矣。』乃矍然起，仰天大呼，遂不語。明日，卒。訃聞，高宗贈觀文殿大學士、醴泉觀使，謚忠文。」李宜春《嘉靖潁州志·傳疑》：「張叔夜。《近志》：嘗倅潁州。按《宋史》本傳，未嘗出倅。」

錢象先。吳人。舉進士，由許州別駕遷知潁州。多善政，以經術勉士人。後入爲天章閣待制。①

元四人

劉淵。東平齊河人。父通，仕爲淮西道宣慰司都元師［帥］。淵從攻崖山有功，累官潁州副千戶。②

王公孺。奉議大夫，潁州知州。前應奉翰林文字，有文學，撰《比干廟碑銘》。③

歸暘。汴梁人。至順初舉進士，同知潁州事。鉏奸擊强，人不敢以年少易之。累官刑部尚書、集賢學士兼國子

①錢象先（996—1076），字資元，蘇州（今屬江蘇）人。天禧二年（1018）進士。仁宗時，以龍圖閣直學士出知蔡州，後以吏部侍郎致仕。事見《宋史》本傳。《成化中都志・名宦・潁州（宋）》：「錢象先。吳人。舉進士。自許州別駕遷知潁州。多善政，以經術勉士人。後入爲天章閣待制。」《南畿志・鳳陽府・宦蹟》：「錢象先。吳人。知潁州。多善政，以經術勉士人。」《正德潁州志・名宦・宋》：「錢象先。吳人。舉進士。自許州別駕遷知潁州。多善政，以經術勉士人。後入爲天章閣待制。」吕景蒙《嘉靖潁州志・職官表・知州（宋）》：「（徽宗建中靖國）錢象先。吳人。由許州別駕遷知潁州。詳《舊志》。」李宜春《嘉靖潁州志・宦業・宋》：「錢象先。吳人，舉進士。自許州別駕遷知潁州。名［多］善政，以經術勉士人。後入爲天章閣待制。」

②《元史・劉通傳》：「子五人：浩，澤，澧，淵，淮……淵，至元十一年（1274），佩金符……二十一年（1284），遷潁州副萬戶。」《成化中都志・名宦・潁州（元）》：「劉淵。東平齊河人。父通，仕元爲淮西道宣慰司都元帥。淵從攻崖山有功，累官潁州副萬戶。」吕景蒙《嘉靖潁州志・職官表・（元）同知》：「（世祖中統）劉淵。東平齊河人。攻崖山有功，累官潁州副萬戶（出《中都志》。）」李宜春《嘉靖潁州志・職官・元（副萬戶）》：「劉淵。齊河人。中統中任。」

③《元史・王惲傳》：「王惲……乞致仕，不許。（大德）五年（1301），再上章求退，遂授其子公孺爲衛州推官，以便養。」《成化中都志・名宦・潁州（元）》：「王公孺。奉議大夫，潁州知州。前應奉翰林文字，有文學。撰《比干廟碑銘》。」吕景蒙《嘉靖潁州志・職官表・（元）知州》：「（世祖中統）王公孺。奉議大夫，知潁州（出《中都志》。）」李宜春《嘉靖潁州志・職官・元（知州）》：「王公孺。中統中任。有文學，撰《比干廟碑銘》。」

祭酒。①

王保保。元將，鎮陳、穎，開府沈丘。掘城東、西、南三面爲湖，以拒外兵。至正末，帥城中軍民北歸。②

明

兵備道十六人

李天衢。字行之，山西樂平人。弘治丙辰（1496）進士。由刑部員外郎陞僉事。正德六年（1511）至。七年

---

①歸暘（1305—1367），字彦温，汴梁（今河南開封）人。至順元年（1330）進士，仕至刑部尚書、集賢學士。事見《元史》本傳。《成化中都志·名宦·穎州（元）》：「歸暘。汴梁人。至順初舉進士，同知穎州事。鉏奸擊强，人不敢以年少易之。累官刑部尚書、集賢學士兼國子祭酒。」《南畿志·鳳陽府·宦蹟》：「歸暘。至順間同知穎州事。鉏奸擊强，人不敢以年少易之。」《正德穎州志·名宦·元》：「歸暘。至順初同知穎州事。鉏奸擊强，人不敢以年少易之。嘗奏添置穎水縣於南鄉。」呂景蒙《嘉靖穎州志·名宦·元》：「歸暘。字彦温，汴梁人。至順元年舉進士第，授同知穎州事。鉏奸擊强，人不敢以年少易之。山東鹽司遣奏差至穎，恃勢爲不法，暘執以下獄。時州縣奉鹽司甚謹，頤指氣使，輒奔走之，暘獨不爲屈。又嘗奏添置穎水縣於南鄉。累官刑部尚書、集賢學……（以下缺失）」李宜春《嘉靖穎州志·宦業·元》：「歸暘。字彦温，汴梁人。至順元年舉進士第，授同知穎州事。鉏奸擊强，人不敢以年少易之。山東鹽司遣奏差至穎，恃勢爲不法，暘執以下獄。時州縣奉鹽司甚謹，頤指氣使，輒奔走之，暘獨不爲屈。又嘗奏添置穎水縣於南鄉。」

②王保保，即擴廓帖木兒。察罕帖木兒甥，養爲子。至正二十二年（1362），拜太尉、中書平章政事、知樞密院事。事見《明史》本傳。《成化中都志·名宦·穎州（元）》：「王保保。元將，鎮陳、穎，開府沈丘。掘城東、西、南三面爲湖，以拒外兵。至正末，帥城中軍民北歸。」呂景蒙《嘉靖穎州志·名將·元》：「擴廓帖木兒。察罕帖木兒之甥也，養以爲子。既領兵討賊，誓必復仇。而賊城守益固，乃穴地通道以入，拔其城，執賊首陳蹂頭等二百餘人獻闕下，而取田豐、王士誠之心以祭其父，餘黨皆就誅。遂遣兵取莒州，山東悉平。」李宜春《嘉靖穎州志·人物·將畧（元）》：「擴廓帖木兒。察罕甥也，養以爲子。憤父遇害，誓必復仇。賊守益孤，城愈固。乃穴地通道以入，拔其城，執賊首陳蹂頭等二百餘獻闕下，取田豐、王思誠心以祭其父，餘黨皆就誅。遂遣兵取莒州，山東悉平。」

（1512）三月，流賊擁眾寇潁上，適逢按歷南旋，兼程而進。甫入城，賊至。當是時，承平既久，民不習兵。北境震讋，乃喻以利害，爭前效力。雖賊勢猖獗，百方攻城，而應機立辦，舉無遺策。彼賊挽鉅車蔽濠横鶩，則亟沸飛礮攢碎之；賊樹長梯臨城，翼以騰入，則亟運鈎、戟、鑣、戣撤仆之；賊負木板、戴草人以剷劚城址，則膏油灌新鐵籠，盛炬散擲焚之；而矛、銃、矢、石，掀擊無時，警邏嚴整，群力齊奮，人百其勇。又伺隙設奇，躡而襲之，前後斬首三百五十級。屬援兵垂至，賊聞宵遁。先是，村落關廂之民，有奔入城者，有逃匿山谷者，望廬之焚燬、少壯之被掠亦多矣。至是，皆纍纍來復，君皆勞徠存卹，俾獲寧宇，群情胥慶，若更生焉。未幾，狼山賊平，而君且以外艱歸。民念弗克釋，爲立生祠奉之。①

孫盤［磐］。字伯堅，遼東儀州人。弘治丙辰（1496）進士。以吏部主事忤逆瑾，落職。瑾誅，起爲兵備僉事。獨持風力，捕擊豪奸，僧尼悉配爲夫婦。創文忠書院，建尊經閣。計南城土垣不堪備禦，召工營建。不數日，

①李宜春《嘉靖潁州志・宦業・明》：「李天衢。字行之，山西樂平人。弘治丙辰進士。由刑部員外陞兵備僉事。正德七年，流賊擁衆寇潁上，公適按歷南旋，兼程而進。甫入城，賊至，雖勢甚猖獗，百方攻城，而應機立辦，舉無遺策。又伺隙設奇，斬首三百餘級，屬援兵垂至，賊聞宵遁，潁上圍解。尋以外艱歸，民立生祠思［祀］之。其事具載王祭酒《碑》中。」《順治潁上縣志・宦業・明》：「李天衢。字行之，山西樂平人。登弘治丙辰進士。任潁道僉事。正德七年三月，劇賊楊虎餘黨賈敏兒擁衆至本縣城下。公適按歷南旋，幾被圍，倉皇入城。嚴號令，禦侮有方，親冒矢石，爲士卒先，設奇斬賊首十級。賊度其不可克，至旬日遁去。潁民德之，爲立生祠。事詳王公璵與碑記。今祀名宦。」《雍正山西通志・科目・明》：「（弘治八年乙卯科鄉試）李天衢。樂平人。岱子。進士。」同卷「（弘治九年丙辰科朱希周榜）李天衢。樂平人。岱子。陝西參議。」

輿磚石者畢集城下。會忤朝貴，人中以他事，去。聞之故老，蓋豪爽之人，而時乃目爲放蕩不羈云。①

曾大顯。湖廣麻城人。進士。任僉事，正德九年（1514）至。時秉孫公營造之基，重加措置，期年而城完。②

郭震。山西蒲州人。進士。任僉事，正德十五年（1520）至。每致治之暇，留心經史。嘗進生徒教誨，濱行猶亹亹不倦。古有遺愛，潁得之矣。陞苑馬寺少卿。③

---

①《明史·孫磐傳》：「孫磐，遼陽（今屬遼陽）人。弘治九年進士……磐尋擢吏部主事……及劉瑾得志，斥磐爲奸黨，勒之歸。瑾誅，起河南僉事，坐累罷。」李宜春《嘉靖潁州志·宦業》：「孫磐。字伯堅，遼東儀州人。弘治丙辰進士。以吏部主事忤逆瑾，落職。瑾誅，起爲兵備僉事。獨持風力，捕擊豪奸，嚴二氏之禁，杜健訟之端，至街衢絶唾罵聲，凛凛然莫敢犯以法者。創文忠書院，囿名士而課之勤。計南城土垣不堪備禦，召工營建。不數日，輿磚石者畢集城下。會忤朝貴人，論以他事而去。」

②吕景蒙《嘉靖潁州志·命使·明》：「曾大顯。湖廣麻城（今屬湖南）人。進士。任僉事，正德九年至。公秉孫公營造之基，重加措置，期年而城完。會以丁憂去。」李宜春《嘉靖潁州志·職官·兵備》：「曾大顯。湖廣麻城人。弘治壬戌（1502）進士。正德九年以僉事任。秉孫公營造之基，重加措置，期年而城完。尋以憂去。」《民國麻城縣志·名賢（明）》：「曾大顯。字世榮。宏［弘］治壬戌進士，累官禮科給事中。忤劉瑾，謫江西布政使司照磨，晉參議。所至有風裁，以疾乞歸。」

③李宜春《嘉靖潁州志·宦業·明》：「郭震。山西蒲州（今永濟）人。正德戊辰（1508）進士。十五年以僉事任。政暇留心經史，嘗進諸生講解。陞苑馬寺少卿，濱行猶亹亹靡倦，有古遺愛風焉。」《雍正山西通志·人物·蒲州府（明）》：「郭震。蒲州人。正德戊辰進士。授大理寺評事。累官河南僉事。時流賊騷徐豫間，震防禦保障，屢著奇謀。潁人立生祠祀之。終遼東苑馬少卿。」

伍希周。江西安福人。進士。任僉事，嘉靖三年（1524）至。時與當道不合，棄官而去。①

史道。字克弘，直隸涿州人。正德丁丑（1517）進士。先爲諫官，以事補外。至嘉靖丙戌（1526），任兵備僉事，陞光祿寺少卿。碑稱其澄貪吏，除黠胥，鋤豪强，清滯獄，禁侵牟，而孤獨者存卹之。兼治武備，濠塹、卒乘無不具者。其興起俊秀，人才勃鬱。歲旱，禱於龍祠，每禱必應，民甚異之。弘治中，其父俊任是官，著有風蹟。時道隨任，於民情利病悉周知之，故其治如此。②

李宗樞。字子西，陝西富平人。嘉靖癸未（1523）進士，潁州兵備僉事。練戎馬，清獄訟，復西湖十頃界，不

①吕景蒙《嘉靖潁州志·命使·明》：「伍希周。江西安福人。進士。任僉事，嘉靖三年至。時與當道不合，棄官而去。」李宜春《嘉靖潁州志·職官·兵備》：「伍希周。江西安福人。正德甲戌（1514）進士。嘉靖三年以僉事任。時當道喜干謁，公以往來廢務，不事進趨，與不合，棄去。」《嘉靖建寧府志·官師·明（按察司僉事）》：「伍希周。字汝文，安福人。由進士。嘉靖四年（1525）任。」《乾隆蕭山縣志·職官·明知縣》：「伍希周。安福人。進士。正德十年（1515）年任。」凌迪知《萬姓統譜》：「伍希周。字汝文，安福人。正德甲戌進士。歷按察司僉事。」

②史道（1485—1553），字克弘，號鹿野，直隸涿州（今屬河北）人。正德十二年（1517）進士，仕至太子太保、兵部尚書。吕景蒙《嘉靖潁州志·名宦·明》：「史道。字克弘，直隸涿州人。進士。任僉事，嘉靖五年（1526）至。六年（1527），革淮、揚二府提督，陞光祿寺少卿。」李宜春《嘉靖潁州志·宦業·明》：「史道。字克弘，直隸涿州人。正德丁丑進士，嘉靖丙戌任兵備僉事，陞光祿寺少卿。修撰姚淶記《去思碑》……」張萱《西園聞見錄》：「史道，字克弘，涿州人。正德癸酉（1513）解元，甲戌進士。改庶吉士，歷官兵部尚書。嘉靖改元，以給事中劾奏大學士石齋楊公，疏其不法三十餘事。奏入，陞山西按察司僉事。已而復下詔獄，給事中閻閎、御史曹嘉相繼論救，俱蒙降謫。公謫陝西金縣縣丞，曹嘉謫四川茂州判官，閻閎謫蒙自縣縣丞。公及閻、曹二公俱嘗爲庶吉士，故時稱爲『館中三傑』。公父俊，中成化戊子（1468）解元，乙未（1475）進士。」

避豪猾。修書院，葺晏、歐、呂、蘇四公祠，大有補於風化。陞河南布政司參議。①

孔天胤。字汝錫，山西汾州人。嘉靖壬辰（1532）進士及第，以王親改授陝西提學僉事，調知祁州。十五年（1536），起兵備僉事。以文章飭政事，有詩名，精藻鑒，簡易澹泊，瀟然如寒士。民安其業，士樂其教。陞河南布政司參議。②

林雲同。字汝雨，福建莆田人。嘉靖丙戌（1526）會魁，任兵備僉事。廉平簡静，減騶從，省冗費，惟恐擾

---

①呂景蒙《嘉靖潁州志・命使・明》：「李宗樞。字子西，陝西富平人。進士。任僉事，嘉靖十一年（1532）至。陞河南布政司參議。」李宜春《嘉靖潁州志・宦業・明》：「李宗樞。字子西，陝西富平人。嘉靖癸未進士，十年（1531）任兵備僉事。練戎馬，清獄訟，復西湖十頃，弗避豪宗，建書院以祀晏、歐、呂、蘇四公，有補風化。陞河南布政司參議。」《雍正陝西通志・人物・直諫（明）》：「李宗樞。字子西，富平人。嘉靖癸未進士，授諸城令。邑多衛弁巨室，奪民田，宗樞按治，歸故侵地。縣隣海，夙稱盜藪，宗樞在邑三載，盜皆屏蹟。戊子（1516），擢御史。宣大有警，勅樞按之，陳邊務十一事，詔用之，邊境果寧。抗疏論總憲阿附，及少司馬、副都不法事，皆坐免。出爲潁州兵備，遷河南參議，轉副使。上南巡，擢按察使，分督扈從之役，中官斂戢，拜僉都，巡撫河南。素性堅直廉正，無所阿避，尤軫民隱，陳災疫，請賑衄，凡章奏入告，期於通達下情，無所隱諱，多得請。中州民甚德之。以病歸。（《富平志》。）」

②孔天胤（1505—1581），字汝錫，號文谷子，又號管涔山人、文靖先生，汾陽（今屬山西）人。嘉靖十一年（1532）進士，仕至河南布政使。呂景蒙《嘉靖潁州志・命使・明》：「孔天胤。字汝錫，山西汾州人。進士及第，以王親改授陝西按察司提學僉事，調祁州知州，復任今職，嘉靖十五年季冬至。」李宜春《嘉靖潁州志・宦業・明》：「孔天胤。字汝錫，山西汾州人。嘉靖壬辰進士及第，以王親改授陝西提學僉事，調知祁州。十五年，起兵備僉事。以文章飭政事，以道學倡士風，故民安其業，士樂其教。陞河南布政司參議。」《雍正山西通志・人物・汾州府（明）》：「孔天孕［胤］。字汝錫，汾陽縣人。嘉靖壬辰，賜榜眼及第。例官翰林，以宗親外補陝西按察司僉事提督學政，降祁州知州，遷河南按察司僉事，備兵潁州。復以布政司參議提督浙江學政，歷陝西按察使右布政使，遷河南左布政使，謝政歸。天孕［胤］好讀書，詩文高古。晚年寄興山水園林間，與王明甫、呂仲和、裴庸甫諸人相倡和。所著《文谷集》若干卷，行於世。」

民。吏無奸邪，盗賊不起。條倉場事宜，盡祛夙弊，軍至今便焉。立仰高書院，拔名士，身督教之。所取雋士試南北省，無不符應。潁自是翩然爭向學矣。陞廣東提學副使，士民至今思之。①

①林雲同（1491—1570），字汝雨，號退齋，福建莆田人。嘉靖五年進士，仕至南京工部尚書、南京刑部尚書。李宜春《嘉靖潁州志・宦業・明》：「林雲同。字汝雨，福建莆田人。嘉靖丙戌會魁。以浙江提學僉事，憂歸。服闋，補兵備僉事。居以廉平，鎮以簡静，減騶從，省冗費，惟恐擾民，不大聲色，故吏無奸邪，盗賊不起。條倉場事宜，盡祛宿弊，軍民至今便焉。立仰高書院，拔名士，身督教之。所得雋者，試南北省無不符應，潁自是修修然争向學矣。陞廣東提學副使去。士民作《潁水悲思歌》，積成巨帙云。」《康熙興化府莆田縣志・人物志・名臣傳（明）》：「林雲同。字汝雨。嘉靖丙戌會試第四人，改庶吉士。時同舘以不謁時宰，俱出補郎署，雲同授戶部山西司主事。戊子（1528），以京朝官主廣西試，以榷税九江，作《誓江文》以自勵。舟随至随發，即夜分，亦披衣起啟鑰，毋令泊風濤中，商人德焉。比及瓜歲，計外羡金千餘緡，檄府收之，不持一錢行，擢禮部祠祭司員外郎。壬辰（1532），同考會試。癸巳（1533），轉浙江提學僉事，持憲甚嚴，時相張璁爲其婿請廪，峻拒之。以艱歸。服闋，補河南僉事，備兵潁上。又明年庚子（1540），復轉廣東提學副使，功令一如浙中。會御史某欲以射圃爲邑宦園，林雲同持不可，必取射圃者請先歸，學篆、御史語塞。後歷浙江右布政使，當入覲，行李蕭然，廷旌治行第一。尋轉左。浙有王金箔者，坐死罪，賄相夏言，求爲脱，竟論如律，人危之。未幾，夏言罷，擢都察院右副都御史，巡撫湖廣。時辰沅師興，督府檄取行糧數十萬，雲同蹙然曰：『楚比歲不登，物力盡矣，可竭澤而漁乎？』乃奏貸輸邊歲例粟十五萬給之，民得少甦。頃之，有屬縣李某以賄遷内臺，昵於嚴嵩子，雲同疏摘其狀，李異辨。有旨，各回籍聽勘已，用按楚者言直雲同，褫李官。然雲同以嵩柄國，無心仕進，搆湖上一區，讀書其中，暇則與諸生講解疑義，有終焉意。隆慶改元（1567），起刑部左侍郎。不數月，轉南京督察院右都御史，掌院事。至則刊立會約，去奢就儉，南都侈靡之風爲之一變。值大察京官與冢宰秉公旌别，去其泰甚，給事中石星等以言事獲罪，抗疏救之，謂：『保全終始，乃人君待士之道。至於當憤怒而薄責，已譴逐而收復，非仁聖之主弗能也。』明年，轉南京工部尚書，以歲滂奏免江南十縣蘆洲課十之五，又奏南中諸公署壞，聽令自葺，非奉題請，不得擅費水衡錢。其壹意節縮如此。先是，兩疏請老，復與劉司馬采同時引年，并荷温旨慰留，章凡五上而後得允，蓋隆慶庚午歲（1570）也。萬曆三年（1575），復召爲南京刑部尚書，再辭，不允，强起就道。比至，復辭如初，始奉俞旨，謂：『刀疾趨命，懇疏乞休，得大臣進退禮。』俾乘傳以歸，卒年七十有八。贈太子少保，謚端簡。雲同天性孝友，律己方嚴，嘗愛孟子『人有不爲而後可以有爲』之言，終身佩服，不失尺寸。讀書中秘時題壁云：『寧餓死不爲不廉之夫，寧布衣不爲干進之士。』完璞純名，蓋自少保林貞肅之後，僅一再覯而已。子譜，見《選舉志》。孫璞，以廕官刑部主事。」

蘇志皋。字德明，固安人。强毅敏特，持法如斤繩，毫不可假。旌廉别汙，獨持風裁。築城，浚城河，闢馬路，周堤樹柳，柳皆合抱，悉爲後官殘伐。修西湖堤，清侵占。練士兵數百，皆諳攻擊，射命中。每入轅門，人馬寂然若土木，但聞烏鵲聲，風捲旗角，淅淅而已。有廢官，法當死。伊子指揮爲奏辨，并論指揮不法，抵戍，没産入官。至今父老談，猶肅然敬憚之。①

---

①蘇志皋（1497—1569），字德明，號寒村，又號岷峨山人，順天固安（今屬河北）人。嘉靖十一年（1532）進士，仕至通議大夫、右副都御史。著有《寒村集》四卷。李宜春《嘉靖潁州志·宦業·明》：「蘇志皋。字德明，順天固安人。嘉靖壬辰（1532）進士，十九年（1540）以秋官郎任兵備僉事。崇儉抑浮，旌廉别汙，風裁獨持，豪强屏蹟。斷獄以法，弗避豪强，其功最鉅。修城垣，闢馬路，濬潁水爲隍。詳載張柱史光祖《記》。陞山西參議。」郭秉聰《明通議大夫都察院右副都御史食從二品俸致仕寒村蘇公暨配恭人温氏合葬墓志銘》：「隆慶己巳（1569）夏六月三日，致仕都察院右副都御史蘇公卒……公諱志皋，字德明，别號寒村，又號岷峨山人。其先直隸延慶州人，國初徙順天之固安縣，遂爲固安人……嘉靖辛卯（1531）領順天鄉薦第三人，明年壬辰登進士第……距公生於弘治丁巳（1497）十月二十四日，享年七十有三……」《康熙固安縣志·選舉志·進士》：「（嘉靖壬辰科）蘇志皋。字德明，通關厢人。授湖廣瀏陽知縣，調江西進賢縣。被徵以催科不及額，陞刑部主事員外郎郎中、直隸廬鳳兵備僉事。爲建閘壩事，陞俸一級，陞分守宣府右參議。爲捷音事，謫河州知州。以督撫、兩察院會保，陞涇邠兵備僉事。九卿六科十三道會推，陞鴈門等關兵備副使，歷陞陝西左參政、山西按察使、右布政使。甲寅（1554）會推，陞都察院右僉都御史，巡撫遼東兼贊理軍務。考满，陞右副都御史，陞俸一級，廕一子入監讀書。累蒙恩賜煖耳賞賚一十七次，銀二百一十五兩，幣一十八表裏，内大紅服色段五匹。纂輯《舊志》。」

顧翀。慈谿人。嘉靖壬辰（1532）進士。任僉事。持體要，去煩苛，撫屬安民，有古長者風。善草隸書。①

①李宜春《嘉靖潁州志・宦業・明》：「顧翀。字千將，浙江慈谿人。嘉靖壬辰進士，以司馬郎任兵備僉事。持體要，去煩苛，撫屬安民，有古長者風。因先任貼黃，謫去。」吕本《四川按察司副使遠齋顧公翀墓志銘》：「公顧凡諱翀，字曰翔，遠齋其別號也。其先山東人。宋建隆間有諱澤者，宦餘姚，愛慈谿山水之勝，徙家焉……嘉靖戊子（1528）舉於鄉，壬辰舉進士……癸卯（1543），擢河南按察司僉事，駐節潁上，兼攝徐州兵備道。徐、潁地跨江淮，多巨猾劇盜，號難治。公從容料理，案無留牘……」《雍正慈溪縣志・人物志・經濟（明）》：「顧翀。字曰翔。嘉靖壬辰進士。授工部都水主事，分治南旺諸泉，随差理山東諸郡贓罰。父艱，歸里。起補兵部武選，轉員外郎。轉河南按察僉事，備兵徐、潁。潁故盜藪，往時盜發，並捕其姻鄰，民益去爲盜。翀弛其禁，盜黨多解散。捕豪民毛至剛，置諸法，一州稱快。以兵部查黄失誤，謫判許州，尋起懷慶兵備。有勢要擅殺平民，直指使欲從末減，翀按治如律。直指摠他事劾之，翀疏辨，廷議黜直指而改翀僉閩臬。尋丁繼母艱，歸。服闋，補雲南。一月，遷福建参議。時倭寇猖獗，所至屠燒城邑。巡撫王詢以翀知兵薦，特命分守福寧，得軍法從事。翀至，則實倉儲，繕器械，爲城守計。寇從浙海抵三沙，攻蓁璵。翀令奇兵襲之，斬首百餘。明年，復寇大金間峽。翀授水寨將士方畧，復大破之於海，民稍安。先是，福寧城甚隘，守城卒居中，而民廛環列城外，寇未至，皆奔竄。翀曰：『卒以衛民，今反委民於寇。』即擴舊址三之一，而徙居民城內。版築甫畢，賊三萬餘已薄城下。時樓櫓未備，翀命樹栅城上，以布爲睥睨，躬巡其間。賊發城外塚，取棺蔽體鑿城。翀命鎔鐵液沃之，繼以油葦，著體皆糜爛。復遣將黎某率師繞賊後而開城誘賊，賊疑有伏，遁走，内外夾擊，大破賊城下，斬其渠帥。復張兩翼，逐之至嵛山，斬首三百，俘馘二百有奇。餘黨遁入海者，水師邀繫之，無一脱。賊相戒，無敢犯福寧界者。事聞，世宗賜白金、文綺勞之。尋遷四川松潘兵備副使。松潘，古維州地，叛服不常。翀擒奸軍周尚武等十九人，置諸法，部内帖然。復條上籌邊五事，巡撫羅崇奎謂關疆圉大計，疏請行焉。以積苦兵間，請致仕。詔晉正三品，歸里，卒。翀色温氣和，恂恂若儒生，遇事則持法無假貸。尤長於兵事，武選時即留心九邊阨塞、將士才鄙勇怯。前後三任備兵，所至猾盜屏蹟，軍無夜呼，福寧禦倭之功尤卓卓可紀。生平篤於古誼，友人鄭朝濟父子死清平，萬里歸其骨。福清令李某繫獄死，撫其遺女，擇秀士嫁之。公餘飭學宫，課士以經術。人懷其德，多建祠祀之。」

王學謨。字子揚，陝西人。持法嚴，不失針芒。廉屬吏不法，竟拿問。大猾善規避者無能逃，四境帖然。①

張佳胤。字肖甫，四川銅梁人。嘉靖中以僉事任。爲文章與七子齊名。經濟時艱，所在奏績。其治潁事，皆中時弊。陞爲都御史，定變浙江。剔［歇］歷南北，大有功業，天下繫望。官至大司馬、太保。有《崌崍全集》及《秦［奏］議》。本傳可考，一代名臣也。②

馬豸。字伯直，大同人。光明嚴毅，舉動不苟。訪緝慣賭惡少，核確無遺奸。强盜情真，即杖斃於通衢。有武

---

①《康熙潁州志·名宦·明》：「王學謨。字子揚，陝西人。兵備僉事。持法嚴肅，屬吏不法，輒按治。發奸摘伏，四境帖然。」《萬曆續朝邑縣志·人物志·科》：「（嘉靖三十一年壬子科）王學謨。字子揚。學詩弟。（嘉靖）癸丑（1553）進士。授太谷縣知縣，陞南京戶部主事郎中、河南按察司僉事、兵備潁州、雲南布政司參議，未任。俄遷山西按察司副使、兵備岢嵐。以邊功，有白金、文綺之賜。（隆慶）戊辰（1568），謫戍節。經撫按保薦，該吏部題覆。（萬曆）癸未（1583），以原職起大同左衛，尋免。」

②張佳胤（1527—1588），字肖甫，自稱崌崍山人，銅梁（今屬重慶）人。嘉靖二十九年（1550）進士，仕至太子太保、右副都御史。事見《明史》本傳。《康熙潁州志·名宦·明》：「張佳胤。字肖甫，銅梁人。文章與七子齊驅。嘉靖中任僉事。凡所區畫，皆切中時弊。後晉都御史，定變浙江。弘濟艱難，所在奏績。官至大司馬，加太保。繫天下望，爲一代名臣。」《光緒銅梁縣志·人物志·名賢（明）》：「張佳允［胤］。字肖甫，初號嶁山，後自稱崌崍山人。嘉靖庚戌進士。除知滑縣，累遷右僉都御史，巡撫應天。再起巡撫宣府，入爲兵部右侍郎，出撫浙江。尋總督薊遼三邊，加太子太保。召爲兵部尚書，致仕。允［胤］爲諸生，光州劉繪爲郡守，奇其才，召至門下，語其子黄裳曰：『今之乖崖也。』爲滑令，禽治劇盜僞爲緹騎劫縣帑者，以此知名。在宣府，伏兵禽酋八賴，縛之市而縱之，敵遂慴服求款。浙有驕卒之變，元輔張居正曰：『安得用張滑縣禽盜手薙此小醜乎？』吏部因推允［胤］。允［胤］往，則縱間諜，設方畧，用驕卒以討亂民，殲焉。又計殺驕卒之首亂者，而解散其餘黨，浙用底定。爲郎時，與王世貞諸人結社賦詩，爲七子中三甫之一。三甫者，允［胤］及張九一助甫、余曰德德甫也。七子仕宦皆不達，九一開府輒躓，世貞平進至六卿，而允［胤］鎮雄邊，定大變，入正樞席，以功名始終。節鎮之暇，輕裘緩帶，賓禮寒素，鼓吹風雅，文士之坎壈失職者，皆援以爲重。卒贈少保，謚襄憲。勑建專祠，有司春秋祭祀。著有《奏議》二十卷、《崌崍集》六十五卷、《補華陽國志》一卷。孫順孫，天啟壬戌（1621）進士，亦能詩。」

弁歃法，大肆虐焰，又與諸生搆。兵憲劉得寬捽諸生數人，榜之百，幾死，一時士民閉門喪氣。劉被劾去，豸至，即抵武弁法。權貴札盈案，屹不動。賂其兄求書，兄赤［亦］卻其請，遺豸書曰：「鋤强安良，自爾好事。慎勿爲有力者移。」其家學高明如此！潁人立祠祀之。①

聶廷璧。字衹雍，江西金谿人。静潔有廉隅，望之和易，當事則執法不少藉。鳳陽守祖陵中官縱役肆惡，擒其渠魁六人，立杖斃之，中都肅然。暇較諸士藝，親爲講解批評。至今三十年，潁科第名流皆其桃李云。②

楊芳。字以德，巴縣人。由進士。美儀修髯，望之若神明。鎮定諳練，不爲事先，一發輒當機竅。居平不見喜

---

①《康熙潁州志·名宦·明》：「馬豸。字伯直，大同（今屬山西）人。備兵於潁，按治奸盜，鬼蜮潛形。先是，一武弁與諸生搆難，劉僉事得寬捽諸生數人，搒掠幾死。及劉被劾去，豸至，抵武弁法。權貴札盈案，不爲奪。復遠賂其兄轉請，兄亦拒之甚堅。潁人立祠祀焉。」《乾隆大同府志·人物·明》：「馬豸。大同人。嘉靖壬子（1612）舉人。文章行誼爲士林望。初守薊州，遷鎮江府同知。防江，練舟師，盜賊屏蹟。署丹陽，諸廢聿興。開馬斯港，爲一邑永利。擢戶部員外，尋陞潁州兵備僉事。潁多盜難治，豸多方擒之，民賴以安。泗水衝嚙，有司堤之輒壞。豸親督料理，乃堅厚可久焉。以憂歸，哀毀得疾，行至廣陵，卒。子呈德，萬曆庚子（1600）解元，庚戌（1610）進士，官中書舍人。」

②《康熙潁州志·名宦·明》：「聶廷璧。字衹雍，金谿人。官兵備使，執法不少借。鳳陽守陵中官縱役肆虐，擒尤甚者六人，立杖斃之，群閹膽落。暇則進士子較藝，親加品題。潁濱數十年科第名流，皆其桃李。」《乾隆金谿縣志·政事》：「聶廷璧。字衹雍。嘉靖乙丑（1589）進士，授華亭知縣。時董其昌、楊繼禮應童子試，廷璧得卷大奇之，奬掖逾恒，兩君由是名震天下。邑豪故與猾吏比，上下其賦，獨苦貧弱。值倭亂，戶多逃亡，田蕪而賦不減。廷璧履畝均賦，請蠲荒田數萬畝，華亭人至今賴之。邑多巨室，歲課至五十餘萬。廷璧强幹精敏，剔蠹緝暴，不畏權貴，境内稱治。陞南京吏部主事，與海忠介相引重，有大謀議，往往爲之擘畫。是時南都苦客兵跋扈，海忠介謀欲驅逐，幾至爲變，賴廷璧居中調度消彌之。陞禮部員外郎，座主高新鄭欲援入主爵，固辭，外補潁州道僉事。有鳳陽陵監夙養無賴，廷璧密訪殲之。璫忿甚，終日伺廷璧短長，竟以無隙可乘止。陞福建兵備副使。時守備某將鼓衆爲亂，廷璧設計解散。旋加監軍，道以母憂歸。服闋，補霸州兵備，尋致仕去。子志宏，崇禎癸酉（1633）舉人。」

怒，至執法則毫不可撓，憲體肅然。先是，前道將潁衛額屯餘地，一旦變更驟添，畧倍於原額，軍民俱困。芳通融計算，得減半，人情始帖然。潁人立碑，志去思焉。①

李維楨。字本寧，湖廣京山人。自翰林院外補。萬曆二十九年（1601）任兵備，住［駐］壽州。楨文名滿天下，繼歷下、太倉、新安而起，著有《大泌山人集》數百卷。其經濟之才，無所不宜。剔［敭］歷山、陝、河南、四川、浙江諸省，所在著績。其治潁州，修廢舉墜，克靖地方。以文人兼能吏，海内推服。晚年好學不倦，延士大夫，汲引後學，文章風雅之業爲近代冠冕。官至南京禮部尚書。②

謝肇玄。號石騋。天啟乙丑（1625）進士。以參政兵備潁州。前是，道臣多駐於壽。崇禎八年（1635），賊破潁，御史田用坤以潁人悉本土利害緩急請於朝，奉旨仍移本州。是時城廓毀壞，孑遺遠竄，狡賊不時出沒。肇玄受

---

①《康熙潁州志・名宦・明》：「楊芳。字以德，巴縣（今重慶巴南）人。進士。美儀修髯，望之若神明。潁川衛屯餘地爲前兵備增，額倍舊，軍伍苦累不堪。芳至察實，仍得裁減，軍困遂甦。其他治蹟，具載《去思碑》。」同書《藝文・雜文（明）》載有李學禮《兵憲濟環楊公去思碑記》一文。《乾隆巴縣志・人物志・勳業》：「楊芳。字以德。萬曆丁丑（1577）進士。初令宜黃，繼補鄞縣。推心置腹，咸頌仁明。累遷戶部侍郎，巡撫湖廣。鎮静寧謐，得士民心。」

②李維楨（1547—1626），字本寧，湖廣京山（今屬湖北）人。隆慶二年（1568）進士，仕至南京禮部尚書。《明史・李維楨傳》：「李維楨，字本寧，京山人……舉隆慶二年進士……（天啟）四年（1624）四月，太常卿董其昌復薦之，乃召爲禮部右侍郎，甫三月進尚書，並在南京。維楨緣史事起用，乃館中諸臣憚其以前輩壓己，不令入館，但超遷其官。維楨亦以年衰，明年正月力乞骸骨去。又明年，卒於家，年八十。」《康熙潁州志・名宦・明》：「李維楨。字本寧，京山人。繼歷下、太倉、新安而起，名滿天下。萬曆二十九年，自翰林來任兵備，修舉廢墜，克靖地方。敭歷秦、晉、豫、蜀、吳、越之區，所在著績。晚年好學不已，汲引後進無倦容。官至南京大宗伯。」

事，悉力補輯，其防禦之艱，撫字之勤，不遺餘算。增陴守，濬濠隍，置浮梁，建西、北兩關樓，皆捐槖成事，未嘗取於民。而瘡痍待撫、死傷待卹者，無刻不厪於懷。馳驅壽、潁，百計綢繆，櫛沐不暇。因勞致疾，遂卒於壽。易簀時，囑其標下曰：「地方事大，當一切謹慎，遵守成法，以待朝命。」言不及他。潁人聞之，皆巷哭，如失怙恃。群奠署中，見積米數百石，詢之，皆儲以供城守者，併不知何自設辦。其綜理不擾類如此！精忠仁慈，沒世不忘；以死勤事，尚虛俎豆。今雖列祀名宦，未盡遐思云。①

---

①謝肇玄（1586—1637），字石駃，號康侯，湘潭（今屬湖南）人。天啟五年進士，曾任嘉定知州、戶部郎中。著有《祥刑錄》《守城機務要畧》。《康熙潁州志·名宦·明》：「謝肇玄。字石駃。湘潭人。天啟乙丑進士。以參政備兵潁州。前此，道臣已駐節壽州矣。崇禎八年，流賊破潁，田侍郎用坤奏請仍移鎮本州。時城廓殘破，遺黎遠竄未歸。肇玄捐資築濬城池，勞來安輯，哀鴻始復。然每馳驅壽、潁間，綢繆百計，積勞成疾，遂卒於壽。易簀時囑其下曰：『地方事大，當謹守成法，以待朝命。』言不及他。潁人聞之，皆巷哭。致奠者見署中積米數百石，詢之，乃儲以供城守者，不知何所自辦。其綜理不擾類如此！」郭金臺《謝石駃先生傳》：「謝肇玄字石駃，號康侯。初授嘉定州牧。會李孝廉中啻獄幾斃，公至覆治之，如燭照龜卜，李獲更生，州人神之。已而課士儲備有法度，遷北戶部郎，督餉不匱。（崇禎）庚午（1630），典試滇南，稱得士。明年，除兗西副憲。又明年，拜濟南大參。屢捍危城，平土寇。（崇禎）乙亥（1635），值獻逆披猖，鳳潁城陷，收復甚難，尋以按察使銓補潁州道。公單騎視師，守禦備治，賊却去。務亟焦勞，訓練士馬精厲，一時稱壯焉。後賊復犯潁，潁安。守壽，壽固。秉陴戮力，奮不顧身。著《守城機務要畧》。朝議謂公祇力巖疆不懈，一時無出公右者。會甘肅撫軍須才，亟將命公受事，以崇正［禎］丁丑（1637）正月，勞瘁卒於官，年五十二，而才不盡用，惜哉！事聞，上爲哀慟，追贈太僕寺正卿。嘉、潁、曹等處俱立名宦。己卯（1639），潭人士舉祀於鄉。公忠孝性成，負才清敏。歷官十餘年，凡大小批答酬應，一手辦治，無纖毫留難。然時開矜抒抱，魚魚雅雅，虽薄書鞅掌，暇輒簾閣據几，史書吟咏不斷，如一名士也。遺詩文凡幾卷。自年少登第及筮仕，鄉無間言，居官無闕行，至今庭階猶稱森秀云。」

補兵備道二人。

閻璽。字廷璽，山西壽陽人。進士。任河南按察司僉事，奉勅提督盧鳳淮陽［揚］四府、安慶二十八衛所屯田兼理刑，弘治十年（1497）任。後陞副使，仍鎮潁，共一十二年，致仕。自創始移鎮，久於其事，安輯不擾，及深恩厚澤，可思也。①

席書。字同文［文同］，四川遂寧縣人。弘治庚戌（1490）進士。爲工部主事，督漕船於清江廠，具見綜理之才、通變之學。陞河南僉事，仍奉命鎮潁州，丁艱未至。既而提學貴州，時王陽明爲龍場驛丞，乃率諸生，命師之，講求絶學。陞河南參政，經營中土，深悉緩急。奉特命賑濟江淮，所活甚衆。繇其兩任河南，講求明著也。後以言《大禮》，官禮部尚書，加少保、武英殿大學士。按：書之陞河南僉事也，歲大饑，撫按議賑。時鎮守中貴

---

①吕景蒙《嘉靖潁州志·命使》：「閻璽。字廷璽，山西壽陽人。進士。任河南按察司僉事，奉勅提督盧鳳淮揚四府、安慶二十八衛所屯田兼理刑。弘治十年至。後陞副使，仍鎮潁，共一十二年，致仕。」李宜春《嘉靖潁州志·職官·明（兵備）》：「閻璽。字廷璽。山西壽陽人。成化甲辰（1484）進士。弘治十年以僉事任，後陞副使。其鎮潁一十二年。」凌迪之《萬姓統譜》：「閻璽。壽陽人。凝重寡言笑，幼讀書即能默會其義，爲文不事雕琢。成化間進士，授戶部主事，監理鈔關。商税羨餘，秋毫不自私。陞河南潁州兵備副使，修明軍政，煥然改觀。然性勁特，不屈意於權閹，坐是免官，民立生祠祀之。」《康熙壽陽縣志·人物志·鄉賢（明）》：「閻璽。北定三都人。性凝重，不妄笑語，人不敢干以私。幼讀書輒能默會其意，爲文不事雕琢，而矩度秩然。成化甲午（1474）登賢書，時年十八，益肆力於學，於書無所不窺。甲辰登進士，與王虎、谷喬、白巖、王晉溪諸公齊名。授戶部主事，兼理鈔關。商税羨餘歲以萬計，秋毫不取，盡以輸公，廉介之風震於天下。尋陞河南潁州兵備副使。時逆瑾專恣，中外無不曲意奉承。公獨守正不阿，卒爲所陷，免官，生祠存焉。既歸，杜門不出。瑾誅，甄拔淹滯，言者交章薦之，不起。以疾卒於家，士論惜之。」

甚横，督修黄河諸工役，朘削無算，所在騷然。書曰：「第停工役，禁刻削，不煩賑濟也。」撫按從之而民安。書之經濟大畧，寔自潁始。其歷中外及言《禮》，有史傳可考云。①

附

吕修飭論曰：命使，一方之重寄。而全淮二鎮，徐爲左臂，潁爲右臂，以禦敵衝。任斯責者，豈但督理刑名？必日閒輿衛，使其勢既足以讋服人心，而其力又足以折禦勍敵。如李公天衢之於潁上，保全民命，增重國威，攄忠禦寇，殆與劉錡先後同光。若夫郭公震之遺愛，伍公希周之棄官，斯亦有足稱者。其餘修城濬池，刑清政舉，節用裕民者，皆厥職也，故不敢多褒云。②

又按：弘治四年（1491）添設兵備，初命憲臣史俊及申磐住［駐］壽州。十年（1497），僉事閻璽移本州。

---

①席書（1461—1527），字文同，號元山，遂寧（今屬四川）人。弘治三年（1490）進士，仕至禮部尚書。所著有《大禮集議》《漕船志》《漕運錄》《元山文選》等。事見《明史》本傳。吕景蒙《嘉靖潁州志·命使》：「席書。字同文［文同］，四川遂寧人。進士。任僉事，復奉勅提督如前。正德六年（1511）。未至，丁憂。仕至禮部尚書。」李宜春《嘉靖潁州志·職官·明（兵備）》：「席書。字文同。四川遂寧人。弘治戊［庚］戌進士。正德六年以僉事。未任，丁内艱歸。後官至禮部尚書。」

②吕景蒙《嘉靖潁州志·命使》：「論曰：命使，一方之重寄也。而全淮二鎮之勢，在徐爲左臂，在潁爲右臂，皆所以禦敵人之衝也。任斯責者，豈但督理刑名而已？必日閑輿衛，使其風聲氣勢既足以讋服人心於未然，而其設機應變又足以折禦勍敵於已至。如李公之於潁上，保全民命，增重國威，然後爲無負斯寄耳。公之攄忠禦寇，殆與宋劉太尉之敗金人之勳先後同光，公亦蓋世勳名者與。若夫郭公之遺愛，伍公之棄官，（時尚參見迎送，公以往來廢事，不能自晝，在當道不免有責備者，故因不合而去。）雖非所宜，斯亦有足稱者。其餘諸公，固多表表在鎮，若其修城濬池，養威畜鋭，刑清政舉，節用裕民者，皆其職分之所當也。然而不遇盤錯，固無以別利鈍，故亦不敢多褒云。」

故璽以後治蹟，皆志之。萬曆十七年（1589），副使王之猷又奉命移壽州。其治蹟遂不書，以治不在潁也。然朝廷千里之寄，總名曰潁道。如歐陽公東鳳、臧公爾勸、朱公錦、陸公夢祖、趙公彦、焦公源溥、袁公楷，皆世所稱名卿，考《壽志》又不載，然則此官何所繫屬，安可不志也？當考而補之。若崇禎八年（1635）潁被賊破，謝參政肇玄又奉命專駐潁，今皆因之。故紀命使治蹟者，其詳畧不可不考也。

通判三人。

陳永直。山西蒲州人。持重質直，守法不失尺寸。初至方家集，獲劇盜，折其脛，沉大淮中，四境肅然。陞戶部員外，潁人士見者，接愛如家人。①

趙士寬。山東人。官生。崇禎七年（1634）任通判，清操敏事，案無留牘。八年（1635）正月，寇圍潁。自鳳陽馳回，不入衙署即登陴巡守。及城陷，猶拔金簪，募死士堵殺，力盡身死。妻崔氏同二女登署樓②，積薪自

---

①《康熙潁州志·名宦·明》：「陳永直。蒲州（今山西永濟）人。由孝廉。任郡別駕，持重秉法。初至方家集，獲劇盜，折其脛，沉之河中，盜遂息。遷戸部員外郎，接見潁人士，慰勞如家人。」《乾隆蒲州府志·選舉·明鄉科》：「嘉靖乙卯（1555）：陳永直。蒲州人。常德知府。」《乾隆泗州志·秩官年表·（明）知州》：「（萬曆）陳永直。蒲州舉人。有傳。」同書《名宦志·明》：「陳永直。由本府通判知州事。平易近人。在州六年，未嘗妄役一夫，而公事亦無不舉。至於築東南 城石堤，減水閘，請豁高家堰築堤夫役五百名，免徵草料銀近千兩，尤爲利民。民立祠祀之。」《嘉慶常德府志·職官表·（明）知府》：「（萬曆）陳永直。蒲州舉人。」

②「妻崔」「二女」，《明史·尹夢鰲傳》附傳分別作「妻李」「三女」。詳見下文所引。

焚。一門節烈，錚錚人間，光映史傳。後奉旨卹贈。①

任有鑑。山東人。由功貢。崇禎十五年（1642）任通判，署潁州事。曩八年（1635）之失潁也，人不知兵，戰守無具。歷數載，人皆憤起。鑑至潁，日以忠義激發人心。是年春，狡賊環伺，鄉民有乘機辦殺之者，有尾後截劫之者。不數日，報獲馬七十餘匹，牛、驢二百四十餘頭。鑑即以所獲賞之。有勇知方，鑑所教也。即賊亦有願順爲良者，各給符票歸里。衆感呼「仁人」而去，聲沸若雷。有婦幼避難者，咸置衙署推食焉。事稍定，即訪其家父母還之。其守城也，不張旗鼓，不設刁斗，士民蟻附，城内鷄犬不驚。至夏，賊乘雨夜，駕雲梯入濠内者再，鑑不待輿從，走泥中，仗劍大呼，守禦者起，潁賴以全。及秋，有袁時中、李奎等賊盤據潁地。請兵數萬追勦，至亳，會河水漲溢，殺傷、溺死者無算。兵之出入城市，仰其威惠，不犯秋毫。民擔食提壺以餉兵者，絡繹不絕。誠

---

①《明史·尹夢鰲傳》附傳：「趙士寬，字汝良，掖縣（今山東萊州）人。由門廕爲鳳陽通判，駐潁州。以正旦詣郡城。聞警。一日夜馳三百里返州。城陷，率家衆巷戰，力竭，亦投烏龍潭死。妻李携三女登樓自焚，僕王丹亦駡賊死。」《康熙潁州志·名宦·明》：「趙士寬。山東人。崇禎七年（1634）以廕任郡判，清操敏事，案無留牘。八年（1635）正月，寇圍潁。自鳳陽馳還，不入署即登陴巡守。及城陷，猶拔金簪，募死士堵殺，力盡身死。妻崔氏同二女登樓，積薪自焚。一門忠節，奉旨卹贈。」《乾隆掖縣志·忠節·明》：「趙士寬。字汝良，巡撫燿之孫也。崇正[禎]時授鳳陽判，分守潁州。時流賊猖獗，悉力爲守禦計。某貴樓踞城外，檄撤弗應。既而賊奪樓置木，攻入堞。城陷，士寬赴黑龍潭死，妻崔氏携二女登樓自焚。僕王舟徘徊潭上不忍去，賊劫之。舟大駡曰：『吾主名家子，豈從賊也！』賊怒，支解之。士寬贈光祿丞，崔贈安人，命潁州立祠祀之。又崇祀鄉賢及忠義祠。」

有大造於潁云。①

知州十八人。

王敬。洪武三年（1370）知州事。避亂之民困窘萬狀，敬能撫安招集之，卒復生業。②

方玉。合肥人。洪武六年（1373）知州事。有才幹，凡遷置公宇，多其規度。③

---

①《康熙潁州志·名宦·明》：「任有鑑。山東人。崇禎十五年，由功貢任郡倅，署潁州事。是年春，狡賊環伺，令有能劫殺者，即以所獲給之。於是鄉民爭奮，不數日，報獲馬七十餘匹，牛、驢二百四十餘頭，皆信賞，有以勸之也。一時婦幼避難者，咸置署中推食焉。事定，訪其家還之。至夏，賊乘雨夜，將布雲梯上城，有鑑覺，不待輿從，走泥中，仗劍大呼，守禦者起，賊逡巡去。及秋，有劇賊袁時中、李奎等盤據潁地。有鑑密請黃靖南將兵追勦，至亳，會河水漲溢，殺溺死者無算，潁賴以全。」《乾隆平原縣志·人物志·循吏（明）》：「任有鑑。字子鏡。廩監生。貌岸偉，有膽畧。以保舉歷判鳳陽，暑［署］潁州事。自流潁［賊］破賊［潁］之後，戰守無具。有鑑至，以忠義激發人心。崇禎壬午（1642）春，賊犯境。率鄉民劫殺，獲其馬牛，即以賞之。賊有願順爲良者，各給符票歸里。有婦女避難相失者，咸封置衙署，訪其家還之。是夏，賊乘雨夜，駕雲梯入濠內，有鑑不待輿從，走泥中，仗劍大呼，守禦者起，潁賴以全。及秋，賊盤踞潁地，請兵追勦，出入城市，秋毫無犯。民擔食以饗兵者，不絶入。國朝歷陞溫守，未任，卒。」

②《成化中都志·名宦·潁州（國朝）》：「王敬。洪武三年知州。撫安招集避兵之民，復安生業。」《正德潁州志·名宦·明》：「王敬。洪武三年知州事。避亂之民困窘萬狀，敬能撫安招集之。」呂景蒙《嘉靖潁州志·職官表·知州（皇明）》：「（高皇帝洪武）王敬。傳見《名宦》。」然該書相關部分已缺失。李宜春《嘉靖潁州志·宦業·明》：「王敬。洪武三年知州事。撫安招集避兵之民，卒復生業。」

③《成化中都志·名宦·潁州（國朝）》：「方玉。合肥（今屬安徽）人。洪武六年知州。有才幹，凡遷移公宇，多其規度。」《正德潁州志·名宦（明）》：「方玉。合肥人。洪武六年知潁州，有才幹。凡遷移治所，多其規度。」呂景蒙《嘉靖潁州志·職官表·（明）知州》：「（洪武）方玉。傳見《名宦》。」然該書相關部分已缺失。李宜春《嘉靖潁州志·職官·明（知州）》：「方玉。合肥人。洪武六年任。有才幹，凡遷置公宇，多其規度。」

孫景明①。浙江富陽人。正統六年（1441）知潁州。修理學校、壇壝及養濟院，政績有聲。②

劉讓。江西人。弘治初知潁州。初，州、衛異屬，軍强而卑民，至豪勢軍舍常奪進州門，侵淩百姓，莫之伊何。讓獨寘之以法，公正自持，不少假借，紀綱大振。奏請兵備道移鎮潁、壽二州，潁至今賴焉。③

張愛。雲南人。弘治間知潁州。愛民禮士，公廉有威。民以事至州者，不費一錢而返。潁人至今思之，名曰「板張」，言其執法也。④

---

①「明」字，一作「名」。詳見下注所引。

②《明一統志·中都·名宦》：「孫景明。正統間知潁州。興學校，嚴禮祀，以廉静牧民，得爲治體。」《成化中都志·名宦·潁州（國朝）》：「孫景名。浙江富陽縣人。由進士任監察御史，改歷揚州、臨江二府推官，正統六年陞知州。修理學校、壇壝、養濟院，爲績有聲。」《正德潁州志·名宦·明》：「孫景明。富陽人。由進士，監察御史左遷，再陞知潁州。興學校，嚴祀禮。是時黄河初徙，民物富庶。景明廉静牧民，得爲治體。」吕景蒙《嘉靖潁州志·職官表·知州（皇明）》：「（正統）孫景名。傳見《名宦》。」然該書相關部分已缺失。李宜春《嘉靖潁州志·宦業·明》：「孫景名。浙江富陽人。永樂戊戌（1418）進士。以御史左遷，正統六年再陞知潁州。興學校，嚴祀禮，修養濟院，廉静牧民，甚有聲稱。」過庭訓《明分省人物考·浙江杭州府》：「孫景名。字克正，富陽縣人。孫鍾之後。永樂戊戌進士。授福建道監察御史，改揚州府推官。調臨江，折獄詳甚，有瑞蓮生治事廳沼。陞知涿州，蝗不入境。調潁州，興學校，衈流逋，麥秀至三五，岐人歌誦之。」

③吕景蒙《嘉靖潁州志·職官表·知州（明）》：「（弘治）劉讓。江西人。」李宜春《嘉靖潁州志·宦業·明》：「劉讓。江西人。弘治初知潁州。初，州、衛異屬，軍强而卑民，至豪勢軍舍常奪進州門，侵淩我百姓，莫之伊何。讓獨寘之以法，公正自持，不少假借，紀綱稍稍然振樹。乃奏請兵備道移鎮潁、壽二州，潁至今賴焉。」《雍正江西通志·選舉·明》：「弘治二年己酉（1489）鄉試……劉讓。新昌（今屬浙江）人，順天中式。運副。」《嘉慶重修揚州府志·宦蹟志·明》：「劉讓。字堯仲，江西新昌人。舉人，弘治中任兩淮運副。居官廉白，取費於家，以所得俸貲置祭田，祀董仲舒。」

④吕景蒙《嘉靖潁州志·職官表·知州（明）》：「（弘治）張愛。傳見《名宦》。」同書《名宦·明》：「張愛。雲南人。弘治間知潁州。愛民禮士，公廉有威。民以事至州者，不費一錢而返。潁人至今思之，名曰板張。」李宜春《嘉靖潁州志·宦業·明》：「張愛。雲南人。弘治間知潁州。愛民禮士，廉正自守。民以事至州者，一訊立辨，不費一錢而返。潁人名曰板張。」《乾隆雲南通志·選舉·舉人》：「（成化甲午）張愛。徽江人。知府。」《道光澂江府志·選舉·舉人（河陽縣）》：「（成化甲午）張愛。府學。官知州。《通志稿》作『官知府』。」

周祖堯。山東東平人。嘉靖癸未（1523）進士。甲申年（1524）任知州。持正秉剛，以樹紀爲主，請托不行。陞南京戶部員外。①

劉養仕。字學夫，四川内江人。貢士。嘉靖二十年（1541）任。革宿弊，汰冗費，民甚賴之。遷順天府治中。②

劉衍祚。河南洛陽人。性端重廉潔，一介不取。禦盜最嚴，賊憚其威，皆遠避之。③

①吕景蒙《嘉靖潁州志·職官表·知州（明）》：「（嘉靖）周祖堯。山東東平人。進士。三年（1524）任。遷南京戶部員外郎去。」李宜春《嘉靖潁州志·宦業·明》：「周祖堯。山東東平人。嘉靖癸未進士。甲申年任知州。持正秉剛，以樹紀綱爲主。遇千夫長抗行甬道間，竣拒之。且弗事趨媚，諸托不行。陞南京戶部員外。」《康熙南康府志·職官·明（知府）》：「周祖堯。東平州人。由進士。」《光緒東平州志·選舉表·明（進士）》：「（嘉靖癸未）周祖堯。歷兩浙鹽運使，以廉静稱。姚徠榜。」

②吕景蒙《嘉靖潁州志·職官表·學正（明）》：「（嘉靖）劉養仕。四川内江人。貢士。二十年任。」李宜春《嘉靖潁州志·宦業·明》：「劉養仕。字學夫，四川内江人。嘉靖二十年由貢士任知州。革宿弊，汰冗費，裁抑豪强，吏民懷服。陞順天府治中。」《道光永州府志·職官年表·永州府歷代官屬姓氏表（明）》：「劉養仕。内江人。（嘉靖）三十六年（1557）任。」《民國内江縣志·列傳·明》：「劉養仕。嘉靖戊子（1528）舉人。守潁州，有救荒善政。擢永州府，以循良稱。壽八十一卒。」

③《康熙潁州志·名宦·明》：「劉衍祚。洛陽（今屬河南）人。知州事。性端重廉潔，疾惡如讐。盜賊憚其明威，相率遠避。」《雍正平陽府志·宦績·明》：「劉衍祚。洛陽進士。嘉靖間同知。時南北俱用兵，誅求百出。其冬，河東地大震，城市爲墟，不逞者聚衆爲亂，遠邇驚駭。而郡守及各屬令俱先期入覲，獨衍祚代篆，開誠布公，明法飭令，緩刑薄税，築城修廨，慎守封疆，轉危爲安。復開樊家河，爲永利渠，築石堰障水，溉田數十頃，爲百世利。郡人特建生祠於北關外。」《乾隆洛陽縣志·選舉·明進士》：「劉衍祚。（嘉靖）庚戌（1550）。浙江參政。」同書《人物·明》：「劉衍祚。字叔嗣。嘉靖進士。任穎［潁］州太守。穎［潁］數多盜，衍祚至，設堡樹旗，盜皆就縛。改知大同，晉臨清副使。調固原兵備，殲巨寇，稱能焉。俄遷浙江參政，乞終養，不待報而歸。結惇誼、崇雅二社，布衣扉屨［菲履］，見者不知爲達官也。」

謝詔。江西贛縣人。由進士。精敏練達，遇事輒洞其原委，裁剸無不曲當者。吏役莫售其奸，公庭清肅如冰焉。久之，潁士民家善惡纖悉，無不具知，人竟不敢以詐眩。鋤强撫弱，一郡帖然。蒞政五年，較若畫一，尤所難也。以治（行）高等，遷北［比］部員外。士民敬而愛之，爲立碑祠祀焉。①

陳誥。福建莆田人。廉静沖雅，文學、政績蔚然爲一時冠。申減驛馬、庫役等苦差，濬溝渠，除奸蠹，節愛百

①《康熙潁州志・名宧・明》：「謝詔。贛縣（今屬江西）人。萬曆間由進士守潁。精敏練達，遇事輒洞燭原委，裁處無曲當，吏莫敢奸。未嘗以察爲明，而閭閻善惡無鉅細，皆不能隱。鋤强撫弱，一郡稱神。經五載，以治行高等，遷比部員外郎。士民追慕弗已，建祠立碑，張大司馬鶴鳴作《記》。」《同治贛縣志・選舉志・進士（明）》：「萬曆二年甲戌（1574）孫繼臯榜：謝詔。詳鄉賢。」同書《人物志・名臣（明）》：「謝詔。字彦實，號鳳渚。居城内。萬曆二年進士。知穎［潁］州。穎［潁］刁悍多盗，詔至，廉得衙蠹市豪爲民害者，鉗刺之於市，甚者撲殺之，皆屏息莫敢恣。一日方聽事，忽心動，飭嚴獄禁，則果有重囚謀逸者，即擒之。有榜於通衢，某日焚庫劫官，閭井震驚，詔恬然。方命駕適壽春，壽春兵憲促之歸，不應，竟無故，民閑［咸］頌以爲神。歷刑部郎，分巡四川，監軍討松潘番亂。番連北寇聚黄沙壩，勢甚張。未旬日，擒其渠魁，賊望塵羅拜，曰：『狸奴不敢復反。』城黄沙，扼其要。以二親老歸養。起參政山西，不赴。播酋楊應龍叛，復徵爲監軍，兼程至蜀。時蜀、楚、黔三省進兵，分八道，詔所監永寧、合江二路。先是，僉憲四川時，永寧宣撫使奢效忠死，其妻奢世統無子，妾奢世續子崇周幼。前總兵劉顯因命世續署宣撫印，世統怒，攻奪其落紅寨，世續奔永寧。總兵郭成按問，掠其貲，效忠弟沙卜遂拒，殺裨將三人。詔往定之，卻其饋金。是役也，世續率所部隸總兵官吳廣，議分四哨進攻崖門，别遣世續督夷兵二千扼桑木埡諸要害，以防饟道，應龍旋就滅。當是時，土司隨征者惟世續功最著，有齕其績者抑之，上賜詔緋魚二品服，詔不受賞，連章乞休。屢起湖廣、四川按察使，雲南布政，及巡撫順天，凡六起用，皆不赴。生平不餙妾媵，恭人蔡卒，三十年不復娶。穎［潁］州、西川諸番，皆繪像祀之。知穎［潁］州時，有士無行，爲所黜。去官日，士民攀轅，而是生亦奔送百里外。幼有神童名，爲王司寇敬所所知，王卒，千里哭其墓。有《玉房山集》《虔臺志》《贛郡志》行世。卒謚桓愨，大學士倪元璐、太史李維楨、臨川陳際泰皆有傳、志、碑。祀鄉賢。」

姓。民至今思之。①

嚴而泰。江西鄱陽人。由鄉舉。爲人深沉有確守，持身清直，人不敢干以私。遇事初稍遲鈍，久之則各有條。州有走遞馬，每買補時，豪右多索高價。泰釐其弊，歲省民間費千金，民甚便之。後以疾卒於潁，潁人爲之罷市走泣。迄今語賢父母，必曰公云。②

楊際會。號乾銘，容縣人。寬仁大度，嚴重有儀，介然不可犯。均田但足額數，不苛增搜，百姓深蒙其福。去潁後，見潁人如家人。所至語人曰：「潁土厚情真，多君子。」士民至今懷之。③

---

①《康熙潁州志·名宦·明》：「陳誥。莆田（今屬福建）人。知州事。文章廉介，冠於當時。其申減驛馬、庫役等苦差，濬溝渠，除奸蠹，一意愛民，惠政丕著。」《康熙福建通志·選舉·明進士》：「嘉靖四十四年乙丑（1565）范應期榜……莆田縣……陳誥。雲南參政。」《光緒興化府莆田縣志》同。

②《康熙潁州志·名宦·明》：「嚴而泰。鄱陽（今屬江西）人。萬曆間由鄉舉爲州守。清直有守，人不敢干以私。遇事初若稽遲，久之各有條理。州設走遞馬，斃即市補，豪右每索高價。而泰釐其弊，民間歲省費千金。及卒於官，潁人多哭泣罷市。」《康熙鄱陽縣志·人物·儒行》：「嚴而泰。而泰字師孔，三可先生孫也。弱冠領萬曆癸酉（1573）鄉薦，庚辰（1580）中乙榜。授彝陵學正，薦入南雍助教。能以師道自重，服士心。陞潁州守，治行著聞。卒於官，年四十二。而泰結髮静修，迄於疆［彊］仕，粹然一節，鄉評與之。」

③《康熙潁州志·名宦·明》：「楊際會。字乾銘，容縣（今屬廣西）人。爲潁守，寬仁大度，然嚴重難犯。均田但足額數，不事苛求。既去官，見潁人倍加親愛。每語人曰：『潁土俗厚，多君子，吾所極不忘者。』其戀戀去後如此。」《光緒容縣志·選舉志·明進士》：「（萬曆）五年丁丑（1577）科：楊際會。登沈懋學榜。知六安州，遷閩臬，尋參楚藩。」同書《人物志·列傳（明）》：「楊際會。字仕遇。性敏好學。萬曆丁丑進士。知六安州，尋以兄際熙巡按上江，循例調潁州。有巨豪武斷，會置之法，郡人稱快。晉戶部郎，出守饒州。時樂平饑，民嘯聚煽亂，會單車諭散其黨，亟發粟賑之。遷閩臬，尋參楚藩。卒於官，祀名宦。知縣區龍禎詳請入祀鄉賢，不果。」

孫崇先。陝西扶風人。由舉人。任蒙城知縣。奉撫按檄審編潁州戶口，蓋因其才能，試以繁錯。崇先單騎馳至，進諸百姓而詳詰之，見其憔悴蕭條狀，不忍觀。爲之查詭寄，汰逃亡，增減之間，中民疾苦，清理畫一，上下悦服。撫按遂具題知州事，起瘡痍而衽席之。操嚴一介，瘠己肥民，遂致豐稔。招集流亡，減河工之役，革衙蠹之弊，折閭左之豪，清軍衛之蠹。民害既除，而又爲蠲逋賦，均徭役，詰奸慝，卹饑寒，民皆便之矣。而輸納以時，萑苻不警。其廉仁足孚，才識足辦，實心實政，真能吏也。四境大治，而暇則横經課士，翩然琴鶴，有趙閱道之風。兼修郡志，以備文獻。士民謳歌之，至今尸祝不衰。①

王政。號秋雲，四川夔州府舉人。初以寧州守起，補治潁。精明執法，遇事而顛末頓徹，愷悌廉介，人稱神君。潁向苦於遼餉，力爲減派，歲省千金，且賦不加耗，征不苦役。潁人健訟，而又盜藪，惟理其曲直，願息者聽。捕盜則治窩主，故里閭屏蹟。其清理戶籍，纖悉備核。種種良法，雖漢之循異[吏]不能過也。且陰戢白蓮，保全生命，更多綏輯之功。至於不畏强禦，禁奸懲暴，稂莠力誅芟，又見豐稜，歷四載而潁稱大治。召爲中軍都督

①《康熙潁州志·名宦·明》：「孫崇先。扶風（今屬陝西）人。由孝廉令蒙城，以才能著。奉檄編審潁州戶口，單騎馳至，進百姓，詳詰之，見憔悴疲勞狀，乃不忍觀。亟爲清詭寄，汰逃亡，損益之間，上下悦服。中丞廉訪以聞，遂遷潁州牧。既下車，減河工之役，除軍衛之弊，豪猾革心，萑苻息影。暇則横經課士，修州乘以備文獻，其美政不勝書。後仕至方伯。」《雍正陝西通志·人物·廉能（明）》：「孫崇先。字重之，扶風人。萬曆戊子（1588）舉人。初任蒙城知縣，陞潁州知州。剔弊懲猾，人莫敢欺。嘗出郊，群蛙遮道，使人尾之去，蛙止處掘得伏屍，知有隱冤，拜禱城隍神，求雪其事。是夕，夢一馬負纓入中門，寤而思之，訪有名馬上英者，執訊立服，衆咸驚異。擢貴陽知府。」

府經歷，尋陞戶部。去潁五載，百姓謳思，每渡江、起居，祠祀如桐鄉。①

李雲。湖廣人。由舉人。天啟五年（1625）知潁州。因潁土州、衛同城，衛苦代運而禍蠹滋蔓，民不堪命。會有衛丁張邦紳叩閽籲陳，政［雲］亦請於當事，同兩省會題，革除其弊。至今軍民咸食其福。②

汪心淵。號如愚，江西弋陽人。原任贈宗伯公諱偉之曾孫也。心淵早登甲科，初領徐州牧。屬東魯妖賊披猖，繕兵設奇，徐賴以全，民甚德之。當事者反側目見忌，中以危法。久之，公道特彰，下詔湔釋，還加勞慰焉。天啟七年（1627）改補潁州。其治潁也，不喜聽斷，不急催科，亦不必搜剔豪蠹、窮治逋盜，似不以才見長者，而乃左右咸宜。知潁俗好訟多盜，直籍［藉］以鎮定之耳。如羨耗鍰贖，並不聞染指；隸役胥率，咸凜凜奉法。暇則進諸生課藝，

---

①《康熙潁州志・名宦・明》：「王政。字秋雲，夔州（今重慶奉節）人。初以孝廉守寧州，後補潁州。愷悌精明，體用兼備。潁素苦遼餉，政至，力爲減派，歲省費不貲。治訟惟理曲直，願息者聽。弭盜有法，陰戢白蓮邪教，保全生命更多。尋陞戶部郎去，頌神君慈父者久而不衰。」《康熙寧州志・職員・明（知州）》：「王政。四川新寧（今四川開江）舉人。知寧州。精敏絕倫，催科居最。官至參憲。」《乾隆新寧縣志・選舉・（明）舉人》：「王政。（萬曆）庚子（1600）。寧州知州。」

②《明史・盧學古傳》附傳：「夷陵（今湖北宜昌）李雲，由鄉舉知潁川州，州人祠祀之。謝事歸。流賊熾，大書『名義至重，鬼神難欺』二語於牖以自警。及城陷，不屈。執至江陵，絕食死。」《康熙潁州志・名宦・明》：「李雲。湖廣人。天啟五年，由舉人知潁州。潁故州、衛同城，苦代運而積蠹滋蔓，民力不堪。適衛丁張邦紳叩閽籲陳，雲亦請於當局。乃同豫省會疏，除其弊，軍民便焉。」《清一統志・宜昌府・人物》：「李雲。字衡嶽，夷陵人。萬曆舉人。歷官知潁州，有惠政，乞休歸。晚年書『名義至重，鬼神難欺』二語於牖。崇禎中，流賊陷城。執至江陵，不屈，絕粒死。本朝乾隆四十一年（1776），予謚節愍。」《同治宜昌府志・士女傳・明》：「李雲。字衡嶽。萬曆壬子（1612）舉人。由武功令擢潁州刺史。既去，潁人廟祀之。居恒秉禮自持，言笑不苟。晚知明祚將終，大書『名義至重，鬼神難欺』八字，揭之牖上，日夕著述其中，左琴右書，穆如也。（崇禎）癸未（1643）之變，賊馬守印執之，不屈。逼至荊州石套子，不食旬日，瞑目端坐而逝，群賊異而羅拜之（載《明史》）。」

士亦争自琢磨。潁人立祠祀之。後佐淮陰鹽政，鹽法平。尋陞淮陰二千石，積疲咸起，於今傳有賢聲。①

尹夢鰲。雲南人。由舉人，崇禎七年（1634）知潁州。潔己惠民，嚴以御下，胥吏憚威，不敢犯法，遂不能爲民害。會流賊猖熾，當事者慮禦戰無備，檄馳潁州，協備馬四十匹，每匹約費三十金，解送交納倍之，里民錯愕無計。乃毫不征派，盡罄己五斗豫備以應。迨崇禎八年（1635）春，有闖塌天、掃地王、李自成、紫金梁等賊合力攻潁，而北面愈急。以逼城有高樓，外易仰攻，鰲會通判趙士寬督眾守禦，越三日，力不給，城陷，猶手辦數賊，中刀身死，屍落水中。忠烈凛凛，潁人言之無不流涕。後兵科給事林正亨奉旨詢視，具疏上聞，與士寬俱奉優卹之典。②

---

①《康熙潁州志·名宦·明》：「汪心淵。字如愚，弋陽（今屬江西）人。早登甲科。初領徐州牧，屬東魯妖賊起，心淵繕兵設守，民賴以全。當事者忌之，中以危法，久乃得白。於天啟七年改補潁州，先撫字而後催科，羡耗贖鍰，毫無染指。暇即進諸生課藝，文風士气振焉。仕至淮陰二千石。」《乾隆弋陽縣志·選舉·（明）舉人》：「萬曆三十一年癸卯（1603）鄉試：汪心淵。淮安知府。體陽之子。」《乾隆淮安府志·職官·（明）淮安府知府》：「汪心淵。江西人。舉人。崇禎初年任。」《同治徐州府志·職官表·（明）徐州知州》：「汪心淵。弋陽人。（萬曆）四十七年（1619）年任。」

②《明史》本傳：「尹夢鰲，雲南太和人。萬曆時舉於鄉。崇禎中知潁州。八年正月方謁上官於鳳陽，聞流賊大至，立馳還。賊已抵城下，乃偕通判趙士寬率民固守。城北有高樓瞰城中，諸生劉廷傳請先據之，夢鰲以爲然。而廷傳所統皆市人，不可用，賊遂據樓以攻，且鑿城，頹數丈，城上人皆走，止之不可。夢鰲持大刀，獨當城壞處，殺賊十餘人，身被數刃。賊衆畢登，遂投城下烏龍潭死，弟侄七人皆死之。」《康熙潁州志·名宦·明》：「尹夢鰲。雲南人。崇禎七年由舉人知潁州。潔己惠民，嚴明以御胥吏。會流賊猖狂，當事馳檄派備戰馬四十匹，民不能辦，夢鰲傾囊應之。明年春，闖塌天、掃地王、紫金梁等賊合兵圍潁，攻北門甚急，以外有高樓逼城，賊得據以俯擊也。夢鰲會趙通判趙士寬督眾守禦，越三日，力竭城陷，猶手殺數賊，身中刀死，落水中。忠義凛凛，潁人言之無不流涕者。後兵科給事林正亨奉命詢視，以狀聞，與士寬並加優卹。」《康熙大理府志·人物·（明）忠烈》：「尹夢鰲。太和人。萬曆乙卯（1579）舉人，崇禎年初授四川西充知縣。陞潁州知州，大著賢聲。未幾，流寇攻城，城陷，刃賊而死。贈光祿寺卿，遣官諭祭。」

任民育。山東濟寧州人。爲州牧。當兵疫之後，戶口死亡畧盡，兼大旱相繼，民多易子而齧其骨。先事者值賦徭煩劇，猶嚴法責成，日餓死囹圄者數十人。自前守蕭嗣立死後，事無可如何，民育悉苦心計之。見府判任有鑑開報撫按，本州荒地已及一萬一千頃，止存八千餘頃可耕者。民育因之開除荒田，止徵現在，併八十里爲四十里，力爲上司言其狀，謂地荒不能即墾，人死不能再生，非休養生息，需之數十年不可再追昔日之盛。於是會議上聞，得旨遵行，民始有蘇。但恨繼民育者不能招來劬勞，以拯民溝壑耳。即此事，而民育實能爲民請命矣。久之，陞揚州知府，遇城陷，遂死國事。仁愛百姓，兼裕幹濟，更終之以忠烈，庶幾叔季完臣。①

同知六人②。

李天［添］祐。洪武元年（1368）同知州事。時兵亂之後，百事草創，天［添］祐隨宜經理，招撫流亡，移

①《明史·史可法傳》附傳：「任民育，字時澤，濟寧（今屬山東）人。天啟中鄉舉，善騎射。真定巡撫徐標請於朝，用爲贊畫，理屯事。真定失，南還。福王時，授亳州知州。以才擢揚州知府，可法倚之。城破，緋衣端坐堂上，遂見殺，闔家男婦盡赴井死。」《康熙潁州志·名宦·明》：「任民育。濟寧州人。以孝廉爲州牧。當兵疫之後，戶口死亡畧盡，繼以大旱，民多易子而食。前者值賦徭煩重，猶嚴法追呼，餓死囹圄者日數十人。民育至，殫苦心計之。見任府判有鑑申報兩臺，本州荒地已及萬有千頃，僅存八千餘頃可耕者。因開除荒田，止徵現在，併八十里爲四十里，力爲上司言其狀，謂地荒不能即墾，人死不能再生，非休養數十年，豈易追舊日之盛。於是會議上聞，竟如所請，民始獲蘇。尋陞揚州太守，城陷死之。」《雍正山東通志·人物·明》：「任民育。字厚生，濟寧人。天啟甲子（1624）舉人。崇禎時以檢討楊士聰薦起孝廉，知潁州，擢揚州知府。民育器幹英偉，多惠政，爲吏人所稱。廣陵失守，民育死之。」

②原文作「五」，據下文統計，實為六人，故改。

［遺］民歸復。①

劉節。江西廬陵人。成化十三年（1477）由貢士同知潁事。惓惓然以淑人心、敦教化爲務。修清白陂、椒陂等堤，百姓賴之。嘗伐石砌東關馬頭，百廢具舉。纂修《州志》，允爲實録。議請撫按置縣於谷家莊，已相地度基，節卒，其事遂寢。②

茅宰。浙江山陰人。嘉靖己丑（1529）進士，十六年（1537）由刑部主事左遷添注同知。宅心如青天白日，布政和平。吏畏其威，民懷其德。謡曰：「民之父母，愷悌君子。我潁茅公，如此如此。」又曰：「張、周去後無

---

①《成化中都志·名宦·潁州（國朝）》：「李添祐。洪武元年同知州事。時兵亂之後，百事草創，添祐隨宜經理，招撫流亡，遺民歸復。」《南畿志·鳳陽府·宦蹟》：「李添祐。洪武元年同知潁州事。時兵亂之後，百事草創，添祐隨宜經理，招撫流亡，遺民復歸。」《正德潁州志·名宦·明》：「李添祐。洪武元年同知州事。時初經喪亂，百事草創，添祐招撫流亡，救養顛沛，遺民稍稍歸復。」吕景蒙《嘉靖潁州志·職官表·同知（明）》：「（洪武）李添祐。傳見《名宦》。」然該書相關部分已缺失。李宜春《嘉靖潁州志·宦業·明》：「李添祐。洪武元年同知州事。時兵亂之後，百爾草創，添祐随宜經理，招撫流亡，遺民歸復。」

②《正德潁州志·名宦·本朝》：「劉節。江西人。由舉人，同知潁州。政聲大著，士民悦服。」吕景蒙《嘉靖潁州志·職官表·同知（明）》：「（成化）劉節。江西廬陵人。貢士。十三年任。有政績，民至於今福之。」李宜春《潁州志·宦業·明》：「劉節。江西廬陵（今吉安）人。成化十三年由貢士任同知。惓惓然以淑人心、敦教化爲務。嘗伐石砌東關馬頭，百廢具舉。纂修《州志》，允爲實録。議請撫按置縣於谷家莊，已相地度基，因節卒，遂寢。」《雍正江西通志·選舉·明》：「天順六年壬午（1462）鄉試……劉節。吉水（今屬江西）人。順天中式。州同。」《道光吉水縣志·選舉·舉人（明）》：「天順六年壬午鄉試……劉節。州同。」

天日，此日清光照千里。」陞南京刑部主事。①

崔相。山東恩縣人。古樸正大，凡事一軌於理法，不亢不隨。居四年，一毫不染，人皆感其仁明云。②

曾佐。江西南城人。峻孤有氣節，能詩，爲文逼兩漢，修潔自喜。郡公謝鳳渚嘗曰：「曾君真一介不取，少濟和平，天下士也！」③

賈舜田。山東掖縣人。清正執法。以病去，買小車載妻孥，行李蕭然。士民思慕之。④

①吕景蒙《嘉靖潁州志・職官表・同知（明）》：「（嘉靖）茅宰。浙江山陰（今紹興）人。進士。十六年刑部主事左遷添注。」李宜春《嘉靖潁州志・宦業・明》：「茅宰。浙江山陰人。嘉靖己丑進士，十六年由刑部主事左遷添注同知。宅心如青天白日，布政如和風甘雨。吏畏其威，民懷其德，故其謠曰：『民之父母，愷悌君子。我潁茅公，如此如此。』又曰：『張、周去後無天日，此日清光照千里。』陞南京刑部主事。」凌迪之《萬姓統譜》：「茅宰。字治卿，山陰人。由進士。嘉靖九年（1530）任六合知縣，時年方二十有七，老成持重，倬有定見，人不得窺其喜怒，明敏果決，有古循良風。陞刑部主事。以疾卒。」《嘉慶山陰縣志・選舉・明（進士）》：「茅宰。有傳。（嘉靖）八年己丑羅洪先榜。」同書《鄉賢・明》：「茅宰。字國卿。嘉靖中進士。知六合縣，爲一時循吏之最。遷南刑部主事。未幾，卒，六合人祠祀之。宰資性穎敏而好學砥行，卓然以遠大自期，竟限於年，識者惜之。祀鄉賢。」

②《康熙潁州志・名宦・明》：「崔相。恩縣（今山東平原縣）人。同知州事。廉平正大，凡事揆之理法，不激不隨。居官四年，一塵不染，民皆感德。」《雍正山東通志》及《宣統恩縣志》均未見其人。

③《康熙潁州志・名宦・明》：「曾佐。南城（今屬江西）人。爲潁州司馬。孤峻有氣節，能詩文，修潔自喜。郡守鳳渚嘗曰：『曾君真一介不取。少濟以和平，則天下士也！』」

④《康熙潁州志・名宦・明》：「賈舜田。掖縣（今山東萊州）人。同知潁州事。方正廉潔，志切愛民。以病去，買小車載妻孥，行李蕭然，見者感歎。」《乾隆掖縣志・政治・明》：「賈舜田。澄之子。由歲貢任固始丞，潔己愛民。署篆光山，新令至，庫有餘税三十金，以贍諸生，給孤貧。遷潁州同知，亦志切民瘼，廉潔方正。以病歸，買小車載妻孥，行橐蕭然，見者感歎。」

判官五人。

游兆。福建人。洪武七年（1374）潁州判官。勤能愛民，修築清陂塘，民永賴之。①

何坤。江西峽江人。嘉靖九年（1530）由監生任判官。居官清謹，民咸德之。陞永淳知縣。②

呂景蒙。字修飭，象州人。嘉靖中，由御史左遷本州添注判官。屈己愛民，勤於其業，安僚佐之分，無少崖等，若忘其爲憲臣者。修西湖書院，創建三忠、六貞祠，振作學校，表揚風化，豪右大猾斂手避之。其纂修《郡志》，大有卓識，彷［仿］《史》《漢》之遺意，條例整潔，後人更討，不能違其成範。且富有著述，卓爾名

①《正德潁州志·名宦·明》：「游兆。福建人。洪武二十五年（1392）潁州判官。勤能愛民，修築清波［陂］塘，民利之。」呂景蒙《嘉靖潁州志·職官表·判官（明）》：「（洪武）游兆。傳見《名宦》。」然該書相關部分已缺失。李宜春《嘉靖潁州志·職官·明（判官）》：「游兆。福建人。洪武二十五年任。見《宦業》。」然該書《宦業·明》云：「游兆。福建人。洪武七年任判官。勤能愛民，修築清陂塘，民永賴之。」《雍正福建通志·選舉·明薦辟》：「（泰寧縣）游兆。欽州府判官。」《康熙泰寧縣志》未見其人。

②呂景蒙《嘉靖潁州志·職官表·判官（明）》：「（嘉靖）何坤。江西峽江人。監生，九年任。遷永淳知縣。居官清謹，民咸德之。」李宜春《嘉靖潁州志·宦業·明》：「何坤。江西峽江人。嘉靖九年由監生任判官。居官清謹，民咸德之。陞永淳知縣。」《康熙峽江縣志·選舉·（明）例監》：「何坤。橫州（今廣西橫縣）人。知縣。」

家也。後陞汲縣知縣以去，所至有異績云。①

陳址。湖廣施州衛人。清嚴執法，左右誘以賂，怒曰：「官而賂，何顔對賂者，況天日乎？」杖而遣之。妻浣布裙，無他可更替，裹絹裙而砧，恚形於色，址從容慰之，畧不爲介意。②

潘張。號星海，雲南舉人。初授原武知縣。天啟六年（1626）謫判潁州，立一木於廳，書「天地神明監［鑒］察」六字，晨出焚香以拜，後視事。衙佐每與胥役通，巧爲侵削，遇有權豪所囑，民業盪盡矣。張堅毅耿介，力除此弊，而猾胥咸稍斂手焉。坊民有角界垣地者，訟不肯置，徐諭曰：「和睦鄉里如是乎？」民愧讓甚於法譴，遂榜其坊曰仁讓街以風焉。如食不再簋，衣必數澣，雖以官貧，其性然也。嘗語人曰：「官不論大

①吕景蒙《嘉靖潁州志・職官表・判官（明）》：「（今皇帝嘉靖）吕景蒙。廣西象州人。貢士。十二年（1533）御史左遷添注。」李宜春《嘉靖潁州志・宦業・明》：「吕景蒙。廣西象州人。嘉靖十二年由御史左遷添注判官。興學校，纂《州志》，振揚風化。陞汲縣知縣。」《乾隆廣西通志・儒林・明》：「吕景蒙。字希正，象州人。舉弘治甲子（1504）孝廉。歷官監察御史，以直言謫外任，旋累擢至大理評事，俱不就。時周琦、簡弼皆柳郡先輩，倡明理學，景蒙互爲切劘，其所論説，粹然一出於正。制府張岳重其望，有事於柳，過象州，造廬請見，流連竟日而去，表其宅曰『理學名儒』。所著有《定性發蒙》《象郡學的》二書，及《柳州府志》十六卷。」《乾隆象州志・人物・儒林》：「吕景蒙。字希正。宏［弘］治甲子孝廉。歷官監察御史，巡上江，作《操江衍義》。奏聞，蒙著爲令。又劾無湖抽分奸弊，謫潁州判官。轉汲縣知縣，後陞福州府通判，遷南京大理寺評事，俱不就。從遊湛甘泉之門，倡明理學，其所論説，粹然一出於正。總制張浄峯爲立『理學名儒』坊以旌之，坊在州城南門外。後浄峯督師過象，造其廬，接談終日不倦。所著有《定性發蒙》《象郡學的》三十卷、《柳州府志》十六卷。以壽終，墓在城南。」

②《康熙潁州志・名宦・明》：「陳址。施州衛（今湖北恩施）人。判潁州，清嚴執法。吏有以賂進者，杖而遣之。妻布裙垢，無他可更，乃着綌裳以浣，恚形於色，址從容慰之，畧不介意。」《同治恩施縣志・人物・行誼（明）》：「陳址。字對滄，施州衛人。博學工詩。由歲薦歷潁州州判。（《舊衛志》。）」

小，要各盡職。不佞職司農務，雖潁一區地，亦國儲民命所關，可忽乎哉？」捐奉修糧廠，照舊制更爲堅擴。且依隙地作丙舍數十楹，額以「節民裕國」，重民命、重國儲也。佐潁及期，陞楚之通山令。士民涕泣未獲，立永思碑於廳左。①

學正七人。

李悦。浙江永嘉人。正統六年（1441）任學正。以潁川隸河南都司，乃奏請在學軍生赴河南省鄉試，自是科不乏人。陞南昌府學教授。②

---

①《康熙潁州志·名宦·明》：「潘張。字星海，雲南人。由孝廉宰原武。天啟六年謫判潁州，植一木於庭，書『天地神明鑒察』六字，晨出焚香以拜，然後視事。坊民有争垣界者，訟不已，張諭以洽比之道，民並愧讓，遂題其坊曰『仁讓』以風焉。嘗語人云：『官不論大小，各當盡職。吾職司農務，潁雖一隅地，亦國儲民命所關，可忽乎？』捐奉修糧廠，完固逾於舊制。更作丙舍數十楹，額以『節民裕國』。其規畫嚴整，多類此。遷楚之通山令，士民涕泣遮留。既去，立永思碑於堂左。」《康熙鶴慶府志·選舉·舉人（明）》：「（萬曆丙午）潘張。」同書《人物·鄉賢（明）》：「藩［潘］張。萬曆丙午（1606）鄉薦，中癸丑（1613）會試副榜。尹原武，履任七日即開倉賑饑，民賴以活。迁通令，嚴禁溺女，一時號爲慈母。俗喜鬼，張諭止之，淫祀頓已。其慈而方正，大率類此。祀鄉賢。」

②原文「七」，據下文統計，實為七人，故改。吕景蒙《嘉靖潁州志·職官表·學正（皇明）》：「（正統）李悦。傳見《名宦》。」然該書《名宦·明》傳記部分已缺失。李宜春《嘉靖潁州志·宦業·明》：「李悦。浙江永嘉人。正統六年任學正。以潁川衛隸河南都司，乃奏請在學軍生赴河南省鄉試，自是科不乏人。陞南昌府學教授。」

張賢。浙江臨海人。成化四年（1648）任學正。嚴立課程，勤於講訓，諸生多成就，文風爲之益振。祀名宦。①

劉佩。河南鄢陵人。成化十三年（1477）任學正。教規嚴整，以勤苦爲諸生先。每夜四鼓擊鐸，諸生齊起，膳夫進湯。升堂畢，諸生各退就號，以次校業。暮復擊鐸，至二鼓罷，諸生無敢惰者。郡前輩仕宦以學識稱者，多出其門云。祀名宦。②

廖雲從。字石和，福建懷安人。嘉靖五年（1526）由貢士任學正。博學洽聞，以身率教，彬彬然多向學士，陞樂安知縣。③

①《正德潁州志・名宦・明》：「張賢。浙江人。由舉人，任學正。教士多成，文風大振。」吕景蒙《嘉靖潁州志・職官表・學正（皇明）》：「（成化）張賢，傳見《名宦》。」然該書《名宦・明》傳記部分已缺失。李宜春《嘉靖潁州志・宦業・明》：「張賢。浙江臨海人。成化四年任學正。嚴立課程，勤於講訓，士多所成就。」《康熙臨海縣志・選舉志・舉人（明）》：「（成化四年戊子科）張賢，字時用。任潁州學正，轉國子學錄。」

②「佩」字，當作「珮」。吕景蒙《嘉靖潁州志・職官表・學正（皇明）》：「（成化）劉珮。傳見《名宦》。」然該書《名宦・明》傳記部分已缺失。李宜春《嘉靖潁州志・宦業・明》：「劉珮。河南鄢陵人。成化十三年任學正。教規嚴整，以勤苦爲諸生先。每夜四鼓擊鐸升堂畢，諸生各退就號，以次校業。暮復擊鐸，至二鼓罷。諸生無敢翫惰，其後徒衆尤盛知名也。」

③吕景蒙《嘉靖潁州志・職官表・學正（皇明）》：「（嘉靖）廖雲從。福建懷安（今閩侯）人。貢士。五年任，遷樂安知縣。」李宜春《嘉靖潁州志・宦業・明》：「廖雲從。字石和，福建懷安人。嘉靖五年由貢士任學正。博學洽聞，以身率衆，彬彬然多向學士矣。陞樂安知縣。」《乾隆福建通志・選舉・明舉人》：「（嘉靖元年丘愈榜壬午懷安縣）廖雲從。授潁川學正。以身率教，陞樂安知縣。」

胡衮。字褒之，鄱陽人。嘉靖十二年（1533）由選貢任學正。恕以律身，儀以作士。其纂修《潁志》，多出其手。①

廖雲鵬。福建福州侯官縣人。清偉玉立，長於文學，持己矜矜自擇，咳笑不苟，一時學士胥敬宗之。②

陸之越。字逾凡，浙江錢塘人。由舉人，崇禎十三年（1640）署學正。端方質樸，勤於講課，而鑑別精當。作行楷書，雅爲董宗伯玄宰所重。刻有《同善錄》以教士訓俗，克樹師範云。③

---

①吕景蒙《嘉靖潁州志·職官表·學正（皇明）》：「（嘉靖）胡衮。江西鄱陽人。選貢。十二年任。」李宜春《嘉靖潁州志·宦業·明》：「胡衮。字補之，江西鄱陽人。嘉靖十二年由選貢任學正。廉以律身，義以作士，其纂修前《志》，多賴秉筆。」《道光鄱陽縣志·選舉·明貢士》：「胡衮。字補之，大梨人。歷官歸州、潁州、武昌教職。著有《讀史質疑》《戊丙樵書》等集。」

②《康熙潁州志·職官·明（學正）》：「廖雲鵬。侯官（今福建閩侯）人。舉人。詳《名宦》。」同書《名宦·明》：「廖雲鵬。侯官人。隆慶朝以孝廉任學正。文行兼長，而且清標玉立，言笑不苟。一時學士，咸敬而宗之。」《萬曆福州府志·選舉·（明）鄉舉》：「嘉靖三十一年壬子（1552）黄星耀榜……侯官縣學：廖雲鵬。《禮記》，第五人。字子翀，國子博士。」

③「越」字，《康熙錢塘縣志》作「樾」。《康熙潁州志·職官·明（學正）》：「陸之越。錢塘（今浙江杭州）人。舉人。」同書《名宦·明》：「陸之越。字逾凡，浙江錢塘人。崇禎十三年以舉人署學正。端方質樸，勤於講課，而鑑別精當。刊《同善錄》以教士，造就者衆。」《康熙錢塘縣志·選舉·（明）舉人》：「（崇禎）六年癸酉（1633）科俞穎陽榜：陸之樾。」

訓導四人。

王穀。海豐人。隆慶年任。古樸長者，《易》學最精。①

蔣價。武進人。萬曆年任。能詩，作字有法。②

張邦。仁和人。萬曆年任。精青烏安期之術，蘊籍士也。③

林文豪。莆田人。蘊藉能古文辭。④

附⑤

麻勒吉。滿洲狀元。康熙十年（1671）總督江南江西。公以命世奇英作鎮屏藩，蒞任數旬，蝗蝻四布，公稽古埋蝗之法，倣而行之，捐俸埋蝗。遠近負戴而至，日相望於塗，量輕重多少授之緡，而蝗日益少，不能爲害，民不苦饑。公拊膺歎息曰：

①《康熙潁州志·名宦·明》：「王穀。海豐（今屬廣東）人。隆慶間爲訓導。古樸稱長者，而《易》學最爲精深。」

②《康熙潁州志·職官·明（訓導）》：「蔣價。武進（今屬江蘇）人。詳《名宦》。」同書《名宦·明》：「蔣價。武進人。萬曆間司訓。詞翰兼工，不愧師表。」

③《康熙潁州志·職官·明（訓導）》：「張邦。仁和（今屬杭州）人。詳《名宦》。」同書《名宦·明》：「張邦。仁和人。萬曆間任訓導。蘊藉可親，雅善青烏之術。」

④《康熙潁州志·名宦·明》：「林文豪。莆田（今屬福建）人。嘉靖時爲訓導。恂恂儒雅，長於古文。」《康熙福建通志·選舉·明貢生》：「興化府學……林文豪。榮府教授。博學能文，詩律亦工。年九十三。」《光緒興化府莆田縣志·選舉志·（明）歲貢》同。

⑤以下至卷末非《順治潁州志》原有，乃復旦大學圖書館藏本中所附後人之插頁。今作爲附錄載於此。麻勒吉、阿席熙、于成龍、傅臘塔四人皆爲兩江總督，並非潁州官員，且任期皆在康熙間，非原志內容甚明。

「值茲盤錯，豈無利器？思效鉛刀之一割，遂任其災傷而不之卹，以至凋敝，莫或省憂也。」舉利弊之在藩臬、監司、府縣、學校、將卒、衛弁、關津、驛遞、鹽鹺、行市，以及舟車往來人物之數，皆有規矩可守，罔敢壞法亂紀，致干罪戾。繁冗者，振其綱；瑣細者，核其目。令修於庭，民歌於野，江淮湖海，煥然一新。兩江人民浴恩膏，指不勝屈，擇其關吏治民風三十八條，勒之去思碑於雨花木末山下。百姓歲時伏臘憩息其旁，手摩口誦，石刓缺字，摹畫至不可讀云。士庶立祠，一在學宮內，一在聚寶門外。①

阿席熙。滿洲人。康熙十三年（1674）總督江南江西。公以從龍之彥爲股肱，爲心膂，擴土開疆，積功至副都御史。帝心眷注，特命建纛茲土。蒞任伊始，唯歆醇以治，幾幾清淨畫一之風。迨逆藩煽亂，起蓋營房，修造船艦，捐俸集事。時以北來將士率皆羽林，檄出城東西頭條、二條、三條巷民居以駐軍。又欲伐城外蔭樹以庀材，公不從。至誓劍從事，引領以待曰：「頭可斷，民不可擾，木不可伐！」朱光燦逃亡，株連者衆，皆有册籍可稽，坐繫獄，罪在不赦。公飭臬司崔，株首惡七人，餘縱遣，泣謝轅門，皆云：「非公不能以活我。」公立身行己，皆本志性，忠無可形，廉無可指。有爲暮夜之投者，却不受：「天威咫尺，倘或知之，罪我必深。」任滿回京，舟中無長物，獵犬數頭，鵠立船尾，遠近觀者皆歎服公之介節。公以深沉之姿，宣盛大之業。

①麻勒吉（？—1689），字謙六，瓜爾佳氏，滿洲正黃旗人。順治九年（1652）滿蒙榜進士第一，曾任刑部侍郎、兩江總督、廣西巡撫等職。《清史稿》有傳。《乾隆江南通志·職官志·名宦》：「麻勒吉。滿洲人。康熙十年總督兩江。甫蒞任，值旱蝗，倣行古埋蝗之法。又捐俸買蝗，遠近負戴而至，量多寡授緡，蝗漸絕，歲不告饑。其爲治，提綱挈領，務有所振起。凡藩臬、郡縣、學校、營衛、驛遞、塲局、市井一切利弊宜罷行者，及舟車往來人物之數，各有品章條貫，芟繁覈實，不苛不濫。士民掇其尤著者三十八條，鑱之於碑，立祠祀之。（《舊通志》。）」

初不事發揚蹈厲，振興爾衆，而士忘歌頌，民泯謳思。究之，恩及千萬人而已不居其恩，澤及千萬家而身不市其澤。風姿滔幹，涵盖兆人，其措置常出人意表云。①

于成龍。康熙二十一年（1682）總督江南江西。公字北溟，山西汾陽人。己卯（1639）貢於鄉。公素以帖括無益經濟，遂專精經史之學，於程朱源流尤多發明。爲諸生時，已負大儒之望。初授縣令，即以清介聞。陞黄州郡丞，值麻城賊勢甚張，有司惶惶議勦，公獨慨然曰：「皆吾赤子也。賊不過數人耳，奈何以數人殺千萬人？勦不可！」公單騎直造賊壘，責以大義。賊皆投戈，呼曰：「于青天至，我輩尚忍反乎？」皆就撫。由是朝野欽爲異人，人争欲識于公面。迨湖南蕩平，干戈甫息，公招集哀鴻，使安畛隰。供億軍旅，不致繹騷，皆公惠也。由是帝眷益隆，歷試大藩，若楚，若閩，若燕，息［悉］稱上旨。而撫直隸時，則尤稱艱鉅，蓋輦轂之下，非才與膽與謀相兼，未易言治。而公之剛方正直，一時有包孝肅、海忠介之稱。迨兩江節制之命下，貪墨之吏不俟公至，望風而解印綬去者踵相接。豪强梗化者徙境外，奢多僭逾者皆斂蹟焉，至今民賴其利者。若戒餽贐，禁加派，輕火耗，嚴保甲，懲奸拐，清營伍，訪蠹役，剔關政，平鹽價，種種良法，固赫在耳目間。而於多士，則純以愛養爲心。常親臨貢院甄拔英才，每訓諸生曰：「朝廷以人才爲急，諸生以品行爲先。」庠序之中，稂莠並進，教未施耳，故於誘掖薰陶三致意焉。兩江士風日上，公惠也。惜不辭繁劇，卒以盡瘁搆疾。公薨之日，舉國若喪考妣。男婦童叟皆入公署，見孤燈煢煢，猶

①《乾隆江南通志·職官志·名宦》：「阿席熙。滿洲人。康熙十三年總督兩江，爲政清静畫一，吏民安之。會逆藩煽變，創建營房，修造戰艦，悉如期。集事南討，大軍絡繹過境，席熙徵調供億，號令嚴明，所部安堵。及任滿還京，行橐蕭然，人服其操。（《舊通志》。）」《清史稿·麻勒吉傳》附傳：「阿席熙，瓜爾佳氏，滿洲鑲紅旗人。自兵部筆帖式遷光禄寺卿……康熙十二年（1673），遷江南江西總督……」

然在案，周身之具，布被衣衾而已。清儉之節，固千古所未有也。祠一立天妃宫側，一立雨花臺畔。迄今士民過者，猶蘇蘇隕涕焉。公没後，贈太子太保，謚清端。①

傅臘塔。滿洲世族。自都察院都御史漸登司寇，康熙三十一年（1692）總督兩江。激揚有道，摘發（如）神，萑苻（用）戢，濫差嚴，關蠹平。午夜救焚，秋深禱雨，以建（此處似有缺字）課士教民，疏河墾荒，固已藩宣之寄，追踪甫申；陰雨之膏，齊名召伯。康熙三十三年（1694）以微疾捐館，漕撫院具疏請謚，上遣官予癸［祭］錫封。士民感戴，建祠雨花臺下，勒石廟門内。其尤不忍忘者，江寧房鈔、房號、蓬搭歲輸金錢七八千兩，他省皆無，此郡獨有，明季以來，相沿至今，比户追呼，不勝煩擾。公繪圖入告，而俞旨已下，數百年積弊，一朝頓除。士子入闈，部文額數甚嚴，公具疏上請，部議廣額。至今濟濟多士，

①于成龍（1617—1684），字北溟，號于山，永寧（今山西方山）人。崇禎十二年（1639）副榜貢生，入清後仕至兵部尚書、兩江總督。袁枚《于成龍别傳》、戴震《于成龍傳》述其事甚詳。《光緒永寧州志·仕實·國朝》：「于成龍。字北溟。副貢生。順治十三年（1656）選授廣西羅城縣，縣數遭兵燹，時方新復，拊循安輯，稍稍相習。因問地方利害，悉得要領，次第整齊，恩威並用。遷知合州，未幾遷黄州府同知。時急盜案，官以盜爲諱。成龍遣捕，得九人，集父老曰：『能保後不爲盜者貰之。』保二人。即於父老前取大索，連繫七賊坑之，盜自是慄遁。又獲大盜彭伯鈴，置左右，責以捕盜。巡撫張朝珍器成龍，舉卓異。會吳三桂亂，檄攝武昌事。問禦亂策，成龍對以安人心莫若先下令停征。朝珍已草疏，而意與之合，以故兵事皆屬成龍。尋以卓異遷建寧府，朝珍奏改武昌。檄造軍所渡桥於蒲圻，賊鋒迫入城守，而橋以山水暴漲圮，罷職。會山東寇作，朝珍復委除賊。成龍曰：『黄州界三省，控七十二寨，其人剽悍阻險，難猝勝，請得便宜行事。』問需兵几何，成龍曰：『前守蒲圻數人足矣。』先是，妖人黄金龍亡匿判官君孚家，君孚得吳三桂劄書，與金龍潛結賊魁周鐵爪等，期以七月並起。君孚未及期，五月先反於曹家河。成龍偵知君孚雖反，衆未合，先榜示脅從者，許自首免罪，遂單騎至君孚家，曉以禍福。賊皆泣，於是君孚就撫，盡降其衆數千。以功復官，留麻城經畫，還武昌。聞金龍逃，合紙棚河賊鄒君申。於是，移檄區長，徵鄉勇二千人辦賊，群盜以次削平，生擒何士榮。自進勦至此，纔二十四日，東山亂定，此康熙十三年（1674）冬也。十五年（1676），水旱洊臻，訛言復起。成龍以人心易摇，示以暇豫，乃治赤壁亭榭，與文武官寮觴咏其間。密得暗奸，流言頓息。尋遷江防道、福建按察布政使、直隸巡撫、兩江總督。卒於官，年六十有八。」

同登桂榜，皆公培植之力也。蘆課丈量例委佐二，需索無厭，不堪其苦。公奉旨確議，五年一丈，悉屬印。廉積逋，酌期帶徵，洗滌煩苛，與民清净。蓋舉其綱之大而小不遺，撮其紀之小而大不漏。言治安者皆以綜理微密，唯公有焉。後奉恩綸，追贈太子太保，謚清端。①

①傅臘塔（？—1694），姓伊爾根覺羅氏，滿洲鑲黄旗人。康熙九年（1670），由筆帖式授内閣中書，後任刑部尚書、兩江總督等職。《清史稿》有傳。《乾隆江南通志·職官志·名宦》：「傅臘塔。滿洲人。康熙二十七年（1688），以刑部尚書總督兩江。慰薦賢能，懲黜貪墨，摘發如神，萑苻用戢，讞决明慎，屢剖疑獄，課士教民，疏河墾荒。二十八年（1689）聖祖南巡，垂問民間利病，因請免江寧房號、蓬搭、地租歲八千兩，又疏請江南鄉試增廣解額，議准蘆課丈量五年一舉，縣令親臨勘丈。二載，卒官，特遣官予祭，贈太子太保，謚清端。士民建祠祀之，雍正十二年（1734）奉旨祟祀賢良祠。」

潁州志卷之十三

名賢傳

潁自兩漢，代有傳人。有功施於民、以勞定國者，躬勤砥淬、宣勵庶猷者，艱棘危厲、蹇蹇弼直者，闢造疆土、桓桓師武者，智畧輻輳、鎮安宗祏者，廉清潔貞、操行絶俗者，高遯不汙、違世獨立者，好博研思、閒雅知物者，敏瞻〔贍〕辭致、蔚有藻章者，自六朝迄唐宋，如連茹也。明興三百年，功業、理學、直諫、博聞媲美前哲。以余所睹記，豈不後先輝映哉？

春秋

伍員。字子胥，潁乾溪人。其先伍舉，諫章華臺者，楚之名大夫也。父奢，兄尚。平王太子曰建，使伍奢爲太傅，費無忌爲少傅。無忌無寵於太子。平王使無忌爲太子娶婦於秦，勸王自取之。去太子而事平王，説王大城城父，以實太子，王聽之。從而譖之曰：「建與奢將以方城之外叛。」王遂執奢，而使奮揚殺建，建亡奔宋。無忌言於平王曰：「奢二子皆賢，可以父質，召而誅之。不然，且爲楚患。」王使召尚與員，員不來。尚至楚，楚並殺奢與尚。員亡走吳，因公子光以求見吳王僚，言伐楚之利。時公子光欲殺王而自立，阻之。員亦知光有内志，未可説以外事，乃進勇士專諸於光，退而與太子建之子勝耕於野以俟。光乃令專諸刺殺王僚而自立，是爲闔廬。闔廬以員爲吳行人，員遂破楚軍於豫章。後悉興師，與唐、蔡伐楚，敗囊瓦於栢舉。五戰及郢，楚昭王奔隨，吳遂入郢。員乃掘楚平王墓，出其屍，鞭之三百。後五年伐越，越王迎擊，敗吳於姑蘇，傷闔廬指。闔廬死，子夫差立。二年而報越，敗之夫椒，越王以其餘兵五千人棲於會稽，使大夫種厚弊［幣］遺吳太宰嚭以請和，求委國爲臣妾。夫差將許之，員諫，弗聽。夫差將爲魯伐齊，勾踐率其衆而朝，王及列士皆有賂。吳人皆喜，員獨懼曰：「是豢吳也夫！」諫不聽，員屬其子於齊鮑氏。吳太宰嚭因讒之曰：「員恨其計不用，常鞅鞅怨望。此起禍不難，願王早圖之。」王使賜之屬鏤之劍。員仰天歎曰：「樹吾墓檟，檟可材也。吳其亡乎？」乃自剄死。吳王聞之大怒，乃取員屍，（盛）以鴟夷革，浮之江中。吳人憐之，爲立祠江上，命曰胥山。①

沈諸梁。字子高，稱葉公。初，太子建見殺於鄭，其子勝在吳，令尹子西欲召之。葉公曰：「吾聞勝也，詐而亂，無乃害乎？」子西曰：「吾聞勝也，信而勇，不爲不利，舍諸邊竟，使衛藩焉。」葉公曰：「周仁之謂信，率義之爲勇。吾聞勝也，好復言而求死士，殆有私乎？復言，非信也；期死，非勇也。子必悔之。」弗從，召之。惠王十年（前479），吳人伐慎，白公敗之。請以戰備（獻），遂作亂。秋七月，殺子西、子期於朝，而劫惠王。子西以袂掩面而死，曰：「吾慙葉公也。」葉公在蔡，方城之外皆曰：「可以入矣。」子高曰：「吾聞之，以險徼倖

---

①伍員（？—前484），字子胥，封於申地，又稱申胥，楚國人。事見《史記·伍子胥列傳》。《正德潁州志·人物·春秋》：「伍員。字子胥，潁川乾溪人。其父奢、兄尚俱仕楚，爲大夫。諫楚平王荒淫，遂俱被殺。先是，奢令員逃生，員如命奔吳。初不以爲才，員隱身修行。盍［闔］閭聞而賢之，遂相吳。魯定公四年（前506）以吳師入楚，楚敗奔義陽。員伐平王塚，出屍鞭之，以復父之讎。復歸相吳，被讒賜死。宋張詠有《吊伍員》詩：『生能酧楚怨，死可報吳恩。直氣海濤在，片心江月存。』其故家今名伍名溝云。」按，此處所謂張詠「《吊伍員》詩」，實爲范仲淹《伍相廟》。呂景蒙《嘉靖潁州志·人物表·仕（春秋）》：「伍員。字子胥，潁乾溪人。父奢、兄尚俱仕楚，諫楚平王被害。員奔吳，隱身修行，吳王以爲相。」李宜春《嘉靖潁州志·人物·忠義（春秋）》：「伍員。字子胥，潁乾溪人。父奢、子尚俱仕楚，爲大夫，諫楚平王荒淫，俱被殺。子胥亡入吳，因公子光求見吳王。後子光刺王僚自立，爲吳王闔閭，召子胥，與謀國事。九年（前506），吳興師伐楚，楚昭王奔郢。子胥乃伐平王塚，出屍鞭之，以復父之讎。復歸相吳。太子夫差立，以伯嚭爲太宰，復伐越。越請和，委國爲臣。子胥强諫欲伐齊，又諫，伯嚭讒而毀之。夫差乃使使賜子胥屬鏤之劍，曰：『子以此死。』子胥仰天歎曰：『嗟乎！讒臣嚭爲亂矣，王乃反誅我。我令若父霸，自若未立時，諸公子争立，我以死争之於先王，幾不得立。若既得立，欲分吳國予我，我顧不敢望也。然今若聽諛臣言以殺長者。』乃告其舍人曰：『必樹吾墓上以梓，令可以爲器；而抉吾眼，縣吾東門之上，以觀越寇之入滅吳也。』乃自剄死。夫差聞之大怒，乃取子胥屍，盛以鴟夷革，浮之江中。吳人憐之，爲立祠於江上，因命曰胥山。」

［幸］者，其永無饜，偏重必離。」聞其殺齊管修也，而後入。至北門，或遇之，曰：「君胡不胄？國人望君如望慈父母焉，盜賊之矢若傷君，是絶民望也。」乃胄而進。又遇一人，曰：「君胡胄？國人望君如望歲焉，若見君面，民知不死，其亦有奮心，猶將旌君以徇於國，而又掩面以絶民望，不亦甚乎？」乃免胄而進。遇箴尹固帥其屬，將與白公。子高曰：「微二子，楚不國矣。棄德從賊，其可保乎？」乃從葉公。使與國人以攻白公，白公奔山而縊。①

漢

何比干。字少卿，汝陰人。少學《尚書》於晁錯，經明行修，通法律。爲汝陰縣獄吏決曹掾，平活數千人。武帝時爲廷尉正，時張湯持法深，而比干務存仁恕，所濟活者不可數計。後遷丹陽都尉，無冤囚，淮汝號曰何公。忽有老嫗至門，謂比干曰：「君先出自后稷，佐堯至晉，有陰德。及公之身，又鞠獄平恕。今天賜策，以廣公之子

①沈諸梁，字子高，楚國人。曾任楚國葉縣尹，故稱葉公。事見《左傳・哀公十六年（前479）》。《正德潁州志・人物・春秋》：「沈諸梁。字子羔［高］。仕楚，爲葉縣尹。按《左傳・哀公十三［六］年》：楚人白公勝作亂。殺令尹子西，攻惠王。子羔［高］討之。或曰：『君胡不胄？矢若傷君，是絶民望也。』乃胄而進。又曰：『君胡胄？國人見君面，是得艾也。』乃免胄而進。平惠王，復國，封葉公。性喜畫龍，嘗遊孔門。」呂景蒙《嘉靖潁州志・人物表・仕（春秋）》：「沈諸梁。字子羔［高］。仕楚，葉縣尹。詳《左傳》。」李宜春《嘉靖潁州志・人物・忠義（春秋）》：「沈諸梁。字子高。仕楚，爲葉縣尹。哀公十六年，楚人白公勝作亂，殺令尹子西，攻惠王。子高討之。或曰：『君胡不胄？矢若傷君，是絶民望也。』乃胄而進。又曰：『君胡胄？國人見君面，是得父［艾］也。』乃免胄而進。惠王復國，封葉公。」

孫。」因出懷中符策，凡九百九十枚，以授比干，曰：「子孫佩印符者，當如此算。」嫗忽不見。比干九子，累世榮盛，皆符嫗言。①

郭憲。字子横，鄚人也。王莽拜憲郎中，賜以衣服。憲受焚之，逃於東海。光武即位，徵憲，拜博士，遷光祿動。從駕南郊，忽向東北，含酒三噀。執法奏爲不敬，憲對曰：「齊國失火，厭之。」後齊果上火災，與郊同日。車駕西征隗囂，憲諫曰：「天下初定，車駕不可動。」乃拔佩刀斷車靷，帝不從。後潁川兵起，乃歎曰：「恨不用

①何比干，字少卿。曾任汝陰令、丹陽都尉，漢武帝時任廷尉正。事見《後漢書·何敞傳》及李賢注引《何氏家傳》。《成化中都志·名宦·潁州（漢）》：「何比干，汝陰縣決曹掾，平活數千人，時號何公。詳見《人才》類。」同書《人才·潁州（漢）》：「何比干。字少卿，汝陰人。學《尚書》於晁錯，經明行修，兼通法律。爲汝陰縣獄吏決曹掾，平活數千人。武帝時爲廷尉正，時張湯持法深，而比干務仁恕，所濟活者以千數。後爲丹陽都尉，獄無冤囚，淮汝號曰何公。《何氏家傳》云：征和三年（前90），忽有老嫗至門，謂比干曰：『君先出自后稷，佐堯至晉，有陰德。及公之身，又鞠獄平恕。今天賜策，以廣公之子孫。』因出懷中符策，凡九百九十枚，以授比干，曰：『子孫佩印符者，當如此算。』嫗忽不見。比干九子，本始元年（前73）自汝徙家平陵，累世榮盛，皆符嫗言。出《東漢書·何敞傳》注，若幾於怪誕，然史所載，姑錄之。」《南畿志·鳳陽府·人物（漢）》：「何比干，汝陰人也。爲汝陰獄吏決曹掾，平活數千人。武帝時爲廷尉正，時張湯持法深，而比干務仁恕，所濟活者以千數。後爲丹陽都尉，獄無冤囚，淮汝號曰何公。」《正德潁州志·名宦·漢》：「何比干。汝陰縣決曹掾，平活數千人，號何公。」呂景蒙《嘉靖潁州志·人物表·仕（漢）》：「（武帝征和）何比干。傳見《鄉賢》。」同書《鄉賢·漢》：「何比干。字少卿，汝陰人。學《尚書》於晁錯，經明行修，兼通法律。爲汝陰縣獄吏決曹掾，平活數千人。武帝時爲廷尉正，時張湯持法深，而比干務存仁恕，所濟活者以千數。後遷丹陽都，獄無冤囚，淮汝號曰何公。按，《何氏家傳》云：征和三年，忽有老嫗至門，問比干曰：『君先出自後稷，佐堯至晉，有陰德。及公之身，又鞠獄平恕。今天賜策，以廣公之子孫。』因出懷中符策，幾九百九十枚，以授比干，曰：『子孫佩印符者，當如此算。』嫗忽不見。比干九子，本始元年自汝徙居平陵，累世榮盛，皆符嫗言。出《東漢書·何敞傳》注。」李宜春《嘉靖潁州志·人物·循吏（漢）》：「何比干。字少卿，汝陰人。學《尚書》於晁錯，經明行修，兼通法律。爲汝陰縣獄吏決曹掾，平活數千人。武帝時爲廷尉正，時張湯持法深，而比干務存仁恕，所濟活者以千數。後遷丹陽都尉，獄無冤囚，淮汝號曰何公。」

郭子横之言。」時匈奴數犯塞，帝患之，召百僚廷議。憲以爲天下疲弊，不宜動衆，諫争不合，乃伏地稱眩瞀，不復言。帝令兩郎扶下殿，憲亦不拜。帝曰：「嘗聞『關東觥觥郭子横』，竟不虛也。」①

許楊。字偉君，平輿人。少好術數。王莽輔政，召爲郎，遷酒泉都尉。莽篡，乃變姓名爲巫醫，逃匿他界。莽敗，方還鄉里。汝南舊有鴻隙［郤］陂，成帝時，丞相翟方進奏毀之。建武中，太守鄧晨欲修復，聞楊曉水脈，

①事見《後漢書》本傳。《成化中都志·人才·潁州（漢）》：「郭憲。字子横，汝南宋人。宋，漢新鄓縣也。東漢爲宋國，故城去潁州八里。憲少師事東海王仲子。王莽爲大司馬，召仲子，欲往。憲曰：『禮有來學，無往教之義。今君賤道畏貴，竊所不取。』及莽篡位，拜憲郎中，賜以衣服。憲受衣焚之，逃於東海之濱。光武即位，求天下有道之人，乃拜憲博士，遷光禄勳。屢直諫，帝曰：『嘗聞曰『關東觥觥郭子横』，竟不虛也。』」《南畿志·鳳陽府·人物》：「郭憲。汝南宋人。少師事東海王仲子。王莽爲大司馬，召仲子，欲往，憲曰：『君賤道畏貴，竊所不取。』及莽篡位，拜憲郎中，賜以衣服，憲焚之而逃。光武即位，求天下有道之人，乃拜憲博士，遷光禄勳。屢直諫，帝曰：『嘗聞「關東觥觥郭子横」，竟不虛也。』」吕景蒙《嘉靖潁州志·人物表·仕（東漢）》：「（光武建武）郭憲。傳見《鄉賢》。」同書《鄉賢·漢》：「郭憲。字子横，汝南宋人也。少師事東海王仲子。王莽爲大司馬，召仲子，欲往。憲曰：『禮有來學，無往教之義。今君賤道畏貴，竊所不取。』及莽篡位，拜憲郎中，賜以衣服。憲受衣焚之，逃於東海之濱。光武即位，求天下有道之人，乃徵憲，拜博士，遷光禄勳。屢直諫，不稱意，帝曰：『嘗聞曰「關東觥觥郭子横」，竟不虛也。』憲遂以疾辭，卒於家。」李宜春《嘉靖潁州志·人物·氣節（東漢）》：「郭憲。字子横，鄓人也。少師事東海王仲子。時王莽爲大司馬，召仲子。仲子欲往，憲曰：『禮有來學，無往教之義。今君賤道畏貴，竊所不取。』仲子曰：『王公至重，不敢違之。』憲曰：『今正臨講業，且當訖事。』仲子從之，日晏乃往。莽問：『君來何遲？』仲子具以憲言對，莽陰奇之。及莽篡位，拜憲郎中，賜以衣服。憲受衣焚之，逃於東海之濱。光武即位，求天下有道之人，乃徵憲，拜博士，再遷爲光禄勳。從駕南郊，憲在位，忽面向東北，含酒三潠。執法奏爲不敬，詔問其故，憲對曰：『齊國失火，故以此厭之。』後齊果上火災，與郊同日。八年（32），車駕西征隗囂，憲諫曰：『天下初定，車駕未可以動。』憲乃當車拔佩刀以斷車靷。帝不從，遂上隴。其後潁川兵起，乃回駕而還。帝歎曰：『恨不用郭子横之言。』時匈奴數犯塞，帝患之，乃召百僚廷議。憲以爲天下疲弊，不宜動衆。諫争不合，乃伏地稱眩瞀，不復言。帝令兩郎扶下殿，憲亦不拜。帝曰：「常聞『關東觥觥郭子横』，竟不虛也。」憲遂以病辭退，卒於家。」

召與議之。楊曰：「昔成帝用方進之言，夢天帝怒曰：『何故敗我濯龍淵？』是後民失利。謡曰：『敗我陂者翟子威，飴我大豆，烹我芋魁。反乎覆，陂當復。』今童謡徵於此。」晨悦，署楊爲都水掾。楊因高下形勢，起塘四百餘里，數年乃立。百姓便之，累歲大稔。初，豪右大姓緣陂役，欲規避，楊一無所聽，遂共譖楊受賂。晨遂收楊下獄，而械輒自解。獄吏懼，白晨，驚曰：「果濫矣。」即夜出楊，遣歸。時天大陰晦，道中若有火照之。後病卒。晨起廟圖像，百姓思其功，皆祝之。①

張酺。字孟侯，汝南細陽人，趙王張敖之後也。少從祖父兄[充]受《尚書》，能傳其業，勤力不怠。顯宗開四姓小侯學，酺以《尚書》教授。數論難當意，除爲郎，賜車馬衣服，授皇太子。（每）侍講，率有匡正之辭。累

①許楊，字偉君，汝南平輿（今屬河南）人。西漢末，任酒泉都尉。王莽時，隱爲巫醫。光武帝建武十八年（42），任都水掾。事見《後漢書》本傳。《成化中都志·人才·潁州（漢）》：「許楊。字偉君，平輿人。王莽輔政，召爲郎，稍遷酒泉都尉。及莽篡位，楊乃變姓名爲巫醫，逃匿他界。莽敗，還鄉里。汝南太守鄧晨欲修復鴻郤陂，聞楊曉水脈，署爲都水掾。楊因高下形勢，起塘四百餘里。百姓得其便，累歲大稔。及卒，晨爲起廟圖像，百姓思其功績，皆祭祀之。」吕景蒙《嘉靖潁州志·人物表·仕（東漢）》：「（光武建武）許楊。平輿人。詳本傳。」李宜春《嘉靖潁州志·人物·治行（東漢）》：「許楊。字偉君，平輿人。王莽輔政，召爲郎，稍遷酒泉都尉。及莽篡位，楊乃變姓名爲巫醫，逃匿他界。莽敗，還鄉里。汝南太守鄧晨欲修復鴻郤陂，聞楊曉水脈，署爲都水掾。楊因高下形勢，起塘四百餘里。百姓得其便，累歲大稔。及卒，晨爲起廟祀之。」

官至司徒。曾孫濟，字元江，好儒學，宦至司空。卒贈車騎將軍、關内侯。封子根爲鄉侯。濟弟喜，初平中爲司空。①

戴憑。字次仲，平輿人也。習《京氏易》。年十六，郡舉明經，徵試博士，拜郎中。時詔公卿大會，群臣皆就席，憑獨立。光武問其意，對曰：「博士説經皆不如臣，而坐居臣上，是以不就。」帝即詔上殿，令與諸儒難説，

---

①張酺（？—104），字孟侯，汝南細陽（今安徽太和）人。永平九年（66）爲五經師，授《尚書》。章帝即位，擢爲侍中、虎賁中郎將，出爲東郡太守。永元五年（93），除太僕，尋遷太尉，後免職。十六年（104），復光祿勳、司徒，不久即卒。事見《後漢書》本傳。《成化中都志·人才·潁州（漢）》：「張酺。字孟侯，細陽人。細陽，漢縣，在州北四十里。顯宗開四姓小侯學，酺以《尚書》教授。論難當上意，除爲郎，令入授皇太子經。（每）侍講，率有勁正之詞。累官至司徒。曾孫濟，字元江，好儒學，光和中爲司空。濟弟喜，初平中爲司空。」《正德潁州志·人物·漢》：「張黼［酺］。細陽人。自少立學不怠。顯宗開四姓小侯學，黼［酺］以《尚書》教授。論難當上意，除爲郎，令入授皇太子經。（每）侍講，率有勁正之詞。累官至司徒。」吕景蒙《嘉靖潁州志·人物表·仕（東漢）》：「（明帝永平）張黼［酺］。細陽人。傳見《鄉賢》。」同書《鄉賢·漢》：「張酺。字孟侯，汝南細陽人，趙王張敖之後也。（細陽，漢縣，在州北四十里。）少從祖父克［充］受《尚書》，能傳其業，勤力不怠。顯宗開學四姓小侯學，酺以《尚書》教授，數以論難當意，除爲郎，賜車馬衣服，令入授皇太子侍講，率有匡正之辭。累官至司徒。曾孫濟，字元江，好儒學，光和中至司空。病卒，贈車騎將軍、關内侯。封子根爲蔡陽鄉侯。濟弟喜，初平中爲司空。」李宜春《嘉靖潁州志·人物·經術（漢）》：「張酺。字孟侯，細陽人，趙王敖後也。少從祖父充受《尚書》，能傳其業。又事太常桓榮，勤力不怠。顯宗爲四姓小侯開學於南宫，置五經師。酺以《尚書》教授，數以論難當意，除爲郎，賜車馬衣服，令入授皇太子。酺爲人質直，守經義，每侍講，率有匡正之辭。累遷至司徒，以嚴見憚。曾孫濟，字元江，好儒學，光和中官至司空。卒贈車騎將軍、關内侯。封子根爲蔡陽鄉侯。濟弟喜，初平中爲司空。」《順治太和縣志·人物·漢》：「張酺。字孟侯，斤溝人。詳見《鄉賢》。」同書《人物·鄉賢（漢）》：「張輔［酺］。字孟侯，細陽斤溝人，趙王張敖之後也。少從祖父充受《尚書》，能傳其業，勤力不怠。顯宗開四姓小侯學，酺以《尚書》教授，數以論難當意，除爲郎，賜車馬衣服，令入授皇太子。（每）侍講，率有匡正之辭。累官至司徒。曾孫濟，字元江，好儒學，光和中官至司空。卒贈車騎將軍、關内侯，封子根爲蔡陽鄉侯。濟弟喜，初平中爲司空。」

憑多所解釋。帝善之，拜爲侍中，數進見問得失。帝謂憑曰：「侍中當匡補國政，勿有隱情。」對曰：「陛下嚴。」帝曰：「朕何用嚴？」憑曰：「臣見前太尉西曹掾蔣遵，清亮忠孝，學通古今，陛下納膚受之訴，遂致禁錮，世以是爲嚴。」帝怒曰：「汝南子復欲黨乎？」憑出，自繫廷尉，詔勑出。（後復）引見，憑謝曰：「臣無謇諤之節，而有狂瞽之言，不能以屍仗［伏］諫，偷生苟活，誠慙聖朝。」帝即勑尚書解遵禁錮，拜憑虎賁中郎將，以侍中兼領之。正旦朝賀，百僚畢集，帝令群臣能説經者更相難詰，義有不通，輒奪其席以益通者，憑遂坐五十餘重。京師語曰：「解經不窮戴侍中。」卒，詔賜東園梓器，錢二十萬。①

---

①事見《後漢書》本傳。《成化中都志·人才·潁州（漢）》：「戴憑。字次仲，汝南平輿（今安徽臨泉縣一帶）人。平輿，漢縣，古沈國，唐改沈丘，故城在州西鄉。憑習《京氏易》，年十六舉明經，徵試博士，拜郎中。遷侍中，兼領虎賁中郎將。正旦朝賀，百僚畢集，帝令群臣能説經者更相難詰，義有不通，輒奪其席以益通者，憑遂重坐五十餘席。故京師語曰：『解經不窮戴侍中。』卒於官，詔賜東園梓器，錢二十萬。」呂景蒙《嘉靖潁州志·人物表·仕（東漢）》：「（明帝永平）戴憑。平輿人。傳見《鄉賢》。」同書《鄉賢·漢》：「戴憑。字次仲，汝南平輿人也。習《京氏易》。年十六，郡舉明經，徵試博士，拜郎中。遷侍中，兼領虎賁中郎將。正旦朝賀，百僚畢會，帝令群臣能説經者更相難詰，義有不通，輒奪其席以益通者，憑遂重坐五十餘席。故京師爲之語曰：『解經不窮戴侍中。』卒於官，詔賜東園梓器，錢二十萬。」李宜春《嘉靖潁州志·人物·經術（漢）》：「戴憑。字次中［仲］，平輿人也。習《京氏易》。年十六，郡舉明經，徵試博士，拜郎中。時詔公卿大會，群臣皆就席，憑獨立。光武問其意。對曰：『博士説經皆不如臣，而坐居臣上，是以不得就席。』帝即召上殿，令與諸儒難説，憑多所解釋。帝善之，拜爲侍中，數進見問得失。帝謂憑曰：『侍中當匡補國政，勿有隱情。』憑對曰：『陛下嚴。』帝曰：『朕何用嚴？』憑曰：『伏見前太尉西曹掾蔣遵，清亮忠孝，學通古今，陛下納膚受之訴，遂致禁錮，世以是爲嚴。』帝怒曰：『汝南子復欲黨乎？』憑出，自繫廷尉，有詔勑出。後復引見，憑謝曰：『臣無謇諤之節，而有狂瞽之言，不能以屍伏諫，偷生苟活，誠慙聖朝。』帝即勑尚書解遵禁錮，拜憑虎賁中郎將，以侍中兼領之。正旦朝賀，百僚畢會，帝令群臣能説經者更相難詰，義有不通，輒奪其席以益通者，憑遂重坐五十餘席。故京師爲之語曰：『解經不窮戴侍中。』在職十八年，卒於官，詔賜東園梓器，錢二十萬。」

陳蕃。字仲舉，平輿人。太尉李固表薦，徵拜議郎，遷樂安太守。時李膺爲青州刺史，有威名，屬城望風皆自引去，蕃獨以清勣留。大將軍梁冀威震天下，遣書詣蕃請託，使者詐求謁，蕃笞殺之，坐左轉修武令。遷鴻臚。會白馬令李雲抗疏諫，桓帝怒，當伏誅。蕃上書救雲，坐免歸里。數日，還［遷］光祿勳。時封賞逾制，內寵猥盛，蕃上疏極諫，帝頗納其言，爲出宮女五百餘人。晉太尉。李膺等以黨下獄，蕃上疏極諫，情辭懇切。帝不聽，流涕而起。竇太后臨朝，以蕃爲太傅。蕃與后父大將軍武同奬王室，徵天下名賢李膺、杜密等，共參政事。帝乳母趙嬈與中常侍曹節、王甫等交搆，諂事太后。蕃常疾之，上疏言侯覽、曹節、公乘昕、鄭颯等與趙夫人諸女尚書並亂天下，太后不納。蕃陰與竇武謀誅宦官。會五日月［月日］食，蕃説武曰：「可因此黜罷宦官，以塞天變。」武先已白誅中常侍管霸及蘇康等，復數白誅曹節等，太后猶豫未忍。武以所親黃門山冰代黃門令魏彪，使冰奏素狡猾尤無狀者長樂尚書鄭颯，送北寺獄雜考，辭連節、甫，因內奏，收節、甫等。長樂五官史朱瑀盜發其奏，因太［大］呼曰：「陳蕃、竇武奏白太后廢帝，爲大逆！」曹節聞之，驚起，白帝。召尚書，脅使作召［詔］版。拜王甫爲黃門令，持節收捕。蕃聞難作，將官屬諸生八十餘人入承明門，呼曰：「黃門反逆！」王甫與蕃相迕，遂收蕃，送北寺獄。遇害，年七十餘。①

①陳蕃（？—168），字仲舉，汝南平輿（今屬河南）人。東漢時仕至太傅。與大將竇武徵用名賢，共參政事。後因謀誅嬖倖遇害。事見《後漢書》本傳。《成化中都志·人才·潁州（漢）》：「陳蕃。字仲舉，平輿人也。年十五，嘗閑處一室，而庭宇蕪穢。父友同郡薛勤謂之曰：『孺子

何不灑掃以待賓客？』蕃曰：『大丈夫處世，當掃除天下，安事一室乎！』勤知其有清世之志，甚奇之。郡舉孝廉，除郎中。遭母憂，去官。太尉李固表薦議郎，遷樂安太守。有清績，累遷尚書僕射。延熹八年（165），爲太尉李膺等以黨事下獄，蕃上疏極諫，桓帝諱其言切，托以辟召非人，策免之。永康元年（167），帝崩，竇太后臨朝，以蕃爲太傅，録尚書事。與大將竇武同心盡力，徵用名賢，共參政事。天下之士，莫不延頸想望太平。後與武謀誅嬖倖，事泄遇害。愚謂：遇不世出之主，而後可與成不世之功。建寧之際，上昏下嬖，加以竇武優游不斷，非撥亂之才。蕃不審時量力，横挑豺虎，以冀非常之功，卒之駢首就戮。悲夫！蓋蕃志大而識闇，其及也宜哉。《易》曰：『智小而謀大，鮮不及矣。』」

吕景蒙《嘉靖潁州志·人物表·仕（東漢）》：「（桓帝延熹）陳蕃。平輿人。傳見《鄉賢》。」同書《鄉賢·漢》：「陳蕃。字仲舉，平輿人也。年十五，嘗閑處一室，而庭宇蕪穢。父友同郡薛勤謂之曰：『孺子何不洒掃以待賓客？』蕃曰：『大丈夫處世，當掃除天下，安事一室乎！』勤知有清世之志，甚奇之。郡舉孝廉，除郎中。遭母憂，去官。太尉李固表薦議郎，遷樂安太守。有清績，累遷尚書僕射。延熹八年，爲太尉李膺等以黨事下獄，蕃上疏極諫，桓帝諱其言切，托以辟召非人，策免之。永康元年，帝崩，竇太后臨朝，以蕃爲太傅，録尚書事。與大將竇武同心盡力，徵用名賢，共參政事。天下之士，莫不延頸想望太平。後與竇武謀誅嬖倖，事泄遇害。」李宜春《嘉靖潁州志·人物·名臣（東漢）》：「陳蕃。字仲舉，平輿人。年十五，嘗閑處一室，而庭宇蕪穢。父友同郡薛勤來候之，謂蕃曰：『孺子何不洒掃以待賓客？』蕃曰：『大丈夫處世，當掃除天下，安事一室乎！』勤知其有清世志，甚奇之。初仕郡，舉孝廉，除郎中。遭母憂，棄官行喪。服闋，太尉李固表薦，徵拜議郎，再遷爲樂安太守。時李膺爲青州刺史，名有威政，屬城聞風，皆自引去，蕃獨以清績留。大將軍梁冀威震天下，時遣書詣蕃，有所請託，不得通，使者詐求謁，蕃怒，笞殺之，坐左轉修武令，稍遷尚書。時零陵、桂陽山賊爲害，公卿議遣討之，又詔下州郡，一切皆得舉孝廉、茂才。蕃上疏駁之，忤左右，故出爲豫章太守。性方峻，不接賓客，士民亦畏其高。徵爲尚書令，送者不出郭門。遷大鴻臚。會白馬令李雲抗疏諫，桓帝怒，當伏重誅。蕃上書救雲，坐免歸田里。復徵拜議郎，數日遷光祿勳。時封賞逾制，内寵猥盛，蕃上疏極諫。帝頗納其言，爲出宫女五百餘人，但賜儁爵關内侯，萬世南鄉侯。自蕃爲光祿勳，與五官中郎將黄琬共典選舉，不偏權富，而爲勢家郎所譖訴，坐免歸。頃之，徵爲尚書僕射、太中大夫，代楊秉爲太尉。李膺等以黨事下獄考實，蕃因上疏極諫曰：『臣聞賢明之君，委心輔佐；亡國之主，諱聞直辭。故湯武雖聖，而興於伊、吕；桀、紂迷惑，亡在失人。由此言之，君爲元首，臣爲股肱，同體相須，共成美惡者也。伏見前司隸校尉李膺、太僕杜密、太尉掾范滂等，正身無玷，死心社稷。以忠忤旨，横加考案，或禁錮閉隔，或死徙非所。杜塞天下之口，聾盲一世之人，與秦焚書坑儒，何以爲異？昔武王克殷，表閭封墓，今陛下臨政，先誅忠賢。遇善何薄？待惡何優？夫讒人似實，巧言如簧，使聽之者惑，視之者昏。夫吉凶之效，存乎識善；成敗之機，在於察言。人君者，攝天地之政，秉四海之維，舉動不可以違聖法，進退不可以離道規。謬言出口，則亂及八方，何況髡無罪於獄，殺無辜於市乎！昔禹巡狩蒼梧，見市殺人，下車而哭之曰：「萬方有罪，在予一人！」故其興也勃焉。又青、徐炎旱，五穀損傷，民物流遷，茹菽不足。而宮女積於房掖，國用盡於羅紈，外戚私門，貪財受賂，所謂「祿去公室，政在大夫」。昔春秋之末，周德衰微，數十年間無復灾眚者，天所棄也。天之於漢，悢悢無已。故殷勤示变，以悟陛下。除妖去孽，寔在修德。臣位列台司，憂深責重，不敢尸祿惜生，坐觀成敗。如蒙採錄，使身首分裂，異門而出，所不恨也。」帝諱其言切，託以蕃辟召非其人，遂策免之。永康元年，帝崩，竇太后臨朝，以蕃爲太傅，録尚書事。與大將竇武同心盡力，徵用名賢，共參政事。天下之士，莫不延頸想望太平。而帝乳母趙嬈與中常侍曹節、王甫等共交搆，諂事太后。蕃常疾之，上疏曰：『臣聞言不直而行不正，則爲欺乎天而負乎人。危言極意，則群凶側目，禍不旋踵。鈞此二者，臣寧得禍，不敢欺天也。今京華囂囂，道路諠譁，言侯覽、曹節、公乘昕、王甫、鄭颯等與趙夫人諸女尚書並亂天下。附從者升進，忤逆者中傷。方今一朝群臣，如河中木耳，泛泛東西，耽祿畏害。陛下前始攝位，順天行誅，蘇康、管霸並伏其辜。是時天地清明，人鬼歡喜，奈何數月復縱左右？元惡大姦，莫此之甚。今不急誅，必生变亂，傾危社稷，其禍難量。願出臣章宣示左右，并令天下諸姦知臣疾之。』太后不納，朝廷聞者莫不震恐。蕃陰與竇武謀誅之，事泄，曹節等矯詔誅蕃等，時年七十餘。」

范滂。字孟博，細陽人。少厲清節，舉孝廉，爲清詔使。登車攬轡，慨然（有）澄清天下之志。州境守令贓汙者，望風解印綬去。遷光祿勳主事。後以鉤黨坐繫獄，吏謂祭皋陶，滂曰：「陶，古之名臣。知滂無罪，將理之於帝；如其有罪，祭之何益！」中常侍王甫辨詰，滂等皆三木囊頭，暴於階下。滂獨對曰：「臣聞仲尼之言，『見善如不及，見惡如探湯』。故〔欲〕使善善同其清，惡惡同其汙，謂王政之所願聞，不悟更以爲黨。」甫曰：「卿更相拔舉，迭爲脣齒，有不合者，見則排斥，其意如何？」滂乃慷慨仰天曰：「古之修〔循〕善，自求多福；今之修〔循〕善，身陷大戮。身死之日，願埋滂於首陽山側，上不負皇天，下不愧夷齊。」甫爲之改容。初，滂等繫獄，尚書霍諝理之。及得免，往候謁而不爲謝。逮黨人詔下，急捕滂等。督郵吳遵〔導〕至縣，抱詔書，閉傳舍，伏牀而泣。滂聞之，曰：「必爲我也。」即自詣獄。母曰：「汝今得與李、杜齊名，死亦何恨！既有令名，復求壽考，可兼得乎？」滂跪受教，顧謂其子曰：「吾欲使汝爲惡，則惡不可爲；使汝爲善，則我不爲惡。」行路聞之，莫不流涕。時年三十三。①

①范滂（137—169），字孟博，汝南細陽（今安徽太和）人。一作汝南征羌（今河南漯河）人。曾任清詔使、光禄勳主事。桓帝延熹九年（166）因黨事下獄，後釋歸。靈帝即位，復興黨錮之獄，死之。事見《後漢書》本傳。《成化中都志·人才·潁州（漢）》：「范滂。字孟博。謝承《書》曰：『汝南細陽人。』少厲清節，爲州里所服，舉孝廉、光禄四行。時冀州饑荒，盜起，以滂爲清詔使。登車攬轡，慨然有澄清天下之志。及州境，守令臧汙者，望風解印綬去。遷光禄勳主事。滂執公儀詣光禄勳陳蕃，蕃不止之，滂棄官去。復爲太尉黄瓊所辟。後詔三府掾屬舉謡言，滂奏刺史、二千石二十餘人。尚書責滂所劾猥多，疑有私。故滂曰：『臣聞農夫去草，嘉穀必茂；忠臣除姦，王道以清。臣言有貳，甘受顯戮。』吏不能詰。滂覩時方艱，知意不行，因投劾去。太守宗資聞其名，請署功曹，委任政事。後以鈎黨坐繫獄，吏謂入獄皆祭臯陶，滂曰：『臯陶，古之直臣。知滂無罪，將理之於帝；如其有罪，祭之何益！』桓帝使中常侍王甫以次辨詰。滂對曰：『仲尼之言：「見善如不及，見惡如探湯。」故［欲］使善善同其清，惡惡同其汙，謂王政之所願聞，不悟更以爲黨。』甫爲之改容。後事得釋，南歸。建寧二年（169），大誅黨人，詔下急捕滂等。督郵吳導至縣，抱詔書，閉傳舍，伏牀而泣。滂聞之，曰：『必爲我也。』即自詣獄。母曰：『汝今得與李、杜齊名，死亦何恨！既有令名，復求壽考，可兼得乎？』滂跪受教，顧謂其子曰：『吾欲使汝爲惡，則惡不可爲；使汝爲善，則我不爲惡。』行路聞之，莫不流涕。時年三十三。范曄《書》曰：『汝南征羌人。』未詳孰是。」《南畿志·鳳陽府·人物（漢）》：「范滂。汝南細陽人。少厲清節，舉孝廉、光禄四行。時冀州饑，盜起，以滂爲清詔使。登車攬轡，慨然有澄清天下之志。及至州境，守令藏汙者，望風解印綬去。後坐鈎黨繫獄，獄吏謂入獄皆祭臯陶，滂曰：『臯陶，古之直臣。知滂無罪，將理之於帝；如其有罪，祭之何益！』桓帝使中常侍王甫辨詰。滂曰：『身死之日，願埋滂於首陽山側。』甫愍然爲之改容。」《正德潁州志·人物·漢》：「范滂。細陽人。少厲清節，舉孝廉、光禄四行。時冀州饑荒，盜起，以滂爲清詔使。登車攬轡，慨然有澄清天下之志。及至州境，守令望風解印綬去。後以鈎黨坐繫，得釋，復見收。母曰：『汝今得與李、杜齊名，死亦何恨？』滂跪受教，再拜而辭。聞者流涕。」呂景蒙《嘉靖潁州志·人物表·仕（東漢）》：「（靈帝建寧）范滂。細陽人。傳見《鄉賢》。」同書《鄉賢·漢》：「范滂。字孟博，汝南細陽人也。少厲清節，爲州里所服，舉孝廉、光禄四行。時冀州饑荒，盜起，以滂爲清詔使。登車攬

轡，慨然有澄清天下之志。及州境，守令臧汙者，望風解印綬去。遷光祿勳主事。滂執公儀詣光祿勳陳蕃，蕃不止之，滂棄官去。復爲太尉黄瓊所辟。後詔三府掾屬舉謡言，滂奏刺史、二千石二十餘人。尚書責滂所劾猥多，疑有私故。滂曰：『臣聞農夫去草，嘉穀必茂；忠臣除姦，王道以清。臣言有貳，甘受顯戮。』吏不能詰。滂覩時方艱，知意不行，因投劾去。太守宗資聞其名，請署功曹，委任政事。後以鈎黨坐繫獄，獄吏謂入獄皆祭皋陶，滂曰：『陶，古之名臣。知滂無罪，將理之於帝；如其有罪，祭之何益！』桓帝使中常侍王甫以次辨詰，滂對曰：『仲尼之言：「見善如不及，見惡如探湯。」故［欲］使善善同其清，惡惡同其汙，謂王政之所願聞，不悟更以爲黨。』甫爲之改容。後事得釋，南歸。建寧二年，誅黨人，詔下急捕滂等。督郵吳導至縣，抱詔書，閉傳舍，伏牀而泣。滂聞之，曰：『必爲我也。』自詣獄。母曰：『汝今得與李、杜齊名，死亦何恨！既有令名，復求壽考，可兼得乎？』滂跪受教，顧謂其子曰：『吾欲使汝爲惡，則惡不可爲；使汝爲善，則我不爲惡。』行路聞之，莫不流涕。時年三十三。」李宜春《嘉靖潁州志·人物·氣節（東漢）》：「范滂。字孟博，細陽人也。少厲清節，爲州里所服，舉孝廉、光祿四行。時冀州饑荒，盜起，以滂爲清詔使，案察之。登車攬轡，慨然有澄清天下之志。及至州境，守令臧汙者，望風解印綬去。其所舉奏，莫不厭塞衆議。遷光祿勳主事。滂執公儀詣光祿陳蕃，蕃不止之，滂棄官去。郭林宗聞而讓蕃曰：『若范孟博者，豈宜以公禮格之？今成其去就之名，得無自取不優之議也？』蕃乃謝焉。復爲太尉黄瓊所辟。後詔三府掾屬舉謡言，滂奏刺史、二千石權豪之黨二十餘人。尚書責滂所劾猥多，疑有私故。滂曰：『臣聞農夫去草，嘉穀必茂；忠臣除姦，王道以清。若臣言有貳，甘受顯戮。』吏不能詰。滂覩時方艱，知意不行，因投劾去。太守宗資聞其名，請署功曹，委任政事。後以鈎黨坐繫獄，獄吏謂入獄皆祭皋陶，滂曰：『皋陶賢者，古之直臣。知滂無罪，將理之於帝；如其有罪，祭之何益！』獄吏將加掠考，滂以同因多嬰病，乃請先就格，遂與同郡袁忠争受楚毒。桓帝使中常侍王甫以次辨詰，滂等皆三木囊頭，暴於階下。滂獨對曰：『臣聞仲尼之言：「見善如不及，見惡如探湯。」故［欲］使善善同其清，惡惡同其汙，謂王政之所願聞，不悟更以爲黨。』甫曰：『卿更相拔舉，迭爲脣齒，有不合者，見則排斥，其意如何？』滂乃慷慨仰天曰：『古之循善，自求多福；今之循善，身陷大戮。身死之日，願埋滂於首陽山側，上不負皇天，下不愧夷、齊。』甫愍然爲之改容。後事釋，南歸。始發京師，汝南、南陽士大夫迎之者數千兩。同囚鄉人殷陶、黄穆，亦免俱歸，並衛侍於滂，應對賓客。滂顧謂陶等曰：『今子相隨，是重吾禍也。』遂遁還鄉里。初，滂等繫獄，尚書霍諝理之。及得免，到京師，往候諝而不爲謝。或有讓滂者，對曰：『昔叔向嬰罪，祁奚救之，未聞羊舌有謝恩之辭，祁老有自伐之色。』竟無所言。建寧二年，遂大誅黨人，詔下急捕滂等。督郵吳導至縣，抱詔書，閉傳舍，伏牀而泣。滂聞之，曰：『必爲我也。』自詣獄。縣令郭揖大驚，出解印綬，引與俱亡。曰：『天下大矣，子何爲在此？』滂曰：『滂死則禍塞，何敢以累君，又令老母流離乎！』跪與母訣。復顧其子曰：『吾欲使汝爲惡，則惡不可爲；使汝爲善，則我不爲惡。』行路聞之，莫不流涕。時年三十三。」

杜密。潁川陽城人。爲人沉質，爲司徒胡廣所辟。遷北海相。宦官子弟爲令長姦惡者，輒按捕之。行春到高密，見鄭玄，知其異器，即召署郡職。後拜太僕。黨事既起，免歸本郡，與李膺俱坐，而名行相次，故時人稱「李杜」焉。①

許劭。字子將，平輿人。少峻名節，好人倫，多所賞識。與從兄靖俱有重名，好共覈論鄉黨人物，每月輒更其品題，故汝南俗有月旦評焉。曹操嘗造求爲己目，劭鄙其爲人，不對，操脅之，不得已，曰：「君治世之能臣，亂世之奸雄也。」操喜而去。初爲郡功曹，府中聞許子將爲吏，莫不改操飭行。司空楊彪辟，舉方正、敦樸，徵，皆不就。或勸之仕，曰：「方今小人道長，王室將亂，吾欲避地淮海，以全老幼。」乃南到廣陵。刺史陶謙禮之甚厚。劭告其徒曰：「陶恭祖外慕虛名，内非真正。待吾雖厚，其勢必薄。」遂去之。後謙果收遇［寓］士，劭竟卒

①此條疑爲誤收。杜密（？—169），字周甫，潁川陽城（今河南登封）人。少有志氣，爲司徒胡廣所辟，後任代郡、太山太守、北海相等職。桓帝時拜尚書令，轉河南尹，尋遷太僕。靈帝建寧二年（169），竇武等謀誅宦官事敗，密被下獄，自殺於獄中。事見《後漢書》本傳。《成化中都志·辯疑》：「杜密。《新志》載於鳳陽云：『潁川陽城人。』按漢潁川陽城故縣，今屬河南府登豐封縣，非鳳陽地也。」《南畿志·鳳陽府·人物（漢）》：「杜密。陽城人。少有厲俗志，爲司徒胡廣所辟。遷北海相，宦官子弟爲令長姦惡者，輒捕案之。行春至高密，見鄭玄，知其異器，即召署郡職，遂遣就學。密後爲太僕，黨事起，免歸本郡。與李膺名行相次，時人稱『李杜』焉。」《正德潁州志·人物·漢》：「杜密。潁人。爲人冗［沉］質，爲司徒胡廣所辟，遷北海相。宦官子弟爲令長姦惡者，轍［輒］按捕之。行春至高密，見鄭玄，知其異器，即召署郡職。後拜太僕。黨事既起，免歸本郡。與李膺俱坐，而名行相次，故時人稱『李杜』焉。」

於豫章。兄虔亦知名，汝南稱「平輿淵有二龍焉」。①

許靖。字文休，平輿人。少與從弟劭俱知名，並有人倫臧否之稱，而私情不協。劭爲郡功曹，排擯靖不得齒叙，以馬磨自給。董卓秉政，補御史中丞。後避難於吴，轉徙入蜀。袁徽與荀彧書曰：「許文休英才偉士，自流宕

①許劭（150—195），字子將，汝南平輿（今屬河南）。曹操屢加徵辟，皆不就。後依揚州刺史劉繇，孫策平吴後奔豫章，卒於豫章。事見《後漢書》本傳。《成化中都志·人才·潁州（漢）》：「許劭。字子將，平輿人。少峻名節，好人倫，多所賞識。與從兄靖俱有重名，好共覈論鄉黨人物，每月輒更其品題，故汝南俗有月旦評焉。曹操微時，嘗卑詞厚禮，求爲己目。劭鄙其人，不肯對，操伺隙脅之，不得已，曰：『君清平之奸賊，亂世之英雄也。』操大悦而去。初爲郡功曹，府中聞子將爲吏，莫不改操飭行。後司空楊彪辟，舉方正、敦樸，徵，皆不就。或勸之仕，對曰：『方今小人道長，王室將亂，吾欲避地淮海，以全老幼。』乃南到廣陵。刺史陶謙禮之甚厚。劭告其徒曰：『陶恭祖外慕聲名，内非真正。待吾雖厚，其勢必薄。』遂去之。後謙果捕諸寓士。劭竟卒於豫章。兄虔亦知名，汝南人稱平輿淵有二龍焉。噫！許子將之不就征辟與料陶謙，可謂見幾而作，不俟終日者矣。與陳仲舉之自取滅亡異哉！蓋亦各行其志也。」吕景蒙《嘉靖潁州志·人物表·仕（東漢）》：「（獻帝初平）許劭。平輿人。傳見《鄉賢》。」同書《鄉賢·漢》：「許劭。字子將，平輿人。少峻名節，好人倫，多所賞識。與從兄靖俱有重名，好共覈論鄉黨人物，每月輒更其品題，故汝南俗有月旦評焉。曹操嘗造，求爲己目，劭鄙其爲人，不對，操脅之，不得已，曰：『君治世之能臣，亂世之奸雄也。』操喜而去。初爲郡功曹，府中聞許子將爲吏，莫不改操飭行。司空楊彪辟，舉方正、敦樸，徵，皆不就。或勸之仕，曰：『方今小人道長，王室將亂，吾欲避地淮海，以全老幼。』乃南到廣陵。刺史陶謙禮之甚厚。劭告其徒曰：『陶恭祖外慕虚名，内非真正。待吾雖厚，其勢必薄。』遂去之。後謙果捕諸寓士。劭竟卒於豫章。兄虔亦知名，汝南稱平輿淵有二龍焉。」李宜春《嘉靖潁州志·人物·氣節（三國）》：「許劭。字子將，平輿人。少峻名節，好人倫，多所賞識。與從兄靖俱有重名，好共覈論鄉黨人物，每月輒更其品題，故汝南俗有月旦評焉。曹操微時，常卑辭厚禮，求爲己目。劭鄙其人，不對，操乃爲隙脅劭，劭不得已，曰：『君清平之奸賊，亂世之奸雄。』操喜而去。初爲郡功曹，府中聞許子將爲吏，莫不改操飾行。司空楊彪辟，舉方正、敦樸，徵，皆不就。或勸之仕，曰：『方今小人道長，王室將亂，吾欲避地淮海，以全老幼。』乃南到廣陵。徐州刺史陶謙禮之甚厚。劭告其徒曰：『陶恭祖外慕虚名，内非真正。待吾雖厚，其勢必薄。不如去之。』遂復投揚州刺史劉繇於曲阿。後謙果捕諸寓士。及孫策平吴，劭與繇南奔豫章卒。兄虔亦知名，汝南稱平輿淵有二龍焉。」

以來，與郡［群］士相随，先人後己，與九族中外同其饑寒。其紀綱同類，仁恕惻隱，皆有効（事）。」昭烈克蜀，以爲太傅。①

三國

呂範。字子衡，細陽人。少爲縣吏。從孫策征討，跋涉辛苦，危難不避。策亦親戚待之，每與升堂，宴飲於太妃前。從策攻破廬江，還（俱）東渡，到横江、當利，破張英於麋，下小丹陽之湖塾［熟］，領湖塾［熟］相。討破丹陽賊，遷都督。賞［嘗］與策棋，從容謂策曰：「今將軍事業日大，人衆日盛。範在遠，聞綱紀猶有不整者，願暫領都督，佐將軍部分之。」策曰：「子衡，卿既士大夫，加手下已有大衆，立功於外，豈宜復屈小職，知軍中

---

①許靖（？—222），字文休，汝南平輿（今屬河南）人。許劭從兄。初受劉翊薦，爲孝廉，任尚書郎。後應劉璋之邀，任巴郡、廣漢、蜀郡太守。劉备定蜀，任左將軍長史。事見《三國志》本傳。《成化中都志·人才·潁州（三國）》：「許靖。字文休。察孝廉，除尚書郎。董卓秉政，補御史中丞。後避難於吳，轉徙入蜀。袁崧［徽］與荀彧書曰：『許文休英才偉士，自流宕以來，與群士相随，每有緩急，常先人後己，與九族中外同其饑寒。其綱紀同類，仁恕惻隱，皆有效事。』漢先主克蜀，以靖爲太傅。靖雖年逾七十，愛樂人物，誘納後進，清談不倦。丞相諸葛亮嘗爲之拜。」呂景蒙《嘉靖潁州志·人物表·仕（蜀）》：「（昭烈章武）許靖。傳見《鄉賢》。」同書《鄉賢·三國》：「許靖。字文休。察孝廉，除尚書郎。董卓秉政，補御史中丞。後避難於吳，轉徙入蜀。袁徽與荀彧書曰：『許文休英才偉士，自流宕以來，與群士相随，先人後己，與九族中外同其饑寒。其綱紀同類，仁恕惻隱，皆有效事。』漢先主克蜀，以爲太傅。靖雖年逾七十，愛樂人物，誘納後進，清談不倦。丞相諸葛亮嘗爲之拜。」李宜春《嘉靖潁州志·人物·氣節（三國）》：「許靖。字文休，平輿人。少與從弟劭俱知名，並有人倫臧否之稱，而私情不協。劭爲郡功曹，排擯靖不得齒叙，以馬磨自給。潁川劉翊爲汝南太守，乃舉靖計吏，察孝廉，除尚書郎。董卓秉政，補御史中丞，共謀議，進退天下之士。後避難於吳，轉徙入蜀。袁徽與荀彧書曰：『許文休英才偉士，自流宕以來，與群士相随，先人後己，與九族中外同其饑寒。其綱紀同類，仁恕惻隱，皆有效事。』漢先主克蜀，以爲太傅。靖雖年逾七十，愛樂人物，誘納後進，清談不倦。丞相諸葛亮嘗爲之拜。」

細碎事乎！」範曰：「不然。今捨本土而托將軍者，非爲妻子也。欲濟世務，猶同舟涉海，一事不牢，俱受其敗。此亦範計，非但將軍也。」策笑，無以答。範出，即具袴褶，執鞭，詣閣下啟事，自稱領都督，策乃授之。中外肅然，人不敢犯。所向有功，遂霸江東，領彭澤太守。遷平南將軍，屯柴桑。權都武昌，拜範建威將軍，領丹陽太守，治建業，終大司馬。①

①吕範（？—228），字子衡，汝南細陽（今安徽太和）人。爲縣吏，避難壽春時結識孫策，從其征伐。以功領宛陵令，遷都督，拜征虜大將軍。官終大司馬，封南昌侯。事見《三國志》本傳。《成化中都志·人才·潁州（三國）》：「吕範。字子衡，細陽人。少爲縣吏。從孫策攻討有功，拜征虜中郎將。孫權攻關羽，命範守建業，曹休、張遼南侵，範督舟師拒之，軍還，拜揚州牧，終大司馬。」《南畿志·鳳陽府·人物》：「吕範。汝南細陽人。從孫策東渡，領宛陵令，討破丹陽賊，遷都督。孫權征江夏，範與張紹留守，及征關羽，命範守建業，尋拜建威將軍，封宛陵侯。領丹陽太守，遷前將軍，改封南吕侯，拜揚州牧。初策使範典財計，權私有所求，範必關白。權以範忠誠，故厚見信任。子據，爲安軍中郎將，數有功，累遷驃騎將軍。」吕景蒙《嘉靖潁州志·人物表·仕（吴）》：「吕範。細陽人。傳見《鄉賢》。」同書《鄉賢·三國》：「吕範。字子衡，細陽人。少爲縣吏，從孫策征討，跋涉辛苦，危難不避，策亦親戚待之。每與升堂，宴飲於太妃前。從策攻破廬江還，東渡到横江、當利，破張英於麋，下小丹陽、湖熟，領湖熟相。討破丹陽賊，還都督。嘗與策棋，從容謂策曰：『今將軍事業日大，士衆日盛，範在遠聞紀綱猶有不整者，願暫領都督，佐將軍部分之。』策曰：『子衡，卿既士大夫，加手下已有大衆，立功於外，豈宜復屈小職，知軍中細碎事乎！』範曰：『不然。今捨本土而託將軍，非爲妻子也。欲濟世務，猶同舟涉海，一事不牢，俱受其敗。此亦範計，非但將軍也。』策笑，無以答。範出，便釋褠，著袴褶，執鞭，詣閣下啟事，自稱領都督，策乃授傳，委以衆事。由是軍中肅穆，威禁大行。從攻祖郎、太史慈。拜征虜中郎將，征江夏，還，平鄱陽。策薨，奔喪。權復征江夏，與張昭留守。與周瑜拒曹操赤壁，拜裨將軍，領彭澤太守。權討關羽，守建業。還，拜建威將軍，封宛陵侯。督徐盛、全琮、孫韶等，以舟師拒曹休、張遼、臧霸於洞口。遷前將軍，假節，改封南昌侯。軍還，拜揚州牧。性好威儀，州民如陸遜、全琮及貴公子，皆修敬虔肅，不敢輕脱。其居處服飾，於時奢靡，然勤事奉法，故權悦其忠，不怪其侈。」李宜春《嘉靖潁州志·人物·循吏（三國）》：「吕範。字子衡，細陽人。少爲縣吏，從孫策征討，跋涉辛苦，危難不避，還都督。嘗從策棋，從容謂策曰：『今將軍事業日大，士衆日盛，範聞紀綱猶有不整者，願暫領都督部分之。』策曰：『子衡，卿既有大衆，立功於外，豈宜復屈小職，知軍中細碎事乎！』範曰：『不然。今捨本土而託將軍，非爲妻子也。欲濟世務，猶同舟涉海，一事不牢，俱受其敗。此亦範計，非但將軍也。』策笑，無以答。範出，便釋褠，著袴褶，執鞭，詣閣下啟事，自稱領都督，策以授傳，委以衆事。由是軍中肅穆，威禁大行。權征江夏，與周瑜拒曹操，拜裨將軍，領彭澤太守。權討關羽，守建業。還，拜建威將軍，封宛陵侯。遷前將軍，假節，改封南昌侯。軍還，拜揚州牧。性好威儀，然勤事奉法，故權悦其忠，不怪其侈。」

晉

畢卓。字茂世，鮦陽人。爲吏部郎，常飲酒廢職。比舍釀熟，卓因醉夜至其甕間盜飲之，爲掌酒者所縛，明旦視之，乃畢吏部也，釋其縛。卓遂引主人宴於甕側，致醉而去。卓嘗曰：「得酒滿數百斛，右手持酒杯，左持蟹螯，拍浮酒船中，便足了一生矣。」葬鮦陽城東，墓存。所居前有大池，今呼畢卓池。①

---

①畢卓，字茂世，新蔡鮦陽（今安徽臨泉）人。晉元帝太興末年任吏部郎，晉室南渡後任温峤平南將軍長史。事見《晉書》本傳。《明一統志·汝寧府·人物（晉）》：「畢卓。汝陰鮦陽人。少希放達。太興末，爲吏部郎，常飲酒廢職。卓嘗謂人曰：『得酒滿四百斛船，右手持酒杯，左手持蟹螯，拍浮酒船中，便足了一生矣。』及過江，爲温嶠平南長史，與阮孚等爲八達。」《成化中都志·人才·潁州（晉）》：「畢卓。字茂世，鮦陽人。父諶，中書郎。卓少希放達，爲胡毋輔之所知。太興末，爲吏部郎。過江，爲温嶠平南長史，卒官。鮦陽城在州西一百二十里，卓故居在城中。有大池，今呼畢卓池。又有墓，在城東。《新志》載卓於開封府下，又云卓墓在府城内，皆誤也。卓卒於江左大梁，非東晉地也。」《正德潁州志·流寓》：「畢卓。爲吏部郎。以罪謫居鮦陽郡，因家焉。所居前有大池，今俗呼畢卓池。葬鮦陽城東，墓存。」李宜春《嘉靖潁州志·傳疑》：「畢卓。《舊志·流寓》載：『爲吏部侍郎，以罪謫居鮦陽，因家焉。』」按，《一統（志）》載卓爲汝寧人物，又云汝陰鮦陽人，以飲酒廢職。」

北朝

董紹。字興遠，鮦陽人。少好學，有文義，爲魏宣武所賞。除洛州刺史，頗得人情，後遷御史中丞。①

唐

王建。字仲初，潁川人。大曆十年（775）進士。初爲渭南尉，值内官王樞密者，盡宗人之分，然彼我不均，復懷輕謗之色。忽過飲，語及漢桓、靈信任中官起黨錮興廢之事，樞密深憾之，乃曰：「吾弟宮詞天下皆誦於口，禁掖深邃，何以知之？」建不能對。後爲詩贈之，乃脱於禍。詩云：「天朝行坐鎮相随，今上春宮見長時。脱下

①董紹，字興遠，新蔡鮦陽（今安徽臨泉）人。以四門博士起家。初仕北魏，歷國子助教、中書舍人，累遷步兵校尉。孝明帝時，出爲洛州刺史。孝莊帝永安中，爲安西將軍、凉州刺史、假撫軍將軍、兼尚書。孝武帝西遷，除御史中丞。西魏文帝時，以訕謗朝廷之罪賜死。事見《魏書》本傳。《成化中都志·人才·潁州（北朝）》：「董紹。字興遠，鮦陽人。少好學，有文義。起家四門博士，遷中書舍人。爲魏宣武所賞，除洛州刺史，頗得人情。孝武西遷，除御史中丞。」吕景蒙《嘉靖潁州志·人物表·仕（北朝）》：「董紹。鮦陽人。傳見《鄉賢》。」同書《鄉賢·北朝》：「董紹。字興遠，鮦陽人。少好學，有文義。起家四門博士，遷中書舍人。爲魏宣武所賞，除洛州刺史，頗得人情。後遷御史中丞。」李宜春《嘉靖潁州志·人物·文苑（北朝）》：「董紹。字興遠，鮦陽人。少好學，有文義。起家四門博士，遷中書舍人。爲魏宣武所賞，除洛州刺史，頗得人情。後遷御史中丞。」

御衣偏得著，進來龍馬每教騎。常承密旨還家少，獨對邊情出殿遲。不是當家頻向說，九重爭遣外人知。」①

梁

楊師厚。潁州斤溝人。梁時累立戰功，爲天雄節度使。太祖與晉戰河北，乃爲招討使，悉領勁兵。朱友珪欲圖

①王建，字仲初，潁川（今河南許昌）人。大曆十年進士。元和間任昭應縣丞、渭南縣衛，長慶間爲秘書郎，太和間爲陝州司馬。擅樂府，與張籍遊，世稱「張王樂府」。范攄《雲溪友議·瑯琊忤》：「王建校書爲渭南尉，作宮詞……渭南先與內宮王樞密，盡宗人之分，然彼我不均，後懷輕謗之色。忽因過飲，語及桓、靈信任中官，多遭黨錮之罪，而起興廢之事。樞密深憾其譏，詰曰：『吾弟所有宮詞天下皆誦於口，禁掖深邃，何以知之？』建不能對。元公親承聖旨，令隱其文，朝廷以爲孔光不言溫樹者，何其慎靜乎？二君將遭奏劾，爲詩以讓之，乃脫其禍也。建詩曰：『先朝行坐鎮相隨，今上春宮見長時。脫下御衣偏得着，進來龍馬每交騎。常承密旨還家少，獨奏邊情出殿遲。不是當家頻向說，九重爭遣外人知。』」《唐才子傳》有傳。《康熙潁州志·人物·文苑（唐）》：「王建。字仲初，潁州［川］人。大曆十年進士。初爲渭南尉，值內官王樞密者，盡宗人之分，然彼我不均，復懷輕謗之色。忽過飲，語及漢桓、靈信任中官起黨錮興廢之事，樞密深憾之，乃曰：『吾弟宮詞天下皆誦於口，禁掖深邃，何以知之？』建不能對。後爲詩贈之云：『先朝行坐鎮相隨，今上春宮見長時。脫下御衣親賜著，進來龍馬每教騎。常承密旨還家少，獨奏邊機出殿遲。不是當家頻向說，九重爭遣外人知。』乃脫於禍。太和中，爲陝州司馬。與韓愈、張籍友善，工爲樂府歌行，有詩集十卷。」

之，召計事。其吏勸勿行，師厚曰：「吾不負梁，今雖往，無如我何。」乃朝京師。①

後唐

常彦能。家富好施予。朱温攻淮南過潁，潁人畏避不敢迎，温怒曰：「軍回，當屠城！」及至淮，久雨乏糧。彦能聚議，曰：「軍回，我等無噍類，願共餉軍以紓禍。」衆不從。彦能自以家貲寫作一簿，持見温。温驚且怒，曰：「潁亦有知來見者乎？」觀其簿，點菉豆萬二千斛，謂曰：「家貲吾無所用，但煮豆粥聊食吾軍耳。亟載以來，失期亦斬。」彦能先期往，温喜，欲賞以官，不受。温曰：「汝何欲？」曰：「潁人畏王威，逃遁不敢迎。幸督之，貸一城生聚。」温曰：「吾已誓師，不可變，貸汝一家可也。」彦能曰：「鄉人皆親舊，衆誅而獨存，不如

①楊師厚（？—915），潁州斤溝（今安徽太和）人。初爲宣武軍押衛、曹州刺史，後仕至同中書門下平章事。卒贈太師。《舊五代史》《新五代史》均有傳。《成化中都志・人才・太和縣（五代）》：「楊師厚。潁斤溝人。今爲斤溝店，屬太和。朱全忠表爲曹州刺史，又爲齊州刺史。全忠使攻青州，屯於臨朐。平盧節度使王師範出兵攻臨朐，師厚伏兵奮擊，大破之，殺萬餘人，獲師範弟師克。明日，菜［萊］州兵五千救青州，師厚邀擊之，殺獲殆盡。遂徙寨，抵其城下，師範遂請降於師厚。累功爲天雄節度使。朱友珪欲圖之，召計事。其吏勸勿行，師厚曰：『吾不負梁，今雖往，無如我何。』」《正德潁州志・人物・五代》：「楊師厚。金溝人。梁時累立戰功，爲天雄節度使。太祖與晉戰河北，乃爲招討使，悉領勁兵。朱友珪欲圖之，召計事。其吏勸勿行，師厚曰：『吾不負梁，今雖往，無如我何？』乃朝於京師。」李宜春《嘉靖潁州志・人物・將畧》：「楊師厚。潁州人。梁時累立戰功，爲天雄節度使。太祖與晉戰河北，乃爲招討使，悉領勁兵。朱友珪欲圖之，名［召］計事。其吏勸勿行，師厚曰：『吾不負梁，今雖往，無如我何。』乃朝京師。」

與之俱死。」温從之，潁人皆得免難。其子孫皆得善報。①

張崇。慎縣人。爲江南吳王廬州觀察使。時光州將王言殺刺史戴肇，吳王遣楚州團練使李厚討之。崇在廬州，不俟命引兵趣光州，言棄城走。以李厚權知光州，崇之功也。②

---

①《純正蒙求》卷下：「梁常彦能，家富好施予。時朱全忠攻淮南過潁，潁人畏避不敢迎，全忠怒曰：『軍回，當屠城！』及至淮，久雨乏糧。彦能聚議曰：『軍回，我等無噍類，願共餉軍以紓禍。』衆不從。彦能自以家貲寫作一簿，持見全忠。全忠驚且怒，曰：『潁亦有知來見者乎？』全觀其簿，點菽豆萬二千斛，謂曰：『家貲吾無所用，但煮豆粥食吾軍耳。亟載以來，失期亦斬。』彦能先期往，全忠大喜，欲賞以官，不受。全忠曰：『汝何欲？』曰：『潁人畏王之威，逃遁不敢出迎。幸王貸之，貸一城生聚。』王曰：『吾已誓師，不可變，貸汝一家可也。』彦能曰：『鄉人皆親舊，衆誅而獨存，不如與之俱死。』全忠從之，潁人皆得免難。其後子孫皆受善報。」《康熙潁州志・人物・忠義（唐）》：「常彦能。家富好施予。朱温攻淮南過潁，潁人畏避不敢迎，温怒曰：『軍回，當屠城！』及至淮，久雨乏糧，彦能聚鄉里議曰：『軍回，我等無噍類矣！願共餉軍以紓禍。』衆不從。彦能自以家資寫作一簿，持見温。温驚且怒，曰：『潁人亦知來見乎？』觀其簿，收菽豆萬二千斛，謂曰：『家資吾無所用，但煮豆粥，聊食吾軍。亟載以來，失期亦斬。』彦能先期往，温喜，欲賞以官，不受。温曰：『汝何欲？』曰：『潁人畏王威，逃遁不敢迎，乞貸一城生命。』温曰：『吾已誓師，不可變，貸汝一家可也。』彦能曰：『鄉人皆親舊，衆誅而獨存，不如俱死。』温從之，潁遂免於難。常氏子孫繁衍，有顯達者。」

②《資治通鑑・後梁紀》：「（貞明二年九月）吳光州將王言殺刺史載肇，（胡三省注：『載』，恐當作『戴』。）吳王遣楚州團練使李厚討之。廬州觀察使張崇不俟命，引兵趣光州，言棄城走。以李厚權知光州。崇，慎縣人也。」《十國春秋・吳・張崇傳》：「張崇。慎縣人也。官至廬州觀察使。天祐十三年（916），光州將王言作亂，崇不俟命引兵討定，高祖獎賚有加。久之，擢德勝軍節度使。武義改元（919），加安西大將軍。崇居官好爲不法，士庶苦之。常入覲廣陵，廬人意其改任，皆相幸曰：『渠伊不復來矣。』崇歸聞之，計口徵『渠伊錢』。明年，再入覲，人多鉗口不敢言，惟捋髭相慶。歸，又徵『捋髭錢』。其貪縱多此類。會廬江民訟縣令受賕，侍御史知雜事楊廷式欲並崇按之，徐知誥謝之而止。未幾，領武寧軍節度使，已又仍鎮廬州。太和三年（931），賜爵清河王。崇在廬州，厚以貨結權要，由是常得還鎮，爲民患者二十餘年。」《康熙潁州志・人物・勞績（吳）》：「張崇。慎縣人。仕吳爲廬州觀察使。時光州將王言殺刺史戴肇，吳王遣楚州團練使李厚討之。崇在廬州，不俟命引兵趣光州，言棄城走。及吳改元武義，文武以次進位，拜崇安西大將軍。」

李穀。汝陰人。重厚剛毅，言多造理。舉進士，從事華、秦［泰］二州。晉天福中，擢監察御史。累官開府儀同三司，進封趙國公。宋建隆初卒，贈侍中。①

蜀

李肇。汝陰人。爲後唐陝虢都指揮使，蜀孟知祥獲之，以爲牙内馬步都指揮使。明宗長興元年（931），董璋反，唐以知祥爲西南供饋使。知祥與璋厚，爲主謀。明宗伐蜀，璋將李仁罕圍遂州，知祥同築長城圍之，降其城。既而璋遇雨，糧乏，還閬州。知祥守劍門，復引兵破遂、閬，奪五州。唐遣將討之，拔劍門。知祥懼，遣都指揮使肇會諸兵據劍州。官軍棄劍州，肇屯據其險。石敬塘來攻，肇以强弩射之，敬塘兵屢敗。安重誨代請征蜀，不能

①李穀（903—60），字惟珍，汝陰（今安徽阜陽）人。後唐天成四年（929）進士。歷仕後晉、後漢。後周廣順元年（951）任戶部侍郎，尋遷平章事。後周恭帝即位，封趙國公。事見《宋史》本傳。《成化中都志·人才·潁州（五代）》：「李穀。汝陰人。重厚剛毅，言多造理。舉進士，從事華、秦［泰］二州。晉天福中，擢監察御史。累官開府儀同三司，進封趙國公。宋建隆初卒，贈侍中。」《正德潁州志·人物·宋》：「李穀。汝陰人。厚重剛毅，言多諳理。舉進士，從事華、秦［泰］二州。晉天福中，擢監察御史。累官開府儀同三司，進封趙國公。宋建隆中卒，贈侍中。歷事五姓。」呂景蒙《嘉靖潁州志·人物表·仕（後晉）》：「（天福）李穀。汝陰人。少任俠，爲鄉人所困。發憤從學，所覽如宿（習）。舉進士，歷晉、漢、周，終開府儀同三司。《宋史》論其更事異姓，不能以名節生死，且以籌策自名，乃不能料藝祖有容之量，受李筠饋遺，以憂死，何其繆耶？」李宜春《嘉靖潁州志·人物·文苑（宋）》：「李穀。字惟珍，汝陰人。發憤從學，所覽如宿習。年二十七，舉進士，連辟華、泰二州從事。晉天福中，擢監察御史。累遷開府儀同三司，進封趙國公。太祖即位，遣使賜器幣。建隆元年（960）卒，太祖聞之震悼。穀爲人厚重剛毅，深沉有城府，言多詣理，辭氣明暢，人主爲之竦聽。好汲引寒士，多至顯位。然更事異姓，不能以名節生死，倫義廢矣！子吉至補闕，拱至太子中允。」

進，與敬塘遁還。知祥勢張甚，肇引兵自劍州還。而璋與知祥有隙，以肇爲昭武留後。久之，璋引兵反攻知祥於成都，遣書肇等誘之，肇素不知書，棄之地，囚其使者，亦擁衆觀望。知祥集兵，大破璋，斬其首，而肇始斬其使以聞。知祥霸於蜀，復稱藩，已爲蜀王，命其子仁贊攝行軍事。知祥殂，其子改名昶，稱皇帝。時肇爲昭武節度使兼侍中，顧望不朝。至成都，稱足疾，扶杖入見，不拜。既而，蜀主殺功臣李仁罕等，肇始釋杖而拜。其恃功驕悖如此，蜀主欲誅之。以太子（少）傅致仕，徏［徙］邛州。①

①李肇，汝陰（今安徽阜陽）人。初仕後唐，爲陝虢都指揮使。後仕後蜀，爲牙内馬步都指揮使，積功授昭武軍節度使。孟昶即位，加侍中。事見《資治通鑑·後唐紀》。《十國春秋·後蜀·李肇傳》：「李肇，汝陰人。初仕後唐，爲陝虢都指揮使，高祖於漢州之役，既追獲李紹琛，復得肇與侯宏實二人，奇其才，心相得也，即署肇牙内馬步都指揮使。已而唐師破劍門，高祖遣肇將兵據劍州，戒以倍道兼行，唐軍無足畏者。肇既至劍州，屯兵河橋，會唐騎兵來衝陳，肇伏强弩數百射之，唐騎兵不敢進，引去。未幾，肇歸成都，昭武留後趙廷隱以本軍三讓肇，高祖乃命肇代守利州。董璋之興師也，陽致書於肇，若與己連謀者，肇訟繫其使獄中，而亦擁兵爲自衛之計。及璋敗，肇遂斬璋使以獻。長興四年（934），高祖以墨制署肇昭武軍節度使，唐明宗悉依所署。未幾，兼奉鑾肅衛都指揮使。後主初立，加兼侍中。肇恃先朝功臣，不時入朝。至漢州，留與親戚燕飲高會，畧逾旬日。久之，扶杖見後主，詐稱疾不拜。後主既誅李仁罕，心頗不平於肇。左右以肇倨慢，請加刑。後主竟罷其軍務，改太子少傅，徙邛州，死。」《康熙潁州志·人物·勞績（蜀）》：「李肇。汝陰人。爲後唐陝虢都指揮使，蜀孟知祥獲之，以爲牙内馬步都指揮使。明宗長興元年，董璋反，知祥與璋厚，爲主謀。明宗遣將伐蜀，拔劍門，知祥懼，遣肇會諸兵據劍州，屯其險要。石敬塘來攻，肇以强弩射之，敬塘兵屢敗。安重誨遽自請行，亦不能進，與敬塘遁還。既而璋與知祥有隙，以肇爲昭武軍留後。久之，璋引兵反攻知祥於成都，遣書誘肇，肇囚其使者，擁衆觀望。知祥已破斬璋，乃斬使以聞。知祥殂，其子昶稱皇帝。時肇爲昭武節度使兼侍中，至成都，稱足疾，扶杖入見，不拜。及蜀主殺功臣李仁罕等，肇始釋杖而拜。以太子太傅致仕。」

周

李穀。字惟珍，汝陰人。少勇力善射，以任俠爲事，爲鄉人所困，發憤從學，所覽如宿習。舉進士，從事華、秦［泰］二州。晉天福中，擢監察御史，歷仕漢、周。初判開封，京畿多盜，中牟尤甚，穀誘邑人發其巢穴，悉擒賊黨，行者無患。未幾，拜中書侍郎。河決齊、鄆，發十數州丁壯塞之，命穀領護，刻期就功。平淮南，皆穀策，令翰林學士陶穀爲贊賜之。加開府儀同三司，封趙國公。宋太祖即位，遣使賜器幣。建隆中卒，贈侍中。子吉至太子中允。即前李穀，歷晉、漢、周、宋。①

宋

尹拙。潁州汝陰人。性純謹，博通經史。顯德初，拜檢校右散騎常侍、國子祭酒、通判太常禮院事，與張昭同修《實錄》，又與昭及田敏同詳定《經典釋文》。周世宗北征，命翰林學士作《祭白馬文》，學士不知所出，訪於

①已見第五九四頁之注。

拙，拙歷舉郡國祠白馬者以十數，時服其博。子季通，有文學，以蔭仕至國子博士。①

舒元。潁州沈丘人。少倜儻好學，通《左氏》《穀梁》等傳。辨［辯］捷强記，治郡日，或奏其不親獄訟，事多冤滯。太祖面詰問之，凡所詰，元俱述曲直，太祖甚加［嘉］歎之。子知白至作坊使，知雄補殿直，知崇安撫

①尹拙（891—971），潁州汝陰（今安徽阜陽）人。後梁貞明中舉三史，調下邑主簿。歷仕後唐、後漢，入宋後授太子詹事、判太府寺。乾德六年（966），以秘書監致仕。事見《宋史》本傳。《成化中都志·人才·潁州（宋）》：「尹拙。汝陰人。性純謹，博通經史。仕周，舉三史，官至國子祭酒，判太常禮院。宋初改工部尚書、太子詹事，判太府寺。卒年八十一。子季通，有文學，以蔭補國子博士。」《正德潁州志·人物·宋》：「尹拙。汝陰人。性淳謹，博通經史。舉三史，官至國子祭酒，通判太常禮院。宋初改工部尚書、太子詹事，判太府寺。卒年八十一。五代士習，不重節義者。」吕景蒙《嘉靖潁州志·人物表·仕（宋）》：「（太宗乾德）尹拙。汝陰人。傳見《鄉賢》。」同書《鄉賢·宋》：「尹拙。潁州汝陰人。性純謹，博通經史。顯德初，拜檢校右散騎常侍、國子祭酒、通判太常禮院事，與張昭同修唐應順、清泰及周祖《實録》，又與昭及田敏同詳定《經典釋文》。周世宗北征，命翰林學士作《祭白馬文》，學士不知所出，訪於拙，拙歷舉郡國祠白馬者以十數，當時服其該博。會丁憂，免。宋初改檢校工部尚書、太子詹事、判太府寺，遷秘書監、判大理寺。乾德六年，以本官致事。開寶四年（971）卒，年八十一。子季通，仕至國子博士。」李宜春《嘉靖潁州志·人物·經術（宋）》：「尹拙。汝陰人。性純謹，博通經史。顯德初，拜檢校右散騎常侍、國子祭酒、通判太常禮院事，與張昭同修唐應順、清泰及周祖《實録》，又與昭及田敏同詳定《經典釋文》。周世宗北征，命翰林學士作《祭白馬文》，學士不知所出，訪於拙，拙歷舉郡國祠白馬者以十數，當時服其該博。宋初改檢校工部尚書、太子詹事、判太府寺，遷秘書監、判大理寺。乾德六年，致仕。開寶四年卒，年八十一。子季通，仕至國子博士。」

副使。知白子明［昭］遠，因對自陳，任大理寺丞，賜進士第，至太常博士。①

丁罕。潁州人。從劉廷翰戰徐河，以奪橋功補本軍都虞侯。淳化三年（992），出爲澤潞團練使、知霸州。會河溢壞城壘，罕以私錢募築，民咸德之。與李繼遷戰，斬首俘獲以數萬計。從大將李繼隆出青岡［崗］峽，賊聞先遁，追十日程，不見而還。②

①舒元（923—977），潁州沈丘（今安徽臨泉）人。初爲李守貞門下，後事李環，爲淮南北面招討使。又歸周世宗，歷官蔡州、滑州防禦使。入宋，累官白波兵馬都監。事見《宋史》本傳。吕景蒙《嘉靖潁州志·人物表·仕（宋）》：「（太宗乾德）舒元。沈丘人。傳見《鄉賢》。」同書《鄉賢·宋》：「舒元。潁州沈丘人。少倜儻好學，通《左氏》《穀梁》二傳。辨［辯］捷强記，治郡日，或奏其不親獄訟，事多冤滯。太祖面詰問之，凡所詰，元必具誦款占，指述曲直，太祖甚嘉歎之。子知白官至作坊使，知雄補殿直，知崇安撫副使。知白子明［昭］遠，因對自陳，任大理寺丞，賜進士第，至太常博士。」李宜春《嘉靖潁州志·人物·經術（宋）》：「舒元。沈丘人。少倜儻好學，通《左氏》《穀梁》二傳。辯捷强記，治郡日，或奏其不親獄訟，事多冤滯。太祖面詰問之，凡所詰，元必具誦款占，指述曲直，太祖甚嘉歎之。子知白官至作坊使，知雄補殿直，知崇安撫副使。知白子明［昭］遠，因對自陳，任大理寺丞，賜進士第，官至太常博士。」

②丁罕（？—999），潁州（今安徽阜陽）人。應募補衛士，以戰功累遷至天武指揮使。淳化三年，以澤州團練使知霸州，擢靈環路都部署。後以破李繼遷功拜密州觀察使。事見《宋史》本傳。《成化中都志·人才·潁州（宋）》：「丁罕。潁州平輿人。以應募補衛士，屢遷指揮使。淳化中爲澤州團練使、知霸州。河決，以私錢募築，民咸德之。後拜密州觀察使，徙貝州。」《正德潁州志·人物·宋》：「丁罕。平輿人。應募補衛士，累遷指揮使。淳化中，爲澤州團練使、知霸州。河決，以私錢募築，人咸德之。後拜密州觀察使，徙具州。」吕景蒙《嘉靖潁州志·人物表·仕（宋）》：「（太宗淳化）丁罕。潁州人。傳見《名將》。」同書《名將·宋》：「丁罕。潁州人。應募補衛士，屢遷都指揮使。從劉廷翰戰徐河，以奪橋功補本軍都虞候。淳化三年，出爲澤潞團練使、知霸州。會河溢壞城壘，罕以私錢募築，民咸德之。五年（994），以容州觀察使領靈環路行營都部署，與李繼遷戰，斬首俘獲以數萬計。至道中，率兵從大將李繼隆出青崗峽，賊聞先遁，追十日程，不見而返。（至道）三年（997），拜密州觀察使、知威虜軍，徙貝州。咸平二年（999）卒。子守德，能世其家。」李宜春《嘉靖潁州志·人物·將畧（宋）》：「丁罕，潁州人。應募補衛士，累遷都指揮使。從劉廷翰戰徐河，以奪橋功補本軍都虞候。淳化三年，出爲澤潞團練使、知霸州。會河溢壞城壘，罕以私錢募築，民咸德之。五年，以容州觀察使領靈環路行營都部署，與李繼遷戰，斬首俘獲以數萬計。至道中，率兵從大將李繼隆出青岡［崗］峽，賊聞先遁，追十日程，不見而還。（至道）三年，拜密州觀察使、知威虜軍，徙貝州。咸平二年卒。子守德，能世其家。」

張綸。字公信，潁州汝陰人。少倜黨［儻］任氣。從雷有終討王均於蜀，有降寇數百據險叛，使綸擊，綸馳報曰：「此窮寇，急之則生患，不如諭以向背。」有終用其説，賊果來降。所部卒縱酒掠居民，綸斬首惡數人，衆乃定。遷江、淮發運副使，奏除通、泰、楚三州鹽戶宿負，官助其器用，鹽入優與之直，由是歲增課數十萬石。復置鹽場於杭、秀、海三州，歲入課又百五十萬石。居二歲，增上供米八十萬。疏五渠，導太湖入於海，復租米六十萬。開長蘆西河以避覆舟之患，又築漕河隄二百里於高郵比［北］，旁錮鉅石以泄横流。泰州有捍海堰，廷［延］袤百五十里，久廢不治，歲患海濤。表三請，願身自臨役。僉權知泰州，卒成堰，復逋戶二千六百，州民利之，爲立生祠。綸有材畧，所至興利除害，有循良政。爲人恕，喜施予，在江、淮，見漕卒凍餒道死者衆，歎曰：「此有司之過也。」推俸錢市絮襦千數，衣其不能自存者。①

---

①張綸，字公信，潁州汝陰（今安徽阜陽）人。舉進士不第，補三班奉職，遷右班殿直，徙荆州提点刑獄，歷知辰、渭、秦、瀛、滄、潁諸州。事見《宋史》本傳。《成化中都志·人才·潁州（宋）》：「張綸，汝陰人。宋太宗時，擢荆湖提點刑獄。歷知辰、渭州，遷江淮發運副使，權知泰州。復逋戶二千六百，民爲立生祠。後又知瀛、滄、潁州。綸有材畧，所至興利除害，有循良之政。」《南畿志·鳳陽府·人物（宋）》：「張綸。潁州汝陰人。太宗時，爲荆湖提點刑獄，歷知辰、渭州。遷江淮發運副使，鹽課歲增。又疏五渠，導太湖入海，築漕河隄於高郵。權知泰州，修捍海堰，復逋戶二千六百，民爲立生祠。後又知瀛、滄、潁州。綸有材畧，所至興利除害，有循良之政。」《正德潁州志·人物·宋》：「張綸。汝陰人。太宗時擢荆胡［湖］提點刑獄。歷知辰、渭二州，遷江淮發運副使。權知泰州，復逋戶六千二百，民爲立生祠。後又知府瀛、滄、潁州。綸有才畧，所至興利除害，有循良之政。」吕景蒙《嘉靖潁州志·鄉賢·宋》：「張綸，字公信，潁州汝陰人。少倜儻任氣，舉進士不中，補三班奉職，遷右班殿直。從雷有終討王均於蜀，有降寇數百據險叛，使綸擊之。綸馳報曰：『此窮寇，急之則生患，不如諭以向背。』有終用其説，賊果棄兵來降。遷益、彰、簡等州都巡檢使，所部卒縱酒掠居民，綸斬首惡數人，衆乃定。徙荆州提點刑獄，遷東頭供奉官、提點開封府

界縣鎮公事。奉使靈夏還，會辰州溪峒彭氏蠻内寇，以知辰州。綸至，築蓬山驛路，賊不得通，乃遁去。徙知渭州，改内殿崇班、知鎮戎軍。奉使契丹，安撫使曹瑋表留之，不可。蠻復入寇，爲辰州、澧、鼎等州緣邊五溪十峒巡檢安撫使，諭蠻酋禍福，購還所掠民，遣官與盟，刻石於境上。久之，除江、淮制置發運副使。時鹽課大虧，力奏除通、泰、楚三州鹽戶宿負，官助其器用，鹽入優與之直，由是歲增課數十萬石。復置鹽場於杭、秀、海三州，歲入課又百五十萬石。居二歲，增上供米八十萬。疏五渠，導大〔太〕湖入於海，復租米六十萬。開長蘆西河以避覆舟之患，又築漕河隄二百里於高郵北，旁錮鉅石爲十礎，以泄横流。泰州有捍海堰，延袤百五十里，久廢不治，歲患海濤冒民田。綸方議修復，論者難之，以爲濤患息而畜潦之患興矣。綸曰：『濤之患十九，而潦之患十一，獲多而忘〔亡〕少，豈不可邪？』表三請，願身自臨役。僉〔命〕兼權知泰州，卒成堰，復逋戶二千六百，州民利之，爲立生祠。居淮南六年，屢遷。徙知潁州，卒。綸有材畧，所至興利除害。爲人恕，喜施予，在江、淮，見漕卒凍餒道死者衆，歎曰：『此有司之過，非所以體上仁也。』推奉錢市絮襦千數，衣其不能自存者。」李宜春《嘉靖潁州志·人物·循吏（宋）》：「張綸。字公信，汝陰人。太宗時擢荆湖提點刑獄，歷知辰、渭州，遷江淮發運副使。時鹽課大虧，乃奏除通、泰、楚三州鹽戶宿負，官助其器用，鹽入優與之直，由是歲增課數十萬石。復置鹽場於杭、秀、海三州，歲入課又百五十萬石。居二歲，增上供米八十萬。疏五渠，導太湖入於海，復租米六十萬。開長蘆西河以避覆舟之患，又築漕河隄二百里於高郵北，旁錮鉅石爲十礎，以泄横流。泰州有捍海堰，延袤百五十里，久廢不治，歲患海濤冒民田。綸方議復，論者難之，以爲濤患息而畜潦之患興矣。綸曰：『濤之患十九，而潦之患十一，獲多而亡少，豈不可邪？』表三請，願身自臨役。命權知泰州，卒成堰，復逋戶二千六百，州民利之，爲立生祠。居淮南六年，屢遷。徙知潁州，卒。綸有材畧，所至興利除害，有循良之政。爲人恕，喜施予，在江、淮，見漕卒凍餒道死者衆，歎曰：『此有司之過也，非所以體上仁也。』推俸錢市絮襦千數，衣其不能自存者。」

王臻。字及之，汝陰人。臻以文數十篇往見曾致堯，歎曰：「汝、潁固多奇士。」舉進士，累遷監察御史，擢淮南轉運副使。時建議濬淮南漕渠，廢諸堰，臻言：「揚州召伯堰，實謝安爲之，人思其功，以比召伯，不可廢也。濬渠亦無所益。」徙福州。閩人多先食野葛，而後趨仇家求鬬，即死其處，以誣仇人。臻辨察鬬格狀，被誣者往往釋去。民間數以火訛相驚，悉捕首惡杖之，流海上，民乃定。累遷尚書工部郎中。姦人僞爲皇城司刺史〔事〕

（卒），嚇良民以取賕，臻察得其主名，黥竄三十餘人，都下肅然。以右諫議大夫權御史中丞。臻剛嚴善决事，所至有風蹟。子明清，字仲言，修德不慕榮進，作範鄉人，克紹前業，有《揮塵［麈］録》《玉照志》《投轄録》行於世。①

①此處誤。王明清之父爲王銍，非王臻也。見張明華、房厚信《王銍、王明清家族研究》（黄山書社 2014 年版）。王臻，字及之，潁州汝陰（今安徽阜陽）人。進士。歷監察御史、三司度直判官等職，坐事徙福州。仁宗朝擢龍圖閣待制、權知開封府，累官尚書工部郎中、右諫議大夫、權御史中丞。事見《宋史》本傳。《成化中都志·人才·潁州（宋）》：「王臻。汝陰人。舉進士，爲大理評事，知舒城縣。累遷龍圖閣待制，權知開封府。以右諫議大夫權御史中丞，多所建明。臻剛嚴善决事。子仲言，克紹家學，有《揮塵［麈］録》《玉照志》行於世。」《正德潁州志·人物·宋》：「王臻。汝陰人。始就學，能文辭。中進士，爲大理評事，知舒城縣。累遷龍圖閣待制，權知開封府。以右諫議大夫權御史中丞，多所建明。臻剛嚴善决事，所至有風蹟。」吕景蒙《嘉靖潁州志·鄉賢·宋》：「王臻。字及之，潁州汝陰人。始就學，能文辭。曾致堯知壽州，有詩［時］名，臻以文數十篇往見，致堯覽之，歎曰：『潁、汝固多奇士。』舉進士，屢遷監察御史。中使就營景靈宫、大［太］極觀，臻佐助工費有勞，遷殿中侍御史，擢淮南轉運副使。時發運司建議濬淮南漕渠，廢諸堰，臻言：『揚州召伯堰，實謝安爲之。人思其功，以比邵伯，不可廢也。濬渠亦無所益。』召爲三司度支判官，而發運司卒濬渠以通漕。臻坐前異議，降監察御史、知睦州。道復官，徙福州。鬪［閩］人欲報讎，或先食野葛，而後趨讎家求鬪，即死其處，以誣讎人。臻辨察格鬪狀，被誣者往往釋去，俗爲少變。又民間數以火訛相驚，悉捕首惡杖之，流海上，民乃定。累遷尚書工部郎中。姦人僞爲皇城司刺事卒，嚇良民以取賕，臻購得其主名，黥竄三十餘人，都下肅然。以右諫議大夫蒮［權］御史中丞，建言：『三司、開封府諸曹參軍及赤縣丞尉，率用貴游子弟，驕惰不習事。請易以孤寒登第更仕宦書考無過者爲之。』又言：『在京百司吏人入官，請如長社［定格］，歸司三年。』皆可其奏。未幾，卒。臻性剛嚴善决事，所至有風蹟。」李宜春《嘉靖潁州志·人物·名臣（宋）》：「王臻。字及之，汝陰人。始就學，能文辭。曾致堯知壽州，有時名，臻以文數十篇往見，致堯歎曰：『汝、潁固多奇士。』舉進士，累遷監察御史。中使就營景靈宫、太極觀，臻佐助工費有勞，遷殿中侍御史，擢淮南轉運副使。時發運司建議濬淮南漕渠，廢諸堰，臻言：『揚州召伯堰，實謝安爲之。人思其功，以比召伯，不可廢也。濬渠亦無所益。』召爲三司度支判官，而發運司卒濬渠以通漕，臻坐前異議，降監察御史、知睦州。道復官，徙福州。閩人欲報讎，或先食野葛，而後趨讎家求鬪，即死其處，以誣讎人。臻辨察鬪格狀，被誣者往往釋去，俗爲少變。又民間數以火訛相驚，悉捕首惡杖之，流海上，民乃定。累遷尚書工部郎中。姦人僞爲皇城司刺事卒，嚇良民以取賕。臻購得其主名，黥

竄三十餘人，都下肅然。以右諫議大夫權御史中丞，建言：『三司、開封府諸曹參軍及赤縣丞尉，率用貴游子弟，驕惰不習事。請易以孤寒登第更仕宦書考無過者爲之。』又言：『在京百司吏人入官，請如《長定格》，歸司三年。』皆可其奏。未幾，卒。臻剛嚴善决事，所至有風蹟。」

王回。字深父。其先自固始徙侯官。父平言，試御史，宦潁州，卒葬汝陰，遂家焉。敦行孝友，質直平恕，造次必稽古人，不爲小廉曲謹以投衆人耳目，而取舍進退必度於仁義。嘗舉進士中第，爲衛真簿，有所不合，稱病自免。作《告友文》，詞旨嚴正。以學行見知歐陽公，薦授將作監主簿。歐陽公嘗有書簡講論世譜、史傳，盛稱深父爲先輩。后退居潁，有勸之仕者，輒以養母辭。以爲忠武軍節度推官、知陳州南頓縣事，命下而深父死矣。回與處士常秩友善。熙寧中，秩上其文集，補回子汾爲郊社齋郎。①

①王回（1023—1065），字深父。其先爲福州侯官（今福建閩侯）人，後徙居潁州（今安徽阜陽）。仁宗嘉祐二年（1057）進士，補亳州衛真縣主簿，歲餘即自免而去。與歐陽修、王安石友善。事見《宋史》本傳。《成化中都志·人才·潁州（宋）》：「王回。字深父。按王荆公所撰《墓志》，其先固始人，遷侯官。父宦潁州，卒葬汝陰，遂家焉。舉進士，補亳州衛真縣主簿。歲餘，自免歸。用薦爲節度推官、知陳州南頓縣事，書下而卒。深父經學粹深，造次必孔孟，以文學受知歐陽公，與王荆公尤相友善。及卒，二公爲文祭之。《潁州志》云：『平輿人，歐陽公薦授匠［將］作監主簿。』皆非也。當以志文爲正。」《南畿志·鳳陽府·流寓》：「王回。本侯官人，父宦潁州，卒葬汝陰，遂家焉。舉進士，補衛真主簿。歲餘，自免歸。用薦爲節度使推官、知南頓縣，命下而卒。回敦行孝友，質直平恕，造次必稽古人所爲。以文學受知歐陽公，與王荆公尤相友善。」《正德潁州志·人物·宋》：「王回。字深甫（父），平輿人。有行誼，以文學見知歐陽公，薦授將作監主簿。歐公嘗有書簡講論世譜、史傳，盛稱深甫爲先輩，其爲人可想也。及卒，歐公有祭文，褒頌亦至矣。」吕景蒙《嘉靖潁州志·人物表·仕（宋）》：「（神宗熙寧）王回。潁州人。傳見《鄉賢》。」同書《鄉賢·宋》：「王回。字深父，福建侯官人。父平言，試御史。（出《宋史》本傳。）其先本河南王氏，自光州之固始遷侯官。父某宦潁州，卒葬汝陰，遂家焉。今爲潁州人。（王荆公撰《墓志》云。）回敦行孝友，質直平恕，造次必稽古人。嘗舉進

士中第，爲衛真簿，有所不合，稱病自免。作《告友》曰：『古之言天下達道，曰君臣也，父子也，夫婦也，兄弟也，朋友之交也。五者各以其義行而人倫立，五者義廢則人倫亦從而亡矣。聖人既没，而其義益廢，於今則亡矣。夫人有四肢，所以成身；一體不備，則謂之廢疾。而人倫缺焉，何以爲世？嗚呼！處今之時而望古之道，難矣。』（出《宋史》本傳。）『吾友深父，書足以致其言，言足以遂其志。志欲以聖人之道为己任，蓋非至於命弗止也。故不爲小廉曲謹以投衆人耳目，而取舍、進退、去就，必度於仁義。世皆稱其學问文章行治，然真知其人者不多，而多見謂迂闊，不足趣時合變，是乃所以爲深父也。有勸之仕者，輒以養母辭。於是朝廷用薦者以爲忠武軍節度推官，知陳州南頓縣事，命下而深父死矣。』（出王荆公撰《墓志》。）回在潁州，與處士常秩友善。熙寧中，秩上其文集，補回子汾爲郊社齋郎。弟向。（本傳。）」李宜春《嘉靖潁州志·人物·文苑（宋）》：「王回。字深父，其先自固始徙候官。父平言，試御史，卒葬汝陰，遂家焉。敦行孝友，質直平恕，造次必稽古人，而不爲小廉曲謹以求名譽。嘗舉進士中第，爲衛真簿，有所不合，稱病自免。作《告友》曰：『古之言天下達道，曰君臣也，父子也，夫婦也，兄弟也，朋友之交也。五者各以其義行而人倫立，五者義廢則人倫亦從而亡矣。然而父子兄弟之親，天性之自然者也；夫婦之合，以人情而然者也；君臣之從，以衆從［心］而然者也。是雖欲自廢，而理勢持之，何能斬也？惟朋友者，舉天下之人莫不可同，亦舉天下之人莫不可異，同異在我，安所卒歸乎？是其漸廢之所由也。君之於臣也，父之於子也，夫之於婦也，兄之於弟也，過且惡，必亂敗其國家，國家敗而皆受其難，被其名，而終身不可辭也。故其爲上者不敢不誨，爲下者不敢不諫。世治道行，則人能循義而自得；世亂道微，則人猶顧義而自全。間有不若，則亦無害於衆焉耳。此所謂理勢持之，雖百代可知也。親非天性也，合非人情也，從非衆心也，群而同，别而異，有善不足與榮，有惡不足與辱。大道之行，公於義者至焉，下斯而言，其能及者鮮矣。是以聖人崇之，以列於君臣、父子、夫婦而壹爲達道也。聖人既没，而其義益廢，於今則亡矣。夫人有四肢，所以成身。一體不備，則謂之廢疾。而人倫缺焉，何以爲世？嗚呼！處今之時而望古之道，難矣。』退居潁州，久之不肯仕，朝廷用薦者，以爲忠武軍節度推官、知陳州南頓縣事，命下而卒。回在潁州，與處士常秩友善。熙寧中，秩上其文集，補回子汾爲郊社齊［齋］郎。歐陽修《祭文》：『歎吾深甫！孝弟行於鄉黨，信義施於友朋。貧與賤不爲之恥，富與貴不爲之榮。雖得於内者無待於外物，而不可掩者蓋由其至誠。故方身窮於陋巷，而名已重於朝廷。若夫利害不動其心，富貴不更其守。處於衆而不隨，臨於得而不苟。惟吾知子於初，世徒信子於久。念昔居潁，我壯而子方少年；今我老矣，來歸而送子於泉。古人所居，必有是邦之友，况如子者，豈止一邦之賢？舉觴永訣，夫復何言！』」

王向。字子直，回弟。爲文長於序事。戲作《公議先生傳》，其徒任意請云［去］公議爲公默。仕止縣主簿。弟同，字容季，性純篤，亦善序事。皆早卒。①

王仲言。一名明清，臻［銍］之子。積學修德，不慕榮進，作範鄉人，克詔［紹］前業。有《揮麈錄》《投轄錄》及《玉照堂新志》行於世。與陸務觀同時。其所著述，留心當世之務及文獻風雅之語，甚有雅事名言，併自序家世。其祖起曹郎中，字樂道，歷官中外有聲。又紀其父當高宗南幸，知虜亂未已，策其入犯之路，爲守備作書千言，上之浙西帥，時其父爲幕僚也。侃侃石畫，後一一如其言。蓋明清父子，皆留心經濟者。②

常秩。字夷甫，汝陰人。舉進士不中，隱居，以經術著稱，屢薦不起。神宗三聘，辭。熙寧三年（1070），詔郡「以禮敦遣，毋聽辭」。明年（1071），詣闕，帝曰：「先朝累命，何爲不起？」對曰：「先帝亮臣之愚，故得安閭巷。今陛下嚴詔趣迫，是以不敢不來。」帝悦，徐問之：「今何道免民於凍餒？」對曰：「法制不立，庶民食

---

①王向，字子直，號公默。王回之弟。仁宗嘉祐二年（1057）進士。嘗爲縣主簿，歐陽修守滁州，任三班奉直。事見《宋史·王回傳》附傳。吕景蒙《嘉靖潁州志·人物表·仕（宋）》：「（神宗熙寧）王向。回弟。傳見《鄉賢》。」同書《鄉賢·宋》：「向。字子直。爲文長於序事，戲作《公議先生傳》，其徒任意請去公議爲公默。仕止某縣主簿。」李宜春《嘉靖潁州志·人物·文苑（宋）》：「王向。字子直。回弟。爲文長於序事，戲作《公議先生傳》，其文具在《宋史》。弟同，字容季，性純篤，亦善序事。皆蚤卒。仕止於縣主簿。」

②「王仲言」即王明清（1127—？），字仲言，潁州汝陰（今安徽阜陽）人。王銍次子，王廉清之弟。幼年受知於朱敦儒、徐度，曾任浙西參議官。《正德潁州志·人物·宋》：「王仲言。泰［銍］子。積學修德，不慕榮進。作範鄉人，克紹先業。有《揮塵［麈］錄》《玉照志》行於時。」吕景蒙《嘉靖潁州志·人物表·隱（宋）》：「（神宗熙寧）王仲言。臻［銍］子。傳見《遺逸》。」同書《遺逸·宋》：「王仲言。汝陰人。王臻［銍］子也。積學修德，不慕榮進，作範鄉人，克紹先業。有《揮塵［麈］錄》《玉照志》行於世。」李宜春《嘉靖潁州志·人物·隱逸（宋）》：「王仲言，銍子。汝陰人。積學修德，不慕榮進。作範鄉人，克紹先業。所著有《揮麈錄》《玉照志》行於世。」

侯食，服侯服，此今日大患也。」後安石爲相變法，天下以爲不便，秩見所下令，獨以爲是，一召遂起。任諫諍侍從，低首抑氣，無所建明，爲時譏笑云。①

①常秩（1019—1077），字夷甫，潁州汝陰（今安徽阜陽）人。仁宗嘉祐中爲潁州教授，陞國子直講。神宗熙寧四年（1071），拜右正言、直集賢院、管干國子監，尋遷天章閣侍講、同修起居注。七年（1074），進寶文閣待制。後还潁，卒贈右諫議大夫。事見《宋史》本傳。《成化中都志·人才·潁州（宋）》：「常秩。字夷甫，汝陰人。歐陽文忠公門人。以經術著稱，士論歸重。初隱居，熙寧初，詔郡以禮敦遣。詣闕，神宗問曰：『先朝累命，何爲不起？』對曰：『先帝亮臣之愚，故得安閭巷。陛下嚴詔趣迫，故不敢不來。』求去，不許。累官寶文閣侍［待］制，兼侍讀。文忠《書懷詩》云：『況有西鄰隱君子，輕蓑短笠伴春鋤。』謂夷甫也。《涑［澠］水燕談》云：『潁上常夷甫，以行義薦朝廷。官之，不起。歐陽公晚年治第於潁，思歸未得，嘗有詩曰：「笑殺汝陰常處士，十年騎馬聽朝鷄。」公致政，而處士以待制起朝請，人改之曰：「却笑汝陰常處士，幾年騎馬聽朝鷄。」』」《南畿志·鳳陽府·人物（宋）》：「常秩。汝陰人。以經術著稱。屢除官，不就。熙寧初，詔郡以禮敦遣。始詣闕，神宗問曰：『先朝累命，何爲不起？』對曰：『先帝亮臣之愚，故得安閭巷。今陛下嚴詔趣迫，不敢不來。』數求去，不許。累官寶文閣待制，兼侍讀。」《正德潁州志·人物·宋》：「常秩。汝陰人。以經術著稱，士論歸重。吕正獻守潁，猶深知遇。後申公居相位，薦秩於朝，詔郡以禮敦遣，始詣闕。神宗問曰：『先朝累命，何爲不起？』對曰：『先帝亮臣之愚，故得安閭巷。今陛下嚴詔趣迫，故不敢不來。』數求去，不許。累官寶文閣待制，兼侍讀，稍变其節。申公謂：『知人實難！』以語程子，且畧悔。程子曰：『然不可以是而懈好賢之心。』」吕景蒙《嘉靖潁州志·人物表·仕（宋）》：「（神宗熙寧）常秩。汝陰人。傳見《鄉賢》。」同書《鄉賢·宋》：「常秩。字夷甫，潁州汝陰人。舉進士不中，廢居里巷，以經術著稱。嘉祐、治平中，屢薦不起。神宗即位，三使往聘，辭。熙寧三年，詔郡『以禮敦遣，毋聽秩辭』。明年，詣闕，帝曰：『先朝累命，何爲不起？』對曰：『先帝亮臣之愚，故得安閭巷。今陛下嚴詔趣迫，是以不敢不來。非有所決擇去就也。』帝悦，徐問之：『今何道免民於凍餒？』對曰：『法制不立，庶民食侯食，服侯服，此今日大患也。』辭歸，不許。累官寶文閣待制，兼讀命［侍讀］。秩平居爲學求自得。王回，里中名士也，每見秩與語，輒欿然自以爲不及。歐陽修、胡宿、吕公著、王陶、沈遘、王安石皆稱薦之，翕然名重一時。初，秩既隱居不仕，世以爲必退者也。後安石爲相更法，天下以爲不便，秩在閭閻，見所下令，獨以爲是，一召遂起。在朝廷任諫争侍從，低首抑氣，無所建明，爲時譏笑云。」李宜春《嘉靖潁州志·人物·隱逸（宋）》：「常秩。字夷甫，汝陰人。舉進士不中，隱居里巷，以經術著稱。嘉祐中，賜束帛，爲潁州教授，除國子直講，又以爲大理評事。治平中，授忠武軍節度推官、知長葛縣，皆不起。神宗即位，三使往聘，辭。熙寧三年，詔郡『以禮敦遣，毋聽秩辭』。明年，始詣闕，帝曰：『先朝累命，何爲不起？』對曰：『先帝亮臣之愚，故得安閭巷。今陛下嚴詔趣迫，是以不敢不來。』帝悦，徐問之：『今何道免民於凍餒？』對曰：『法制不立，庶民食侯食，服侯服，此今日大患也。』辭歸，不許。累官寶文閣待制兼侍讀。初，秩既隱居不仕，世以爲必退者也。後安石爲相更法，天下以爲不便，秩見所下令，獨以爲是，一召遂起。在朝廷任諫諍侍從，低首抑氣，無所建明，爲時譏笑云。」

焦千之。字伯强，汝陰椒陂人。隱身積德，屢舉進士。至禮部，以文學受知歐陽公，及寓公所。吕申公適通判潁州，延伯强教諸子。嚴毅方正，諸生小有過失，端坐，召與相對終日，竟夕不與之語。諸生恐懼畏服，先生方畧降辭色。熙寧中，舉遺逸，終無錫知州。吕希純知潁州，爲建第南城，鄉人呼焦舘云。①

傅瑾。字公實，汝陰人。任蔡州助教。力學强記，尤邃字韻。奉親孝，喜施。有《字林補遺》十二卷、《音韻管見》三卷、《聞見録》十卷，藏於家。李端願有《墓序銘》。②

---

①焦千之（？—1080），字伯强，丹徒（今江蘇鎮江）人。嘉祐六年（1061）召試舍人院，賜進士出身，爲國子直講。熙寧初知樂清縣，八年（1075）移無錫，後入爲大理寺丞。元豐三年（1080）卒。事見《京口耆舊傳》。《成化中都志·人才·潁州（宋）》：「焦千之。字伯强。先世汝陰焦（椒）陂人，黄巢亂，流寓六安南山數世。千之以文學受知歐陽文忠公，及寓公所。吕申公適通判潁州，延之教諸子。熙寧中，授秘書校理、殿中丞，終無錫知州。後希純知潁，爲先生起第城南，鄉人呼爲焦舘。《新志》云：『丹徒人。』」《正德潁州志·人物·宋》：「焦千之。字伯强。上世汝陰椒陂人，黄巢亂，流六安南山中數世。宋興，焦氏欲復而未能。伯强隱身積德，以文學受知歐陽公，及寓公所。吕申公適通判潁州，延伯强教諸子。爲人嚴毅方正，諸生小有過差，先生端坐，召與相對終日，竟夕不與之語。諸生恐懼畏服，先生方畧降辭色。熙寧中，徵授秘書省校理，遷殿中丞。其後希純知潁州，爲先生建第南城，鄉人呼焦舘云。」吕景蒙《嘉靖潁州志·人物表·仕（宋）》：「（神宗熙寧）焦千之。汝陰焦（椒）陂人。傳見《鄉賢》。」同書《鄉賢·宋》：「焦千之。字伯强。先世汝陰焦（椒）陂人，黄巢亂，流寓六安南山數世。千之以文學受知歐陽文忠公，及寓公所。吕申公適通判潁州，延之教諸子。諸生小有過失，先生端坐，召與相對終日，竟夕不與之語。諸生恐懼畏伏，先生方畧降顔色。化導如此之篤，故門人皆知敬學而大有所成也。伯强好學，屢舉進士，至禮部則罷去。熙寧中，舉遺逸，授秘書校理、殿中丞，終無錫知州。後吕希純知潁，爲先生起第城南，鄉人呼爲焦舘。」

②吕景蒙《嘉靖潁州志·人物表·仕（宋）》：「（徽宗政和）傅瑾。汝陰人。傳見《鄉賢》。」同書《鄉賢·宋》：「傅瑾。字公實，汝陰人。任蔡州助教。力學强記，尤邃字韻。奉先克孝，與鄰喜施。嘗教李端願尚名節、養器業爲先。卒，有《字林補遺》十二卷、《音韻管見》三卷、《聞見録》十卷藏家。有端願《墓序銘》。」李宜春《嘉靖潁州志·人物·經術（宋）》：「傅瑾。字公實，汝陰人。任蔡州助教。力學强記，尤邃字韻。奉先克孝，與鄰喜（施）。嘗教李端願尚名節、養器業爲先。卒，有《字林補遺》十二卷、《音韻管見》三卷、《聞見録》十卷。」

元

李守中。潁州人。泰定帝時以才學入仕，累官工部尚書。①

李冕。潁州人，工部尚書守中子。至正辛卯（1351），州人劉福通作亂，以紅巾爲號，流刼鄉市。冕率眾拒之，不支被執，奮駡而死。②

李黼。字子威。冕弟。廷試第一，授翰林修撰。累官至禮部侍郎。黼出守江州，賊陷武昌，舳艫蔽江而下。黼治城壕，修器械，募丁壯分守要害，上攻守之策於行省，請兵屯江北，以扼賊衝，不報。黼歎曰：「吾不知死所

---

①李守中（1270—1342），字正卿，潁州人。李黼之父。起家承直郎、保定满城縣尹，遷奉議大夫、戶部主事，改知泗州，後以嘉議大夫、工部尚書致仕。蘇天爵《元故嘉議大夫工部尚書李公墓志銘》云：「公諱守中，字正卿……公享年七十有三，至正二年（1342）五月壬午以疾薨。」《正德潁州志·人物·元》：「李守忠［中］。本州人。以才學入仕，累官工部尚書。」2012年，阜陽出土了《大元贈僉書樞密院事李公之妻隴西郡太夫人魏氏墓志銘》，墓主即李守中之繼母，中云：「夫人姓魏氏，潁州泰和縣瑞子埠巨族也，嬪於我家，爲僉樞公繼室。僉樞諱榮，字榮甫，世居廣平。至元甲子，父緫（管）亞中公由汴徙潁，遂家焉……三子一女，皆高出也。長曰守中，字正卿，慷慨有大志，踐揚中外，聲實煊赫，□爲當代偉人，仕至尚書工部，薨於至正壬午（1342）五月……」

②李冕，潁州（今安徽阜陽）人。李守中子。《元史·李黼傳》：「黼兄冕，居潁，亦死於賊。」《正德潁州志·人物·元》：「李冕。守忠［中］子。修身飾行。至正辛卯，潁人劉福通作亂，以紅巾爲號，流刼鄉市，燒潁水縣。冕率衆拒之，不支被執，奮駡就死。子秉昭從叔黼（在）江州，亦以捍賊死。忠節萃於一門云。」呂景蒙《嘉靖潁州志·人物表·隱（元）》：「（泰定帝泰定）李冕。守中子。黼兄。傳見《死事》。」同書《死事·李黼傳》附傳：「李冕。守中子，修身飾行。至正辛卯，潁人劉福通作亂，以紅巾爲號，流刼鄉市，燒潁郡縣。冕率衆拒之，不支被執，奮駡就死。子秉昭從叔黼（在）江州，亦以捍賊死。忠萃於一門云。」李宜春《嘉靖潁州志·人物·忠義（元）》：「李冕。潁州人，工部尚書守中子。至正辛卯，州人劉福通作亂，以紅巾爲號，流刼鄉市。冕率衆拒之，不支被執，奮駡而死。子秉昭從弟黼在江州，俱以捍賊死。」

矣。」乃獨椎牛享［饗］士，激忠義以作士氣。賊徐壽輝將丁普郎渡江，右丞孛羅帖木兒方軍於江，聞之亦遁。黼雖孤立，辭氣愈厲。時黄梅縣主簿也孫帖木兒願出擊賊，黼大喜，向天瀝酒與之誓。賊遊兵已至境，急檄諸鄉落聚木石於險處，遏賊歸路。倉卒無號，乃墨士卒面，統之出戰，黼身先陷陣，也孫帖木兒繼進，賊太［大］敗，逐北六十里。鄉丁依險阻，乘高下木石，横屍蔽路，殺獲二萬餘。黼還，謂左右曰：「賊不利於陸，必由水以舟薄我。」乃以長木數千，冒鐵錐於杪，暗植沿岸水中，逆刺賊舟，謂之七里［星］樁。會西南風急，賊舟數千果揚帆順流鼓譟而至，舟遇樁不得動，黼帥將士奮擊，發火翎箭射之，焚溺者無算，餘舟散走。行省上黼功，詔以爲都總管，便宜行事。已而賊勢更熾，西自荆湖，東至淮甸，守臣往往棄城遁。黼守孤城，提孱旅，斬馘扶傷，無日不戰，中外援絶。二月甲申，賊將薄城，分省平章政事禿堅不花自北門遁。黼引兵登陴，布戰具，賊至甘棠湖，焚西門，乃張弩射之，賊趦趄未敢進，轉攻東門。賊已入，與之巷戰，知力不敵，揮劍叱賊曰：「殺我！毋殺百姓！」賊自巷背來，刺黼墮焉［馬］，黼與從子秉昭俱駡賊死。郡民聞黼死，哭聲震天，相率具棺，葬於東門外。贈黼攄忠秉義效節功臣、資德大夫、淮南江北等處行中書省左丞相、護國［軍］，追封隴西郡公，謚文忠［忠文］。詔立廟江州，賜額曰崇烈。官其子秉方集賢待制。①

①李黼（1298—1352），字子威，潁州（今安徽阜陽）人。泰定四年（1327）經魁。授翰林修撰，改河南行省檢校官，遷禮部主事，拜監察御史，後仕至禮部侍郎、江州路總管。事見《元史》本傳。《成化中都志·人才傳·潁州（元）》：「李黼。字子威。父守中，仕元，爲工部尚書。黼以

泰定四年廷試魁多士，授翰林修撰。歷官皆朝職。江南寇兢［競］起，黼出守江州，治城隍，修器械，募丁壯分守要害，且上攻守之策於江西行省，請兵屯江北，以扼賊衝，不報。黼歎曰：『吾不知死所矣。』賊既陷武昌，舳艫蔽江而下，江西大震。右丞孛羅帖木兒在江上，聞風霄［宵］遁。黼孤立，賊猝至，黼自出戰，身先士卒，大呼陷陣，黄梅縣主簿也孫帖木兒繼之，賊大敗，逐北六十里，殺獲二萬餘。黼曰：『賊不利於陸，必由水攻。』乃設七星樁於沿岸水中。賊舟因風鼓噪而進，舟遇樁不得動，乃率將士奮擊，射以火箭，賊多焚溺死，又敗走。行省上黼功，詔以爲行省參政、江州南康等路軍民都總管，便宜行事。既而賊大至，諸路守臣皆棄城遁。黼守孤城，以無援而城陷，與之巷戰，知力不敵，揮劍叱賊曰：『殺我！毋殺百姓！』賊自巷背來，刺黼墮馬，與從子秉昭俱罵賊而死。黼死喻［逾］月，參政總管之命始下。事聞，詔贈攄忠秉義效節功臣、淮南江北等處行中書省左丞相、護軍，追封隴西郡公，謚忠文。立廟江州，賜額曰崇烈。官其子秉方集賢待制。黼兄冕居潁，亦死於賊。秉昭，冕之子也。丁鶴年詩云：『叔侄并歸忠義傳，江山不盡古今情。』」《南畿志·鳳陽府·人物（元）》：「李黼。潁州人。以明經魁多士。累官宣文閣博士，兼經筵官，數與勸講。至正中，江南寇起，出爲江州路總管。捍賊有功，詔爲行省參政。後賊大至，城陷，黼巷戰，叱曰：『殺我！無殺百姓！』與從子秉昭皆罵賊而死，謚忠文。」《正德潁州志·人物·元》：「李黼。守忠［中］子，冕弟，字子成［威］。泰定中，以明經狀元及第，授翰林修譔。累官宣文閣監書博士，兼經筵官。數與勸講，每以聖賢心法爲言。至正壬午（1342），江南寇起，出守江州路總管。與賊徐壽輝水陸屢戰，皆敗之。以功遷江西行省參政。後徐壽輝結衆陷江州，黼率民巷戰，叱曰：『殺我！無殺百姓！』與從子秉昭皆罵賊而死。事聞，詔贈攄忠秉義效節功臣、行中書左丞相、護軍、隴西郡公，鎰［謚］忠文，立廟江州，賜額崇烈。官其子秉方爲集賢待制。」吕景蒙《嘉靖潁州志·人物表·仕（元）》：「（泰定帝泰定）李黼。守中子。傳見《死事》。」同書《死事·元》：「李黼。字子威，潁人也。元工部尚書守中之子。初補國學生，泰定四年丁卯以明經廷試，魁多士，授翰林修撰。歷官監察御史、禮部侍郎。已而廷議內外官通調，授黼江州路總管。至正十一年（1351）夏五月，盜起河南，北據徐、蔡，南陷蘄、黄，焚掠數千里，造船北岸，鋭意南攻。九江居下流，實江東、西襟喉之地，黼治城壕，修器械，募丁壯分守要害，且上攻守之策於江西行省，請兵屯江北，以扼賊衝，庶幾大江之險，賊不得共之，不報。黼歎曰：『吾不知死所矣。』乃獨椎牛享［饗］士，激忠義以作士氣，數日之間，紀綱麄立。十二年（1352）正月己未，賊壽輝遣其將丁普郎等渡江，陷武昌，威順王及省臣相繼遁去，舳艫蔽江而下，江西大震。賊乘勝破瑞昌，右丞孛羅帖木兒方軍於江，聞之，遁。黼雖孤立，辭氣愈奮厲。時黄梅縣主簿也孫帖木兒願出擊賊，黼大喜，向天瀝酒與之誓。言始脱口，賊遊兵已至境，急檄諸鄉落聚木石於險處，遏賊歸路。倉卒無號，乃墨士卒面，統之出戰，黼身先士卒，大呼陷陣，也孫帖木兒繼進，賊大敗，逐北六十里。鄉丁依險阻，乘高下木石，横屍蔽路，殺獲二萬餘。黼還，謂左右曰：『賊不利於陸，必由水道以舟薄我，苟失備禦，吾屬無噍類矣。』乃以長木數千，冒鐵椎於杪，暗植沿岸水中，逆刺賊舟，謂之七星樁。會西南風急，賊舟數千果揚帆順流鼓譟而至，舟遇樁不得動，進退無措。黼帥將士奮擊，發火翎箭射之，焚溺死者無算，餘舟散走。行省上黼功，請拜江西行省參政、行江州南康等路軍民都總管，便宜行事。已而賊勢更熾，西自荆湖，東至淮甸，守臣往往棄城遁。黼守孤城，提孱旅，斬馘扶傷，無日不戰，中外援絶。二月甲申，賊將薄城，分省平章政事秃堅不花自北門遁，黼引兵登陴，布戰具，賊已至甘棠湖，焚西門，乃張弩箭射之，賊趦趄未敢進，轉攻東門。賊已入，與之巷戰，知力不敵，揮劍叱賊曰：『殺我！毋殺百姓！』賊自巷背來，刺黼墮馬，黼與從子秉昭俱罵賊而死。郡民聞黼死，哭聲震天，相率具棺，葬於東門外。黼死逾月，參政之命始下，年五十五。黼兄冕居潁，亦死於賊。秉昭，冕季子也。事聞，贈黼攄本［忠］秉義效節功臣、資德大夫、淮南江北等處行中書省左丞、上護軍，追封隴西郡公，謚忠文。詔立廟江州，賜額曰崇烈。官其子秉方集賢待制。」李宜春《嘉靖潁州志·人物·忠義（元）》：「李黼。字子威，潁人也。冕弟。補國子生。泰定四年廷試第一，授翰林修撰。歷官監察御史、禮部侍郎。江南寇競起，黼出守江州。至正十一年夏五月初，賊既陷武昌，舳艫蔽江而下。九江當其前，寔江西襟喉之地。黼治城壕，修器械，募丁壯分守要害，且上攻守之策於行省，請兵取江北，以扼賊衝，不報。黼歎曰：『吾不知死所矣。』乃獨椎牛享［饗］士，激忠義以作士氣，數日之間，紀綱麤立。十二年正月己未，賊壽輝遣其將丁普等渡江，威順王走。右丞孛羅帖木兒方軍於江，聞之亦遁。黼雖孤立，辭氣愈厲。時黄梅縣主簿也孫帖木兒願出擊賊，黼大喜，向天瀝酒與之誓。言始脱口，賊遊兵已至境，急檄諸鄉落聚木石於險處，遏賊歸路。倉卒無號，乃墨士卒面，統之出戰，黼身先士卒，大呼陷陣，也孫帖木兒繼進，賊大敗，逐北六十里。鄉丁依險阻，乘高下木石，横屍蔽路，殺獲二萬餘。黼還，謂左右曰：『賊不利於陸，必由水道以舟薄我，苟失備禦，吾屬無噍類矣。』乃以長木數千，冒鐵椎於杪，暗植沿岸水中，逆刺賊舟，謂之七星樁。會西南風急，賊舟數千果揚帆順流鼓譟而至，舟遇樁不得動，黼帥將士奮擊，發火翎箭射之，焚溺者無算，餘舟散走。行省上黼功，請以爲行省參政、行江州南康等路軍民都總管，便宜行事。已而賊勢更熾，西自荆湖，東際淮甸，守臣往往棄城遁。黼守孤城，提孱旅，斬馘扶傷，無日不戰，中外援絶。二月甲申，賊將薄城，分省平章政事秃堅不花自北門遁。黼引兵登陴，布戰具，賊已至甘棠湖，焚西門，乃張弩箭射之，賊趦趄未敢進，轉攻東門。賊已入，與之巷戰，知力不敵，揮劍叱賊曰：『殺我！毋殺百姓！』賊自巷背來，刺黼墮馬，黼與從子秉昭俱罵賊而死。郡民聞黼死，哭聲震天，相率具棺，葬於東門外。黼死逾月，參政之命始下，年五十五。事聞，贈黼攄忠秉義效節功臣、資德大夫、淮南江北等處行中書省左丞相、護國［軍］，追封隴西郡公，謚忠文。詔立廟江州，賜額曰崇烈。官其子秉方集賢待制。」

察罕帖木兒。沈丘人。至正壬辰（1352），劉福通等兵起汝潁，江淮諸郡皆殘破。帖木兒與李思齊奮義起兵，遂破之。詔以爲汝寧府達魯花赤。丁酉（1357），劉遣李武、崔德破商州，攻武關，直趨長安，三輔震恐。行臺治書侍御史王思誠以書求援，帖木兒遂提輕兵五千，與思齊倍道往援，殺獲無算。朝廷論功，以爲陝西行省左丞。比劉福通破汴梁，以韓林兒居之，帖木兒乃大發秦、晉，諸路并進，斬關而入，劉福通以其主走安豐。捷聞，詔以爲河南平章，兼同知行樞密、西臺中丞。既定河南，乃謀舉以復山東，遣其子擴廓帖木兒直擣東平。以田豐久據山東，乃作書招之。豐及思［士］誠皆降，遂復東平、濟寧。時敵兵皆聚濟南，乃分奇兵間道出敵復［後］，南畧泰安，進逼濟南，攻圍三月，乃下。獨益都孤城不下，移兵圍之，大治攻具。田豐以帖木兒推誠待之，乃與思［士］誠陰謀，誘帖木兒至其營，刺殺之，叛入城。先是，白氣如索，起危宿，貫太微垣。太史奏山東當大水，帝曰：「不然，山東當失一良將。」即馳詔戒帖木兒勿輕舉，未至而已及難。詔贈河南行省左丞相，封潁川王，謚忠襄。命其子擴廓帖木兒爲平章政事，兼知山東、河南行樞密院事，代總其兵。①

①察罕帖木兒（？—1362），字廷瑞，號野菴，沈丘（今安徽臨泉）人。以破羅山功授中順大夫、汝寧府達魯花赤，累官中書兵部尚書、陝西行省右丞，兼陝西行臺侍御史、同知河南行樞密院事等職。事見《元史》本傳。《成化中都志·人才·潁州（元）》：「察罕帖木兒。沈丘人。元末起義兵，破賊有功，授汝寧府達魯花赤。」《正德潁州志·人物·元》：「察罕帖木兒。潁州沈丘人。本夷狄，家中華，至襲染風土。元末亂，（至正）壬辰冬起義兵，殺賊有功，詔授中順大夫、汝寧路達魯花赤。雖夷虜不足以繫中土人物，然其區區守義，未可以世類而遽外之。」呂景蒙《嘉靖潁州志·人物表·仕（元）》：「（順帝至正）察罕帖木兒。傳見《名將》。」同書《名將·元》：「察罕帖木兒。沈丘人。時至正壬辰，劉福通等兵起汝潁，江淮諸郡皆殘破。朝廷徵兵致討，卒無成功。察罕帖木兒與羅山李思齊同奮義起兵，邑中子弟從者數百人，破賊。事聞，詔

以察罕帖木兒爲汝寧府達魯花赤，李思齊知府事。丁酉，劉福通既以韓林兒稱宋帝，遣其將李武、崔德破商州，攻武關，直趨長安，分掠同、華諸州，三輔震恐。行臺治書侍御史王思誠以書求援，時察罕帖木兒新復陝州，得書大喜，遂提輕兵五千，與思齊倍道往援，遇賊轉戰，殺獲無算，餘黨皆潰散。朝廷論功，以察罕帖木兒爲陝西行省左丞，李思齊爲四川左丞。比劉福通破汴梁，以韓林兒居之。察罕帖木兒乃大發秦、晉，諸路並進，期會汴城下，首奪其外城。環城而壘，累誘賊出戰，輒以計敗之。賊懼，不敢復出。察罕帖木兒諜知城中計窮食盡，乃督諸將分門而攻。至夜，將士鼓勇登城，斬關而入，劉福通以其主走安豐。捷聞，詔以察罕帖木兒爲河南平章，兼同知行樞密院、西臺中丞。察罕帖木兒既定河南，乃以兵分鎮關陝、荆襄、河洛、江淮，而屯兵大［太］行，營壘旌旗相望數千里。日訓練士卒，務農積穀，謀大舉以復山東。諜知山東群盜自相攻殺，而田豐亦降於賊，乃大會諸將，期分兵五道，水陸並進。而自率鐵騎渡孟津，逾覃懷而東，復冠州、東昌，遣其子擴廓帖木兒直擣東平。以田豐據山東久，軍民服之，乃爲書招之。豐及王士誠皆降，遂復東平、濟寧。時敵兵皆聚濟南，察罕帖木兒乃分奇兵，間道出敵復［後］，南畧泰安，逼益都，北徇濟陽、章丘，中循瀕海郡邑。自將大軍進逼濟南，攻圍三月，乃下之。初，山東俱平，獨益孤城不下。察罕移兵圍之，大治攻具。田豐以察罕推誠待之，乃復與王士誠陰謀，誘察罕至豐營，刺殺察罕，叛入城。先是，有白氣如索，起危宿，貫大［太］微垣。太史奏山東當大水，帝曰：『不然，山東當失一良將。』即馳詔戒察罕勿輕舉，未至而已及難。詔贈河南行省左丞相，封潁川王，謚忠襄。命其子擴廓帖木兒爲平章政事，兼知山東、河南行樞密院事，代總其兵。」李宜春《嘉靖潁州志·人物·將畧（元）》：「察罕帖木兒。沈丘人。至正壬辰，劉福通等兵起汝潁，江淮諸郡皆殘破之。帖木兒與李思齊奮義起兵，遂破之。事聞，詔以爲汝寧府達魯花赤。丁酉，劉福通遣李武、崔德破商州，攻武關，直趨長安，三輔震恐。行臺治書侍御史王思誠以書求援，帖木兒遂提輕兵五千，與思齊倍道往援，殺獲無算。朝廷論功，以爲陝西行省左丞。比劉福通破汴梁，以韓林兒居之。帖木兒乃大發秦、晉，諸路並進，斬關而入，劉福通以其主走安豐。捷聞，詔以爲河南平章，兼同知行樞密、西臺中丞。既定河南，乃謀舉以復山東，遣其子擴廓帖木兒直擣東平。以田豐久據山東，乃作書招之。豐及思［士］誠皆降，遂復東平、濟寧。時敵兵皆聚濟南，乃分奇兵，間道出敵復［後］，南畧泰安，進逼濟南，攻圍三月，乃下。獨益孤城不下，移兵圍之，大治攻具。田豐以帖木兒推誠待之，乃與思［士］誠陰謀，誘帖木兒至其營，刺殺之，叛入城。先是，白氣如索，起危宿，貫大［太］微垣。太史奏山東當大水，帝曰：『不然，山東當失一良將。』即馳詔戒帖木兒勿輕舉，未至而已及難。詔贈河南行省左丞相，封潁川王，謚忠襄。命其子擴廓帖木兒爲平章政事，兼知山東、河南行樞密院事，代總其兵。」

擴廓帖木兒。察罕甥也，養以爲子。憤父遇害，誓必復讐。賊守孤城愈固，乃穴地通道以入，拔其城，執賊首陳蹂［猱］頭等二百餘獻闕下，取田豐、王思［士］誠心以祭其父，餘黨皆就誅。遂遣兵取莒州，山東悉平。①

王珪。元統中以承直郎擢監察御史，有風紀聲。②

明

安然。洪武初由辟舉爲起居注。歷任浙江、河南參政，陞山東布政使。洪武十一年（1378）陞御史大夫，官至

---

①擴廓帖木兒（？—1375），本姓王，字保保。察罕帖木兒甥，養爲子。察罕卒後，擴廓爲銀青光祿大夫、太尉、中書平章政事、知樞密院事、皇太子詹事，便宜行事，襲總其父兵。事見《元史·順帝本紀》及《元史·察罕帖木兒傳》。吕景蒙《嘉靖潁州志·人物表·仕（元）》：「（順帝至正）擴廓帖木兒。罕子。傳見《名將》。」同書《名將·元》：「擴廓帖木兒。察罕帖木兒之甥也，養以爲子。既領兵討賊，誓必復讐。而賊城守益固，乃穴地通道以入，拔其城，執賊首陳蹂［猱］頭等二百餘人獻闕下，而取田豐、王士誠之心以祭其父，餘黨皆就誅。遂遣兵取莒州，山東悉平。」李宜春《嘉靖潁州志·將畧·元》：「擴廓帖木兒。察罕甥也，養以爲子。憤父遇害，誓必復仇。賊守益孤城愈固，乃穴地通道以入，拔其城，執賊首陳蹂［猱］頭等二百餘獻闕下，取田豐、王思［士］誠心以祭其父，餘黨皆就誅。遂遣兵取莒州，山東悉平。」

②《成化中都志·人才·潁州（元）》：「王珪。元統中擢南臺御史，克振風紀。」《正德潁州志·人物·元》：「王珪。元統中以承直郎擢南臺監察御史，有風紀聲。」吕景蒙《嘉靖潁州志·人物表·仕（元）》：「（順帝元統）王珪。見《傳》。」然該書相關部分未見其傳。李宜春《嘉靖潁州志·人物·氣節（元）》：「王珪。潁州人。元統中以承直郎擢監察御史，有風紀聲。」

四輔。每論事，嘗賜坐，多所裨益。以疾終，遣官諭祭，賜葬。見《藝文》。①

李敏。洪武五年（1372），由辟舉除工部尚書，又改除江西等處行中書省參知政事。九年（1376），復除工部尚書，欽賜浙江田莊。以疾卒，遣官諭祭，賜葬。②

欒世英。洪武由辟举入仕，歷任不怠，官至四川布政使。③

---

①安然（1324—1381），原籍祥符（今河南開封），後徙居潁州（今安徽阜陽）。元季以左丞守萊州，後降明。洪武二年（1368），除工部尚書，出爲河南參政。歷浙江布政使、御史臺右大夫。洪武十三年（1380），改左中丞，尋以事免。未幾，召爲四輔官。事見《明史》本傳。本書《藝文・宸翰部》載有明太祖御製祭文。《成化中都志・人才傳・潁州（國朝）》：「安然。洪武初爲起居注。歷任浙江、河南參政，陞山東布政使。洪武十一年，陞御史大夫，官至四輔。每論事，嘗賜坐，多所裨益。以疾終，遣官諭祭安葬。」《正德潁州志・人物・本朝》：「安然。洪武初爲起居注。歷任浙江、河南布政司參政，尋陞山東布政使。未幾，召爲御史大夫，官至四輔。每論事，賜坐，多所裨益。」呂景蒙《嘉靖潁州志・人物表・辟舉（皇明）》：「（洪武戊申）安然，傳見《鄉賢》。」同書《鄉賢・明》：「安然。洪武初爲起居注。歷任浙江、河南參政，陞山東布政使。洪武十一年，陞御史大夫，官至四輔。每論事，嘗賜坐，多所裨益。以疾終，遣官諭祭，賜葬。」李宜春《嘉靖潁州志・人物・名臣（明）》：「安然。潁州人。洪武初爲起居注，歷任浙江、河南參政，陞山東布政使。洪武十一年，陞御史大夫，官至四輔。每論事，嘗賜坐，多所裨益。以疾終，遣官諭祭，賜葬。」

②《成化中都志・人才・潁州（國朝）》：「李敏。洪武五年，除工部尚書。七年（1374），除江西等處行中書省參知政事。九年，復除工部尚書，欽賜浙江田莊。以疾卒於官，遣官諭祭歸葬。」呂景蒙《嘉靖潁州志・鄉賢・明》：「李敏。洪武五年，除工部尚書。七年，除江西等處行中書省參知政事。九年，復除工部尚書，欽賜浙江田莊。以疾卒於官，諭祭歸葬。」李宜春《嘉靖潁州志・人物・名臣（明）》：「李敏。潁州人。洪武五年，除工部尚書。七年，除江西等處行中書省參知政事。九年，復除工部尚書，欽賜浙江田莊。以疾卒於官，諭祭歸葬。」

③《成化中都志・人才・潁州（國朝）》：「欒世英。洪武十一年（1378），任四川布政使。」《正德潁州志・人物・本朝》：「欒世英。洪武初入任[仕]，歷任不怠，官至四川布政使。」呂景蒙《嘉靖潁州志・人物表・辟舉（明）》：「（洪武戊午）欒世英，是年以歷任不迨，遷四川布政使。」李宜春《嘉靖潁州志・人物・循吏（明）》：「欒世英。潁州人。洪武初入仕，歷任不怠，官至四川布政使。」

竇松。洪武初，由辟舉任監察御史，雅尚節操，所至有冰蘗聲。①

張泌。字淑清。洪武中，由歲貢授兵科給事中。和易謹厚，勤於職事。陞都給事中，再陞光祿寺卿。爲光祿二十餘年，於御膳必躬視精潔。其祭享宴會，必豐潔。馭下以寬，處事以公，衆咸服之。受成祖寵遇尤渥，嘗戲書字置袖中，曰：「殺盡朝臣，不殺張鬍子。」其恩寵如此。及卒，特賜祭葬。泌容貌豐偉，識大體。後吏部每奏除光祿官，必思得人如泌。今其家藏有御題畫像並角端圖。按，襄陽李文都公跋公畫像云：「清江彭銘以畫名，上命繪張光祿泌像。開面方具，上亟命取視之，賞其肖似，首肯者至再，乃知彭公畫手精妙，而公亦不世之知遇矣。」②

---

①《成化中都志・人才・潁州（國朝）》：「竇松。任浙江道監察御史。」《正德潁州志・人物・本朝》：「竇松。洪武中任監察御史。所至有冰蘗聲。」吕景蒙《嘉靖潁州志・人物表・辟舉（明）》：「（洪武庚午，1390）竇松。監察御史。有名於時。」李宜春《嘉靖潁州志・人物・氣節（明）》：「竇松。潁州人。洪武初任監察御史，雅尚節操，水［冰］蘗著聲。」

②張泌（？—1408），字淑清，潁州（今安徽阜陽）人。由監生授兵科給事中，後仕至光祿寺卿。《成化中都志・人才・潁州（國朝）》：「張泌。由監生，洪武二十六年（1393）任兵科都給事中。陞光祿寺卿。永樂六年（1408），卒於官，賜祭葬。泌容貌豐偉，識達大體。後吏部每奏除光祿官，必思得人如泌。」《南畿志・鳳陽府・人物（國朝）》：「張泌。潁州人。洪武中，由大［太］學生授給事中，陞光祿寺卿。永樂六年，卒於官，賜祭。泌容貌豐偉，識達大體。後吏部每奏除光祿官，必思得人如泌。」《正德潁州志・人物・本朝》：「張泌。洪武中，由太學生授兵科給事中。和易謹厚，勤於職事。陞都給事中，再陞光祿寺卿。爲光祿二十餘年，於御膳必躬視精潔。其祭享宴會，必豐潔。馭下以寬，處事以公，衆咸服之。及卒，特賜祭葬。泌容貌豐偉，識達大體。後吏部每奏除光祿官，必思得人如泌。」吕景蒙《嘉靖潁州志・鄉賢・明》：「張泌。由國子生，洪武二十六年任兵科都給事中，遷光祿寺卿。永樂六年，卒於官，賜祭葬。泌容貌豐偉，識達大體。後吏部每奏除光祿卿，必思得人如泌。」李宜春《嘉靖潁州志・人物・名臣（明）》：「張泌。潁州人。洪武中，由太學生授兵科給事中。和易謹厚，勤於職事。陞都給事中，再陞光祿寺卿。爲光祿二十餘年，於御膳必躬視精潔。其祭享宴會，必豐潔。馭下以寬，處事以公，衆咸服之。及卒，特賜祭葬。泌容貌豐偉，識大體。後吏部每奏除光祿官，必思得人如泌。」

韓璽。永樂中，由鄉貢授工科給事中，選侍皇長孫春宮講讀，日承顧問。遷山東按察司僉事，轉副使。宣廟御極，思念舊人，召還，侍文華殿。忤權貴，出爲廣東左參政。致仕歸，室如懸罄，泊如也。①

周鎬。由監生。任兵科給事中，陞浙江布政司左參政，調河南左參政。②

李翰。洪武十一年（1378）除福建布政司參政。③

---

①韓璽，潁州（今安徽阜陽）人。永樂九年（1411）舉人，授工科給事中，後仕至廣東左參政。《成化中都志·科貢·鄉舉》：「（辛卯科永樂九年）韓璽。潁州人。」同書《人才·潁州（國朝）》：「韓璽。由舉人，任工科給事中侍從。」《南畿志·鳳陽府·鄉舉科》：「（永樂辛卯）韓璽。潁州人。參政。」同書《鳳陽府·人物》：「韓璽。潁州人。永樂中，由太學生授給事中。選春宮講讀，陞山東按察副使。宣德初召還，侍文華殿，備顧問。以忤權貴，遷廣東參政。滿考致仕，室如懸罄。」《正德潁州志·人物·本朝》：「韓璽。永樂中，由太學生授給事中，選侍皇太孫春宮講讀，尋陞山東按察副使。宣皇御極，思念舊人，召還。侍文華殿，備顧問。以忤權貴，遷廣東參政。滿考致仕。家居十五、六年，室如懸罄，安貧毓德。士林仰爲古君子。」吕景蒙《嘉靖潁州志·人物表·鄉貢（明）》：「（永樂辛卯）韓璽。傳見《鄉賢》。」同書《鄉賢·明》：「韓璽。舉貢士。任工科給事中，侍從宣宗讀書，日承顧問。遷山東按察司僉事，轉副使，再轉廣東布政司左參政。璽自近侍至藩臬，始終以廉謹自持，政聲大著。」李宜春《嘉靖潁州志·選舉·明（舉人）》：「韓璽，潁州人。永樂辛卯中式。見《人物》。」同書《人物·廉介（明）》：「韓璽。潁州人。永樂中，由貢士授工科給事中，選侍皇太孫春宮講讀，日承顧問。遷山東按察司僉事，轉副使。宣廟御極，思念舊人，召還，侍文華殿。忤權貴，出爲廣東左參政。致仕而歸，室如懸罄。安貧樂道，咸稱爲古君子云。」

②《成化中都志·人才傳·潁州（國朝）》：「周鎬。由監生，任兵科給事中。陞浙江布政司左參政，調河南左參政。」《正德潁州志·科貢·貢（本朝）》：「周鎬。洪武應貢。仕至左參議。」吕景蒙《嘉靖潁州志·人物表·（明）歲薦》：「（洪武癸酉）周鎬。布政司參議。」李宜春《嘉靖潁州志·選舉·明（歲貢）》：「周鎬。河南左參政。俱洪武間貢。」

③《成化中都志·人才傳·潁州（國朝）》：「李翰。洪武十一年除福建布政司參政。」吕景蒙《嘉靖潁州志·人物表·（明）辟舉》：「（洪武辛未）李翰。福建布政司參政。」李宜春《嘉靖潁州志·辟舉·州》：「李翰。洪武間以人才授福建布政司參政。」

郭昇。字騰霄，以字行。幼潁［穎］異，寓目輒成誦。弱冠舉天順庚辰（1460）進士。國初甲第，自昇始。英敏特達，雅負奇節，有經世畧。初任冬官，督運清泉，濬鑿興利，大著能聲。改鎮徐州洪。洪從古險阨，大石百餘，人呼翻船石，每歲溺舡百數。且兩岸摔路隘，遇漲則没，退則土去石出，不可步履。自通漕以來，漲則鋪草萬束，輂土平石，糜費甚多，水至功隳矣。昇相其要害，鑿石以殺水勢，怪石夷，怒濤平，石板甃岸，砌以鐵釘，灌以石灰，爲功甚巨。植柳濬井，以蔭濟行人，挽舟者更便。值考課，軍民數千詣闕懇留，擢郎中，仍蒞洪事。維揚河善淤，運舟膠淺，跬步如棘。當事才昇，復授之往治。昇疏淤滯，置儀真白塔河閘，河溢則洩於江，江漲則引於河，瀦蓄有法，陞陝西參議。未任，以疾卒於家，贈朝列大夫。洪上有郭公祠，並碑記。昇文武兼長，尤善騎射，慷慨負志，常自吟曰：「幾把雕翎箭，一張烏號弓。倘得邊城寄，燕然看勒功。」惜其不竟抱云。□①索稗說，百

①原文此字漫漶不清。

家方技，靡不精解，多藏異書，蓋博雅瑰奇，不可方隅者也。①

①郭昇（1441—？），字騰霄，潁州（今安徽阜陽）人。天順四年進士，歷任工部都水司主事、陝西參議等職。《成化中都志·科貢·國朝（鄉舉）》：「（丙子科景泰七年）郭昇，潁州人。」《南畿志·鳳陽府·進士科》：「（景泰庚辰）郭昇。潁州人。參政。」《正德潁州志·科貢·本朝》：「郭昇。景泰七年丙子（1456）中河南布政司鄉試，天順四年登王一夔榜第三甲進士。仕至陝西參議。」吕景蒙《嘉靖潁州志·人物表·明（甲科）》：「（天順庚辰）郭昇。傳見《鄉賢》。」同書《鄉賢》：「郭昇。字騰霄。舉進士，任工部都水司主事。成化丁亥（1467），奉命蒞徐州洪治水。昇究心乃事，募工匠鑿去翻船石以數百，東西堤岸俱用方石壘砌，固以鐵錠，灌以秫灰，使平廣堅厚，爲牽輓之路。附堤掘井，以濟輓夫。樹柳六百餘株，爲廕休之所，至今漕運便之。擢郎中，仍蒞洪事，尋陞陝西參議。未至，以疾卒於家，贈朝列大夫。洪上有郭公祠，有碑記二。」李宜春《嘉靖潁州志·選舉·明（進士）》：「郭昇。潁州人。景泰丙子河南中式，天順庚辰登王一夔榜。見《人物》。」同書《人物·名臣（明）》：「郭昇。字騰霄，潁州人。天順庚辰進士，授工部都水主事。蒞山東河道，督造運粮淺船七百餘艘，改修南坂等閘，疏濬觀音觜等河。幹濟公勤，爲帥臺推重，屬管徐州。洪水勢極險，外洪大石百餘，人呼爲翻船石。每歲官民船遭損命者百數，且兩岸摔路低隘，遇漲即瀰漫，退則土去石出，不可步履。自永樂通漕以來，漲後輒鋪草萬束，運土平石，糜費日多，水至則功隳矣。昇鋭意經理，乃上修河疏，報可。於是募工鑿去翻船諸石，鋪平裏洪、霸下數灣，東西洪岸並林路，各用方石疊砌，扣以鐵錠，灌以石灰，爲功甚巨。兩堤各植柳濬井，以蔭濟行人。三載，將受代，軍民咸具奏保留，轉本司員外郎，仍蒞洪事。又陳《便益河道疏》曰：『臣聞不暫勞者，無以永逸其民；不一費者，無以永亨其利。蓋因其所欲而勞之，其勞也不怨；除其所害而利之，其利也斯溥。但人之常情，泥於所聞者，以非所聞爲異談；安於故習者，以非所見者爲異事，故凡事多樂因循而憚改作也。臣以逸其民而亨其利者言之。且真、揚直抵淮安一帶，河道三百餘里，有十六壩之阻隔，有四湖之險惡，江南百萬錢粮，萬國進貢方物，與往來官民船隻，無不經由是路。到壩之時，縱有大潮，未免盡空卸載，弓船車放；過湖之日，陡遇風起，浪勢如山，多致覆溺，此不利於往來者也。十六壩人夫之役，三百里堤岸之費，月用其勞，不勾一日之壞；萬費錢粮，而無一歲之利，此勞費於地方者也。自成化八年（1472），天道乾旱，河水消乏，淮安置壩，積水行船，南不通江，北不通淮，三百里之渠若□□。然臣嘗留心丈量儀真、瓜州各壩，河底與下潮江面相高不過四尺，淮安河底與淮河水面相高亦不過四尺。若多起人夫，暫費錢粮，通行挑深八尺，上下通於江淮，於儀真、瓜州各置閘二座，置壩三座。夏間潮大，閘内放船；冬天水涸，仍行車壩。一則往來船隻免於盤阻涉險，省費無算；二則高郵、邵伯等湖瀦水洩去，而膏腴之田可出萬頃。』又將有益河渠可行數事者並上：一曰置閘通船，二曰開河便民，三曰開挑夾河以避風浪，四曰措辦樁木以甦民困，五曰專官職以管河道。欽陞本司郎中，專管沛縣直抵儀真、瓜州等處河道。又陳言利病八事：一曰革蠹弊以清驛遞，二曰禁勾捎以絶奸弊，三曰審時宜以完廢弛，四曰改馬造船以便應付，五曰明賞罰以示勸懲，六曰許自首以圖新，七曰設坊保以禁盜，八曰添應捕以防盜。歷河道十四餘年，随在改造修築，具有成績，咸稱便焉。尋陞陝西參議，以疾卒於家，贈朝列大夫。然經濟之才，宏博之識，夷積年不測之險，爲永世無窮之利，設以永年，其勳業當與周文襄争烈矣。所著有《奏議》，藏於家。」

盧翰。字子羽，號中菴。幼端方潁［穎］異，年十八甫讀書，入目即徹。六經百氏，三教九流，但自書契以來蹟在人間者，靡不研髓吸液，讐其訛而釐其偏。選貢入南國子，司丞歐陽南野呼爲老友。登嘉靖甲午（1534）應天鄉試。丁父艱，茹蔬墓次。三年，選兖州府推官，剛腸疾惡，執法不撓。有豪右織讐爲盜，臺司偏執，翰正色拂衣争，始得減。署滕，有巨盜難獲，廉其出没踪，盡擒之。當事者至榜其奇，比之虞詡。署曹，抗檄發賑，全活萬人。齊魯士慕翰，不遠數百里走授［受］業，門下殆數百人。翰教以孝友力行，親爲證解六經。署濟寧掾，聞量移之命，即日策蹇渡河。家眷尚在兖，遣蒼頭買下澤車載之歸，瀟然無一篋。遂絶意仕進，閉户讀書，不與市人交。葛巾野服，油油與偕，雖野老里兒，莫不呼爲先生。晚年尤洞於易數，凡晦冥、理亂、牀裼、呼吸，皆測之數，燭如蓍蔡。淮西、泗上、汝潁間，有學行者多出其門。臨没，呼子晉孝廉曰：「封《易》置我懷中，我平生精神在此。」口占一絶曰：「中菴魄既降，四體得所放。平生浩然氣，飛還太虛上。」命諸孫歌之，笑曰：「快哉！」遂瞑目而逝。著書數萬言，藏於家。有傳，見《藝文》。按，公理學不減濂洛關閩，數舉鄉賢，皆沉閣不行，識者三致歎焉。①

①盧翰，字子羽，號中菴，潁州（今安徽阜陽）人。嘉靖十三年（1534）舉人，仕至兖州府推官。本書《藝文下・明文》所載張鶴鳴《盧中菴先生傳》述其事甚詳。《成化中都志・科貢・鄉舉》：「（甲午科嘉靖十三年）盧翰。潁州人。」《南畿志・鳳陽府・鄉舉科》：「（嘉靖甲午）盧翰。潁州人。」吕景蒙《嘉靖潁州志・人物表・（明）鄉貢》：「（嘉靖甲午）盧翰。子羽。應天鄉試。」李宜春《嘉靖潁州志・選舉・（明）舉人》：「盧翰。潁州人。字子羽。嘉靖甲午中式。」

邢守仁。任刑科給事中，陞金華府知府。①

方亨。由舉人。任沔池縣教諭，累遷吏部考功司員外郎。②

儲珊。字朝珍，號潁濱。自幼以豪傑自許，薄章句，留心經濟。弘治己酉（1489）舉於鄉，己未（1499）舉進士，授清江知縣。丁外艱，補新鄉知縣。授御史，巡按山東，抗疏奏劉瑾不法狀，謫岢嵐州判。瑾誅，起南京兵部車駕司主事，擢浙江僉事。劇賊王浩八等亂桃源，勢甚猖，提兵出奇，累戰克捷。偶與當道左，即拂衣歸。黎給事叙公功，武廟嘉之，賜綵幣銀牌。家居閉戶讀書，爲文雄渾，詩大有唐風。所著有《奏疏》八卷、《心遠堂詩草》四卷、

①《成化中都志・人才・潁州（國朝）》：「邢守仁。任刑科給事中，陞金華府知府。」《正德潁州志・科貢・貢（本朝）》：「邢守仁。洪武應貢。仕至知府。」呂景蒙《嘉靖潁州志・人物表・（明）歲薦》：「邢守仁。知府。」李宜春《嘉靖潁州志・選舉・明（歲貢）》：「邢守仁，金華知府。」《成化金華府志・官師・國朝知府》：「邢守仁。潁州人。洪武中，由給事中任。」《萬曆金華府志》同。

②《成化中都志・科貢・國朝（鄉舉）》：「（庚午科洪武二十三年）方亨。潁州人。」《南畿志・鳳陽府・鄉舉科》：「（洪武甲子）方亨。潁州人。郎中。」《正德潁州志・科貢・科（本朝）》：「方亨。洪武十七年甲子（1384）中應天府鄉試，任至考功郎中。」呂景蒙《嘉靖潁州志・人物表・明（鄉貢）》：「方亨。考功郎中。」李宜春《嘉靖潁州志・選舉・（明）舉人》：「方亨。潁州人。任沔池教諭，累遷吏部考功司員外郎。」

《雜記》七卷、《鈎玄集》十卷，今皆散逸不可考云。①

韓進。由舉人。任監察禦史。②

孫榮。由監生。任邢［刑］部戶曹主事。③

①儲珊，字朝珍，號潁濱，潁州（今安徽阜阳）人。弘治十二年進士。初知清江縣，丁艱，補新鄉知縣，後仕至監察御史、南京兵部主事。《成化中都志・科貢・國朝（鄉舉）》：「（己酉科弘治二年）褚［儲］珊。潁州人。」同書《科貢・國朝（進士）》：「（己未科弘治十二年）褚［儲］珊。潁州人。」《南畿志・鳳陽府・進士科》：「（弘治己未）儲珊。潁州人。僉事。」《正德潁州志・人物・本朝》：「儲珊。字朝珍。自少力學不怠。弘治中登進士，初授江西清江令。甫逾歲，政通人和。未幾，丁外艱。服闋，改新鄉令。廉明公恕，有古循良風。且能鋤衆强以安寡弱，興學校，勸農桑，招流移，廣儲蓄，凡一切廢墜，殫力修舉。三載之間，境內晏然。故當道屢加禮奬，交章薦揚。及報政，考治功第一。擢監察御史，巡按山東，有冰蘖聲。」呂景蒙《嘉靖潁州志・人物表・明（鄉貢）》：「儲珊。朝珍，應天鄉試。」同書《人物表・明（甲科）》：「（弘治己未）儲珊。監察御史，仕至按察僉事。」李宜春《嘉靖潁州志・選舉・明（進士）》：「儲珊。潁州人。弘治己酉舉人，己未登倫文叙榜。見《人物》。」同書《人物・氣節（明）》：「儲珊。字朝珍，潁州城南人。弘治己未進士，授清江知縣。丁外艱，服闋，改新鄉。以治行徵入，試河南道，巡按東路，及清查遼陽錢穀，爲名御史。代按山東，振肅風紀。會劉瑾竊柄，縉紳側目，珊秉正嫉邪，爲瑾所陷，左遷爲山西岢嵐州判。瑾誅，起爲南京兵部車駕司主事，尋陞浙江僉事。時群醜王浩八等弄兵桃源，勢甚猖獗，陶巡撫奏珊才望勇畧，專勅提兵操［剿］之。戰數十合，已有捷報，但負氣英邁，與當道論議弗協，即解綬東歸。後紀功黎給事上珊功，武廟嘉之，賜綵幣銀牌，獎於家。然才高用左，美負妬興，君子於是傷時事焉。悲哉！」

②《成化中都志・科貢・國朝（鄉舉）》：「（庚午科洪武二十三年）韓進。潁州人。」同書《人才・潁州（國朝）》：「韓進。由舉人。任監察御史。」《南畿志・鳳陽府・鄉舉科》：「（洪武庚午）韓進。潁州人。御史。」《正德潁州志・科貢・科（本朝）》：「韓進。洪武二十三年庚午（1390）中應天府鄉試。任監察御史。」呂景蒙《嘉靖潁州志・人物表・明（鄉貢）》：「韓進。監察御史。」李宜春《嘉靖潁州志・選舉・明（舉人）》：「韓進。潁州人。洪武庚午中式，終監察御史。」

③《成化中都志・人才・潁州（國朝）》：「孫榮。由監生。任刑部戶曹主事。」李宜春《嘉靖潁州志・選舉・明（歲貢）》：「孫榮。戶部交阯司主事。俱永樂間貢。」

張實。字若虛，號筠塢。由選貢。渾璞質直。毛公查川以直諫謫潁倅，與交善，時過輒坐語移晷。一日已別，方知具鷄黍，馳遣没齒婢援之，毛公遂止飲笑，夜分甫去，至今人兩豔其高。讓産甘貧，拒夜奔女。任遼東斷事，著廉能聲。遇異人授黄白術，謝不受。爲學專篤行，詩雅暢，惜散逸。①

劉朝。以郡學生補國子生，授新安縣丞。政寬平，人勸之嚴，曰：「民，吾子也。淫刑虐子，寧可無官。」陞廣東德慶州州判。時有藩司行部，獠卒衆圍之，禍且不測，馳入獠中，諭以禍福，獠即解散，曰：「劉公不誑我也。」尋擢湖廣興寧知縣，以母老告歸，十八年，蕭然圖書而已。②

張光祖。初名檀，以避親王諱，奏更之。中嘉靖戊子（1528）鄉試，壬辰（1532）進士，授鉅鹿令。調繁上虞，修白馬湖，築海塘四十里，上虞民建祠祀之。擢御史，察糧，盡裁樣米，巡關嚴整，邊圉肅然，巡按關中，大振風紀。庚子（1540）督試，録出其手，榜中多名公卿。辛丑（1541），虜大舉入寇，奉命紀功。時邊官多殺無辜冒功，因具疏劾之，数總制以下數十員俱當伏誅，中忤權貴，遂罷歸。縱酒色自娱，鄉人以氣高喜事，多譏議之。

①吕景蒙《嘉靖潁州志・人物表・（明）歲薦》：「張實。若虛。」李宜春《嘉靖潁州志・選舉・明（歲貢）》：「張實。字若虛。（嘉靖）十二年（1533）貢。遼東都司斷事。」

②《正德潁州志・科貢・制貢（本朝）》：「劉朝。應成化二十一年（1485）制貢。任德慶州判官，陞興寧縣知縣。」吕景蒙《嘉靖潁州志・人物表・明（應例）》：「劉朝。」李宜春《嘉靖潁州志・選舉・明（應例）》：「劉朝。見《人物》。」同書《人物・治行（明）》：「劉朝。潁州人。成化間由監生任新安縣丞，遷德慶州判官。有惠政，信及猺獠。時分守道在塗，爲猺獠所困，朝急馳入，曉以禍福，賊衆遂散。以母老致仕。比歸，陞興寧知縣，不就。」

大抵其人天性孝友，俠凌霄漢，蓋王仲卿、法孝直之流亞也。①

張守亨。字嘉會。由舉人，授臨邑知縣。持正秉剛，廉猾奸劉淳數十人，即置以法。以憂歸。會迕當塗旨，調興州衛經歷，尋遷陝西華亭知縣。時虜寇陷城，倡義先士卒，斬首二十餘級，爲首帥攘其功。致仕歸，家居不事産業，詩酒自娱。祀鄉賢。②

張沖。字宗逵，守亨侄。成化癸卯（1483）鄉試。授齊河訓導，再補洪峒。横經指授，模範莊嚴。校文湖廣，

---

①張光祖，字德徵，潁州（今安徽阜陽）人。嘉靖十一年進士，曾任鉅鹿令、上虞縣丞、監察御史等職。《康熙潁州志·名賢·明》：「張光祖。字德徵。天性孝友，任俠自豪。嘉靖壬辰成進士，授鉅鹿令。調宰上虞，修白馬湖，築海塘四十里，民建祠祀焉。擢御史，察核漕糧，盡裁樣米，閱視關隘，邊圉肅然，尋按三秦，大振風紀。庚子督試，榜中多名公卿。辛丑敵大舉入寇，奉命錄功罪。時邊將多殺無辜冒功，因具疏劾之，自總制以下數十人俱當伏斧鑕，乃忤中貴意，遂罷歸。曾孫大昶登天啟甲子（1624）賢書，刻光祖詩，名《雙溪存稿》。」《康熙上虞縣志·官師志·明（知縣）》：「張光祖。潁州人。」《光緒鉅鹿縣志·官師志·（明）知縣》：「張光祖。潁川進士。（嘉靖）十二年任。」

②張守亨，字嘉會，潁州（今安徽阜陽）人。光祖祖父。成化十九年（1483）舉人，二十三年（1487）進士，歷任臨邑知縣、興州經歷、華亭知縣等職。《成化中都志·科貢·國朝（鄉舉）》：「（癸卯科成化十九年）張守亨。潁州人。」同書《科貢·進士》：「（丁未科成化二十三年）張守亨。潁州人。」《正德潁州志·科貢·科（本朝）》：「張守亨。成化癸卯中河南鄉試，任知縣。」李宜春《嘉靖潁州志·選舉·明（舉人）》：「張守亨。沖之叔。同癸卯河南中式。見《人物》。」同書《人物·治行（明）》：「張守亨。字嘉會，潁州人。由貢士，授臨邑知縣。持正秉剛，廉猾奸劉淳數十人，即置以法。以憂歸。會忤當塗，調興州衛經歷，尋遷陝西華亭知縣。時虜寇陷城，倡義先士卒，斬首二十餘級，爲守帥攘其功，遂致其仕歸。家居不事事，惟詩酒自娱，慷慨談謔，故人無弗愛且敬焉。子治躪，知縣；孫光祖，御史。餘慶所被，斯其然哉？」

號稱得士。終涇府左長史，晉嘉議大夫。①

邢嵩。字維嶽。博雅，尤邃經學。以貢入太學，祭酒湛甘泉公器之，潁後進多從學焉。授黃州府通判。所著《佐黃集》。②

丁佐。字宗輔。剛方自持，取與不苟。遇人過輒面斥之，雖豪貴不避。以貢授濟寧州同知。甘清苦，室如懸罄。不屈節，未嘗向公府一私囑。③

---

①《成化中都志·科貢·國朝（鄉舉）》：「（癸卯科成化十九年）張沖。潁州人。」《正德潁州志·科貢·科（本朝）》：「張沖。成化十九年癸卯（1483）中河南布政司鄉試，甲辰（1484）乙榜。授訓導，仕至長史。」李宜春《嘉靖潁州志·選舉·明（舉人）》：「張沖。潁州人，字宗逵。成化癸卯河南中式第二。官終山東涇府左長史，加奉議大夫。見《人物》。」同書《人物·經術（明）》：「張沖。字宗逵，潁州人。守亨侄也。以《易經》領成化癸卯河南鄉薦第二，授濟河訓導。以憂，再補洪洞。横經指授，模範莊嚴。校文湖廣，號稱得士。會涇府右長史缺，以沖經明行修，充焉。嘗條勤學親賢，王雅重之。尋轉左，加四品服。屢引年乞休，王特爲請，進嘉議大夫以歸。」

②呂景蒙《嘉靖潁州志·人物表·歲薦（明）》：「邢嵩。維嶽。有學行，一時學者多出其門。任黃州通判。」李宜春《嘉靖潁州志·人物·經術（明）》：「邢嵩。字維嶽，潁州人。爲庠名士，尤邃經學。後以貢遊太學，祭酒湛甘泉公器之，授以知行合一之學，潁後進多師範焉。授黃州府通判，以忤當道，改柳州，歸。所著有《佐黃錄》。」

③《成化中都志·科貢·國朝（歲貢）》：「（潁州學）丁佐。」《正德潁州志·科貢·貢（本朝）》：「丁佐。弘治二年（1489）貢。任濟寧州同知。」呂景蒙《嘉靖潁州志·人物表·歲薦（明）》：「丁佐。宗輔。濟寧同知。」李宜春《嘉靖潁州志·選舉·明（歲貢）》：「丁佐。（弘治）二年貢。濟寧州同知。見《人物》。」同書《人物·廉介（明）》：「丁佐。字宗輔，潁州人。剛方自持，取與不苟。遇人過即面斥之，雖豪貴不避。弘治間應貢，授濟寧州同知。尤甘清苦，爲其子受汙，歸，處之恬如也。會家至懸罄，不屈節稱災，至爲州衛取重，亦未嘗致私舊焉。」

温漢。字宗堯。以貢任保定都司斷事，清廉有政聲。居鄉操履不苟。①

尚爵。字淑仁。父病，藥石饘粥必嘗，即便液器具必親滌。嘉靖辛卯（1531）舉河南鄉試，授掖縣令。邑學博道失環，責償店主人，爵察其冤。會葺城隍廟，爵曰：「不燭真得環者爲無神。」輟工三日，真得環者果自首。遷永平判，灌園得金，掩其封。歸家，僻處村落，不入城市，環堵蕭然，甚適也。性和易簡澹，人稱爲長者。祀鄉賢。②

李學禮。字子立，號亨菴。性孝友忠直。嘉靖己未（1559）進士。起家民部，敭歷中外幾三十年，以養母請告。懿行美政，未易更僕數，而最著者則建義田，贍旅［族］輸粟，活饑民至萬餘口。其闢膠河以利運，尤經濟

①《成化中都志·科貢·國朝（歲貢）》：「（潁州學）温漢。」《正德潁州志·科貢·貢（本朝）》：「温漢。弘治十八年（1505）貢。」吕景蒙《嘉靖潁州志·人物表·歲薦（明）》：「温漢。宗堯。保定都司斷事。平生以清苦自勵，潁人稱其始終如一云。」李宜春《嘉靖潁州志·選舉·明（歲貢）》：「温漢。（弘治）十八年貢。見《人物》。」同書《人物·治行（明）》：「温漢。字宗堯，潁州人。由歲貢任保定都司斷事，清操自勵，著有政聲。居鄉尤操履不苟，時論韙焉。」

②《成化中都志·科貢·鄉舉》：「（辛卯科嘉靖十年）尚爵。潁州人。」吕景蒙《嘉靖潁州志·人物表·鄉貢（明）》：「尚爵。國重。」李宜春《嘉靖潁州志·選舉·明（舉人）》：「尚爵。潁州人。字淑仁。嘉靖辛卯河南中式。」《乾隆掖縣志·宦績·明》：「尚爵。字淑仁，潁州人。嘉靖辛卯舉於鄉，授掖縣令。邑學博道失環，責逆旅主人償，察其冤。會葺城隍廟，祝曰：『不燭直［真］得環者爲無神矣。』輟工三日，得環者果至。陞永平通判。」

之石畫也。闔郡士庶請祀鄉賢祠，餘備載傳中。①

王謨。字體文，號東軒。嘉靖壬戌（1562）進士，授保定府推官。屯田使者逮繫百許人，下竟織案。謨入有憂色，母問故，跪曰：「兒不欲殺人媚人，恐失使者歡，以遺母憂。」母曰：「兒爲仁人，吾不難爲仁人母？」竟平其獄，人稱爲佛兒王。徵爲吏科給事中，擢戶科，巡十庫。穆皇與諸閹遊虎圈，前驅呵避，謨正色曰：「吾曹奉命在此。」肅衣冠，鵠待上輦却還。劾大璫李璋，得諭旨降火者。參新鄭高文毅公，出爲湖廣參議。被察，謫興平丞。修洪口堰，納金山諸泉，秦民利賴之。知成安縣，晉南戶郎，尋陞浙江僉事，以親病乞休。平生清約，矜矜自檢，得祀鄉賢。②

王之屏。字汝藩。誕時父夢麟入室。嘉靖乙丑（1565）進士，令永嘉，有實政。晉戶部郎，榷關清嚴不擾。值

①李學禮（1524—1589），字子立（一字立甫），號亨菴，潁州（今安徽阜陽）人。嘉靖三十八年進士，仕至戶部主事。本書《藝文下·明文》載有林學閔《李亨菴先生祠記》。《康熙潁州志·人物·名賢（明）》：「李學禮。字子立，號亨菴。性孝友忠直。嘉靖己未進士。起家民部，敭歷中外幾三十年，以養母告歸。其淳風美政，未易更僕數，而最著者則置義田，贍族輸粟，活饑民至萬餘人。而開闢膠河，以利運道，尤爲經濟碩畫。及闔郡士庶請建生祠於鄉土，亦從來所罕覩者。」

②王謨，字體文，號東軒，潁州（今安徽阜陽）人。嘉靖四十一年進士，曾任保定府推官、吏科給事中、成安知縣、浙江僉事等職。《康熙潁州志·人物·名賢（明）》：「王謨。字體文，號東軒。嘉靖壬戌進士，授保定府推官。屯田使者逮繫百許人，屬吏羅織成案。謨退食，有憂色，母問故，跪曰：『兒不欲殺人媚人，恐失使者歡，以遺母憂。』母曰：『兒爲仁人，吾不能爲仁人母乎？』竟平其獄，人稱爲佛兒王。徵爲吏科給事中，擢掌戶科，巡十庫。穆皇與諸閹遊虎圈，前驅呵避，謨正色曰：『吾曹奉命在此。』肅衣冠，鵠待上輦却還。劾大璫李璋，又論新鄭高相國，出爲湖廣參議。被察，謫興平丞。修洪口堰，民利賴之。稍遷成安令，晉南京戶部郎，尋任浙江僉事，以親病乞休。卒後祀於鄉賢。」

新鄭相奉旨改部郎爲科道，以資望，之屏當首改，語大司徒曰：「官怕曠職兩［爾］，衙門何爲？必改之屏者，當移病去。」以故戶部無改者，僚友恚之。無何，改者皆左遷，人服其卓見。擢建昌知府，建瀘溪縣，誅妖僧，疏通錢法，盱江迄今稱爲神君。侍御劉臺劾江陵相，巡撫王宗載希江陵旨，极力羅織，欲殺臺，之屏力争，宗載至庭叱之，然内憚之屏，臺卒得戍。歷陞至雲南右布政，致仕歸。所著有《瀘溪事宜》《介石集》，藏於家。①

王道增。字益甫，號嵩淮。性明達忠直。舉萬曆庚辰（1580）進士，初授西安府推官，嚴明執法。丁母憂，起補青州府，風裁益著。遣戍者不貸，值行取，有短於楊公者，楊曰：「斯人不列臺諫，置吏部何爲？」選御史，人勸其往謝，道增堅不往，楊曰：「君古人也。世道靡靡，須得一二砥柱者爲之挽回。」歎服而去。理鹺兩浙，以劾債帥不法左當路，陞楚僉事。閩人李贄以儒起家二千石，削髮留鬚，肆意隱怪，横詆孔孟，遨遊縉紳間，當道通

①王之屏，字汝藩（一作汝憲），潁州（今安徽阜陽）人。嘉靖四十四年進士，歷任永嘉縣令、戶部侍郎、建昌知府、雲南右布政。《康熙潁州志·人物·名賢（明）》：「王之屏。字汝藩。父夢祥麟入室而生。嘉靖乙丑成進士，令永嘉，多異政。晉戶部郎，督榷清嚴不擾。值朝議改部郎爲科道，論資望則之屏當首改，屬首推，乃語大司徒曰：『官患曠職耳。何爲在得臺垣？若改，之屏當移病去。』故戶部無改者，僚友皆恚。無何，改者悉左遷，人始服其卓識。擢守建昌，誅瀘溪妖僧，疏通錢法，民甚戴德。劉侍御臺嘗劾江陵相，王中丞宗載希旨羅織，必欲殺臺，之屏力直其枉，宗載至庭叱之，然内懼之屏，臺止遣戍。歷官雲南右布政，致仕歸。所著有《瀘溪事宜》《介石集》，藏於家。」《光緒永嘉縣志·秩官志·縣職（明）》：「（隆慶元年）王之屏。字如憲。潁州進士。有傳。」同書《秩官志·名宦（明）》：「王之屏。字汝憲，潁州人。隆慶元年（1567），由進士知縣事。嚴明正大，人不敢干以私。吏胥有犯，輒置之法。愛民禮士，以廉介自礪。秩滿，凡鍰金，盡蠲之。後官福建布政使。《萬曆志》。」

人咸靡然惑之，道增獨惡而斥逐焉。贄後竟以左道被逮，自剄詔獄中，論者服其早見云。遷陝西左參議，轉本省憲副，出鎮河東。當劉哱蹂躪後，加意緝撫，士氣倍振，剿虜多奇捷。晉按察使，數蒙勞金幣，轉四川右布政。抵任三日，會以貢扇故，降福建左參政。年餘，投牒乞休，歸至武林，病卒。作《邊訓》二十六章、《平夏紀》，藏於家。①

王維垣。字伯師，號玉峯。萬曆癸酉（1573）歲貢，授四川合州同知。守劉冠南賢有風力，推官者索賄不遂，讒於直指，奏逮之。合民數千赴闕登聞，上勑撫按覈實，維垣力陳冠南冤。推官遺縣丞擒首登聞者，激變，百姓圍縣丞城隍廟中。維垣躬解散，詣兩臺，極辨［辯］冠南事無一實據，百姓爲賢父母竭忠，不當坐。卒之，冠南得復官，百姓免鼓噪罪，秋毫皆維垣力也。推官極恨之，維垣拂衣歸。維垣以卑官拯同僚於虎鬚，其稜風勁氣，真陳

①王道增（？—1523），字益甫，號嵩淮，潁州（今安徽阜陽）人。萬曆八年進士，仕至四川右布政使。劉體仁《王方伯詩叙》：「王道增，字益甫，萬曆庚辰進士……出理兩浙鹽政，左遷楚僉事。惡李贄遊部中，以檄逐捕，士大夫多爲贄道地，得遁去。贄方負奇稱，顛倒當世，無敢非之者。公又不入講學席，獨首斥之。其特操如此……仕至四川右轄，調閩僉憲。告歸，卒於錢塘。」《康熙潁州志·人物·名賢（明）》：「王道增。字益甫，號嵩淮。性明達忠直。登萬曆庚辰進士，初授西安節推，嚴明執法。丁母憂，起補青州，風裁益著。有戍者托冢宰楊公巍子，假公書爲囑，道增責其僕，竟遣戍者不貸。值行取，有訴道增短於楊公者，楊曰：『斯人不列臺諫，置吏部何爲？』選御史，人勸其往謝，道增堅不往。楊公躬詣，執手曰：『君古人也。世道靡靡，須得一二砥柱者爲之。』歎服而去。視鹺兩浙，以劾債帥不法左當路，陞楚僉事。閩人李贄以儒生起家，官二千石，削髮肆意，遨遊縉紳間，咸靡然惑之，道增獨惡而逐焉。贄後竟以左道被逮，死詔獄中，論者服其早見。遷陝西左參議，轉本省憲副，出鎮河東。當劉哱蹂躪後，加意撫緝，士氣倍振，剿寇多奇捷。晉廉使，朝廷數勞以金幣。轉四川右藩，抵任三日，會以貢扇故，降福建左參政。年餘，投牒乞休，歸至武林，病卒。著《邊訓》二十六章及《平夏紀》，藏於家。」

仲舉、范孟博之鄉人矣。①

白夏。字履忠，號道南。弱冠中河南鄉試，益發憤，博極群書。授山西靈石知縣，剔蠹修廢，疲邑改觀。當道者課最，治行爲三晉第一。丁母憂，補北直隸遷安。於時江陵相病，附京諸郡邑爲醮禱，夏堅不列名，失媚竈者意。陞汾州守。汾宗故悍，難以令甲約，良民苦之，夏一切束以法。惡宗歃血糾黨，欲登聞，汾民護夏入覲，扛惡宗文卷數箱至闕下，皆斂手去，汾至今尸祝之。擢承天府同知，解組歸。著有《道南集》《步邯小咏》。②

張慊。字汝明，號水臺。登嘉靖戊子（1528）鄉試，仕太湖縣知縣。孝友天成，慷慨有大節。好施予，空釜待火者相望。於書一目不忘，爲詩豪俊，嘗曰：「武功如卫霍，詩如李杜，花間露耳。」以故稿成輒棄去。年九十，

①《康熙潁州志·人物·名賢（明）》：「王維垣。字伯師，號玉峯。萬曆癸酉領歲薦，授四川合州同知。守劉冠南賢而有風力，爲推官索賄不遂，譏於直指，竟奏逮之。士民數千赴闕，擊登聞鼓，上勑撫按覈實，維垣力陳冠南冤。推官遣縣丞擒叩閽爲首者，激變，百姓圍縣丞城隍廟中，維垣躬爲解散。詣兩臺，極辯冠南事無一實據，百姓爲賢父母竭忠，法不當坐。由是冠南得復官，民免鼓譟罪，皆維垣力也。推官極恨之，維垣拂衣歸。維垣以卑官拯同僚，卒得脱於虎口，其氣節之勁，不愧陳、范鄉人矣。」《乾隆合州志》未見其人。

②白夏，字履忠，號道南，潁州（今安徽阜陽）人。嘉靖三十一年（1552）舉人，曾任靈石縣令、遷安縣令、汾州知州、承天府同知等職。《康熙潁州志·人物·名賢（明）》：「白夏。字履忠，號道南。弱冠登河南鄉薦，益發憤，博極羣書。授山西靈石縣令，釐奸剔蠹，疲邑改觀。當道者考績，爲三晉第一。丁内艱歸，起補北直隸遷安令。時江陵相病，附京諸郡邑皆爲祈禱，夏堅不列名。遷汾州守，州有宗室素驕横，良民苦之，夏一切繩以法。惡宗怒，糾黨將叩登聞鼓，汾民護夏人觀，并捆載其不法舊案至都，其黨乃斂手去，夏得無恙，汾人咸尸祝焉。擢承天郡丞，解組歸。著有《道南集》《步邯小咏》。」《乾隆汾州府志·職官·汾州知州》：「白夏。南直潁州人，河南潁川衛籍。舉人。萬曆十年（1582）任。」

卒。子弟摭拾其餘稿，曰《水臺集》，藏於家。①

李先事。字子崇。濟南守增子。俊雅若星輝璧潤，每出，致群聚觀，呼爲行玉。澹然無營，閉影不與市人交。無書不讀，尤嗜騷雅，爲詩穠華，斂之靚約。惜早夭，不竟其學。且門巷有中郎之憐，琴書無仲宣之寄。手蹟散亡，不可多得。②

甯中立。字爾强。始祖寛，從靖難，授羽林衛指揮同知。後移鎮潁川，遂家焉。父希武，性惇篤，悦詩禮，好學如儒生。中立自少潁［穎］異，日記千言。年十二，以文受知兵使者。丙子（1576），督學錄第一，領鄉薦。癸未（1583）成進士，選庶常。讀書中秘，勤於其學，不少休暇。同舘或錯趾其庭，每午夜誦聲瑯然達旦。周公文恪尤器重焉。授精繕主政，供南宫之役，料理精密。三年考满，晉郎中，疏請終養，奉太淑人孝敬備至。逾十八年，太淑人以天年終，哀毁幾於滅性。起補原官，擢尚寶司丞，满九年俸，推大理寺左丞。駸駸柄用，以勤瘁卒於官。中立孝友懇至，敬其兄，以産讓之。與人交，恂恂能下，尤好周人之急，鄉里有求必應。至於自奉，則粗糲甘之。

---

①張燫（1509—1598），字汝明，號水臺，潁州（今安徽阜陽）人。嘉靖七年舉人，曾任太湖知縣。《成化中都志·科貢·鄉舉》：「（戊子科嘉靖七年）張燫。潁州人。」《南畿志·鳳陽府·鄉舉科》：「（嘉靖戊子）張濂。潁州人。」吕景蒙《嘉靖潁州志·人物表·（明）鄉貢》：「張燫。字汝明。」李宜春《嘉靖潁州志·選舉·明（舉人）》：「張燫。潁州人。字汝明。嘉靖戊子河南中式。任安慶府太湖縣知縣。」

②劉體仁《李文學詩叙》：「李先事，字子崇，濟寧太守增次子。狀貌若婦人好女，卓犖奇逸，每抽一書卷，不尾不寢食……重陽前一日作社，旋卒社中。年少，無子。」《康熙潁州志·人物·文苑（明）》：「李先事。字子崇，濟寧太守增次子。卓犖奇逸，狀貌若婦人好女。每出，路人群聚而觀。胸中讀書極博，其所尤嗜者騷雅。爲詩多穠華，兼能斂以靚約，惜早逝無子，手筆皆致散亡。」

生平亨心於寂寞之鄉，終身以圖編爲師友，舉世人所称紛華靡麗之事，無一焉。雖位不酬志，年不配德，而清風勁節，景仰如新。子姓踵武箕裘不替云。①

徐治民。字元禮。性勤敏兼人。諸生時，每漏盡輒起誦讀，日出則計鹽米薪芻，旁及纖屑，絶不閒遊。耕田間手種树千餘，數年成巨林，日把書其下。且有心計，凡居室圖書，下至屐履，莫不經營，同人以瑣碎咻之。起家明經，授棠陽令。戴星出入，百廢俱興。張尚書鶴鳴奉命餉雲中、上谷、鴈門，夜過其縣，鈴析［柝］達旦。役者曰：「奉使君令防盜。使君神明，事必知之，不敢懈也。」以至里無草萊，田無荒蕪，垩墻茨屋無敗漏，大異於畿輔諸縣。治縣如家，瑣碎之效也。爲刑部郎，明慎折獄，人不敢干以私。駙馬都尉楊某受人田宅，治民盡捕其下，置之法，楊愧而德之，反加禮焉。貴戚、功臣、中貴俱憚其嚴，輦下號爲青天。治一青衿不法者赭春［舂］於市，其父緹騎尉也，上疏言於朝，謂：「徐主事至公至明，有以服其心。」於時一部倚之爲禦侮。視國如家，纖屑皆辦，治民亦自謂瑣屑之效也。出爲平越知府，輦下數萬人焚香送之，涕泗硬［哽］咽於道旁，即天子亦聞之。入

①甯中立，字爾强，潁州（今安徽阜陽）人。萬曆十一年進士，選翰林院庶吉士。改禮部主事，晉郎中。丁母憂，補尚寶丞，終大理寺左丞。《康熙潁州志·人物·名賢（明）》：「甯中立。字爾强。自少穎異，日記千言。年十二，以文受知兵使者。萬曆丙子，以科錄第一領鄉薦。癸未成進士，選庶常。讀中秘書，勤於學問，每午夜尚聞誦聲，不少休。周文恪公尤器重焉。時宰先世有居潁者，屬訪其族人，中立竟忘之。改禮部主政，考滿，晉郎中。疏請歸養奉母，孝敬備至。逾十八年，母以壽終，哀毁幾於滅性。起擢尚寶丞。歷九載，推大理左丞，以勤瘁卒於官。中立孝友懇至，敬其兄，以産讓之。與人交，恂恂能下，好周人之急，鄉里有求必應。自奉粗糲，甘之如飴。生平棲心寂寞之鄉，惟以圖編爲師友，而紛華靡麗之念，絶弗萌焉。雖位不酬志，而子姓迭興，亦見積善之必有餘慶云。」

黔，卒於官。宦遊二十年，故廬薄田猶諸生也。①

張鶴鳴。字元平，號鳳皋。自幼迥秀不群，受業如響。稍長，益攻苦積學，爲諸生冠，督學褚公鈇、監司聶公廷壁［璧］國士遇之。萬曆丙子（1576）舉河南鄉試，丙戌（1586）拔南宫，以贈公病，馳歸。後六年壬辰（1592），乃對策賜第，授山東歷城縣知縣。歷城治在會府，百司所取給，鶴鳴志力精彊，發於至誠，以星出入，務在成就全安。即大吏下記，有不便於民，必固争，如法乃止。戊戌（1598），陞南京兵部主事。調吏部郎中，留曹政簡易舉，暇則博通群史，於諸子百家無不涉獵。至六書、樂律、天文、醫卜之術，皆鈎其要指。丙午（1606）服除，補禮部祠祭司。丁未（1607），陞山東副使，分守濟南，法紀振肅，大豪相戒，無敢扞罔。會塞上羽檄旁午，臺省推轂邊才，緩急足任。庚戌（1610），陞陝西參政，備兵臨鞏。簡練軍實，修築亭障，在事五年，所部無警。甲寅（1614），加布政使，

①徐治民（？—1608），字元禮，潁州（今安徽阜陽）人。萬曆七年（1579）選貢，仕至平越府知府。本書《藝文下·明文》載有張鶴鳴《平越府知府徐公墓表》。《康熙潁州志·人物·名賢（明）》：「徐治民。字元禮。性勤敏過人。爲諸生時，每漏盡輒起誦讀，日出則計米鹽。日把書其下，且有心計，自居室圖書，以及冠履、爐扇，莫不經營周密。人以瑣屑嘲之，弗顧也。舍旁手植雜樹千餘本，數年成林，暇即把書其下。起家明經，授新河令。戴星出入，百廢俱興。張尚書鶴鳴嘗奉使過其邑，見其田野闢，墻屋完，與畿輔諸縣迥異。夜聞鈴析［柝］達旦，詢之，役者曰：『徐令君命防寇盜，故不敢懈。』爲刑部郎，明慎不私。駙馬都尉某奪人田宅，治民盡捕其下，置之法，勛戚、中貴俱斂手避。有一青衿橫肆，治民懲之不稍寬，其父時爲緹騎尉，疏於朝曰：『徐主政至公至明，蓋實有以服其心也。』於時一部倚之爲重。治民視國如家，纖悉皆辦，雖或不遑寢食，未始言勞。出爲平越郡守，都門焚香泣送者數萬人，天子聞而嘉之。入黔，卒於官。雖宦遊二十年，敝廬薄田猶諸生耳。」《康熙新河縣志·官師志·縣令（明）》：「徐治民。江南潁州人。由選貢。萬曆十九年（1591）任。歷任五年，才□□捷，發奸摘伏，□□□□，與民休息。後陞平越府知府，修志。」

旋拜僉都御史，巡撫貴州。苗仲負固不受要束，聚嘯剽掠，數爲民患，請命於朝，調土漢兵深入其阻，用剿用撫，規畧最優，而西南半壁［壁］賴以寧謐。陞兵部右侍郎，命總督陝西三邊軍務，道中召入，轉左。天啟辛酉（1621），晉本部尚書。鶴鳴典邊日久，曉暢軍事，凡地形險易、將吏能否，若燭照。數計故邊臣奏請，從中調度，輒中機宜，天下以其身係安危。壬戌（1622），加太子太保。未幾，引疾乞歸，論功加太子太傅。丙寅（1626），起南京工部尚書，題修孝陵等殿。工完，尋以安奢構禍，滋蔓難圖，再授節鉞，督師五省。鶴鳴駕輕就熟，先聲震燿，而元惡次第擒獲，論功加太子太師。崇禎戊辰（1628），復引疾乞歸。所著《史微》《蘆花湄集》《蘭牂槜語》《飄然吟》等書行於世。乙亥（1635）正月，流寇攻圍潁州，鶴鳴以告老大臣，雖事權不屬而捐金募士，背城借一，城陷被執，罵不絕聲，備極楚毒而死，年八十五歲。疏聞，詔遣官治葬臨祭，以待易名之典。①

---

①張鶴鳴（1551—1635），字元平，號鳳皋，晚號飄然翁，潁州（今安徽阜陽）人。萬曆二十年（1592）進士。初授歷城知縣，後仕至兵部尚書。崇禎八年（1635）正月，李自成所部攻潁州，張鶴鳴积极参与防守，城陷被殺。著有《蘆花湄集》。事見《明史》本傳。《康熙潁州志·人物·名賢（明）》：「張鶴鳴。字元平，號鳳皋。爲諸生時，學使褚公鈇、監司聶公廷壁［璧］，咸國士遇之。萬曆丙子領河南鄉薦，丙戌捷南宮，以贈公病，馳歸。至壬辰廷對，賜出身，授山東歷城令。邑治在會城，百司取給甚多，鶴鳴志力精强，戴星出入。大吏檄下，有不便於民，必固爭，如法乃止。遷南京兵部主事，調吏部郎中。留曹政簡，暇則博覽群籍，諸子百家無不探其奥而鈎其玄。尋丁艱歸，起補禮部郎中。出爲山東副使，分守濟南，法紀振肅，巨豪相戒，無敢扞網。會塞上羽書旁午，臺省推轂邊才，改陝西參政，備兵臨鞏。簡練軍實，修築亭障，在事五年，所部無警。加布政使，旋拜僉都御史，巡撫貴州。苗仲負固不受約束，數爲民患，請命於朝，調土漢兵深入其阻剿撫，規畧最優，西南半壁賴以綏靖。擢兵部右侍郎，命總督陝西三邊軍務，中道召回，轉左。熹宗即位，晉本部尚書。無何，廣寧失守，當事者莫不惴惴，鶴鳴忠憤激烈，具疏請行。上悦，加太子太保，賜蟒玉、尚方劍。及抵榆關，首以安輯難民爲務，既而修垣補伍，賞功緝奸，專用信義扶綏，三閱月而邊方稍定。時璫焰正熾，於是力請解任，疏十上，遂引疾歸，論功加太子太傅。尋復起南京工部尚書，督修兩陵。殿工甫畢，乃以安奢構禍，滋蔓難

圖，再授節鉞，視師五省。鶴鳴駕輕就熟，先聲震疊，而元惡就擒。朝議方引靖遠威寧故事，將拜伯爵，而魏閹以捷音不報東廠，抑不予，僅加太子太師。懷宗登極，予告回籍。乙亥五月，流寇攻潁，鶴鳴捐金募士，背城借一，城陷被執，罵聲不絕，備極楚毒而死，年八十有五。疏聞，詔遣官祭葬。時以朝廷多故，易名之典未邀崇。所著有《史微》《蘆花湄集》《蘭牂樗語》《飄然吟》等書行世。」《民國潁襄張氏族譜・司馬公傳》：「公諱鶴鳴，字元平，號鳳皋。自幼迥秀不群，受業如響。稍長，益攻苦積學，爲諸生冠。督學褚公鉄、監司聶公廷璧國士遇之。萬曆丙子舉河南鄉試，丙戌捷南宫，以贈公病，馳歸。後六年壬辰，乃對策賜第，授山東歷城縣知縣。歷城治在府會，百司所取給，公志力精强，發於至誠。以星出入，務在成就全安。即大吏下檄，有不便於民者，必固争，如法乃止。戊戌，陞南京兵部主事。調吏部郎中，留曹。政簡易舉，暇則博通群史，於諸子百家無不涉獵，至六書、樂律、天人、醫卜之術，皆鈎其要旨。癸卯，丁母艱。丙午服除，補禮部祠祭司。丁未，陞山東副使，分守濟南。法紀振肅，大豪相戒，無敢扞罔。會塞上羽檄旁午，臺省推轂邊才，緩急足任。庚戌，陞陝西參政，備兵臨鞏。簡練軍實，修筑亭障。在事五年，所部無警。甲寅，加布政使。旋拜僉都御史，巡撫貴州。爾時苗仲猖獗，新殺前巡撫王三善。貴州白骨遍野，荆棘盈城。聚嘯剽掠，數爲民患，屡撫屡叛。公請命於朝，調土漢兵深入其阻，親臨石矢，鼓舞三軍。公饑不暇食，惟日嚼人參少許，冒煙瘴毒霧，七日攻破猱平険山，洗蕩凶逆。西南半壁賴以寧謐。天启辛酉，陞兵部右侍郎，命总督陝西三邊軍務。道中召入，轉左。本年陞兵部尚書。當遼事孔棘，長安危震。奈經撫不和，战守中制。公以中憤，自請視師。晉秩光祿大夫，加太子太保，賜蟒玉、尚方寳劍。即日就道，至山海關，斬逃將，昭功罪，三軍肅然。放男婦二百八十余萬人入關，造册安置，賑慰得所。然不避時忌，謗者紛紛。計在本兵止四月余，即請告歸里。奉旨云：『卿飄然引去，加恩欽賞馳驛還里，加太子太傅。』因自號飄然翁，嘯傲西湖別墅。优遊五載，復起陪京大司空。當魏璫惡焰方熾，權傾朝野，時公即養疴歸里。爾時士大夫，矫然自異者高之爲東林，靡然自汙者卑之爲魏黨。其卓然自立，不別門戶，不阿權奸，公一人而已。至崇禎戊辰，因安奢構祸，滋蔓難圖。以公典邊日久，曉暢軍機，奉詔再授節鉞，督師五省……」

劉九光。字文孚，號含軒。生有異質，日記數千言。爲文辭泉流風發，援筆立就。與同郡王方伯道增、徐太守治民、張大司馬鶴鳴兄弟定文字交，監司聶公廷璧、州守謝公詔大奇之，謂一時星聚云。萬曆壬午（1582）領河南賢書，乙未（1591）成進士，授直隸清豐縣知縣。至則問民疾苦，而居以廉平，無逋賦，亦無滞獄。暇則弘奬士類，皆斌斌興於學。政迹醇茂，課最畿輔，調繁邢臺，徵爲兵部職方司主事郎中。引拔真材，釐剔宿弊，條陳方畧十款，上皆允行之。少保李公化龍甚敬任焉。當是時，西封告成，邊捷且再，舊職方三年例推京堂，自以津地不可久居，力求補外，乃轉山東右參政，金復海蓋兵備，管遼東苑馬寺卿事。無何，調本省督儲，以延綏宣捷職方時有功，加按察使。拮据飛輓，國用益饒。又佐奇救荒，多所全活，尋擢廣西右布政使，分守蒼梧。粤地民傜雜處，傜人窟箐峒，時出剽掠，將吏數請大征以邀功賞，所過無噍類。初下車，聞而歎曰：「傜人亦吾人，而禽獮草薙之耶？」諭以威德，罔不砥厲。秩滿考績而有云南轉左之命，乞骸骨歸。凡里居十有三年，疏絶世務。同張大司馬兄弟年皆八十餘，遊園泛舟，吟嘯徜徉，耆英風味，殆不及也。年八十四，卒。爲人道周性全，不名一行，官四嶽矣，而嚼然貧，蓋所得於學者正也。所著有《玄文堂草》《兵部奏議》等集。①

①劉九光（1556—1621），字文孚，號含軒，潁州（今安徽阜陽）人。萬曆二十三年進士。初授清豐令，後任山東右參政、广西右布政、雲南布政使等職。張鶴鳴《贈文林郎後泉劉公配封太孺人楊氏合葬墓志銘》：「劉贈公，諱一介，别號後泉……子三……季九光，文孚其字也，中萬曆乙未科朱之蕃榜進士，授北直隷清豐縣知縣。乙亥調邢臺縣，辛丑陞兵部職方司主事……」《康熙潁州志·人物·名賢（明）》：「劉九光。字文孚，號含軒。生有異質，日記數千言。爲文泉流風發，援筆立就，與同郡王方伯道增、徐太守治民、張大司馬鶴鳴、憲副鶴騰相切磋。萬曆壬午登河南賢書，乙未成進士，授清豐縣令。至則問民疾苦，爲治廉平，無逋賦，亦無滯獄。暇則弘奬士類，文教興焉，考績爲畿輔最。調繁邢臺，以職方主事徵，尋晉郎中。引拔真材，釐剔宿弊，條上方畧十事，皆獲允行。少保李公化龍深敬任之。故事，職方三載，推補京堂。自以要津不可久居，力求外任，乃轉山東參政，金復海蓋兵備，管遼東苑馬寺卿事。無何，調督本省糧儲，以樞部時邊鎮再捷功，加廉使。拮据飛輓，國用益充，兼設法救荒，多所全活。擢廣西右布政使，分守蒼梧。粤地民傜雜居，傜人窟於菁峒，時出剽掠，將吏數請進剿，以邀爵賞，所過無遺類。九光下車，聞而歎曰：『傜人亦吾人，而忍禽獮草菅之耶？』諭以威德，罔不輸誠恐後。秩滿，有滇南左藩之命，竟乞骸歸里。居十有三年，屏絶塵事，與張大司馬兄弟年皆皓首龍眉，遊園泛舟無虚日。雖位至方伯，而家仍不改素風，其生平從可知矣。所著有《兵部奏議》《玄文堂草》行世。」《光緒邢臺縣志·職官·明知縣》：「劉九光。籍貫無考。（萬曆）十五年（1587）任。見天甯寺碑。」當即其人。

張鶴騰。字元漢，別號鳳逵。大司馬兄弟三人，騰其仲也。質如冰雪，外坦夷而中沉靜，人莫測也。兄明悟殊捷，而騰以刻苦及之。受知督學褚公鈇，試輒高等。以苦誦病怯，聞蟻鬪即暈垂死。監司聶公廷璧以國士遇之，時餽藥詢起居，兼禁里巷縱鷄犬及碪聲以驚燕息，其憐才如此。大司馬成進士，養親還里，歲往來蘆花涓、松風園，賦詩命伎，騰獨僻處西墅，茅屋數楹，午夜讀書，雖疆［彊］之不預也。乙未（1595）成進士，令潞城。甫十月，調榆次。晉饑，兩邑尤甚。其撫循賑卹，出於至誠。煮粥則躬給，病投藥，死給槥，遺棄嬰兒令老婦養於縣之兩廡，民皆以張姓之。以德化人，人無訟者。課士談藝，多脱潁［穎］去。諸折疑獄，獲巨盜，神明之頌，流旁郡焉。補刑部主事，調戶部，典試西粵。至計太倉銀庫，清其積弊，歲入四百萬金有奇，羨一萬三千餘金，不以例私。上聞稱異，擢郎中，督餉延綏。初爲諸生，居父喪，目出血已。哭母，目漸昏。請告，遇異人治之。臺省交薦，再領度支。潁川原無運軍，淮泗借派，累及二百年。騰力請首輔豁除，頓蘇疲軍於垂死。騰望重，例得京堂，避璫焰，出爲少參，分守關南。桐封入漢，舟行險，忽欲登陸，計費不資，且未易辦，騰上書爭之，得寢夫役數萬。迎王，露處於江干。虎日齧人，騰焚檄諭之，輒遁去。遷鞏昌副使，改雲南，請告還里。孝友篤至，歲時伏臘之祀，淚滴盤匜。事兄白首，問視必謹，撫季弟兩孤、兩女若己出。處己端嚴，雖燕居必冠，而接人以和，隨機善導，惓惓無已。貧賤交遊，終身不替。其敦族周急，葺祠宇，修輿梁，歲無虚日。聞流寇猖獗，騷亂中原，恨不滅此朝食。禦寇督戰，城陷死之。事聞，天子詔下，命撫按建坊旌表議卹。著有《綠藻園詩集》《參同契會注》。①

①張鶴騰（1556—1635），字元漢（一作元翰），號鳳逵，潁州（今安徽阜陽）人。張鶴鳴之弟。萬曆二十三年（1594）進士，仕至陝西按察使。崇禎八年（1635），李自成所部攻潁州，城陷，與兄鶴鳴同日被殺。《明史·張鶴鳴傳》附傳：「弟鶴騰，字元漢，舉萬曆二十三年進士。歷官雲南副使。行誼醇篤，譽過其兄。城陷被執，罵不絕口而死。」《康熙潁州志·人物·名賢（明）》：「張鶴騰，字元漢，別號鳳逵。大司馬鶴鳴仲弟也。質如冰雪，中沉静而外坦夷。受知學使褚公鈇，試輒高等，監司聶公廷璧更以國士遇之。兄鶴鳴擢禮闈，養親還里，每往來蘆花湄、松風園，延賓高會，鶴騰獨僻處西墅，茅屋數楹，讀書弗輟，雖强之不至。乙未成進士，令潞城。甫十月，調榆次。晉饑，兩邑尤甚。其撫循賑卹，出於至誠。煮粥，躬親散給，病者投藥，死者施槥，遺棄嬰兒令老婦養於縣治兩廡，後皆冒張爲姓。以德化民，獄訟衰息。課士談藝，得其傳者多脱潁［穎］去。至查沉冤，擒巨盜，當時頌神明焉。補刑部主事，調戶部，典試西粵，號稱得士。及計太倉銀庫，清其積弊，歲有羡金一萬三千餘兩，不以例歸私橐。上聞稱異，擢郎中，督餉延綏。初居父母兩喪，哭泣逾禮，至是目漸昏，乃以病告。尋醫治，得復睹物，臺省交薦，再領度支。遂與李中丞協力陳請，以除潁川代運之累。鶴騰在職有素望，例補京堂，因避璫焰，出爲少參，分守關南。會親藩入漢，舟行畏險，忽思登陸，供應爲費不貲，未易猝辦，鶴騰上書固爭，得免夫馬數萬計，一路官民德之。遷鞏昌副使，改雲南，請告還里。鶴騰孝友篤至，歲時奉祀，淚滴盤匜。事兄恭謹，白首彌摯，撫季弟諸孤若己出。持躬端重，雖燕處必冠，而接人以和，隨機善導，惓惓無已，軫念寒微故舊，終身不渝。其睦族振貧，葺祠宇，修橋梁，歲無虚日。乙亥寇至，與兄鶴鳴督戰守禦，城陷死之。事聞，詔加恩卹，建坊旌表。著有《綠藻園詩》《參同契會注》。」《民國潁襄張氏族譜·副憲公》：「公諱鶴騰，字元漢，號鳳達。大司馬兄弟三人，騰其仲也。質如冰雪，外坦夷而中沉静，人莫測也。兄明悟殊捷，而公以刻苦及之。大司馬成進士，養親還里，歲往來蘆花湄、松風園，賦詩款客，公獨僻處西野，茅屋數楹，午夜讀書，雖强之不預也。乙未成進士，令潞城。甫十月，調榆次。晉饑，兩邑尤甚。其循撫賑卹，出於至誠。煮粥則躬給，病投藥，死給槥，遺棄嬰兒令老婦養於縣之兩廡，民皆以張姓之。以德化人，人無訟者。課士談藝，多脱穎出。折疑獄，獲巨盜，神明之頌，流旁邑焉。補刑部主事，調戶部，典試西粵。至計太倉銀庫，清其積弊，歲入四百萬金有奇，羡一萬三千餘金，不以例私。上聞稱異，擢郎中，都餉延綏。初爲諸生，居父喪，目出血已；哭母，目漸昏。請告，遇異人治之。臺省交薦，再領度支。潁川原無運軍，淮泗借派，累計二百年。公力請首輔豁除，頓蘇數萬。迎王，露處於江干。虎日齧人，公焚檄諭之，輒遁去。遷鞏昌副使，改雲南，請告還里。孝友篤至，歲時伏臘之祀，淚滴盤匜。事兄白首，問視必謹，撫季弟兩孤、兩女若己出。處己端嚴，雖燕居必冠，而接人以和，隨機善導，惓惓無已。貧賤交遊，終日不替。其敦族周急，葺祠宇，修輿梁，歲無虚日。聞流寇猖獗，騷亂中原，恨不能滅此朝食。禦寇督戰，城陷死之。事聞，天子詔下，命撫按建坊旌表議卹。著有《綠藻園詩集》《參同契會注》。西湖關帝廟，副憲公捐地六十畝。北鄉青龍橋，副憲公捐石柱四十根。」

胡應聘。號任宇。萬曆丁酉（1597）河南鄉試，謁選，得山東海豐縣。二年考績，除補直隸大成［城］縣，遷灤州，謫山東布政理問，遷大名府通判，謫杭州府知事，遷德府審理。自海豐凡七徙官，通籍二十餘年，志在利民，冰蘗自持，皆有名蹟。令海豐，會全省大祲，賑多米少，乃懇上臺，願緩二年催科，從之。出庫藏銀貸民，易粟四方，以其息足自養。又貸民買牛布種，凡有罪以草根爲（贖）。荒蕪田以闢，蓋一年貿易，一年開墾，至三年而霖雨隨車，收獲十倍。計貸庫藏銀若干，民皆一一完輸。灤州逼處關内，凡守關人馬一切粟芻器械等具，罔不取給，力白閣部，禁革額外需索，而民安堵。藩領事簡，受檄監泰山香税，一無所取，歎曰：「四方虔而致之神，吾攫而私諸己，於心慊乎？」居杭數月，署温州鹽運，或勸其如取羡例，答曰：「吾里横被屠戮，今以微宦獲安江左，爲橐中裝多矣！」逾年致事。家居環堵蕭然，年七十餘卒，里人稱廉吏可爲而不可爲。①

李精白。字盟素，號東貞。萬曆癸丑（1613）進士，授知夏津縣。調昌樂，徵入爲禮科給事，轉兵科，擢太常

①胡應聘，字任宇，潁州（今安徽阜陽）人。萬曆二十五年（1597）舉人，歷任海豐令、大城令、大名府通判等職。《康熙潁州志・人物・良吏（明）》：「胡應聘。字任宇。萬曆丁酉中河南鄉試，令海豐。值山左大饑，賑濟米少，乃條上緩徵，請出庫銀，俾民易粟四方，取息自給。又貸民買牛布種，有輕罪者，令納草根自贖。於是荒田盡闢，收獲十倍。凡緩徵租税及易粟庫銀，民皆兢輸恐後。繼宰大城，遷灤州。其地近邊，守關人馬一切糧芻器械，供應浩繁，應聘力白閣部，嚴禁額外需索，民或安堵。尋謫東藩理問，奉檄監泰山香税，一無染指，歎曰：『人皆虔而致之神，我獨攫而私諸己，於心安乎？』稍遷大名別駕，又謫杭州知事。居杭數月，署温臺分鹾事，或勸循例以取羡餘，答曰：『吾鄉横被屠戮，我以薄宦幸保身家，其爲橐中裝多矣！』後以德府審理致仕。家居環堵蕭然，人稱廉吏。年七十餘卒。」《光緒灤州志・爵秩表・官秩（明知州）》：「胡應聘。舉人。河南（今河南洛陽）人。（天啟）二年（1622）任。」

少卿，拜僉都御史。巡撫山東，加侍郎，晉兵部尚書、太子少保，改戶部。爲人端凝沉毅，儀觀甚修，持論常引大體，與人交逡逡有讓。自邑令至秉節鉞，德茂存乎東夏。其在諫垣，多所建白。雖踐登華要，恩遇優渥，然自奉儉樸，一如寒素。家居閉關却掃，不通請謁，閭里閈利病，輒爲區畫，軍民賴之。①

王養廉。字維張，號雲鴻。性簡靜，不妄言笑，緼袍疏食，於聲利一無所嗜。内行修飭，敏學過人，夜讀書至達曙。友生旦訪，猶見孤燈熒然。爲文辭根極理要，舉萬曆丁酉（1597）鄉試。買城東地數弓，爲亭圃，日楗戶隱几，彈琴賦詩自娛，未嘗問外事。天啟壬戌（1622）始成進士，觀政兵部，選行人。方期展采，以抱痾卒。②

---

①李精白，字盟素，號衷貞，潁州（今安徽阜陽）人。萬曆四十一年（1613）進士，曾任僉都御史、山東巡撫、兵部尚書、戶部尚書登等職。《康熙潁州志·人物·勞績（明）》：「李精白。字盟素，號衷貞。萬曆癸丑進士，授夏津縣令。調昌樂，徵入爲禮科給事，轉兵科，擢太常少卿，拜僉都御史。巡撫山東，加侍郎，晉兵部尚書、太子少保，改戶部尚書。生平沉毅端凝，與人交謙謙退讓。在諫垣頗有建白，及秉節鉞，恩遇優渥，然自奉儉約，無殊寒素。家居不通請謁，閭里閈利病，輒殫心區畫之。即潁川衛替運代操，貽累日久，軍伍空虛，後得奏請豁除，實藉其力，是亦胡可没歟？子麟孫、鶴孫俱有文才，而麟孫募兵力保鄉里，卒死寇難。」《乾隆夏津縣志·守官志·明知縣》：「李精白。字對泉，河南杞縣人。《通志》載南直潁州衛人。進士，萬曆四十二年（1614）任。申除城西北堆沙地錢糧二百七十七兩有奇，俱攤派寄莊戶内。事詳《碑記》，見《藝文》。四十四年（1616）調繁昌樂，有生祠。後遷給事中，天啟間歷官本省巡撫，陞尚書。」該書《藝文志·記》載有李精白《豁除沙地碑記》。《嘉慶昌樂縣志·秩官表·明知縣》：「李精白。河南潁川人。（萬曆）四十三年（1615）任。」

②王養廉，字維張，號雲鴻，潁州（今安徽阜陽）人。萬曆二十五年（1597）舉人，天啟二年（1622）進士。授行人，未任即病卒。著有《陽春舘詩》。《康熙潁州志·人物·文苑（明）》：「王養廉。字維張，號雲鴻。性簡静，不妄言笑，緼袍疏食，於聲利絶無所嗜。内行純備，勤學過人。每夜讀書，孤燈達曙。登萬曆丁酉賢書。買城東隙地爲亭圃，日鍵戶彈琴，賦詩自娛，未嘗問門外事。天啟壬戌成進士，甫授行人，竟以病卒。有《陽春舘詩》。」

申大志。字泊甫，號沖玄。治聞多識，性託高奇，爲文不尚剽擬，洋洋纚纚，成一家言。舉萬曆壬子（1612）畿試。卜築潁河之北，左右圖書，置酒言咏。或與客放舟中流，唾壺且缺，顧謂功業可立就。而分符滎澤，值中原鼎沸，又家園被賊屠戮，以鬱憤卒。所著有《樂饑吟》等集。①

劉廷榜。字昭甫，號中柱。儀觀端重，顧盼有威。爲諸生，文辭超卓，試輒高等，鋭然抱經濟之志。父方伯公九光，建節遼左，又移任蒼梧，每懷遠宦，跋涉山川，旦暮自上食，融融樂也。歲戊午（1618）應試中州，聞母夫人見背，與弟廷石號擗數千里，自尋陽扶櫬以歸，而方伯公尋亦倦遊懸車矣。澣衣子舍，定省惟謹。居久之，以貢詣京師，盡與賢豪相結，抵掌世務，所見畧同。及除判惠州，攝太守篆，校士劭農，斷獄均賦，皆有異蹟。海寇竊發，督府下記防汛，監司陳公玄藻特以才望推轂焉。至則德威震燿，嘯聚竄伏。攝龍川河源邑篆，案牘如積，迎刃立解。虔撫傳公振商、直指張公應辰交薦嶺表，良能此焉。爲最而入覲，事竣遂乞終養，致仕。無何，執方伯公喪，哀毁逾禮。寇陷潁城，方伯公柩在殯，無損，人服其孝感。年六十八卒。爲人天性孝友，内行純備而忼慨任俠，誦義無窮。潁城初值亂後，群情洶洶，有著族忤鄉閭意，惡少和之，梃刃四周，且索火焚其家。廷榜乘車過

---

①申大志，字泊甫，號沖玄，潁州（今安徽阜陽）人。萬曆四十年（1612）舉人，任滎澤，後以鬱憤而卒。著有《樂饑吟》。《康熙潁州志·人物·文苑（明）》：「申大志。字泊甫，號沖玄。治聞多識，爲文洋洋灑灑，成一家言。萬曆壬子舉於京兆。卜築潁河之陽，左圖右書，蕭然自得。或與客放舟中流，浩歌酣飲。已而出宰滎澤，適當中原陸沉，賊復流毒家園，鬱鬱憂憤以卒。所著名《樂饑吟》。」《順治滎澤縣志·職官志·知縣（明）》：「申大志。江南潁州人。由舉人。」

市，猝與之遇，出數言曉譬，無不人人意消，論者謂此一時殊爲地方弭一大患云。①

韓光祖。號肇華。至性凝簡，閒居衣冠危坐，終無惰容。雖祁寒暑雨，手不釋卷。課子若孫，以文章譟海内。且樂志安貧，恬於勢利。賊陷城時，臨刃不撓而死。長子獻策，別有傳。仲定策，字五雲，奇藻爛披，俊辨綸至，然壘塊有正骨，及見父光祖遇害，奮不顧身，手刃二賊，力潰而死。光祖儒風雅業，爲人倫師表。乃父子蹈義，何減古人？②

①劉廷榜，字昭甫，號中柱，潁州（今安徽阜陽）人。貢士，曾任惠州府通判。本書《藝文上·宸翰部》載有《廣東惠州府通判劉廷榜（崇禎元年三月）》制文。《康熙潁州志·人物·良吏（明）》：「劉廷榜。字昭甫，號中柱。儀觀端重，顧盼有威。爲諸生，文辭超卓，試輒高等，鋭然抱經濟之志。父九光建節蒼梧，每跋涉往省，承歡膝下，依依弗忍去。戊午應試中州，聞母夫人見背，與弟廷石奔號數千里，扶柩以歸。未幾，公亦懸車返里。廷榜瀚揄子舍，問視維勤。久之，貢入成均，與海内賢豪相結納。除判惠州，攝太守篆，校士勸農，斷獄均賦，頗有異績。會海寇竊發，制府擇能員防守，監司陳公玄藻以才望推廷榜。至則威惠兼施，嘯聚首者果竄伏焉。嘗署龍川河源邑篆，案牘山積，迎刃立解，撫軍傅公振商、直指張公應辰交章以治行異等薦。既入覲，遂乞終養，即執父喪，哀毁逾禮。無何，流寇陷潁，官舍民廬多爲灰燼，而九光之柩宛然在堂，人咸謂孝感所致。亂後群情洶洶，有著族忤鄉閭意，無賴子弟並持梃刃圍其宅，且將以火焚之。適廷榜車過，與之遇，出數言曉譬，衆始散歸。年六十八卒。」《光緒惠州府志·職官表·明》：「劉廷榜。潁川人。（天啟）八年（1628）任。以上通判。」

②韓光祖（？—1635），字肇華，潁州（今安徽阜陽）人。以子獻策贈徵仕郎行人司行人。崇禎八年（1635）正月，李自成所部攻潁州，城陷被殺。本書《藝文上·宸翰部》載有《贈徵仕郎行人司行人韓光祖（崇禎十三年）》制文。《明史·尹夢鰲傳》：「鄉官尚書張鶴鳴……諸生韓光祖等，皆死之。光祖，進士獻策父也，被執，賊捽使跪。叱曰：『吾生平讀書，止知忠義。』遂大罵。賊殺之，碎其屍。妻武偕一妹、一女並獻策妻李赴井死。妾李方有娠，賊剖腹刲胎死。次子定策、孫日曦罵賊死，獨獻策獲存。」《康熙潁州志·人物·忠義（明）》：「韓光祖。字肇華。天性簡重，燕居衣冠危坐，畧無惰容。雖祈寒暑雨，手不釋卷。嚴課子若孫，多以文章名海内。樂志安貧，恬於勢利。崇禎乙亥，流賊陷城，臨刃不撓而死。長子獻策別有傳。仲子定策，字五雲，麗藻紛綸，英姿磊落，見父遇害，奮不顧身，手刃二賊，力潰亦死。可稱是父是子云。」

鹿獻陽。字寧光，號玄圃。少慷慨有大志，博綜群籍，授徒常數十人。年四十餘舉鄉試，乙丑（1625）成進士，授大同府推官。大同，古雲中郡，用武之地，獻陽至，威惠覃敷，民皆用命。關市索賞無已，（敵）率精騎三萬直薄大同，所過屯堡殘破。獻陽適奉檄有新平之役，至聚落城與敵遇，孤城斗絶，防禦久弛，歎曰：「已倍親而仕，固當死節，官下正恐鎮城不可無兩腋耳。」於是與吏民士商分地堅守，閱數日援至，敵引兵去，並鎮城之圍亦解，由其犄角之勢有以却敵也。臺使論功，以文士深曉兵要，薦邊才第一。崇禎二年（1629）卒於官。①

劉大濟。字汝楫，號見弦。幼孤，事母以孝聞。爲諸生，受知督學南昌陳公、餘姚楊公，置高等，益發憤讀書。居恒無他嗜玩，惟圖史、法帖自娱而已。每課諸子先行誼，嘗曰「爲善須量力」，又曰「大德不可逾」。其

①鹿獻陽（1578—1629），字寧光，號玄圃，潁州（今安徽阜陽）人。天啟五年（1625）進士，官大同府推官。本書《藝文上·宸翰部》載有《山西大同府推官鹿獻陽（崇禎元年十月）》制文。《康熙潁州志·人物·名賢（明）》：「鹿獻陽。字寧光，號玄圃。少慷慨有大志，博總群籍，授徒常數十人。年四十餘舉於鄉，天啟乙亥［丑］成進士，授大同府節推。威惠覃敷，民皆用命。時關市索賞無已，敵一旦率精騎三萬直薄大同，所過屯堡殘破。獻陽方奉檄，有新平之役，至聚落城，適與之遇。孤城斗絶，防禦久弛，歎曰：『男子以身許國，固當死節疆場，第恐鎮城不可無兩腋耳。』於是與吏民士商分地堅守，閱數日援至，敵引兵去，鎮城之圍亦解，由犄角之勢有以折其衝也。臺使論功，以文臣曉暢軍務，薦邊才第一。天子賜白鏹十錠，降勅嘉獎之。獻陽益自奮勵，矢報國恩。崇禎二年，以勞疲卒於官，年五十有二。生二子，長瑞徵，別有傳。」《乾隆大同府志·職官·明（推官）》：「鹿獻陽。潁州人。進士。天啟中。詳《宦蹟》。」同書《宦蹟·明》：「鹿獻陽。潁川人。天啟乙丑進士，除大同推官。決獄以平恕稱，尤諳習邊務。嘗奉檄查邊，所過城堡、墩臺、斥堠，洞見利弊。每當捍禦，動合機宜，城賴以存焉。」

《自贊》曰：「慈厚恂恂，寬平芚芚。廉不及伊尹而有羞惡，操不及伯夷而無阿狗，忠信不及子路而不肯罔人。」晚好《本草》《素問》諸書，與人評方不厭瀆。潁既陷，至西七里河，自投於水。里中後進多出門下，論德謀蹟，謚曰節慎先生。所著有《玉露續談》二卷。①

李虛白。號衷谷。少從父兄受經學，好深湛之思。天啟乙丑（1625）成進士，授直隸東明知縣。其治精詳敏練，百廢修舉。陞戶部主事，尋以察典論調，抵舍卒。②

田用坤。號同乾。崇禎戊辰（1628）登進士，選御史，巡按廣西。還臺，出爲江西右參議，分守湖西，旋調本省督儲。逾年，引病歸。爲人姿儀偉麗，舉止甚莊。居官所至，皆有聲蹟。其微時，樓戶讀書，精銳絶人。學殖務

---

①劉大濟（？—1635），字汝楫，號見弦，潁州（今安徽阜陽）人。著有《玉露續談》二卷。《康熙潁州志·人物·忠義（明）》：「劉大濟。字汝楫，號見弦。幼孤，事母以孝聞。爲諸生，受知學使南昌陳公、餘姚楊公，咸置高等，益發憤讀書。居恒無他嗜，惟以圖史、法帖自娛。每課諸子，必先行誼，嘗曰：『爲善須量力。』又曰：『大德不可逾。』晚好《素問》《本草》諸書，與人評論醫方，昕夕無倦。潁既陷，至西七里河自沉。里中後進多出其門，相與私謚曰節慎先生。所著有《玉露續談》二卷。」

②李虛白，號衷谷，潁州（今安徽阜陽）人。天啟五年（1625）進士，授山東東明知縣，陞戶部主事。《康熙潁州志·人物·良吏（明）》：「李虛白。字衷谷。少從父兄受學，經術湛深。天啟乙丑成進士，授東明令。其治精詳敏練，百廢修舉。遷戶部主政，尋論調，抵舍卒。」《乾隆東明縣志·職官志·知縣（明）》：「李虛白。河南潁川衛籍，江南潁州人。由進士，天啟五年任。陞戶部主事。」

在日益，以故落筆千言，炳若縟繡，尤爲後進楷模。①

張大同。字同甫，號瑶席。風格峻整，少屏塵雜。其學無所不窺，然與時調齟齬。詩、古文辭澹遠清真，所著有《匏子集》。書法尤爲迥絶。唐時曰：「同甫胸中，自有一段蕭條高寄之處。」張民表曰：「同甫篤於行誼，澹於榮利，居則讀古人書，琴几、香爐、酒樽、茗盌以藥倦也；出則尋林水趣，策蹇馮奚，挂瓢戴笠，以濟勝也。薄澣我衣，不華紈素；脱粟果腹，已厭肥甘。盡以任子官讓諸弟，下帷攻苦，蕭蕭自喜，真如野鶴凌虚、山僧寂坐耳。」崔泌之曰：「同甫學書，初學祝京兆，遂卒業而精之。爲余書《衛生引》，神品，真賞藏之。久矣，以爲吾兩人不時晤對。」袁祈年曰：「抽《匏子集》畧讀數行，其爲傳世無疑。恨吾家中郎早死，未見此畏友也。」其爲名賢推重如此。端居潛心理性，惟以内行修飭爲兢兢。父大司馬鶴鳴功成身退，年八十，春秋高矣，色養備至，朝夕不去側。寇警至，亟誡諸弟他匿，乃嬰抉目、灼鬚之慘，伏大司馬屍悲號而死。其叔父鶴騰以下男女殉難者近百人。雖諸葛尚、卞眕者流，何以加哉！該河南撫按疏聞，其中勘云：「古來張、許二烈，尚非一家；即若杲、

①田用坤（1601—1665），號同乾，潁州（今安徽阜陽）人。崇禎元年（1628）進士，曾任御史、廣西巡按、江西右參議等職。《康熙潁州志・人物・良吏（明）》：「田用坤。字同乾。風儀偉麗，舉止端詳。楗戶讀書，精鋭過人，是以落筆千言，燦若綺繡。崇禎戊辰登進士，授行人。遷御史，巡按廣西。還臺，出爲江西右參議，分守湖西。旋督本省糧儲，所至有治績。逾年，引疾歸，卒年六十有四。潁東南河堤外地勢卑下，水口一開，則隍水立涸，城守爲難，且於地方亦多不利。自萬曆乙酉（1585）迄崇禎乙巳（1629），兩次妄開，官紳禍患皆不旋踵而至。幸用坤奉使時道出里門，力爲主持，率衆塞焉，其有造於維桑匪細也。」

真兩卿，未聞有子。」朝野聞而悲之。疏上，詔禮官建坊旌表，酌贈應選品銜，未蒙題覆。①

王胤。字雲卿，號崑明。晚創宗祠，以睦其族。凡冠婚之禮，一以古道爲法。寇至，胤以善射守城西南隅。及城陷，缺其一面，縋城得生者多從胤所守處下，胤獨不肯去，縊於城栢而死。胤善爲五字詩。闢慧湖別墅，遊處其

①張大同（1577—1635），字子正，一字同甫，號瑶席，潁州（今安徽阜陽）人。兵部尚書張鶴鳴長子。有能文名，恩蔭一品官生。崇禎八年（1635），與父、叔同在潁州遇難。劉體仁《張孝子詩叙》：「張大同，字子正，一字同甫，大司馬元平冢子。雅好讀書，於華胄習百無一嗜，一歲中强半居郊園，與緇黃俱。美鬚髯，對客寡言笑，鼻息欻欻，意態殊蕭遠。工八法，或一字規摩累日。署書尤雄强蘊藉，襪材姹扇，揮應無忤。詩有《匏子》等集，觸手拈弄，不自推擇。大梁張林宗民表稱之曰：『同父篤於行誼，澹於榮利。居則讀古人書，琴几、香爐、酒樽、茗盌以藥倦也。出則尋林水，策蹇馮奚，掛瓢戴笠，以濟勝也。薄澣我衣，不華紈綺，脱粟裹腹，已厭肥甘。盡以任子官讓諸弟，下帷攻書，蕭然自喜。真如野鶴雙［凌］虛、山僧寂坐耳。』斯言蓋不妄者。當大司馬取義時，先生弗肯匿，死大司馬側。臺臣以狀請卹，稱：『古來張、許二烈，尚非一家；即如真、杲兩顔，未聞有子。』朝野悲而壯之。」《康熙潁州志·人物·名賢（明）》：「張大同。字同甫，號瑶席。大司馬鶴鳴長子也。風裁俊整，自少屏絶風華，盡以任子官讓之諸弟。其學無所不窺，所著《匏子集》，詩文清真澹遠，不愧古人。書法尤屬超群，識者目爲神品。然孤介特立，每與時俗相齟齬，端居潛心性理，惟以内行修飭爲兢兢。父鶴鳴功成身退，春秋已高，大同跬步弗離，色養備至。流寇陷潁，亟誡諸弟他匿，獨坐中堂，爲賊所執。見父遇害，伏屍悲號憤罵。賊怒，炙手足，焚鬚眉，備受諸慘以死。自叔父鶴騰以下，男女殉難者數十人。中丞直指疏聞，詔建坊旌表。其勘語有云：『古來張、許二烈，尚非一家；即若杲、真兩卿，未聞有子。』朝野誦而悲之。」《民國潁襄張氏族譜·瑶席公傳》：「公諱大同，字同甫，號瑶席。風格峻整，少屏塵雜。其學無所不窺，然與時調齟齬。詩、古文詞淡遠清真，所著有《匏子集》。書法尤爲迥絶。唐時曰：『同甫胸中，自有一段蕭條高寄之處。』張氏［民］表曰：『同甫篤於行誼，澹於榮利，居則讀古人書，琴几、香爐、酒樽、茗盌以藥倦也。出則尋林泉趣，策蹇馮溪，挂瓢带笠，以濟騰［勝］焉。薄澣我衣，不華紈素。脱粟裹腹，已厭肥甘。盡以任子官讓諸弟。下帷攻苦，蕭蕭自喜。真如野鶴凌虛、山僧寂坐耳。』崔泌之曰：『同甫學書，初學祝京兆，遂卒業而精之。爲余書《衛生引》，神品，真賞識之。久矣，以爲吾兩人不時晤對。』袁祈年曰：『抽《匏子集》畧讀數行，其爲傳世無疑。恨吾家中郎早死，未見此畏友也。』其爲名賢推重如此。父大司馬功成身退，年八十春秋高矣。色養備至，朝夕不去側。寇警至，亟誡諸弟他匿，乃嬰抉目、灼鬢之慘，伏大司馬屍悲號而死。其叔父鶴騰公以下男女殉難者近百人。雖諸葛尚、卞眕何以加哉！該河南撫按疏聞，其中堪［勘］云：『古來張、許二烈，尚非一家；即如真、杲兩鄉［卿］，未聞有子。』朝野聞而悲之。疏上，詔禮官建坊旌表，酌贈應選品銜，未蒙題覆。大清乾隆四十一年（1776）賜通謚節滑，入忠節祠。」

間。其築構不給，輒鬻他田宅以就之。湖舍旁有廢冢，或勸夷之，胤笑曰：「此亦吾鄰也，何去爲？」作《鄰墓記》，刻於石以護之，多達旨。所著有《四禮摘録》《王氏玉録》《枕流欲［痦］言》若干卷。①

劉廷傳。字維［惟］中，號太室。幼資穎，博極郡［羣］籍，意乃不屑章句。每拈古人奇節偉功，流連慷慨，飲酒至數斗不醉。喜談兵，挽强命中，能馬上運鐵槊。篤友誼，樂施予，衆賴之。播州變，諸道發義勇爲兵，隸潁者不願行，謀中道殺送尉爲亂。傳得其意，令人肩酒石許，要於郭外十餘里，操大觚，遍飲其魁，雜（坐）切肉相啖，曉譬之。衆感泣曰：「具知公意。」竟詣軍，無異志。傳自負才當用世而厄於諸生，鬱悒曰：「命乎？當蓬纍而行乎？」遂大葺學舍，集里中後出之儁課之，兼爲延名師，晝食常數十人。乙亥（1635）正月，賊突至。城北有高樓，可據以俯攻城，傳亟請於守曰：「不伏兵於樓，則城不可守。樓内外皆狹巷，吾夜縋百人，左石［右］拒戰，焚其樓而崩之，可無恐矣。」時傳所欲遣皆市井無賴，或不知所從來，議者格其策不行。無何，城陷，恨曰：「吾先世神主不可使落荆棘。」急易衣冠，拜而焚於庭。賊入，怒曰：「爾何等人？衆皆匍匐乞命，爾獨否？」傳大叱賊，遂遇害。傳内行淳至，奉母郭儒［孺］人，娱侍萬端。母病，刲股以進，其姊見而鶩［驚］持，

①王胤（？—1635），字雲卿，號崑明，潁州（今安徽阜陽）人。崇禎八年（1635），李自成所部攻潁，城陷自殺。《康熙潁州志·人物·名賢（明）》：「王胤。字雲卿，號崑明。善爲五字詩。筑慧湖别墅，遊處其間。嘗經營不給，輒鬻他田宅成之。舍旁有廢塚，或勸平之，胤笑曰：『此亦吾鄰也，何去爲？』作《鄰墓記》，刻石護焉，中多達旨。晚創宗祠，以睦其族。凡冠婚喪祭，一以古禮爲法。寇至，以善射守城西南隅。及城將陷賊，缺南一面，凡逃生者多從胤守處縋下，胤獨不去，縊於城頭栢樹以死。所著有《四體［禮］摘録》《王氏玉録》《枕流痦言》各若干卷。」

曰：「我心窮矣。」幾昏絶。從弟試病疫，方汗，欲狂走，傳擁之，汗已乃愈。從兄甲早卒，傳爲嫁二女，娶一孫婦。人惜其儒行俠烈，有經濟大畧，徒以書生死綏云。所著《少室詩稿》多有秀句佳篇，快爽可誦。①

①劉廷傳（1579—1635），字惟中，號太室，潁州（今安徽阜陽）人。劉體仁之父。崇禎八年（1635）正月，李自成所部攻潁州，城陷被殺。《明史·尹夢鼇傳》：「（崇禎）八年正月方謁上官於鳳陽，聞流賊大至，立馳還……城北有高樓瞰城中，諸生劉廷傳請先據之，夢鼇以爲然。而廷傳所統皆市人，不可用。賊遂據樓以攻，且鑿城，穨數丈，城上人皆走，止之不可……廷傳者，故布政使九光從子，任俠好義，亦罵賊死。」汪琬《劉公惟中傳》：「公諱廷傳，字惟中，潁州人……楊應龍反播州，調諸道兵西勦，隸潁州道者不願行，將殺護行吏爲亂。公廉得其謀，欲以計諭止之，獨携酒、豚肩邀於郭門外十餘里。其魁數人久習公，望見公來，争下騎拜道左曰：『公何以在此？』公笑指酒肉示之：『將與諸君别，聊用爲歡會耳。』於是雜坐，出囊中大觚注酒，拔佩刀割肉相飲啖。公徐起言曰：『國家多事，此壯士立功之秋也，諸君勉之，幸勿首鼠兩端，令四方笑吾潁無人。』數人者默不應，良久乃曰：『當如公言。』公知其意動，遂曰：『諸君亦念妻孥乎？某在，無憂凍餒也。』因手觚自滿引曰：『保爲諸君任之。』衆且感且服，果皆匍匐泣下曰：『某等知公意矣，敢有異志？』是日，微公救解，幾至生變……崇禎八年春，賊攻州城。城外故有樓，高於城數丈，賊奪據之，俯射城中，城中人匈匈思潰。公盡從其客入見太守曰：『事急矣！然樓旁故多狹巷，可縋下壯士百許人，誘賊使戰，别乘間焚其樓，則賊勢可蹙也。』太守既許諾，而會張尚書鶴鳴在圍中。尚書年老矣，性懦多忌，從中劫持之，其議遂格。公力争不能，得奮袖走出，謀矯太守令遣其客。客已悉聞張尚書語，藉藉怒罵，稍相自引去。越明日，城陷。賊至公家，公危坐於堂不動，賊帥厲聲呵問公，公瞋目叱之，遂被害，時年五十有七。」《康熙潁州志·人物·名賢（明）》：「劉廷傳。字惟中，號太室。少孤，鞠於諸父雲南布政使九光，長補國子生。狀貌魁梧，沉勇有智畧，飲酒至數斗不亂。詩歌不甚屬草，多激昂語。善馬搠，尤喜談兵。當萬曆末，知天下將亂，遇他郡名豪皆傾身與交，座上客日以百數，陰用兵法部署之。楊應龍反播州，調諸道兵。及潁，潁兵不願行，將殺護行尉爲亂。廷傳廉得其謀，乃携石酒肩昇，邀於郭外十里許。其魁數人久習廷傳，争下馬曰：『公何爲至此？』廷傳曰：『聞諸君出師，特來祖道。』諸魁皆謙讓，意氣轉和，於是雜坐，拔佩刀割肉相飲啖。酒酣，徐起言曰：『國家多事，正壯士立功之秋，諸君勉之，毋令四方笑吾潁無人。』數人者默然，良久乃曰：『當如公言。』廷傳知其意動，曰：『諸君亦念室家乎？』衆聞言，有慘凄色。廷傳手觚自滿引，大言曰：『有某在，保爲諸君任之，無憂凍餒也。』衆咸服，泣謝曰：『某等知公意矣，豈敢復有異志耶？』是日，微廷傳至，幾生變。崇禎八年春，流寇突薄潁州。城外故有樓高於

城，賊奪，據之俯射，守城人皆洶洶思潰。廷傳與其客亟見州守，曰：『事急矣！樓旁皆狹巷，可縋壯士百餘人與賊接戰，別乘間焚其樓，賊勢可蹙也。』會有格其議者，廷傳力爭不能得，諸客皆目語，相繼引去。明日城陷，還家易衣冠，拜祖廟，奉木主焚於庭，遣子體仁速去促令家人赴井訖。須臾賊至，廷傳危坐不動，賊帥厲聲呵問，廷傳瞋目叱之，遂遇害，年五十有七。所著《少室集》及《來新亭詩》，海內皆諷誦焉。」

劉廷石。字洞甫，别號雲依。方伯九光叔子也。敏達淵含，精英風發。兒時侍方伯公清豐縣署，方伯公出視事，拈文一帙，詒之曰：「退食時須熟此。」試之，果成誦。方伯公歡甚，計其文十有三葉。漸長，學日上，遂鄙章句。於古今書最嗜賈生，且善楷，歲輒一錄。制義外及牋牘、花間諸品，無不刻燭爲工。尤矜氣節，重然諾，爲人排難解紛，人恃以緩急，孤寒後進由之以顯者，前後越數人，皆載於人耳目間。善策事，凡閭里有大疑難，悉豫籌不爽，以是名騤騤溢鄉國。朝廷破格用人，公卿欲薦，石曰：「吾志非不如古人，吾才非不如今人，捷經窘步，吾不爲也。」久之，用人多途，卒不得奇才，議者服其先見。寇渡河，石歸自汴，亟講戰守，當事未及用。賊至，石嵩守西陴，竭力堵禦，而賊自北入。賊識之，刃交下，什［仆］亂屍間，賊以爲死，棄去。有僕夜負至燬垣中，得少蘇。歷三晝夜，賊退，裹創而起，呼其兄惠州君及學正周逢泰等曰：「勿謂甑破，宜爲善後計。」令書者三四人執管以待，口授方畧，皆中機宜。然不勝痛憤，竟以是夜卒。數日後，督撫如所上書，調淮營兵將如郭如沈，奉檄鎮潁，潁賴以戢，皆石易簀時所經畫也。兵科給事林正亨勘潁情形，首以石死事疏聞，奉有「深可憫念」之旨。

明季多故，廢閣不行。①

武宗尹。號聘吾。先世以征交趾功授潁川衛世襲指揮，因家焉。至宗尹，九世矣。少涉獵書記，有雄畧，騎射絕人。初襲官即領營操，士皆服習。攝衛篆，以廉幹稱。衛軍積累難支，逃亡殆盡，加意軫卹，稍得蘇息。歷陞漕河把總、磁州都司、灤陽遊擊將軍，調馬水口參將，勳績爛然，名蒸蒸起。其最著者，雲中告急，值禁旅他援，宣鎮兵數衝擊不利，宗尹乃以孤軍馳至，陷堅摧鋒，斬獲無算。敵人氣沮，爲夜遁去。廷議推轂爲大將，代馬世龍，

---

①劉廷石（？—1635），字洞甫，號雲依，潁州（今安徽阜陽）人。諸生。崇禎八年（1635）正月，李自成所部攻潁州，被創痛憤而死。《明史·尹夢鰲傳》：「（崇禎）八年正月方謁上官於鳳陽，聞流賊大至，立馳還……九光子廷石分守西城，中賊刃未絕，口授友人方畧，令繕牘上當事，旋卒。」徐秉義《明末忠烈紀實》：「劉廷石，字洞甫，穎［潁］州諸生。賊渡河，廷石歸自汴，亟講戰守，當事未及用。賊至，廷石守西城，而賊自北入。賊識之，鋒刃交下，仆亂屍間，賊棄去。其夜，僕負至壞垣中，得少蘇。歷三晝夜，賊去，裹創而起，召其素所知者曰：『宜爲善後計。』令書者三四人執管以待，口授方畧，皆中機宜。然不勝痛憤，竟以是夜卒。數日後，督撫如所上書，調淮營兵將鎮穎［潁］，賴以全，皆廷石將死時所經畫也。」《康熙潁州志·人物·名賢（明）》：「劉廷石。字洞甫，號雲依。方伯九光子也。兒時於清豐縣署，父九光將出視事，拈文一帙，戲謂曰：『退食時須熟此。』試之，果皆成誦。稍長，學日益進，食餼潁庠，古今書無不披覽，尤嗜賈長沙文。且善楷書，凡制義以及牋牘詩詞，歲輒手自選錄。生平矜氣節，重然諾，爲人排難解紛，人恃以濟緩急，孤寒後進由之顯者前後相望。最善策事，每閭里有大疑難，悉豫籌不爽，以是名溢鄉邦。會朝廷破格用人，公卿咸欲交薦，廷石曰：『吾雖有志用世，然捷徑窘步，吾不爲也。』流寇渡河，廷石歸自汴梁，亟講戰守，當事未及用。賊已薄城，廷石專守西陴，竭力堵禦。賊乃由北門入，見而恨之，兵刃交下，被十餘創，仆亂屍間，賊謂死矣，棄去。僕夜負至毀垣內，得少蘇，輿歸，伏枕猶邀其兄惠州別駕廷榜及學正周君逢泰至，口占數百言，乞鄰道兵殺賊，然創重不勝痛，憤而絕。閱數日，制撫兩臺如所請，調淮營將士鎮潁，賊遠遁走。兵科給事林公正亨勘實疏聞，奉有「深可憫念」之旨。迄今崇祀忠烈祠。」

而病劇，恐悮封疆，遂謁告歸里，卒。①

李崇德。字養淳。世隸潁川衛，居河之隅。有隱德，負性介而接物和，王彦方、陳太丘之流也。其少時天資靈異，博群書，雖厄於有司，顧力學不倦。教其子，篝燈五夜，負笈千里，以身先之，如弟子職。生平仁愛孝友，兼及於物。見蝌蚪暴赤日中，移而置之清流，曰：「吾不忍斷其生意也。」歲值大水漲其居，避之高岸，見蛇蚖縱横，若相依而不敢侵，如是數晝夜。又日暮過田間斷橋，岌嶪數尺，心動，亟過之，忽山裂雷震，則橋崩矣，似有神物掖之者。子文煌、文煇登賢書，猶布衣草履，油油然與鄉人偕，無崖異也。居平爲善，賑貧乏，修橋路，凡益人者，孜孜不倦。置産必昂其價，人怪之，曰：「吾亦爲子孫他日計耳。」鄰人以地售，曰：「吾世鄰，忍相去？」而助之粟，不使償。百戶王日雍，老友朱少崗，或生而周給，殁而我殯，有麥舟還金之風焉，人有婆心佛子之謡。至於事母極孝，事兄必後食，待弟則共其疾苦，死而教其三子，皆爲博士弟子。則其至性所存，不自以爲異

①武宗尹，字聘吾，潁州（今安徽阜陽）人。由世襲，歷任漕河把總、磁州都司等職。《康熙潁州志・人物・忠義（明）》：「武宗尹。字聘吾。先世以征交趾功授潁川衛世襲指揮使。宗尹自少涉獵書史，有雄略，騎射絶人。初襲職即領營操，士皆服習，攝衛篆，以廉幹稱。衛軍積累難支，逃亡殆盡，宗尹加意軫卹，疲乏稍甦。歷遷漕河把總、磁州都司、灤陽遊擊，調馬水口參戎，所至勳績爛然，名蒸蒸起。其最著者，雲中告急，值禁旅他援，宣鎮兵數出不利，咸退縮。宗尹乃以孤軍馳至，陷堅摧鋒，斬獲無算。敵人氣沮，夜遁去。廷議交推爲大帥，欲以代馬世龍，適因病劇告歸，卒。」《康熙磁州志・兵制・磁州官考（明遊擊）》：「武宗尹。潁川衛人。由世襲。」

也。州大夫以鄉飲賓之，曰：「正直端方，鄉里耻爲所短；好施尚義，貧乏多所周全。」蓋實録也。①

劉士名。字甡允，號若符。性履純素，文藻新拔。天啟戊辰（1628）成進士，筮令永寧。鋭意治理，治皆異等，然伉直不阿，爲忌者所構，處郎署間。值邊事孔棘，擢山西少參，備兵懷隆。懷隆者，在上谷、漁陽間，號當路，塞東南，護陵寢，治兵者常難之。士名則修築亭障，秣馬訓兵，不半年而旌旗壁壘一變。督撫薦其才，以丁内艱歸。潁地賊騎奔突，歲無虚日，城守事宜，多所調度。居三年，服除詣闕，卒於途。②

①《康熙潁州志·人物·孝友（明）》：「李崇德。字養淳。天資靈異，博覽群書，雖困於有司，顧力學不倦。事母孝，事兄恭。愛弟，疾苦與共。弟亡，教其三子，並舉茂才。百戶王日雍，老友朱少岡，生則周給，殁則殯殮，始終無德色，亦無倦容。平居置田舍，必厚其直，人怪之，曰：『吾爲子孫計耳。』隣人貧，以地求售，曰：『治比之謂，何忍受若地耶？』助之粟，使弗償。教其子，五夜篝燈，千里負笈，常以身率之。及子文煌、文煇登賢書，猶布衣草履，油油然與鄉人處，無崖異也。居潁河湄，雅抱隱德，孝友仁愛之性，推而下逮物類。見蝌蚪暴赤日中，移置清流深處，曰：『吾不忍絶其生意。』值大水没其居，乃遷避高岸，有虺蛇蟠結，若相依而不相害。嘗薄暮度石梁，見勢傾危甚，心動疾行，過甫畢，而聲如雷震，梁已崩矣，其爲善獲報如此。州大夫以鄉飲賓之，啟曰：『正直端方，鄉人恐爲見棄；好施尚義，貧者多感相周。』蓋實録也。」

②劉士名，字甡允，號若符，潁州（今安徽阜陽）人。崇禎元年（1628）進士，曾任永寧令、黄巖令、山西少參。《康熙潁州志·人物·名賢（明）》：「劉士名。字甡允，號若符。登天啟戊辰進士，授永寧令。鋭意治理，卓然有聲，然亢直不阿，爲忌者所構，遷郎署。後值邊事孔棘，擢陝［山］西少參，補［備］兵懷隆。地在漁陽、上谷間，實當衝要，建節者常難之。士名至，修築亭障，秣馬訓兵，不數月而壁壘旌旗爲之一變。督撫交薦其才，適以丁内艱歸。潁地賊騎奔突，每歲用兵，城守事宜，多資經畫。居三年，服除詣闕，卒於途。」《光緒黄巖縣志·職官·名宦（明）》：「劉士名。字若符，潁州人。崇禎六年（1633）以進士知縣事。爲政嚴肅，潔己愛民。晨起放衙，左右却立案側，罔敢抱不急之牘以進。大庭之上，儼若神明。遇紳士有禮，尤加惠單寒，免差之渥，自士名始。課藝必親爲品題，奬勸之文字外，不得干以私。攝太平篆，政如治黄。直指誤信誣訐，及詢鄉紳吳執御，答云：『僅飲黄民一口水。』直指急追彈章。甲戌（1634），陞戶部主事。士民立祠以祀。」

韓獻策。字起卿，號奏雲。神鋒標映，亹亹逼人。少而厲志，於群籍無不博涉，爲文聲實俱茂，州守林公杞稱曰：「飛兔騕褭，材□①也，當參駕六飛，一息千里。」是歲爲萬曆乙卯（1615），即舉應天鄉試。至崇禎甲戌（1634）成進士，觀政大理寺。請假歸省，值流賊陷城，一門殉難者凡十一人，因丁内外艱，具疏陳情，備言其父光祖忠憤殺賊，及城破被執，罵賊不屈，並男婦慘烈之狀，天子憫之，該部議卹。及授行人，使唐藩，拮据王程，不敢遑處，以病卒於京邸。負濟時之畧，遽奪之年，士論惜之。其第［弟］貢生揆策具疏伏闕，爲兄請給誥命，以慰忠魂，廷臣議贈卹。當時謂忠孝之誼，鶺鴒所同也。②

甯儉。字堯光。尚寶丞中立次子。儉賦性凝重，慕忠孝大節，有文章。以戊辰（1628）貢入太學，甲戌（1634）候選銓部，應授知縣。以假還里，屬寇氛熾甚，部屬子弟，諭之曰：「吾生平以節義自許，正在今時矣。潁地曠衍，靡可馮恃。吾家世爲保障，義同休戚，戰守之具，宜急繕也。」於是散家財，募戰士二百人，治冑械以待敵。倉卒間，寇薄州城矣，州守尹與督捕趙俱詣儉請計。儉命長男胤昌督率義勇出南城與賊戰，賊遁而北，據民

①原文此字漫漶不清。

②韓獻策，字起卿，號奏雲，潁州（今安徽阜陽）人。韓光祖之子。崇禎七年（1634）進士，曾任行人司行人。卒贈徵仕郎。本書《藝文上·宸翰部》載有《行人司行人贈徵仕郎韓獻策（崇禎十三年）》。《康熙潁州志·人物·孝友（明）》：「韓獻策。字起卿，號奏雲。自少奮志於學，博涉群書，爲文聲實俱茂。萬曆乙卯領應天鄉薦，至崇禎甲戌成進士，觀政棘寺。請假歸省，值流賊陷城，一門殉難者共十有一人。具疏備陳父光祖忠憤殺賊，及被執不屈，並母弟暨諸男婦慘烈之狀，天子憫之，特加軫卹。尋授行人，使唐藩，王程嚴迫，莫敢或遑，乃還京邸，病卒。其弟揆策伏闕申奏，爲兄請給勅命，以慰忠魂，於是得邀贈典。君子謂孝友之道，昆弟皆能盡矣。」

樓而攻城，城陷矣。士民駭竄，僕從勸其引避，儉不從，與其妻楊氏端坐堂上。賊至，厲聲大駡，夫婦同遇害，幼孫名龍殉之。儉無守土之責，乃能厲兵殺寇，而慷慨死節，可謂義烈。科臣林正亨［亨］疏其事，奉旨優卹。①

甯予慶。字大履，號翰修。尚寶丞中立孫也。幼讀書多慧解，思以功名奮，意度軒豁，識者器焉。崇禎甲戌（1634）成進士，授萊州府掖縣知縣。時新值兵凶，甫罷城守，民間蕭條，惟雉堞丘墟，一望蒿萊而已。慶悉心調護，問疾苦，惟恐傷之，民始知出水火求生全。然勘報之使絡繹於驛，戍守之兵聚食於城，督餉者責如額，修築者恐寇至，兼以軍興旁午，郡縣難支。慶夙夜補苴，一一奏辨［辦］，艱難之中，時見暇整。尤所難者，荒地之丈豁，亡丁之除免，諸如影射詭寄，絲紛而不可理者，徐爲條畫。凡地方棘手，有請之而不得，即撫按督檄如雨，監司郡守一以委慶，慶不以爲難。才既有餘，且至誠信於上下，至事不可行，寧抗毋隨，寧罪己，毋病民。治掖縣數年，或獄訟有疑，或陳告利弊，輒坐一室，達曙不寐，以思其當，往往擿發如神。東省内外大吏，靡不交口推轂者。及滿考，例當請封。慶嗣父信已如制，而生父儼不得並贈，於是具疏引例，情詞懇切，請以臣所應得恩典移封

①《康熙潁州志·人物·名賢（明）》：「甯儉。字堯光。尚寶丞中立季子。賦性凝重，慕忠孝大節，有文章。貢入成均，候選縣令。以假還里，屬寇氛熾甚，乃集子弟，諭之曰：『吾生平以節義自許，今其時矣。潁地曠衍，靡可憑恃。吾家世爲保障，義同休戚，戰守之具，宜急繕也。』於是散家財，募戰士，得二百人，方治甲仗以待。倉卒間，寇薄州城，州守尹公與郡倅趙公俱詣儉請計。儉命長男胤昌率義勇出南城禦賊，賊轉至北，據高樓攻城，而城陷矣。士民駭竄，僕從勸其引避，儉不聽，與妻楊氏端坐堂上。賊至，厲聲大駡，夫婦同時遇害，幼孫龍亦殉焉。儉無守土之責，乃能厲兵斬寇，慷慨死節，洵家學有素也。科臣林公正亨疏其事，詔加優卹。」

本生父母，奉旨允贈如例行，嗣母劉及生母聳以垂白封孺人。先是，祖中立公疏終養，居子舍者歷十八年，至是，慶乞移封，歷序祖父清白及劬勞節烈，人皆謂尚賓公之家世忠孝，遺風可欽也。慶自縣徵爲戶部主事、員外郎，專督新［薪］餉。是時邊儲告匱，外解後期，勅旨羽書，晝夜併急，而慶委曲應辦，深切緩急。先是，管餉者相繼僨事。慶任之，即危疑倉卒，獨從容中窾，善刀而藏，部臣皆服。廷議其材器過人數倍，改吏部。忌者掇蜚語擠之，攘銓司之席以予夫己氏也，慶遂移病歸里。無何，卒，人皆惜之。①

亓豫。號建侯。少勵鋒氣，稜稜露其爽。爲文好深湛之思，語必驚人。久之，不得志於有司。丙子（1636）河南秋闈較士，萊陽左公懋泰拔置高第。既又躓公車者再，乃謁選，得嚴州府推官。嚴俗險獷，閭巷之俠挾持訟訐爲

①甯予慶（1603—1671），字大履，號翰修，潁州（今安徽阜陽）人。甯中立之孫。崇禎七年（1634）進士，授掖縣知縣，後仕至戶部、吏部主事。《康熙潁州志·人物·名賢（明）》：「甯予慶。字大履，號翰修。尚賓丞中立孫也。幼讀書多慧解，意度軒豁，識者器焉。崇禎甲戌成進士，授萊州掖縣令。時新值兵凶，城郭蕭條，一望蒿萊滿目。慶悉心撫綏，勤訪疾苦，民始知出水火以求生全。然勘（報）之使絡繹於途，戍守之兵聚食於邑，督餉者責如額，修築者費不貲，予慶夙夜支持，一一辦給。其尤難者，荒地之丈豁，亡丁之除免，其間兼併詭寄，紛如亂絲，莫不畢爲清理。凡地方棘手事，有請之而不得者，臺使羽檄交馳，監司郡守一以委予慶。予慶才既有餘，兼之至誠，信於上下，苟事不可行，寧抗毋隨，而民得不病。治掖數年，或獄訟有疑，或條上利弊，輒坐一室，達曙不寐，以思其當而後已。東省大吏，靡不交口推之。及滿考請封，奏以己身恩典移贈本生父儼，由是嗣母劉暨本生母聳皆封孺人。自縣令徵爲戶部主事，轉員外郎，專督新［薪］餉。是時邊儲告匱，外解後期，勅旨羽書，晝夜催發，予慶委曲應辦，緩急獲濟。廷議謂其材器過人，改吏部。忌者掇蜚語擠之，遂移病歸里，未幾卒。」《乾隆掖縣志·宦績·明》：「甯予慶。字大履，潁州人。崇正［禎］甲戌進士，除知掖縣。孔耿亂後，城郭蕭條，蒿萊遍壥。牧訪疾苦，悉心綏輯，民氣始蘇。時檢勘之使絡繹於道，戍卒聚飡稅餉，城築多故費不貲，一辦諸官，不以累民。又親丈荒壠，豁亡丁，絶兼併詭寄之弊。遇疑獄及四郊利病，恒達曙不寐，期得當乃已。擢戶部主事。」

民患，豫至，則名捕其尤者，使荷校死通衢，其風驟滅。郡城南舊有市易地，歲徵租絹銀若干，輸京師。市法壞，額銀如故，豫歎曰：「人畏請蠲耳。百姓剜肉顧不難，獨難一拜疏耶？」即與直指任公議請於朝，重困以紓。嘗治獄，多平反，出者泣告人曰：「寬滯髮已種種矣，亓公實生我。」郡苦旱，效《繁露》法祈而獲，士紳作《靈雨歌》以美之。亂民圍巨室，豫聞變，挺身往諭，衆相呼散去。其居官偉績嘉政，不可勝紀。丙戌（1646）投誠本朝，以奉名政選，便道過里中，病卒。豫六行修備，事庶母□①有禮。與仲弟賁友愛甚篤，賁早卒，撫其二孤若己子。豫父没，時庶弟觀方四歲，則嚴教而厚資之，視其成立。人有緩急，排解趨辦必力，義色毅然，豪力者每爲豫逆易意。至今遇地方利弊，莫或决策，咸謂豫在當無難者。②

①原文此字漫漶不清。

②亓豫，字非嗚，號建侯，潁州（今安徽阜陽）人。明潁州武進士亓涣之孫。崇禎九年（1636）舉人，曾任嚴州府推官。《康熙潁州志·人物·名賢（明）》：「亓豫。字建侯。居家曲盡孝道，至撫幼弟，教孤侄，成其學業，讓産資之，皆人所難。舉崇禎丙子孝廉，文名藉甚。謁選，得嚴州節推。持廉奉法，不畏强御，明慎用刑，民乃無冤。嚴郡素苦皇絹運船之累，豫考其舊額，條上撫、按兩臺，力請疏奏分派，積害得除。所屬遂安等邑賊黨嘯衆聚萬人，震驚浙東，瓜連隔省，封疆大吏歲不能剿平。豫兼布恩威，賊多畏服，扼其要領，單騎諭之，隨爲解散。藩臬諸大夫咸謂才能定亂，堪界重任，方列函交薦，而竟病不起。豫居鄉善解糾紛，赴人之急，故卒後人所思之。」《光緒嚴州府志·官師·明（推官）》：「亓豫。河南人。（崇禎）十七年（1644）任。」

潁州志卷之十四

武畧内傳

内傳者，志潁之事也。以寡敵衆，出奇無窮，劉錡也；一言降賊，洪皓也；忠於所事，塔出也；居方面而却賊，李天衢也；扼要靖中原，彭澤也；實能應地方之急，黄得功也；書生請纓而保鄉里、殉國難者，李栩也。皆爲潁而書也。

宋

劉錡。字信叔，德順軍人，瀘州〔川〕軍節度使仲武第九子也。美儀狀，善射，聲如洪鐘。高宗即位，録仲武後，錡得召見，奇之。紹興十年（1140），金人歸三京，充東京副留守，節制軍馬。所部八字軍纔三萬七千人，將發，益殿司三千人，皆攜其拏［孥］，將駐於汴，家留順昌。錡自臨安沂［泝］江絶淮，二千二百里。至渦口，方食，暴風拔坐帳，錡曰：「此賊兆也，主暴兵。」即下令兼程而進，未至，五月，抵順昌三百里，金人果敗盟來侵。

錡與將佐舍舟陸行，先趨城中。庚寅，諜報金人入東京。知府事陳規見錡問計，錡曰：「城中有糧，則能與君共守。」規曰：「有米數萬斛。」錡曰：「可矣。」時所部選鋒初至，兩軍及老稚輜重相去尚遠，遣騎趣之，四鼓乃還。及旦得報，金騎已入陣。

錡與規議斂兵入城，爲守禦計，人心乃安。召諸將計事，皆曰：「不可敵也，請以精鋭爲殿，步騎遮老小順流還江南。」錡曰：「吾本赴官留司，今東京雖失，幸全軍至此，有城可守，奈何棄之？吾意已决，敢言去者斬！」惟部將許清號夜叉者奮曰：「太尉奉命副守汴京，軍士扶攜老幼而來，不如相與努力一戰，於死中求生也。」議與錡合。錡大喜，鑿舟沉之，示無去意。寘家寺中，積薪於門，戒守者曰：「脱有不利，即焚吾家，毋辱敵手也。」分命諸將守諸門，明斥堠，募土人爲間探。於是軍士皆奮，男子備戰守，婦人礪刀劍，争呼躍曰：「平時人欺我八字軍，今日當爲國家破賊立功。」

時守備一無可恃，錡於城上躬自督厲，取僞齊所造癡車，以車轅埋城上；又撤民户扉，周匝蔽之；城外有民居數千家，悉焚之。凡六日麄畢，而遊騎已涉潁河至城下。壬寅，金人圍順昌，錡預於城下設伏，擒千户阿墨

［黑］等二人，詰之，云：「韓將軍營白沙渦，距城三十里。」錡夜遣千餘人擊之，連戰，殺虜頗衆。既而三路都統葛王褎以兵三萬，與龍虎大王合兵薄城，錡令開諸門，金人疑不敢近。

初，錡傅城築羊馬垣，穴垣爲門。至是，與許清等蔽堙［垣］爲陣，金人縱矢，皆自垣端軼著於城，或止中垣上。錡用破敵弓翼以神臂、强弩，自城上或垣門射敵，無不中，敵稍却。復以步兵邀擊，溺河死者不可勝計，破其鐵騎數千。特授鼎州觀察使、樞密副都承旨、沿淮制置使。

時順昌受圍已四日，金兵益盛，乃移砦於東村，距城二十里。錡遣驍將閻充幕［募］壯士五百人，夜斫其營。是夕，天欲雨，電光四起，見辮髮者輒殲之。金兵退十五里。錡復募百人往，或請銜枚，錡笑曰：「無以枚也。」命折竹爲嘂，如市井兒以爲戲者，人持一以爲號，直犯金營。電所燭則奮擊，電止則匿不動，敵衆大亂。百人者聞吹嘂聲即聚，金人益不能測，終夜自戰，積屍盈野，還軍老婆灣。

兀朮在汴聞之，即索靴上馬，過淮寧留一宿，治戰具，備糗糧，不七日至順昌。錡聞兀朮至，會諸將於城上問策，或謂今已屢捷，宜乘此勢，具舟全軍而歸。錡曰：「朝廷養兵十五年，正爲緩急之用，况已挫賊鋒，軍聲稍振，雖衆寡不侔，然有進無退。且敵營甚邇，而兀朮又來，吾軍一動，彼躡其後，則前功俱廢。使敵侵軼兩淮，震驚江浙，則平生報國之志，反成誤國之罪。」衆皆感動思奮，曰：「惟太尉命。」

錡募得曹成等二人，諭之曰：「遣汝作間，事捷重賞。第如我言，敵必不汝殺。今置汝綽路騎中，汝遇敵則佯墜馬，爲敵所得。敵帥問我何如人，則曰：『太平邊帥子，喜聲伎，朝廷以兩國講好，使守東京圖逸樂耳。』」已而二人果遇敵被執，兀朮問之，對如前。兀朮喜曰：「此城易破耳。」即置鵝車砲具不用。翌日，錡登城，望見二人遠來，縋而上之，乃敵械成等歸，以文書一卷繫於械，錡懼惑軍心，立焚之。

兀朮至城下，責諸將喪師，衆皆曰：「南朝用兵，非昔之比，元帥臨城自見。」錡遣耿訓以書約戰，兀朮怒曰：「劉錡何敢與我戰，以吾力破爾城，直用靴尖趯倒耳。」訓曰：「太尉非但請與太子戰，且謂太子不敢濟河，願獻浮橋五所，濟而大戰。」兀朮曰：「諾。」乃下令明日府治會食。遲明，錡果爲五浮橋於潁河上，敵由之以濟。

錡遣人毒水上流及草中，戒軍士雖渴死，毋得飲於河；飲者，夷其族。敵用長勝軍嚴陣以待，諸酋各居一部。衆請先擊韓將軍，錡曰：「擊韓雖退，兀朮精兵尚不可當，法當先擊兀朮。兀朮一動，則餘無能爲矣。」

時天大暑，敵遠來疲敝，錡士氣閒暇，敵晝夜不解甲，錡軍皆番休更食羊馬垣下。敵人馬饑渴，食水草者輒病，往往困乏。方晨氣清涼，錡按兵不動，逮未申間，敵力疲氣索，忽遣數百人出西門接戰。俄以數千人出南門，戒令勿喊，但以鋭斧犯之。統制官趙撙、韓直身中數矢，戰不肯已，殊死戰，入其陣，刀斧亂下，敵大敗。是夕大雨，平地水深尺餘。乙卯，兀朮拔營北去，錡遣兵追之，死者萬數。

方大戰時，兀朮被白袍，乘甲馬，以牙兵三千督戰，兵皆重鎧甲，號「鐵浮圖」；戴鐵兜牟，周匝綴長簷。三人爲五［伍］，貫以韋索，每進一步，即用拒馬擁之，人進一步，拒馬亦進，退不可却。官軍以長標去其兜牟，大斧斷其臂，碎其首。敵又以鐵騎分左右翼，號「拐子馬」，皆女真爲之，號「長勝軍」，專以攻堅，戰酣然後用之。自用兵以來，所向無前；至是，亦爲錡軍所殺。戰自辰至申，敵敗，遽以拒馬木陣［障之］，少休。城上鼓聲不絶，乃出飯羹，坐餉軍士如平時，敵披靡不敢近。食已，撤拒馬木，深入斫敵，又大破之。棄屍斃馬，血肉枕藉，車旗器械，積如山阜。

兀朮平日恃以爲强者，十損七八，至陳州，數諸將之罪，韓常以下皆鞭之，遂還汴。既而洪皓自金密奏：「順昌之捷，金人震恐喪魄，燕之重寶珍器，悉徙而北，意欲損［捐］燕以南棄之。」捷聞，帝甚喜，授錡武泰軍節度使、侍衛馬軍都虞候、知順昌府、沿淮制置使。故議者謂是時諸將協心，分路追討，則兀朮可擒，汴京可復；而王師亟還。①

①劉錡（1098—1162），字信叔，德順（今寧夏隆德）人。高宗建炎初知岷州，尋改渭州。紹興三年（1133），爲宣府司統制。六年（1136），充浙西淮東制置使。九年（1139），除龍衛四廂都指揮使。十年，充東京副留守，以順昌戰功拜鼎州觀察使，尋除樞密都承旨。爲秦檜所惡，出知荆南、潭州、荆州等地。三十一年（1161），除鎮江都統制、京東河東招討使。以病重召還，翌年而卒。事見《宋史》本傳。據本傳，「王師亟還」後有「自失機會，良可惜也」句。《成化中都志·名宦·潁州（宋）》：「劉錡。字信叔，秦州成紀（今甘肅天水市秦州區）人。紹興十年，由主管侍衛馬軍司爲東京副留守，奉旨隨軍，家口留屯順昌。中夏抵順昌，得報兀朮已入東京。錡謂衆曰：『錡本赴官留守司，今東京既陷，幸全軍至此，有城池可守，機不可失，當同心力，以死報國。』即鑿舟沉之，示無去意。親督工，治戰具，修壁壘。六日粗畢，而金之遊騎已渡河至城下矣。虜衆三萬餘攻城，錡擊却之，復夜劫其寨，殲之甚衆。虜馳詣東京告急，兀朮引兵來援攻城，凡十余萬。騎［錡］所部不滿二萬，可出戰者僅五千人，皆殊死鬭，虜大敗，殺其衆五千，横屍滿野。兀朮移寨城西，掘塹自衛。夜遣兵劫之，虜退走。以功授武泰軍節度使、侍衛親軍都虞候。高宗賜御札曰：『卿之偉績，朕所不忘。』尋以淮西制置使權知順昌府，以代陳規。洪皓時在燕山，密奏曰：『順昌之役，虜震懼喪

魄，燕之寶貨悉取而北，意欲捐燕以南棄之。王師亟還，自失機會，可惜也。』錡累官太尉，卒謚武穆。」《南畿志・鳳陽府・宦蹟（宋）》：「劉錡。爲東京副留守，至順昌，諜報金人陷東京，錡斂兵入城，沉舟，示無去意。金兵圍城，錡連擊破之。兀朮來援，又爲錡所敗。兀朮平日所恃以爲强者，什捐七八，金人震恐喪魄。」《正德潁州志・人物・宋》：「劉錡。紹興初東京副留守。之鎮過順昌，聞虜陷東京，即鑿舟誓軍士，無去意。寘家寺中，積薪於門。戒守者曰：『脱有不幸，即焚吾家，毋辱敵手也。』乃募土人爲間探，分命諸將修戰具，守諸門。城外民居數千家，撫之入城，悉焚其廬舍。措未畢，虜至。多方設伏迎戰，皆敗之。兀朮在汴，聞而懼，帥千萬衆親援，至則圍城。錡揮衆出西、南門夾戰，大敗之。金虜沮喪遁去，城得全。未幾，詔錡還朝。錡慷慨剛毅，有儒將風。」吕景蒙《嘉靖潁州志・過賓・宋》：「劉錡。字信叔，德順軍人。瀘州［川］軍節度使仲武第九子也。美儀狀，善射，聲如洪鐘。高宗即位，錄仲武後，錡得召見，奇之。紹興十年，金人歸三京，充東京副留守，節制軍馬。所部八字軍纔三萬七千人，將發，益殿司三千人，皆攜其拏［孥］，將駐於汴，家留順昌。錡自臨安沂［泝］江絶淮，二千二百里。至渦口，方食，暴風拔坐帳，錡曰：『此賊兆也，主暴兵。』即下令兼程而進，未至，五月，抵順昌三百里，金人果敗盟來侵。錡與將佐舍舟陸行，先趨城中。庚寅，諜報金人入東京。知府事陳規見錡問計，錡曰：『城中有糧，則能與君共守。』規曰：『有米數萬斛。』錡曰：『可矣。』時所部選鋒、遊奕兩軍及老稚輜重相去尚遠，遣騎趣之，四鼓乃至。及旦得報，金騎已入陣。規與錡議斂兵入城，爲守禦計，人心乃安。召諸將計事，皆曰：『不可敵也，請以精鋭爲殿，步騎遮老小順流還江南。』錡曰：『吾本赴官留司，今東京雖失，幸全軍至此，有城可守，奈何棄之？吾意已決，敢言去者斬！』惟部將許清號夜叉者奮曰：『太尉奉命副守汴京，軍士扶攜老幼而來，不如相與努力一戰，於死中求生也。』議與錡合。錡大喜，鑿舟沉之，示無去意。寘家寺中，積薪於門，戒守者曰：『脱有不利，即焚吾家，毋辱敵手也。』分命諸將守諸門，明斥堠，募土人爲間探。於是軍士皆奮，男子備戰守，婦人礪刀劍，爭呼躍曰：『平時人欺我八字軍，今日當爲國家破賊立功。』時守備一無可恃，錡於城上躬自督厲，取僞齊所造癡車，以輪轅埋城上；又撤民戶扉，周匝蔽之；城外有民居數千家，悉焚之。凡六日粗畢，而遊騎已涉潁河至城下。壬寅，金人圍順昌，錡預於下城［城下］設伏，擒千戶阿黑等二人，詰之，云：『韓將軍營白沙渦，距城三十里。』錡夜遣千餘人擊之，連戰，殺虜頗衆。既而三路都統葛王褎以兵三萬，與龍虎大王合兵薄城。錡令開諸門，金人疑不敢近。初，錡傅城築羊馬垣，穴垣爲門。至是，與清等蔽垣爲陣，金人縱矢，皆自垣端軼著於城中，或止中垣上。錡用破敵弓翼以神臂、强弩，自城上或垣門射敵，無不中，敵稍卻。復以步兵邀擊，溺河死者不可勝計，破其鐵騎數千。特授鼎州觀察使、樞密副都承旨、沿淮制置使。時順昌受圍已四日，金兵益盛，乃移砦於東村，距城二十里。錡遣驍將閻充募壯士五百人，夜斫其營。是夕，天欲雨，電光四起，見辮髮者輒殲之。金兵退十五里。錡復募百人往，或請銜枚。錡笑曰：『無以枚也。』命折竹爲嘂，如市井兒以爲戲者，人持一以爲號，直犯金營。電所燭則奮擊，電止則匿不動，敵衆大亂。百人者聞吹嘂聲即聚，金人益不能測，終夜自戰，積屍盈野，還軍老婆灣。兀朮在汴聞之，即索靴上馬，過淮寧留一宿，治戰具，備糗糧，不七日至順昌。錡聞兀朮至，會諸將於城上問策，或謂今已屢捷，宜乘此勢，具舟全軍而歸。錡曰：『朝廷養兵十五年，正爲緩急之用。況已挫賊鋒，軍聲稍振，雖衆寡不侔，然有進無退。且敵營甚邇，而兀朮又來，吾軍一動，彼躡其後，則前功俱廢。使敵侵軼兩淮，震驚江、浙，則平生報國之志，反成誤國之罪。』衆皆感動思奮，曰：『惟太尉命。』錡募得曹成等二人，諭之曰：『遣汝作間，事捷重賞。今置汝綽路騎中，汝遇敵則佯墜馬，爲敵所得。敵帥問我何如人，則曰：「太平邊帥子，喜聲伎，朝廷以兩國講好，使守東京圖逸樂耳。」』已而二人果遇敵被執，兀朮問之，對如前。兀朮喜曰：『此城易破耳。』即置鵝車炮具不用。翌日，錡登城，望見二人遠來，縋而上之，乃敵械成等歸，以文書一卷擊於械。錡懼惑軍心，立焚之。兀朮至城下，責諸將喪師，衆皆曰：『南朝用兵，非昔之比，元帥臨城自見。』錡遣耿訓以書約戰，兀朮怒曰：『劉錡何敢與我戰？以吾力破爾城，直用靴尖趯倒耳。』訓曰：『太尉非但請與太子戰，且謂太子不敢濟河，願獻浮橋五所，濟而大戰。』兀朮曰：『諾。』乃下令明日府治會食。遲明，錡果爲五浮橋於潁河上，敵由之以濟。錡遣人毒水上流及草中，戒軍士雖渴死，毋得飲於河；飲者，夷其族。敵用長勝軍嚴陣以待，諸酋各居一部。衆請先擊韓將軍，錡曰：『擊韓雖退，兀朮精兵尚不可當，法當先擊兀朮。兀朮一動，則餘無能爲矣。』時天大暑，敵遠來疲敝，錡士氣閑暇，敵晝夜不解甲，錡軍皆番休更食羊馬垣下。敵人馬饑渴，食水草者輒病，往往困乏。方晨氣清凉，錡按兵不動，逮未、申間，敵力疲氣索，忽遣數百人出西門接戰。俄以數千人出南門，戒令勿喊，但以鋭斧犯之。統制官趙撙、韓直身中數矢，戰不肯已，殊死戰，入其陣，刀斧亂下，敵大敗。是夕大雨，平地水深尺餘。乙卯，兀朮拔營北去，錡遣兵追之，死者萬數。方大戰時，兀朮被白袍，乘甲馬，以牙兵三千督戰，兵皆重鎧甲，號『鐵浮圖』，戴鐵兜牟，周匝綴長簷。三人爲五［伍］，貫以韋索，每進一步，即用拒馬擁之，人進一步，拒馬亦進，退不可卻。官軍以長標去其兜牟，大斧斷其臂，碎其首。敵又以鐵騎分左右翼，號『拐子馬』，皆女真爲之，號『長勝軍』，專以攻堅，戰酣然後用之。自用兵以來，所向無前；至是，亦爲錡軍所殺。戰自辰至申，敵敗，遽以拒馬木陣［障之］，少休。城上鼓聲不絶，乃出飯羹，坐餉軍士如平時，敵披靡不敢近。食已，撤拒馬木，深入斫敵，又大破之。棄屍斃馬，血肉枕藉，車旗器械，積如山阜。兀朮平日所恃以爲强者，十損七八。至陳州，數諸將之罪，韓常以下皆鞭之，遂還汴。既而洪皓自金密奏：『順昌之捷，金人震恐喪魄，燕之重寶珍器悉徙而北，意欲捐燕以南棄之。』捷聞，帝甚喜，授錡武泰軍節度使、侍衛馬軍都虞候、知順昌府、沿淮制置使。故議者謂是時諸將協心，分路追討，則兀朮可擒，汴京可復；而王師亟還，自失幾［機］會，良可惜也。」李宜春《嘉靖潁州志·流寓·宋》：「劉錡。字信叔，德順軍人。紹興十年，金人歸三京，充東京副留守，節制軍馬。所部八字軍纔三萬七千人，將發，益殿司三千人，皆攜其孥［孥］，將駐於汴，家留順昌。錡自臨安泝［泝］江絶淮，凡二千二百里。至渦口，方食，暴風拔坐帳，錡曰：『此賊兆也，主暴兵。』即下令兼程而進，未至，五月，抵順昌三百里，金人果敗盟來侵。錡與將佐舍舟陸行，先趨城中。庚寅，諜報金人入東京。知府陳規見錡問計，錡曰：『城中有糧，則能與君共守。』規曰：『有米數萬斛。』錡曰：『可矣。』時所部選鋒、遊奕兩軍及老稚錙［輜］重，相去尚遠，遣騎趣之，四鼓乃至。及旦得報，金騎已入陣。規與錡議斂兵入城，爲守禦計，人心乃安。召諸將計事，皆曰：『金兵不可敵也，請順流還江南。』錡曰：『吾本赴官留司，今東京雖失，幸全軍至此，有城可守，奈何棄之？吾意已決，敢言去者斬！』乃鑿舟沉之，示無去意。寘家寺中，積薪於門，戒守者曰：『脱有不利，即焚吾家，毋辱敵手也。』

分命諸將守諸門，明斥堠，募土人爲間探。於是軍士皆奮，男子備戰守，婦人礪刀劍，爭呼躍曰：『平時人欺我八字軍，今日當爲國家破賊立功。』時守備一無可恃，錡於城上躬自督厲，取僞齊所造癡車，以輪轅埋城上，又撤民戶扉，周匝蔽之。凡六日粗畢，而遊騎已涉潁河至城下。壬寅，金人圍順昌，錡豫下城［城下］設伏，擒千戶阿黑等二人，詰之，云：『韓將軍營白沙渦，距城三十里。』錡夜遣千餘人擊之，連戰，殺虜頗衆。既而三路都統葛王褎以兵三萬，與龍虎大王合兵薄城。錡令開諸門，金人疑不敢近。初，錡傅城築羊馬垣，穴垣爲門。至是，與清等蔽垣爲陣，金人縱矢，皆自垣端軼著於城中，或止中垣上。錡用破敵弓翼以神臂、强弩，自城上或垣門射敵，無不中，敵稍卻。復以步兵邀擊，溺河死者不可勝計，破其鐵騎數千。時受圍已四日，金兵益盛，移砦東村，距城二十里。錡遣驍將閻充募壯士五百人，夜斫其營。是夕，天欲雨，電光四起，見辮髮者輒殲之。金兵退十五里。錡復募百人往，命折竹爲嘂，如市井兒以爲戲者，人持一以爲號，直犯金營。電所燭則奮擊，電止則匿不動，敵衆大亂。百人者聞吹嘂聲即聚，金人益不能測，終夜自戰，積屍盈野，退軍老婆灣。兀朮在汴聞之，即索靴上馬，不七日至順昌。錡聞兀朮至，募得曹成二人，諭之曰：『遣汝作間，事捷重賞。今置汝綽路騎中，汝遇敵則佯墜馬，敵執，問我何如人，則曰「太平邊帥子，喜聲伎，朝廷以兩國講好，使守東京圖逸樂耳。」』已而果遇敵被執，兀朮問之，對如前。兀朮喜曰：『城易破耳。』即置鵝車炮具不用。翌日，錡登城，望見二人械而來，縋而上之。乃遣耿訓以書約戰，兀朮怒曰：『劉錡何敢與我戰？以吾破彼，直用靴尖趯倒耳。』訓曰：『太尉非但與太子戰，且謂太子不敢濟河，願獻浮橋五所。』兀朮曰：『諾。』乃下令明日。遲明，錡果爲五浮橋於潁河上，遣人毒水上流及草中，戒軍士雖渴死，毋飲於河。衆請先擊韓將軍，錡曰：『當先擊兀朮，兀朮一動，則韓將軍無能爲矣。』時天大暑，敵遠來疲敝，錡士氣閑暇，敵晝夜不解甲，錡軍皆番休更食。敵人馬饑渴，食水草者輒病困。方晨氣清凉，錡按兵不動，逮未、申間，敵力疲氣索，忽遣數百人出西門接戰。俄以數千人出南門，戒令勿喊，但以鋭斧犯之。統制官趙撙、韓直身中數矢，戰不肯已，士殊死戰，入其陣，刀斧亂下，敵大敗。是夕大雨，平地水深尺餘。乙卯，兀朮拔營北去，錡遣兵追之，死者萬數。方大戰時，兀朮被白袍，乘甲馬，以牙兵三千督戰，兵皆重鎧甲，號『鐵浮圖』，戴鐵兜牟，周匝綴長簷。三人爲伍，貫以韋索，每進一步，即用拒馬擁之，人進一步，拒馬亦進，退不可卻。官軍以槍標去其兜牟，大斧斷其臂，碎其首。敵又以鐵騎分左右翼，號『拐子馬』，皆女真爲之，號『長勝軍』，專以攻堅，戰酣然後用之。自用兵以來，所向無前；至是，亦爲錡軍所殺。戰自辰至申，敵敗，遽以拒馬木障之，少休。城上鼓聲不絶，乃出飯羹，坐餉軍士如平時，敵披靡不敢近。食已，撤拒馬木，深入斫敵，又大破之。棄屍斃馬，血肉枕藉，車旗器械，積如山阜。兀朮平日所恃以爲强者，十損七八。至陳州，數諸將之罪，韓常以下皆鞭之，遂還汴。時洪皓在燕密奏：『順昌之捷，金人震恐喪魄，燕之重寶珍器悉徙而北，意欲捐燕以南棄之。』捷聞，帝甚喜，授錡武泰軍節度使、侍衛馬軍都虞候、知順昌府、沿淮制置使。」

洪皓。字光弼，番易［易］人。少有奇節，慷慨有經略四方志。登政和五年（1115）進士。建炎三年（1129），以事請出滁陽路，自壽春由東京以行。至順昌，聞群盜李閻羅、小張俊者梗潁上道。皓與其黨遇，譬之曰：「自古無白頭賊。」其黨悔悟，皓使持書至賊巢，二渠魁聽命，領兵入宿衛。①

元

塔出。布兀剌子也。幼孤，長善騎射。至元元年（1264）入侍。十一年（1274），朝議：「淮上諸郡，宋之北藩，城堅兵精，攻之不可猝下。宜先渡江，剪其根本。」於是以塔出爲鎮國上將軍、淮西行省參知政事。宋夏貴帥舟師十萬圍正陽，決淮水灌城，幾陷，帝遣塔出往救之。道出潁州，遇宋兵攻潁，戍卒僅數百人，盛暑，塔出即發公庫弓矢，驅市人出戰，預度潁之北關攻易破，乃急徙民入城伏兵以待。是夜，宋人果焚北關，火光屬天，塔出率衆從暗中射之，矢下如雨，宋軍退走至沙河，大破之，死者不可勝計。明日，長驅直走正陽。後行省於江西，尋以

①洪皓（1088—1155），字光弼，番易（今江西鄱陽）人。政和五年進士。高宗建炎三年，以徽猷閣待制假禮部尚書使金被留，紹興十三年（1143）始還。遷徽猷閣直學士，兼權直學士院，因忤秦檜，出知饒州。十七年（1147），責授濠州團練副使，英州安置。二十五年（1155），卒，謚忠宣，追封魏國公。事見《宋史》本傳。呂景蒙《嘉靖潁州志・過賓・宋》：「洪皓。字光弼，番易人。少有奇節，慷慨有經略四方志。登政和五年進士。建炎三年，以事請出滁陽路，自壽春由東京以行。至順昌，聞群盜李閻羅、小張俊者梗潁上道。皓與其黨遇，譬之曰：『自古無白頭賊。』其黨悔悟。皓使持書至賊巢，二渠魁聽命，領兵入宿衛。」李宜春《嘉靖潁州志・流寓・宋》：「洪皓。字光弼，番易人。少有奇節，慷慨有經略四方志。政和五年進士。建炎三年，以事請出滁陽路，自壽春由東京以行。至順昌，聞群盜李閻羅、小張俊者梗潁上道。皓與其黨遇，譬曉之曰：『自古無白頭賊。』其黨悔悟。皓使持書至賊巢，二渠魁聽命，領兵入宿衛。」

疾卒。①

明

李天衢。字行之，已見《宦業》。其鎮潁也，當正德七年（1512）流寇殘破齊、魯、晉、豫，遁而至潁，謀掠南畿。至是，破太和，西繞潁州界，署長官店、中村崗、紅林等集，遂圍潁上。潁川衛指揮鞏臣、亓麟、梁文遇賊蓮花舖，梁文戰死，勢甚急。衢相賊勢必破潁縣而攻潁州，若不扼而擊之，東南之事可危也。衢受圍，計畫暇裕登陴，而麾衆皆用命。賊勢猖獗，百計仰攻。衢應機立辦，舉無遺策，伺隙設奇，雖睢陽之圍不啻也。用壯士鹿鸇擒渠賊李龍等，斬首三百餘級，又調援兵夾勦之，賊潰而宵遁。潁州壯士鹿鸇者，力舉千斤，持大刀斫賊，力猛，刀夾賊鞍中，不可拔，鸇急逸去。賊獲其刀，遂以號令城下。城之人以爲鸇死，皆墮氣。明日，鸇忽出挑戰，下馬與渠賊李龍角，鸇仆地，賊據而拔刀，鸇隨勢奮擊之，目睛突出，遂擒龍，又生擒劇賊李魁。賊一時失兩渠帥，無鬪志，圍潁上七日，解去。鸇兄鳳、鸞，弟鵬，皆敢勇善射，血戰保潁，由衢能激厲之也。是役也，衢以孤城阨

①塔出（1244—1280），布兀剌之子。至元元年入侍忽必烈，後仕至江西宣慰使、中書右丞、行中書省事。事見《元史》本傳。吕景蒙《嘉靖潁州志·過賓·元》：「塔出。布兀剌子也。幼孤，長善騎射。至元元年入侍。十一年，朝議：『淮上諸郡，宋之北藩，城堅兵精，攻之不可猝下。道出宜先渡江，翦其根本。』於是以塔出爲鎮國上將軍、淮西行省參知政事。宋夏貴帥舟師十萬圍正陽，決淮水灌城，幾陷，帝遣塔出往救之。道出潁州，遇宋兵攻潁，戍卒僅數百人，盛暑，塔出即發公庫弓矢，驅市人出戰，預度潁之北關攻易破，乃急徙民入城伏兵以待。是夜，宋人果焚北關，火光屬天，塔出率衆從暗中射之，矢下如雨，宋軍退走至沙河，大破之，死者不可勝計。明日，長驅直走正陽。後行省於江西，尋以疾卒。」

［扼］賊衝，遂挫賊，使不震摇根本。未幾，賊盡殲於通之狼山，而都御史彭澤以此收靖寇之功。①

彭澤。字濟物，蘭州人。弘治庚戌（1490）進士，歷工部郎，出知真定，累進按察使。澤爲人長大，腰帶十二圍，其顧盼煒如也，平居鮮笑容，雖與爲偶語，叱叱聲若詈。召拜僉都御史，進副都，分捕河南賊。

澤督兵至潁州。正德壬申（1512），澤於潁大陳軍容，振甲引見諸大校，責以退縮，顧［嚴］軍正［政］，論行法，建纛。諸大校無不惕息惶恐，頓首請自效，良久乃釋。遂鼓行前薄賊，凡十數戰。時賊謀南遁，遂大破之，殺虜以萬計，趙遂［鐩］跳去，劉三②死於陣。是時，澤駐潁城，調度兵食，中原之賊不敢南窺，而江北守土聲勢相犄角，遂能扼要堵截，致此奇功。於是給事御史上言：河南賊平，以彭澤能出奇報國，惟總督陸完養寇自重，因下詔切責。完懼，日夜督諸將邀賊，而賊隨衄隨脇，聚燒運艘，掠臨清、邳、徐而下犯淮安，又奔登州海套，與完遇於蒿淺坡。時宣、大驤騎及中土材官、良家子悉集，合圍賊，大敗之。六、七、彦名③獨挾驍勇三百騎潰圍出，星馳掠河西，務將北就達靼，厄關險，不得道。度河南，躪荆楚，奪艘瓜州，掠泊通之狼山寨。完窮力追截水陸道，而彭澤建大將旗鼓，從潁爲策應，遂逼渠魁六、七等先後赴水死，梟彦名，斬首將六百，俘三百，溺水死者

①已見本書《宦業傳》之注。
②趙鐩、劉三，皆强盗首領。
③分别指霸州强盗劉六、劉七和齊彦名。見《明史紀事本末》卷四十五。

千餘。還朝，完、澤俱加太子少保、右都御史［史］，子世襲錦衣千［百］戶。

澤還朝，時蜀盜廖麻子復起，勢愈熾，詔澤充總督討之。澤悉兵破賊，殺廖麻子，分兵搤出入，奪水道。度窘，開一面使縱去，乃夾誅之且盡。澤破賊，前於潁，後於蜀，獨守要害，遏賊旁趋。及其窮也，開一面縱之，予賊生路，即死路也，可謂有成算者。

嘉靖初，徵拜兵部尚書。以老，加少保致仕。澤用兵，自潁平賊後，其功名與邊事相始終。真經……①

黄得功。於崇禎辛巳（1641）爲大將，督兵江北，相機調勦。當流寇之躪中原也，自乙亥（1635）春首破潁州，從此出没豫、楚，潁當其門戶。郡人李栩自募兵，受鳳督部署，潁恃以守。及辛巳夏大疫，卒伍多困，賊自州西南焚掠而東，州人惴惴，忽聞有官兵自南來，邀擊於江口，賊敗東遁，官兵復追賊去。州人不自意全，問將兵者爲誰，則黄將軍得功也。行其戰地，伏屍十餘里，溺河死者不可勝計。人恨其未駐軍於潁，不知黄將軍何如者。壬午（1642）秋九月，小袁營賊自汴犯潁，紿李栩殺之，潁失所與守，署州事通判任有鑑告急，黄得功復率諸軍來。時黄河水決，賊屯州北秦家樓等處，三面皆巨浸，天復雨，衆蹙之，未敢進攻，得功誘之出，忽前團戰，飛矢如

①原文此後一行空白。彭澤，字濟物，號幸菴，蘭州（今屬甘肅）人。弘治三年（1490）進士，仕至兵部尚書、陝甘总督。嘉靖元年（1522），因事被奪官爲民。隆慶初，復官。事見《明史》本傳及《明史紀事本末》卷四十五、卷四十六。《康熙蘭州志·鄉賢志·儒碩》：「彭澤。字濟物，號幸菴。官刑部，值雲南宣慰司屬搆難，命往會勘，邊情妥服。守徽，丁艱歸，而徽人哭别如失考妣。補真定守，時有奄宦竊政，或勸附之，即具棺以矢曰：『吾身豈附人者哉？』分巡浙西，賑饑民，捕叛賊，威德並著。建牙督撫河南，山東巨寇趙風子等、四川巨寇廖麻子等聚衆倡亂，先後討平，大烈莊猷，兩朝倚重。爲人忠清正直，篤於孝友。歷官都御史、總制軍務、太子太保、兵部尚書，加少保致仕，卒謚襄毅。公多所著作行世。」

雨，賊衆素以長矛勝，至是退奔，立矛如束，騎兵衝擊，幾盡殲焉。方合戰時，老徊徊等賊號南五營，復自西南来，可夾擊我軍，可乘虛襲潁，得功偵得之，既大勝，不休士即率精騎自潁西渡河，繞出賊後反擊之，賊驚潰。一旬再捷，烽火四出，忽焉宴如。得功援潁凡三捷，玆役尤偉。得功本遼陽人，號虎山。初以敢戰爲列校，禁旅之出討賊也，拔爲副將，目無敵人，所向克捷。卒建大將旗鼓，得封爵，忠於所事而死。傳曰：有功德於民則祀之，他不具書。其有功於潁者，以致尸祝之意焉。①

①黄得功（？—1645），號虎山，其先廬州（今安徽合肥）人，徙開原（今屬遼寧），遂家焉。自幼從軍，累功至遊擊、副總兵，後移鎮廬州。崇禎十七年（1644），封靖南伯。弘光朝，仕至左柱國。清兵攻南京，得功戰死。事見《明史》本傳。查繼佐《國壽錄·靖國公黄公傳》：「黄得功，號虎山，固［開］原衛人。初爲掌鞭，奔走青、徐之道。偶遇汪漸磐之族子入都，得功爲之禦大盜，貲貨弗失。汪感之，爲言於漸磐，得請，以爲覺華島把總，多奇功。先帝九年（1636）召對，覧其貌短小矯捷，五露之相，見者辟易，因立授黄花鎮總兵。嘗領勁旅出河南，走張寇，救桐城，寇望見皆解甲。甲申（1644）國難，與陳洪範起山東，欲勤王，不果。弘光初，設四鎮，得功以定策功，封靖南侯［伯］。詔分鎮江北，公派得屯揚州，而興平侯高傑屯河以南，東平侯劉澤清屯淮上，廣昌伯劉良佐屯下邳。傑傲不听派，擅開府揚州，奪得功屯。得功權紮儀真，怒攻之，傑不能禦，朝廷詔解和之。時傑倚馬士英爲内援，故得功終不取揚州。會傑死於河南，得功曰：『寡婦孤兒矣，吾何忍逼之？』遂止。先是，四鎮擁重兵驕逞，不肯屬史閣部可法，可法故薦立四鎮，得功曰：『吾先下拜，如有不從吾者，請以兵擊之。』於是三鎮亦随行師生禮。得功慷慨直致，無儀文，不識字，凡奏檄等，使人旁誦之，欲改竄，字句皆合。忠義性成，不煩講解。日飲火酒四十斤，持六十斤鐵鞭，運如飛，敵聞風輒膽裂。定王者，先帝第三子，至南都被逮，廷臣以爲風男兒，欲戮諸市以悦上意，得功與諸鎮各力疏争之，留獄，帝德不光。馬士英用事，賢才摧落，時政日乖，得功欲倡爲廢立之舉，以匡社稷，未發，會黄澍以左兵東下，爲檄清君側之惡，士英與阮大鋮等怖甚，計無逆左者。得功方整甲欲北禦清兵，大鋮躬往迎之，至下拜投地曰：『將軍救我。』詞哀甚。得功遂南屯蕪湖，西防池、太等處。清兵於是捲甲直下，無與沮觸。時劉良佐已陰納降於清，因請爲清間，以其衆突依得功，且曰：『旦日清兵至，足下先之，良佐爲後。』得功知良佐素非純忠，必爲所算，乃曰：『公先而得功後。』良佐果先驅，竟歸清，以其原部萬人反戰得功，得功斬其過半，但三千餘人得返。南都不守，弘光帝塗走得功軍，嗣清兵大出，得功方七騎，縱追之。清兵反走入繁昌城，得功竟追入城，敵畏匿，從窗隙射之，得功被箭，憤自刭死。子黄雷就擒，其衆嗣皆調杭州，與越中打仗，稱勇健，帝遂北去。」

李栩。字蘧蘧，潁諸生。戶部尚書精白子。崇禎初貢入太學，思以科名奮。丁父憂，家居。八年（1635），賊圍潁。栩策戰守，皆中。當事者輒相左，料潁必破，念曰：「先大夫有子二人，今弟死矣，我死又孰繼之？」以計逸去。賊既屠城，人謂李公子死矣。逾月，栩從山東來，策數騎，韎韐跗注，一城皆驚喜相招集，諸避難遠竄者始稍歸城市，依栩團聚。栩亦自負智勇，散金募士，保障鄉閭，得壯丁三百人，自教之坐作擊刺，一可當百。監司使者謝肇玄見栩而奇之，叩其方畧，謂將才也。是年九月，賊東奔至茨河舖，栩率兵截殺之，賊夜遁去。又南渡淮至焦陂集，栩偵其出没處，設伏擒之，得賊首白虎神、闖塌天等。兵使者倚爲左右手，於是奏記撫按薦其才於朝，命督臣便宜用之，栩曰：「願得當一隊之任，殺諸賊奴。今栩妻子死節義，而賊縱火延燒先人柩，誓必不與賊俱生。」遂介胄而見。時督府朱大典以潁義勇俾栩，領都司職訓之，兼措餉給其軍，栩益奮厲，募東西丁成軍，號精銳。十年（1637）八月，賊突至潁東門，栩方劇飲，即騎出，謂賊曰：「識我否？汝輩來，當與我決一死活。」賊渠帥伏短墙下，駭視不敢逼，栩選健兒黑夜四散斫賊營，賊不測其所至，比曉遂渡河走。栩提全軍縱擊，所殺傷並溺水死者無算，獲牛馬以千計。捷聞，加參將。是時，潁城既固，栩威名亦四著，賊相戒不敢進，逃賊叛將附栩無虛日。栩自以其才當提勁旅助天子殺賊，其保護鄉里，特藉以見端耳。然上官請事須賄而後報，聞輒沮不行，又不能不雅重栩。數年中，河洛陸沉，兩淮晏如，栩之力也，故靖南侯黃得功每提兵至潁，亦激其忠義用力爲最先。十五年（1642）九月，栩已招降賊首袁時中，會闖賊陷汴梁，時中聞之思復，而狡賊李奎恨栩前之殺其黨過多，因説時中，以爲李不可信，於是邀栩入營計事，遂遇害。訃至，潁之人無不隕涕，督師史閣部、馬部院遣官賻之，擬請卹於朝。栩之功雖未竟，而潁人至今賴之。栩有丈夫概，讀書慕古豪傑，四方名宿皆折節下之，賓客視如歸。每晨具數百人食，延客分韻賦詩，聲伎满前，自夕達曙。既平明，聞警輒馳之，有狄青破崑崙關之風。「家散萬金酬士死，身留一劍答君恩。」吾於栩亦云。①

①李栩（？—1642），字蘧蘧，潁州（今安徽阜陽）人。戶部尚書李精白之子。初名麟孫，後改名栩。貢生，仕至參將。范光陽《雙雲堂集·李栩傳》：「李栩，字蘧蘧，戶部尚書精白子，潁州人也。以明經貢入太學，會父喪，家居。崇禎八年，闖賊李自成將寇潁。栩預畫戰守，計與當事者相左，栩歎曰：『潁不可保矣。吾先人止二子，弟已死，吾再死，誰主先人祀者？』一日逸去，人不知也。已而賊屠潁，皆謂李公子死矣，忽挾數騎從山東來，韎韋跗注，結束精嚴，人見之驚喜。諸避賊遠竄者皆歸，倚栩團結。栩散家財，募壯士三百人，親教之，無不一當百。監司謝肇元至，始奇其才。十年九月，賊東奔至茨河舖，栩率兵截殺之，賊夜遁去。又至焦陂集，栩偵其出没處，設伏待之，擒賊首白虎神、闖蹋天等。肇元倚爲左右手，於是奏記撫按薦其才於朝，命便宜用之。督臣朱大典署栩潁營都司，栩謁上官抗言曰：『前賊屠潁時，吾父柩燬於火，吾妻子皆伏節死，吾誓不與賊俱生。』慷慨激烈，聞者壯之。十年八月，賊左袊王等突至潁東門，栩城門不閉，出謂賊曰：『識我否？汝輩來，當與我決一死活。』賊渠帥伏短墻下，駭視不敢逼。栩選健兒乘夜四面砍賊營，賊不測其所至，比曉遂渡河走。栩提全軍縱擊，生擒跳澗虎、油葫蘆、草上飛、皇天受等，溺死二千餘賊，奪回男婦七百口，驢、牛千餘頭，潁城獲全。捷聞，授參將。當是時，栩威名大震，賊摇手相戒，不敢犯潁，逃賊叛將附栩無虚日。栩自以其才當提勁旅爲天子往來殺賊，保全鄉里，特藉以發端耳。然上官請事須賄而後報，聞否則阻不行，故栩不得盡其所爲。十五年九月，栩已招降賊首袁時中，會汴梁陷，時中思跳去。而狡賊李奎恨栩前殺其黨過多，勸時中叛栩，因邀入營議事，遂害之於王老人集。潁人聞者，無不流涕。當事亦遂失所倚，爲之氣短。栩平生喜讀書，交天下名士，賓客視如歸。每晨具數百人食，延客分韻賦詩，聲伎满前，酣飲達旦。遇有警即介而馳，有古豪傑風。栩雖功不成，然數年間河洛陸沉，兩淮宴如，栩之力也。」《康熙潁州志·人物·忠義（明）》：「李栩，字蘧蘧，初名麟孫。戶部尚書精白子。自少負高才，善屬文，貢入成均，思以科名奮。崇禎八年，流賊圍潁，栩策戰守，皆中機宜。與當事者相左，料潁必破，即拂衣去。賊既屠城，人謂李公子死矣。逾月，栩忽衷［裹］甲持弓，領數騎從山東來，一城皆驚喜，於是諸避難遠竄者始稍歸，依栩團結。栩亦自負智勇，散家財募士，保障鄉閭，得壯丁三百人，親教之坐作擊刺，一可當百。兵備使者謝公肇玄見栩奇

之，叩以方畧，謂將才也。是年九月，賊至茨河舗，栩率兵截殺，賊夜遁去。已而又至椒陂集，栩偵其出没，設伏擒渠魁白虎神、闖塌天數人。兵使者倚若左右手，由是中丞、直指交薦於朝，乃命制府便宜用之，栩曰：『賊縱火焚我先人柩，而妻子死節義甚慘，願得當一隊殺賊，必不與賊俱生。』介胄見制府朱公大典，令栩以都閫領潁義勇訓練焉，兼爲措餉相給，栩益奮厲，募四方精鋭成軍。十年八月，賊突至潁東門，栩方劇飲，即单騎出，謂曰：『汝輩識我否？可來與我決一死戰。』賊帥驚疑不敢逼。是夜，栩選健兒四出斫營，賊愈震怖不測，比曉渡河走，栩率全軍追擊，殺溺死者積骸如京（觀），所獲牛馬以千計。捷聞，加參戎。是時，潁城既堅，栩又威名大著，賊相戒勿再犯，逃軍叛將來附無虚日。栩自謂當提勁旅助天子滅寇，其保護一方，特爲之兆耳。無何，賊首袁時中已經招降，會闖賊陷汴梁，遂思復逞，而懼栩未敢發。狡賊李奎恨栩殺其黨過多，相與定謀，設筵營中，給栩數其軍實。左右皆勸止，栩弗聽，且欲示以不疑，遂常服匹馬往賊，衆悉披執跪迎，見栩無備，皆喜。酒半酣，就席間害之，時十五年九月也。訃至，潁人無不隕涕，督師大帥咸遣官賻焉。栩生平讀書，慕古豪傑，海内名宿皆折節下之，賓客歸者日衆。每晨具數百人食。延客飲酒賦詩，聲伎满前，自夕達曙。聞警輒率衆馳禦，習以爲常。昔人云：『上馬殺賊，下馬作露布。』栩誠無愧矣！然惜爲鼠子所賺，使其功不得成，其中殆有天意耶！」

武畧外傳

外傳者，志潁之人也。陳涉，陽城人。陽城屬秦潁川郡，史遷云爲汝陰。若嵩山之陽城，至秦漢已廢，遷去秦甚近，謂陽城正屬汝陰，是也。劉福通，潁州人。秦、元之末，乗亂而起，皆有武畧，而不利於國家，故録以爲鑒焉。

秦

陳勝。字涉，陽城人。時嘗與人傭耕，輟耕之壟上，悵悵久之，曰：「苟富貴，無相忘。」傭者笑而應曰：「若爲傭耕，何富貴也?」涉太息曰：「嗟乎，燕雀安知鴻鵠之志哉！」二世元年（前209）七月，發閭左戍漁陽者九百人，屯太［大］澤鄉。涉次當行，爲屯長。會天大雨，道不通，度已失期，法皆斬。涉乃謀曰：「天下苦秦久矣。吾聞二世少子也，不當立，當立者乃公子扶蘇。扶蘇以數諫故，上使外將兵。今或聞無罪，二世殺之。百姓多聞其賢，未知其死也。項燕爲楚將，有功，愛士卒，楚人憐之。或以爲死，或以爲亡。今誠以吾衆詐自稱公子扶蘇、項燕，爲天下倡，宜多應者。」吳廣以爲然。乃令徒屬曰：「公等遇雨，皆已失期，當斬。假令毋斬，而戍死者固什六七。且壯士不死則已，死則舉大名耳！王侯將相，寧有種乎！」衆皆從之。乃詐稱公子扶蘇，爲壇而盟，稱大楚。攻大澤鄉，拔之；攻蘄，蘄下；徇蘄以東。行收兵，比至陳，卒數萬人，入據之。大梁張耳、陳餘詣門上謁，勝素聞其賢，大喜。豪傑、父老請立勝爲楚王，勝以問耳、餘，耳、餘對曰：「秦爲無道，滅人社稷，暴虐百姓。將軍出萬死之計，爲天下除殘也，今始至陳而王之，示天下私。願將軍毋王，急引兵而西，遣人立六國後，自爲樹黨，爲秦益敵。敵多則力分，與衆則兵强。如此野無交兵，縣無守城，誅暴秦，據咸陽，以令諸侯［侯］，則帝業成矣。」不聽，遂自立爲王，號張楚。時郡縣苦秦法，争殺長吏以應之。陳王以苛察爲忠，其所不善者，弗下吏，輒自治之。其信用之。諸將以其故不親附，此其所以敗也。勝雖已死，然所置遣侯王將相竟亡秦，由涉首事也。高祖時爲陳涉置守塚三十家，碭至今血食。①

①陳勝（？—前208），字涉。秦末農民起義領袖之一。入陳稱王後，發兵北取趙魏之地，命周文率兵擊秦。周文敗，秦章邯圍陳，陳勝退至下城父，爲御者莊賈所害。事見《史記·陳涉世家》。吕景蒙《嘉靖潁州志·外傳（秦）》：「楚人陳勝起兵。陳勝者，陽城人也，字涉。少時嘗與人傭耕，輟耕之壟上，悵恨久之，曰：『苟富貴，無相忘。』傭者笑而應曰：『若爲傭耕，何富貴也？』涉太息曰：『嗟乎，燕雀安知鴻鵠之志哉！』二世元年七月，發閭左戍漁陽者九百人，屯大澤鄉。涉次當行，爲屯長。會天大雨，道不通，度已失期，法皆斬。涉乃謀曰：『天下苦秦久矣。吾聞二世少子也，不當立，當立者乃公子扶蘇。扶蘇以數諫故，上使外將兵。今或聞無罪，二世殺之。百姓多聞其賢，未知其死也。項燕爲楚將，有功，愛士卒，楚人憐之。或以爲死，或以爲亡。今誠以吾衆詐自稱公子扶蘇、項燕，爲天下倡，宜多應者。』吳廣以爲然。乃令徒屬曰：『公等遇雨，皆已失期，當斬。假令毋斬，而戍死者固什六七。且壯士不死則已，死則舉大名耳，王侯將相，寧有種乎！』衆皆從之。乃詐稱公子扶蘇、項燕，爲壇而盟，稱大楚。攻大澤鄉，拔之；攻蘄，蘄下，徇蘄以東，行收兵。比至陳，卒數萬人，入據之。大梁張耳、陳餘詣門上謁，勝素聞其賢，大喜。豪傑、父老請立勝爲楚王，勝以問耳、餘，耳、餘對曰：『秦爲無道，滅人社稷，暴虐百姓。將軍出萬死之計，爲天下除殘也，今始至陳而王之，示天下私。願將軍毋王，急引兵而西，遣人立六國後，自爲樹黨，爲秦益敵。敵多則力分，與衆則兵强。如此野無交兵，縣無守城，誅暴秦，據咸陽，以令諸侯，則帝業成矣。』不聽，遂自立爲王，號張楚。時郡縣苦秦法，爭殺長吏以應之。陳王以苛察爲忠，其所不善者，弗下吏，輒自治之。其信用之。諸將以其故不親附，此其所以敗也。勝雖已死，其所置遣侯王將相竟亡秦，由涉首事也。高祖時爲陳涉置守塚三十家，碭至今血食。按漢《地里［理］志》，陽城一屬潁川，一屬汝南。史遷云：『今爲汝陰。』近時馮舒智云：『故城在宿州南。』考之，潁州在秦爲潁川郡地，漢爲汝陰縣，隸汝南郡。若嵩山之陽城，本有虞之國，至秦漢已廢，而非潁川、汝南所屬。遷去此時甚近，謂陽城在汝陰，是也。而宿之陽城，不見於《漢志》。當時陳勝攻蘄，蘄即宿州，恐爲後人誤爲之附會耳。且漁陽亦在汝南之西，大澤則在徐之豐縣以東，相去千有餘里。閭里貧民之戍漁陽者已不能堪，今發遠屯大澤，復會天大雨，道不通，雖東行，將及而失期當斬，此陳勝之起兵，蓋有所激而然者。予筆削至此，隨考訂之，故於《郡紀》失載云。」李宜春《嘉靖潁州志·傳疑》：「陳勝。《近志·外傳》載勝爲陽城人。按《史義》云：『即河南陽城縣也。』」

鄧宗。汝陰人。秦二世元年（前209），陳勝、吴廣起兵，宗從勝徇九江郡。①

元

劉福通。潁州人。元至正辛卯（1351），四方盜起，欒城韓山童倡言天下當大亂，福通因稱山童爲宋徽宗八世孫，當爲中國主，乃刑牲誓告天地，遂同起兵，以紅巾爲號。初，庚寅歲（1350），山童以百姓苦賈魯治河之役，因挾詐陰鑿石人，止開一眼，鐫其背曰：「莫道石人一隻眼，挑動黄河天下反。」預當開河道埋之，掘者得之，遂相爲驚詫而謀亂，至是與福通舉事。縣官捕之急，山童就擒，妻子逃於武安。惟福通黨盛不可制，遂破潁州，據朱皋，攻羅山諸縣，犯武陽，陷汝寧府及光、息二州，衆至十萬。乙未（1355），福通自碭山夾迎韓林兒，山童子也。戊戌（1358），破汴梁，奉其主入，都之。分兵畧山東西地，遂破遼州。其黨關先生破上都，焚宫闕。己亥（1359）秋八月，元察罕帖木兒克汴梁，福通以其主復走安豐。先是，福通與杜遵道等自碭山夾河迎韓林兒，立爲皇帝，號小明王，建都亳州，國號宋，改元龍鳳。遣人至和陽，檄滁陽三子，郭某爲元帥，張天祐爲右副元帥，明太祖爲左副元帥。既而大明開吴國，其文多用宋龍鳳年號，旗幟及將士戰衣皆用紅色。後察罕帖木兒復

①《史記·陳涉世家》：「當此時，諸郡縣苦秦吏者，皆刑其長吏，殺之以應陳涉。乃以吴叔爲假王，監諸將以西擊滎陽。令陳人武臣、張耳、陳餘徇趙地，令汝陰人鄧宗徇九江郡。」吕景蒙《嘉靖潁州志·外傳（秦）》：「鄧宗。汝陰人。秦二世元年，陳勝、吴廣起兵，宗從勝徇九江郡。」李宜春《嘉靖潁州志·傳疑》：「鄧宗。《近志·外傳》載宗爲汝陰人。《一統志》載：『在宿州。』」

汴梁，劉福通以其主走安豐，其勢如故。至龍鳳七年（1361）正月朔，江南中書省設御座奉小明王，行慶賀禮，劉基入陳天命所在，上大感悟，乃定征伐之計。至龍鳳十年（1364）十二月，宋主小明王韓林兒殂，而福通之興廢，大畧可考。①

論曰：《武畧》何以分内外也？矯矯虎臣，公侯腹心。桓桓于征，王心載寧。惟朝廷駕御英雄，能收其用。

①劉福通（？—1363），潁州（今安徽阜陽）人。元末紅巾軍領袖之一。韓山童死後，劉福通擁立韓林兒爲帝，國號大宋，改元龍鳳，自任丞相。龍鳳五年（1358），汴梁爲察罕帖木兒所破，劉福通退安豐。後張士誠部將吕珍攻安豐，劉福通戰死。《元史·順帝紀》：「（至正十一年五月）辛亥，潁州妖人劉福通爲亂，以紅巾爲號，陷潁州。初，欒城人韓山童祖父，以白蓮會燒香惑衆，謫徙廣平永年縣。至山童，倡言天下大亂，彌勒佛下生，河南及江淮愚民皆翕然信之。福通與杜遵道、羅文素、盛文鬱、王顯忠、韓咬兒復鼓妖言，謂山童實宋徽宗八世孫，當爲中國主。福通等殺白馬、黑牛，誓告天地，欲同起兵爲亂，事覺，縣官捕之急，福通遂反。山童就擒，其妻楊氏，其子韓林兒，逃之武安……（六月）劉福通據朱皋，攻破羅山、真陽、確山，遂犯舞陽、葉縣等處……（至正十二年）二月己未，劉福通等自碭山夾河迎韓林兒至，立爲皇帝，又號小明王，建都亳州，國號宋，改元龍鳳。」吕景蒙《嘉靖潁州志·外傳（元）》：「劉福通。潁州人。元至正辛卯，四方盜起，欒城韓山童倡言天下當大亂，福通因稱山童爲宋徽宗八世孫，當爲中國主，乃刑牲誓告天地，遂同起兵，以紅巾爲號。（出《綱目》）初，庚寅歲，山童以百姓苦賈魯治河之役，因挾詐陰鑿石人，止開一眼，鐫其背曰：『莫道石人一隻眼，此物一出天下反。』預當開河道埋之，掘者得之，遂相爲驚詫而謀亂，至是與福通合。縣官捕之急，山童就擒，妻子逃於武安。惟福通黨盛不可制，遂破潁州，據朱皋，攻羅山諸縣，犯武陽，陷汝寧府及光、息二州，衆至十萬。乙未，福通自碭山夾迎韓林兒，稱宋帝。林兒，山童子也。戊戌，破汴梁，奉其主入，都之。分兵畧山東西地，遂破遼州。其黨關先生破上都，焚宮闕。己亥秋八月，元察罕帖木兒克汴梁，福通以其主復走安豐。癸亥［卯］（1363），張士誠將吕珍入安豐，殺福通，據其城。」李宜春《嘉靖潁州志·傳疑》：「劉福通。《近志·外傳》載爲潁人。至正間因與山童以紅巾爲號，破潁州，據朱皋，攻羅山諸縣，顛末甚悉。於李穀反不錄，豈穀不如通邪？」

丈夫受命天子，苟利國家，專之可也。倘使豪傑扼腕於草莽，而復當亂世，彼豈槁死田間？有爲所欲爲耳！此余紀潁之武畧而不勝世代之感也。宋當南渡，非劉錡順昌之捷，何以立國？雖忠臣上願哉，亦繇君相用人，適得機宜耳。如彭澤之靖中原，李天衢之保潁境，黄得功、李栩之撼流寇，皆膚功也。何代無才？何才不可用？若用則爲虎，不用爲鼠，惟學道者能之，非所以語於跖蹻之才也。如陳涉、劉福通，當秦、元鼎沸，遂不得爲治世之能臣，而徒爲亂世之奸雄。嗟乎！不有陳涉，何以啟漢？不有福通，何以肇明？二子皆潁産也。太史公録涉世家，明開國稟龍鳳十餘年正朔，二子真人傑哉！故余志《武畧内傳》，謂賢才爲國家用也；《武畧外傳》，謂有如此人傑而使之首亂天下也。當事者愛惜人才，以審治亂，可不慎哉！肅肅兔罝，後之君子能讀書學道，當如閎夭、散宜生，勿如陳涉、劉福通，敗則爲寇，供英雄驅除云爾。

潁州志卷之十五

孝義傳

潁多君子，孝義其首爾也。夫含情稟睿，天生所同；淳薄因心，非關學至。乃色養盡力，行義致身，揆之往古，照耀來今，有足多者。情發於天，行成乎己。臨危致命，殺身成仁，忠孝苦心，臣子上願。崇禎乙亥（1635），事多可紀也。若夫衡門之下，啜菽飲水，薄視膏腴，塵垢鍾鼎，雖宰世之人，無多激勸，而士多堅貞，獨全磊落。此足以愧世之偷薄者矣，况廉頑立懦，興起後人乎？

宋

張可象。七世同居。宋咸平中，詔加旌表，仍蠲其課調。①

元

張紹祖。潁州人。讀書力學，以孝行聞，特授河南路學教授。至正中，奉父避兵山間，賊至，將殺其父，紹祖泣曰：「吾父耆德善人，請殺我以代父。且若輩獨非父母所生乎，何可害人父？」賊怒，以戈擊之，戈應手挫鈍，因相謂曰：「此真孝子，不可害。」乃釋之。②

---

①《宋史·裘承詢傳》：「咸平後……潁州張可象、衛州張珪、滄州崔諒七世同居……並所在請加旌表，詔從之，仍蠲其課調。」呂景蒙《嘉靖潁州志·孝義·宋》：「張可象。潁州人，七世同居。咸平中，詔加旌表，仍蠲其課調。（事見《宋史·裘承詢傳》。）」李宜春《嘉靖潁州志·人物·孝義（宋）》：「張可象。潁州人，七世同居。咸平中，詔加旌表，仍蠲其課調。」

②張紹祖，字子讓，潁州（今安徽阜陽）人。官河南路儒學教授。事見《元史》本傳。《成化中都志·人才傳·潁州（元）》：「張紹祖。潁州人。讀書力行，以孝聞，特授河南路學教授。至正中，奉父避兵山間，賊至，將殺其父，紹祖泣曰：『吾父耆德善人，請殺我以代父。且汝等非父母所生乎，何忍害人之父？』賊怒，以戈擊之，戈應手挫鈍，因相謂曰：『此真孝子也，不可害。』乃釋之。」《南畿志·鳳陽府·人物》：「張紹祖。潁州人。讀書力學，以孝行聞，授河南路教授。至正中，奉父避兵山間，賊至，將殺其父，紹祖泣曰：『吾父善人，請即殺我。』賊以戈擊之，戈隨挫。因相謂曰：『此真孝子也。』釋之。」《正德潁州志·人物·元》：「張紹祖。本州人。讀書力學，以孝行聞。特授河南路學教授。至正中，奉父避兵山間，賊至，將殺其父，紹祖泣曰：『吾父耆德善人，請殺我以代父。且若等非父母所生乎，何忍殺人父？』賊怒，以戈擊之。戈應手挫鈍，因相謂曰：『此真孝子，不可害。』乃釋之。」呂景蒙《嘉靖潁州志·孝義·元》：「張紹祖。字子讓，潁州人。讀書力學，以孝行聞於朝，特授河南路儒學教授。至正十五年（1355），奉父避兵山間，賊至，執其父將殺之，紹祖泣曰：『吾父耆德善人，不當害，請殺我

以代父死。且若等非父母所生乎，何忍害人父也？』賊怒，以戈擊之，戈應手挫鈍，因感而相謂曰：『此真孝子，不可害。』乃釋之。」李宜春《嘉靖潁州志・人物・孝義（元）》：「張紹祖。字子讓，潁州人。讀書力學，以孝聞，特授河南路儒學教授。至正十五年，奉父避兵山間，賊至，執其父將殺之，紹祖泣曰：『吾父耆德善人，請殺我以代。且若等非父母所生乎，何忍害人之父？』賊怒，以戈擊之，戈應手挫鈍，因相謂曰：『此真孝子也。』乃釋之。」

明

丁冠。字志元。事父母，晨昏定省，率以爲常。迨卒，遇時物必祭，汪然涕下。領月廩，兄攫之，跪曰：「願奉兄也。」毫無間言。以貢授鷄澤知縣，慈祥沖澹，甫滿即歸，民立碑誦之。居鄉垂老，動有矩度，不溷於俗，不役於貧，瀟然有靖節風焉。子溱、涣，俱孝友樸質。涣試無資，溱索妻鬻婢銀，妻有難色，輒掌之，竟以銀付涣，歡笑而別，終不言其故。涣三歲失父，竭力事母，起居必告，不敢一毫拂母意。爲諸生，數奇，夢父語曰：「兒當在道理上做工夫，勿念功名也。」覺而焚香，痛哭砥行。所著有《慕萱集》，藏於家。①

①丁冠，字志元，潁州（今安徽阜陽）人。弘治十一年（1498）歲貢，正德八年（1513）任鷄澤知縣。《正德潁州志・科貢・貢（本朝）》：「丁冠。弘治十一年貢。」呂景蒙《嘉靖潁州志・人物表・明（歲薦）》：「丁冠。志元。鷄澤知縣。爲人恬淡，居官有陶靖節風味，鄉里多稱慕焉。」李宜春《嘉靖潁州志・人物・孝義（明）》：「丁冠。字志元，潁州人。事父母，晨昏定省，率以爲常。迨卒，遇時物必祭，汪汪然涕從而下。會兄奪月廩，跪謝曰：『某固欲奉兄也。』卒無間言。正德間應貢，授鷄澤知縣。慈祥雅淡，甫滿考即歸，民立碑誦之。其居鄉垂老，動有矩度，不溷溷於俗，不役役於貧，瀟然靖節風焉。」《乾隆鷄澤縣志・職官・知縣（明）》：「丁冠。潁州歲貢。正德八年任。爲政得民，去任，民思之不置，立碑。」

儲恩。字君錫。僉事珊子。爲太学生，事父母以孝聞。一日往田所，忽聞母丁宜人暴卒，即匍匐歸，抱母屍慟哭，恨不及面訣，頭觸地死，時年三十三。隆慶庚午（1570），孫佶登第。天之報孝義，非偶然矣。①

張孟可。潁州人。參僧信了，聽佛法，信了曰：「聽法宿有善緣，敬祖孝親最大。」孟可泣曰：「吾父母軍中繼歿，值亂，骨骸難厝，今臂以自隨，備經險阻，願歸卜葬。」其師命僧爲卜七里河東葬焉。寫《華嚴》《圓覺》《楞嚴經》百卷，一字一叩，自種麥刈磨爲糊裝，經見存資福寺中。子文甫，爲邸舍寓客，客有遺金五十，得之密貯三日，客至還之。文甫子珣，客遺布二桶［捆］，珣駕小舟載布追客。二日，值客僕輕棹哭回，付焉。此侍御光祖之先人也，姓系繁衍，科第接武，有自哉！②

劉渭。字清夫。性敏絶，憲臺曾公奇之。父瑁殯在堂，僕遺火，將及棺，公抱棺呼天，甘焚死。憲臺曾公素奇之，亟往救，問：「茂才安在？」左右曰：「抱棺哭，不肯出。」曾恚曰：「巡緝官兵不急救火，死茂才者，若輩

①《正德潁州志·科貢·制貢（本朝）》：「儲恩。應正德三年（1508）制貢。」吕景蒙《嘉靖潁州志·人物表·應例（明）》：「儲恩。君錫。」李宜春《嘉靖潁州志·人物·孝義（明）》：「儲恩。字君錫，潁州人。僉事珊子。爲太學生，事父母以孝聞。一日往田所，忽母丁宜人暴卒，聞訃即匍匐歸，抱母屍慟哭，恨不及面訣，頭觸地死。時年三十三。」

②《康熙潁州志·人物·孝友（明）》：「張孟可。嘗參僧信了聽佛法，信了謂曰：『聽法固有宿緣，然以孝親爲大。』孟可泣曰：『吾父母值亂歿軍中，骨未歸土，每負以自隨。今聞師言，使人猛省，願營葬畢，竭誠皈依。』僧爲卜七里河東地葬焉。寫經百卷，自裝潢之，以資父母冥福。經存資福寺中。其子文甫開邸舍寓客，忽得遺金五十，乃密貯以待，客至還之。及至孫珣時，客有遺布二捆者，珣駕小舟載布追客，越二日，值客輕棹哭回，付焉。侍御光祖，其後也。」

即償！」指揮陳勳覆濕綿襦拉出。會大雨，火亦撲滅。母有疾，吐痰盈盂，公跽涕，籲天請代，持盂，號呼飲之，曰：「母液不忍棄也。」母疾遂愈。工詞賦，矢口而成。詩酒自娛，不拘繩墨。四壁蕭然，人呼爲狂生。所著作皆散逸，今士林傳誦者，珠聯玉屑，無全篇可紀云。①

丁潭。穎慧異常。每試輒首選，卒厄於第。事母至孝，貧刺骨，而甘旨必潔。母病三月，日夜執母手，跪牀下涕泣，器具裀茵，必親自滌薰，合潁人咸敬之。②

張倫。字秉彝，性孝友。家饒田園，計一年衣食外，盡施濟郡中，無遠近。橋梁、道塗、廟宇、寺觀，悉倫修築，嘗自荷鍤運磚木。潁先年苦各驛馬騾役，倫挺身告辨［辯］，躬履艱苦，且勞費不貲，卒得釋潁民之苦。子姓至今蕃衍。③

---

①《康熙潁州志·人物·孝友（明）》：「劉渭。字清夫。性敏絶，善爲文，兵備曾公鼐雅重之。居父喪，值隣家失火將及，渭抱棺呼天，甘自焚死。曾公聞之亟至，問：『茂才安在？』人曰：『抱父棺號泣，不肯出。』曾公大恚，目指揮陳勳曰：『火發，兵不急救，死劉茂才者，爾不得生。』陳乃蒙濕綿襦哭入，抱之出。會天暴雨，火隨滅，棺亦無恙。母嘗有疾，渭跽泣籲天請代，母疾遂愈。居恒四壁蕭然，不拘繩尺，詞賦矢口而成，往往出人意表。惜所著皆散逸，今士林傳誦者，無全篇可紀焉。」

②《康熙潁州志·人物·孝友（明）》：「丁潭。穎慧異常，每試首拔，卒厄於科名。事母至孝，其貧刺骨，而甘旨必供。母病三月，日夜執母手，跪牀下涕泣，所用裀茵器具，皆親自滌薰，潁人咸敬之。」

③《康熙潁州志·人物·孝友（明）》：「張倫。字秉彝。性孝友。家饒田園，計一年衣食外，盡施貧人。境中橋梁、寺觀，多倫修築，嘗自荷鍤運磚木焉。潁初苦各驛馬騾役，倫挺身告辯，勞費獨任之，積困頓釋。」

劉嘉愛。祖母病，撫摩備至，甚至溲溺皆嘗視。軍人劉虎解邊銀，遺五十金，愛拾得，即付之。①

張守蒙。割股醫母病。又趙廷璽、王曠［鑛］，同如之。②

時尚祥。割股供祖父。祖父病目，每晨祝天，舐之，目復明。③

劉全印。字心南。宋臨江劉貢父之裔也，世居潁東鄉。九歲而孤，事母篤孝，百計承歡。母微有疾，衣不解帶。其居母喪，寢於柩側，蔬食水飲，三年不入内室。他如力行仁義，善蓋一鄉，風世勵俗，惟言長厚。其死之日，居民夢本境土神率其部爲之流涕，歎「里無善人」者久之。此雖語怪，然全印死之後，迄今咸謂：其人存，則古道可復。④

劉廷臚。字明甫，風儀峻整。讀書了大義，不屑屑章句。入太學，名噪都下。父九光分藩梧州，距家四千里，兄弟四人约次第趨侍。歲戊午（1618），臚在宦邸染瘴癘，幾不起，父母促之歸，答曰：「今歲吾兄弟皆赴秋闈，誰爲代我定省者？」居久之，再促歸，值其父行役會城，母子相抱，大慟而别。及舟次英德，聞梧州有火災，輒拊

①《康熙潁州志・人物・孝友（明）》：「劉嘉愛。祖母抱病，日夜親侍湯藥，至嘗便溺以審吉凶。軍人劉虎解邊餉，遺五十金，嘉愛拾得，即還之。」

②《康熙潁州志・人物・孝友（明）》：「張守蒙。趙廷璽。王鑛。三人皆事母至孝者。」

③《康熙潁州志・人物・孝友（明）》：「時尚祥。祖父病目，醫藥罔效，尚祥每晨焚香祝天，以舌舐之，目得復明。」

④《康熙潁州志・人物・孝友（明）》：「劉全印。字心南。臨江集賢校理攽之裔也，世居潁東鄉。九歲而孤，事母篤孝，百計承歡。母病，至廢寢食，居喪，蔬食水飲，不入室者三年。畢生力行仁義，足以風世勵俗。死之日，居民夢本境土神流涕歎曰：『斯人亡，里中無與爲善矣！』」

膺念其母驚怖，恐有他，亟易小艇返梧，依徊膝下，不忍再言别。久之，父移節潯州，隨母舟行。母病，則晝夜侍湯藥，勢急，籲天請代。逮母亡，卧病數日，竟以哀毁而終。廷臚純孝，生死惟知瞻戀二人而已，蓋至性也。①

白精衷。字輔乾。節婦袁氏子。甫五歲即孤，母織紡必侍側，諸書皆口授即不忘。家貧厲學，善文章，喜譚節義。母過慈，自噉糠秕，以精飼兒，覺之即泣跪曰：「兒無能供饘炊，乃兒食細而母食粗，忍乎？」每食則先啖惡糲，示甘焉。天啟丁卯（1627）鄉試，王吏部應泰評其文曰：「語必獨創。」然精忠［衷］舉於鄉，畧不示崖異，徒步里中，昏定晨省，以得慈母歡心爲樂。乙亥（1635）寇警至，急奉母進城。時當事皆守城，衷稽首流血於母之前，母勉之。城破，僕逼其逃去，曰：「母守我四十年，我何忍舍？」遇賊，問曰：「汝何人？」衷應之曰：「予舉人某。」賊逼之負豆，不應；減其半，亦不應；再減，亦不應如前。賊大怒，於三忠祠前解衣，刃迫

①《康熙潁州志·人物·孝友（明）》：「劉廷臚。字明甫。風儀峻整。讀書明大義，不屑屑章句。入太學，名噪都下。父九光分藩梧州，距家四千里，兄弟四人以次趨侍。歲戊午，廷臚在宦邸染瘴癘，父促之歸，答曰：『今歲兄弟皆赴秋試，誰爲代兒定省者？』久之，再促歸，值父往會城，母子抱頭大慟而别。舟次英德，聞梧州火災，恐其母驚怖，或有他虞，亟易小艇返梧，依回膝下，不忍復言别矣。未幾，父移節潯州，母忽寢疾舟中，晝夜敬侍湯藥，勢危，多方營救，籲天請代。及母亡，竟以哀毁過甚，逾數日終。」

之，無俯愬狀，惟手獲［護］一袴，曰：「吾母親手裁也。」遂遇害。足稱孝烈矣！①

郭之傑。號荆門。深沉好學，年四十始舉於鄉。敦修實踐，不尚綺靡。養二親，身執饋饌，有石柳風。居近北門，寇至輒登陴堅守，見西北隅潰，義不苟逃，投黑龍潭水中。②

檀之槐。號星垣。事親孝。都［教］授里中，以束脯佐旨甘，門徒常數十人。文章甚奇發，衆以元魁期之。乙亥（1635）正月城陷，舉家驚遁，時母柩在殯，低回不忍去。賊掠其家，槐持石杵擊之斃。又一賊來，見持杵，還走，槐追擊之，復斃。已而群圍槐，又殺傷數賊，然無助者，被創而仆。賊怒甚，縛屋柱間亂磔之，移時，兩目猶縷縷轉動，蓋至死不慴云。③

①《康熙潁州志·人物·孝友（明）》：「白精衷。字輔乾。節婦袁氏子。甫五歲而孤，母織紡必侍側，諸書經口授即不忘。家貧篤學，喜談節義。母自啖糠秕，以精者飼兒，精衷覺之，即跪泣曰：『兒不能供饘粥，負罪深矣！乃母食惡而兒食美，忍乎？』於是每食先飡粗糲，示甘焉。天啟丁卯舉於鄉，依然布衣徒步，惟問視慇懃，以得慈母歡爲樂。乙亥寇警至，急奉母入城，時紳士皆出守禦，精衷稽首告辭於母前，母勉之。城破，僕促使逃去，曰：『母守我四十年，我何忍舍？』遇賊，問曰：『汝何人？』精衷應曰：『我舉人某。』賊逼之負豆，不應；減其半，亦不應；再減，仍不應如初。賊大怒，於三忠祠前解其衣，刃迫之，無俯愬狀，惟手奪一袴，曰：『此吾母所親裁也。』遂遇害。」

②《康熙潁州志·人物志·孝友》：「郭之傑。深沉好學，年四十始舉於鄉。敦修實踐，不尚綺靡。養二親，身執飲饌，能盡歡心。居近北門，寇至輒登陴堅守，見西北隅潰，義不苟逃，投黑龍潭水中死。」

③《康熙潁州志·人物·忠義（明）》：「檀之槐。字星垣。潁諸生。教授里中，生徒常數十人，以束脯供甘旨。乙亥城陷，舉家驚遁，時母柩在堂，低回不忍去。賊掠其家，之槐持石杵擊之斃。又一賊來，見持杵，還走，追擊之，亦斃。已而群寇圍攻，之槐復殺數賊，然無助者，被創而仆。賊大怒，縛屋柱間亂磔之。移時，兩目猶爍爍轉動，蓋至死不慴云。」

盧象鼎。字握瑜。盧公翰四世孫也。寂若自好，足不窺園。遭親喪，哀毁過禮，然家貧，圖葬無期。寇逼門庭，守死不去。①

張維黄。字坤儀。憲副鶴騰孫也。生於世家，性戇樸，似不慧。城初陷，與其母匿巷舍，賊牽其母索金帛，將刃之，維黄急謂賊曰：「爾無殺我母，願殺我。」遂死之。維黄受刃時，有老嫗伏積薪下，見其引頸無怖色，惟顧母而已。時年二十八歲。贈應天府儒學教授。②

王聘汝。字起莘。憤母時氏殉難，自甘蔬素。手錄《金剛經》，每晨起焚香誦之，誦已輒痛哭，誓不與賊共生。賊至焦陂，方議截殺，忽有鸛鳥鳴所居樓上，或曰不吉，聘汝厲聲曰：「生不如死，吾志决矣！」糾比鄰壯丁數百人，力戰於楊家店，自巳至酉，幾成奇捷，身被數十創死焉。潁人挽之曰：「一到黄泉先見母，又隨霹靂逐

①《康熙潁州志·人物·孝友（明）》：「盧象鼎。字握瑜。諸生，兗州司李翰四世孫也。恬淡自好，目不窺閑。遭親喪，哀毁過禮，然家貧未能營葬，柩猶在堂。寇至，或勸之逃，象鼎守死不去。」

②張維黄（1608—1635），字坤儀，潁州（今安徽阜陽）人。天啟七年（1627）歲貢，崇禎八年（1635）卒。贈應天府儒學教授。《康熙潁州志·人物·孝友（明）》：「張維黄。字坤儀。憲副鶴騰孫也。性戇樸，似不慧。城初陷，與其母匿巷舍，賊牽其母索金帛，將刃之，維黄急謂賊曰：『爾無殺我母，願殺我。』遂死焉。維黄受刃時，有老嫗伏積薪下，見其引頸無怖色，惟頻顧母而已。時年二十八。贈應天府儒學教授。」

櫰槍。」①

陳繼信。號鳳津，生平以孝俠稱。工仇、趙諸家畫法，尤好僊佛。年六十餘，有嬰兒之色。無少長，皆游戲遇之，不少忤。然其中最誠，若可誘而愚者。平居自謂能武，及賊至，結束精嚴，或誚其老，宜自愛，曰：「公故不知耳，我一命須數命爲抵。」城潰，果以刃擊賊於南城，傷五六人，刃折，遂見殺。無子女，亦無資財，傳者以爲愚不可及。真烈士也，以系於《孝義》，何愧乎！②

李琦之。字公韓。讀書慕孝友，遵祖父之訓，不伍流俗。性兼豪俠而能泛愛，年二十有偉人之器。寇陷潁，賊執其父文奐索金帛，無以應，欲殺之，琦之求代父死，辭甚哀，賊不聽，琦之駡賊，賊怒，立斃刃下，旁一賊憐而勸此賊，其父遂得釋。琦之妻年十六，隨縊死。子死父，婦死夫，可以避患而有所不爲，人惜其才，服其烈。當事者聞於朝，議施卹。③

---

①《康熙潁州志·人物·忠義（明）》：「王聘汝。字起莘。痛母時氏殉難，每慟哭，誓不與賊俱生。賊至椒陂，方議截殺，忽有鸛鳴所居樓上，或曰不吉，聘汝厲聲曰：『生不如死，吾志決矣！』糾比隣壯丁數百人，力戰於楊家店，自巳至酉，幾成奇捷，乃身被數十創死焉。潁人挽以詩云：『一到黃泉先見母，又隨霹靂逐櫰槍。』」

②《康熙潁州志·人物·忠義（明）》：「陳繼信。字鳳津，一名新。工趙、仇諸家畫法。年逾六十，有膂力，善舞刀劍，刻『殺賊報天子』五字於刀柄，常身佩焉。乙亥（1635）城陷，繼信結束精嚴，持刀潛伏家中，賊入即斫，連斃數賊。復擊賊於南城，又殺六七賊，刀折，遂死之。」

③《康熙潁州志·人物·孝友（明）》：「李琦之。字公韓。讀書慕孝友，不伍流俗，年二十有偉人器。寇陷潁，執其父文奐，將殺之，琦之求代父死，甚哀，賊不聽，琦之憤駡，賊怒殺琦之，旁一賊憐而釋其父。琦之妻梁氏，年十六，隨縊死。當事聞於朝，乃得卹焉。」

隱逸傳

夫遺榮好道，棲遲养志，不戚戚於貧賤，不躭躭於富貴①，我黼子佩，我負子戴②，士各有志，亦其時哉。然獨往之人多稟偏介之性，豈其放情江海，取逸丘樊，道之不行，窮居何損焉。幽人貞吉③，遯世無悶④，彼其隱蹟雖同，隱心自異。身隱故稱隱者，道隱故曰賢人。⑤莫不激貧厲俗，秉自異之姿。淵明八十日縣令，弘景服官而松風之夢自在，維兹逸民，豈慚朱紱？庶髣髴其人焉，惟近代二三君子。

戰國

沈郢。沈丘人。周文王第十一子聃季食邑於沈，後爲楚所滅，子孫以國爲氏，郢其裔也。有高行，秦徵爲相，

①《漢書·揚雄傳》：「不汲汲於富貴，不戚戚於貧賤。」《梁書·止足》：「不戚戚於貧賤，不躭躭於富貴。」
②揚雄《琴清英》：「祝牧與妻偕隱，作《琴歌》云：『天下有道，我黼子佩。天下無道，我負子戴。』」
③《周易·履》：「九二：履道坦坦，幽人貞吉。」
④《周易·大過》：「《象》曰：澤滅木，大過。君子以獨立不懼，遯世无悶。」
⑤《宋書·隱逸傳序》：「運閉故隐，爲隐之蹟不見，違人故隐，用致隐者之目。身隐故稱隐者，道隐故曰賢人。」

不就。作沈亭於潁濱，遊釣終身。①

漢

廖扶。字文起，汝南平輿人也。習《韓詩》《歐陽尚書》，教授常數百人。父爲北地太守，以法喪身，扶感而歎曰：「老子有言：『名與身孰親？』吾豈爲名乎！」遂絶志世外，專精經典，州郡公府辟召皆不應。就問災異，亦無所對。扶逆知歲荒，乃聚穀數千斛，悉用給宗族姻親，及斂葬死亡不能自收者。常居先人塚側，未曾入城市。太守謁煥，先爲諸生，從扶學，後臨郡，未到，先遣吏修門人之禮，又欲擢扶子弟，固不肯，當時人因號爲北郭先

---

①《元和姓纂·沈》：「周文王第十子聃食采於沈，因氏焉。今汝南平輿沈亭，即沈子國也。秦有沈郢，徵丞相不就。」《成化中都志·人才·潁州（戰國）》：「沈郢。沈丘人。故城在州西鄉。周文王第十一子聃季封於沈，後爲楚所滅，子孫以國爲氏，郢其裔也。有高行，秦徵爲相，不就。作沈亭於潁濱，遊釣終身。」《南畿志·鳳陽府·人物》：「沈郢。沈丘人。有高行，秦徵爲相，不就。作沈亭於潁濱，游釣終身。」《正德潁州志·人物·秦》：「沈郢。周文王第十子聃季食采於沈，因氏，其後國滅，郢其裔也。有高行，秦徵爲丞相，不就。作沈亭於潁濱，以遊釣終其身。」呂景蒙《嘉靖潁州志·遺逸·戰國》：「沈郢。沈丘人。故城在州西鄉。周文王第十一子聃季食邑於沈，後爲楚所滅，子孫以國爲氏，郢其裔也。有高行，秦徵爲相，不就。作沈亭於潁濱，釣遊終身。」李宜春《嘉靖潁州志·人物·隱逸（戰國）》：「沈郢。沈丘人。周文王第十一子聃季食邑於沈，後爲楚所滅，子孫以國爲氏，郢其裔也。有高行，秦徵爲相，不就。作沈亭於潁濱，釣遊終身焉。」

生。年八十，終於家。二子孟舉、偉舉，並知名。①

袁宏［閎］。父安，漢司徒官也。末季，諸袁跋扈，宏避汝陰居焉。苦身修飭，以講學爲業，暇日坐釣潁濱，朝廷累徵不至。時人賢之，名其處曰釣魚臺。②

---

①廖扶。字文起，汝南平輿（今安徽臨泉）人。明天文、讖緯之術，時人號爲北郭先生。事見《後漢書》本傳。《成化中都志·人才·潁州（三國）》：「廖扶。字文起，平輿人。習《韓詩》《歐陽尚書》，教授常數百人。嘗曰：『老子有言：「名與身孰親？」吾豈爲名乎！』遂絶志世外。專精經典，尤明天文、風角、推步之術。州郡公府辟召皆不應。就問災異，亦無所對。逆知歲荒，積穀以給姻族，及斂葬疫死不能自收者。常居先人塚側，不入城府。人號北郭先生。年八十，終於家。二子孟舉、偉舉，並知名。」吕景蒙《嘉靖潁州志·遺逸·漢》：「廖扶。字文起，汝南平輿人也。習《韓詩》《歐陽尚書》，教授常數百人。父爲北地太守，以法喪身，扶感而歎曰：『老子有言：「名與身孰親？」吾豈爲名乎！』遂絶志世外。專精經典，州郡公府辟召皆不應。就問災異，亦無所對。扶逆知歲荒，乃聚穀數千斛，悉用給宗族親戚，及斂葬死亡不能自收者。常居先人塚側，未曾入城市。太守謁煥，先爲諸生，從扶學，後臨郡，未到，先遣吏修門人之禮，又欲擢扶子弟，固不肯，當時人因號爲北郭先生。年八十，終於家。二子孟舉、偉舉，並知名。」李宜春《嘉靖潁州志·人物·隱逸（漢）》：「廖扶。字文起，平輿人也。習《韓詩》《歐陽尚書》，教授常數百人。父爲北地太守，以法喪身，扶感而歎曰：『老子有言：「名與身孰親？」吾豈爲名乎！』遂絶志世外。專精經典，州郡辟召皆不應。就問災異，亦無所對。扶逆知歲荒，乃聚穀數千斛，悉用給宗族親戚，及斂葬死亡不能自收者。常居先人塚側，未曾入城市。太守謁煥，先爲諸生，從扶學，後臨郡，未到，先遣吏修門人之禮，又欲擢扶子弟，固不肯，當時人因號爲北郭先生。年八十，終於家。二子孟舉、偉舉，並知名。」

②此條有誤。已見前「釣魚臺」條之注。《正德潁州志·流寓·本朝》：「袁宏［閎］。父安，仕至司徒。漢末，諸袁漸跋扈，宏［閎］避居汝陰，苦身修飭。以講學爲業，暇日坐釣潁濱，朝廷累召不起。」吕景蒙《嘉靖潁州志·遺逸·漢》：「袁宏［閎］。父安，漢司徒官也。末季，諸袁跋扈，宏［閎］避汝陰居焉。苦身修飭，以講學爲業，暇日坐釣潁濱，朝廷累徵不至。時人賢之，名其處曰釣魚臺。釣魚臺在州東七十里。」李宜春《嘉靖潁州志·人物·隱逸（漢）》：「袁宏［閎］。父安，漢司徒官也。末季，諸袁跋扈，宏［閎］避汝陰居焉。苦身修飭，以講學爲業，暇日坐釣潁濱，朝廷累徵不至。時人賢之，名其處曰釣魚臺。」

明

王尚循。字淡父，給諫謨之子。隆慶戊辰（1568），父爲楚參籓，生尚循於官邸。乳母謝，楚人也，呢喃作語即爲楚聲，其父怪之，教以宫商轉舌，誦唐人小詩，懷抱間出一二韻語，博人笑。長而讀古人書，肆力爲詩，用古人字面法度，至弗寢食以思，出一二語，人輒笑之。久之，笑不已，而吟愈不輟，恍然悟先輩之傳者，由笑以激之也。年三十餘，歲在丁酉（1597），裒其詩千首，自序曰《由粲集》。尚循死已久，潁人劉濟寬公定獨藏其集，索讀之，則棄津筏，抒胸臆，湖山花月，風雨晦明，嬉笑嫚罵，一寓於詩，間出孤憤，若無一人可目者，大有別致，多奇語。詢其家，無子孫。人傳其少年時跅跑不羈，凌侮鄉人，其父患之，資遣入南國學，尚循忽折節謹飭，人乃目爲周孝侯。然尚循直不可一世，貶其道以徇之耳。父死，州守齮齕其家，尚循入都門，謁父同年爲閣臣者，守十日不得見，乃怒投一詩爲刺，於是閣臣驚而追禮之。閱尚循集，萬曆末尚在，自爲挽詩，與汝寧秦京遊西湖，相倡和。後有續集兩大册，蠹紙脱畧而又草書，書學孫過庭。蓋懷才而隱，姓字不出鄉，真遯世者與！①

①王尚循（1568—1603），字淡父，潁州（今安徽阜陽）人。著有《由粲集》。劉體仁《王太學詩叙》：「王尚循。字淡父，潁川人。父謨，官給諫，生尚循京邸。乳媪，楚人也。方歲，呢喃作語，即爲楚聲。父怪之，教以宫商轉舌，調四聲不失。使誦唐人小詩，輒中音節。及長，於書傳流覽而已。跅弛不馴，爲鄉里所患苦。父曰：『此拘虚之咎也。』資使遊南雍。公一日奮筆題其楹曰：『過也如日月之食，復其見天地之心。』忽自折節爲恭儉，力學稱詩，卒不仕。有一孫，早死。公母爲余曾老姑。家公定弟少與其孫同學，特爲收其集。江東張文峙修潁志，取隱逸詩人

之義，謚曰孝隱先生。爲傳曰：『尚循於丁酉歲自哀其集曰《由粲》。棄津筏，抒胸臆，中多孤憤語，致奇逸不可滅没。』人謂其父死時，遭盜跖，而居民間者困折其家。尚循走京師，謁其父之同年爲閣臣者，守十日不得見，怒而刺以一詩，徑去，閣臣追而禮之。尚循癸卯（1603）年死，年三十六。嘗自爲輓詩，與汝南秦京遊處相倡和。復有續集兩大册，蠹紙脱畧而又草書，書蓋作孫過庭法云然。文峙還江東，集隨之去。今文峙復作古人，文章之顯晦相倚伏如此，可爲太息。」《康熙潁州志・人物・文苑（明）》：「王尚循。字淡父。父謨，官給諫，生尚循京邸。乳媪，楚人也，作語多爲楚音，父怪之，教以四聲，令誦唐人小詩，輒中音節。及長，跅跑不羈，其父曰：『此拘墟之咎也！』資遣遊南雍。尚循一日忽奮筆題其楹曰：『過也如日月之食，復其見天地之心。』自是折節讀書，矜慎自守，凡晦明風雨，一寓於詩。父死，有司凌侮其家，尚循走京師，謁其父之同年爲閣臣者，守十日不得見，怒而刺以一詩，徑去，閣臣追而禮之。嘗與汝寧秦京遊處，相倡和。萬曆丁酉（1597），哀其所著千首，名曰《由粲集》。歲癸卯，自爲輓詩而終，年三十六。復有續集甚多，皆蠹簡殘缺，不可識云。」

湯有光。字闇如，別號佩韋。年二十猶未得爲博士弟子，好摻吳音，抗言高論，往往拄頰折角，人望其跛履來，多愧畏避之。爲文辭千言立就，或代人屬草，必徵其錢取酒。年逾壯，登應天賢書一榜，以才俊稱。性彊直自遂，卒以此忤鄉達者意，遂避仇去，客遊淮泗，落落無所得。時李中丞植以建言居家，海内仰之若膺喬。光過淮揚，贈之詩，中丞大驚，亟自起迎，禮爲上客。光固抗言高論，每百人之會，授簡賦詩，輒出諸勝流上，中丞益親之。名大噪，遊道益廣，自吳歷越，所至肩稱。然好使酒，罵其座客，無所詘。事平還里，求田問舍非其志也。久之，有姻家爲待[侍]御，勸之仕，光漫應之，得高安令。之任，不及期即解組去。寓金陵，數歲復還，時年六十餘。視橐中裝，不以與諸子，築室小圃，日市酒食，召故人賓客相樂也。酒酣，側弁拊手，發一語，無不人人絶倒。光有經世之才，視道不可行，一意高隱，與時浮沉，每論國家大事，無不當者。優遊十餘年，如少壯人。順治五年（1648）乃卒。聞者咸歎惋，謂不見替人。①

郝慎修。字玉笥。事父以孝聞。負才穎，貫經史，善屬文，工篆楷，爲博士弟子。會兵使者視學，慎修講「行己有耻」章，寓意時事，切中司牧者隱衷，兵使者會其意，即目當事者云：「如此，真可謂小人！」郡人服其氣岸，每遇州有大事，輒出議主持。不避權勢，且周急扶危，重然諾，無矜容，一介自守，海内聞人咸與之友。因守制，博涉堪輿諸書，遍訪異人，竭力營搆，遂精地理之奥。潁昔稱三川貫城，多産名賢，漸而東流，風氣遂洩，請開巽水以補之，議者沮不行。慎修博學多通，有志用世，而不得見知於有司，遂棄去鉛槧，絶不經意，治遯世無悶之學，自號逸民，與同里湯有光行藏相契合。寄興詩酒，廣延方士，究研《性命》《參同》微旨，大有發藴。年七

①湯有光（？—1648），字闇如，號佩韋，潁州（今安徽阜陽）人。曾任高安令，未滿即歸。著有《成趣園詩》。《康熙潁州志·人物·文苑（明）》：「湯有光。字闇如，别號佩韋。少貧，能自拔爲學，精敏出群，每操吴音抗言高論，一座盡屈，故人望其跋履而來，多畏避之。作文握管立就，或代人屬草，必徵錢取酒。久之，登應天賢書，然性徑直自遂，以是忤鄉達者意。避仇，客淮泗間，落落寡合。時李中丞植以建言家居，海内仰之若膺喬，有光過維揚，投以詩，中丞大驚，亟自起迎，禮爲上客。當賓朋满座，授簡賦詩，有光常出諸勝流上，以是名大噪，遊道益廣，自吴歷越，所至人爭與交。事平歸，乃謁選，得高安令。之任，未及一年即解組，寓金陵。數歲復還，年六十餘矣，築室小圃，日市酒肴召故人相樂。著有《成趣園詩》。有光抱經濟才，視道不可行，遂返初服，優游十餘載，如少壯人，至順治五年乃卒。」

十，顔如童，所得微矣。乙亥（1638）春，賊陷城，遨遊淮、泗間，終於客邸，殆羽化云。①

張廷訓。字振蒙。清貞守道，抗志柴門，行不苟合，言無夸矜，未嘗見其喜愠之色。好讀書，無師友與之講貫，自爲研求。如《十三經》及諸子書，直誦白文，潛思默諷，久則升堂睹奥，摭華尋根，遠近執經請業者戶屨常滿。方正博聞，絶不知天壤間功名富貴爲何物，實儒者之高蹈也。子曰本，字晝前，以文章名。②

曹永鼎。字貞［真］陵。家故饒於財，好招致四方士。命俠自喜，能騎射，解聲歌，分其才技，可兼數人，而又若無一長者。頽然山澤，酷似稽［嵇］叔夜，識者謂其外惠内夷，非常人也。生平喜譚天文壬甲之學，旁及神僊丹砂，皆嘗試之。與人交若嬰兒，不立崖岸，人多易之，間令射覆，恢諧③以爲笑樂，莫知其生平之所存也。偶夜與友人仰步庭中，歎曰：「火在斗，將奈何？」友人曰：「跳而厭乎？」曹曰：「非也。此非斗口，當以主兵大臣當之。」友人未信。後一月閱邸報，大司馬陳新甲死矣。又每謂所知：「據象緯，前數年有異徵，衆皆不

---

①劉體仁《郝文學詩敘》：「郝慎修，號玉笥，潁川人。修髯玉立，儀觀甚偉。爲諸生，有聲塲屋。郡守才而傲，某御史巡行至潁，先生於講堂執經發難，指譬斗笥，逸辭坌涌。御史爲目攝郡守，人服其氣岸。晚好神僊，謂沖舉可待，行年七十而有嬰兒之色。屬潁被兵，携家避地濠、泗間水鄉荒村，感憤與閑適半焉。集中詩得於此時爲多。」《康熙潁州志·人物·逸民（明）》：「郝慎修。字玉笥。潁諸生。事親以孝聞。善屬文，有聲庠序。會兵使者視學，講『行己有恥』章，借斗笥諷切時事，兵使者解其意，顧州牧云：『如此，真可謂小人！』衆服其氣岸，遇有地方大事，輒出議主持。不避權勢，且周急扶危，絶無德色。晚棄鉛槧，寄情詩酒，爲遯世無悶之學，研精《參同》微旨，頗有所得。行年七十，顔如嬰兒。潁既被兵，乃携家遊濠、泗間不返。」

②《康熙潁州志·人物·逸民（明）》：「張廷訓。字振蒙。清真守道，抗志衡門，行不苟合，言無矜夸，未嘗見喜愠之色。好讀書，經史諸子，皆潛思默會，摭華尋根，遠近請業者戶屨常滿。然高蹈自甘，絶不知功名富貴爲何物。子曰本，字晝前，以文章名。」

③「恢諧」，同「詼諧」。

見，余獨圖而志之。」因出以示，友人問其驗，則曰：「世將易矣。」因慷慨太息。後皆如所言。鼎革後，儲瓶粟，賃茅舍而居，意泊如也。戊子（1648）春，忽一日盡焚所藏圖讖之書，獨留琴譜一册，付侍者曰：「以此貽所善友人劉公勇。」遂卒，似謂《廣陵散》依稀不可絶也。世多貴耳賤目，與曹先生周旋，皆謂平平耳。金陵張文峙，有人倫鑒，獨謂曹君爲異人，韜光埋照，神遊八極，但謂高隱，尚皮相也。識者以爲知言。①

---

①劉體仁《真陵子詩叙》：「曹永鼎，自號真陵子，汝陰人。予於己庚間年少氣盛，妄意當世畧。真陵謂予曰：『世將易矣，宜勿事事。』示一圖，記乾象之變。問其期，曰：『殆不出十年。』因慷慨太息。真陵家故饒財，招致四方士，喜談天文、遁甲、風角、鳥占諸術。善騎射技擊，又妙解音律，號彈琴，下及丝竹匏革，凡器之可以成聲者，無不觸手調諧。其與世若嬰兒，每群聚，使雜占射覆爲笑樂，率易其語。嘗夜與步中庭，真陵曰：『火在斗，奈何？』予曰：『跣下殿而厭乎？』真陵曰：『否，當以主兵大臣當之。』予笑曰：『今日擁節鉞者，皆白面書生，臨次，營避百方。不幸而出，惟中懼不脱死。惛惛行文書，但作貴倨狀。黠者知其無可奈何，遂欲倖成，翻舊史圖上方畧，謾爲壯語耳。臨軍則大帥目眙心易，如羊之使狼。耗日力，糜司農錢，致邊境枵懸。此不遇敵，遇則死帷車中。否，亦畏陷没，多當殊死，閉閤泣而自裁，幸得死肉完。君熟聞此，故設爲必驗，欺乃友。』真陵曰：『以日占之，則在内，不在外。』未閲月，聞大司馬陳新甲以泄禁中語，坐它罪死矣。甲乙間依予，儲瓶粟歸，茅茨而居。性嗜酒，燕處亦喋喋而笑。己丑（1709）春，予出遊。真陵忽一日盡焚所藏讖緯諸書，獨留一册付侍者曰：『以此貽劉子。』越日，卒。蓋文數篇，皆論琴理。予乃歎曰：『曹先生，異人也！予以外惠内夷友之，其猶遊方之内者也。夫人情貴耳賤目，與曹先生居，謂平平耳。聞曹先生之風而恨不同時者，其在後世乎？』」《康熙潁州志·人物·朗鑒（明）》：「曹永鼎。字真陵。家故饒於財，好招致四方士，命俠自喜，能騎射，解聲歌，識者謂其外惠内夷，非常人也。生平喜談天文壬甲之學，與人交不立崖岸，人多易之，間令射覆，詼諧以爲笑樂。偶夜與友人閑步中庭，仰而歎曰：『火在斗，將奈何？』友人曰：『跣而厭乎？』永鼎曰：『此非斗口，以主兵大臣當之。』友人未信。後一月閲邸報，大司馬陳公新甲死焉。李將軍栩起兵殺賊，聘永鼎幕中，每能出奇制勝。及袁時中紿栩受降，力言往必無還理，栩堅不從，永鼎顧幕僚，歎曰：『此命也夫！』不數日，而李果遇害。既而密謂所知曰：『象緯有異，世將易矣！』問其期，曰：『不遠矣！』因相與慷慨太息。未幾，皆如其言。鼎革後，茅屋數椽，粟餅屢罄，意恬如也。至戊子春，忽一日盡焚圖讖書，獨留琴譜，付侍者曰：『劉孝廉公勇來，以此貽之。』遂卒。」

僑寓傳

丈夫四海爲家，適彼樂土，亦山水人文所招致乎？濂溪寓南康，堯夫居洛下横渠之郿，紫陽卜閩，豈曰輕去其鄉？若夫永叔、子瞻，終身逆旅，乃其居潁而歌咏之也。至今《菁莪》，尚有遺風。然則仕於土者，德澤在人，買田宅，長子孫，尸祝於社，豈但桐鄉哉？君子之至於斯也，憑吊疇昔，握手英傑，安其風土，若可家焉。《緇衣》《白駒》，殆不絶於今兹。

北魏

劉模。長樂信都人也。涉獵經籍，微有注疏，高允選爲校書郎。允修撰《國紀》，每同入史閣，接膝對筵，屬述時事，模有功焉。太和初，遷中書博士，出除潁州刺史。莅任多年，寬猛相濟，有治稱。後遂家於潁。①

①《魏書·高允傳》附傳：「初，允所引劉模者，長樂信都人也。少時竊遊河表，遂至河南，尋復潛歸。頗涉經籍，微有注疏之用。允領秘書、典著作，選爲校書郎。允撰修《國記》，與俱緝著。常令模持管籥，每日同入史閣，接膝對筵，屬述時事。允年已九十，目手稍衰，多遣模執筆而指授裁斷之。如此者五六歲。允所成篇卷，著論上下，模預有功焉。太和初，模遷中書博士，與李彪爲僚友，並相愛好。至於訓導國胄，甄明風範，遠不及彪也。出除潁州刺史。王肅之歸闕，路經懸瓠，羈旅窮悴，時人莫識。模獨給所須，吊待以禮。肅深感其意。及肅臨豫州，模猶在郡，微報復之，由是爲新蔡太守。在二郡積十年，寬猛相濟，頗有治稱。正始元年（504），復出爲陳留太守。時年七十餘矣，而飾老隱年，昧禁

自效。遂家於南潁川，不復歸其舊鄉矣。」吕景蒙《嘉靖潁州志・僑寓・北魏》：「劉模。信都人。守潁州，治政有聲，後家於潁。（詳見《魏書》。）」李宜春《嘉靖潁州志・人物・宦業（北魏）》：「劉模。長樂信都人也。太和初，遷中書博士，出除潁州刺史。王肅之歸闕，路經懸瓠，羈旅窮悴。模獨給所須，吊待以禮。肅深感其意。及肅臨豫州，模猶在郡，徵報復之，由是爲新蔡太守。在二郡積十年，寬猛相濟，頗有治稱。後家於潁。」

唐

段珂。汧陽人。秀實孫。僖宗時居潁州。黄巢圍潁，刺史欲以城降，珂募少年拒戰，衆裹糧請從，賊遂潰，拜州司馬。後家十［於］潁。①

①《新唐書・段秀實傳》：「（秀實孫）珂，僖宗時居潁州。黄巢圍潁，刺史欲以城降，珂募少年拒戰，衆裹糧請從，賊遂潰，拜州司馬。」《成化中都志・名宦・潁州（唐）》：「段珂。汧陽（今陝西千陽）人。秀實孫。僖宗時居潁州。黄巢圍潁，刺史欲以城降，珂募少年拒戰，衆裹糧請從，賊遂潰，拜州司馬。」《南畿志・鳳陽府・宦蹟（唐）》：「段珂。汧陽人。秀實孫也。寓居潁州。黄巢圍潁，刺史欲以城降。珂募少年拒戰，衆裹糧請從，賊遂潰，拜州司馬。」吕景蒙《嘉靖潁州志・僑寓・唐》：「段珂。汧陽人。秀實孫。僖宗時居潁州。黄巢圍潁，刺史欲以城降，珂募少年拒戰，衆裹糧請從，賊遂潰，拜州司馬。」李宜春《嘉靖潁州志・人物・忠義（唐）》：「段珂。汧陽人。秀實孫。僖宗時居潁州。黄巢圍潁，刺史欲以城降，珂募少年拒戰，衆裹糧請從，賊遂潰，拜州司馬。」

宋

歐陽發。字伯和。①

歐陽棐。字叔弼。②

---

①歐陽發（1040—1089），字伯和，廬陵（今江西吉安）人。歐陽修長子。以父恩，補將作監主簿，賜進士出身，累遷至殿中丞。《宋史·歐陽修傳》附傳：「子發字伯和，少好學，師事安定胡瑗，得古樂鍾律之説，不治科舉文詞，獨探古始立論議。自書契以來，君臣世系，制度文物，旁及天文、地理，靡不悉究。以父恩，補將作監主簿，賜進士出身，累遷殿中丞。卒，年四十六。蘇軾哭之，以謂發得文忠公之學，漢伯喈、晉茂先之流也。」李宜春《嘉靖潁州志·人物·流寓（宋）》：「歐陽發。字伯和，修長子。少師事安定胡瑗，得古樂鍾律之説。不治科舉文字，獨探古始立論議。自書契來，君臣世系，制度文物，旁及天文、地理，靡不悉究。以父恩，補將作監主簿，賜進士出身，累遷殿中丞。卒，蘇軾哭之，以謂發得文忠公之學，漢伯喈、晉茂先之流也。」

②歐陽棐（1047—1113），字叔弼，廬陵（今江西吉安）人。歐陽修中子。治平四年（1067）進士，歷知襄、潞、蔡三州。《宋史·歐陽修傳》附傳：「中子棐字叔弼，廣覽强記，能文詞。年十三時，見修著《鳴蟬賦》，侍側不去。修撫之曰：『兒異日能爲吾此賦否？』因書以遺之。用蔭，爲秘書省正字，登進士乙科，調陳州判官，以親老不仕。修卒，代草遺表，神宗讀而愛之，意修自作也。服除，始爲審官主簿，累遷職方員外郎、知襄州。曾布執政，其婦兄魏泰倚聲勢來居襄，規占公私田園，强市民貨，郡縣莫敢誰何。至是，指州門東偏官邸廢址爲天荒，請之。吏具成牘至，棐曰：『孰謂州門之東偏而有天荒乎？』卻之。衆共白曰：『泰横於漢南久，今求地而緩與之，且不可，而又可卻邪？』棐竟持不與。泰怒，譖於布，徙知潞州，旋又罷去。元符末，還朝。歷吏部、右司二郎中，以直秘閣知蔡州。蔡地薄賦重，轉運使又爲覆折之令，多取於民，民不堪命。會有詔禁止，而佐吏憚使者，不敢以詔旨從事。棐曰：『州郡之於民，詔令苟有未便，猶將建請。今天子詔意深厚，知覆折之病民，手詔止之。若有憚而不行，何以爲長吏？』命即日行之。未幾，坐黨籍廢，十餘年卒。」李宜春《嘉靖潁州志·人物·流寓（宋）》：「歐陽棐。字叔弼，修中子。廣覽强記，能文辭，年十三時，見修著《鳴蟬賦》，侍側不去。修撫之曰：『兒異日能爲吾此賦否？』因書以遺之。用蔭，爲秘書省正字。登進士乙科，調陳州判官，以親老不仕。修卒，代草遺表，神宗讀而愛之，意修自作也。服除，始爲審官主簿，累遷職方員外郎、知襄州。忤執政曾布，徙潞州，旋又罷去。元符末，以直秘閣知蔡州。未幾，坐元祐黨籍廢。」

歐陽辯。字季默，廬陵人。父永叔，皇祐元年（1049）以上騎都尉、開國伯、知制誥自揚州移知潁州，二月丙子至郡，愛其風土有西湖之勝，將卜居焉，迺建書院於湖南。熙寧辛亥（1071），致政歸潁，作六一堂於書院之旁，卒於潁。長子歐陽發，字伯和。少師事安定胡瑗，得古樂鍾律之説。不治科舉文字，獨探古立論議。自書契來，君臣世系，制度文物，旁及天文、地理，靡不悉究。以父恩，補將作監主簿，賜進士出身，累遷殿中丞。卒，蘇軾哭之，謂發得文公之學，漢伯喈、晉茂先之流也。中子歐陽棐，字叔弼。廣覽强記，能文辭。年十三時，見修著《鳴蟬賦》，侍側不去。修撫之曰：「兒異日能爲此賦否？」因書以遺之。蔭爲秘書省正字。登進士乙卯［科］，調陳州判官，以親老不仕。修卒，代草遺表，神宗讀而愛之，意修自作也。服除，始爲審官主簿，累遷職方員外郎。後坐元祐黨，廢。兄弟俱家於潁。小子辯，字季默。惟叔弼、季默兄弟屢見於子瞻在潁唱和之詩。云：「風流猶有二歐存。」又云：「坐念兩歐陽。」《泛潁水》云：「趙陳兩歐陽，同參天人師。」明國初，有歐陽氏尚居西湖上。①

劉攽。字貢父，臨江人。登第。博學守道，累官屯田員外郎，充集賢校理。喪父。時歐陽文忠公守潁，攽往依之，相與賡詠。攽詩有曰：「羈鳥能擇木，游魚能赴淵……卜居幸樂國，負廓依良田。」劉元城先生曰：「劉貢父

①歐陽辯（1049—1101），字季默，廬陵（今江西吉安）人。歐陽修少子。有文采，善金石之學，仕至承議郎。河南省新鄭市辛店鄉歐陽寺村曾出土歐陽辯墓志一方，現爲該市博物館所藏。

好謔，然立身立朝極有可觀。」①

李之儀。趙州人。謫居潁州，籍有文名，後因家焉。②

明

杜暹。雲南昆明人。洪武十五年（1382）知潁州。政清刑簡，遇事明決。任十八年，致政回籍，百姓感留，遂

①劉攽（1023—1089），字貢父，號公非。臨江新喻（今江西新余）人。慶曆六年（1046）年進士，歷知曹、兖、亳、襄、蔡諸州，後仕至中書舍人。事見《宋史》本傳。《成化中都志·人才傳·潁州（宋）》：「劉攽。字貢父。《古今紀要》作『戇父』。本臨江人。博學守道，累官屯田員外郎，充集賢校理。喪父。時歐陽文忠公守潁，攽往依之，與賡詠。攽詩有云：『羈鳥能擇木，游魚知赴淵……卜居幸樂國，負郭依良田。』元城劉先生云：『劉貢父好謔，然立身立朝極有可觀，故某喜與之交遊也。』」《正德潁州志·名宦·宋》：「劉攽。臨江人。宋仁宗朝通判廬州。辭學優贍，操履清慎。後歷官播遷無常，父喪犇葬，貧不自存。歐公守潁，攽往依之，相與賡詠，故攽有謝詩云。」吕景蒙《嘉靖潁州志·僑寓·宋》：「劉攽。字貢父，臨江人。與兄敞同登科第。博學守道，累官屯田員外郎，充集賢校理。喪父。時歐陽文忠公守潁，攽往依之，相與賡詠。攽詩有曰：『羈鳥能擇木，游魚知赴淵……卜居幸樂國，負郭依良田。』劉元城先生曰：『劉貢父好謔，然立身立朝極有可觀，故某喜與之交遊也。』」李宜春《嘉靖潁州志·人物·流寓（宋）》：「劉攽。字貢父，臨江人。與兄敞同登科第。博學守道，累官屯田員外郎，充集賢校理。喪父。時歐陽文忠公守潁，攽往依之，相與賡詠。攽詩有曰：『羈鳥能擇木，游魚知赴淵……卜居幸樂國，負郭依良田。』」

②李之儀（1048—1117），字端叔，號姑溪居士、姑溪老農，滄州無棣（今山東慶雲）人。熙寧六年（1073）進士。曾任朝請大夫、樞密院編修官、原州通判等。事見《宋史·李之純傳》附傳。《正德潁州志·名宦·宋》：「李之儀。真定趙州人。謫居潁州，籍有文名。後爲土著。」吕景蒙《嘉靖潁州志·僑寓·宋》：「李之儀。趙州人。謫居潁州，籍有文名。後爲土著。」李宜春《嘉靖潁州志·人物·流寓（宋）》：「李之儀。趙州人。謫居潁州，籍有文名。後因家焉。」按，李之儀未嘗謫居潁州，更未曾爲土著。此條當爲誤收。

住潁。今關厢三圖杜氏，其裔也。①

趙子敬。山東兖州府人。國初以人才官工部郎中。兖歲荒，聞潁土廣俗淳，遷潁籍關厢三圖，住北關潁河之陽。其後裔藏有畫像。②

李進。滑縣人。洪武中官給舍，以諫言謫戍潁川衛。精堪輿，暇日携子剛登潁城四顧，見三川南來，折而東，有旺氣，蹇裳至水中，竪一標。水落，密指示子剛曰：「以此地葬我，子孫必貴。」剛如命，後果甲第蟬聯。③

陳昂。號白雲先生，福建興化人。避倭難，携妻子避地四方，楚、蜀、吴、越數千里，靡不遊歷，而一寓其情事於詩，爲五言近體七百餘首，寄興澹遠，胸際超然，高覽萬物之上，若無處不可居者。浮家泛宅，遯蹟江淮，人不測其所以。其遊於潁，居迎祥觀，懷古賦詩，有飄然塵外之想。先生老於金陵，死後詩方傳，海内人士靡不目爲

---

①吕景蒙《嘉靖潁州志·職官表·（明）知州》：「杜暹。雲南昆明人。洪武十五年任。因寓本州關廂三橋。」李宜春《嘉靖潁州志·秩官·明知州》同。

②《康熙潁州志·流寓·明》：「趙子敬。兖州（今屬山東）人。明初官工部郎中。慕潁俗淳厚，徙居潁河之陽。其後裔藏有畫像。」

③《康熙潁州志·流寓·明》：「李進。滑縣（今屬河南）人。洪武中官給舍，以諫言謫戍潁川衛。精堪輿，暇日登潁城四顧，見三川南來，折而東，乃蹇裳至水中，立一標。水落，密示其子剛曰：『我死以此地葬我，子孫當有興者。』剛如命，後世多登科甲云。」

太白山人之流。若潁，其屐履所至，爰載昂詩，列姓名於《僑寓》云。①

柳應春。字叔元，號回溪，金陵人。弱冠補弟子員，從湛甘泉學，又從王陽明。陽明擒寧藩，論者持陰陽説，駐軍龍江關，徬徨危甚，故知避絶，應春獨時與俱，竟以此削籍，薄遊陽羡、鑾水間。及潁，喜風厚，家焉。徒四壁立，自適於詩酒山水。所著有《回溪集》，行於世。②

秦鎬。字京，汝寧人。多讀書，爲詩歌，命俠自喜。遍歷燕、趙、吳、越，足蹟編〔遍〕天下。公卿大夫及奇人碩士，靡不知有秦京先生者。於浙，善馮開之；於豫，爲阮太沖、張林宗所推許，號「中都三君子」，各有集。京往來潁水，多篇翰，潁人爲之歌《白駒》者，至今有餘慕焉。③

①陳昂，字爾瞻，一字雲仲，莆田（今屬福建）人。自號白雲先生。避倭患而奔豫章，織草履自給，後卒於金陵。有《白雲集》，今存。事見鍾惺《白雲先生傳》。《康熙潁州志·流寓·明》：「陳昂。號白雲，福建興化人。因避倭難，携妻子避吳、越、楚、蜀，而一寫其情事於詩。五言近體寄興澹遠，海内傳誦。其浮家泛宅，多容與於江淮。來潁，寓迎祥觀中，懷古賦詩，有飄然塵外之想。」

②《康熙潁州志·流寓·明》：「柳應春。字叔元，金陵人。弱冠補弟子員，從湛甘泉學，又從王陽明。迨陽明擒寧藩，論者持陰陽説，駐軍龍江關，故知避絶，應春獨時與俱，竟由此削籍，薄遊陽羡、鑾水間。及至潁，喜風土之美，居焉。家徒壁立，惟以詩酒自娱。所著名《回溪集》。」

③錢謙益《列朝詩集小傳·丁集（下）·秦秀才鎬》：「鎬，字京，汝南人。爲諸生，家貧，讀古人書，力耕以養父母。久之，棄制科之業，刻意爲詩，奚囊布袍，歷覽名勝。嘗訪余於虞山，曰：『吾遊不獨好山水，以求友也。吾於天中友王損仲、張林宗、阮太沖，今訪子於吴，訪袁小修於楚，訪曹能始於閩，歸而息影南陔，終身不復出矣。』南陔者，京顧養卜築之地也。有《頭責齋詩》，小修爲序。小修曰：『今人皆兩字字，而京獨一字，自東漢以下無之矣，亦一異也。』」《康熙潁州志·流寓·明》：「秦鎬。字京，汝寧人。多讀書，命俠自喜。足蹟遍天下，自公卿大夫及奇人碩士，靡不知有京者。與阮太沖、張林宗號中州三君子，各有文集。京往來潁水，篇什尤多。」

盛世鳴［鳴世］。字太古。先世汝南人，宋元間徒［徙］鳳陽。太古倜儻有蘊藉，嗜古文奇字、右軍書法、先秦盛唐諸書，帖括非其好也。嘗寓泗州，隱於卜。郡守物色之，奇其人，乃爲太守作檄上馬直指，直指驚賞，索而見之，絶歎服。適無錫孫少宰繼皋道淮揚，直指誦太古詩，少宰傾蓋定交。又薦之福清葉相國向高，於是公卿間愛而客之，爲醵貲入成均。太古遊輦下，授簡賦詩，名動海内，四方諸藩臬多聘之，太古意不懌也，退自隱，號空谷居士。事親孝，持身介，胸中無不有，而呐呐不出口。群彦辨難鋒起，徐一語折衷之，靡不服。其遊於潁也，則以鳳臯大司馬爲之主，倘佯蘆花之湄，咏詩讀書，若將終身焉。太古詩清新秀拔，鍾離開國多功勳，而風雅則自太古崛起。所著有《空谷居詩集》，葉相公極推之，藁藏於潁大司馬家云。①

①錢謙益《列朝詩集小傳·丁集（下）·盛太學鳴世》：「鳴世，字太古，中都（今安徽鳳陽）人。本富家，入貲爲國子生，能詩攻苦，不苟作。居善弈棋，如唐人所謂居第二品。出遊人間，福清相公雅与相善，亦喜其善弈而已。而太古雅自重其詩，借方罫以翫世，不屑以詩名混時流也。居福清邸中，福清將引爲中翰，不果，歸遊金陵，卒於家。有《谷中集》三卷，不甚傳於世。同時爲詩者，皆未之稱也。新安閔生輯明布衣詩，多載其五言今體，今觀其剪刻鮮净，措置清穩，盡削常調，實爲一時之儁。如『烏啼白門夜，月上一樓霜』，錢郎復生，何以過此？又『就石分泉冷，和鐘杵藥匀』，今人冥搜極索，未易有此佳句也。余初得太古詩，再欲置之燈下繙閲，見『月上一樓霜』之句，如有光芒側出行間，三復始大異之。林茂之歎曰：『世無知盛太古者也！豈非其精華不死，浮動於楮墨之上，迎而相告與。』」《千頃堂書目》卷二十六：「盛鳴世《谷中集》三卷。（字太古，鳳陽人，國子監生。善弈棋。爲葉向高客。）」《康熙潁州志·流寓·明》：「盛世鳴［鳴世］。字太古，鳳陽人。事親孝，持身介，倜儻醖藉，嗜古文奇字、秦漢晉唐諸書。嘗隱泗州卜肆，郡守訪而異之。後爲守作書上馬直指，直指驚賞歎服，詢知太古作，遂延見焉。適梁溪孫少宰繼臯道淮揚，直指誦太古詩，少宰傾蓋定交。又薦於福清葉相國，於是公卿争禮之，爲醵貲入成均。太古遊輦下，授簡賦詩，名動海内，四方藩臬咸思羅致，太古意不懌也，退而隱居，號空谷居士。其遊於潁，以大司馬爲之主，徜徉蘆花湄，咏詩讀書，若將終身焉。所著《空谷居集》清新秀拔，葉相國極推許，稿存大司馬家。」

方技傳

若夫陰陽推步之學，素難精微之言，有能明之，畢世莫覿。爰有哲人，實克生知。神經怪牒，玉策金繩，關扃於靈明之府，封縢於瑶壇之上。能讀異書者，必異人也。以巫醫爲宗，而智巧旁出，潁之上世，蓋有其術。夫物之所偏，未能無弊，雖云大道，其硋或同，君子博物閎覽，時咨訪焉。亦有雅材偉德，體極藝能，推變合法，補救時事者。如或遇之，非絶學也。

漢

許曼。卜。汝南平輿人也。祖峻，善占卜術，多有顯驗，時人方之京房。自云少嘗篤病，三年不愈，乃謁太山請命，行遇道士張巨君，授以方術。所著《易林》，至今行世。曼少從傳［傳］峻學。桓帝時，隴西太守馮緄始拜群［郡］，開綬笥，有兩赤蛇分南北走。緄令曼筮之。卦成象，曼曰：「三歲之後，君當爲邊官，當東北行三千里。復五年，更爲大將軍，南征。」延熹元年（158），緄出爲遼東太守，討鮮卑，至五年（162），復拜車騎將軍，擊武陵蠻賊，皆如占。其餘多此類云。①

晉

魏〔隗〕炤。卜。汝陰人也。善於《易》。臨終，書版授其妻曰：「吾亡後當大荒，雖窮，爾慎莫賣宅也。後五年春，當有詔使來頓此亭，姓龔，此人負吾金，即以此版往責之，勿違言也。」炤亡後，其家大貧乏，欲賣宅，憶夫言輒止。期日，有龔使者止亭中，妻遂賚〔賫〕版往責之。使者執版惘然，不知所以。妻曰：「夫臨亡，手書版見命如此，不敢妄也。」使者沉吟良久而悟，謂曰：「賢夫何善？」妻曰：「夫善於《易》，未曾爲人卜也。」使者曰：「噫，可知矣！」乃命取蓍筮之，卦成，撫掌歎曰：「妙哉隗生！含明隱蹟，可謂鏡窮達而洞吉凶者也。」於是告炤妻曰：「吾不相負若金也，賢夫自有金耳，知亡後當暫窮，故藏金以待太平，所以不告兒婦者，恐金盡而困無已也。知吾善《易》，故書版以寄意耳。金有五百斤，盛以青甖，覆以銅柈，埋在堂屋東頭，去壁

①事見《後漢書》本傳。《成化中都志・藝術・潁州》：「許曼。汝南平輿（今安徽臨泉縣一帶）人。祖父峻，字季山，善占卜之術，多有顯驗，時人方之前世京房。所著《易林》行於世。曼少傳峻學。桓帝時，隴西太守馮緄始拜郡，開綬笥，有兩赤蛇分南北走，令曼筮之。曰：『三歲之後，君當爲邊將官，有東名，當東北行三千里。復五年，更爲大將軍南征。』延熹元年，緄果爲遼東太守，討鮮卑，至五年，復拜車騎將軍，擊武陵蠻，皆如占。其餘多類此云。」李宜春《嘉靖潁州志・人物・方伎（漢）》：「許曼。平輿人。祖父峻，善占卜之術，時人方之京房。所著有《易林》。曼少傳其學。桓帝時，隴西太守馮緄始拜郡，開綬笥，有兩赤蛇分南北走，令曼筮之。曰：『三歲之後，君當爲邊將，行東北三千里。復五年，更爲大將軍，南征。』後果爲遼東太守，討鮮卑，復拜車騎將軍，擊武陵蠻，如其占。餘多徵驗。」

［壁］一丈，入地九尺。」妻還掘之，皆如卜焉。①

唐

郭冀。先知。潁城西八里雙塚民張繼寶掘疃間，得古磚二，徑二尺許。一刊行書，大字遒麗，有晉骨，云：「吾居此宅千年後有張氏，爾長壽，破吾宅者不吉。」一小楷書云：「《淮陽郭府君記》：公諱冀，淮陽太康人也。天寶中避安祿山亂，逃居汝陰，與夫人扶風馬氏同葬於鸞翮鄉界。子二人，長曰忠，次曰孝。」張鶴鳴爲諸生時，讀而異之，爲文祭，仍瘗故疃間。是年，繼寶闔門癘疫，子四人俱罹官刑，繼寶壽八十四終，悉如府君所策云。府

---

①事見《晉書》本傳。《成化中都志·藝術·潁州》：「隗炤。晉汝陰人。善《易》。臨終，書板授妻云：『後五年春，當有詔使至，姓龔，此人負吾金，即以此板往索。』至期，果有龔使至，其妻賫板往。使者惘然，良久乃悟，取蓍筮之，歎曰：『妙哉！隗兄可謂鏡窮達而洞吉凶者也。吾不負金，汝夫自有金，知亡後當暫窮，故藏金以待，知我善《易》，故書板以寄意耳。金五百斤，盛以青甕，覆以銅盤，在屋東，去壁一丈，入地九尺。』掘之，如卜。」《正德潁州志·人物·隋》：「隗炤。汝陰人。善《易》。臨終，書版授妻曰：『後五年，當有詔使來，姓龔，此人負吾金，即以此版往責。』至期，果有龔使，妻賫版往。使者惘然，良久乃悟，取蓍筮之，歎曰：『妙哉！吾不負金，汝夫自有金，知汝漸困，故藏金以待。知我善《易》，故書版以寓意爾。金五百斤，盛以青甕，覆以銅柈，在屋東，去壁一丈，入地九尺。』掘之，如卜。」李宜春《嘉靖潁州志·人物·方伎（晉）》：「隗炤。汝陰人也。善於《易》。臨終，善版授其妻曰：『吾亡後，當大荒窮離，汝慎莫賣宅也。當有詔使來頓此亭，姓龔者，負吾金，即以此版責之。』炤亡後，其家大困，欲賣宅，憶言夫［夫言］輒止。期日，有龔使者止亭中，妻遂賫版往責之。使者執版惘然，不知所以。妻曰：『夫臨亡，手書版見命如此，不敢妄也。』使者良久而悟，曰：『賢夫何善？』妻曰：『夫善於《易》。』使者曰：『噫，可知矣！』乃取蓍筮之，卦成，撫掌而歎曰：『妙哉隗生！含明隱蹟，可謂鏡窮達而洞吉凶者也。』於是告炤妻曰：『吾不相負金也，賢夫自有金耳，知亡後漸窮，故藏金以待，所以不告者，恐金盡而困無已也。知吾善《易》，故書版以寄意耳。金有五百斤，盛以青瓮，覆以銅柈，埋在堂屋東頭，去壁一丈，入地九尺。』妻還掘之，果如卜。」

君二磚，藏之荒煙冷草間千年，一發而年、姓、吉凶鏡乎不爽，真奇數也。由是觀之，隗炤以書板發青甕之金，杜生以求鞭獲椶下之奴，信有之，匪誣也。①

明

張玠。醫。字秀甫，號小菴。温良孝友，平生無鄙倍語，帷夢不怍。人以急來，風霆沈霾，瞑夜輒披衣去，其診問奇而中。監司徐五橋病塊，投大黃數兩，弗動，介［玠］曰：「脈細而附骨，氣口虚，是積在中央，氣轉無力，大黃返消胃耳。法當獨參兩餘，可下痰。」諸家誚以爲誕，環持不下，持愈堅，果下痰，若

①《萬曆潁州志·叢談》：「唐郭冀。潁城西八里雙塚民張繼寶掘曈間，得古磚二，徑二尺許。一刊行書，大字遒逸，有晉骨，云：『吾居此宅千年後有張氏，爾長壽，破吾宅者不吉。』一小楷書云：『《淮陽郭府君記》：公諱冀，淮陽太康人也。天寶中避安祿山亂，逃居汝陰，與夫人扶風馬氏同葬於鸞翔鄉界。子二人，長曰忠，次曰孝。』張鶴鳴爲諸生時，讀而異之，爲文祭，仍瘞故曈間。是年，繼寶闔門病疫，子四人俱罹官刑，繼寶壽八十四終，悉如府君所策云。府君二磚，藏之荒煙冷草間千年，一發而年、姓、吉凶鏡乎不爽，真奇數也。由是觀之，隗炤以書板發青甕之金，杜生以求鞭獲椶下之奴，信有之，匪誣也。」（明）姚旅《露書·蹟篇》：「郭冀，淮陽太康人也。天寶中避亂汝陰，與夫人馬氏同葬於潁州城西八里鸞翔鄉，今其地名『雙塚』。張大司馬云：爲諸生時，居民張繼寶掘曈得古磚二，徑二尺許，一刊行書大字，遒逸有晉骨，云：『吾居此宅千年後有張氏，爾長壽，破吾宅者不吉。』一小楷書云：『淮陽郭府君記。』府君即冀也。大司馬爲文祭之，磚乃瘞故曈間。是年，繼寶闔門疫作，子四人俱罹官刑，繼寶八十四始卒，悉如府君所讖。」《康熙潁州志·方術·唐》：「郭冀者，有前知之術。明時，潁城西雙塚間居民張繼寶掘壁，得古磚二，徑二尺許。一刊行書大字云：『吾居此千年後有張氏子，本長壽，破吾宅者不吉。』一小楷書云：『《淮陽郭府君記》：公諱冀，淮陽太康人也。天寶中避安祿山亂，逃居汝陰，與夫人扶風馬氏同葬於鸞翔鄉界。子二人，長曰忠，次曰孝。』張鶴鳴爲諸生時，讀而異之，爲文祭，仍瘞磚故曈間。是年，繼寶闔門病疫，子四人俱罹宮刑，繼寶壽八十四終，悉如府君所策。府君二磚，藏之荒煙冷草間千年，一發而年、姓、吉凶鏡乎不爽，真奇數也。」

敗卵［卵］數升，愈。陸吏目心痛，玠曰：「水溢唇，正黑色，此蟲也。」投苦練，下蟲盥匜满，甫食。錢塘周東崖衙有姻屬，玠望其氣曰：「是數日當暈厥。」其人笑，弗然也。數日，果暴仆。徐北［比］部病革，家人惶怪，玠診之，顧郭檢校曰：「是脈必生。若尊大人，翻當備紖纏。」時郭父尚健履善飯也，後旬日果死，而徐更生。郡伯劉有小兒，暴吐瀉，手足痹，筋攣而痛，痛輒急怖，醫謂驚風，玠曰：「氣温色慘，六脈沉，按兩膝、腕，筋縮而引於皮，此初秋乘夜風，過飲水，胃虚不攝其宗筋，非驚也。」藥下立愈。長桑公飲上池水洞五臟，信矣。①

①《萬曆潁州志·叢談》：「明張玠。字秀甫，號小菴。温良孝友，平生無鄙倍語，帷夢不怍。人以急耒［來］，風霆沈霾，暝夜輒披衣去，其診問奇而中。監司徐五橋病塊，投大黄數兩弗動，介［玠］曰：『脈細而附骨，氣口虚，是積在中央，氣轉無力，大黄返消胃耳，法當獨參兩餘，可下痰。』諸家誚以爲誕，環持不下，持愈堅，果下痰，若敗卵數升，愈。陸吏目心痛，玠曰：『水溢唇，正黑色，此蟲也。』投苦練，下蟲盥匜满，甫食。錢塘周東崖衙有姻屬，玠望其氣曰：『是數日當暈厥。』其人笑，弗然也。數日，果暴僕。徐北［比］部病革，家人惶怪，玠診之，顧郭檢校曰：『是脈必生。若尊大人，翻當備紖纏。』時郭父尚健履善飯，笑也。旬死，而徐果生。郡伯劉有小兒暴吐瀉，手足痹，觔攣而痛，痛輒急怖，醫謂驚風，玠曰：『氣温色慘，六脈沉按，兩膝、腕筋縮而引於皮，此初秋乘夜風過飲水，胃虚，不攝其宗筋，非驚也。』藥下立愈。長桑公飲上池水洞五臟，信矣。」《康熙潁州志·方術·明》：「張玠。字秀甫，號小菴。温良孝友，平生帷夢不怍。人以急來，雖昏夜風霆沈霾，輒披衣去。其診視多奇中。監司徐五橋病塊，投大黄數兩，弗動，玠曰：『脈細而附骨，氣口虚，是積在中央，氣轉無力，大黄返消胃耳。法當獨參兩餘，可下痰。』諸家誚以爲誕，環持不下，玠持愈堅，服參已，果下痰，若敗卵數升，愈。陸吏目心痛，玠曰：『水溢唇，正黑色，此蟲也。』投苦楝，下蟲満盥匜，甫食。錢塘周東崖署有姻屬，玠望其氣曰：『是數日當暈厥。』其人笑，弗然也。數日，果暴僕。徐比部病革，家人惶怪，玠診之，顧郭檢校曰：『是脈必生。若尊大人，翻當備紖纏。』時郭父尚矍鑠善飯也，後旬日果死，而徐更生。郡守劉有小兒，暴吐瀉，手足痹，筋攣而痛，痛輒急怖，醫謂驚風，玠曰：『氣温色慘，六脈沉，按兩膝、腕，筋缩而引於皮，此初秋乘夜風，過飲水，胃虚不攝其宗筋，非驚也。』藥下立愈。古謂飲上池水能洞見五臟，信矣。」

張葵。先知。孝廉。慧巧天成，書能徑數丈飛白，畫直逼馬遠。少遇道士，攜遊，不移晷至金陵，葵知異人，跽求度，道士笑曰：「尚早，三十年後期我也。」授以黃白丹少許，並方。葵歸，鎔銅投藥，粒砂即成白金，遂多爲之以免貧。比老，越期，道士不來矣，豈其妄費天寶耶？①

李蓁。醫。雅曠能詩，醫術精妙。語妻父張老曰：「公眉宇墨色，腎絶，明年不食新。」一如其言。張比部諸生時症危，聞人語輒昏絶，諸醫皆危之，蓁獨曰：「此陽虛不關陰，可治也。」卒賴以全。所著有《醫方》行於世。②

---

①《萬曆潁州志・叢談》：「張葵。孝廉。慧巧天成，書能徑數丈飛白，畫直逼馬遠。少遇道士，攜遊，不移晷至金陵，葵知異人，跽求度，道士笑曰：『尚早，三十年後期我也。』授以黃白丹少許，並方。葵歸，鎔銅投藥，粒砂即成白金，遂爲費。比老，已越期，道士不來矣，其子孫零落殆盡。吾聞用外丹鬼神必禍，此與東坡看畫壁事大類，可不戒歟？」《康熙潁州志・方術・明》：「張葵。正德己卯（1519）孝廉。慧巧天成。誦讀之暇作飛白書，能徑數丈，頗有奇氣。書法直逼馬遠，世人多寶愛之。」

②《萬曆潁州志・叢談》：「李蓁。雅曠能詩，醫術精妙。語妻父張老曰：『公眉宇墨色，腎絶，明年不食新。』一如其言。張比部諸生時症危，聞人語輒昏絶，諸醫皆危之，蓁獨曰：『此陽虛不關陰，可治也。』卒賴以全。所著有《醫方》行於世。」《康熙潁州志・方術・明》：「李蓁。雅曠能詩，醫術精妙。語妻父張老曰：『公眉宇墨色，爲腎絶，明年不食新矣。』果如其言。張比部諸生時症危，聞人語輒昏絶，諸醫皆危之，蓁獨曰：『此陽虛不關陰，可治也。』卒賴以全。所著有《醫方》行世。」

劉良。善射。瓦店人。任俠義激，善射，矢無虛發。幼與陳州百戶孫勇交善，勇入戍。值嘉靖庚戌（1550），虜犯京師，酋有偉幹隼擊、著紅袍、運飛叉者，我軍皆辟易。勇當戰惴怯，良曰：「第迎之！」酋奮叉向勇，良隱後騎，一矢貫酋項，斃。良不任功，讓勇，勇得至都督。嘗宿富民家，賊夜圍富民，良從樓上射三矢，三應弦倒，賊大驚曰：「是劉良在！」皆遁去。①

白鷗。醫、卜。潁川衛人。直質有古俠士風。精數學，能斷人生死，時刻不爽。會疫行，道死者相枕藉，遂棄所學，曰：「數知人，能救人乎？」因潛心醫理，究精其學，沽田貯藥，施不取償者數年。家本中人產，以好施予，爲之蕭然，而種藥莳菊不休也。豫刻死期，如言而逝。有子孝廉精衷。②

---

①《萬曆潁州志·叢談》：「瓦店人劉良。任俠義激，善射，矢無虛發。幼與陳州百戶孫勇交善，勇入戍。值嘉靖庚戌，虜犯京師，酋有偉幹隼擊、著紅袍、運飛叉者，我軍皆辟易。勇當戰惴怯，良曰：『第迎之！』酋奮叉向勇，良隱後騎，一矢貫酋項，斃。良不任功，讓勇，勇得至都督。嘗宿富民家，賊夜圍富民，良從樓上射三矢，三應弦倒，賊大驚，曰：『是劉良在！』皆遁去。」《康熙潁州志·方術·明》：「劉良。瓦店人。任俠善射，矢無虛發。幼與陳州百戶孫勇交善，勇入戍。值嘉靖庚戌，敵犯京師，將有偉幹隼擊、著紅袍、運飛叉者，我軍皆辟易。勇當戰惴怯，良曰：『第迎之！』紅袍者奮叉向勇，良隱後騎，一矢貫其項，斃之。良不任功，讓勇，勇得至都督。又嘗宿富民家，賊夜圍富民，良從樓上射三矢，皆應弦倒，賊大驚曰：『必劉良也。』皆遁去。」

②《康熙潁州志·方術·明》：「白鷗。潁川衛人。直質有古俠士風。精數學，能斷人生死，時刻不爽。會疫，行道死者相枕藉，遂棄所學，曰：『數知人，能救人乎？』因潛心醫理，究精其學，賣田貯藥，施不取償者數年。家本中人產，以好施予，四壁蕭然，而種藥莳菊不輟也。豫刻死期，如言而逝。子精衷，孝廉。」

僊釋傳

粤稽稗官，必及方外，繇隱逸而推維，僊釋矣。讀《莊》《列》之書，飄風遐舉，况西方聖人，引人著勝地乎！士之沉溺聲勢而不返者，一及清静虚無，則退然自失。蘇子瞻好棲真之士、禪悦之老，其流風軼事，在潁不乏。若夫真僊幻化，得於傳聞而事蹟未堙，如張古山、張三丰，爰考異同，以正其誤，不妨並載，以存其疑。庶幾乘靈風九天之上者，時下玄洲，戲赤城，當自列爲蘇躭，爲丁令威也。鄭、葛、陶、許相接，亦山水之靈異云。

漢

周義山。字季道［通］，汝陰人，丞相勃之後也。父秘，陳留刺史。義山年十六，讀書外，常以平旦日出時東向嗽咽，服氣百數。經年，父問之，對曰：「義山中心好此日光長景之暉，是以服之。」是歲陳留荒，多饑民，義山傾家財以濟之。有黄泰者，元鳳中寓陳留，著敗衣，賣芒履，義山見之，曰：「聞《僊經》云，僊人目方面光。」密奇之，使人買芒履，常以金帛著物中，陰以與之。泰後詣義山，延之静室，泰曰：「聞君好道，陰德流行，感於我，是以相詣。我中嶽僊人蘇子玄也。」義山再拜，膝行而進，自陳少好長生，今靈啟神降，得接聖顔，乃請乞奇要，僊人遂授以長生之道。後義山爲紫陽真人，白日昇天。①

隋

張路斯。其先南陽人，家於潁上百社村。隋初，十六明經登第。爲宣城令，以才能稱。後罷歸，於縣治西南四

①《道藏·紫陽真人内傳》：「紫陽真人本姓周，諱義山，字季通，汝陰人也。漢丞相周勃七世之孫……父秘，爲范陽令時君始生焉，父後積秩累遷官至陳留史。君時年十六，隨從在郡，始讀《孝經》《論語》《周易》。爲人沉重，少於言笑，喜怒不形於色。好獨坐静處，不結名好，然精思微密，所存必感。常以平旦之後，日出之初，東向立，漱口嚥液，服氣百數，向日再拜，旦旦如此，爲之經年。父怪而問之所行何等，君長跪對曰：『義山中心好此日光長景之暉，是以拜之耳。』……是歲大旱，陳留大荒，斗米千錢。路多饑民，君乃傾財竭家以濟其困，陰而行之，人亦不知是君之慈施也。對萬物如臨赤子，斯陰積善德，仁遠之施矣。又有黄泰者，寓在陳留，婦兒無有，單身隻立，了無親戚，人亦不知其所從來。常著故敗皮袴，角皮褶，恒賣芒履在陳留市中。君常潛行經過市中，見泰衣束殊弊。君每曾聞僊方，説云僊人目瞳子正方，而黄泰雖復外形帶索，目方面光，密而奇之，中心猶喜。還歸，數使人買芒履，因以金銀錢帛著其物中，陰以與之，數數行之，如此非一。黄泰遂詣君，君見，迎而拜之，將入静室，乃是中嶽僊人。泰曰：『聞君好道，陰德流行，用思微妙，感於我，是以相詣。吾是中嶽僊人蘇林，字子玄也……欣子有尚，故來相詣。』君再拜，頓首數十，悲喜自搏，膝行而進，自陳少好長生，唯願登僊度世，夙夜静思，願與僊人相遇，沐浴素流，稟受奇訣。今靈啟神降，得接聖顔，千秋志願，慶莫大焉。乃復頓頭，請乞奇要……』」《萬曆潁州志·叢談》：「漢周義山。字季道［通］，汝陰人，丞相渤［勃］之後也。父秘，陳留刺史。義山年十六，讀書外，常以平旦日出時，東向嗽咽服氣百數。經年，父問之，對曰：『義山中心好此日光長景之輝，是以服之。』是歲陳留荒，多饑民，義山傾家財以濟之。有黄泰者，元鳳中寓陳留，著敗衣，賣芒履，義山見之，曰：『聞《僊經》云，僊人目方面光。』密奇之。使人買芒履，常以金帛著物中，陰以與之。泰後詣義山，延之静室，泰曰：『聞君好道，陰德流行，感於我，是以相詣。我中嶽僊人蘇子玄也。』義山再拜，膝行而進，自陳少好長生，今靈啟神降，得接聖顔，乃請乞奇要，僊人遂授以長生之道。後義山爲紫陽真人，白日昇天。」《康熙潁州志·方術·漢》：「周義山。字季道［通］，汝陰人。丞相勃之後也。父秘，陳留刺史。義山年十六，讀書外常於平旦日出時東向服氣，嗽咽百數。經年，父問之，對曰：『義山中心好此朝日之暉，是以服之。』元鳳中，陳留歲饑，義山傾家財以賑。適有黄泰者寓陳留，緑髮方瞳，著敗衣，賣芒履。義山見而奇之，使人買履，常以金帛著物中，陰以與之。泰後詣義山，曰：『我中嶽僊人蘇子玄也，聞君好道，陰德流行，是以相詣。』義山延之静室，再拜，請乞奇要，僊人遂授以長生之道。後義山爲紫陽真人，白日沖舉。」

十里淮潤鄉蜕骨化龍，其地名龍池。歐陽文忠公《集古録①跋尾》云：「《張龍公碑》，唐布衣趙耕撰。云：『君諱路斯，潁上百社人也。隋初明經登第，景隆中爲宣城令。夫人關洲［州］石氏，生九子。公罷令歸，每夕出，自戌至丑歸，常體冷且濕。石氏異而詢之，公曰：「吾龍也。蓼人鄭祥遠亦龍也，騎白牛據吾池，自謂鄭公池。吾屢與戰，未勝。明日取決，可令吾子挾弓矢射之。繫鬛以青綃者，鄭也。絳綃者，吾也。」子遂射中青綃。鄭怒，東北去，投合肥西山死，今龍穴山是也。由是公與九子俱復爲龍，亦可謂怪矣。』余嘗以事至百社村，過其祠下，見其林木陰鬱，池水窈然，誠異物之所托。歲時禱雨屢應，汝陰人尤以爲神也。」蘇子瞻迎祀潁之西湖，有《昭靈侯張龍公祠記》。②

①「録」字，原文被塗黑。

②《成化中都志·道釋神僊異人·潁上縣》：「張路斯。其先南陽人，家於潁上百社村。隋初，年十六，明經登第。爲宣城令，以才能稱。後罷歸。於縣治西南四十里淮潤鄉蜕骨化龍，其地名龍池。歐陽文忠公《集古録跋尾》云：『《張龍公碑》，唐布衣趙耕撰。云：「君諱路斯，潁上百社人也。隋初明經登第，景龍中爲宣城令。夫人關洲［州］石氏，生九子。公罷令歸，每夕出，自戊［戌］至丑歸，常體冷且濕。石氏異而詢之，公曰：『吾龍也。蓼人鄭祥遠亦龍也，騎白牛據吾池，自謂鄭公池。吾屢與戰，未勝。明日取決，可令吾子挾弓矢射之。繫鬛以青綃者，鄭也。絳綃者，吾也。』子遂射中青綃。鄭怒，東北去，投合肥西山死，今龍穴山是也。由是公與九子俱復爲龍，亦可謂怪矣。」余嘗以事至百社村，過其祠下，見其林樹陰鬱，池水窈然，誠異物之所託。歲時禱雨，屢應，汝陰人乞以爲神也。』」《正德潁州志·人物·隋》：「張路斯。潁上百社人。年十六，以明經登隋進士第。景隆中爲宣城令，以才能稱。罷歸，每夕出，自戌至丑歸，嘗［常］體冷且濕。夫人石氏異而詢之，公曰：『吾龍也。蓼人鄭祥遠亦龍也，騎白牛據吾池。屢與戰，未勝。明日取決，可令吾子挾弓矢射之。繫鬛以青綃者，鄭也。絳綃者，吾也。』子遂射中青綃，鄭怒去，公與九子皆化爲龍。」吕景蒙《嘉靖潁州志·人物表·仕（潁上）》：「（唐）張路斯。登進士，爲宣城令。詳本傳。」然張路斯未入正史，所謂「本傳」亦無從談起。李宜春《嘉靖潁州志·選舉·隋（進士）》：「張路斯。潁上縣百社人。」《萬曆潁州志·叢談》：「隋張路斯。其先南陽人，家於潁上百社村。隋初，十六明經登第。爲宣城令，以才能稱。後罷歸，於縣治西南四十里淮閏鄉蜕骨化龍，九子皆化龍，其地名龍池。歲時禱雨屢應，汝陰人尤敬事之。詳見《藝文》。按張公，甘城人，潁州奉事惟篤，故特著之。」

唐

劉大師。唐時姓劉者，不詳何地人，人莫知名，因以大師呼之。劉初騎白馬過油店橋，見久肓［盲］者，以藥點之，立愈。往來倏忽。一日再至，墜馬，坐林下鼾睡如怒濤，即之不見。後人爲寺於睡所，今猶稱其橋爲迎僊云。①

明

張古山。潁州人。幼端重不流。父母嘗欲爲聘，不從。誘以他，不動。出家，居迎祥觀。以高道，召爲武當提點，能預言未形事。後入山採藥，不知所終。今迎祥觀存所遺渾元衣，後有學製者尋厥體裁，竟莫能測其所命意。

---

①《正德潁州志·僊釋》：「大師。姓劉。唐時騎白馬過油店橋，以藥點久盲者，立明復初，因號橋曰迎僊。往來倏忽。一日再至，趺坐大林中，鼾睡如怒濤，即之不見。後人爲立寺睡所。」呂景蒙《嘉靖潁州志·方伎·唐》：「劉大師。唐時姓劉者，不詳何地人，人莫知名，因以大師呼之。劉初騎白馬過油店橋，見久肓［盲］者，以藥點之，立愈。往來倏忽。一日再至，墜馬，坐林下鼾睡如怒濤，即之不見。後人爲寺於睡所，今猶稱其橋爲迎僊云。」李宜春《嘉靖潁州志·人物·方伎（唐）》：「劉太［大］師。不詳何地人，人亦莫知其名，因以太［大］師呼之。初騎白馬過油店橋，見久盲者，以藥點之，立愈。倏而來，倏而去。一日忽墮馬，坐林下鼾睡如雷，即之不見。後人因睡所爲寺，今稱其橋爲迎僊云。」《萬曆潁州志·叢談》：「唐劉大師。不詳何地人，人莫知名，篤以大師呼之。劉初騎白馬過油店橋，見久盲者，以藥點，立愈。往來倏忽。一日再至，墜馬，坐林下鼾睡如怒濤，即之不見。後人爲寺於睡所，今猶稱其橋爲迎僊云。」

蓋先天河圖，火候之數所寓也。若張三丰遊於潁，而古山師事之，衣爲三丰所遺云。①

按，古山，潁人也。生而好道，父母不能阻。入迎祥觀，爲道士，感張三丰遊潁，古山識之，有師友之契。其混元衣及僊家器具，或係三丰所留。乃古山與潁人周旋，頗多奇異，而人乃概歸之三丰，不知三丰與古山實兩人也，故爲之辯。

張三丰。遼東懿州人。云張仲安第五子，名君寶，字全一，又字玄玄，別號保和容忍三丰子。生有異質，龜形鶴骨，大耳圓目，鬚髯如戟，頂作一髻，手持刀尺，一笠一衲，寒暑御之。不餙邊幅，人目爲張獵［邋］偈。日行千里，靜則瞑目。旬日所啖，斗升輒盡，或辟穀數月，自若也。處山林，遊城市，嬉嬉自如，傍若無人。有請益者，竟日不答一詞。經籍典墳，過目成誦，與人議論三教等書，如决江河。

洪武初，至大和山修煉，結菴於玉虚宫。菴前古木五株，師栖其下，久則猛獸不距，鷙鳥不搏，人益異之。又入武當山，謁玄帝於天柱峯，遍歷諸山，搜奇覽勝，嘗語鄉舊云：「玆山異日當大顯於時。我始於五

①《成化中都志·道釋神僊異人·潁州》：「張古山。本州人。幼端重不流。父兄爲娶，不從。出家，居迎祥觀。以高道，召爲武當提點，能預言未來事。入山採藥，不知所終。」《正德潁州志·僊釋》：「張古山。本州人。幼清重不流。父兄爲聘，堅不從。誘以他，不動。遁身迎祥觀，以高道，召爲武當提點，能預言未形事。入山採藥，不知所終。」吕景蒙《嘉靖潁州志·方伎·明》：「張古山。潁州人。幼端重不流。父母嘗欲爲聘，不從。誘以他，不動。出家，居迎祥觀。以高道，召爲武當提點，能預言未形事。後入山採藥，不知所終。今迎祥觀存所遺渾元衣，後有學製者，竟莫能肖。」李宜春《嘉靖潁州志·人物·方伎（明）》：「張古山。潁州人。幼端重不流。父母欲昏娶之，不從，乃寄蹟迎祥觀。永樂間，以高道召爲武當山提點，能預言未形事。後入山採藥，莫知所終。今迎祥觀存所遺渾元衣，有學製者，竟莫能肖。」

龍、南巖、紫霄，刈荆榛，拾瓦礫，但粗創焉。」命丘玄清居五龍，盧秋雲居南巖，劉古泉、楊善澄居紫霄。又尋展旗峯北陲十丈地，結草菴，奉玄帝香火，日繹真言。於黄土城卜地，立草菴，名會僊舘，謂門弟子周真德曰：「爾但善守香火，成立自有時，事當在子也。」至二十三年（1390），拂袖遊方而去，常往來於長安土洞菴。

隴西楊仕敏，乃岷州衛指揮楊某子。初，仕敏始生，三丰識其啼聲，曰：「此兒必英物也。」後果貴顯。遺小鼓於岷之楊氏，雖戛，大鏞音莫能混。後亦亡去，不知所在。遊揚州瓊花觀，有題瓊花律，詩語瀟灑，實自況也。

三十四年（1401），明太祖皇帝遣三山高道訪於四方，竟弗至。太宗御極，竒其術，遣使致書曰：「真僊張三丰足下，復命禮科都給事中胡濙［濙］、道錄任一愚、岷州衛指揮楊永吉遍詣名山，訪求未獲，特勅正一孫碧雲於武當建宫以候。」天順中，贈爲通微顯化真人，錫之誥命。

先是，元末居寶鷄金臺觀，辭世，留頌而遊［逝］。民人楊軌山置棺殮訖，臨窆，發視之，復生。乃入蜀，抵秦關，入武當，或遊襄、鄧間，洞視一世，睥睨千古。天順末，或隱或見。問者專以道德仁義爲言，心與神通，神與道一，事事先見如神。後往來於鶴鳴山半年，迄今不知踪蹟。南川居士曰：「昔嚴君平賣卜成都，勸人以忠孝之道。陳圖南對宋太宗，以養生寡欲、治世安民數語，君子韙之。今三丰吐辭發語，專以仁義忠孝勸世，道著太微，功參玄造，諒未可謂虚無無補於世教也。」①

此《廣列僊傳》及唐荆川《右編》所載也。三丰爲神僊宗伯，足蹟遍天下，大著於洪、永兩朝，從未言其爲潁人。迄今三丰猶出没人間及諸名山，若其遊潁，或偶一托蹟耳。與張古山有同道之契，後人不察，混爲一人，但知借三丰僊蹟以咤奇，而反失州人張古山之高。吕御史景蒙修志，止存古山而不及三丰，尚得闕疑之意。若張憲副鶴騰《碑記》，直混而一之，真大誤也。今迎祥觀香火當主古山而客三丰，理宜並祀。予在潁，一夕夢見古山，詳言之。及考傳，頗與夢合，故兩存之，以待訂正。江東旅人張文峙，辛卯（1651）冬月記。

劉任。字功甫，號繹絃。（中）隆慶河南鄉試。性沖夷宕爽，有神遊遐舉之概。脱略世法，與物無競。揚鞭紅樓，走馬章臺，挾彈林薄，紫騮錦罽，皙顔緑髮，衆擬爲張京兆、杜樊川之流。而又博極群書，下筆千言立就，爲詩歌清曠和適，畧不經意。多技藝，如劍術、射法、五兵、擊刺之屬，不習而能。上公車，有緑林尾之，

①張三丰（一作「峯」），字君實，又字全一。明代武當山道士，屢獲封號。事見《明史》本傳。張鶴騰有《張三峯傳》一文，見《萬曆潁州志・藝文》及本書《藝文（下）》。《廣列僊傳・張三丰》：「張三丰，遼東懿州（今遼寧阜新）人。名君實，字玄玄。生有異質，龜形鶴骨，大耳圓目，鬚髯如戟，頂作一髻，手持刀尺，一笠去袖，寒暑御之。不飾邊幅，人目爲張獵［邋］傝。日行千里，靜則瞑目。旬日所啖，斗升輒盡，或辟穀數月，自若也。元末居寶鷄金臺觀，辭世，留頌而逝。民人楊軌山置棺殮訖，臨窆，發視之，復生，乃入蜀。洪武初，至太和山修煉，結菴於玉虚宫。菴前古木五株，師栖其下，久則猛獸不距，鷙鳥不摶，人益異之。後入武當，常語鄉人云：『兹山異日當大顯於時。』二十三年，拂袖遊方而去，太宗勅正一孫碧雲於武當建宫以候。天順中，贈爲通維顯化真人，或隱或見。」《萬曆潁州志・叢談》：「明張三峯。人呼儠傝。父母嘗欲爲聘，不從，往潁迎祥觀，别號古山。以高道，召爲武當提點。能預言未形事。後入山採藥，不知所終。今觀存所遺渾元衣，二百餘年不蠹壞。有傳，見《藝文》。按，《舊志》止載張古山，不知即三峯，未核故也。」

任從馬上射鐵鍬，洞没羽，緑林者駭去。過鄴，晚鴉浴噪，任笑曰：「吾取西行鼓翅者。」一發而中，飛騎猱承之，大驚鄴下人。然便捷游戲而已，非其意所存也。而意乃篤好神僊，凡雲水方士，無不款接者。諸如吐納、服食、黄白、符籙之事，亦自洞其真僞。居平命驅蹇磨麥，嫌其遲，有方士贈以石懸磨盤。上其磨，自運，日得石許。如是者數年，其叔嬸自外來，訝其怪也，擲之於河。任笑曰：「靈物數當化去，假手阿媪，何足怪乎？」又搠一樓請僊，每問未來事，皆驗。隣人妻將産，苦多女，叩之，則曰：「男也。」已而又生女，於是交嘲任所事僊人謬妄耳。僊又筆示曰：「勿怪。汝以鷄籠覆此孩，外用紅裙圍之，遲三日發視，當有異。」隣姑妄听之。至期，則已化爲男子矣。其誕如此！任居平招致雲遊客，無賢愚，皆尊禮之，家人頗厭煩，而任自若。任生而兩瞳子皆方。年僅五十二，預刻死日，置《僊籙》懷袖中，曰：「吾將與諸僊期海上矣，約某日，吾與諸僊當返家庭。」預戒其家設供以待，賦詩而終。至期，婦子漫不設供，而笙聲鶴唳繚繞屋上者，數刻方去，此其異也。任没十五年，有商城客丘淮川者賈京師，遊西山僧寺，見僧持一扇，墨蹟方新，題曰繹絃居士，任手蹟也。驚詢其僧，云：「一先輩僦居寺中，渠數日前所贈耳。」問其所往，僧曰：「渠行李鎖屋中，數日當復來。」及守之，久而杳然。與僧開其戸，則空諸所有矣。任與大司馬張元平厚，曾序其《玉尺集》。任辭世詩曰：「明白來時明白去，君看極北起雙凫。」張以詩追憶之，曰：「方方瞳子真秋水，花日［月］叢中度一生。」又曰：「自言解化尋蓬海，人見逍遥在鳳城。」皆實録云。①

采青原下七世雲門偃禪師法嗣潁州羅漢匡果禪師。遺其姓氏。幼依空王寺德師出家受具，敏質生知，慧辯天縱，不喜義學。早參雲門文偃禪師，契悟心地法門。後住羅漢寺，僧問：「如何是吹毛劍？」師曰：「了。」問：「和尚百年後，忽有人問向甚麽處去，如何祗對？」師曰：「久後遇作家，分明舉似。」曰：「誰是知音者？」師曰：「知音者即不恁麽問。」問：「鑿壁偷光時如何？」師曰：「錯。」曰：「争奈苦志專心。」師曰：「錯！

---

①《康熙潁州志·僊釋·明》：「劉任。字弘父，號繹絃。生而目瞳子正方，登隆慶丁卯（1567）賢書。性沖夷宕爽，與物無競。少時戴唐巾，服淺紅窄衫，乘駿馬，挾彈過林薄間，衆擬爲潘黄門、杜樊川之流。而又博極群籍，爲詩歌清曠和適，信手而成，至如彎弓、擊劍，皆不習而能。上公車日，有緑林數騎躡其後，任覺之，抽矢射鐵鏃没羽，數騎遂駭去。過鄴，晚鴉群噪，任笑曰：『吾取西行鼓翅者。』一發而中，飛騎承之，鄴下人皆大驚。然借以遊戲而已，非意所存也。其所篤好者惟在神僊，故凡雲水羽流，無不款接。居家，驅蹇磨麥，嫌其遲，有方士贈以石懸磨。上其磨，自運，日得石許。經數年，其叔母從外來見之，訝其誕也，沉之河。任笑曰：『靈物數當化去，假手阿媪，何足怪乎？』嘗搠一樓，請僊問未來事，多驗。隣人妻將産，叩之，則曰：『男也。』已而生女，於是衆嘲任爲謬妄。僊又示曰：『試以鷄籠覆此兒，用紅裙圍之，三日發視，當有異。』隣如其言，屆期果化爲男矣。任居平多招致方外士，家人頗厭之，而任自若。年僅五十二，預刻死日，置《僊籙》懷中，曰：『吾將與諸僊期海上矣。某日，吾當與諸僊暫返。』預戒其家設供以待，賦詩而終。至期，婦子漫不設供，而笙鶴聲繚繞屋上，移晷方去。任殁十五年，有客至京師，遊西山蘭若，見僧持扇，墨蹟方新，題曰繹絃居士，任手筆也。驚詢其僧，云：『一先輩僦居寺中，數日前所贈耳。』問其所往，僧曰：『渠行李留室中，數日當復來。』及守之，竟不復至。僧開戶，則室已空矣。任與大司馬張元平厚，張爲序其《玉尺集》，并以詩追憶之，曰：『方方瞳子真秋水，花月叢中度一生。』又曰：『自言解化尋蓬海，人見逍遥在鳳城。』皆實録云。」

錯！」師於乾和七年己酉（949）十月初十日趺坐而逝。①

青原下十二世慧林本禪師法嗣東京法雲善本大通禪師。族董氏，漢仲舒之裔也。大父琪，父温，皆官於潁州，遂爲潁人。母無子，禱白衣大士，乃得師。及長，博極群書，然清修無仕宦意。嘉祐八年（1063），與弟善思往京師地藏院，選經得度，習毗尼。東遊至姑蘇，禮圓照於瑞光，照特顧之，於是契旨。經五稔，益蹟微奥。照令依圓通秀，師去，又盡其要。元豐七年（1084）渡淮，留太守巖。久之，出住雙林，遷净慈，尋被旨徙法雲。僧問：「寶塔高無縫，如何指示人？」師曰：「煙霞生背面，星月繞簷楹。」曰：「如何是塔中人？」師曰：「竟日不知清世事，長年占斷白雲鄉。」曰：「向上更有事也無？」師曰：「太無厭生。」問：「若論此事，譬如兩家著碁，學人上來，請師一着。」師曰：「早見輸了也。」僧曰：「錯。」師曰：「是。」僧曰：「進前無路也。」師卓拄杖一下，曰：「争奈這箇何！」僧曰：「祇如黑白未分時，又作麽生？」師曰：「且饒一着。」問：「百尺竿頭，如何進步？」師曰：「除。」曰：「便恁麽去，又作麽生？」師曰：「百雜碎。」問：「九夏賞勞即不問，從今向去

①《五燈會元・雲門宗（青原下七世）・雲門偃禪師法嗣》：「潁州羅漢匡果禪師，僧問：『如何是吹毛劍？』師曰：『了。』問：『和尚百年後，忽有人問向甚麽處去，如何酬對？』師曰：『久後遇作家，分明舉似。』曰：『誰是知音者？』師曰：『知音者即不恁麽問。』問：『鑿壁偷光時如何？』師曰：『錯。』曰：『争奈苦志專心？』師曰：『錯！錯！』」《康熙潁州志・僊釋・宋》：「匡果禪師。青原下七世雲門偃禪師法嗣，遺其姓氏。幼依空王寺，參雲門文偃禪師，悟心地法門。後住羅漢寺，僧問：『如何是吹毛劍？』師曰：『了。』又問：『和尚百年後，人問向甚麽處去，如何酬對？』師曰：『久後遇作家，分明舉似。』僧曰：『誰是知音者？』師曰：『知音者即不恁麽問。』又問：『鑿壁偷光時如何？』師曰：『錯。』曰：『争奈苦志專心。』師曰：『錯！錯！』師於乾和七年己酉十月初十日趺坐而逝。」

事如何？」師曰：「光剃頭，浄洗鉢。」曰：「謝師指示。」師曰：「滴水難消。」上堂：「上不見天，下不見地。畐塞虚空，無處回避。爲君明破即不中，且向南山看鼈鼻。」擲拄杖下座。①

①《五燈會元·雲門宗（青原下十二世）·慧林本禪師法嗣》：「東京法雲善本大通禪師，族董氏，漢仲舒之裔也。大父琪，父温，皆官於潁，遂爲潁人。母無子，禱白衣大士，乃得師。及長，博極群書，然清修無仕宦意。嘉祐八年，與弟善思往京師地藏院，選經得度，習毘尼。東遊至姑蘇，禮圓照於瑞光。照特顧之，於是契旨，經五稔，益蹟微奥。照令依圓通秀，師去又盡其要。元豐七年，渡淮，留太守巖。久之，出住雙林，還浄慈，尋被旨徙法雲。僧問：『寶塔元無縫，如何指示人？』師曰：『煙霞生背面，星月遶簷楹。』曰：『如何是塔中人？』師曰：『竟日不知清世事，長年占斷白雲鄉。』曰：『向上更有事也無？』師曰：『太無厭生。』問：『若論此事，譬如兩家著碁。學人上来，請師一著。』師曰：『早見輸了也。』僧曰：『錯。』師曰：『是。』僧曰：『進前無路也。』師卓拄杖一下，曰：『争奈這個何！』僧曰：『祇如黑白未分時，又作麼生？』師曰：『且饒一着。』問：『百尺竿頭，如何進步？』師曰：『險。』曰：『便恁麼去又作麼生？』師曰：『百雜碎。』問：『九夏賞勞即不問，從今向去事如何？』師曰：『光剃頭，浄洗鉢。』曰：『謝師指示。』師曰：『滴水難消。』上堂：『上不見天，下不見地。畐塞虚空，無處回避。爲君明破即不中，且向南山看鼈鼻。』擲柱杖下座。」《康熙潁州志·僊釋·宋》：「善本大通禪師。青原下十二世慧林本禪師法嗣。姓董氏，大父琪，父温，皆官潁，遂爲潁人。母無子，禱於大士，乃得師。及長，博極群書，然清修無婚宦意。嘉祐八年，與弟善思往京師地藏院，選經得度，習毗尼。東遊至姑蘇，禮圓照於瑞光寺，照特顧之，於是契旨。經五稔，益臻微奥。照令依圓通秀，師去，又盡其要。元豐七年渡淮，留太守巖。久之，出住雙林，還浄慈，尋被旨徙法雲。僧問：『寶塔高無縫，如何指示人？』師曰：『煙霞生背面，星月繞簷楹。』曰：『如何是塔中人？』師曰：『竟日不知清世事，長年占斷白雲鄉。』曰：『向上更有事也無？』師曰：『太無厭生。』問：『若論此事，譬如兩家著碁，學人上來，請師一着。』師曰：『早見輸了也。』僧曰：『錯。』師曰：『是。』僧曰：『進前無路也。』師卓拄杖一下，曰：『争奈這個何！』僧曰：『祇如黑白未分時，又作麼生？』師曰：『且饒一着。』問：『百尺竿頭，如何進步？』師曰：『除。』曰：『便恁麼去，又作麼生？』師曰：『百雜碎。』問：『九夏賞勞即不問，從今向去事如何？』師曰：『光剃頭，浄洗鉢。』曰：『謝師指示。』師曰：『滴水難消。』上堂：『上不見天，下不見地。畐塞虚空，無處迴避。爲君明破即不中，且向南山看鼈鼻。』擲拄杖下座。」

潁州志卷之十六

貞烈傳

文王之化，首被汝墳；玉性堅貞，實因風土。詩書禮義之澤，淑兹女士，於潁見《栢舟》之誼焉。匪惟上世，如近代兵凶，閨家令姓以及閭閻柔淑，臨大難守禮節，白刃不能移，未闻三月歌洛、一朝辭漢者。若共姜矢節①，伯姬求仁②，許字殉夫，尤難處子臨喪隕命，自踐前言，將使義勇慚其志烈，蘭玉謝其貞芳，史不勝書，足

①共姜，周時衛世子共伯之妻。共伯早死，共姜守節不嫁。《詩序》：「《栢舟》，共姜自誓也。衛世子共伯蚤死，其妻守義，父母欲奪而嫁之，誓而弗許，故作是詩以絶之。」

②伯姬（？—前543），春秋時期魯宣公之女、成公之妹，嫁宋共公爲妻。生平事蹟見於《左傳》及《列女傳·宋恭伯姬傳》。

以敦厲方域矣。爰著於篇，尚有掛漏云。

漢

范滂母。細陽人。漢建寧中大誅黨人，詔下，滂白母曰：「仲博孝敬，足以供養，滂從龍舒君歸黃泉，存亡各得（其）所。惟大人割不可忍之恩，勿增感戚。」母曰：「汝今得與李杜齊名，死亦何恨！既有令名，復求壽考，可兼得乎？」滂跪受教，再拜而辭。聞者無不流涕。①

①事見《後漢書·范滂傳》。《南畿志·鳳陽府·烈女》：「范母。細陽人，滂之母也。建寧中大誅黨人，急捕滂，滂白母曰：『仲博孝敬，足以供養。滂從龍舒君歸黃泉，惟大人割不忍之恩，勿增感戚。』母曰：『汝今得與李杜齊名，死亦何恨？既有令名，復求壽考，可兼得乎？』滂跪受教，再拜而辭。聞者無不流涕。」《正德潁州志·烈女》：「范滂母。細陽人。漢建寧中大誅黨人，詔下，急捕滂，白母曰：『仲博學敬，足以供養。滂從龍舒君歸黃泉，存亡各得其所。惟夫人割不忍之恩，勿增感戚。』母曰：『汝今得與李杜齊名，死亦何恨？既有令名，復求壽考，可兼得乎？』滂跪受教，再拜而辭。聞者無不流涕。」呂景蒙《嘉靖潁州志·貞烈·漢》：「范滂母。細陽人。漢建寧中大誅黨人，詔下，急捕滂，白母曰：『仲博孝敬，足以供養。滂從龍舒君歸黃泉，存亡各得其所。惟大人割不可忍之恩，勿增感戚。』母曰：『汝今得與李杜齊名，死亦何恨？既有令名，復求壽考，可兼得乎？』滂跪受教，再拜而辭。聞者無不流涕。」李宜春《嘉靖潁州志·貞節·漢》：「范母。滂之母也，龍舒侯相范顯妻。建寧中大誅黨人，詔下，急捕滂，滂即自詣獄。母就與之訣，滂白母曰：『仲博孝敬，足以供養。滂從龍舒君歸黃泉，存亡各得其所。惟大人割不可忍之恩，勿增感戚。』母曰：『汝今得與李杜齊名，死亦何恨？既有令名，復求壽考，可兼得乎？』滂跪受教，再拜而辭。聞者莫不流涕。」

宋

盧兒。歐陽文忠公妾也。公卒，盧兒哭之慟，淚血以死，乃殉葬焉。①

明

張氏。張恭女，年十七適民人魏隆。甫（四月），正德七年（1512），流賊劉七自湘歷潁，百姓奔竄。張被虜，携令上馬，刃逼數回［四］。張氏不從，奮口劇駡，至以手披賊。賊怒，舉刃攢而死。②

二楊氏。王乾妻楊氏，弟坤妻亦楊氏。嘉靖丁未（1547），賊攻乾家，舉家走匿高樓上。賊用麥網張接，以火劫之，曰：「下則生，不下則死。」二婦恐汙，不下，甘受焚死。③

①《正德潁州志·烈女》：「盧兒。歐陽公妾。口中素有芙蕖自然香，公厚之。公薨，美而艾，無出，哭泣流血死，乃殉公葬。」李宜春《嘉靖潁州志·貞節·宋》：「盧兒。歐陽文忠公妾也。公死，盧兒哭之慟，淚血以死，乃殉公葬焉。」

②吕景蒙《嘉靖潁州志·貞烈·明》：「張恭女。張氏年十七，正德六年（1511）適民人魏隆。甫四月，而流賊劉七自湖湘歷潁，民各奔竄。張以竄被虜，携令上馬，刃逼數四。張氏不從，奮口劇駡，至以手披賊，賊怒舉刃，張曰：『寧汝殺我，豈從汝賊！』由是，賊衆攢刺截割而死。時潁人難中傳聞，交相歎惜焉。」李宜春《嘉靖潁州志·貞節·明》：「張氏。潁州魏隆妻，年十七歸隆。四閲月，流賊劉七自湖湘歷潁境，聚屠邑，居民咸走匿。張被執，擁致上馬，脅以刃者數四。張奮口劇駡，至以手披賊求死，曰：『寧願殺我，豈從汝去！』賊怒，争攢刺截割而去。」

③李宜春《嘉靖潁州志·貞節·明》：「王二婦楊氏。潁州王伯萬男王乾、王坤妻也，俱楊姓。嘉靖丁未，流寇攻伯萬家，舉家走匿高樓上，寇用麥網張接，以火劫之，曰：『下則生，不下則死。』衆皆跳下，獨二婦恐其汙也，駡聲不絶，甘受焚而死，俱年十七。」

楊氏。王加〔嘉〕會妻。生沉静，寡言笑。加〔嘉〕會病革，謂氏曰：「汝當何如？」氏跽泣曰：「死耳。」加〔嘉〕會揮淚没。自是飲食不入口，語姑曰：「婦已許死者矣，安忍負之？婦極知棄姑爲罪，幸恃有嫂嬸在，何需此未亡人也？」家人日夜守之，竟乘倦自縊死。①

張氏。張清女也。許聘劉中焞，將于歸，焞病卒。女嘔血哀號，匍匐往吊，臨喪哽咽無聲，但搜焞平日所用衣巾、圖書而已。家人日夜環守之。比葬焞前一日，女稱病卧，母與姑相與假寐，女遂縊死樓梯傍，年十九歲。州守陳詰上其事，按院孫丕揚遣官致祭。②

馮氏。生員孫錡妻。錡病革，氏躬湯藥扶掖，日夜不懈。錡嘶不成聲，氏授以竹杖，曰：「呼損氣，我假寐則叩之。」錡每舉手未及杖，已撫牀應矣。錡没，氏但哀號，無他語。越數日，姑命氏縫衣，縫完以針刺寢楣外，囑

①李宜春《嘉靖潁州志·貞節·明》：「楊氏。潁川衛舍人王嘉會妻。嘉會卒時，年甫二十。號哭至嘔血，曰：『吾何生爲？』即將殉焉。家人衛之嚴，得不死。復七日，乘衛者稍怠，遂經其頸死焉。」

②詳見張鶴鳴《蘆花湄集》卷六《雙列傳》。《康熙潁州志·列女·明》：「張氏。張清女也。許配劉中焞。年十九，將於歸，焞病卒。女隨其母往吊，臨喪哽咽無聲，但搜焞平日衣巾、圖書而已。比焞將葬前一日，女稱病卧，母與姑相與假寐，女起，縊死。州守陳詰上其事，直指孫公丕揚遣官致祭。」

小婢：「婆婆索带，即與之。」反扃戶浴，内服錡舊裹衣，整粧，取白綾巾，裹麻索自縊死。①

樊氏。姚模妻，樊崙女。嘉靖庚戌（1550），年十七，適模。明年辛亥（1551）夏，模染疾。氏嘗藥，日夜調護，酷暑不解带，足不逾閫者兩閱月。摸［模］没，氏堅不食，竟死模棺傍。②

吕氏。劉中耀妻。耀病没，氏蓬首横身不許殮，長號徹夜。其母日夜守之，詰旦，母暫出，遂自縊死，時年二十五。③

劉氏。劉梅女，許聘李之本。未娶，本没，女泣血不食，焚其女紅、帉帨，誓以死從，語父曰：「依兒爲李郎服三年，且需吾弟稍長。寄語公姑，勿爲李郎置槨。」遂盡去鉛華，教弟讀書，親爲正句。越一年，梅潛許田家婚，期重陽日納采。女聞之，中夜開篋，取李聘幣，挑燈手製衣，衣之，自縊死，時九月八日也。郡守謝詔臨其葬，男女往觀如市。其日，所許田家亦具奠賻哭吊，舉酒一酹，而柩前承酒茅盆劃然碎，起高丈餘，遶檐如蝶墜，觀者震

---

①《康熙潁州志·列女·明》：「馮氏。諸生孫錡妻。錡病篤，氏躬湯藥扶掖，日夜不懈。錡啞不成聲，氏授以竹杖曰：『呼損氣，我假寐則叩之。』錡每舉杖，未及叩，已撫牀應矣。錡歿，氏但哀號，無他語。越數日，姑命氏縫衣，縫畢，囑小婢持與之，即扃戶沐浴，内着錡舊裹衣，外整粧服，取白綾巾，裹麻繩自縊死。」

②《康熙潁州志·列女·明》：「樊氏。樊崙女。嘉靖庚戌，年十七，適姚模。明年夏，模染疾，氏嘗藥，日夜調護，酷暑不解带，足不逾閫者兩月。模歿，氏堅不食，晨夕悲號，淚盡繼之以血。越旬日，氣息奄奄，第云：『待我！待我！』竟死模棺旁。」

③詳見張鶴鳴《蘆花湄集》卷六《雙列傳》。《康熙潁州志·列女·明》：「吕氏。太和諸生吕先春女。歸劉中耀四年，耀病歿，氏蓬首横身不許殮，長號徹夜，其母日夜守之。詰旦，母暫出，遂自縊死，時年二十五。聞於憲司，遣官致祭。」

色。兩臺以聞，有詔旌其門。①

盧氏。盧賓女，年十八適張其猷。明年，其猷遊河渚，墮水死。氏方繪舫，注釜而訃音至，觸楣絶，復甦。時氏兄嘝秋試，客金陵，姊往慰之。氏曰：「需兄來面，請終夫喪。喪終，願相從地下。」越再歲，姑憐其無子，私囑媒氏探其意。氏詣母，泣曰：「何物媒媪，强汙人。」面使小女子語姊氏曰：「姊來一話，恐後無期矣。」姊不知永訣意，又病，不果來。氏歸，即自縊死。②

時氏。王永繼妻，生員時有徵女。夫卒五日，自縊死。有司立坊旌表。③

臺氏。生員張雲鵬妻，臺閣之女。鵬病，氏单衣蔬食，禱天願代，割臂爲糜食鵬，而鵬病漸危。氏許殉鵬，且

---

①《明史·列女》：「劉氏，潁州劉梅女，許聘李之本。之本歿，女泣血不食，語父曰：『兒爲李郎服三年，需弟稍長，然後殉。寄語翁，且勿爲郎置櫬。』遂盡去鉛華，教弟讀書，親正句讀。越一年，梅潜許田家。女聞，中夜開篋，取李幣，挑燈製衣，衣之，縊死。知府謝詔臨其喪，鄰里吊者如市。田家亦具奠賻，舉酒方酹，柩前承灌瓦盆劃然而碎，起高丈餘，遶檐如蝶墜，觀者震色。」《康熙潁州志·列女·明》：「劉氏。劉梅女，許配李之本。未娶，本歿，女泣血不食，焚其女紅、鞶帨，誓以死從，語父曰：『依兒爲李郎服三年，且需吾弟稍長。寄語公姑，勿爲李郎置櫬。』遂盡去鉛華，教弟讀書，親爲正句。越一年，梅潜許田家婚期，重陽日納采。女聞之，中夜開篋，取李聘幣，挑燈手製衣，衣之，自縊死，時九月八日也。郡守謝詔臨其葬，易以桐棺，經四十餘日，面色如生，男女往觀如市。其日，所許田家亦具奠賻哭吊，舉酒一酹，而柩前承酒茅盆劃然碎，起高丈餘，遶檐如蝶墜，觀者色震。兩臺以聞，詔旌其門。」

②《康熙潁州志·列女·明》：「盧氏。盧賓女。年十八，適張其猷。明年，其猷遊河渚，墮水死。氏方繪舫，注釜而訃音至，觸楣幾絶，時氏姊往慰之，氏曰：『需終喪，願相從地下。』越再歲，姑憐其無子，私囑媒氏探其意，氏詣母泣曰：『何物媒媪，强汙人。』面使小女子語姊氏曰：『姊来一話，恐後無期矣。』姊不知永訣意，又病，不果來。氏歸，即自縊死。時五月下旬，越日乃殮，絶無蠅蚋敢近焉。」

③《康熙潁州志·列女·明》：「時氏。諸生時有徵女，適王永繼。夫卒五日，自縊死。有司立坊旌表。」

約需三日，鵬付以紅巾訣焉。氏號泣委地，越三日，仰藥就縊，侍婢覺救，不死，恨曰：「何物奴，敗我事！令我負三日約。」自是水漿不入口，舉聲一號，鮮血迸流。至七日，頓足曰：「遲矣，郎得無疑我！」母偶出櫛沐，氏遂扃戶縊死。有司請具題表揚。①

潁水烈婦者，不知誰氏婦，亦不知何姓，住潁河北。夫爲人傭，病篤，婦泣曰：「事急，殮葬無所需，請鬻妾以備。」遂自售於船，得資爲夫置衣棺，市少酒肉，炊糜食夫，餘金付夫枕下，揮淚而別。時隆慶三年（1569），大水，兩岸不能辨牛馬，至斷岸，回首呼夫，投潁水死。②

孫氏。韓有學妻。有學病没，氏解所繫繩縊死。貧無以殮，鄰里共鬻棺埋之。③

---

①詳見張鶴鳴《蘆花湄集》卷五《張烈婦傳》與《萬曆潁州志·藝文上》、本書《藝文下·明文》所載劉九光《張烈婦行狀》。《明史·列女》：「（潁）州又有臺氏，諸生張雲鵬妻。夫病，氏单衣蔬食，禱天願代，割臂爲糜以進。夫病危，許以身殉，訂期三日。夫付紅帨爲訣，氏號泣受之。越三日，結所授帨就縊，侍婢救不死，恨曰：『何物奴，敗我事！令我負三日約。』自是，水漿不入口，舉聲一號，熱血迸流。至七日，頓足曰：『遲矣，郎得毋疑我。』母偶出櫛沐，扃戶縊死。」《康熙潁州志·列女·明》：「臺氏。臺閣之女。年十六，歸文學張雲鵬。鵬病，氏禱天願代，割臂爲糜食鵬，而鵬病漸危。氏許殉鵬，且約需三日，鵬付以紅巾，訣焉。氏號泣仆地，越三日就縊，爲侍婢所覺，急救解之，恨曰：『何物奴，敗我事！令我負三日約。』自是，水漿不入口，舉聲一號，鮮血迸流。至七日，頓足曰：『晚矣，郎得無疑我。』母偶出櫛沐，氏遂扃戶縊死。事聞，建坊表揚。」

②《康熙潁州志·列女·明》：「潁水烈婦者，不知何姓。住潁河北。夫爲人傭，病篤，婦泣曰：『事急，殮葬無所需，請鬻妾以備。』遂自售於一巨舟中，得資，爲夫置衣棺，市少酒肉，炊糜食夫，餘金付夫枕下，揮淚而別。時隆慶三年，大水彌望，至斷岸，回首呼其夫，投潁水死。」

③《康熙潁州志·列女·明》：「孫氏。韓有學妻。有學病歿，氏解所繫繩縊死。貧無以殮，鄰里共鬻棺埋之。」

温氏。貧家女，長官店黄鵠妻。鵠幼潁［穎］慧，工繪事，知詩，自號雲卧子。摹唐人《塞馬圖》，不辨真贋。性孤憤自喜，潁人叵測也。遊浮光，劉玄子奇之；南遊吳越，王元美下榻禮重，悉贈以詩歌。蓋往來客吳六七年，而氏同孀姊杜門藿食，絶無愁歎聲。鵠病歸，危，氏哭許從鵠，鵠歎曰：「吾苦汝以貧、以客遊、以病，不我恚恨已難，而肯捐芳年從我！」泣解所繫縧付之。氏不能卒辦殮具，三日甫畢，以所縧絶於棺傍，時年二十七歲。①

郭氏。應翔女，適唐汶。汶早死，汶兄泮繼亡，公姑俱八十餘，氏拮据奉養。公姑病，延醫供甘脆。公姑没，含飯納纊，一遵禮制，奩篋盡空。事訖不食，旬三日卒。②

范氏。潁川衛百戶范希文女。許聘朱廷諫。廷諫病故，女聞訃，哀號不絶口。檢朱家聘幣，悉納火中。出綵佩、紺緣、珠絡等，給小弱妹。廷諫歸窆日，女欲送葬，母不許，遂入室自縊死。③

---

①《康熙潁州志·列女·明》：「温氏。貧家女。長官店黄鵠妻。鵠幼穎慧，工繪事，知詩，自號雲卧子。摹唐人《塞馬圖》，幾亂真。遊浮光，劉玄子奇之。南遊吳越間，爲王鳳洲所禮重，贈以詩歌。往來六七年，而氏同孀姊杜門藿食，絶無愁歎聲。鵠歸，病危，氏哭許從鵠，鵠歎曰：『吾累汝以貧、以遊、以病，不我恚恨已難，而肯捐芳年從我。』泣解所繫縧付之，遂卒。氏不能辦殮具，三日甫畢，以縧絶於棺旁，時年二十有七。」

②《康熙潁州志·列女·明》：「郭氏。應翔女，適唐汶。汶早死，汶兄泮繼亡，公姑俱八十餘，氏拮据奉養。公姑病，延醫調治，甘脆備供。既殁，棺衾殯殮如禮，奩篋盡空。事訖，不食旬餘而死。」

③《康熙潁州志·列女·明》：「范氏。潁川衛百戶范希文女，許配朱廷諫。廷諫病故，女聞訃，哀號不絶口。檢朱家聘幣，悉納火中，出綵佩、綉緣、珠絡等物，給小弱妹。廷諫歸窆日，女欲送葬，母難之，遂入室縊死。西府郭公蒙吉榜旌其門，學正王會圖作銘勒石。」

史氏。馬似龍妻。年二十八歲，似龍病故。氏日夜號泣不食，至殯之前一日，自縊於棺傍。①

於氏。鄧任妻。任病，家貧，藥粥不給，氏罄嫁笥救之。閱六月，益危。氏留聘簪二根，綰一於任髮，自綰一，撫任頸哽咽曰：「妾安忍負此簪？」納指任口中，令齧爲信。任没三日，即自縊死。②

李氏。潁川衛人。年十九，適陳州陳海。夫早卒，氏勞瘁以代子職。姑患癱疾，嘗思蒲笋，步出三十五里，採於蓮池。驟雨時行，至氏而止，鄉人重之。州牧倪公誥奏聞。壽七十有三卒。③

劉氏。潁川衛舍人李深妻。深卒，氏時年十九，杜門自守，不與家事。自朔望登堂見公姑外，雖妯娌亦罕接焉。斂蹟閨闥，寂若無人。年过五十，婢僕有白事者，雖暑，不完衣絶不許見，鄉里稱之。嘉靖八年（1529），按

---

①《康熙潁州志·列女·明》：「史氏。馬似龍妻。年二十八，似龍病故。氏日夜號泣不食，殯前一日，遂自經死。」

②《明史·列女》：「于［於］氏。潁州鄧任妻。任病，家貧，藥餌不給，氏罄嫁笥救之。閱六月病革，氏取聘簪二，綰一於夫髮，自綰其一，撫任頸哽咽曰：『妾必不負君。』納指任口中，令齧爲信。任歿三日，縊死。」《康熙潁州志·列女·明》：「於氏。鄧任妻。歸任甫一月，任病，家貧，藥餌不給，氏罄奩笥救之。久而益危，氏出聘簪二，一插任髮，一自插，撫任哽咽曰：『妾安忍負此簪？』納指任口中，令嚙爲信。任歿三日，即自經。」

③詳見呂景蒙《嘉靖潁州志·禮樂志》所載胡衮《六貞祠記》。同書《貞烈傳·明》：「李氏。潁州人。年十九，適陳州三厢里民陳海，相守十載。夫卒，氏存亡一心，服勞以代子職。姑患癱疾，嘗思蒲笋，步出二十五里，採於蓮池。每回，驟雨時行，至氏而止。鄉人重之，以節孝舉官，州牧倪公誥奏聞。教子楫登仕，得受祿養。壽七十有三，無疾而終。孫籌，好學，能書善畫，迺氏所積。詩云：『夫亡代職奉慈親，一寸蒲芽一寸金。驟雨每來施顯應，迴塗相及不相侵。』見《陳州志》。」《康熙潁州志·列女·明》：「李氏。潁川衛人。年十九，適陳州陳海。夫早卒，氏勞瘁以代子職。姑患癱疾，嘗思蒲笋，氏走數十里外，採於蓮池。時驟雨時行，氏身所過輒霽，人以爲孝感。州牧倪公誥上其事兩臺，聞於朝。壽至七十有三卒。」

臺秦公褒奬之。年七十餘卒。①

韓氏。民人周雨妻。雨卒，時年十九，父母憐而欲嫁之，韓即剪髮，誓不更嫁。居嘗語及嫁者，赧然慙曰：「一婦二夫，女之醜也。」年五十九終。②

李氏。時銓妻。年二十四歲而銓亡，遺孕，生男時用，躬紡織以資撫育。及用長，爲娶妻李，生孫鯨，而時用夫婦繼夭歿，李復撫育孤孫。遺家貧乏，更歷變故，艱難百端，而李氏處之恬如。③

---

①詳見呂景蒙《嘉靖潁州志・禮樂志》所載胡衮《六貞祠記》。同書《貞烈傳・明》：「潁川衛舍人李深妻劉氏。歸李二年而深卒，劉時年十九，杜門自誓，從一以終。李武冑，世族也，資産甲潁，號千頃李，環麗竒美，充牣於室。况其年少有緣，是而謀娶之者風傳於劉，怡然若不聞，愼守愈密，絶不與家事。自朔望登堂見公姑外，雖妯娌亦罕接焉。斂蹟閨閫，寂若無人。至年五十，外僕有以事進告者，雖暑，不完衣絶不許見聞。静貞專一，終始不渝，鄉鄰傳頌。嘉靖八年，内巡按秦御史聞其事，移文本州，以禮奬勵，其年七十有五矣。」《康熙潁州志・列女・明》：「劉氏。潁川衛舍人李深妻。深卒，氏時年十九，杜門自守，不與家事。自朔望登堂見舅姑外，雖妯娌亦罕接焉。斂蹟閨閫，寂若無人。年過五十，婢僕白事，即盛暑，衣不完者絶不許見，鄉里稱之。嘉靖八年，按臺秦公褒奬之。年七十餘卒。」

②詳見呂景蒙《嘉靖潁州志・禮樂志》所載胡衮《六貞祠記》。同書《貞烈傳・明》：「民人周雨妻韓氏。歸雨二年而雨卒，時韓年十九。父母憐而欲嫁之，韓即剪髮，誓不更嫁。居常語及嫁者，赧然爲慙曰：『一婦二夫，行之醜也。』閉戶自守，寂不出聲，蓋其恬性貞一，得於天性如此。歷年五十有九而終。」《康熙潁州志・列女・明》：「韓氏。周雨妻。雨卒時，年十九。父母憐而欲嫁之，韓即剪髮，誓不更嫁。居常語及嫁者，赧然慙曰：『一婦二夫，女之醜也。』年五十九終。」

③詳見呂景蒙《嘉靖潁州志・禮樂志》所載胡衮《六貞祠記》。同書《貞烈傳・明》：「時銓妻李氏。年二十四而銓亡，已四月遺孕，生男時用，躬紡績以資撫育。及用長，爲聚［娶］亦李氏，生孫時鯨，而時用夫婦繼夭歿，李復撫育孤孫。遺家貧乏，更歷變故，艱難百端，而李氏處之恬如，惟盡吾勞瘁而已。嘉靖八年（1529）巡按秦御史、十二年（1533）巡按張御史俱行州，以禮奬勵焉。十三年（1534），享年七十有二而終。」《康熙潁州志・列女・明》：「李氏。時銓妻。年二十四而銓亡，遺孕，生男名用，躬紡織以資撫育。及用長，爲娶妻，生孫鯨，而用夫婦復相繼殁，李再撫孤孫。遺家貧乏，更歷變故，艱難百端，而處之恬如。直指秦公、張公俱褒奬之。年七十二乃終。」

張氏。張春女。歲十六適齊鳳。鳳病，供粥藥，籲號日夜不輟。鳳没，婦年二十有一，縊棺傍，救得免。閲三歲，大荒，極難存活。親眷因其無嗣，委曲勸之嫁，氏即引刀刺頸，眾亟救之，厲聲曰：「寧爲齊氏餓死鬼，豈偷生爲他人婦！」①

孫氏。生員張重妻。重没，孫哀號迸血，旬日水漿不入口。姑勸之曰：「我老，兩兒在襁褓。婦哭死，我從婦死矣。」兩兒，一氏生，一妾高氏生，俱甫兩月。氏乃毁形，除鉛華，撫育之。每夜焚香籲天，祈兩兒免痘疹，夢神人語曰：「天憐若苦節，如汝所祈。」兩兒竟不生痘疹。皆成立，世其家。②

王氏。爲生員李枝茂繼妻。茂病，婦剜肉調羹，籲天願代。迨茂死，婦從容自縊。里人王胤詩以哀之：「矯矯吾家子，烈烈李家婦。夫亡誓與亡，伏節身不顧。」③

①《康熙潁州志·列女·明》：「張氏。張春女。歲十六適齊鳳。鳳病歿，婦年二十有一，無子，縊棺旁，遇救得免。居無何，歲大饑，親族婉勸之嫁，氏即引刀刺頸，衆亟救之，厲聲曰：『寧爲齊氏餓死鬼，豈偷生爲他人婦耶！』氏性素嚴重，諸女眷屬少有嬉笑，輒正色叱之。年七十三卒。有司旌其門。」

②《康熙潁州志·列女·明》：「孫氏。千戶孫堂女。嫁文學張重，事姑孝謹。重歿，氏哀號迸血，旬日水漿不入口。姑勸之曰：『我老，兩兒在襁褓，婦哭死，我從婦死矣。』兩兒，一氏出，一妾高出，俱甫兩月。氏乃毁形，勤加撫育。高乏乳，氏並乳之，每夜焚香籲天，祈兩兒免痘疹，後夢神人語曰：『天憐若苦節，如汝所請。』兩兒竟不生痘疹。皆成立，世其家。氏病革，語子曰：『爾庶母從我三十餘年，貞慎可嘉，今若病亦劇，得相從地下，報爾父願也。』不數日，相繼卒。」

③《康熙潁州志·列女·明》：「王氏。諸生李枝茂繼室。茂病，婦剜肉以進，籲天願代。茂死，婦從容自縊。族人王胤有詩哀之云：『矯矯吾家子，烈烈李家婦。夫亡誓與亡，仗［伏］節身不顧。』」

樊氏。貢生賀佳兆嬸母也。樊適賀，夫歿日，僅遺一子在繦褓，樊年三十，食貧而撫孤爲難。其貢生婦田氏逼之嫁，樊宛轉難之。迨子年十八，又不祿，樊遂決意死。其仲侄迎歸養，居然子也。越十數年，其侄婦與其侄相繼即世，反撫其女，逾於其母。其季侄復迎養之。又十餘年，董其侄孫女嫁而終，時年七十二。夫死，子死，侄婦死，侄又死，四十年拮据無怨言。①

王家僕婦。不知何氏，王僕劉子安妻也。婦童時鬻爲人婢，而王買之以配安者。安性饕餮喜博，其主之器用、布粟類，皆安憑之爲賭注，無賴甚，數數亡去，婦無他志。後安病死於外，婦不知也。一日偶出舍，遇阿叔道安死故，跌足曰：「悮我！悮我！」是夜疾成新履履之，随縊死於主家之厨下。嗟乎！身爲人役而適配非夫，死則赴之恐後，真可愧世之赫赫役人者也。②

劉氏。鞏國苞母。年十九，夫死，止子苞。凡耀首華身之屬，盡擯絶之，長齋繡佛。苞入泮、成婚，家事不

①《康熙潁州志·列女·明》：「樊氏。適賀。夫歿，僅遺一子在繦褓，樊食貧撫孤。侄婦田氏逼之嫁，樊宛轉拒之。迨子年十八，又不祿，樊決意自盡，仲侄迎婦養之，居然子也。越十餘年，仲侄夫婦亦相繼即世，樊撫其女逾於其母。其季侄復迎養十餘載，董其侄孫女嫁乃終，時年七十二。夫死，子死，侄死，侄婦又死，四十餘年拮据無怨言。」

②《康熙潁州志·列女·明》：「王家僕婦。不知何氏。童時鬻爲人婢，王買以配其僕劉安。安性喜博，嘗敗其主之蓄積，又數數亡去，婦無他志。後聞安病死於外，疾成新履履之，縊死主家厨下。」

隕，皆母力也。年六十，以病卒。①

曹氏。錦衣衛指揮張大壯妾也。壯於辛巳四月病故，曹哀毀甚。殮之明日薄暮，語諸姨曰：「明蚤不相見也。」眾以爲誕。明日起，曹門尚扃，家人透窗覰之，已雉經死。②

盧氏。儒生王瀚妻。家貧，績舂終歲。崇禎十四年（1641）春饑，夫患疫。氏語夫曰：「君死，我當從。」聞者莫之信也，其夫信之。未幾夫死，時溽暑，氏求親戚斂錢葬，語人曰：「我當死，但酷熱無衣棺，恐爲親累，遲之秋爽。」聞者不信。氏至田間，將新穀盡糶之，置粗布衣衫帶縷，餘買酒蔬祀夫墓。歸至家，市梨數十進姑，併貽妯妹，語人曰：「我可以死矣。」夜半自縊死，時秋八月。③

---

①《康熙潁州志·列女·明》：「劉氏。鞏國苞母。年十九，夫死，止一子，撫而教之。長齋繡佛，凡耀首華身之物，盡擯絶焉。苞入泮、成婚，家事不隕，皆母力也。年六十，以病卒。」

②《康熙潁州志·列女·明》：「曹氏。錦衣衛指揮張大壯妾也。壯病故，曹哀毀甚。既殮之夕，語諸姨曰：『明蚤不相見也。』衆以爲誕。旦起，曹門尚扃，呼之不應，破窗觀之，已雉經死。」

③《明史·烈女》：「潁州盧氏，王瀚妻。家貧，舂織終歲。崇禎十四年大饑，夫患疫。氏語夫曰：『君死，我當從。』及夫死，時溽暑，氏求親戚斂錢以葬曰：『我當死，但酷熱無衣棺，恐更爲親戚累，遲之秋爽耳。』聞者哈之。及秋，盡糶其新穀，置粗布衣，餘買酒蔬祀夫墓。歸至家，市梨數十進姑，并貽妯娌，語人曰：『我可死矣。』夜半自縊。」《康熙潁州志·列女·明》：「盧氏。王瀚妻。家貧，績舂終歲。崇禎十四年春饑，夫患疫。氏語夫曰：『君死，我當從。』未幾夫死，時方溽暑，氏求親戚斂錢葬，語人曰：『我應死，但酷熱無衣棺，恐爲親戚累，當遲之秋爽。』聞者不信。迨至八月，氏往田間牧新穀，易金於市，製粗布爲衣衫，治酒蔬祀夫墓。歸至家，市梨數十進姑，併貽妯娌，乃曰：『我今可以死矣。』夜半果縊死。」

吕氏。儲濬妻。其姑陳氏先亡，而濬繼之。吕董棺成殮，不煩阿翁。越六日，備酒饌於其夫之柩前，請翁食，曰：「翁老矣，婦宜奉養。有伯在，不需耳。婦侍食止此矣。」明，楮幣詣姑，又請翁出拜，翁慰解之，不應。翁曰：「即欲死，不待櫝？」婦曰：「身既不用，何事棺爲？」回所居，坐縊死。①

王氏。董琩妻。琩始以廢産成病，繼以病罄産，王氏簪珥盡而十指續之。董死，族無屬姓，王殮而葬之。依母氏居，從不露愁歎聲。當服除之日，氏湔故衣著之，夜縊死。②

蔣氏。河北鄉六甲居民蔣應節女。年十六許聘李啟芳，方議于歸而婿病死。女聞之，哀不絶聲，勺不入口。後五日，焚女紅諸物，語其嫂曰：「萬一得死，乞葬予骸道西，庶不背夫家也。」乘夜自縊死。其里人及合學申州府，請旌之。③

---

①《康熙潁州志·列女·明》：「吕氏。儲濬妻。其姑陳氏先亡，而濬繼之。吕黽勉治喪畢，越六日，備酒饌於其夫之柩前，請翁食，曰：『翁老矣，婦宜奉養。有伯在，不需耳。婦侍食止此矣。』明日，持楮幣詣姑墓所，又請翁出拜，翁慰解之，不應。翁曰：『即欲死，不待櫝耶！』婦曰：『身既不用，何事棺爲？』回所居，竟縊死。」

②《康熙潁州志·列女·明》：「王氏。董琩妻。琩始以廢産成病，繼以病罄産，氏簪珥盡而十指續之。琩死，族無親屬，氏殮葬畢，依母氏居，絶不露愁歎聲。服既除，滌故衣著之，縊死。」

③《康熙潁州志·列女·明》：「蔣氏。蔣應節女。年十六許配李啟芳，未于歸而啟芳病死。女聞之，勺水不入口，悉焚女紅諸物，語其嫂曰：『萬一得死，乞葬予骸道西，庶不背李也。』乘夜縊死。」

崇禎乙亥殉難諸烈女

按，潁多貞女，史不絕書，惟乙亥（1635）賊難，更見烈烈！水、火、挺、刃，墮險、投崖者，不一其狀，但姓氏湮没者多矣！據耳目所及，或詳或畧，聊以慰貞魂於天地之間。若掛一漏百，所不能辭。

孫氏。處士滑鯤妻，進士文蔚母。栢舟矢節，已應旌表，而罵賊罹刃，尤見激烈也。其子見母死，同左右痛哭不離側，賊亦服其義，舍去。①

袁氏。白鷗妻，舉人白精衷母。鷗少多隱德，不事家務，蚤卒。貧甚，袁撫幼孤，以所住地改蔬圃，勤苦百端。其孤精衷讀《學》《庸》《孝經》書，皆袁口授。長領鄉薦，乃上其事於臺，得旌表。乙亥（1635）寇陷潁，精衷被執，其媳李氏奉姑袁氏越城避之。袁足損不能行，賊突至，李氏曰：「饒了白髮老婆婆，止求殺我。」賊害袁，并刃李。無何賊退，李復蘇，拮据棺斂，忍死治喪。撫其子，紡績終歲。苦節而慈，得中道也。姑與婦相繼稱

①《康熙潁州志・列女・明》：「孫氏。處士滑鯤妻，進士文蔚母。栢舟矢節，已應旌表，而罵賊罹刃，尤見激烈。其子見母死，痛哭不離屍側，賊服其義，舍去。」

孝烈云。①

武氏。生員韓光祖妻，進士獻策母。同男婦李氏罵賊不屈，投火自焚。其子請於上，得恩卹，贈孺人。又一妹、一女、一媳李氏、一孫媳王氏，俱殉之。②

王氏。推官鹿獻陽妻，舉人鹿瑞徵母，封孺人。賊至其家，氏服命服端坐，罵賊死。其子妾董氏從之。③

章氏。官生張大同妻。乙亥（1635）寇陷潁，大同出殉父，妾宋氏、蔣氏、郭氏閉門自焚，同死。④

劉氏。恩貢李栩妻。事公姑以孝聞。賊從北城入，劉勸姑微服出避之，其家人俱驚散，劉獨扃戶投繯死。⑤

劉氏。方伯公女也，舉人盧敏妻，貢士元素母。孀居廿有七載，茹素奉佛。寇陷潁，遇賊索金帛，應曰：「歲

---

①《康熙潁州志·列女·明》：「袁氏。白鷗妻，孝廉精衷母。鷗少多隱德，不事家人生業。蚤卒，貧甚，袁撫幼孤，以所居地改蔬圃，勤苦百端。其孤精衷讀《學》《庸》《孝經》，皆袁口授。長領鄉薦，乃上其事於兩臺，得旌表。及寇陷潁，精衷被執，其婦李氏奉姑越城走避。袁足損不能行，賊突至，李氏延頸曰：「願殺我，毋傷我老姑。」賊害袁，并刃李。既而賊退，李復蘇，拮据棺殮，忍死治喪。撫其子，紡績終身。」

②《康熙潁州志·列女·明》：「武氏。諸生韓光祖妻，進士獻策母。同一妹、一女、子婦李氏、妾李氏、孫婦王氏罵賊不屈，投火自焚。後獻策請於朝，得卹，贈氏孺人。」

③《康熙潁州志·列女·明》：「王氏。鹿司李獻陽妻，孝廉瑞徵母，封孺人。賊至其家，氏服命服端坐，罵賊死。子妾董氏從死焉。」

④《康熙潁州志·列女·明》：「章氏。官生張大同妻。寇陷潁城，大同既殉父難，氏與妾宋氏、蔣氏、郭氏俱閉門自焚死。」

⑤《康熙潁州志·列女·明》：「劉氏。恩貢李栩妻。事公姑以孝聞。賊從北城入，劉勸姑微服出避之，其家人俱驚散，劉獨扃戶投繯死。」

穀日思罄於布施，今復何有？」賊逼之以刃，曰：「死即死耳，吾從不誑言。」遂見害。其第五兒及孫女二姐殉之。①

楊氏。貢生甯儉妻。儉罵賊不屈，氏與兒婦唐氏、劉氏、幼孫俱罵賊，死之。稱一門節孝云。②

谷氏。甯偉妻。潁城陷，舉家驚走。氏以婦人無見外人理，獨閉門不出。賊至，脅劫不遂，即殺於內寢堦下。十餘年來，每遇陰雨，其磚血如新。③

甯氏。參戎武宗尹妻。夫久宦遠塞，甯孝事孀姑。姑病劇，割股請代。寇陷潁，執甯，索金帛。厲聲曰：「賊奴誤矣！吾家世受國恩，肯獻物求活哉！」遂投井死。其女，生員王于岐妻，子婦劉氏，攜二幼女並殉焉。直指楊公繩武旌其閭曰：「一門三烈，泉水爲香。」④

時氏。潁民王猷妻，生員王賓汝母。寇陷潁，拜辭神主，囑其子若孫圖生計，進諸婦，語曰：「吾雖垂白，忍

---

①《康熙潁州志·列女·明》：「劉氏。方伯劉九光女，孝廉盧敏妻，明經元素母。孀居廿有七載，茹素奉佛。寇破潁時，索金帛無應，遂見害。其第五兒及孫女二姐殉之。」

②《康熙潁州志·列女·明》：「楊氏。貢士甯儉妻。儉罵賊不屈，氏與兒婦唐氏、劉氏、幼孫俱罵賊死之。稱一門節孝云。」

③《康熙潁州志·列女·明》：「谷氏。甯偉妻。城陷，舉家驚走，氏以婦人無見外人理，獨閉戶不出。賊至，脅劫不遂，殺於內寢堦下。其後每遇陰雨，石上猶見血漬痕。」

④《康熙潁州志·列女·明》：「甯氏。參戎武宗尹妻。夫久宦遠塞，甯孝事孀姑。姑病，割股請代。寇至，執甯索金帛，厲聲曰：『賊奴誤矣！吾家世受國恩，肯獻物求活哉？』遂投井死。其女諸生王于岐妻，子婦劉氏攜二幼女並殉焉。直指楊公繩武旌其閭曰：『一門三烈，泉水爲香。』」

見汝輩獨死耶？」偕諸婦墮井中。及賊勢稍懈，其子復出之井上，越夜方甦。聞雀聲忽覺，曰：「我何尚在？」其子道以故。曰：「雀聲不祥，兒千萬逃生，慰吾心矣。」日初暾，賊遍搜者絡繹至，執其季子去。時憤罵死之。其孀婦杜氏被數刃，猶匐匍姑旁，見姑氣絶，號呼投井死。十二歲孫亦殉之。孀婦，賓汝繼妻也。①

胡氏。舉人劉佐臨妻。寇陷潁，胡偕姑、嬸、妯、妹集議，欲自縊，臨止之。胡掖母匿池上，賊以爲菜傭居，置不顧。明日，賊遍搜。胡曰：「吾誓不使賊見吾面。」顧見門側連厦火焰正發，遂投火死。

張氏。舉人劉壯國妻。本宛丘望族。持家勤儉，有婦功。寇至，張與嫂胡氏私約同死。及城陷，胡曰：「火烈。」張曰：「水潔也。」投池中死。②

武氏。舉人亓中雅妻。儲氏，亓中玄妻。李氏，亓中程妻。妯娌三人，投井死。③

---

①《康熙潁州志·列女·明》：「時氏。王猷妻，文學賓汝母。寇陷潁，拜辭神主，囑其子若孫圖生計，進諸婦語曰：『吾雖垂白，忍見汝輩獨死耶！』偕諸婦投井中。及賊勢稍懈，其子引出井上。越夕，聞雀聲甦，曰：『我何尚在？』其子告以故，曰：『雀聲不祥，兒亟去毋留。』日晡，賊果復至，執其季子去。時憤罵被害，其子婦杜氏被數刃，猶匐匍姑旁，見姑氣絶，號呼投井死。十二歲孫亦殉之。子婦，賓汝繼妻也。」

②《康熙潁州志·列女·明》：「胡氏。孝廉劉佐臨妻。寇陷潁，胡攜姑嬸妯娌欲自縊，胡臨止之。胡掖姑匿池上茅舍，賊以爲菜傭所居，置不顧。明日，賊復遍搜，胡曰：『吾誓不使賊見吾面。』顧門側火焰正發，遂投火死。張氏。孝廉劉壯國妻。本宛丘望族。持家勤儉，有婦功。寇至，張與嫂胡氏私約同死。及城陷，胡曰：『火烈。』張曰：『水潔也。』投池中死。」

③《康熙潁州志·列女·明》：「武氏。孝廉亓中雅妻。儲氏。亓中玄妻。李氏。亓中程妻。妯娌三人並投井死。」

李氏。戶部主事張大章妻。率婦劉氏，遇賊不屈，俱死壬［於］刃。劉氏，張維黄妻，死更慘，爲賊刳其孕。①

劉氏。生員郝慎修妻，舉人郝巽母。事舅姑孝，相夫子勤，教諸子多義方。當寇圍城，其夫與子守城，餉饌皆劉親炊。及城陷，尚在厨下，賊砍死。②

韓氏。戶部主事李虚白妻，封孺人。遇賊不屈，投水而死。③

石橋婦。不知誰氏。年方艾。賊强拉至北關大石橋上，抵死不從。賊怒，磔身死。爲志其地以表之。④

緑衣婦。有自賊營逃回者，見一著緑裳婦，举止大家，在賊旁低坐。賊飲酒，以語挑之，不應。繼以淫語犯之，随大罵。賊仍笑，引滿奉婦，婦拂袖擲之。賊怒，作咆哮聲。有二賊拔刀來，腥氣撲人，拉婦出，磔之。不知爲誰氏婦。⑤

---

①《康熙潁州志·列女·明》：「李氏。戶部主事張大章妻。婦劉氏。張維黄妻。遇賊，俱死於刃。而劉氏方孕，爲賊所刳，死更慘焉。」

②《康熙潁州志·列女·明》：「劉氏。茂才郝慎修妻，鄉進士郝巽母。事舅姑最孝。當寇圍城，其夫與子守城，餉饌皆劉親炊。及城陷，尚在厨下，爲賊砍死。」

③《康熙潁州志·列女·明》：「韓氏。戶部主事李虚白妻，封孺人。遇賊不屈，投水而死。」

④《康熙潁州志·列女·明》：「石橋婦。不知誰氏。年少有容色，賊强拉去，屢欲犯之，氏抵死不從，賊怒，磔於北關大石橋上。」

⑤《康熙潁州志·列女·明》：「緑衣婦。不知誰氏。有自賊營亡歸者，見一婦著緑裳斂眉愁坐，賊飲酒，以語挑之，不應。繼犯以淫語，随大罵，賊仍笑，引滿奉婦，婦舉手擲去。賊怒，作咆哮聲，有二賊拔刀來，腥氣撲人，拉婦出磔之。」

梁氏。李琦之妻，國學梁作棟女也。年十六嫁李琦之。未半載，流寇破潁，琦之死父難。氏見夫死，抱屍泣曰：「夫死，吾何獨生？」縊死於夫側。及寇退，氏父不禁悲痛。是夜，夢氏含笑曰：「吾二人死得所矣，痛胡爲？」①

陳氏。監生王立妾。氏與嫡同匿尼菴中，爲賊執，以鐵爪遁擊之。陳曰：「我嫡也，擊彼無益。」賊嚴訊，幾斃。投水死。②

李氏。生員劉黽愍孀妻，與女永姐同被刃。③

田氏。王祉妻，與二女同死。④

邢氏。生員李逢辰妻，抱子投水而死。經旬，屍浮水上，子猶在抱。⑤

張氏。生員張調理妻。偕姑劉氏、弟婦李氏，同投水死。⑥

---

①《康熙潁州志・列女・明》：「梁氏。國子生梁作棟女。年十六嫁李琦之。未半載，流寇破潁，琦之死父難，氏抱屍泣曰：『夫死，吾何獨生？』自經於夫側。作棟悲不已，夜夢氏含笑曰：『子殉父，婦殉夫，吾二人死得所矣，父痛奚爲？』」

②《康熙潁州志・列女・明》：「陳氏。太學生王立妾。偕嫡匿尼菴中，遇賊以鐵爪遁擊之，陳氏曰：『我嫡也，擊彼無益。』竟投水死。」

③《康熙潁州志・列女・明》：「李氏。文學劉黽愍妻。夫死守志。賊至，與女永姐同被刃死。」

④《康熙潁州志・列女・明》：「田氏。王祉妻。與二女同死。」

⑤《康熙潁州志・列女・明》：「邢氏。諸生李逢辰妻。抱子投水而死。經旬，屍浮水上，子猶在抱。」

⑥《康熙潁州志・列女・明》：「張氏。諸生張調理妻。偕姑劉氏、弟婦李氏同投水死。」

張氏。張肅範妻。翁、姑、夫、叔俱被殺。賊憐氏色，許相從，拜屍而往。及至河，誑賊浴面，投水而死。①

曹氏。武生員吳道行妻。同二幼女，俱投水死。②

徐氏、周氏。副使張鶴騰妾，俱焚死。③

甯氏。生員於同麟妻，縊死。④

吳氏。盧和鼎妻，投水死。⑤

鍾氏。劉楷妻，投水死。⑥

殷氏。生員李向榮妻，一門殺死。⑦

張氏。生員王鼎隆妻，縊死。⑧

---

①《康熙潁州志·列女·明》：「張氏。張肅範妻。翁、姑、夫、叔俱被殺。賊憐氏色，協之去。氏拜屍，佯與俱行，中塗乘間投水死。」

②《康熙潁州志·列女·明》：「曹氏。武生員吳道行妻。同二幼女，俱投水死。」

③《康熙潁州志·列女·明》：「徐氏、周氏。副使張鶴騰妾，俱被焚死。」

④《康熙潁州志·列女·明》：「甯氏。諸生於同麟妻，縊死。」

⑤《康熙潁州志·列女·明》：「吳氏。盧和鼎妻，投水死。」

⑥《康熙潁州志·列女·明》：「鍾氏。劉楷妻，投水死。」

⑦《康熙潁州志·列女·明》：「殷氏。生員李向榮妻。一門俱被殺死。」

⑧《康熙潁州志·列女·明》：「張氏。諸生王鼎隆妻，縊死。」

王氏。民人陳奎章妻。夫死方殮，賊至，欲開棺。婦以頸觸柩，大慟。賊怒，劈死。①

王氏。生員劉黽願妻。同妾龔氏，俱投水死。②

劉氏。生員王啟昌妻。見夫被殺，罵賊，碎其身。③

郭氏。生員王有聲妻。城陷遇賊，賊索銀，弗應。再問，毅然曰：「死賊！我窮婦也，銀安在？」遂死刃下。④

郭氏。生員王胤元妻。被擄，賊欲犯之，罵曰：「吾可死，身不可汙。」賊以創［槍］刺胸右，深三寸許。復罵之，因中數刃死。⑤

金氏。陳格心妻，與女三姐同被殺。⑥

---

①《康熙潁州志·列女·明》：「王氏。民人陳奎章妻。夫死方殮，賊至，欲開棺。婦以首觸柩，大慟。賊怒，劈死。」

②《康熙潁州志·列女·明》：「王氏。生員劉黽願妻，同妾龔氏投水死。」

③《康熙潁州志·列女·明》：「劉氏。諸生王啟昌妻。見夫被殺，罵賊，碎身而死。」

④《康熙潁州志·列女·明》：「郭氏。諸生王有聲妻。賊索金，弗應。再問，毅然曰：『死賊！我貧士婦也，安得金？』遂死刃下。」

⑤《康熙潁州志·列女·明》：「郭氏。諸生王胤元妻。被擄，賊欲犯之，罵曰：『吾可死，身不可汙。』賊以槍刺胸，深三寸許。復罵之，因中數刃死。」

⑥《康熙潁州志·列女·明》：「金氏。陳格心妻，與女三姐同被殺。」

張氏。生員程玄楷妻。長婦何氏，程必遂妻。次婦張氏，程必遘妻。同投水而死。①

陶氏。李福徵妻，焚死。②

張氏。潁川衛尉張世友女。適儒士鹿萬春。夫死，撫孤誓節。年七十，賊索金帛，不應。以刃加其項，氏引頸受之。其子婦劉氏慟甚，扃戶駡賊，引火自焚。賊歎曰：「真義婦也！」併舍之。③

趙氏。生員李維紀妻。翁、夫、子、女一十八口，俱投井而死。④

郭氏。生員張嗣房妻。王氏，子師拭妻。婦姑夙以孝謹稱。家住北關外。寇將至，氏勸其夫宜速避之。村莊乃⑤百姓争入城，郭氏姑媳不能自由，遂同入城。賊自北城入，衆俱南奔。郭氏與子婦攜幼孫奔其親家王姓者，王諭其同避賊。忽幼孫失去，氏二人遂赴塘水中死。舉屍入棺，其表裏衣服皆針綫密縫，不可解。婦姑生有卓識，死

---

①《康熙潁州志·列女·明》：「張氏。諸生程玄楷妻。同長子必遂婦何氏、次子必遘婦張氏俱投水死。」

②《康熙潁州志·列女·明》：「陶氏。李福徵妻，焚死。」

③《康熙潁州志·列女·明》：「張氏。潁川衛尉張世友女。適儒士鹿萬春。夫死，撫孤誓節。年七十時，流賊破城，至氏家索金帛，不應，以刃加其項，氏引頸受之。其子婦劉氏慟甚，扃戶駡賊，引火自焚。賊歎曰：『真義婦也！』舍之。」

④《康熙潁州志·列女·明》：「趙氏。諸生李維紀妻。翁、夫、子、女一十八口，俱投井而死。」

⑤「乃」字，疑有誤。

有定志。其夫與子及孫，竟獲全無恙。①

周氏。知縣申大志妻。罵賊，被殺死。②

李氏。訓導劉大潤妻。罵賊授［投］水，被賊刃殺□死。兒婦旁哭，亦被刃。③

劉氏。鹿岱妻。氏見姑將遇害，願以身代，賊不許。氏哀呼，投烈焰死。賊義而釋其姑。④

王氏。楊克振妻。與孀姑李氏剖五臟死。⑤

王氏。官生張大賡慈母，死甚烈，併妾周氏焚死。⑥

張氏。貢生徐繕之妻。⑦

李氏。生員張嗣軫妻，張師詠母。⑧

---

①《康熙潁州志·列女·明》：「郭氏。諸生張嗣房妻。與其子師拭婦王氏，姑婦夙以孝謹稱。寇將至，氏勸其夫亟避之，己與子婦攜幼孫奔至婦家。幼孫忽失去，姑婦二人遂赴塘水死。舉屍入棺，其表裏衣服，皆密縫不可解。賊退，其夫與子及孫竟獲無恙。」

②《康熙潁州志·列女·明》：「周氏。滎澤令申大志妻。罵賊，被殺死。」

③《康熙潁州志·列女·明》：「李氏。廣文劉大潤妻。罵賊投水，被賊殺之。兒婦哭之哀，亦被刃死。」

④《康熙潁州志·列女·明》：「劉氏。鹿岱妻。氏見姑將遇害，願以身代，賊不許，氏罵賊哀呼，投烈焰死。賊義之，姑竟得釋。」

⑤《康熙潁州志·列女·明》：「王氏。楊克振妻。與孀姑李氏剖臟而死。」

⑥《康熙潁州志·列女·明》：「王氏。官生張大賡母。賊至，死甚烈，有妾周氏自焚從之。」

⑦《康熙潁州志·列女·明》：「張氏。明經徐繕之妻。城破遇害。」

⑧《康熙潁州志·列女·明》：「李氏。諸生張嗣軫妻，師詠之母。賊至，死焉。」

甯田姐。甯偉女，死於刃。①

劉氏。貢生劉廷傅女，生員盧鎔妻。劉本望族，盧世家學。氏嫻禮義，既笄，益敦孝敬。居姑喪，哀毁逾節。育一子二歲，一女六歲。寇逼城，氏初不驚懼，第閉戶聽之。及城陷，家人逃避，氏引其子若女至池上，先推女，次舉子，繼自投於水。後三日，賊去，其家人覓屍於水，爲審視，自項迄足，襟裾、帖服及鬢髮間皆有所繫，始悟閉戶時爲之云。②

李氏。推官亓豫妾，庠生亓敬錫生母。罵賊不屈死。③

東關外女子。賊自北城入，男女咸奔南，及出東門。一女子東出，方渡橋，猝遇一賊，抱持之，女子亟碎其面，賊怒甚，礫而投於河。賊退，有記其姓字者，今忘之。④

---

①《康熙潁州志·列女·明》：「甯田姐。甯偉女，死於刃。」

②《康熙潁州志·列女·明》：「劉氏。明經劉廷傅女，諸生盧鎔妻。劉本望族，盧亦世有文學。氏嫻禮義，既笄，益敦孝敬。居姑喪，哀毁逾節。育一子二歲，一女六歲。寇逼城，氏初不爲動，第閉戶聽之。及城陷，家人走避，氏引其子若女至池上，咸沉之水，然後自投。賊去，家人覓屍斂焉，自鬢髮、襟裾下及履襪皆有所繫，始悟閉戶時爲之云。」

③《康熙潁州志·列女·明》：「李氏。節推亓豫妾，諸生敬錫生母。罵賊不屈死。」

④《康熙潁州志·列女·明》：「東關外女子。賊入潁城，男婦咸各奔竄，女子方出東門，至橋上，猝遇一賊，抱持之，女子爪碎其面，賊怒甚，礫而投諸河。賊退，有記其姓字者，今失之矣。」

劉氏。監生甯佺妻。①

韓氏。署正李生白妻。②

劉氏。生員亓文杰妻。③

楊氏。恩貢劉廷柱妾。④

田氏。盧尊妻。⑤

杜氏。生員張南俊妻。⑥

甯氏。張奎生妻。⑦

李氏。郭邦藩妻。⑧

---

①《康熙潁州志·列女·明》：「劉氏。國子生甯佺妻。」

②《康熙潁州志·列女·明》：「韓氏。署正李生白妻。」

③《康熙潁州志·列女·明》：「劉氏。庠生亓文杰妻。」

④《康熙潁州志·列女·明》：「楊氏。恩貢劉廷柱妾。」

⑤《康熙潁州志·列女·明》：「田氏。盧尊妻。」

⑥《康熙潁州志·列女·明》：「杜氏。庠生張南俊妻。」

⑦《康熙潁州志·列女·明》：「甯氏。張奎生妻。」

⑧《康熙潁州志·列女·明》：「李氏。郭邦藩妻。」

章氏。生員張瑋妻。①

楊氏。生員李學點妻。②

李氏。張調燮妻。③

崔氏。生員嚴克謹母。④

杜氏。生員嚴克謙妻。⑤

王氏。生員田旆生妻。⑥

張氏。生員楊季麟妻。⑦

李氏。生員王用乾妻，焚死。⑧

①《康熙潁州志·列女·明》：「章氏。庠生張瑋妻。」
②《康熙潁州志·列女·明》：「楊氏。庠生李學點妻。」
③《康熙潁州志·列女·明》：「李氏。張調燮妻。」
④《康熙潁州志·列女·明》：「崔氏。庠生嚴克謹母。」
⑤《康熙潁州志·列女·明》：「杜氏。庠生嚴克謙妻。」
⑥《康熙潁州志·列女·明》：「王氏。庠生田旆生妻。」
⑦《康熙潁州志·列女·明》：「張氏。庠生楊季麟妻。」
⑧《康熙潁州志·列女·明》：「李氏。庠生王用乾妻，焚死。」

張氏。貢生徐繕之妻。①

王氏。徐履方妻。②

甯氏。徐通方妻。③

廖氏。方時申妻。④

焦氏。生員王胤妾，縊死。⑤

史氏。生員郭雄楚妻。⑥

王氏。生員張俊業妻。⑦

雲氏。張美珍妻。⑧

---

①《康熙潁州志·列女·明》：「張氏。明經徐繕之妻。城破遇害。」

②《康熙潁州志·列女·明》：「王氏。徐履方妻。」

③《康熙潁州志·列女·明》：「甯氏。徐通方妻。」

④《康熙潁州志·列女·明》：「廖氏。方時申妻。」

⑤《康熙潁州志·列女·明》：「焦氏。庠生王胤妾，縊死。」

⑥《康熙潁州志·列女·明》：「史氏。庠生郭雄楚妻。」

⑦《康熙潁州志·列女·明》：「王氏。庠生張俊業妻。」

⑧《康熙潁州志·列女·明》：「雲氏。張美珍妻。」

杜氏。生員張美珩妻。①
張氏。楊三桂妻，殺死。②
唐氏。生員王致志妻。③
邵氏。生員郭之産妻。④
王氏。生員郭之光妻。⑤
張氏。生員劉憲妻。⑥
張氏。生員郭之本妻。⑦
胡氏。徐延嗣孀妻。⑧

①《康熙潁州志·列女·明》：「杜氏。庠生張美珩妻。」
②《康熙潁州志·列女·明》：「張氏。楊三桂妻，殺死。」
③《康熙潁州志·列女·明》：「唐氏。庠生王致志妻。」
④《康熙潁州志·列女·明》：「邵氏。庠生郭之産妻。」
⑤《康熙潁州志·列女·明》：「王氏。庠生郭之光妻。」
⑥《康熙潁州志·列女·明》：「張氏。庠生劉憲妻。」
⑦《康熙潁州志·列女·明》：「張氏。庠生郭之本妻。」
⑧《康熙潁州志·列女·明》：「胡氏。徐延嗣妻。」

王氏。千戶王承祖妻。①

王氏。訓導劉光楚妻。②

賈氏。湯承緒妻。③

李氏。姚克恭妻，與兒婦張氏（並死）。④

王氏。生員姚仁妻。⑤

劉氏。生員張應辰妻。⑥

徐氏。生員湯雲孫妻。⑦

明氏。御史田用坤妾。⑧

①《康熙潁州志·列女·明》：「王氏。千戶王承祖妻。」

②《康熙潁州志·列女·明》：「王氏。廣文劉光楚妻。」

③《康熙潁州志·列女·明》：「賈氏。湯承緒妻。」

④《康熙潁州志·列女·明》：「李氏。姚克恭妻，子婦張氏從死。」

⑤《康熙潁州志·列女·明》：「王氏。庠生姚仁妻。」

⑥《康熙潁州志·列女·明》：「劉氏。庠生張應辰妻。」

⑦《康熙潁州志·列女·明》：「徐氏。庠生湯雲孫妻。」

⑧《康熙潁州志·列女·明》：「明氏。御史田用坤妻。」

王氏。生員劉士珖妻。①

苗氏。指揮武烈妻。②

劉氏。生員李鳳孫妻。③

王氏。李元白妻。④

劉氏。貢生王琠妻。⑤

張氏。李鯤化妻。⑥

李氏。李道琦妻。⑦

郭氏。董元宰妻。⑧

①《康熙潁州志·列女·明》：「王氏。庠生劉士珖妻。」

②《康熙潁州志·列女·明》：「苗氏。指揮武烈妻。」

③《康熙潁州志·列女·明》：「劉氏。庠生李鳳孫妻。」

④《康熙潁州志·列女·明》：「王氏。李元白妻。」

⑤《康熙潁州志·列女·明》：「劉氏。貢士王琠妻。」

⑥《康熙潁州志·列女·明》：「張氏。李鯤化妻。」

⑦《康熙潁州志·列女·明》：「李氏。李道琦妻。」

⑧《康熙潁州志·列女·明》：「郭氏。董元宰妻。」

李氏。郭世謙妻。①

郭氏。劉斌妻。②

王氏。陳應鵬妻。③

趙氏。生員賀佳禎妻。④

陳氏。生員李琮妻。⑤

王氏。段廷謨妻。⑥

郭氏。孫廷垣妻。⑦

儲氏。谷國善妻。⑧

①《康熙潁州志·列女·明》：「李氏。郭世謙妻。」
②《康熙潁州志·列女·明》：「郭氏。劉斌妻。」
③《康熙潁州志·列女·明》：「王氏。陳應鵬妻。」
④《康熙潁州志·列女·明》：「趙氏。庠生賀佳禎妻。」
⑤《康熙潁州志·列女·明》：「陳氏。庠生李琮妻。」
⑥《康熙潁州志·列女·明》：「王氏。段廷謨妻。」
⑦《康熙潁州志·列女·明》：「郭氏。孫廷垣妻。」
⑧《康熙潁州志·列女·明》：「儲氏。谷國善妻。」

潘氏。笪顯祖妻。①

李氏。李淑孀妻。②

張氏。李世逵妻，焚死。③

王氏。柳廷蘭孀妻。④

王氏。時尚茂妻。⑤

朱氏。張應楊妻。⑥

崇禎甲申烈婦⑦

管氏。潁武舉管獻捷女，庠生藍文鳳季男恒方［芳］妻。年二十二歲，遇恒芳病，籲天請代，與祖母言，誓

①《康熙潁州志·列女·明》：「潘氏。笪顯祖妻。」

②《康熙潁州志·列女·明》：「李氏。李淑妻。」

③《康熙潁州志·列女·明》：「張氏。李世逵妻，焚死。」

④《康熙潁州志·列女·明》：「王氏。柳廷蘭妻。」

⑤《康熙潁州志·列女·明》：「王氏。時尚茂妻。」

⑥《康熙潁州志·列女·明》：「朱氏。張應楊妻。」

⑦原書前目錄無此條，已據補。

不獨生。至芳死之三日，盡焚衣奩、琴瑟，泣盡而繼以血，乘殯事倉皇，得間解繩縊死。合郡紳士謂管生爲淑女、死爲烈婦。知州事任民育具文申請，待旌於朝。①

順治乙酉烈婦②

劉氏。鍾鼎妻，先輩繹紘先生孫，廩生劉桓女。鼎諸生，勤苦，有疾不痊，氏以相從地下爲誓。鼎物故，氏於次日視斂畢，三奠訖，脱孝服，仍著故衣，投池水而死，時年二十有二。本州申文待旌。③

順治辛卯烈婦④

朱氏。儒士張極妻。父庠生之傑，母朱氏，父母蚤死。年十一，歸撫於舅姑家。沉静寡言笑，耐煩苦。舅家貧，女助姑操井臼。久之，獨任其勞，舅姑愛之。年及期，配子極爲妻。極善病，體悉備至。極死，氏年二十二

①《康熙潁州志·列女·明》：「管氏。武舉管獻捷女，藍恒芳妻。年二十二，恒芳病，誓不獨生。芳死三日，盡焚其琴瑟、衣粧，竟自縊死。」
②原書前目錄無此條，已據補。
③《康熙潁州志·列女·清》：「劉氏。孝廉劉任曾孫女，諸生鍾鼎妻。鼎有疾不痊，氏以相從地下爲誓。及物故，視含斂畢，哀號拜奠，投池水死。時年二十有二。」
④原書前目錄無此條，已據補。

歲。自念舅姑方未老，有少子將成人，身當從夫地下。夫斂三日後，煮茶哭奠，自縊於夫之柩側，舅姑救之，無及矣。州守孫可成、學正朱應昇上其事於學使者及布政司、三省總督、操江都御史，遵詔如例旌表。郡人徐揆方紀其事，各有詩歌贊之。①

①《康熙潁州志·列女·清》：「朱氏。庠生朱之傑女，儒士張極妻。父母蚤逝，年十一撫於舅姑。敏於操作，沉静寡言笑。既婚而極病，體悉備至，極死，氏年二十有二。自念舅姑未老，尚有少子可翼成立，身當從夫地下。夫殮三日後，煮茶哭奠，縊於柩旁。州守孫公可成、學正朱公應昇上其事於各臺，有詔旌表。」

潁州志卷之十七

藝文上

宸翰部

輯□□而冠以「宸翰」者，紀王言也。宋元以上，不可考矣。明興三百年，廟堂大册，施行郡國，一札十行，遵爲憲章，海内所同，匪獨潁也。若夫仕宦而致公卿，及内外臣工，皆有制詞，榮及祖考，載在郡乘。惟潁之先輩，沐綸綍①之光寵者多矣，歷年寥遠，未及編錄，子孫夷爲皂隸，失之草莽，可勝歎乎！失今不書，後復何考？況自鼎革以後，文獻可稽，所賴不淺也。

禮神文②

潁州城隍誥命洪武二年（1369）③

制曰：帝王受天明命，行政教於天下，必有生聖之瑞，受命之符。此天示不言之妙，而人見聞所及者也。神司淑慝，爲天降祥，亦必④受天之命。所謂「明有禮樂，幽有鬼神」⑤，天理人心，其致一也。朕君四方，雖明智弗

---

①《禮記·緇衣》：「王言如絲，其出如綸。王言如綸，其出如綍。」

②原書前目錄無此條，已據補。

③《正德潁州志·文章》題作「勅封城隍誥命」，且首句前有「奉天承運皇帝」六字。《禮部志稿·神祀備考·封城隍神》：「洪武元年（1368）十二月封京都及天下城隍神。上謂中書及禮官曰：『明有禮樂，幽有鬼神。若城隍神者，歷代所祀，宜新封爵。』遂封京都城隍爲承天鑒國司民昇福明靈王……州爲鑒察司民城隍靈佑侯，秩三品……其始末之詞，則皆與京都城隍同，但『鑒於我國』，於各郡則改曰『鑒於我郡政』，於各州縣則改曰『州政、邑政』；而『享茲明祀』，於郡州縣則皆改曰『享茲祀典』云。」明太祖册封京都及天下城隍神在洪武元年十二月，制下潁州當已在次年。

④「必」字，《正德潁州志·文章》無。

⑤《禮記·樂記》：「明則有禮樂，幽則有鬼神。」

類，代天理物之道，實罄①於衷。思應天命，此神所鑒而簡在帝心者。

君道之大，惟典神天。有其舉之，承事惟謹。潁州城隍，聰明正直，聖不可知，固有超於高城深池之表者，世之崇於神者則。然神受於天者，蓋不可知也。茲以臨御之初，與天下更始，凡城隍之神，皆新其命。睠此州城，靈祇攸主，宜封曰「鑒②察司民城隍靈佑③侯」。靈則隨感而通，佑則錫善以福，此固神之德，而亦天之命也。司於我民，鑒於州政，享茲典祀④，悠久無疆。主者施行。⑤

特遣諭祭文三道⑥

四輔官安然洪武□□年⑦

制曰⑧：爾中土之士，昔當元末，從事義旅，效力於元，職掌兵夫。及元運終，大將軍長驅齊魯。當是時，

---

①「罄」字，《正德潁州志·文章》作「軫」。
②「鑒」字，《正德潁州志·文章》作「監」。
③「佑」字，《正德潁州志·文章》作「祐」。
④「典祀」二字，《禮部志稿·神祀備考·封城隍神》謂作「祀典」。
⑤此處，《正德潁州志·文章》有「洪武二年（1369）正月賓」。
⑥原書前目錄無此條，已據補。
⑦此文見於《明太祖集》，題作「祭四輔官安然文」。安然卒於洪武十四年（1381）八月，疑所缺二字爲「十四」。
⑧「制曰」二字，《明太祖集》無。

爾守齊東。爾爲中土之士，祖宗丘隴在焉，所以棄胡歸我，其來甚誠。朕於爾嘉，是以數授之以重任，每臨方面，累有極刑之犯者三，朕嘗釋之。前年，爲坐視胡惟庸、陳寧爲惡，意已同姦，朕思來歸之美，仍前釋之。昨爲朝無人用，復召爾來，想必加誠事朕，何期鬼神鑒焉，爾懷自愧之疾，遽然幽往。朕觀所以，必有究乎？然朕尚思初歸之意，猶加牲醴之奠。

太子太師兵部尚書張鶴鳴崇禎九年（1636）①

皇帝遣中書科中書舍人申騰芳諭祭原任兵部尚書、太子太師張鶴鳴。文②曰：惟爾弘猷偉畧，碩德純忠。陟③歷封疆，久彰懋績；位崇司馬，身遂冥鴻。垂老家居，寇氛驟逼；登城倡義，鼓壯摧鋒。援絶捐軀，闔門死難。訃聞軫悼，寵渥宫銜。諭祭式陳，爲營兆域。靈其如在，尚克歆承。

又④

制曰⑤：惟爾功著折衝，性堅忠義。遂初介壽，寇警忽臨。捍禦孤城，濱危矢烈。舍生盡節，良用畫傷。載

①此文又見於《康熙潁州志·藝文·宸章（明）》，題作《諭祭太子太師兵部尚書張鶴鳴文（崇禎九年）》。
②「文」字，《康熙潁州志·藝文·宸章（明）》無。
③「陟」字，《康熙潁州志·藝文·宸章（明）》作「涉」。
④此文又見於《康熙潁州志·藝文·宸章（明）》，題作《又諭祭張鶴鳴文》。
⑤「制曰」二字，《康熙潁州志·藝文·宸章（明）》無。

予豆籩，歸藏窀穸。九原不昧，祗服渥恩。

歷朝誥勅共三十九道①

贈工部都水司郎中郭斌成化十二年（1476）十二月

勅曰：國家推恩臣下，必及其親者，所以重本而勸孝也，而何間於存役哉！工部都水清吏司主事郭昇故父斌，慶鍾厥子，而祿養不逮，揆其所自，宜有顯褒。今特贈爾爲承直郎、工部都水清吏司主事。靈其不昧，尚嚮！

工部都水司郎中郭昇成化十二年（1476）十二月

制曰：工部掌天下山澤之政令，其屬有四，皆置郎以理其事，必得明敏勤慎之士，乃克稱焉。爾工部都水清吏司郎中郭昇，發身科名，累官部屬，歷年既久，克效勞勤，迨進今官，嘉績茂著。宜錫恩崇，以旌爾能。是用進爾階奉政大夫，錫之誥命，以爲爾榮。爾尚益殫乃心，益修乃職，慎終如始，光我訓詞。欽哉！

戶部照磨所照磨郭昌正德九年（1514）三月

勅曰：惟戶曹之屬有照磨之官，所以稽考文移，駁正違謬，欲副兹任，亦必得人。爾戶部照磨所照磨郭昌，

①原書前目錄無此條，已據補。

論秀鄉闈，擢官部幕，才既優於綜理，志克篤於慎勤，閱歷寖深，考課是稱。爰稽彝典，用是褒恩。茲特進爾階修職郎，錫之勅命。爾其益殫乃力，益盡乃心，用酬任使之榮，以俟官階之陟。欽哉！

贈真定府元氏縣知縣田種萬曆十八年（1590）七月

勅曰：士有學古入官，進退以禮，而復能訓迪厥子以其所未足，斯足嘉已。爾原任衡府紀善所紀善田種，乃直隸真定府元氏縣知縣勸之父，蜚英藝團①，充貢明廷。丞邑坐棠，高謝曳裾之寵；傳家詒穀，迪成製錦之才。用雖絀於生前，慶已餘於身後。茲特贈爾爲文林郎、直隸真定府元氏縣知縣。祈［祇］承綸綍，式顯箕裘。

真定府元氏縣知縣田勸萬曆十八年（1590）七月

勅曰：夫選令所以安民也，令爲吾字民，吾爲民報令，璽書之寵，朕豈有愛焉？爾原任直隸真定府元氏縣知縣田勸，器度端宏，才猷精敏，一掄甲第，再綰邑符。操持久而彌貞，閱歷深而愈練。剖繁析滯，吏無舞文；求瘼卹疲，民沾實惠。所司上爾治狀，中於賞率，特授爾階文林郎，錫之勅命。朕注意良牧，尤重幾甸。爾初令密雲，及今元氏，皆扶風、馮翊地，其治狀，朕所耳目。爾尚益勤撫字，毋替初猷，嗣且有顯陟焉。

①「團」字，疑爲「圃」字誤。宋無名氏《賀黃教授啟》：「伏惟某官，擢秀橋門，飛英藝圃。」

贈浙江布政司左參政王環萬曆十九年（1591）

制曰：家有世德，恒施子以及孫；國有渥恩，必自親而率祖。蓋上以酬裕後之善，而下以慰追遠之思。爾國子生王環，廼浙江布政使司左參政之屏之祖父，才著髫髦，名登貢籍，廼因蘭核①之戀，遂堅衡泌之操，肆貽謀於聞孫，式佐政於方嶽，遡求令緒，追錫褒綸。是用贈爾中大夫、浙江布政使司左參政。龍章丕耀於重泉，駿惠光昭②奕世。

贈浙江布政使司左參政王崇儒萬曆十九年（1591）

制曰：夫人樂有賢父，貽之令名；惟朕嘉有良臣，錫之顯命。矧功深於啟佑，宜寵備乎尊崇。爾累封中憲大夫、江西建昌府知府王崇儒，廼浙江布政使司左參政之屏之父，學邃典墳，行敦孝友，樂薖軸之嘉遯，肇堂構之遺謀。當南陔棄養之年，已榮再命；值東浙程功之日，宜示重褒。是用贈爾中大夫、浙江布政使司左參政。載荷國③之渥，永垂家乘之光。

①「蘭核」字，疑爲「南陔」誤。《詩經·小雅·南陔》：「《南陔》，孝子相戒以養也。」
②此處疑脱「於」字。
③此處疑脱「恩」字。

浙江布政使司左參政王之屏萬曆十九年（1591）

制曰：國家眾建藩臣，分臨郡國，所使輯和民人，糾察吏士，佐四嶽之政化，寄方方之保障者也。矧當濱海之地，尤賴干城之才。勞績既彰，寵褒曷靳？爾浙江布政使司左參政王之屏，行履端淳，施爲敏裕，自擢英枫陛，展采花封，逮周踐於郎闈，暨歇歷乎郡臬，洊揚茂問，晉陟名藩。而爾廉靖有聞，播清風於遐爾；勞來不怠，敷闓澤於閭閻。兹以考績，授爾階中大夫，錫之誥命。邇者島夷之跋扈已聞，而疆吏之濡袽未備，凡兹桑土之計，悉賴藩屏之臣。尚殫忠忱，時參石畫①，靖烽燧，内護封圻，惟爾之績。欽哉！

山西太原府榆次縣知縣張鶴騰萬曆二十八年（1600）正月

勅曰：朕軫念元元，慎簡守令，其有行能異等民譽夙聞者，不吝褒嘉，以訓有位。爾山西太原府榆次縣知縣張鶴騰，賦才明茂，抱器清醇，蚤自制科，出宰名邑；再移繁劇，俾殫鴻猷。而爾能布政春温，褆躬冰潔。風清蠹蠧，野無碩鼠之謡；澤潤羸簷，戶有歸鴻之樂。兩地課最，三年有成。朕甚嘉之！是用授爾階文林郎，錫之勅命。夫晉陽故多循吏，然自戶鐸而後，無如荀藐矣，以彼榆次之政，至今②晉武下詔褒美，以神明父母稱之。此何

①此後疑脱「外」字。

②「今」字，疑爲「令」字誤。

修而得斯乎？爾能媲美前烈，朕何靳顯庸爾乎？爾尚勉之！行召汝矣。

封文林郎海豐縣知縣胡大順萬曆四十五年（1617）九月

勅曰：儒有席珍藝林，韜光巖穴，而子克振樹，功流民社，親睹薦［衮］之效，身膺綸綍之華，致足榮已。爾儒官胡大順，乃山東濟南府武定州海豐縣知縣應聘之父，潛心大業，棲志清修，孝隆竭力之誠，友篤因心之愛。譽流奎璧，夙推冠冕之英；遇院①弓旌，雅抱槃阿之適。勤施樂善，惟種德以留餘；説《禮》敦《詩》，乃蜚聲於嗣哲。棠陰最緒，椿室長榮。是用封爾爲文林郎、山東濟南府武定州海豐縣知縣。服此封函，光於酌斗。

山東海豐縣知縣胡應聘萬曆四十五年（1617）九月

勅曰：朕慎簡邑令，以求民莫［瘼］。頃者災沴頻仍，二東爲甚，流離嘯聚，何地蔑有？武定諸邑，蓋春已，非得廉明仁愛之吏，何由還定兹土而祇厥叙？爾山東濟南府武定州海豐縣知縣胡應聘，敏練才資，端嚴操履，賢科脱潁［穎］，望邑綰符。而爾守勵四知，政兼六察。殫心民隱，興除極撫字之勞；蒿目時艱，條議悉綢繆之計。遂使於野之雁，安宅興歌；入井之氓，更生是樂。士還絃誦，境固苞桑。兹以歲閲，授爾階文林郎，錫之勅命。夫齊俗競夸詐而鮮蓋藏，一遇歲凶，輒聞轉徙，所由來漸矣。爾業已拊循有方，非才守並茂不及此。益勵成

①「院」字疑有誤。

勞，以永奠麗兹土也。朕且顯陟汝。

贈通奉大夫廣西布政司右布政劉棣萬曆四十八年（1620）

制曰：德豐享嗇，榮每掇於孫枝；位峻功崇，爵宜推於祖考。故舉酬庸之典，允符福善之彝。爾劉棣，乃廣西等處承宣布政使司管理分守蒼梧道事、右布政使九光之祖父，行表坊壇，學通典索，冥心仕進，藏器山林。豁宽辟以捐金，憫饑荒而賑穀，卓有先民之度，宏開後裔之祥。宜亟追崇，以彰濬發。兹用贈爾爲通奉大夫、廣西布政使司右布政使。積德百年而益著，恩綸乍錫以增隆。

贈通奉大夫廣西布政司右布政劉一介萬曆四十八年（1620）

制曰：國著屏藩之績，式賴藎臣；家宏啟佑之功，允資賢父。欲光世德，宜霈明綸。爾贈承德郎、兵部職方清吏司主事劉一介，乃廣西等處承宣布政使司管理分守蒼梧道事、右布政使九光之父，高韻照人，清言絶俗，履和蹈義，激烈剛方。急難輕阿堵之捐，傳家衍《詩》《書》之緒。信仁人有後，宜異渥洊頒。兹用加贈爾爲通奉大夫、廣西布政使司右布政使。澤垂百禩以彌昌，恩耀九原而永澤。

廣西布政司右布使劉九光萬曆四十八年（1620）

制曰：治資宣化，關保障之弘圖；寄重分藩，藉經綸之偉抱。倚毗既切，褒寵宜隆。爾廣西等處承宣布政使司管理分守蒼梧道事、右布政使劉九光，器宇端凝，才資敏練，彤廷射策，赤縣分符。入參司馬之猷，出履晝熊之任。備兵遼左，望重干城；移節濟南，功高嶽牧。爰自外臺而遷右轄，遂開薇省以鎮梧州。振干城之紀綱，吏治全歸整頓；調百粵之情俗，遐荒共耀光明。赤水皇華，静無鯨浪；蟠龍伏虎，警絶緑林。竭三載之劻勷，崇一方之保障。宜頒茂渥，用顯殊勲。兹用授爾階通奉大夫，錫之誥命。反①，業晉爾官，總藩滇中矣。地盡西南，勢既難於控馭；風兼夏商，政尤急於綏鳌。膺新眷，勵初忱，彌茂藩垣之烈；挈前功，符後效，佇隆節鉞之權。爾其欽哉，毋廢朕②。

贈資德大夫兵部尚書張春天啟元年（1621）九月③

制曰：君子積善於家者厚，厥後必昌；人臣效忠於國者深，爲報必重。猥翼上卿之禮，特隆貤祖之恩。爾贈中大夫、臨鞏道參政張春，乃兵部尚書鶴鳴之祖父，履素居貞，抱和守静。孝友之譽，旁達於一鄉；仁厚之懌，施及於永世。魯男子之無欺暗室，即鄰比而皎皎不汙；郭有道之不附權門，雖宗黨而錚錚靡屈。緊我帥師④之長子，實爾繩武之元孫。決策定猶［猷］，既著巖廊之績；報本追遠，宜延宗祐之休。兹用覃恩，加贈爾爲資德⑤大

①「反」字，疑爲「乃」字之誤。或者後有脱字。
②此後當有脱字。
③此文又見於民國二十六年（1937）續修《張氏族譜》，且首句前有「奉天承運皇帝」六字，文後署「制誥，天啟元年七月十八日之寶」。
④「師」字，《張氏族譜》誤作「帅」。
⑤「德」字，《張氏族譜》誤作「懷」。

夫、兵部尚書。鸞文陟命，光增八座之儀；犀軸宣綸，永作九京之賁。

贈資德大夫兵部尚書張世良天啟元年（1621）九月①

制曰：偉人能建偉功，茂著秉樞之績；是父乃生是子，聿昭式穀之貽。肆我王章，崇玆世德，凡酬功而行慶，皆錫類以貤恩。爾累贈中憲大夫、貴州巡撫、都察院右僉都御史張世良，乃兵部尚書鶴鳴之父，惟秉厥中，德②成而上。矜尚氣節，爲鄉里所同推；不求譽聞，甘丘園以自賁。左圖右史，螢明映案之囊；染翰濡毫，魚噴臨池之墨。剛方作範，陳仲弓之清風；慷慨樂施，劉越石之高誼。積仁累行，蓄祉儲祥。雖鴻漸未値於亨途，而燕翼竟昌於來哲。錄藩司之最績，既有褒榮；嘉撫節之茂勞，復申追卹。玆者屬逄［逢］大慶，載霈新綸，是用加贈爾爲資德大夫、兵部尚書。虎符象弭，勛既爛於一時；鳳誥龍章，寵已膺於三錫。爾靈不昧，庶克韻③承。

兵部尚書張鶴鳴天啟元年（1621）九月④

制曰：師臣貞吉，久張撻伐於邊陲；元老壯猷，還籍⑤折衝於尊俎。坐廟堂而威四服，允奏膚功；運謨算

---

①此文又見於民國二十六年（1937）續修《張氏族譜》，且首句前有「奉天承運皇帝」六字，文後署「天啟元年七月十八日」。
②「德」字，《張氏族譜》作「懷」。
③「韻」字，《張氏族譜》作「歆」，當是。
④此文又見於民國二十六年（1937）續修《張氏族譜》，且首句前有「奉天承運皇帝」六字，文後署「天啟元年七月十八日」。
⑤「籍」字，《張氏族譜》作「藉」，當是。

以安一人，宜覃寵渥。爾兵部尚書張鶴鳴，凝重作廟堂之幹，公忠推社稷之臣。風雲所資，蔚此人傑；文武兼①濟，弼於朕躬。展驥足於空群，濯纓龍漢；試牛刀於硎發，製錦亳郊。襆被南曹，收六朝之文彩；含香北署，崇五禮之惇庸。功高四至之勳，保釐東土；武振二陵之烈，殫壓西戎。乃隆開府之節旄，全畀黔中之鎖鑰。三苗肆蠢於鼠穴，九伐直抵於梟巢。雲陣長驅，早殄觸藩之醜；霜戈直指，全殲拒轍之奸。宜在舌於秉樞②，獨斷沉雄，無遺謀於力牧；衷謀勇決，不待問於容成。當國家有事之秋，運籌帷幄；奠宗祐③無疆之福，克詰兵戎。茲用覃恩，授爾階資德大夫，勳正治上卿，錫之誥命。於戲！中原相司馬，邊境無虞；沙漠聞寇公，遠人慑服。爰追踪於往哲，竊有毗於鼎臣。邇者雄虺九頭，蕩疆土（而）隳④軍實；封狐千里，畧门庭而長寇仇。制勝莫先乎用謀，柔遠必嚴於授律。爾其慎隹⑤兵之事，殫布德威；用不戰⑥之師，聿成敵愾。勛名光於竹帛，寵命賁

①「兼」字，《張氏族譜》作「相」。
②此句當有誤，《張氏族譜》作：「宜在泮於鬼方，懋按邊之神算。既藉爪牙於建鉞，旋勞喉舌於秉樞。」
③「祐」字，《張氏族譜》作「祏」，當是。
④「隳」字，《張氏族譜》誤作「隨」。
⑤「隹」字，《張氏族譜》誤作「清」。
⑥「戰」字，《張氏族譜》誤作「戟」。

於絲綸。欽哉！①

贈太子太傅兵部尚書兼右都御史張聚崇禎元年（1628）②

制曰：名世之生，有爲禎此王國；積善之家，餘慶衍及孫枝。故祖每徵於百（年③），而重綸宜賁於三廟。源源者流遠，澤厚者報崇。爾張聚者④，乃太子太傅、兵部尚書兼都察院右都御史張鶴鳴之曾祖父，含貞履垣⑤，抱璞鎮浮，門應德星，名高處士。體信敦倫，宗黨推其孝友；恬修退讓，閭里薰而善良。胡［故］考光於邦家，餘澤開乎宗嗣。劣豹優龍，腹背盡是煒炳；朱廟⑥華轂，隱映具足光儀。行善於陰，留餘者大。是用贈爾光禄大夫、太子太傅、兵部尚書兼都察院右都御史，錫之誥命。敦庸列爵，被景曜於松楸；奕祚流馨，垂耿光於乘牒。

①此後，《張氏族譜》仍有以下内容：「初任山東濟南府歷城縣知縣。二任南京兵部武庫司主事。三任南吏部考功司主事。四任本部考功司郎中。五任禮部祠祭司郎中。六任山東巡察司分巡濟南兵巡道副使。七任陝西布政使司右參政、臨鞏兵備道兼按察司僉事。八任本省布政使司右布政使。九任巡撫貴州兼督理湖北、湖南、川東等處地方軍務都察院右僉都御史。十任总督陝西三邊軍務兼理粮餉兵部右侍郎兼都察院右僉都御史。十一任兵部左侍郎。十二任今職。」

②此文又見於民國二十六年（1937）續修《張氏族譜》，且首句前有「奉天承運皇帝」六字，文後署「制誥，崇禎年之寶」。

③「年」字原脱，據《張氏族譜》補。

④「者」字當衍，《張氏族譜》無。其餘制文亦無此用法。

⑤「垣」字，《張氏族譜》作「坦」，當是。

⑥「廟」字，《張氏族譜》作「輪」，當是。

贈太子太傅兵部尚（書）兼右都御史張春崇禎元年（1628）①

制曰：王朝保桓桓之士，克定厥家；臣子勵翼翼之猷，無忝爾祖。溯璇源而錫祉，申涣汗於發祥。國曰彝章，家爲異數。爾累贈資政大夫、兵部尚書張春，乃太子太傅、兵部尚書兼都察院右都御史張鶴鳴之祖父，蔚矣先民，頎然長者。金操玉履，追孝弟力田之風；冰骨月衿，開堂構雲仍之端②。耕仁耨義，以濟物良多；去械銷機，而與人無競。誼高月旦，已徵弓冶之良；祥啟風雲，彌見絲綸之美。是用贈爾爲光禄大夫、太子太傅、兵部尚書兼都察院右都御史，錫之誥命。於戲！非爾祖孫之似，疇予文武之庸。闡繹幽光，褒書再頒於綸綍；張皇申命，策勛永勒於旂常。

贈太子太傅兵部尚書兼右都御史張世良崇禎元年（1628）③

制曰：良士姱修，每醖奕世之美；藎臣績茂，實由式穀之謨。躋峻秩於邊疆，百僚寵冠；疏殊榮於禰廟，三錫恩寵。爾累贈資政大夫、兵部尚書張世良，乃太子太傅、兵部尚書兼都察院右都御史張鶴鳴之父，中和天植，

①此文又見於民國二十六年（1937）續修《張氏族譜》，且首句前有「奉天承運皇帝」六字，文後署「制誥，崇禎年之寶」。
②「端」字，《張氏族譜》作「瑞」，當是。
③此文又見於民國二十六年（1937）續修《張氏族譜》，且首句前有「奉天承運皇帝」六字，文後署「制誥，崇禎年之寶」。

孝義性成。有守有爲，道出羲皇之上；不彫不琢，世傳醇白之風。公道似任安，不平待之立解；止①氣類王烈，罔善恐其知聞。靈虵藴彩於明珠，光愈深而照愈遠；馥蘭抱芬於幽谷，金爲友而玉爲昆。蔚兹鳳峙之貞臣，原是龍潛之哲胤。是用加贈爾爲光禄大夫、太子太傅、兵部尚書兼都察院右都御史。祗承寵渥，用疏獨坐之華；賁兹幽扃，式照②義方之報。

太子太傅兵部尚書兼右都御史張鶴鳴崇禎元年（1628）③

制曰：朕輯寧方夏，軫慮西南，憤兹伏莽之奸，久緩高墉之擊。積煙叠浪，干戈未靖於一方；剜肉剜膲，瘡痍時廑於數百④。非藉匡勷之至計，孰奏底定之弘猷？賞以世延，祉宜申錫。爾總督貴州、四川、湖廣、雲南、廣西軍務兼督糧餉，巡撫貴州、湖北、湖南、川東、偏（沅⑤）等處地方太子太傅、兵部尚書兼都察院右都御史張鶴鳴，志先天下之憂，才負俊民之望，鳴琴花縣，展采郎闈。敭歷臯藩，揮霍開府，既有威而有惠，亦允武而允

①「止」字，《張氏族譜》作「正」，當是。
②「照」字，《張氏族譜》作「昭」，當是。
③此文又見於民國二十六年（1937）續修《張氏族譜》所録制文，且首句前有「奉天承運皇帝」六字。
④「百」字，《張氏族譜》作「省」，當是。
⑤「沅」字原脱，據《張氏族譜》補。

文。緩帶輕裘，彈壓增西戎之重；銷萌固圉，綢繆昭北樞之勳。蒿目時艱，拊髀元老①，釋水土之任，再廣節鉞之猷。何亮常②扼腕於安邊，提綱振領；曹瑋願紓憂於西顧，就熟駕輕。器克任夫③仔肩，誼不辭夫錯節。討軍實於掌上，玩愒潛消；清耗濫④於目前，嚴翼丕振⑤。或當食⑥借箸，獨軫懷於癸庚；每夜半披衣，共矢謀於戰守。蔚矣師干之盛，赫然薄伐之威。整刷伊新，緒勞頻著。茲以覃恩，授爾階光祿大夫，錫之誥命。於戲！爾既累膺寄⑦托之重，全操兵食之籌，何以廣儲蓄而修戍屯？何以據要衝而搗巢穴？何以豎應援於韝緤⑧之末？何以釁負固於鐘鼓之餘？尚其殫竭忠猷，激揚武畧，國有報宴，將無愛於土田；虎拜王休，永有光於彝鼎！

贈文林郎大理寺右寺副田助天啟二年（1622）三月

勅曰：閭巷砥行之士，閟蹟弢光而能啟厥嗣人，華於鷺序，至再邀温綍，題其姓字而寵施之，此自殊遭已。

①「老」字後，《張氏族譜》有「俾」字，當是。
②「常」字，《張氏族譜》作「嘗」。
③「任夫」二字，《張氏族譜》作「荷乃」。
④「濫」字，《張氏族譜》誤作「監」。
⑤「振」字，《張氏族譜》作「震」。
⑥「食」字，《張氏族譜》誤作「時」。
⑦「寄」字，《張氏族譜》誤作「守」。
⑧「緤」字，《張氏族譜》作「韘」。

爾封徵仕郎、中書舍人田助，乃武英殿中書房辦事、大理寺右寺右寺①副之潁之父，將身有幅，接物忌機。睦鄰敦族，生平多義俠之行；焚券賑饑，緩急有解推之誼。所謂今人中古人，守令競識其面；當兹末俗時砭俗，賓延數借其光。惟爾庭訓聿彰，故爾子官方用譽。兹以覃恩，加贈爾爲儒林郎、武英殿中書房辦事、大理寺右寺右寺副。龍章申錫於松扃，燕翼彌昭於楓陛。

贈文林郎陝西臨潼縣知縣李經禮天啟七年（1627）九月

勅曰：人臣有嘗宣力民社，嘉猷籍籍而抽簪解組，急引退以爲高，此朕所懷舊而思旌者也，矧有繼起之胤，復衍令緒而光大之歟？爾原任陝西西安府臨潼縣知縣李經禮，乃直隸大名府東明縣知縣虚白之父，典刑耆德，著述名儒，拔幟桂闈，綰銅花邑。名無意於赫赫，而尸祝留意；政足紀者班班，何歸來蚤賦？九經三篋，璧奎叢蘭玉之輝；垂冶遺弓，哲嗣聯雲龍之業。高風雖邈，碩範猶存。兹用贈爾爲文林郎，嘉式式穀以彌昌②，慰君蒿而永耀。

大名府東明縣知縣李虚白天啟七年（1627）九月

勅曰：朕覽漢史，循良之蹟多在三輔，良由發聲近而采風易及也。今東邑屬在股肱之郡，亦猶漢三輔然。長

①後「右寺」二字當為衍文。
②此句疑衍一「式」字。

史有能流實政於元元，朕且急爲旌異之。爾直隸大名府東明縣知縣李虛白，家學淵源，天才穎〔穎〕發，廷掄擢駿，壯邑分符。爾能勵志奉公，精心任事，以玉潔水〔冰〕鮮之守，運山静雲發之才。藻鑑高懸，封狐消於稷下；痌瘝迫切，鳴雁集於澤中。交獲愛畏之懷，鬱起仁明之譽。賢騰薦剡，最著程書。兹以覃恩，特授爾爲文林郎，錫之敕命。筮仕學割，何所挾以涖民？毋以藉干父兄之師資者素也。爾父舊以廉吏聞，且爾伯仲皆彬彬鵲起矣。爾尚以素授之學，益弘大其家聲。朕且有隆畀焉。欽哉！

贈文林郎陝西西安府臨潼縣知縣李經禮崇禎元年（1628）三月

敕曰：展采之彦，授之一同，而若駕輕以就熟，洵其才異歟？夫亦有治術焉。身爲吏以作則，復戩穀其子，以嫻於吏而洊膺朝寵，斯爲是父是子耳。爾原任陝西西安府臨潼縣知縣李經禮，乃直隸河間府獻縣知縣粹白之父，名儒經術，良吏典刑，奮蹟巍科，宣猷劇邑。歌襦存愛，芳留渭水之棠；解組賦歸，韻洽淇園之竹。蔭喬枝而濟美，教起一經；培荆萼以重輝，榮兮雙舄。嘉兹絃誦之雅化，適推弓冶之貽謀。是用覃恩，贈爾階文林郎，錫之敕命。昭世德於作求，纘弘休於接武。

直隸河間府獻縣知縣李粹白崇禎九年（1636）三月

敕曰：獻邑在沮洳之間，地瘠而隰，萑符易於嘯聚，且輪蹄寄趾，稱孔道焉，非英敏之才，未易幾〔戢〕而理也。既有成績，可後褒嘉。爾直隸河間府獻縣知縣李粹白，傳家素學，應世長才，棘院儀鴻，花封展驥。爾乃劇而愈辦，繁以益恬。皭履冰澄，懋潔四知之操；靈心雲駛，式嚴六察之規。轉澤國爲樂郊，居寧鴻雁；登勞民於衽席，政慎烹鮮。風俗還醇，山川增爽。兹以覃恩，授爾階文林郎，錫之勅命。夫士家修而廷獻之，其展布於民社者，皆庭訓之貽也。爾父昔宰劇邑，民懷尸祝。今爾季亦尹朕畿輔，鳧舃聯翩，鄂不韡韡。語曰：「政有政譜，學有學源。」不其然乎？益懋乃猷，朕且霈顯陟，以爲致美彰。欽哉！

贈資政大夫兵部尚書兼右副都御史李芥崇禎元年（1628）三（月）

制曰：里門之大，世德濬其鴻庥；綸綍之榮，開先享其純嘏。祖烈詒謀既遠，孫枝美報自隆。義率斯今，陳常惟昔。爾陝西西安府蒲城縣主簿、贈通議大夫、兵部右侍郎兼都察院右僉都御史李芥，乃巡撫山東等處地方督理營田、提督軍務、兵部尚書兼都察院右副都御史李精白之祖父，直道而行，仁心抱質。庭幃菽水，藹愉色以承歡；黨屬荆班，擴義德而周急。文高璧彩，仕佐邑符。三視篆政燠如春，神相震萌而免禍；一掛冠心清似水，民歌遺愛以興思。峴首有碑，香山結社，榮大賓於饗序，啟後嗣於箕裘。名孫十顯升卿，繩祖克恢樞相。是用贈爾爲資政大夫、兵部尚書兼都察院右副都御史。春滿泉臺，洊賁飛鸞之宇；雲來陽隧，載符翔鶴之阡。

贈資政大夫兵部尚書兼右副都御史李隆禮崇禎元年（1628）三月

制曰：密雲結屋，甘雨霈其弘滋；靈石澄淵，清流疏於遠派。故忠凝堂構，則澤衍箕裘。眷幕府之重臣，溯家傳之嚴父。爾武舉贈通議大夫、兵部右侍郎兼都察院右僉都御史李隆禮，乃巡撫山東等處督理營田、提督軍務、兵部尚書兼都察院右副都御史李精白之父，偉抱龍韜，竒姿燕頷。按倚天之長劍，俠氣如虹；擅貫蝨之彎弧，雄心麗日。乃其孝虔明發，愛篤連枝，推移孝而作忠，能經文而緯武。竟艱一試，未售磨楯之濡毫；終鬱七書，徒示過庭之對鯉。毓爾哲胤，作我樞臣。遐哉種德之竒，蔚矣亮工之績。是用贈爾爲資政大夫、兵部尚書兼都察院右副都御史。三錫升華，誰謂不侯之李廣；一經美報，宜膺高第於端卿。

巡撫山東兵部尚書兼右副都御史李精白崇禎元年（1628）三月

制曰：朕膺籙乾元，勤思日靖，寄罘罳於左顧，式眷岱宗；拱星緯於北辰，尤資鎖鑰。非有壯猷元老，曷稱秉鉞樞臣。爾巡撫山東等處地方督理營田、提督軍務兵部尚書兼都察院右副都御史李精白，金城劃地，玉柱擎天，胸舒斂而含陽秋，迥千尋其直上；手弛張而成文武，兼八面之皆宜。兩疏披忠，預褫權奸於魄兆；一誠奏格，克協秩叙於寅清。既而保釐東郊，卹勤展績，殲鄒、滕之餘孽，烈烈莫遏雁行；簡驍勁於上頭，鏘鏘盡縛夔鼓。山川賴以殫壓，烏兔助其光華。三錫洊加，上卿再命。而爾益靖共夙夜，澄激凛凛於公移；整飭弁纓，呰窳逡逡而宵遁。霜凝百度，風穆十連。泰岱屹四維之安，滄渤静揚波之警。是用覃恩，授爾階資政大夫，錫之誥命。握七兵之柄，《龍弢》還藉於建牙；壯萬里之城，貘府益尊於賜秩。方今東夷未靖，伏莽［莽］可虞，其必無棄爾勞，克毖事後，使潢池無復窃弄，而邊患不爲繹騷。鍾鼎之勛，股肱之任。欽哉！

進階正奉大夫正治卿左布政使劉九光崇禎元年（1628）三月

制曰：朕念耆德，每景高風，方思增秩以下蒲輪，而有子承家，鵲起佐郡，政譜有源，益慶謀詒之善也。爾通奉大夫、雲南布政使司左布政使劉九光，乃廣東惠州府通判廷榜之父，元老典刑，清標碩望，名高剖竹，忠播含香。以武部之望郎，出參藩而班馬政；惟儲司之楙績，晉觀察而亘驄威。粤西已著其保釐，滇水方需其屏翰。忽星軺之馳驅遠，而藥裹之縈繫懷。卿勞積乞骸，豈遂初之同賀鑒［監］；忠多愛國，尚式穀之有胡威。爾子之克佐郡符，皆爾之素傳家訓。雖東山未容其高舉，而北闕先賁其鴻庥。是用進爾階正奉大夫、正治卿，錫之誥命。夫國重重臣，羽儀屬焉。祁奚得午而益彰，則兩世之伐也。爾寧忘葵藿之丹者？堂構之垂，勿替清白。朕尚有命爾。

廣東惠州府通判劉廷榜崇禎元年（1628）三月

勅曰：朕惟別駕之任，古人以展驥足，蓋佐熊虎之符，襄雁鴻之澤。緹屏與露冕並暢行春，非長才勁骨，固未易勝厥庸也。爾廣東惠州府通判劉廷榜，端方雅度，介潔清標，以高等之明經，首分猷於佐郡。爾乃肅釐鼠耗，朗照犀燃，督餉而碣石之士免呼庚，署篆而琴臺之牘無旁午。一庭鶴羽，風清敷政匝甘棠；六案霜稜，月炳衡文收竹箭。洵稱運斤之斵，屢騰薦剡之聞。是用覃恩，授爾階承德郎，錫之勅命。夫粤遠在南服，而惠尤稱劇郡。朕知爾能不勝嘉悦，而樹績褰帷，惠之民不忘口碑，朕寧靳褒璽也？益楙來庸，以膺新命。欽哉！

贈兵部職方司主事劉道遠崇禎十年（1637）三月

勑曰：士有則古砥行，弗克奮庸，而式穀永啟，勛著當關。疏渥遡源，勸忠教孝。爾封文林郎、知縣劉道遠，乃管理山海關事、兵部職方清吏司主事士名之父，情田仁聚，學圃義聞，篤於人倫，矢以格俗。啟韋編於子夜，開謝樹於寅清。慷慨攖氛，從容殉節。顯綸再霈，潛德重光。是用贈爾爲承德郎、兵部職方清吏司主事，如子官。爰照穮蓘之貽，永煥松筠之色。

兵部職方司主事管山海關劉士名崇禎十年（1637）三月

勑曰：東顧而憂，惟榆關甚。詰暴禁慝，命司馬屬往資鎖鑰，匪駿才設險，未易稱塞。爾管理山海關事、兵部職方清吏司主事劉士名，甲第蜚英，花封展采，向宣勞於版署，兹翊贊於中樞。而爾克勵晨昏，罔踈出入，未雨而綢繆桑土，當關而藜藿在山。國霈恩華，績彰寵命。是用授爾承德郎，錫之勑命。方今夷氛觸藩，動窺内地，爾其殫心戎索，扼要巖疆，法九塞聲函故事，抱關初命止歟！

贈山西大同府推官鹿鳴秋崇禎元年（1628）十月

勑曰：朕聞仁厚之遺，君子所以詒穀，故嗇於逄［逢］年，豐於啟佑。此天道之翕張，而國恩所寵賚也。爾廩生鹿鳴秋，乃山西大同府推官鹿獻陽之父，博學洽聞，垣［坦］衷素履。孝心天植，事親動宗族之稱；友愛性成，字孤衍叔父（之）緒。賑貧卹困，雖解橐以何辭；排難解紛，總殫精而忘瘁。翱翔黌序，數偶阨於雲程；

訓迪義方，子獲展於天路。名高平反，恩及愛勞。是用贈爾爲文林郎、山西大同府推官。沛［霈］明命於楓宸，表幽光於蒿里。

山西大同府推官鹿獻陽崇禎元年（1628）十月

勑曰：朕思刑官之設，期於無刑。矧雲中實逼虜穴，且爲西北巨鎮，非可盡以法律治也。嘉矜而綏靖之，予一人於良士師，有屬望焉。爾山西大同府推官鹿獻陽，才華敏邵，品格澄泓，射策大廷，司理雄郡。而爾經以飭律，廉以持平。凜矣質成，决五詞於冰鏡；欽哉哀宥，披三尺以春温。惠我嘉師，爲予良士。是用覃恩，授爾階文林郎，錫之勑命。朕稽古折獄，明刑之極，乃至聽以氣色，誠慎之也。惟爾恪共乃職，多所平反，馨予德刑，爾之能已概見矣。其尚益勵新猷，用需顯命。欽哉！

贈文林郎山東萊州府掖縣知縣甯信崇禎十一年（1638）三月

勑曰：山以東諸郡縣，禦狄以海，禦寇以河，地固多事。乃百室輯寧，恃有長令，用是考績，不靳推恩。爾生員甯信，乃山東萊州府掖縣知縣予慶之嗣父，懸弧黃甲，教治青雲，誦詩讀書，食芹歌藻，慎身不怠，齎志而終。子擢南宮，薦騰東海。兹增［贈］爾爲文林郎、山東萊州府掖縣知縣，遐承初命之榮，幽慰一經之訓。

贈文林郎山東萊州府掖縣知縣甯儼崇禎十一年（1638）三月

勑曰：於《禮》有言，父生師教。父子天性，樂所貞生，廼或統繼連枝，恩推一本，朝廷浩蕩，特允移封。

爾生員甯儼，乃山東萊州府掖縣知縣予慶之生父，著名芹沼，立範德門，孝發有懷，愛存同氣，憫其弱喪，立此藐孤，蹟奮棘闈，聲高花縣。是用移贈爾爲文林郎、山東萊州府掖縣知縣，嘉象賢於所生，通錫類於不匱。

贈徵仕郎行人司行人韓光祖崇禎十三年（1640）

勅曰：蓑穮者穫，若淑者昌。故吉迪於躬，穀詔於後，國典所以重推恩也。爾生員韓光祖，乃原任行人司行人獻策之父，型身禬肅，裕後弓良。雲阻蓬萊，鬱摶羊之紫氣；風傳蘭玉，蓄霧豹以玄文。惟履仁蹈義之儒，啟繼志懷忠之彥。是用贈爲徵仕郎、行人司行人，式彰身後之名，爰報孝先之德。

行人司行人贈徵仕郎韓獻策崇禎十三年（1640）

勅曰：萬里之刑①，章於洞闔；四駟之彥，託於翩雛。乃沐雨而櫛風，竟殞身於勤事，良可憫也！爾原任行人司行人韓獻策，秉心貞亮，抱器沉閎。藜斐鷄林，英茂絡承明之秀；晶輝駱驟，靡監②騣原隰之霜。演綸之命方膺，損［捐］舘之音倏至。是用贈爾階徵仕郎，錫之勅命。於戲！勞臣盡瘁於清曹，奕世播芳於彤管。爾尚歆兹渥典，以慰遐思。

①「刑」字，疑當作「形」。倪元璐《行人司行人姜應甲》：「勅曰：朕欲周知天下，使萬里之形章於洞闔。」
②「監」字，疑當作「鹽」。

潁州志卷之十八

藝文中

潁多秀民，著述不乏，傳者多缺。凡名公鉅卿、相人畸士，其鴻篇逸韻、放言微吟，失今不圖，將金石之業以漫［慢］易之心視之，彼政治得失、民生利害，何以咨興革於前人乎？况風雅之業，又懼凌替也。爰采宋、元及有明詩文著於篇。

宋元文①

六一居士傳②

歐陽修

六一居士初謫滁山，自號醉翁。既老而衰且病，將退休於潁水之濱③，則又更號六一居士。客有問曰：「六一，何謂也？」居士曰：「吾家藏書一萬卷，集録三代以來金石遺文一千卷，有琴一張，有棋一局，而常置酒一壺。」客曰：「是爲五一爾，奈何？」居士曰：「以吾一翁，老於此五物之間，是豈不爲六一乎？」客笑曰：「子欲逃名者乎，而屢易其説④，此莊生所誚畏影而走乎日中者也。余將見子疾走大喘渴死，而名

①「宋元文」，原書前目録作「文部」，已據改。
②此文見於《歐陽修全集》卷四十四。
③「濱」字，《歐陽修全集》卷四十四作「上」。
④「説」字，《歐陽修全集》卷四十四作「號」。

不得逃者①也。」居士曰：「吾固知名之不可逃，然亦知夫不必逃也。吾爲此名，聊以志吾之樂耳②。」客曰：「其樂如何？」居士曰：「吾之樂可勝道哉！方其得意於五物也，太山在前而不見，疾雷破柱而不驚。雖響九奏於洞庭之間③，閲大戰於涿鹿之原，未足喻④樂且適也。然常患不得極吾樂於其間者，世事之爲吾累者衆也。其大者有二焉，軒裳珪組勞吾形於外，憂患思慮勞吾心於内，使吾形不病而已悴，心未老而先衰，尚何暇於五物哉？雖然，吾自乞其身於朝者三年矣。一日天子惻然哀之，賜其骸骨，使得與此五物皆返於田廬，庶幾償其夙願焉。此吾之所以志也。」客復笑曰：「子知軒裳珪組之累其形，而不知五物之累其心乎？」居士曰：「不然。累於彼者已勞矣，又多憂；累於此者既佚矣，幸無患。吾其何擇哉。」於是與客俱起，握手大笑曰：「置之，區區不足較也。」

已而歎曰：「夫士少而仕，老而休，蓋有不待七十者矣。吾素慕之，宜去一也。吾嘗用於時矣，而訖無稱焉，宜去二也。壯猶如此，今既老且病矣，乃以難强之筋骸貪過分之榮禄，是將違其素志而自食其言，宜去三也。吾負三宜去，雖無五物，其去宜矣，復何道哉！」熙寧三年（1070）九月七日，六一居士自傳。

①「者」字，《歐陽修全集》卷四十四無。
②「耳」字，《歐陽修全集》卷四十四作「爾」。
③「間」字，《歐陽修全集》卷四十四作「野」。
④此處，《歐陽修全集》卷四十四有「其」字。

思潁詩後序①

歐陽修

皇祐元年（1049）春，予自廣陵得請來潁，愛其民淳訟簡而物産美，土厚水甘而風氣和，於時慨然已有終焉之意也。爾來俯仰二十年間，歷事三朝，竊位二府，寵榮已至而憂患隨之，心志索然而筋骸憊矣。其思潁之念未嘗少忘於心，而意之所存亦時時見於文字也。

今者幸蒙寬恩，獲解重任，使得待罪於亳，既釋危機之慮，而就閒曠之優，其進退出處，顧無所繫於事矣。謂可以償夙志者，此其時哉！因假道於潁，蓋將謀決歸休之計也。乃發舊藁，得自南京以後詩十餘篇，皆思潁之作，以見予拳拳於潁者非一日也。不類倦飛之鳥然後知還，惟恐勒移之靈却回俗駕爾。治平四年（1067）五月三日，廬陵歐陽修序。

續思潁詩序②

歐陽修

皇祐二年（1050），余方留守南都，已約梅聖俞買田於潁上。其詩曰：「優游琴酒逐漁釣，上下林壑相攀躋。

①此文見於《歐陽修全集》卷四十二。
②此文見於《歐陽修全集》卷四十二。

及身疆①健始爲樂，莫待衰病須扶攜。」此蓋余之本志也。時年四十有四。其後丁家艱，服除還朝，遂入翰林爲學士。忽忽七八年間，歸潁之志雖未遂②也，然未嘗一日少忘焉。故其詩曰：「乞身當及疆③健時，顧我蹉跎已衰老。」蓋歎前言之未踐也。時年五十有二。自是誤被選擢，叨塵二府，遂歷二④朝。蓋自嘉祐、治平之間，國家多事，固非臣子敢自言其私時也。而非才竊位，謗咎已盈，賴天子仁聖聰明，辯察證罔⑤，始終保全。其出處俯仰，十有二年。今其年六十有四，蓋自有蹉跎之歎又復一紀矣。中間在亳，幸遇朝廷無事，中外宴⑥然，而身又不當責任，以謂臣子可退無嫌之時，遂敢以其私言。天子惻然，閔其年猶未也，謂尚可以勉。故奏封十上，而六被詔諭，未賜允俞。今者蒙上哀憐，察其實病且衰矣，既不責其避事，又曲從其便私，免並得蔡，俾以偷安，此君父廓太⑦度之寬仁，遂萬物之所欲，覆載含容養育之恩也。而復蔡、潁連疆，因得以爲歸老之漸，冀少償其夙願，茲又莫大之幸焉。

①「疆」字，《歐陽修全集》卷四十二作「彊」，當是。
②「遂」字，《歐陽修全集》卷四十二作「遑」。
③「疆」字，《歐陽修全集》卷四十二作「彊」，當是。
④「二」字，《歐陽修全集》卷四十二作「三」，當是。
⑤「辯」「證」二字，《歐陽修全集》卷四十二作「辨」「誣」。
⑥「宴」字，《歐陽修全集》卷四十二作「晏」，當是。
⑦「太」字，《歐陽修全集》卷四十二作「大」，當是。

初，陸子履以余自南都至在中書所作十有三篇爲《思潁詩》，以刻於石，今又得在亳及青十有七篇以附之。蓋自南都至①中書十有八年而得十三篇，在亳及青三年而得十有七篇，以見余之年益加老，病益加衰，其日漸短，其心漸迫，故其言愈多也。庶幾覽者知余有志於疆②健之時，而未③償於衰老之後，幸不失④其踐言之晚也。熙寧三年（1070）九月七日，六一居士序。

祈雨文⑤

歐陽修

刺史不能爲政而使民失所，其咎安歸！而又頑傲愚冥，無誠慤忠信之心可以動於物者。是皆無以進説於神，

①此處，《歐陽修全集》卷四十二有「在」字。
②「彊」字，《歐陽修全集》卷四十二作「彊」，當是。
③「未」字，《歐陽修全集》卷四十二作「獲」，當是。
④「失」字，《歐陽修全集》卷四十二作「譏」，當是。
⑤此文見於《歐陽修全集》卷四十九，題作《祈雨祭張龍公文（潁州）》，且首句前有「維年月日，具官修謹以清酌庶羞之奠，致祭於張龍公之神曰」諸句。

雖①有請，宜不聽也。然而明天子閔閔憂勞於上，而民生②嗷嗷困苦於下，公私並乏，道路流亡。於此之時，以一日之雨，救一方之旱，用力至少，其功至多。此非人力之所能爲，而神力③之所甚易④。苟以此說神，其有不動於心者乎？幸勿⑤以刺史不堪而止也。刺史有職守，不獲躬走祠下，謹遣管界巡檢田甫，布茲懇迫。尚享！

與王深甫論世譜帖⑥

歐陽修

修啟。惠借《顏氏譜》，得見一二，大幸前世常多喪亂，而士大夫之世譜未嘗絶也。自五代迄今，家家亡之，由士不自重，禮俗苟簡之使然。雖使人人自求其家，猶不可得，況一人之力，兼考於繆亂亡失之餘，能如所示者，非深甫之好學深思莫能也。《顏譜》且留，愚有未達，須因見過得請。《集古錄》未可⑦委僮奴，昨日大熱，艱於檢

①此處，《歐陽修全集》卷四十九有「其」字。
②「民生」，《歐陽修全集》卷四十九作「生民」，當是。
③「力」字，《歐陽修全集》卷四十九無。
④「易」字後，《歐陽修全集》卷四十九有「也」字。
⑤「勿」字，《歐陽修全集》卷四十九作「無」。
⑥此文見於《歐陽修全集》卷七十。
⑦「可」字，《歐陽修全集》卷七十作「始」。

尋，今送，不次。修再拜。

與焦殿丞千之啟①

歐陽修

某啟。自相別，無日不奉思。急足辱書，深所②慰。然聞不遂解名，在於俗情，豈不怏怏。若足下素所相③待，與某所以奉待者，豈在一得失之間？但以科場文字，不得專意經術，而某亦有人事。今足下三數年間，且可棄去科場文字，而僕亦端居無④事。惟於此時，可以講訓素所聞未舉者，過此，恐彼此難得工夫也。足下爲人明果，以此思之，亮可决然北首。深恨閒居無人，既不能專遣人去奉招，當正初南歸，亦不爲久别計，但仰首傾望也。某於哀苦中奉思諸君子，此又不可言。已時⑤寒，多愛。

①此文見於《歐陽修全集》卷一百五十，爲《與焦殿丞（千之）十六通》其一。
②此處，《歐陽修全集》卷一百五十有「浣」字，當是。
③「相」字，《歐陽修全集》卷一百五十作「自」，當是。
④此處，《歐陽修全集》卷一百五十有「一」字。
⑤「時」字，《歐陽修全集》卷一百五十無，當是。

與趙康靖公書①

歐陽修

焦千之秀才久相從，篤行之士也。昨來科場，偶不曾入。其人專心學古，不習治生，妻、子寄食婦家，遑遑無所之。往時聞鄆學可居，所資差厚，可以託食，而焦君以郡守貴侯，難以屈蹟。今遇賢主人，思欲往託。竊計高明必嘗②聞此，但恐鄆學難居，今已有人爾。若見今無人，則焦君不止自託，其於教導③有補益，亦資爲政之一端也。更在高明詳擇可否，俟有寵報，決其去就也。謹於遞中布此意④。

①此文見於《歐陽修全集》卷一百四十六，爲《與趙康靖公（叔平）九通》其三後半部分。其前半部分爲：「某頓首啟。初夏已熱，不審動止何似？鄆去京師不爲遠，而叔平在外，宜日走訊問候興居，而動輒逾時，雖云人事區區，實亦可責也。某昨衰病屢陳，蒙恩許解府事，雖江西之請未獲素心，而疲憊得以少休，豈勝感幸。卜居城南，粗亦自便。自在府中數月，以几案之勞，凭損左臂，積氣留滯，疼痛不可忍，命醫理之，迄今未愈。天府孰不爲之？獨衰病者如此爾。東平風物甚佳，爲政之暇，想多清趣。更冀爲朝自重，以俟嚴召。遞中謹奉此，有懇，如別幅。」

②「嘗」字，《歐陽修全集》卷一百四十六作「亦」。

③此處，《歐陽修全集》卷一百四十六有「必」字。

④「意」字，《歐陽修全集》卷一百四十六作「懇」。

桑懌傳①

歐陽修

桑懌，開封雍丘人。其兄慥，本舉進士有名。懌亦舉進士，再不中。去遊汝、潁間，得龍城廢田數頃，退而力耕。歲凶涝②，諸縣多盜，懌白令，願爲耆長，往來里中察姦民。因召里中少年，戒曰：「盜不可爲也，吾在此，不汝容也。」少年皆諾。里老父子死未斂，盜夜脱其衣，里老父怯，無他子，不敢告縣，裸其屍不能葬。懌聞而悲之，然疑少年王生者，夜入其家，探其篋，不使之知覺。明日遇之，問曰：「爾諾我不爲盜矣，今又盜里父子屍者，非爾耶③？」少年色動。即推仆地，縛之，結④共盜者。王生指某少年。懌呼壯丁守王生，又自馳取少年者，送縣，皆伏法。

又嘗之郟城，遇尉方出捕盜，招懌飲酒，遂與俱行。至賊所藏，尉怯，陽爲不知以過。懌曰：「賊在此，何之乎？」下馬獨格殺數人，因盡縛之。又聞襄城有盜十許人，獨提一劍以往，殺數人，縛其餘。汝旁縣爲之無盜。京西轉運使奏其事，授郟城尉。

①此文見於《歐陽修全集》卷六十六。
②「涝」字，《歐陽修全集》卷六十六無，且其後有「汝旁」二字。
③「耶」字，《歐陽修全集》卷六十六作「邪」。
④「結」字，《歐陽修全集》卷六十六作「詰」，當是。

天聖中，河南諸縣多盜，轉運奏移澠池尉。崤，古險地，多涂①山，而青灰山尤阻險，爲盜所恃。惡盜王伯者，藏此山，時出爲近縣害。當此時，王伯名聞朝廷，爲巡檢者皆授名以捕之。既懌至，巡檢者僞爲宣頭以示懌，將謀招出之。懌信之，不疑其僞也，因諜知伯所在，挺身入賊中招之，與伯同卧起十餘日。信之，乃出。巡檢者反以兵邀於山口，懌幾不自免。懌曰：「巡檢授名，懼無功爾。」即以伯與巡檢，使自爲功，不復自言。巡檢［獻俘］京師，朝廷知其實，罷黜巡檢。懌爲尉歲餘，改授右班殿直、永安縣巡檢。

明道、景祐之交，天下旱蝗，盜賊稍稍起其間，有惡賊二十三人不能捕，樞密院以傳召懌至京，授二十三人名，使往捕。懌謀曰：盜畏吾名，心②已潰，潰則難得矣，宜先示之以怯。至則閉柵，戒軍吏，無一人得輒出，居數日，軍吏不知所爲，數請出自效，輒不許。既而夜與數卒變爲盜服以出，蹟盜所嘗行處。入民家，民皆走，獨有一媪留，爲作飲食饋之如盜。乃歸，復閉柵。三日又往，則攜其具就媪饌，而以其餘遺媪，媪待以爲真盜矣。乃稍就媪，與語及群盜輩，媪曰：「彼聞桑懌來，始畏之，皆遁矣。又聞懌閉營不出，知其不足畏，今皆還也。某在某處，某在某所矣。」懌盡鉤得之。復三日，又往厚遺之，遂以實告曰：「我，桑懌也。煩媪爲察其實而慎勿泄，後二③日，我復來矣。」後又三日往，媪察其實審矣。明旦，部分軍士，用甲若干人於某所取某盜，卒若干人於某處取某盜。其尤疆④者

①「涂」字，《歐陽修全集》卷六十六作「深」，當是。
②「心」字，《歐陽修全集》卷六十六作「必」。
③「二」字，《歐陽修全集》卷六十六作「三」，當是。
④「疆」字，《歐陽修全集》卷六十六作「强」，當是。

在某所，則自馳馬以往，士卒不及從，惟四騎追之，遂與賊遇，手殺三人。幾①二十三人者，一日皆獲。

二十八日，復命京師。樞密吏謂曰：「與我銀，爲君致閤職。」懌曰：「用賂得官，非我欲，况貧無銀；有，固不可也。」吏怒，匿其閥，以免短使送三班。三班用例，與兵馬監押，未行，會交趾獠叛，殺海上巡檢，昭化諸州皆驚②，往者數輩不能定，因命懌往，盡手殺之。還，乃授閤門祗③候。懌曰：「是行也，非獨吾功，位有居吾上者，吾乃其佐也。今彼留而我還，我賞厚而彼輕，得不疑我蓋其功而自伐乎？受之，徒慚吾心。」將讓其賞歸己上者，以奏藁示予。予謂曰：「讓之，必不聽，徒以好名與詐取譏也。」懌歎曰：「亦思之，然士顧其心何如爾，當自信其心以行，譏何累也！若欲避名，則善皆不可爲也已。」余慚其言。卒讓之，不聽。

懌雖舉進士而不甚知書，然其所爲皆合道理，多此類。始居雍丘，遭大水，有粟二廩④，以舟載之，見民走避溺者，遂棄其粟，以舟載之。見民荒歲，聚其里人飼之，粟盡乃止。

懌善劍及鐵簡，力過數人，而有謀畧。遇人常畏，若不自足。其爲人不甚長大，亦自修爲威儀，言語如不出其口，卒然遇，人不知⑤健且勇也。

①「幾」字，《歐陽修全集》卷六十六作「凡」，當是。
②「驚」字，《歐陽修全集》卷六十六作「警」。
③「祗」字，《歐陽修全集》卷六十六作「祇」，當是。
④「廩」字後，《歐陽修全集》卷六十六有「將」字。
⑤此處，《歐陽修全集》卷六十六有「其」字，當是。

廬陵歐陽修曰：勇力人所有，而能知用其勇者少矣。若懌可謂義勇之士，其學問不深而能者，蓋天性也。余固喜傳人事，尤愛司馬遷善傳，而其所書皆偉烈奇節，士喜讀之。欲學其作，而怪今人如遷所書者何少也，乃疑遷特雄文，善壯其說，而古人未必然也。及得桑懌事，乃知古之人有然焉，遷書不誣也，知今人固有而但不盡知也。懌所爲壯矣，而不知予文能如遷書使人讀而喜否？姑次第之。

與王深甫書①

歐陽修

修啟。辱示，承旦莫體佳。高陽說如此，爲得之矣。載初元年（690）正月，乃永昌（元）年（690）之十一月爾，當與永昌同年。天授庚寅（690），載初己丑（689）爾。然自天授至長安四年甲辰（704），凡十五年，使自武德不除周年，則乾元己亥（759）乃一百四十二年，除周年，則大曆乙卯（775）爲一百四十年。乙卯，大曆十年也，哥舒晃事在八年。又江西出兵，不當越數千里出於明州，此又可疑。前日奉答後再將校勘，却未敢書，更俟面議也。蓋江西出嶺，路絶近，次則出湖南，已爲稍遠，就令出明州，非江西可節制也。病嗽無悰，姑此爲報。修頓首。

---

①此文見於《歐陽修全集》卷七十，題作《與王深甫論裴公碣》。

同前①

歐陽修

修啟。蒙疏示，開益已多，感服何已！唐除周歲，誠如所諭，兼密罷明州在建中二年（781），則大曆八、九年後，儆爲明守而密代亡②，以年數推之，與乾元之説不較可知。但恐除周之年，前人未必如此，難以臆斷爲定，當兩載之，使來者自擇也。高陽門徒之説，恐便是高陽人，未知何如？《郭子儀家傳》等先送，碑當續馳。修再拜。

所推誠好，然更深思唐人除周之説，恐未必然也。則天是天授中改周，惟復是載初，相較亦只一年爾。

與王深甫論五代張憲帖③

歐陽修

修啟。辱教甚詳，蒙益不淺。所疑所論，皆與修所考驗者同。今既疑之，則欲著一小論於傳後，以哀其忠，如此

①此文見於《歐陽修全集》卷七十，題作《再與王深甫論裴公碣》。
②「亡」字，《歐陽修全集》卷七十作「之」，當是。
③此文見於《歐陽修全集》卷七十。

得否？修之所書，只是變賜死爲見殺，於憲無所損益。憲初節甚明，但棄城而走不若守位而死，已失此節，則見殺與賜死同爾。其心則可喜，但舉措不中爾。更爲不見《張昭傳》中所載，或爲錄示，尤幸。目痛，草草不次。修再拜。

莊宗月一日遇弒，存霸在河中聞變，走太原見殺，而憲亦走忻州。明宗初三日入洛，十日監國，二十日即位，憲二十四日死，初以此疑之。又本傳言明宗郊天，憲得昭雪，則似非明宗殺之。更爲思之，如何？

同前①

歐陽修

修啟。辱教，益詳盡，多荷多荷。存霸奔太原，人言其馬鞦斷，疑其戰敗而來，存霸乃以情告，仍自髡髮②僧衣，見符彥超曰：「願爲山僧，望公庇護。」彥超亦欲留之俟朝命，爲衆軍③所殺。若此，則憲似知莊宗已崩，據張昭勸憲奉表，則知新君立明矣，但不知其走忻州何故也。此意可喜，而死不得其所爾。食後見過，更盡高議，可乎？修再拜。

①此文見於《歐陽修全集》卷七十，題作《再與王深甫論五代張憲帖》。

②「髮」字，《歐陽修全集》卷七十作「衣」。

③「衆軍」，《歐陽修全集》卷七十作「軍衆」。

問王深甫五月一日會朝帖①

歐陽修

修啟。信宿爲况清佳。前日貪奉笑言，有一事數日欲咨問，偶忘之。唐時有五月一日會朝之禮，略記其始本出於道家，是日君臣集會，其儀甚盛。而其説不經，不知起自何帝，亦記得是開元已後方有，略與批示其時爲幸。修再拜。中間嘗罷，後又復行，復行恐是憲宗朝，亦不記子細。

王子直文集序

王安石②

至治之極，教化既成，道德同而風俗一，言理者雖異人殊世，未嘗不同其指。何則？理當故無二也。是以《詩》《書》之文，自唐虞以來，至秦魯之際，其相去千餘載③，其作者非一人，至於其間嘗更衰亂，然學者尚蒙餘澤，雖其文數萬，而其所發明，更相表裏，如一人之説，不知時世之遠，作者之衆也。嗚呼！上下之間，漸磨陶

---

①此文見於《歐陽修全集》卷七十。

②此文見於《曾鞏集》卷十二，爲曾鞏文無疑，「王安石」當爲誤署。

③「載」字，《曾鞏集》卷十二作「歲」。

治，至於如此，豈非盛哉！

自三代教養之法廢，先王之澤熄，學者人人異見，而諸子各自爲家，豈其固相反哉？不當於理，故不能一也。由漢以來，益遠於治。故學者雖有魁奇拔出之材，而其文能馳騁上下，偉麗可喜者甚衆，然是非取舍，不當於聖人之意者亦已多矣。故其説未嘗一，而聖人之道未嘗明也。士之生於是時，其言能當於理者，亦可謂難矣。由是觀之，則文章之得失，豈不係於治亂哉？

長樂王向字子直①，少已著文數萬言，與其兄弟俱名聞天下，可謂魁奇拔出之材，而其文能馳騁上下，偉麗可喜者也。讀其書，知其與漢以來名能文者，俱列於作者之林，未知其孰先孰後。考其意，不當於理亦少矣。然子直晚自以爲不足，而悔其少作。更欲窮探力取，極聖人之指要，盛行則欲發而見之事業，窮居則欲推而托之於文章，將與《詩》《書》之作者並，而又未知孰先孰後也。然不幸蚤世，故雖有難得之材、獨立之志，而不得及其成就，此吾徒與子直之兄回字深甫②所以深恨於斯人也。

子直官世行治，深父已爲之銘。而書其數萬言者，屬予爲叙。予觀子直之所自見者，已足暴於世矣，故特爲之序其志云。

①「直」字後，《曾鞏集》卷十二有「自」字。

②「甫」字，《曾鞏集》卷十二作「父」。

王深父文集序①

王安石②

深父，吾友也，姓王氏，諱回。當先王之蹟熄，六藝殘缺，道術衰微，天下學者無所折衷，深甫③於是④奮然獨起，因先王之遺文以求其意，得之於心，行之於己，其動止語默必考於法度，而窮達得喪不易其志也。文集二十卷，其辭反覆⑤辨達，有所開闡，其卒蓋將歸於簡也。其破去百家傳注，推散缺不全之經，以明聖人之道於千載之後，所以振斯文於將墜，回學者於既溺，可謂道德之要言，非世之別集而已也。後之潛心於聖人者，將必由是而有得，則其於世教，豈小補⑥而已哉？

①此文見於《曾鞏集》卷十二，爲曾鞏文無疑，「王安石」當爲誤署。
②此文見於《曾鞏集》卷十二，爲曾鞏文無疑，「王安石」當爲誤署。
③「甫」字，《曾鞏集》卷十二作「父」。
④此處，《曾鞏集》卷十二有「時」字。
⑤「覆」字，《曾鞏集》卷十二作「復」。
⑥此處，《曾鞏集》卷十二有「之」字。

嗚呼！深甫①其心②方强，其德方進，而不幸死矣，故其澤不加於天下，而其言止於此。然觀其所③考者④，非孟子所謂名世者歟？其文有片言半簡，非大義所⑤存，皆附而不去者，所以明深甫⑥之於其細行，皆可傳於世也。深甫⑦，福州侯官縣人，今家於潁。嘗舉進士，中其科，爲亳州衛真縣主簿。未一歲棄去，遂不復仕。卒於治平二年（1065）之七月二十八日，年四十有三。天子嘗以某軍節度推官知陳州南頓縣事，就其家命之，而深甫⑧既卒矣。

答王深甫書⑨

曾鞏

某學未成而仕，仕又不能俯仰以赴時事之會，居非其好，任非其事，又不能遠引以避小人之謗讒，此其所以爲

---

①「甫」字，《曾鞏集》卷十二作「父」。
②「心」字，《曾鞏集》卷十二作「志」。
③此處，《曾鞏集》卷十二有「可」字。
④「者」字後，《曾鞏集》卷十二有「豈」字。
⑤原文「大義所」三字重出，據《曾鞏集》卷十二删。
⑥「甫」字，《曾鞏集》卷十二作「父」。
⑦「甫」字，《曾鞏集》卷十二作「父」。
⑧「甫」字，《曾鞏集》卷十二作「父」。
⑨此文見於王安石《王文公文集》卷七，爲《答王深甫書》第三通，「曾鞏」當爲誤署。

不肖而得罪於君子者，而足下之所知也。往者，足下遽不棄絶，手書勤勤，尚告以其所不及，幸甚，幸甚。顧私心尚有欲言，未知可否，試嘗言之：

某嘗以謂古者至治之世，然後備禮而致刑。不備禮之世，非無禮也，有所不備耳；不致刑之世，非無刑也，有所不致耳。故某於江東，得吏之大罪有所不治，而治其小罪。不知者以謂好伺人之小過以爲明，知者又以爲不果於除惡，而使惡者反資此以爲言①。某乃②異於此，以爲方今之理勢，未可以致刑。致刑則刑重矣，而所治者少，不致刑則刑輕矣，而所③治者多，理勢固然也。一路數千里之間，吏方苟簡自然，狃於養交取容之俗，而吾之治者五人，小者罰金，大者纔絀一官，而豈足以爲④多乎？工尹商陽非嗜殺人者，猶殺三人而止，以爲不如是不足以反命。某之事，不幸而類此。若夫爲此紛紛，而無與⑤於道之廢興，則既亦知之矣。抑所謂君子之仕行其義者，窃有意焉。足下以爲如何？

自江東日得毀於流俗之士，顧吾心未嘗爲之變。則吾之所存，固無以媚斯世，而不能合乎流俗也。及吾朋友亦以爲言，然後怵然自疑，且有自悔之心。徐自反念，古者一道德以同天下之俗，士之有爲於世也，人無異論。今家異道，

---

①此句，《王文公文集》卷七作「然使怒者不資此以爲言乎」。
②「乃」字，《王文公文集》卷七無。
③「所」字，《王文公文集》卷七無。
④「爲」字，《王文公文集》卷七無。
⑤「與」字，《王文公文集》卷七作「預」，當是。

人殊德，又以愛憎喜怒變事實之傳①，則吾友庸詎非得於人之異論變事實之傳②，而後疑我之言乎？況足下知我深，愛我厚，吾之所以日夜向往而不忘者，安得不嘗試言吾之所自爲，以冀足下之察我乎？使吾自爲如此，而可以無罪，固大善，即足下向③有以告我，使釋然知其所以爲罪，雖吾往者已不及，尚可以爲來者之戒。幸留意以④報我，無忽。

與王深甫書⑤

曾鞏

某拘於此，鬱鬱不樂，日夜望深甫之來，以豁吾心。而得書，乃不知所冀。況自京師去潁良不遠，深甫家事，會當有暇時，豈宜愛數日之勞而不一⑥顧我乎？朋友道喪久矣，此吾於深甫不能無望也。

向說天民，與深甫不同。雖蒙丁寧相教，意尚未能與深甫相合也。深甫曰：「事君者，以容於吾君爲悦；安社

①「之傳」，《王文公文集》卷七作「而傳之」，當是。
②此句原脱，據《王文公文集》卷七補。
③「向」字，《王文公文集》卷七作「尚」，當是。
④「以」字，《王文公文集》卷七無。
⑤此文見於王安石《王文公文集》卷七，爲《答王深甫書》第一通，「曾鞏」當爲誤署。
⑥「一」字，《王文公文集》卷七無。

稷者，以安吾之社稷爲悦；天民者，以行之於①天下而澤被於民爲達。三者皆執其志之所殖而成善者也，而未及乎知命，大人則知命矣。」某則以謂善者，所以繼道而行之可善者也。孔子曰：「智及之，仁能守之，莊以涖之，動之不以禮，未善也。」又曰：「武盡美矣，未盡善也。」孔子之所謂善者如此，則以容於吾君爲悦者，未可謂能成善者也，亦曰容而已矣。以容於吾君爲悦者，則以不容爲戚；安吾社稷爲悦，則以不安爲戚。吾身之不容，與社稷之不安，亦有命也，而以爲吾戚，此乃所謂不知命也。夫天民者，達可行於天下而後行之者也。彼非以達可行於天下爲悦者也。則其窮而不行也，豈以爲戚哉？視吾之窮達，而無悦戚於吾心，不知命者，其何能如此？且深甫謂以民繫天者，明其性命莫不禀於天也。有匹夫求達其志於天下，以養全其類，是能順天者，敢取其號亦曰天民。安有能順天而不知命者乎？

深甫曰：「安有能視天以去就，而德顧貶於大人者乎？」某則以謂古之能視天以去就，其德貶於大人者有矣，即深甫所謂管仲是也。管仲，不能正己者也。然而至於不死（公）子糾而從小白，其去就可謂知天矣。天之意，故嘗甚重其民。故孔子善其去就，曰：「豈若匹夫匹婦之爲諒也，自經於溝瀆而莫之知也。」此乃吾所謂德不如大人，而尚能視天以去就者。

深甫曰：「正己以事君者，其道足以致容而已，不容，則命也，何悦於吾心哉？正己而安社稷者，其道足以

①「於」字，《王文公文集》卷七無。

致安而已，不安，則命也，何悦於吾心哉？正己以正天下者，其道足以行①天下而已，不行，則命也，何窮達於吾心哉？」某則以爲②大人之窮達，能無悦戚於吾心，不能毋欲達。孟子曰：「我四十不動心。」又曰：「何爲不豫哉？然而千里而見王，是予所欲也。不遇故去，豈予所欲哉？王庶幾改之，予日望之。」夫孟子可謂大人矣，而其言如此，然則所謂無窮達於吾心者，殆非也，亦曰無悦戚而已矣。

深甫曰：「惟其正己而不期於正物，是以使萬物之正焉。」某以謂期於正己而不期於正物，而使萬物自正焉，是無治人之道也。無治人之道者，是老、莊之爲也。所謂大人者，豈老、壮［莊］之爲者③？正己不期於正物者，非也；正己而期於正物者，亦非也。正己而不期於正物，是無義也；正己而期於正物，是無命也。是謂大人者，豈顧無義命哉？楊子曰：「先自治而後治人之謂大器。」楊子所謂大器者，蓋孟子之謂大人也。物正焉者，使物取正乎我而後能正，非使之自正也。武王曰：「四方有罪無罪，惟我在，天下曷敢有越厥志！」一人横行於天下，武王耻之。孟子所謂「武王一怒而安天下之民」。不期於正物而使物自正，則一人横行於天下，武王無爲怒也。孟子没，能言大人而不放於老、莊者，楊子而已④。

①原文脱「安吾社稷爲悦」至「其道足以行」等近四百字，據《王文公文集》卷七補。

②「爲」，《王文公文集》卷七作「謂」。

③「者」字，《王文公文集》卷七作「哉」。

④原文脱「孟子没」至「楊子而已」，據《王文公文集》卷七補。

深甫嘗①試以某之言與常君論之，二君猶以爲未也，願以教我②。

玉照新志序③

王明清

慶元丙④午，明清得玉照一於友人永嘉鮑子正，色澤温潤，制作奇古，真周秦之瑞寶也。又獲米南宫書「玉照」二字，因榜⑤寓舍之斗室，屏蹟杜門，思索舊聞凡拾⑥則，綴緝之，名曰《玉照新志》。務在直書，初無私意，爲善者固可以爲韋弦，爲惡者又足以爲龜鑑。間有奇諧雅⑦謔，亦存乎其中。若夫人禍天刑，則付之無心⑧也。⑨

①「嘗」字，《王文公文集》卷七作「常」。
②原文脱「二君」至「教我」，據《王文公文集》卷七補。
③此文見於王明清《玉照新志》卷首自序。
④「丙」字，《玉照新志》卷首作「戊」，當是。慶元年號僅使用七年，中無「丙午」。慶元戊午，即慶元四年（1198）。
⑤「榜」字，《玉照新志》自序作「揭」。
⑥「拾」字，《玉照新志》自序作「數十」。
⑦「諧雅」二字，《玉照新志》自序作「怪諧」。
⑧此處，《玉照新志》自序有「可」字。
⑨此後，《玉照新志》自序有「長至日，汝陰王明清書」諸字。

謝除龍圖閣學士知潁州表①

蘇軾

臣軾言。伏蒙聖恩，以臣累章乞郡，除臣龍圖閣學士知潁州者。引嫌求避，顧舊典之甚明；易職而②行，荷新恩之至厚。踈愚自省，慙悚交并③。伏念臣學陋無聞，性迂難合。受四朝之知遇，竊五郡之藩④宣。吳會二年，但坐糜於廩祿；禁林數月，曾未補於絲毫。敢冀殊私，復還舊物。恭惟太皇太后陛下，仁涵動植，明燭幽微。知臣獨受於聖知，欲使曲全於晚節。憐其無用，許以少安。凡力請八章而後從，使不爲一乞而遽去。在臣進退，可謂光榮。雖老病懷歸，已功名之無望；而衷誠思報，尚生死之不移。臣無任感天荷聖激切屏營之至。謹奉表稱謝以聞。

①此文見於《蘇軾文集》卷二十三，爲蘇軾《謝除龍圖閣學士知潁州表二首》其一。
②「而」字，《蘇軾文集》卷二十三作「寵」。
③「并」字後，《蘇軾文集》卷二十三有「中謝」二字。
④「藩」字，《蘇軾文集》卷二十三作「蕃」。

謝除龍圖閣學士知潁州表①

蘇軾

臣軾言。伏蒙聖恩，以臣累章乞郡，除臣龍圖閣學士知潁州者。備員經席，幸依日月之光；引避親嫌，實有簡書之畏。恩還舊職，寵寄近藩②。衰朽增華，省循知愧③。伏念臣生無他技，天與愚忠。雖所向之奇窮，獨受知於仁聖。力求便郡，蓋常懷老退之心；伏讀訓詞，有「不爲朕留」之語。殊私難報，危涕自零。恭惟皇帝陛下，緝熙光明，剛健篤實。方收文王之四友，以集孔子之九④成。而臣苟念餘生之安，莫伸一割之用。桑榆暮齒，恐遂齎志而莫償；犬馬微心，猶恐蓋棺而後定⑤。

①此文見於《蘇軾文集》卷二十三，爲蘇軾《謝除龍圖閣學士知潁州表二首》其二。
②「藩」字，《蘇軾文集》卷二十三作「蕃」。
③「愧」字後，《蘇軾文集》卷二十三有「中謝」二字。
④「九」字，《蘇軾文集》卷二十三作「大」，當是。
⑤「定」字後，《蘇軾文集》卷二十三有「臣無任」三字。

潁州到任謝表①

蘇軾

臣軾言。伏蒙聖恩，除臣龍圖閣學士知潁州，臣已於今月二十二日到任訖者。支郡責輕，未即满盈於小器；豐年事簡，非徒飽煖於一家。覽幾席之溪湖，雜簿書於魚鳥。平生所樂，臨老獲從。臣軾②誠惶誠恐，稽③首頓首。伏以汝、潁爲州，邦畿稱首。士風備於南北，人物雄④於古今。賓主俱賢，蓋宗資、范孟博之舊治；文獻相續，有晏殊、歐陽修之遺風。顧臣何人，亦與兹選。此蓋伏遇皇帝陛下，丕承六聖，總攬群英。生知仁孝之全，學識文武之大。謂臣簪履之舊物，嘗忝帷幄之近臣。奉侍⑤七年，崎嶇一節。意其忠義許國，故暫召還；察其老病畏人，洒復⑥補外。置之安地，養此散材。更少勉於桑榆，誓不忘於畎畝。臣無任激切之至⑦。

①此文見於《蘇軾文集》卷二十四，爲蘇軾《潁州謝到任表二首》其二。
②「軾」字，《蘇軾文集》卷二十四作「某」。
③「稽」字，《蘇軾文集》卷二十四作「頓」。
④「雄」字，《蘇軾文集》卷二十四作「推」。
⑤「侍」字，《蘇軾文集》卷二十四作「事」。
⑥「洒復」二字，《蘇軾文集》卷二十四作「復許」。
⑦「激切之至」四字，《蘇軾文集》卷二十四無。

潁州到任謝執政啟①

蘇軾

入忝②兩禁，每玷北扉之榮；出典二邦，輒爲西湖之長。皆緣天幸，豈復人謀。惟汝水之名邦，乃裕陵之故國。人淳③事簡，壤厚④泉甘。豈惟暫養於不才，抑亦此生之可老。恭惟某官，嘉猷經世，茂德範時。元老廟堂，自有權衡之信；餘生江海，德⑤同品物之安。感佩之私，筆舌難既。

祈雨迎張龍公祝文⑥

蘇軾

維元祐六年（1091），歲次辛未，十月丙辰朔，二十五日庚辰，龍圖閣學士左朝奉郎知潁州軍州事蘇軾，謹請

①此文見於《蘇軾文集》卷四十六，原文標題後有「元祐六年」四字。
②「忝」字，《蘇軾文集》卷四十六作「參」。
③「淳」字，《蘇軾文集》卷四十六作「醇」。
④「壤厚」二字，《蘇軾文集》卷四十六作「地沃」。
⑤「德」字，《蘇軾文集》卷四十六作「得」，當是。
⑥此文見於《蘇軾文集》卷六十二。

州學教授陳師道，并遣①承務郎迨，以清酌庶羞之奠，敢昭告於昭靈侯張公之神。稽首龍公，民所祇威［畏］。德博而化，能潛能飛。食於潁人，淮潁是依。受命天子，命服有輝。爲國庇民，凡請莫違。歲旱夏秋，秋穀既微。冬又不雨，麥槁②而腓。閔閔農夫，望歲畏饑。並走群望，莫哀我欷。於赫遺蜕，靈光照幃。惠肯臨我，言從其妃。翻舞雩詠，薦其潔肥。雨雪在天，公執其機。游戲俯仰，千里一麾。被及淮甸，三輔王畿。積潤滂流，浹日不晞。我率吏民，鼓鐘旄旂。拜送於郊，以華其歸。尚饗。

送張龍公祝文③

蘇軾

維元祐六年（1091），歲次辛未，十一月乙酉朔，十日甲午，龍圖閣學士、④奉郎、知潁州軍州事兼管内勸農使、輕車都尉賜紫金魚袋蘇軾，謹以清酌庶羞之奠，敢昭告於昭靈侯張公之神。赫赫龍公，具⑤武且仁。赴民之

①此處，《蘇軾文集》卷六十二有「男」字。
②「稿」字，《蘇軾文集》卷六十二作「槁」，當是。
③此文見於《蘇軾文集》卷六十二。
④此處，《蘇軾文集》卷六十二有「左朝」二字，當是。
⑤「具」字，《蘇軾文集》卷六十二作「甚」。

急，如謀其身。有不應祈，惟汝不虔。我自洗濯，齋居誠陳。旱我之罪，勿移於民。惟①公顧聽②，如與我言。玉質金相，其重千鈞。惠然肯來，祈③者四人。眷此行宫，爲留浹辰。再雨一雪，既浹④且均。何以報之，榜銘皆新。詔公之德，於億萬年。惟師道、迨，復餞公還。咨爾庶邦⑤，事神。尚饗。

張龍公祠文⑥

蘇軾

昭靈侯南陽張公諱路斯，隋之初，家於潁上縣百⑦社村。年十六，中明經科⑧。唐景龍中，爲宣城令，以才能

---

①「惟」字，《蘇軾文集》卷六十二無。
②此處，《蘇軾文集》卷六十二有「之」字。
③「祈」字，《蘇軾文集》卷六十二作「期」。
④「浹」字，《蘇軾文集》卷六十二作「洽」，當是。
⑤「邦」字後，《蘇軾文集》卷六十二有「益敬」二字，當是。
⑥此文見於《蘇軾文集》卷十七，題作《昭靈侯廟碑》。
⑦「百」字，《蘇軾文集》卷十七作「仁」，當誤。
⑧「科」字，《蘇軾文集》卷十七作「第」。

稱。夫人石氏生九子。自宣城罷歸，常鈎①於焦氏臺之陰。一日，顧見鈎處有宮室樓殿，遂②居之。自是夜出旦歸，歸輒體寒而濕。夫人驚問之③。曰：「我，龍也。蓼人鄭祥遠④，亦龍也。與我爭此居，明日當戰，使九子助我。領有絳綃者我也，青綃者鄭也。」明日，九子以弓矢射青綃者中之，怒而去，公亦逐之，所過爲溪⑤谷，以達於淮。而青綃者，投於合肥⑥之西山以死，爲龍穴山。九子皆化爲龍，而石氏葬關州⑦。公之兄爲馬步使者，子孫散居潁上，其墓皆存焉。事見於唐布衣趙耕之文，而傳於淮潁間父老之口，載於歐陽文忠公之《集古錄》云。

自景龍以來，潁人世祠之於焦氏臺。乾寧中，刺史王敬蕘始大其廟。有宋乾德中，蔡州大旱，其刺史司超聞公之靈，築祠於蔡。既雨，翰林學士⑧陶穀爲記其事。蓋自淮南至於陳、蔡、許⑨、汝，皆奔走奉祀⑩。景德中，

①「鈎」字，《蘇軾文集》卷十七作「釣」，當是。
②此處，《蘇軾文集》卷十七有「入」字。
③「之」字後，《蘇軾文集》卷十七有「公」字。
④此處，《蘇軾文集》卷十七有「者」字。
⑤「溪」字，《蘇軾文集》卷十七作「谿」。
⑥「肥」字，《蘇軾文集》卷十七作「淝」。
⑦「州」字，《蘇軾文集》卷十七作「洲」。
⑧此處，《蘇軾文集》卷十七有「承旨」二字。
⑨「陳、蔡、許」三字，《蘇軾文集》卷十七作「蔡、許、陳」。
⑩「祀」字，《蘇軾文集》卷十七作「祠」。

建①議大夫張秉，奉詔益新潁上祠宇。而熙寧中司封郎中張徽奏乞爵號，詔封②昭靈侯、石氏柔應夫人。壙③有穴五，往往見變異，出雲雨，或投器穴中，則見於池，而近歲有得脱④骨於池者，金聲玉質，輕重不常⑤，今藏壙⑥中。

元祐六年（1091），秋，旱甚，郡守龍圖閣學士、左朝奉郎蘇軾，迎致其骨於西湖之行祠，與吏民禱焉，其應如饗⑦。乃益治其壙⑧，作碑而銘之⑨。曰：

維古至人，冷⑩然乘風。變化往來，不私其躬。道本於仁，仁故能勇。有殺有生，以仁爲終。相彼幼⑪身，何適不通。地行爲人，天飛爲龍。惠於有生，我則從之。淮潁之間，篤生張公。跨歷隋、唐，顯於有宋。上帝寵之，

①「建」字，《蘇軾文集》卷十七作「諫」，當是。
②此處，《蘇軾文集》卷十七有「公」字。
③「壙」字，《蘇軾文集》卷十七作「廟」。
④「脱」字，《蘇軾文集》卷十七作「蜕」。
⑤「常」字，《蘇軾文集》卷十七作「嘗」。
⑥「壙」字，《蘇軾文集》卷十七作「廟」。
⑦「饗」字，《蘇軾文集》卷十七作「響」。
⑧「壙」字，《蘇軾文集》卷十七作「廟」。
⑨「之」字後，《蘇軾文集》卷十七有「銘」字。
⑩「冷」字，《蘇軾文集》卷十七作「泠」，當是。
⑪「幼」字，《蘇軾文集》卷十七作「幻」，當是。

先帝封之。昭於一方，萬靈宗之。哀我潁民，處堉①而窮。地傾東南，源②水所鍾。忽焉歸壑，千里一空。公居其間，拯弱③吊凶。救療疾癘，驅攘螟虫。開闔抑揚，孰知其功。坎坎擊鼓，巫師老農。斗酒隻鷄，四簋其饛。度公之居，貝闕珠宮。揆公之食，瓊醴玉饔。何以稱之，我愧於中。公之所享，惟誠與恭。誠在愛民，無傷農功④。恭不在外，洗濯厥胸。以此事神，神聽則聰。敢有不然，上帝之恫。

擇勝亭銘⑤

蘇軾

維古潁城，因潁爲隍。倚舟於門，美哉洋洋。如淮之甘，如漢之蒼。如洛之涼⑥。可侑我客，可流我觴。即之

①「堉」字，《蘇軾文集》卷十七作「瘠」。
②「源」字，《蘇軾文集》卷十七作「潦」，當是。
③「弱」字，《蘇軾文集》卷十七作「溺」，當是。
④「功」字，《蘇軾文集》卷十七作「工」，當是。
⑤此文見於《蘇軾文集》卷十九。
⑥此句，《蘇軾文集》卷十九作「如洛之温，如浚之凉」，當是。

爲舘，居之爲堂。①近水而構，夏潦所襄。遠水而築，邈焉相望。乃作斯亭，筵楹欒梁。鑿柄②交設，合散靡常。赤油仰承，青握③四張。我所欲往，一夫可將。與水升降，除地布牀。可使杜康④，洗觶而揚。可使莊周，觀魚而忘。可使逸少，祓禊而祥。可使太白，詠⑤月而狂。既薺［齋］我荼，亦醪我漿。既濯我纓，亦洗⑥我裳。豈獨臨水，無適不臧。春朝花郊，秋夕月塲。無脛而趨，無翼而翔。敝又改爲，其費易償。榜曰擇勝，名實允當。維古至人，不留一方。虚白爲室，無可爲鄉。神馬肩⑦輿，孰爲輸⑧箱。流行坎止，雖觸不傷。居之無盜，中靡不⑨藏。去之無戀，如所宿桑。豈如世人，生短慮長。尺宅不治，寸田是荒。錫瓦銅雀，石門阿房。俯仰變滅，與生俱忘⑩。我銘斯亭，以砭世盲。

---

①二句，《蘇軾文集》卷十九作「我欲即之，爲館爲堂」。
②「柄」字，《蘇軾文集》卷十九作「枘」，當是。
③「握」字，《蘇軾文集》卷十九作「幄」，當是。
④「康」字，《蘇軾文集》卷十九作「蕢」，當是。
⑤「詠」字，《蘇軾文集》卷十九作「泳」。
⑥「洗」字，《蘇軾文集》卷十九作「浣」。
⑦「肩」字，《蘇軾文集》卷十九作「尻」，當是。
⑧「輸」字，《蘇軾文集》卷十九作「輪」，當是。
⑨「不」字，《蘇軾文集》卷十九作「所」。
⑩「忘」字，《蘇軾文集》卷十九作「亡」。

祭歐陽文忠公文①

蘇軾

維元祐六年（1091），歲次辛未，九月丙戌朔，從表侄具位蘇軾，謹以清酌肴果之奠，敢②昭告於故太師兗國文忠公、安康郡夫人之靈。嗚呼！軾自齠齡③，以學爲嬉。童子何知，謂公我師。晝誦其文，夜夢見之。十有五年，乃克見公。公爲附④掌，歡笑改容。此我輩人，餘子莫群。我老將休，付子斯文。再拜稽首，過矣公言。雖知其過，不敢不勉。契闊艱難，見公汝陰。多士方譁，而我獨南。公曰子來，實獲我心。我所謂文，必與道俱。見利而遷，則非我徒。又拜稽首，有死無易。公雖云亡，言如皎日。元祐之初，起自南遷。叔季在朝，如見公顏。入拜夫人，羅列諸孫。敢以中子，請婚叔氏。夫人曰然，師友之義。凡二十年，再升公堂。深衣廟門，垂涕失聲。白髮蒼顏，復見潁人。潁人思公，曰此門生。雖無以報，不辱其門。清潁洋洋，東注於淮。我⑤先生，豈有涯哉？尚享⑥。

①此文見於《蘇軾文集》卷六十三，題作《祭歐陽文忠公夫人文（潁州）》。
②「敢」字，《蘇軾文集》卷六十三無。
③「齡」字，《蘇軾文集》卷六十三作「齔」。
④「附」字，《蘇軾文集》卷六十三作「拊」，當是。
⑤此處，《蘇軾文集》卷六十三有「懷」字，當是。
⑥「尚享」二字，《蘇軾文集》卷六十三無。

潁州擇勝亭詩并引①

蘇轍

子瞻爲汝陰守，以幄爲亭，欲往即設，不常其處，名之曰「擇勝」，爲作四言一章。轍愛其文，故繼之云。

我嗟世人，誰實與謀。生伏其廬，死安於丘。既成不化，窘若縶囚。我行四方，所見或否②。江海之民，生託於舟。前炊釜鬵，後鑿匽溲。晝設豆觴，夕張衾裯③。出入濤瀾，歸宿汀洲。與風皆行，與水皆淳④。坐食網罟，以魚去留。居無四鄰，行無朋儔。胡貊之民，駕車以遊。外纏毳韋，内輯貂鼬。美水薦草，驅馬縱牛。逐射兔鹿，聚爬薪櫕。食肉飲水，雨雪相咻。草盡水乾，風捲雲收。所至成群，一⑤懷一陬。今我奈何，横自綢繆。翼爲華堂，湧爲層樓。繚以修垣，貫以通溝。勢窮物變，何異一漚。棄之不忍，徒去莫由。矧兹士夫，泛焉周流。如燕巢春，知不期秋。修椽高棟，徒與民仇。一日安居，百年怨尤。我兄和仲，塞剛立柔。視民如傷，有急斯周。視身如傳，苟完不求。山磐水嬉，習氣未瘳。豈以吾好，而俾民憂。潁尾甚清，湖曲孔幽。風有翠幄，雨有赤油。匪舟匪

---

①此文見於蘇轍《欒城後集》卷五，題作《潁川擇勝亭詩并引》。
②「否」字，蘇轍《欒城後集》卷五作「不」。
③「裯」字，蘇轍《欒城後集》卷五作「稠」。
④「淳」字，蘇轍《欒城後集》卷五作「浮」，當是。
⑤「一」字，蘇轍《欒城後集》卷五作「不」，當是。

車，亦可相攸。民曰公來，庶幾無愁①。

國子生李黼泗州省親序②

吳澄元

潁州李黼之父，曩③仕於朝，蘄便養，出守泗州。黼偕其兄藻爲國學弟子員，留京師，違定省。越三載，泰定甲子（1324）冬，謁告往泗州寧其父母，且奉其祖父母封贈之命以歸，亦可以悦親榮親矣。僉謂黼研經鋭學不倦，其成科名、受官職也，可日月幾，親之悦、親之榮，將有倍於今者焉，斯其爲孝也歟！噫！此世俗之孝也，若君子之孝則不止是。韓子曰：「事親先其質，後其文，盡其心，不夸於外。」質者，行也。韓子，文士爾，而其識能及此，況不以文士自足者乎？夫子論孝，始事親，終立身。立身之要，慎其行也。可法可傳之謂立。行道於今，揚名於後，使世世贊歎歆慕④爲某人之子，是顯其父母於無窮也，豈止一科名、一官職之榮而已哉？黼之往也，

①「愁」字後，蘇轍《欒城後集》卷五有「乎」字。
②此文見於吳澄《吳文正集》卷二十七，題作《國學生李黼泗州省親序》。
③此處，吳澄《吳文正集》卷二十七有「者」字。
④此處，吳澄《吳文正集》卷二十七有「稱」字。

自監學之師以下俱有贈言，同舍二三子請予序其首。噫！黼誠才子也，其研於經也奚所志，其鋭於學也奚所事，予未悉知也。而吾之孫當劇言其潁①出乎輩流，予其可不以遠者、大者期之夫？

明文②

兵備道題名記③

邢一鳳 江寧探花

潁、壽界④南北之域而當梁、宋、吳、楚之衝，故其民多健訟而善譖，其兵衛或暴横而罔知紀律，其屯田則瘠鹵者終荒穢，膏腴者多兼并，是以政日弊而禍亂將作。明⑤天子乃專勅憲臣一人，涖厥地而理厥事。初鎮壽春，尋移鎮潁州，蓋從州牧劉讓之請，寔自弘治辛亥（1491）始也。夫我國家命官之制，有專勅者，其地必要，其任必

---

①「潁」字，吳澄《吳文正集》卷二十七作「穎」，當是。
②「明文」，原書前目錄作「文部」，已據改。
③此文又見於《康熙潁州志・藝文・雜文（明）》。
④「界」字，《康熙潁州志・藝文・雜文（明）》作「介」。
⑤「明」字，《康熙潁州志・藝文・雜文（明）》無。

重，其人必選擇而使之。由命官迄今幾七十載矣，乃朱君虞甫以河南按察僉憲①嗣膺是任，懼前賢勤事或就湮泯②，將樹碑勒勳，叙其名氏，復虛其左，以俟來者。若曰是或激勸之一道也，徵予記之。

予嘗謂兵刑天下之忌器，然聖王能使人不犯有司而不能去兵，能使車甲衅藏而不能去食，能使粟腐泉朽而不能去官。是故司徒、司馬、司寇之典，載諸《周官》，班班可考。今按察、提刑，司寇屬也；益之以兵馬、武衛，司馬屬也；寄之以屯田，則司徒屬也。彼以分治，茲以統理。雖小大、外内之不同，厥任不亦重與③？

是役也，始事者史公俊、中公盤也。自壽春移治潁州者，閻公定璽也。中廢而復事者，席公同文［文同］也。今之繼之者，虞甫也。要皆選擇而使之矣，孰不知體朝廷命官之意，而顧有待是碑以激勸哉？但世平易玩者勢，歲久易湮者法。邇來西北邊警未息，東南海寇方熾，惟中原之地，恃以無恐。曩者師賊流毒，河洛瘡痍。潁、壽固河洛之區也，朱君以身任厥事，故潁、壽晏如也。嗣今因其名以詢其時，因其時以考其政，因其政以求其明也④。往者得而來者式矣，往者失而來者鑑矣。是碑也，凜然史氏一年表也，於是題名記之。

①「憲」字，《康熙潁州志·藝文·雜文（明）》作「事」。
②「泯」字，《康熙潁州志·藝文·雜文（明）》作「没」。
③「與」字，《康熙潁州志·藝文·雜文（明）》作「歟」。
④「因其政以求其明也」句，《康熙潁州志·藝文·雜文（明）》無。

潁州志序①

吕景蒙御史

吕景蒙曰：蒙爲《潁志》，既訂定目錄矣，乃指示同志，倣諸遷、固，據諸史傳，而參諸舊志焉。時則有庠生趙富輩爲之采摭，有掌教胡君衮爲之編次，有司訓韋君孚、鄭君堂爲之讐校，蒙然後乃敢因而折衷，爲之訂定焉。又各爲序於右，爲論於左。而胡君間亦著論於後，乃加「某曰」二字以别之。

其志也，爲《紀》一，《表》五，《志》八，《傳》十有二，通二十卷。所謂《紀》者，述唐虞以來三千八百九十四年之事。其間天人之際，固有小變、中變、大變之殊，之斯三變者，即太史公三統大備之意，乃一郡之大綱也。

大綱所載，無非郡縣之事。郡縣有沿革，有疆域，有封爵，有職官與人物。兹欲顯微闡幽，苟不系而表之，則年次何由而考？故史雖失編年之法，而今之表則尚存編年遺意也。是故諸《表》，觀乎《郡縣》《疆域》，而百世之因革封守可考也；觀乎《封爵》，而一郡之大勢可考也；觀乎《職官》，而一時用人之得失可考也；觀乎《人物》，而歷代人物之優劣可考也。

《志》首《輿地》，志地里［理］也。班固以十二次配十二野，其古人按星分野而畫野分州者乎？古之民風係

①此文見於吕景蒙《嘉靖潁州志》卷首自序，題作《序志》。

於水土之風氣，而其俗又係於爲政者之好尚焉，故志地里［理］而分野、風俗在其中矣。《建置》，志其城池、郡縣治與大小署制也。建置爲國家之制，故次之。《食貨》，志其版籍、田制與物産也。而食貨爲國家之本，故又次之。《溝洫》，志水也。水利不興，則財用無由而足，故《溝洫》又次之。民富而後教之，故次之以《禮樂》。周子曰：「禮，理也；樂，和也。陰陽理而後和。君君臣臣，父父子子，兄兄弟弟，夫夫婦婦，萬物各得其理而後和。」夫物至各得其理，禮斯著矣，而至於和，樂由生矣。此禮樂自然之本也。若夫玉帛交錯，鐘鼓鏗鏘者，特爲禮樂之文與。夫二《禮》所記，諸史所志者，又皆器數之末耳。昔顏子問爲邦，而夫子亦志四代禮樂以爲教。斯二者，誠爲爲治所先，爲作《志》所本也。《學校》，禮官也，所以成教化者在是，故次之。以學校古［主］於教化，乃以兵制輔之，故《志》以《兵衛》終焉。其中不志藝文者，以後世文浮於實，垂之不遠，不敢與經、史並列也。不志刑法者，以唐虞兵、刑之官合而爲一，故以之附於《兵衛》也。

其《列傳》曰《命使》，曰《過賓》，曰《名將》，曰《死事》者，勸忠也；曰《名宦》，報功也；曰《鄉賢》，報德也；曰《孝義》，曰《貞烈》，崇節也；曰《遺逸》，尚志也；曰《僑①寓》，尊賢也。凡此皆「聖王制禮法，修教化，三綱正，九疇叙，百姓大如②，萬物咸若」之謂也。其曰《方伎》，闢異也；曰《外傳》，誅亂

①「僑」字，吕景蒙《嘉靖潁州志》自序誤作「俗」。
②「如」字，吕景蒙《嘉靖潁州志》自序作「和」，當是。

也。凡此皆「後世禮法不修，政刑苛紊，縱欲敗度，卜①民困苦。謂古樂不足聽也，代變新聲，妖淫愁怨，導欲增悲，不能自止，故有賊君棄父，輕生敗倫，不可禁者」之謂也。夫世有亂臣，而後有忠臣出，此天理之在人心，不待禮法教化而興者，又不可以常理諭②也。其末有曰：「不復古禮，不變今樂，而欲至治者，遠矣！」噫！周子禮樂之論，真有功於聖門，有關於世教，而作《志》者亦本之。斯二者，誠爲爲治之所先乎？爲作《志》者之所本乎？昔人謂：爲史傳易，志難。知乎此，則志誠難而傳亦不易也。③

潁州志補序④

劉九光

尊盧、赫胥之前，邈可覩已。自有燧氏即有史⑤，《周官》有左史、右史、内史，又有外史，掌邦國之志，即郡志也。吾聞古者生子數月，則閭史書之，是無事不登記之證⑥也。三年五年，陳詩觀價，以正民俗。書序而詩陳，則⑦是

①「卜」字，吕景蒙《嘉靖潁州志》自序作「下」，當是。
②「諭」字，吕景蒙《嘉靖潁州志》自序作「論」。
③此後，吕景蒙《嘉靖潁州志》自序有「嘉靖十五年丙申，夏五月戊寅，書於壽春之舟次」諸句。
④此文爲劉九光所作《萬曆潁州志序》，然原書已殘。《康熙潁州志》卷首《原序》部分亦收録此序。
⑤自「尊盧」至「有史」諸句，《康熙潁州志》卷首無。
⑥「登記之證」四字，《康熙潁州志》卷首作「記載」。
⑦自「書」至「則」六字，《康熙潁州志》卷首無。

無歲不採摭之證①也。夫古昔聖人，豈無刑政之大，有關興革，而蒐先例，采謠俗，摎圖版，訪時事②，豈好爲是殺青也哉③？以爲文獻不徵，符異不具④，賢士大夫之業不傳，不足以昭地靈而發潛幽也。君子無所勸以爲善，而小人無所懼以爲懲也。觀風者無所考成⑤，而救弊者無所施其挽回也。故志⑥，郡乘也，亦史案也。有道之世，足以鼓吹休明；晦德之日，亦足扶持其主。以道德勝，足以翼經；以事詞勝，亦以證史。豈以鈎金非金也哉？⑦誠重之矣。

《潁志》凡三修，州判吕公景蒙之《志》獨行於世。迄今又六十餘年，而張考功元平重訂之。包表⑧疆宇，囊括古今，表裏人事，精覈賦役，持例發凡，壹⑨准於史，犁然備矣。顧潁人⑩尠善鋟者，字多差訛，讀之令有遺恨。歲戊

①「之證」二字，《康熙潁州志》卷首無。
②自「而蒐」至「時事」句，《康熙潁州志》卷首作「而訪先型，采謠俗，稽圖版，考時事」。
③「豈好爲是殺青也哉」句，《康熙潁州志》卷首作「何其弗憚煩哉」。
④「符異不具」四字，《康熙潁州志》卷首無。
⑤「成」字，《康熙潁州志》卷首作「核」。
⑥「志」字後，《康熙潁州志》卷首有「者」字。
⑦「豈以鈎金非金也哉」句，《康熙潁州志》卷首無。
⑧「表」字，《康熙潁州志》卷首作「羅」。
⑨「壹」字，《康熙潁州志》卷首作「一」。
⑩「人」字，《康熙潁州志》卷首作「地」。

申（1608），符卿甯爾强與不佞皆以使事過里。扶風孫公出其書，命①之正字，且欲付之②金陵善梓者，甚盛心也。

夫潁自癸巳③（1593），連歲荒祲，人民凋瘁，風俗以窮而攫④。孫公治潁三年，鋭意噢咻，潔己愛民，釐弊剔蠹，輕徭薄賦，獎善懲惡，人情改觀，亦一變也⑤。夫期月三年，皆考治之符，錢穀之數，賦徭之法⑥，善後之圖，有便於民者，何可無紀與⑦？夫人才之繼起，後事之方來，有得於見。則失此不著，後有修者又未知經千年。⑧即有實⑨穿之學，善於考往，然⑩耳聞者⑪終不如目見者⑫之爲真也。然不得謂之續修者，以甲辰（1604）以⑬前皆張

---

①「命」字，《康熙潁州志》卷首作「俾」。
②「之」字，《康熙潁州志》卷首無。
③「巳」字後，《康熙潁州志》卷首有「以來」二字。
④「以窮而攫」四字，《康熙潁州志》卷首作「頹敝」。
⑤自「鋭意噢咻」至「亦一變也」，《康熙潁州志》卷首作「潔己愛民，輕徭薄賦，鋭意噢咻，人情改觀」。
⑥自「夫期」至「之法」，《康熙潁州志》卷首作「則凡救時之政」。
⑦「與」字，《康熙潁州志》卷首作「歟」。
⑧自「夫人」至「千年」句，《康熙潁州志》卷首作「且失今不紀，後此郡乘之修又未知經幾十年」。
⑨「實」字，《康熙潁州志》卷首作「貫」。
⑩「然」字，《康熙潁州志》卷首作「恐」。
⑪「者」字，《康熙潁州志》卷首無。
⑫「者」字，《康熙潁州志》卷首無。
⑬「以」字，《康熙潁州志》卷首作「之」。

考功之①舊章，然②而不得不紀其補者，以甲辰以後之事，則不佞光③與甯爾强之所增入者也。④

按：《志》始於吕公景蒙，繼於張公鶴鳴。當年創始之意，其纂修委曲，就此二序可考。若繼而重修之，因革一覽而知。故存此以備凡例云。

重修潁州儒學記⑤

商輅 明狀元

儒學之設，崇正道也。道莫備於孔子，（孔子⑥）之道，萬世帝王常行之道，正道也。儒學，求道之地也。學有廟有廡，所學⑦嚴祀事。孔子，身斯道者也。自餘七十二子，羽翼斯道者也。下逮漢唐宋元諸儒，闡是道者也。

---

①「之」字，《康熙潁州志》卷首無。
②「然」字，《康熙潁州志》卷首無。
③「光」字，《康熙潁州志》卷首無。
④此後，《康熙潁州志》卷首有「郡人劉九光撰」諸字。
⑤此文又見於《正德潁州志·文章》，題作《重修儒學記》。吕景蒙《嘉靖潁州志·學校》作「淳安商輅《記》」。李宜春《嘉靖潁州志·學校》作「大學士淳安商輅《重修記》」。
⑥後「孔子」二字原脱，據《正德潁州志·文章》、吕景蒙《嘉靖潁州志·學校》及李宜春《嘉靖潁州志·學校》補。
⑦「學」字，《正德潁州志·文章》、吕景蒙《嘉靖潁州志·學校》及李宜春《嘉靖潁州志·學校》皆作「以」，當是。

祀之，使人知所敬仰，知所取法也。有堂有齋，所以處師生。師，知有是道，將推以淑諸人者也。生，向慕是道，研窮經史，探索頤［賾］隱，汲汲於求知求行者也。是道也，體之於身而身修，行之於家而家齊，推之於國而國治，達之於天下而天下治①，所謂正道者然也。非若老與佛之道，虛無寂滅，有害於人之身心，無益於人之國家也。然而老與佛之宫，遍布海内，棟宇傑特，金碧煒煜。而吾儒之學，堂齋廟廡，顧使之弗葺弗飭，曷以居師生，尊聖賢，爲講學求道之本乎？此誠有司之急務也。

潁，中州善地，儒學之設，非一朝夕。乃洪武丁巳（1377），由州之西湖圮岸，遷南城街東，殿堂齋廡，既建而新之②。正統壬戌（1442），提學御史彭勗、知州王希初輩復葺而新之。歷歲滋久，旁風上雨，新者復毁，勢使之然。成化己丑（1469），巡撫副都御史滕昭③、南京監察御史陳燦按部詣學，慨然以修廢爲任，遂相與措置白金若干④，知州李溥⑤，委耆⑥邢忠等，市材鳩工，卜日就事。自殿宇、兩廡、神厨、戟門、櫺星門、堂齋、廨舍，

①「治」字，《正德潁州志·文章》及吕景蒙《嘉靖潁州志·學校》作「平」。
②「之」字後，《正德潁州志·文章》、吕景蒙《嘉靖潁州志·學校》及李宜春《嘉靖潁州志·學校》均有「然」字。
③「昭」字，《正德潁州志·文章》及吕景蒙《嘉靖潁州志·學校》無。
④「干」字後，《正德潁州志·文章》、吕景蒙《嘉靖潁州志·學校》及李宜春《嘉靖潁州志·學校》均有「屬」字。
⑤「溥」字，吕景蒙《嘉靖潁州志·學校》誤作「傅」。
⑥此處，《正德潁州志·文章》、吕景蒙《嘉靖潁州志·學校》及李宜春《嘉靖潁州志·學校》均有「民」字，當是。

悉撤而新之，餙以丹漆，固以垣墉，内外森嚴，瞻者起敬。學正張賢①謂吾道增輝，不可無述，因具始末，走書徵記。

惟學校，風化之本。凡君臣之義，父子之親，夫婦之別，長幼之序，朋友之信，其道皆係於此。苟學校不立，則正道不明，人將貿貿焉莫知所之，有弗流於異端之教者，鮮矣！我②太祖高皇③肇修人紀，遐陬僻壤，靡不建學，矧潁爲龍飛之地，畿甸之近乎？自茲④來遊之士，仰瞻聖賢，俯稽載籍，求之日用之間，驗之踐履之際，使知必正道，行必正道⑤。如是，則於朝廷設學育才之意，有司修建作興之功，庶爲無負也已。

是役也，憲臣倡之，知州成之，佐文學贊之。人弗勞而事易集者，守⑥提調之功也。知州長垣人，甲戌（1454）進士，歷宰大邑。遷今官，其政蹟之善，尤足稱述云。

①此處，《正德潁州志·文章》、吕景蒙《嘉靖潁州志·學校》及李宜春《嘉靖潁州志·學校》均有「等」字。
②此處，《正德潁州志·文章》及吕景蒙《嘉靖潁州志·學校》有「朝自」二字。
③此處，《正德潁州志·文章》、吕景蒙《嘉靖潁州志·學校》及李宜春《嘉靖潁州志·學校》均有「帝」字。
④「玆」字，《正德潁州志·文章》、吕景蒙《嘉靖潁州志·學校》及李宜春《嘉靖潁州志·學校》均作「今」。
⑤此後，《正德潁州志·文章》及吕景蒙《嘉靖潁州志·學校》有「以之孝親忠君，臨民即政，無一而非正道」諸句。
⑥「守」字，《正德潁州志·文章》作「知州」。

歐陽公祠堂記①

楊榮大學士

甚矣！文章足②洗陋習而歸諸古，著當時而傳後世者，不恒有也。宋歐陽公之文足以當之。宜乎！後之人讀其文而思其人③，而崇其祀也。公，吉之永豐人，嘗出守潁，樂其風土，有終焉之志。既而歷事三朝，出入二府，思潁之念不忘。晚而得請，自以爲慶幸。則公之於潁，蓋惓惓也。神靈精爽，固在於是矣。

公舊祠在潁城北，淪於河，祀故久廢。正統丁巳（1437）春，監察御史彭勗董學事至潁，念公爲文章宗工④，而祠宇圮没，無以聳學者高山仰止之思。乃損⑤貲侶⑥，州守僚屬出俸⑦餘市木⑧，創祠於城南儒學西。中爲堂三間，門爲屋一間，繚以周垣。工訖，郡之守佐率師生朔望謁拜，春秋次丁祀以特牲。父老咸曰：「公嘗福惠潁人，

---

①此文見於楊榮《楊文敏集》卷九，題作《歐陽文忠公祠堂重創記》。
②「足」字，楊榮《楊文敏集》卷九作「之」。
③「人」字後，楊榮《楊文敏集》卷九有「思其人」三字。
④「工」字，楊榮《楊文敏集》卷九作「主」。
⑤「損」字，楊榮《楊文敏集》卷九作「捐」，當是。
⑥「侶」字，楊榮《楊文敏集》卷九作「倡」，當是。
⑦「俸」字，楊榮《楊文敏集》卷九作「祿」。
⑧「木」字，楊榮《楊文敏集》卷九作「材」。

祀不爲過也。」學正雷塏走書京師①，請記於予。

於戲！文章關天地之運，盛衰絶②續，固不偶然。周秦以前，無容論矣。漢自賈、董、馬、班諸子以來，七百餘年而唐，有韓子。又二百餘年而宋，有歐陽子。其文推韓子以達於孔孟，一洗唐末五季之陋，當時學者，翕然宗之。及今幾③四百年，而讀其文者如仰麗天之星斗，莫不爲之起敬。雖通祀於天下學宫不爲過，矧嘗居於潁，其遺風餘澤猶有在者乎？是不可以不祀也。彭君倡之，郡僚屬和之，俾公之神有所依，後學有所仰，可謂知所務也。他④日潁之士出，能知通經學古爲高，救時行道爲賢，則無負諸君興廢舉墜之深意矣。姑爲之記以俟。

陳便宜河道疏⑤

郭昇

臣聞：不暫勞者，無以永逸其民；不一費者，無以永享其利。蓋因其所欲而勞之，其勞也不怨；除其所害

---

①「走書京師」四字，楊榮《楊文敏集》卷九無。
②「絶」字，楊榮《楊文敏集》卷九作「斷」。
③「幾」字，楊榮《楊文敏集》卷九無。
④「他」字，楊榮《楊文敏集》卷九作「它」。
⑤本文又見於李宜春《嘉靖潁州志·人物》，題作《陳便益河道疏》。

而利之，其利也斯溥。但人之常情，泥於所聞者，以非所聞爲異談；安於故習者，以非所見者爲異事，故凡事多樂因循而憚改作也。臣以逸其民而享其利者言之。且真、揚直抵淮安一帶，河道三百餘里，有十六壩之阻隔，有四湖之險惡。江南百萬錢糧，萬國進貢方物，與往來官民船隻，無不經由是路。到壩之時，縱有大潮，未免盡空卸載。比①船車放過湖之日，陡遇風起，浪勢如山，多致覆溺，此不利於往來者也。十六壩人夫之役，三百里堤岸之費，月用其勞，不勾一日之壞。萬費錢糧而無一歲之利，此勞費於地方者也。

自成化八年（1472），天道乾旱，河水消乏。淮安置壩，積水行船，南不通江，北不通淮，三百里之遠若渠②然。臣嘗留心丈量儀真、瓜州各壩，河底與下潮江面相高不過四尺③。若多起人夫，暫費錢糧，通行挑深八尺，上下通於江淮，於儀真、瓜州各置閘二座，置壩三座。夏間潮大，閘内放船；冬天水涸，仍行車壩。一則往來船隻免於盤阻涉險，省費無算；二則高郵、邵伯等湖瀦水洩去，而膏腴之田可出萬頃矣。

①「比」字，李宜春《嘉靖潁州志・人物》作「弓」。
②「遠若渠」三字，李宜春《嘉靖潁州志・人物》作「渠若」。
③「尺」字後，李宜春《嘉靖潁州志・人物》有「淮安河底與淮河水面相高亦不過四尺」句。

西湖書院記①

吕景蒙

書院者何？君子用以興賢也，然則學校非乎？曰：學校，舊②制也，賢士之關也，君子之化莫先於此。然則又何事乎書院也？曰：論古也。不遵今而反古，可與？曰：非也。夫學校在三代已有之，而書院之設，則自宋始。其復書院，固將導其機也，所以爲令也。其機維何？曰：人心之有思而慕之者，良心也。良心之發而賢之，不多見焉，患無以導之耳。是故張而導之，斯勃然矣。然則潁人之所思者，獨歐陽文忠已乎？曰：文忠之出守也在兹，其退老也在兹。是故言行教化之孚於民日得③，而人之所以感而思之，雖久不忘，宜也。夫思也者，希賢之機也，因而啟之，則作聖有餘地矣，賢其已乎？故夫西湖書院者，其潁人之赤幟矣乎！此所以不可不復也。

復之何如？曰復西湖，則築隄防，環木樹，置佃丁，額水利，歲直④以備書院之費⑤。中爲四賢祠，前爲門，又前爲西湖書院坊，後爲梧月柳風堂，最後爲勝絶亭。東西直爲廂，周爲垣，爲湖水如垣，爲直道駕湖，爲歲門子

①此文見於吕景蒙《嘉靖潁州志·学校》「西湖書院」條後，作「判官景蒙《記》」。
②「舊」字，吕景蒙《嘉靖潁州志·學校》無。
③「得」字，吕景蒙《嘉靖潁州志·學校》作「深」。
④「直」字，吕景蒙《嘉靖潁州志·學校》作「值」。
⑤「費」字後，吕景蒙《嘉靖潁州志·學校》有「復書院則」四字。

一人以司院事①。雖未敵昔者之盛，而昔賢之踪蹟，其亦可象也已②。祀止於四賢者何？曰：報功也③。元獻出守，於是植柳建亭，而西湖之名始著。文忠踵之，建書院於湖④，卒以忘歸。正獻繼之，又爲之建堂於滸。東坡又繼之，播之聲律，傳之縉⑤紳。於是西湖之盛，洋洋乎於天下古今者之耳目矣，祀之不亦宜乎⑥？監司石疊先生李公宗樞爲主於上⑦，繼石疊而相成之者，則有五山先生陳公洙、文谷先生孔公天胤及吾寅友茶川先生茅公宰也⑧。

木石之屬，則易諸地值，葺諸淫祠；其工食之費，則又得取⑨於妖巫之積。故予承諸公之謀也，視履考祥，獲三助焉。夫妖巫罔利以害民，雖則妖巫之害，實鬼神敺之以備此費耳，是有驗於天之助也；斯湖之廢，已累歲

①「事」字後，呂景蒙《嘉靖潁州志・學校》有「則湖也院也」五字。
②「已」字後，呂景蒙《嘉靖潁州志・學校》有「是故象立而思致，思致而行成，故聖人所以通神明之德，以類萬物之情者，凡以得於象也。然」諸字。
③「也」字後，呂景蒙《嘉靖潁州志・學校》有「西湖在古，荒穢不治」句。
④「湖」字，呂景蒙《嘉靖潁州志・學校》作「旁」。
⑤「搢」字，呂景蒙《嘉靖潁州志・學校》作「縉」。
⑥「乎」字後，呂景蒙《嘉靖潁州志・學校》有「夫是也。自宋距今幾五百年淪没，勢利掘溝堙塹，已成平地。一旦復而有之，其爲道也，何曰私勝？故多慮是，以上下各私其私，而勝地日泯。蓋不知天理之在人心，萬古一日。昔之壞而泯之者，欲蔽之也，爲之去其蔽焉，則明明，則通通，斯公而溥矣。況有賢」等字。
⑦「上」字後，呂景蒙《嘉靖潁州志・學校》有「又有賢士著都統使王公臣樂從於下」句。
⑧「也」字後，呂景蒙《嘉靖潁州志・學校》有「是故歡忻交通，不勞餘力，此予所以得終其事也。然則得無勞民傷財矣乎？曰：説以使民，民忘其勞，故君子患民之不説耳，何勞之有？若夫」諸字。
⑨「取」字，呂景蒙《嘉靖潁州志・學校》作「助」。

年，忽爾平地生蓮，是有驗於地之助也；上下相孚，如水之就下，莫有禦者，是有驗於人之助也①。嗚呼！潁地其將昌乎！淳厚清麗之風可復見矣乎！遊於斯，息於斯者，其思所以昌潁風民矣乎！若但流連光景，以取夫一時之樂，則作者之志荒矣②。

是役也，始於乙未（1535）之秋，告成於丁酉（1537）之夏，因碑以識歲月而并紀其由③。

三忠祠記④

胡衮

古之君子，必崇奬節義之臣，非直美其名也。前輩名節，必俟後人表之而後彰，所以存天理，立人道，樹世教，勵風俗，以是爲有國之大閑也⑤。

贈行中書省左丞、上護軍、隴西郡李文忠公，諱黼，字子威。父守中，元工部尚書，潁人也。以明經廷試，魁

---

①「也」字後，吕景蒙《嘉靖潁州志·學校》有「夫天地人三者懸絶，廼感召於一時，如此雖欲不爲，不可得已」句。

②「矣」字後，吕景蒙《嘉靖潁州志·學校》有「其如書院何哉」句。

③「由」字後，吕景蒙《嘉靖潁州志·學校》有「所以昭復建之意也」句。

④此文見於吕景蒙《嘉靖潁州志·禮樂》「三忠祠」條，原文作「學正衮《記》」。《萬曆潁州志·藝文上》題作《三忠祠記》。

⑤「也」字後，吕景蒙《嘉靖潁州志·禮樂》有「是故善爲政者，必首先務是焉，非直爲美其名也」句。

多士，授翰林修撰，歷監察御史、禮部侍郎，調江州路總管。適元季兵起河南，盡徐、蔡、蘄、黄間，而九江居下流，實江東西襟喉之地。公則繕城守器備，募丁壯分守要害，而上攻守之計於江西行省。不報，則椎牛享士，激忠義以作其氣。明年，爲至正壬辰（1352），正月乙未，賊壽輝遣其丁普郎等陷武昌，乘勝破瑞昌，公與黄梅簿也孫帖木兒瀝酒誓擊賊①，脱口而賊遊兵已入境矣。公倉卒設險，動中機會。賊水陸繼進，皆敗之。

二月甲申，賊攻急②，分省平章政事禿堅不花自北門出走，公引兵登陣③，賊已焚西門，張弩④射之。轉攻東門，急往救，而賊已入城。於是猶巷戰，揮劍叱之曰：「殺我！無殺百姓！」與從子秉昭俱罵賊遇害。兄冕，秉昭父也，居潁，亦率衆拒賊，被執不屈而死。

方元之季，所在兵起，元臣子奉身鼠竄，或擁兵顧望，甚而盜竊名器者，蓋不知其幾矣！公以孤城孱旅，執馘扶傷，無日不戰，至於力屈而死，公之心何心也⑤？在公猶可曰「食人之食，守人之土」也，秉昭未有分禄，而慷慨殺身，以成其是⑥。秉昭與公共事，猶曰忠義激之云耳，冕居潁，地異勢隔，而竟亦不辱，是可見正氣之所

---

①「賊」字後，吕景蒙《嘉靖潁州志·禮樂》有「言」字。
②「攻急」二字，吕景蒙《嘉靖潁州志·禮樂》作「簿城」。
③「陣」字，吕景蒙《嘉靖潁州志·禮樂》作「陴」，當是。
④「弩」字，吕景蒙《嘉靖潁州志·禮樂》作「努」。
⑤「也」字，吕景蒙《嘉靖潁州志·禮樂》無，然「心」字後有「豈有以異於人邪」句。
⑥「是」字後，吕景蒙《嘉靖潁州志·禮樂》有「是亦不已烈乎哉」句。

鍾，父子兄弟講籌之素矣！故君子謂元之必亡，雖公固不能保其存。然公既業爲之臣，則分有死而已。自公之没，迄於今近百七十年，潁人能言公之事者，已不能詳，况於冕若秉昭，宜其或遺之矣。

嘉靖癸巳歲①（1533），象郡修飭吕先生以南京山東道監察御史來判潁州事。既至，以興學教化爲己任，懼忠義之風愈久而泯也。相城東數百步外，舊有淫祠，不知其所祀，乃謀諸郡守莆陽黄公九霄、同知蒲縣賀君朝聘、節判畧陽劉君芳，於是悉撤而新之。有寢，有門，爲左右序，復爲仰高亭於中，凡若干間，扁曰「三忠祠」，以祀公兄弟，而配以秉昭。門之外爲三忠坊，所謂樹之風聲，以崇正祀，勵臣節也。

功始丙申（1536）七月七日，建②十月念日訖事，於是舉祀而妥神焉，爰命衮爲之記。顧衮何人，而敢妄爲之説哉？既辭再三，不獲已，則疏其始末，以告潁人，尚③使居則集義以養氣，臨政則守義以愛民。忘其勢，不利於所誘；忘人之勢，而不怵於所畏。如是，則浩然之氣沛乎塞諸天地。利害事變，曷足以攖吾之鋒？於三忠不有光乎④！

①「癸巳歲」三字，吕景蒙《嘉靖潁州志·禮樂》作「歲癸巳」。
②「建」字，吕景蒙《嘉靖潁州志·禮樂》及《萬曆潁州志·藝文上》皆作「逮」，當是。
③「尚」字，吕景蒙《嘉靖潁州志·禮樂》作「士」。
④「乎」字後，吕景蒙《嘉靖潁州志·禮樂》有「哉。是則修飭先生所以建祠之意。衮也，敢不拜手以書」諸字。

六貞祠記①

胡衮

考於潁，得貞婦六焉。其一曰范母，子孟博也②。慨然澄清，甘死如飴，而母能勉之以正，臨決數語，凜然不以考壽易令名，可謂知所擇矣，夫是之謂貞。

次時銓妻李氏。方銓之没，李甫年十四③。四越月而生孤用，則紡績以撫。用既長而④娶，生鯨，而用夫婦又相繼逝矣。七十二年，艱難百狀，卒撫鯨以永時祀，是貞也。

次周雨妻韓氏。年十七歸雨，歸二年而雨卒。韓守志五十九年如一日，雖父母不能奪，是貞也。

次張恭女。年十七適魏隆。甫四月，而逆七犯潁，在虜劇罵，不辱而死，是貞也。夫四貞者，貞也。

次曰劉氏，舍餘李深妻也。其寡之年視韓，其志與其壽視時李氏加三齡焉。雖未忘⑤，而墓木拱矣，是⑥亦貞也。

---

①此文見於吕景蒙《嘉靖潁州志・禮樂》「六貞祠」條，原文作「學正衮《記》」，且首句前有「天下之理一也，於臣爲忠，於婦爲貞。婦之天，所事也，視臣故忠與貞也，均曰節焉。夫節，止所上也，消攸止斯，固節矣」諸句。《萬曆潁州志・藝文上》題作《六貞祠記》。

②「也」字後，吕景蒙《嘉靖潁州志・禮樂》有「孟博」二字。

③「李甫年十四」句，吕景蒙《嘉靖潁州志・禮樂》作「李年二十四」。

④「而」字，吕景蒙《嘉靖潁州志・禮樂》無。

⑤「忘」字，吕景蒙《嘉靖潁州志・禮樂》作「亡」，當是。

⑥「是」字，吕景蒙《嘉靖潁州志・禮樂》作「足」。

於是①陳州之陳海妻李氏，潁州人也。夫卒，辛勤事病姑，以孝稱，教子以禄養終焉。雖没於陳州，而自出則潁也。夫《春秋》，魯史也。宋共姬、紀伯姬之賢，大書不一，書内女也，因以著教焉，然則李之宜傳於潁無疑矣。夫節義在天地間，如水行流地，未嘗一日息②。潁六貞，據今日所見聞，乃得其五，遡元而上，僅一人而已。豈貞烈之婦不必聞於時，或雖聞而無爲之傳者，世久人湮，與其聲而俱泯邪？嗣今不傳，則六貞者，將久而泯泯如所云，亦未可知也。修飭先生既祠三忠，妥神有日矣。三忠之南數十步有祠，不載祀典，則撤之而加新焉。其制視三忠，其工費可相彷③，扁其坊曰「六貞」④。祠成，郡人士咸喜風教之振，忠貞之氣將益昌矣，争礱石於祠，俾衮爲之記。衮既與有風教責，敢不詳志以示勸哉？⑤

①此處，吕景蒙《嘉靖潁州志·禮樂》有「有」字。
②「息」字後，吕景蒙《嘉靖潁州志·禮樂》有「也」字。
③「彷」字，吕景蒙《嘉靖潁州志·禮樂》作「仿」，當是。
④「扁其」二字，吕景蒙《嘉靖潁州志·禮樂》作「其扁若」，且「貞」字後有「《春秋》之教也」句。
⑤此後，吕景蒙《嘉靖潁州志·禮樂》有「是役也，協謀則郡守莆陽黄公九霄，其贊成之則同知賀君朝聘，州判劉君芳，而吏目張邦俊，訓導韋孚、鄭堂亦與有事焉，故書」諸句。

時雨亭記①

邵寶

南察院後有亭，題曰「時雨」。② 正德壬申（1512）夏，都御史蘭州彭澤提兵剿流寇，駐潁，兵備孫磐爲作亭避暑，時方旱，亭成即雨，因名焉，亦以其兵如時雨云。戶部左侍郎、常郡邵寶銘，有序：

今年③春二月，都御史彭公奉命剿河南流賊。越四月，賊平，復命移師殪東賊之逋於南者。公至潁州，飭戎僉憲孫君伯堅即察院以舘，公④榜之曰「都臺」。維時大暑，遂開⑤其寢之北壁，除地爲庭，且亭焉。公坐以籌，體舒神暢，伯堅請名，公名之曰「時雨」。蓋謂師出天王，其神速如此。伯堅以公命使來請銘。初，公祖命將行，予⑥方在朝，數與餞燕，嘗擬功成之日爲詩頌之，今而果然。吾聞古之能詩⑦者，維貞以吉，維威以濟，維全以勝，維

①此文又見於吕景蒙《嘉靖潁州志·建置》「巡按察院行臺」條和李宜春《嘉靖潁州志·建置》「察院行臺」條。又《萬曆潁州志·藝文上》題作《時雨亭記》。
②自「南察」至「時雨」句，吕景蒙《嘉靖潁州志·建置》及李宜春《嘉靖潁州志·建置》無。
③自「夏」至「年」諸字，李宜春《嘉靖潁州志·建置》無。
④「公」字，《萬曆潁州志·藝文上》無。
⑤「開」字，李宜春《嘉靖潁州志·建置》作「門」。
⑥「予」字，李宜春《嘉靖潁州志·建置》作「余」。
⑦「詩」字，吕景蒙《嘉靖潁州志·建置》及李宜春《嘉靖潁州志·建置》皆作「師」。

豫以立，而濟之以機，成之以斷。公通儒也，知用是道焉①。王師將克成厥功，且不自居，而歸之於上，亭名時雨，不亦宜乎？伯堅素著風裁，於是師與有勞焉。銘曰：

有鎮斯州，宿我重兵。有屹斯臺，有翼斯亭。孰亭臺中，而時雨是名？吁嗟偉哉，彭公中丞。中丞有文，中丞有武②。鉞秉節持，自天子所。拯我人斯，殲③彼豺虎。中原既汛，遂指南土。民則太和，式歌且舞。維此舞歌④，中丞之功。中丞曰吁，帝載天工。公贊神算，桓桓我師。譬彼大旱，雨來孔時。人亦有言，王師時雨。公維雨師，既雨既處。侃侃憲使⑤，從公於征。廼後廼先，駕風鞭霆，有榜孔昭，上對天日。大田既膏，嘉穀既實。江漢滔滔，河汴湯湯。以蘇以潤，雨流孔長。公以雨來，斯焉戾止。時雨時暘⑥，其自今始。人視亭只，如棠斯陰。公像弗留，尚留公心。

①「焉」字，吕景蒙《嘉靖潁州志·建置》及李宜春《嘉靖潁州志·建置》皆作「爲」。
②「武」字，李宜春《嘉靖潁州志·建置》誤作「文」。
③「殲」字，吕景蒙《嘉靖潁州志·建置》及李宜春《嘉靖潁州志·建置》皆作「殱」。
④「舞歌」二字，李宜春《嘉靖潁州志·建置》及《萬曆潁州志·藝文上》皆作「歌舞」。
⑤「使」字，吕景蒙《嘉靖潁州志·建置》及李宜春《嘉靖潁州志·建置》皆作「臣」。
⑥「暘」字，李宜春《嘉靖潁州志·建置》誤作「畅」。

史公去思碑①

姚淶狀元

史道字克弘，直隸涿州人。正德丁丑（1517）進士。嘉靖丙戌（1526）任兵備僉事，陞光祿寺少卿。修撰姚淶記《去思碑》②：

潁舊稱中土要壤，在於今則南畿之北鄙，中都之西陲也，控韓引楚，視昔爲尤重。制，以吏事稟於濠守，而戎政則河南閫帥涖之，一彼一此，勢不相攝，而義相制焉。乃設憲臣以董兵民之政③，至者恒難其任，迨鹿墅史公爲之，聲績冠絶。公去潁五六稔，民滋慕焉，相率告於史官姚子曰：「澤厚則慕深，言盛則傳遠。吾潁人之戴史公，風謡是騰，飲食是祝，猶懼其澌泯也。願一言以登於珉，使永昭焉。」姚子進而問之曰：「夫史公之治潁奚若？爾胡思之深也？」其髦氏④對曰：「潁宿多秕政，使⑤民患之。是故，其始有崇貨肆奢者，公爲⑥澄奸慝，而屬邑

①2014年春，阜陽出土《僉憲鹿野史公去思碑記》，即此。又李宜春《嘉靖潁州志・宦業》作「修撰姚淶記《去思碑》」。《萬曆潁州志・藝文上》題作《史公去思碑》。
②自「史道」至「去思碑」諸句，《僉憲鹿野史公去思碑記》及李宜春《嘉靖潁州志・宦業》無。
③「政」字後，《僉憲鹿野史公去思碑記》有「而」字。
④「氏」字，《僉憲鹿野史公去思碑記》、李宜春《嘉靖潁州志・宦業》及《萬曆潁州志・藝文上》皆作「士」，當是。
⑤「使」字，《僉憲鹿野史公去思碑記》作「吏」，當是。
⑥此處，《僉憲鹿野史公去思碑記》有「之」，當是。

無貪吏；其始有衷惡善①詭者，公爲之剔荒類，而公庭無黠胥；其始有武斷逞私者，公爲之磨頑鈍，而鄉曲無豪門；其始有聚客矯虛②者，公爲之薙蘊積，而山澤無俠③士；其始有煉煆禁錮者，公爲之剖紛挐，而囹圄無滯獄；其始有侵牟攘竊者，公爲之豹④隱伏，而倉庾無蠹朽⑤。公又振孤惸，卹耆老，存無告之儀⑥隆焉；濬濠塹，蒐卒伍，備不虞之計周焉；飭黌宮，錄翹秀，興有造之規備焉。令不嚴而行，教不督而立，家濡戶洽，咸奠厥居。其尤異者，州城之南有龍祠，歲久漫漶弗葺，且莫過而致敬者。公遇旱，首蠲而謁之，令有司易以華構，未幾得雨。自是歲仍故事，往禱輒應。潁歲有入者，神之澤，公之功也。非公之精神⑦與鬼神孚，其何以有是？夫政以寓思，思以表政，潁獨匪民，而敢忘公哉？潁人之言如此！」

姚子又聞，當弘治間，公之尊公⑧先生嘗居是官，樹有風績。時公以趨庭侍焉，於民俗之淳𤀹，吏事之煩簡，

①「善」字，《僉憲鹿野史公去思碑記》作「售」。
②「虛」字，《僉憲鹿野史公去思碑記》及李宜春《嘉靖潁州志·宦業》作「虔」，當是。
③「俠」字，《僉憲鹿野史公去思碑記》及李宜春《嘉靖潁州志·宦業》作「挾」。
④「豹」字，《僉憲鹿野史公去思碑記》、李宜春《嘉靖潁州志·宦業》及《萬曆潁州志·藝文上》皆作「鈎」，當是。
⑤「朽」字，《僉憲鹿野史公去思碑記》及李宜春《嘉靖潁州志·宦業》作「粒」。
⑥「儀」字，《僉憲鹿野史公去思碑記》、李宜春《嘉靖潁州志·宦業》及《萬曆潁州志·藝文上》皆作「義」，當是。
⑦「神」字，《僉憲鹿野史公去思碑記》作「誠」，當是。
⑧「公」字，《僉憲鹿野史公去思碑記》作「人」，當是。

將士之勇怯，兵籍之羸①縮，控制之遠近，科條之因革，紀綱之張弛，必有日書之牘以待②者。不然，何其「箴縷綵緻之間，攙揳晲齵之郄」，獨無遺計也。公初爲諫官，亢直峻毅，庭論不阿，坐是遠竄。未及論定，起公於潁，固天欲惠此南土，使公成治潁之績，以展其夙志，而揚其先烈歟！屬者，公與姚子嘗奉上命從事於禁垣之西，神交志合，有非言語所能述者。潁人之來請也，姚子喟然歎曰：「君子之澤，其流長；仁人之言，其利溥。召伯繫江漢之咏，鄭友存宛洛之思。今日之祠③，義不可以止也④。」又從而爲之詩，詩曰：

惟嶽巍巍，峻極於天。爲雲爲雨，功施八埏。惟河湯湯，深紀於地。以縱以横，潤及千里。公望如嶽，公漶⑤如河。保兹潁土，孔厚孔多。嗟我潁人，思公獨至。席公餘休，廼怗廼恃。昔先大夫，種德是邦。公克培之，載錫之光。安我室廬，登⑥我稼穡。莫能報公，徒頌公澤。潁人有思，豈敢私公！澤在天下，愛與潁同。⑦

①「羸」字，《僉憲鹿野史公去思碑記》、李宜春《嘉靖潁州志·宦業》及《萬曆潁州志·藝文上》皆作「羸」，當作「羸」。
②此處，《僉憲鹿野史公去思碑記》有「用」字，當是。
③「祠」字，《僉憲鹿野史公去思碑記》作「詞」，當是。
④「也」字後，《僉憲鹿野史公去思碑記》有「已」。
⑤「漶」字，《僉憲鹿野史公去思碑記》及李宜春《嘉靖潁州志·宦業》皆作「惠」，當是。
⑥「登」字，《僉憲鹿野史公去思碑記》、李宜春《嘉靖潁州志·宦業》及《萬曆潁州志·藝文上》皆作「祭」，當是。
⑦此後，《僉憲鹿野史公去思碑記》有「皇明嘉靖十二年（1533），歲壬辰夏卯月望日，潁州知州朱同蓁，同知李珙，判官何坤，儒學學正胡志儒，訓導韋孚、鄭堂、姚理，郡人丁佐等，生員周大經等，耆民陳環等立石。濠梁黄鸞鐫」諸句。

城隍廟記①

趙鋭

城隍廟在潁北城西南隅，有堂，有退室，有東、西廊房，有重門，大街之口有起敬坊。覃懷起②鋭《記》③：神有靈則當書，人有功則當紀④。潁州城隍，最有靈驗，保障一郡。嘗考歷代，兵變不一。潁爲宋、元相據之衝⑤，遇守則有功，攻城則扞援⑥。功德被乎生民，祀禮行乎前代。惜乎斷碑殘文，事蹟鮮紀。雖曰秦臣馮尚，尤恐不經，未易憑據。我太祖高皇帝龍飛淮甸，潁爲龍岫之邦，城隍默祐翊⑦運，顯著靈蹟。故神器有歸，國祚一統，勅賜號令⑧，褒封「監察司民靈祐侯」，則神之威德，丕著當朝，尤盛前古。奈何歲月既久，廟址狹隘，殿廡

---

①此文見於《正德潁州志・文章》，題作《重修城隍廟記》，署名「覃懷趙鋭撰」。又李宜春《嘉靖潁州志・学校》「城隍廟」條後作「覃懷趙鋭《記》」。《萬曆潁州志・藝文上》題作《城隍廟記》，未署名。

②「起」字，當爲「趙」字誤。

③自「城隍」至「鋭記」諸字，《正德潁州志・文章》及李宜春《嘉靖潁州志・学校》皆無。

④「紀」字後，《正德潁州志・文章》及李宜春《嘉靖潁州志・学校》有「此天下之通典，而今昔不易之定論也。神之有益於人，人之崇祀乎神，故往往見諸史傳。況城隍猶切於民生，保障陰司，人之善惡，人道幽明相爲表裏，豈可以不祀乎」諸句。

⑤「衝」字，《正德潁州志・文章》及李宜春《嘉靖潁州志・學校》皆作「衡」。

⑥「扞援」二字，《正德潁州志・文章》及李宜春《嘉靖潁州志・學校》皆作「不拔」。

⑦「翊」字，《正德潁州志・文章》及李宜春《嘉靖潁州志・學校》皆作「羽」。

⑧「令」字，《正德潁州志・文章》及李宜春《嘉靖潁州志・學校》皆作「命」。

朽爛，神象剥落。前守閩人高明爲之重新①開闢基址。正殿、兩廡、門廊、垣墉焕然一新，但缺畧者多。成化丁亥（1467），適長垣李溥由進士②來守兹土，既考古傳，尤③訪民隱。皆曰：「城隍至靈且驗。」遂與神誓，陰陽表裏，顧其所行，若有啟翼。以④前守之功不可泯滅⑤，而神之靈蹟不掩也。遂修其未備，補其缺畧，迺走書於舒，求《記》刻石，以垂不朽。且爲之銘曰：

赫赫城隍，丕著威德。監察善惡，虚靈洞徹。城而且高，隍而且深。保障江淮，自古及今。神祖天生，龍飛淮甸。羽運皇明，褒封迭見。前守賢能，重新廟貌。軒窗棟宇⑥，曦輝晃耀。李侯承⑦命，治人事神。報功刻石，永保斯民。

---

①此處，《正德潁州志·文章》及李宜春《嘉靖潁州志·學校》有「經理」二字。
②此處，《正德潁州志·文章》及李宜春《嘉靖潁州志·學校》有「欽陞」二字。
③「尤」字，《正德潁州志·文章》及李宜春《嘉靖潁州志·學校》皆作「猶」。
④「以」字，《正德潁州志·文章》及李宜春《嘉靖潁州志·學校》皆作「夫何」。
⑤「滅」字，《正德潁州志·文章》作「没」。
⑥「宇」字，《正德潁州志·文章》及李宜春《嘉靖潁州志·學校》皆作「榻」。
⑦「承」字，《正德潁州志·文章》及李宜春《嘉靖潁州志·學校》皆作「成」。

劾撫鎮不和疏①

張光祖

竊惟我國家之制，每邊設有巡撫、鎮守諸臣者，正欲使之協謀共力，以圖制禦，修文飾武，以固疆域焉耳！今周尚文、賈啟乃敢互爲攻訐之言，致乖和衷之體，簡書不畏，是謂怠職。王事靡盬，曾不介意，揆厥所自，蓋因賈啟志欲有爲，才亦能振，每遇敵至，輒督出兵，自啟視之，要亦分内事也。周尚文衰邁之年，射騎弗便，懦弱之氣，退却爲宜，往往地方失事，啟即爲之不平。即今所劾之詞，雖未知其何指，然二臣不相能之故實基於此。夫榆林重鎮，臣工協心，猶慮弗守，今乃彼此嫌疑，號令互異，坐作進退，官軍罔遵，將來事多掣肘，地方深有可虞。使待貽患而後以重法繩之，則亦噬臍莫及矣。

伏望皇上憫念邊防，俯賜宸斷，將周尚文革回聽勘，以昭國法；將賈啟改調别方，以示臣誡。仍乞勑下吏、兵二部，即於附近文武諸臣相應推用者疏名上請，嚴限赴任，則邊②方幸甚、臣民幸甚。再照各邊俱有撫、鎮之臣，俱有同事之責，使一有不和，貽患惟均。更乞皇上通賜嚴諭，使凡各邊撫、鎮等官，今後務③要協力爲國，加

①此文見於《萬曆潁州志·藝文上》。
②此處，《萬曆潁州志·藝文上》有「防」字，當是。
③「務」字，《萬曆潁州志·藝文上》誤作「勿」。

意圖邊，中間敢有互相異同、致誤軍機者，令各該巡按、御史指實參劾，從重處治。則謀猷壯於同心，而士氣益勵；邊腹寧於靡争，而國勢①隆矣。

潁州重修城河記②

張光祖

皇明嘉靖辛丑（1541）、壬寅（1542）間，蠢醜猖獗，我皇上申勅中外，胥加戒嚴，猶③譈譈城池是務。蘇寒村公以才稽官擢潁兵憲，周視潁曰：「潁城頹然圮矣，池堙然塞矣，遇警將奚賴焉？」公乃呈④於兩省撫按，爲門五，爲樓八。城外爲堤，爲河，爲馬路。自⑤東門迤南至西門止，裏馬路俱闊十丈，河身俱闊十五丈。西門迤北，裏馬路闊八丈，河身闊十三丈。西北城角迤東至小西門迤北，裏馬路俱闊六丈。金鷄嘴迤南至東門，裏馬路闊七丈。金鷄嘴迤南至西北角，三面外馬路俱闊二丈五尺。東北城角迤南，裏馬路闊一丈五尺，河身闊五丈五

---

①此處，《萬曆潁州志・藝文上》有「日」字。

②此文見於《萬曆潁州志・藝文上》。又李宜春《嘉靖潁州志・州考》「馬路」條有節文。

③「猶」字，《萬曆潁州志・藝文上》作「尤」。

④「呈」字，《萬曆潁州志・藝文上》作「陳」。

⑤「自」字，《萬曆潁州志・藝文上》誤作「至」。

尺。外無馬路，緣民止①稠密也。河之兩岸，樹柳數萬，河内種茨、菱、茭、葦，七越月而工完。夫修城疏河，樹吾潁百代之防，百代之惠在潁。蹟其績而劖之石，夫孰曰不然？

公名志皋，字德明，號寒村，順天固安人。起身壬辰（1532）進士。先令劉②陽，調進賢，晉秋官郎，所至有聲。

朱晦菴先生文抄序③

張光祖

自精一之旨不明於天下，而後世之言道者，不入於老則入於佛，不入於佛則入於術，不入於術則入於霸，入於夷，入於百家衆技之流。名雖爲道，而聖賢心法之正，反爲晦戾者多矣。朱晦翁一生精神與講究記述之詳，惟在於《文公大全》一部，詞旨浩繁，初學難遍。宣德中有吳氏抄於前，嘉靖中有崔氏抄於後。然則子朱子真有功於道統，而吳、崔二公真有功於子朱子者。

歲己亥（1599）秋九月，予被命按陝道，相臺求所謂崔公之廬而謁焉。乃公則進之門墻，對燭論心。將至夜

---

①「止」字，李宜春《嘉靖潁州志·州考》作「居」。

②「劉」字，《萬曆潁州志·藝文上》作「瀏」，當是。

③此文見於《萬曆潁州志·藝文上》。

分，予因爲之請曰：「道有源委，學有門路。若分之命，似非初學可得而驟聞者。」公則出其所續《文抄》，曰：「此予止酒屏事，三越月而後成者，因以示子。」予也避席而受，因語求心，憬然覺悟，其與夙志，亦若甚有相合者，於是乎請以梓焉。公曰：「文公之學，存乎《大全》。而其切言正理，有裨先聖者，惟吳訥氏之《文抄》而已矣。是將足訥之未逮以成一書，以備檢閲云耳！」爰請序於宗伯卿呂涇野公，復書曰：「往年某有《朱子抄釋》一帙，蓋主楊氏《語畧》而成者，曾以佀公，公稍不與，時蓋不知有此《文抄》，而公亦未嘗輕示也。即讀數篇，則公沉潛諳練之學，闢邪衛正之意，可謂精且深者矣。速梓之可也。」夫然後知涇野公之不没人善，而此抄之弗可以弗梓也。梓，越仲冬五日告成，集合前后爲十卷。

陝西奏議序①

呂柟狀元，禮部尚書

《陝西奏議》者，雙溪先生張子之所著也。嘉靖己庚間，雙溪子巡按陝西，遇大政事必奏議，聖主俞允批處而後行。陝之八郡、三邊，以及四鎮之急務，罔不釐舉也。

---

①此文見於《萬曆潁州志·藝文上》。

雙溪子既満且去矣，有良司牧者錄次成帙，爰加諸木，將以範後之有事西土者。然其内雖有獄訟、錢穀數條，獨於條畫邊防之事爲詳，蓋以當其地也。又於區處宗室之事爲詳，蓋以當其遇也。涇野子讀而難之曰：「雙溪子真可謂昭代之俊傑而識時務者乎？」

夫政因時而變，議以時而立。違時而議，不知務者也。故賈生建《治安》於漢文，而七國卒平；董子論《春秋》於武帝，而六經遂章；韓退之闢佛氏而正教著，司馬君實折新説而王道明。亦猶禹之抑洪水於唐虞，孟氏息邪説於戰國。凡以當其時而務之也。假使賈生以息邪説爲急，君實以抑洪水爲先，雖言之辯如此其富也，文之麗如彼其工也，然於政無益，於世無補，迂亦甚矣，君子以爲不知務也。雙溪子之奏議，若巡按他省，則非所先；巡按陝西，則爲切要，故曰《陝西奏議》，以範後之有事西土者可也。雙溪子若執此以往，雖他日皋謨伊訓，皆可求而得其術矣。

雙溪子字德徵，名光祖，潁川人。起家嘉靖壬辰（1532）進士。

郡侯楊公去思碑記①

劉任代

郡守楊公守潁二祺，以治績最，陟南民部去。公先專符六安，有惠政。兄任江防御史，公其屬郡，於法當遠嫌，遂移守潁。時年大祲，民饑且死。公甫下車，輒出粟哺之，仍多方賑貸，生活者甚衆。祈雨暘，應如響。慮冗費重，爲民病，悉裁省之。以災②沴遍上諸當道，租調得減十之二三，民力賴以不竭。潁故軍民雜處，政務繁劇，公從容指顧，諸奔走之役咸屏戢肅度。訟質盈庭，片言立斷，絶不爲習尚苛察以搏能譽。諸武弁素敝弱不起者，悉扶持之使自奮，骫法者不貸。時有旨均田，諸郡邑多事文具，公嚴其欺漏，寬其丈尺，務使有餘在民。潁田賦用平輕重，上下得無困民。田當過割，公悉與民蠲免。尤注意學校，悉心振作，士踔勵矜奮知自貴。修先師殿，坳垤一新。其他善政，難以悉舉。

公性寬雅夷曠，不喜爲炫赫近名，而一念冰玉，毫無滓染。故其政蹟③真實偉煒，遠邁時輩，而直追古循良如此。噫！殘潁遺黎，嗷嗷鴻雁，文翁佳政，翽翽鳳鸞。甫二年而膏澤淪洽，舉四境而襦袴謳吟。方深襁褓，詎意

①此文見於《萬曆潁州志·藝文上》。
②「災」字，《萬曆潁州志·藝文上》作「炎」。
③「蹟」字，《萬曆潁州志·藝文上》作「績」。

徵還，枳棘信不可以久栖，蒼赤猶難勘［堪］以遽去。輪轅已遠，烏鵲猶翔。望雲霄而淒焉若斷，回陽春而邀矣無時。勒茲貞珉，用存敝芾，不惟寄思慕於無窮，亦將永芳模於不替也。敬記之。

公諱際會，字士遇，號乾銘，廣西容縣人。丁丑（1517）進士。

新河疏①

李學禮

題爲漕河淤塞，糧運艱阻，乞開新河以裨國計事。

竊惟國家財賦②，仰給東南，所以歲輸北餉，流通無滯者，賴漕河之疏濬也。邇來徐邳之間黄河横决，淤塞不下三百餘里，糧運阻絶，寄囤民舍。伏蒙皇上軫念國儲，勑下河道等官殫厥心力，日事疏濬。但黄河爲患自古已然，而在今日則爲尤異。堤坊一潰，即泛濫稽天；沙泥一壅，即漕渠成陸。雖竭財力以治之，然特可以幸其成，而不可以必其成也。即今不曲爲之計，廣爲之圖，則咽喉一鯁，命脈所關。臣日夜憂懼，悉心採訪，膠、萊之間有新河一道，係元時通漕新開之河，故名曰新河，在海運舊道之西，乃其

①此文見於《萬曆潁州志·藝文上》。

②「賦」字，《萬曆潁州志·藝文上》作「富」。

欲開通以避放洋之險而未成者。至嘉靖十五年（1536）間，該山東巡察海道副使王獻憫登、萊二府土瘠人稀，生理蕭條，由於僻居海隔，舟楫不通，始按元人遺蹟，鑿馬家壕以通淮船，建閘壩以時蓄①洩，導張、魯、白、現諸河以資流注，功將垂成，惜其陞任，未獲底績。今淮安之船由淮安新壩，經安東靈山以達麻灣，即新河之南口也。昌邑之船由海滄直沽達天津，入會通、潞河、海滄，即新河之北口也。二處俱爲商販行船熟路矣。又按《廣輿圖》及《新河議畧》考之，自麻灣至海滄才三百三十餘里耳，非若泛海數千里之遠也。下款三河之洋，上接三山之渤，海水潮入，其勢自然，非若引汶絶濟，强決細流以蓄注也。自元迄今二百餘年，岸無崩決，沙不滲漏，地方軍民相傳爲銅幇鐵底，再加疏濬，一勞永逸，非若黄河潰冒衝突，有可畏之患也。此固元人爲我經畧前驅，以資我國家之用者也。究其未成之故，由馬家壕之石底與分水嶺之間隔耳！今馬家壕已濬成渠，功就十分之七；分水領②地勢雖高，已成河形。以里數計之，宜深加挑濬者止三十餘里，宜量加疏濬者止一百五十里，其餘兩頭，海潮深入，堪以行船③，不過修岸立閘而已。夫難開之石工既開，則易濬之土工宜濬，前人垂成之功可惜，則今日可成之勢當乘。

①「蓄」字，《萬曆潁州志·藝文上》作「畜」。
②「領」字，《萬曆潁州志·藝文上》作「嶺」，當是。
③「堪」「行」二字，《萬曆潁州志·藝文上》分别作「勘」「形」。

嘗考我朝初浚會通河，積數年之勞，動數十萬之衆，經數百里之遠，而運道始達，不以爲勞者，誠惟國家之急而建萬世之功也。今新河有易乘之勢，當垂成之漸，較之用力勞逸，相去遠甚，而省費寬民，必又倍之，雖在平日，猶宜講求，以備非常，况今運道阻塞之時乎？且此河一通，其利有三：不泛大洋風濤之險，可獲千艘徑達之便，使南北便道諸郡悉從此轉輸，而郡路不便海者，泝會通河以入，則漕河之歲運可分，即一路淤塞而運道固未之阻，其利一也；登、萊墾田斥鹵，鞠爲茂草，民無所輸，逋負日積，一通運道，則商賈懋遷，魚鹽之利可通天下，其利二也；漕卒無事講習戰陣①，可以備禦倭夷，控制遼海，其利三也。臣愚又以爲天下無不可爲之事，在於有能任事之人。獻以二郡之力，猶能興一方之利，於無事之時，猶欲爲先事之防，况今漕運阻塞，上廑宸衷，國儲重計，亟宜議處。臣愚憂思過計，至忘寢食，偶有見聞，不敢緘默。伏乞勅下該部再加酌議，果於國計有裨，即行撫按，或另差官速爲修舉，其一應未盡事宜，悉聽計處施行，則屹國勢於太山之安，貽永世以富强之效，宗社幸甚，臣民幸甚②！臣愚不勝屏息俟命之至。

按：李此策終必當行。雖非潁事，經國大計也，故載之。

---

①「陣」字，《萬曆潁州志·藝文上》無。

②「臣民幸甚」四字，《萬曆潁州志·藝文上》無。

兵憲濟寰楊公去思碑記①

李學禮

濟寰楊公，以甲第起家，筮仕宜黄令，邑人戴之。以才調鄞，鄞人戴之如宜黄。居四年，上徵爲給舍。事關軍國，無大細輒言不諱，直聲大著。丙戌（1526）春，以文學入禮闈較士，所拔士皆當世知名。擢潁州兵備副使，煦如旭日，嚴如秋霜，編氓鼓腹，豪右斂手。先是，祖制潁軍屯人百畝，糧六石，額外占種者爲餘地，聽軍民買賣。襄陵李公混屯餘地，每頃加軍裝四兩。公至，調停減半，軍民胥安。歲阻饑，公發倉粟賑，捐俸煮粥，以活老弱。潁不産稻，上供之米，貿於鄰郡。潁旱，鄰郡亦旱，公慮米無從出也，移文撫臺，請於上以求蠲折，當寧感其奏，遂遣科臣發内帑下賑。潁道所攝既遠，而上下牒訢②倥偬塡委，日不暇給，公獨敏於裁決。暇日進諸生校③，拔其尤者，優賚之，歲時常捐俸以資不給。有冤滯不平者，輒爲伸解之。雖當盛怒時，草野之士越次而陳説，亦改容禮之。士感其遇，争自濯磨。遇武弁以寬和，少有犯，即抵於法，時時朴之，不少假，故衛所砥礪，得不墜。公擢山東藩參，潁士民建石以識不忘，綴拾於斯文，而紬繹之以歌。歌曰：

①此文見於《萬曆潁州志·藝文上》。

②「訢」字，《萬曆潁州志·藝文上》作「訴」，當是。

③「校」字，《萬曆潁州志·藝文上》作「較」。

潁水清清，西湖春生。公也長城，謳歌不忘。載石用彰，鄟丘之陽。

内臣騷擾驛遞疏①

王謨

爲奉使在途，目擊驛遞困苦，懇②乞聖明嚴究騷擾内臣，以安地方事。

竊惟驛遞者，朝廷之血脈，而驛遞所用之錢糧，皆生民之脂膏也。取生民之脂膏以通朝廷之血脈，豈聖人之得已哉！故一夫一馬，所用不輕，廪給口糧，皆有定分，所以防末流之弊而貽萬世之安也。奈邇來騷擾之風愈禁愈甚，而驛遞之苦日甚一日。

臣先任保定府推官，已見夫、馬應付之難，心切憂悼。今奉使陝西，經過各該驛遞，見其疲憊困苦之狀，比之前日而又倍矣，將來何以支持？臣因備詢其故，惟侯伯、太監不顧名節，不畏法度，一過驛遞，騷擾百端，故人畏太監、侯伯，不啻蛇蝎狼虎。驛遞坐困，職此之由。臣又問之：「今聖明在上，新詔③方嚴，過往内臣猶敢如昔

①此文見於《萬曆潁州志·藝文中》。
②「懇」字，《萬曆潁州志·藝文中》無。
③「詔」字，《萬曆潁州志·藝文中》作「昭」。

之生事者乎？」則曰：「近日稍覺安静，如南來張太監、袁太監及差往陝西中太監，俱不曾索要歛錢。惟湖廣差回李太監，仍舊往來索要等情。」彼之所謂李太監者，廼司禮監右監丞李璋也。自新鄉一處言之，往來共費銀六十餘兩。由新鄉而北以至良鄉，由新鄉而南以至石城，其索銀數目當不下數千兩。况當行事地方，需索詐害尤難以定數。拘之者乎？此固内臣之玩法，而實由手下之撥置，蓋此等棍徒投充内官名下，經年謀幹差遣，假内監之虚聲，視驛遞爲奇貨。其沿途索要銀兩雖非内臣所獨得，而隨带人數之多，誰其主之？璋固不得而逭其罪也。

伏望皇上大奮乾剛，將司禮監右監丞李璋，比照先年世宗皇帝獨斷太監趙用等事例，御批該監先加責杖降革，仍乞勑下法司；將李璋随带不知名騎馬棍徒三十五人一併計贓究處，以爲懲一警百之戒。

潁州重修尊經閣記①

甯中立

經，常道也，原於天，具於人，而立命，而立極，如日用②飲食，胡可離也？寒暑晝夜，胡可易也？稽古神聖迭興，襲宥凾［函］夏，與民同意而罔不率俾，蓋不識不知而已。不塞兑而内不出，不鑿竅而精不流，烏覩所

①此文見於《萬曆潁州志·藝文中》。
②「用」字，《萬曆潁州志·藝文中》誤作「月」。

謂經哉？其後風氣漸開，人文漸著。夫曰文則有機，有機而岐①路生焉，非繩約關鍵，將何所底止？聖人憂之，而經始作。經者，的也，的在而眾趨之，由我則治，否則亂。譬諸日月之運，江河之流，雖有薄食壅塞，而常明者自若焉。蓋自三五以還，剥復相禪，迄②於宋元，可考而知也。

我太祖高皇帝紹天闡繹，率履不越，以爲天下先，天下化之。列聖相承，漸摩篤至，皀於八埏，浹於骨髓，賢人君子，龍變雲烝③。天下有道，則黻黼皇猷，康阜兆民；有急則勛樹薄伐，功成戡定。即不幸而當變故之衝，則又能仗大節，爲臣死忠，爲子死孝，揭日月於重光，障狂瀾於東注，蓋尊經之效，若斯之隆也。

昔高皇帝廣厲④學官，罷黜百家，上非經無以取士，士非經無以自見。以故學有尊經閣，便服習也。潁嚴邑也，而獨無有，有之則自臬憲孫公磐⑤始，蓋移藏經閣而爲之者，亦既知所尊矣。顧其制狹小湫隘，歲久將就傾玘⑥。萬曆二十三年（1595），太守黄公來守兹土，甫下車，謁先師廟，已而遍覽學宮，見之慨然，曰：「此吾事也，且今潁人士率多彬彬，質有其文，無愧尊經之化。而兹閣不治，余則有愧於職業多矣。」顧方值大祲，未可以

①「岐」字，《萬曆潁州志·藝文中》作「歧」。
②此處，《萬曆潁州志·藝文中》有「今」字。
③「烝」字，《萬曆潁州志·藝文中》作「蒸」。
④「厲」字，《萬曆潁州志·藝文中》作「勵」。
⑤「磐」字，《萬曆潁州志·藝文中》誤作「盤」。
⑥「玘」字，《萬曆潁州志·藝文中》作「圮」，當是。

經營計也。越二載，民力稍蘇，公曰：「可矣。」迺召多士諭之曰：「今天下琳宮梵宇，金碧熒煌，往往而是，而吾儒居經之所，不可以因陋就簡，必有以恢張之。」於是捐俸以爲之倡，而潁人士亦各以其貲來助。公勸課有方，任用得人，凡九月而告成事。閣凡五楹，高三丈，延袤二十丈，階高六尺。左右廂各三楹，左曰表章，右曰羽翼。弘廓而軒敞，堅緻而整嚴，視昔之制，不啻倍之。登斯閣者，豁然大觀，吾道若有增而高焉者矣。甯中立曰：余嘗適中都應督學試，迨薦於鄉，暨入胄監，得遊大梁，歷陳、蔡之郊，南渡大江，抵金陵。其後從計吏上公車，涉大河，經衛、趙，達於京師。其間青衿士循習禮教，如出一轍，然後知明之德大以洽，孔氏之道尊而明。夫茲道在人心，非有外益，何係於閣之有無？然君子入清廟而敬心生，懈心息。《語》曰：「百工居肆以成其事。」閣顧①不重耶？公之政，知所本矣。

是役也，經始於萬曆二十四年（1596）九月，竣事於二十五年（1597）六月。力不告殫，財不告匱，民不廢時務，工不勤督責。有可紀，亦可法。

公諱大賁，别號鍾池，楚之興國人。舉於鄉，有雋才。其爲政也，一令之出，民莫敢犯。比於周，猶有大車之風焉。維時郡佐則鍾曰孟、盧傑，郡幕則王化中，學正則葉盛時、前陞任黃極，訓導則彭好仁、孔聞仕，咸襄其

①「顧」字，《萬曆潁州志·藝文中》作「固」。

事，樂觀厥成者。董其役者，耆民田勃、李大華也。是爲記。

古易中說序①

盧翰詳《人物》

聖人之道，託六經以明，以垂萬世，一再傳而煨燼於秦，吾道之一厄極矣。獨《周易》以卜筮得無恙，存一綫於欲絶，隆千鈞於繼往。非天有以相之歟？

諸經稍出於漢，《易》宜益有光焉。夫何漢儒輩以傳附經，彼置此《易》不一而足，但取其便於觀省，不知夫眉目之易置也。予嘗譬之人之有經危境、涉險塗者，形神完固，無所損錯，逮夫平居無事也，乃爲之東塗西抹，移此就彼，寖失其舊矣。《易》以自天之祐而完於秦，以小知之鑿而亂於漢，不類是歟？

宋二吕氏駭之，求其真者而寫焉。朱紫陽因之以作《本義》，固可以想見孔氏之形容矣。夫何近遵《本義》而猶行漢本？讀者疑焉。僕之學《易》也，亦以《本義》爲宗者也。因據之爲説，且以還本來之面目。惟②具眼者其識之。

①此文見於《萬曆潁州志・藝文中》。
②「惟」字，《萬曆潁州志・藝文中》作「唯」。

籤易序①

盧翰

自《易》有太極也，而生兩儀，一每生二，於是乎兩儀生四象，四象生八卦焉。卦各八之，而六十四卦在其中矣。故羲、文、周、孔以之而作《易》，君子以之而窮理，達者以之而觀數。愚之沈潛於《易》也有年矣，樂而玩之，擬而言焉，議而動焉，不啻水者之於舟，陸者之於車，老者之於杖，有非此不行者。其如資性之踈散簡畧，而畏多事也。其於分揲掛扐，四營小成，十有八變之際，蓋有不勝其繁者，於是作《籤易》焉。刋竹七十有九，始之以太極，次兩儀，次四象，次八卦。八卦固足以盡造化之理也，而所謂「定吉凶」而「生大業」者，亦於是而足。而所謂三才之道，六十四卦之理，亦在其中，而無待於外求。夫惟盡造化之理也，則於進退離合，大小遠近者②，一以貫之矣，故愚又以是而名卦焉。夫惟具三才之道也，故愚直以三而立爻焉。八卦之名，立三才之道著，而六十四卦亦在其中，而吉凶可定，大業可生，天下之③能事未有不畢者。問焉而以言焉，問焉而以行焉，取之斯得，求之斯應，固有不待分揲掛扐之勞，亦足以酧酢而有侑神之妙矣，豈不簡哉？而《易》能易哉，而易知哉！雖然，聊私以自便耳，豈敢誣諸世者。名之曰《籤易》。

①此文見於《萬曆潁州志·藝文中》。
②「者」字，《萬曆潁州志·藝文中》無，然有「皆」字。
③「之」字，《萬曆潁州志·藝文中》無。

潁州志卷之十九

藝文下

明文①

月令通考序②

盧翰

病間無寄意者，命僕抽書，得《家塾事親》。余嘗謂其事義欠切，欲輯而擴之，以體大未易就，且屢困於病而

①「明文」，原書前目錄作「文部」，已據改。

②此文爲盧翰《月令通考》自序，又見於萬曆刻本卷首。

未逮也。又見《十二月占疾》《十二月雜事》及《農桑撮要》①，惜皆各據一事而未廣焉。爰是主之以《月令》，博之以群書，以十二月應十二地支以爲經，又各隸以十類，以應天之十干而爲緯，彙附區别。順天時以授人事，則氣運可得而察，功業可因而興，物情可藉而悉，庶無掛一漏萬之歎②。名之曰《月令通考》。③

四書中説序④

王道增詳《人物》

中菴先生自少以理學名，潛心大業，舉於南畿⑤。友歐陽南野，講「良知」之學，蓋不由師傳，默契道體云。嘗語其門人弟子曰：「天下之道，中焉，止矣。堯舜精一之旨，開萬世心學之源，顧吾人允執如何耳。」爰扁其書屋曰中菴，朝夕體驗諸身心而措之行事。一時學者，翕然師資焉。宦究日，東魯之士進而請業者，不下數百人。嘗謂《四書大全》繁蕪支離，近時主舉業意者類穿鑿附會，殆非聖賢立言本旨，爰掇所聞見而删訂之。自家居及宦

①自「又見」至「撮要」，萬曆刻本《月令通考》自序作「閲閑見《十二月占候》及《十二月雜事》，因思《農桑撮要》亦列歲務」。
②「歎」字後，萬曆刻本《月令通考》自序有「噫！支經干緯而地天之泰寓矣，一經一緯而天地之文備矣」諸句。
③此後，萬曆刻本《月令通考》自序有「潁人盧翰書」五字。
④此文見於《萬曆潁州志·藝文中》。
⑤自「潛心」至「南畿」二句，《萬曆潁州志·藝文中》作「甫冠，補郡學弟子員，益肆力研精，潛心大業。既壯，選太學，尋領應天鄉書」。

遊，隨所得輒書之，一折衷於考亭朱子焉。顧其説具載在諸集中與其門人所憶，綜者而未就編也。厥嗣伯進，勦而成帙，加校訂示予。予覽之慨然，曰：「文其在斯乎？」命鋟梓以嘉惠後學，庶廣其傳云。

月令通考序①

秦鳴雷狀元，禮部尚書

昔在有虞，用璿璣玉衡以治，比至姬公，益光大之。嘗觀《周禮》一書，上自日月星辰之運，下至昆蟲草木之變，大而體國經野之規，細而農圃工虞之務，莫不講求申令，以垂畫一，蓋詳哉乎！其言之矣，迺《月令》載於《吕覽》，大都亦紀候之書，不過《周官》中之一事耳。然千餘年來，民咸用之，誠不以人廢言矣②。潁有中菴③盧君者，嫌其局而未通，眇聞而不廣，於是不憚旁搜博採，凡稗官野史、博物雜記，苟一言一事足前民用者，靡不攟摭而兼蓄之，附於各月之下，曰《天道》，曰《治法》，曰《地利》，曰《民用》，曰《攝生》，曰《涓吉》，曰《占候》，曰《蹟往》，曰《考言》，曰《攟聞》，臚列星布，燦然具備。經以十二辰，緯以十事，用配支干，自

①此文見於萬曆刻本《月令通考》卷首。
②「矣」字後，萬曆刻本《月令通考》卷首有「而」字。
③「中菴」二字，萬曆刻本《月令通考》卷首無。

謂獲免掛一漏萬之誚，命之曰《月令通考》。其用心良厪矣哉！

茲侍御王公識徹天人，雅善是編，因觀風至臺，出以示余，仍索余序之。余不佞曩典秩宗時，其於時令之説亦嘗究心，然徒得其概耳，則未有該括靡遺、條分縷析若斯之備且晰者。誠梓以嘉惠人人，所謂警聵之鈴，導南之車，非耶？雖然，余又有庚①進者，邇瀕苦無歲，民往往登首山，呼庚癸。又沴炁流行，四方災異，日形奏牘。即天心仁愛，而民用頗僻，動不由禮經者，或足以致然也。王公深識遠慮，察見標本所在，故加意此編。行之，非獨有位藉以善治，即闤闠之眾得相時戒事，以不奸陰陽之和，以漸返淳龐之理②，幾虞周之盛可復睹乎！審是，則此書之有補於世也，非眇少矣。爰書以弁其首。③

①「庚」字，疑當作「賡」。
②「理」字後，萬曆刻本《月令通考》卷首有「庶」字。
③此後，萬曆刻本《月令通考》卷首有「萬曆歲在己丑（1589），仲秋吉旦，賜進士及第、資政大夫、南京禮部尚書、前吏部左侍郎兼翰林院學士、掌詹事府事、兩京國子祭酒、春坊太子左諭德、《會典》《國史》纂修官臨海秦鳴雷撰」諸句。

謝公德政碑①

張鶴鳴

謝公去潁之日，父老爲立生祠飛虹橋東，又立石紀②公德政於宜秋門外。詎③今三十年，祠頹，石殘缺，父老憫然不安④，謀諸不佞，重建石，申公遺澤，抒民去思。不佞，公門下士也，且念父老繾綣意，又懼公德政以久而湮，敢不爲記？

公諱詔，號鳳翥⑤，江西贛州府贛縣人，萬曆甲戌（1574）進士，乙亥（1575）奉命守潁。下車兩月，婉靚如女子，一訊大獄，發摘如神，律例令甲，不失針芒，大警⑥老吏厠役。編審征徭，老弱貧富，田舍羸詘，如指諸掌，民謂有慧鏡。胥吏、輿隸，下及窮野之編民，一見眉目，終身不忘。自奉儉朴有制，應當事之供，簡密不費而辦，五年如一日。潁多大猾，公鋤其尤者，餘懲創有差。村疃、集鎮不下百區，中有一武斷，狡獪爲民怨首者，大

①此文見於張鶴鳴《蘆花湄集》卷九。
②「紀」字，張鶴鳴《蘆花湄集》卷九作「記」。
③「詎」字，當爲「距」字誤。
④「不安」二字，張鶴鳴《蘆花湄集》卷九無。
⑤「翥」字，張鶴鳴《蘆花湄集》卷九作「渚」。
⑥「警」字，疑爲「驚」字誤。

者戊①鉗，小者朴②，無遺奸也③。未嘗見專任一人，顧左右一語，迄今不測其耳目所自寄。豪右斂手，蔀屋窮鄉胥耕鑿而歌安飽。

建城隍石閘，修城，築飛虹橋，拮据不遺力，以④圖不朽。課諸士，親執經較藝，科第勛業多出其門。潁債有五十日足子錢者，公科以罪，富强不得放利蠶食人。蓋居五年，而吏肅民懷，惡懲善勵，比之黃霸、趙廣漢，則用黃之仁而濟趙之察，古循良所罕見⑤者也。不佞所覩，記梗概如此。

若夫柔剛並用，顯微無蹟，冰操雅懷，不矯矯赴名募義，又有超於吏治之外者。國家有⑥大謨，謀大變故，當之而不撓不⑦敗，屈指海內，必公矣。

是爲記。⑧

---

①「戊」字，張鶴鳴《蘆花湄集》卷九無。
②「朴」字，張鶴鳴《蘆花湄集》卷九作「扑」。
③「也」字，張鶴鳴《蘆花湄集》卷九無。
④「以」字，張鶴鳴《蘆花湄集》卷九作「事」。
⑤「見」字，張鶴鳴《蘆花湄集》卷九無。
⑥「有」字，張鶴鳴《蘆花湄集》卷九無。
⑦「不」字，張鶴鳴《蘆花湄集》卷九無。
⑧「是爲記」句，張鶴鳴《蘆花湄集》卷九作「庚戌（1610），晉少府知潁事厚吾孫公莅潁，惜祠之蕪廢也，葺之。因重列之石」。

盧中菴先生傳①

張鶴鳴

公諱翰②，字登瀛，一字子羽，世③爲鳳陽潁州人。少讀《虞書》「執中」之旨，欣焉上嘉，扁其讀書亭曰「中菴」，因以爲號云。

公生而潁④異，方在懷抱，韓處士奇之曰：「此非凡兒，當爲名儒。」年十八⑤甫就學，越歲即補弟子員⑥。閉戶精研，俯讀仰思，真下⑦爐不扇，學者翕然宗之。督學黄公首取⑧，曰：「理學奇才也！」

嘉靖壬辰⑨（1532），選貢入南雍。從少司成歐陽南野傳「良知」之學，能發所未發。歐呼爲老友，曰：「道脈在斯人矣。」甲午（1534）中應天鄉試，益閉影不與市人交，自五經、百家、星曆、字律、佛老、僊醫、農卜之

①此文見於張鶴鳴《蘆花涓集》卷六。
②「翰」字，張鶴鳴《蘆花涓集》卷六作「瀚」。
③「世」字，張鶴鳴《蘆花涓集》卷六無。
④「潁」字，張鶴鳴《蘆花涓集》卷六作「穎」，當是。
⑤此處，張鶴鳴《蘆花涓集》卷六有「鬻菽，雜賈區中，區隘，貨星置，碍武弁，騎從杖之於市。公發憤」諸句。
⑥「員」字後，張鶴鳴《蘆花涓集》卷六有「乃具盤飧謝，武弁者大慚。公曰：『非君，僕固買兒也』」諸句。
⑦「下」字，張鶴鳴《蘆花涓集》卷六作「不」。
⑧「首取」二字，張鶴鳴《蘆花涓集》卷六作「閱其卷驚」。
⑨「辰」字，張鶴鳴《蘆花涓集》卷六作「戌」。

書，靡不尋脈研髓，粹然一歸於正。乙巳（1545），丁父艱，哀毀骨立，憑而起廬墓次①三年，家人罕接見。

庚戌（1550），以母老，授山東兖州府推官。時值虜犯闕②，兖募兵備甲仗，皆公簡練，悉適用。讞獄平允，毫不可干以私。有大姓摭誣讐家强盜，憲臺偏執，公毅然曰：「吾不能殺人媚人。」寬其牘，按院允之③曰：「事蹟原涉疑似，非本官④詳明，幾混玉石。」署滕，行便宜二十事，民安盜息。署曹，抗檄發賑，活數萬人，曰：「吾以此獲上譴，吟嘯歸田，願也。」先時賑，集村落、人［入］市聚，不急給，且疫，匍匐轉溝壑；既給，尚不足償債，充里胥橐。公定期時給，嚴凌奪人，人沾實惠。監司布其法式旁邑。經大理卹刑兖，雅重公，謂董監司曰：「此等人物，百年内能幾見者？」委修孔林，有詩云：「晦翁之後誰承派，鍾意而來我葺宫。」隱然以道自任如此。齊魯之士聞風，執經來者千數，公剖析講解不輟，長吏大不喜。魯⑤長史子私官妓，妓犯法，長史懇爲囑公，竟杖之。長史肆爲訐怨⑥，當事者不察，奏量移。

---

①「次」字，張鶴鳴《蘆花湄集》卷六無。
②「闕」字，張鶴鳴《蘆花湄集》卷六作「關」。
③「按院允之」四字，張鶴鳴《蘆花湄集》卷六作「直指悟」。
④「本官」二字，張鶴鳴《蘆花湄集》卷六作「若」。
⑤「魯」字，張鶴鳴《蘆花湄集》卷六作「又魯藩」。
⑥「長史肆爲訐怨」六字，張鶴鳴《蘆花湄集》卷六作「乃肆爲訐怨，長史陰和之」。

公時正攝濟寧篆，聞命即策蹇渡河①，家口尚在兗。遣蒼頭買下澤車載而歸，行李蕭然。居嘗曰：「吾夜氣清明時思，在兗無一事愧吾胸臆也。」歸丁母艱，哀毁、廬墓如其父，角巾野服，與人油油然無間，山叟、野稚皆呼爲先生。一蔬②一卣輒留客，親朋延之，未嘗以事免，少靡，則拂然去。介乎不阿時好，人有過，面折之不少諱。草卉蠕動之微，必曲爲周護，不忍拂其生意。

晚尤精《易》數，升沉、雨暘以及飲食、牀桯、衣服、杯酒，咸策之數，無不筮蔡驗。人求，絶不與占。預知其終之月日③，命子晉以《易》二册置懷中，曰：「吾平生精力，在此簣上。」吟曰：「中菴魄既降，四體得所放。平生氣浩然④，飛還太虚上。」命諸孫歌之，曰：「樂哉！」遂瞑目逝。

所著書《籤易》一册⑤，板數刊行，南銓部刊者最爲精工；《清静經注》一卷、《定性書圖衍》一卷、《正蒙疏義》八卷、《陰符經集注》一卷、《老子道德經注》一卷、《春秋解》四卷、《中菴語録》二卷、《天文賦》一篇、《字學賦》一篇，皆已刊行，板藏於家；《四書中説》三十卷、《易經中説》三十卷、《月令通考》十六卷，俱侍御王嵩淮

①「河」字，張鶴鳴《蘆花湄集》卷六作「汶」。
②「蔬」字，張鶴鳴《蘆花湄集》卷六作「疏」。
③「月日」二字，張鶴鳴《蘆花湄集》卷六作「日月」。
④「氣浩然」三字，張鶴鳴《蘆花湄集》卷六作「浩然氣」。
⑤「册」字後，張鶴鳴《蘆花湄集》卷六有「響應已傾海内」句。

道增刊於浙，今板在侍御家①；《中庸圖說》七卷、《圖說綱要》一卷、《竇嗣全編》六卷、《選唐詩絶句參解》二卷、《養蒙成語》一卷、《蓄德錄》十卷、《壇經撮要》一卷、《中菴文集》二卷、《黃離子》一卷、《掌中宇宙稿》七卷②、《書傳存要考定》《周禮會雅校③附正韻》《詩韻綱目日抄》《字學全編》各若干卷，俱未刊行，稿藏其家。④

雙烈傳⑤

張鶴鳴

張氏，張清女，許聘劉中焞。女與焞生同年月日，將於歸，焞病篤。女朝夕有瘁容，夢白鬚老人捧衣曰：「劉四郎會没。」覺而揮涕不敢言，與母晝⑥坐，見綠衣少年闖然入室，急尋無有。女語⑦母曰：「兒夢惡，今又見此！」忽

①「家」字後，張鶴鳴《蘆花湄集》卷六有「《掌中宇宙稿》七卷，吾潁守孫公厚吾刊於郡中」句。
②「《掌中宇宙稿》七卷」，張鶴鳴《蘆花湄集》卷六無。
③「校」字，張鶴鳴《蘆花湄集》卷六作「較」。
④此後，張鶴鳴《蘆花湄集》卷六有「張鶴鳴曰：劉仲躬儈，市吏折足，卒成聞人；王景畧鬻畚，老父授書，遂霸符［苻］秦。古人玉成，多起於微於激也，至若激杖而盤飱之，尤人情所難者。先生淹古今，洞天人，一代人物，殊絶盤飱之量兆之矣；去官一蹇，渡汶不顧室家，非悻悻窮力，蓋行李蕭然，何顧也？所著書向應，與一一同，非至人哉？非至人哉」諸句。
⑤此文見於張鶴鳴《蘆花湄集》卷六。
⑥「晝」字，張鶴鳴《蘆花湄集》卷六誤作「畫」。
⑦「女語」二字，張鶴鳴《蘆花湄集》卷六作「與」。

門外訃音適至。女急檢粧篋，盡給兩嫂，獨取繡枕一，和男女履投火中，哀號迸血，欲躃踊詣吊。母亟挽不能，勉從之。至已歛矣，女撫棺曰：「何不少待我？」了無哭泣，但搜焞平日衣巾、圖書而已。是夜遂自縊，母與焞之叔祖母亟救免。女故請緩葬期，焞家依其言，朝夕供奠焞柩前，必祝曰：「張氏在。」如是者數月。嘗曰：「我兩人八字同，何夭壽懸也？」比葬焞前一日，女稱病早卧，母與祖姑亦相與假寐。女起，縊死焞棺傍。兩母驚救，見綾巾護項，系以麻索，索纍纍百結，不克解①。衣帶間有團結狀，視之則所搜圖書、敝衣巾也。時年十九歲。

中焞堂弟中燿娶吕氏，太和縣生員吕先春女。適燿四年而燿病没，氏請寬其棺，從夫殮。家人勸解之，氏蓬首横身不許殮。母知其志，日夜守之，偶暫下樓，屬八歲弟昭明伴守。氏忽起整衣，不冠不簪，直盤髮爲髻，詒昭明，使探母。即以所係麻綰自縊。昭明回，見狀驚呼墜樓。家人奔救，已無及矣，年二十五歲。

時中焞、中燿方共爨而居，兩烈女子出於連闥接袂間，劉氏之積慶閈家，端有自矣。

籤易序②

張鶴鳴

吾潁中菴盧先生，天性好學。自有書契來，在人間文字，靡不搜研詣悟。尤精於《易》，以卜筮太繁，撰《籤

①「解」字，張鶴鳴《蘆花湄集》卷六誤作「結」。

②此文又見於《萬曆潁州志·藝文中》。

易》一書代之，畫卦立辭，破天洞人，有田、何、施、賀諸儒未開心臆者。而決疑成務，用之如響，即圓策智骨，功弗尚也。夫圖書，洩元始之理。聖人準理作《易》，以故灝玄至不可極。先生雲鶴海月，一代高人，玆《籤》粹然一出於正，要亦不過圖書正理，先生演之耳。京房受《易》於焦延壽，延壽曰：「得我道以亡身者，京生也。」而房果慘死。蓋房之《易》詭於數，先生之《籤》洞於理。今京《易》雖傳，而後學終疑其人與《易》馳。先生未四十掛冠，逍遥三十年，不減於陶靖節、邵堯夫，而平生廉和，不爲事物遷。其善解《易》如此，覩者幸勿以鴻才①鷄卜之類忽之也。

潁州重修先師廟碑

張鶴騰②

潁州儒學在前代建西湖東，本朝以濱水易傾圮，移郡城東門内，雖時有修葺，不無餙具，今上甲辰三十有二年（1604），棟摧垣湮，風雨不蔽。夫遺黍猶歌，訟棠勿剪，況大聖鼇降之宮，蕭然塵蔓，識者傷之。是年冬，天子憫

①「鴻才」二字，《萬曆潁州志・藝文中》作「瓊茅」。

②此文見於張鶴鳴《蘆花湄集》卷十，題作《重修潁州儒學碑》，「張鶴騰」之名當爲誤署。

潁災，特簡①温陵林公述菴來守是邦，恩紱露車，下臨寒雨荆榛之地。明日，祇祇謁先師，俯仰楹廡，遺構殘壁，鳥象之蹟交於庭除，喟然歎曰：「陳、蔡之厄，不慘於今日！」覩啟聖祠之頽，又喟然歎曰：「華以根榮，吾夫子何心而當此凄其？兹我有司不崇聖道、急先務者之責，何辭之與有？」爰出橐金付匠氏，又躬詣田儒官②廬，使董其事③，旬日而告成。櫺星、戟門殿廡，啟聖、名宦、鄉賢各祠，黝堊④陶甓，軒豁緻⑤密，嶢嶢如也；壁池若鏡，槐市成帷，⿰車獻如也。若夫庖湢筦⑥庫，與師氏之齋居，則嗣漸舉焉。乃集諸縉紳、諸士瞻仰而導絃歌，諸縉紳、諸士稽首以拜公績。公三遜曰：「執事者之勤勞，不佞何有？」於是郡學博吴王君會圖、滇李君紹唐、魏閭君功懋、梁陳君翰卿礱石，命潁人張鶴鳴爲記。辭不獲命，乃稱曰：

吾夫子道德遠邁皇代，匪獨英辟，即中主庸君，亦靡不供上案食醊具，出王家錢穀，給大酒直，以豐禋祀。秦人至愚慘，猶存六經，是日月不能磨其明，江海不能窮其波也。我國家燕闕舊京橋門肅肅，薄海内外遍立學宮，天子皮弁冕旒，執弟子節，追崇越百王矣。乃有司往往任其廢墜，漠焉而不顧，則圭組誤之矣。持籌之夫先金錢而後

①「天子憫潁災，特簡」七字，張鶴鳴《蘆花涓集》卷十無。
②「儒官」二字，張鶴鳴《蘆花涓集》卷十作「封君助」。
③「事」字後，張鶴鳴《蘆花涓集》卷十有「助捐金繕修」。
④「堊」字，張鶴鳴《蘆花涓集》卷十誤作「惡」。
⑤「緻」字，張鶴鳴《蘆花涓集》卷十作「致」。
⑥「筦」字，張鶴鳴《蘆花涓集》卷十作「管」。

禮讓，圭組之吏緩教化而急聚斂，何者？財利效速而道德功緩也。

公履階未煖，且當饑饉倥偬之日，而急急於根本如是，是見肘之聲金石，不啻漏濕之宇琴嘯不輟，賢者之所難，而古循良之鮮見者也。使當是時而童牛不防，至蕩挨①而後閑，則誰之責？夫非師氏歟？既陶既鎔，而涊涊揚揚以貽學校之羞，以黜齋序，則誰之責？夫非諸士歟？

我潁高士難以枚舉，異代則剛勁若陳太傅蕃，愷直若范青詔滂②，節烈若李江州黼；近代則事業若郭少參昇，理學若盧司理翰，皆恂恂侁侁，出諸士班而凌嶽薄漢，百代殊絕。諸士仰宮牆而體我公作興之心，有不景行而迅修，非夫也。彼陳太傅諸先達獨丈夫哉？是舉也，答今上司牧之托，隆朝廷養士之典，壯郡③觀而妥聖靈，舉廢典而作士氣，甚盛美矣！

於④時在事者巡撫臨潼李公三才、巡按臨邑高公攀枝、潁州兵道⑤潛江歐陽公東鳳、鳳陽府知府襄城縣張公寧、

---

①「挨」字，張鶴鳴《蘆花湄集》卷十作「佚」，當是。
②「滂」字後，張鶴鳴《蘆花湄集》卷十有「觥觥若郭光祿憲」七字。
③「郡」字，張鶴鳴《蘆花湄集》卷十誤作「群」。
④「於」字，張鶴鳴《蘆花湄集》卷十作「一」。
⑤「兵道」二字，張鶴鳴《蘆花湄集》卷十作「道兵備」。

督①捕廳通判駐潁新鄉郭公蒙吉、通判内黄關公世亨［享］、棠邑蕭公獻捷、推官鎮平曾公一貫、州同知光山蔡公②敬中、吏目嘉興卜公③壽祺，法④皆得書。助役⑤，儒官田助，生員田之喬⑥，於例當附。

公諱學閔，福建泉州府晉江縣人。因紀歲月，系之辭曰：

乾坤何象？夫子大成。贊五垂三，地泰天清。血書著紀，黄玉饗應。鈎河摘洛，紫微⑦光瑩。石函辨龜，金櫃驗準⑧。天談越象，玄極無畛。明王莫宗，沕穆遽降。鴻鸞翔室，麒⑨驥騁巷。歷世益光，冕旒而王。俎豆在陳，犧象在觴。我明益崇，天子曰師。日月高懸，草木麗兹。惟潁學宫，西湖之陽。湖水時來，興廢靡常。卜城東隅，追崇由人。繚垣甍檻，歲月空湮。文翁秉圭，入門驚歔。不有鼎新，何奠神居？勇往經營，不費財役。修楣塗墁，

---

①「督」字，張鶴鳴《蘆花湄集》卷十作「都」。
②「公」字，張鶴鳴《蘆花湄集》卷十無。
③「公」字，張鶴鳴《蘆花湄集》卷十無。
④「法」字，張鶴鳴《蘆花湄集》卷十作「例」。
⑤「助役」二字，張鶴鳴《蘆花湄集》卷十作「助金錢督役」。
⑥「生員田之喬」五字，張鶴鳴《蘆花湄集》卷十無。
⑦「微」字，張鶴鳴《蘆花湄集》卷十誤作「薇」。
⑧「準」字，張鶴鳴《蘆花湄集》卷十誤作「隼」。
⑨「麒」字，張鶴鳴《蘆花湄集》卷十作「騏」，當是。

群工雲集。丹髹既蔚，型簋孔飾。皜皜如臨，用妥用澤①。潁士翩翩，潁水漣漣。皇圖聖蹟，億万斯年。

潁州西湖漢前將軍壽亭侯關公廟記②

張鶴鳴

潁州西湖，古名蹟也，至宋宴③、吕、歐、蘇，湖益生色。歐公尤愛戀之，留湖上以老，迤今棠陰在陂④，廟祀在渚，芳躅著於史册，風流傳之歌咏，餘韻可想矣。

今上甲辰（1604），西府郭公創建松橋⑤祠於六一堂後，祀鄉賢漢郭光禄、陳太傅、范青詔，宋焦知州，明盧司理。五賢勁節懿行，若與四賢逍遥揖讓於煙雲魚鳥間，致不朽也。顧湖堤善決，利侵湖田者又善盜，往往水去，湖在茭蔓中。兵憲歐陽公，永叔裔也，瞻拜四賢，特虔追遠之儀。見垣棟就圮，荒潦湮淤，乃捐金委同知蔡公⑥修

①「澤」字，張鶴鳴《蘆花湄集》卷十作「微」。
②此文見於張鶴鳴《蘆花湄集》卷十，題作《潁州西湖關聖帝君碑》。
③「宴」字，當爲「晏」字誤。張鶴鳴《蘆花湄集》卷十亦誤作「宴」。
④「迤」「陰」二字，張鶴鳴《蘆花湄集》卷十分別作「迄」「蔭」。
⑤「橋」字，張鶴鳴《蘆花湄集》卷十作「喬」，當是。
⑥「公」字，張鶴鳴《蘆花湄集》卷十作「敬中」。

築，而①郭公董其事。築堤，傍開委溝，洩漲水以殺其勢。葺祠修垣，會老堂廡下舊有關公②像，蓋故僧所供奉者，蔡公見而翼乎不寧③，因堤旁④有河嶼，入湖之半，周而⑤爲渠，渠土成臺，周臺築堤，廟建中央。廟端坊曰「關王廟」⑥，廟後八角亭曰「環碧」，後坊臨湖曰「潁水瀟湘」，取永叔公「人言潁水似瀟湘」意也。廟東別築亭田⑦「峙玉」，皆引湖合抱，魚舠可通。柳數千株，竹數百竿，葵、榴、荆、槿、雜花又千計。東西兩僧寮，蓋不日告成，已鬱然佳麗地矣。四賢、松喬兩祠，又若增重焉。雙柳、清潁之後數百年，而潁人復見西湖盛概，真奇事也。

至於關公之廟號，則王弇州氏之論定矣。⑧弇州氏曰：「義勇武安王者，元⑨所封也；西揖⑩郎陵繖魔上將

①「而」字後，張鶴鳴《蘆花湄集》卷十有「通判」二字。
②「關公」二字，張鶴鳴《蘆花湄集》卷十作「帝君」。
③自「蓋故」至「不寧」諸字，張鶴鳴《蘆花湄集》卷十無。
④「因堤旁」三字，張鶴鳴《蘆花湄集》卷十作「同知因堤傍」。
⑤「而」字，張鶴鳴《蘆花湄集》卷十作「嶼」。
⑥「廟端坊曰『關王廟』」七字，張鶴鳴《蘆花湄集》卷十無。
⑦「亭田」二字，張鶴鳴《蘆花湄集》卷十作「曰」。
⑧自「至於」至「定矣」諸字，張鶴鳴《蘆花湄集》卷十無。
⑨「元」字，當爲「宋」字誤。張鶴鳴《蘆花湄集》卷十亦誤作「元」。
⑩「揖」字，張鶴鳴《蘆花湄集》卷十無。

者，道家符籙所傳也；今定之曰漢前將軍漢寿亭侯廟①。前將軍者何？照②烈所命也，我高皇帝所著於令甲也。係之漢何？公志也。」③至於公之英風大節，與宇宙埒，今不贅云。

歐公名東鳳，楚潛江人。郭公名蒙吉，魏新鄉人。郡守林公學閔，閩晉江人。蔡公名敬中，汝光山人。經歷蔡公經儁、吏目秀水卜公壽祺，亦經紀其事，例得書。④

西湖松喬祠記⑤

張鶴鳴

地靈係造化，人傑係地靈。曠世神感贊造化⑥所不及，係人心。地匪人則不靈，人匪同聲同氣，百世之下闡

①「今定之曰」「廟」諸字，張鶴鳴《蘆花湄集》卷十無。
②「照」字，當爲「昭」字誤。張鶴鳴《蘆花湄集》卷十亦誤作「照」。
③此處，張鶴鳴《蘆花湄集》卷十有「至今上勑封三界伏魔大帝、神武鎮遠天尊，蓋公之正氣，從而彌顯彌尊也」諸句。
④自「歐公」至「得書」諸字，張鶴鳴《蘆花湄集》卷十無。
⑤此文見於張鶴鳴《蘆花湄集》卷十，題作《西湖松喬祠碑》。
⑥此處，張鶴鳴《蘆花湄集》卷十有「之」字。

幽①百世之上，則卒與腐木而同朽。故《採薇》歌而首陽巍，攢眉去而匡廬重，南陽輝忠武之廬，勾②漏矜稚川之井。雖其人哉，亦後世考古諸君子表章之功大也。

潁有西湖，在郡西北，廣十餘里，横二里許。唐許渾從事潁，已有「西湖清燕」「蘭堂」「桂檝」之句。是湖之瀲艷繁華，從事之風流藴藉，宛然可想。而湖出遠古，地靈所鍾，概可考已。至宋，晏、吕、歐、蘇相繼守潁，胥雅懷徽玉，高義薄雲，遊刃之暇，同樂杯酒，吟舠嘯月，以欣享熙朝盛事。聚星、清漣、雙柳、清潁、去思、會老諸堂榭舘閣，周匝湖渚間，潁西湖之名遂满天下。坡公《謝啟③》自謂：「出典二州，叠爲兩④湖之長。」又曰：「覽幾席之溪湖，雜簿書於魚鳥。」「土風備南北，人物推古今。」六一公思潁告老，家於湖上者十餘年，卒終於潁。其序《思潁詩》曰：「民淳訟簡而物産美，土厚水甘而風氣和。」序《續思潁詩》又惓惓有蹉跎之歎。味兩公之言，若藉西湖爲生平快，然不若西湖得兩公爲尤快也。向微晏、吕構植於前，兩公者徘徊顧戀於後，則西湖不過盈盈一煙水耳！後賢仰四公高賢⑤，立祠湖上，别創書院，彷彿槐市之遺。

①此處，張鶴鳴《蘆花湄集》卷十有「於」字。
②「勾」字，張鶴鳴《蘆花湄集》卷十作「句」。
③「啟」字，張鶴鳴《蘆花湄集》卷十作「表」。
④「兩」字，張鶴鳴《蘆花湄集》卷十作「西」，當是。
⑤「賢」字，張鶴鳴《蘆花湄集》卷十作「風」。

世廟乙未（1595），憲司李公宗樞、侍御遷判潁事呂公景蒙申明當事者①新飭之，復周圍湖地十②頃，以供奠③醑祝鼇之費，永不起課。予童時，猶記澄波十里，羽楫星馳，夾岸綠楊，尋滸荷芰，鳧鴈喈嚶，游魚喋唼，猶然盛地④。今奠⑤醑祝鼇之地侵矣，利湖田⑥盜決防矣，利魚者絶流矣，甚者告增租以圖自便矣。有識者感今思⑦舊，而⑧憮然有河山之慨焉。

郭公⑨以中立佐獄，駐節於潁，奉詔專懸鼓之令，盜望風賣劍，野無萑苻⑩，道無驚剽，豪右積猾，斂手奉軌⑪。裁中官之摧⑫纜，照蔀屋之覆盆。潁連⑬饑饉，如在春臺。尤注意勝蹟，景行先哲。泛西湖之陂，瞻四賢之像，喟然歎

---

①此處，張鶴鳴《蘆花涓集》卷十有「一」字。
②此處，張鶴鳴《蘆花涓集》卷十有「六」字。
③「奠」字，張鶴鳴《蘆花涓集》卷十作「电」。
④「盛地」二字，張鶴鳴《蘆花涓集》卷十作「勝地也」。
⑤「奠」字，張鶴鳴《蘆花涓集》卷十作「电」。
⑥此處，張鶴鳴《蘆花涓集》卷十有「者」字，當是。
⑦「思」字，張鶴鳴《蘆花涓集》卷十作「懷」。
⑧「而」字，張鶴鳴《蘆花涓集》卷十作「蓋」。
⑨「郭公」二字，張鶴鳴《蘆花涓集》卷十作「瞻澳郭公」。
⑩「苻」字，張鶴鳴《蘆花涓集》卷十作「葦」。
⑪「軌」字後，張鶴鳴《蘆花涓集》卷十有「春煦撫民，型端表士」八字。
⑫「摧」字，張鶴鳴《蘆花涓集》卷十作「榷」。
⑬此處，張鶴鳴《蘆花涓集》卷十有「年」字。

曰：「兹湖也，滮滮汧汧，水天凝碧。潁生陳仲舉諸賢，不偶也。名宦，祀四賢矣；鄉賢寥寥，殊爲缺典。」遂捐①俸立祠，祀漢陳太傅蕃、郭光禄憲、范青詔滂，以宋焦伯强千之、明盧中菴翰配之。夫党錮千人，汝南强半，潁固多奇士，祠僅五人者，何也？仲舉下榻禮賢，笞殺權使，推案圖奸，拔劍叱甫，致黄門從官騶蹋蹴之慘，七十元老横罹凶毒。范孟博登車攬轡，慷慨澄清，懍懍清裁，利刃齒腐，讀其母子永訣之言，令人千載悲酸。彼當時之忠肝義膽已付東流，而後世又泯焉不彰，即故國發蹟之地，歷千里②無專祀者，天理在人心，若澌滅也。光禄拔刀斷鞅，潠酒厭災，忤旨不起，光武有「觥觥子横」之歎，然而名不列雲臺，位不滿公孤，遇負其德矣。直與陳、范比肩，何疑焉？伯强端士，一時學士大夫翕然敬禮之，至爲築舘。歐陽公贈詩云：「自侍③九鼎重。」又曰④：「皎潔寒泉冰。」其潤玉之標，宛然在目。中菴官居則廉介，家居則恂雅澹泊，直⑤易一代儀刑，著書萬言，大有功於聖教。一則沉淪於散寮，一則萋菲於初試，磨礱一世，不顯於時，而得色笑乎三公之側於異代之後，彼好修者不犞然奮耶！

造化生五公，不能使之不死於禍，不窮於遇，又不能使之必祀於後世，爲有德者之報；能滙而爲湖，能鍾湖

①「捐」字，張鶴鳴《蘆花湄集》卷十誤作「損」。
②「千里」二字，張鶴鳴《蘆花湄集》卷十作「千餘年」。
③「侍」字，張鶴鳴《蘆花湄集》卷十作「待」，當是。
④「曰」字，張鶴鳴《蘆花湄集》卷十作「云」。
⑤「直」字，張鶴鳴《蘆花湄集》卷十作「真」。

之靈而生賢豪，而不能使之不侵不决，防不絶，流不租［阻］；能使五公之幽光一日而昭如日星，野老稚子皆望而禮之；能使湖之不侵不盜决，一復凫魚唼嚶喋咬之舊，而四賢五公俎豆生輝者，郭公也！曠世神感贊造化所不及，係之人心，信不誣已。

昔李元禮與郭林宗共載，乘薄笨車，登大塊之板①，觀者引領望之，眇若松喬之在霄漢。予於五公云云②。援名松喬祠云。

公諱蒙吉，字正夫，號瞻澳，河南衛輝府新鄉縣人。③

平越府知府徐公墓表④

張鶴鳴

嗚呼元禮！余安忍表其墓哉？嗚呼元禮！余安忍不表其墓哉？君之骨肉知交，無如余。論心指水，形影肝

①「塊之板」三字，張鶴鳴《蘆花湄集》卷十作「槐之坂」。

②「云」字後，張鶴鳴《蘆花湄集》卷十有「而郭公之爲是祠也，非霄漢松喬蔓越一世，何能爲此」諸句。

③自「公諱」至「縣人」句，張鶴鳴《蘆花湄集》卷十無。

④此文又見於《康熙潁州志·藝文（中）·雜文》。

膈相吊①，無如余。余握管，淚簌簌下矣。淚簌簌下，又不能不表君墓。且君墓，非余表而誰表者？君之世系、歷履②，詳余弟元翰《墓志》中，兹不再紀，特表余耳目所覩記者。

君勤敏兼人③，諸生時日漏盡輒起，櫛沐誦讀。日旭，計鹽米、芻牧、薪水④、交際，辦甫就肄業館⑤，從不愛閒遊、清談，作無益器具⑥。每春，種樹千餘，自把書卷理植者⑦，後數年，悉成巨材。桯几、盤巵、篋簏、楮墨、圖卷之類，悉置有定所；豆登、棘匕、鐇钁、飛罘、銍艾、野爐⑧之類靡不備，以待不時之需。常埽室、布席，庭除如水，同社咻之，曰：「瑣碎人也。」君頷⑨笑而已。

比令棠陽，下車見敗垣腐案，牀惟土坑，壁惟懸燈。初⑩意稍不堪，已而皤然曰：「大丈夫受天子百里之寄，

①「形影肝膈相吊」六字，《康熙潁州志·藝文（中）·雜文》作「肝膈相示」。
②「歷履」二字，《康熙潁州志·藝文（中）·雜文》作「履歷」。
③「人」字後，《康熙潁州志·藝文（中）·雜文》有「爲」字。
④「芻牧薪水」四字，《康熙潁州志·藝文（中）·雜文》作「芻薪」。
⑤「肄業館」三字，《康熙潁州志·藝文（中）·雜文》作「仍肄業館中」。
⑥「作無益器具」五字，《康熙潁州志·藝文（中）·雜文》作「作爲無益」。
⑦「理植者」三字，《康熙潁州志·藝文（中）·雜文》作「澆灌」。
⑧自「鐇钁」至「野爐」八字，《康熙潁州志·藝文（中）·雜文》作「鐺鑊、錢鎛」。
⑨「頷」字，《康熙潁州志·藝文（中）·雜文》作「顧」。
⑩「初」字，《康熙潁州志·藝文（中）·雜文》無。

有人民社稷，患令病邑，不患邑病令。」乃戴星入，戴星出①，百廢俱興。余奉命餉上谷、雲中、鴈門②軍，妻孥旅寄新河兩月。甫回，大雪没牛目，漏四鼓，方抵縣所。過村疃，鈴柝達旦。役者曰：「奉使君令③防盜。」余曰：「面行而背弛，朝懾而夕惰之，如民何？」曰：「吾使君，神君④，自無敢干⑤者。」入其里，無草萊；入其閭，即塈墻茨屋，無敗漏。問之，曰：「使⑥君勤，躬循阡陌，勞來人，争勸無敢後也。」余咻之，曰：「瑣碎人乃能如是！」君笑曰：「此余瑣碎之效也。縣官治縣如家，何憂縣事不治？」

比爲比部郎，謝客讀書⑦，折獄明慎，人不敢干以私。國婿楊受棍徒⑧獻他人田莊，君執之⑨。楊躬謁囑之，君曰：「公，皇帝嬌客也。乃受棍徒⑩獻他人田莊，此左右誤公。吾爲公繩若輩，以重公。」悉置之法，退還他人⑪田

①「戴星入戴星出」六字，《康熙潁州志・藝文（中）・雜文》作「戴星出入」。
②此處，《康熙潁州志・藝文（中）・雜文》有「諸」字。
③「使君令」三字，《康熙潁州志・藝文（中）・雜文》作「令君命」。
④「使君神君」四字，《康熙潁州志・藝文（中）・雜文》作「令君神明」。
⑤「干」字，《康熙潁州志・藝文（中）・雜文》作「欺」。
⑥「使」字，《康熙潁州志・藝文（中）・雜文》作「令」。
⑦自「比爲」至「讀書」九字，《康熙潁州志・藝文（中）・雜文》作「及爲刑部郎」。
⑧「棍徒」二字，《康熙潁州志・藝文（中）・雜文》作「匪類」。
⑨「之」字，《康熙潁州志・藝文（中）・雜文》作「匪類」。
⑩「棍徒」二字，《康熙潁州志・藝文（中）・雜文》無。
⑪「他人」二字，《康熙潁州志・藝文（中）・雜文》無。

莊。楊甚德之①，每過其②廬，必問：「徐使君③安否？」又時饋餔醴④。國婿賢者，蓋荀羡、宿石之流⑤；而君之彊項，實風之矣。外戚魏振宇⑥語余曰：「令親西臺徐公，人號青天⑦。貴戚、功臣、閹宦家，無不憚其嚴直。至使無賴小家子動曰：『若横，吾赴徐青天告若矣⑧。』」一夕，余閲邸報，見張校尉者上⑨疏曰：「臣子生員⑩不法，山西司徐主事革其衣巾，赭舂於市。主事至公至明，臣心服之⑪。如今者臣獄，實當事冤臣。」余次日語君曰：「有人薦若。」君笑曰：「冷局么麽，薦何來？」余示之邸報，君曰：「吾知法耳，烏知所謂⑫校尉。」嗟嗟！若校尉者，李平、廖立之儔也。而非君剛正，何以得此？

---

①「之」字，《康熙潁州志·藝文（中）·雜文》作「焉」。
②「其」字，《康熙潁州志·藝文（中）·雜文》作「君」。
③「使君」二字，《康熙潁州志·藝文（中）·雜文》作「主政」。
④「饋餔醴」三字，《康熙潁州志·藝文（中）·雜文》作「以餔醴爲餽」。
⑤自「國婿」至「之流」諸字，《康熙潁州志·藝文（中）·雜文》作「國婿固賢」。
⑥「宇」字，《康熙潁州志·藝文（中）·雜文》作「守嘗」。
⑦「人號青天」四字，《康熙潁州志·藝文（中）·雜文》無。
⑧「矣」字後，《康熙潁州志·藝文（中）·雜文》有「奈何」二字。
⑨「者上」二字，《康熙潁州志·藝文（中）·雜文》無。
⑩「生員」二字，《康熙潁州志·藝文（中）·雜文》無。
⑪「臣心服之」四字，《康熙潁州志·藝文（中）·雜文》作「臣所心服」。
⑫「所謂」二字，《康熙潁州志·藝文（中）·雜文》無。

丁未（1607）大雨，皇極殿前撑筏①，刑剖②獄舍盡頹，囚監、囚者俱露頂浸水中。大司寇沈雷門公③囑君經理。君架木據坐，綁維大木④，市胡餅啖囚與監囚者五日夜。水没⑤，囚得不逸不死。大司寇語余曰：「令親徐郎，敝衙門萬里長⑥城也。」余咻之，曰：「瑣碎人乃能如是。」君笑曰：「此余瑣碎之效也。郎署視國如家，何憂部事不理？」會委勘惡璫梁永、樂剛獄，君悉置之⑦法，不少貸。永、剛等潛賄，出君知平越府知府⑧。出都門⑨之日，父老頂木主、香爐數百人，送至蘆溝橋，齊呼青天，道傍涕泗哽咽。夫刑部，且明經也，冠蓋满京華⑩，而人心戴

①「皇極殿前撑筏」六字，《康熙潁州志·藝文（中）·雜文》無。
②「剖」字，《康熙潁州志·藝文（中）·雜文》作「部」，當是。
③「沈雷門公」四字，《康熙潁州志·藝文（中）·雜文》作「沈公雷門」。
④自「君架」至「大木」九字，《康熙潁州志·藝文（中）·雜文》作「君以綁維大木據坐其上」。
⑤「没」字，《康熙潁州志·藝文（中）·雜文》作「退」。
⑥「長」字，《康熙潁州志·藝文（中）·雜文》無。
⑦「悉置之」三字，《康熙潁州志·藝文（中）·雜文》作「執」。
⑧「知府」二字，《康熙潁州志·藝文（中）·雜文》無。
⑨「門」字，《康熙潁州志·藝文（中）·雜文》無。
⑩「冠蓋满京華」五字，《康熙潁州志·藝文（中）·雜文》無。

服如此，此非獨本朝所無，漢唐以來史傳所無載者①也。余②致書曰：「兄以明經③致身郎署，聲溢輦下。即上書致政④，以白雲僊郎優遊泉石，上策也。夜郎新造，以兄之才，整絲斫盤⑤，敷以文教，爲百世不朽之業⑥，亦一策。」不意君入黔境，遂抱病不起。

嗚呼元禮！痛哉，余表君墓哉！夫士驕語貧賤，以不問生産爲達，及貴而衣華食脆，列美鹽⑦、玩好，勢必需財。夫財，可易得哉！此修之家、壞之庭者多⑧也。君爲士則，勤儉裕家。居官則清嚴，治國、宦遊二十年，故廬薄田外未增錙銖，殆追古斬芻⑨懸瓜者矣。其曰瑣碎之效，真素位而行，不變塞焉者。嗟嗟！衰世乃有君哉！因表之曰：「明中順⑩大夫平越府知府徐元禮之墓。」

---

①「所無載者」四字，《康熙潁州志·藝文（中）·雜文》作「亦未見」。
②此處，《康熙潁州志·藝文（中）·雜文》有「方」字。
③「以明經」三字，《康熙潁州志·藝文（中）·雜文》無。
④「致政」二字，《康熙潁州志·藝文（中）·雜文》作「歸」。
⑤「整絲斫盤」四字，《康熙潁州志·藝文（中）·雜文》作「理其盤錯」。
⑥「業」字後，《康熙潁州志·藝文（中）·雜文》有「是」字。
⑦「鹽」字後，《康熙潁州志·藝文（中）·雜文》有「陳」字。
⑧「庭者多」，《康熙潁州志·藝文（中）·雜文》作「廷者衆」。
⑨「斬芻」二字，《康熙潁州志·藝文（中）·雜文》作「拔葵」。
⑩「順」字，《康熙潁州志·藝文（中）·雜文》作「憲」。

君諱治民，別號箴韋，元禮其字也。

李亨菴先生祠記①

林學閔 潁州知州

蓋吾温陵有莊仁山先生，其質行逡逡，居今摹古，一禀於人倫，不但以甲第顯也。吾先生②子嘗師友之③，偕先輩粵參知張先生冕，時時相與印證所學。參知者，先子姻友也，其慕用莊先生不倦。後莊先生俎豆學宫，參知贊之縉④紳，先子贊之膠庠，始得請於學使者，吾温陵人至今誦之云。不佞燥髮時每聞之先子，謂莊先生衣鉢在海内多名人，庶幾私淑之，猶如及見莊先生哉。

廼今潁有李先生者，莊先生高第也。先生以己未（1559）出莊先生門，敭歷十餘政，惠愛有聲。然而慷慨多大節，不能中當事驩，再躓再起，爲蜀豸憲之臣。晚乃倦遊，遂乞骸歸，歸則閉戶謝事，著書立言，足不履市，士民

①此文又見於《萬曆潁州志·藝文中》。
②「生」字，《萬曆潁州志·藝文中》無，當是。
③「之」字後，《萬曆潁州志·藝文中》有「而」字。
④「縉」字，《萬曆潁州志·藝文中》作「搢」。

易觀聽而默化之者翕如也。

甲辰（1604）莫秋，不佞承乏於潁，喜得嚴事先生，而先生以高枕卻者再。最後得一見，囅然曰：「美哉！漸磐之吉矣！」先生言論風旨，不爲章皦，而里中子弟輩嘿化之者不敢爲衺行哇言。即不佞一接見先生，亦退而慚吾言之浮、行之支也，其猶如及見莊先生乎？居亡何，而諸生楊士元輩以先生之祠額請，又欲礱七尺碑，用志不朽，徵言不佞。不佞以請於考功張先生，立言，君子也，辭之不得，又輾然曰：「美哉茲舉！其猶有古之遺乎？古重節義，而汝南之俗，旦評貴焉，今西湖所祠諸賢是已。先生質行敦俗，與諸賢異。大都東京重節義，諸賢以節義應；本朝重質行，先生以質行應。東京皦皦立名，其流爲激；先生逡逡，不爲名高而名亦稱。東京遭虐焰，死而論定；先生際熙洽而蹻乎俎豆，及身見之，不惟無愧於莊先生，亦無愧於東京諸賢也。夫祠者，思也。鄉人考德，日篤不忘，是以生而祠之。先生之爲德於官者，所在見思備矣。其稱爲鄉先生者，則何若？」皆對曰：「先生解組而歸也，囊無長物，而立義田以周族之人。賑貧者，給婚者，卹逝者，又常以橐裡①之費助其鄰而厚賻其師。凡此皆鄉人所嘖嘖者，猶未也。先生天性孝友，太安人善病，先生養志十有五年，無幾微懈。太安人終，而先生及耆矣，猶殷殷孺慕不衰。嚴事其兄，而訓督其兄之子猶己子也。叔氏之怨，竟不掛頰，而訓督其叔之子猶己子

①「裡」字，《萬曆潁州志·藝文中》作「梩」，當是。

也。卜築雲氏之廬，夜聞泣聲，則焚其券。盜伐其封樹而不言，而令其自愧。其爲質行多如此類。」不佞庚進諸生，而贊之曰：「有是哉。先生之厚積於鄉也，不佞聞之。先生之守膠也，仁心爲質，最有惠愛聲。今之生祠，而昕夕奉香火者，非膠耶？潁之人與膠之人思先生何不符而同？豈三代人心在潁猶在膠耶？」諸生曰：「然。先生宦蹟，元輩何知？元所知者，在鄉言鄉耳。」不佞曰：「美哉！諸生在鄉言鄉也。」

且夫不佞所覩記者，吾温陵張參知解組以後，鄉人生祠之，蓋禱者默有應焉，至今人豔説之。先子之教海澄也，歸而海澄人生祠之。聞膠庠中有不能平者，率衣冠以告。海澄，亦吾鄉也，此其事與諸生之生祠李先生蓋有合乎？則所謂衣鉢同耳。李先生衣鉢出吾温陵，而不佞以温陵子得事先生，復得紀李先生之生祠，附一言不朽，因以推説莊先生及張先生及先子教授公，是不佞亦在鄉言鄉，與諸生之説又有合也。抑不佞讀先生所注《參同契》《陰符》《照水》諸經，言言玄玅，庶幾猶龍之徒矣。

夫老氏，非吾夫子所嘗問禮者乎？其學曷嘗與聖賢異也者。老氏之後有庚桑楚者，畏壘之人尸而祝之，社而稷之，庚桑子猶不釋於聃之言也。不佞與諸生謀所以記先生者，先生其不釋然哉？雖然，有莊先生之衣鉢在，不佞所以樂爲記也。

先生諱學禮，字立甫，號亨菴。嘉靖己未（1559）進士，官四川憲副。潁之西鄉長官店人。二子斌斌學行，皆國器，雅有先生風。

張烈婦行狀①

劉九光

張烈婦，細陽臺閣女也。生有慧性，舉止符《女訓》。年十六，歸潁庠員張雲鵬。婦自廟見後，蚤夜鷄鳴，以箴規相重。鵬下帷攻舉子業。越三歲，丁酉（1597），鵬感脾病，久不愈。婦晨夕侍湯藥，勤瘁周至。明年戊戌（1598），鵬漸食減，婦亦食減，骨立不勝衣已。更焚香夜籲，衣单食素終其身，弗應；願祈以身代，又弗應；則割臂爲糜食之。而鵬疾浸革，婦撫枕痛哭曰：「吁嗟乎！妾與君期百年伉儷，恨不克終，命也！去妾三日，必從泉下矣！」鵬頷其意，付紅巾以訣。婦躃踊悲號，絶飲食。三日殮，婦抱鵬衣履置几上，語姑曰：「是兒物也，當留爲念。」随泣拜堂下，又出己衣物並簪珥之屬分給家人，餘悉付之火。翁姑知其意，令家人嚴備之。先是，鵬疾篤，婦已紿童僕市毒鼠藥置巾笥中。是夜備者倦，婦遂飲藥就縊。時有婢夢中聞呼聲驚起，下其縊，醒其毒。不果死，乃痛曰：「吾期必死，是何奴敗我事？俾不得遂三日約也！」每聲一號，血出如湧。其母勸曰：「兒死不更生，守亦節也，何自苦乃爾？」婦痛曰：「逝者無尺孤，將何守？吾安忍苟活旦夕，令九原魂孤耶？」母日夜備嚴，不得間。至七日，婦頓足曰：「遲矣！郎得無疑中變乎？」乃佯與其母曰：「吾久從麻跣，今七日，當斂

---

①本文又見於《萬曆潁州志・藝文中》。

髮莫。」思稍食，母信而喜之，謂女意回。方往櫛沐，婦函①趨閣閉門，母急排閣，已死梯下矣，縊帛即嚮所訣紅巾也。時年二十一，死之日七月十三日也。婦没及殮，越兩日夜，顏色如生。

先婦殁，里中楊叟夢老人詠「精化池蓮開並頭」之句，聞者不能解。越數日，張池蓮生並蒂雙萼，嗟嗟奇哉！鵬先高祖光祿泌，以忠貞事文皇帝，詔圖半像殿中，深荷眷注，殁賜祭葬，崇祀鄉賢，迨今芳聲藉藉人耳。余與烈婦同梓里，目擊其事，因紀之，俟觀風者採焉。

重修山川、社稷兩壇碑記②

徐治民

天生民而立之君，使司牧之。君一人不能獨理也，使群有司牧之。至於境以内陰隲默相，俾雨暘時若、禾黍告成者，則山川、社稷之靈歸焉。以故先王制爲祀典，各祭其封内神祗［祇］，以伸祈報。《記》曰：「山川神祇，有不舉者不敬，不敬者君削以地。」《經》曰：「社，土之主也。土地闊，不可盡敬，故封土爲社以報功。稷，五穀之長也。穀衆不可遍祭，故立稷神以祭之。」敬慎是守，毋或失墜，蓋自古重之也。

①「函」字，《萬曆潁州志·藝文中》作「亟」，當是。
②此文又見於《萬曆潁州志·藝文中》。

我國家禋祀之典，斟酌百王，特重山川、社稷之神。郡邑皆有壇，祭以春秋二仲戊日，載在令甲，昭若日星矣。潁爲中立首善地，壇舊有垣有樹，有齋宮，有更衣、宰牲所，始未嘗不虔也。歷二百餘祺，號爲最繁富者。顧邇年來，非旱魃爲災，則河伯爲祟①，仓庾告匱，餓莩載塗，國課久稽，民生日瘁，豈神之弗靈？抑人致之歟。守此土者四顧徬徨，持籌莫展；生此土者枵②腹蹙額，旦夕延命。今日之潁，殆非昔日之潁。先哲所稱「民淳事簡而物産美，土厚水甘而風氣和」者，邈乎不可再矣。

我父母述菴林公，以八閩閳（人），奉命來蒞兹土。甫下車日，即課青衿，修黌序，飭坊表，濬溝渠，議賑貸，緩征徭。諸所措置，悉達政體。春詣郊壇祀，見基址傾圮、羊豕盤剥，喟然歎曰：「國典國脈蕪穢一至此，即有昭告靡文，神其吐之，又何怪乎水旱頻仍、饑饉荐至、瘟疫之時熾也？」因進近壇父老，併召諸人士，申之曰：「潁民重罹災祲，慢神之咎在守土者，爾民何罪？吾特爲爾民禳之。」随捐俸資若干，募義民褚夢龍爲紀綱之。高其壇坫，衛以垣墻，正封界，樹坊額，餙階級。仍建屋三楹，爲更衣所，擇謹厚一人守之，以時其掃除。甫逾月而告厥成。維時士庶得於快覩，僉欣欣然喜色，告曰：「吾父母愛民敬神，崇國家之大典，調民雨暘，錫民禾黍，躋溝中之瘠於春臺之上，何厚幸哉！何厚幸哉！」不佞民，荷生成之惠，與編氓並渥，蓋不能已於颺言者。於是乎不辭譾陋，輒爲記以紀其事。

①「祟」字，疑當作「祟」。
②「枵」字，《萬曆潁州志·藝文中》誤作「樗」。

張三峯傳①

張鶴騰

按張少谷《廣列僊傳》云：「三峯，遼東懿州人，名君實，字玄玄。龜形鶴骨，鬚髯如戟。手持力尺，背一笠。人目爲儠傷云。元末居陜西寶鷄縣金臺觀，洪武初修煉於太和山玉虛宫側。能馴猛虎，後不知所終。」據少谷，亦不詳何代人。吾潁載：「張古山，本州人。幼端重不流。父母嘗欲爲聘，不從。誘以他，不動。出家，居本州迎祥觀。以高道，召武當提點。後入山採藥，遂失所在。」並未及三峯。今玩古山遺像，戟髯、手尺、背笠，一符《列僊傳》，又與世所傳三峯像類，則古山即三峯無疑。至人幻化叵測，或《潁志》沿舛未訂耳。

故老傳，儠傷居迎祥觀，以忠孝仁義勉人。能見未形事，嘗登城西南樓，足倒抵墙懸首移日，人不知所爲。飲集間，輒袖出滇閩方物，言身遊取若。左元放有戚女病危，戲言共卧可愈。女母詈之，女父不得已，姑依其説。與女抵足卧，父母環守之，三峯鼻息如雷，漏未半，女湧泉穴鼓炮，覺火入腹，即蹶起，痊。永樂靖難時，一日自浣敝衲，且浣且呼，曰：「召來。召來。」人皆笑其狂。次日，召果至，至徐州遇駕。後五年，遺②胡濙訪異人張三

①此文又見於《萬曆潁州志·藝文中》。
②「遺」字，《萬曆潁州志·藝文中》作「遣」，當是。

峯，蓋思之耳。英廟封爲通微顯化真人。後入武當，不知所終。遺像並渾元衣①、羅星、辰歷，數百年如新。好事者易其領，衣善敗。冠一，食器一，暑月貯肉不腐。世傳爲靈蹟。

本州鄉官陳淵，諸生時夢一羽衣執其手曰：「後會爾於金臺觀。」越四十年，陳宦陝西寶鷄縣丞，偶經道傍，祠額曰金臺觀。憶夢，心忡，入則三峯像在焉，儼然迎祥遺幅也。思三峯久居潁，故表異肅拜，私祝謝之。因寄語家人，製渾元衣披像上，若擬肖然。後二十年，淵子云：扶鸞得三峯箕書，云：「昔日曾得老父恩賜衣，何事報君身？」又云：「衣被人竊去，惠已領矣。始終依依，有枌榆誼。」雲軒老人記其天登②夜明，山腰雷雨，問道於隆平，參玄於巖師，不能具載。其耀靈幻異，於蜀、於秦、於淮揚，往往傳爲勝事，但不繫於潁，不敢並列云。

潁州創建青龍橋記畧③

張鶴騰

潁界江河南北，據天中之左，雖無屏巒翠崿，而沃衍曠夷，縈縈紆若環帶。前代如歐、蘇諸名流，皆稱善地。

①此處，《萬曆潁州志·藝文中》衍「衣」字。
②「登」字，《萬曆潁州志·藝文中》作「燈」，當是。
③本文又見於《萬曆潁州志·藝文中》。

今一潁也，而滄桑懸矣。按《水經》：汝水出天息山。《地理志》：出大盂山，歷汝南，至原鹿，南入於淮。杜預釋：汝陰有原鹿縣。潁水三源奇發，左出少室南谿，東逕汝陰會於淮。《春秋》楚子「次於潁尾」，蓋潁水合淮處也。州據汝、潁之衝，南滙三川，川南接大、小潤、谷河。三河，淮、汝之支；三川，又三河之支也。俗傳「三川灌潁」，稱靈秀焉，後浸失故道。西南二川，今仍入南隍，折而西北入潁，大旱亦澌澌不絶，漲可泛輕舠。遡三河而上，獨東南一川，漫漫掉臂去焉。識者謂：五臟之脈，周溉而後神王，注泄則竭，旁溢則涣。南二川，北入潁者，若壑赴海，一瀉無餘，惟建閘而後可以收一郡之命脈。東一川掉臂者，若賓謝主，漠然無情，瀹巽水建橋，而後可以發一郡之奇麗。此真知水脈，而符青烏家言者也！

今上戊寅（1578）歲，兵憲朱公東光、郡守謝公詔亟欲培護潁脈，於城西北隅創建石閘，後洪水擣齧，徒餘亂石，卒無有能復之者。至於巽水之議，徒資嘖嘖。夫水，東背是旁溢也，北赴是注泄也；旁溢則入不充，注泄則出不繼。潁之不振，咸謂坐此。夫人之與物，翕然在大造中，而萃涣損益之際，即天地不能留，有運存焉者。潁之氣，穠厚而鬱積，故鍾爲人文，魁軼卓出爲汝南冠。若陳太傅、范青召［詔］諸君子，莫不籍甚當年、領閫來禩。乃後稍寥寥，則運漸薄，故氣漸踈，人材亦絀焉不繼耳。

我父母林公甲辰（1544）秋來守潁，潔己愛民，振廢舉墜，而尤留心學校。首繕黌宫，次鑿巽水，旁溢者西與二川合矣。建橋，其顔曰青龍，從震也。天鏡若開，長虹忽起，潁增一勝概矣！豈潁之運適際其益，故地氣適當其萃乎？又安知仲舉、孟博諸賢不踵接於輓世？而復覩歐、蘇舊遊之盛，未可量也。夫旁溢者合，已收其入矣；而注泄者不潴，不無尾閭之慮，水脈之所禁也。則慕循芳蹟，增閘約水，以固元氣，非潁長計乎？是又主乎事應，關乎會運，匪青烏家區區眇論所能窺測者也。

重修鼓樓神像記①

孫崇先 知州

鼓樓乃郡舊城南門樓，其祠祀武安王也，則前兵憲朱公因殲寇入夢，而自北城訪塑像以移之者，後州守祝公因題其額曰「鎮潁樓」。彼時草創，神貌卑小，兼逾數禩，塵灰飛垢，無以妥神靈，聳觀望。郡人盧孝廉敏、劉茂才廷榜輩謀增新焉。方②鳩眾有，赴③義民褚夢龍督理工事，於王神龕緣餙金青，其侍四將軍更塑，比舊高尺餘，丹艧壯麗，巍然焕然，匪直棲神，真一郡之雄鎮偉瞻也。崇先因僭更「鎮潁樓」扁爲「潁川重鎮」，樓陰扁以「汝陰具瞻」，蓋取郡古爲潁川汝陰地，而今與潁川衛同城云。

---

①此文又見於《萬曆潁州志·藝文中》。
②「方」字，《萬曆潁州志·藝文中》作「財」。
③「赴」字，《萬曆潁州志·藝文中》作「付」。

夫神道設教，自古記之。武安王之正直靈應，家喻戶曉，不啻詳矣。茲郡軍民囂雜，連值災歉，躬修未遑，寧無行咎於神？崇先承乏，綿才譾識，區畫未當，經理未周，寧無不取神之恫者？覩斯樓也，凛凛然神監已敬，與士民相矢，各修乃德，各敦乃行，有舊汙悉更新之。而崇先之所違戾，尤假靈諸士民耳目以來神牖，俾無負於潁川汝陰也。則此舉其有光於朱公之夢祀，而孝廉輩之增新者，奚直敬鬼神已也與哉？

重修潁州文廟儒學碑記①

姚宗文戶科給事中

皇明統天啟運，誕敷文德，迄今二百餘禩，道久化成，薄海内外彬彬文學。蓋我聖祖高皇帝即位改元，首祀至聖孔子於太學，遣官祀於闕里。洪武十五年（1382），詔天下通祀於學，誠重之也。潁州廼豐鎬地，則學尤其首重也者。但地隔天塹，雖無江左之靡麗，而無歲無滂眚之波及，守茲土者亟爲拯救之不暇，奚暇庀飭學宮哉？

惟厚吾孫公，篤生潁②慧豈弟，運用揮霍，以蒙城高等移守茲土。一臨政而明决若神，休息饑黎，不閱歲而不知有凶歲。即剖繁劇，如解牛丁，四顧善刀，有餘閒矣。乃視學宮頹圮，捐俸百餘金，委同州事梁君董葺，而郡紳

①此文又見於《萬曆潁州志·藝文中》。

②「潁」字，當爲「穎」字誤。《萬曆潁州志·藝文中》亦誤作「潁」。

士各捐資①助之。棟撓［橈］則更之而隆，廡圮則補之而翼，繚潓則塈之而鮮，倫堂其黝焉而新，廨宇若增而敞，號舍若拓而寬，輪奂之美，屹然大觀。是在萬曆三十八年（1610）也。明年，公入朝課最，復任。詣學，用堪輿家言而完其所未備，葺其所未妥。移綽楔於右偏而避其衝，塗塈其繚垣而免其潓，復委梁君董之。梁君英敏介特，克臻厥成，得無有以紀之乎？於是戴先生致書宗文，爲文泐之豊石。宗文，戴先生門下士，不敢辭。曰：

都哉！孫公是舉，蓋示意嚮，復風化，昭人文云。昔周公告成王宅新邑，曰：「伻嚮即有僚。」是公以嚮使臣也。孫公葺學，蓋以嚮示多士使云。上人尚不憚煩而每歲葺學，多士顧可憚煩而每日廢學乎？然學詎止勤呫嗶，工鞶帨，獵科甲已耶？稽輿圖，潁泉甘土厚，士雅民淳，歐陽文忠公所悦而老焉。迄今五百餘年，風猶在乎？復之蓋自學始。是以公之考文獻，輯州乘，屢葺學宫，作新士子，良有以也。觀《復》之《彖》曰：「反復其道，七日來復。」道豈吊詭衒奇，假歲月乎哉？學之《射義》有云：「爲人臣則爲臣鵠，爲人父則爲父鵠，爲人子則爲子鵠。」蓋道在倫常，來復不遠，是在多士反求而不失其鵠，以成有斐人文焉耳。

嘉靖初，人文在道術，王文成公起而講良知之學，當時鄒東郭、羅念菴諸公嘗師宗之。孫公尊人肯堂先生督學江右，慨然以人文化成爲己任，故嘗宗先儒横渠禮教，又與諸君子講明所謂良知者，而關中之學因賴以益暢。公以

①「資」字，《萬曆潁州志·藝文中》作「貲」。

剛明任道之器，光大家學，了悟宗旨，而曰執禮，是執其所知而非器也；曰良知，是知其所執而非虚也，一也。是以涖官行法，左規右矩，而不失爲人師帥之鵠，多士舍公奚師焉？誠得師而身是鵠也，則淳風遂復，人文傑出，事業昭宇宙，勳猷勒鼎彝，又奚啻文忠所悦已？都人士師此而身是鵠也，則都其潁矣。使海内學士惟潁之師，即三五郅隆，可復見矣。公於聖祖爲道重學之睿意，庶可藉此以上答萬一云。

公諱崇先，陝西扶風人。考績加鳳陽府同知，仍管潁州事。梁君諱懋孔，湖廣竹山籍，江西高安人。而判官鄭静觀，浙江諸暨人；吏目李寧，山西絳州人；學正戴文明，即先生，浙江蕭山人；訓導孔紹，山東恩縣人；葉之經，直隸華亭人；王一清，四川灌縣人，共襄其事。凡捐資①者，列之碑陰。系之詞曰：

三五禪美，膠庠誰繼。於赫皇明，云道攸係。重之則興，忽之則替。相彼潁庠，爲豐鎬地。風非江左，乃豫東鄙。荒眚頻仍，葺之曷易？嘉樂孫公，淹貫六藝。來守兹土，惟民從義。顧我七尺，斯文是寄。料理賢關，頽將何計？捐俸資②飭，一之未既。若作室家，既勤塗塈。屹然改觀，士樂所肄。矧前師表，啟後行誼。請益何從，載觀射義。汝潁作頌，文其陸離，流芳者世。

---

①「資」字，《萬曆潁州志·藝文中》作「貲」。

②「資」字，《萬曆潁州志·藝文中》作「貲」。

孫公生祠碑記①

朱之蕃狀元

扶風孫公以世家碩德筮令於蒙，蒙遂大治。值潁苦歲饑，洶洶兆亂，當事慎擇其守以撫綏之②，微公莫可勝任者。先是，公爲令時，審定潁人徭役，已咸服其公平。比下車，即爲民請命，以金易睿③河夫役，潁人免於暴露，保其室家。乃招流移，給以牛種；清衙④蠹，省其獄訟；捐俸以修黌宫，課士以與⑤行義。茹蘗飲冰而持己綦嚴，戢暴禁奸而善良無恐，才與誠合，廉以仁行。三年，潁遂大治如蒙焉。父老子弟惟恐公去潁而赴内召，空國走兩臺，乞加御⑥久任。果得諭⑦旨，晉公爲郡貳，仍視州事。

又逾三載，而民情之信從愈堅，依戀愈篤。顧公賢聲溢朝野，未有久勞民事而國家無顯陟以酬其功者。既被簡

①此文又見於《康熙潁州志·藝文（中）·雜文》。

②「之」字後，《康熙潁州志·藝文（中）·雜文》有「咸謂」二字。

③「以金易睿」四字，《康熙潁州志·藝文（中）·雜文》作「出金代濬」。

④「衙」字，《康熙潁州志·藝文（中）·雜文》作「積」。

⑤「與」字，《康熙潁州志·藝文（中）·雜文》作「興」，當是。

⑥「御」字，《康熙潁州志·藝文（中）·雜文》作「銜」，當是。

⑦「諭」字，《康熙潁州志·藝文（中）·雜文》作「俞」。

命，佐南大司農以行。潁士民乃繪像建祠，爲公歲時伏臘祝祈福①，以志永久不忘之思。衆以②蕃嘗讀公《德政録》，採歌謡，紀休實，叙其首簡，復欲子③一申前説而詔諸後人。予惟得民之心古今所難，乃一真④所運，天地可通，鬼神可格，金石可貫，而何有於血氣心知之民？公之治潁，歷七年如一日，宜民之戴公，合萬口如一詞耳。假令粉餙其蹟而二三其中，振勵於先而倦逸⑤於後，威籠智馭於耳目之近，而不能淪肌洽⑥髓於積久之餘，則其入人之深，感人之切，必不能若此。其至矣，肅瞻坐⑦於宇下，壓景行⑧於高山，潁人士將終有利賴焉。自有公，而龔、黄、歐⑨、蘇之治不得專美於前，嗣必有繼公而踵其芳躅者，公且更有貽於後矣。潁人祠公，信爲義舉，亦屬⑩遂樂爲之記，以揚休於公而深有望於繼公者云爾。

①自「爲公」至「祈福」九字，《康熙潁州志·藝文（中）·雜文》作「歲時伏臘爲公祈福」。
②此處，《康熙潁州志·藝文（中）·雜文》有「之」字。
③「子」字，《康熙潁州志·藝文（中）·雜文》作「予」，當是。
④「真」字，《康熙潁州志·藝文（中）·雜文》作「誠」。
⑤「逸」字，《康熙潁州志·藝文（中）·雜文》作「怠」。
⑥「洽」字，《康熙潁州志·藝文（中）·雜文》作「浹」。
⑦「坐」字，《康熙潁州志·藝文（中）·雜文》作「仰」。
⑧「壓景行」三字，《康熙潁州志·藝文（中）·雜文》作「勤景慕」。
⑨「龔黄歐」三字，《康熙潁州志·藝文（中）·雜文》作「晏歐呂」。
⑩「亦屬」二字，《康熙潁州志·藝文（中）·雜文》無。

重建北城樓碑記①

林杞 知州

潁當心房分野，幅幁千里，襟带長淮，控扼陳蔡，江以北一雄鎮云。舊城環四里許，萬曆甲戌（1574），舊②守趙公世相拓而廣之。今環五里四十四步，新舊連爲一城。北城額曰承恩，城上有樓，額曰高玄寶閣。以分野值心房，而心房乃北斗之分，故士民祀玄帝於上，神最靈，而士民祈禱應如響。且也井幹雄峙，飛甍接雲，下通汴河，一水環带，舳艫鱗集，商賈輻輳，稱大觀焉。説者以人文鼎盛，科第雲聯，細而農桑阡陌，質之堪輿家言，皆以此樓卜興廢。

歲壬子（1612），不戒於火，適公私交匱之際，議建置，難。當事者樂株守，而又恐涉竊鐵③之疑。議任事，難，一方雄鎮，闕焉久之。癸丑（1613），余承乏來兹，見頹垣毁木，殊弗雅觀。畿④輔金湯，可令任其荆棘哉？相達⑤經營，會計盈縮，庀其材，程其藝，始事於甲寅（1614）之三月。以俸之所入捐以倡，而僚屬之協助，士民

①此文又見於《康熙潁州志・藝文（中）・雜文》。
②「舊」字，《康熙潁州志・藝文（中）・雜文》作「前」。
③「竊鐵」二字，《康熙潁州志・藝文（中）・雜文》作「攫飯」。
④「畿」字，《康熙潁州志・藝文（中）・雜文》作「三」。
⑤「達」字，《康熙潁州志・藝文（中）・雜文》作「度」，當是。

之樂輸，日接踵焉。不足，則稍濟以贖鍰。屈指僅僅①半載，而樓復如故，不獨一郡之大觀，出於睥睨之上者，不改其初，而雄狀侈麗殆過之②。余愧不能悦以先民，而民忘其勞，成以不日③，不煩④公帑，不費⑤設處，屹然北門鎖鑰，非民子來，何以有此⑥？若曰余之任事而有建置也，則吾豈敢。樓成，仍以玄帝祀之⑦，從民欲也。

登其樓，吞吐雲霧⑧，與旭日相媚，晶瑩玲瓏⑨，掩映霏疊⑩，紫翠萬狀。下瞰郡會，河流千里，望之⑪澄碧，曠野黃雲，籠罩喬木，飛躍注射，若五金之在溶⑫，芒潁⑬絢爛，皆觸睛眩⑭。維時禾麥⑮甫熟，黃綠間錯如繡，嘉

---

①後一「僅」字，《康熙潁州志·藝文（中）·雜文》無。
②自「不獨」至「過之」諸字，《康熙潁州志·藝文（中）·雜文》作「雄麗殆又過之」。「狀」字，疑當作「壯」。
③「成以不日」四字，《康熙潁州志·藝文（中）·雜文》無。
④「不煩」二字，《康熙潁州志·藝文（中）·雜文》作「然不費」。
⑤「費」字，《康熙潁州志·藝文（中）·雜文》作「煩」。
⑥自「非民」至「有此」八字，《康熙潁州志·藝文（中）·雜文》作「非藉子來，之民何以有此」。
⑦「祀之」二字，《康熙潁州志·藝文（中）·雜文》作「供焉」。
⑧「雲霧」二字，《康熙潁州志·藝文（中）·雜文》作「煙霞」。
⑨「玲瓏」二字，《康熙潁州志·藝文（中）·雜文》無。
⑩「霏疊」二字，《康熙潁州志·藝文（中）·雜文》無。
⑪「望之」二字，《康熙潁州志·藝文（中）·雜文》作「遠近」。
⑫「溶」字，《康熙潁州志·藝文（中）·雜文》作「鎔」。
⑬「潁」字，《康熙潁州志·藝文（中）·雜文》作「穎」，當是。
⑭「皆觸睛眩」四字，《康熙潁州志·藝文（中）·雜文》無。
⑮「麥」字，《康熙潁州志·藝文（中）·雜文》作「黍」。

樹蔭之，好鳥喈喈可愛，爽沁脾腸①，徘徊瞻顧，靡匪趣會②。偶得七言一章，爲羽聲，噓之入雲霄，縹緲徐下，與天籟和響，萬水節奏，覺西湖秀色，亦遠來襲人衣裾。已而士民歡呼鼓舞，望之若慕，即之若素，各向玄帝作禮，稽首而退。頃鄉紳③張公鶴鳴以方嶽晉御史大夫，雖張公夙望乎？而適④當此樓落成之會，堪輿之言，非明驗耶？他如士子乘時遘會，取青紫，甲於他郡，農工之屬享豐亨⑤而樂恬熙，較昔倍蓰，余將拭目俟之。是爲序。

三烈傳

張文峙

三烈者，甯氏、武氏、劉氏也。甯氏爲指揮武宗尹妻；武氏，其女；劉氏，其子婦也。明制，指揮使等世官其衛，酬戰功以養材武。海内無事幾二百餘年，其子弟或不能彀弓。蓋學士大夫多出族黨，漸磨乎禮教者久，以至婦人女子胥閒節義，所固然也。

---

①自「嘉樹」至「脾腸」諸字，《康熙潁州志·藝文（中）·雜文》無。
②自「靡匪」至「節奏」諸字，《康熙潁州志·藝文（中）·雜文》無。
③「頃鄉紳」三字，《康熙潁州志·藝文（中）·雜文》作「適鄉先生」。
④「適」字，《康熙潁州志·藝文（中）·雜文》作「恰」。
⑤「享」字，《康熙潁州志·藝文（中）·雜文》作「亨」，當是。

宗尹世爲潁川衛指揮僉事，生而好談將畧，歷任漕河把摠、磁州都司，陞灤陽營遊擊。視形勢，築橋堡，與士卒同甘苦。論功當遷，以不媚崔呈秀，功遂不得上。璫敗，言官薦於朝，起授馬水口參將，滅叛卒，一路大定。朝議欲以代馬世龍爲太師，會病歸，卒。

甯氏，尚寶公之女孫。年十五歸宗尹，生一子威遠；一女，嫁王茂才于岐。宗尹征伐常在外，其母病痺，氏聞老嫗言，刲生人之膚可以愈奇疾，信之，遂割股以啖，戒家人不得言。其篤孝如此！乙亥（1635）春，流寇破潁。氏以子威遠授紀綱僕，曰：「此武氏白胤，其善避匿去。」同其女與子婦赴井死。楊侍御繩武巡按河南，聞其狀，歎曰：「一門三烈，泉水爲香。」特奏旌之。

夫女子行在閫内，非有奇可稱也，而難至節見，定如山嶽焉。方魏、崔藺蔓時，文章智解之士回惑易路，宗尹一曲將，盛氣抗之，視福若凂藉，非然，幾愧婦人女子哉。

詳奏潁城節烈疏崇禎八年（1635）①

林正亨戶科右給事

竊自潁州失陷，奏報之遲，致聖明廑念，命臣速查②具奏。臣隨親至其地，詳查③備悉。初，州官④尹夢鰲、通判趙士寬往府公幹。賊信緊急，鄉官原任尚書張鶴鳴與教官周逢泰等，率通城舉貢、士民，同衛所各官，分布守禦⑤。初十日，尹知州、趙通判策騎方歸，倉卒募兵，未集，賊以數萬騎於十一日薄城下。北門外有高樓數座，迫近城垣，外可俯攻，内難仰敵。賊既臨城，毁折⑥不及，以致城不能守，縉紳士民駢首就戮。尹知州初猶手刃數賊，被傷，落水而死。弟侄尹玉等共死七人。趙通判城陷之時猶拔金簪募死士，力盡，死於河。其妻崔氏先縊二女，隨自⑦縊死，先發火自焚⑧。尚書張鶴鳴年八十有五，賊拽至北門外民樓下，剥衣倒懸，

---

①此文又見於《康熙潁州志·藝文（中）·雜文》，題作《詳奏潁城忠節疏》。
②「查」字，《康熙潁州志·藝文（中）·雜文》作「察」。
③「查」字，《康熙潁州志·藝文（中）·雜文》作「察」。
④「州官」二字，《康熙潁州志·藝文（中）·雜文》作「知州」。
⑤「禦」字後，《康熙潁州志·藝文（中）·雜文》有「正月」二字。
⑥「毁折」二字，《康熙潁州志·藝文（中）·雜文》作「拆毁」。
⑦「自」字，《康熙潁州志·藝文（中）·雜文》作「亦」。
⑧「先發火自焚」五字，《康熙潁州志·藝文（中）·雜文》無。

鶴鳴大罵不屈，賊怒，寸磔之。其長子張①大同年亦六十，爲賊所執，撞②見父屍，憤罵，賊怒③，炙手足，焚鬚眉，至死猶不絶聲。原任副使張鶴騰年亦八十二歲④，賊拽至鼓樓前，大聲憤罵，被賊碎腦斷頭而死。至進士韓獻策父韓光祖，罵賊而死⑤；知縣劉道遠，中書田之潁⑥，光祿寺署丞李生白、李元白，訓導丁嘉遇，舉人白精衷、郭之傑，監生田之尹等，又生員丁嘉運等七十七人，潁川衛⑦生員劉廷石等二十六人，一時並死。此文臣與紳衿之慘也！

以至武臣，則指揮同知李從師領營⑧兵二百人，城守不懈，城陷，猶獨身營戰，身授十三刀而死⑨。又指揮僉事王廷俊防守西門，曾射賊中額，賊識其面，城陷，怒磔其屍⑩。又百戶孫陞、田之振防守東門，城陷不退，死於刃下。此武弁之錚錚者！

---

①「張」字，《康熙潁州志・藝文（中）・雜文》作「官生」。
②「撞」字，《康熙潁州志・藝文（中）・雜文》作「遇」。
③「怒」字，《康熙潁州志・藝文（中）・雜文》無。
④「亦八十二歲」五字，《康熙潁州志・藝文（中）・雜文》作「八十有二」。
⑤「死」字後，《康熙潁州志・藝文（中）・雜文》有「封」字。
⑥「潁」字，《康熙潁州志・藝文（中）・雜文》作「穎」。
⑦此處，《康熙潁州志・藝文（中）・雜文》有「學」字。
⑧「營」字，《康熙潁州志・藝文（中）・雜文》作「勇」。
⑨「授」「刀」二字，《康熙潁州志・藝文（中）・雜文》分別作「受」「創」。
⑩「屍」字，《康熙潁州志・藝文（中）・雜文》作「身」。

其餘中所百戶羅元慶、田得民，前所百戶汪檀，應襲千戶王之麒，俱死於賊。此武臣之慘也！

至潁川衛薊鎮邊軍，共四百六十七名，今只存九十五名，餘俱殺死。

以孝義，則如生員楊于世、熊叶夢、檀之樾、韓定策、王致和、王致志、陳純、丁嘉運、邢玄錫、李叢茂①、李維紀、喻天叙、楊士貞、韓中佐，武舉李承訓等，州民則黄國、趙謙等。以上或替②父身死，或罵賊身亡，或闔門投井而義無倖生，或盡室自焚而志更壯烈。

以烈女，則有如梅御美女梅二姐，董見貝女董大姐，甯偉女甯字田，李茂英女李二姐、李三姐，鞏大有女鞏懷姐，盧元靖女盧二姐，王師汝女王三姐。以上諸烈③，或罵賊而甘罹白刃，或携手而共投重淵。

以節④婦，則有如⑤進士韓獻策母武氏、妻李氏，已故推官鹿獻陽妻王氏，戶部主事李虚白妻韓氏，知縣申大志妻周氏，舉人郝巽母劉氏，滑文蔚母孫氏，白精衷母袁氏，舉人⑥張大昶妻曹氏，亓中雅妻武氏，官生張大同妻章氏，貢士李栩妻劉氏，甯儉妻楊氏，監生張維黄妻劉氏，生員李鳳孫母韓氏，李鼎孫母王氏，楊季麟妻張氏，王

①「叢茂」二字，《康熙潁州志·藝文（中）·雜文》作「茂叢」。
②「替」字，《康熙潁州志·藝文（中）·雜文》作「代」。
③「烈」字後，《康熙潁州志·藝文（中）·雜文》有「女」字。
④「節」字，《康熙潁州志·藝文（中）·雜文》作「烈」。
⑤「如」字，《康熙潁州志·藝文（中）·雜文》無。
⑥「舉人」二字，《康熙潁州志·藝文（中）·雜文》無。

啟昌妻劉氏，甯偉妻谷氏，劉大潤妻李氏，徐繕之妻張氏，王坱①妻劉氏，姚克恭妻李氏，王鼎隆妻張氏，張調理妻李氏，王純理妻李氏，劉佐臨妻胡氏，劉壯國妻張氏，姚仁妻王氏，王用乾妻李氏，湯雲孫妻徐氏，田旆生妻王氏，李學點妻楊氏、媳韓氏，陳格心妻金氏，潘文衡妻張氏，應襲千戶王承祖妻王氏，舍人孫廷垣妻郭氏，州民段廷謨妻王氏，周維芳妻田氏，谷國善妻儲氏，李世達妻張氏。以上諸節②婦，或剖胎碎屍，百折不回；或矢志完節③，一死自甘④。此皆耳目昭彰，公論共推者。念係風化所關，不敢不臚列其人。伏乞勅行撫按，覆查⑤表揚。

至城外鎮集，如方家集、長官店、李鐵集、艾亭、江寨等處，房屋焚燒，士民擄殺，難以計數。其中節烈，豈盡無人？未據申報，不敢混開。統惟聖明俯賜裁察，勅部覆議施行。

奉聖⑥旨：據奏，潁州失陷，官紳、士民、婦女殉節慘殺情形，深可憫念；併城外鎮集，有節烈顯著的，俱着該撫按詳查奏⑦，以憑分別議卹。

①「坱」字，《康熙潁州志·藝文（中）·雜文》作「瑛」。
②「節」字，《康熙潁州志·藝文（中）·雜文》作「烈」。
③「節」字，《康熙潁州志·藝文（中）·雜文》作「貞」。
④「一死自甘」四字，《康熙潁州志·藝文（中）·雜文》作「自甘一死」。
⑤「查」字，《康熙潁州志·藝文（中）·雜文》作「察」。
⑥「聖」字，《康熙潁州志·藝文（中）·雜文》無。
⑦「詳查奏」，《康熙潁州志·藝文（中）·雜文》作「詳察奏報」。

王氏家訓序①

蕭嗣立知州

宗之爲言，尊也；族②，聚也。宗法立，則本支明；族正、族長立，則分誼篤。三代而下，若《顔氏家訓》《温公家範》《紫陽家禮》，其最著也。明興，紹天闡繹，爰布《大誥》《聖諭》《集禮》《孝慈錄》諸制，三令五申，其於倫紀風化斷斷如也③。邇來扶教者請立《孝經》《忠經》於黌序以課士，士生今日，思濯磨於嘉言善行，明發有懷，當何如者？

汝南，古遵化地。比歲兵荒，衣冠俎豆越在草莽，江河不返，識者憂之。廼其故家遺俗，猶存典型。以予④所聞，其⑤鄉先達介石王公山斗如昨，而其胄子王生⑥名胤者，克念厥紹⑦，垂裕後昆。今觀其《家訓》一書，則古昔尊時王，篤摯周詳，其用心良亦勤矣！夫同言而信，信其所親；同令而行，行其所服。《易》曰：「威如之

①本文又見於《康熙潁州志·藝文（中）·雜文》。
②「族」字後，《康熙潁州志·藝文（中）·雜文》有「之爲言」三字。
③「斷斷如也」四字，《康熙潁州志·藝文（中）·雜文》作「蓋首重矣」。
④「予」字，《康熙潁州志·藝文（中）·雜文》作「余」。
⑤「其」字，《康熙潁州志·藝文（中）·雜文》無。
⑥「王生」二字，《康熙潁州志·藝文（中）·雜文》無。
⑦「紹」字，《康熙潁州志·藝文（中）·雜文》作「緒」。

吉，反身之謂也。」正家而天下定，余於王氏之作求者有厚望云。

重修潁東四十里舖橋疏

朱應昇

《周禮》：「司險知川澤之阻。」而達其道路，則以橋梁通。故水涸成梁，《冬官》攸載，即隳壞而修之，不可限以土功。單襄公過陳，見川不梁，卜其咎。則橋梁修廢，繫於政治重哉！

潁東四十里有橋，爲往來孔道。詳其地勢，居下湖坡，衆流滙入柳溝，而橋跨其上，上承龍潭溝，下達大河，則水之要害憑於斯矣。每遇水潦起漲，潰沙徙岸，激射之久，遂至騫崩，今已十有餘年矣。漲則澤也，落復淖，無春冬。且要也，其淖，輿輟載，徒弛負，盈途懟征，殊煩揭厲。其澤也，蕩蕩襄陵，涉者其無津涯，謂水懦弱，狎而玩之，乃有失足而隕於淵者。上臺聞而憫焉，若不忍須臾緩，第守事也，其以俟。

會六月，星翁孫公知潁。悃愊無華，慈良豈弟，洵所稱民之父母也。下車未幾，百廢具舉。上臺知公之可與有爲也，語公曰：「橋圮，惟汝功。」捐金以佐。公退而歎曰：「州，吾蒞也，而以勤上乎？病旅弗與祛也，厥咎焉諉？我其圖之。」因毅然振修，思舉於衆擎而成之不日也。噫嘻，善哉！

昔王周定州橋壞，覆民租車，周曰：「橋梁不修，刺史過也。」乃償民粟，治其梁。潁州亦一定州歟？何其似也！抑役有其念之，莫與倡也；有其倡之，莫與贊也；有其贊之，莫與任也。念而弗倡，不可始也；倡而弗贊，不可遂也；贊而弗任，不可終也。倡以始念，贊以遂倡，任以終贊。無寧役，功其賴焉？兹上臺始念於上，而守公力爲之倡，佐州暨尉同心同德，逮於縉紳士庶分猷念以相從，交輸而協贊焉，而以工務任之善人某。善人綦要哉！雖然，稱斯名也，其謂之何？則善人當以公之心爲心，惟公之急而私是屏，無蹈曩者修廟故轍，庶幾竹頭木屑、瓦礫泥沙皆有寔用，不致以虚縻塞工，乃可仰副懋簡矣。余尤欲進善人而諭之。橋之毁也，以水悍，故其命虞誅材之能久者，遵岸之足，布而入之，出其顛腹寔礫焉，巨石藉而壘岸立若磐；濬其溝之淤積，納流於中，俾無潰決，則橋基可以永堅。人無褰裳，車不濡軌，道路無擁，功濟行路，則守公與歐公築塞白龍溝、蘇子止鑿鄧艾溝，功相若矣。崔亮渭水爲橋，利濟百姓，遂名崔公橋。余亦敬題潁東四十里橋爲孫公橋，令登斯橋者頌成功，因以頌上臺始念之仁於不朽云。

重修潁學疏

朱應昇

己丑（1649）秋八月，昇鐸潁序。祗謁之日，拾級升廟，梁桷潁［頹］缺，歷視兩廡以及儀門之左右，祠藩壁陁拔，蕩焉若墟，木偪①閣亭，敝與廟等。啟聖宮居廟東隅，鞠爲荒圃；學宮赤白之飾，黕昧不鮮。至其甚者，泮梁之地夷於牧厠。觀已趦趄，若有枝柱於懷者，蓋日〔旦〕夕靡寧也。急謀之諸生，得損②貲若干，畀捐賚湌佐之，葺築周垣，建若行香門、禮門，稍壯外觀，他未敢遽舉也。乃庚寅歲（1650）兩趨試事，忽忽矢去。兹歲歷辛卯（1651）矣，秋冬之際又復事公車行，苟而日月而傳視官，宮廡其終廢已，豈非鐸者之過哉？元旦謁廟，竟誓以修復爲任，諸生和者疊足，因卜辛酉吉，與同志諸生、某拮据措置，構木數椽，仍東西廡基各竪其一，以示肇工云。

容③有難者曰：「子胡易兹役也？潁學積廢四十年，子知其繇乎？無良者之蒞也，惟己是封，而暇神卹？否者藉以益，或核焉，因以讟。於是乎有舉焉，而人且疑。將有良焉，虞核者之己疑也，避弗集。子胡易兹役也？」解之曰：「舉大謀廣者，不畏浮議，惟無己以從事，其諒也。且續我何罪，不諒蒙焉？弗續而罪，神之妥也，我獲寔多，是故懼弗集也，遑卹其他？」客曰：「子言是矣。然費也侈，奚辦哉？將官乎？而儲無贏矣；將氓乎？而誅無則矣。」曰：「無庸，將自集。昔愚公移山，山神懼，告帝。帝命夸娥氏二子負山，一措朔東，

①「偪」字，疑當作「楅」。
②「損」字，疑當作「捐」。
③「容」字，疑當作「客」。

一措雍南，何者？志堅則鬼神避之也。天下事欲移竟移矣，豈無欲置竟置者乎？今日兩廡諸祠之建誠難，予亦志愚公之志而已矣。且夫難，裕本也，其以難我而裕之乎？則是役也，固學問之道存焉，敢弗事事？況際刺史加惠學校，修廡一事尤拳拳焉；暨於紳士罔不同心以匡乃役，則人人意中各有一先聖、先賢，積於不容已。敬以生義，和以集事，交輸而協贊焉，自無或後矣，尚奚憂用之不繼哉？即奈何避難而棄義也。」客唯而退，爰錄疏端，告我聖人之徒，聿觀厥成，無使寺觀緇黄反笑吾黨門庭中落也，則予祇謁之初願畢矣。

詩部

將歸故山留别杜侍御①

王建詳《人物》

有川不得涉，有路不得行。沉沉百憂中，一日如一生。錯來干諸侯，石田廢春耕。虎戟衛重門，何因達中誠。日月俱照曜，山川異陰晴。如何百里間，開目不見明。我今歸故里②，誓與草木並。願君去丘阪，長使道路平。

①此詩見於尹占華《王建詩集校注》卷四。

②「里」字，《王建詩集校注》卷四作「山」。

羽林行①

王建

長安惡少出名字，樓下劫商樓上醉。天明下直明光宫，散入五陵松柏中。百回殺人身合死，赦書尚有收城功。九衢一日消息定，鄉吏籍中重改姓。出來依舊屬羽林，立在殿前射飛禽。

當窗織②

王建

歎息復歎息，園中有棗行人食。貧家女大富家織，翁母隔墻不得力。水寒手澁絲脆斷，續來續去心腸爛。草蛩③促促機下啼，兩日催成一匹半。輸官上頭有零落，姑未得衣身不着。當窗却羡青樓娼④，十指不動衣盈箱。

①此詩見於《王建詩集校注》卷二。
②此詩見於《王建詩集校注》卷一。
③「蛩」字，《王建詩集校注》卷一作「蟲」。
④「娼」字，《王建詩集校注》卷一作「倡」。

宮詞①

王建

一時起立吹簫管，得寵人來滿殿迎。整頓衣裳皆着節，舞頭當拍第三聲。

家常愛着舊衣裳，空戴②紅梳不作粧。忽把下堦衣帶解③，非時應得見君王。

月冷江清④近臘時，玉堦金瓦雪澌澌。浴堂門外抄名入，公主家人謝面脂。

樹葉初成鳥出⑤窠，石榴花裏笑聲多。舞⑥中遺却金釵子，拾得從他要賞羅⑦。

春風院院落花堆，金鎖衣生⑧掣不開。更築歌臺起粧殿，明朝先進畫圖來。

叢叢洗手遶金盆，旋拭紅巾入殿門。衆裏遥抛金⑨橘子，在前收得便承恩。

---

①此六詩皆見於《王建詩集校注》卷十。
②「戴」字，《王建詩集校注》卷十作「插」。
③「把」「衣」二字，《王建詩集校注》卷十作「地」「裙」。
④「月冷江清」四字，《王建詩集校注》卷十作「日冷天晴」。
⑤「出」字，《王建詩集校注》卷十作「護」。
⑥「舞」字，《王建詩集校注》卷十作「衆」。
⑦「賞羅」二字，《王建詩集校注》卷十作「贖麽」。
⑧「衣生」二字，《王建詩集校注》卷十作「生衣」。
⑨「金」字，《王建詩集校注》卷十作「新」。

按，建《宫词百首》多入選，今錄六首，皆别集所未選者云。

綺繡宫①

王建

玉樓傾側粉墻空，重疊青山遶故宫。武帝去來紅②袖盡，野花黄蝶領春風。

汴路即事③

王建

千里河煙直，青楓④夾岸長。天涯同此路，人語各殊方。草市迎江貨，津橋稅海商，回看故宫柳，憔悴不成行。

①此詩見於《王建詩集校注》卷九，題作《過崎岫宫（東都永寧縣西五里）》。
②「紅」字，《王建詩集校注》卷九作「羅」。
③此詩見於《王建詩集校注》卷五。
④「楓」字，《王建詩集校注》卷五作「槐」。

邊土送故人①

王建

百戰一身在，相逢白髮生。何時得家②信，每日算歸程。匹③馬登寒壠，驅羊入廢城。羌歌④三兩曲，人醉海西宫⑤。

贈王建赴陜州司馬⑥

劉禹錫

暫輟清嚴⑦出太常，空携詩卷赴甘棠。府公既有朝中舊，司馬能⑧容酒後狂。案牘來時惟⑨署字，風煙入興便成

①此詩見於《王建詩集校注》卷五，題作《塞上逢故人》。
②「家」字，《王建詩集校注》卷五作「鄉」。
③「匹」字，《王建詩集校注》卷五作「走」。
④「歌」字，《王建詩集校注》卷五作「笳」。
⑤「宫」字，《王建詩集校注》卷五作「營」。
⑥此詩見於《劉禹錫集》卷二十八，題作《送王司馬之陜州（自太常丞授，工爲詩）》。
⑦「嚴」字，《劉禹錫集》卷二十八作「齋」。
⑧「能」字，《劉禹錫集》卷二十八作「應」。
⑨「惟」字，《劉禹錫集》卷二十八作「唯」。

章。兩京大道多遊客，每遇詞人戰一場。

西湖亭燕餞①

許渾潁州從事

西湖清燕②不知回，一曲離歌酒一杯。城带夕陽聞鼓角，寺臨秋水見樓臺。蘭堂客散蟬猶噪，桂檝人稀鳥自來。獨想征車過鞏洛，此中霜菊繞潭開。

聚星堂前紫薇花③

歐陽修詳《宦業》

亭亭紫薇花，向我如有意。高煙晚溟濛，清露晨點綴。豈無陽春月，所得時節異。静女不争寵，幽姿如自喜。

①此詩見於羅時進《丁卯集箋證》卷八，題作《潁州從事西湖亭宴餞》。
②「燕」字，《丁卯集箋證》卷八作「宴」。
③此詩見於《歐陽修全集》卷四。

將期誰顧眄，獨伴我憔悴。而我不疆①飲，繁英行亦墜。相看兩寂寞，孤詠聊自慰。

送楚建中潁州法曹②

歐陽修

冠蓋盛西京，當年相府榮。曾陪鹿鳴宴，遍識洛陽生。共歎長沙謫，空存許邵③評。堪嗟桃李樹，何日見陰成。

祈雨曉過湖上④

歐陽修

清晨驅馬思悠然，渺渺平湖碧王⑤田。曉日未昇先起霧，綠陰初合自生煙。身閒始覺時光好，春色⑥猶餘物色

①「疆」字，《歐陽修全集》卷四作「强」，當是。
②此詩見於《歐陽修全集》卷十。
③「邵」字，《歐陽修全集》卷十作「劭」，當是。
④此詩見於《歐陽修全集》卷十一。
⑤「王」字，《歐陽修全集》卷十一作「玉」，當是。
⑥「色」字，《歐陽修全集》卷十一作「去」，當是。

妍。更待四郊甘雨足，相隨蕭①鼓樂豐年。

送勾諶太丞通判潁州②

歐陽修

潁川倒灣流，欄船曲轉鈎。吏迎如太守，民望亞諸侯③。芳圃深通野，寒湖半抱州。前賢多舊蹟，佳詠聽君留。

退居述懷寄北京韓侍中二首④

歐陽修

悠悠身世比浮雲，白首歸來潁水濱⑤。曾見⑥元臣調鼎鼐，却尋田叟問耕耘。一生勤苦書千卷，萬事消⑦磨酒百

---

①「蕭」字，《歐陽修全集》卷十一作「簫」，當是。
②此詩見於《梅堯臣集編年校注》卷二十九，當爲梅堯臣之作。
③「候」字，《梅堯臣集編年校注》卷二十九作「侯」，當是。
④此二詩見於《歐陽修全集》卷五十七。
⑤「濱」字，《歐陽修全集》卷五十七作「漬」。
⑥「見」字，《歐陽修全集》卷五十七作「看」。
⑦「消」字，《歐陽修全集》卷五十七作「銷」。

分。放浪豈無方外士，尚思親友念離群。

書①殿宫臣寵並叨，不同憔悴返魚②樵。無窮興味閒中得，强半光陰醉裏消③。静愛竹時來野寺，獨尋春偶過溪橋。猶須五物稱居士，不及顔回飲一瓢。

初夏西湖④

歐陽修

積雨新晴漲碧溪，偶尋行處獨依依。緑陰黄鳥春歸後，紅蘤青苔人蹟稀。萍匝汀洲魚自躍，日長欄檻燕交飛。林僧不用相迎送，吾欲臺頭坐釣磯。

①「書」字，《歐陽修全集》卷五十七作「青」。
②「魚」字，《歐陽修全集》卷五十七作「漁」。
③「消」字，《歐陽修全集》卷五十七作「銷」。
④此詩見於《歐陽修全集》卷五十七。

寄河陽王宣徽①

歐陽修

誰謂蕭條潁水邊，能令佳②客少留連。肥魚美酒偏宜老，明月清風不用錢。况值湖園方首夏，正當纓筍③似三川。自知不及南都會，勉强猶須詫短篇。

聚星堂燕集探韵得豐字④

歐陽修

池汙⑤以其下，衆流之所鍾。尺水無長瀾，蛟龍豈其容？顧予誠鄙薄，群俊在⑥高蹤。得一不爲少，雖多肯辭

①此詩見於《歐陽修全集》卷五十七。
②「佳」字，《歐陽修全集》卷五十七作「嘉」。
③「纓」字，《歐陽修全集》卷五十七作「櫻」。
④此詩見於《歐陽修全集》卷四，題作《人日聚星堂燕集探韻得豐字》。
⑤「池汙」二字，《歐陽修全集》卷四作「汙池」。
⑥「在」字，《歐陽修全集》卷四作「枉」。

豐？譬如登圓壇，羅列璧與琮。又若享鈞天，左右聞①笙鏞。文章爛照耀，應和相撞舂。而子②處其間，眩晃不知從。退之亦嘗云，青蒿倚長松。新陽發群枯，生意漸豊茸③。薄暮雪④方積，醁醅寒更濃。毋言輕此樂，此樂難屢逢。

太傅杜公索聚星堂詩成⑤

歐陽修

楚肆固知難衒玉，丘門安敢輒論詩。藏之十襲真無價⑥，報以雙金豈所宜？已恨語言多猥冗，况因杯杓正淋灕。願投几格資哈噱，欲展須於欲睡時。

---

①「聞」字，《歐陽修全集》卷四作「間」。
②「子」字，《歐陽修全集》卷四作「予」，當是。
③「茸」字，《歐陽修全集》卷四作「茸」，當是。
④「薄暮雪」三字，《歐陽修全集》卷四作「暮雪浩」。
⑤此詩見於《歐陽修全集》卷十二，題作《太傅杜相公索聚星堂詩謹成》。
⑥「價」字，《歐陽修全集》卷十二作「用」。

去思堂會飲得春字①

歐陽修

世事紛紛②百態新，西崗③一醉十三春。自慚白髮隨年少，猶把金鍾勸主人。黃鳥亂飛深夏木，紅榴初發艷清晨。佳時易失閒難得，有酒重來莫厭頻。

答杜相公寵示去思堂詩④

歐陽修

當年丞相倦洪鈞，彌節初來潁水濱⑤。惟以琴樽樂嘉客，能將富貴比浮雲。西溪水色春長綠，北渚花光暖自薰。⑥ 得載公詩播人口，去思從此四夷聞。

---

①此詩見於《歐陽修全集》卷五十六，題後有自注：「甲午四月，潁州張唐公座上。」
②後一「紛」字，《歐陽修全集》卷五十六作「然」。
③「崗」字，《歐陽修全集》卷五十六作「岡」。
④此詩見於《歐陽修全集》卷十二。
⑤「彌」「濱」二字，《歐陽修全集》卷十二分別作「弭」「濆」。
⑥此處，《歐陽修全集》卷十二有自注：「去思堂在北渚之北，臨西溪。溪，晏公所開也。」

去思堂手植雙柳今已成陰因而有感①

歐陽修

曲欄②高柳拂層簷，却憶初栽映碧潭。人昔共遊今孰在？樹猶如此我何堪！壯心無復身從老，世事都消③酒半酣。後日更來知有幾，攀條莫惜駐征驂。

西湖泛舟呈運使學士張掞④

歐陽修

波光柳色碧溟濛，曲渚斜橋畫舸通。更遠更佳惟⑤恐盡，漸深漸密似無窮。綺羅香裹留佳客，絃管聲中⑥颺晚風。半醉回⑦舟迷向背，樓臺高下夕陽中。

---

①此詩見於《歐陽修全集》卷十二。
②「欄」字，《歐陽修全集》卷十二作「闌」。
③「消」字，《歐陽修全集》卷十二作「銷」。
④此詩見於《歐陽修全集》卷五十六。
⑤「惟」字，《歐陽修全集》卷五十六作「唯」。
⑥「中」字，《歐陽修全集》卷五十六作「來」。
⑦「回」字，《歐陽修全集》卷五十六作「迴」。

聞潁州通判國博與知郡學士唱和頗多因以太［奉］寄知郡陸經通判楊褒也①

歐陽修

一自蘇梅閉九泉，始聞東潁播新篇。金樽留客史君醉②，玉麈高談别乘賢。十里秋風紅菡萏，一溪春水碧漪漣。政成事簡何爲樂，終日吟哦雜管絃。

送焦千之秀才③

歐陽修

焦生獨立士，勢利不可恐。誰言一身窮，自待九鼎重。有能揭之行，可謂仁者勇。吕侯相家子，德義勝華寵。焦生得其髓④，道合若膠鞏。始生及吾門，徐子喜驚踊。曰此難至⑤寶，一失何由踵。自吾得二生，粲粲獲雙珙。

①此詩見於《歐陽修全集》卷十四，題作《聞潁州通判國博與知郡學士唱和頗多因以奉寄知郡陸經通判楊褒》。
②「樽」「史」二字，《歐陽修全集》卷十四分别作「尊」「使」。
③此詩見於《歐陽修全集》卷四。
④「髓」字，《歐陽修全集》卷四作「随」。
⑤「至」字，《歐陽修全集》卷四作「致」。

奈何奪其一，使我意紛眊。吾嘗愛生才①，抽擢方鬱蓊。猶老霜雪姿②，然後見森聳。况從主人賢，高行可傾諫③。讀書趨簡要，害④説去雜冗。新文時我寄，庶可蠲煩壅。

憶焦陂⑤

歐陽修

焦陂荷花照水光，未到十里聞花香。焦陂八月新酒熟，秋水魚肥鱠如玉。清河兩岸柳鳴蟬，直到焦陂不下船。笑向漁翁酒家保，金龜可解不須錢。明日君恩許歸去，白頭酣詠太平年。

---

①「才」字，《歐陽修全集》卷四作「材」。
②此句，《歐陽修全集》卷四作「猶須老霜雪」。
③「諫」字，《歐陽修全集》卷四作「竦」。
④「害」字，《歐陽修全集》卷四作「言」。
⑤此詩見於《歐陽修全集》卷九。

寄韓子華並序①

歐陽修

余與韓子華②嘗約五十八歲致仕，子華書於柱上。其後薦蒙③寵，世故多艱，歷仕三朝，備位二府，已過限七年，方能乞身歸老。④

人事從來無處定，世途多故踐言難。誰如潁水閒居士，十頃西湖一鈎⑤竿。

會老堂宴趙公⑥

歐陽修

古來交道愧難終，此會今時豈易逢。出處三朝俱白首，凋零萬木見青松。公能不遠來千里，我病猶能⑦醻一

---

①此詩見於《歐陽修全集》卷五十七。
②此處，《歐陽修全集》卷五十七有「長文、禹玉同直玉堂」諸字。
③此處，《歐陽修全集》卷五十七有「恩」字。
④此後，《歐陽修全集》卷五十七有「俗諺云：『也賣弄得過裏』」諸字。
⑤「鈎」字，《歐陽修全集》卷五十七作「釣」，當是。
⑥此詩見於《歐陽修全集》卷五十七，題作《會老堂》。
⑦「能」字，《歐陽修全集》卷五十七作「堪」。

鍾。已勝山陰空興盡，且留歸駕爲從容。

叔平少師去後會老獨坐偶成①

歐陽修

積雪②荒庭遍緑苔，西堂瀟灑爲誰開。愛酒少師花落去，彈琴道士月明來。鷄啼日午衡門静，鶴唳風清晝夢回。野老但欣南畝伴，豈知名籍在蓬萊。

雪中會客禁體③

歐陽修

新陽力微初破萼，客陰用壯猶相薄。朝寒稜稜風④莫犯，暮雪緌緌止還作。驅馳風雲初慘淡，炫晃山川漸開

①此詩見於《歐陽修全集》卷五十七。「老」字後，《歐陽修全集》卷五十七有「堂」。
②「雪」字，《歐陽修全集》卷五十七作「雨」。
③此詩見於《歐陽修全集》卷五十四，題作《雪（時在潁州作。玉、月、梨、梅、練、絮、白、舞、鵝、鶴、銀等字，皆請勿用）》。
④「風」字，《歐陽修全集》卷五十四作「鋒」。

廓。光芒可愛初日照，潤澤終爲和氣爍。美人高堂晨起驚，幽士虚窗静聞落。酒壚成徑集瓶罌，獵騎尋蹤得狐貉。龍蛇掃起①斷復續，猊虎團成呀且攫。共貪終歲飽麰麥，豈恤空林饑鼠②雀？沙墀朝賀迷象笏，乘③野行歌没芒屩。乃知一雪萬人喜，顧我不飲故④爲樂。坐看天地絶紛⑤埃，使我胸襟如沈⑥瀹。脱遺前言笑塵雜，搜索萬象窺冥漠。潁雖陋邦文士衆，巨筆人人把矛槊。自非我爲發其端，凍口何由開一噱？

潁州西湖⑦

歐陽修

菡萏香清畫舸浮，使君那⑧復憶揚州？都將二十四橋月，換得西湖十頃秋。

①「起」字，《歐陽修全集》卷五十四作「處」。
②「鼠」字，《歐陽修全集》卷五十四作「鳥」。
③「乘」字，《歐陽修全集》卷五十四作「桑」。
④「故」字，《歐陽修全集》卷五十四作「胡」，當是。
⑤「紛」字，《歐陽修全集》卷五十四作「氛」。
⑥「沈」字，《歐陽修全集》卷五十四作「洗」。
⑦此詩見於《歐陽修全集》卷十二，題作《西湖戲作示同遊者》。
⑧「那」字，《歐陽修全集》卷十二作「寧」。

再至汝陰三絶余時將赴亳社恩許枉道過潁也①

歐陽修

黄栗留鳴桑椹②美，紫櫻桃熟麥風凉。朱輪昔愧無遺愛，白首重來似故鄉。

十載榮華貪國寵，一生憂患損天真。潁人莫怪歸來晚，新向君前乞得身。

水味甘於大明井，魚肥恰似新開湖。十四五年勞夢寐，此時方③得少踟躕。

思潁寄常處士④

歐陽修

齒牙零落鬓毛疏，潁水多年已結廬。解組便爲閒處士，新花莫笑病尚書。青衫仕至千鍾禄，白首歸來雙⑤鹿

①此三詩見於《歐陽修全集》卷十四，「余時將赴亳社，恩許枉道過潁也」諸字位於第三首之後。
②「椹」字，《歐陽修全集》卷十四作「葚」。
③「方」字，《歐陽修全集》卷十四作「才」。
④此詩見於《歐陽修全集》卷十四，題作《書懷》。
⑤「來雙」二字，《歐陽修全集》卷十四作「乘一」。

車。况有西鄰隱君子，輕蓑短笠伴春鋤。①

奉答子履學士見贈之作②

歐陽修

誰言潁水似瀟湘，一笑相逢樂未央。歲晚君尤耐霜雪，興闌吾欲返耕桑。銅槽旋厭③清樽美，玉麈閒揮白日長。預④約詩筒屢來往，兩州鷄犬接封疆。

答子履學士見寄⑤

歐陽修

潁亳相望樂未央，吾州仍得治僊鄉。夢回枕上黃粱⑥熟，身在壺中白日長。每恨老年才已盡，怕逢詩⑦敵力難

---

①此處，《歐陽修全集》卷十四有自注：「常夷甫也。」
②此詩見於《歐陽修全集》卷十四。
③「厭」字，《歐陽修全集》卷十四作「壓」。
④「預」字，《歐陽修全集》卷十四作「豫」。
⑤此詩見於《歐陽修全集》卷十四。
⑥「粱」字，《歐陽修全集》卷十四作「粱」，當是。
⑦「詩」字，《歐陽修全集》卷十四作「時」。

當。知君欲别西湖去，乞我橋南菡萏香。

會老堂致語①

歐陽修

熙寧，趙康靖公自南京訪公於潁，時吕正獻公爲守。②

某聞安車以適四方，禮典雖存於往制；命駕而之千里，交情罕見於今人。伏惟致政少師一德元臣，三朝宿望。挺立始終之節，從容進退之宜。謂青衫早並於俊遊，白首各諧於歸老。已釋軒裳之累，却尋鷄黍之期。遠無憚於川塗，信不渝於風雨。幸會北堂之學士，方爲東道之主人。遂令潁水之濱，復見德星之聚。里閭拭目，覺陋巷以生光；風義聳聞，爲一時之盛事。敢陳口號，上贊清歡：

欲知盛集繼荀陳，請看當筵主與賓。金馬玉堂三學士，清風明月兩閒人。紅芳已盡鶯猶轉③，青杏初嘗酒正醇。美景難並良會少，乘歡舉白莫辭頻。

①此詩見於《歐陽修全集》卷一百三十三。
②此句，《歐陽修全集》卷一百三十三無。
③「轉」字，《歐陽修全集》卷一百三十三作「囀」。

採桑子 潁州西湖①

歐陽修

群芳過後西湖好，狼籍殘紅。飛絮濛濛。垂柳闌干盡日風。　笙歌散盡遊人去，始覺春空。垂下簾櫳。雙燕歸來細雨中。

荷花開後西湖好，載酒來時。不用旌旗。前後紅幢緑蓋随。　畫船撑入花深處，香泛金卮②。煙雨微微。一片笙歌醉裏歸。

浣溪沙 湖景③

歐陽修

湖上朱橋響畫輪。溶溶春水浸春雲。碧琉璃滑净無塵。　當路遊系④繁醉客，隔花啼鳥唤行人。日斜歸去奈何春。

---

①此二詞見於《歐陽修全集》卷一百三十一。

②「卮」字，《歐陽修全集》卷一百三十一作「巵」。

③此二词見於《歐陽修全集》卷一百三十三。

④「系」字，《歐陽修全集》卷一百三十三作「絲」，當是。

堤上遊人逐畫船。拍堤春水四垂天。綠楊樓外出秋千①。　白髮戴花君莫笑，《六幺》催拍盞頻傳。人生何處似樽②前。

潁水③

梅聖俞

潁水苦流瀑，淺平秋與冬。岸深開勢底，波碧寫天容。④道枉隨灣去，村遥盡⑤日逢。迷魚是潭曲，寧見窟蛟龍。

---

①「秋千」二字，《歐陽修全集》卷一百三十三作「鞦韆」。
②「樽」字，《歐陽修全集》卷一百三十三作「尊」。
③此詩見於《梅堯臣集編年校注》卷十六。
④「勢底」「波」三字，《梅堯臣集編年校注》卷十六分别作「地勢」「底」。
⑤「盡」字，《梅堯臣集編年校注》卷十六作「近」。

和會老堂韻①

蘇軾詳《宦業》

一時冠蓋盡嚴終，舊德年來豈易逢。聞道堂中延蓋叟，定應牀下拜梁松。蠹魚自躍開②箱篋，科斗常③收古鼎鐘。我欲棄官重問道，寸筳何以得春④容。

題會老堂⑤

蘇軾

三朝出處共雍容，歲晚交情見二公。乘興不辭千里遠，放懷還許一尊同⑥。嘉謨⑦定國垂青史，盛事傳家有素風。自顧纓塵⑧猶未濯，九霄終日羡冥鴻。

①此詩見於《蘇軾詩集》卷八，題作《和歐陽少師會老堂次韻》。
②「躍開」二字，《蘇軾詩集》卷八作「曬開」。
③「常」字，《蘇軾詩集》卷八作「長」。
④「春」字，《蘇軾詩集》卷八作「春」。
⑤此詩見於《蘇軾詩集》卷四十七，題作《題永叔會老堂》。
⑥「許」「尊」二字，《蘇軾詩集》卷四十七分別作「喜」「樽」。
⑦「謨」字，《蘇軾詩集》卷四十七作「謀」。
⑧「纓塵」二字，《蘇軾詩集》卷四十七作「塵纓」。

潁州初别子由二首①

蘇軾

征帆挂西風，别淚滴清潁。留連知無益，惜此須臾景。我生三度别，此别尤酸冷。念子似元②君，木訥剛且靖③。寡詞④真吉人，介石乃機警。至今天下士，去莫如子猛。嗟我久病狂，意行無坎井。有如醉且墜，幸未傷輒醒。從今得閒暇，默坐消日永。作詩解子憂，持用日三省。

近别不改容，遠别涕沾胸。咫尺不相見，實與千里同。人生無離别，誰知恩愛重。始我來宛丘，牽衣舞兒童。便知有此恨，留我過秋風。秋風亦已過，别恨終無窮。問我何年歸，我言歲在東。離合既循還⑤，憂喜迭相攻。悟⑥此長太息，我生如飛蓬。多憂髮早白，不見六一翁。

①此二詩見於《蘇軾詩集》卷六。
②「元」字，《蘇軾詩集》卷六作「先」，當是。
③「靖」字，《蘇軾詩集》卷六作「静」。
④「詞」字，《蘇軾詩集》卷六作「辭」。
⑤「還」字，《蘇軾詩集》卷六作「環」。
⑥「悟」字，《蘇軾詩集》卷六作「語」。

九月十五觀月聽琴西湖一首①

蘇軾

白露下衆草，碧空卷微雲。孤光爲誰來，似爲我與君。水天浮四坐，河漢落酒樽。使我冰雪腸，不受麴糵醺。尚恨琴有絃，出魚亂湖紋。哀彈本②舊曲，妙耳非昔聞。良時失俯仰，此見寧朝昏。懸知一生中，道眼無由渾。

復次前韻謝趙景貺陳履常見和兼簡歐陽叔弼兄弟③

蘇軾

能詩李長吉，識字揚子雲。端能望此府，坐嘯獲兩君。遊我④江湖去，浮我五石樽。春⑤焉復少留，尚爲世所醺。或勸莫作詩，兒輩工織紋。朱絃寄三歎，未害俗耳聞。共尋兩歐陽，伐薪照黄昏。是家有甘井，汲多終不渾。

①此詩見於《蘇軾詩集》卷三十四，題作《九月十五日觀月聽琴西湖示坐客》。
②「本」字，《蘇軾詩集》卷三十四作「奏」。
③此詩見於《蘇軾詩集》卷三十四。
④「遊我」二字，《蘇軾詩集》卷三十四作「逝將」。
⑤「春」字，《蘇軾詩集》卷三十四作「眷」。

泛潁一首①

蘇軾

我性喜臨水，得潁意甚奇。到官十日來，九日河之湄。吏民笑相語，使君老而癡。使君實不癡，流水有令姿。遶郡十餘里，不駛亦不遲。上流直而清，下流曲而漪。畫船俯明鏡，笑問汝爲誰。忽然生鱗甲，亂我鬚與眉。散爲百東坡，頃刻復生②兹。此豈水薄相，與我相娛嬉。聲色與臭味，顛倒眩小兒。等是兒戲物，水中少磷淄。趙、陳兩歐陽，同参天人師。觀妙各有得，共賦泛潁詩。

到潁未幾公帑已竭齋厨索然戲作數句③

蘇軾

我昔在東武，吏方謹新書。齋空不知春，客至先愁予。采杞聊自誑，食菊不敢餘。歲月今幾何，齒髮日向疏。

①此詩見於《蘇軾詩集》卷三十四，題作《泛舟》。
②「生」字，《蘇軾詩集》卷三十四作「在」。
③此詩見於《蘇軾詩集》卷三十四。「數句」二字，《蘇軾詩集》卷三十四無。

幸此一郡老，衣①然十年初。夢飲本來空，真飽竟亦虛。尚有赤脚婢，能烹潁②尾魚。心知皆夢耳，慎勿歌歸歟。

聚星堂雪並引③

蘇軾

元祐六年（1091）十一月一日，禱雨張龍公，得小雪，與客會飲聚星堂。忽憶歐陽文忠公作守時，雪中約客賦詩，禁體物語，於艱難中特出奇麗。邇④來四十餘年，莫有繼者。僕以老門生繼公後，雖不足追配先生，而賓客之美，殆不減當時，公之二子，又適在郡，故輒舉前令，各賦一篇。

窗前暗響鳴枯葉，龍公試手行初⑤雪。映空先集疑有無，作態叙⑥飛正愁絶。衆賓起舞風竹亂，老守先醉霜竹⑦

①「衣」字，《蘇軾詩集》卷三十四作「依」，當是。
②「潁」字，《蘇軾詩集》卷三十四作「頳」。
③此詩見於《蘇軾詩集》卷三十四。標題原無，據《蘇軾詩集》卷三十四補。
④「邇」字，《蘇軾詩集》卷三十四作「爾」。
⑤「行初」二字，《蘇軾詩集》卷三十四作「初行」。
⑥「叙」字，《蘇軾詩集》卷三十四作「斜」，當是。
⑦「竹」字，《蘇軾詩集》卷三十四作「松」。

折。恨無翠袖點横斜，祇有微燈照明滅。歸來尚喜更鼓暗①，晨起不待鈴索掣。未嫌長夜作衣稜，却怕初陽生眼纈。欲浮大白追余賞，幸有回飈驚落屑。模②糊檜頂獨多時，歷亂瓦溝裁一瞥。汝南先賢有故事，醉翁詩話難③續説。當時號令君聽取，百④戰不許持寸鐵。

西湖戲一絶⑤

蘇軾

一士千金未易償，我從陳、趙、兩歐陽。舉鞭拍手笑山簡，祇有并兒一葛强。

①「暗」字，《蘇軾詩集》卷三十四作「永」。
②「糢」字，《蘇軾詩集》卷三十四作「模」。
③「難」字，《蘇軾詩集》卷三十四作「誰」。
④「百」字，《蘇軾詩集》卷三十四作「白」，當是。
⑤此詩見於《蘇軾詩集》卷三十四，題作《西湖戲作一絶》。

次韻奉和錢穆父蔣潁［穎］叔王仲至見和西湖月下聽琴①

蘇軾

謖謖松下風，藹藹堆②上雲。聊將竊比我，不堪持寄君。半生寓軒冕，一笑當琴尊③。良辰飲文字，晤語無由醺。我有鳳鳴枝，肯④作蛇蚹紋。月明委静照，心清得奇聞。當呼玉澗水⑤，一洗羯鼓昏。請歌《南風》曲，猶作《虞書》渾。

禱雨張公既應劉景文有詩次韻⑥

蘇軾

張公晚爲龍，抑自龍中來。伊昔風雲會，咄嗟潭洞開。精神⑦苟可貫，賓主真相陪。洞簫⑧振羽舞，白酒浮雲

---

①此詩見於《蘇軾詩集》卷三十六，爲《次韻奉和錢穆父蔣穎叔王仲至詩四首》其一。
②「堆」字，《蘇軾詩集》卷三十六作「壠」。
③「尊」字，《蘇軾詩集》卷三十六作「樽」。
④「肯」字，《蘇軾詩集》卷三十六作「背」。
⑤「水」字，《蘇軾詩集》卷三十六作「手」。
⑥此詩見於《蘇軾詩集》卷三十四。「張」字後，《蘇軾詩集》卷三十四有「龍」字。
⑦「神」字，《蘇軾詩集》卷三十四作「誠」。
⑧「蕭」字，《蘇軾詩集》卷三十四作「簫」，當是。

壘。言從關洲①妃，遠去焦氏臺。傾倒瓶中水②，一洗麥上埃。破旱不論功，乘雲却空回。嗟龍與我輩，用意豈遠哉。使君今子義，英氣貫③東萊。笑説龍爲友，幽明莫相猜。

次韻趙景貺春思④

蘇軾

歲華來無窮，老眼久已静。春思⑤如繫馬，未動意先騁。西湖忽破碎，鳥落魚動鏡。縈城理枯瀆，放閘起膠艇。願君營此樂，宦事何時竟⑥。思吴信偶然，出處付前定。飄然不繫舟，乘此無盡興。醉翁行樂處，草木皆可敬。明朝遊北渚，急掃黄葉徑。白酒直⑦到齊，紅裙已放鄭⑧。

①「洲」字，《蘇軾詩集》卷三十四作「州」，當是。
②「水」字，《蘇軾詩集》卷三十四作「雨」。
③「氣貫」二字，《蘇軾詩集》卷三十四作「風冠」。
④此詩見於《蘇軾詩集》卷三十四，題作《次韻趙景貺春思且懷吴越山水》。
⑤「思」字，《蘇軾詩集》卷三十四作「風」。
⑥「宦」字，《蘇軾詩集》卷三十四作「官」。且「竟」字後有自注：「清河西湖三閘，督君成之。」
⑦「直」字，《蘇軾詩集》卷三十四作「真」。
⑧「鄭」字後，《蘇軾詩集》卷三十四有自注：「酒尚有香泉一壺，爲樂全先生服，不作樂也。」

次韻陳履常張公龍潭①

經明②宣城宰，家此百尺瀾。鄭翁③不量力，敢以非意干。玄黃雜兩戰，絳青表雙蟠④。烈氣斃强敵，仁心惻饑寒。精誠禱必赴，苟簡求亦難。蕭條粦麥⑤枯，浩蕩日月寬。念子無吏責，十日勤征鞍。春蔬得雨雪，少助先生盤。龍不憚往來，而我獨宴安。閑間⑥默自責，神交清夜闌。

竹間亭小酌懷歐陽叔弼李［季］默呈趙景貺陳履常⑦

蘇軾

歲暮自急景，我間⑧方緩觴。醉余⑨西湖晚，步轉北渚長。地坐畧少長，意行無澗崗⑩。久知薺麥青，稍喜榆柳

①此詩見於《蘇軾詩集》卷三十四。
②「經明」二字，《蘇軾詩集》卷三十四作「明經」。
③「翁」字，《蘇軾詩集》卷三十四作「公」。
④「蟠」字後，《蘇軾詩集》卷三十四有自注：「事見《龍公碑》。」
⑤「粦麥」二字，《蘇軾詩集》卷三十四作「麥粦」。
⑥「閑間」二字，《蘇軾詩集》卷三十四作「閉閤」。
⑦此詩見於《蘇軾詩集》卷三十四，題作《小飲西湖懷歐陽叔弼兄弟贈趙景貺陳履常》
⑧「間」字，《蘇軾詩集》卷三十四作「閑」，當是。
⑨「醉余」二字，《蘇軾詩集》卷三十四作「歡飲」。
⑩「崗」字，《蘇軾詩集》卷三十四作「岡」。

黃。盎盎春欲動，瀲瀲夜未央。水天鷗鷺静，月露松檜香。撫景方婉娩①，懷人重凄凉。豈無一老兵，坐念兩歐陽。我意正麋鹿，君才②亦珪璋。此會恐難久③，此歡不可忘。

趙德麟餞飲湖上舟中對月④

蘇軾

老守惜春意，主人留客情。官餘閒日月，湖上好清明。新火發茶乳，温風散粥餳。酒闌紅杏闇，日落大堤平。清夜除燈坐，孤舟擘岸撑。逮君幘未墮，對此月猶横。

在潁州與趙德麟同治西湖未成改揚州湖成德麟有詩見懷次韻⑤

蘇軾

太山秋毫兩無窮，鉅細本出相形中。大千起滅一塵裏，未覺杭潁誰雌雄⑥。我在錢塘拓湖淥，大堤士女争昌

①「婉娩」二字，《蘇軾詩集》卷三十四作「畹晚」。
②「才」字，《蘇軾詩集》卷三十四作「材」。
③「恐難久」三字，《蘇軾詩集》卷三十四作「不可再」。
④此詩見於《蘇軾詩集》卷三十四。
⑤此詩見於《蘇軾詩集》卷三十五，題作《軾在潁州與趙德麟同治西湖未成改揚州三月十六日湖成德麟有詩見懷次其韻》。
⑥「雄」字後，《蘇軾詩集》卷三十五有自注：「來詩云：與杭争雄。」

豊。六橋横絶天漢上，北山始與南屏通。忽驚二十五萬丈，老葑席卷蒼雲空。朅來潁尾弄秋色，一水縈带昭靈宫。坐思吴越不可到，借君月斧修腫①朧。二十四橋一②何有，换此十頃玻璃風。雷塘水乾禾黍满，寶釵耕餘見③鸞龍。明年時④客來吊古，伴我霜夜號秋蟲⑤。

再次韻新開西湖⑥

蘇軾

使君不用山麴⑦窮，饑民日⑧逃泥水中。欲將百瀆起歲凶⑨，免使甑石愁揚雄。西湖雖小亦西子，縈流作態清而豊。千夫餘力起三閘，焦陂下與長淮通。十年憔悴塵土窟，清瀾一洗啼痕空。王孫本自有僊骨，平生宿衞明光宫。

---

①「腫」字，《蘇軾詩集》卷三十五作「朣」。
②「一」字，《蘇軾詩集》卷三十五作「亦」。
③「餘見」二字，《蘇軾詩集》卷三十五作「出餘」。
④「時」字，《蘇軾詩集》卷三十五作「詩」，當是。
⑤「蟲」字後，《蘇軾詩集》卷三十五有自注：「德麟見約，來揚寄居，亦有意求揚倅。」
⑥此詩見於《蘇軾詩集》卷三十五，題作《再次韻趙德麟新開西湖》。
⑦「麴」字，《蘇軾詩集》卷三十五作「鞠」。
⑧「日」字，《蘇軾詩集》卷三十五作「自」。
⑨「歲凶」二字，《蘇軾詩集》卷三十五作「凶歲」。

一行作吏人不識，正似雲月初朦朧。時臨此水照冰雪，莫遣白髮生秋風。定須却致兩黄鵠，新與上帝開濯龍。湖成君歸侍帝側，燈火①已綴釵頭蟲。

陪歐陽公燕西湖②

蘇軾

謂公方壯鬢③似雪，謂公已老光浮頰。揭來湖上飲美酒，醉後劇談猶激烈。湖邊草木新着霜，芙蓉晚菊争煌煌。插花起舞爲公壽，公言百歲如風狂。赤松共遊也不惡，誰能忍饑啖僊藥。已將壽夭付天公，彼徒辛苦吾差樂。城上烏④棲暮靄生，銀缸畫燭照湖明。不辭歌詩勸公飲，坐無桓伊能撫箏。

---

①「火」字，《蘇軾詩集》卷三十五作「花」。
②此詩見於《蘇軾詩集》卷六。
③「鬢」字，《蘇軾詩集》卷六作「鬚」。
④「鳥」字，《蘇軾詩集》卷六作「烏」。

次韻黄魯直寄題郭明父府推潁州西齊［齋］二首①

蘇軾

樹頭啄木長②疑客，客去而嗔定不然。脱轄已應生井沫，解衣聊復起庖煙。平生詩酒真相汙，此去文書恐獨賢。早晚西湖映華髮，小舟翻動水中天。

觀開西湖次吴方丞韻③

蘇軾

偉人謀議不求多，事定紛紛自唯阿。盡放龜魚還綠静④，肯容蕭葦朧青⑤坡。一朝美事誰能繼⑥，百尺蒼崖尚可磨。天上列星應有⑦喜，月明時下浴清⑧波

---

①此詩見於《蘇軾詩集》卷三十一，原爲二首，此處所録爲其一。「齊」字，《蘇軾詩集》卷三十一作「齋」，當是。
②「長」字，《蘇軾詩集》卷三十一作「常」。
③此詩見於《蘇軾詩集》卷五十。「方」字，《蘇軾詩集》卷五十作「左」。
④「静」字，《蘇軾詩集》卷五十作「浦」。
⑤「朧青」二字，《蘇軾詩集》卷五十作「障前」。
⑥「繼」字，《蘇軾詩集》卷五十作「紀」。
⑦「應有」二字，《蘇軾詩集》卷五十作「當亦」。
⑧「清」字，《蘇軾詩集》卷五十作「晴」。

出潁口①

蘇軾

我行日夜向江海，楓葉蘆花秋興長。平②淮忽迷天遠近，青山久與船低昂。壽州已見白石塔，短棹未轉黄茅岡。波平風軟望不到，故人久立煙蒼茫。

送趙子淵知潁州

蘇軾③

舊穀不棲畆，新春原鹿饑。野荒多寇盜，詔發撫疲羸。驛騎多④風急，菑田小雨遲。應同漢太守，膏澤亦能隨。

①此詩見於《蘇軾詩集》卷六，題作《出潁口初見淮山是日至壽州》。
②「平」字，《蘇軾詩集》卷六作「長」。
③此詩見於《梅堯臣集編年校注》卷三十，當爲梅堯臣之作。
④「多」字，《梅堯臣集編年校注》卷三十作「東」。

送李密（學）赴亳州

蘇軾①

倦輪關内粟，遂請潁川符。治績可稱最，士民將以蘇。譙都君命重，苦縣祖風殊。仙檜留陰在，甘棠印②化敷。行舟通遠水，候騎溢長衢。化③日人懷望，煙雲自滿湖。

送丁廓秀才歸汝陰二首

蘇軾④

好去翩翩⑤丁令威，昔人且在不應非。淮雲豈與遼天闊，想復留情故一歸。

西州行路日蕭條，執手傷懷不自聊。遊子故鄉終念返，豈能無意治城朝⑥。

---

①此詩見於《梅堯臣集編年校注》卷十七，當爲梅堯臣之作。

②「印」字，《梅堯臣集編年校注》卷十七作「即」。

③「化」字，《梅堯臣集編年校注》卷十七作「他」，當是。

④此詩見於《王荆文公詩箋注》卷四十五，當爲王安石之作。

⑤後一「翩」字，《王荆文公詩箋注》卷四十五作「然」。

⑥「治」「朝」二字，《王荆文公詩箋注》卷四十五分别作「冶」「潮」。

西湖（送）述古菩薩蠻①

蘇軾

秋風湖上瀟瀟②雨。使君欲去還留住。今日漫留君。明朝愁殺人。

佳人千點淚。灑向長河水。不用斂雙蛾。路人啼更多。

東坡守潁③

十里荷花菡萏初，我公所至有西湖。欲將公事湖中了，見説官閑事亦無。

①此詞見於《蘇軾詞編年校注》正編。

②「瀟瀟」二字，《蘇軾詞編年校注》正編作「蕭蕭」。

③此詩當爲秦觀之作。胡仔《苕溪漁隱叢話·前集》卷四十一引《王直方詩話》云：「杭有西湖，而潁亦有西湖，皆爲遊賞之勝，而東坡連守二州。其初得潁也，有潁人在坐云：『内翰但只消遊湖中，便可以了郡事。』蓋言其訟簡也。秦少章因作一絶獻之，云：『十里荷花菡萏初，我公所至有西湖。欲將公事湖中了，見説官閑事亦無。』後東坡到潁，有《謝執政啟》，亦云：『入參兩禁，每玷北扉之榮；出典二邦，輒爲西湖之長。』」

寄蘇内翰①

倦壓鰲頭請左符，笑尋潁尾爲西湖。二三賢守去非遠，六一清風今不孤。四海共知霜鬢满，重陽曾插菊花無。聚星堂上誰先到，欲傍金樽倒玉壺。

潁亭②

三載西湖阻勝遊，潁亭聊喜散羈愁。九山西絡煙霞去，一水難③吞澗壑流。賓主唱酬空翠琰，干戈横絶自滄洲。忽朝④匹馬從軍去，慚愧煙波萬里鷗。

①此爲劉季孫詩，見於《宋文鑑》卷二十五。
②此爲王渥詩，見於《中州集》卷六。
③「難」字，《中州集》卷六作「南」。
④「朝」字，《中州集》卷六作「忽」。

順昌即事①

白玉蟾

筆下千機錦，胸中一滴金。乾坤春甕②闊，風月夜樓深。世絶夫君操，人稀③《梁父吟》。只尋雲外路，誰復聽寒砧。

憶西湖④

白玉蟾

銀月窺人夜漏沉，斷蒲踈柳忽關⑤心。西風爲報西湖道，留取芙蓉共醉吟。

①此詩見於《白玉蟾全集》卷二。
②「甕」字，《白玉蟾全集》卷二作「雍」。
③「稀」字，《白玉蟾全集》卷二作「誰」。
④此詩見於《白玉蟾全集》卷三。
⑤「關」字，《白玉蟾全集》卷三作「開」。

吊李江州①

劉基

江州太守文儒宗，罵賊就死真從容。天翻地覆元氣在，斯人萬古其猶龍。

又②

西域丁鶴年

辦③香遥拜九江城，太守精誠④日月明。叔侄並歸忠義傳，江山不盡古今情。潮回湓浦聲猶怒，雲起廬⑤峯氣未平。生死總魁天下士，丈夫端不負科名。

①此詩爲劉基《江行雜詩》其九，見於《誠意伯文集》卷六。
②此詩見於《鶴年詩集》卷二，題作《過九江追悼李子威太守》。
③「辦」字，《鶴年詩集》卷二作「瓣」，當是。
④「誠」字，《鶴年詩集》卷二作「神」。
⑤「廬」字，《鶴年詩集》卷二作「爐」。

又①

劉三吾學士

紅巾初起惑群蒙，惟有潯陽是要衝。諸郡可憐望風靡，九江獨仗守臣忠。肩輿入府麾兵散，朝服臨軒待命終。一死永②爲科目重，後來誰不仰高③風。

又④

邵寶尚書

江上孤城力欲⑤支，忽驚風急仆旌旗。已無天訢⑥吾窮矣，空有人書訴⑦死之。不負大魁真此地，終爲厲鬼是何

---

①此詩見於《坦齋劉先生文集》卷下，題作《追輓李江州》。
②「永」字，《坦齋劉先生文集》卷下作「允」。
③「仰高」二字，《坦齋劉先生文集》卷下作「慕清」。
④此詩見於《容春堂前集》卷六，題作《謁李忠文公祠》。
⑤「力欲」二字，《容春堂前集》卷六作「盡力」。
⑥「訢」字，《容春堂前集》卷六作「訴」，當是。
⑦「訴」字，《容春堂前集》卷六作「某」。

時。憑誰①合祀余安慶，再刻文山兩廣祠②。

贈司空郎郭昇治洪功成③

程敏政翰林学士

百步危洪連④楚城，分司喜得⑤濟川英。才驚捍水雙堤起⑥，便挽⑦行舟一櫂輕。霜入芙蓉秋漲落，風回楊柳暮潮平⑧。何時夜倚黃樓上⑨，重聽王郎笛裏聲。

---

①「憑誰」二字，《容春堂前集》卷六作「何當」。

②「兩廣祠」三字，《容春堂前集》卷六作「雙廟詞」。

③此詩見於《篁墩文集》卷六十二，題作《郭主事分司百步洪作雙堤以禦水患行者便之》。

④「危洪連」三字，《篁墩文集》卷六十二作「洪連舊」。

⑤「喜得」二字，《篁墩文集》卷六十二作「誰是」。

⑥「捍水」「堤」三字，《篁墩文集》卷六十二分別作「夾岸」「虹」。

⑦「挽」字，《篁墩文集》卷六十二作「覺」。

⑧「潮平」二字，《篁墩文集》卷六十二作「煙生」。

⑨「上」字，《篁墩文集》卷六十二作「月」。

西湖宴樂①

柳應春詳《流②寓》

湖水飛寒擁雪濤，遺風從古仆蓬蒿。光浮玉練摇孤鶩，澄擁金輪斷小橋。畫燭銀缸追往事，柳風梧月醉時髦。文章不但輝臺鼎，更有遺芳點絳銷。

廿六日夜夢遊西湖書此醒而記之③

霽色春融六一堂，高風千載揭湖光。接天鷗鷺諧幽侶，薄岸芙蕖送暗香。

雨至④

柳應春

三月潁城春，倏爾歸闌珊。憶昔在京邑，遊題遍長干。更有雨如練，屐齒留宿寒。飛花委重泥，南冠不耐看。

①此詩又見於《萬曆潁州志·藝文下》。
②「流」字，疑當作「僑」。本書無《流寓》，然有《僑寓傳》，中有柳應春傳記。
③此詩又見於《萬曆潁州志·藝文下》。
④此詩又見於《萬曆潁州志·藝文下》。

華巖寺訪僧不遇①

柳應春

幾年不踏寒江雨，短仗相過又灑然。椰鉢一輪雲在壁，貝經幾卷篆無煙。竿竿綠蔭閒庭竹，朵朵紅酣出水蓮。小犬認人猶作態，數聲低吠午堦前。

矮屋題②

徐潤

數椽茅屋中，獨坐心了了。自覺天地寬，不知規模小。出入話漁樵，往來釣池沼。蝸涎塗壁間，雀聲碎林秒③。花木自謝榮，圖書易昏曉。塵深綠綺埋，白雪知音少。扶杖理繁陰，破帽蛛絲繞。

①此詩又見於《萬曆潁州志·藝文下》。
②此詩又見於《萬曆潁州志·藝文下》，題下有作者小傳：「徐潤篤行力學，腹笥五經，九試秋闈，五以詩四以禮，不第。當貢期，潛讓於次者三，授文登簿，再補東安。兩地八年，惠愛廉潔，民皆懷之。致政，囊橐蕭然。爲詩多自得語。」
③「秒」字，當作「杪」。《萬曆潁州志·藝文下》亦作「杪」。

别潁州父老①

楊芳

躍馬迎秋萬里騫，不堪回首繫征鞭。衣冠色動青門柳，老稚聲喧白露蟬。鑄劍遥聞顔有志，蟠兵近笑范無傳。幾年辜負長淮鎖，此去憑何答九天。

立夏日同友人飲純上人方丈即事②

張㵟

傍夜尋幽謁梵宫，一尊聊與故人同。三花未足交春雨，二麥俄驚立夏風。楚傳忠魂憐國士，順昌風雨歎英雄。偶因幻鏡思靈異，房琯前身是永公。

---

①此詩又見於《萬曆潁州志·藝文下》。
②此詩又見於《萬曆潁州志·藝文下》。

遊東園①

張光祖

三月艷陽天，堪憐景物鮮。碧桃當小徑，赤鯉躍清潭。奇藥來千里，綠陂間一川。那知鳴舌後，枕石已多年。

九日登鄁丘②

張光祖

昨宵籬下醉，今日菊邊迷。秋静郊原迥，風高酒力微。人家紅樹冷，天外野雲飛。欲盡登高興，何妨帯月歸。

宿西湖四賢祠③

屠隆鄞縣人，儀部郎

十里西湖載酒來，湖邊古廟自崔嵬。倒垂星影銜簾入，亂捲④波光拂檻迴。明月不知蘭浆⑤去，芙蕖猶爲使君

①此詩又見於《萬曆潁州志·藝文下》。

②此詩又見於《萬曆潁州志·藝文下》。

③此二詩見於屠隆《由拳集》卷九，分别爲《西湖宿四賢祠四首》其二、其四。

④「捲」字，《由拳集》卷九作「卷」。

⑤「浆」字，《由拳集》卷九作「桨」，當是。

開。菰蒲向夕漁歌起，曠望山川獨舉杯。

一時冠蓋盡①風流，天遣西湖向此州。綠水娟娟迴羽扇，青浦②的的媚蘭舟。偶來孤枕星河夜，絶似雙帆風雨秋。安得群公祠下路，葛衫桐帽此淹留。

中都盛概③

劉渭

乾坤間氣萃濠州，當代君④王從此遊。龍脈周迴⑤山北轉，帝居環帶水東流。蒼松唳月千年鶴，畫棟飛雲百尺樓。最是東南佳麗地，元勳開國盡⑥公侯。

①「盡」字，《由拳集》卷九作「亦」。
②「浦」字，《由拳集》卷九作「蒲」。
③此詩又見於《萬曆潁州志·藝文下》。
④「君」字，《萬曆潁州志·藝文下》作「天」。
⑤「迴」字，《萬曆潁州志·藝文下》作「匝」。
⑥「盡」字，《萬曆潁州志·藝文下》作「幾」。

元宵①

劉任

竇月流輝光满天，華燈飛焰亂春煙。金鈿錯落人如玉，裘馬清狂郎墜鞭。萬點繁星連火樹，幾條香陌盡笙絃。羞將老大隨年少，早掩竹扉守《太玄》。

西湖②

劉任

當年太守最風流，每到花時載酒遊。今日湖波流欲盡，空餘芳草亂汀洲。

池上③

劉任

小池饒新水，藻荇密於織。有時躍白魚，青綾抛玉尺。

①此詩又見於《萬曆潁州志・藝文下》。
②此詩又見於《萬曆潁州志・藝文下》。
③此詩又見於《萬曆潁州志・藝文下》。

西湖①

李先事

碧湖湖上雲堆墨，雙柳洲前雨初歇。不知何處採蓮聲，隔花遥唱《酹江月》。

華嚴寺訪僧不遇②

李先事

院鎖蒼苔白晝長，微風不動篆煙香。蒲團我亦能禪定，却笑僧人日日忙。

謝鳳渚明公見枉山莊賦謝③

李先事

干旌喜見到荆扉，誰到山居好客稀。野鶴故應識姓字，巖花更覺藉容輝。琴彈流水臨丹壑，杖引閒雲上翠微。

---

①此詩又見於《萬曆潁州志·藝文下》。
②此詩又見於《萬曆潁州志·藝文下》。
③此詩又見於《萬曆潁州志·藝文下》，署在王之屏名下。

愧我幽棲多簡畧，何時重迓謝玄暉。

織婦怨①

李先事

窗下殘機札札鳴，機頭織罷已三更。綿紗苦短織無多，欲裁躑躅還涕零。藁砧别去久從軍，相思一望隔秦雲。塞上經秋未授衣，堂前姑老無完裙。姑老氣薄須儘姑②，未有征衣可寄夫。呼兒莫動剪刀聲，門外恐有吏催租。一語未罷已扣戶，縣吏驚人氣如虎。全匹將去當官錢，重向空機淚如雨。

寄潁川守楊乾銘③

當年曾識子雲《玄》，悵别迢迢各遠天。楚水蒼茫迷夜月，秦淮浩渺足秋煙。郡中問政留三異，湖上歌風續五

①此詩又見於《萬曆潁州志・藝文下》，署在王之屏名下。
②後「姑」字，當誤。《萬曆潁州志・藝文下》亦作「姑」。
③此詩又見於《萬曆潁州志・藝文下》，署在王之屏名下。

賢。何必峴山一片石，口碑今已遍山①川。

郊園陪郡伯周韋紳②

白夏

追随五馬傍丹立③，十里穿雲一徑幽。青飯也留佳客坐④，金尊肯負少年遊。月到午簷⑤光偏滿，露濕筠香翠欲流。薄暮移尊⑥雙桂下，碧天如水浄高秋。

---

①「山」字，《萬曆潁州志·藝文下》作「三」。
②此詩又見於《萬曆潁州志·藝文下》。
③「立」字，《萬曆潁州志·藝文下》作「丘」，當是。
④「坐」字，《萬曆潁州志·藝文下》作「住」。
⑤「到午簷」二字，《萬曆潁州志·藝文下》作「當簷午」，當是。
⑥「尊」字，《萬曆潁州志·藝文下》作「席」。

暮春西湖晚望有感①

郭蒙吉

西湖湖上望，雲覆陸渾村。潁水經西洛，梁雲返故園。神馳胡子國，夢繞百泉源。遥億②垂綸處，前溪一月③痕。

讌徐司寇郊園有感④

郭蒙吉

偶尋清潁畔，落落逕無媒。僻地生芳草，枯條謝早梅。鳥呼遊客至，花撲釣船回。煙雨歸迷⑤路，依稀淇水隈。

①此詩又見於《萬曆潁州志・藝文下》。
②「億」字，《萬曆潁州志・藝文下》作「憶」，當是。
③「一月」二字，《萬曆潁州志・藝文下》作「月一」。
④此詩又見於《萬曆潁州志・藝文下》。
⑤「歸迷」二字，《萬曆潁州志・藝文下》作「迷歸」。

迎祥觀①

陳昂蒲［莆］田流寓

何勞愁逆旅，叩戶有②僊居。邀我石牀坐，言開金檢書。雲衣裁尺幅③，月笠覆空虛④。想見棲真意，人間弊⑤屣如。

洄溜村居酬呂上人⑥

甯中立

惠我新詩不用删，病來讀罷已⑦開顏。有時懷古歌《招隱》，何處逢師問大還。苔徑風迴花韻細，松陰日静鳥聲閒。主人懶慢堪成僻，莫怪經年常閉關。

---

①此詩又見於《康熙潁州志·藝文（下）·詩詞》，然陳昂《白雲集》中未見。
②「叩戶有」三字，《康熙潁州志·藝文（下）·詩詞》作「咫尺是」。
③此句，《康熙潁州志·藝文（下）·詩詞》作「煙雲生短笠」。
④此句，《康熙潁州志·藝文（下）·詩詞》作「星斗燦輕裾」。
⑤「人間弊」三字，《康熙潁州志·藝文（下）·詩詞》作「浮榮敝」。
⑥此詩又見於《萬曆潁州志·藝文下》。
⑦「已」字，《萬曆潁州志·藝文下》作「亦」。

秋日西湖①

甯中立

曉來蘆葉半成黄，白露猶侵紗帽凉。雲盡楚天鴻欲度，風生陶徑菊初香。寒山影衷②人家少，雙柳灘頭秋水長。吟罷《兼〔蒹〕葭》空悵望，美人猶自隔瀟湘。

靈武送客還潁③

王道增

塞上鶯花送客歸，離歌三奏欲霑衣。借籌慙我空無補，多病離④君意轉違。秦嶺春回煙樹闊，楚天雲斷雁鴻稀。西湖有約應相待，把酒青山卧翠微。

①此詩又見於《萬曆潁州志·藝文下》。
②「衷」字，《萬曆潁州志·藝文下》作「裏」，當是。
③此詩又見於《萬曆潁州志·藝文下》。
④「離」字，《萬曆潁州志·藝文下》作「别」。

太守黃公重修西湖招飲二首①

王道增

縹緲湖光一鑑開，風流争羡使君才。千秋勝地歡同賞，萬畝甘棠手自栽。遶檻煙波供眺眼，舉杯花鳥豁吟懷。應知物外招尋處，白雪新詩次第栽。

十里西湖折簡來，探奇對②酒共徘徊。亭臺傍水魚潛戲，冠蓋飛塵③鳥見猜。四老風流今再睹，六④橋煙景此重開。留連⑤一醉窮長夜，不記⑥樓頭曙鼓催。

①此詩其二又見於《康熙潁州志·藝文（下）·詩詞》，題作《太守黃公重修西湖招飲賦此贈之》。
②「對」字，《康熙潁州志·藝文（下）·詩詞》作「載」。
③「飛塵」二字，《康熙潁州志·藝文（下）·詩詞》作「穿林」。
④「六」字，《康熙潁州志·藝文（下）·詩詞》作「三」。
⑤「留連」二字，《康熙潁州志·藝文（下）·詩詞》作「芳筵」。
⑥「不記」二字，《康熙潁州志·藝文（下）·詩詞》作「只恐」。

渡潁水①

盛世鳴 鳳陽流寓

立馬觀潁水，潁水濁若斯。鬚眉不可見，況當洗耳時。我欲沂②上流，風波浩無涯。緬彼千載人，清風空爾爲。

蘆花湄③

盛世鳴

不愛西湖曲，争知北郭偏。宛然居谷口，别自有人煙。樹頂千尋出④，泉聲百道穿。願因藉踈豁，偃仰莫論年。

只欲迴車去，逢人咫尺迷。蓽門藏曲折，竹逕間高低。礙日雲峯出，參天樹木齊。不緣杯酒力，寒色已凄凄。

---

①此詩又見於《康熙潁州志·藝文（下）·詩詞》。

②「沂」字，《康熙潁州志·藝文（下）·詩詞》作「泝」，當是。

③此二詩又見於《康熙潁州志·藝文（下）·詩詞》。

④此句，《康熙潁州志·藝文（下）·詩詞》作「樹影千重翳」。

聞王山人談玄倏然有遺世之想因與訂方外盟賦贈二首①

盛世鳴

湖海生涯一擔收，逍遥杖履遍滄州②。青囊洞括神僊秘，玄契冥通造化幽。物外煙霞春不老，壺③中日月歲長留。江鄉回首白雲裏，遲爾同期汗漫遊。

蕭散不耽逆旅愁，水雲踪蹟任飄浮。爐藏金鼎蟠龍虎，劍拂青萍射斗牛。真宰萬年陶宇宙，靈砂一粒駐春秋。人間信有長生術，肯傍風塵歎白頭。

秦京訪余西湖之上出雪搆詩五首大言閣梁林麓燈火之勝且命如數作詩

王尚循

亦有元宵雪，壬寅何太綢。看人爲獅兔，巽子但林丘。橋險騎争上，尊收烏欲投。誰能共此意，天地任虚舟。

①此詩其一又見於《康熙潁州志·藝文（下）·詩詞》。

②「州」字，《康熙潁州志·藝文（下）·詩詞》作「洲」。

③「壺」字，《康熙潁州志·藝文（下）·詩詞》作「壺」，當是。

羨女造化手，因寒巧試曾。竹分沿閣塔，佛閃隔崖燈。麗句艱人和，雕闌豈自凭。彷皇固陳蹟，幽意轉相仍。

爲丘豈多事，藉眺乃長吟。想像林泉裏，裴回洞壑陰。尊罍隨俯仰，今古此銷沉。何惜傳書札，層軒與共斟。

迴慰長愁客，差强久病身。可憐今日事，遐想暫時真。搆任兒童喜，狂憑世俗嗔。此年幽興極，瀟灑更宜人。

雪在堆時節，臨門也一峯。聚童弄明月，打鼓到晨鍾［鐘］。照眼狂初廢，禁愁意暗濃。把君詩細和，輾轉愧衰容。

陪諸丈集西湖二首

王尚循

日無流水眼生昏，共坐春湖擬海門。舊事茫茫難自料，新詩的的好誰論。沙邊野雀群催酒，檻外垂楊巧映村。亦是當年歌舞地，幾人南望有《招魂》。

啼鴉日落移尊酒，問訊湖南雙柳亭。花盡總閒青雀舫，客來况有《太玄經》。白魚盈尺如供釣，碧草漫天可忍醒。不是野雲春送雨，正思太史夜占星。

潁水試舟①

王尚循

新製輕舟畫不如，焚香煮茗即吾廬。可能長繫垂楊下，多借人家未見書。

西湖②

張養性

西湖十里雨新晴，雙柳絲絲拂檻青③。隔岸蒲芽鷗鷺小④，極天煙草杜鵑聲⑤。亭空霞彩迎簾細⑥，舟漾波紋逐

①此詩又見於《萬曆潁州志·藝文下》。
②此詩又見於《萬曆潁州志·藝文下》。標題原無，據《萬曆潁州志·藝文下》補。
③此句，《萬曆潁州志·藝文下》作「湖水茫茫混太清」。
④此句，《萬曆潁州志·藝文下》作「浮藻破風魚弄影」。
⑤此句，《萬曆潁州志·藝文下》作「垂楊夾道鳥流聲」。
⑥「迎」「細」二字，《萬曆潁州志·藝文下》作「銜」「入」。

棹輕。興盡歸來成往蹟，舉頭雲際月鈎生。

去官歸潁①

張養性

短髪蕭騒雪满簪，况兼愁病苦侵尋。都將破浪乘風志，化②作求田問舍心。何處溪流③堪寄傲，平生遇合少知音。行囊莫笑貧如洗，留得當年膝下金。

西湖④

張養性

緑楊兩岸罩清溪，新構書堂傍水堤。花徑飛來多異鳥，柴門到處亂啼鷄。興來自和《竹枝》醉，歸去從交月

①此詩又見於《萬曆潁州志·藝文下》，署在丁冠名下。
②「化」字，《萬曆潁州志·藝文下》作「换」。
③「流」字，《萬曆潁州志·藝文下》作「山」。
④此詩又見於《萬曆潁州志·藝文下》，署在丁冠名下。

影迷。深愧好懷無好句，風流讓與玉堂題。

宿峒山夢到蘆花滬懷弟元翰①

張鶴鳴

憶弟經年別恨生，蘆花滬上夢初驚。水苔空碧西湖路，柏葉霜紅胡子城。風定竹林描月影，夜清橡子落潭聲。離腸欲斷窗中曙，野舘蕭蕭山鳥鳴。

與元翰弟懷遠侄乘月馳至西湖泛舟②

張鶴鳴

皎月高空清興長，共遊湖上水雲鄉。冰③波灧灧連天碧，玉顆團團浮棹光。鷗鷺驚呼棲不定，亭臺虚敞夜生涼。漸來露濕花明處，煙柳橋西六一堂。

①此詩見於張鶴鳴《蘆花滬集》卷二十三，題作《宿峒山夢到蘆花滬有懷元翰弟》。
②此詩見於張鶴鳴《蘆花滬集》卷二十六。
③「冰」字，當爲「水」字誤。《蘆花滬集》卷二十六亦作「冰」。

蘆花湄晚霽①

張鶴鳴

夕陽霽色満長川，緑満芳洲荷葉圓②。水鳥乍巢喧不定，新篁半剥粉初乾。遠霞滴翠翠如染，過雨看花花欲然。何事閒堦松影亂？月來鶴戲小窗前。

憶蘆花湄③

張鶴鳴

我有浮海心，懷恩不能去。苦憶湄上蘆，花塢深④深處。

①此詩見於張鶴鳴《蘆花湄集》卷二十六。
②「满」「圓」二字，《蘆花湄集》卷二十六分別作「暖」「園」。
③此詩見於張鶴鳴《蘆花湄集》卷二十四。
④前一「深」字，《蘆花湄集》卷二十四作「雲」。

湄上芙蓉①

張鶴鳴

獨立向嬌羞，憐芳問碧流。平林停野鶴，長荻②下寒鷗。霜落西湖曉，花明錦水秋。含情知越女，獨照浣沙③頭。

遊松風園④

張鶴鳴

經秋老蔓半松扉，雲靚空林見落暉。愁緒非關天意蹇，懶身偏與世情違。高枝葉下移鶯⑤宿，幽戶花通礙客衣。不到東山驚歲暮，携琴沽酒未能歸。

①此詩見於張鶴鳴《蘆花湄集》卷二十二。
②「荻」字，《蘆花湄集》卷二十二誤作「狄」。
③「沙」字，《蘆花湄集》作「紗」，當是。
④此詩見於張鶴鳴《蘆花湄集》卷二十六。
⑤「鶯」字，《蘆花湄集》卷二十六作「烏」。

蘆花湄獨坐①

張鶴鳴

橡林池上葉初肥。鶯囀柔桑金作衣。網得魚兒和荇煮，簾銜燕子傍窗飛。十年着屐穿雲壑，此日彈冠賦釣磯。一架繁花臨綠水，隔林煙冥欲忘歸。

初冬蘆花湄②

張鶴鳴

荒日古城迤，霜潭清到沙。憭慄寒湄側，歆謝芙蓉花。牛羊满前浦，蕭索遠人家。湄上躬耕人，把酒讀《南華》。出門魚③所侶，落木泠夕鴉。幽適良不棲④，何須金鳳車。乘冬自深鋤，春來學種瓜。

①此詩見於張鶴鳴《蘆花湄集》卷二十六。
②此詩見於張鶴鳴《蘆花湄集》卷二十一。
③「魚」字，《蘆花湄集》卷二十一作「無」。
④「棲」字，《蘆花湄集》卷二十一作「凄」。

予請告歸田奉温旨有卿飄然引去之語感而賦此①

張鶴鳴

飄然引去汝陰東，野鶴孤②雲一老翁。兒女滿前供歲酒③，樓臺無地任飛蓬④。郊原有興逐漁獵⑤，朝市何心問異同。茶竈輕舠忘遠近⑥，雨簑桃浪五湖中⑦。

東園午作⑧

劉九光

柴徑倚雲偎，丹房傍玉臺。引泉從弱水，採石自蓬萊。惟有清風入，或邀明月來。午眠方足後，倚杖步花苔。

①此詩又見於《康熙潁州志·藝文（下）·詩詞》，題作《請告歸田奉温旨有卿飄然引去之語感賦》。
②「孤」字，《康熙潁州志·藝文（下）·詩詞》作「行」。
③此句，《康熙潁州志·藝文（下）·詩詞》作「兒女滿庭來拜慶」。
④「任飛蓬」三字，《康熙潁州志·藝文（下）·詩詞》作「起凌空」。
⑤此句，《康熙潁州志·藝文（下）·詩詞》作「郊原任意親魚鳥」。
⑥此句，《康熙潁州志·藝文（下）·詩詞》作「茶竈筆牀隨所適」。
⑦此句，《康熙潁州志·藝文（下）·詩詞》作「扁舟好赴五湖風」。
⑧此詩又見於《萬曆潁州志·藝文下》。

遊龍興寺翠微亭①

劉九光

與子乘春過翠微，眼前可是足芬菲。鳥聲離②奏笙簧韻，草色遥連錦繡衣。酒灑青山千樹合，嘯舒蒼洞百花飛。舞雩歸去春風歇，沉醉林皋載月歸。

除日憶徐元禮張元平元翰③

劉九光

孤燈岑寂最傷神，千里停雲憶故人。日觀樓前看浴鶴④，蘆花洲畔對垂綸。山房市遠榻懸久，春草池生夢到頻。爆竹不堪驚臘去，明年明日拜楓宸。

①此詩又見於《萬曆潁州志·藝文下》。
②「離」字，《萬曆潁州志·藝文下》作「雜」。
③此詩又見於《萬曆潁州志·藝文下》，題作《除日思徐比部張考功兄弟徐有日觀樓張蘆花湄》。
④「鶴」字，《萬曆潁州志·藝文下》作「日」。

水舟抵西湖謁四賢祠有感

張大同

高臺遥望出孤城，水勢微茫一艇横。遠樹含煙天盡斷，落霞飛彩湖心明。不甘異代蕭條恨，轉切群公想像情。此地由來堪避俗，滄浪歌詠有餘情。

西湖泛舟和叔父韻①

張大同

微茫一棹畫中行②，野水閒雲領獨清③。楊柳籠堤啼百舌④，竹枝垂地坐鶺鴒⑤。傾壺倒吸銀河影⑥，横笛長吹

①此詩又見於《康熙潁州志·藝文（下）·詩詞》。
②此句，《康熙潁州志·藝文（下）·詩詞》作「閑來一棹鏡中行」。
③此句，《康熙潁州志·藝文（下）·詩詞》作「野水微風興味清」。
④此句，《康熙潁州志·藝文（下）·詩詞》作「淺渚菰蒲多宿鷺」。
⑤此句，《康熙潁州志·藝文（下）·詩詞》作「小橋楊柳尚啼鶯」。
⑥此句，《康熙潁州志·藝文（下）·詩詞》作「傾壺倒吸秋河冷」。

秋①月明。回望樓臺煙樹裏，遥聞鍾［鐘］磬兩三聲②。

友人過蘆花湄留酌③

張大同

地僻柴門向水隈，偶然乘興七賢來④。厨分鷄黍供餐飯⑤，案列棋枰⑥佐酒杯。鳥語渾如絃管奏，雲容疑向⑦畫圖開。橡林共醉還相送⑧，月隱⑨高城未擬回。

①「秋」字，《康熙潁州志·藝文（下）·詩詞》作「夜」。
②此句，《康熙潁州志·藝文（下）·詩詞》作「遥空縹緲畫難成」。
③此詩又見於《康熙潁州志·藝文（下）·詩詞》。「酌」字，《康熙潁州志·藝文（下）·詩詞》作「飲」。
④此句，《康熙潁州志·藝文（下）·詩詞》作「良朋乘興踏歌來」。
⑤此句，《康熙潁州志·藝文（下）·詩詞》作「掃除石蘚安棋局」。
⑥「案列棋枰」四字，《康熙潁州志·藝文（下）·詩詞》作「剪取園蔬」。
⑦「疑向」二字，《康熙潁州志·藝文（下）·詩詞》作「不異」。
⑧「醉還相送」四字，《康熙潁州志·藝文（下）·詩詞》作「飲拚沉醉」。
⑨「隱」字，《康熙潁州志·藝文（下）·詩詞》作「落」。

宋劉太尉祠成偶題壁上

張大同

新祠一望壓成①隅，仰俯興懷率爾盱。酣戰竟摧拐子馬，奇兵先破鐵浮圖。英雄異世空憑吊，禍亂於今堪歎吁。聞道榆關烽火急，凭闌無語漫踟躕。

蘆花湄閒居②

張大同

亂竹斜開一逕微，園林長日掩柴扉。花間卧聽黄鸝語，湖上行看白鷺飛。遠浦雲啣楊柳濸③，小塘春暖蒲芽肥④。生涯亦是磻溪業⑤，寂寞灘頭坐釣磯。

①「成」字，疑當作「城」。
②此詩又見於《康熙潁州志·藝文（下）·詩詞》。
③「雲啣」「濸」三字，《康熙潁州志·藝文（下）·詩詞》作「煙横」「暗」。
④「春」「蒲芽」三字，《康熙潁州志·藝文（下）·詩詞》作「水」「荻苗」。
⑤「亦是」「業」三字，《康熙潁州志·藝文（下）·詩詞》作「頗似」「老」。

秋日溪上

張大同

蘆葦集秋氣，蘆花夾岸飛。水禽喧綠藻，小立釣魚磯。
秋聲動樹杪，白苧已生涼。山中有古客，集得芙蓉裳。

晚霽過蘆花湄

張大同

直溪新漲拍橋平，晚霽衝泥跨馬行。雲拂長林洗嫩綠，雙飛百舌囀松聲。明星低戶映長松，蛙和灘聲挾晚風。
坐待明月月未上，清光纔露橡林東。

贈李將軍栩

秦京汝寧流寓

毛錐不利耻爲儒，坐握東南上將符。過必稱詩方入潁，遊須奉令始經吴。慣牽鐵騎迎名士，輕擲金魚買静姝①。

①「姝」字，當爲「姝」字。

逆鼻腥風通汝海，淮西一望綠平鋪。

春閨曲①

劉廷傳

采桑臨大道，含情獨自語。昨歲戰漁陽，征人從此去。

團扇郎

劉廷傳

歡自郎心有，非自阿誰口。自有白團扇，出入持郎手。

前溪歌

劉廷傳

君家住何處，妾住前溪前。日汲前溪水，那得不相憐。

①此詩又見於《康熙潁州志·藝文（下）·詩詞》。

寄明甫弟

劉廷傳

一個天邊雁，遥從湘水迴。願將尺素字，寄向黄金臺。蒲草縈池緑，桃花夾岸開。此時春正好，遲爾一啣杯。

怨歌

郝慎修

胡爲乎流賊？營城南，攻城東。城東不可攻，刀槍劍戟如鱗織，兼之火砲與磚石。賊怖不敢越橋近城門，逡巡長號空抱憤。

胡爲乎流賊？戰城西，掘城北。城外樓高三尺凸，據險賊群膽氣横，磚石俯擊如憑嶺。也曾用火燒賊面，北風烈烈，返焰飛赤電。也曾用槍衝賊鋒，自下而上難奏功。守城之兵勢已靡，况歷日夜不得食。太守膜①然無相關，富家誰饋半菽餐。失人失心止一言，無勸無賞衆所歎，一死難償萬姓冤。

①「膜」字，疑當作「漠」。

西湖夜月①

湯有光

永夜千山靜②，澄湖片月孤③。小艇閒來去，分明是盡④圖。

宫詞

湯有光

一曲清琴夜月幽，珊瑚石上聽泉流。移絃更譜《霓裳》調，明月娟娟已過樓。

夢遊山洞乃未經行者或謂今天下山水無此奇遂得句醒而足之

馮司壁

境乃經行未見之，不知何以至於斯。夢中憶有或人句，天下山無如此奇。石劃天人靈巧盡，巖懸洞壑嵌空危。

①此詩又見於《康熙潁州志·藝文（下）·詩詞》。
②此句，《康熙潁州志·藝文（下）·詩詞》作「暝煙收遠樹」。
③此句，《康熙潁州志·藝文（下）·詩詞》作「片月映澄湖」。
④「盡」字，《康熙潁州志·藝文（下）·詩詞》作「畫」，當是。

嚴陵恐有客曾到，邀我神遊遺後思。

覧勝

郇獻謨

虎踞龍蟠和勝昌，觀風且喜附桐鄉。蘇堤苔碧千年古，汝水源清一脈長。金璧光浮皆閥閱，詩書響徹盡門墻。地靈應併人文轉，佳氣葱葱正未央。

潁山川秀麗景物清華所鍾諸賢以德位才表見者凡二十八儁合著之以志盛美

郇獻謨

從頭屈指意偏殷，克壯昌猷萃列君。偉抱煇煌逢盛世，巽章蔚藻賡思文。撝謙臨汝昭威遠，端揆明楷論道勤。濟濟仁賢毓礎柱，搢廷銘泐鼎中勳。

潁東夷陵①

鄧林潁人，能八分書

一卷《南華》了世②塵，黄冠偏稱布袍新。門前緑水橋頭樹，終日相親③不厭貧。

潁州西湖歌

劉大潤博学高品

杭州西湖蘇公堤，山靚水媚比西施。滁州西澗瑯琊山，人樂亭遊野渡閒。潁州西湖瀑水滙，千頃煙波亦勝概。只因太守無暇日，遂使西湖有興廢。曾聞宋時傳四老，公廳百事湖中了。魚牧鳥馴譜政聲，風帆月纜評詩草。鳴泉晝夜響蘆湄，直溪早晚達焦陂。鶯囀蟬嘶迎鼓吹，飄花飛絮展旌旗。三源水泛倚舟磯，雙柳亭連擇勝幃。六一堂中會老罷，飛虹橋上醉翁歸。太守清風不數睹，西湖明月無常主。池藕踏爲牛馬蹊，林花伐作樵採浦。嗚呼！歐、蘇、吕、晏今安徂？千頃煙波一塊土。

①此詩又見於《康熙潁州志·藝文（下）·詩詞》，題作《夷陵漫興》。
②「了世」二字，《康熙潁州志·藝文（下）·詩詞》作「屏俗」。
③「親」字，《康熙潁州志·藝文（下）·詩詞》作「看」。

暮年感懷①

劉大潤博学高品

早歲每懷質長者②，暮年轉覺愧時髦。過如秋草芟難③盡，學似春冰積未高。身已知還隨鳥倦，心猶起舞應鷄號。老而不死死作息心看。聖人戒④，好悟無生解世弢⑤。

雨中半持伯長見訪湖上

王胤

衝泥不畏泥，冒雨不嫌雨。蹀躞柳邊橋，來訪慧湖浦。慧湖湖上蓮花好，採蓮人去使人惱。一曲長吟湖水緑，千巡數醉湖天老。

①此詩又見於《康熙潁州志·藝文（下）·詩詞》。
②「質長者」三字，《康熙潁州志·藝文（下）·詩詞》作「追往哲」。
③「難」字，《康熙潁州志·藝文（下）·詩詞》作「靡」。
④此句，《康熙潁州志·藝文（下）·詩詞》作「浮生一瞬功難就」，且無「死作息心看」之注。
⑤此句，《康熙潁州志·藝文（下）·詩詞》作「何獨安仁歎二毛」。

潁州志卷之二十

叢譚

《叢譚》，昉［仿］應劭《風俗通》而作也。稗官家務爲小辯，破大道，而流俗貴遠賤近，守株膠固，効多拘忌，雖有懿美，十失六七。而閭閻之間識殊圓通，人相掎摭，雖齊東之野，汲之家乎，何可廢也？潁之軼事，旁搜不乏，而往往湮滅，間有客座揮麈，足資見聞。然而徵是非，削忌諱，述怪異，衛風雅，以及隨時補救，因人啟牖，是亦潁之《志林》也。不賢者識其小者①，忍以小而遺之？

①《論語·子張》：「衛公孫朝問於子貢曰：『仲尼焉學？』子貢曰：『文武之道，未墜於地，在人。賢者識其大者，不賢者識其小者，莫不有文武之道焉。夫子焉不學？而亦何常師之有？』」

潁水考一則

潁州沙河，在城東門外。東南流入淮，即潁水也。按《唐要會［會要］》云：「元和十一年（816），置淮、潁水運。楊子等諸院米自淮陰沂［泝］流至壽州西四十里入潁口，又沂［泝］流至潁州沈丘界，五百里至於項城，又沂［泝］流五百里入於溵河，又三百里輸於郾城，得米五十萬石。」①考之《臨潁志》云：「楮河，在縣西十五里，即潁。潁水源出登封縣潁谷，經流本縣東南，至清水鎮入沙河，達於淮。」《郾城志》云：「溵江渡，在縣西一里一百步，即沙河也。」②是則沙河即潁水明矣。《山河［海］經》云：「潁水，出少室山。」③黃氏云：「出河南登封縣陽乾山，東南流至潁州潁上縣入淮。」④《翰墨全書》云：「淮水東流，潁水西北來注之，謂之潁口。下蔡，淮、潁之謂也。」《詩地里［理］考》云：「潁水，出河南府陽城縣陽乾山，自汝州襄城縣流入潁

①《唐會要·漕運》：「（元和）十一年（816）十二月，始置淮、潁水運。楊子等院米自淮陰泝流至壽州西四十里，入潁口，又泝流至潁州沈丘界，五百里至於陳州項城，又泝流五百里入於溵河，又三百里輸於郾城，得米五十萬石，附之以茭一千五百萬束。計其功，省汴運七萬六千貫。」

②《嘉靖郾城縣志·津梁》：「溵江渡，在縣南一里一百步。」《崇禎郾城縣志·山川》：「溵江渡，在縣南二里一百步。」

③《山海經·海内東經》：「潁水，出少室。」

④王與之《周禮訂義》「其浸潁湛」條：「黃氏曰：『案，今潁水出河南登封隅乾山，東南流至潁州潁上縣入淮。』」

昌府長社縣，自長社流入臨潁縣，自順府汝陰縣流入潁上縣，至壽春府①下蔡縣入淮。」②《通志畧》云：「潁水，出潁川陽城縣少室山，今陽城省入登封矣。東南至揚州，洧水入焉，又東南過南頓，澺水入焉，又東南至下蔡入淮。班云：『行千五百里。』」③《河南志》云：「潁水，在登封縣西四十里，水自石道保神水里入於瀦水。」④按《郡圖》：水出登封西南百妮山，有故潁陽縣遺址。按《河南志》：有少陽河、李莊河，俱出少室山，入潁。⑤故

①此處原衍一「府」字，據《詩地理考》刪。
②《詩地理考》：「潁水出河南府陽城縣乾（音干）山，自汝州襄城縣流入潁昌府長社縣，自長社流入臨潁縣，自順昌府汝陰縣流入潁上縣，至壽春府下蔡縣入淮。」
③《通志・地理畧第一》：「潁水，舊云出潁川陽城縣西北少室山，今陽城縣省入河南登封矣。東南至長平縣，洧水入焉。長平，隋改曰西華，今陳州。又東南過南頓縣，澺水入焉。又東南，至下蔡入淮。下蔡，今壽州治。班云：『行千五百里。』」
④《明一統志・河南布政司・山川》：「潁水，源出河南府登封縣潁谷，東經鄭州，至襄城縣爲渚河，又東經臨潁縣西，合沙河入淮。」同書《河南府・山川》云：「潁水，在登封縣西四十里，源出陽乾山，流入鈞州界。」《河南通志・山川上・河南府》：「潁水，在登封縣西四十里。」
⑤《明一統志・河南府・山川》：「少陽河，在登封縣西南一十五里，源出少室山，流入潁水。」《河南通志・山川上・河南府》「少陽河」條記載與此同。

《山海經》《通至［志］畧》謂出少室也。《新志》謂潁水上通古汴①，相去遠矣。蓋黄河決而入潁，非汴水也。②

汝水考一則

汝河，在城南一百里，自汝寧東北流至桃花店入州界。按《淮南·地形訓》：「汝出猛山。」③《博物志》云：「出燕泉山。」④《水經注》：「出魯陽縣大盂山。」⑤《通志畧》云：「汝水，出汝州魯山縣。其地與弘農盧氏接界，

---

①《明一統志·中都·潁州（山川）》：「潁水，舊自河南項城縣界流入太和、潁上等縣，經陳州西華境。宋劉敞詩有『世亂潁水濁，世治潁水清』之句。本朝洪武八年（1375），黄河分決，合流經潁州北門外。宣德五年（1430），西北淤塞，俗稱『小河』。上通古汴，下達淮、泗。」

②此段文字又見於顧炎武《肇域志》：「潁上沙河，在縣東門外。東南流入淮，即潁水也。按《唐會要》云：元和十一年，始置淮潁水運，揚子等諸院米自淮陰泝流至壽州西四十里入潁口，又泝流至潁州沈丘界，五百里至項城，又泝流五百里入溵河，又三百里輸於郾城，得米五十萬石。洪武二十五年（1392），黄河決，改流經此河入於淮，遂通汴梁。正統三年（1438），復從於鹿邑舊河達淮。考之《臨潁志》云：楮河，在縣西十五里，即潁水也。源出登封縣潁谷，經流本縣東南，至清水鎮入沙河，達於淮。《郾城志》云：溵江渡，在縣西一里一百步，即沙河也。是則沙河即潁水明矣。《山海經》云：潁水出少室山。黄氏云：出河南登封縣陽乾山，南流至潁州潁上縣入淮。《翰墨全書》云：淮水東流，潁水西北來注之，謂之潁口。下蔡，淮、潁之會也。《詩地理考》云：潁水出河南府陽城縣陽乾山，自汝州襄城縣流入潁昌府長社縣，自長社流入臨潁縣，自順昌府汝陰縣流入潁上縣，至壽春府下蔡縣入淮。《通志畧》云：潁水出潁川陽城縣少室山。今陽城省入登封矣。東南至陳州，洧水入焉，又東南過南頓，㶏水入焉，又東南至下蔡入淮。《河南志》云：潁水，在登封縣西四十里，水自石道保神水里入於瀦水。按《郡圖》：水出登封西南百砨山，有故潁陽縣遺址。按《河南志》：有少陽河、李莊河，俱出少室山，入潁。故《山海經》《通志畧》謂出少室也。《新志》謂潁水上通古汴，相去遠矣。蓋黄河決而入潁，非汴水也。」

③《淮南子·地形訓》：「汝出猛山，淇出大號。」

④《博物志》：「八流亦出名山：渭出鳥鼠，漢出嶓冢，洛出熊耳，涇出少室，汝出燕泉，泗出陪尾，沔出月臺，汶出泰山。」

⑤《水經注·汝水》：「今汝水西出魯陽縣之大盂山黄栢谷。」

故許慎謂出魯氏也。其水南過上蔡，至褒信縣汝口南入於淮。班云：『行千三百四十里。』」①《詩傳》謂出汝州大［天］息山者②，誤也。③

黄淮潁合流考一則

黄河。金之季年，河決太康，自州西北陳州界入州境，東南流經州城北。元末又自通許分派一支入渦河，自陳州商水入南頓，混潁水，東流項城趙家渡入州境。正統二年（1437），復徙此鹿邑舊河，黄流遂絶。成化末年，一

①《通志·地理畧》：「汝水，出汝州魯山縣大盂山。其地與弘農盧氏接界，故許慎誤謂出盧氏也。其水東南過故定陵縣，滍水及昆水入焉，又有泜水、湛水入焉。定陵，今許州舞陽。又東南過上蔡，至褒信縣汝口南入於淮。班云：『行千三百四十里。』」

②《詩經·汝墳》：「遵彼汝墳，伐其條枚。未見君子，惄如調飢。」朱熹《集傳》：「汝水，出汝州天息山，徑蔡、潁州入淮。」

③此段文字又見於顧炎武《肇域志》：「潁州：淮河，在西南一百二十里。與汝水合，至正陽，下流與潁水合。汝河，在城南一百里。自汝寧東北流，至桃花店入州界，又東過永安廢縣，環地里城，（州南一百一十里汝水之陽。）至朱皋鎮入淮。按《淮南子·地形訓》：『汝出猛山。』《博物志》云：『出燕泉山。』《水經注》：『出魯陽縣大盂山。』《地理志》：『出定陵縣高陵山。魯陽，今魯山；定陵，今舞陽。』《通志畧》云：『汝水出汝州魯山縣大盂山，其地與弘農盧氏接界，故許慎誤謂出魯氏也。其水東南過舞陽，滍水、昆水入焉，又有泜水、湛水入焉，南過上蔡，至褒信縣汝口，南入於淮。』按《汝州志》：『汝河在城南十里，源出嵩縣分水嶺，經郟縣，東注於淮。《詩傳》謂出汝州大息山者，誤也……』」

支復通於潁。①

潁河。在州西鄉，自南頓東來，至趙家渡入州境。至乳香臺，東過沈丘，繞州北門外，過留陵，出江口驛，經甘城驛，至正陽入淮。②

淮河。在城南一百二十里，與汝水合，至正陽，下流與與潁水合。③

正誤十則

寢丘。在州東三十里，潁水北岸。《潁州志》以爲古寢丘縣，引《春秋左傳》云：「楚子伐鄭，晉救之，逐楚

①《正德潁州志・山川》：「黃河。在州西。初自西北入境，東南流……金之亡，河徙自太康，決嚙入陳、潁……又百餘年，却自通許，又分派回入渦河……至黃霸堆，下合潁河。」呂景蒙《嘉靖潁州志・輿地下・川》：「曰黃河。舊自太和縣界流入，經潁州北門城下東流，至壽州正陽鎮注淮。正統十二年（1447），上流淤塞，惟西華境一支入潁合流，下達於淮泗。」李宜春《嘉靖潁州志・輿勝》：「黃河。在州西，舊自太和縣界流入境，東南至正陽鎮注淮。正統十二年，上流淤塞，惟西華境一支入潁，合流下達於淮泗。」

②《正德潁州志・山川》：「潁河。在州西鄉入境。源自汝州山中，發至小窑、西華始大，匯澤南頓。洪武初，黃河自通許之西支分陳州商水，入南頓混潁。東流項城趙家渡，入潁州境，澎湃乳香臺。東過沈丘楊橋，遶西古城，折而東北爲長灣，又折而南爲私擺渡。經王莊鋪，遶北城門外，依黃霸堆而東入舊黃河，遥遥東下。過留陵，出江口，經甘城驛，至正陽入淮河。今土俗猶呼爲小河云。」

③句末二「與」字，其中之一當爲衍字。《正德潁州志・山川》：「淮河。在州南一百二十里……東過潁州南鄉，與汝水合，盡州南境，馳入正陽，下流與潁河合。」呂景蒙《嘉靖潁州志・輿地下・川》：「曰淮河。出東州桐栢縣大復山，東過信陽，又東過潁州之褒信，汝水自西北來入焉；又東過下蔡，潁水從西北來入焉；又東過壽春，有淝水從東南來入焉。去州一百二十里。」李宜春《嘉靖潁州志・輿勝》：「淮河，在州南一百二十里。發源自南陽胎簪，至桐栢東過汝寧；又東過潁州之褒信，汝水自西北來入焉；又東過下蔡，潁水從西北來入焉；又東過壽春，肥水從東南來入焉。」

師於潁北至［之］寢丘。」又云：「楚封孫叔敖子僑爲寢丘長，今張家湖乃古城陷也。」① 按《西漢志》，寢屬汝南郡，莽曰潤［閏］治。應邵［劭］曰：「孫叔敖子所邑之寢丘是也，世祖更名固始。」②《東漢志》：固始候［侯］國，故寢也。光武更名，有寢丘。③ 今固始縣在州南二百里，非此寢丘也。《左傳》止言「逐楚師於潁北」，無「之寢丘」字，城陷之説亦荒唐，大抵名同而地異也哉。

徐邈。《潁州志》云：「魏汝陰太守。」④ 按《三國志·列傳》：「邈，太祖時爲丞相軍諮掾，遷尚書郎。文帝踐祚，歷譙相，平陽、安平太守，潁川典農中郎將。明帝時爲涼州刺史，領護羌校尉，遷司隸校尉，拜司空。固辭

---

①《正德潁州志·古蹟》：「寢丘城。在州東三十里，潁水北岸。按《左傳·宣公十年（前583）》，楚莊王伐鄭，晉救之，逐楚師於潁北之寢丘……王乃封叔敖之子僑爲寢丘長……俗相傳：今張家湖，乃古城陷也，未知是否以爲張龍公所家處故耳。不然，湖西何緣復有龍封溝、紅絲潤云？」

②《漢書·地理志》：「汝南郡。戶四十六萬一千五百八十七，口二百五十九萬六千一百四十八。縣三十七：平輿……寢（莽曰閏治）……」顏師古引應劭注：「孫叔敖子所邑之寢丘是也，世祖更名固始。」

③《後漢書·郡國志》：「定潁侯國。固始侯國。故寢也，光武中興更名。有寢丘。」

④《正德潁州志·名宦·三國》：「徐邈。魏初爲譙郡相，政績著稱。遷汝陰太守，明能撫下。再遷安平，所在著稱。卒謚穆侯。」

不受，卒。」① 未嘗守汝陰也。②

周顗並子閔。按《晉書》：「汝南安城人。」③《舊志》誤收。④

邵雍。舉逸士，補潁團練推官，固辭。⑤《舊志》以「自將作監主簿遷潁州團練推官，卒」，亦誤。⑥

①《三國志・魏志・徐邈傳》：「徐邈，字景山，燕國薊人也……文帝踐阼，歷譙相，平陽、安平太守，潁川典農中郎將，所在著稱，賜爵關內侯……嘉平元年（249），年七十八，以大夫薨於家，用公禮葬，謚曰穆侯。」

②《成化中都志・辯疑》：「徐邈。《潁州志》云：『魏汝陰太守。』按《三國志・列傳》：『邈，太祖時爲丞相，軍諮掾，遷尚書郎。文帝踐阼，歷譙相，平陽、安平太守，潁川典農中郎將。明帝時爲梁州刺史，領護羌校尉，遷司隸校尉，拜司空，固辭不受，卒。』未嘗守汝陰也。」呂景蒙《嘉靖潁州志・凡例・正誤》：「徐邈。按《魏志》：『文帝踐阼，歷譙相，平陽、安平太守，潁川典農中郎將。』《傳》云『車駕幸許昌，問邈』云云，可證是許州，非潁也。《舊志》『汝陰太守』，誤矣。」李宜春《嘉靖潁州志・傳疑》：「徐邈。《舊志》：『爲譙郡相，遷汝陰太守，明能撫下。』按《魏志》：『文帝踐阼，歷譙相，平陽、安平太守，潁川典農中郎將，所在著稱。』」

③《晉書・周浚傳》：「周浚，字開林，汝南安成人也。」《晉書・周顗傳》：「周顗，字伯仁，安東將軍浚之子也……顗三子：閔、恬、頤。」

④呂景蒙《嘉靖潁州志・凡例・正誤》：「周顗並子閔。按《晉書》：『汝南安成人。』《舊志》誤收。」李宜春《嘉靖潁州志・傳疑》：「周顗。《舊志・人物》載爲潁人。按《晉書》本傳：『汝潁人。』《一統志》載：『汝南安城人。』」

⑤《宋史・邵雍傳》：「邵雍字堯夫。其先范陽人，父古徙衡漳，又徙共城……嘉祐詔求遺逸，留守王拱辰以雍應詔，授將作監主簿，復舉逸士，補潁州團練推官，皆固辭乃受命，竟稱疾不之官。熙寧十年（1077），卒，年六十七，贈秘書省著作郎。元祐中賜謚康節。」

⑥《正德潁州志・名宦・宋》：「邵雍。自將作監主簿遷潁州團練推官。卒贈著作郎，謚康節。」呂景蒙《嘉靖潁州志・凡例・正誤》：「邵雍。舉逸士，補潁州團練推官，固辭。《舊志》以爲：『自將作監主簿，遷潁州團練推官，卒。』亦誤。」同書《職官・宋》：「邵雍，其先范陽人。雍遊河南，葬其親伊水上，遂爲河南人。舉逸士，補潁州團練推官，固辭不拜。」李宜春《嘉靖潁州志・傳疑》：「邵雍。《舊志》：『自將作監主簿遷潁州團練推官。』《近志》引《宋史》：『雍舉逸士，補潁州團練推官，固辭不拜。』猶列之《職官》，何邪？」

岳雲。按《飛傳》及《雲傳》俱云潁昌，並無順昌字。①《舊志》云：「紹興十年（1140），金兀朮南侵，圍順昌，爲劉錡所敗。至秋，攻郾城，又爲武穆所敗。先是，武穆遣裨將王貴將之軍援錡，屯於順昌，自是輕錡［騎］駐郾城。兀朮技窮，於［與］龍虎、蓋天二酋並力來攻。飛子雲直貫虜軍，戰數十合，大敗之。兀朮忿甚，夜遁。飛謂雲曰：『賊必還攻潁昌，汝以兵速援王貴。』既而兀朮果至。貴將雲奕、雲將背嵬戰於城西，殺兀朮婿夏金吾，又大敗之。兀朮僅以身免，遁還汴。及檜沮忌飛功，屢詔班師，雲、貴、錡等皆南還，順昌從此陷於金。」②

---

①《宋史·岳飛傳》：「（紹興）十年（1140），金人攻拱、亳，劉錡告急，令飛馳援，飛遣張憲、姚政赴之。帝賜札曰：『設施之方，一以委卿，朕不遙度。』飛乃遣王貴、牛皋、董先、楊再興、孟邦傑、李寶等，分布經畧西京、汝、鄭、潁昌、陳、曹、光、蔡諸郡……」所附《岳雲傳》：「雲，飛養子……潁昌大戰，無慮十數，出入行陣，體被百餘創，甲裳爲赤。」

②《正德潁州志·名宦·宋》：「岳雲。飛子。紹興十年（1140），金兀朮南侵，圍順昌，爲劉錡所敗。至秋，攻郾城，又爲武穆所敗。先是，武穆遣裨將王貴將大軍援錡，屯於順昌，自將輕騎駐郾城。兀朮技窮，與龍虎、蓋天二酋並力來攻。飛遣子雲直貫虜軍，戰數十合，大敗之。兀朮忿甚，夜遁。飛謂雲曰：『賊必還攻潁昌，汝宜速援王貴。』既而兀朮果至。貴將遊奕、雲將背嵬戰於城西，殺兀朮婿夏金吾，又大敗之。兀朮僅以身免，遁還汴。及賊檜沮忌飛功，屢詔班師。雲、貴、錡等皆南還，順昌從此陷於胡虜。」呂景蒙《嘉靖潁州志·凡例·正誤》：「岳雲，按《飛傳》及《雲傳》俱云潁昌，並無順昌字。《舊志》云：『紹興十年，金兀朮南侵，圍順昌，爲劉錡所敗；至秋，攻郾城，又爲武穆所敗。先是，武穆遣裨將王貴援錡，屯於順昌，自是輕騎駐郾城。兀朮計窮，與龍虎、蓋天二酋並力來攻。飛遣子雲直貫虜軍，戰數十合，大敗之。』兀朮忿甚，夜遁。飛謂雲曰：『賊必還攻潁昌，汝宜速援王貴。』既而兀朮果至，貴將雲奕、雲將背嵬戰於城西，殺兀朮婿夏金吾，又大敗之。兀朮僅以身免，遁還汴。及賊檜沮忌飛功，屢詔班師，雲、貴、錡等皆南還，順昌從此陷於胡虜。」李宜春《嘉靖潁州志·傳疑》：「岳雲。飛子。《舊志》：『紹興十年，金兀朮圍順昌，爲劉錡所敗。攻郾城，又爲岳飛所敗。先是，飛遣裨將王貴將大軍援錡，屯於順昌，又遣子雲直貫虜軍，戰數十合，大敗之。』按《宋史》：『飛大軍在潁昌，諸將分道出戰，飛自以輕騎駐郾城，兵勢甚銳。兀朮大懼。方郾城再捷，飛謂雲曰：賊屢敗，必還攻潁昌，汝宜速援王貴。既而兀朮果至，貴將遊奕、雲將背嵬戰於城西。雲以兵八百決戰，步軍張左右翼繼之，殺兀朮婿夏金吾，兀朮始遁。』」

李端愿。按本傳，知襄、郢二州，非潁州也。①《中都志》曰：「至和中知潁州，遷鎮東軍節度觀察使。」②蓋因其子評曾知潁州而誤也。③

趙葵。按本傳，與潁州並無干。《舊志》誤收，且曰：「破虜大將軍。理宗開慶中，賊金爲胡元凌滅，不支。宋軍入信州，留屯以俟策應。尋以糧盡兵少退還，民亦念之。」④

孫延仲。俱無可考。蓋當時郡名「潁州」，非「汝陰」。《中都志》云：「熙寧中以龍圖閣待制守汝陰。」⑤

---

①《宋史·李遵勖傳》附《李端愿傳》：「端愿字公謹，以獻穆公主恩，七歲授如京副使，四遷爲恩州團練使……累進邢州觀察使、鎮東軍留後，知襄、郢二州。」

②《成化中都志·名宦·潁州》：「李端愿，至和中知潁州，遷鎮東軍節度觀察使。」

③《宋史·李遵勖傳》附《李評傳》：「評字持正……以榮州刺史出知潁州。」呂景蒙《嘉靖潁州志·凡例·正誤》：「李端愿。按本傳，知襄、郢二州，非潁州也。《中都志》曰：『至和中知潁州，遷鎮東軍節度觀察使。』蓋因其子評曾知潁州而誤也。」李宜春《嘉靖潁州志·傳疑》：「李端愿。《舊志》載：『至和中知潁州。』按《宋史》本傳：『知襄、郢二州。』其子評知潁州。」

④《正德潁州志·名宦·宋》：「趙葵。破虜大將軍。理宗開慶中，賊金爲胡元凌滅，不支。宋軍入信州，留屯以俟策應。尋以糧盡兵少退還，民亦念之。」呂景蒙《嘉靖潁州志·凡例·正誤》：「趙葵。按本傳，與潁州並無干。《舊志》誤收，且曰：『破虜大將軍。理宗開慶中，賊金爲胡元凌滅，不支。宋軍入信州，留屯以俟策應。尋以糧盡兵少退還，民亦念之。』」李宜春《嘉靖潁州志·傳疑》：「趙葵。《舊志》：『爲破虜大將軍，開慶中賊金爲胡元凌滅不支，宋軍入信州，留屯以俟策應。尋以糧盡兵還，民亦念之。』按《宋史》，葵紹定中知滁州，端平中知應天府，嘉熙中知揚州，後以特受樞密使兼參知政事，督視江淮、京西、湖北軍馬。未嘗爲破虜將軍。」

⑤《成化中都志·名宦·潁州》：「孫延仲。熙寧中以龍圖閣待制守汝陰。」

誤也。①

《潁州②》云：「晉改信州，衛［魏］置潁州，宋改潁昌府。」③按《晉志》，未嘗改信州，唐初改信州④。後魏於此置潁川郡⑤，非置潁州，隋開皇初始置潁州⑥。宋元豐三年（1080），陞許州爲潁昌府；政和六年（1116），

①呂景蒙《嘉靖潁州志・凡例・正誤》：「孫延仲。俱無可考。蓋當時郡名『潁州』，非『汝陰』。《中都志》云：『熙寧中以龍圖閣待制守汝陰。』誤也。」李宜春《嘉靖潁州志・傳疑》：「孫延仲。《中都志》：『熙寧中以龍圖閣待制守汝陰。』《宋史》《舊志》俱不載。」按，孫延仲即孫祖德，的確曾知潁州。《中都志》所載不誤，呂景蒙、李宜春所説有誤。《宋史》本傳：「孫祖德字延仲，濰州北海人……改龍圖閣直學士、知梓州，累遷右諫議大夫、知河中府。歷陳許蔡潞鄆亳州、應天府，以疾得潁州，除吏部侍郎致仕，卒。」

②「州」字後，疑脱一「志」字。

③《正德潁州志・建置沿革》：「按，潁州本《禹貢》豫州之域……晉改信州，後魏置潁州……宋置順昌軍，政和中改潁昌府，治汝陰縣。」呂景蒙《嘉靖潁州志・郡紀》：「三國魏置汝陰郡……東晉，汝陰制如魏……魏孝明帝孝昌三年（527）置潁州……宋初置汝陰郡，舊防禦使，後爲團練。開寶六年（973），復爲防禦。元豐二年（1079），以順昌軍爲潁州節度，屬京西北路。政和六年（1116），改順昌府。」李宜春《嘉靖潁州志・州考》：「潁州。古豫州域……晉復爲汝陰郡……北魏孝昌三年置潁州……宋初復爲汝陰郡，元豐二年設順昌軍節度，隸京西北路。政和六年改爲順昌府，領汝陰、萬壽、（宣和中改萬壽曰泰和。）潁上、沈丘四縣。」

④《舊唐書・地理志・潁州中》：「漢汝南郡。隋爲汝陰郡。武德四年（621），平王世充於汝陰縣西北十里置信州，領汝陰、清丘、永安、高唐、永樂等六縣，六年（623）改爲潁州。」

⑤《魏書・地形志・潁州》：「潁州：領郡二十，縣四十。」注云：「潁州：孝昌四年（528）置，武泰元年（528）陷，武定七年（549）復。」

⑥《隋書・地理志・汝陰郡》：「汝陰。」注云：「舊置汝陰郡，開皇初郡廢。大業初復置。」

改潁州爲順昌府。① 修志者誤以順昌爲潁昌也。②

《潁州志》云：「韓琦。知潁州。與程明道、范文正泛舟西湖。」③ 按朱子《宋名臣言行錄》引《程氏遺书》載：「潁［伊］川先生與韓持國、范夷叟泛舟於潁川西湖。」④ 持國，忠憲公之子純禮也。⑤ 《朱子語錄》亦云：「韓維於［與］二先生善，屈致於潁昌，暇日同遊西湖。」⑥ 乃許州之西湖，非潁川之西湖也。《潁川志》云：「西湖。在州城西北，方八九里。」⑦ 歐陽公《春日西湖寄謝法曹歌》注云：「西湖者，許昌勝地。」⑧ 蘇東坡亦有《許

①《宋史·地理志·順昌府》：「順昌府，上，汝陰郡，舊防禦，後爲團練。開寶六年（973），復爲防禦。元豐二年（1079），升順昌軍節度。舊潁州，政和六年（1116），改爲府。縣四：汝陰、泰和、潁上、沈丘。」

②《成化中都志·辨疑》：「《潁州志》云：『晉改信州，後魏置潁州，宋改潁昌府。』按《晉志》，未嘗改信州，唐初始改信州。後魏於此置潁川郡，非置潁州。隋開皇初始置潁州。宋元豐三年（1080），陞許州爲潁昌府；政和六年（1116），改潁州爲順昌府。修志者誤以順昌爲潁昌也。」

③《正德潁州志·名宦·宋》：「韓琦。知潁州。公忠政治，嘗與程明道、范文正泛舟遊西湖。」

④朱熹《宋名臣言行錄後集·韓維》引《程氏遺书》云：「（伊川）先生云：『持國服義最不可得。一日頤與持國、范夷叟泛舟於潁昌西湖，須臾客將云：『有一官員上書，謁見大資。』頤將謂有甚急切公事，乃是求知己。頤云：『大資居位，却不求人，乃使人倒來求己，是甚道理？』夷叟云：『只爲正叔大執，求薦章，常事也。』頤云：『不然。只爲曾有不求者不與，求者與之，遂致人如此。』持國便服。」

⑤此句當有脱文。《成化中都志·辨疑》：「持國，忠憲公之子維。夷叟，文正公之子純禮也。」

⑥朱熹《伊洛淵源錄·伊川先生·遺事》引祁寬錄尹和靖語：「韓持國與二先生善。韓在穎［潁］昌，欲屈致之。預戒諸子侄，使治一室。至於修治窗戶，皆使親爲之。二先生至，暇日與持國同遊西湖，命諸子侍行。」

⑦《嘉靖許州志·地里·山川》：「西湖。在州西北七里，今水涸，民田其中。」

⑧歐陽修《春日西湖寄謝法曹歌》：「西湖春色歸，春水綠於染。群芳爛不收，東風落如糝。」自注：「西湖者，許昌勝地也。」

州西湖》詩。①明朝纂修《性理大全》，誤以韓爲韓琦，修志者遂傳訛而録之。又誤以潁昌爲潁州，范公爲仲淹，程子爲明道。②按史傳，魏公平生未嘗仕潁。文正皇祐四年（1052）有潁之命，而道卒於徐。是時明道年二十一，伊川年二十，皆不同時，誤之甚也。③

①《蘇軾詩集》卷二一《許州西湖》：「西湖小雨晴，灩灩春渠長。來從古城角，夜半轉新響。使君欲春遊，浚沼役千掌。紛紜具畚鍤，鬧若蟻運壤。夭桃弄春色，生意寒猶快。唯有落殘梅，標格若矜爽。遊人坌已集，挈榼三且兩。醉客卧道傍，扶起尚偃仰。池臺信宏麗，貴與民同賞。但恐城市歡，不知田野愴。潁川七不登，野氣長蒼莽。誰知萬里客，湖上獨長想。」

②《性理大全書》卷六十四：「程子嘗與韓公、范公泛舟於潁湖，有屬吏求見韓公。公既已見之，退而不悦曰：『謂其以職事來也，乃求薦舉耳。』程子曰：『是何言也？不有求者，則遺而不及知也。是以使之求之歟。』韓公無以語，愧且悔者久之。程子顧范公曰：『韓公可謂服義矣。』」

③《成化中都志·辨疑》：「《潁州志》云：『韓琦。知潁州。與程明道、范文正泛舟西湖。』按朱子《宋名臣言行録》引《程氏遺书》載：『伊川先生與韓持國、范夷叟泛舟於潁川西湖。』持國，忠憲公之子維。夷叟，文正公之子純禮也。《朱子語録》亦云：『韓維與二先生善，屈致於潁昌，暇日同遊西湖。』乃許州之西湖，非潁州之西湖也。《潁川志》云：『西湖在州城西北，方八九里。』歐陽公《春日西湖寄謝法曹歌》注云：『西湖者，許昌勝地也。』蘇東坡亦有許州西湖詩。國朝纂修《性理大全》，誤以韓爲韓琦，修志者遂傳訛而録之。又誤以潁昌爲潁州，范公爲仲淹，程子爲明道。按史傳，魏公平生未嘗仕潁。文正皇祐四年（1052）有潁州之命，而道卒於徐。是時，明道年二十一，伊川年二十，皆不同時，謬之甚也。」吕景蒙《嘉靖潁州志·凡例·正誤》：「韓琦。未嘗知潁，《中都志》辨之詳矣。《舊志》誤也。」李宜春《嘉靖潁州志·傳疑》：「韓琦。《舊志》：『知潁州。公忠政治，嘗與程明道、范文正泛舟遊西湖。』按《宋史》，琦未嘗知潁。《程氏遺書》載：『伊川先生與韓持國、范夷叟泛舟於潁昌西湖。』《朱子語録》載：『韓維與一先生善，屈致於潁昌，暇日同遊西湖。』即今之許州西湖。」

相讓臺一則

相讓臺。在城東二里。《楚史拾遺》：「楚莊王欲立層臺於寢丘，大臣諫而死者七十二人。最後寢人諸御諫，而王納其言。解層臺，罷民役，名其臺曰相讓。」①今東嶽廟基是也。似非封孫叔敖子之寢丘也。②

釣魚臺一則

釣魚臺。在州東七十里潁水北岸。《潁州志》云：「漢末，袁閎避地汝陰。講學之暇，遊釣河濱。後人賢之，

---

①《楚史拾遺》，已佚。《説苑·正諫》：「楚莊王築層臺，延石千重，延壤百里，士有反三月之糧者，大臣諫者七十二人皆死矣；有諸御己者，違楚百里而耕，謂其耦曰：『吾將入見於王。』其耦曰：『以身乎？吾聞之，説人主者，皆閒暇之人也，然且至而死矣；今子特草茅之人耳。』諸御己曰：『若與子同耕則比力也，至於説人主不與子比智矣。』……遂趨而出。楚王遽而追之曰：『己子反矣，吾將用子之諫；先日説寡人者，其説也不足以動寡人之心，又危加諸寡人，故皆至而死；今子之説，足以動寡人之心，又不危加諸寡人，故吾將用子之諫。』明日令曰：『有能入諫者，吾將與爲兄弟。』遂解層臺而罷民，楚人歌之曰：『薪乎萊乎？無諸御己訖無子乎？萊乎薪乎？無諸御己訖無人乎！』」

②《正德潁州志·臺舘》：「相讓臺。在州城東一里。按《楚史拾遺》，莊王欲築層臺於寢丘，延石千里，延壤百里。大臣諫而死者七十二人，寢人諸御已諫，而動王之心，又不色加王。已而逃去，王追而納其言。解層臺，罷民役，因名臺曰『相讓』。即今東嶽行祠基。」呂景蒙《嘉靖潁州志·輿地下·故蹟》：「相讓臺。在州城東一里。《舊志》以爲楚莊王所築，今爲東嶽行祠。」李宜春《嘉靖潁州志·輿勝·古蹟》：「相讓臺。在州東二里。《楚史拾遺》載：莊王欲築層臺於寢丘，延石千里，延壤百里，大臣諫而死者七十二人。寢人諸御已諫而動王之心，又不色加王，已而逃去。王追而納其言，解層臺，罷民役，因名臺曰『相讓』。今爲東嶽行祠。」

因名其處。」①按東漢《列傳》，（延）熹末黨事將作，閎散髮絶世，居土室十八年，自牖納飲食，妻子莫得見，卒於土室。②何暇遊樂？又云：安仕至司徒。③《翰墨全書》亦云：「閎，安之子。」皆誤也。閎乃安五世孫。④

蘇子瞻記潁事三則

歐陽文忠公嘗言：「有患疾者，醫問其得疾之由，曰：『乘船遇風，驚而得之。』醫取多年柂牙爲⑤手汗所漬

①《正德潁州志·臺舘》：「釣魚臺。在州東七十里潁水北岸。漢末，袁宏［閎］以家世名宦，崇守節義，見紹、述諸袁跋扈，乃避地汝陰。講學之暇，遊釣河濱。後人賢之，因名其處。」吕景蒙《嘉靖潁州志·輿地下·故蹟》：「釣魚臺。在州南七十里潁水北岸。漢末袁宏［閎］避亂汝陰，遊釣河濱，後人名其處。」李宜春《嘉靖潁州志·輿勝》：「釣魚臺。在州南七十里潁水北岸。漢末袁宏［閎］避亂汝陰，遊釣河濱，故名。」

②《後漢書·袁安傳》所附《袁閎傳》：「延熹末，黨事將作，閎遂散髮絶世，欲投迹深林。以母老不宜遠遁，乃築土室，四周於庭，不爲户，自牖納飲食而已。旦於室中東向拜母。母思閎，時往就視，母去，便自掩閉，兄弟妻子莫得見也。及母殁，不爲制服設位，時莫能名，或以爲狂生。潛身十八年，黄巾賊起，攻没郡縣，百姓驚散，閎誦經不移。賊相約語不入其閭，鄉人就閎避難，皆得全免。年五十七，卒於土室。」

③《後漢書·袁安傳》：「章和元年（87），（袁安）代桓虞爲司徒。」

④按，此條有誤。《後漢書·袁安傳》：「安子京、敞最知名。京字仲譽……子彭，字伯楚……閎字夏甫，彭之孫也。」《成化中都志·宫室堂亭樓閣臺榭·潁州》：「釣魚臺。在州東七十里，潁水北岸。《潁州志》云：『漢末袁閎避地汝陰，講學之暇游釣河濱。後人賢之，因名其處。』按東漢《列傳》，延熹末黨事將作，閎散髮絶世，居土室十八年，自牖納飲食，妻子莫得見，卒於土室。何暇遊樂？又云：父安，仕至司徒。《翰墨全書》亦云：『閎，安之子。』皆誤也。閎乃安五世孫。」

⑤「爲」字後，《東坡志林·技術》有「柂工」二字。

處刮末，雜丹砂、伏神之流，飲之而愈。」今《本草注①·藥性論》云：「止汗，用麻黄根節及故竹扇爲末服之。」文忠因言：「醫以意自［用］藥多此比，初似②兒戲，然或有驗，殆未易致詰也。」予因謂公：「以筆墨燒灰飲學者，當治昏惰耶？推此而廣之，則飲伯夷之盥水，可以療貪；食比干之餕餘，可以已佞；砥③樊噲之盾，可以治怯；臭西子之珥，可以療惡疾矣。」公遂大笑。元祐三年（1088）潤［閏］八月十七日，舟行入潁州界，坐念二十年前見文忠公於此，偶記一時談（笑）之語，聊復識之。

勃④遜之會議於潁，或言洛人善接花，歲出新枝，而菊品尤多。遜之曰：「菊當以黄爲貴⑤，餘可鄙也。」昔叔向聞鬷蔑一言，得其爲人，予於遜之亦云然。⑥

道人徐問真，自言濰州人，嗜酒狂肆，能啖生葱鮮魚，以指爲鍼，以土爲藥，治病良有驗。歐陽文忠公爲青州，問真來從公遊，久之乃求去。聞公致仕，復來汝南，公常館之，使伯和父兄弟爲之主。公常有足疾，狀少異，

---

①「注」字後，《東坡志林·技術》有「別」字。

②「似」字，《東坡志林·技術》作「以」。

③「砥」字，《東坡志林·技術》作「砥」。

④「勃」字前，《東坡志林·人物》有「與朱」二字，當是。

⑤「貴」字，《東坡志林·人物》作「正」。

⑥蘇軾《贈朱遜之並叙》：「元祐六年（1091）九月，與朱遜之會議於潁，或言洛人善接花，歲出新枝，而菊品尤多。遜之曰：『菊當以黄爲正，餘可鄙也。』昔叔向聞鬷蔑一言，知其爲人，予於遜之亦云。」

醫莫能愈①。問真教公汲引氣血，自踵至頂。公用其言，病輒已。忽一日，求去甚力。公留之，不可，曰：「我有罪。我與公卿遊，我不復留。」公使人送人［之］，果有冠鐵冠丈夫長八尺許，立道周俟之。問真出城，顧村童使持藥筒。行數里，童告之求去。問真於髻中出小瓢如棗大。再三覆之掌中，得酒滿掬者二，以飲童子，良酒也。自爾不復知其存亡，而童子徑發狂，亦莫知其所終。軾過汝陰，公具言如此。其後貶黄州，而黄崗［岡］縣令周孝孫暴得重膇疾，軾試以問真口訣授之，七日而愈。元祐六年（1091）十一月二日，與叔弼父、季默父夜坐話其事，事復有甚異者，不欲盡書，然問真要爲異人也。

蘇子瞻年譜

元祐六年（1091）辛未，先生年五十六。在杭州被召，則在杭州不過二載也。先生之被召也，林子中復來替先生，是以先生《與子中啟》有適相先後之説。既到京師，除翰林承旨，復侍邇英。按，子由所作《潁濱遺老傳》云：「先生召還，本除吏部尚書，復以臣故，改翰林承旨。臣之私意，元不遑安……迄［乞］寢臣新命，與兄同備，從官不報。」②《候［侯］鯖録》云：「先生元祐中再召入院，作承旨，乃益舊擬作《衣帯馬表》云：『枯羸

①「愈」字，《東坡志林·異事》作「喻」。

②蘇轍《潁濱遺老傳下》：「（元祐）六年（1091）春，詔除尚書右丞，轍上言：『……而兄適亦召還，本除吏部尚書，復以臣故，改翰林承旨。臣之私意，尤不遑安，況兄軾文學政事，皆出臣上。臣不敢遠慕古人舉不避親，只乞寢臣新命，得與兄同備從官，竭力圖報，亦未必無補也。』」

之質，匪伊垂之帶有餘；斂退之心，非敢後也馬不進。』」① 數月，以弟嫌請郡，復以舊職知潁州。按，先生《懷舊別子由詩》云：「元祐六年，予自杭州召還，寓居子由東府，數月復出領汝陰，時予年五十六矣。」② 有《到潁未幾，公帑已竭，齋厨索然，戲作數句》。《候〔侯〕鯖録》云：「元祐六年冬，汝陰大雪，人饑。一日天未明，先王〔生〕簡召議事曰：『某一夕不寐，念潁人之饑，欲出百餘千，造炊餅救。老妻謂某曰：『子作〔昨〕過陳，見傳〔傅〕欽之，言〔簽〕判在陳，賑濟有功，何不問其賑濟之法？』某遂相招。」令時面議曰：「已備矣。今細民之困，不過食與火耳。義倉之穀，積數千石，便可支散，以救下民。作院有炭數萬秤，酒務有紫〔柴〕數十萬秤，以原價賣之，可濟中民。」先生曰：「吾事濟矣！」遂草放積欠賑濟奏。③ 又奏乞罷黄河夫萬人，開本州溝瀆。從之。

七年（1092）壬申，先生年五十七，在潁州。按《候〔侯〕鯖録》云：「元祐七年正月，東坡在汝陰，州堂

①《侯鯖録》卷一：「東坡年十餘歲，在鄉里，見老蘇誦歐公《謝宣召赴學士院仍謝對衣並馬表》。老蘇令坡擬之，其間有云：『匪伊垂之帶有餘，非敢後也馬不進。』老蘇喜曰：『此子他日當自用之。』至元祐中，再召入院作承旨，仍益之云：『枯羸之質，匪伊垂之帶有餘；斂退之心，非敢後也馬不進。』」

②蘇軾《感舊詩並叙》：「嘉祐中，予與子由同舉制策，寓居懷遠驛，時年二十六……元祐六年（1091），予自杭州召還，寓居子由東府，數月復出領汝陰，時予年五十六矣。乃作詩，留別子由而去。」

③《侯鯖録》卷四：「元祐六年（1091），汝陰久雪。一日，天未明，東坡來召議事曰：『某一夕不寐，念潁人之饑，欲出百餘千，造餅救之。老妻謂某曰：『子昨過陳，見傅欽之，言簽判在陳，賑濟有功，何不問其賑濟之法？』某遂相召。』余笑謝曰：『已備之矣。今細民之困，不過食與火耳。義倉之積穀數千碩，可以支散，以救下民。作院有炭數萬稱，酒務有柴數萬稱，依原價賣之，可濟下民。』坡曰：『吾事濟矣。』遂草放積欠賑濟奏檄上臺寺。」

前梅花大開，月色鮮霽。王夫人曰：『春月色勝如秋月色。秋月令人慘悽，春月令人和悦，何如召趙得［德］麟輩來飲此花下？』先生大喜曰：『吾不知子亦能詩，此真詩家語耳。』遂召與飲。先生用是語作《減字木蘭花》，有『不似秋光，只與離人照斷腸』之句。」①已而改知揚州。先生之在潁也，與趙得［德］麟同治西湖，未幾有維揚之命。三月十六日湖成，德麟有詩見懷，先生次韻，又王［再］和之。《冷齋夜話》云：「東坡鎮維揚，幕下皆奇豪。一日，石塔長老求解院歸西湖，坡將僚佐袖中出疏，使晁無咎讀之，其詞有『東坡而少留』之可［句］。」②已而以兵部尚書召，復兼侍讀。是年南郊，先生爲鹵簿使，尋遷禮部尚書，遷端明侍讀學士，有《讀朱暉傳題文潛語後》，及作《醉翁操》。任兵部尚書日，有《薦題得［德］麟狀》③。

杭州有西湖，潁上亦有西湖，皆爲遊賞之勝。而東坡連守二郡。其初得潁，有潁人在坐云：「内翰只消遊湖

---

①《侯鯖錄》卷四：「元祐七年（1092）正月，東坡先生在汝陰，州堂前梅花大開，明色鮮霽。先生王夫人曰：『春月色勝如秋月色，秋月色令人悽慘，春月色令人和悦，何如召趙德麟輩來飲此花下？』先生大喜曰：『吾不知子能詩耶？此真詩家語耳。』遂相召，與二歐飲。用是語作《減字木蘭》，詞云：『春庭月午，摇落春醪光欲舞。步轉回廊，半落梅花婉娩香。 輕風薄霧，都是少年行樂處。不似秋光，只共離人照斷腸。』」

②《冷齋夜話》卷七《東坡留戒公疏》：「東坡鎮維揚，幕下皆奇豪。一日，石塔長老遣侍者投牒求解院，東坡問：『長老欲何往？』對曰：『歸西湖舊廬。』即令出，别候指揮。東坡於是將僚佐，同至石塔，令擊鼓，大衆聚觀。袖中出疏，使晁無咎讀之，其詞曰：『大士何曾出世，誰作金毛之聲；衆生各自開堂，何關石塔之事。去無作相，住亦隨緣。戒公長老，開不二門，施無盡藏。念西湖之久别，亦是偶然；爲東坡而少留，無不可者。一時稽首，重聽白椎。渡口船回，依舊雲山之色；秋來雨過，一新鐘鼓之聲。謹疏。』予謂戒公甚類杜子美黄四娘耳，東坡妙觀逸想，託之以爲此文，遂與百世俱傳也。」

③蘇軾《再薦趙德麟狀》題下有自注：「任兵部尚書日。」

中，便可以了郡事。」秦太虚因作一絶云：「十里荷花菡萏初，我公身志①有西湖。欲行公事湖中了，見説官閒事亦無。」後東坡到潁，有《謝執政啟》，亦云：「入參兩禁，每玷北扉之榮；出典二邦，迭爲西湖之長。」②

蘇文忠訃至京師。張來③時知潁州，聞文忠卒，爲舉哀行服，出俸錢於薦福寺修供，乃遭論列，謫房州別駕。④明李卓吾《坡僊集》評曰：「張來⑤至今生氣勃勃，真謫得好也。」⑥

---

①「志」字，疑當作「至」。見下文所引《王直方詩話》。

②蘇軾《潁州到任謝執政啟》：「入參兩禁，每玷北扉之榮；出典二邦，輒爲西湖之長。」《詩話總龜》卷二十七引《王直方詩話》：「杭州有西湖，而潁亦有西湖，皆爲遊賞之勝，而東坡連守二州。其初得潁也，有潁人在坐云：『内翰只消遊湖中，便可以了郡事。』蓋言其訟簡也。秦觀少章因作一絶以獻云：『十里荷花菡萏初，我公所至有西湖。欲將公事湖中了，見説官閒事已無。』後東坡到潁，有《謝執政啟》，亦云：『入參兩禁，每玷北扉之榮；出典二邦，輒爲西湖之長。』」《苕溪漁隱叢話前集》卷四十一引《王直方詩話》：「杭有西湖，而潁亦有西湖，皆爲遊賞之勝。而東坡連守二州。其初得潁也，有潁人在坐云：『内翰但只消遊湖中，便可以了郡事。』蓋言其訟簡也。秦少章因作一絶獻之云：『十里荷花菡萏初，我公所至有西湖。欲將公事湖中了，見説官閒事亦無。』後東坡到潁，有《謝執政啟》，亦云：『入參兩禁，每玷北扉之榮；出典二邦，輒爲西湖之長。』」《詩林廣記後集》卷八引《王直方詩話》：「杭有西湖，而潁亦有西湖，皆爲遊宴之勝。而東坡連守二州。其初得潁也，有潁人在坐云：『内翰但只消遊湖中，便可以了郡事。』蓋言其訟簡也。少遊因作一絶獻之。後東坡到潁，有《謝執政啟》，云：『入參兩禁，每玷北扉之榮；出典二邦，迭爲西湖之長。』或云秦少章作。」

③「來」字，當爲「耒」字誤。見下文所引《坡僊集》。

④《宋史·張耒傳》：「初，耒在潁，聞蘇軾訃，爲舉哀行服。言者以爲言，遂貶房州別駕，安置於黄。」

⑤「來」字，當爲「耒」字誤。見下文所引《坡僊集》。

⑥《坡僊集》卷十一：「蘇文忠訃至京師。張耒時知潁州，聞文忠卒，爲舉哀行服，出俸錢，於薦福寺修供，乃遭論列，謫房州別駕。李卓吾曰：『張耒至今生氣勃勃，真謫得好也。』」

陳後山記潁事四則

潁諺云：「子過母，當暑而源①，水退而魚潛，皆爲大水之候。」潁人謂前水爲母，後水爲子。水日至日長，勢不能大。水定而復來，後水大於前水，爲子勝母。水終，魚當大出，河濱之人厭於食鮮。水退而魚不出，爲潛云。

予爲汝陰學官，學者多言萬壽之西、潁水之上有林，號税子步。步之西有異木，人莫能名，相傳數百歲，榮落不時，舊有碑云：「粉黛塗容，金頂②之樹。」余過之，往觀焉，木身纔十數年爾。是時歲慕［暮］，群木皆落，從者以爲③枯也。木下有刹石，石有象④文，有銘云：「曹公有悟，怖心未已。敬造浮圖，式崇妙理。文詞闡相，粉黛塗容。金刹一樹，永出煩籠。開元十六年（728）歲在執徐，首旬五日建。」地故佛事⑤道塲，石乃刹下銘也。「粉黛塗容」，謂建象⑥。「金刹一樹」，謂建刹也。讀者寡陋，傳者喜爲緣飾，若⑦無此石，亦足惑世也。

---

①「源」字，《後山談叢》卷二作「凉」。
②「頂」字，《後山談叢》卷四作「碧」。
③「爲」字，《後山談叢》卷四作「謂」。
④「象」字，《後山談叢》卷四作「像」。
⑤「事」字，《後山談叢》卷四作「氏」。
⑥「象」字，《後山談叢》卷四作「像也」。
⑦「若」字，《後山談叢》卷四作「苟」。

蔡州壺［壺］公觀有大木，世亦莫能名者①也，高數十尺，其枝垂入地，有根復出爲木，枝復下垂，如是三四，重圍環列，如子孫然。世傳漢費長房遇僊者處，木即縣壺［壺］者。②沈丘令張戣，閩人，嘗至蔡，爲余言：「乃榕③也，嶺外多有之，其四垂旁出，無足怪者。柳子厚《柳州》詩云『榕葉滿庭鶯亂飛［啼］』④者是也。」

潁⑤諺曰：「黄鶴口噤喬麥斗⑥。」夏中候黄鶴不鳴，則喬［蕎］麥可廣種也。八月一日雨，則角田下熟。角田，空⑦也。角者，麥⑧之訛也。

---

①「者」字，《後山談叢》卷四無。
②《後漢書·費長房傳》：「費長房者，汝南人也。曾爲市掾。市中有老翁賣藥，懸一壺於肆頭，及市罷，輒跳入壺中。市人莫之見，唯長房於樓上覩之，異焉，因往再拜奉酒脯……」
③「榕」字後，《後山談叢》卷四有「木」字。
④柳宗元《柳州二月榕葉落盡偶題（元和十一年二月也）》：「宦情羈思共悽悽，春半如秋意轉迷。山城遇雨百花盡，榕葉滿庭鶯亂啼。」
⑤「潁」字，《後山談叢》卷五無。
⑥「喬麥斗」三字，《後山談叢》卷五作「蕎麥斗金」。
⑦「空」字，《後山談叢》卷五作「豆」。
⑧「麥」字，《後山談叢》卷五作「莢」。

歐陽永叔尺牘一則

歐陽修《與韓忠獻書》曰①：「廣陵嘗得明公鎮撫，民俗去思未遠②。獨平山堂占勝蜀岡，江南諸山一目千里，以至大明井、瓊花二亭，此三者，拾公之遺，以繼盛美爾③。汝陰西湖，天下勝絶，養愚自便，誠得其宜④。」

趙德麟記潁事四則

客有自丹陽來，過潁，見東坡先生，説章（子）厚學書，日臨《蘭亭》一本，坡笑云：「從門入者非寶，章子⑤終不高耳。」

歐陽公閒居汝陰時，二妓甚穎文，公歌詞盡記之。筵上戲約他年當來作守。後數年，公自維揚果移汝陰，其人已不復見矣。視事之明日，飲同官湖上，種黄楊樹子，有詩留纈芳亭云：「柳絮已將春色去，海棠應根［恨］我

①「曰」字後，歐陽修《與韓忠獻王（皇祐元年）》有「某頓首啟。自去春初到維揚，嘗因蔡中孚人行奉狀。自後區區不覺逾歲，即日春暄，不審尊侯動止何似？某昨以目疾爲苦，因少私便，求得汝陰。仲春初旬，已趨官所」諸句。

②「遠」字後，歐陽修《與韓忠獻王（皇祐元年）》有「幸遵遺矩，莫敢有逾」八字。

③「爾」字後，歐陽修《與韓忠獻王（皇祐元年）》有自注：「大明井曰美泉亭。瓊花曰無雙亭。」

④「宜」字後，歐陽修《與韓忠獻王（皇祐元年）》有「然尸祿苟安，何以報國？感愧感愧。邊防之事，動繫安危，伏惟經畧之餘，爲國自重」諸句。

⑤「子」字，《侯鯖錄》卷八作「七」。

來遲。」① 後三十年東坡作守，見詩笑曰：「杜牧之『綠葉成陰』之句也②！」

歐陽公自維揚移守汝陰，作《西湖》詩云：「綠芰紅蓮畫舸浮，使君寧復憶揚州。都將二十四橋月，換得西湖十頃秋。」③ 東坡復自潁移維揚，作詩寄④曰：「二十四橋亦何有，換此十頃玻璃風。」⑤ 使歐公詩也。

潁妓蘇奇⑥，往歲與悦己者密約相從，而其母禁之，至苦［若］不勝鬱悒。以盛春美景，邀同韻［約］者聯騎出城，登高塚，相對慟哭，既而酣飲。諸客聞之，賞其曠絶於流輩。晏元獻聞之，爲戲題絶句云：「蘇奇⑦風味逼

---

①歐陽修《初至潁州西湖種瑞蓮黄楊寄淮南轉運吕度支發運許主客》：「平湖十頃碧琉璃，四面清陰乍合時。柳絮已將春去遠，海棠應恨我來遲。啼禽似與遊人語，明月閒撑野艇隨。每到最佳堪樂處，却思君共把芳巵。」

②「也」字，《侯鯖錄》卷一作「耶」。

③歐陽修《西湖戲作示同遊者》：「菡萏香清畫舸浮，使君寧復憶揚州。都將二十四橋月，換得西湖十頃秋。」

④「寄」字後，《侯鯖錄》卷一有「予」字。

⑤蘇軾《軾在潁州與趙德麟同治西湖未成改揚州三月十六日湖成德麟有詩見懷次其韻》：「太山秋毫兩無窮，鉅細本出相形中。大千起滅一塵裏，未覺杭潁誰雌雄。（自注：來詩云與杭争雄。）我在錢塘拓湖淥，大堤士女争昌豐。六橋横絶天漢上，北山始與南屏通。忽驚二十五萬丈，老葑席卷蒼雲空。揭來潁尾弄秋色，一水縈带昭靈宫。坐思吳越不可到，借君月斧修曈曨。二十四橋亦何有，換此十頃玻璃風。雷塘水乾禾黍滿，寶釵耕出餘鸞龍。明年詩客來吊古，伴我霜夜號秋蟲。（自注：德麟見約，來揚寄居，亦有意求揚倅。）」

⑥「蘇奇」二字，《侯鯖錄》卷七作「曹蘇哥」。

⑦「奇」字，《侯鯖錄》卷七作「哥」。

天真，恐是文君向上人。何日九原芳草綠，大家攜酒哭青春。」①

趙德麟云：「比來士大夫借人之書，不錄不讀不還，便爲己有，又欲使人之無本。潁州一士子，九經各有數十部，皆②題記，是③謂借諸人之書不還者④，余不欲言，未嘗不歸，戒兒曹也。」

王仲言《王［玉］照堂［新］志》一則

先祖舊字子野，未登第少年日，攜歐⑤公書贄見王文恪於宛丘。一見甚青顧，云：「某與公俱六一先生門下士，他日齊名不枉⑥我下。『子野』前已有之，當以吾之字爲遺。」先祖遂更字樂道⑦。先祖位雖不及文恪，而名譽

---

①《苕溪漁隱叢話前集》卷二十六引《西清詩話》：「元獻初罷政事，守亳社，每歎士風彫落。一日，營妓曰劉蘇哥，有約終身而寒盟者，方春物暄妍，馳駿馬出郊，登高塚曠望，長慟遂卒。元獻謂士大夫受人眄睞，隨燥濕變渝，如翻覆手，曾狂女子不若，爲序其事，以詩吊之云：『蘇哥風味逼天真，恐是文君向上人。何日九原芳草綠，大家攜酒哭青春。』」

②「皆」字後，《侯鯖錄》卷七有「自」字。

③「是」字，《侯鯖錄》卷七作「自」。

④「者」字後，《侯鯖錄》卷七有「每炫本多」四字。

⑤「歐」字後，王明清《玉照新志》卷四有「文忠」二字。

⑥「枉」字，王明清《玉照新志》卷四作「在」。

⑦此句，王明清《玉照新志》卷四作：「先祖遂更字曰樂道。今世多指爲一人。」

籍甚於熙寧①、符、祐之時。文恪長子仲弓實韓持國婿②，持國夫人實祖母親姑，由是情益③稔熟。仲弓之弟即幼安，始名寧，後以有犯法托④死者，故易名襄，而仍舊字。靖康初，以知樞密院爲南道總管⑤，先人爲屬，階⑥行。有《督勤王師檄文》，薦紳多能誦之。

又

明清《投轄録》所叙劉快活事，後來思索所未盡者，今列於編。外曾祖⑦空青，文肅之弟⑧三子也，快活每以「三運使」呼之，後果然漕⑨輓。舅氏宏父，談天者多言他日必爲卿相，劉笑曰：「官職俱是，正郎去不得矣。」文肅當國，先祖爲起曹郎中。一日忽見過，曰：「我今日見曾三女兒，他日當爲公之子婦。」時先妣方五六歲。又謂

①「寧」字，王明清《玉照新志》卷四作「豐」。
②「婿」字，王明清《玉照新志》卷四作「婿」。
③「益」字後，王明清《玉照新志》卷四有「以」字。
④「托」字，王明清《玉照新志》卷四作「抵」。
⑤「管」字後，王明清《玉照新志》卷四有「辟」。
⑥「階」字，王明清《玉照新志》卷四作「偕」，當是。
⑦「曾祖」二字，王明清《玉照新志》卷二作「祖曾」，當是。
⑧「弟」字，王明清《玉照新志》卷二作「第」，當是。
⑨「然漕」二字，王明清《玉照新志》卷二作「終曹」。

先人曰：「曾三女，汝之夫人也。」歸見文肅，呼先祖字云：「王樂道之子，三運使之婿①，此兒他日名满天下，然位壽俱嗇，奈何！」已而文肅罷相，遷宅衡陽。北歸後，先祖守九江，遣先人訪文肅於京口，一見奇之，遂以先妣歸焉。後所言一一皆合，不差毫厘。其他類此尚多，不能悉記，異哉！

潁州佚事二則

潁州②姚尚書神道碑規制頗類顔魯公所書茅山碑者。國初，州人侍郎某者欲剖③三之一鑱墓表，畏州守難之，懇祈百端。州守曰：「姚尚書子孫微矣，莫有主者，便割三分之二無不可。」侍郎喜過望。或問守曰：「侍郎割尚書之碑，子不能禁，又從而過許之，何也？」守曰：「吾意欲使後人割侍郎之碑，猶能中分耳。」④

濠梁人南楚材，旅遊陳潁。歲久，潁守慕其儀範，將欲以子妻之。楚材家有妻，以受潁牧之眷深，忽不思義，而輒已諾之。遂遣僕歸家取琴書等，似無返舊之心也。或謂求道青城，訪僧衡嶽，不親名宦，惟務虚玄。其妻薛媛，善書畫，好屬文，知楚材之易志，對鏡自圖其形，並詩四韵，題其上以寄之，云：「欲下丹青筆，先拈寶鏡

①「婿」字，王明清《玉照新志》卷二作「壻」。
②「州」字，劉元卿《應諧錄》作「川」。
③「剖」字，劉元卿《應諧錄》作「割」。
④此段文字，劉元卿《應諧錄》題作《割碑》。

端。已驚顏索寞，漸覺鬢凋殘。淚眼描將易，愁腸寫［寫］出難。恐君渾忘却，時展畫圖看。」又作短扎云：「不念糟糠之情，別倚絲羅之託。興言及此，伊誰之咎？」楚材得寄，遂愧恧而寢其事，夫婦竟偕老焉。①

《舊志》遺事五則

兵憲朱公舜民，值商丘賊施尚照②謀反破郡邑，練兵戒嚴。夢漢前將軍關公紅面綠袍，縛一囚與之，因首插炬。未旬而賊敗，因思前夢縛囚插炬，「尚照」也，遂訪北城關廟，得公塑像，如夢中，移鼓樓祀焉。③

潁州學分教朱顏正，光山縣人。僕二人，長曰羅寶，幼曰陳機。寶與機嬉，誤傷機死。寶佯愴惶叫詈，報顏正曰：「陳機不知被何人打死。」顏正即執門役送州究治。門役率妻子哀號籲天，宿城隍座下三晝夜。寶忽白晝瞑目合

---

①范摅《雲溪友議·真詩解》：「濠梁人南楚材者，旅遊陳潁。歲久，潁守慕其儀範，將欲以子妻之。楚材家有妻，以受潁牧之眷深，忽不思義，而輒已諾之。遂遣家僕歸取琴書等，似無返舊之心也。或謂求道青城，訪僧衡嶽，不親名宦，唯務玄虛。其妻薛媛，善書畫，妙屬文，知楚材不念糟糠之情，別倚絲蘿之勢，對鏡自圖其形，並詩四韻以寄之。楚材得妻真及詩范，遽有雋不疑之讓，夫婦遂偕老焉。里語曰：『當時婦棄夫，今日夫離婦。若不逞丹青，空房應守獨。』薛媛寫真寄夫詩曰：『欲下丹青筆，先拈寶鏡端。已驚顏索寞，漸覺鬢凋殘。淚眼描將易，愁腸寫出難。恐君渾忘却，時展畫圖看。』」

②「施尚照」，當作「師尚詔」。師尚詔（？—1553），柘城（今屬河南）人，明嘉靖間河南起義軍領袖。《明史·世宗本紀》：「（嘉靖）三十二年（1533）……河南賊師尚詔陷歸德及柘城、鹿邑。八月……丙申，師尚詔攻太康，官軍與戰於鄢陵，敗績……庚子，師尚詔伏誅，賊平。」

③本書《典禮志》：「關王廟。在鼓樓。嘉靖癸丑（1533），兵道朱舜民以北城隅舊廟神像移置其上。」《萬曆潁州志·叢談》：「兵憲朱公舜民值商丘，賊施尚照謀反，破郡邑，練兵戒嚴。夢漢前將軍關公紅面綠袍，縛一囚與之，因首插炬。未旬而賊敗。因思前夢縛囚插炬，尚照敗也。遂訪北城關廟，得公塑像，如夢中。移鼓樓祀焉。」

掌，長跪中廳，向樹秒叩，玄［云］：「衣紅、白、青三神拷訊，極痛楚，陳機是我打死。」賓遂正辜，而門役之冤解。①

李芥。潁人，任陝西蒲邑簿。② 嘉靖乙卯（1555）夢神語曰：「陝大厄，公素修德，應祐。」越朝地震，舉家壓覆。忽一人自稱姓姚，掘地得芥並妻，又得二子於中堂，得女於西堂。棟宇、牀榻俱碎，婢僕盡斃，而血屬無恙。比求姚姓者，莫可踪蹟也，人以爲善報云。③

母猪港李興慣竊盜，往往橫索人財物。從劉升貸麥三石，錢半千有奇，弗償也。夜逾童登坦［垣］行竊，童覺起，暗刺之，槍貫其喉。相距三里餘，猶踉蹌歸，血淋漓死。死之日升產一犢，期年任犂，甚馴。越年，牧子驅就犂，臥不起，鞭之，牛人語而泣曰：「李興前負升債，今償已足。」牧子倉皇報升，趨視，牛死矣。萬曆丙子（1576）九月也。④

①《萬曆潁州志·叢談》：「潁州學分教朱顏正，光山縣人。僕二人，長曰羅賓，幼曰陳機。賓與機嬉，悟［誤］傷機死。賓佯愴惶叫詈，報顏正曰：『陳機不知何人打死。』顏正即執門役送州究治，門役率妻子哀號籲天，宿州城隍神座下三晝夜。賓忽白晝瞑目，合掌長跪於中廳，但向樹秒叩，云：『衣紅、白、青三神拷訊，極痛楚。』疾呼：『陳機是我打死。』諸生及縱觀者不下千人，賓遂正辜，而門役之冤解。」

②《乾隆蒲城縣志·職官·主簿》：「李芥。潁川人，嘉靖中任。」《光緒蒲城縣新志·職官志》所載明代主簿之一爲：「李芥。穎［潁］州人。」

③《萬曆潁州志·叢談》：「李芥。陝西蒲邑簿。嘉靖乙卯（1555），夢神語曰：『陝大厄，公家好修，應祐。』越朝地震，舉家覆壓。忽一人自稱姓姚，掘地得芥並妻，又得二子於中堂，得女於西堂。棟宇、牀榻俱碎，婢僕盡斃，而血屬無恙。比求姚姓者，莫可踪蹟矣，人以爲善報云。」

④《萬曆潁州志·叢談》：「母猪港李興慣竊盜，往往橫索人財物。從劉升貸麥三石，錢半千有奇，弗償也。夜逾童登坦［垣］行竊，童覺起，暗刺之，槍貫其喉。相距三里餘，猶踉蹌歸，血淋漓死。死之日，升產一犢，期年任犂，甚馴。越年，牧子驅就犂，臥不起，鞭之，牛人語而泣曰：『李興前負升債，今償已足。』牧子倉皇報升，趨視，牛死矣。萬曆丙子（1576）九月也。」

萬曆丙午（1606）夏五月，州守孫崇先捕獲巨盜，審其贓伏不明者，於潁河北杖警以釋，聚觀者百千人。偶一蝦蟆從眾中突至案前，長鳴數聲，旋跳往賊李文信身上，口吞者三。守疑其告冤，即訊李文信。李文信供同李應學、石倉與田子香爭姦寡婦張氏而謀殺之，席捲繩綑其屍，沉之三里灣河。守命幕謝尚樸［撲］撈，半日無獲。適岸上有一蝦蟆又鳴，謝幕即其處掘之，得一屍，繩綑席捲。而李文信等各供真是田子香身屍，當夜同埋於此，棄之河者，誑也，輸服甘罪。①

潁上縣一則

東抵壽州，西接潁川，東南望霍丘，北距譙地，周六百里。② 其俗管夷吾、甘羅之遺也，饒情好禮，儉樸無華。間有刁悍，又殊絶於潁之刁悍者。丈地時概以小畝，起課賦重而民不堪，無所控愬。恐後皮盡毛落，不知所抵

---

①《康熙潁州志·叢談》：「萬曆丙午（1606）夏五月，州守孫崇先捕獲巨盜，審其贓狀不明者，於潁河北杖警以釋，聚觀者數千人。忽一蝦蟆突至案前，長鳴數聲，旋跳往一人肩上，張口者三。守疑其告冤，即拘其人訊之。供云：『姓李名文信，會同李應學、石倉三人與田子香爭姦寡婦張氏，因謀殺田，席捲繩綑其屍，沉之三里灣水中。今李、石二人亦在此。』守命並擒之，囑幕僚謝尚樸［撲］撈即其處掘焉。果得屍席捲繩綑，而文信等各認真是子香屍，殺後當夜埋此，棄之河者，誑也。遂斷抵償，眾皆稱快。」

②《成化中都志·疆域》：「潁上縣。東至壽州界東正陽八十里，西至潁州界夷陵溝六十里，南至霍丘縣界淮河二十里，北至亳縣界城父店八十里。」《順治潁上縣志·輿圖·疆域》：「縣地東西一百三十里，南北一百零五里，周五百里。東抵壽州，東北至蒙城縣，西接潁州，西南距固始縣，南鄰霍丘，北望亳州。」

止矣。其守禦千戶所凋弊已極，較之潁川衛，真魯衛也。其他詳《縣志》。①

太和縣一則

東接潁川，南距新蔡，西連項城，西北抵沈子、淮陽，東望蒙、譙，周六百里。② 其地古潁陽城也，今稱爲細陽。細陽在潁正西四十里，遺趾［址］尚在潁地。③ 其俗，范孟博、王夢瑾之遺蹟也，敦厚無僞，務本不逐末。田

①《萬曆潁州志·叢談》：「東抵壽州，西接潁州，東南望霍丘，北距譙城，周六百里。其俗管伊吾、甘羅之遺也，饒情好禮，儉樸無華，間有刁悍，又殊絶於潁之刁悍者。丈地時概以小畝，起課賦重而民不堪，無所控愬，恐後皮盡毛落，不知所抵止矣。其守禦千戶所凋弊已極，較之潁川衛，真魯衛也。其他詳《縣志》，兹不贅云。」

②《成化中都志·疆域》：「太和縣。東至潁州界七八［里］溝八十里，西至項城縣界溝七十里，南至潁州界雙溝三十里，北至亳縣界無槽［吳漕］溝八十里。」《萬曆太和縣志·輿勝志·疆域》：「東至潁州七里溝八十里，西至沈丘界溝七十里，南至潁州界溝二十五里，北至亳州吳漕溝八十里。東至蒙城縣二百里，西到項城九十里，南到光州三百里，北到亳州一百八十里，東南到潁州七十里，西南到河南新蔡縣一百八十里，東北到河南永城縣三百里，西北到河南鹿邑縣一百七十里，東南到鳳陽府五百里。」《順治太和縣志·輿勝志·疆域》：「東至潁州界七里溝八十里，至蒙城二百里。西至沈丘界溝七十里，至項城九十里。南至潁州雙溝二十五里，至光州三百里。北至吳漕溝八十里，至亳州一百八十里。東南至潁州七十里，至鳳陽五百里，至江寧八百里。西南至河南新蔡一百八十里。」

③《萬曆太和縣志·輿勝志·古蹟》：「潁陽城。在縣東北三里，周廣四里許，隋時縣治故址……細陽城。在□茨河之西，□□□□故址。」《順治太和縣志·輿勝志·古蹟》：「潁陽城。在縣東北三里，址廣四里，隋時縣治……細陽城。在茨河之西，漢縣治。」

賦雖重，民勤地沃，不遇旱澇，自能足供。詳《縣志》云。①

水利之議一則

甯尚賓中立曰：「余觀《潁志》，所載陂塘、溝湖、堰池甚多。宋諸賢治潁，率留心開濬。其后漸爾湮淤，一遇霖雨，潁地悉爲魚鱉之鄉，何怪公私胥困？嘉靖乙卯（1555），蜀韋紳周公菘潁，目擊其弊，乃大加疏濬，梗令者罪不赦。民始而駭，中而怨，終而享其利者，莫不歡忻鼓舞。若繼此者節年流②濬，用力少而成功不毁矣。萬曆三十四年（1606），扶風孫崇先講求利民之事，灼知疏濬不容已，極力圖之，自復舊溝外，又補其未備。工小者，令居民各照地額挑之；工大者，出官穀以佐之。自是民患可除，國賦可完，永世之利也。書此以告將來云。」③

①《萬曆潁州志·叢談》：「東接潁州，南距新蔡，西連項城，西北抵沈子、淮陽，東望蒙譙，周六百餘里。其地古潁陽城也，今稱爲細陽。細陽在潁州正西四十里，遺址尚在潁地。其俗范孟博、王夢瑾之遺也，敦厚無僞，務本不逐末。田賦雖重，民勤地沃，不遇旱澇，自能足供，撫摩［縻］得宜，可至化國。其他詳《縣志》，茲不贅云。」

②「流」字，疑當作「疏」。見下文所注。

③《康熙潁州志·輿地》：「甯中立曰：『余觀《潁志》，所載陂塘、溝湖、堰池甚多，潁蓋水鄉也。漢唐不可考，有宋諸賢治潁者，率留心於此，潁人報之廟祀，至今不廢。其後漸爾堙淤，一遇霖雨，潁地悉爲魚鱉之鄉，何怪公私胥困耶？嘉靖乙卯（1555），蜀韋紳周公菘潁，目擊其弊，乃大加疏濬，梗令者罪不赦。民始而駭，中而怨，終而享其利者，莫不歡忻鼓舞。蓋麛裘興歌，孔聖不免；孰殺子産，鄭人亦然。此亦『民可與樂成，難與慮始』之一驗也。倘若繼此者逐年疏濬，用力少而成功不毁矣。萬曆三十四年（1606），扶風孫公菘潁，勤卹民隱，無日不講求利民之事，灼知疏濬之不容已，乃謀之治農薛。公極力圖之，自復舊溝外，又補其未備。工小者，令居民各照地畝所在挑之；工大者，出官穀以佐之。自是民患可除，豐登可望，國賦可完，永世之利也。書此以告將來云。』」

催科之議一則。已記《食貨》中，兹重申之

潁西南既遼遠，每年僉定排年催徵錢糧，率多侵漁。官府追捱急則逃去，追追花戶，然花戶業已輸納，抗拒不受命。遷延年久，遂成積弊。排年於①花戶互相推辭，官府拘捱［拑］急則毆公差人，甚至有持刃相加者。每年完不過一二分，亦有全不完者。扶風孫守崇先洞知此弊，廼先出示曉諭曰：「自今排年衹許催督，不許自收毫厘。花戶亦各自赴官封納，不許交分毫與排年令代納。從前拖欠俱不問。花戶來封錢糧者，吾不拘禁。一切保人，歇家俱免。衙役需索，枷號問罪。」數月後民皆歡然，轉相告語。由是封納者源源而來，錢糧亦有完至七八分者。稍遲歲月，當與近城村社同矣。多年積弊，一旦頓改。書此示永法焉。

河洛理數一則

《理數》一書，康節先生得之穆伯長，伯長得之李之才，之才得之希夷先生，真吾儒誠心養性、立身行己之要。遠而元會運世，近而年月日時，皆有卦爻，不同於卜算小數。惟潁舊有全本，篇帙浩繁，惜後人輕加刪削，僅存其半。

---

①「於」字，疑當作「與」。

昔大司馬張公遇一江右龐姓者，頗精其術。演公先天，得《訟》之二，主招怨謗，而在仕則有食邑之榮。後天，得《泰》之五，主師保將相之應。丙子（1576）登賢書，得《晉》之二，詞爻皆吉。丙戌（1586）捷南宫，得《乾》之初，爲地元氣又生化工。戊戌（1598）入後天，歷任部曹，而監司，而中丞，而總制，悉於數不爽。後於辛酉（1621）晉本兵，大象《泰》二、小象《需》二，一一吻合。乙亥（1635）殉難，得《大過》上爻，其詞有滅頂之凶。公罵賊而死，益覺奇中。

念公之起家縣令，歷曹參以至節鉞司馬視師，致政靖節，蓋棺幾四十餘年，任大責重，有古大臣風。且立朝具有本末，風操節概，赫赫如昨。尤難者，代當啟、禎，一時要路非依門戶，則植奧援。公以孤立無倚，橫當其衝，及事關封疆民社，乃忘身力争之，而牴牾随至。噫，亦甚危矣！《數》所謂招怨致謗，非其明驗耶？計家居自癸亥（1623）迄丙寅（1626），正璫焰薰灼，公即賦歸，陛辭之日，熹廟有「卿飄然引去」之歎，於此見公急流而勇退焉。及思宗初年，復有川貴五省之命，不年餘，公即請告。乙亥（1635）寇變，無城守責，公以元老重臣破家募死士，嬰城固守，城陷被執，皎皎烈烈，罵賊而死。臨難而不苟免，巍然大節，始終於《易》之理數，不以險易改摻，可謂身體力行矣。《理數》一書，洵吾儒誠心養性、立身行己之要也哉。

張任六詩一則。名嗣斗，字玄城

「一曲新詞恨未休，天風吹散入瀛州。雨消巫峽青山暮，風冷章臺黃葉秋。花笑誰家寒雪夜，笛吹何處月明樓。侯門暫落還飛去，也與蕭郎次第愁。」張水臺先生有孫，小字任六。年十五，與一婢阿梅狎。父母知之，賣其婢入①家，復別遣之去。任六作此詩，未幾遂死。②

華嚴寺一則

潁東三里灣之右有臺，長百餘步，闊五十餘步，浮於水面，隨水泛消爲上下，尖頗上指，形家名倒地貪狼星，鎖三河之口，收湍奔之勢。《舊志》：明太祖龍潛潁時，常有五色雲氣，後駐兵此地，土人呼爲主人臺。③議者謂

---

①此處疑有脱字，見下文所引《康熙潁州志》。

②《康熙潁州志·叢談》：「張水臺先生有孫名嗣斗，字任六。年十五，與一婢阿梅狎。父母知之，賣其婢入豪家。婢歌一曲以別，既而豪家復爲他遣。任六踪蹟之不得，作詩云：『一曲新詞恨未休，天風吹散下西洲。雨消巫峽青山暮，煙冷章臺黃葉秋。銀燭誰家花滿院，玉簫何處月明樓。侯門暫落還飛去，可識蕭郎次第愁。』未幾遂死。人家子弟當血氣未定時，切須嚴加制防，務使少爲女侍誘惑。及有所染而始禁之，晚矣。至才俊子弟，尤當保護。如任六者以情死，豈不可惜哉？」

③《正德潁州志·臺舘》：「主人臺。在州東三里灣，黃霸孤堆州頭。元季時，每旦有彩雲騰遶。及大明兵興，我太祖高皇帝在布衣，集豪傑其上，天下大定，彩雲散空。故居民呼其臺云。」吕景蒙《嘉靖潁州志·輿地·故蹟》：「主人臺。在州東三里夾洲堆。元季時，每旦有彩雲騰於上。及大明兵起，我太祖高皇帝在布衣，集豪傑其上，天下大定，彩雲散空。故居民呼其臺云。」李宜春《嘉靖潁州志·輿勝·古蹟》：「主人臺。在州東三里夾洲堆。元季，每旦彩雲騰於上。我太祖起兵，集豪傑於此。天下大定，彩雲遂空，故民呼其臺云。」

若建塔以鎮之，可收水詠［脈］。

地形奇勢一則

元末，滁、濠間靈氣盤結，元人患之，中都以西、魯山之右遂疏鑿闢溝以厭之。當時明太祖足蹟遍淮渚，而居潁爲多，瑞雲五彩，在南、北照寺碣，歷歷可指。如淮河之南，近方家集有鳳凰岡焉，首尾直伸，東西可十五里，雙翼橫舒，南北可七八里，順流而飛。臺官望之，乃遣工斷其頸，鍤入而血湧。今又見赤土。潤河之北近南照集，臺名銅城，高三尋，週二十畆，舊有神祠，水圍如帶。望者又謂臺脈徙流於北。其遺趾［址］水道尚存。

勇士鹿鸎事一則

歐陽永叔《桑懌傳》，蘇子瞻荐李直方事，皆以潁人有知勇，能捕賊，遂傳名千古。若嘉靖中兵備副使李天衢用鹿鸎殺賊事，其知勇亦不減前人。①

潁川鎮撫舍人鹿剛生五子，鳳、鸞、鸎、鵡、鵬，皆雄健多力。鸎最軼群，運使兩刃，重六十斤。及怒激氣

①李天衢用鹿鸎殺賊事在正德七年（1512），非「嘉靖中」，見吕景蒙《嘉靖潁州志·命使》、李宜春《嘉靖潁州志·宦業》及本書卷十四。

發，露筋竪髮，骨節有聲。身長大，一目微斜，肩頗欹，左手最捷，與人撲多以左勝。常有惡於鞏都司，夜擕其門之石獅子於井，鞏以數十人撈取不起，鹿用繩，雙手引出，鞏厚享之。與千①劉鳳爲友。劉謹厚韜晦，不以力加人。二人鬪藝於衛局，行人却步不敢過。鹿常歐［毆］人，無止之者，劉至即解。一日又歐［毆］人，劉諭不從，乃拉其肘歸。次日，鹿覘其肘，五指印皆青色，劉之力又不止千斤也。

鹿醉後喜殺人，晝行，人皆避之。流賊自汴將至潁，鹿率兵迎戰，遇李龍於太和縣北紅山廟。龍在劉六帳中爲十兄弟，賊將最驍，與楊虎齊名者。戰數合，無勝負，龍怒，奮勇一刀，當面直下，鹿藏身躲之，刀入鞍，傷及馬，賫卒拔不出。二人棄馬撲，相抱倒地，李摸刀刺之，鹿以手撮其命物，番②身騰上，遂損雙目，生縛之。李知是鹿，乃歎曰：「真吾敵手也！恨不早通姓名。易敵，安得不敗乎？」龍死，賊痛哭解散。總制彭公平賊，上其功，朝議授錦衣百戶，世襲。

鹿因鷹犬獵踼死村嫗，逃匿六安山中。官司方求之急，而鳳、鸞等又恐其禍族也，醉而縛之，溺其索，遂死。後命下時，罪案未定，尚可承襲，因無嗣，其家莫敢請，事遂寢。鹿後顯靈山中，土人立廟祀之，呼爲「鹿將軍廟」。鹿祖塋在潁南清河右滸迤北，有土龍百餘步，逆南流而住，故蔭勇傑之人。事已見兵備《李天衢傳》，更詳

①「千」字後，疑有脱字。
②「番」字，疑當作「翻」。

之，與桑懌、李直方並傳。

謝公前知一則

謝守詔有心計，知形家言，於西北城濠外建石閘，以收水脈，兼節宣水利。後不知何人廢之，取其閘石別用，忽得一碑，《記》云：「此潁城西北隅水出口也，砌石築壘，以保永固。否則，無論堪輿家弗之善，城守之謂何。江右謝詔密記。」州人廢閘。未幾乙亥（1635）破城之變，卒如謝言。此劉迴狂先生詳記也。①

風水圖議東南清河橫北辰宮，非巽水，林公曾開，致禍。濠水奔而欲東，清水壅而不西，當永塞之

昔有議建文昌閣於金鷄樓城上者，余惜其美意，而小用之。我潁坐水向山，似非逆局，然北窄南闊，是頭在北，腹在南也。雖坐水而向水，雖向山而坐山。蓋以順龍結逆局，力量全矣。

清河、南前河北來，小黃河東來，古謂「三川貫潁」。會處以華嚴寺臺鎖之，長尖向上，成倒地貪狼形，爲進田筆。又清河遺蹟，餘流遶城南，由婆塚而去。以塚爲華表，是水口有砂，亦云嚴密。

---

①《康熙潁州志·叢談》：「謝守詔有心計，知形家言。官潁時，於西北城壕外特建石閘，以收水脈，兼節宣水利。後不知何人廢之，取其閘石別用，忽土中得一碑，《記》云：『此潁城西北隅出水口也，砌石築壘，以保永固。否則，無論堪輿家弗之善，將城守之謂何？江右謝詔密記。』州人廢閘。未幾乙亥（1635）破城之變，卒如公言。（劉迴狂《筆記》。）」

山勢，其自乾戌，由西而南，而東，一起一跌，交成金、水二星，勢如串珠，盤旋回遶，是山情拱顧，亦云聚會。

城基，坐下平垣①，内無高崗大阜，得土星之正。城形長而又曲，是爲木星。《堪輿歌》云：「木星直而長。」《撼龍經》曰：「左輔星辰幞頭樣。」②

我潁坐水向山，兼有外濠，又有水砂，當名泛水。木長而兩曲，當名左輔木。潁之爲木星也何疑？天四星備而火星不旺，非也。《經》曰：「熒惑出入當道，則國有慶。」又曰：「五星聚齊。」又曰：「得火而成用。」今日亟講者莫如建塔，使火炎上。城爲木，生亥而旺東；塔爲火，生寅而旺南。今先師殿坐武曲星，帶巨門半分，後有龍池，居癸地，暗拱泮水，是蔭也。坐下器宇曠朗，主貴顯；泮水内聚，主富饒。惜雲路塞，文筆不現爾。當於龍廟建塔，透入雲霄，北對先師殿，上配丙宫太薇垣。又於東南高堤上建文昌閣，前建高塔，上應巽分太乙宫，是謂子來投母。庶奇星兼備，山水効靈，若區區金鷄樓，佳用恐祇止財帛豐盈而已。

夫城爲木，木遇桱棦，可卜衰旺。州道坐東棦前，應武曲星，金來尅木，故主刑。丙丁若有文筆，又有助也。州坐西棦後，應文曲星。水來生木，又帶左輔一二分，龍池水前遶暗拱，可惜微返跳官，主清平。又鐘鼓樓、城隍

①「垣」字，疑當作「坦」。

②《撼龍經》：「左輔正形如幞頭，前高後低大小毬。」

廟爲雙赦文星，衙門少禍，吏曹獄庫平。衛坐㭑末，應文曲星，带左輔三四分，與州同。但外揚秀氣，已爲州障蔽，而龍池水不來朝拱，所以覺弱。若塞州西水門，引水由衛西而北，出壬方去，再加作用，築麾軍臺、掛印樓，高州樓三尺最妙。黑龍池水若遶東門、南門、西門，路通内濠，出壬癸方去學前，由兑出壬，官多升，士子多捷。寺若高起浮屠，在州爲文筆。西湖前時水满，真龍憩息，今可惜洩盡。西北天柱山，被清水流破，建閘緩其流也，極妙。但消納無法，致閘不固爾。河東建塔華表，山也。对華嚴寺爲悍門，兩美俱備。

以上皆鄉先生逹①楊公南字太恒者所記。

西湖

西湖在城西二里，袤十里，廣二里。歐陽永叔樂潁州風土，嘗築室湖②。蘇子瞻《開西湖》詩注云：「予以潁人苦饑，奏乞留黄河夫萬人修境内溝洫，詔從之，因以餘力浚治此湖。」③

①「生逹」二字，疑其中之一爲衍字。
②「湖」字後，疑有脱字。
③蘇軾《再次韻趙德麟新開西湖》自注：「予以潁人苦饑，奏乞留黄河夫萬人修境内溝洫，詔許之，因以餘力浚治此湖。」

張大司馬《西湖石閘記》一則①

潁州西湖②源於谷、清、兩潤，延袤百里。湖城③，此延袤百里皆魚稻之鄉；湖廢，此延袤百里皆泱莽之野。故歐、蘇兩公皆遑遑經營之。④其源長，其流洊湃，必爲隄防之，必爲石閘啟閉之，然後可以不潰不湮。坡公詩云：「千夫餘力起三閘，焦陂下與長惟⑤通。」三閘久廢不可考，有司者視以爲緩⑥。雖頻築，堤頻決⑦，二百年來大都在蕪草中⑧。湖益廢不可復。假令歐、蘇遺蹟在，饒魚蓮菱⑨芡之利。而遂使永淤，其害可勝道？⑩識者歎古

---

①此文見於張鶴鳴《蘆花湄集》卷十，題作《潁州西湖創建石閘碑》。
②「湖」字後，《蘆花湄集》卷十有「自漢唐以來爲宇内名蹟，匪獨滋遊覽也，蓋水利，民命急焉。何也？湖」諸句。
③「城」字，《蘆花湄集》卷十作「成」，當是。
④此句，《蘆花湄集》卷十作：「故歐、蘇兩公皆遑遑經湖，匪經湖，經水利也，經民命也。」
⑤「惟」字，《蘆花湄集》卷十作「淮」，是。
⑥「緩」字後，《蘆花湄集》卷十有「且費，難辦，憚也」諸字。
⑦「決」字後，《蘆花湄集》卷十有「徒靡財力無益」諸字。
⑧「中」字後，《蘆花湄集》卷十尚有以下文字：「今上庚寅（1590），貧生輩願領佃輸租，學臺歲出租拾陸兩。湖墾既難，又多溢涸，租不能辦。州父母計無所之，輒取給於豆行，豆行殊苦甚。」
⑨「蓮菱」二字，《蘆花湄集》卷十作「菱蓮」。
⑩自「而遂」至「勝道」句，《蘆花湄集》卷十作：「何難數金哉？」

今人不相及如此。①

西湖奇氣一則

嘉靖間，臺官在潁望奇氣吐於西湖，蜜②奏遣人鎮之。李主政歐湖居邸言其詳。今湖上異雲不絶。屠赤水曾夜憩亭中，忽見雲蓋五色，有詩紀盛：「四賢祠臺高，四望水聚卿。」③雲之見，豈其偶然？

釣龍記一則

明經徐良莊，名潤，幼釣於潁東黑龍潭，舉竿得一物，手足頭尾皆肖人，黄色，尺許。公熟視曰：「鱗族人

①此後，《蘆花湄集》卷十尚有以下文字：「扶風厚吾孫公，自蒙擢潁，視國如家，愛民如子，潔則寒玉，直則朱絲，百廢俱興，事圖不朽。深知湖之關於潁者急且大，取城隍故閘石而增之，費且不貲。自潁道恕銘朱公捐六十金外，皆公之拮据經畫也，蓋不煩民間一錢一力，三月而閘成。建轉角亭於南堤，編夫二名司啟閉，廩取諸州租。兹舉也，歐、蘇數年之美意良法，自公復之，謂歐、蘇復生，信也！夫不朽事業，造之自人。湖在潁如故也，官潁者不少也，歐、蘇之盛蹟，惟我公復之，誰謂古今人果不及也。公德政熏於潁遠且厚，自當與歐、蘇並垂不朽。天子嘉其勞，晉中立少府，仍知潁事。公方早夜勤於潁，兹閘也，不朽之一鬮耳，因爲之記。」

②「蜜」字，疑當作「密」。

③「屠赤水」即屠隆（1544—1605），字長卿，號赤水。萬曆五年（1577）進士，初任潁上知縣，仕至禮部主事。著有詩文集《屠長卿集》《由拳集》《白榆集》《棲真舘集》等，然此二句未見於以上各集中。

貌，得非龍種耶？奈何貪吾餌。」遂放之。夜夢一黄衣叟，高準長髯，謝曰：「我龍也，幼子遊戲河滸，誤吞公鈎，感恩何以報？後世必有昌者。」①

治河記異一則

潁人少參郭公騰霄昇，登天順庚辰（1460）第。爲縣時，一侍吏在旁大笑，公作怒，吏跪禀已有靈報門外老王跌爛豆腐，吏笑此瑣事也。公遣人覘之，果然。因以術進一樟木童子也。公魁岸有識，又獲此異，事皆預知，人遂神之。及主政都水司，出修吕梁洪，江南漕米四百萬石，白糙粳糯一十八萬石，艘一萬三千隻，俱由洪達。舊多巨石巉㠊，懸水三十丈，環流九十里，運艘磕壞沉没者甚多。公因與童計，童曰：「下有龍窩，龍性畏鐵，若用巨篾融鐵焠水中，龍必遠逸。」仍募習水性者鑿去翻船石，運艘履平，軍甚便之，樟童與有力焉。今洪上有郭公祠碑。公致事家居，里人隱微事，童悉報之。公卒，童子日夜哭尋主人。家屬達曰：「主人不在，

①《萬曆潁州志·叢談》：「徐潤，兒時釣於潁東黑龍潭，舉竿得一物，手足頭尾背具畧肖人，正黄金色，長可尺許。熟視曰：『魚族人貌，得非龍種耶？奈何貪吾餌。』舍之。夜夢一黄衣叟，高準長髯，謝曰：『我龍也，幼子遊戲河滸，誤吞釣，感恩不殺，君後必昌。』今秋部治民，其孫也。子姓方振振，豈龍符耶？」《康熙潁州志·叢談》：「明經徐良莊，名潤，幼釣於潁城黑龍潭，舉竿得一物，長尺許，黄色，首與手足皆肖人，而有尾。潤熟視曰：『鱗族人貌，得非龍種耶？奈何貪吾餌。』遂放之。夜夢一黄衣叟，高准長髯，謝曰：『我龍也，幼子遊戲河滸，誤吞公鈎，感公不殺之恩，愧無以報。然公德仁厚若是，後世必有昌者。』」

予今即主人也。」童曰：「吾與主人有緣，爾等福薄，安能有我？」遂鎖之笥，聲不絕。後授於江右日者，不知所在。

丁先生遺事

丁諱冠，字志元。歲試中都，至壽春東渡，偕眾登舟，將列岸，一人跣足破帽求渡。時水勢漲，眾拒之，先生曰：「尚餘一艙。」命就載之。其人獲渡，洗足着履爲謝，問公姓名去。貢後謁選天曹，遇一人衣帽甚麗，呼公何事至此，先生告以故，因疑其面，曰：「不憶當年東津渡乎？今幸相逢銓衡，予得與力焉。翌日不可不早來會。」先生如約。乃引見一尊官傍侍，請曰：「此即昔日恩予者，才堪百里，且畏遠僻。」尊官若可其請。檄出，受①鷄澤令。訪其人致謝，莫可踪蹟，併遺其姓名，亦不知尊官爲誰也，恍如夢焉。疑求渡者神，試之也。②

---

①「受」字，疑當作「授」。見下文所引《康熙潁州志·叢談》。

②《康熙潁州志·叢談》：「丁冠字志元，少時歲試中都，至壽春東渡，偕眾登舟，將發，一人破帽跣足求渡。時水勢泛溢，眾皆拒之，先生再三力勸載焉。其人獲渡，問先生姓名，致謝而去。久之，先生以明經謁選京師，遇一人衣馬甚都，呼曰：『丁君，公何事至此？』先生告以故，正疑訝間，曰：『不憶當年東津渡乎？今幸相值銓衡處，稍可奉報。翌日宜早來此。』先生如約往，乃引見一尊官，其人傍侍請曰：『即昔日加惠者，誠百里才，祈勿置之僻遠。』尊官若允其請，遂出。迨檄下，授鷄澤令。訪其人申謝，莫可踪蹟矣，亦不知尊官爲誰也。意者神佑善良，而倉卒求渡時，所以試之乎？」

筠塢先生遺事

明經張筠塢先生實，講性命之學，從遊甚衆。時有羽客嚴碧虛與之遊，博洽變幻，旬日不食，以水化酒，相與莫逆。一日，謂先生曰：「吾有黄白術，非人莫授。願以授公。」公辭曰：「儒者何事此爲？」嚴去，留一方藥一粒。越十年，有劉可來訪，曰：「嚴藥曾試否？」曰：「黄冠多誤人，記常置笥中。」劉曰：「可試之。」爲辦藥具。須臾成金良①，藥一分，鎔銅十兩，遂鼓掌大噱，曰：「嚴公僊骨耶？」沽酒賞雪，相與歎異，然先生絶口不談。先生謁選，授遼陽斷事，以僊人言預知之。及有疾，寄詩於婿孝廉李錦，白②：「千里鴻傳一信飛，來時宜早不宜遲。老夫有淚無家返，杖立庭前聽馬嘶。」李至遼，扶旅襯③歸。

公孝友文行，遠近無間言。常偕茅茶川冒雪騎驢至亳，訪薛西原公，人謂之三清士。近日有請入鄉賢者。④

①「金良」二字，疑當作「良金」，且此句疑在「鎔銅十兩」後。見下文所引《康熙潁州志·叢談》。

②「白」字，疑當作「曰」。見下文所引《康熙潁州志·叢談》。

③「襯」字，當作「櫬」。見下文所引《康熙潁州志·叢談》。

④《康熙潁州志·叢談》：「張筠塢實，素講性命之學，從遊甚衆。時有羽客嚴碧虛與之遊，博洽變幻，旬日不食，以水化酒，相與莫逆。一日謂先生曰：『吾有黄白術，非人莫授。願以授公。』先生辭曰：『儒者何事此爲？』碧虛去，留一方藥一粒。越十年，有劉可者來訪，曰：『嚴藥曾試否？』先生曰：『黄冠多誤人，豈宜輕試？然記尚置笥中。』劉曰：『可請試之。』爲辦藥具，每藥一分，鎔銅十兩，須臾成良金。劉鼓掌大噱曰：『嚴公誠僊耶！』深爲歎異。而先生絶口不談也。先生孝友文行，遠近無間言。嘗偕茅茶川冒雪騎驢至亳，訪薛西原公，人目爲三清士。後以明經謁選，授遼陽斷事。及有疾，寄詩於其婿孝廉李錦。李至遼，已卒，扶櫬而歸。」

孝感一則

李琮事親極孝，母死，葬於潁城東清河北渚。時夏水泛漲，平地二丈。南城未建，鼓樓爲潁南門。登樓南望，盡爲水鄉，大隅頭僅露一頂，與婆婆塚並齊。李憂塋之蕩於水也，浮至塋，没水中摸塋［塋］，插竹爲記。水落，隨竹漩成窩形，堪輿以爲金盆荷葉，咸謂孝感所致。其塋之週圍皆李指揮地，彼欲害其脈，舍爲漏澤園，令貧者悉窆於中，堪輿家又以爲衆星拱月形。後子科第，李公葵登成化丁未（1487）榜，李公增登嘉靖乙未（1535）榜，李公貞登隆慶辛未（1571）榜，李公錦登河南壬子（1612）榜。①

遇僊一則

孝廉張葵，七歲讀書鼓樓，有黄冠常戲之曰：「樓去地可三丈，吾能飛步下，若隨，即僊矣。」公難之。爲蒙師劉覺，詬逐之，乃步空下地，衆爲駭異。公文業日益，中河南鄉試。買田於東十里井潁河之陽，忽一日，黄冠隨

①《康熙潁州志·叢談》：「李琮事親極孝，母死，葬於潁城東清河北渚。嘗夏水泛漲，高二丈餘。琮憂塋之蕩於水也，浮至塋所，没水摸塋，插竹爲記。比水落，隨竹漩成窩勢，堪輿以爲金盆荷葉形。環塋之周圍皆李指揮地，思破琮家龍脈，捨地爲漏澤園，以埋諸貧者。堪輿家又謂是衆星拱月形，其後子孫科第相繼。葵登成化丁未（1487）榜，增登嘉靖乙未（1535）榜，貞登隆慶辛未（1571）榜，錦舉嘉靖乙卯（1555）孝廉。嗟乎！發祥之地本不可求，惟有德之家能得焉。及既得矣，亦非他人所能破也。如李指揮忌琮得地，將害之，而適以成之，何苦徒壞己之心術耶！特表出之，以戒後之妄謀損人者。」

於後曰：「水濱花蹊，樂乎？」公驚詢何來，曰：「望勝地佳氣，特來訪耳。」公延入享之，食餅一角。公曰：「何不盡之？」曰：「真修苦行，得食以氣理，即五七日可度，不必多也。且凡物戒多，相公猶多功名文想乎？榮光浮雲，自有性命之學當講也。至道易聞，明師難遇。若猛省大悟，足下即白雲矣。」公異之，拜授①其言。攜手相送，東至王貴溝，相揖而別，忽不見，方知爲僊，自此崇信玄學。死時有人伸手入窗，呼曰：「看我手。」公逐②絶，顯言「僊來邀我」云。③

僊蹟一則

潁北柘店集茂才王瑁善箕僊術。僊姓李，號雲侶逸叟，茂才率僊依於侄永亨。一日，在上舍王珍家請僊不降，降

---

①「授」字，疑當作「受」。

②「逐」字，疑當作「遂」。

③《萬曆潁州志・叢談》：「張葵孝廉，慧巧天成，書能徑數丈飛白，畫直逼馬遠。少遇道士攜遊，不移晷至金陵。葵知異人，跽求度道士，笑曰：『尚早，三十年後期我也。』授以黄白丹少許，並方。葵歸鎔銅，投藥，粒砂即成白金，貧，遂爲費。比老，已越期，道士不來矣。其子孫零落殆盡。吾聞用外丹，鬼神必禍，此與東坡看畫壁事大類，可不戒歟？」《康熙潁州志・叢談》：「張孝廉葵，生有異質，髮長等身。七歲時讀書譙樓，有黄冠戲之曰：『吾飛步下樓，若能隨之，即僊矣。』葵難之，後爲蒙師劉覺詬逐，竟步空下，眾爲駭異。居城東十里許，忽一日，黄冠來訪，葵延入享之，食餅一角。葵曰：『何不盡之？』曰：『得食，即五七日可度，不必多也。且凡物戒多，君猶多文章功名想。自來富貴浮雲，性命之學則當亟講。』乃携之遊金陵，瞬息往返。葵跪而求度，黄冠笑曰：『尚早，三十年後期我也。』授以黄白方，並丹少許，戒勿輕試。葵鎔銅，投藥粒，砂即成白金，遂多爲之，以充衣食之用。比老，已越前期，黄冠不來矣。卒後，子孫零落殆盡。蓋妄用外丹，鬼神必禍。此與東城看畫壁事正類，可不戒與？」

者乃明經清之趙先生棋也，曰：「明日有衣青者楊黄罩巾至，可善遇之。」次日，果有託青烏術，衣色皆如所囑。王大駭，饌享之，復懇，神曰：「此大盜也，當嚴備之。」及夜至舉火，知有備，去。王感神，延祠祀之。孝廉劉繹弦先生信最堅，至柘店招神相晤。神又招群僊，僊來皆繡衣獻酬，終中日時，惟先生與見。越年，劉病瘡不起，神告曰：「公，前玉皇侍班僊也，今宜早赴。」爲写獲身批，使持謁歸。時棺爲動摇，鶴鳴三聲，騰霄上。後歸德楊撫院征倭至遼陽，從客丘淮川遇雲菴，言先生見寓和陽觀，約次日會。及明，已失所在矣，始知劉先生僊云。

王嵩淮遺事

王嵩淮道增登萬曆庚辰（1580）第，選西安推官，查盤漢中。報丁内艱，即索馬夜行。有五虎阻於道，左右止之，公大哭，虎遁去。宿許州西店，盜以爲商也，匿店中，伺便行劫，心動搜獲，置之法。後入臺，升寧夏河東道，多著邊功。播州楊應龍反，詔李公化龍統兵平之。時公爲方伯，主兵餉，餘丁十萬，時有欲充别項者，公不肯私，時論重之。先時，蜀中進扇違式，疏公名，遂遷閩參政致仕。病歸，終於杭。子茂才仰嵩迎櫬，檢匣中圖書數卷。又涵盧中菴先生之學，刻其《易中説》及《掌中宇宙》諸書。①

①《康熙潁州府志·叢談》：「王嵩淮道增始爲西安推官，有事漢中，聞母夫人訃，即索馬夜行奔喪。有五虎阻於道，左右止之，公大哭，虎遁去。及宿許州西店，盜以爲商也，匿店中，伺便行劫。公心動搜獲，送有司訊明，悉置之法。蓋一念孝思之誠，而虎盜皆不能加害若此。」

王右政道增爲御史，有風力，以劾①大璫得罪，出爲楚參藩。時李卓吾贄爲僧於龍潭，横口詆訶，簧鼓末学，從遊甚眾。道增爲文聲其罪而逐之，侃侃正論，深中其流弊，即卓不能難也。訪其文於潁，當有稟。

中菴先生遺事

盧中菴先生子羽，一日構庭新成，有莊客十餘人先飯於内，公欲入視，眾皆出避。忽梁雙折，磚瓦棟柱俱碎，舉家號救，見公伏於大凳下，遍體無恙。噫！公遲時刻不入，則十餘命休矣。使公無素孚明神者，焉知不與屋俱毀？皆神使之也。②

趙州一則

趙州，西楊橋集③。州素奉無爲教，離家雲遊，至關銀山，見一僧默坐草廬，知爲異人，乃跪求教。僧感其

---

①「効」字，當爲「劾」字之誤。本書卷十三《王道增傳》云：「理鹺兩浙，以劾債帥不法，左當路，陞楚僉事。」《江南通志・雜類志・紀聞二》：「先是道增在臺，以劾大璫得罪，出爲楚參藩。」

②《康熙潁州志・叢談》：「盧中菴翰，一日築室新成，有佃丁十餘人先飯於内，及先生入視，眾皆出避。忽梁木雙折，棟柱磚瓦俱傾，舉家號救，見先生伏大凳下，遍體無恙。使先生入稍遲，則十餘人者死矣。且先生又不與屋俱毀，尤足異也。聞者咸謂先生德行所致云。」

③「集」字後，疑脱「人」字。見下文所引《康熙潁州志・叢談》。

誠，乃指之曰：「世間所謂喫齋念佛，大都假事耳，子能實堅心行，後必有悟。然子目下有難，吾當救之。」取坐下破氈一片賜之，云：「可避寒。」後履雪至天津衛，寺僧不納，夜坐門外，平雪盈七尺。次明，僧啟門，意州死，參見雪結爲廬，州坐於中，汗流滿面，大異之，率諸僧延入參謁，呼爲祖師。自是心性靈明，頗能前知。後運艘過天津，潁軍識其爲州也，寄書妻子，迎之歸。前氈已失，遂昏迷如故。而其徒在天津者，猶不遠數千里至其家致禮焉。①

古塚一則

潁東三里有婆婆塚，《志》名鄭坵。俗傳：金兀朮南侵，百姓逃匿，一媪烹茶濟渴。及江戰，爲韓元帥所敗，兵回訪媪，已故，令三軍壅土城②塚，高可四尋，週圍十畝。嘉靖時，有欲構亭於頂，荷鍤平之，中皆鐵器，牢不可破。塚西東嶽廟之北，有伍大夫奢塚在焉，年深漸平。一日，有舉耜於旁者，錚然有聲，獲巨刃，長七尺，重二

①《康熙潁州志·叢談》：「趙州者，西楊橋集人。素奉釋氏教，辭家出遊，至關銀山，見一僧默坐草廬，知爲異人，乃跪求教。僧感其誠，謂曰：『世人所謂喫齋念佛，徒故事爾，子能心堅力行，後當有悟。然子目前有難，吾須救之。』取坐下破氈一片與之，云：『可辟寒。』後冒雪至天津衛，投僧寺宿，寺僧不納，夜坐門外，平雪深數尺。詰旦，僧啟門，意州死矣，乃見雪結爲廬，州坐於中，汗流滿面，大異之，遂率衆僧延入參謁，呼祖師。自是心性靈明，頗能前知。後運艘過天津，潁軍識其爲州也，報其家迎歸。前氈忽失，愚昧如故矣。其徒在天津者，猶不遠數千里至其家致禮焉。」

②「城」字，疑當作「成」。

百斤。載之歸，鷄犬暴死，闔族病。復瘞故處，方安。①

又一則

潁東郝家橋北有高塚、大椿，風拔一穴，僧欲取其有，忽一白鷄自穴飛出鳴，僧驚死。今上建祠看守。②

醉人救溺

百戶（朱）衮領軍入京，事竣回程，至黃河翟家口。已登舟矣，忽一醉人怒罵，捽扯溺河，朱下舟避之，醉人又隨罵如初。舟人見二人纏綿難脱，乃開舟去。別岸方丈許，舟忽瓦解，人盡溺，救免者纔數人爾。醉人猛醒，

---

①《康熙潁州志·叢談》：「出東門三里有鄹丘，高可四尋，周圍十畝，又名婆婆塚。俗傳：金兀朮南侵，百姓逃匿，一媪烹茶濟渴。及爲韓蘄王敗，回訪，媪已故，令軍士負土成塚。嘉靖時，張御史光祖欲建亭於上，使人荷鍤平之，中皆鐵器，牢不可破。是年，張竟暴卒。」同卷又載：「潁東東嶽廟北，有楚大夫伍奢塚在焉，年深漸平。一日，有舉耜於旁者，觸物錚然有聲，視之，乃巨刃，長七尺，重二百斤。載之歸，鷄犬暴死，闔族染病，甚危。復瘞故處，始安。」

②《康熙潁州志·叢談》：「郝家橋北有高塚，風拔大木成一穴。有僧人，將盜其所藏。忽見白鷄飛鳴而出，僧驚死。今建祠於上。」

朱問何故相駡，醉人對以不知。朱家世良善，神其假醉人以活之耶？①

資福寺龍異一則

萬曆丁酉（1597）六月初，資福寺大雄殿藥師佛頂上所塑泥龍，以化去時寺中霧氣、火光霹靂一聲，鐵綿②燒融，泥龍遂碎。近東山梁邊開一孔，大如升，遠望者見一黑龍奮飛入天，不知幾十丈。及明，就泥龍而看，其腹之蟠處不過寸許。時硫黃餘氣經日不散，觸樹皆枯。③

①《康熙潁州志·叢談》：「百戶朱衮家世良善。一日領軍入京，事竣還，至黄河翟家口。已登舟矣，忽一醉人怒詈，捽之上崖［岸］，朱亟下舟避之，又隨詈，拽起如初。舟人不能待，乃竟解纜去。距岸衹丈許，舟忽自沉，人多溺死，救免者纔數人爾。醉人亦猛醒，朱問以故，醉人初不自知，無以對也。」

②「綿」字，《康熙潁州志·叢談》作「綫」。見下文所引《康熙潁州志·叢談》。

③《康熙潁州志·叢談》：「萬曆丁酉（1597）六月初，資福寺殿藥師佛頂上所塑泥龍忽化去。時寺中霧氣、火光充满棟宇，霹靂連震，鐵綫燒融，泥龍遂碎。近東山梁邊開一孔，大如升，遠望者見一黑龍奮飛上天，不知長幾十丈也。及明就泥龍，視其腹之蟠處，不過寸許，而硫黃餘氣經日不散，草木觸之皆枯。」

後記

相對于其餘幾種方志，《順治潁州志》的整理更顯困難，主要原因在於没有一個完整的版本。雖然國家圖書館出版社2010年影印出版了復旦大學圖書館的一個藏本，但該本中缺頁、缺類的問題很嚴重。好在國家圖書館和上海圖書館分别藏了同版書的前十卷和後十卷，互相對照補充後，正好可以合成完璧。這是我們工作中最大的欣慰！

校箋《順治潁州志》，最初主要是爲了讓我的研究生鄭斌多接受一些文獻學方面的訓練。我們學校招收的古代文學專業研究生，一開始根本没有能力直接閲讀古籍刻本。爲了提高他們認字、斷句和標點的水平，進一步培養閲讀和整理古籍的能力，我决定讓他們親自動手做一些文獻校注工作。同時，我也想爲我的家鄉、學校所在地阜陽的文化建設做點力所能及的事情。綜合這兩方面，我選擇了整理《順治潁州志》。一開始，我們僅打算將其斷句、標點，或者參考其他版本略加校對，但這樣的整理，不僅對原書貢獻不大，反而會因爲認字和斷句問題增加更多的錯誤，從而貽誤讀者。爲了提高書籍的整理品質，也爲了提高鄭斌整理文獻的能力，我們選擇了「校箋」這樣一種方式。

本書的整理經過以下三個階段：第一個階段，讓鄭斌對國家圖書館出版社影印的復旦大學圖書館所藏《順治潁州志》部分進行認字、斷句和標點。我要求他每天做一頁，然後發給我看，我在逐字核對原文的基礎上指出其所有的錯誤，當天晚上發還給他。這個工作持續了一年，他做得很辛苦，我也改得很辛苦。

第二個階段，讓鄭斌做校對和注釋工作。還是要求他每天做一頁，發給我看，我當天把我修改過的部分和修改意見發還給他。這個過程進行得很慢，好在他非常勤奮，態度也很好，當然我也改得精疲力竭。就這樣又共同努力了兩年多，一直到他畢業工作後，纔終於大體完成了這個工作。在此期間，我們利用國家圖書館和上海圖書館的藏本終於把全書補齊，同時又對相關部分進行了統一處理。

第三個階段，鄭斌補充和完善校箋後，我對全部内容又進行了一些增删。至於後面在完善體例後的統稿、整理工作，就全由我來負責了。

本書是對《順治潁州志》的認真整理，目的是給讀者提供更完整、資料更豐富的一種文本。如果這個目的能達到，則主要是鄭斌的成績，因爲從斷句、標點到校對、箋注，大部分工作是由他完成的；至於其中存在的錯誤和不足，則應該由我承擔，因爲鄭斌標點的每一句話、箋注的每一條内容，我都檢查、修改過三遍以上。

本書在整理過程中，得到了劉洪芹、岳冰、戴歡歡、王靜、章靜幾位同學的大力幫助。此外，阜陽歷史文化研究會的李興武會長借閱了出自復旦大學藏本的抄本的復印本（原本藏於上海圖書館），首都師範大學的博士生朱玲芝幫忙復印了國圖藏本的部分内容，阜陽博物館的楊玉彬館長提供了若干地方文獻，皖北文化中心的朱麗婷主任一直關心本書的進度和出版。在此，謹向他們致以深深的謝意！

張明華

二〇一八年一月二十三日書于阜陽師範學院